WORD-INDICES AND WORD-LISTS
TO THE GOTHIC BIBLE
AND MINOR FRAGMENTS

WORD-INDICES AND WORD-LISTS TO THE GOTHIC BIBLE AND MINOR FRAGMENTS

BY

FELICIEN DE TOLLENAERE
RANDALL L. JONES

IN COOPERATION WITH
FRANS VAN COETSEM,
PHILIP H. SMITH JR. AND HON TOM WONG

LEIDEN
E. J. BRILL
1976

ISBN 90 04 04360 8

Copyright 1976 by E. J. Brill, Leiden, Netherlands

All rights reserved. No part of this book may be reproduced or translated in any form, by print, photoprint, microfilm, microfiche or any other means without written permission from the publisher

PRINTED IN THE NETHERLANDS

TABLE OF CONTENTS

Acknowledgements	IX
Introduction	XI
Text Abbreviations, Manuscript Symbols, Textual Markers.	XV
I. Indices.	1
1. Alphabetical Word-Index	3
2. Index of Word Fragments.	219
3. Index of Number Symbols	223
4. Index of Words with Diacritics.	227
5. Index of Words Emended by Streitberg	231
6. Index of Spurious Readings in Streitberg's *Skeireins*	237
II. Lists.	241
1. Reverse Sorted Word-List.	243
2. Word Frequency Lists	289
2.1. Alphabetically Ordered Word Frequency List.	289
2.2. Ranking List of Frequencies.	335
3. Word Length List	425
4. List of Constituents in Hyphenated Words	471
5. Medial Grapheme Cluster Lists.	475
5.1. List of Medial Grapheme Vowel Clusters.	475
5.2. List of Medial Grapheme Consonant Clusters	509
6. List of Differences in Parallel Texts	559
III. Appendices.	573
1. Deviations from the Streitberg Text.	575
2. Text of the Speyer Fragment	579
IV. Bibliography	583

ACKNOWLEDGEMENTS

The authors are indebted to many individuals who assisted in the preparation of this book. We are grateful to the personnel at the computer centers at Cornell University and the University of Waterloo, and at the "Centraal Rekeninstituut" at the University of Leiden. Pedro Beade and William Fletcher provided valuable assistance in proofreading and checking much of the original and computer texts.

We also express our gratitude to several people at the Leiden Institute for Netherlandic Lexicology. Marineke Mulder-Frijters and Marijke Mooijaart-Jansen deserve special mention for their zeal in punching and checking the so-called alternate manuscripts of the Bible, the *Skeireins* and the Minor Fragments at an early stage of the undertaking. We are also indebted to J. B. Veerbeek and owe a great deal to the accuracy of Mimi Beving. Dr. A. J. Persijn, a member of the staff of the Institute, proved an indispensable help; he collected the "Randglossen" and read a proof of all texts.

Through the kind offices of Dr. Franz Haffner (†) (Speyer), Dr. Burckhard Garbe (Göttingen) and especially Dr. Elfriede Stutz (Heidelberg), who was able to study the manuscript and in November 1972 courteously sent us her transcription of the manuscript verso, we could process the text of the whole Speyer fragment and include the data in the indices and lists.

H. T. Wong not only wrote the programs for the indices and lists, but also constructed for the final input tape for Digiset photocomposition the interface between the Leiden system and that of the typesetting office of Lumo-zet b.v. (Eindhoven).

Ithaca
Leiden   April 1975.

INTRODUCTION

It is the intention of this work to provide a complete and up-to-date alphabetical word-index, as well as several shorter word-indices and word-lists[1] to Streitberg's *Gotische Bibel*. The Gothic language has been a principal object of study in the field of historical Germanic linguistics ever since editions of Gothic texts were first published. Until the present time, however, no adequate index to the words in the various Gothic texts has been available.[2] Ernst Schulze's *Gotisches Glossar*, first published in 1848, has been a standard reference work for Gothic, but it was out of print for many decades, and it is now obsolete since it is based on a pre-Uppströmian text and does not contain entries for the Giessen, Veronese and Speyer manuscripts. In 1910 Streitberg stated in the preface to his dictionary (*Gotische Bibel, Zweiter Teil*), that he intended to publish a „vollständiges gotisches Wörterbuch..., dem ein griechisch-gotisches Glossar und ein Verzeichnis der belegten Formen beigefügt werden soll". These, however, did not appear.

This book is not a dictionary, nor is it a concordance. It is rather a collection of useful computer-generated indices and lists which will aid the user in gaining rapid access to all words in Streitberg's *Gotische Bibel*. The original computer corpus for this work was punched in 1962 at the IBM Research Center in Yorktown Heights, New York, under the direction of Philip H. Smith, Jr. It contained the biblical texts — in cases of parallel manuscripts, however, only the text of the first of them — and *Anhang* I (*Skeireins*) of the second edition of Streitberg. The text was later updated according to the fifth edition of Streitberg (1965) and expanded at the Leiden Institute for Netherlandic Lexicology to include a new version of the *Skeireins* together with all available biblical and non-biblical texts in early Gothic.[3] The corpus for the work thus contains all biblical texts (including the Giessen manuscript and the recently discovered Speyer fragment [4], the so-called *Randglossen*, the *Skeireins*, the Gothic Calendar, the Gothic text of the Salzburg-Vienna manuscript (early Gothic only), the Deeds of Naples and Arezzo, and the marginalia of the Veronese manuscript. It should be stressed that the corpus for the work is based principally on published texts, i.e. Streitberg, Bennett, de Tollenaere and Stutz and not on the manuscripts themselves. This means that our indices and lists are not entirely complete in comparison with the manuscripts. Codex Ambrosianus B e.g. has the word *laiktjo* 44 times in the margin, sometimes accompanied by a number symbol (see Streitberg p. XXVII); moreover many number symbols in the left margin of Argenteus, Gissensis and Ambrosianus C have been omitted by Streitberg (see Stutz p.24).

However, in certain cases the corpus deviates from the published texts but adheres to the manuscript (see 1 below). In cases involving parallel manuscripts for the same text, e.g. Mat 26[71] — Mat 27[1], both texts have been included. William Bennett's decipherment of *Skeireins* (1960) has also been incorporated into the corpus to the extent that it adds new information (but see 7 below). The Bennett readings are quoted according to Streitberg's leaf and line divisions.

---

[1] It should be emphasized that „word" here means word-form, i.e. as it appears in the text. Thus the various forms of a noun or verb are all separate entries.

[2] Computer texts of Gothic have also been prepared in the past few years by William Estabrook and James W. Marchand. Estabrook has produced a word-index and a reverse word-list, Marchand a grammatical concordance. None of these, however, has yet been published.

[3] See F. de Tollenaere, *Word Indexes and Word Lists to the Gothic Bible: Experiences and Problems* [1976].

[4] See Appendix 2.

The following items concern special considerations observed in the preparation of the corpus.

1. Printing errors and inconsistencies in Streitberg have been corrected (see Appendix 1), and scribal abbreviations have been resolved in those cases in which it had not already been done, e.g. *witāds* (1Tm 6⁴ B), *aipisks* (Cal 2⁷) and *'dkn'* (DeA 1¹) have been expanded to *witands, aipiskaupus,* and *diakona* respectively.

2. Streitberg used the sets of characters < > and [ ] to indicate his additions and deletions within the text. In making the indices and lists, these angular and square brackets have been deleted from the words in which they occur (except in the index of emended words, in the index of spurious readings and in the list of differences in parallel texts), and the words appear as Streitberg suggests they should, i.e. *all*[*l*] is treated as *all*, <*ga*>*filhan* as *gafilhan*, etc. However, words which are entirely enclosed within square brackets, i.e. words which Streitberg felt should not be in the text, have been retained.

3. Streitberg used Italic letters (or Roman letters in Italic text) to indicate that he was not able to identify certain characters with complete certainty. Sometimes he even reconstructed words or passages where part of the manuscript was missing (e.g. Mat 11¹⁵⁻²³, 2 Cr 2¹⁰). Words have been normalized in most of the indices and lists to include only Roman letters. The textual markers * and ⁑ (see page XVI) indicate words in which Streitberg's Italic (or Roman) letters occur.

4. Common nouns which are capitalized because they occur initially in a chapter or verse, e.g. *Dalaþ* (Mat 8¹) are treated as non-capitalized forms.

5. Missing portions of word fragments are represented by two periods (. .) regardless of the number of letters in the original word.

6. Homographs which have different meanings or syntactic functions are treated as the same word.

7. Only the portions of Bennett's decipherment of *Skeireins* which are not identical to Streitberg were included in the corpus. The following should be noted concerning the Bennett text.

a. Many of the words which were not totally visible according to Streitberg, and therefore contain Italic letters, were identified in their entirety by Bennett. Even though the words are identical, both forms were included in the corpus. Special textual markers are used to distinguish them in the indices in which they occur.

b. The following words differ in Streitberg and Bennett, but must be treated as special cases:

	Streitberg	*Bennett*	Location
A.	anah*nei*wands	anahnewands	3²⁵
	*an*þaranuh	nþaranuh	5³
	þatuh	atuh	5⁴
	ha*idau*	haida	5²⁷
	fullafahida	fullafahda	7²¹
	ib*ai*	iba	8²⁶
	ussok*ei*	ussoke	8²⁷
B.	garehsnai[s]	garehsnais̄	2²⁵
	witoþ	witoþ	3¹⁴
	s<a>	s̄	4²⁷
	frijo[n]dan	frijos̄:dan	5³
	anakunnan	san ᵍᵃkunnan	5²¹
	[jai]jainai	jai jainai	8⁵

Words in group A differ only in that in each case Bennett was unable to read a letter that was visible according to Streitberg or his predecessors. In all cases the letters that are lacking in Bennett are at the beginning (*a*nþaranuh, þatuh) or at the end of a line, i.e. the word ended at the end of a line, or continued onto the next line. Bennett states (pp. 91, 94, 97, 103 and 107) that the now missing letters were in all probability formerly visible, but that they became lost due to the deterioration of the manuscript. This group of words from Bennett's text has therefore not been included in the corpus.

In the case of the words in group B, the Streitberg edition did not mention the scribal cancellations (superscript dots) — with the exception of [jäi]jainai, an inconsistent and curious blend — and included the words, or else modified them so that they would make sense. Our corpus contains the words from Bennett as the scribe ostensibly intended, i.e. *garehsnai, frijodan,* etc. (Both *witop* and *s* have been omitted, as that was the apparent intention of the scribe.) Special textual markers are used to distinguish Bennett's readings from Streitberg's.

c. Bennett's edition contains some words which do not occur in Streitberg. These are also indicated by a textual marker in the indices in which they occur. One example of this type is the rather enigmatic gloss *ktl jah los* (approximately 8²¹). Bennett conjectures that it is an abbreviation for Greek καὶ τὰ λοιπά 'and so forth', and Gothic *jah l(aib)os,* the second being a translation of the first. The Gothic form, *jah laibos* is included in the corpus, the Greek *ktl* is not.

d. The placement of quotation marks in Streitberg's *Skeireins* has been changed according to Bennett. In Bennett's version a larger portion of the text is considered to be biblical quotation. This change affects only the reference to the manuscript, i.e. E vs. *E.*

e. Bennett did not capitalize proper nouns in his edition. This minor orthographic difference is ignored in the corpus, i.e. words in Bennett that differ from those in Streitberg only because of capitalization are not included in the corpus.

8. Other recent decipherments of biblical manuscripts are not yet available in definitive publications, and therefore have not been considered.

TEXT ABBREVIATIONS, MANUSCRIPT SYMBOLS, TEXTUAL MARKERS

Text Abbreviations

Cal	Gothic Calendar	Sal	Salzburg-Vienna Manuscript
Col	Colossians	SkB	Bennett's Decipherment of *Skeireins*
1Cr	I Corinthians	Skr	*Skeireins* (Streitberg)
2Cr	II Corinthians	1Th	I Thessalonians
DeA	Deed of Arezzo	2Th	II Thessalonians
DeN	Deed of Naples	Tit	Titus
Eph	Ephesians	1Tm	I Timothy
Gal	Galatians	2Tm	II Timothy
Jhn	John	Ver	Veronese Manuscript
Luk	Luke		
Mat	Matthew	exp	Explicit (e.g. du Kaurinþaium anþara ustauh)
Mrk	Mark		
Neh	Nehemiah		
Phm	Philemon	inc	Incipit (e.g. du Galatim anastodeiþ)
Php	Philippians		
Rom	Romans	g	Marginal Gloss

Manuscript Symbols

A	Ambrosianus A (including Taurinensis)
B	Ambrosianus B
C	Ambrosianus C
D	Ambrosianus D
E	Ambrosianus E (including Vaticanus) (Biblical quotations)
G	Giessen
N	Deed of Naples
S	Salzburg-Vienna
V	Veronese
A	Argenteus
C	Carolinus
E	Ambrosianus E (including Vaticanus) (non-Biblical text)
S	Speyer Leaf[1]
𝔄	Deed of Arezzo

---

[1] The Speyer fragment, which belongs to the Codex Argenteus, has a special manuscript symbol in view of the fact that its text is not included in Streitberg.

Textual Markers

⁻	Word in text is partially within square brackets, e.g. all[l]
⁼	Word in text is entirely within square brackets, e.g. [jabai]
⁺	Word in text is partially within angular brackets, e.g. <ga>filhan
‡	Word in text is entirely within angular brackets, e.g. <þana>
*	Word in Roman text has Italic letters (or vice versa), e.g. at*gaf*
⁑	Word in Roman text has all Italic letters (or vice versa), e.g. *ansts*
¤	Bennett's reading and/or interpretation differs from Streitberg's[1]
¶	Bennet has verified a conjecture by Streitberg
○	Spurious reading in Streitberg's version of *Skeireins*
ε	Word was found by Bennett but not by Streitberg

---

[1] **The following** cases can be distinguished:
   1. Difference in reading and in interpretation, e.g.:
      Skr 1¹⁵ galvotjandin   SkB galvatjandin
   2. Difference in reading without difference in interpretation, e.g.:
      Skr 2²⁵ garehsnai[s]   SkB garehsnai
      Skr 1¹² gareh<s>ns   SkB garehsns
      Skr 8¹ *ains*hun   SkB . . hun
   3. Difference in interpretation without difference in reading, e.g.:
      Skr 6³ hausjan<dans>   SkB hausjan
      Skr 7¹⁸ [swe]   SkB swe

INDICES

Associated with each entry in the indices are one or more references, indicating where the item is located in the corpus. Each reference consists of a text abbreviation, a double number (e.g. 14^{25} — sometimes only the superscript number occurs), a manuscript symbol, and in some cases one or more textual markers (see the complete list of abbreviations, manuscript symbols and textual markers on p. XV sq.). The numbers refer to the chapter and verse in the case of the *Bible*, the manuscript leaf and the line in Streitberg for *Skeireins*, the month (1 is October, 2 is November) and line for the *Calendar*, the line number for the *Salzburg-Vienna manuscript*, the deed number and line in the case of the *Deeds of Naples* and *Arezzo*, and the homily and line number for the *Veronese manuscript*. The references follow the same order as the biblical books and minor fragments in Streitberg.

The principal purpose of including manuscript symbols is to prevent possible ambiguity, especially in cases involving two manuscripts for the same text, e.g. Ambrosianus A and B. If a word occurs in the same form in both texts, as is often the case in the alphabetical word index, both symbols are included (AB). If a word occurs more than once in the same verse it has only one reference, but a number following the manuscript symbol indicates the frequency of occurrence for that verse (e.g. *þau* Rom 8^{35} A6). The textual markers refer to words which have been emended by Streitberg, words which contain both Italic and Roman characters in Streitberg's text, or words in *Skeireins* which differ between Streitberg and Bennett.

In the alphabetical order of the indices:
ƕ follows *h*
þ follows *t*.

The following list provides a general survey of the use of asterisks, other textual markers and Italic letters in the indices:

	asterisks	other markers	*Italics*
Alphabetical Word-Index	yes	yes	no
Index of Word Fragments	no	yes	yes
Index of Number Symbols	yes	yes	no
Index of Words with Diacritics	no	no	yes
Index of Emended Words	yes	yes	no
Index of Spurious Readings	no	no	yes

ALPHABETICAL WORD-INDEX

The word-index contains only those fragments which have preserved at least one initial character. The following examples illustrate sample entries:

Comments

nu	Phm	1^1	A	Phm has only one chapter
silba	2Cr	8^{17}	AB	Occurs in Ambrosianus A and B
silbam	2Cr	1^9	A2B2	Occurs twice each in Ambrosianus A and B
wein..s	1Tm	3^3	A	Word fragment
þau	Rom	8^{35}	A6	Occurs six times in verse 35
þairh	Mrk	inc	A	Occurs in the incipit to Mark
wulpus	Mrk	exp	S	Occurs in the explicit to Mark
waila	1Cr	9^{22}g	A	Occurs as a "Randglosse"
gafilhan	Mat	8^{22}	A^+	Streitberg: <ga>filhan; manuscript: filhan
þana	Luk	19^{33}	$A‡$	Streitberg: <þana>; not in the manuscript
all	2Tm	3^{16}	A^-	Streitberg: all[l]; manuscript: alll
jabai	Luk	17^6	$A^=$	Streitberg: [jabai]; manuscript: jabai
atgaf	Jhn	12^{49}	A^*	Streitberg: at*gaf*
ansts	Gal	6^{18}	A^*_*	Streitberg: *ansts*
stauai	Skr	1^3	E^*	Streitberg: staua*i*
stauai	SkB	1^3	$E^¶$	Bennett: stauai
samaleikoh	Skr	7^{15}	$E°$	Spurious reading according to Bennett
samaleiko	SkB	7^{15}	$E^¤$	Bennett's reading
nist	SkB	1^1	$E^ε$	Word does not occur in Streitberg's text

— Textual marker and/or word iteration number

— Manuscript symbol

— g = "Randglosse"

— Verse etc.

— Chapter etc.

— Text

— Word

a

aba	Rom	7²	A	1Cr	7¹⁴	A	1Cr	11³	A		Luk	9³⁹	A	Luk	10³⁰	A	Luk	16³	A
	1Tm	3²	AB	Tit	1⁶	B					Luk	16²¹	A	Luk	17⁷	A	Luk	18³⁴	A
aban	Luk	1³⁴	A	Mrk	10¹²	A	1Cr	7¹¹	A		Luk	19²⁴	A	Luk	19²⁶	A2	Luk	20⁴²	A
	1Cr	7¹³	A2	1Cr	7¹⁶	A	Gal	4²⁷	B		Mrk	1⁴²	A	Mrk	2²⁰	A	Mrk	2²¹	A
abans	1Tm	3¹²	A								Mrk	3²²	A	Mrk	5⁴	A	Mrk	5²⁹	A
abba	Gal	4⁶	A								Mrk	5³⁴	A	Mrk	7⁴	A	Mrk	7²⁸	A
Abeilenes	Luk	3¹	A								Mrk	7³¹	A	Mrk	7³³	A	Mrk	9⁹	A
Abiaþara	Mrk	2²⁶	A								Mrk	10⁶	A	Mrk	10³⁷	A2	Mrk	10⁴⁰	A2
Abijins	Luk	1⁵	A								Mrk	12³⁶	A	Mrk	13²⁷	A	Mrk	13²⁸	A
abin	Luk	1²⁷	A	Luk	2³⁶	A	Rom	7²	A		Mrk	14⁶²	A	Mrk	15²¹	A	Mrk	15²⁷	A2
	Rom	7³	A2	1Cr	7¹⁰	A	1Cr	7¹¹	A		Mrk	15³⁰	A	Mrk	15³²	A	Mrk	15⁴³	A
	1Cr	7¹⁴	A								Mrk	16³	A	Mrk	16⁸	A	Mrk	16⁹	A
abins	Rom	7²	A	1Tm	5⁹	AB					Mrk	16¹⁹	S	Rom	7²	A	Rom	7⁶	A
abnam	Eph	5²²	A	Eph	5²⁴	A					Rom	8³⁵	A	Rom	8³⁹	A	Rom	9³	A
abne	1Cr	11³	A	1Cr	11⁴	A					Rom	11²⁶	A	Rom	12²¹	AA=	Rom	12²¹	CC=
abraba	Mat	27⁵⁴	A	Mrk	16⁴	A	Neh	6¹⁶	D		2Cr	1¹⁶	AB	2Cr	3⁵	AB2	2Cr	3¹⁸	A2B2
Abraham	Jhn	8³⁹	A	Jhn	8⁴⁰	A	Jhn	8⁵²	A		2Cr	7¹	AB	2Cr	8¹⁰	AB	2Cr	10⁷	B
	Jhn	8⁵⁶	A	Jhn	8⁵⁷	A	Jhn	8⁵⁸	A		2Cr	11³	B	2Cr	11⁹	B	2Cr	12⁸	AB
	Luk	1⁷³	A	Luk	3⁸	A	Luk	16²³	A		Eph	4³¹	AB	Gal	1¹	B	Gal	1⁶	B
	Gal	3⁶	A	Gal	4²²	AB					Gal	2⁶	AB	Gal	4²⁴	B	Gal	5⁴	B
Abrahama	Mat	8¹¹	A	Jhn	8⁵³	A	Luk	1⁵⁵	A		Php	4¹⁵	B	Col	1²³	AB	Col	2²⁰	B
	Luk	3⁸	A								Col	3²⁴	B	1Th	2¹⁷	B	1Th	4³	B
Abrahamis	Jhn	8³³	A	Jhn	8³⁷	A	Jhn	8³⁹	A2		1Th	4¹⁶	B	1Th	5²²	B	2Th	1⁷	A
	Luk	3³⁴	A	Luk	16²²	A	Luk	19⁹	A		2Th	3²	B	2Th	3³	B	2Th	3⁶	B
	Luk	20³⁷	A	Mrk	12²⁶	A	Rom	9⁷	A		1Tm	1⁶	AB	1Tm	6⁵	A	1Tm	6¹⁰	AB
	2Cr	11²²	B	Gal	3²⁹	A					2Tm	1¹⁵	AB	2Tm	2¹⁹	B	2Tm	4⁴	AB
abrs	Luk	15¹⁴	A								Skr	4⁹	E						
abu	Jhn	18³⁴	A							afagidai	Php	1²⁸	B						
Adam	1Tm	2¹³	AB	1Tm	2¹⁴	AB				afagjaidau	1Th	3³	B						
Adama	1Cr	15²²	A							afaiaik	Mat	26⁷²	A	Jhn	18²⁵	A	Jhn	18²⁷	A
Adamis	Luk	3³⁸	A								Mrk	14⁶⁸	A						
Addeins	Luk	3²⁸	A							afaika	Mat	10³³	A						
Addeis	Neh	7²⁰	D*							afaikai	Luk	9²³	A						
Adoneikamis	Neh	7¹⁸	D*							afaikam	2Tm	2¹²	B						
af	Mat	5¹⁸	A	Mat	5²⁹	A	Mat	5³⁰	A	afaikan	Mrk	14⁷¹	A	2Tm	2¹³	B			
	Mat	5⁴²	A	Mat	6¹³	A	Mat	7¹⁶	A2	afaikis	Mat	26⁷⁵	A	Jhn	13³⁸	A			
	Mat	8¹	A	Mat	9¹⁵	A	Mat	9¹⁶	A	afaikiþ	Mat	10³³	A	2Tm	2¹²	B			
	Mat	25⁴¹	C	Mat	27⁴²	A	Mat	27⁵⁷	A	afairzidai	Jhn	7⁴⁷	A	1Tm	1⁶	AB	1Tm	6¹⁰	AB
	Jhn	7²⁸	A	Jhn	8²⁸	A	Jhn	10¹⁸	AA‡		Skr	8¹⁴	E⁺°	SkB	8¹⁴	E⌑			
	Jhn	11¹	A	Jhn	12³²	A	Jhn	14¹⁰	A	afairzjaindau	1Cr	15³³	A						
	Jhn	15⁴	A	Jhn	16¹³	A	Jhn	16²²	A	afairzjan	Mrk	13²²	A						
	Luk	1¹¹	A	Luk	1⁵²	A	Luk	4³⁵	A	afar	Mat	8¹	A	Mat	8²²	A	Mat	9⁹	A2
	Luk	4⁴¹	A	Luk	5²	A	Luk	5¹³	A		Mat	9¹⁹	A	Mat	9²⁷	A	Mat	10³⁸	A
	Luk	5³⁵	A	Luk	5³⁶	A	Luk	6¹⁷	A		Mat	26²	C	Mat	26⁷³	AC	Mat	27⁵³	A
	Luk	6¹⁹	A	Luk	6²⁹	A	Luk	6³⁰	A		Mat	27⁵⁵	A	Mat	27⁶²	A	Mat	27⁶³	A
	Luk	7²¹	A	Luk	8¹²	A	Luk	8¹⁴	A		Jhn	6¹	A	Jhn	7¹	A	Jhn	11⁷	A
	Luk	8¹⁸	A	Luk	8²⁹	A	Luk	8³³	A		Jhn	11¹¹	A	Jhn	11³¹	A	Jhn	12¹⁹	A
	Luk	8³⁵	A	Luk	8³⁸	A	Luk	8⁴⁶	A		Jhn	13²⁷	A	Luk	1⁵⁹	A	Luk	2⁴⁶	A
	Luk	9⁵	A	Luk	9³³	A	Luk	9³⁷	A		Luk	5⁵	A	Luk	5¹¹	A	Luk	5²⁷	A2

	Luk	5²⁸	A	Luk	8¹	A⁼	Luk	9¹¹	A	afgaggandans	Luk	5²	A	
	Luk	9²³	A	Luk	9²⁸	A	Luk	14²⁷	A	afgrundiþa	Luk	8³¹	A	Rom	10⁷	A
	Luk	15⁴	A	Luk	15¹³	A	Luk	19¹⁴	A	afgudaim	1Tm	1⁹g	A
	Mrk	1⁷	A	Mrk	1¹⁴	A	Mrk	1¹⁷	A	afgudein	Rom	11²⁶	A	2Tm	2¹⁶	B
	Mrk	1¹⁸	A	Mrk	1²⁰	A	Mrk	2¹	A	afgudon	Skr	4²⁶	E
	Mrk	2¹⁴	A2	Mrk	2¹⁵	A	Mrk	3⁷	A	afhabaiþ	1Th	5²²	AB
	Mrk	5²⁴	A	Mrk	6¹	A	Mrk	8³¹	A	afhaimjai	2Cr	5⁶	AB	2Cr	5⁹	AB
	Mrk	8³⁴	A	Mrk	9²	A	Mrk	10²⁴	A	afhamon	2Cr	5⁴	AB
	Mrk	13²⁴	A	Mrk	14¹³	A	Mrk	14⁵¹	A	afhlaþana	2Tm	3⁶	AB
	Mrk	14⁵⁴	A	Mrk	14⁷⁰	A	Mrk	16¹⁹	S	afholoda	Luk	19⁸	A
	1Cr	11²⁵	A	1Cr	15³	A	1Cr	15⁴	A	afhrainjan	Skr	1⁴	E
	1Cr	15⁵	A	2Cr	5¹⁰	AB	2Cr	11²⁸	B	afhrisjaiþ	Luk	9⁵	A
	Php	3¹⁴	AB	1Tm	4¹⁴	B	2Tm	2²⁶	AB	afhrisjam	Luk	10¹¹	A
	Skr	2²	E	Skr	3²⁴	E	Skr	6⁴	E	afhugida	Gal	3¹	A
	Skr	7¹⁴	E	Sal	²	S	Sal	⁶	S	afƕapidedun	Luk	8⁷	A	Mrk	4⁷	A
	Ver	17²⁷	V							afƕapjaiþ	1Th	5¹⁹	B
afaram	Luk	1⁵	A⁺							afƕapjan	Eph	6¹⁶	AB
afardaga	Luk	7¹¹	A							afƕapjand	Mrk	4¹⁹	A
afargagga	Php	3¹²	AB	Php	3¹⁴	AB				afƕapnand	Luk	8¹⁴	A
afargaggan	Mrk	5³⁷	A							afƕapniþ	Mrk	9⁴⁴	A	Mrk	9⁴⁶	A	Mrk	9⁴⁸	A
afargaggand	1Tm	5²⁴	AB							afƕapnodedun				Luk	8³³	A	Mrk	5¹³	A
afargaggandeins				Mrk	16²⁰	S				afiddja	Jhn	6¹⁵	A	Luk	2³⁷	A	Luk	9¹⁰	A
afargaggiþ	Mrk	16¹⁷	S							aflageinai	Mrk	1⁴	A
afariddjedun	Mat	8²³	A							aflagida	1Cr	13¹¹	A
afarlaistidedi	1Tm	5¹⁰	A							aflagjaiþ	Eph	4²²	AB
afarlaistjandam				Mat	8¹⁰	A				aflagjan	Jhn	10¹⁸	A
afarlaistjandans				Mrk	10³²	A	Mrk	11⁹	A‡	aflagjandans	Eph	4²⁵	AB
afarlaistjandein				Luk	7⁹	A				aflagjiþ	Col	3⁸	AB
afarlaistjandin				Luk	1³	A				aflailot	Mat	8¹⁵	A	Mat	27⁵⁰	A	Luk	4³⁹	A
afarsabbate	Mrk	16²	A								Mrk	1³¹	A
afaruh	Mat	8⁵	A	Luk	1²⁴	A	Mrk	16¹²	A	aflailoti	Mrk	10²⁹	A
	Skr	3¹⁵	E							aflailotum	Luk	18²⁸	A	Mrk	10²⁸	A
afaruþ-þan	Luk	10¹	A	Luk	18⁴	A				aflaiþ	Mat	27⁵	A	Luk	5¹³	A	Luk	15¹³	A
afblindnodedun				2Cr	3¹⁴g	A					Luk	20⁹	A	Mrk	1⁴²	A	Mrk	3⁷	A
afdailja	Luk	18¹²	A								Mrk	12¹	A
afdaubnodedun				2Cr	3¹⁴	AB				afleitan	Mat	9⁶	A
afdauidai	Mat	9³⁶	A							afleitana	Luk	16¹⁸	A
afdauþidai	Rom	7⁴	A	2Cr	6⁹	AB				afleitanda	Luk	5²⁰	A
afdauþidedeina				Mat	27¹	A				afleitandans	Luk	5¹¹	A
afdauþjaidau	Mrk	7¹⁰	A							afleiþandans	Luk	20²⁰	A
afdauþjan	Mrk	14⁵⁵	A							afleiþands	Luk	5¹⁶	A
afdobn	Luk	4³⁵	A							afleiþiþ	Mat	7²³	A	Mat	9²⁴	A
afdomeinai	Skr	8⁸	E							aflet	Mat	5²⁴	A	Mat	5⁴⁰	A	Mat	6¹²	A
afdomiþs	Jhn	16¹¹	A								Skr	3¹⁸	E
afdomjada	Mrk	16¹⁶	S							afleta	Luk	1⁷⁷	A	Skr	3¹⁹	E
afdomjaid	Luk	6³⁷	A							afletada	Mrk	3²⁸	A
afdomjan	Mat	26⁷⁴	AC							afletai	Mat	5³¹	A	Luk	7⁴⁹	A	Mrk	11²⁵	A
afdomjanda	Luk	6³⁷	A								1Cr	7¹²	A	1Cr	7¹³	A
afdrausjan	Luk	4²⁹	A							afletaindau	Mrk	4¹²	A
afdrugkja	Mat	11¹⁹	A*	1Cr	5¹¹	A				afletaiþ	Mrk	11²⁵	A
afdumbn	Mrk	4³⁹	A							afletam	Mat	6¹²	A
afetja	Mat	11¹⁹	A	Luk	7³⁴	A				afletan	Luk	5²¹	A	Luk	5²⁴	A	Mrk	2⁷	A
affalht	Luk	10²¹	A								Mrk	2¹⁰	A	Mrk	10⁴	A
afgaf	Phm	¹⁵	A							afletanda	Mat	9²	A	Mat	9⁵	A	Luk	5²³	A
afgaggandam	Mat	11⁷	A								Luk	7⁴⁷	A	Luk	7⁴⁸	A	Mrk	2⁵	A

	Mrk	2⁹	A						
afletandane	Luk	18²⁹	A						
afletandans	Mrk	1¹⁸	A	Mrk	1²⁰	A	Mrk	4³⁶	A
	Mrk	7⁸	A	Mrk	12¹²	A	Mrk	14⁵⁰	A
afletands	Luk	16¹⁸	A	Mrk	8¹³	A			
afletiþ	Mat	5³²	A	Mat	6¹⁴	A2	Mat	6¹⁵	A2
	Mrk	10¹¹	A	Mrk	10¹²	A	Mrk	11²⁶	A2
aflifnandans	1Th	4¹⁷	B						
aflifnandeins	Jhn	6¹²	A	Skr	7²⁴	E			
aflifniþ	Jhn	12²⁴	A						
aflifnoda	Jhn	6¹³	A	Luk	9¹⁷	A	Skr	7¹⁵	E
	Skr	7²⁷	E						
aflinniþ	Luk	9³⁹	A						
afliþi	Luk	4⁴²	A						
afmaimait	Jhn	18¹⁰	A	Jhn	18²⁶	A	Luk	9⁹	A
	Mrk	6¹⁶	A	Mrk	6²⁷	A			
afmait	Mat	5³⁰	A	Mrk	9⁴³	A	Mrk	9⁴⁵	A
afmarzeinais	Eph	4²²	AB						
afmarzeins	Mrk	4¹⁹	A						
afmarzjada	2Cr	11²⁹	B						
afmarzjaindau				Jhn	16¹	A			
afmauidai	Gal	6⁹	A*B						
afnima	Rom	11²⁷	A						
afnimada	Mat	9¹⁵	A	Luk	5³⁵	A	Luk	8¹⁸	A
	Luk	19²⁶	A	Mrk	2²⁰	A	Mrk	4²⁵	A
	2Cr	3¹⁶	AB						
afnimai	Mrk	2²¹	A						
afniman	Luk	1²⁵	A						
afnimands	Mrk	7³³	A						
afnimiþ	Mat	9¹⁶	A	Jhn	11³⁹	A	Luk	16³	A
	Skr	1⁸	E						
afqiþiþ	Luk	14³³	A						
afsateinais	Mrk	10⁴	A						
afsatida	Mat	5³²	A						
afsatjaidau	Luk	16⁴	A						
afsatjan	Mrk	10²	A						
afskaidai	Rom	8³⁵	A						
afskaidan	Rom	8³⁹	A						
afskaidand	Luk	6²²	A						
afskaidiþ	2Cr	6¹⁷	AB						
afskaiskaid	Gal	2¹²	B						
afskaiskaidun	Luk	9³³	A						
afskauf	Rom	11¹	A						
afskiubandans				1Tm	1¹⁹	AB			
afslaham	Luk	20¹⁴	A						
afslahands	Eph	2¹⁶	AB⁺						
afslaupjandans				Col	3⁹	B			
afslauþidai	2Cr	4⁸	AB						
afslauþiþs	Gal	4²⁰	AB						
afslauþnan	Luk	4³⁶	A						
afslauþnodedun				Mrk	1²⁷	A	Mrk	10²⁴	A
afsloh	Mrk	14⁴⁷	A						
afslohun	Mrk	12⁵	A						
afstand	1Tm	6⁵	A						
afstandai	2Tm	2¹⁹	B						
afstandand	Luk	8¹³	A	1Tm	4¹	AB			
afstass	2Th	2³	A*						
afstassais	Mat	5³¹	A						
afstoþ	Luk	4¹³	A						
afstoþi	2Cr	12⁸	AB						
afstoþum	2Cr	4²	AB						
afswaggwidai	2Cr	1⁸	A						
afswairbands	Col	2¹⁴	B						
afta	Php	3¹⁴	B						
aftana	Mrk	5²⁷	A						
aftaro	Mat	9²⁰	A	Luk	7³⁸	A	Luk	8⁴⁴	A
aftaurnid	Luk	5³⁶	A						
aftiuhan	Luk	5³	A						
aftiuhands	Mrk	8³²	A						
aftra	Mat	5³³	A	Mat	26⁷²	AC	Mat	27⁵⁰	A
	Jhn	6¹⁵	A	Jhn	8¹²	A	Jhn	8²¹	A
	Jhn	9¹⁵	A	Jhn	9¹⁷	A	Jhn	9²⁶	A
	Jhn	9²⁷	A	Jhn	10⁷	A	Jhn	10¹⁷	A
	Jhn	10¹⁸	A	Jhn	10¹⁹	A	Jhn	10³¹	A
	Jhn	10³⁹	A	Jhn	10⁴⁰	A	Jhn	11⁷	A
	Jhn	11⁸	A	Jhn	11³⁸	A	Jhn	12²²	A
	Jhn	12²⁸	A	Jhn	12³⁹	A	Jhn	13¹²	A
	Jhn	14³	A	Jhn	16¹⁶	A	Jhn	16¹⁷	A
	Jhn	16¹⁹	A	Jhn	16²²	A	Jhn	16²⁸	A
	Jhn	18⁷	A	Jhn	18²⁷	A	Jhn	18³³	A
	Jhn	18³⁸	A‡	Jhn	18⁴⁰	A	Jhn	19⁴	A
	Jhn	19⁹	A	Luk	2⁴³	A	Luk	9⁶²	A
	Luk	14¹²	A	Luk	19¹⁵	A	Mrk	2¹	A
	Mrk	2¹³	A	Mrk	3¹	A	Mrk	3⁵	A
	Mrk	3²⁰	A‡	Mrk	4¹	A	Mrk	5²¹	A
	Mrk	7³¹	A	Mrk	8¹	A	Mrk	8¹³	A
	Mrk	8²⁵	A2	Mrk	9¹²	A	Mrk	10¹	A2
	Mrk	10¹⁰	A	Mrk	10²⁴	A	Mrk	10³²	A
	Mrk	11²⁷	A	Mrk	12⁴	A	Mrk	12⁵	A
	Mrk	14⁶¹	A	Mrk	14⁶⁹	A	Mrk	14⁷⁰	A2
	Mrk	15⁴	A	Mrk	15¹²	A	Mrk	15¹³	A
	Mrk	15³⁷	A	Rom	11²³	A	Rom	15¹⁰	C
	Rom	15¹¹	C	Rom	15¹²	C	1Cr	7¹¹	A
	1Cr	12²¹	A	2Cr	1¹⁶	AB	2Cr	2¹	AB
	2Cr	3¹	AB*	2Cr	5¹²	AB	2Cr	10⁷	B
	2Cr	11¹⁶	B	2Cr	12¹⁹	AB	2Cr	12²¹	AB
	2Cr	13²	A2B2	Eph	1¹⁰	AB	Gal	2¹	AB
	Gal	2¹⁸	A	Gal	4⁹	A2	Gal	4¹⁹	AB
	Gal	5¹	B	Php	1²⁶	B	Php	2²⁸	AB
	Php	3¹⁴	A*	Php	4⁴	AB	Skr	1²⁰	E
	Skr	1²⁵	E	Skr	2¹¹	E	Skr	2¹⁶	E
aftraanastodeinai				Skr	1²²	E			
aftumans	Mrk	10³¹	A2						
aftumist	Mrk	5²³	A						
aftumista	1Cr	15²⁶	A						
aftumistan	Luk	14⁹	A						
aftumistin	Luk	14¹⁰	A						
aftumists	Mrk	9³⁵	A						
afþaursidana	Mat	25⁴⁴	C						
afþaursiþs	Mat	25⁴²	C						

afþliuhiþ	Jhn	10^{13}	A					agliþos	1Th	3^4	B				
afþwahan	Jhn	9^{11}	A					agljai	Mrk	16^{18}	S				
afþwoh	Jhn	9^7	A	Jhn	9^{15}	A		aglo	Mrk	4^{17}	A	Mrk	13^{19}	A	Rom	8^{35}	A
afwagidai	Col	1^{23}	AB						Rom	9^2	A	2Cr	8^{13}	AB	
afwairpaidau	Eph	4^{31}	AB					aglom	2Cr	1^4	B	2Cr	6^4	AB	2Cr	11^{27}	B
afwairpan	Jhn	11^8	A						Eph	3^{13}	AB	2Th	1^4	AB	
afwairpands	Mrk	10^{50}	A					aglon	Mrk	13^{24}	A	1Cr	7^{28}	A	2Cr	1^4	B
afwairpiþ	Luk	20^6	A						2Cr	1^8	B	2Cr	2^4	AB	Php	4^{14}	B
afwalwiþs	Mrk	16^4	A						1Th	3^7	B				
afwalwjai	Mrk	16^3	A					aglono	Col	1^{24}	AB				
afwandei	2Tm	3^5	AB					aglons	Jhn	16^{21}	A	Jhn	16^{33}	A	Rom	12^{12}	A
afwandida	Skr	2^3	E						2Cr	4^{17}	B	2Cr	7^4	AB	2Cr	8^2	AB
afwandidedun				2Tm	1^{15}	AB			Php	1^{17}	B	1Tm	5^{10}	AB	Ver	13^{22}	V:
afwandjan	Rom	11^{26}	A					aglu	Mrk	10^{24}	A				
afwandjand	2Tm	4^4	AB					agluba	Luk	18^{24}	A	Mrk	10^{23}	A	
afwandjanda	Gal	1^6	B					Agustau	Luk	2^1	A				
afwandjandane				Tit	1^{14}	A		aha	Tit	1^{15}	A				
Agar	Gal	4^{24}	B					ahak	Mrk	1^{10}	A				
aggele	Luk	9^{26}	A	Luk	15^{10}	A		ahake	Luk	2^{24}	A				
aggeljus	Rom	8^{38}	A					ahakim	Mrk	11^{15}	A				
aggelu	Gal	4^{14}	A					ahaks	Luk	3^{22}	A				
aggilau	Luk	1^{18}	A	Luk	1^{34}	A	Luk	2^{13}	A	ahana	Luk	3^{17}	A				
	Luk	2^{21}	A	2Cr	11^{14}	B$^-$		ahane	Php	4^7	B				
aggile	Col	2^{18}	B	1Tm	5^{21}	A		Aharons	Luk	1^5	A				
aggileis	Mrk	1^{13}	A					ahin	2Th	2^2	A*	1Tm	6^5	AB	2Tm	3^8	AB
aggiljus	Luk	2^{15}	A	Mrk	12^{25}	A		ahins	Col	3^{12}	B*				
aggilu	Mat	11^{10}	A	Luk	7^{27}	A	Mrk	1^2	A	ahjaiþ	Mat	10^{34}	A				
aggilum	Mat	25^{41}	C	Luk	4^{10}	A	Luk	16^{22}	A	ahma	Jhn	6^{63}	A2	Jhn	7^{39}	A	Jhn	14^{17}	A
	Luk	20^{36}	A	Mrk	8^{38}	A	1Cr	4^9	A		Jhn	14^{26}	A	Jhn	16^{13}	A	Luk	1^{35}	A
	2Th	1^7	A	1Tm	3^{16}	A			Luk	1^{47}	A	Luk	2^{25}	A	Luk	3^{22}	A
aggiluns	Mrk	13^{27}	A						Luk	4^{18}	A	Luk	9^{39}	A	Mrk	1^{12}	A
aggilus	Jhn	12^{29}	A	Luk	1^{11}	A	Luk	1^{13}	A		Mrk	1^{25}	A	Mrk	1^{26}	A	Mrk	5^8	A
	Luk	1^{19}	A	Luk	1^{26}	A	Luk	1^{28}	A		Mrk	9^{20}	A	Mrk	9^{25}	A	Rom	8^9	A
	Luk	1^{30}	A	Luk	1^{35}	A	Luk	1^{38}	A		1Cr	5^5	A	1Cr	12^{11}	A	2Cr	3^6	AB
	Luk	2^9	A	Luk	2^{10}	A	2Cr	12^7	AB		2Cr	3^{17}	A2B2	2Cr	7^{13}	AB	Eph	4^4	AB
aggwiþa	Rom	8^{35}	A						Gal	5^{17}	AB	1Tm	4^1	AB	
aggwiþai	2Cr	2^4	AB					ahmam	Luk	4^{36}	A	Luk	6^{18}	A	Mrk	1^{27}	A
aggwiþom	2Cr	6^4	AB	1Th	3^3	B		ahman	Mat	27^{50}	A	Jhn	7^{39}	A	Jhn	15^{26}	A
aggwu	Mat	7^{13}	A	Mat	7^{14}	A			Luk	4^{33}	A	Luk	8^{55}	A	Mrk	1^{10}	A
agis	Luk	1^{12}	A	Luk	1^{65}	A	Luk	7^{16}	A		Mrk	3^{29}	A	Mrk	3^{30}	A	Mrk	7^{25}	A
	Mrk	4^{41}	A	Rom	13^3	AC	Rom	13^7	A2		Mrk	9^{17}	A	Rom	8^9	A	1Cr	16^{18}	B
	2Cr	5^{11}	AB	2Cr	7^{11}	AB	1Tm	5^{20}	A		2Cr	1^{22}	AB	2Cr	4^{13}	B	2Cr	5^5	AB
	Neh	6^{16}	D						2Cr	11^4	B	Eph	1^{17}	AB	Eph	3^{16}	AB
agisa	Luk	2^9	A	Luk	8^{37}	A	2Cr	7^1	AB		Eph	4^{30}	AB	Gal	3^2	A	Gal	4^6	A
	2Cr	7^5	AB	2Cr	7^{15}	AB	Eph	5^{21}	A		Gal	5^{17}	B	1Th	4^8	B	1Th	5^{19}	B
agisis	Jhn	7^{13}	A	Luk	5^{26}	A	Neh	5^{15}	D		1Th	5^{23}	AB	2Th	2^2	A:	2Tm	1^7	AB
agl	1Cr	11^6	A						2Tm	1^{14}	AB	Skr	2^{26}	E	
aglaitei	Mrk	7^{22}	A	Gal	5^{19}	AB*		ahmane	Luk	7^{21}	A	Luk	8^2	A	Luk	9^{55}	A
aglaitein	2Cr	12^{21}	B$^-$	Eph	4^{19}	AB			Mrk	6^7	A	1Tm	4^1	AB	
aglaitgastaldans				1Tm	3^8	A		ahmans	Mat	8^{16}	A	Luk	10^{20}	A	Mrk	3^{11}	A
aglaitgastalds	Tit	1^7	B						Mrk	5^{13}	A				
aglaitiwaurdei				Eph	5^4	B‡		ahmateinais	2Tm	3^{16}	AB				
aglaitiwaurdein				Col	3^8	AB		ahmein	Rom	7^{14}	A	Skr	2^{24}	E	
aglaitja	2Cr	12^{21}	A					ahmeinai	Eph	1^3	AB	Col	1^9	B	Col	3^{16}	B*
aglaitjam	Rom	13^{13}	A					ahmeinaim	Eph	5^{19}	A	Col	3^{16}	B	

ahmeinan	1Cr	10³	A					aigi	Jhn	6⁴⁰	A	1Cr	7¹²	A	1Cr	7¹³	A
ahmeinans	Gal	6¹	AB					aigin	Luk	16¹	A			
ahmeino	1Cr	10⁴	A	1Cr	15⁴⁶	A	aigina	Luk	8⁴³	A	Luk	14³³	A
ahmeinon	Skr	3¹²	E					aiginam	Luk	8³	A			
ahmeinona	Eph	6¹²	AB					aiginis	Luk	15¹²	A	Luk	19⁸	A
ahmin	Jhn	11³³	A	Jhn	13²¹	A	Luk	1³	A=	aigum	Jhn	8⁴¹	A	Luk	3⁸	A
	Luk	1¹⁷	A	Luk	1⁸⁰	A	Luk	2²⁶	A	aigun	Mat	8²⁰	A	Luk	9⁵⁸	A
	Luk	2²⁷	A	Luk	3¹⁶	A	Luk	4¹	A	aih	Jhn	6⁴⁷	A	Jhn	6⁵⁴	A	Jhn	10¹⁶	A
	Luk	6²⁰	A	Luk	8²⁹	A	Luk	9⁴²	A		Jhn	16¹⁵	A	Jhn	19¹⁰	A2	1Tm	6¹⁶	B
	Luk	10²¹	A	Mrk	1⁸	A	Mrk	1²³	A	aihandans	2Cr	6¹⁰	AB
	Mrk	2⁸	A	Mrk	5²	A	Mrk	8¹²	A	aihta	Luk	15¹¹	A	Luk	16¹	A	Gal	4²²	AB
	Mrk	9²⁵	A	Mrk	12³⁶	A	Rom	8⁴	A	aihtedeis	Jhn	19¹¹	A
	Rom	8⁵	A	Rom	8⁹	A	Rom	9¹	A	aihtedun	Luk	20³³	A	Mrk	12²³	A
	Rom	12¹¹	A	Rom	14¹⁷	C	Rom	16²⁴	A	aihtins	1Cr	13³	A	2Cr	12¹⁴	AB
	1Cr	5⁴	A	1Cr	12¹³	A2	2Cr	2¹³	AB	aihtron	Luk	18³⁵	A	Mrk	10⁴⁶	A
	2Cr	3³	AB	2Cr	3¹⁸	AB	2Cr	6⁶	AB	aihtronai	Php	4⁶	AB
	2Cr	12¹⁸	AB	Eph	1¹³	AB	Eph	2¹⁸	AB	aihtrondans	Eph	6¹⁸	AB	Col	1⁹	B
	Eph	2²²	B	Eph	3⁵	B	Eph	4²³	AB*	aihtronds	Jhn	9⁸	A
	Eph	5¹⁸	A	Eph	6¹⁸	AB	Gal	3³	A	aihtronins	Eph	6¹⁸	AB	1Tm	2¹	AB
	Gal	3⁵	A	Gal	4²⁹	B	Gal	5⁵	B	aihum	Jhn	19⁷	A	Gal	2⁴	AB
	Gal	5¹⁶	B	Gal	5¹⁸	AB	Gal	5²⁵	A2B2	aihuþ	Col	4¹	B
	Gal	6¹	AB	Gal	6⁸	A2B2	Gal	6¹⁸	A:B	aiƕatundjai	Luk	6⁴⁴	A	Luk	20³⁷	A	Mrk	12²⁶	A
	Php	1²⁷	B	Php	3³	AB	Col	1⁸	B	aikklesjo	1Cr	14²³	A	Eph	5²⁴	A	Col	1²⁴	AB
	1Tm	3¹⁶	A	Skr	2²⁰	E	Skr	3²⁶	E		1Tm	3¹⁵	A	1Tm	5¹⁶	A:
ahmins	Luk	1¹⁵	A	Luk	1⁴¹	A	Luk	1⁶⁷	A	aikklesjom	1Cr	7¹⁷	A	1Cr	16¹	AB	2Cr	8¹	A
	Luk	2⁴⁰	A	Luk	4¹	A	Luk	4¹⁴	A		2Cr	8¹⁹	AB	2Cr	11²⁸	B	Gal	1²	B
	Rom	7⁶	A	Rom	7²³	A	Rom	8²	A		Gal	1²²	AB	1Th	2¹⁴	B	2Th	1⁴	AB
	Rom	8⁵	A	Rom	8⁶	A	2Cr	3⁶	AB	aikklesjon	1Cr	10³²	A	1Cr	11²²	A	1Cr	15⁹	A
	2Cr	3⁸	AB	2Cr	7¹	AB	2Cr	13¹³	AB		1Cr	16¹⁹	B	2Cr	1¹	B	2Cr	8¹	B
	Eph	2²	AB	Eph	4³	AB	Eph	6¹⁷	AB		Eph	1²²	AB	Eph	3¹⁰	AB	Eph	3²¹	AB
	Gal	5¹³	B	Gal	5²²	AB	Php	1¹⁹	B		Eph	5²⁵	A	Eph	5²⁷	A	Eph	5²⁹	A
	Php	2¹	B	Skr	3¹⁹	E					Php	3⁶	AB	Col	4¹⁵	B	Col	4¹⁶	B
ahs	Mrk	4²⁸	A						2Th	1¹	AB	1Tm	3⁵	A
ahsa	Luk	6¹	A	Mrk	2²³	A	Mrk	4²⁸	A	aikklesjono	2Cr	8²³	AB	2Cr	8²⁴	AB	Php	4¹⁵	B
ahtau	Luk	2²¹	A	Luk	9²⁸	A				aikklesjons	Rom	16²³	A	1Cr	16¹⁹	B	2Cr	8¹⁸	AB
ahtaudogs	Php	3⁵	AB						2Cr	1¹⁸	B	2Cr	12¹³	AB	Eph	5²³	A
ahtautehund	Luk	2³⁷	A	Luk	16⁷	A				Col	1¹⁸	AB	Cal	1⁷	A
ahtudin	Luk	1⁵⁹	A					Ailamis	Neh	7³⁴	D*
aƕa	Luk	6⁴⁸	A	Luk	6⁴⁹g	A				Aileiaizairis	Luk	3²⁹	A
aƕai	Mrk	1⁵	A					Aileiakeimis	Luk	3³⁰	A
aƕo	2Cr	11²⁶	B					Aileisabaiþ	Luk	1⁵	A	Luk	1⁷	A	Luk	1¹³	A
aƕos	Mat	7²⁵	A	Mat	7²⁷	A	Jhn	7³⁸	A		Luk	1²⁴	A	Luk	1³⁶	A	Luk	1⁴⁰	A
Aibairis	Luk	3³⁵	A						Luk	1⁴¹	A2	Luk	1⁵⁷	A
aibr	Mat	5²³	A					ailoe	Mrk	15³⁴	A2
Aidduins	Neh	7³⁹	D					Aimmeirins	Neh	7⁴⁰	D
Aieirins	Neh	6¹⁸	D					ain	Mat	5³⁶	A	Jhn	6²²	A	Jhn	7²¹	A
Aifaisium	Eph	inc	AB*	Eph	exp	B			Jhn	10¹⁶	A	Jhn	10³⁰	A	Jhn	17¹¹	A
Aifaison	1Cr	15³²	A	1Cr	16⁸	AB	Eph	1¹	AB		Jhn	17²¹	A2	Jhn	17²²	A2	Luk	5³	A
	1Tm	1³	AB	2Tm	1¹⁸	AB	2Tm	4¹²	A		Mrk	4⁸	A3	Mrk	4²⁰	A3	Mrk	9³⁷	A
aiffaþa	Mrk	7³⁴	A						Mrk	10⁸	A	Rom	12⁵	C	1Cr	10¹⁷	A
aigandeins	Gal	4²⁷	B						1Cr	11⁵	A	1Cr	12¹²	A2	1Cr	12²⁰	A
aigands	Luk	15⁴	A	Luk	17⁷	A	Luk	20²⁸	A		1Cr	13⁵	A	1Cr	13⁵g	A	2Cr	2⁵	AB
	Mrk	12⁶	A						Eph	4⁴	AB	Gal	3²⁸	A	Php	3¹⁴	AB
aigeina	Jhn	10¹⁰	A2					aina	Mat	5¹⁹	A	Mat	5⁴¹	A	Mat	6²⁷	A
aigeiþ	Jhn	16³³	A						Mat	26⁶⁹	C	Luk	9³³	A3	Luk	17³⁵	A

	Mrk	6[8]	A	Mrk	14[66]	A	Eph	4[4]	AB	Ainnaïns	Neh 7[38] D	
	Eph	4[5]	A2B2	Gal	4[24]	B				ainnohun	Jhn 8[15] A	1Cr 1[14] A	1Cr 1[16] A
ainabaura	Skr	5[21]	E								2Cr 5[16] AB	2Cr 7[2] A2B2	2Cr 11[8] B
ainaha	Luk	7[12]	A	Luk	9[38]	A					Skr 5[11] E⁺	Skr 5[16] E	
ainai	Jhn	6[22]	A	Luk	5[12]	A	1Cr	15[19]	A⁼	ainoho	Luk 8[42] A		
	Php	1[27]	B	Php	4[15]	B	Col	4[11]	AB	ainohun	Jhn 10[41] A	Jhn 16[29] A	Jhn 18[38] A
	1Th	3[1]	B								Jhn 19[4] A	Luk 8[51] A	Luk 10[19] A
ainaihun	Luk	4[26]	A								Mrk 5[37] A	Mrk 6[5] A	Mrk 9[8] A
ainaim	Luk	6[4]	A	Mrk	2[26]	A	Skr	7[17]	E		Php 4[15] B⁻	SkB 5[11] E¤	
ainaizos	1Tm	3[2]	AB	1Tm	3[12]	A	Tit	1[6]	B	Ainokis	Luk 3[37] A		
	Skr	3[14]	E	Skr	5[1]	E				ainomehun	Luk 8[43] A		
ainakla	1Tm	5[5]	AB							Ainosis	Luk 3[38] A		
ainamma	Mat	6[24]	A	Mat	25[40]	C	Mat	25[45]	C	ains	Mat 5[18] A2	Mat 5[29] A	Mat 5[30] A
	Jhn	8[29]	A	Jhn	17[23]	A	Luk	4[8]	A		Mat 6[29] A	Mat 8[19] A	Mat 9[18] A
	Luk	5[17]	A	Luk	8[22]	A	Luk	15[4]	A		Mat 10[29] A	Mat 27[48] A	Jhn 6[8] A
	Luk	15[8]	A	Luk	16[13]	A	Rom	9[10]	A		Jhn 6[9] A	Jhn 6[15] A	Jhn 6[70] A
	Rom	12[4]	C	Rom	15[6]	C	1Cr	12[12]	A		Jhn 6[71] A	Jhn 8[16] A	Jhn 10[16] A
	1Cr	12[13]	A3	2Cr	1[2]	B	2Cr	11[24]	B		Jhn 12[4] A	Jhn 13[21] A	Jhn 13[23] A
	2Cr	11[25]	B	Eph	2[15]	AB	Eph	2[16]	AB		Jhn 16[32] A	Luk 5[21] A	Luk 7[39] A
	Eph	2[18]	AB	Gal	5[14]	B	Php	1[27]	B		Luk 7[41] A	Luk 9[36] A	Luk 17[15] A
	Php	4[16]	B	Col	3[15]	B	1Th	2[18]	B		Luk 17[34] A	Luk 18[10] A	Luk 18[19] A
	1Tm	1[17]	B								Mrk 2[7] A	Mrk 5[22] A	Mrk 6[15] A
ainamundiþa	Eph	4[3]	AB	Eph	4[13]	A					Mrk 9[17] A	Mrk 10[17] A	Mrk 10[18] A
ainamundiþos				Col	3[14]	B					Mrk 10[37] A2	Mrk 12[28] A	Mrk 12[29] A
ainana	Mat	6[24]	A	Mat	10[42]	A	Mat	27[15]	A		Mrk 12[32] A	Mrk 14[10] A	Mrk 14[47] A
	Jhn	8[41]	A	Jhn	16[32]	A	Jhn	17[3]	A		Mrk 14[51] A	Mrk 15[36] A	1Cr 4[6] A
	Jhn	18[14]	A	Jhn	18[39]	A	Luk	4[4]	A		1Cr 9[24] A	1Cr 10[17] A	1Cr 12[11] A
	Luk	15[19]	A	Luk	16[13]	A	Luk	16[17]	A		1Cr 12[14] A	1Cr 12[19] A	2Cr 5[15] AB
	Luk	17[22]	A	Mrk	8[14]	A	Mrk	8[28]	A		Eph 4[4] AB	Eph 4[5] AB	Eph 4[6] AB
	Mrk	9[5]	A3	Mrk	9[8]	A	Mrk	9[42]	A		1Tm 2[5] A2B2	1Tm 6[15] B	1Tm 6[16] B
	Mrk	12[6]	A	Mrk	15[6]	A	Mrk	15[27]	A2		2Tm 4[11] AB	Skr 5[12] E	Skr 7[2] E
	1Cr	4[6]	A	Gal	4[22]	A2B2	Skr	4[27]	E		Skr 7[3] E	Skr 8[23] E	
ainans	Mat	5[46]	A	Jhn	17[20]	A	Mrk	9[2]	A	ainshun	Jhn 6[65] A	Jhn 7[13] A	Jhn 7[19] A
ainata	Jhn	12[24]	A								Jhn 7[30] A	Jhn 7[44] A	Jhn 7[48] A
ainfalþ	Mat	6[22]	A								Jhn 8[20] A	Jhn 10[29] A	Jhn 13[28] A
ainfalþaba	Skr	3[18]	E								Jhn 14[6] A	Jhn 15[24] A	Jhn 16[5] A
ainfalþein	2Cr	1[12]	AB	2Cr	9[11]	B	2Cr	9[13]	B		Jhn 16[22] A	Jhn 17[12] A	Luk 1[61] A
	2Cr	11[3]	B	Col	3[22]	B					Luk 4[24] A	Luk 4[27] A	Luk 5[36] A
ainfalþeins	2Cr	8[2]	AB								Luk 5[37] A	Luk 5[39] A	Luk 7[28] A
ainhun	Mat	27[14]	A	Jhn	19[11]	A	Luk	1[37]	A		Luk 9[50] A⁼	Luk 14[24] A	Luk 16[13] A
	Mrk	13[20]	A	2Cr	6[3]	AB	Eph	4[29]	AB		Luk 18[19] A	Luk 18[29] A	Luk 19[30] A
	Gal	2[16]	B								Mrk 11[2] A	Mrk 12[34] A	1Cr 10[24] A
ainƕarjammeh				Luk	4[40]	A	Eph	4[7]	A		Gal 6[17] A*B	1Th 3[3] B	1Tm 6[16] B
	Col	4[6]	AB	Skr	7[19]	E°					2Tm 2[4] B	Skr 4[21] E	Skr 8[1] E*°
ainƕarjanoh	Luk	16[5]	A	1Cr	12[18]	A	1Cr	16[2]	AB		Skr 8[14] E	Skr 8[18] E⁺⁺°	SkB 8[18] E¤
	1Th	2[11]	B	SkB	7[19]	E¤					Skr 8[22] E*	SkB 8[22] E⫪	
ainƕarjatoh	1Cr	7[17]	A							ainummehun		Jhn 18[9] A	Jhn 18[31] A
ainƕarjizuh	Rom	12[5]	C	1Th	5[11]	B	2Th	1[3]	AB		Rom 12[17] A	Rom 13[8] A	2Cr 7[2] AB
ainƕarjoh	Eph	4[16]	A							ainzu	1Cr 9[6] A		
ainƕaþarammeh				Skr	3[5]	E				Aiodian	Php 4[2] AB		
ainis	Jhn	12[9]	A	Luk	15[7]	A	Luk	15[10]	A	Aipafras	Col 4[12] AB	Phm 23 A	
	Luk	18[22]	A	Luk	20[3]	A	Mrk	10[21]	A	Aipafraudeitu		Php 2[25] B	
	Mrk	11[29]	A	1Cr	10[17]	A2	1Tm	5[9]	AB	Aipafrin	Col 1[7] B		
ainishun	1Th	4[12]	B							aipiskaupeins		1Tm 3[1] AB	
ainlibim	Mrk	16[14]	S	1Cr	15[5]	A				aipiskaupus	1Tm 3[2] AB	Tit 1[7] B	Cal 2[7] A

aipistaule	2Cr	3²	AB	2Cr	3³	AB	2Cr	7⁸	AB		
	Eph	inc	A	Col	4¹⁶	B	1Th	5²⁷	AB		
	2Th	inc	A*								
aipistaulein	Rom	16²²	A	1Cr	5⁹	A	2Th	2²	A*		
aipistaulem	2Th	3¹⁷	A*B								
aipistulans	Neh	6¹⁷	D	Neh	6¹⁹	D					
air	Mrk	1³⁵	A	Mrk	16²	A					
Airastus	Rom	16²³	A								
airino	Eph	6²⁰	B								
airinom	2Cr	5²⁰	AB								
airis	Mat	11²¹	A:	Luk	10¹³	A					
airizam	Mat	5²¹	A	Mat	5³³	A					
airizane	Luk	9⁸	A	Luk	9¹⁹	A					
airkniþa	2Cr	8⁸	AB*								
airkns	1Tm	3³	B⁻⁼								
Airmodamis	Luk	3²⁸	A								
Airmogaineis	2Tm	1¹⁵	B								
airþa	Mat	5¹⁸	A	Mat	9²⁶	A	Mat	10²⁹	A		
	Mat	10³⁴	A	Mat	27⁵¹	A	Jhn	12²⁴	A		
	Luk	4²⁵	A	Luk	5¹¹	A	Luk	8²⁷	A		
	Luk	16¹⁷	A	Mrk	4⁵	A	Mrk	4⁸	A		
	Mrk	4²⁶	A	Mrk	4²⁸	A	Mrk	4³¹	A		
	Mrk	9²⁰	A	Rom	9¹⁷	A	Rom	10¹⁸	A		
	1Cr	10²⁶	A	1Cr	10²⁸	A					
airþai	Mat	5³⁵	A	Mat	6¹⁰	A	Mat	6¹⁹	A		
	Mat	9⁶	A	Mat	9³¹	A	Mat	11²⁴	A		
	Mat	27⁴⁵	A	Jhn	6²¹	A	Jhn	12³²	A		
	Jhn	17⁴	A	Luk	2¹⁴	A	Luk	5²⁴	A		
	Luk	6⁴⁹	A	Luk	8⁸	A	Luk	8¹⁵	A		
	Luk	14³⁵	A	Luk	18⁸	A	Luk	19⁴⁴	A		
	Mrk	2¹⁰	A	Mrk	4²⁰	A	Mrk	4³¹	A		
	Mrk	8⁶	A	Mrk	9³	A	Mrk	15³³	A		
	Rom	9²⁸	A	1Cr	15⁴⁷	A	Eph	1¹⁰	AB		
	Eph	3¹⁵	AB	Col	1¹⁶	AB	Col	1²⁰	AB		
	Col	3²	AB	Col	3⁵	AB	Skr	4¹⁶	E		
	Skr	4¹⁸	E	Skr	4²²	E	Skr	4²³	E⁺°		
	SkB	4²³	E⁼	Ver	18²⁹	V*					
airþakundana				Skr	4¹⁶	E					
airþeina	2Cr	5¹	B*								
airþeinaim	2Cr	4⁷	AB	Php	3¹⁹	AB					
airþeinins	1Cr	15⁴⁹	AB								
airþeins	Skr	4²²	E								
airþos	Luk	10²¹	A	Mrk	4⁵	A	Mrk	13²⁷	A		
	Eph	4⁹	A	2Tm	2⁶	B					
airu	Luk	14³²	A	Luk	19¹⁴	A					
airum	Luk	7²⁴	A								
airuns	Luk	9⁵²	A								
airzein	Skr	5⁵	E								
airzeins	Eph	4¹⁴	A								
airzeiþ	Jhn	7¹²	A								
airziþa	Mat	27⁶⁴	A								
airziþos	1Tm	4¹	AB								
airzjai	Mrk	12²⁴	A	Mrk	12²⁷	A	Gal	6⁷	AB		
	2Tm	3¹³	AB								
airzjandans	2Cr	6⁸	AB	2Tm	3¹³	AB					
airzjands	Mat	27⁶³	A								
aista	Luk	18⁴	A								
aistand	Luk	20¹³	A								
aistands	Luk	18²	A								
aiþa	Mat	26⁷²	AC								
aiþans	Mat	5³³	A								
aiþe	Mrk	6²⁶	A								
aiþei	Mat	27⁵⁶	A2	Luk	1⁴³	A	Luk	1⁶⁰	A		
	Luk	2³³	A	Luk	2⁴³	A	Luk	2⁴⁸	A		
	Luk	2⁵¹	A	Luk	8¹⁹	A	Luk	8²⁰	A		
	Luk	8²¹	A	Mrk	3³¹	A	Mrk	3³²	A		
	Mrk	3³³	A	Mrk	3³⁴	A	Mrk	3³⁵	A		
	Mrk	15⁴⁰	A	Gal	4²⁶	B					
aiþein	Mat	10³⁵	A	Mat	10³⁷	A	Jhn	6⁴²	A		
	Luk	2³⁴	A	Luk	7¹²	A	Luk	7¹⁵	A		
	Luk	8⁵¹	A	Luk	14²⁶	A	Luk	18²⁰	A		
	Mrk	5⁴⁰	A	Mrk	6²⁴	A	Mrk	6²⁸	A		
	Mrk	7¹⁰	A2	Mrk	7¹¹	A	Mrk	7¹²	A		
	Mrk	10⁷	A	Mrk	10¹⁹	A	Mrk	10²⁹	A		
	Mrk	10³⁰	A	2Tm	1⁵	A					
aiþeins	Luk	1¹⁵	A	1Tm	1⁹	AB	1Tm	5²	B		
	Skr	2¹¹	E	Skr	2¹⁵	E					
aiþis	Luk	1⁷³	A								
aiþþau	Mat	5¹⁷	A	Mat	5¹⁸	A	Mat	5³⁶	A		
	Mat	6¹	A	Mat	6²⁴	A	Mat	6³¹	A2		
	Mat	7¹⁶	A	Mat	9¹⁷	A	Mat	10³⁷	A2		
	Mat	11²³	A	Mat	25³⁸	C	Mat	25³⁹	C		
	Mat	25⁴⁴	C4C*	Jhn	6¹⁹	A	Jhn	7⁴⁸	A		
	Jhn	8¹⁴	A	Jhn	9²¹	A	Jhn	13²⁹	A		
	Jhn	14²	A	Jhn	14⁷	A	Jhn	14²⁸	A		
	Jhn	15¹⁹	A	Jhn	18²³	A	Jhn	18³⁶	A		
	Luk	2²⁴	A	Luk	5³⁶	A	Luk	5³⁷	A		
	Luk	6⁴²	A	Luk	8¹⁶	A	Luk	9²⁵	A		
	Luk	9²⁶	A	Luk	14¹²	A	Luk	14³¹	A		
	Luk	14³²	A	Luk	15⁸	A	Luk	16¹³	A		
	Luk	17⁶	A	Luk	17⁷	A	Luk	17²¹	A		
	Luk	17²³	A	Luk	18¹¹	A	Luk	18²⁹	A4		
	Luk	20²	A	Mrk	3⁴	A2	Mrk	3³³	A		
	Mrk	4¹⁷	A	Mrk	4²¹	A	Mrk	4³⁰	A		
	Mrk	6¹¹	A	Mrk	6⁵⁶	A2	Mrk	7¹⁰	A		
	Mrk	7¹¹	A	Mrk	7¹²	A	Mrk	8³⁷	A		
	Mrk	10²⁹	A6A‡	Mrk	10⁴⁰	A	Mrk	13²¹	A		
	Rom	9¹¹	A2	Rom	10⁷	A	Rom	10¹⁴	A		
	Rom	11²²	A	Rom	11³⁴	C	Rom	11³⁵	C		
	Rom	14⁴	A	Rom	14¹⁰	C	Rom	14¹³	C		
	1Cr	1¹³	A	1Cr	4³	A	1Cr	4⁷	A		
	1Cr	5¹⁰	A2	1Cr	5¹¹	A5	1Cr	7¹¹	A		
	1Cr	7¹⁴	A	1Cr	7¹⁵	A	1Cr	7¹⁶	A		
	1Cr	9²	A	1Cr	9⁸	A	1Cr	10¹⁹	A		
	1Cr	11⁴	A	1Cr	11⁵	A	1Cr	11⁶	A		
	1Cr	11²⁷	A	1Cr	12²¹	A	1Cr	13¹	A		
	1Cr	14²³	A	1Cr	14²⁴	A	1Cr	14²⁷	A		
	1Cr	15²⁹	A	1Cr	16⁶	AB	2Cr	1¹³	AB		
	2Cr	1¹⁷	AB	2Cr	3¹	A2B2	2Cr	4¹⁶	B		
	2Cr	6¹⁴	AB	2Cr	6¹⁵	AB	2Cr	9⁷	AB		

		2Cr	10^{12}	B	2Cr	11^4	B2	2Cr	11^7	B	aiweinon	Mat	25^{46}	C2	Jhn	6^{27}	A	Jhn	6^{40}	A
		2Cr	11^{16}	B	2Cr	12^6	AA=B	2Cr	12^{12}	AB		Jhn	6^{47}	A	Jhn	6^{54}	A	Jhn	10^{28}	A
		Eph	3^{20}	AB	Eph	5^3	AB	Eph	5^4	B2B‡		Jhn	12^{25}	A	Jhn	17^2	A	Luk	18^{30}	A
		Eph	5^5	B2	Eph	5^{27}	A2	Gal	2^2	AB		Mrk	10^{30}	A	Gal	6^8	AB	2Th	1^9	A
		Gal	2^{21}	A	Php	2^3	B	Php	3^{12}	AB		1Tm	1^{16}	B	1Tm	6^{12}	AB			
		Col	2^{16}	B4	Col	3^{17}	B	1Th	2^{19}	B2	aiweinons	Jhn	6^{68}	A	Luk	10^{25}	A	Luk	18^{18}	A
		2Th	2^4	A	1Tm	2^9	A3B3	1Tm	5^4	B		Mrk	10^{17}	A	Tit	1^2	B			
		1Tm	5^{19}	A	Tit	1^6	B	Phm	18	A	aiweinos	Luk	16^9	A						
		Skr	1^1	E	Skr	8^{15}	E	Skr	8^{18}	E	aiwins	Mat	6^{13}	A						
aiw		Mat	9^{33}	A	Jhn	7^{46}	A	Jhn	8^{33}	A	aiwis	Luk	1^{70}	A	Luk	16^8	A	Luk	20^{34}	A
		Jhn	10^{28}	A	Jhn	10^{29}	A	Jhn	11^{26}	A		Luk	20^{35}	A	1Cr	1^{20}	A	2Cr	4^4	AB
		Luk	1^{55}	A	Luk	15^{29}	A	Luk	19^{30}	A		Eph	2^2	B						
		Mrk	2^{12}	A	Mrk	2^{25}	A	Mrk	3^{29}	A	aiwiskja	1Cr	15^{34}	A						
		Mrk	11^{14}	A	1Cr	8^{13}	A	1Cr	13^8	A	aiwiskjis	2Cr	4^2	AB						
		2Tm	3^7	AB	Skr	8^7	E				aiwiskoþ	1Cr	13^5	A						
aiwa		Jhn	8^{35}	A2	Jhn	8^{51}	A	Jhn	8^{52}	A	aiwlaugian	2Cr	9^5	AB						
		Jhn	9^{32}	A	Jhn	12^{34}	A	Jhn	14^{16}	A	Aiwneikai	2Tm	1^5	A						
		Jhn	15^{16}	A	Luk	18^{30}	A	Mrk	10^{30}	A	Aiwwa	1Tm	2^{13}	AB						
		Rom	12^2	C	2Cr	9^9	B	Eph	1^{21}	AB	Aiwwan	2Cr	11^3	B						
		Gal	1^4	B							aiwxaristian	2Cr	9^{11}	B						
aiwaggeli		1Cr	15^1	A	Eph	1^{13}	AB	Gal	1^7	B	aiz	Mrk	6^8	A						
		Gal	2^2	AB	1Tm	1^{11}	B				Aizaikeiins	Neh	7^{21}	D*						
aiwaggelida		Gal	4^{13}	A							aizasmiþa	2Tm	4^{14}	A						
aiwaggelista		Skr	3^3	E							Aizleimis	Luk	3^{25}	A						
aiwaggelistans					Eph	4^{11}	A				Aizoris	Luk	3^{33}	A						
aiwaggelistins					2Tm	4^5	AB				ajukduþ	Jhn	6^{51}	A	Jhn	6^{58}	A	Luk	1^{33}	A
aiwaggelja		Gal	1^6	B							ak	Mat	5^{15}	A	Mat	5^{17}	A	Mat	5^{39}	A
aiwaggeljis		1Cr	9^{23}	A								Mat	6^{13}	A	Mat	6^{18}	A	Mat	7^{21}	A
aiwaggeljo		Luk	inc	A	Mrk	inc	A	Mrk	14^9	A		Mat	8^4	A	Mat	8^8	A	Mat	9^{12}	A
		Mrk	exp	S	2Cr	4^3	AB	Gal	2^7	AB		Mat	9^{13}	A	Mat	9^{17}	A	Mat	9^{24}	A
		Sal	4	S								Mat	10^{34}	A	Jhn	6^{22}	A	Jhn	6^{26}	A
aiwaggeljon		Mat	9^{35}	A	Mrk	1^{14}	A	Mrk	1^{15}	A		Jhn	6^{27}	A	Jhn	6^{32}	A	Jhn	6^{38}	A
		Mrk	16^{15}	S	Rom	10^{16}	A	Rom	11^{28}	A		Jhn	7^{10}	A	Jhn	7^{12}	A	Jhn	7^{16}	A
		2Cr	2^{12}	B	2Cr	8^{18}	B	2Cr	9^{13}	B		Jhn	7^{22}	A	Jhn	7^{24}	A	Jhn	7^{28}	A
		2Cr	10^{14}	B	2Cr	10^{16}	B	2Cr	11^4	B		Jhn	8^{12}	A	Jhn	8^{16}	A	Jhn	8^{28}	A
		2Cr	11^7	B	Eph	3^6	B	Php	2^{22}	B		Jhn	8^{42}	A	Jhn	8^{49}	A	Jhn	8^{55}	A
		Php	4^3	AB	1Th	3^2	B	2Th	1^8	A		Jhn	9^3	A	Jhn	9^{31}	A	Jhn	10^1	A
		2Tm	1^8	AB	2Tm	1^{10}	AB+	2Tm	2^8	B		Jhn	10^5	A	Jhn	10^{33}	A	Jhn	11^4	A
		Skr	3^{12}	E								Jhn	11^{30}	A	Jhn	12^6	A	Jhn	12^9	A
aiwaggeljons		Mrk	1^1	A	Mrk	8^{35}	A	Mrk	10^{29}	A		Jhn	12^{16}	A	Jhn	12^{30}	A	Jhn	12^{44}	A
		2Cr	2^{12}	A	2Cr	4^4	AB	2Cr	8^{18}	A		Jhn	12^{47}	A	Jhn	12^{49}	A	Jhn	13^{18}	A
		Eph	6^{15}	AB	Eph	6^{19}	B	Gal	2^5	AB		Jhn	14^{10}	A	Jhn	14^{24}	A	Jhn	14^{31}	A
		Gal	2^{14}	B	Php	1^{16}	B	Php	1^{27}	B2		Jhn	15^{16}	A	Jhn	15^{19}	A	Jhn	15^{21}	A
		Php	4^{15}	B	Col	1^{23}	AB	Phm	13	A		Jhn	15^{25}	A	Jhn	16^{13}	A	Jhn	16^{25}	A
		Skr	1^{26}	E	Skr	3^{22}	E	Skr	4^9	E		Jhn	16^{27}	A	Jhn	17^9	A	Jhn	17^{15}	A
aiwam		Rom	9^5	A	Rom	11^{36}	C	2Cr	11^{31}	B		Jhn	17^{20}	A	Jhn	18^{28}	A	Jhn	18^{40}	A
		Eph	3^9	B	Gal	1^5	B	Col	1^{26}	AB		Luk	1^{60}	A	Luk	4^4	A	Luk	5^{14}	A
aiwe		Eph	3^{11}	AB	Eph	3^{21}	AB	1Tm	1^{17}	B2		Luk	5^{31}	A	Luk	5^{32}	A	Luk	5^{38}	A
aiweina		2Cr	4^{18}	B	2Th	2^{16}	B	2Tm	1^9	AB		Luk	7^7	A	Luk	8^{16}	A	Luk	8^{27}	A
		Tit	1^2	B								Luk	8^{52}	A	Luk	9^{56}	A	Luk	14^{10}	A
aiweinaizos		Mrk	3^{29}	A								Luk	14^{13}	A	Luk	17^8	A	Luk	18^{13}	A
aiweinamma		2Tm	2^{10}	B								Luk	20^{21}	A	Luk	20^{38}	A	Mrk	1^{44}	A
aiweinana		2Cr	5^1	AB	Phm	15	A					Mrk	1^{45}	A	Mrk	2^{17}	A2	Mrk	2^{22}	A
aiweinis		2Cr	4^{17}	B								Mrk	3^{26}	A	Mrk	3^{29}	A	Mrk	4^{17}	A
aiweino		Mat	25^{41}	C	Jhn	17^3	A	Rom	6^{23}	A		Mrk	4^{22}	A	Mrk	5^{19}	A	Mrk	5^{26}	A

	Mrk	5³⁹	A	Mrk	6⁹	A	Mrk	7⁵	A		
	Mrk	7¹⁵	A	Mrk	7¹⁹	A	Mrk	8³³	A		
	Mrk	9³⁷	A	Mrk	10⁸	A	Mrk	10⁴³	A		
	Mrk	10⁴⁵	A	Mrk	11²³	A	Mrk	11³²	A		
	Mrk	12¹⁴	A	Mrk	12²⁵	A	Mrk	12²⁷	A		
	Mrk	14⁴⁹	A	Rom	7⁷	A	Rom	7¹³	A		
	Rom	7¹⁵	A	Rom	7¹⁷	A	Rom	7¹⁹	A		
	Rom	7²⁰	A	Rom	8⁴	A	Rom	8⁹	A		
	Rom	9⁷	A	Rom	9⁸	A	Rom	9¹⁰	A		
	Rom	9¹²	A	Rom	9¹⁶	A	Rom	9²⁴	A		
	Rom	9³²	A	Rom	11¹¹	A	Rom	11¹⁸	A		
	Rom	11²⁰	A	Rom	12²	C‡	Rom	12³	C		
	Rom	12¹⁶	A	Rom	12¹⁷	AC	Rom	12¹⁹	AC		
	Rom	12²¹	AC	Rom	13³	AC	Rom	13⁵	A		
	Rom	13¹⁴	A	Rom	14¹³	C	Rom	14¹⁷	C		
	1Cr	1¹⁷	A	1Cr	5⁸	A	1Cr	7¹⁰	A		
	1Cr	7¹⁹	A	1Cr	9²⁰	A	1Cr	9²¹	A		
	1Cr	9²⁷	A	1Cr	10²⁰	A	1Cr	10²⁴	A		
	1Cr	10²⁹	A	1Cr	10³³	A	1Cr	12¹⁴	A		
	1Cr	12²²	A	1Cr	14²²	A2	1Cr	15¹⁰	A2		
	2Cr	1⁹	AB	2Cr	1¹²	AB	2Cr	1¹⁹	AB		
	2Cr	1²⁴	AB	2Cr	2⁴	AB	2Cr	2⁵	AB		
	2Cr	2¹³	AB	2Cr	2¹⁷	A2B2	2Cr	3³	A2B2		
	2Cr	3⁵	AB	2Cr	3⁶	AB	2Cr	3¹⁴	AB		
	2Cr	4²	A2B2	2Cr	4⁵	AB	2Cr	4¹⁸	B		
	2Cr	5⁴	AB	2Cr	5¹²	AB	2Cr	5¹⁵	AB		
	2Cr	6⁴	AB	2Cr	7⁵	AB	2Cr	7⁷	AB		
	2Cr	7⁹	AB	2Cr	7¹²	AB	2Cr	7¹⁴	AB		
	2Cr	8⁵	AB	2Cr	8⁸	AB	2Cr	8¹⁰	AB		
	2Cr	8¹³	AB	2Cr	8¹⁹	AB	2Cr	8²¹	AB		
	2Cr	9¹²	B	2Cr	10⁴	B	2Cr	10¹²	B		
	2Cr	10¹⁸	B	2Cr	11¹⁷	B	2Cr	12¹⁴	A2B2		
	2Cr	12¹⁶	AB	2Cr	13³	AB	2Cr	13⁷	AB		
	2Cr	13⁸	AB	Eph	1²¹	AB	Eph	2⁸	AB		
	Eph	2¹⁰	AB	Eph	2¹⁹	AB	Eph	4²⁸	B		
	Eph	4²⁹	AB	Eph	5⁴	B	Eph	5¹⁷	A		
	Eph	5¹⁸	A	Eph	5²⁷	A	Eph	5²⁹	A		
	Eph	6¹²	AB	Gal	1¹	B	Gal	2⁷	AB		
	Gal	4⁷	A‡	Gal	4¹⁴	A	Gal	4¹⁷	A		
	Gal	4³¹	B	Gal	5⁶	B	Gal	5¹³	B		
	Gal	6¹³	AB	Gal	6¹⁵	A*B	Php	1²⁰	B		
	Php	1²⁹	B	Php	2³	B	Php	2⁴	B		
	Php	2⁷	B	Php	2²⁷	AB	Php	3⁹	B		
	Php	4⁶	AB	Php	4¹⁷	B	Col	3¹¹	B		
	Col	3²²	B	1Th	2¹³	B	1Th	4⁷	B		
	1Th	4⁸	B	1Th	5⁶	B	1Th	5⁹	B		
	1Th	5¹⁵	B	2Th	3⁵	B*	2Th	3⁸	AB		
	2Th	3⁹	AB	2Th	3¹¹	AB	2Th	3¹⁵	AB		
	1Tm	1⁹	AB	1Tm	2¹⁰	AB	1Tm	2¹²	AB		
	1Tm	3³	AB	1Tm	4¹²	B	1Tm	5¹	B		
	1Tm	5¹³	A	1Tm	5²³	AB	1Tm	6²	AB		
	1Tm	6⁴	AB	2Tm	1⁷	AB	2Tm	1⁸	AB		
	2Tm	1⁹	AB	2Tm	1¹⁷	AB	2Tm	2²⁰	B		
	2Tm	2²⁴	AB	2Tm	4³	AB	2Tm	4⁸	AB		
	2Tm	4¹⁶	A	Tit	1⁸	B	Tit	1¹⁵	A		
	Phm	14	A	Phm	16	A	Skr	1⁴	E		
	Skr	1¹³	E	Skr	1¹⁴	E	Skr	3¹¹	E		
	Skr	4¹⁴	E	Skr	4²³	E	Skr	4²⁵	E		
	Skr	5¹²	E	Skr	5¹⁵	E	Skr	5¹⁷	E		
	Skr	5²⁴	E	Skr	5²⁶	E	Skr	7²	E		
	Skr	7¹⁴	E	Skr	7¹⁷	E	Skr	8¹¹	E		
Akaïjai	2Cr	1¹	B								
Akaïje	1Cr	16¹⁵	B								
Akaïkaus	1Cr	16¹⁷	B								
Akaja	2Cr	9²	A								
Akaje	2Cr	11¹⁰	B								
ake	Gal	2¹⁴	B								
akei	Mat	9¹⁸	A	Mat	11⁸	A	Mat	11⁹	A
	Jhn	6⁹	A	Jhn	6³⁶	A	Jhn	6⁶⁴	A
	Jhn	7²⁷	A	Jhn	7⁴⁴	A	Jhn	8²⁶	A
	Jhn	8³⁷	A	Jhn	10⁸	A	Jhn	10¹⁸	A‡
	Jhn	10²⁶	A	Jhn	11¹¹	A	Jhn	11¹⁵	A
	Jhn	11²²	A	Jhn	11⁴²	A	Jhn	12²⁷	A
	Jhn	12⁴²	A	Jhn	16²	A	Jhn	16⁴	A
	Jhn	16⁶	A	Jhn	16⁷	A	Jhn	16¹²	A
	Jhn	16²⁰	A	Jhn	16²⁵	A	Jhn	16³³	A
	Luk	6²⁷	A	Luk	7²⁵	A	Luk	7²⁶	A
	Luk	16²¹	A	Mrk	9¹³	A	Mrk	9²²	A
	Mrk	10²⁷	A=A‡	Mrk	13²⁰	A	Mrk	13²⁴	A
	Mrk	16⁷	A	Rom	8³⁷	A	Rom	10²	A
	Rom	10⁸	A	Rom	10¹⁶	A	Rom	10¹⁸	A
	Rom	10¹⁹	A	1Cr	4³	A	1Cr	4⁴	A
	1Cr	7⁷	A	1Cr	7²¹	A	1Cr	10²³	A2
	1Cr	15³⁵	A	2Cr	1⁹	AB	2Cr	3¹⁵	AB
	2Cr	4⁸	A2B2	2Cr	4⁹	A2B2	2Cr	4¹⁶	B*
	2Cr	5¹⁶	AB	2Cr	7⁶	AB	2Cr	7¹¹	A6B6
	2Cr	8⁷	AB	2Cr	10¹³	B	2Cr	11¹	B
	2Cr	11⁶	B	2Cr	12¹	B	2Cr	13⁴	A2B2
	Eph	5²⁴	A	Gal	2³	AB	Gal	4²	A
	Gal	4⁸	A	Gal	4²³	AB	Gal	4²⁹	B
	Gal	4³⁰	B	Php	1¹⁸	B	Php	2²⁷	AB
	Php	3⁷	AB	Php	3⁹	A	1Th	2¹⁶	B
	1Tm	1¹³	B	1Tm	1¹⁶	B	2Tm	1¹²	AB
	2Tm	2⁹	B	2Tm	3⁹	AB	Skr	1¹¹	E
	Skr	3⁴	E	Skr	4¹⁸	E	Skr	4¹⁹	E
	Skr	4²²	E	Skr	7⁶	E	Skr	7²⁰	E
akeitis	Mrk	15³⁶	A						
aketis	Mat	27⁴⁸	A						
akr	Mat	27⁷	A						
akra	Mat	27¹⁰	A	Luk	15²⁵	A	Mrk	15²¹	A
akran	Mat	7¹⁹	A	Jhn	12²⁴	A	Jhn	15²	A3
	Jhn	15⁴	A	Jhn	15⁵	A	Jhn	15⁸	A
	Jhn	15¹⁶	A2	Luk	1⁴²	A	Luk	3⁸	A
	Luk	3⁹	A	Luk	6⁴³	A2	Luk	8⁸	A
	Luk	8¹⁵	A	Mrk	4⁷	A	Mrk	4⁸	A
	Mrk	4²⁰	A	Mrk	4²⁸	A	Mrk	4²⁹	A
	Mrk	11¹⁴	A	Rom	7⁴	A	Rom	7⁵	A
	1Cr	9⁷	A	Eph	5⁹	B	Gal	5²²	AB
	Php	1²²	B	Php	4¹⁷	B*	Col	1¹⁰	AB
akrana	Mat	7¹⁷	A2	Mat	7¹⁸	A2	Luk	6⁴⁴	A

	2Cr	9¹⁰	B				aljakunja	Luk	17¹⁸	A	
akranalaus	Mrk	4¹⁹	A				aljakuns	Rom	11²⁴	A	
akranam	Mat	7¹⁶	A	Mat	7²⁰	A	aljaleiko	1Tm	6³	B	
akrane	2Tm	2⁶	B				aljaleikodos	Gal	4²⁴	B	
akranis	Luk	20¹⁰	A	Mrk	12²	A	aljaleikos	Php	3¹⁵ AB	1Tm 5²⁵ AB	1Tm 6³ A*
akrs	Mat	27⁸	A2				aljan	Rom	10² A	2Cr 7⁷ AB	2Cr 7¹¹ AB
Akwla	1Cr	16¹⁹	B					2Cr	9² AB	2Cr 12²⁰ AB	Gal 5²⁰ AB
alabalstraun	Luk	7³⁷	A					Col	4¹³ AB		
alabrunstim	Mrk	12³³	A				aljana	Rom	10¹⁹ A	Rom 11¹¹ A	Rom 11¹⁴ A
Alaiksandraus				Mrk	15²¹	A		Rom	13¹³ A	2Cr 11² B	Php 3⁶ AB
Alaiksandrus	1Tm	1²⁰	AB	2Tm	4¹⁴	A⁻	aljanon	Gal	4¹⁸ A		
alakjo	Luk	4²²	A	Luk	19³⁷	A	Luk 19⁴⁸ A	aljanond	Gal 4¹⁷ A		
	Mrk	11³²	A	Mrk	16¹⁵	S		aljanonds	2Cr 11² B		
alamannam	Skr	8¹²	E				aljanoþ	1Cr	13⁴ A	Gal 4¹⁷ A	
Alamoda	DeN	1²	N	DeN	2²	N	DeN 3² N*	aljar	2Cr	10¹ B	2Cr 10¹¹ B	
	DeN	4³	N	DeA	²	𝔄		aljaþ	Mrk	12¹ A		
alands	1Tm	4⁶	AB				aljaþro	Jhn	10¹ A	2Cr 13² AB	2Cr 13¹⁰ AB
alaþarba	Luk	15¹⁴	A					Php	1²⁷ B		
ald	1Tm	2²	AB	2Tm	4¹⁰	AB	aljis	Gal	5¹⁰ B	1Tm 1¹⁰ B	
aldai	Eph	2²	AB				all	Mat	6³² A	Mat 7¹⁷ A	Mat 7¹⁹ A
aldais	2Tm	2⁴	B					Mat	8³³ A	Jhn 6³⁷ A	Jhn 15² A2
alde	Luk	1⁵⁰	A					Jhn	15¹⁵ A	Jhn 16¹⁵ A	Jhn 17² A
aldim	Eph	2⁷	A⁻B	Eph	3⁵	B	Col 1²⁶ AB		Luk	3⁵ A2	Luk 3⁶ A	Luk 3⁹ A
aldins	Luk	1⁵⁰	A	Eph	3²¹	AB	1Tm 1¹⁷ B		Luk	4⁴ A	Luk 4⁷ A	Luk 4¹³ A
aldomin	Luk	1³⁶	A					Luk	4¹⁴ A	Luk 9⁶ A	Luk 10¹ A
aleina	Mat	6²⁷	A					Luk	10²² A	Luk 15³¹ A	Luk 18²² A
alewa	Luk	7⁴⁶	A	Mrk	6¹³	A		Luk	18³¹ A	Mrk 1⁵ A	Mrk 2¹³ A
alewabagm	Rom	11²⁴	A2					Mrk	6⁵⁵ A	Mrk 7¹⁸ A	Rom 8³⁶ A
alewabagme	Luk	19³⁷	A					Rom	13¹ AC	Rom 14¹¹ C2	1Cr 9²² A
alewabagmis	Rom	11¹⁷	A	Rom	11²⁴	A		1Cr	10²³ A4	1Cr 10²⁵ A	1Cr 10²⁷ A
alewabagms	Rom	11¹⁷	A					1Cr	10³³ A	1Cr 12¹¹ A	1Cr 12¹⁷ A2
alewis	Luk	16⁶	A					1Cr	13² A	1Cr 13⁷ A2	1Cr 15²⁴ A
alewjin	Mrk	11¹	A					2Cr	10⁵ B2	2Cr 10⁶ B	2Cr 12¹⁹ AB
alewjo	Luk	19²⁹	A					2Cr	13¹ AB	Eph 1²² B	Eph 3¹⁵ AB
Alfaiaus	Mrk	2¹⁴	A	Mrk	3¹⁸	A		Eph	3²⁰ AB	Eph 4¹⁶ A	Eph 6¹⁶ AB
Alfaius	Luk	6¹⁵	A					Gal	5³ B	Gal 5¹⁴ B	Php 3⁸ AB
alh	Mat	27⁵	A	Jhn	7¹⁴	A	Jhn 7²⁸ A		Php	4⁷ B	Php 4¹³ B	Col 1²⁸ A3B3
	Jhn	8²⁰	A	Jhn	8⁵⁹	A	Jhn 10²³ A		Col	2¹⁹ B	Col 2²² AB	Col 3¹⁷ BB*
	Luk	1⁹	A	Luk	1²¹	A	Luk 1²² A		Col	3²⁰ B	Col 3²² B	Col 4⁷ AB
	Luk	2²⁷	A	Luk	2³⁷	A	Luk 2⁴⁶ A		Col	4⁹ AB	1Th 5²¹ B	2Th 2⁴ A
	Luk	18¹⁰	A	Luk	19⁴⁵	A	Luk 19⁴⁷ A		1Tm	4⁴ AB	2Tm 2¹⁰ B	2Tm 3¹⁶ A⁻B
	Luk	20¹	A	Mrk	11¹¹	A	Mrk 11¹⁵ A2		Tit	1¹⁵ A	Skr 4¹¹ E	
	Mrk	11¹⁶	A	Mrk	11²⁷	A	Mrk 12³⁵ A	alla	Mat	8³² A	Mat 8³⁴ A	Mat 9²⁶ A
	Mrk	14⁴⁹	A	Mrk	14⁵⁸	A	Mrk 15²⁹ A		Mat	9³⁵ A	Mat 10³⁰ A	Mat 26¹ C
	Eph	2²¹	B	2Th	2⁴	A:		Jhn	12³² A	Jhn 16³⁰ A	Jhn 17⁷ A
alhs	Mat	27⁵¹	A	Luk	4⁹	A	2Cr 6¹⁶ A2B2		Jhn	17¹⁰ A	Jhn 18⁴ A	Luk 1⁴⁸ A
alidan	Luk	15²³	A	Luk	15²⁷	A	Luk 15³⁰ A		Luk	1⁶⁵ A	Luk 2¹⁹ A	Luk 2⁵¹ A
alja	Jhn	6²²	A	Jhn	7⁴⁹	A	Luk 4²⁶ A		Luk	3¹⁹ A	Luk 3²⁰ A	Luk 3²¹ A
	Luk	4²⁷	A	Luk	5²¹	A	Luk 8⁵¹ A		Luk	4²⁵ A	Luk 5⁵ A	Luk 6¹⁹ A
	Luk	10²²	A2	Mrk	9⁸	A	Mrk 10¹⁸ A		Luk	7¹ A	Luk 7¹⁷ A	Luk 7¹⁸ A
	Mrk	10⁴⁰	A	Mrk	12³²	A	Rom 13¹ AC		Luk	7²⁹ A	Luk 8³⁹ A	Luk 9⁷ A
	2Cr	1¹³	A2B2	Gal	1⁷	B	Gal 2¹⁶ B		Luk	9²⁵ A	Luk 9⁴³ A	Luk 16¹⁴ A
	Php	4¹⁵	B	Skr	8¹⁵	E			Luk	17¹⁰ A	Luk 18⁴³ A	Luk 20⁶ A
aljai	Skr	7¹¹	E					Mrk	1³³ A	Mrk 1³⁹ A	Mrk 4¹ A
aljakonjai	Eph	2¹⁹	AB					Mrk	5³³ A	Mrk 7¹⁴ A	Mrk 7²³ A

	Mrk	9¹²	*A*	Mrk	9¹⁵	*A*	Mrk	10²⁰	*A*
	Mrk	10²⁸	*A*	Mrk	11¹¹	*A*	Mrk	11¹⁸	*A*
	Mrk	12³⁷	*A*	Mrk	14⁹	*A*	Mrk	14⁵⁵	*A*
	Mrk	15¹	*A*	Mrk	15⁸	*A*	Mrk	15¹⁶	*A*
	Rom	9¹⁷	A	Rom	10¹⁸	A	Rom	11³⁶	*C*
	1Cr	12¹⁹	A	1Cr	13²	A	1Cr	14²³	A
	1Cr	15²⁷	A2	1Cr	15²⁸	A3	2Cr	5¹⁷	AB
	2Cr	5¹⁸	AB	2Cr	9⁸	B	Eph	1¹⁰	AB
	Eph	1¹¹	AB	Eph	1²²	A2B	Eph	1²³	AB
	Eph	2²¹	B	Eph	3⁹	AB	Eph	4¹⁵	A
	Eph	4³¹	AB	Eph	6¹⁸	AB	Php	3²¹	AB
	Col	1¹⁶	A2B2	Col	1¹⁷	AB	Col	1¹⁹	AB
	Col	1²⁰	AB	Col	1²³	AB	Col	3⁸	AB
	Col	3¹¹	B	Col	3¹⁴	B	2Th	1¹¹	A
	1Tm	1¹⁶	B	1Tm	6¹³	B	Neh	5¹³	D2
	Neh	5¹⁸	D	Skr	5¹²	E	Skr	5¹⁸	*E*
	Skr	6¹²	*E*						
allai	Mat	9³¹	*A*	Mat	11¹³	*A*	Mat	27¹	*AC*
	Mat	27⁴⁵	*A*	Jhn	6⁴⁵	*A*	Jhn	7²¹	*A*
	Jhn	10⁸	*A*	Jhn	13¹¹	*A*	Jhn	13³⁵	*A*
	Jhn	16¹³	*A*	Jhn	17²¹	*A*	Jhn	18⁴⁰	*A*
	Luk	1⁶³	*A*	Luk	1⁶⁵	*A*	Luk	1⁶⁶	*A*
	Luk	2³	*A*	Luk	2¹⁰	*A*	Luk	2¹⁸	*A*
	Luk	2⁴⁷	*A*	Luk	3¹⁵	*A*	Luk	4²²	*A*
	Luk	4²⁸	*A*	Luk	4⁴⁰	*A*	Luk	6²⁶	*A*
	Luk	8³⁷	*A*	Luk	8⁴⁰	*A*	Luk	8⁵²	*A*
	Luk	9¹³	*A*	Luk	9¹⁷	*A*	Luk	9⁴³	*A*
	Luk	10¹⁹	*A*	Luk	10²⁷	*A3*	Luk	14¹⁸	*A*
	Luk	14²⁹	*A*	Luk	15¹	*A*	Luk	19⁷	*A*
	Luk	20⁶	*A*	Luk	20³⁸	*A*	Luk	20⁴⁵	*A*
	Mrk	1⁵	*A*	Mrk	1²⁷	*A*	Mrk	1³⁷	*A*
	Mrk	2¹²	*A*	Mrk	5²⁰	*A*	Mrk	7³	*A*
	Mrk	7¹⁴	*A*	Mrk	11³²	*A*	Mrk	12³⁰	*A3*
	Mrk	12³³	*A2*	Mrk	14⁵⁰	*A*	Mrk	14⁵³	*A*
	Mrk	14⁶⁴	*A*	Mrk	15³³	*A*	Mrk	16¹⁵	*S*
	Rom	9⁶	A	Rom	9⁷	A	Rom	10¹⁶	A
	Rom	11²⁶	A	Rom	12⁴	*C*	Rom	14¹⁰	*C*
	1Cr	9²⁴	A	1Cr	10¹	A2	1Cr	10²	A
	1Cr	10³	A	1Cr	10⁴	A‡	1Cr	10¹⁷	A
	1Cr	12¹²	A	1Cr	12¹³	A2	1Cr	14²³	A
	1Cr	14²⁴	A	1Cr	15²²	A2	1Cr	15⁵¹	A2B2
	1Cr	16²⁰	B‡	2Cr	1¹	B	2Cr	1⁴	B
	2Cr	3¹⁸	AB	2Cr	5¹⁰	AB	2Cr	5¹⁵	AB
	2Cr	8⁷	AB	2Cr	9¹¹	B	2Cr	12¹²	AB
	2Cr	13¹²	AB	Eph	1³	AB	Eph	1⁸	AB
	Eph	2³	AB	Eph	3¹⁹	AB	Eph	4²	AB
	Eph	4¹³	A	Eph	4³¹	AB	Eph	5⁹	B
	Eph	6¹⁸	B	Gal	1²	B	Gal	3²⁸	A
	Php	1²⁰	B	Php	2³	B	Php	2²⁹	AB
	Php	4⁶	AB	Col	1⁹	B	Col	1¹¹	A2B2
	Col	1²⁸	AB	Col	3¹⁶	B	1Th	3⁷	B
	1Th	3⁹	B	1Th	4¹⁰	B	1Th	5⁵	B
	1Tm	2²	AB	1Tm	2¹¹	AB	1Tm	3⁴	A
	1Tm	5²	B	2Tm	1¹⁵	AB	2Tm	3¹²	AB
	2Tm	4²	AB	2Tm	4¹⁶	A	Neh	5¹⁶	D
	Neh	5¹⁸	D2	Neh	6¹⁶	D	Skr	1¹	E
	Skr	4⁵	E	Skr	5¹⁹	E	Skr	5²⁰	E
	Skr	5²³	E						
allaim	Mat	5¹⁵	*A*	Mat	26⁷⁰	*C*	Jhn	10²⁹	*A*
	Luk	1³	*A*	Luk	1⁶	*A*	Luk	1⁶⁵	*A*
	Luk	2³⁸	*A*	Luk	3¹⁵	*A*	Luk	3¹⁶	*A*
	Luk	4¹⁵	*A*	Luk	4²⁰	*A*	Luk	5²⁸	*A*
	Luk	7³⁵	*A*	Luk	8⁴⁵	*A*	Luk	9¹	*A*
	Luk	9²³	*A*	Luk	9⁴³	*A*	Luk	9⁴⁸	*A*
	Luk	17²⁹	*A*	Mrk	5⁴⁰	*A*	Mrk	9³⁵	*A*
	Mrk	10⁴⁴	*A*	Mrk	11¹⁷	*A*	Mrk	12³³	*A*
	Rom	8³⁷	A	Rom	9⁵	A	Rom	10⁴	A
	Rom	12³	*C*	Rom	12¹⁸	*AC*	Rom	13⁷	A
	1Cr	7¹⁷	A	1Cr	9²²	A	1Cr	10³³	A
	1Cr	14²⁴	A2	1Cr	15⁷	A	1Cr	15¹⁰	A
	1Cr	15²⁸	A	1Cr	16¹⁶	B	1Cr	16²⁴	AB
	2Cr	1¹	B	2Cr	1⁴	B	2Cr	2³	AB
	2Cr	2¹⁴	AB	2Cr	3²	AB	2Cr	4²	AB
	2Cr	7¹³	AB	2Cr	9¹³	B	2Cr	11⁶	B
	2Cr	11⁹	B	2Cr	11²⁸	B	2Cr	13²	AB
	2Cr	13¹³	AB	Eph	1¹¹	AB*	Eph	1²³	AB
	Eph	3¹⁸	AB	Eph	4⁶	A2	Eph	5²⁰	A
	Eph	6¹⁸	AB	Eph	6²⁴	B	Gal	2¹⁴	B
	Gal	6⁶	AB	Php	1¹⁸	B	Php	1²⁵	B
	Php	4⁵	AB	Php	4¹²	B	Col	1¹⁷	AB
	Col	1¹⁸	AB	Col	3¹¹	B	1Th	2¹⁵	B
	1Th	3¹³	B	1Th	5²⁷	A	2Th	1⁴	AB
	2Th	1¹⁰	A	2Th	2¹⁷	B	2Th	3²	B
	2Th	3¹⁶	A2B2	2Th	3¹⁷	A*B	2Th	3¹⁸	A*B
	1Tm	2¹	AB	1Tm	2²	AB	1Tm	2⁸	AB
	1Tm	4¹⁵	B	2Tm	2⁷	B	2Tm	3⁹	AB
	2Tm	3¹¹	AB	2Tm	4⁵	AB	2Tm	4⁸	AB
	Skr	4¹³	E	Skr	4¹⁹	E	Skr	8¹¹	E
allaize	Jhn	17²	*A*	Luk	1⁷¹	*A*	Luk	2²⁰	*A*
	Luk	20³²	*A*	Mrk	2¹²	*A*	Mrk	4³¹	*A*
	Mrk	4³²	*A*	Mrk	9³⁵	*A*	Mrk	12²²	*A*
	Rom	10¹²	A	Rom	12¹⁷	AC	1Cr	11³	A
	1Cr	13²	A	1Cr	15⁸	A	1Cr	15¹⁹	A
	2Cr	2³	AB	2Cr	7¹⁵	AB	Eph	1²¹	A2B2
	Eph	3⁸	B	Eph	4⁶	AB	Gal	4¹	A
	Php	2²⁶	B	1Th	4⁶	B	2Th	1³	AB
	1Tm	4¹⁰	B	1Tm	5²⁰	A	1Tm	6¹⁰	AB
	Skr	1³	E 2						
allaizo	Luk	2³¹	*A*	Luk	19³⁷	*A*	Mrk	12²⁸	*A*
	Mrk	12²⁹	*A*	2Cr	1³	B			
allaizos	Luk	8⁴⁷	*A*	Rom	15¹³	*C*	Rom	16²³	A
	2Cr	7⁴	AB	Eph	4¹⁹	AB	Col	1¹⁵	AB
	1Tm	1¹⁵	B	1Tm	4⁹	B	1Tm	6¹	AB
allamma	Mat	6²⁹	*A*	Luk	5¹⁷	*A*	Luk	6¹⁷	*A*
	Luk	8⁴³	*A*	Luk	10²⁷	*A*	Luk	14³³	*A*
	Luk	15¹⁴	*A*	Mrk	5²⁶	*A*	Mrk	12³⁰	*A*
	Mrk	12³³	*A2*	2Cr	2⁹	AB	2Cr	4⁸	AB
	2Cr	6⁴	AB	2Cr	7¹	AB	2Cr	7⁵	AB
	2Cr	7¹¹	AB	2Cr	7¹⁶	AB	2Cr	8⁷	AB
	2Cr	9⁸	B2	2Cr	9¹¹	B	2Cr	11⁶	B

		Eph	5²⁴	A	Eph	6¹³	AB	Php	3⁸	AB		Neh	6¹⁶	D	
		Php	4¹²	B	Col	1¹⁰	A2B2	Col	4¹²	AB	alls	Jhn	9³⁴	A	Luk 1¹⁰ A
		1Th	5¹⁸	B	1Th	5²²	B	2Th	3⁶	B	alluh	1Cr	15²⁶	A	
		1Tm	3¹¹	A	1Tm	4⁸	AB	1Tm	5¹⁰	AB	allwaldands	2Cr	6¹⁸	AB	
		2Tm	2²¹	AB	2Tm	3¹⁷	AB	Tit	1¹⁶	A	als	Mrk	15³⁸	A	
		Skr	5¹	E							alþeis	Skr	2¹⁰	E	Skr 2¹⁴ E
allana		Jhn	7²³	A	Luk	2¹	A	Mrk	8³⁶	A	alþiza	Luk	15²⁵	A	
		Rom	7⁸	A	Rom	10²¹	A	1Cr	5⁶	A	alþjona	2Cr	5¹⁷	AB	
		Gal	5⁹	B	Skr	4¹⁰	E				alþjono	Cal	2²⁰	A	
allandjo		1Th	5²³	AB							Alulis	Neh	6¹⁵	D:	
allans		Mat	8¹⁶	A	Jhn	13¹⁸	A	Luk	1⁷⁵	A	Ameinadabis	Luk	3³³	A	
		Luk	3³	A	Luk	4⁵	A	Luk	4³⁶	A	amen	Mat	5¹⁸	A	Mat 5²⁶ A Mat 6² A
		Luk	4³⁷	A	Luk	5⁹	A	Luk	5²⁶	A		Mat	6⁵	A	Mat 6¹³ A Mat 6¹⁶ A
		Luk	6¹⁰	A	Luk	6¹⁹	A	Luk	7¹⁶	A		Mat	8¹⁰	A	Mat 10²³ A Mat 10⁴² A
		Luk	7¹⁷	A	Luk	8⁵⁴	A	Luk	9²	A		Mat	11¹¹	A	Mat 25⁴⁰ C Mat 25⁴⁵ C
		Luk	9¹⁵	A	Luk	17²⁷	A	Mrk	1²⁸	A		Jhn	6²⁶	A2	Jhn 6³² A2 Jhn 6⁴⁷ A2
		Mrk	1³²	A	Mrk	7¹⁹	A	Mrk	8²⁵	A		Jhn	6⁵³	A2	Jhn 8³⁴ A2 Jhn 8⁵¹ A2
		Rom	10¹²	A	Rom	11³²	A2	1Cr	7⁷	A		Jhn	8⁵⁸	A2	Jhn 10¹ A2 Jhn 10⁷ A2
		1Cr	15²⁵	A	2Cr	2⁵	AB	2Cr	5¹⁵	A2B2		Jhn	12²⁴	A2	Jhn 13¹⁶ A2 Jhn 13²⁰ A2
		Eph	1¹⁵	AB	Eph	3⁹	B	Eph	4⁶	A		Jhn	13²¹	A2	Jhn 13³⁸ A2 Jhn 14¹² A2
		Eph	4¹⁰	A	Gal	6¹⁰	AB	1Th	3¹²	B		Jhn	16²⁰	A2	Jhn 16²³ A2 Luk 4²⁴ A
		1Th	4¹⁰	B	1Th	5¹⁴	B	1Th	5¹⁵	B		Luk	7⁹	A	Luk 18¹⁷ A Luk 18²⁹ A
		1Th	5²⁶	AB	1Tm	2⁴	AB	1Tm	2⁶	AB		Mrk	3²⁸	A	Mrk 6¹¹ A Mrk 8¹² A
		2Tm	2²⁴	AB	Tit	1¹¹	A	Skr	1¹⁰	E		Mrk	9¹	A	Mrk 9⁴¹ A Mrk 10¹⁵ A
allata		Mat	5¹⁸	A	Mat	5²⁹	A	Mat	5³⁰	A		Mrk	10²⁹	A	Mrk 11²³ A Mrk 14⁹ A
		Mat	6²²	A	Mat	6²³	A	Jhn	10⁴¹	A		Mrk	16²⁰	S	Mrk exp S Rom 9⁵ A
		Jhn	14²⁶	A	Jhn	15²¹	A	Luk	2³⁹	A		Rom	11³⁶	C	Rom 16²⁴ A 1Cr 16²⁴ AB
		Luk	4⁶	A	Luk	5¹¹	A	Luk	14¹⁷	A		2Cr	1²⁰	AB	2Cr 13¹³ AB Eph 3²¹ AB
		Luk	15¹³	A	Luk	18²¹	A	Luk	18²⁸	A		Eph	6²⁴	B	Gal 1⁵ B Gal 6¹⁸ AB
		Mrk	3²⁸	A	Mrk	4¹¹	A	Mrk	4³⁴	A		Col	4¹⁹	B	1Th 5²⁸ AB 2Th 3¹⁸ A*B
		Mrk	6³⁰	A	Mrk	7³⁷	A	Mrk	9²³	A		1Tm	1¹⁷	B	Neh 5¹³ D Skr 2⁵ E2
		Mrk	10²⁷	A	Mrk	11²⁴	A	Mrk	13²³	A		Skr	2¹⁹	E2	
		Mrk	16²⁰	S	Rom	14²	A	1Cr	10³¹	A	Ammons	Luk	3²⁵	A	
		1Cr	11²	A	1Cr	13⁷	A2	1Cr	14²⁶	A	amsans	Luk	15⁵	A	
		1Cr	16¹⁴	B	2Cr	4¹⁵	B	2Cr	6¹⁰	AB	an	Jhn	9³⁶	A	Jhn 18³⁷ A Luk 3¹⁰ A
		2Cr	7¹⁴	AB	Eph	4¹⁰	A	Eph	6²¹	B		Luk	10²⁹	A	Luk 18²⁶ A
		Php	3⁸	AB	2Th	2⁴	A⁼				ana	Mat	5¹⁵	A	Mat 5⁴⁵ A3 Mat 6¹⁰ A
allaþro		Luk	19⁴³	A	Mrk	1⁴⁵	A					Mat	6¹⁹	A	Mat 6²⁷ A Mat 7²⁴ A
allawaurstwans					Col	4¹²	AB					Mat	7²⁵	A	Mat 7²⁶ A Mat 7²⁸ A
allawerein		Rom	12⁸	A								Mat	9²	A	Mat 9⁶ A Mat 9¹⁶ A
allis		Mat	5³⁴	A	Mat	5³⁹	A	Jhn	5⁴⁶	A		Mat	9¹⁸	A	Mat 10²⁷ A Mat 10²⁹ A
		Jhn	14²⁶	A	Luk	1⁴⁴	A	Luk	1⁴⁸	A		Mat	10³⁴	A	Mat 11⁷ A Mat 26⁶⁷ C
		Luk	3¹⁶	A	Luk	6²⁶	A	Luk	6⁴⁵	A		Mat	26⁶⁹	C	Mat 27⁷ A Mat 27¹³ A
		Luk	7²⁸	A	Luk	9²⁴	A	Luk	9²⁵	A		Mat	27¹⁹	A	Mat 27⁴⁸ A Mat 27⁶⁰ A
		Luk	9²⁶	A	Luk	14²⁴	A	Luk	18¹²	A		Jhn	6³	A	Jhn 6¹⁰ A Jhn 6¹⁶ A
		Luk	18²⁵	A	Luk	19²⁶	A	Luk	20³⁶	A		Jhn	6¹⁹	A	Jhn 6²¹ A2 Jhn 6²³ A
		Mrk	3³⁵	A	Mrk	4²²	A	Mrk	6¹⁴	A		Jhn	6³¹	A	Jhn 6⁴⁵ A Jhn 7¹⁴ A
		Mrk	8³⁵	A	Mrk	9⁴¹	A	Mrk	12²⁵	A		Jhn	7³⁰	A	Jhn 7³⁹ A Jhn 7⁴⁴ A
		Mrk	15¹⁴	A	1Cr	9²⁵	A	1Cr	15²⁹	A		Jhn	8⁵⁹	A	Jhn 9³ A Jhn 9⁶ A
		2Cr	9⁸	B	1Tm	2¹	AB	1Tm	2⁵	AB		Jhn	9¹⁵	D	Jhn 10³¹ A Jhn 11¹⁸ A
		1Tm	4¹⁰	B								Jhn	12¹⁴	A	Jhn 12¹⁵ A Jhn 12³⁴ A
allos		Mat	9³⁵	A2	Mrk	4¹³	A	Mrk	5¹²	A		Jhn	13¹⁸	A	Jhn 13²⁵ A Jhn 15⁴ A
		Rom	15¹¹	C 2	1Cr	13³	A	2Cr	8¹⁸	AB		Jhn	17⁴	A	Jhn 18⁴ A Jhn 18²⁹ A
		Eph	3²¹	AB	Eph	4¹⁶	A	Eph	5³	AB		Jhn	19²	A	Jhn 19¹¹ A Luk 1³⁵ A
		Eph	6¹⁶	AB	Eph	6¹⁸	AB	Col	2¹³	B		Luk	1⁶⁵	A	Luk 1⁸⁰ A Luk 2¹⁴ A

	Luk	2²⁵	*A*	Luk	2²⁸	*A*	Luk	2³³	*A*		
	Luk	2⁴⁰	*A*	Luk	2⁴⁷	*A*	Luk	3²⁰	*A*		
	Luk	3²²	*A*	Luk	4⁵	*A*	Luk	4⁹	*A*		
	Luk	4¹¹	*A*	Luk	4¹⁸	*A*	Luk	4²⁹	*A*		
	Luk	4³⁶	*A‡*	Luk	4⁴²	*A*	Luk	5⁴	*A*		
	Luk	5¹¹	*A*	Luk	5¹²	*A*	Luk	5¹⁶	*A*		
	Luk	5¹⁸	*A*	Luk	5¹⁹	*A*	Luk	5²⁴	*A*		
	Luk	5²⁵	*A*	Luk	5²⁷	*A*	Luk	5³⁶	*A*		
	Luk	6¹⁷	*A*	Luk	6⁴⁸	*A2*	Luk	6⁴⁹	*A*		
	Luk	7³⁰	*A*	Luk	7⁴⁴	*A*	Luk	8⁶	*A*		
	Luk	8⁸	*A*	Luk	8¹³	*A*	Luk	8¹⁵	*A*		
	Luk	8¹⁶	*A*	Luk	8²⁷	*A*	Luk	8²⁹	*A*		
	Luk	9⁵	*A*	Luk	9¹⁰	*A*	Luk	9¹⁴	*A*		
	Luk	9⁴³	*A*	Luk	9⁴⁸	*A*	Luk	9⁴⁹	*A*		
	Luk	9⁶²	*A*	Luk	10⁶	*A*	Luk	10⁹	*A*		
	Luk	10¹⁰	*A*	Luk	10¹¹	*A2*	Luk	10¹⁹	*A*		
	Luk	14¹⁰	*A*	Luk	14³¹	*A*	Luk	15⁴	*A*		
	Luk	15⁵	*A*	Luk	15²⁰	*A*	Luk	15²²	*A*		
	Luk	15²⁵	*A*	Luk	17⁴	*A2*	Luk	17¹⁶	*A*		
	Luk	17³¹	*A2*	Luk	17³⁴	*A*	Luk	18³	*A*		
	Luk	18⁷	*A*	Luk	18⁸	*A*	Luk	19⁴	*A*		
	Luk	19⁵	*A*	Luk	19³⁰	*A*	Luk	19³⁵	*A*		
	Luk	19³⁶	*A*	Luk	19⁴³	*A*	Luk	19⁴⁴	*A*		
	Luk	20¹⁸	*A2*	Luk	20¹⁹	*A*	Luk	20³⁷	*A*		
	Luk	24¹³	*G*	Mrk	1¹⁰	*A*	Mrk	1²²	*A*		
	Mrk	1³⁵	*A*	Mrk	1⁴⁵	*A*	Mrk	2⁴	*A*		
	Mrk	2¹⁰	*A*	Mrk	2²¹	*A*	Mrk	3¹⁰	*A*		
	Mrk	3²⁶	*A*	Mrk	4¹	*A*	Mrk	4⁵	*A*		
	Mrk	4¹⁶	*A*	Mrk	4²⁰	*A*	Mrk	4²¹	*A*		
	Mrk	4²⁶	*A*	Mrk	4³¹	*A2*	Mrk	4³⁸	*A2*		
	Mrk	5⁴	*A*	Mrk	5²³	*A*	Mrk	5²⁹	*A*		
	Mrk	6²⁵	*A*	Mrk	6²⁸	*A*	Mrk	6⁵⁵	*A*		
	Mrk	6⁵⁶	*A*	Mrk	7³⁰	*A*	Mrk	8³	*A*		
	Mrk	8⁴	*A*	Mrk	8⁶	*A*	Mrk	8¹⁰	*A*		
	Mrk	8²³	*A*	Mrk	8²⁵	*A*	Mrk	8²⁷	*A*		
	Mrk	9²	*A*	Mrk	9³	*A*	Mrk	9²⁰	*A*		
	Mrk	9³⁶	*A*	Mrk	9³⁷	*A*	Mrk	9⁴²	*A*		
	Mrk	10¹⁶	*A*	Mrk	10³²	*A*	Mrk	10³⁴	*A*		
	Mrk	11²	*A*	Mrk	11⁴	*A*	Mrk	11⁷	*A2*		
	Mrk	11⁸	*A2*	Mrk	11¹³	*A2*	Mrk	12¹⁷	*A*		
	Mrk	12²⁶	*A2*	Mrk	14⁴⁶	*A*	Mrk	14⁵¹	*A*		
	Mrk	14⁵⁵	*A*	Mrk	14⁵⁶	*A*	Mrk	14⁵⁷	*A*		
	Mrk	14⁶⁰	*A*	Mrk	14⁶⁵	*A*	Mrk	15⁴	*A*		
	Mrk	15¹⁷	*A*	Mrk	15²²	*A*	Mrk	15²⁴	*A*		
	Mrk	15³³	*A*	Mrk	15³⁶	*A*	Mrk	16¹⁸	*S*		
	Rom	9²⁸	*A*	Rom	11¹⁸	*A*	Rom	11²²	*A2*		
	Rom	11²⁸	*A*	Rom	12²⁰	*AC*	Rom	15³	*C*		
	1Cr	4⁶	*A*	1Cr	5⁹	*A*	1Cr	8¹¹	*A*		
	1Cr	14²⁵	*A*	2Cr	1⁴	*B*	2Cr	1²³	*AB*		
	2Cr	3¹³	*AB*	2Cr	3¹⁵	*AB*	2Cr	4¹⁰	*AB*		
	2Cr	5⁴	*AB*	2Cr	7⁷	*AB*	2Cr	7¹³	*A2B2*		
	2Cr	8⁷	*AB*	2Cr	9¹³	*B*	2Cr	9¹⁴	*B*		
	2Cr	10¹	*B*	2Cr	10²	*B*	2Cr	12⁹	*AB*		
	2Cr	12²¹	*AB*	2Cr	13¹	*AB*	Eph	1³	*A*		
	Eph	1⁹ᵍ	*A*	Eph	1¹⁰	*A2BB:* Eph	2¹⁵	*AB*			
	Eph	2²⁰	B	Eph	3¹⁵	AB	Eph	4¹⁶	*A*		
	Eph	4²⁶	AB	Eph	5⁶	B	Gal	1²¹	B		
	Gal	4¹⁴	*A*	Gal	6¹⁶	AA:B2	Gal	6¹⁷	AB		
	Php	2²⁷	AB	Php	3⁹	AB	Php	4¹⁰	B		
	Col	1¹⁶	AB	Col	1²⁰	A2B2	Col	2¹⁴	B		
	Col	3²	AB	Col	3⁵	AB	Col	3⁶	AB		
	1Th	2¹⁶	B	1Th	3⁷	B	1Th	3⁹	B		
	2Th	3¹⁷	AB	1Tm	1¹⁸	AB	Neh	5¹⁷	D		
	Neh	5¹⁸	D	Skr	3²¹	*E*	Skr	4²²	*E*⁺°		
	SkB	4²²	*E*¤	Skr	7¹⁶	*E*	Skr	8¹	*E*		
	Cal	1¹	*A*	Cal	1⁷	*A*	Ver	18²⁹	V		
anaaiauk	Luk	3²⁰	*A*	Luk	20¹¹	*A*	Luk	20¹²	*A*		
	Skr	6²²	*E*								
anaaukan	Mat	6²⁷	*A*								
anabaud	Jhn	14³¹	*A*	Luk	5¹⁴	*A*	Luk	8²⁹	*A*		
	Luk	8⁵⁵	*A*								
anabaust	Luk	14²²	*A*								
anabauþ	Mat	8⁴	*A*	Mat	27¹⁰	*A*	Mrk	1⁴⁴	*A*		
	Mrk	5⁴³	*A*	Mrk	6²⁷	*A*	Mrk	7³⁶	*A2*		
	Mrk	8⁶	*A*	Mrk	8¹⁵	*A*	Mrk	9⁹	*A*		
	Mrk	10³	*A*	Mrk	11⁶	*A*	Neh	5¹⁴	D		
	Neh	7²	D								
anabiud	1Tm	4¹¹	B	1Tm	5⁷	AB					
anabiuda	Jhn	15¹⁴	*A*	Jhn	15¹⁷	*A*	Mrk	9²⁵	*A*		
	1Cr	7¹⁰	A	1Cr	7¹⁷	A	1Tm	6¹³	B		
anabiudam	2Th	3⁶	B	2Th	3¹²	AB					
anabiudands	Mat	11¹	*A*								
anabiudiþ	Luk	4¹⁰	*A*	Luk	4³⁶	*A*	Mrk	1²⁷	*A*		
anabudan	Luk	17⁹	*A*								
anabudana	Skr	3⁹	*E*								
anabudanona	Luk	17¹⁰	*A*								
anabudi	Luk	8³¹	*A*								
anabudum	1Th	4¹¹	B	2Th	3⁴	B	2Th	3¹⁰	AB		
anabusn	Jhn	10¹⁸	*A*	Jhn	12⁴⁹	*A*	Jhn	13³⁴	*A*		
	Luk	15²⁹	*A*	Mrk	7⁸	*A*	Mrk	7⁹	*A*		
	Mrk	10⁵	*A*	Rom	7⁸	A	Rom	7¹¹	A		
	Rom	7¹³	A	1Cr	7²⁵	A	1Tm	1¹⁸	B		
	1Tm	6¹⁴	B	Skr	1¹⁵	*E*	Skr	1²⁰	*E*		
anabusnai	Mrk	7¹³	*A*	Rom	7⁹	A	Tit	1³	B		
anabusnais	1Tm	1⁵	AB	Skr	5¹	*E*					
anabusne	Mat	5¹⁹	*A*	Mrk	12²⁸	*A*	Rom	13⁹	A		
	1Cr	7¹⁹	A	Eph	2¹⁵	AB	Tit	1¹⁴	*A*		
anabusnim	Luk	1⁶	*A*	Col	2²²	AB	1Tm	1¹	AB		
anabusnins	Jhn	14¹⁵	*A*	Jhn	14²¹	*A*	Jhn	15¹⁰	*A2*		
	Luk	18²⁰	*A*	Mrk	7⁷	*A*	Mrk	10¹⁹	*A*		
	1Cr	11²	A	Col	4¹⁰	AB	1Th	4²	B		
anabusns	Jhn	15¹²	*A*	Mrk	12²⁹	*A*	Mrk	12³⁰	*A*		
	Mrk	12³¹	*A*	Rom	7¹⁰	A	Rom	7¹²	A		
anadrigkaiþ	Eph	5¹⁸	A								
anafalh	Luk	20⁹	*A*	Mrk	12¹	*A*	1Cr	11²	A		
	1Cr	11²³	A	1Tm	1²⁰	AB					
anafilh	Mrk	7³	*A*	2Tm	1¹²	AB	2Tm	1¹⁴	AB		
	2Tm	2²	B								
anafilha	1Tm	1¹⁸	B								
anafilhaima	2Cr	5¹²ᵍ	A								

anafilham	2Th	3[6]	B					analaugnjam	2Cr	4[2]	AB*				
anafilhan	2Cr	3[1]	AB					analaugnjona	1Cr	14[25]	A				
anafilhandam				2Cr	10[12]	B	Skr 3[5] E	analeiko	Skr	7[4]	E				
anafilhands	Skr	3[12]	E	Skr	4[23]	E		anamahtai	Skr	1[11]	E				
anafilhis	2Cr	3[1]	A2BB*					anamahtidins				2Cr	7[12]	AB	
anafilhiþ	1Cr	15[24]	A					anamahtim	2Cr	12[10]	AB				
anafulhano	Mrk	7[9]	A					anamahtjada	Mat	11[12]	A	Luk	18[32]	A	
anafulhun	Mat	27[2]	A	Jhn	18[35]	A	Luk 1[2] A	anamahtjaid	Luk	3[14]	A				
	Mrk	7[5]	A	Mrk	7[8]	A		anamahtjais	Mrk	10[19]	A				
anafulhuþ	Mrk	7[13]	A					anamahtjandam				Luk	6[28]	A	
anagaggandeim				Eph	2[7]	AB		anamahtjandans				Mat	11[12]	A	
anahabaida	Luk	4[38]	A					anamahtjandins				2Cr	7[12]	AB	
anahabaidans	Luk	6[18]	A					anameljan	Luk	2[5]	A				
anahaimjai	2Cr	5[9]	AB					anamindeis	1Tm	6[4]	AB				
anahaimjaim	2Cr	5[8]	AB					ananaþeiþ	Rom	10[20]	A	2Cr	11[21]	B	
anahaita	2Cr	1[23]	AB					ananaþidedun				Skr	4[27]	E	
anahaitam	1Th	4[1]	B					ananaþjands				Mrk	15[43]	A	
anahaitandam				2Tm	2[22]	AB	Skr 8[9] E	ananauþjai	Mat	5[41]	A				
anahaitandane				Skr	8[10]	E		Ananeiin	Neh	7[2]	D				
anahaitiþ	Rom	10[13]	A					ananiujada	2Cr	4[16]	B*				
anahamon	2Cr	5[4]	AB					ananiujiþai	Rom	12[2]	C				
anahnaiwjai	Mat	8[20]	A					ananiwidin	Col	3[10]	B				
anahneiwands				Mrk	1[7]	A	Skr 3[25] E*	anapragganai	2Cr	7[5]	AB				
	SkB	3[25]	E¶					anaqal	1Th	4[11]	B				
anaƕeilaiþs	2Cr	7[13]	AB					anaqam	Luk	2[9]	A				
Anaiin	Neh	7[2]	D					anaqiss	Col	3[8]	AB				
anainsokun	Gal	2[6]	AB					anaqisseis	1Tm	6[4]	AB				
anakaurjau	2Cr	2[5]	AB					anaqiþaidau	1Cr	10[30]	A				
anaks	Luk	2[13]	A	Luk	9[39]	A	Mrk 9[8] A	anaqiujan	2Tm	1[6]	AB				
anakumbei	Luk	14[10]	A					anasaislep	Luk	8[23]	A				
anakumbida	Mat	9[10]	A	Jhn	13[25]	A	Luk 7[36] A	anasaislepun	1Th	4[14]	B				
	Luk	7[37]	A	Mrk	2[15]	A		anasilaida	Mrk	4[39]	A				
anakumbidedun				Jhn	6[10]	A		anasiun	Skr	2[23]	E				
anakumbjan	Jhn	6[10]	A	Luk	9[14]	A	Luk 9[15] A	anasiunjo	Skr	2[26]	E				
	Mrk	8[6]	A	Skr	7[7]	E	Skr 7[9] E	anaslawaidedun				Luk	8[24]	A	
anakumbjand				Mat	8[11]	A		anaslepandans				1Th	4[13]	B	1Th 4[15] B
anakumbjandam				Jhn	6[11]	A	Mrk 16[14] S	anastodeinai	Luk	1[3]	A	Luk	1[70]	A	Mrk 10[6] A
anakumbjandan				1Cr	8[10]	A			Mrk	13[19]	A	Php	4[15]	B	Skr 1[14] E
anakumbjandane				Jhn	12[2]	A	Jhn 13[28] A		Skr	1[18]	E				
	Luk	14[15]	A					anastodeins	Jhn	8[25]	A	Mrk	1[1]	A	1Cr 15[20] A
anakumbjandans				Luk	5[29]	A	Skr 7[10] E		1Cr	15[23]	A	1Cr	16[15]	B	Col 1[18] AB
anakumbjands				Jhn	13[12]	A	Jhn 13[23] A	anastodeiþ	Luk	inc	A	Mrk	inc	A	Eph inc AB
anakunnaida	2Cr	3[2]	AB						Gal	inc	B:	2Th	inc	A*	Tit inc B*
anakunnainai				2Cr	3[14]	AB		anastodjandans				Gal	3[3]	A	
anakunnaiþ	2Cr	1[13]	AB					anastodjandei				Skr	4[9]	E*	SkB 4[9] E¶
anakunnan	Skr	5[21]	E°					anastodjands	Skr	2[4]	E				
analagein	2Tm	1[6]	AB					anatimridai	Eph	2[20]	A*B				
analageinai	1Tm	4[14]	B					anatramp	Luk	5[1]	A				
analagjandans				Luk	10[30]	A*		anaþaima	Rom	9[3]	A	1Cr	16[22]	B	
analagjands	Luk	4[40]	A					anaþiwa	1Cr	9[27]	A				
analatida	1Th	2[18]	B					Anaþoþis	Neh	7[27]	D				
analatidai	Php	4[10]	B					anaþrafstei	Phm	20	A				
analaugn	Luk	8[17]	A	Mrk	4[22]	A	1Cr 4[5] A	anaþrafstida	2Tm	1[16]	AB				
analaugnein	Jhn	7[4]	A					anawairþ	1Th	3[4]	B				
analaugniba	Jhn	7[10]	A					anawairþai	1Tm	1[16]	B				

anawairþan	Skr	2¹⁷	E						Jhn	16²⁹	A				
anawairþane	Col	2¹⁷	B	Skr	5⁴	E		andaugjo	Jhn	7¹⁰	A	Jhn	18²⁰	A	Mrk 1⁴⁵ A
anawairþin	Luk	3⁷	A	Mrk	10³⁰	A	Eph 1²¹ AB	andawairþi	Mat	27⁶	A	Mat	27⁹	A	
anawairþo	Jhn	16¹³	A	Rom	8³⁸	A		andawaurde	Luk	20²⁶	A				
anawairþons	1Tm	4⁸	AB					andawaurdi	Jhn	19⁹	A				
anawammjaidau				2Cr	6³	AB		andawaurdjam				Luk	2⁴⁷	A	
anawilje	Php	4⁵	B					andawizn	2Cr	11⁸	B	Php	4¹⁶	B	
anawiljei	Php	4⁵	A*					andawiznim	Rom	12¹³	A				
anawiljein	1Tm	3⁴	A					andawleizn	Mat	26⁶⁷	C	Luk	17¹⁶	A	1Cr 14²⁵ A
and	Mat	8³²	A	Mat	9²⁶	A	Mat 1¹¹ A		2Cr	3¹³	AB	2Cr	11²⁰	B	
	Mat	27¹⁵	A	Luk	3³	A	Luk 4¹⁴ A	andbaht	Rom	15⁸	C	Php	2²⁵	B	1Th 3² B
	Luk	4²⁵	A	Luk	4³⁷	A	Luk 5¹⁹ A	andbahta	Mat	5²⁵	A	Luk	4²⁰	A	
	Luk	7¹⁷	A2	Luk	8¹	A	Luk 8³³ A	andbahtam	Mrk	14⁵⁴	A				
	Luk	8³⁹	A	Luk	9⁶	A2	Luk 14²³ A	andbahtans	Jhn	7³²	A	Jhn	18⁵	A	2Cr 3⁶ AB*
	Luk	15¹⁴	A	Luk	19⁴	A	Mrk 1²⁸ A	andbahte	Jhn	18²²	A				
	Mrk	1³⁹	A	Mrk	5¹³	A	Mrk 14⁹ A	andbahtededun				Luk	8³	A	
	Mrk	15⁶	A	Mrk	16²⁰	S	Rom 9¹⁷ A	andbahtei	Luk	17⁸	A	2Cr	4¹	A	
	Rom	10¹⁸	A2	2Cr	8¹⁸	AB	2Cr 11³³ B	andbahteis	Luk	1²³	A				
	Eph	4⁶	A	Tit	1⁵	B	Skr 2²⁴ E	andbahti	Rom	11¹³	A	2Cr	3⁷	AB	2Cr 3⁸ AB
	Skr	4¹⁰	EE°						2Cr	3⁹	AB2	2Cr	4¹	B	2Cr 5¹⁸ AB
andabauht	1Tm	2⁶	AB						2Cr	6³	AB	2Cr	9¹	AB	2Cr 9¹² B
andabeit	2Cr	2⁶	AB						Php	2³⁰	AB	Col	4¹⁷	B	2Tm 4⁵ AB
andahaft	2Cr	1⁹	AB					andbahtida	Mat	8¹⁵	A	Jhn	12²	A	Luk 4³⁹ A
andahafts	1Cr	9³	A	Skr	8⁸	E			Mrk	1³¹	A	2Cr	3³	AB*	2Tm 1¹⁸ AB
andahait	1Tm	6¹³	B					andbahtidedeima				Mat	25⁴⁴	C	
andahaita	1Tm	6¹²	AB					andbahtidedi	1Tm	5¹⁰	AB	Phm	1³	A	
andahaitis	2Cr	9¹³	B					andbahtidedun				Mrk	1¹³	A	Mrk 15⁴¹ A
andalauni	2Cr	6¹³	AB	Col	3²⁴	B	1Tm 5⁴ AB	andbahtidon	2Cr	8¹⁹	AB	2Cr	8²⁰	AB	
andalausaize	1Tm	1⁴	A					andbahtiþ	Jhn	12²⁶	A				
andanahti	Mrk	11¹⁹	A					andbahtja	1Cr	16¹⁵	B	2Cr	3⁹	A	2Cr 11⁸ B
andanahtja	Mat	8¹⁶	A	Mrk	1³²	A	Mrk 4³⁵ A		1Tm	1¹²	B	2Tm	4¹¹	AB*	
	Mrk	11¹¹	A	Mrk	15⁴²	A		andbahtjai	Jhn	12²⁶	A	1Tm	5¹⁶	A:	
andaneiþans	1Th	2¹⁵	B					andbahtjaina	1Tm	3¹⁰	A				
andaneiþo	2Cr	2⁷	AB	Col	2¹⁴	B		andbahtjam	Mrk	10⁴⁵	A				
andanem	Luk	4¹⁹	A	2Cr	6²	AB⁺	2Cr 8¹² AB	andbahtjan	Mrk	10⁴⁵	A				
	1Tm	2³	AB	1Tm	5⁴	AB		andbahtjandans				1Tm	3¹³	A	
andanemeigs	Tit	1⁹	B					andbahtjandeins				Mat	27⁵⁵	A	
andanemis	Php	4¹⁵	B					andbahtjis	2Cr	8⁴	AB	2Cr	9¹³	B	Eph 4¹² A
andanemjamma				2Cr	6²	AB		andbahtos	Jhn	7⁴⁵	A	Jhn	7⁴⁶	A	Jhn 18¹² A
andanems	Luk	4²⁴	A						Jhn	18¹⁸	A	Jhn	18³⁶	A	Jhn 19⁶ A
andanumtais	Luk	9⁵¹	A	1Tm	1¹⁵	B	1Tm 4⁹ B		Luk	1²	A	Mrk	14⁶⁵	A	Rom 13⁶ A
andanumts	Rom	11¹⁵	A						2Cr	6⁴	AB	2Cr	11¹⁵	B2	2Cr 11²³ B
andaset	Luk	16¹⁵	A						Skr	8⁴	E	Skr	8⁶	E	
andasetjai	Tit	1¹⁶	A					andbahts	Jhn	12²⁶	A	Mrk	9³⁵	A	Mrk 10⁴³ A
andastaþja	Luk	18³	A						Rom	13⁴	A2C 2	Eph	3⁷	B	Eph 6²¹ B
andastaþjam	Php	1²⁸	B						Gal	2¹⁷	A	Col	1⁷	B	Col 1²³ AB
andastaþjos	1Cr	16⁹	AB						Col	1²⁵	AB	Col	4⁷	AB	1Tm 4⁶ AB
andastaua	Mat	5²⁵	A					andbait	Mrk	1²⁵	A	Mrk	3¹²	A	Mrk 8³³ A
andastauin	Mat	5²⁵	A					andband	Mrk	4³⁴	A				
andaþahtan	Skr	2²⁶	E					andbeitais	1Tm	5¹	B				
andaþahtana	Rom	12¹	C					andbeitan	Mrk	8³²	A				
andaþahtos	1Tm	3¹¹g	A					andbeitands	Skr	5¹¹	E				
andaþahts	1Tm	3²	AB	2Tm	4⁵	AB	Tit 1⁸ B	andbindan	Luk	3¹⁶	A	Mrk	1⁷	A	
andaugi	2Cr	10¹	B	1Th	2¹⁷	B		andbindandam				Luk	19³³	A	
andaugiba	Jhn	7²⁶	A	Jhn	10²⁴	A	Jhn 16²⁵ A	andbindandans				Luk	19³⁰	A	Mrk 11² A

	Mrk	11⁵	A				andhausjand	1Cr	14²¹	A	
andbindats	Luk	19³³	A				andhof	Mat	27¹²	A	Mat 27¹⁴ A	Jhn 6⁷ A
andbindau	Skr	3²⁵	E					Jhn	6²⁶	A	Jhn 6²⁹ A	Jhn 6⁴³ A
andbindiþ	Jhn	11⁴⁴	A	Luk 19³¹ A			Jhn	6⁶⁸	A	Jhn 6⁷⁰ A	Jhn 7¹⁶ A
andbitanai	2Cr	4⁸	AB					Jhn	7²⁰	A	Jhn 7²¹ A	Jhn 8¹⁴ A
andbitun	Luk	18¹⁵	A	Luk 18³⁹ A			Jhn	8¹⁹	A	Jhn 8³⁴ A	Jhn 8⁴⁹ A
andbundanai	Rom	7⁶	A					Jhn	8⁵⁴	A	Jhn 9³ A	Jhn 9¹¹ A
andbundnoda				Mrk 7³⁵ A				Jhn	9²⁵	A	Jhn 9²⁷ A	Jhn 9³⁰ A
andbundun	Mrk	11⁴	A					Jhn	9³⁶	A	Jhn 10²⁵ A	Jhn 10³² A
andeis	Luk	1³³	A	1Cr 15²⁴ A	2Cr 11¹⁵ B		Jhn	10³⁴	A	Jhn 11⁹ A	Jhn 12²³ A
	Php	3¹⁹	AB	1Tm 1⁵ AB⁺				Jhn	12³⁰	A	Jhn 12³⁴ A	Jhn 13²⁶ A
andhafjan	Col	4⁶	AB					Jhn	13³⁸	A	Jhn 14²³ A	Jhn 16³¹ A
andhafjand	Mat	25⁴⁴	C					Jhn	18⁸	A	Jhn 18²⁰ A	Jhn 18²³ A
andhafjandans				Mat 26⁶⁶ C	Jhn 18⁵ A		Jhn	18³⁴	A	Jhn 18³⁵ A	Jhn 18³⁶ A
	Luk	9¹⁹	A	Luk 17³⁷ A	Luk 20²⁴ A		Jhn	19¹¹	A	Luk 3¹⁶ A	Luk 4⁴ A
	Luk	20³⁹	A	Mrk 11³³ A				Luk	8⁵⁰	A	Luk 17²⁰ A	Mrk 3³³ A
andhafjandei	Luk	1⁶⁰	A					Mrk	7²⁸	A	Mrk 9³⁸ A	Mrk 12²⁸ A
andhafjands	Mat	8⁸	A	Mat 11⁴ A	Mat 11²⁵ A*		Mrk	12²⁹	A	Mrk 12³⁴ A	Mrk 14⁶¹ A
	Mat	25⁴⁰	C	Jhn 13³⁶ A	Jhn 18³⁷ A			Mrk	15⁵	A	Mrk 15⁹ A	
	Luk	1¹⁹	A	Luk 1³⁵ A	Luk 3¹¹ A		andhoft	Luk	10²⁸	A		
	Luk	4⁸	A	Luk 4¹² A	Luk 5⁵ A		andhofun	Jhn	7⁴⁶	A	Jhn 7⁴⁷ A	Jhn 7⁵² A
	Luk	5²²	A	Luk 5³¹ A	Luk 6³ A			Jhn	8³³	A	Jhn 8³⁹ A	Jhn 8⁴⁸ A
	Luk	7²²	A	Luk 7⁴⁰ A	Luk 7⁴³ A			Jhn	9²⁰	A	Jhn 9³⁴ A	Jhn 10³³ A
	Luk	8²¹	A	Luk 9²⁰ A	Luk 9⁴¹ A			Jhn	18³⁰	A	Jhn 19⁷ A	Luk 20⁷ A
	Luk	9⁴⁹	A	Luk 10²⁷ A	Luk 10³⁰ A			Mrk	8⁴	A	Mrk 8²⁸ A	Skr 8⁶ E⁺°
	Luk	15²⁹	A	Luk 17¹⁷ A	Luk 19⁴⁰ A			SkB	8⁶	E□	Skr 8⁹ E	Skr 8¹³ E
	Luk	20³	A	Luk 20³⁴ A	Mrk 7⁶ A			Skr	8²⁶	E		
	Mrk	8²⁹	A	Mrk 9⁵ A	Mrk 9¹² A		andhruskandans				1Cr 10²⁵ A	
	Mrk	9¹⁷	A	Mrk 9¹⁹ A	Mrk 10³ A		andhulein	1Cr	14²⁶	A		
	Mrk	10⁵	A	Mrk 10²⁰ A	Mrk 10²⁴ A		andhuleinai	Luk	2³²	A	Eph 3³ B	Gal 2² AB
	Mrk	10²⁹	A	Mrk 10⁵¹ A	Mrk 11²² A			2Th	1⁷	A		
	Mrk	11²⁹	A	Mrk 11³³ A	Mrk 12¹⁷ A		andhuleinais	Eph	1¹⁷	AB		
	Mrk	12²⁴	A	Mrk 12³⁵ A	Mrk 14⁴⁸ A		andhuleinins	2Cr	12¹	B		
	Mrk	15²	A	Mrk 15¹² A			andhuleino	2Cr	12⁷	AB		
andhafjis	Jhn	18²²	A	Mrk 14⁶⁰ A	Mrk 15⁴ A		andhulidamma				1Cr 11⁵ A	2Cr 3¹⁸ AB
andhafjiþ	Mat	25⁴⁵	C	Mrk 11²⁹ A	Mrk 11³⁰ A		andhulidedun				Mrk 2⁴ A	
andhaihaist	1Tm	6¹²	AB				andhulides	Luk	10²¹	A		
andhaihait	Luk	2³⁸	A				andhulids	2Th	2³	A		
andhaihaiti	Jhn	9²²	A				andhuliþ	Eph	3⁵	B		
andhaihaitun	Jhn	12⁴²	A				andhuliþs	Jhn	12³⁸	A		
andhaita	Mat	7²³	A	Mat 10³² A	Luk 10²¹ A		andhuljada	Luk	17³⁰	A		
	Rom	15⁹	C				andhuljaidau	Mat	10²⁶	A		
andhaitada	Rom	10¹⁰	A				andhuljaindau				Luk 2³⁵ A	
andhaitan	Skr	5⁶	E				andhuljan	Luk	10²²	A		
andhaitand	Tit	1¹⁶	A				andhuljiþ	Php	3¹⁵	AB		
andhaitandans				Mrk 1⁵ A			andi	Luk	18⁵	A	Mrk 3²⁶ A	Mrk 13²⁷ A
andhaitis	Rom	10⁹	A					2Cr	1¹³	AB	2Cr 3¹³ AB	1Th 2¹⁶ B
andhaitiþ	Mat	10³²	A	Rom 14¹¹ C			andilausaize	1Tm	1⁴	B		
andhamonds	Col	2¹⁵	B				andins	Rom	10¹⁸	A		
andhauseis	Jhn	11⁴²	A				andizuh	Luk	16¹³	A		
andhauseiþ	Jhn	9³¹	A				andja	Skr	3⁴	E		
andhausida	Luk	1¹³	A	Mrk 6²⁰ A	2Cr 6² AB		andjam	Mrk	13²⁷	A		
andhausidedi	Luk	17⁶	A				andletnan	Php	1²³	B		
andhausides	Jhn	11⁴¹	A				andnam	Jhn	13³⁰	A	Luk 2²⁸ A	Luk 8⁴⁰ A
andhausjaindau				Mat 6⁷ A				Luk	15²⁷	A	Luk 19⁶ A	Rom 14³ A

	Rom 15⁷ *C*	1Cr 11²³ *A*	1Cr 15³ *A*
	2Cr 8¹⁷ AB	Skr 1²³ *E*	DeA ³ 𝔑
andnamt	1Cr 4⁷ *A*	Col 4¹⁷ B	
andnemi	1Tm 5¹⁰ AB		
andnemjau	Php 3¹² AB		
andnemum	DeN 1¹ N	DeN 1³ N	DeN 2¹ N*
	DeN 2³ N	DeN 3¹ N*	DeN 3³ N
	DeN 4¹ N*	DeN 4³ N*	
andnemun	Mat 6² *A*	Mat 6¹⁶ *A*	Luk 9⁵³ *A*
	Mrk 4³⁶ *A*	Mrk 7⁴ *A*	Skr 7¹⁶ *E*
andnemuþ	1Cr 15¹ *A*	2Cr 7¹⁵ AB	2Cr 11⁴ B
	Gal 4¹⁴ *A*	1Th 2¹³ B	1Th 4¹ B
	2Th 3⁶ B		
andnim	Phm ¹² *A*	Phm 1⁷ *A*	
andnima	1Cr 10³⁰ *A*	2Cr 6¹⁷ AB	
andnimai	Luk 18³⁰ *A*	Mrk 10³⁰ *A*	
andnimaima	Gal 4⁵ *A*		
andnimaina	Luk 6³⁴ *A*	Luk 9⁵ *A*	Luk 10⁸ *A*
	Luk 10¹⁰ *A*	Luk 16⁴ *A*	Luk 16⁹ *A*
	Mrk 6¹¹ *A*		
andnimais	1Tm 5¹⁹ *A*	Phm ¹⁵ *A*	
andnimaiþ	Rom 14¹ *A*	Rom 15⁷ *C*	Php 2²⁹ AB
	Col 4¹⁰ AB		
andniman	Luk 6³⁴ *A*	1Tm 4³ AB	2Tm 2⁶ B
	Skr 2²¹ *E*	Skr 7¹⁹ *E*	
andnimand	Luk 8¹³ *A*	Mrk 4²⁰ *A*	
andnimandans		Eph 6¹⁶ AB	
andnimands	Mat 10⁴⁰ *A2*	Mat 10⁴¹ *A2*	Luk 9¹⁰ *A*
	Luk 9¹¹ *A*	Luk 19¹⁵ *A*	Mrk 10³² *A*
	2Tm 1⁵ *A*	2Tm 4¹¹ AB	Skr 5¹⁷ *E*
andnimiþ	Mat 10⁴⁰ *A2*	Jhn 12⁴⁸ *A*	Jhn 13²⁰ *A4*
	Luk 9⁴⁸ *A4*	Luk 15² *A*	Luk 18¹⁷ *A*
	Mrk 9³⁷ *A4*	Mrk 10¹⁵ *A*	Col 3²⁵ B
andnuman	1Tm 4⁴ AB		
andnumanai	Neh 5¹⁷ D		
andnumans	1Tm 3¹⁶ *A*		
andqiþan	Luk 8¹⁹ *A*	Luk 9⁶¹ *A*	
Andraian	Luk 6¹⁴ *A*	Mrk 1¹⁶ *A*	Mrk 3¹⁸ *A*
Andraias	Jhn 6⁸ *A*	Jhn 12²² *A*	Skr 7² *E*
Andraiin	Jhn 12²² *A*		
Andraiins	Mrk 1²⁹ *A*		
Andriins	Cal 2³⁰ *A*		
andrunnun	Mrk 9³⁴ *A*	SkB 3⁶ *E*¤	
andsaiƕands	Gal 6¹ *A*		
andsaiƕis	Luk 20²¹ *A*		
andsakanai	Luk 2³⁴ *A*		
andsaljan	Skr 5²¹ *E**	SkB 5²¹ *E*¶	
andsitaiþ	Gal 2⁶ B		
andsitandans	1Cr 10²⁷ *A*	Skr 8¹⁰ *E*	
andsitiþ	Gal 2⁶ *A*		
andspiwuþ	Gal 4¹⁴ *A*		
andstald	Php 1¹⁹ B		
andstaldand	1Tm 1⁴ AB		
andstaldands	2Cr 9¹⁰ B*		
andstaldis	Eph 4¹⁶ *A*		
andstaldiþ	2Cr 9¹⁰ B	Gal 3⁵ *A*	
andstandan	Mat 5³⁹ *A*	Eph 6¹³ AB	
andstandand	Gal 5¹⁷ AB	2Tm 3⁸ AB	
andstandandans		Rom 13² *AC*	2Tm 2²⁵ AB
	Tit 1⁹ AB		
andstandandein		Rom 10²¹ *A*	
andstandands		Rom 13² *AC*	2Th 2⁴ *A*
andstandiþ	Jhn 19¹² *A*	Rom 9¹⁹ *A*	1Tm 1¹⁰ B
andstaurraidedun		Mrk 14⁵ *A*	
andstoþ	Rom 13² *AC*	Gal 2¹¹ B	2Tm 4¹⁵ *A*
andstoþun	2Tm 3⁸ AB		
andtilonds	Skr 7⁷ *E*		
andtiloþ	Luk 16¹³ *A*		
andþaggkjandins		Skr 7¹ *E*	
andþaggkjands		Skr 7⁵ *E*	
andþahta	Luk 16⁴ *A*		
anduh	Skr 5⁶ *E*		
andwaih	Rom 9¹³ᵍ *A**		
andwaihando	Rom 7²³ *A*		
andwairþai	2Cr 10¹¹ B		
andwairþi	Luk 5¹² *A*	Luk 9⁵¹ *A*	Luk 9⁵³ *A*
	Luk 20²¹ *A*	Mrk 14⁶⁵ *A*	1Cr 13¹² *A2*
	Gal 2⁶ AB	Gal 2¹¹ B	
andwairþin	Gal 1⁴ B		
andwairþis	Mat 27⁶¹ *A*		
andwairþja	Mat 5¹⁶ *A*	Mat 5²⁴ *A*	Mat 6¹ *A*
	Mat 6¹⁶ *A*	Mat 10³² *A2*	Mat 10³³ *A2*
	Jhn 12³⁷ *A*	Luk 1⁶ *A*	Luk 1⁸ *A*
	Luk 1¹⁵ *A*	Luk 1¹⁷ *A*	Luk 1¹⁹ *A*
	Luk 1⁷⁵ *A*	Luk 1⁷⁶ *A*	Luk 2³¹ *A*
	Luk 4⁷ *A*	Luk 5¹⁸ *A*	Luk 5²⁵ *A*
	Luk 7²⁷ *A*	Luk 8⁴⁷ *A*	Luk 10¹ *A*
	Luk 10²¹ *A*	Luk 15¹⁰ *A*	Luk 15¹⁸ *A*
	Luk 15²¹ *A*	Luk 16¹⁵ *A2*	Luk 20²⁶ *A*
	Mrk 2¹² *A*	Mrk 9² *A*	Mrk 12¹⁴ *A*
	Mrk 15³⁹ *A*	Rom 12¹⁷ *A2C 2*	2Cr 1¹¹ AB
	2Cr 2¹⁰ AB	2Cr 2¹⁷ AB	2Cr 3¹⁸ AB
	2Cr 4² AB	2Cr 4⁶ AB	2Cr 5¹² AB
	2Cr 7¹² AB	2Cr 8²¹ *A2B2*	2Cr 8²⁴ AB
	2Cr 10⁷ B	2Cr 12¹⁹ AB	Eph 1⁴ AB
	Gal 1²⁰ B	1Th 2¹⁷ B	1Th 2¹⁹ B
	1Th 3¹⁰ B	2Th 1⁹ *A*	1Tm 2³ AB
	1Tm 5⁴ AB	1Tm 5¹⁹ *A*	1Tm 5²⁰ *A*
	1Tm 5²¹ *A*	1Tm 6¹² *A**B	1Tm 6¹³ *A**B
	2Tm 2¹⁴ B	2Tm 4¹ AB	Neh 5¹⁵ D
	Neh 6¹⁹ D	Skr 5⁵ *E*	
andwairþje	Skr 5¹⁵ *E*		
andwairþjis	Luk 9²⁹ *A*		
andwairþo	Rom 8³⁸ *A*	2Cr 4¹⁷ B	
andwairþons	1Cr 7²⁶ *A*		
andwairþs	1Cr 5³ *A*	2Cr 10² B	2Cr 13² AB
	2Cr 13¹⁰ AB	Gal 4¹⁸ *A*	
andwasidedun		Mrk 15²⁰ *A*	
andwaurdjais	Rom 9²⁰ *A*		
Anna	Luk 2³⁶ *A*		

Annas	Jhn	18²⁴	*A*							Eph	2³	AB	Gal	2¹³	B	1Th	4¹³	B
Annin	Jhn	18¹³	*A*	Luk	3²	*A*				1Th	5⁶	B	1Tm	5²⁰	A			
annom	Luk	3¹⁴	*A*	1Cr	9⁷	A		anþaraim	Luk	4⁴³	*A*	Luk	8¹⁰	*A*	Luk	18⁹	*A*
Anos	Neh	7³⁷	D							Luk	20¹⁶	*A*	Mrk	12⁹	*A*	Mrk	16¹³	*S*
anst	Luk	1³⁰	*A*	Rom	12³	*C*	1Cr	16³	AB	1Cr	7¹²	A	1Cr	9²	A	1Cr	9²⁷	A
	2Cr	1¹⁵	AB	2Cr	6¹	AB	2Cr	8¹	AB	1Cr	14²¹	A2	2Cr	8¹³	AB	2Cr	13²	AB
	2Cr	8⁴	AB	2Cr	8⁶	AB	2Cr	8⁹	AB	Eph	3⁵	B	Php	4³	AB			
	2Cr	9⁸	B	Eph	4²⁹	AB	Gal	2⁹	AB	anþaraize	Luk	5²⁹	*A*	2Cr	8⁸	AB	Php	2⁴	B
	2Tm	1⁶	AB							anþaraizo	Luk	6¹⁷	*A*⁼	Rom	13⁹	*A*			
anstai	Luk	1²⁸	*A*	Luk	2⁵²	*A*	1Cr	9²⁰	*A*	anþaramma	Mat	6²⁴	*A*	Mat	8⁹	*A*	Jhn	9²⁴	*A*
	1Cr	10³⁰	*A*	1Cr	15¹⁰	*A*	2Cr	1¹²	AB		Luk	5⁷	*A*	Luk	6¹	*A*	Luk	6⁶	*A*
	2Cr	8⁷	AB	2Cr	8¹⁹	AB	Eph	2⁵	AB		Luk	7⁸	*A*	Luk	9⁵⁹	*A*	Luk	16⁷	*A*
	Eph	2⁸	AB	Gal	1⁶	B	Gal	2²¹	A		Luk	16¹³	*A*	Mrk	10¹²	*A*	Mrk	14⁷²	*A*
	Gal	5⁴	B	Col	3¹⁶	B*	Col	4⁶	AB		Mrk	16¹²	*S*	Rom	7³	A2	Rom	7⁴	A
	2Th	1¹²	*A*	2Th	2¹⁶	B	2Tm	1⁹	AB		2Cr	13²	AB	Gal	1⁶	B	Gal	6⁴	AB
	2Tm	2¹	B							anþarana	Mat	6²⁴	*A*	Jhn	14¹⁶	*A*	Luk	14³¹	*A*
anstais	Luk	4²²	*A*	2Cr	1²⁴	AB	2Cr	9¹⁴	B		Luk	16¹³	*A*	Luk	20¹¹	*A*	Mrk	12⁴	*A*
	Eph	1⁶	AB	Eph	1⁷	AB*	Eph	2⁷	AB		Mrk	12⁵	*A*	1Cr	4⁶	A	1Cr	6¹	A
	Eph	3²	B	Eph	3⁷	B	1Tm	4¹⁴	B		2Cr	11⁴	B2	Php	2³	B	1Th	5¹¹	B
ansteigs	Eph	1⁶	AB								Skr	5²	*E*‡	Skr	5³	*E*	Skr	5¹⁶	*E*
ansts	Luk	2⁴⁰	*A*	Rom	6²³	A	Rom	16²⁴	A	anþarans	Luk	10¹	*A*	Mrk	12⁵	*A*	Mrk	15³¹	*A*
	1Cr	15¹⁰	A2	1Cr	16²³	AB	2Cr	1²	B		2Tm	2²	B	Skr	7²¹	*E*			
	2Cr	4¹⁵	B	2Cr	12⁹	AB	2Cr	13¹³	AB	anþaranu	Luk	7¹⁹	*A*	Luk	7²⁰	*A*			
	Eph	1²	AB	Eph	3⁸	B	Eph	4⁷	A	anþaranuh	Skr	5²	*E*	Skr	5³	*E**			
	Eph	6²⁴	B	Gal	1³	B	Gal	6¹⁸	A*B	anþaris	Mat	11¹⁶	*A**	Rom	12⁵	*C*‡	1Cr	10²⁴	A
	Col	4¹⁹	B	1Th	5²⁸	AB	2Th	1²	AB		1Cr	10²⁹	A	Eph	4²⁵	AB	Neh	7³⁴	D*
	2Th	3¹⁸	A*B	1Tm	1²	AB	1Tm	1¹⁴	B	anþarizuh	Mat	11³	*A*						
	2Tm	1²	A	Tit	1⁴	B				anþarleikein	Skr	5¹⁵	*E*	Skr	6¹⁴	*E*			
Antiaukiai	2Tm	3¹¹	AB							anþarleiko	1Tm	1³	AB*						
Antiokjai	Gal	2¹¹	B							anþaros	Luk	8³	*A*	Mrk	15⁴¹	*A*	2Cr	11⁸	B
anþar	Mat	11¹⁶	*A*	Jhn	6²²	*A*	Jhn	15²⁴	*A*		2Cr	12¹³	AB	Eph	4¹⁷	AB			
	Jhn	18¹⁵	*A*	Jhn	18¹⁶	*A*	Luk	3¹⁸	*A*	anþaruh	Mat	8²¹	*A*	Skr	2²³	*E*			
	Luk	7⁴¹	*A*	Luk	8⁶	*A*	Luk	8⁸	*A*	anþaruþ-þan	Mrk	4⁵	*A*						
	Luk	9⁶¹	*A*	Luk	14¹⁹	*A*	Luk	17³⁴	*A*	anuhkumbei	Luk	17⁷	*A*						
	Luk	18¹⁰	*A*	Luk	19¹⁸	*A*	Luk	20³⁰	*A*	anuþ-þan-niujaiþ				Eph	4²³	AB			
	Mrk	4¹⁹	*A*	Mrk	7⁴	*A*	Mrk	7⁸	*A*	anza	Luk	6⁴¹	*A*	Luk	6⁴²	A2			
	Mrk	12²¹	*A*	Mrk	12³²	*A*	Rom	7²³	A	Apaullon	1Cr	4⁶	A	1Cr	16¹²	B			
	Rom	12⁵	*C*	1Cr	1¹⁶	A	1Cr	15⁴⁷	A	Apaullons	1Cr	1¹²	A						
	2Cr	13¹¹	AB	Eph	4²⁵	AB	Eph	6¹⁰	AB	apaustaulaus	2Cr	12¹²	B						
	Gal	1⁷	B	Php	2³	B	Php	3¹	AB	apaustaule	1Cr	15⁹	A	Eph	2²⁰	B			
	Php	3⁴	AB	Php	4⁸	B	1Th	5¹¹	B	apaustaulein	Gal	2⁸	AB						
	2Th	3¹	B	Neh	5¹⁴	D	Skr	2²³	*E*	apaustauleins	1Cr	9²	A						
	Skr	4²⁷	*E*							apaustauleis	Luk	9¹⁰	*A*	Luk	17⁵	*A*	Mrk	6³⁰	*A*
anþara	Mat	5³⁹	*A*	Mat	10²³	*A*	Mat	26⁷¹	AC		1Cr	9⁵	A	2Cr	8²³	AB			
	Mat	27⁶¹	*A*	Jhn	6²³	*A*	Jhn	10¹⁶	*A*	apaustaulum	1Cr	15⁷	A	2Cr	11⁵	B⁺	2Cr	11¹³	B
	Luk	6¹⁰	*A*	Luk	6²⁹	*A*	Luk	9²⁹	*A*		2Cr	12¹¹	AB	Eph	3⁵	B			
	Luk	9⁵⁶	*A*	Luk	16¹⁸	*A*	Luk	17³⁵	*A*	apaustauluns	Luk	9¹	*A*	1Cr	4⁹	A	Eph	4¹¹	A*
	Mrk	4³⁶	*A*	Mrk	10¹¹	*A*	Mrk	12³¹	A2	apaustaulus	Jhn	13¹⁶	*A*	Rom	11¹³	A	1Cr	9¹	A
	Mrk	14⁵⁸	*A*	Rom	8³⁹	A⁑	2Cr	inc	B		1Cr	9²	A	1Cr	15⁹	A	1Cr	exp	A
	2Cr	1¹⁵	AB	2Cr	11⁴	B	2Cr	exp	B		2Cr	1¹	B	2Cr	12¹²	A	Eph	1¹	AB*
	2Th	inc	B	2Th	exp	B	2Tm	inc	A*		Gal	1¹	B	1Tm	1¹	AB	1Tm	2⁷	AB
	Skr	2⁸	*E*								2Tm	1¹	A	2Tm	1¹¹	AB	Tit	1¹	B
anþarai	Mat	27⁴⁹	*A*	Jhn	7¹²	*A*	Jhn	18³⁴	*A*		Cal	2¹⁶	A	Cal	2³⁰	A			
	Luk	9¹⁹	*A*	Luk	18¹¹	*A*	Mrk	3²¹	*A*	apaustulu	Php	2²⁵	B						
	Mrk	6¹⁵	A2	Mrk	8²⁸	*A*	1Cr	9⁵	A	apaustuluns	Luk	6¹³	*A*						

aqizi	Luk	3⁹	A							
Arabia	Gal	4²⁵	B							
Araitins	2Cr	11³²	B							
Aramis	Luk	3³³	A							
arans	Luk	17³⁷	A							
arbaidai	2Cr	11²⁰	B	2Th	3⁸	AB				
arbaide	Gal	6¹⁷	A*B							
arbaidei	2Tm	2³	B	2Tm	4⁵	AB				
arbaidida	1Cr	15¹⁰	A⁼							
arbaididedjau	Gal	4¹¹	A							
arbaidim	2Cr	6⁵	AB	2Cr	10¹⁵	B	2Cr	10¹⁶	B	
	2Cr	11²³	B	2Cr	11²⁷	B				
arbaidja	Col	1²⁹	AB	2Tm	2⁹	B				
arbaidjai	Eph	4²⁸	AB							
arbaidjam	1Tm	4¹⁰	B							
arbaidjand	Mat	6²⁸	A							
arbaidjandam	1Cr	16¹⁶	B							
arbaidjandans				Php	1²⁷	B	1Th	5¹²	B	
arbaidjands	2Tm	2⁶	B							
arbaiþs	1Cr	15⁵⁸	AB	2Cr	11²⁸	B	1Th	3⁵	B	
arbi	Luk	20¹⁴	A	Mrk	12⁷	A	Eph	5⁵	B*	
	Gal	4³⁰	B							
arbinumja	Luk	20¹⁴	A	Mrk	12⁷	A	Gal	4¹	A	
arbja	Luk	10²⁵	A	Luk	18¹⁸	A	Mrk	10¹⁷	A	
	Rom	11¹	A*	Gal	4⁷	A				
arbjans	Gal	3²⁹	A	Gal	5²¹	AB				
arbjis	Eph	1¹⁴	AB	Eph	1¹⁸	AB	Col	3²⁴	B	
arbjo	1Cr	15⁵⁰	AB							
Areimaþaias	Mat	27⁵⁷	A	Mrk	15⁴³	A				
Areistarkus	Col	4¹⁰	B							
Arfaksadis	Luk	3³⁶	A							
arƕaznos	Eph	6¹⁶	AB							
Aristarkus	Col	4¹⁰	A⁻							
arjandan	Luk	17⁷	A							
arka	Jhn	12⁶	A	Jhn	13²⁹	A	Luk	17²⁷	A	
arkaggilaus	1Th	4¹⁶	B							
Arkippau	Col	4¹⁷	B							
arma	Luk	1⁵¹	A	Rom	9¹⁵	A				
armahairtai	Eph	4³²	AB							
armahairtei	Luk	1⁵⁰	A							
armahairtein	Luk	1⁵⁸	A	Luk	1⁷⁸	A	Eph	2⁴	AB	
	Col	3¹²	B⁼*	2Tm	1¹⁸	AB				
armahairteins				Luk	1⁵⁴	A	Rom	15⁹	C	
armahairtiþa	Mat	6⁴	A	Mat	9¹³	A	Luk	1⁷²	A	
armai	Mat	9²⁷	A	Luk	17¹³	A	Luk	18³⁸	A	
	Luk	18³⁹	A	Mrk	10⁴⁷	A	Mrk	10⁴⁸	A	
armaio	Gal	6¹⁶	A*B	1Tm	1²	AB	2Tm	1²	A	
armaion	Mat	6¹	A	Mat	6²	A	Mat	6³	A	
	Rom	11³¹	A	2Tm	1¹⁶	AB				
armaions	Rom	9²³	A							
armaiþ	Rom	9¹⁸	A							
armandins	Rom	9¹⁶	A							
armands	Rom	12⁸	A							
armins	Luk	2²⁸	A	Mrk	9³⁶	A				
armostai	1Cr	15¹⁹	A							
arms	Jhn	12³⁸	A							
arniba	Mrk	14⁴⁴	A							
aromata	Mrk	16¹	A							
Artaksairksaus				Neh	5¹⁴	D⁻				
arwjo	Jhn	15²⁵	A	2Cr	11⁷	B	2Th	3⁸	AB	
Asabis	Neh	7⁴⁴	D							
asan	Mat	9³⁸	A	Luk	10²	A				
asanais	Mat	9³⁸	A	Luk	10²	A				
asans	Mat	9³⁷	A	Luk	10²	A	Mrk	4²⁹	A	
	Mrk	13²⁸	A							
Aseris	Luk	2³⁶	A							
Asiai	1Cr	exp	A	2Cr	1⁸	B	2Tm	1¹⁵	AB	
Asiais	1Cr	16¹⁹	B							
asilaus	Jhn	12¹⁵	A	Luk	19³⁰	A				
asilu	Jhn	12¹⁴	A							
asiluqairnus	Mrk	9⁴²	A							
Asmoþis	Neh	7²⁸	D*							
asneis	Jhn	10¹²	A	Jhn	10¹³	A2				
asnjam	Mrk	1²⁰	A							
asnje	Luk	15¹⁷	A	Luk	15¹⁹	A				
assarjau	Mat	10²⁹	A							
Assaumis	Neh	7²²	D							
astans	Jhn	12¹³	A	Mrk	4³²	A	Mrk	11⁸	A	
	Rom	11¹⁸	A⁻	Rom	11²¹	A				
aste	Rom	11¹⁷	A							
astos	Rom	11¹⁶	A	Rom	11¹⁹	A				
asts	Mrk	13²⁸	A							
at	Mat	7¹⁵	A	Mat	8¹⁶	A	Mat	9⁹	A	
	Mat	11⁷	A	Mat	27¹	AC	Jhn	6⁴⁴	A	
	Jhn	6⁴⁵	A	Jhn	6⁶⁵	A	Jhn	8²⁶	A	
	Jhn	8³⁸	A	Jhn	10¹⁸	A	Jhn	10⁴¹	A	
	Jhn	11⁴⁵	A	Jhn	12¹²	A	Jhn	14⁶	A	
	Jhn	14¹⁸	A	Jhn	14²³	A	Jhn	14²⁵	A	
	Jhn	14²⁸	A	Jhn	15¹⁵	A	Jhn	16⁷	A	
	Jhn	17⁵	A2	Jhn	17⁷	A	Jhn	18¹⁶	A	
	Luk	1⁴³	A	Luk	2²	A	Luk	2⁴¹	A	
	Luk	2⁵²	A	Luk	3²	A2	Luk	3⁹	A	
	Luk	3¹⁵	A	Luk	3²¹	A	Luk	4²	A	
	Luk	4⁴⁰	A	Luk	5²	A	Luk	6⁴⁸	A	
	Luk	7⁴	A	Luk	7⁷	A	Luk	7²⁰	A	
	Luk	7²⁴	A	Luk	8³⁵	A	Luk	9³⁴g	A	
	Luk	9⁴¹	A	Luk	9⁴³	A	Luk	10⁷	A	
	Luk	15²⁰	A	Luk	18²⁷	A2	Luk	19¹¹	A	
	Luk	19²⁹	A	Luk	19³⁷	A	Luk	20¹	A	
	Luk	20⁴⁵	A	Mrk	1³³	A	Mrk	1⁴⁰	A	
	Mrk	2²	A	Mrk	2³	A	Mrk	2¹⁴	A	
	Mrk	3⁸	A	Mrk	3⁹	A	Mrk	4¹	A	
	Mrk	4⁶	A	Mrk	4³⁵	A	Mrk	5¹¹	A	
	Mrk	6³	A	Mrk	7³¹	A	Mrk	8¹	A	
	Mrk	9¹⁴	A	Mrk	9¹⁹	A	Mrk	9²⁰	A	
	Mrk	10⁴⁵	A	Mrk	10⁵⁰	A	Mrk	11¹	A	
	Mrk	11⁴	A	Mrk	11⁷	A	Mrk	11¹¹	A	
	Mrk	11¹³	A	Mrk	12²	A2	Mrk	13²⁹	A*	
	Mrk	14⁴³	A	Mrk	14⁴⁹	A	Mrk	14⁵⁴	A	
	Mrk	15¹	A	Mrk	15⁴²	A	Mrk	15⁴⁵	A	

	Mrk	16²	A	Rom	7²	A	Rom	7³	A		Luk	19¹³	A	Luk	19¹⁵	A	Mrk	6²⁸	A2
	1Cr	7²⁴	A	1Cr	10²⁵	A	1Cr	11²³	A		Mrk	8⁶	A	Mrk	11²⁸	A	Mrk	15¹⁵	A
	1Cr	12¹⁵	A	1Cr	12¹⁶	A	1Cr	16⁵	AB		1Cr	15³	A	2Cr	10⁸	B	Eph	1²²	AB
	1Cr	16⁶	AB	1Cr	16⁷	AB	1Cr	16¹⁰	AB		Eph	5²	AB	Eph	5²⁵	A	2Th	2¹⁶	B
	1Cr	16¹¹	B	1Cr	16¹²	B	1Cr	16¹⁹	B		Skr	5¹²	E	Skr	6⁸	E
	2Cr	1¹¹	AB	2Cr	1¹²	AB	2Cr	1¹⁵	AB	atgaft	Jhn	17²	A2	Jhn	17⁴	A	Jhn	17⁶	A2
	2Cr	1¹⁶	AB	2Cr	1¹⁷	AB	2Cr	2¹	A2B2		Jhn	17⁷	A	Jhn	17⁸	A	Jhn	17⁹	A
	2Cr	2¹²	AB	2Cr	5⁸	AB	2Cr	5²⁰	AB		Jhn	17¹¹	A	Jhn	17¹²	A	Jhn	17²⁴	A
	2Cr	9²	AB	2Cr	10¹⁵	B	2Cr	11⁸	B		Jhn	18⁹	A	Luk	15²⁹	A
	2Cr	12¹⁴	AB	2Cr	12²¹	AB	2Cr	13¹	AB	atgagg	Eph	2¹⁸	AB	Eph	3¹²	AB
	Eph	2²⁰	B	Eph	6⁸	B	Eph	6⁹	AB	atgaggai	Luk	9⁵⁴	A	1Tm	6³	B
	Gal	2⁵	AB	Gal	4¹⁸	A	Gal	4²⁰	AB	atgaggand	Mat	9¹⁵	A	Mrk	2²⁰	A	2Tm	3¹	AB
	Gal	6⁹	AB	Php	1²⁵	B	Php	4⁶	B	atgaggandam	Luk	9³⁴g	A	Luk	9³⁷	A	Mrk	9⁹	A
	Col	1⁷	B	Col	3²⁵	B	Col	4¹⁰	AB	atgaggandan	Mrk	1¹⁰	A
	Col	4¹⁶	B	1Th	2¹³	B	1Th	2¹⁸	B	atgaggandans	Mat	26⁷³	AC	Luk	9¹²	A	Luk	20²⁷	A
	1Th	3⁴	B	1Th	3⁶	B2	1Th	4¹	B	atgaggandei	Luk	8⁴⁴	A	Mrk	5²⁷	A	Mrk	6²⁵	A
	1Th	4⁹	B	2Th	1⁶	A	2Th	3¹	B	atgaggandeim				Luk	3⁷	A
	2Th	3⁶	B	2Th	3⁸	AB	2Th	3¹⁰	AB	atgaggandein	Mrk	6²²	A
	1Tm	3¹⁴	A	1Tm	6⁵	AB	2Tm	1¹³	AB	atgaggandeins				Mrk	16¹	A	Mrk	16⁵	A
	2Tm	1¹⁸	AB	2Tm	2²	B	2Tm	3¹⁴	AB	atgaggandin	Mat	8¹	A	Luk	7⁴⁴	A	Luk	17⁷	A
	2Tm	4⁹	AB	2Tm	4¹³	A	Phm	1³	A	atgaggands	Mat	5²⁴	A	Mat	9²⁵	A	Mat	27⁵⁸	A
	Neh	5¹⁵	D	Neh	5¹⁷	D	Skr	2²²	E		Luk	1⁹	A	Luk	6¹⁷	A	Luk	7³⁶	A
	Skr	3⁴	E	Skr	3¹⁹	E	Skr	4²⁴	E		Luk	14¹⁰	A	Mrk	11¹⁵	A	Mrk	14⁴⁵	A
	Skr	5¹	E	Skr	5²⁰	E	Skr	6¹³	E	atgaggiþ	Jhn	10¹	A	Luk	1³⁵	A	1Tm	6³	A
	Skr	6²⁵	E	Skr	7⁸	E	Skr	7¹⁰	E 2	atgaraihtjais	Tit	1⁵	B
	Skr	7²⁷	E	Skr	8¹	E⁺°	SkB	8¹	E¤	atgebeima	Jhn	18³⁰	A
	Skr	8¹⁹	EE:	SkB	8¹⁹	E¶	Skr	8²¹	E	atgebeina	Luk	20²⁰	A
ataþnjis	Jhn	18¹³	A							atgebeiþ	Gal	4¹⁵	A
ataugei	Mat	8⁴	A	Luk	5¹⁴	A				atgebum	1Th	4²	B
ataugeiþ	Luk	17¹⁴	A	Luk	20²⁴	A				atgebun	Mat	27¹⁰	A	Mat	27¹⁸	A	Mrk	15¹⁰	A
ataugida	Jhn	10³²	A	Luk	4⁵	A	Luk	9⁸	A		2Cr	8⁵	AB	Eph	4¹⁹	AB	Gal	2⁹	B
	Mrk	16⁹	A	Mrk	16¹⁴	S	1Cr	15⁷	A		Skr	6⁴	E*	SkB	6⁴	E¶
	1Cr	15⁸	A	Tit	1³	B	Skr	3³	E	atgibada	Mat	26²	C*	Luk	18³²	A	Mrk	4²⁹	A
ataugidedi	1Tm	1¹⁶	B								Mrk	9³¹	A	Mrk	10³³	A
ataugidedun	Mat	27⁵³	A							atgibai	Mat	5²⁵	A2
ataugids	1Cr	15⁵	A	1Tm	3¹⁶	A				atgiban	Jhn	6⁶⁵	A	Jhn	19¹¹	A	Luk	4⁶	A
ataugiþs	Mrk	9⁴	A	Mrk	16¹²	S					Luk	8¹⁰	A	Luk	9⁴⁴	A	Luk	10²²	A
ataugja	Luk	6⁴⁷	A								Mrk	4¹¹	A	1Cr	5⁵	A
ataugjai	Eph	2⁷	AB							atgibana	2Cr	12⁷	AB	Eph	3⁸	B	Eph	4⁷	A
ataugjan	Mrk	1⁴⁴	A	2Cr	5¹⁰	AB				atgiband	Mrk	10³³	A‡
atbair	Mat	5²⁴	A	Mat	8⁴	A	Luk	5¹⁴	A	atgibanda	2Cr	4¹¹	B
	Mrk	1⁴⁴	A	2Tm	4¹³	A				atgibandins	Gal	2²⁰	A
atbairiþ	Mrk	12¹⁵	A							atgibanos	Luk	4¹⁷	A
atbar	Mrk	6²⁸	A							atgibans	Mrk	1¹⁴	A
atberun	Mat	8¹⁶	A	Mat	9²	A	Mat	9³²	A	atgibau	1Cr	13³	A
	Mrk	10¹³	A	Mrk	12¹⁶	A				athabaidedun	Mrk	10³⁵	A
atdraus	Neh	6¹⁶	D	Skr	2¹⁴	E				athafjan	Mrk	15³⁶	A
atdriusai	1Tm	3⁶	A	1Tm	3⁷	A				athahans	2Cr	11³³	B
atdriusand	1Tm	6⁹	AB							athahid	Luk	5⁴	A
atdriusandei	Luk	8⁴⁷	A							athaihait	Mrk	3¹³	A	Mrk	6⁷	A
atdrusun	Skr	1²	E							athaitands	Mat	10¹	A	Luk	7¹⁹	A	Luk	15²⁶	A
atfaridedun	Luk	8²⁶	A								Luk	16⁵	A	Luk	18¹⁶	A	Luk	19¹³	A
atgaf	Jhn	7²²	A	Jhn	12⁴⁹	A*	Jhn	13¹⁵	A		Mrk	3²³	A	Mrk	7¹⁴	A	Mrk	8¹	A
	Jhn	17⁸	A	Jhn	17¹⁴	A	Luk	7¹⁵	A		Mrk	8³⁴	A	Mrk	10⁴²	A	Mrk	15⁴⁴	A
	Luk	9¹	A	Luk	9⁴²	A	Luk	10¹⁹	A	atiddja	Mat	7²⁵	A	Mat	7²⁷	A	Jhn	6¹⁷	A

		Jhn	7³⁰	A	Jhn	7⁵⁰	A	Jhn	16²⁸	A			
		Jhn	18²⁹	A	Jhn	19⁴	A	Luk	3²²	A			
		Luk	8²³	A	Luk	15²⁵	A	Luk	18³	A			
		Luk	18¹⁴	A	Mrk	11¹³	A	Mrk	14⁶⁶	A			
atiddjedeina	Luk	5⁷	A										
atiddjedum	Mat	25³⁹	C										
atiddjedun	Mat	9¹⁴	A	Jhn	6¹⁶	A	Jhn	12²¹	A				
	Luk	8¹⁹	A	Mrk	2¹⁸	A	Mrk	3²⁰	A				
	Mrk	5¹⁵	A	Mrk	11²⁷	A	Mrk	12¹⁸	A				
	Mrk	16²	A										
atisk	Luk	6¹	A	Mrk	2²³	A							
atist	Mrk	4²⁹	A	Rom	7²¹	A	2Tm	4⁶	AB				
atkunnaiþ	Col	4¹	B										
atlagei	Mat	9¹⁸	A										
atlagidedeina	Mrk	8⁶	A	Mrk	8⁷	A							
atlagidedun	Mrk	8⁶	A	Mrk	15¹⁷	A							
atlagides	Luk	19²³	A										
atlagjada	Mat	7¹⁹	A										
atlagjands	Mrk	8²³	A										
atlaþodai	Eph	4⁴	AB										
atlaþoþs	1Cr	7²⁴	A										
atligiþ	Rom	7¹⁸	A										
atnam	Col	1¹³	AB										
atneƕida	Luk	10⁹	A	Luk	10¹¹	A	Mrk	1¹⁵	A				
	Mrk	14⁴²	A	Rom	13¹²	A	Php	2³⁰	AB				
atrinnandans	Luk	16²¹	A										
atsaiƕ	1Tm	4¹⁶	B										
atsaiƕaina	1Tm	1⁴	AB*										
atsaiƕandans	1Tm	4¹	AB	Tit	1¹⁴	A							
atsaiƕands	Gal	6¹	B										
atsaiƕiþ	Mat	6¹	A	Mat	7¹⁵	A	Luk	20⁴⁶	A				
	Mrk	8¹⁵	A										
atsatjaima	Col	1²⁸	AB										
atsatjan	Luk	2²²	A	Col	1²²	AB							
atsnarpjais	Col	2²¹	AB										
atstaig	Jhn	6³³	A	Jhn	6³⁸	A	Jhn	6⁴²	A				
	Jhn	6⁵⁰	A	Jhn	6⁵⁸	A	Luk	19⁶	A				
	Eph	4⁹	A	Eph	4¹⁰	A							
atstandandane				Mrk	14⁴⁷	A	Mrk	15³⁵	A				
atstandandans				Mrk	14⁷⁰	A							
atstandandei	Luk	2³⁸	A										
atstandands	Jhn	18²²	A⁺	Luk	4³⁹	A	Mrk	15³⁹	A				
atsteig	Luk	19⁵	A	Mrk	15³⁰	A							
atsteigadau	Mat	27⁴²	A	Mrk	15³²	A							
atsteigai	Luk	17³¹	A										
atsteigands	Mat	9¹	A	Jhn	6⁴¹	A							
atsteigiþ	1Th	4¹⁶	B										
atstoþun	Luk	20¹	A										
atta	Mat	5⁴⁸	A	Mat	6⁴	A	Mat	6⁶	A				
	Mat	6⁸	A	Mat	6⁹	A	Mat	6¹⁴	A				
	Mat	6¹⁵	A	Mat	6¹⁸	A	Mat	6²⁶	A				
	Mat	6³²	A	Jhn	6²⁷	A	Jhn	6³²	A				
	Jhn	6³⁷	A	Jhn	6⁴⁴	A	Jhn	6⁵⁷	A				
	Jhn	8¹⁶	A	Jhn	8¹⁸	A	Jhn	8¹⁹	A				
	Jhn	8²⁸	A	Jhn	8²⁹	A	Jhn	8³⁹	A				
								Jhn	8⁴²	A	Jhn	8⁴⁴	A	Jhn	8⁵⁴	A
								Jhn	8⁵⁶	A	Jhn	10¹⁵	A	Jhn	10¹⁷	A
								Jhn	10²⁹	A	Jhn	10³⁰	A	Jhn	10³⁶	A
								Jhn	10³⁸	A	Jhn	11⁴¹	A	Jhn	12²⁶	A
								Jhn	12²⁷	A	Jhn	12²⁸	A	Jhn	12⁴⁹	A
								Jhn	14¹⁰	A2	Jhn	14¹¹	A	Jhn	14¹³	A
								Jhn	14²³	A	Jhn	14²⁶	A	Jhn	14²⁸	A
								Jhn	14³¹	A	Jhn	15¹	A	Jhn	15⁸	A
								Jhn	15⁹	A	Jhn	16¹⁵	A	Jhn	16²⁷	A
								Jhn	16³²	A	Jhn	17¹	A	Jhn	17⁵	A
								Jhn	17¹¹	A	Jhn	17²¹	A	Jhn	17²⁴	A
								Jhn	17²⁵	A	Jhn	18¹¹	A	Luk	1⁶⁷	A
								Luk	2⁴⁸	A	Luk	6³⁶	A	Luk	10²¹	A2
								Luk	10²²	A2	Luk	15¹²	A	Luk	15¹⁸	A
								Luk	15²⁰	A	Luk	15²¹	A	Luk	15²²	A
								Luk	15²⁷	A	Luk	15²⁸	A	Mrk	9²⁴	A
								Mrk	11²⁵	A	Mrk	11²⁶	A	2Cr	1³	B2
								2Cr	11³¹	B	Eph	1³	AB	Eph	1¹⁷	AB
								Eph	4⁶	AB	1Th	2¹¹	B	1Th	3¹¹	B
								2Th	2¹⁶	B	Skr	5⁷	E	Skr	5¹¹	E
								Skr	6⁸	E	Skr	6⁹	E	Skr	6¹⁷	E
attaitok	Mat	8³	A	Mat	8¹⁵	A	Mat	9²⁰	A
	Mat	9²⁹	A	Luk	5¹³	A	Luk	7¹⁴	A
	Luk	8⁴⁴	A	Luk	8⁴⁷	A	Mrk	1⁴¹	A
	Mrk	5²⁷	A	Mrk	7³³	A			
attaitokeina	Mrk	3¹⁰	A	Mrk	6⁵⁶	A			
attaitoki	Luk	18¹⁵	A	Mrk	8²²	A	Mrk	10¹³	A
attaitokun	Mrk	6⁵⁶	A						
attam	Jhn	7²²	A	Luk	1⁵⁵	A	Luk	1⁷²	A
attan	Mat	5¹⁶	A	Mat	8²¹	A	Mat	10³⁵	A
	Mat	10³⁷	A	Jhn	6⁴²	A	Jhn	6⁴⁶	A2
	Jhn	8¹⁹	A2	Jhn	8²⁷	A	Jhn	8⁴¹	A
	Jhn	8⁴⁹	A	Jhn	10¹⁵	A	Jhn	14⁷	A
	Jhn	14⁸	A	Jhn	14⁹	A2	Jhn	14¹⁶	A
	Jhn	14³¹	A	Jhn	15¹⁶	A	Jhn	15²³	A
	Jhn	15²⁴	A	Jhn	16³	A	Jhn	16²³	A
	Jhn	16²⁵	A	Jhn	16²⁶	A	Luk	1⁷³	A
	Luk	3⁸	A	Luk	8⁵¹	A	Luk	9⁵⁹	A
	Luk	14²⁶	A	Luk	18²⁰	A	Mrk	1²⁰	A
	Mrk	5⁴⁰	A	Mrk	7¹⁰	A	Mrk	9²¹	A
	Mrk	10¹⁹	A	Mrk	10²⁹	A	Mrk	10³⁰	A
	Mrk	15²¹	A	Rom	15⁶	C	Gal	1¹	B
	Skr	4²⁷	E	Skr	5¹⁹	E	Skr	5²⁴	E
attane	Luk	1¹⁷	A	Rom	15⁸	C			
attans	Jhn	6³¹	A	Jhn	6⁴⁹	A	Jhn	6⁵⁸	A
	Luk	6²³	A	Luk	6²⁶	A	Rom	9⁵	A
	Rom	11²⁸	A	1Cr	10¹	A	Col	3²¹	B
	1Tm	1⁹	AB	Skr	7²²	E			
attauh	Jhn	18¹⁶	A						
attauhun	Luk	19³⁵	A	Mrk	15²²	A	Skr	8¹⁰	E
attauhuþ	Jhn	7⁴⁵	A	Skr	8⁵	E			
atteka	Mat	9²¹	A	Mrk	5²⁸	A			
attekaiþ	2Cr	6¹⁷	AB						
attekan	Luk	6¹⁹	A						
attin	Mat	6¹	A	Mat	6⁶	A	Mat	6¹⁸	A

	Jhn	5⁴⁵	A	Jhn	6⁴⁵	A	Jhn	6⁴⁶	A	Mat	9⁶	A	Mat	9¹³	A	Mat	9¹⁶	A
	Jhn	6⁶⁵	A	Jhn	8³⁸	A2	Jhn	8⁴⁴	A	Mat	10³⁰	A	Jhn	6³⁰	A	Jhn	11¹⁰	A
	Jhn	8⁵³	A	Jhn	10¹⁸	A	Jhn	10³²	A	Jhn	14²	A	Jhn	14²⁶	A	Jhn	15⁷	A
	Jhn	14⁶	A	Jhn	14¹⁰	A	Jhn	14¹¹	A	Jhn	15¹⁹	A	Jhn	15²⁶	A	Jhn	16⁷	A
	Jhn	14¹²	A	Jhn	14²⁰	A	Jhn	14²¹	A	Jhn	17²⁰	A	Luk	3⁹	A	Luk	4²⁵	A
	Jhn	14²⁸	A	Jhn	15¹⁵	A	Jhn	15²⁶	A2	Luk	5²⁴	A	Luk	5³⁵	A	Luk	6²⁴	A
	Jhn	16¹⁰	A	Jhn	16¹⁶	A	Jhn	16¹⁷	A	Luk	6³²	A	Luk	6⁴¹	A	Luk	6⁴⁶	A
	Jhn	16²⁸	A2	Luk	1⁶²	A	Luk	9⁴²	A	Luk	8¹¹	A	Luk	8¹⁶	A	Luk	9²⁰	A
	Luk	10²²	A	Luk	15¹²	A	Luk	15¹⁸	A	Luk	9²⁴	A	Luk	16⁷	A	Luk	16¹⁹	A
	Luk	15²⁰	A	Luk	15²⁹	A	Mrk	7¹⁰	A	Luk	17²²	A	Luk	17²⁵	A	Luk	18⁸	A
	Mrk	7¹¹	A	Mrk	7¹²	A	Mrk	10⁷	A	Luk	19²⁷	A	Luk	20⁵	A	Luk	20¹⁷	A
	1Cr	15²⁴	A	2Cr	1²	B	2Cr	6¹⁸	AB	Luk	20³⁷	A	Luk	20³⁸	A	Mrk	1⁸	A
	Eph	1²	AB	Eph	2¹⁸	AB*	Eph	3¹⁴	AB	Mrk	2¹⁰	A	Mrk	2²⁰	A	Mrk	3²⁹	A
	Eph	5²⁰	A	Eph	6²³	B	Gal	1³	B	Mrk	4¹⁵	A	Mrk	8²⁰	A	Mrk	8²⁹	A
	Php	2⁸	B	Php	2²²	B	Col	1¹²	AB	Mrk	10³¹	A	Mrk	11³¹	A	Mrk	12²⁶	A
	Col	3¹⁷	B	1Th	3¹³	B	2Th	1¹	AB	Mrk	12²⁷	A	Mrk	13¹⁷	A	Mrk	13¹⁸	A
	2Th	1²	AB	1Tm	1²	AB	1Tm	5¹	B	Mrk	13²⁸	A	Mrk	16¹⁷	S	Rom	7²	A
	2Tm	1²	A	Tit	1⁴	B	Skr	4²⁴	E	Rom	7¹²	A	Rom	7²³	A	Rom	8⁶	A
	Skr	5¹	E	Skr	5¹⁸	E	Skr	5²⁵	E	Rom	8⁸	A	Rom	9⁶	A	Rom	9¹⁰	A
	Skr	6¹⁶	E							Rom	9¹¹	A	Rom	9¹⁹	A	Rom	9³⁰	A
attins	Mat	5⁴⁵	A	Mat	7²¹	A	Mat	10²⁹	A	Rom	11²²	A	Rom	11²⁸	A	Rom	12⁵	C
	Mat	10³²	A	Mat	10³³	A	Jhn	6⁵⁷	A	Rom	13³	AC	Rom	14⁴	A	1Cr	4³	A
	Jhn	8⁴¹	A	Jhn	8⁴⁴	A	Jhn	10²⁵	A	1Cr	4⁶	A	1Cr	7⁸	A	1Cr	7¹⁵	A
	Jhn	10²⁹	A	Jhn	10³⁷	A	Jhn	14²	A	1Cr	7²⁵	A	1Cr	7²⁸	A	1Cr	9²⁵	A
	Jhn	14²⁴	A	Jhn	15¹⁰	A	Luk	1³²	A	1Cr	9²⁶	A	1Cr	11²⁸	A	1Cr	15¹	A
	Luk	1⁵⁹	A	Luk	2⁴⁹	A	Luk	9²⁶	A	1Cr	15¹⁰	A2	1Cr	15¹⁴	A	1Cr	15²³	A
	Luk	15¹⁷	A	Mrk	8³⁸	A	Mrk	11¹⁰	A	1Cr	15⁵⁶	AB	1Cr	16³	AB	1Cr	16⁵	AB
	Rom	9¹⁰	A	Gal	1⁴	B	Gal	4²	A	1Cr	16¹⁰	AB	1Cr	16¹²	B	1Cr	16¹⁷	B
	Skr	5⁵	E	Skr	6¹¹	E	Skr	6¹⁹	E	2Cr	1⁶	B	2Cr	1¹³	AB	2Cr	1¹⁸	AB
attiuh	Luk	9⁴¹	A	Luk	14²¹	A				2Cr	1²¹	AB	2Cr	1²³	AB	2Cr	2¹	AB
attiuha	Jhn	19⁴	A							2Cr	2⁴	AB	2Cr	2⁵	AB	2Cr	2¹⁰	AB
attiuhan	Rom	10⁶	A							2Cr	2¹²	AB	2Cr	2¹⁴	AB	2Cr	3⁴	AB
attiuhats	Mrk	11²	A							2Cr	3⁷	AB	2Cr	3¹⁶	AB	2Cr	3¹⁷	A2B2
attiuhiþ	Luk	19³⁰	A							2Cr	3¹⁸	AB	2Cr	4³	AB	2Cr	4⁵	AB
atþinsa	Jhn	12³²	A							2Cr	4⁷	AB	2Cr	5⁵	AB	2Cr	5⁸	AB
atþinsiþ	Jhn	6⁴⁴	A							2Cr	5¹¹	AB	2Cr	5¹⁸	AB	2Cr	6¹³	AB
atuhgaf	Eph	4⁸	A							2Cr	7⁷	AB	2Cr	7¹²	AB	2Cr	7¹³	AB
at-uh-þan-gaf				Mrk	14⁴⁴	A				2Cr	8¹	AB	2Cr	8¹⁶	AB	2Cr	8¹⁷	AB
atuþ-þan-gaggand				1Cr	14²³	A				2Cr	8¹⁹	AB	2Cr	8²²	AB	2Cr	8²⁴	AB
atwairpan	Mrk	9⁴⁷	A							2Cr	9¹	AB	2Cr	9³	AB	2Cr	9⁸	B
atwairpands	Mat	27⁵	A							2Cr	9¹⁰	B	2Cr	10¹	B2	2Cr	10²	B
atwalwida	Mrk	15⁴⁶	A							2Cr	10⁸	B	2Cr	10¹⁵	B	2Cr	10¹⁷	B
atwandida	Luk	19¹⁵	A							2Cr	11³	B	2Cr	11⁶	B	2Cr	12⁶	AB
atwarp	Mrk	9²²	A							2Cr	12¹¹	AB	2Cr	12¹⁵	AB	2Cr	12¹⁶	AB
atwaurpans	Luk	16²⁰	A							2Cr	13⁴	AB	2Cr	13⁶	AB	2Cr	13⁷	AB
atwitainai	Luk	17²⁰	A							2Cr	13⁹	AB	Eph	3²⁰	AB	Eph	5³	AB
atwopida	Luk	6¹³	A	Mrk	9³⁵	A				Eph	5⁹	B	Eph	6²¹	B*	Gal	1²⁰	B
atwopidedun	Jhn	9¹⁸	A	Jhn	9²⁴	A				Gal	2⁴	AB	Gal	2⁶	A2B2	Gal	2¹¹	B
atwopjan	Mrk	10⁴⁹	A							Gal	2¹⁶	B	Gal	2¹⁷	B	Gal	2²⁰	A
atwopjands	Luk	16²	A							Gal	3⁴	A	Gal	3²⁹	A	Gal	4¹	A
aþa	1Cr	16²²	B							Gal	4⁶	A	Gal	4¹²	A	Gal	4¹⁸	A
Aþeinim	1Th	3¹	B							Gal	4²⁰	AB	Gal	4²⁸	B	Gal	5³	B
aþnam	Gal	4¹⁰	A							Gal	5⁵	B	Gal	5¹⁰	B	Gal	5¹¹	B
aþþan	Mat	5²²	A2	Mat	5²⁸	A	Mat	5³⁴	A	Gal	5¹⁶	B	Gal	5¹⁸	AB	Gal	5¹⁹	AB
	Mat	5⁴⁴	A	Mat	6¹⁶	A	Mat	8¹¹	A	Gal	6⁶	AB	Gal	6⁹	AB	Php	1²¹	B

aþþan–auk

	Php	1²³	B	Php	1²⁴	B	Php	2²⁴	B		
	Php	2²⁵	B	Php	2²⁷	AB	Php	3³	AB		
	Php	3⁸	AB	Php	3¹²	AB	Php	3¹⁴	AB		
	Php	3¹⁶	AB	Php	4¹⁰	B2	Php	4¹⁴	B		
	Php	4¹⁵	B	Col	3¹⁴	B	1Th	2¹⁶	B		
	1Th	2¹⁷	B	1Th	3⁶	B	1Th	3¹¹	B		
	1Th	3¹²	B	1Th	4⁹	B	1Th	4¹⁰	B		
	1Th	4¹³	B	1Th	5¹	B	1Th	5⁴	B		
	1Th	5¹²	B	1Th	5²¹	B	1Th	5²³	AB		
	2Th	2¹	A	2Th	2¹⁶	B	2Th	3³	B		
	2Th	3⁴	B	2Th	3⁶	B	2Th	3¹³	AB		
	2Th	3¹⁶	AB	1Tm	1⁵	AB	1Tm	1⁸	AB		
	1Tm	1¹⁷	B	1Tm	3¹⁵	A	1Tm	4¹	AB		
	1Tm	4⁸	AB	1Tm	5⁵	AB	1Tm	5⁸	AB		
	1Tm	5¹³	A2	1Tm	6²	AB	1Tm	6⁶	AB		
	1Tm	6⁸	AB	1Tm	6⁹	AB	2Tm	2¹⁹	B		
	2Tm	2²⁰	B	2Tm	2²¹	B	2Tm	2²²	AB		
	2Tm	3¹	AB	2Tm	3⁸	AB	2Tm	4⁴	AB		
	2Tm	4⁶	AB	2Tm	4⁸	AB	2Tm	4¹²	A		
	Tit	1¹⁵	A	Skr	3²³	E	Skr	4⁷	E*		
	SkB	4⁷	E¶	Skr	6⁶	E	Skr	6¹⁸	E		
au..	1Cr	9⁹g	A								
audaga	Luk	1⁴⁵	A	Luk	10²³	A	1Tm	6¹⁵	B		
audagai	Jhn	13¹⁷	A	Luk	6²⁰	A	Luk	6²¹	A2		
	Luk	6²²	A	Skr	6²⁷	E					
audagei	Gal	4¹⁵	A								
audagins	1Tm	1¹¹	B								
audagjand	Luk	1⁴⁸	A								
audags	Mat	11⁶	A	Luk	7²³	A	Luk	14¹⁴	A		
	Luk	14¹⁵	A								
audahafta	Luk	1²⁸	A								
aufto	Jhn	7²⁶	A	Luk	3¹⁵	A	Luk	4²³	A		
	Luk	14¹²	A	Luk	14²⁹	A	Luk	20¹³	A		
	Mrk	2²²	A	Mrk	11¹³	A	Rom	11²¹	A		
	1Cr	16¹²	B	2Cr	1¹⁷	AB	2Cr	2⁷	AB		
	2Cr	11³	B	2Cr	12¹⁶	AB*	2Cr	12²⁰	A2B2		
	2Cr	13⁵	AB	1Th	3⁵	B	1Tm	3⁶	A		
	Phm	1⁵	A								
augadauro	2Cr	11³³	B								
augam	Mat	9²⁹	A	Jhn	12⁴⁰	A	Luk	19⁴²	A		
	Mrk	12¹¹	A	Gal	3¹	A	Col	3²²	B		
augei	Jhn	14⁸	A	Jhn	14⁹	A					
augin	Mat	5³⁸	A	Luk	6⁴¹	A2	Luk	6⁴²	A4		
augins	1Cr	15⁵²	AB								
augo	Mat	5²⁹	A	Mat	5³⁸	A	Mat	6²²	A2		
	Mat	6²³	A	Mrk	7²²	A	Mrk	9⁴⁷	A		
	1Cr	12¹⁶	A	1Cr	12¹⁷	A	1Cr	12²¹	A		
augona	Mat	9³⁰	A	Jhn	6⁵	A	Jhn	9⁶	A		
	Jhn	9¹⁰	A	Jhn	9¹¹	A	Jhn	9¹⁴	A		
	Jhn	9¹⁵	A	Jhn	9¹⁷	A	Jhn	9²¹	A		
	Jhn	9²⁶	A	Jhn	9³⁰	A	Jhn	9³²	A		
	Jhn	10²¹	A	Jhn	11³⁷	A	Jhn	11⁴¹	A		
	Jhn	12⁴⁰	A	Jhn	17¹	A	Luk	2³⁰	A		
	Luk	4²⁰	A	Luk	6²⁰	A	Luk	10²³	A		
	Luk	16²³	A	Luk	18¹³	A	Mrk	8¹⁸	A		

	Mrk	8²³	A	Mrk	8²⁵	A	Mrk	9⁴⁷	A		
	Eph	1¹⁸	AB	Gal	4¹⁵	A	Neh	6¹⁶	D*		
auhjodau	Mrk	15⁷	A								
auhjodu	Mrk	5³⁸	A								
auhjondein	Mat	9²³	A								
auhjoþ	Mrk	5³⁹	A								
auhmistam	Luk	3²	A								
auhmistans	Luk	19⁴⁷	A								
auhmisto	Luk	4²⁹	A								
auhn	Mat	6³⁰	A								
auhsau	1Cr	9⁹	A	1Tm	5¹⁸	A*					
auhsne	Luk	14¹⁹	A								
auhsum	1Cr	9⁹	A								
auhuman	Php	2³	B								
auhumista	Jhn	18¹⁹	A	Mrk	14⁶⁰	A	Mrk	14⁶¹	A		
	Mrk	14⁶³	A								
auhumistam	Jhn	7⁴⁵	A	Mrk	8³¹	A	Mrk	14⁴³	A		
	Skr	8⁴	E								
auhumistans	Mat	27⁶²	A	Jhn	7³²	A	Jhn	11⁴⁷	A		
	Jhn	12¹⁰	A	Luk	20¹⁹	A	Mrk	11¹⁸	A		
	Mrk	11²⁷	A	Mrk	14⁵³	A	Mrk	14⁵⁵	A		
	Mrk	15¹	A	Mrk	15³	A	Mrk	15¹⁰	A		
	Mrk	15¹¹	A	Mrk	15³¹	A					
auhumistin	Mrk	14⁵³	A	Eph	2²⁰	B					
auhumistins	Jhn	18¹⁰	A	Mrk	14⁴⁷	A	Mrk	14⁵⁴	A		
	Mrk	14⁶⁶	A								
auhumists	Jhn	18¹³	A								
auk	Mat	5¹⁸	A	Mat	5²⁰	A	Mat	5²⁹	A		
	Mat	5³⁰	A	Mat	5⁴⁶	A	Mat	6⁷	A		
	Mat	6⁸	A	Mat	6¹⁶	A	Mat	6²¹	A		
	Mat	6³²	A	Mat	7¹²	A	Mat	7²⁹	A		
	Mat	8⁹	A	Mat	9²¹	A	Mat	10²³	A		
	Mat	10²⁶	A	Mat	10³⁵	A	Mat	11¹⁰	A		
	Mat	11¹³	A	Mat	26⁷³	AC	Mat	27¹⁸	A		
	Mat	27⁴³	A	Jhn	5⁴⁶	A	Jhn	6²⁷	A		
	Jhn	6³³	A	Jhn	6⁵⁵	A	Jhn	6⁷¹	A		
	Jhn	7¹	A	Jhn	7⁴	A	Jhn	7⁵	A		
	Jhn	8²⁴	A	Jhn	8⁴²	A	Jhn	9²²	A		
	Jhn	9³⁰	A	Jhn	11³⁹	A	Jhn	12¹⁰	A		
	Jhn	12⁴³	A	Jhn	13¹³	A	Jhn	13¹⁵	A		
	Jhn	16²²	A	Jhn	18¹³	A	Luk	1¹⁵	A		
	Luk	1³⁰	A	Luk	1⁷⁶	A	Luk	3⁸	D		
	Luk	4¹⁰	A	Luk	5⁹	A	Luk	5³⁹	A		
	Luk	6²³	A	Luk	6³²	A	Luk	6³³	A		
	Luk	6³⁴	A	Luk	6³⁸	A	Luk	6⁴³	A		
	Luk	6⁴⁴	A	Luk	6⁴⁸	A	Luk	7⁸	A		
	Luk	8¹⁷	A	Luk	8²⁹	A	Luk	8⁴⁰	A		
	Luk	8⁴⁶	A	Luk	9¹⁴	A	Luk	9⁵⁰	A⁼		
	Luk	10⁷	A	Luk	10²⁴	A	Luk	14¹⁴	A		
	Luk	16²	A	Luk	17²¹	A	Luk	18²³	A		
	Luk	18³²	A	Luk	19⁵	A	Luk	19¹⁰	A		
	Luk	19²¹	A	Luk	19⁴⁸	A	Luk	20⁶	A		
	Luk	20¹⁹	A	Luk	20³³	A	Luk	20³⁶	A		
	Luk	20³⁸	A	Mrk	1¹⁶	A	Mrk	2¹⁵	A		
	Mrk	3¹⁰	A	Mrk	3²¹	A	Mrk	4²⁸	A		

	Mrk	5^{42}	A	Mrk	6^{17}	A	Mrk	6^{18}	A			
	Mrk	7^{10}	A	Mrk	7^{21}	A	Mrk	7^{28}	A			
	Mrk	8^{36}	A	Mrk	9^6	A2	Mrk	9^{39}	A			
	Mrk	9^{41}	A	Mrk	9^{49}	A	Mrk	10^{22}	A			
	Mrk	10^{27}	A	Mrk	10^{45}	A	Mrk	11^{13}	A			
	Mrk	11^{18}	A	Mrk	11^{23}	A	Mrk	11^{32}	A			
	Mrk	12^{12}	A	Mrk	12^{14}	A	Mrk	12^{23}	A			
	Mrk	12^{36}	A	Mrk	13^{19}	A	Mrk	14^5	A			
	Mrk	14^7	A	Mrk	14^{56}	A	Mrk	14^{70}	A			
	Mrk	15^{10}	A	Mrk	16^4	A	Mrk	16^8	A			
	Rom	6^{23}	A	Rom	7^1	A	Rom	7^2	A			
	Rom	7^5	A	Rom	7^{14}	A	Rom	7^{18}	A			
	Rom	7^{22}	A	Rom	8^{10}	A	Rom	8^{38}	A			
	Rom	9^3	A	Rom	9^6	A	Rom	9^9	A			
	Rom	9^{15}	A	Rom	9^{17}	A	Rom	9^{28}	A			
	Rom	10^2	A	Rom	10^3	A	Rom	10^4	A			
	Rom	10^5	A	Rom	10^{10}	A	Rom	10^{11}	A			
	Rom	10^{12}	A2	Rom	10^{13}	A	Rom	10^{16}	A			
	Rom	11^1	A	Rom	11^{13}	A	Rom	11^{15}	A			
	Rom	11^{23}	A	Rom	11^{24}	A	Rom	11^{25}	A			
	Rom	11^{29}	A	Rom	11^{32}	A	Rom	11^{34}	C			
	Rom	12^3	C	Rom	12^{19}	AC	Rom	12^{20}	AC			
	Rom	13^3	AC	Rom	13^4	AC	Rom	13^6	A			
	Rom	13^9	A	Rom	14^3	A	Rom	14^4	A			
	Rom	14^{10}	C	Rom	14^{11}	C	Rom	14^{17}	C			
	Rom	14^{18}	C	Rom	15^4	C	Rom	15^8	C			
	1Cr	1^{16}	A	1Cr	1^{19}	A	1Cr	1^{21}	A			
	1Cr	4^4	A	1Cr	4^7	A	1Cr	4^9	A			
	1Cr	5^7	A	1Cr	7^9	A	1Cr	7^{22}	A			
	1Cr	8^{10}	A	1Cr	8^{11}	A	1Cr	9^9	A			
	1Cr	10^{17}	A	1Cr	10^{20}	A	1Cr	10^{26}	A			
	1Cr	10^{28}	A	1Cr	10^{29}	A	1Cr	11^5	A			
	1Cr	11^{22}	A	1Cr	11^{26}	A	1Cr	11^{29}	A			
	1Cr	12^{13}	A	1Cr	15^3	A	1Cr	15^9	A			
	1Cr	15^{16}	A	1Cr	15^{21}	A	1Cr	15^{25}	A			
	1Cr	15^{26}	A	1Cr	15^{50}	AB	1Cr	15^{51}	AB			
	1Cr	15^{52}	AB	1Cr	15^{53}	AB	1Cr	16^5	AB			
	1Cr	16^7	AB	1Cr	16^9	AB	1Cr	16^{11}	B			
	1Cr	16^{18}	B	2Cr	2^{16}	B	2Cr	3^9	AB			
	2Cr	3^{11}	AB	2Cr	5^1	B	2Cr	5^4	AB*			
	2Cr	6^2	AB	2Cr	6^{16}	AB	2Cr	7^3	AB			
	2Cr	7^5	AB	2Cr	7^8	B	2Cr	7^9	AB			
	2Cr	7^{11}	AB	2Cr	8^{12}	AB	2Cr	8^{13}	AB			
	2Cr	8^{21}	AB	2Cr	10^3	B	2Cr	10^{14}	B			
	2Cr	11^2	B	2Cr	11^5	B	2Cr	12^{13}	AB			
	2Cr	12^{14}	AB	2Cr	13^4	AB	2Cr	13^8	AB			
	2Cr	13^9	AB	Eph	2^{14}	AB	Eph	5^5	B			
	Eph	5^8	B	Eph	5^{29}	A	Gal	3^{27}	A			
	Gal	4^{15}	A	Gal	4^{22}	AB	Gal	4^{24}	B			
	Gal	4^{27}	B	Gal	5^{13}	B	Gal	6^5	AB			
	Gal	6^7	AB	Php	1^{18}	B	Php	2^5	B			
	Php	2^{27}	AB	Col	3^{25}	B	Col	4^{13}	AB			
	1Th	2^{14}	B	1Th	2^{19}	B	1Th	2^{20}	B			
	1Th	3^3	B	1Th	3^4	B	1Th	3^9	B			
	1Th	4^2	B	1Th	4^3	B	1Th	4^{10}	B			

	1Th	5^{18}	B	2Th	3^2	B	2Th	3^7	B
	2Th	3^{10}	AB	2Th	3^{11}	AB	1Tm	2^{13}	AB
	1Tm	3^7	A	1Tm	3^{13}	A	1Tm	4^5	AB
	1Tm	4^{16}	B	1Tm	5^4	AB	1Tm	5^{11}	A:
	1Tm	5^{18}	A	1Tm	6^7	AB	2Tm	2^7	B
	2Tm	4^{15}	A	Tit	1^{10}	AB	Tit	1^{12}	A
	Phm	15	A	Phm	22	A	Neh	6^{18}	D
	Skr	1^{13}	E	Skr	1^{17}	E	Skr	1^{24}	E
	Skr	2^{12}	E	Skr	2^{21}	E	Skr	5^7	E
	Skr	5^{14}	E	Skr	6^7	E	Skr	6^{10}	E
	Skr	6^{27}	E	Skr	7^{18}	E	Skr	8^2	E
	Skr	8^9	E						
aukandei	Skr	4^{11}	E*	SkB	4^{11}	E¶			
auknando	Col	2^{19}	B						
Auneiseifauraus				2Tm	1^{16}	AB			
Aunisimau	Col	4^9	AB						
aurahjom	Mrk	5^2	A	Mrk	5^3	A	Mrk	5^5	A
auralja	Jhn	11^{44}	A						
aurkje	Mrk	7^4	A	Mrk	7^8	A			
aurtigarda	Jhn	18^{26}	A						
aurtigards	Jhn	18^1	A						
aurtjam	Luk	20^{10}	A	Luk	20^{16}	A			
aurtjans	Luk	20^{10}	A	Luk	20^{14}	A			
ausam	Luk	1^{44}	A	Luk	4^{21}	A			
auso	Mat	10^{27}	A	Jhn	18^{10}	A	Jhn	18^{26}	A
	Mrk	14^{47}	A	1Cr	12^{16}	A			
ausona	Mat	11^{15}	A*	Luk	8^8	A	Luk	9^{44}	A
	Luk	14^{35}	A	Mrk	4^9	A	Mrk	4^{23}	A
	Mrk	7^{16}	A	Mrk	7^{33}	A	Mrk	8^{18}	A
auþida	Mat	11^7	A	Luk	7^{24}	A	Mrk	1^{12}	A
auþidai	Jhn	6^{31}	A	Jhn	6^{49}	A	Luk	3^2	A
	Luk	3^4	A	Luk	4^1	A	Luk	15^4	A
	Mrk	1^3	A	Mrk	1^4	A	Mrk	1^{13}	A
	Mrk	8^4	A	2Cr	11^{26}	B	Skr	7^{22}	E
auþidom	Luk	1^{80}	A						
auþidos	Luk	5^{16}	A	Luk	8^{29}	A			
auþjaim	Mrk	1^{45}	A						
auþjamma	Luk	9^{12}	A						
auþjana	Luk	4^{42}	A	Luk	9^{10}	A	Mrk	1^{35}	A
auþjons	Gal	4^{27}	B						
aweþi	Jhn	10^{16}	A	1Cr	9^7	A			
aweþjis	1Cr	9^7	A						
awiliud	1Cr	15^{57}	B	2Cr	2^{14}	B	2Cr	4^{15}	B
	2Cr	8^{16}	B	2Cr	9^{15}	B			
awiliuda	2Cr	9^{12}	B	Eph	5^4	B	1Tm	2^1	AB
awiliudam	Php	4^6	AB	Col	4^2	B	1Tm	4^3	AB
	1Tm	4^4	AB						
awiliude	1Th	3^9	B						
awiliudo	Jhn	11^{41}	A	Luk	18^{11}	A	Rom	7^{25}	A
	1Cr	1^{14}	A	1Cr	10^{30}	A	Eph	1^{16}	AB
	1Tm	1^{12}	B	2Tm	1^3	A			
awiliudoda	Jhn	6^{23}	A						
awiliudodau	2Cr	1^{11}	AB						
awiliudom	1Th	2^{13}	B						
awiliudon	2Th	1^3	AB						

awiliudondans			Eph	5²⁰	A	Col	1¹²	AB	Azeiris	Neh	7²¹	D		
	Col	3¹⁵	B	Col	3¹⁷	B				azetaba	2Cr	11¹⁹	B		
awiliudonds	Jhn	6¹¹	A	Luk	17¹⁶	A	Luk	18⁴³	A	azetizo	Mat	9⁵	A	Luk	5²³	A	Luk	16¹⁷	A
	Mrk	8⁶	A	1Cr	11²⁴	A	Skr	7¹²	E		Mrk	2⁹	A		
awiliudoþ	1Th	5¹⁸	B*							azetjam	1Tm	5⁶	AB		
awiliuþ	1Cr	15⁵⁷	A	2Cr	2¹⁴	A	2Cr	8¹⁶	A	Azgadis	Neh	7¹⁷	D⁺		
awistris	Jhn	10¹⁶	A							azgon	Mat	11²¹	A	Luk	10¹³	A	Skr	3¹⁴	E*
awon	2Tm	1⁵	A								SkB	3¹⁴	E ⁋		
Axaïa	2Cr	9²	B							azitizo	Mrk	10²⁵	A		
Aze..	Neh	7⁴⁵	D							azwme	Mrk	14¹²	A		

b

ba	Luk	1⁶	A	Luk	1⁷	A	Luk	5⁷	A	bairandans	Luk	5¹⁸	A	Luk	7¹⁴	A	Mrk	2³	A
	Eph	2¹⁴	AB								Col	1¹⁰	AB		
Babawis	Neh	7¹⁶	D*							bairandei	Gal	4²⁴	B	Ver	8¹⁴	V
bad	Luk	5¹²	A	Luk	8³¹	A	Luk	8⁴¹	A	bairands	Jhn	19⁵	A	Mrk	14¹³	A
	Luk	15²⁸	A	Luk	18¹¹	A	1Cr	16¹²	B	Bairaujai	Cal	2²⁰	A		
badi	Luk	5²⁴	A	Mrk	2⁴	A	Mrk	2⁹	A	bairgahein	Luk	1³⁹	A	Luk	1⁶⁵	A
	Mrk	2¹¹	A	Mrk	2¹²	A				bairgais	Jhn	17¹⁵	A		
badja	Luk	5¹⁹	A							bairgiþ	Jhn	12²⁵	A		
badjam	Mrk	6⁵⁵	A							bairht	1Cr	15²⁷	A		
bagmam	Mrk	11⁸	A							bairhta	Jhn	9³	A		
bagmans	Mrk	8²⁴	A							bairhtaba	Luk	16¹⁹	A	Mrk	8²⁵	A	Col	2¹⁵	B
bagme	Mat	7¹⁷	A	Mat	7¹⁹	A	Luk	3⁹	A2		Skr	3²³	E	Skr	6¹⁶	E
	Luk	6⁴⁴	A							bairhtai	Col	3⁴	AB	Skr	5²⁰	E
bagms	Mat	7¹⁷	A	Mat	7¹⁸	A2	Luk	6⁴³	A2	bairhtaim	Luk	23¹¹	G*		
bai	Luk	6³⁹	A							bairhtei	Jhn	7⁴	A		
Baiailzaibul	Mat	10²⁵	A	Mrk	3²²	A				bairhtein	Mat	6⁴	A	Mat	6⁶	A	2Cr	4²	AB
baideis	Gal	2¹⁴	B							bairis	Rom	11¹⁸	A		
baidiþs	Gal	2³	AB							bairiþ	Jhn	12²⁴	A	Jhn	15⁵	A	Jhn	16²¹	A
Baidsaïdan	Luk	9¹⁰	A								Jhn	18²⁹	A	Luk	14²⁷	A	Mrk	4²⁸	A
Baigausis	Neh	7¹⁹	D*								Mrk	9¹⁹	A	Rom	13⁴	AC	Gal	6⁵	AB
Bailiama	2Cr	6¹⁵	AB							baitraba	Mat	26⁷⁵	AC		
baim	Luk	7⁴²	A							baitrai	Col	3¹⁹	B		
Baineiameinis				Php	3⁵	B				baitrei	Eph	4³¹	AB		
Bainiameinis	Php	3⁵	A							baitrein	Skr	8¹⁷	E⁻°	SkB	8¹⁷	E⁋
baira	Gal	6¹⁷	A:B							Baiþilis	Neh	7³²	D*		
bairabagma	Luk	17⁶	A							Baiþsaïdan	Luk	10¹³	A.		
bairai	Gal	5¹⁰	B							bajoþs	Luk	5³⁸	A	Eph	2¹⁸	AB
bairaima	Rom	7⁴	A	1Cr	15⁴⁹	AB				bajoþum	Mat	9¹⁷	A	Skr	2²⁵	E	Skr	3⁴	E
bairaina	Jhn	15²	A							balgeis	Mat	9¹⁷	A2	Luk	5³⁷	A	Mrk	2²²	A
bairais	Mat	5²³	A							balgins	Mat	9¹⁷	A2	Luk	5³⁷	A2	Luk	5³⁸	A
bairaiþ	Jhn	15⁸	A	Jhn	15¹⁶	A	Luk	10⁴	A		Mrk	2²²	A3		
	Gal	6²	AB							balsan	Jhn	12⁵	A	Mrk	14⁵	A
bairan	Jhn	15⁴	A	Luk	1⁵⁷	A	Luk	2⁶	A	balsana	Jhn	11²	A	Luk	7³⁸	A	Luk	7⁴⁶	A
	Mrk	6⁵⁵	A	Rom	7⁵	A	1Tm	5¹⁴	A:	balsanis	Jhn	12³	A	Luk	7³⁷	A	Mrk	14⁴	A
bairand	Luk	8¹⁵	A	Mrk	4²⁰	A				balþaba	Jhn	7¹³	A	Col	2¹⁵	B
bairandam	Mrk	10¹³	A							balþein	Eph	3¹²	AB	Eph	6¹⁹	B	1Tm	3¹³	A
bairandane	Jhn	15²	A								Skr	8¹³	E	Skr	8²⁰	E*	SkB	8²⁰	E⁋

balþeins	2Cr	3^{12}	AB						1Cr	7^{14}	A	2Cr	12^{14}	AB	Eph	2^3	AB
balþeiþ	Skr	2^1	E						Eph	5^1	AB	Eph	5^8	B	Gal	4^{27}	B
balwaweseins	1Cr	5^8	A						Gal	4^{28}	B	Gal	4^{31}	B	Col	3^{20}	B
balwein	Mat	25^{46}	C						Col	3^{21}	B	1Th	2^{11}	B	1Tm	1^2	AB
balweinim	Luk	16^{23}	A						1Tm	3^4	AB	1Tm	5^4	B2	1Tm	5^{10}	AB
balwiþs	Mat	8^6	A						1Tm	5^{14}	A:	2Tm	1^2	A	Tit	1^4	B
balwjais	Luk	8^{28}	A	Mrk	5^7	A			Tit	1^6	B	Skr	7^{10}	E
balwjan	Mat	8^{29}	A					Barnabas	1Cr	9^6	A	Gal	2^{13}	B
Banauis	Neh	7^{15}	D*					Barnabin	Gal	2^1	AB	Gal	2^9	B
bandi	Mrk	7^{35}	A					Barnabins	Col	4^{10}	AB
bandja	Eph	3^1	B	Eph	4^1	AB		barnam	Mat	11^{16}	A:	Mat	11^{19}	A	Luk	1^{17}	A
bandjan	Mat	27^{15}	A	Mat	27^{16}	A	Mrk	15^6	A	Luk	7^{32}	A	Luk	7^{35}	A	2Cr	12^{14}	AB
bandjins	2Tm	1^8	AB						Gal	4^{25}	B	1Tm	3^{12}	A
bandjom	Php	1^{14}	B	Php	1^{17}	B	Phm	13	A	barne	Luk	1^7	A	Luk	20^{31}	A	Mrk	7^{27}	A
bandjos	Luk	8^{29}	A	Col	4^{19}	B	2Tm	2^9	B		Mrk	7^{28}	A	Mrk	9^{37}	A	Mrk	12^{19}	A
bandwai	1Cr	14^{22}	A						1Tm	2^{15}	AB	1Tm	5^4	B
bandweiþ	Mat	26^{73}	AC	Skr	5^{15}	E		barnilo	Mat	9^2	A	Luk	1^{76}	A	Luk	15^{31}	A
bandwida	Luk	20^{37}	A						Mrk	2^5	A	1Tm	1^{18}	B
bandwidedun				Luk	5^7	A		barnilona	Jhn	13^{33}	A	Mrk	10^{24}	A	Gal	4^{19}	A
bandwiduh	Jhn	13^{24}	A					barnis	Mrk	5^{40}	A	Mrk	9^{24}	A
bandwiþs	Skr	5^{13}	E					barniskai	1Cr	14^{20}	A	Gal	4^3	A
bandwja	1Cr	16^{12}	B					barniskeins	1Cr	13^{11}	A
bandwjandins				1Cr	10^{28}	A		barniskja	Mrk	9^{21}	A	2Tm	3^{15}	AB
bandwjands	Jhn	12^{33}	A	Jhn	18^{32}	A	Luk	1^{22}	A	Barteimaiaus	Mrk	10^{46}	A
bandwo	2Th	3^{17}	AB					Barþaulaumaiu				Mrk	3^{18}	A
bandwon	Mrk	14^{44}	A					Barþulomaiu	Luk	6^{14}	A
banjo	Luk	16^{20}	A					barusnjan	1Tm	5^4	AB
banjos	Luk	10^{30}	A	Luk	16^{21}	A		Basseis	Neh	7^{23}	D*
bans	Eph	2^{16}	AB					batista	Luk	1^3	A
bansta	Luk	3^{17}	A					batizans	Mat	10^{31}	A
banstins	Mat	6^{26}	A					batizo	Mat	5^{29}	A	Mat	5^{30}	A	Jhn	16^7	A
bar	Jhn	12^6	A	Mrk	4^8	A			Jhn	18^{14}	A	Luk	5^{39}	A	1Cr	7^9	A
Barabba	Jhn	18^{40}	A						2Cr	8^{10}	AB	2Cr	12^1	B	Php	1^{23}	B
Barabban	Mat	27^{16}	A	Mat	27^{17}	A	Jhn	18^{40}	A	Batwin	Cal	1^7	A
	Mrk	15^{11}	A	Mrk	15^{15}	A		baþ	Mat	27^{58}	A	Luk	7^{36}	A	Luk	8^{38}	A
Barabbas	Mrk	15^7	A						Luk	9^{29}	A	Luk	9^{40}	A	Mrk	1^{35}	A
Barakeiins	Neh	6^{18}	D						Mrk	5^{10}	A	Mrk	5^{18}	A	Mrk	5^{23}	A
barbarus	Col	3^{11}	B*						Mrk	6^{25}	A	Mrk	7^{26}	A	Mrk	10^{17}	A
barizeinam	Jhn	6^{13}	A	Skr	7^{26}	E			Mrk	15^{43}	A	2Cr	12^8	AB	2Cr	12^{18}	AB
barizeinans	Jhn	6^9	A	Skr	7^3	E			1Tm	1^3	AB
barm	Luk	6^{38}	A					baua	2Cr	6^{16}	AB
barma	Jhn	13^{23}	A	Jhn	13^{25}	A	Luk	16^{22}	A	bauai	Col	3^{16}	B
barmim	Luk	16^{23}	A					bauaida	2Tm	1^5	A
barn	Jhn	16^{21}	A	Luk	1^{41}	A	Luk	1^{44}	A	bauaima	1Tm	2^2	AB
	Luk	1^{59}	A	Luk	1^{66}	A	Luk	1^{80}	A	bauain	Mrk	5^3	A
	Luk	2^{12}	A	Luk	2^{16}	A	Luk	2^{17}	A	bauainai	2Cr	5^2	AB	Eph	2^{22}	B
	Luk	2^{27}	A	Luk	2^{40}	A	Luk	9^{47}	A	bauains	Php	3^{20}	AB
	Luk	9^{48}	A	Luk	18^{17}	A	Mrk	5^{39}	A	bauan	1Cr	7^{12}	A	1Cr	7^{13}	A	Eph	3^{17}	AB
	Mrk	5^{40}	A	Mrk	5^{41}	A	Mrk	9^{36}	A		Col	1^{19}	AB
	Mrk	10^{15}	A	Php	2^{22}	B	2Tm	2^1	B	Bauanairgais	Mrk	3^{17}	A
barna	Jhn	8^{39}	A	Luk	3^8	A	Luk	14^{26}	A	bauandei	Rom	7^{17}	A
	Luk	18^{15}	A	Luk	18^{16}	A	Luk	18^{29}	A	Bauauzis	Luk	3^{32}	A
	Luk	19^{44}	A	Mrk	7^{27}	A	Mrk	10^{13}	A	baud	Luk	14^{34}	A
	Mrk	10^{14}	A	Mrk	10^{29}	A	Mrk	10^{30}	A	baudai	Mat	11^5	A	Luk	7^{22}	A
	Mrk	12^{19}	A	Rom	9^7	A	Rom	9^8	A3	baudana	Mat	9^{32}	A	Mrk	7^{32}	A

baudans	Mrk	7³⁷	A								
bauhta	Luk	14¹⁸	A								
bauhtedun	Luk	17²⁸	A								
bauiþ	Rom	7¹⁸	A	Rom	7²⁰	A	Rom	8⁹	A		
	1Tm	6¹⁶	B	2Tm	1¹⁴	AB					
baurg	Mat	8³³	A	Mat	9¹	A	Mat	10²³	A		
	Mat	27⁵³	A	Luk	1²⁶	A	Luk	1³⁹	A		
	Luk	2³	A	Luk	2⁴	A2	Luk	2¹¹	A		
	Luk	2³⁹	A	Luk	4²⁹	A	Luk	4³¹	A		
	Luk	7¹¹	A	Luk	7³⁷	A	Luk	8²⁷	A		
	Luk	8³⁴	A	Luk	8³⁹	A	Luk	9⁵	A		
	Luk	10¹¹	A	Luk	10¹²	A	Luk	18²	A		
	Luk	18³	A	Luk	19⁴¹	A	Mrk	1⁴⁵	A		
	Mrk	5¹⁴	A	Mrk	6¹¹	A	Mrk	11²	A⁼		
	Mrk	11¹⁹	A	Mrk	14¹³	A	2Cr	11²⁶	B		
	2Cr	11³²	B								
baurge	Luk	5¹²	A	Luk	6¹⁷	A⁼	Luk	10¹	A		
	Luk	10⁸	A	Luk	10¹⁰	A					
baurgim	Mat	11²⁰	A	Luk	4⁴³	A	Luk	8⁴	A		
	Luk	19¹⁷	A	Luk	19¹⁹	A	Mrk	1³⁸	A		
baurgjane	Luk	15¹⁵	A								
baurgjans	Luk	19¹⁴	A								
baurgs	Mat	5³⁵	A	Mat	8³⁴	A	Mat	9³⁵	A		
	Mat	10²³	A	Mat	11¹	A	Luk	4²⁹	A		
	Luk	7¹²	A2	Luk	8¹	A	Luk	9¹⁰	A		
	Luk	14²¹	A	Mrk	1³³	A	Mrk	6⁵⁶	A		
	Rom	16²³	A	Tit	1⁵	B	Neh	7²	D		
baurgswaddjau				2Cr	11³³	B					
baurgswaddjaus				Neh	5¹⁶	D					
baurgswaddjus				Neh	6¹⁵	D	Neh	7¹	D		
baurim	Mat	11¹¹	A	Luk	7²⁸	A					
baurþein	Gal	6⁵	AB								
baups	Mrk	9²⁵	A								
bedeima	2Cr	8⁶	AB								
bedun	Mat	8³¹	A	Mat	8³⁴	A	Jhn	12²¹	A		
	Luk	4³⁸	A	Luk	7⁴	A	Luk	8³²	A		
	Luk	8³⁷	A	Mrk	5¹²	A	Mrk	6⁵⁶	A		
	Mrk	7³²	A	Mrk	8²²	A	Mrk	15⁶	A		
beduþ	Jhn	16²⁴	A								
beidaima	Mat	11³	A								
beidam	Gal	5⁵	B								
beidandans	Luk	1¹⁰	A	Luk	1²¹	A	Luk	8⁴⁰	A		
beidands	Luk	2²⁵	A	Mrk	15⁴³	A					
beidiþ	Skr	5²	E								
beist	1Cr	5⁷	A								
beista	1Cr	5⁸	A2								
beistis	Mrk	8¹⁵	A2	1Cr	5⁶	A	Gal	5⁹	B⁺		
beitiþ	Gal	5¹⁵	B								
Beroþ	Neh	7²⁹	D								
berum	1Cr	15⁴⁹	AB								
berun	Luk	18¹⁵	A	Mrk	1³²	A	Mrk	7³²	A		
	Mrk	8²²	A								
berusjos	Jhn	9²³	A	Luk	2²⁷	A					
Beþania	Jhn	11¹⁸	A								
Beþanian	Mrk	11¹¹	A								
Beþanias	Jhn	11¹	A								
Beþaniin	Mrk	8²²	A	Mrk	11¹²	A					
Beþanijin	Jhn	12¹	A	Luk	19²⁹	A					
Beþlahaim	Luk	2¹⁵	A								
Beþlaihaim	Jhn	7⁴²	A	Luk	2⁴	A⁺					
Beþsaeida	Jhn	12²¹	A								
Beþsaïdan	Mat	11²¹	A*								
Beþsfagein	Luk	19²⁹	A	Mrk	11¹	A					
bi	Mat	5²³	A	Mat	5³⁴	A	Mat	5³⁵	A2
	Mat	5³⁶	A	Mat	5³⁹	A	Mat	5⁴⁴	A
	Mat	6²⁸	A	Mat	7¹⁶	A	Mat	7²⁰	A
	Mat	7²⁵	A	Mat	7²⁷	A	Mat	8¹⁸	A
	Mat	8³³	A	Mat	9²⁹	A	Mat	11²	A
	Mat	11⁷	A	Mat	11¹⁰	A	Mat	26⁷³	AC
	Mat	27¹	A	Mat	27⁴⁶	A	Mat	27⁵⁴	A
	Jhn	5⁴⁶	A	Jhn	6²	A	Jhn	6¹⁴	A
	Jhn	6⁴¹	A	Jhn	6⁵⁵	A2	Jhn	7⁷	A
	Jhn	7¹²	A‡	Jhn	7¹³	A	Jhn	7¹⁷	A
	Jhn	7²⁴	A	Jhn	7²⁶	A2	Jhn	7³²	A
	Jhn	7³⁹	A	Jhn	7⁴⁰	A	Jhn	7⁴³	A
	Jhn	8¹³	A	Jhn	8¹⁴	A	Jhn	8¹⁵	A
	Jhn	8¹⁸	A2	Jhn	8²⁶	A	Jhn	8³¹	A
	Jhn	8³⁶	A	Jhn	8⁴⁶	A	Jhn	9¹⁷	A
	Jhn	9¹⁸	A	Jhn	9²¹	A	Jhn	10³	A
	Jhn	10²⁵	A	Jhn	10⁴¹	A	Jhn	11¹³	A2
	Jhn	11¹⁹	A2	Jhn	12⁴¹	A	Jhn	13¹⁸	A
	Jhn	13²²	A	Jhn	13²⁴	A	Jhn	13³⁵	A
	Jhn	15²²	A	Jhn	15²⁶	A	Jhn	16⁸	A3
	Jhn	16⁹	A	Jhn	16¹⁰	A	Jhn	16¹¹	A
	Jhn	16¹⁹	A	Jhn	16²⁵	A	Jhn	16²⁶	A
	Jhn	16³⁰	A	Jhn	17⁸	A	Jhn	17⁹	A3
	Jhn	17²⁰	A2	Jhn	18¹⁹	A2	Jhn	18²³	A
	Jhn	18³¹	A	Jhn	18³⁴	A	Jhn	19⁷	A
	Luk	1¹	A	Luk	1⁴	A	Luk	1⁹	A
	Luk	1²⁹	A	Luk	1³⁸	A	Luk	1⁵⁸	A
	Luk	1⁷²	A	Luk	2¹⁷	A2	Luk	2¹⁸	A
	Luk	2²²	A	Luk	2²⁷	A2	Luk	2²⁹	A
	Luk	2³³	A	Luk	2³⁸	A	Luk	2³⁹	A
	Luk	2⁴²	A	Luk	3¹⁵	A	Luk	3¹⁹	A2
	Luk	4⁴	A2	Luk	4¹⁰	A	Luk	4¹¹	A
	Luk	4¹⁴	A	Luk	4¹⁶	A	Luk	4²²	A
	Luk	4²⁵	A	Luk	4³²	A	Luk	4³⁸	A
	Luk	4⁴³	A	Luk	5¹⁵	A	Luk	6²³	A
	Luk	6²⁹	A	Luk	6⁴⁸	A	Luk	7³	A
	Luk	7¹⁷	A	Luk	7¹⁸	A	Luk	7²⁴	A
	Luk	7²⁷	A	Luk	9⁹	A	Luk	9¹¹	A
	Luk	9⁴³	A	Luk	9⁴⁵	A	Luk	10⁴	A
	Luk	17³⁰	A	Luk	18³¹	A	Luk	19¹¹	A
	Luk	19⁴¹	A	Luk	20²¹	A	Mrk	1⁶	A
	Mrk	1³⁰	A	Mrk	3⁶	A	Mrk	3⁸	A
	Mrk	3³²	A	Mrk	3³⁴	A	Mrk	4¹⁰	A
	Mrk	4¹⁹	A	Mrk	5⁴	A	Mrk	5⁷	A
	Mrk	5¹⁶	A2	Mrk	5²⁷	A	Mrk	5³³	A
	Mrk	5⁴¹	A	Mrk	7⁵	A	Mrk	7⁶	A
	Mrk	7¹⁷	A	Mrk	7²⁵	A	Mrk	8³⁰	A

	Mrk	9¹²	A	Mrk	9¹³	A	Mrk	9¹⁴	A		Phm	1⁴	A	Neh	5¹⁸	D	Skr	3³	E
	Mrk	9²⁷	A	Mrk	10¹⁰	A	Mrk	10⁴¹	A		Skr	3⁸	E	Skr	3⁹	E	Skr	3¹³	E
	Mrk	11³²	A	Mrk	12¹⁴	A	Mrk	12²⁶	A		Skr	3²⁷	E	Skr	4²	E	Skr	4⁶	E
	Mrk	12³²	A	Mrk	14⁶	A	Mrk	14⁵⁸	A		Skr	4⁷	E	Skr	5⁵	E	Skr	5¹³	E
	Mrk	14⁷⁰	A	Mrk	15²⁹	A	Mrk	15³⁹	A		Skr	5¹⁸	E 2	Skr	5²²	E	Skr	5²⁵	E
	Mrk	16¹⁴	S	Rom	7²²	A	Rom	8¹	A		Skr	6¹	E	Skr	6⁴	E	Skr	6⁹	E
	Rom	8³	A	Rom	8⁴	A2	Rom	8⁵	A2		Skr	6¹⁸	E	Skr	6¹⁹	E	Skr	8¹⁹	E
	Rom	9³	A	Rom	9⁵	A	Rom	9⁹	A		Cal	1⁷	A	Ver	7¹³	V:	Ver	8¹⁴	V
	Rom	9¹¹	A	Rom	9¹⁷	A	Rom	9²²	A		Ver	9¹⁶	V	Ver	11¹⁹	V	Ver	12²⁰	V
	Rom	9²³	A	Rom	9²⁷	A	Rom	9³¹	A		Ver	13²²	V:	Ver	14²³	V	Ver	17²⁷	V
	Rom	10¹	A	Rom	10²	A	Rom	11²⁴	A		Ver	19³⁰	V	Ver	22³⁵	V	Ver	24³⁹	V
	Rom	11²⁵	A‡	Rom	11²⁸	A2	Rom	12¹⁶	A	biabridedun	Mat	7²⁸	A						
	Rom	14¹⁵	C	Rom	15⁵	C	1Cr	7⁶	A	biarbaidjan	1Th	4¹¹	B						
	1Cr	7²⁵	A	1Cr	9⁸	A	1Cr	9⁹	A	biauk	Luk	17⁵	A						
	1Cr	10¹⁸	A	1Cr	10²⁷	A	1Cr	14²⁵	A	biaukada	Mrk	4²⁴	A						
	1Cr	14²⁷	A	1Cr	15¹⁵	A	1Cr	15³²	A	biaukands	Luk	19¹¹	A						
	1Cr	16¹	AB	1Cr	16¹²	B	1Cr	exp	A	biauknai	Php	1²⁶	B						
	2Cr	1⁸	B	2Cr	1¹¹	AB	2Cr	1¹⁴	AB	biauknan	1Th	4¹⁰	B						
	2Cr	1¹⁷	AB	2Cr	2⁵	AB	2Cr	4¹³	B	bibaurgeinais	Skr	3¹⁵	E						
	2Cr	4¹⁷	B	2Cr	5¹⁶	A2B2	2Cr	7⁹	AB	bibundans	Jhn	11⁴⁴	A						
	2Cr	7¹⁰	AB	2Cr	7¹¹	AB	2Cr	8³	AB	bida	Luk	1¹³	A	Rom	10¹	A	2Cr	8¹⁷	AB
	2Cr	8²³	AB	2Cr	9¹	AB	2Cr	10¹	B		Php	1¹⁹	B	1Tm	4⁵	AB			
	2Cr	10²	B	2Cr	10³	B	2Cr	10⁷	B	bidagwa	Jhn	9⁸	A						
	2Cr	10⁸	B	2Cr	10¹³	B	2Cr	10¹⁵	B	bidai	Luk	6¹²	A	Mrk	9²⁹	A	Rom	10¹³	A
	2Cr	11¹⁵	B:	2Cr	11¹⁷	B	2Cr	11¹⁸	B		Rom	12¹²	A	2Cr	1¹¹	AB	2Cr	9¹⁴	B
	2Cr	11²¹	B	2Cr	12⁷	AB	2Cr	12⁸	AB		Php	4⁶	AB	Col	4²	B	1Th	4¹	B
	2Cr	13¹⁰	AB	Eph	1⁵	AB	Eph	1⁷	AB		2Tm	2²²	AB						
	Eph	1⁹	AB*	Eph	1¹¹	A2BB*	Eph	1¹⁹	AB	bidan	1Cr	7⁵	A						
	Eph	2²	A2B2	Eph	2⁷	AB	Eph	3³	B	bidei	Mat	6⁶	A	Mrk	6²²	A			
	Eph	3⁷	B2	Eph	3¹¹	AB	Eph	3¹⁶	AB	bidja	Jhn	14¹⁶	A	Jhn	17⁹	A2	Jhn	17¹⁵	A
	Eph	3²⁰	AB	Eph	4⁷	A	Eph	4¹⁶	A		Jhn	17²⁰	A	Luk	5⁸	A=	Luk	8²⁸	A
	Eph	4²²	A2B2	Eph	4²⁴	AB	Eph	6²¹	B		Luk	9³⁸	A	Luk	14¹⁸	A	Luk	14¹⁹	A
	Eph	6²²	B*	Gal	1⁴	B	Gal	2¹	AB		Rom	12¹	C	1Cr	16¹⁵	B	2Cr	2⁸	AB
	Gal	2²	AB	Gal	4²³	AB2	Gal	4²⁸	B		2Cr	10¹	B	2Cr	10²	B⁻	2Cr	13⁷	AB
	Gal	4²⁹	B2	Php	1²⁰	B	Php	1²⁷	B		Eph	3¹³	AB	Eph	4¹	AB	Gal	4¹²	A
	Php	2³	B	Php	2²³	B	Php	2²⁸	A=B=		Php	4²	A2B2	Php	4³	AB	1Tm	2¹	AB
	Php	2³⁰	AB	Php	3⁵	AB	Php	3⁶	A2B2	bidjai	1Th	3²	B						
	Php	3¹⁴	AB	Php	3²¹	AB	Php	4¹¹	B	bidjaid	Luk	6²⁸	A						
	Col	1¹¹	AB	Col	1²⁵	AB	Col	1²⁹	AB	bidjais	Mat	6⁶	A	Mrk	6²³	A			
	Col	2²²	AB*	Col	3¹⁰	B:	Col	3²⁰	B	bidjaiþ	Mat	5⁴⁴	A	Mat	6⁵	A	Mat	6⁸	A
	Col	3²²	BB‡	Col	4³	B	Col	4⁷	AB		Mat	6⁹	A	Jhn	15¹⁶	A	Jhn	16²⁴	A
	Col	4⁸	AB	Col	4¹⁰	AB	Col	4¹²	AB		Mrk	13¹⁸	A	1Th	5¹⁷	B			
	Col	4¹³	A2B2	1Th	3²	B	1Th	3⁹	B	bidjaiþuþ-þan				1Th	5²⁵	AB			
	1Th	4⁶	B	1Th	4⁹	B	1Th	4¹³	B	bidjam	2Cr	5²⁰	B	2Cr	13⁹	AB*	Eph	3²⁰	AB
	1Th	5¹	B	1Th	5²⁵	AB	2Th	1¹¹	A		1Th	4¹	B	1Th	4¹⁰	B	1Th	5¹²	B
	2Th	1¹²	A	2Th	3¹	B	2Th	3⁶	B		2Th	1¹¹	A	2Th	2¹	A	2Th	3¹²	AB
	1Tm	1¹	AB	1Tm	1⁷	AB	1Tm	1¹¹	B	bidjamuþ-þan				1Th	5¹⁴	B			
	1Tm	1¹⁸	B	1Tm	1¹⁹	AB	1Tm	5³	B	bidjan	Mat	6⁵	A	Luk	6¹²	A	Luk	9²⁸	A
	1Tm	5⁵	AB	1Tm	5¹⁶	A:	1Tm	5¹⁹	A		Luk	16³	A	Luk	18¹	A	Luk	18¹⁰	A
	1Tm	5²¹	A	1Tm	6³	AB	1Tm	6⁴	AB		Mrk	5¹⁷	A	Mrk	15⁸	A	2Cr	9⁵	AB
	1Tm	6⁷	AB	2Tm	1¹	A	2Tm	1³	A		1Tm	2⁸	AB						
	2Tm	1⁸	AB	2Tm	1⁹	A2B2	2Tm	2⁸	B	bidjand	Rom	10¹⁴	A	1Cr	1²²	A			
	2Tm	2¹⁰	B	2Tm	2¹⁸	B	2Tm	3⁸	AB	bidjandane	Luk	6³⁰	A						
	2Tm	4¹	AB	2Tm	4¹⁴	A	Tit	1¹	B2	bidjandans	Mrk	11²⁴	A	Mrk	11²⁵	A	Rom	10¹²	A
	Tit	1³	B	Tit	1⁴	B	Tit	1⁹	B		2Cr	5²⁰	A	2Cr	6¹	AB	2Cr	8⁴	AB

		Col	1⁹	B	Col	4³	B	1Th	2¹¹	B	bigitid	Luk	2¹²	A
		1Th	3¹⁰	B							bigitiþ	Mat	10³⁹	A2	Jhn	7³⁴	A	Jhn	7³⁶	A
bidjandansuþ-þan				Mat	6⁷	A					Jhn	10⁹	A	Jhn	14³⁰	A	Luk	15⁴	A
bidjandei	1Cr	1¹⁵	A								Luk	15⁸	A
bidjandin	Mat	5⁴²	A	Luk	3²¹	A				bigraband	Luk	19⁴³	A
bidjands	Mat	8⁵	A	Luk	5¹⁶	A	Luk	7³	A	bihaita	2Cr	12²⁰	AB
	Luk	9¹⁸	A	Mrk	1⁴⁰	A	1Cr	11⁴	A	bihaitja	Tit	1⁷	B=
	Skr	5²⁵	E							bihaitjans	2Tm	3²	AB
bidjats	Mrk	10³⁸	A							bihlohun	Mat	9²⁴	A	Luk	8⁵³	A	Mrk	5⁴⁰	A
bidjau	Jhn	16²⁶	A	Mrk	6²⁴	A				bihvairband	Luk	8⁴⁵	A
bidjis	Jhn	11²²	A							bihve	Luk	1¹⁸	A
bidjiþ	Mat	9³⁸	A	Jhn	14¹³	A	Jhn	14¹⁴	A	bijandzuþ-þan				Phm	²²	A
	Jhn	15⁷	A	Jhn	16²³	A	Jhn	16²⁶	A	bikukjan	Luk	7⁴⁵	A
	Luk	10²	A	Luk	14³²	A	Rom	8³⁴	A	bilaibidans	1Th	4¹⁵	B
bidjos	Mrk	10³⁵	A							bilaif	Cal	1⁷	A
bido	Luk	19⁴⁶	A	Mrk	11¹⁷	A				bilaigodedun	Luk	16²¹	A
bidom	Luk	2³⁷	A	Luk	9⁴³	A=	Eph	1¹⁶	AB	bilaikada	Luk	18³²	A	Gal	6⁷	AB
	Eph	6¹⁸	AB	Col	4¹²	AB	1Tm	5⁵	AB	bilaikan	Luk	14²⁹	A
	2Tm	1³	A							bilaikand	Mrk	10³⁴	A
bidomjai	Col	2¹⁶	B							bilaikandans	Mrk	15³¹	A
bidos	Luk	5³³	A	Eph	6¹⁸	AB	Php	4⁶	AB	bilailaikun	Mrk	15²⁰	A
	1Tm	2¹	AB	Phm	²²	A				bilaist	Mat	27⁴⁶	A	Mrk	15³⁴	A
bifaiha	2Cr	12²⁰	A=							bilaiþ	Jhn	8²⁹	A	Mrk	12²⁰	A	Mrk	12²¹	A
bifaihoda	2Cr	12¹⁷	AB	2Cr	12¹⁸	AB					2Tm	4¹⁰	AB	2Tm	4¹³	A	Tit	1⁵	B
bifaihodedum				2Cr	7²	AB				bileiþa	Jhn	14²⁷	A	Jhn	16²⁸	A
bifaihon	2Cr	9⁵	AB							bileiþada	Luk	17³⁴	A	Luk	17³⁵	A
bigast	Luk	1³⁰	A							bileiþai	Mrk	10⁷	A	Mrk	12¹⁹	A2
bigat	Mat	8¹⁰	A	Jhn	9³⁵	A	Jhn	11¹⁷	A	bileiþands	Luk	5²⁸	A	Mrk	14⁵²	A
	Jhn	12¹⁴	A	Jhn	19⁴	A	Luk	4¹⁷	A	bileiþiþ	Jhn	10¹²	A	Jhn	16³²	A	Luk	15⁴	A
	Luk	7⁹	A	Luk	15⁶	A	Luk	15⁹	A	biliþanai	2Cr	4⁹	AB	1Th	3¹	B
	Mrk	7³⁰	A	Mrk	11¹³	A	2Cr	2¹³	AB	biliþi	Rom	9²⁹	A
	2Tm	1¹⁷	AB							biliþun	Luk	20³¹	A	Mrk	12²²	A	2Tm	4¹⁶	A
bigaurdans	Luk	17⁸	A							bimait	Jhn	7²²	A	Jhn	7²³	A	1Cr	7¹⁹	A
bigeteina	Luk	6⁷	A								Eph	2¹¹	AB	Gal	5⁶	B	Gal	5¹¹	B*
bigeti	Mrk	11¹³	A								Gal	6¹⁵	AB	Php	3³	AB	Php	3⁵	AB
bigetun	Jhn	6²⁵	A	Luk	2¹⁶	A	Luk	2⁴⁶	A		Col	3¹¹	B
	Luk	7¹⁰	A	Luk	8³⁵	A	Luk	19³²	A	bimaita	Gal	2⁹	B	Gal	2¹²	B	Col	2¹¹	B
	Luk	19⁴⁸	A	Mrk	11⁴	A	Mrk	14⁵⁵	A		Col	4¹¹	AB	Tit	1¹⁰	A
bigita	Jhn	18³⁸	A	Jhn	19⁶	A	Rom	7²¹	A	bimaitai	1Cr	7¹⁸	A
bigitaidau	1Cr	4²	A	2Cr	12²⁰	AB	Php	3⁹	AB	bimaitan	Luk	1⁵⁹	A	Luk	2²¹	A	Gal	2³	AB
bigitaima	Jhn	7³⁵	A								Gal	6¹²	AB	Gal	6¹³	AB
bigitaindau	2Cr	5³	AB	2Cr	11¹²	B				bimaitanai	Gal	6¹³	AB
bigitan	2Tm	1¹⁸	AB	Skr	7¹⁴	E				bimaitanaize	Gal	5³	B
bigitana	Rom	7¹⁰	A							bimaitans	1Cr	7¹⁸	A
bigitanai	Luk	17¹⁸	A	Gal	2¹⁷	A				bimaitis	Rom	15⁸	C‡	Gal	2⁷	AB	Gal	2⁸	AB
bigitand	2Cr	9⁴	B							bimaitiþ	Jhn	7²²	A	Gal	5²	B
bigitanda	Skr	8¹⁸	E*	SkB	8¹⁸	E¶				bimampidedun				Luk	16¹⁴	A
bigitandans	Mat	7¹⁴	A	Luk	5¹⁹	A	Mrk	1³⁷	A	binah	1Cr	10²³	A	2Cr	12¹	B
bigitandei	Luk	15⁹	A							binauht	1Cr	10²³	A
bigitandona	Luk	2⁴⁵	A							binimaina	Mat	27⁶⁴	A
bigitands	Luk	15⁵	A							biniuhsjan	Gal	2⁴	AB
bigitans	Luk	9³⁶	A	Luk	15²⁴	A	Luk	15³²	A	biqimiþ	1Th	5³	B
	Rom	10²⁰	A	Php	2⁸	B				birauboda	2Cr	11⁸	B
bigitats	Luk	19³⁰	A	Mrk	11²	A				biraubodedun				Luk	10³⁰	A
bigitau	2Cr	12²⁰	AB							bireikeim	2Cr	11²⁶	B8

bireikjai	1Cr	15³⁰	A								
birekjai	Luk	8²³	A								
birinnandans	Mrk	6⁵⁵	A								
birodeinos	2Cr	12²⁰	AB	Gal	5²⁰	A⁼B⁼					
birodeins	Jhn	7¹²	A								
birodeiþ	Jhn	6⁴³	A								
birodidedun	Jhn	6⁴¹	A	Jhn	6⁶¹	A	Luk	5³⁰	A		
	Luk	15²	A	Luk	19⁷	A					
birodjandein	Jhn	7³²	A								
birunain	Skr	3⁴	E								
birunnun	Jhn	10²⁴	A								
birusjos	Luk	2⁴¹	A								
bisaiƕandans	Rom	12¹⁷	A								
bisaiƕands	Luk	20²³	A	Mrk	3³⁴	A	Mrk	10²³	A		
	Mrk	11¹¹	A								
bisatida	Mrk	12¹	A								
bisauleino	2Cr	7¹	AB								
bisaulida	Tit	1¹⁵	A								
bisaulidaim	Tit	1¹⁵	A								
bisaulnodedeina				Jhn	18²⁸	A					
bisitandam	Luk	1⁶⁵	A								
bisitande	Luk	4¹⁴	A								
bisitands	Luk	1⁵⁸	A	Luk	7¹⁷	A	Mrk	1²⁸	A		
biskabanon	1Cr	11⁵	A								
biskain	Luk	2⁹	A								
bismait	Jhn	9¹¹	A								
bisniwam	1Th	4¹⁵	B								
bispeiwada	Luk	18³²	A								
bispiwun	Mrk	15¹⁹	A								
bistagq	Luk	6⁴⁸	A	Luk	6⁴⁹	A					
bistandand	Luk	19⁴³	A								
bistandandeins				Jhn	11⁴²	A					
bistuggqis	Rom	9³²	A	Rom	9³³	A					
bistuggqun	Rom	9³²	A								
bistugq	Rom	14¹³	C								
bistugqe	2Cr	6³	A⁺								
bistugqei	2Cr	6³	B								
bistugqun	Mat	7²⁵	A	Mat	7²⁷	A					
bisunjane	Luk	4³⁷	A	Luk	9¹²	A	Mrk	1³⁸	A		
	Mrk	3³⁴	A	Mrk	6⁶	A	Neh	5¹⁷	D		
	Neh	6¹⁶	D								
biswara	Mrk	5⁷	A	1Th	5²⁷	AB					
biswarb	Jhn	11²	A	Jhn	12³	A	Luk	7³⁸	A		
	Luk	7⁴⁴	A								
bitauh	Mat	9³⁵	A	Mrk	6⁶	A					
bitiuhan	1Cr	9⁵	A								
biþagkeiþ	Luk	5²²	A								
Biþaniin	Mrk	11¹	A								
biþe	Mat	5²⁴	A	Mat	6¹⁶	A	Mat	9¹⁰	A		
	Mat	9³²	A	Mat	9³³	A	Mat	11¹	A		
	Mat	26¹	C	Jhn	6¹²	A	Jhn	7¹⁰	A		
	Jhn	7²⁷	A	Jhn	12¹⁶	A	Jhn	13¹⁹	A		
	Jhn	13³⁰	A	Jhn	13³⁶	A	Jhn	14²⁹	A		
	Jhn	16⁴	A	Jhn	16²¹	A	Jhn	19⁶	A		
	Jhn	19⁸	A	Luk	1²³	A	Luk	2¹⁵	A		
	Luk	2²¹	A	Luk	2²²	A	Luk	2³⁹	A		
	Luk	2⁴²	A	Luk	3²¹	A	Luk	4²	A		
	Luk	6¹³	A	Luk	7¹	A	Luk	8¹	A		
	Luk	9²⁶	A	Luk	14¹⁰	A	Luk	14²⁹	A		
	Luk	15¹⁴	A	Luk	16⁴	A	Luk	17⁸	A		
	Luk	18⁴⁰	A	Luk	19⁵	A	Luk	19¹⁵	A		
	Luk	19²⁹	A	Luk	19³⁷	A	Mrk	1⁴²	A		
	Mrk	2¹⁵	A	Mrk	4¹⁰	A	Mrk	4¹⁷	A		
	Mrk	4²⁹	A	Mrk	6²	A	Mrk	9⁹	A		
	Mrk	11¹	A	Mrk	11¹⁹	A	Mrk	15²⁰	A		
	Mrk	15³³	A	1Cr	13¹⁰	A	1Cr	13¹¹	A		
	1Cr	15²⁷	A	1Cr	15²⁸	A	1Cr	16²	AB		
	1Cr	16³	AB	1Cr	16¹²	B	Gal	2¹²	B		
	Gal	2¹⁴	B	Gal	4⁴	A	Php	2²³	B		
	Skr	7²³	E								
biþeh	Mat	9¹⁷	A	Jhn	13¹²	A	Luk	4⁴²	A		
	Luk	5⁴	A	Luk	7¹²	A					
Biþlaihaimis	Neh	7²⁶	D								
biþragjands	Luk	19⁴	A								
biþ-þan-gitanda				1Cr	15¹⁵	A					
biþwahands	Jhn	9¹¹	A								
biuda	Luk	16²¹	A	Mrk	7²⁸	A	Neh	5¹⁷	D		
biudis	1Cr	10²¹	A								
biuga	Eph	3¹⁴	AB								
bi-u-gitai	Luk	18⁸	A								
biugiþ	Rom	14¹¹	C								
biuhti	Jhn	18³⁹	A	Skr	2¹³	E					
biuhtja	Luk	1⁹	A	Luk	2²⁷	A	Luk	2⁴²	A		
	Luk	4¹⁶	A								
biuhts	Mat	27¹⁵	A	Mrk	10¹	A					
biwaibidana	Mrk	16⁵	A								
biwaibiþs	Mrk	14⁵¹	A								
biwaibjand	Luk	19⁴³	A								
biwand	Mat	27⁵⁹	A	Luk	2⁷	A	Mrk	15⁴⁶	A		
biwandei	1Tm	4⁷	AB	1Tm	5¹¹	A:	2Tm	2¹⁶	B		
	2Tm	2²³	AB								
biwandjandans				2Cr	8²⁰	AB					
biwesjau	Luk	15²⁹	A								
biwundan	Luk	2¹²	A								
blandaiþ	1Cr	5⁹	A	2Th	3¹⁴	AB					
blandan	1Cr	5¹¹	A								
blauþjandans	Mrk	7¹³	A								
bleiþei	Gal	5²²	AB								
bleiþein	Rom	12¹	C								
bleiþeino	2Cr	1³	B								
bleiþeins	Col	3¹²	B⁺								
bleiþja	Rom	9¹⁵	A:								
bleiþjandans	Luk	6³⁶	A								
bleiþs	Luk	6³⁶	A	Tit	1⁸	B					
bliggwand	Mrk	10³⁴	A								
bliggwandam	1Tm	1⁹	AB2								
bliggwandans				Luk	20¹¹	A					
bliggwands	Mrk	5⁵	A	1Cr	9²⁶	A					
blinda	Luk	18³⁵	A	Mrk	10⁴⁶	A	Mrk	10⁵¹	A		
blindai	Mat	11⁵	A	Jhn	9³⁹	A	Jhn	9⁴⁰	A		

	Jhn	9⁴¹	*A*	Luk	7²²	*A*		botai	Gal	5²	B					
blindaim	Jhn	10²¹	*A*	Luk	4¹⁹	*A*	Luk	7²¹	*A*	boteiþ	Jhn	6⁶³	*A*	Jhn	12¹⁹	*A*	Mrk	8³⁶	*A*
blindamma	Jhn	9¹	*A*	Jhn	9³²	*A*		botida	Mrk	5²⁶	*A*					
blindan	Mrk	8²²	*A*	Mrk	10⁴⁹	*A*		boto	1Cr	15³²	*A*					
blindana	Luk	6³⁹	*A*				botos	1Cr	13³	*A*					
blindans	Mat	9²⁷	*A*	Mat	9²⁸	*A*	Luk	14¹³	*A*	brahta	Luk	15¹³	*A*	Mrk	9¹⁷	*A*	Rom	8²	*A*
	Luk	14²¹	*A*				2Cr	3⁶	AB	Gal	5¹	B
blindin	Jhn	9⁶	*A*	Jhn	9¹⁷	*A*	Jhn	11³⁷	*A*	brahtedum	1Tm	6⁷	AB
blindins	Mrk	8²³	*A*				brahtedun	Luk	2²²	*A*	Luk	4²⁹	*A*	Luk	4⁴⁰	*A*
blinds	Jhn	9²	*A*	Jhn	9¹³	*A*	Jhn	9¹⁸	*A*		Mrk	9²⁰	*A*	Mrk	11⁷	*A*	Mrk	12⁴	*A*
	Jhn	9¹⁹	*A*	Jhn	9²⁰	*A*	Jhn	9²⁴	*A*		Mrk	15¹	*A*
	Jhn	9²⁵	*A*	Luk	6³⁹	*A*		braƕa	1Cr	15⁵²	AB*
blomans	Mat	6²⁸	*A*				braid	Mat	7¹³	*A*
blotan	1Tm	2¹⁰	AB				braidei	Eph	3¹⁸	AB
blotand	Mrk	7⁷	*A*				brak	Gal	1²³	AB
blotande	Luk	2³⁷	*A*				brakja	Eph	6¹²	AB
blotinassau	Col	2¹⁸	B				brigg	Luk	5⁴	*A*	2Tm	4¹¹	AB
blotinassu	Rom	12¹	*C*	2Th	2⁴	A*	brigga	Rom	10¹⁹	A2
bloþ	Mat	27⁴	*A*	Jhn	6⁵³	*A*	Jhn	6⁵⁴	*A*	briggai	2Th	1¹¹	*A*
	Jhn	6⁵⁵	*A*	Jhn	6⁵⁶	*A*	1Cr	15⁵⁰	AB	briggais	Mat	6¹³	*A*
	Eph	1⁷	AB*	Eph	6¹²	AB	Col	1²⁰	AB	briggan	Jhn	10¹⁶	*A*	Luk	16²²	*A*	Mrk	6²⁷	*A*
bloþa	1Cr	11²⁵	*A*	Eph	2¹³	AB		Rom	11¹¹	*A*	1Cr	16³	AB	2Th	1⁵	AB
bloþarinnandei				Mat	9²⁰	*A*	brigganda	Mat	7¹³	*A*	Mat	7¹⁴	*A*
bloþarinnands				Ver	7¹³	V*	briggandan	Skr	2⁵	*E*
bloþis	Mat	27⁶	*A*	Mat	27⁸	*A*	Luk	8⁴³	*A*	briggandans	Php	4¹⁴	B
	Luk	8⁴⁴	*A*	Mrk	5²⁵	*A*	Mrk	5²⁹	*A*	briggandei	Luk	7³⁷	*A*
	1Cr	10¹⁶	*A*	1Cr	11²⁷	*A*		briggau	Rom	11¹⁴	*A*
bnauandans	Luk	6¹	*A*				briggiþ	Jhn	8³²	*A*	Jhn	8³⁶	*A*	Jhn	16¹³	*A*
boka	2Cr	3⁶	AB*					Luk	3¹⁷	*A*	Luk	19²⁷	*A*	2Cr	11²⁰	B
bokareis	Mat	8¹⁹	*A*	Mrk	12³²	*A*	1Cr	1²⁰	*A*	brikam	1Cr	10¹⁶	*A*
	DeN	3¹	N	DeN	4¹	N		brikiþ	2Tm	2⁵	B
bokarjam	Luk	9²²	*A*	Luk	20⁴⁶	*A*	Mrk	8³¹	*A*	bringandans	Luk	15²³	*A*
	Mrk	10³³	*A*	Mrk	12³⁸	A*	Mrk	14⁴³	*A*	bringiþ	Luk	15²²	*A*
	Mrk	15¹	*A*	Mrk	15³¹	*A*		brinnando	Skr	6⁵	*E*
bokarjans	Mrk	9¹⁴	*A*	Mrk	9¹⁶	*A*		brinno	Mrk	1³¹	*A*
bokarje	Mat	5²⁰	*A*	Mat	9³	*A*	Luk	20³⁹	*A*	brinnon	Luk	4³⁸	*A*	Luk	4³⁹	*A*	Mrk	1³⁰	*A*
	Mrk	2⁶	*A*	Mrk	7¹	*A*	Mrk	12²⁸	*A*	broþar	Mat	5²³	*A*	Jhn	6⁸	*A*	Jhn	11²	*A*
bokarjos	Mat	7²⁹	*A*	Luk	5²¹	*A*	Luk	5³⁰	*A*		Jhn	11¹⁹	*A*	Jhn	11²¹	*A*	Jhn	11²³	*A*
	Luk	6⁷	*A*	Luk	15²	*A*	Luk	19⁴⁷	*A*		Jhn	11³²	*A*	Luk	6¹⁴	*A*	Luk	6⁴²	*A*
	Luk	20¹	*A*	Luk	20¹⁹	*A*	Mrk	1²²	*A*		Luk	15²⁷	*A*	Luk	15³²	*A*	Luk	17³	*A*
	Mrk	2¹⁶	*A*	Mrk	3²¹	*A*	Mrk	3²²	*A*		Luk	20²⁸	A2	Mrk	1¹⁶	*A*	Mrk	1¹⁹	*A*
	Mrk	7⁵	*A*	Mrk	9¹¹	*A*	Mrk	11¹⁸	*A*		Mrk	3³⁵	*A*	Mrk	5³⁷	*A*	Mrk	6³	*A*
	Mrk	11²⁷	*A*	Mrk	12³⁵	*A*	Mrk	14⁵³	*A*		Mrk	12¹⁹	A2	Rom	14¹⁰	*C*	Rom	14¹⁵	*C*
boko	Rom	15⁴	*C*	2Cr	3¹	AB	1Tm	4¹³	B		Rom	16²³	*A*	1Cr	5¹¹	*A*	1Cr	7¹²	*A*
	2Tm	3¹⁶	AB					1Cr	7¹⁵	*A*	1Cr	8¹¹	*A*	1Cr	8¹³	A2
bokom	Luk	3⁴	*A*	Luk	20⁴²	*A*	Mrk	12²⁶	*A*		1Cr	16¹²	B	2Cr	1¹	B	2Cr	2¹³	AB
	1Cr	15³	*A*	1Cr	15⁴	*A*	2Cr	7⁸	AB		2Cr	8¹⁸	AB	2Cr	8²²	AB	2Cr	12¹⁸	AB
	Gal	6¹¹	AB	Php	4³	AB			Eph	6²¹	B	Php	2²⁵	B	Col	4⁷	AB
bokos	Mat	5³¹	*A*	Jhn	7¹⁵	*A*	Luk	4¹⁶	*A*		1Th	3²	B	1Th	4⁶	B	2Th	3¹⁵	AB
	Luk	4¹⁷	A2	Luk	4²⁰	*A*	Luk	16⁶	*A*		Phm	¹⁶	*A*	Phm	²⁰	*A*
	Luk	16⁷	*A*	Mrk	10⁴	*A*	Mrk	12²⁴ᵍ	*A*	broþr	Mat	5²²	A2	Mat	5²⁴	*A*	Luk	6⁴²	*A*
	Mrk	14⁴⁹	*A*	Rom	7⁶	*A*	1Cr	16³	AB		Luk	20²⁸	*A*	Mrk	3¹⁷	*A*	Mrk	12¹⁹	*A*
	2Cr	3⁶	AB	2Cr	10⁹	B	2Cr	10¹⁰	B		Rom	14¹⁰	*C*	Rom	14¹³	*C*	Col	4⁹	AB
	2Cr	10¹¹	B	2Th	3¹⁴	AB	2Tm	3¹⁵	AB		Neh	7²	D
	2Tm	4¹³	*A*				broþrahans	Mrk	12²⁰	*A*

broþralubon	Rom	12[10]	A						Col	4[15]	B	1Th	4[10]	B	1Th	5[26]	AB
broþre	Mat	25[40]	C	1Cr	15[6]	A	Php	1[14]	B		1Tm	5[1]	B			
	2Th	3[6]	B							bruhta	2Cr	1[17]	AB			
broþrjus	Jhn	7[3]	*A*	Jhn	7[5]	*A*	Jhn	7[10]	*A*	bruk	1Cr	10[33]	A	2Tm	2[21]	B
	Luk	8[19]	*A*	Luk	8[20]	*A*	Luk	8[21]	*A*	brukei	1Cr	7[21]	A			
	Luk	20[29]	*A*	Mrk	3[31]	*A*	Mrk	3[32]	*A*	brukeiþ	1Tm	1[8]	AB			
	Mrk	3[33]	*A*	Mrk	3[34]	*A*	Rom	7[1]	A	brukja	1Cr	10[30]g	A			
	Rom	7[4]	A	Rom	10[1]	A	Rom	11[25]	A	brukjaidau	Col	2[22]	AB			
	Rom	12[1]	*C*	1Cr	4[6]	A	1Cr	7[24]	A	brukjaima	2Cr	3[12]	AB			
	1Cr	9[5]	A	1Cr	10[1]	A	1Cr	11[2]	A	brukjais	1Tm	5[23]	AB			
	1Cr	14[26]	A	1Cr	15[1]	A	1Cr	15[31]	A	brukjam	1Cr	10[17]	A			
	1Cr	15[50]	AB	1Cr	15[58]	AB	1Cr	16[15]	B	brukjan	Skr	3[10]	*E**	SkB	3[10]	*E¶*
	1Cr	16[20]	B‡	2Cr	1[8]	B	2Cr	8[1]	AB	brukjands	Skr	5[7]	*E*			
	2Cr	8[23]	AB	2Cr	11[9]	B	2Cr	13[11]	AB	bruks	1Tm	4[8]	A2B2	2Tm	4[11]	AB	Phm	11	A
	Eph	6[10]	AB	Gal	1[2]	B	Gal	4[12]	A		Skr	4[8]	*E*			
	Gal	4[28]	B	Gal	4[31]	B	Gal	5[11]	B	brunjon	Eph	6[14]	AB	1Th	5[8]	B
	Gal	5[13]	B	Gal	6[1]	AB	Gal	6[18]	A*B	brunna	Mrk	5[29]	*A*			
	Php	3[1]	AB	Php	3[13]	AB	Php	3[17]	AB	brusts	Luk	18[13]	*A*	2Cr	7[15]	B	Col	3[12]	B
	Php	4[1]	AB	Php	4[8]	B	1Th	2[14]	B		Phm	12	*A*	Phm	20	*A*
	1Th	2[17]	B	1Th	3[7]	B	1Th	4[1]	B	bruþ	Mat	10[35]	*A*			
	1Th	4[10]	B	1Th	4[13]	B	1Th	5[1]	B	bruþfad	Mrk	2[19]	*A*			
	1Th	5[4]	B	1Th	5[12]	B	1Th	5[14]	B	bruþfadis	Mat	9[15]	*A*	Luk	5[34]	*A*	Mrk	2[19]	*A*
	1Th	5[25]	AB	2Th	1[3]	AB	2Th	2[1]	A*	bruþfads	Luk	5[34]	*A*	Luk	5[35]	*A*
	2Th	3[1]	B	2Th	3[6]	B	2Th	3[13]	AB	bruþfaþs	Mat	9[15]	*A2*	Mrk	2[19]	*A*	Mrk	2[20]	*A*
	1Tm	6[2]	AB	Neh	5[14]	*D*				bugei	Jhn	13[29]	*A*			
broþrs	Luk	3[1]	*A*	Luk	3[19]	*A*	Luk	6[41]	*A*	bugjaima	Luk	9[13]	*A*			
	Luk	6[42]	*A*	Mrk	6[17]	*A*	Mrk	6[18]	*A*	bugjaina	Luk	9[12]	*A*			
broþrulubon	1Th	4[9]	B							bugjam	Jhn	6[5]	*A*			
broþrum	1Cr	16[11]	B	1Cr	16[12]	B	Eph	6[23]	B	bugjanda	Mat	10[29]	*A*			
	1Th	5[27]	AB	1Tm	4[6]	AB				bugjandans	Luk	19[45]	*A*	Mrk	11[15]	*A*
broþruns	Luk	14[12]	*A*	Luk	14[26]	*A*	Luk	18[29]	*A*	bundans	Luk	8[29]	*A*			
	Mrk	10[29]	*A*	Mrk	10[30]	*A*	Rom	9[3]	A	bwssaun	Luk	16[19]	*A*			
	1Cr	8[12]	A	2Cr	9[3]	AB	2Cr	9[5]	AB							

d

daddjandeim	Mrk	13[17]	*A*							Luk	4[21]	*A*	Luk	5[26]	*A*	Luk	6[5]	*A*
dag	Mat	11[23]	*A*	Mat	27[8]	*A*	Mat	27[64]	*A*		Luk	6[6]	*A*	Luk	6[7]	*A*	Luk	6[23]	*A*
	Jhn	8[56]	*A*	Jhn	11[9]	*A*	Jhn	12[7]	*A*		Luk	9[22]	*A*	Luk	9[37]	*A*	Luk	10[12]	*A*
	Luk	1[20]	*A*	Luk	1[80]	*A*	Luk	9[23]	*A*		Luk	10[14]	*A*	Luk	16[19]	*A*	Luk	17[24]	*A*
	Luk	17[4]	*A2*	Luk	17[27]	*A*	Rom	10[21]	A		Luk	17[29]	*A*	Luk	17[30]	*A*	Luk	17[31]	*A*
	Rom	14[5]	A	2Cr	3[14]	AB	2Cr	3[15]	AB		Luk	18[33]	*A*	Luk	19[5]	*A*	Luk	19[9]	*A*
	2Cr	11[25]	B	2Tm	1[12]	AB					Luk	19[42]	*A*	Luk	19[47]	*A*	Luk	23[12]	*G**
daga	Mat	6[11]	*A*	Mat	6[30]	*A*	Mat	7[22]	*A*		Mrk	1[21]	*A*	Mrk	2[20]	*A*	Mrk	2[23]	*A*
	Mat	11[22]	*A*	Mat	11[24]	*A*	Mat	27[62]	*A*		Mrk	3[2]	*A*	Mrk	4[27]	*A*	Mrk	4[35]	*A*
	Jhn	6[22]	*A*	Jhn	6[40]	*A*	Jhn	6[44]	*A*		Mrk	6[11]	*A*	Mrk	9[31]	*A*	Mrk	10[34]	*A*
	Jhn	6[54]	*A*	Jhn	7[37]	*A*	Jhn	9[16]	*A*		Mrk	11[12]	*A*	Mrk	14[12]	*A*	Mrk	14[49]	*A*
	Jhn	11[24]	*A*	Jhn	12[12]	*A*	Jhn	12[48]	*A*		Rom	13[13]	A	Rom	14[5]	A	1Cr	4[3]	A
	Jhn	14[20]	*A*	Jhn	16[23]	*A*	Jhn	16[26]	*A*		1Cr	5[5]	A	1Cr	15[4]	A	1Cr	15[31]	A
	Luk	1[59]	*A*	Luk	2[11]	*A*	Luk	4[16]	*A*		2Cr	1[14]	AB	2Cr	4[16]	BB*	2Cr	6[2]	AB

		Eph	4³⁰	AB	Eph	6¹³	AB	Col	1⁹	B	dalaþ	Mat	7²⁵	A	Mat	7²⁷	A	Mat	8¹	A
		1Th	3¹⁰	B	2Th	1¹⁰	A	2Th	3⁸	AB		Mat	11²³	A:	Mat	27⁵¹	A	Jhn	9⁶	A
		2Tm	1³	A	2Tm	1¹⁸	AB	2Tm	4⁸	AB		Jhn	18⁶	A	Luk	4⁹	A	Luk	6¹⁷	A
		Neh	5¹⁴	D	Neh	6¹⁵	D					Luk	9³⁷	A	Luk	17³¹	A	Luk	19⁵	A
dagam		Mat	11¹²	A	Luk	1⁵	A	Luk	1¹⁸	A		Mrk	9⁹	A	Mrk	15³⁸	A	Rom	10⁶	A
		Luk	1²⁵	A	Luk	1³⁹	A	Luk	2³⁷	A		1Th	4¹⁶	B						
		Luk	4²	A2	Luk	4²⁵	A	Luk	5³⁵	A	dalaþa	Mrk	14⁶⁶	A						
		Luk	6²	A	Luk	6⁹	A	Luk	6¹²	A	dalaþro	Jhn	8²³	A						
		Luk	9³⁶	A	Luk	17²⁶	A2	Luk	17²⁸	A	dalei	Luk	3⁵	A						
		Luk	18⁷	A	Mrk	1⁹	A	Mrk	5⁵	A	Dalmatiai	2Tm	4¹⁰	A						
		Mrk	8¹	A	Mrk	13¹⁷	A	Gal	4¹⁰	A	Damaskai	2Cr	11³²	B						
		1Tm	4¹	AB	1Tm	5⁵	AB	2Tm	3¹	AB	Damaskon	2Cr	11³²	B						
		Neh	6¹⁷	D							daubata	Mrk	8¹⁷	A						
dagans		Mat	26²	C	Mat	27⁶³	A	Jhn	11⁶	A	daubei	Rom	11²⁵	A						
		Jhn	11¹⁷	A	Luk	1²⁴	A	Luk	1⁷⁵	A	daubiþos	Mrk	3⁵	A	Eph	4¹⁸	AB			
		Luk	2¹	A	Luk	2⁴³	A	Luk	2⁴⁶	A	daug	1Cr	10²³	A	2Tm	2¹⁴	B			
		Luk	15¹³	A	Mrk	2¹	A	Mrk	8²	A	dauht	Luk	5²⁹	A	Luk	14¹³	A			
		Mrk	8³¹	A	Mrk	9²	A	Mrk	13²⁰	A2	dauhtar	Mat	9¹⁸	A	Mat	9²²	A	Mat	10³⁵	A
		Mrk	13²⁴	A	Mrk	14⁵⁸	A	Mrk	15²⁹	A		Mat	10³⁷	A	Jhn	12¹⁵	A	Luk	2³⁶	A
		Neh	5¹⁸	D	Ver	17²⁷	V					Luk	8⁴²	A	Luk	8⁴⁸	A	Luk	8⁴⁹	A
dage		Jhn	8⁵¹	A	Jhn	8⁵²	A	Luk	1⁷	A		Mrk	5²³	A	Mrk	5³⁴	A	Mrk	5³⁵	A
		Luk	2³⁶	A	Luk	4²	A	Luk	5¹⁷	A		Mrk	6²²	A	Mrk	7²⁵	A	Mrk	7³⁰	A
		Luk	8²²	A	Luk	17²²	A	Luk	20¹	A		Neh	6¹⁸	D						
		Mrk	1¹³	A	Neh	6¹⁵	D				dauhtr	Mrk	7²⁶	A	Mrk	7²⁹	A			
dagis		Jhn	11⁹	A	Luk	2⁴⁴	A	Mrk	2²⁷	A	dauhtrum	Luk	1⁵	A	2Cr	6¹⁸	AB			
		Mrk	16¹	A	Mrk	16²	A	Rom	8³⁶	A	daun	2Cr	2¹⁴	AB						
		Col	2¹⁶	B	1Th	5⁵	B	1Th	5⁸	B	daunai	Eph	5²	AB						
		Neh	5¹⁸	D							daunais	Jhn	12³	A						
dagos		Mat	9¹⁵	A	Luk	1²³	A	Luk	2⁶	A	dauns	1Cr	12¹⁷	A	2Cr	2¹⁵	AB	2Cr	2¹⁶	A2B2
		Luk	2²¹	A	Luk	2²²	A	Luk	5³⁵	A	daupein	Luk	3³	A	Mrk	1⁴	A	Skr	3⁵	E
		Luk	9²⁸	A	Luk	9⁵¹	A	Luk	17²²	A		Skr	3¹²	E	Skr	3¹⁸	E			
		Luk	19⁴³	A	Mrk	2²⁰	A	Mrk	13¹⁹	A	daupeinai	Luk	7²⁹	A	Mrk	10³⁸	A	Mrk	10³⁹	A
dags		Jhn	9⁴	A	Luk	4⁴²	A	Luk	6¹³	A		Col	2¹²	B	Skr	3²²	E			
		Luk	9¹²	A	Mrk	6²¹	A	Rom	13¹²	A	daupeinais	Skr	2²¹	E	Skr	2²⁵	E			
		2Cr	6²	AB	1Th	5²	B	1Th	5⁴	B	daupeinim	Skr	3¹⁰	E						
		2Th	2²	A							daupeinins	Mrk	7⁴	A	Mrk	7⁸	A			
daig		1Cr	5⁶	A	Gal	5⁹	B				daupeins	Luk	20⁴	A	Mrk	11³⁰	A	Eph	4⁵	AB
daiga		Rom	9²¹	A								Skr	3²¹	E						
daigs		Rom	11¹⁶	A	1Cr	5⁷	A				daupeiþ	Luk	3¹⁶	A	Mrk	1⁸	A	Skr	3²⁶	E
Daikapaulaios					Mrk	7³¹	A					Skr	4⁵	E						
Daikapaulein		Mrk	5²⁰	A							daupida	Luk	3²¹	A	1Cr	1¹⁴	A	1Cr	1¹⁶	A
dail		Luk	15¹²	A	Luk	18¹²	A				daupidai	Luk	7³⁰	A	Mrk	1⁵	A	1Cr	1¹³	A
dailai		1Cr	13¹⁰	A	1Cr	13¹²	A	Col	1¹²	AB		1Cr	10²	A	1Cr	12¹³	A	Gal	3²⁷	A
		Col	2¹⁶	B								Skr	3¹	E						
daile		2Cr	6¹⁵	AB							daupidane	Skr	4⁸	E						
daileiþ		1Cr	12¹¹	A							daupidedjau	1Cr	1¹⁵	A	1Cr	1¹⁶	A			
dailjan		Eph	4²⁸	AB							daupiþs	Mrk	1⁹	A						
dailjands		Rom	12⁸	A							daupja	Luk	3¹⁶	A	Mrk	1⁸	A	Skr	3²⁴	E
dailo		2Cr	6¹⁴	AB							daupada	Mrk	10³⁸	A	Mrk	10³⁹	A			
dailos		Luk	19¹³	A	Luk	19²⁴	A	Luk	19²⁵	A	daupjaindau	Mrk	10³⁸	A						
daimonareis		Luk	8³⁶	A							daupjan	Luk	3⁷	A	Luk	3¹²	A	1Cr	1¹⁷	A
daimonari		Mat	9³²	A							daupjand	Luk	9¹⁹	A	Mrk	7⁴	A	Mrk	8²⁸	A
daimonarjans		Mat	8¹⁶	A	Mat	8³³	A					1Cr	15²⁹	A						
daimonarjos		Mat	8²⁸	A							daupjanda	Mrk	10³⁹	A‡						
dal		Luk	6³⁹	A	Mrk	12¹	A				daupjandam	Skr	3⁵	E						

daupjandans	1Cr	15[29]	A					dauþus	Luk	1[79]	A	Rom	6[23]	A	Rom	7[13]	A
daupjandin	Mat	11[11]	A	Luk	7[28]	A			Rom	8[6]	A	Rom	8[38]	A	1Cr	15[21]	A
daupjandins	Mat	11[12]	A	Mrk	6[24]	A	Mrk	6[25]	A		1Cr	15[26]	A	1Cr	15[54]	AB*	2Cr	4[12]	B
daupjands	Jhn	10[40]	A	Luk	7[20]	A	Luk	7[33]	A	Daweid	Jhn	7[42]	A	Luk	6[3]	A	Luk	20[42]	A
	Mrk	1[4]	A	Mrk	6[14]	A				Luk	20[44]	A	Mrk	2[25]	A	Mrk	12[36]	A
daur	Mat	7[13]	A2	Mat	7[14]	A	Mat	26[71]	AC		Mrk	12[37]	A			
	Jhn	10[1]	A	Jhn	10[2]	A	Jhn	10[7]	A	Daweidis	Mat	9[27]	A	Jhn	7[42]	A	Luk	1[27]	A
	Jhn	10[9]	A					Luk	1[32]	A	Luk	1[69]	A	Luk	2[4]	A2
daura	Luk	7[12]	A	Luk	16[20]	A	Mrk	1[33]	A		Luk	2[11]	A	Luk	3[31]	A	Luk	18[38]	A
	Mrk	2[2]	A	Mrk	11[4]	A	Mrk	15[46]	A		Luk	18[39]	A	Luk	20[41]	A	Mrk	10[47]	A
daurawardai	Jhn	18[16]	A						Mrk	10[48]	A	Mrk	11[10]	A	Mrk	12[35]	A
daurawarde	Neh	7[45]	D						2Tm	2[8]	B			
daurawardo	Jhn	18[17]	A					Demas	2Tm	4[10]	AB			
daurawardos	Neh	7[1]	D					diabaulau	Jhn	8[44]	A			
daurawards	Jhn	10[3]	A					diabaulus	Jhn	6[70]	A			
Dauriþaius	Cal	2[7]	A					diabulau	Luk	4[2]	A	Skr	1[13]	E	Skr	1[20]	E
daurom	Jhn	18[16]	A	Mrk	16[3]	A			diabulaus	Luk	4[5]	A	Eph	6[11]	AB	Skr	1[10]	E
daurons	Mat	27[60]	A	Neh	7[3]	D			diabolos	1Tm	3[11]	A			
dauþa	Jhn	11[44]	A	Jhn	12[1]	A	1Tm	5[6]	AB	diabulus	Luk	4[3]	A	Luk	4[6]	A	Luk	4[13]	A
dauþai	Mat	11[5]	A						Luk	8[12]	A			
dauþaim	Mat	27[64]	A	Jhn	12[1]	A	Jhn	12[9]	A	diakaunjus	1Tm	3[12]	A			
	Jhn	12[17]	A	Luk	9[7]	A	Luk	20[35]	A	diakaununs	1Tm	3[8]	A			
	Mrk	6[14]	A	Mrk	6[16]	A	Mrk	9[9]	A	diakon	DeN	2[1]	N	DeA	1	𝔛
	Mrk	9[10]	A	Mrk	12[25]	A	Rom	7[4]	A	diakona	DeN	2[2]	N*	DeN	4[2]	N:	DeA	1	𝔛
	Rom	10[7]	A	Rom	10[9]	A	Rom	11[15]	A	diakuna	DeN	1[2]	N	DeN	3[2]	N*
	Rom	14[9]	C	1Cr	15[12]	A2	1Cr	15[13]	A	Didimus	Jhn	11[16]	A			
	1Cr	15[20]	A	Eph	1[20]	AB	Gal	1[1]	B	digana	2Tm	2[20]	B			
	Php	3[11]	AB	Col	1[18]	AB	Col	2[12]	B	digandin	Rom	9[20]	A			
	2Tm	2[8]	B					digrein	2Cr	8[20]	AB			
dauþaize	Luk	20[38]	A	Mrk	12[27]	A	1Cr	15[21]	A	disdailida	Luk	15[12]	A			
dauþans	Mat	8[22]	A2	Luk	9[60]	A	Luk	20[37]	A	disdailiþs	1Cr	1[13]	A			
	Mrk	12[26]	A	1Cr	15[16]	A	1Cr	15[29]	A2	disdailjand	Mrk	15[24]	A			
	1Cr	15[32]	A	1Cr	15[35]	A	1Cr	15[52]	AB	disdraus	Luk	1[12]	A			
	2Cr	1[9]	AB	Eph	2[1]	AB	Eph	2[5]	AB	dishabaida	Luk	5[9]	A			
	Col	2[13]	B	1Th	4[16]	B	2Tm	4[1]	AB	dishabaidai	Luk	8[37]	A			
	Skr	5[7]	E	Skr	5[10]	E			dishabaiþ	2Cr	5[14]	AB			
dauþau	Jhn	8[52]	A	Jhn	11[4]	A	Jhn	12[33]	A	dishabaiþs	Php	1[23]	B			
	Jhn	18[32]	A	Luk	9[27]	A	Mrk	7[10]	A	dishniupands	Luk	8[29]	A			
	Mrk	10[33]	A	Mrk	14[64]	A	Rom	7[5]	A	dishnupnodedun				Luk	5[6]	A
	Rom	7[10]	A	1Cr	11[26]	A	2Cr	2[16]	A2B	dishuljiþ	Luk	8[16]	A			
	Php	2[27]	AB	Php	3[10]	AB	2Tm	1[10]	AB	disiggqai	Eph	4[26]	B			
dauþaus	Mat	26[66]	C	Mrk	9[1]	A	Rom	7[24]	A	diskritnoda	Mat	27[51]	A			
	Rom	8[2]	A	1Cr	15[56]	AB	2Cr	1[9]	AB	disnimandans				2Cr	6[10]	AB
	2Cr	2[16]	B	2Cr	3[7]	AB	Skr	1[2]	E	dissat	Luk	5[26]	A	Luk	7[16]	A
dauþein	2Cr	4[10]	AB					dissigqai	Eph	4[26]	A			
dauþeinim	2Cr	11[23]	B					disskaidandein				Skr	8[2]	E
dauþeiþ	Col	3[5]	AB*					disskreitands	Mrk	14[63]	A			
dauþins	Jhn	11[39]	A					disskritnoda	Mrk	15[38]	A			
dauþs	Luk	15[24]	A	Luk	15[32]	A	Mrk	9[26]	A	disskritnodedun				Mat	27[51]	A
dauþu	Jhn	8[51]	A	Jhn	11[13]	A	Luk	2[26]	A	distahein	Jhn	7[35]	A			
	Rom	7[13]	A	1Cr	15[55]	AB	2Cr	4[11]	B	distahida	Luk	1[51]	A	Luk	15[13]	A
	2Cr	7[10]	AB	Php	1[20]	B	Php	2[30]	AB	distahidedi	Luk	16[1]	A			
	Col	1[22]	AB					distahjada	Jhn	16[32]	A			
dauþubljans	1Cr	4[9]	A					distahjiþ	Jhn	10[12]	A			
dauþum	2Cr	1[10]	AB					distairai	Mrk	2[22]	A			

distairid	Luk	5³⁷	A					driggkats	Mrk	10³⁹	A					
distairiþ	Gal	5⁹	B*					driggkiþ	Jhn	6⁵⁴	A	Jhn	6⁵⁶	A	Mrk	2¹⁶	A
distaurnand	Mat	9¹⁷	A					drigka	Luk	17⁸	A					
diswilwai	Mrk	3²⁷	A					drigkai	1Cr	11²⁷	A	1Cr	11²⁸	A		
diswinþeiþ	Luk	20¹⁸	A					drigkaina	Mrk	16¹⁸	S					
diswissais	2Tm	4⁶	AB					drigkais	1Tm	5²³	AB					
diupaizos	Mrk	4⁵	A					drigkaiþ	Mat	6²⁵	A	1Cr	10³¹	A	1Cr	11²⁵	A
diupei	Eph	3¹⁸	A*B						1Cr	11²⁶	A					
diupiþa	Luk	5⁴	A	Rom	8³⁹	A	Rom 11³³ A	drigkam	Mat	6³¹	A	1Cr	15³²	A		
diupiþai	2Cr	11²⁵	B					drigkan	Mrk	15²³	A	1Cr	9⁴	A	1Cr	10²¹	A
diupo	2Cr	8²	AB						1Cr	11²²	A					
diuzam	Mrk	1¹³	A	1Cr	15³²	A		drigkand	Luk	5³³	A					
diwano	1Cr	15⁵³	AB	1Cr	15⁵⁴	A	2Cr 5⁴ AB	drigkandane	Luk	5³⁹	A					
dizuh-þan-sat				Mrk	16⁸	A		drigkands	Mat	11¹⁸	A*	Mat	11¹⁹	A	Luk	7³³	A
dom	Skr	2¹⁷	E	Skr	6¹⁶	E			Luk	7³⁴	A					
domeiþ	Luk	16¹⁵	A	1Cr	10¹⁵	A		drigkau	Jhn	18¹¹	A					
domidedun	Luk	7²⁹	A					drigkid	Luk	1¹⁵	A	Luk	5³⁰	A		
domja	Php	3⁸	A2B2					drigkiþ	1Cr	11²⁹	AA‡					
domjaindau	Gal	2¹⁷	AB					driugais	1Tm	1¹⁸	AB					
domjan	Luk	10²⁹	A	2Cr	10¹²	B		driusandan	Luk	10¹⁸	A					
domjandans	2Cr	5¹⁵	AB					driusandeino	Luk	16²¹	A					
domjands	1Cr	11²⁹	A					driusandeins	Mrk	13²⁵	A					
dragand	2Tm	4³	B					driusands	Luk	5¹²	A	Luk	8⁴¹	A	Mrk	9²⁰	A
draggk	Jhn	6⁵⁵	A						1Cr	14²⁵	A					
draggka	Col	2¹⁶	B					driusiþ	Luk	20¹⁸	A2	Rom	14⁴	A		
draggkida	Mat	27⁴⁸	A					driuson	Mat	8³²	A	Luk	8³³	A	Mrk	5¹³	A
dragk	Rom	14¹⁷	C	1Cr	10⁴	A		drobjandam	Mrk	15⁷	A					
dragkei	Rom	12²⁰	AC					drobjandans	Gal	1⁷	B	Gal	5¹²	B		
dragkida	Mrk	15³⁶	A					drobjands	Gal	5¹⁰	B					
dragkidai	1Cr	12¹³	A					drobnan	2Th	2²	A*					
dragkideduþ	Mat	25⁴²	C					drobnans	2Cr	12²⁰	AB					
draibei	Luk	7⁶	A	Luk	8⁴⁹	A		drugkanai	1Th	5⁷	B2					
draibeis	Mrk	5³⁵	A					drugkaneim	Rom	13¹³	A					
draibiþs	Luk	8²⁹	A					drugkaneins	Gal	5²¹	AB					
drakman	Luk	15⁹	A					drugkans	1Cr	11²¹	A					
drakmans	Luk	15⁸	A					drugkun	Luk	17²⁷	A	Luk	17²⁸	A	1Cr	10⁴	A
drakmin	Luk	15⁸	A					drunjus	Rom	10¹⁸	A					
drauhsno	Luk	16²¹	A					drus	Mat	7²⁷	A					
drauhsnom	Mrk	7²⁸	A					drusa	Luk	2³⁴	A					
drauhsnos	Jhn	6¹²	A					drusun	Mrk	3¹⁰	A	Mrk	3¹¹	A		
drauhtinassaus				2Cr	10⁴	B		du	Mat	5²³	A	Mat	5²⁸	A	Mat	6¹	A
drauhtinom	2Cr	10³	B						Mat	6⁶	A	Mat	6²⁶	A	Mat	8⁴	A
drauhtinonds	2Tm	2⁴	B						Mat	8⁷	A	Mat	8⁹	A2	Mat	8¹⁰	A
drauhtinoþ	1Cr	9⁷	A	2Tm	2⁴	B			Mat	8¹⁶	A	Mat	8¹⁹	A	Mat	8²⁰	A
drauhtiwitoþ	1Tm	1¹⁸	AB						Mat	8²¹	A	Mat	8²²	A	Mat	8²⁶	A
draus	Jhn	11³²	A	Luk	5⁸	A	Luk 8²⁸ A		Mat	8³²	A	Mat	9²	A2	Mat	9⁶	A
	Luk	15²⁰	A	Luk	17¹⁶	A	Mrk 5³³ A		Mat	9⁹	A	Mat	9¹¹	A	Mat	9¹²	A
	Mrk	7²⁵	A						Mat	9¹⁵	A	Mat	9¹⁶	A	Mat	9¹⁸	A
drausnos	Skr	7²⁴	E						Mat	9²³	A	Mat	9²⁸	A	Mat	9³⁷	A
dreiband	Jhn	16²	A						Mat	11¹	A	Mat	11²	A	Mat	11⁴	A
driggka	Mrk	10³⁸	A	Mrk	10³⁹	A			Mat	25³⁹	C	Mat	25⁴⁰	C	Mat	26²	C
driggkai	Jhn	7³⁷	A						Mat	26⁷¹	AC	Mat	26⁷⁵	AC	Mat	27³	A
driggkaiþ	Jhn	6⁵³	A						Mat	27⁷	A	Mat	27¹¹	A	Mat	27¹³	A
driggkan	Mrk	10³⁸	A						Mat	27¹⁹	A	Mat	27⁴³	A	Mat	27⁵⁸	A
driggkandans	Luk	10⁷	A						Mat	27⁶²	A	Mat	27⁶⁴	A	Jhn	5⁴⁵	A2

Jhn	6⁵	A2	Jhn	6⁹	A	Jhn	6¹²	A	Luk	1⁴⁷	A	Luk	1⁴⁸	A	Luk	1⁵⁵	A
Jhn	6¹⁵	A	Jhn	6¹⁷	A	Jhn	6²⁵	A	Luk	1⁵⁶	A	Luk	1⁵⁷	A	Luk	1⁶¹	A
Jhn	6²⁷	A	Jhn	6²⁸	A	Jhn	6²⁹	A	Luk	1⁷⁷	A	Luk	1⁷⁹	A	Luk	1⁸⁰	A
Jhn	6³⁰	A	Jhn	6³¹	A	Jhn	6³⁴	A	Luk	2⁶	A	Luk	2¹⁰	A	Luk	2¹⁵	A
Jhn	6³⁵	A3	Jhn	6³⁷	A2	Jhn	6⁴⁰	A	Luk	2¹⁷	A	Luk	2¹⁸	A	Luk	2²⁰	A
Jhn	6⁴³	A	Jhn	6⁴⁵	A	Jhn	6⁴⁷	A	Luk	2²¹	A	Luk	2³²	A	Luk	2³⁴	A3
Jhn	6⁵²	A	Jhn	6⁵³	A	Jhn	6⁶¹	A	Luk	2⁴⁸	A	Luk	2⁴⁹	A	Luk	2⁵⁰	A
Jhn	6⁶⁷	A	Jhn	6⁶⁸	A	Jhn	7³	A	Luk	3³	A	Luk	3⁵	A2	Luk	3⁷	A
Jhn	7⁹	A	Jhn	7²¹	A	Jhn	7²⁶	A	Luk	3¹¹	A‡	Luk	3¹²	A	Luk	3¹³	A
Jhn	7³³	A	Jhn	7³⁵	A	Jhn	7³⁷	A	Luk	3¹⁴	A	Luk	4³	A	Luk	4⁶	A
Jhn	7³⁸	A	Jhn	7³⁹	A	Jhn	7⁴⁵	A2	Luk	4⁹	A	Luk	4¹⁰	A	Luk	4¹⁸	A2
Jhn	7⁵⁰	A2	Jhn	7⁵²	A	Jhn	8¹²	A	Luk	4²⁰	A	Luk	4²¹	A	Luk	4²³	A
Jhn	8¹³	A	Jhn	8¹⁴	A	Jhn	8¹⁹	A	Luk	4²⁵	A	Luk	4²⁶	A2	Luk	4²⁹	A
Jhn	8²¹	A	Jhn	8²³	A	Jhn	8²⁵	A3	Luk	4³⁶	A	Luk	4⁴³	A	Luk	5¹	A
Jhn	8²⁸	A	Jhn	8³¹	A	Jhn	8³⁵	A2	Luk	5⁴	A2	Luk	5⁵	A	Luk	5⁸	A
Jhn	8³⁹	A	Jhn	8⁴²	A	Jhn	8⁴⁸	A	Luk	5¹⁰	A	Luk	5¹⁴	A	Luk	5¹⁷	A
Jhn	8⁵²	A	Jhn	8⁵⁷	A	Jhn	9⁷	A	Luk	5²⁰	A	Luk	5²²	A	Luk	5²⁴	A2
Jhn	9¹⁰	A	Jhn	9¹²	A	Jhn	9¹³	A	Luk	5²⁷	A	Luk	5³⁰	A	Luk	5³¹	A
Jhn	9¹⁷	A	Jhn	9²⁴	A	Jhn	9²⁶	A‡	Luk	5³³	A	Luk	5³⁴	A	Luk	5³⁶	A
Jhn	9²⁹	A	Jhn	9³⁰	A	Jhn	9³⁴	A	Luk	6²	A	Luk	6⁵	A	Luk	6⁷	A
Jhn	9³⁵	A2	Jhn	9³⁶	A	Jhn	9³⁹	A	Luk	6⁸	A	Luk	6⁹	A	Luk	6¹⁰	A
Jhn	9⁴⁰	A	Jhn	10⁶	A	Jhn	10⁷	A	Luk	6¹¹	A	Luk	6²⁰	A	Luk	6⁴²	A
Jhn	10²⁴	A	Jhn	10³³	A	Jhn	10³⁵	A	Luk	6⁴⁷	A	Luk	7³	A	Luk	7⁶	A2
Jhn	10⁴²	A	Jhn	11³	A	Jhn	11⁴	A	Luk	7⁸	A2	Luk	7⁹	A	Luk	7¹⁰	A
Jhn	11⁷	A	Jhn	11⁸	A	Jhn	11¹¹	A	Luk	7¹³	A2	Luk	7¹⁴	A	Luk	7¹⁹	A
Jhn	11¹⁴	A	Jhn	11¹⁵	A	Jhn	11²¹	A	Luk	7²⁰	A	Luk	7²²	A	Luk	7²⁴	A
Jhn	11²⁴	A	Jhn	11²⁵	A	Jhn	11²⁶	A	Luk	7⁴⁰	A	Luk	7⁴³	A	Luk	7⁴⁴	A2
Jhn	11²⁹	A	Jhn	11³¹	A	Jhn	11³²	A2	Luk	7⁴⁸	A	Luk	7⁵⁰	A	Luk	8⁴	A
Jhn	11³⁴	A	Jhn	11³⁸	A	Jhn	11³⁹	A	Luk	8⁵	A	Luk	8⁸	A	Luk	8¹³	A
Jhn	11⁴⁴	A	Jhn	11⁴⁶	A2	Jhn	12⁴	A	Luk	8¹⁹	A	Luk	8²¹	A	Luk	8²²	A
Jhn	12¹⁶	A	Jhn	12¹⁹	A	Jhn	12²¹	A	Luk	8²⁵	A2	Luk	8²⁸	A	Luk	8³⁹	A
Jhn	12²²	A2	Jhn	12²⁹	A	Jhn	12³²	A	Luk	8⁴⁴	A	Luk	8⁴⁷	A	Luk	8⁴⁸	A
Jhn	12³⁴	A	Jhn	12³⁵	A	Jhn	12³⁶	A	Luk	8⁴⁹	A	Luk	9³	A	Luk	9⁵	A
Jhn	12⁴²	A	Jhn	12⁴⁴	A3	Jhn	12⁴⁶	A	Luk	9¹¹	A	Luk	9¹²	A2	Luk	9¹³	A2
Jhn	13¹²	A	Jhn	13¹⁵	A	Jhn	13²²	A	Luk	9¹⁴	A	Luk	9¹⁶	A2	Luk	9²⁰	A
Jhn	13²⁴	A	Jhn	13²⁷	A	Jhn	13²⁹	A	Luk	9²³	A	Luk	9³³	A	Luk	9³⁸	A
Jhn	13³³	A	Jhn	13³⁶	A	Jhn	13³⁷	A	Luk	9⁴³	A	Luk	9⁴⁸	A	Luk	9⁵⁰	A
Jhn	14¹	A2	Jhn	14²	A	Jhn	14³	A	Luk	9⁵¹	A	Luk	9⁵³	A	Luk	9⁵⁵	A
Jhn	14⁸	A	Jhn	14¹²	A	Jhn	14¹⁶	A	Luk	9⁵⁷	A	Luk	9⁵⁸	A	Luk	9⁵⁹	A
Jhn	14²³	A2	Jhn	14²⁶	A	Jhn	14²⁸	A	Luk	9⁶⁰	A	Luk	9⁶²	A	Luk	10²	A
Jhn	15³	A	Jhn	15¹⁶	A	Jhn	15²⁰	A	Luk	10⁶	A	Luk	10⁹	A	Luk	10¹⁸	A
Jhn	15²²	A	Jhn	16⁵	A	Jhn	16⁷	A	Luk	10²¹	A	Luk	10²³	A	Luk	10²⁶	A
Jhn	16⁹	A	Jhn	16¹⁰	A	Jhn	16¹⁶	A	Luk	10²⁸	A	Luk	10²⁹	A	Luk	14¹⁰	A
Jhn	16¹⁷	A2	Jhn	16²⁰	A	Jhn	16²⁸	A	Luk	14¹⁵	A	Luk	14²¹	A	Luk	14²³	A
Jhn	16³²	A	Jhn	17¹	A	Jhn	17⁴	A	Luk	14²⁵	A	Luk	14²⁶	A	Luk	14²⁸	A
Jhn	17¹¹	A	Jhn	17¹³	A	Jhn	17²⁰	A	Luk	14³¹	A	Luk	14³⁵	A2	Luk	15³	A
Jhn	17²³	A	Jhn	18¹¹	A	Jhn	18¹³	A	Luk	15⁶	A	Luk	15¹²	A	Luk	15¹⁸	A2
Jhn	18¹⁷	A	Jhn	18²¹	A	Jhn	18²⁴	A	Luk	15²²	A	Luk	15²⁷	A	Luk	15²⁹	A
Jhn	18²⁵	A	Jhn	18²⁹	A	Jhn	18³⁰	A	Luk	15³¹	A‡	Luk	16¹	A2	Luk	16²	A
Jhn	18³¹	A	Jhn	18³⁷	A2	Jhn	18³⁸	A	Luk	16⁶	A	Luk	16⁷	A2	Luk	16¹⁵	A
Jhn	19⁹	A	Jhn	19¹⁰	A	Luk	1⁹	A	Luk	16²⁰	A	Luk	17⁴	A	Luk	17⁵	A
Luk	1¹³	A	Luk	1¹⁶	A	Luk	1¹⁷	A	Luk	17⁶	A	Luk	17⁸	A2	Luk	17¹⁴	A
Luk	1¹⁸	A	Luk	1¹⁹	A2	Luk	1²²	A	Luk	17¹⁹	A	Luk	17²²	A	Luk	17³⁷	A
Luk	1²³	A	Luk	1²⁷	A	Luk	1²⁸	A	Luk	18¹	A	Luk	18³	A	Luk	18⁷	A
Luk	1³⁰	A	Luk	1³⁴	A	Luk	1³⁵	A	Luk	18⁹	A	Luk	18¹³	A	Luk	18¹⁴	A

Luk	18¹⁵	*A*	Luk	18¹⁶	*A*	Luk	18¹⁹	*A*
Luk	18²²	*A*	Luk	18²⁹	*A*	Luk	18³¹	*A*
Luk	18³⁵	*A*	Luk	18⁴⁰	*A*	Luk	18⁴²	*A*
Luk	19⁵	*A*	Luk	19⁷	*A*	Luk	19⁸	*A*
Luk	19⁹	*A*	Luk	19¹³	*A*	Luk	19¹⁵	*A*
Luk	19¹⁷	*A*	Luk	19¹⁹	*A*	Luk	19²²	*A*
Luk	19²³	*A*	Luk	19²⁴	*A*	Luk	19²⁵	*A*
Luk	19³¹	*A*	Luk	19³²	*A*	Luk	19³³	*A*
Luk	19³⁹	*A*	Luk	19⁴⁰	*A*	Luk	19⁴²	*A*
Luk	19⁴⁶	*A2*	Luk	19⁴⁸	*A*	Luk	20²	*A*
Luk	20³	*A*	Luk	20⁹	*A*	Luk	20¹⁰	*A*
Luk	20¹⁷	*A2*	Luk	20¹⁹	*A*	Luk	20²³	*A*
Luk	20²⁵	*A*	Luk	20²⁷	*A*	Luk	20³³	*A*
Luk	20³⁴	*A*	Luk	20⁴¹	*A*	Luk	20⁴²	*A*
Luk	20⁴⁵	*A*	Mrk	1⁴	*A*	Mrk	1⁵	*A*
Mrk	1³²	*A*	Mrk	1³⁷	*A*	Mrk	1³⁸	*A2*
Mrk	1⁴⁰	*A*	Mrk	1⁴⁴	*A2*	Mrk	1⁴⁵	*A*
Mrk	2⁵	*A*	Mrk	2⁸	*A*	Mrk	2⁹	*A*
Mrk	2¹⁰	*A*	Mrk	2¹¹	*A*	Mrk	2¹³	*A*
Mrk	2¹⁴	*A*	Mrk	2¹⁶	*A*	Mrk	2¹⁷	*A*
Mrk	2¹⁸	*A*	Mrk	2²⁴	*A*	Mrk	2²⁵	*A*
Mrk	3³	*A*	Mrk	3⁴	*A*	Mrk	3⁵	*A*
Mrk	3⁷	*A*	Mrk	3¹¹	*A*	Mrk	3¹³	*A*
Mrk	3¹⁴	*A*	Mrk	3¹⁵	*A*	Mrk	3²³	*A*
Mrk	3³¹	*A*	Mrk	3³²	*A*	Mrk	4¹	*A*
Mrk	4³	*A*	Mrk	4¹³	*A*	Mrk	4²¹	*A*
Mrk	4²⁴	*A*	Mrk	4³³	*A*	Mrk	4³⁵	*A*
Mrk	4³⁸	*A*	Mrk	4³⁹	*A*	Mrk	4⁴⁰	*A*
Mrk	4⁴¹	*A*	Mrk	5⁹	*A*	Mrk	5¹⁵	*A*
Mrk	5¹⁹	*A3*	Mrk	5²¹	*A*	Mrk	5²²	*A*
Mrk	5³¹	*A*	Mrk	5³³	*A*	Mrk	5³⁴	*A*
Mrk	5³⁶	*A*	Mrk	5³⁹	*A*	Mrk	5⁴¹	*A2*
Mrk	6¹⁰	*A*	Mrk	6¹¹	*A*	Mrk	6¹⁸	*A*
Mrk	6²²	*A*	Mrk	6²⁴	*A*	Mrk	6²⁵	*A*
Mrk	6³⁰	*A*	Mrk	7¹	*A*	Mrk	7⁴	*A*
Mrk	7⁶	*A*	Mrk	7⁹	*A*	Mrk	7¹⁸	*A*
Mrk	7²⁵	*A*	Mrk	7²⁷	*A*	Mrk	7²⁸	*A*
Mrk	7²⁹	*A*	Mrk	7³⁰	*A*	Mrk	7³²	*A*
Mrk	7³⁴	*A2*	Mrk	8¹	*A*	Mrk	8²	*A*
Mrk	8³	*A*	Mrk	8¹¹	*A*	Mrk	8¹⁷	*A*
Mrk	8¹⁹	*A*	Mrk	8²¹	*A*	Mrk	8²²	*A*
Mrk	8²⁶	*A*	Mrk	8²⁷	*A*	Mrk	8²⁹	*A2*
Mrk	8³⁴	*A*	Mrk	9¹	*A*	Mrk	9⁵	*A*
Mrk	9¹⁰	*A*	Mrk	9¹²	*A*	Mrk	9¹⁷	*A*
Mrk	9¹⁹	*A*	Mrk	9²³	*A*	Mrk	9²⁵	*A*
Mrk	9²⁹	*A*	Mrk	9³¹	*A*	Mrk	9³⁴	*A*
Mrk	9³⁵	*A*	Mrk	9³⁶	*A*	Mrk	9⁴²	*A*
Mrk	10¹	*A*	Mrk	10⁵	*A*	Mrk	10⁸	*A*
Mrk	10¹¹	*A2*	Mrk	10¹³	*A2*	Mrk	10¹⁴	*A2*
Mrk	10¹⁸	*A*	Mrk	10²⁰	*A*	Mrk	10²¹	*A2*
Mrk	10²⁶	*A*	Mrk	10²⁷	*A*	Mrk	10²⁸	*A*
Mrk	10³²	*A*	Mrk	10³⁵	*A*	Mrk	10³⁷	*A*
Mrk	10³⁸	*A*	Mrk	10³⁹	*A2*	Mrk	10⁴⁰	*A2*
Mrk	10⁴²	*A*	Mrk	10⁴⁶	*A*	Mrk	10⁴⁹	*A*
Mrk	10⁵¹	*A2*	Mrk	10⁵²	*A*	Mrk	11²	*A*
Mrk	11⁵	*A*	Mrk	11⁶	*A*	Mrk	11¹⁴	*A*
Mrk	11¹⁵	*A*	Mrk	11¹⁷	*A2*	Mrk	11²¹	*A*
Mrk	11²²	*A*	Mrk	11²³	*A*	Mrk	11²⁷	*A2*
Mrk	11²⁸	*A*	Mrk	11²⁹	*A*	Mrk	11³¹	*A*
Mrk	11³³	*A2*	Mrk	12²	*A*	Mrk	12⁴	*A*
Mrk	12⁶	*A*	Mrk	12⁷	*A*	Mrk	12¹⁰	*A*
Mrk	12¹²	*A*	Mrk	12¹³	*A*	Mrk	12¹⁴	*A*
Mrk	12¹⁵	*A*	Mrk	12¹⁶	*A2*	Mrk	12¹⁷	*A*
Mrk	12¹⁸	*A*	Mrk	12²³	*A*	Mrk	12²⁴	*A*
Mrk	12³²	*A*	Mrk	12³³	*A2*	Mrk	12³⁴	*A*
Mrk	12³⁶	*A*	Mrk	12³⁸	*A*	Mrk	13²²	*A*
Mrk	14⁸	*A*	Mrk	14⁹	*A*	Mrk	14¹⁰	*A*
Mrk	14¹²	*A*	Mrk	14¹³	*A*	Mrk	14⁴⁵	*A*
Mrk	14⁴⁸	*A2*	Mrk	14⁵³	*A*	Mrk	14⁵⁵	*A*
Mrk	14⁶¹	*A*	Mrk	14⁶⁵	*A*	Mrk	14⁶⁷	*A*
Mrk	14⁷⁰	*A*	Mrk	15²	*A*	Mrk	15¹²	*A*
Mrk	15¹⁴	*A*	Mrk	15⁴³	*A*	Mrk	15⁴⁶	*A*
Mrk	16²	*A*	Mrk	16³	*A*	Mrk	16⁶	*A*
Mrk	16⁷	*A2*	Mrk	16¹²	*S*	Mrk	16¹⁵	*S*
Mrk	16¹⁹	*S*	Rom	7⁵	*A*	Rom	7¹⁰	*A2*
Rom	8⁷	*A*	Rom	9⁸	*A*	Rom	9¹⁵	*A*
Rom	9¹⁷	*A*	Rom	9²⁰	*A*	Rom	9²¹	*A2*
Rom	9²²	*A*	Rom	9²³	*A*	Rom	9³²	*A*
Rom	9³³	*A*	Rom	10¹	*A2*	Rom	10⁴	*A*
Rom	10¹⁰	*A2*	Rom	10¹¹	*A*	Rom	10¹⁴	*A*
Rom	10²¹	*A2*	Rom	11¹¹	*A*	Rom	11²⁶	*A*
Rom	11³⁶	*C*	Rom	12²	*C*	Rom	12³	*C*
Rom	14¹	*A*	Rom	15⁴	*C*	Rom	15⁷	*C*
Rom	15⁸	*C*	Rom	15¹²	*C*	Rom	exp	*A2*
1Cr	5⁵	*A*	1Cr	7¹¹	*A*	1Cr	7²⁵	*A*
1Cr	8¹⁰	*A*	1Cr	8¹²	*A*	1Cr	9⁶	*A*
1Cr	9²⁶	*A*	1Cr	10³¹	*A*	1Cr	11⁶	*A*
1Cr	11²¹	*A*	1Cr	11²²	*A*	1Cr	11²⁴	*A*
1Cr	11²⁵	*A*	1Cr	12¹³	*A*	1Cr	12²¹	*A2*
1Cr	14²²	*A*	1Cr	14²⁶	*A*	1Cr	15³²	*A2*
1Cr	15³⁴	*A*	1Cr	16¹⁵	*B*	1Cr	exp	*A2*
2Cr	inc	*B*	2Cr	1⁹	*A2B2*	2Cr	1¹⁰	*AB*
2Cr	1¹⁸	*AB*	2Cr	1²⁰	*AB*	2Cr	2⁴	*AB*
2Cr	2¹⁶	*A2B3*	2Cr	3¹	*AB*	2Cr	3⁴	*AB*
2Cr	3⁷	*AB*	2Cr	3¹⁶	*AB*	2Cr	4²	*AB*
2Cr	4⁶	*AB*	2Cr	4¹⁵	*B*	2Cr	5⁵	*AB*:
2Cr	6¹¹	*AB*	2Cr	6¹⁸	*A2B2*	2Cr	7³	*A2B2*
2Cr	7⁴	*AB*	2Cr	7⁸	*AB*	2Cr	7⁹	*AB*
2Cr	7¹⁰	*AB*	2Cr	7¹²	*AB*	2Cr	7¹⁴	*AB*
2Cr	7¹⁵	*AB*	2Cr	8²	*AB*	2Cr	8¹¹	*A2B2*
2Cr	8¹⁴	*A2B2*	2Cr	8¹⁷	*AB*	2Cr	8¹⁹	*AB*
2Cr	9¹	*A2B2*	2Cr	9⁵	*AB*	2Cr	9⁹	*B*
2Cr	9¹⁰	*B*	2Cr	9¹³	*B2*	2Cr	10⁴	*B*
2Cr	10⁶	*B*	2Cr	10⁸	*B2*	2Cr	10¹²	*B2*
2Cr	10¹⁵	*B*	2Cr	10¹⁶	*B*	2Cr	11²	*B*
2Cr	11⁶	*B*	2Cr	11⁸	*B*	2Cr	11¹³	*B*
2Cr	11³¹	*B*	2Cr	12¹⁷	*AB*	2Cr	13⁷	*AB*
2Cr	13¹⁰	*A2B2*	2Cr	exp	*A2B*	Eph	inc	*AB*
Eph	1⁵	*AB*	Eph	1⁶	*AB*	Eph	1¹⁰	*AB*
Eph	1¹²	*AB*	Eph	1¹⁴	*A2B2*	Eph	2¹⁰	*AB*

	Eph	2¹⁴ AB	Eph	2¹⁵ AB	Eph	2¹⁸ AB	duatrinnands	Mrk 10¹⁷ *A*
	Eph	2²¹ B	Eph	2²² B	Eph	3¹⁴ AB	duatsniwun	Mrk 6⁵³ *A*
	Eph	3¹⁹ B	Eph	4¹² A3	Eph	4¹³ A	dugann	Mat 11⁷ *A*	Mat 11²⁰ *A*	Mat 26⁷⁴ *AC*
	Eph	4¹⁴ A	Eph	4¹⁶ A	Eph	4²⁹ AB		Luk 4²¹ *A*	Luk 7¹⁵ *A*	Luk 7²⁴ *A*
	Eph	5² AB	Eph	5⁴ B*	Eph	6¹⁸ AB		Luk 7³⁸ *A*	Luk 9¹² *A*	Luk 15¹⁴ *A*
	Eph	6²² B	Eph	exp B	Gal	inc B		Luk 19⁴⁵ *A*	Luk 20⁹ *A*	Mrk 1⁴⁵ *A*
	Gal	1⁵ B	Gal	1⁶ B	Gal	2⁸ AB		Mrk 4¹ *A*	Mrk 5²⁰ *A*	Mrk 6² *A*
	Gal	2⁹ B2	Gal	2¹⁴ B2	Gal	4⁹ A		Mrk 6⁷ *A*	Mrk 8³¹ *A*	Mrk 8³² *A*
	Gal	4¹⁹g A	Gal	5² B	Gal	5¹³ B2		Mrk 10²⁸ *A*	Mrk 10³² *A*	Mrk 10⁴⁷ *A*
	Gal	exp A2B	Php	1¹⁶ B	Php	1¹⁹ B		Mrk 11¹⁵ *A*	Mrk 12¹ *A*	Mrk 14⁶⁹ *A*
	Php	1²⁴ B	Php	1²⁵ B	Php	1²⁶ B		Mrk 14⁷¹ *A*	Mrk 14⁷² *A*
	Php	1²⁹ B	Php	2²⁵ B	Php	3⁸ AB	dugawindiþ	2Tm 2⁴ B
	Php	3¹⁰ AB	Php	3¹⁴ AB	Php	3¹⁶ AB	duginna	Php 1¹⁸ B
	Php	3²¹ AB	Php	4¹⁰ B	Col	1¹² AB	duginnaina	Luk 14²⁹ *A*
	Col	1²² AB	Col	1²⁵ AB	Col	1²⁹ AB	duginnaiþ	Luk 3⁸ *A*
	Col	2¹⁴ B	Col	2¹⁹ B	Col	2²² AB	duginnam	2Cr 3¹ AB*
	Col	2²³ AB	Col	3¹⁰ B	Col	3²¹ B	duginnid	Luk 6²⁵ *A*
	Col	4³ B	Col	4⁵ AB	Col	4⁸ AB	dugunnun	Luk 1¹ *A*	Luk 5²¹ *A*	Luk 7⁴⁹ *A*
	Col	4¹¹ AB	Col	exp B	1Th	2¹² B2		Luk 14¹⁸ *A*	Luk 15²⁴ *A*	Luk 19³⁷ *A*
	1Th	2¹⁶ B2	1Th	2¹⁷ B	1Th	3³ B		Mrk 2²³ *A*	Mrk 5¹⁷ *A*	Mrk 6⁵⁵ *A*
	1Th	3⁴ B	1Th	3⁵ B	1Th	3¹¹ B		Mrk 8¹¹ *A*	Mrk 10⁴¹ *A*	Mrk 14⁶⁵ *A*
	1Th	3¹³ B	1Th	4⁷ B	1Th	4⁹ B		Mrk 15⁸ *A*	Mrk 15¹⁸ *A*
	1Th	4¹² B	1Th	4¹⁷ B	1Th	5⁹ B	dugunnuþ	2Cr 8¹⁰ AB
	1Th	exp A	2Th	inc AB	2Th	1⁵ AB	duhþe	Jhn 9²³ *A*	Jhn 10¹⁷ *A*	Jhn 16¹⁵ *A*
	2Th	1¹⁰ A	2Th	1¹¹ A	2Th	2¹ A		Jhn 19¹¹ *A*
	2Th	2² A	2Th	3⁹ A2B2	2Th	exp B	duƕe	Mat 9⁴ *A*	Mat 9¹¹ *A*	Mat 9¹⁴ *A*
	1Tm	inc AB	1Tm	1⁶ AB	1Tm	1¹⁶ B3		Mat 27⁴⁶ *A*	Jhn 7⁴⁵ *A*	Jhn 8⁴³ *A*
	1Tm	2⁷ AB	1Tm	4³ AB	1Tm	4⁴ AB		Jhn 8⁴⁶ *A*	Jhn 12⁵ *A*	Jhn 13²⁸ *A*
	1Tm	4⁷ AB	1Tm	4⁸ A2B2	1Tm	4¹⁰ B		Jhn 13³⁷ *A*	Jhn 18²³ *A*	Luk 5³⁰ *A*
	1Tm	4¹⁶ B2	1Tm	5⁵ AB	1Tm	5²⁴ AB		Luk 5³³ *A*	Luk 9⁴³ *A⁼*	Luk 16² *A*
	1Tm	6³ AB	1Tm	6¹² AB	2Tm	inc A*		Luk 19²³ *A*	Luk 19³¹ *A*	Luk 19³³ *A*
	2Tm	2¹⁴ B	2Tm	2¹⁶ B	2Tm	2²⁰ B2		Luk 20⁵ *A*	Mrk 2⁸ *A*	Mrk 2¹⁸ *A*
	2Tm	2²¹ AB2	2Tm	2²⁵ AB	2Tm	3⁶ A		Mrk 4⁴⁰ *A*	Mrk 7⁵ *A*	Mrk 9²⁸ *A*
	2Tm	3⁹ AB	2Tm	3¹³ AB	2Tm	3¹⁵ AB		Mrk 11³ *A*	Mrk 11³¹ *A*	Mrk 14⁶ *A*
	2Tm	3¹⁶ A4B4	2Tm	3¹⁷ AB	2Tm	4³ AB		Mrk 15³⁴ *A*	Rom 9³² *A*	1Cr 10²⁹ *A*
	2Tm	4⁴ AB	2Tm	4¹⁰ A3B2	2Tm	4¹¹ AB		1Cr 10³⁰ *A*	1Cr 15²⁹ *A*	1Cr 15³⁰ *A*
	Tit	inc B	Tit	1² B	Tit	1¹⁶ A		Gal 5¹¹ B	Skr 8⁵ E
	Phm	1⁵ A	Phm	1⁷ A	Neh	5¹⁶ D	dulgahaitjin	Luk 7⁴¹ *A*
	Neh	6¹⁷ D2	Neh	6¹⁸ D	Neh	6¹⁹ D	dulgis	Luk 7⁴¹ *A*
	Skr	1¹⁷ E	Skr	1²⁰ E	Skr	1²² E	dulþ	Mat 27¹⁵ *A*	Jhn 7⁸ A2	Jhn 7¹⁰ *A*
	Skr	1²⁴ E	Skr	1²⁵ E	Skr	2²¹ E		Jhn 7¹⁴ *A*	Luk 2⁴¹ *A*	Mrk 15⁶ *A*
	Skr	2²⁵ E	Skr	4³ E	Skr	4⁵ E	dulþai	Jhn 7¹¹ *A*	Jhn 12¹² *A*	Jhn 12²⁰ *A*
	Skr	4⁷ E	Skr	4¹¹ E	Skr	4²⁵ E		Jhn 13²⁹ *A*
	Skr	5¹ E	Skr	5²⁵ E	Skr	6³ E	dulþais	Jhn 7³⁷ *A*	Luk 2⁴² *A*	Col 2¹⁶ B
	Skr	6⁶ E	Skr	7⁶ E	Skr	8⁴ E	dulþjam	1Cr 5⁸ A
	Skr	8⁵ E	Skr	8⁸ E 2	Skr	8²⁴ E	dulþs	Jhn 6⁴ *A*	Jhn 7² *A*
	Ver	22³⁵ V					dumba	Mat 9³³ *A*
duatgaggandans			Mat	8²⁵ *A*	Luk	8²⁴ *A*	dumbs	Luk 1²² *A*
	Mrk 10² *A*						durinnandans		Mrk 9¹⁵ *A*
duatgaggandei			Mat	9²⁰ *A*			durinnands	Mat 8² *A*
duatgaggandin			Luk	9⁴² *A*			dustodeiþ	2Cr inc B	1Tm inc A*B
duatgaggands	Mat	8¹⁹ *A*	Luk	7¹⁴ *A*	Mrk	1³¹ *A*	dustodida	Luk 14³⁰ *A*	2Cr 8⁶ AB
	Mrk 12²⁸ *A*						duþe	Jhn 6⁶⁵ *A*	Jhn 8⁴⁷ *A*	Luk 1¹³ *A*
duatiddja	Mat	8⁵ *A*	Mat	26⁶⁹ C				Luk 1²⁰ *A*	Luk 1³⁵ *A*	Luk 2⁴ *A*
duatiddjedun	Mat	9²⁸ *A*						Luk 4⁴³ *A*	Luk 14²⁰ *A*	Mrk 1³⁸ *A*

		Mrk	4²¹	*A*	Mrk	12²⁴	*A*	1Cr	15⁹	A		
		2Cr	3¹³	AB	Col	4⁸	A	1Th	2¹³	B		
		Phm	15	*A*								
duþei		Luk	7⁷	*A*								
duþþe		Mat	6²⁵	*A*	Mat	27⁸	*A*	Jhn	7²²	*A*		
		Jhn	12¹⁸	*A*	Jhn	12²⁷	*A*	Jhn	12³⁹	*A*		
		Jhn	15¹⁹	*A*	Mrk	6¹⁴	*A*	Mrk	11²⁴	*A*		
		Rom	13⁵	*AC*	Rom	15⁹	*C*	1Cr	8¹³	A		
		1Cr	11³⁰	A	2Cr	1²⁰	AB	2Cr	2⁹	AB		
		2Cr	4¹	AB	2Cr	13¹⁰	AB	Eph	1¹⁵	AB		
		Eph	2¹¹	AB	Eph	3⁴	B	Eph	5¹⁷	A		
		Eph	6¹³	AB	Eph	6²²	B	Col	1⁹	B		

	Col	4⁸	B	1Th	3⁵	B	1Tm	1¹⁶	B	
	1Tm	4¹⁰	B	Skr	2²⁴	*E*				
dwala	Mat	5²²	*A*	1Cr	1²⁰	A				
dwalai	1Cr	4¹⁰	A							
dwalamma	Mat	7²⁶	*A*							
dwalawaurdei	Eph	5⁴	B*							
dwaliþa	1Cr	1¹⁸	A	1Cr	1²¹	A	1Cr	1²³	A	
	1Cr	1²⁵	A							
dwalmoþ	Jhn	10²⁰	*A*	1Cr	14²³	A				
dwalona	2Tm	2¹⁶	B							
dwalons	2Tm	2²³	AB							

e

Eeiramis	Neh	7³⁵	D					
ei	Mat	5¹⁶	*A*	Mat	5¹⁷	*A*	Mat	5²⁹	*A*

Mat	5³⁰	*A*	Mat	5⁴⁵	*A*	Mat	6²	*A*				
Mat	6⁴	*A*	Mat	6⁵	*A*	Mat	6⁷	*A*				
Mat	6¹⁶	*A*	Mat	6¹⁸	*A*	Mat	8⁴	*A*				
Mat	8⁸	*A*	Mat	8¹⁷	*A*	Mat	8²⁷	*A*				
Mat	8³⁴	*A*	Mat	9⁶	*A*	Mat	9³⁰	*A*				
Mat	9³⁸	*A*	Mat	10²³	*A*	Mat	10²⁵	*A*				
Mat	10⁴²	*A*	Mat	27¹	*A*	Mat	27¹⁷	*A*				
Mat	27⁴²	*A⁼*	Mat	27⁴⁹	*A*	Jhn	6⁵	*A*				
Jhn	6¹⁵	*A*	Jhn	6²⁸	*A*	Jhn	6²⁹	*A*				
Jhn	6³⁰	*A*	Jhn	6⁴⁰	*A*	Jhn	6⁵⁰	*A*				
Jhn	7³	*A*	Jhn	7²³	*A*	Jhn	7³¹	*A⁼ A‡*				
Jhn	7³²	*A*	Jhn	8²²	*A*	Jhn	8⁵⁶	*A*				
Jhn	8⁵⁹	*A*	Jhn	9²	*A*	Jhn	9³	*A*				
Jhn	9¹⁷	*A*	Jhn	9²²	*A*	Jhn	9²⁵	*A*				
Jhn	9³⁶	*A*	Jhn	9³⁹	*A*	Jhn	10¹⁰	*A2*				
Jhn	10¹⁷	*A*	Jhn	10³¹	*A*	Jhn	10³⁸	*A*				
Jhn	11⁴	*A*	Jhn	11¹¹	*A*	Jhn	11¹⁵	*A*				
Jhn	11¹⁶	*A*	Jhn	11¹⁹	*A*	Jhn	11²²	*A*				
Jhn	11³¹	*A*	Jhn	11³⁷	*A*	Jhn	11⁴²	*A*				
Jhn	12⁹	*A*	Jhn	12¹⁰	*A*	Jhn	12¹⁸	*A*				
Jhn	12²⁰	*A*	Jhn	12²³	*A*	Jhn	12³⁵	*A*				
Jhn	12³⁶	*A*	Jhn	12³⁸	*A*	Jhn	12⁴⁰	*A*				
Jhn	12⁴²	*A*	Jhn	12⁴⁶	*A*	Jhn	12⁴⁷	*A2*				
Jhn	13¹⁵	*A*	Jhn	13¹⁸	*A*	Jhn	13¹⁹	*A*				
Jhn	13²⁹	*A2*	Jhn	13³³	*A*	Jhn	13³⁴	*A*				
Jhn	14³	*A*	Jhn	14¹³	*A*	Jhn	14¹⁶	*A*				
Jhn	14²²	*A*	Jhn	14²⁸	*A2*	Jhn	14²⁹	*A*				
Jhn	14³¹	*A*	Jhn	15²	*A*	Jhn	15⁸	*A*				
Jhn	15¹¹	*A*	Jhn	15¹²	*A*	Jhn	15¹³	*A*				
Jhn	15¹⁶	*A2*	Jhn	15¹⁷	*A*	Jhn	15¹⁸	*A*				
Jhn	15²⁵	*A2*	Jhn	16¹	*A*	Jhn	16²	*A*				
Jhn	16⁴	*A*	Jhn	16⁷	*A*	Jhn	16¹⁷	*A*				
Jhn	16²⁴	*A*	Jhn	16³⁰	*A2*	Jhn	16³²	*A*				
Jhn	17¹	*A*	Jhn	17²	*A*	Jhn	17³	*A*				

Jhn	17⁷	*A*	Jhn	17¹¹	*A*	Jhn	17¹²	*A*
Jhn	17¹³	*A*	Jhn	17¹⁵	*A2*	Jhn	17¹⁹	*A*
Jhn	17²¹	*A3*	Jhn	17²²	*A*	Jhn	17²³	*A*
Jhn	17²⁴	*A2*	Jhn	17²⁶	*A*	Jhn	18⁹	*A2*
Jhn	18²⁸	*A*	Jhn	18³²	*A*	Jhn	18³⁶	*A*
Jhn	18³⁷	*A2*	Jhn	18³⁹	*A2*	Jhn	19⁴	*A*
Luk	1⁴	*A*	Luk	1¹³	*A*	Luk	1²⁰	*A2*
Luk	1³⁵	*A*	Luk	1⁴³	*A*	Luk	1⁷³	*A*
Luk	2³	*A*	Luk	2⁴	*A*	Luk	2²⁴	*A*
Luk	2²⁷	*A*	Luk	2³⁵	*A*	Luk	4³	*A*
Luk	4¹¹	*A*	Luk	4⁴²	*A*	Luk	5⁷	*A*
Luk	5¹⁴	*A*	Luk	5²⁴	*A*	Luk	6⁷	*A*
Luk	6¹²	*A*	Luk	6³¹	*A*	Luk	6³⁴	*A*
Luk	6³⁷	*A*	Luk	7³	*A*	Luk	7⁶	*A*
Luk	7³⁶	*A*	Luk	8¹	*A*	Luk	8¹⁰	*A*
Luk	8¹²	*A*	Luk	8¹⁶	*A*	Luk	8²⁵	*A*
Luk	8³¹	*A*	Luk	8³²	*A*	Luk	8³⁸	*A*
Luk	8⁵⁶	*A*	Luk	9¹²	*A*	Luk	9²¹	*A*
Luk	9⁴⁰	*A*	Luk	9⁴⁵	*A*	Luk	9⁵⁴	*A*
Luk	10²	*A*	Luk	10²⁰	*A*	Luk	14¹⁰	*A*
Luk	14²³	*A*	Luk	15¹⁹	*A*	Luk	15²¹	*A*
Luk	15²⁹	*A*	Luk	16¹	*A*	Luk	16⁴	*A*
Luk	16⁹	*A*	Luk	17³⁰	*A*	Luk	18⁹	*A*
Luk	18¹⁵	*A*	Luk	18³⁹	*A*	Luk	18⁴¹	*A2*
Luk	19⁴	*A*	Luk	19¹¹	*A*	Luk	19¹⁵	*A*
Luk	20⁷	*A*	Luk	20¹⁰	*A*	Luk	20¹⁴	*A*
Luk	20²⁰	*A*	Luk	20²⁸	*A*	Mrk	1²⁷	*A*
Mrk	1³⁸	*A*	Mrk	1⁴⁴	*A*	Mrk	2¹⁰	*A*
Mrk	3²	*A*	Mrk	3⁶	*A*	Mrk	3⁹	*A2*
Mrk	3¹⁰	*A*	Mrk	3¹²	*A*	Mrk	3¹⁴	*A*
Mrk	4¹²	*A*	Mrk	4²¹	*A2*	Mrk	4²²	*A*
Mrk	5¹⁰	*A*	Mrk	5¹²	*A*	Mrk	5¹⁸	*A*
Mrk	5²³	*A2*	Mrk	5⁴³	*A*	Mrk	6²	*A*
Mrk	6⁸	*A*	Mrk	6¹²	*A*	Mrk	6²⁵	*A*
Mrk	6⁵⁵	*A*	Mrk	6⁵⁶	*A*	Mrk	7⁹	*A*
Mrk	7²⁶	*A*	Mrk	7³²	*A*	Mrk	7³⁶	*A*

Mrk	8⁶	*A*	Mrk	8⁷	*A*	Mrk	8¹⁵	*A*			
Mrk	8²²	*A*	Mrk	8³⁰	*A*	Mrk	9⁹	*A*			
Mrk	9¹²	*A*	Mrk	9¹⁸	*A*	Mrk	9²¹	*A*			
Mrk	9²²	*A*	Mrk	9³⁰	*A*	Mrk	9⁴¹	*A*			
Mrk	9⁴²	*A*	Mrk	10¹³	*A*	Mrk	10¹⁷	*A*			
Mrk	10³⁵	*A*	Mrk	10³⁷	*A*	Mrk	10³⁸	*A*			
Mrk	10⁴⁸	*A*	Mrk	10⁵¹	*A2*	Mrk	11¹³	*A*			
Mrk	11¹⁶	*A*	Mrk	11²³	*A2*	Mrk	11²⁵	*A*			
Mrk	11²⁸	*A*	Mrk	12²	*A*	Mrk	12¹³	*A*			
Mrk	12¹⁵	*A*	Mrk	12¹⁹	*A*	Mrk	13¹⁸	*A*			
Mrk	14¹⁰	*A*	Mrk	14¹²	*A2*	Mrk	14⁴⁹	*A*			
Mrk	15¹¹	*A*	Mrk	15¹²	*A*	Mrk	15¹⁵	*A*			
Mrk	15²⁰	*A*	Mrk	15²¹	*A*	Mrk	15³²	*A*			
Mrk	15³⁶	*A*	Mrk	15⁴⁴	*A*	Mrk	16¹	*A*			
Rom	7³	A	Rom	7⁴	A2	Rom	7¹³	A2			
Rom	8⁴	A	Rom	9¹¹	A	Rom	9¹⁷	A			
Rom	9²⁰	A	Rom	9²³	A	Rom	11¹¹	A			
Rom	11¹⁴	A	Rom	11¹⁹	A	Rom	11²⁵	A			
Rom	11³¹	A	Rom	11³²	A	Rom	13³	AC			
Rom	14¹³	*C*	Rom	15⁴	*C*	Rom	15⁶	*C*			
1Cr	1¹⁴	A	1Cr	1¹⁵	A	1Cr	1¹⁶	A			
1Cr	1¹⁷	A	1Cr	4²	A	1Cr	4³	A			
1Cr	4⁵	A	1Cr	4⁶	A2	1Cr	4⁸	A			
1Cr	5⁵	A	1Cr	5⁷	A	1Cr	7⁵	A2			
1Cr	7¹⁶	A	1Cr	7¹⁷	A	1Cr	8¹³	A			
1Cr	9¹⁹	A	1Cr	9²⁰	A2	1Cr	9²¹	A			
1Cr	9²²	A2	1Cr	9²²g	A	1Cr	9²³	A			
1Cr	9²⁴	A	1Cr	9²⁵	A	1Cr	10³³	A			
1Cr	13³	A	1Cr	13³g	A	1Cr	14²⁰	A			
1Cr	15³	A	1Cr	15⁹	A2	1Cr	15²⁸	A			
1Cr	16²	AB	1Cr	16⁶	AB	1Cr	16¹⁰	AB			
1Cr	16¹¹	B	1Cr	16¹²	B2	1Cr	16¹⁶	B			
2Cr	1⁴	B	2Cr	1⁹	AB	2Cr	1¹⁰	AB			
2Cr	1¹¹	AB	2Cr	1¹³	AB	2Cr	1¹⁵	AB			
2Cr	1¹⁷	AB	2Cr	1¹⁸	AB	2Cr	1²³	AB			
2Cr	2¹	AB	2Cr	2³	AB	2Cr	2⁴	AB			
2Cr	2⁵	AB	2Cr	2⁹	AB	2Cr	2¹¹	AB			
2Cr	3¹³	AB	2Cr	4⁴	AB	2Cr	4⁷	AB			
2Cr	4¹¹	B	2Cr	4¹⁵	B	2Cr	5¹	B			
2Cr	5⁴	AB	2Cr	5¹⁰	AB	2Cr	5¹²	A2B2			
2Cr	5¹⁵	AB	2Cr	5²¹	AB	2Cr	6³	AB			
2Cr	7⁹	AB	2Cr	8⁶	AB	2Cr	8⁷	AB			
2Cr	8⁹	AB	2Cr	8¹¹	AB	2Cr	8¹³	AB			
2Cr	8¹⁴	A2B2	2Cr	9³	A2B2	2Cr	9⁴	AB			
2Cr	9⁵	AB	2Cr	9⁸	B	2Cr	10²	B			
2Cr	10⁷	B	2Cr	10⁹	B	2Cr	11¹	B			
2Cr	11⁷	B	2Cr	11¹²	B2	2Cr	11¹⁶	B			
2Cr	12⁷	A3B3	2Cr	12⁸	AB	2Cr	12⁹	AB			
2Cr	12¹⁵	AB	2Cr	12¹⁹	AB	2Cr	13⁶	AB			
2Cr	13⁷	A3B4	2Cr	13¹⁰	AB	Eph	1⁴	AB			
Eph	1¹²	AB	Eph	1¹⁷	AB	Eph	1¹⁸	AB			
Eph	2⁷	AB	Eph	2⁹	AB	Eph	2¹⁰	AB			
Eph	2¹⁵	AB	Eph	3⁴	B	Eph	3¹⁰	AB			
Eph	3¹⁶	AB	Eph	3¹⁸	AB	Eph	3¹⁹	AB			
Eph	4¹⁰	A	Eph	4¹⁴	A	Eph	4¹⁷	AB			
Eph	4²²	AB	Eph	4²⁸	AB	Eph	4²⁹	AB			
Eph	5²⁶	A	Eph	5²⁷	A2	Eph	6¹¹	AB			
Eph	6¹³	AB	Eph	6¹⁹	AB	Eph	6²⁰	B			
Eph	6²¹	B	Eph	6²²	B	Gal	1⁴	B			
Gal	1⁶	B	Gal	1²⁰	B	Gal	2⁴	AB			
Gal	2⁵	AB	Gal	2¹⁰	B	Gal	2¹⁶	B			
Gal	2¹⁷	AB	Gal	2¹⁹	A	Gal	4⁵	A2			
Gal	4¹⁷	A	Gal	5¹⁶	B*	Gal	5¹⁷	AB			
Gal	6¹²	AB	Gal	6¹³	AB	Php	1¹⁹	B			
Php	1²⁶	B	Php	1²⁷	B	Php	2²	B			
Php	2²⁷	AB	Php	2²⁸	AB	Php	2³⁰	AB			
Php	3⁸	AB	Php	3¹¹	AB	Php	3¹²	AB			
Php	3¹⁶	AB	Col	1⁹	B2	Col	1¹⁰	B			
Col	1¹⁸	AB	Col	1²⁸	AB	Col	3²¹	B			
Col	4³	B	Col	4⁴	B	Col	4⁶	AB			
Col	4⁸	AB	Col	4¹⁰	AB	Col	4¹²	AB			
Col	4¹⁶	B	Col	4¹⁷	B	1Th	2¹⁶	B			
1Th	3¹	B	1Th	3²	B	1Th	3³	B			
1Th	3¹⁰	B	1Th	4¹	B	1Th	4³	B			
1Th	4⁴	B	1Th	4⁶	B	1Th	4¹²	B			
1Th	4¹³	B	1Th	5¹	B	1Th	5⁴	B			
1Th	5¹⁰	B	1Th	5²⁷	AB	2Th	1¹¹	A			
2Th	1¹²	A	2Th	3¹	B	2Th	3²	B			
2Th	3⁴	B	2Th	3⁶	B	2Th	3⁸	AB			
2Th	3⁹	AB	2Th	3¹⁰	AB	2Th	3¹²	AB			
2Th	3¹⁴	AB	1Tm	1³	A2B2	1Tm	1¹⁶	B			
1Tm	1¹⁸	AB	1Tm	1²⁰	AB	1Tm	2²	AB			
1Tm	3⁷	A	1Tm	3¹⁵	A	1Tm	4¹⁵	B			
1Tm	5⁷	AB	1Tm	5¹⁶	A:	1Tm	5²⁰	A			
1Tm	5²¹	A	1Tm	6¹	AB	2Tm	1⁴	A			
2Tm	2⁴	B	2Tm	2¹⁰	B	2Tm	3¹	AB			
2Tm	3⁸	AB	2Tm	3¹⁷	AB	Tit	1⁵	B			
Tit	1⁹	AB	Tit	1¹³	A	Phm	13	A			
Phm	14	A	Phm	15	A	Phm	19	A			
Phm	22	A	Neh	5¹⁴	D2	Neh	5¹⁸	D			
Skr	1⁵	*E*	Skr	1¹⁶	*E*	Skr	1²⁴	*E*			
Skr	2³	*E*	Skr	2⁹	*E*	Skr	2²⁶	*E*			
Skr	3³	*E**	SkB	3³	*E*¶	Skr	3²⁵	*E*			
Skr	4²⁵	*E*	Skr	5⁵	*E*	Skr	5⁹	*E*			
Skr	5¹⁸	*E*	Skr	5²³	*E*	Skr	5²⁵	*E*			
Skr	6⁸	*E*	Skr	7²⁴	*E*	Skr	8¹⁸	*E*:			
SkB	8¹⁸	*E*¶	Ver	12²⁰	V						
Eiaireikons	Neh	7³⁶	D								
Eikaunion	2Tm	3¹¹	AB								
eis	Mat	8³²	*A*	Mat	9³¹	*A*	Mat	9³²	*A*		
	Mat	11²³	*A*	Mat	26⁶⁶	*C*	Mat	27⁴	*A*		
	Mat	27⁶⁶	*A*	Jhn	6²¹	*A*	Jhn	17⁸	*A*		
	Jhn	17¹⁹	*A*	Jhn	18⁷	*A*	Jhn	18²⁸	*A2*		
	Jhn	18³¹	*A*	Jhn	18⁴⁰	*A*	Luk	5³³	*A*		
	Luk	6¹¹	*A*	Luk	7⁴	*A*	Luk	9¹³	*A*		
	Luk	9¹⁹	*A*	Luk	9³⁶	*A*	Luk	9⁴⁵	*A*		
	Luk	14¹²	*A*	Luk	14¹⁴	*A*	Luk	18³⁴	*A*		
	Luk	19³⁴	*A*	Luk	20⁵	*A*	Luk	20¹¹	*A*		
	Luk	20¹²	*A*	Mrk	3⁴	*A*	Mrk	7³⁶	*A*		
	Mrk	8⁵	*A*	Mrk	8²⁰	*A*	Mrk	8²⁸	*A*		

		Mrk	9^{32}	A	Mrk	9^{34}	A	Mrk	10^4	A	eisarneinaim	Mrk	5^3	A	Mrk	5^4	A
		Mrk	10^{26}	A	Mrk	10^{37}	A	Mrk	10^{39}	A	eiþan	Jhn	9^{41}	A	1Cr	11^{27}	A	Skr	3^{13}	E
		Mrk	11^6	A	Mrk	12^3	A	Mrk	12^{14}	A		Skr	4^2	E	Skr	5^{22}	E	Skr	6^4	E
		Mrk	12^{16}	$A2$	Mrk	14^{11}	A	Mrk	14^{46}	A	Esaeias	Jhn	12^{39}	A	Jhn	12^{41}	A	Rom	15^{12}	C
		Mrk	14^{64}	A	Mrk	15^{13}	A	Mrk	15^{14}	A	Esaeiins	Jhn	12^{38}	A	Luk	3^4	A
		Mrk	16^{11}	A	Rom	11^{31}	A	1Cr	9^{25}	A	Esaïan	Mat	8^{17}	A
		2Cr	6^{16}	AB	2Cr	10^{12}	B	Gal	2^9	B	Esaias	1Cr	14^{21}g	A^*
		Skr	7^8	E	Skr	8^{25}	E				Esaïas	Mrk	7^6	A	Rom	9^{27}	A	Rom	9^{29}	A
Eisaeiins	Luk	4^{17}	A									Rom	10^{16}	A	Rom	10^{20}	A
eisarna	Mrk	5^4	A								Esaïin	Mrk	1^2	A
eisarnabandjom				Luk	8^{29}	A					Esaw	Rom	9^{13}	A
eisarnam	Mrk	5^4	A								etun	Luk	17^{27}	A	Luk	17^{28}	A

f

fadar	Gal	4^6	A									2Tm	1^4	A
fadrein	Jhn	9^2	A	Jhn	9^3	A	Jhn	9^{18}	A	faheds	Jhn	15^{11}	A	Luk	1^{14}	A	Luk	15^7	A
	Jhn	9^{20}	A	Jhn	9^{22}	A	Luk	8^{56}	A		Luk	15^{10}	A	2Cr	2^3	B	Gal	5^{22}	B
	Luk	18^{29}	A							faheid	Luk	2^{10}	A
fadreina	2Cr	12^{14}	AB							faheidai	Luk	8^{13}	A
fadreinais	Luk	2^4	A							faheþs	Jhn	15^{11}	A	Jhn	16^{24}	A	Rom	14^{17}	C
fadreinam	2Cr	12^{14}	AB	Col	3^{20}	B	1Tm	5^4	AB		2Cr	2^3	A	Gal	5^{22}	A	Php	4^1	AB
	2Tm	1^3	A	2Tm	3^2	AB					1Th	2^{19}	B	1Th	2^{20}	B	Skr	4^1	E
fadreinis	Eph	3^{15}	AB							faianda	Rom	9^{19}	A
fagino	Jhn	11^{15}	A	Luk	1^{28}	A	1Cr	16^{17}	B	faifah	Jhn	8^{20}	A
	2Cr	7^9	AB	2Cr	7^{16}	AB	Php	1^{18}	B	faifalþ	Luk	4^{20}	A
	Col	1^{24}	AB							faiflokun	Luk	8^{52}	A
faginod	Luk	6^{23}	A	Luk	10^{20}	A				faihau	Mrk	10^{24}	A
faginoda	Jhn	8^{56}	A	Php	4^{10}	B				faiho	Mrk	10^{23}	A
faginodedeiþ	Jhn	14^{28}	A							faihu	Luk	18^{24}	A	Mrk	10^{22}	A	Mrk	14^{11}	A
faginodedum	2Cr	7^{13}	AB								1Th	4^6	B
faginodedun	Mrk	14^{11}	A							faihufrikai	Luk	16^{14}	A
faginom	2Cr	13^9	AB^*	1Th	3^9	B				faihufrikam	1Cr	5^{10}	A
faginon	Luk	15^{32}	A	Rom	12^{15}	A	2Cr	2^3	AB^*	faihufrikans	1Tm	3^8	A
	2Cr	7^7	AB	Php	1^{18}	B				faihufrikei	Eph	5^3	AB
faginond	Luk	1^{14}	A							faihufrikein	Eph	4^{19}	AB
faginondam	Rom	12^{15}	A							faihufrikeins	Mrk	7^{22}	A
faginondans	Luk	19^{37}	A	Rom	12^{12}	A	2Cr	6^{10}	AB	faihufriks	1Cr	5^{11}	A	Eph	5^5	B	1Tm	3^3	AB
faginonds	Luk	15^5	A	Luk	19^6	A				faihugairnai	2Tm	3^2	AB
faginoþ	Jhn	16^{20}	A	Jhn	16^{22}	A	Luk	10^{20}	A	faihugairneins				Tit	1^{11}	A
	Luk	15^6	A	Luk	15^9	A	1Cr	13^6	A	faihugawaurki				1Tm	6^5	AB
	2Cr	13^{11}	AB	Php	2^{28}	AB^*	Php	3^1	AB	faihugei..o	1Tm	6^{10}	B
	Php	4^4	A2B2	1Th	5^{16}	B				faihugeigais	Rom	13^9	A
fagr	Luk	14^{35}	A							faihugeiro	1Tm	6^{10}	A
fahan	Jhn	7^{44}	A							faihugeiron	Col	3^5	AB
fahed	Jhn	16^{22}	A	Jhn	17^{13}	A	Php	2^2	B	faihuskulane	Luk	16^5	A
fahedai	Jhn	16^{20}	A	Jhn	16^{21}	A	Luk	10^{17}	A	faihuþra	Mat	6^{24}g	A
	Mrk	4^{16}	A	2Cr	7^{13}	AB	Php	1^{25}	B	faihuþraihna	Luk	16^9	A	Luk	16^{11}	A	Luk	16^{13}	A
	Php	2^{29}	AB	Col	1^{11}	AB	1Th	3^9	B	fairaihan	1Cr	10^{21}	A
fahedais	Rom	15^{13}	C	2Cr	7^4	AB	2Cr	8^2	AB	fairgraip	Mrk	5^{41}	A

fairgreipands	Luk	8^{54}	*A*	Luk	9^{47}	*A*	Mrk	8^{23}	*A*	fairrinnand	Eph	5^{4}	B		
fairguni	Jhn	6^{3}	*A*	Jhn	6^{15}	*A*	Luk	4^{5}	*A*	fairrinnandans				2Cr	10^{14} B
	Luk	6^{12}	*A*	Luk	9^{28}	*A*	Mrk	3^{13}	*A*	fairrinnandein				2Cr	10^{13} B
	Mrk	9^{2}	*A*	Gal	4^{25}	B				fairwaurkjand				1Tm	3^{13} A
fairgunja	Mat	8^{1}	*A*	Luk	8^{32}	*A*	Luk	9^{37}	*A*	fairweitidedeina				2Cr	3^{13} AB
	Luk	19^{29}	*A*	Mrk	5^{11}	*A*	Mrk	9^{9}	*A*	fairweitjan	2Cr	3^{7}	AB		
	Mrk	11^{1}	*A*	Mrk	11^{23}	*A*	1Cr	13^{2}	*A*	fairweitjandam				2Cr	4^{18} B
	Gal	4^{24}	B							fairweitjandans				2Th	3^{11} AB
fairgunjam	Mrk	5^{5}	*A*							fairweitjandeins				1Tm	5^{13} A
fairgunje	Luk	3^{5}	*A*							fairweitjandona				Luk	4^{20} *A*
fairgunjis	Luk	4^{29}	*A*	Luk	19^{37}	*A*				fairweitl	1Cr	4^{9}	*A*		
fairhaitis	Luk	17^{9}	*A*							fairzna	Jhn	13^{18}	*A*		
fairƕau	Jhn	8^{23}	*A*2	Jhn	8^{26}	*A*	Jhn	9^{5}	*A*	Falaigis	Luk	3^{35}	*A*		
	Jhn	9^{39}	*A*	Jhn	12^{25}	*A*	Jhn	12^{46}	*A*	Fallasuris	Neh	7^{41}	D		
	Jhn	15^{19}	*A*2	Jhn	16^{21}	*A*	Jhn	16^{28}	*A*	falþ	Mrk	10^{30}	*A*		
	Jhn	16^{33}	*A*	Jhn	17^{6}	*A*	Jhn	17^{11}	*A*2	fanan	Mat	9^{16}	*A*		
	Jhn	17^{12}	*A*	Jhn	17^{14}	*A*2	Jhn	17^{15}	*A*	fani	Jhn	9^{6}	*A*2	Jhn 9^{11} *A*	Jhn 9^{14} *A*
	Jhn	17^{16}	*A*2	Jhn	18^{36}	*A*2	Jhn	18^{37}	*A*		Jhn	9^{15}	*A*		
	Rom	11^{12}	A	1Cr	5^{10}	A	2Cr	1^{12}	AB	fanin	Luk	19^{20}	*A*		
	Gal	6^{14}	A*B	Col	2^{20}	AB	1Tm	1^{15}	B	fanins	Mrk	2^{21}	*A*		
	1Tm	3^{16}	A	1Tm	6^{7}	AB				fanþ	Jhn	12^{9}	*A*	Rom 10^{19} A	
fairƕaus	Jhn	9^{5}	*A*	Jhn	11^{9}	*A*	Jhn	12^{31}	*A*	Fanuelis	Luk	2^{36}	*A*		
	Jhn	15^{19}	*A*	Jhn	16^{11}	*A*	Jhn	17^{24}	*A*	faraiþ	Luk	10^{7}	*A*		
	Rom	11^{15}	A	1Cr	1^{20}	A	1Cr	5^{10}	A	Faraizis	Luk	3^{33}	*A*		
	2Cr	7^{10}	AB	Eph	1^{4}	AB	Eph	2^{2}	A	Faraoni	Rom	9^{17}	A		
	Gal	4^{3}	A	Gal	6^{14}	B	Col	2^{20}	AB	Fareisaiaus	Luk	7^{36}	*A*	Luk 7^{37} *A*	
fairƕu	Jhn	10^{36}	*A*	Jhn	11^{27}	*A*	Jhn	16^{28}	*A*	Fareisaie	Mat	5^{20}	*A*	Jhn 7^{48} *A*	Jhn 9^{16} *A*
	Jhn	16^{33}	*A*	Mrk	8^{36}	*A*	Eph	6^{12}	AB		Jhn	9^{40}	*A*	Jhn 18^{3} *A*	Luk 6^{2} *A*
fairƕus	Jhn	17^{5}	*A*	1Cr	1^{21}	A	Gal	6^{14}	A		Luk	7^{36}	*A*	Luk 19^{39} *A*	Mrk 8^{15} *A*
fairina	Mat	5^{32}	*A*	Jhn	19^{6}	*A*	Col	3^{13}	B		Mrk	12^{13}	*A*	Skr 8^{15} E	Skr 8^{18} E*
fairino	Jhn	18^{38}	*A*	Jhn	19^{4}	*A*					SkB	8^{18}	E¶		
fairinodedi	2Cr	8^{20}	AB							Fareisaiei	Luk	5^{33}	*A*	Skr 8^{22} E	
fairinondans	2Tm	3^{3}	AB							Fareisaieis	Mat	9^{11}	*A*	Mat 9^{14} *A*	Mat 9^{34} *A*
fairinos	Mrk	15^{26}	*A*	2Tm	1^{12}	AB	Tit	1^{13}	A		Mat	27^{62}	*A*	Jhn 7^{32} *A*2	Jhn 7^{47} *A*
fairinoþ	Gal	5^{15}	B⁻								Jhn	8^{13}	*A*	Jhn 9^{15} *A*	Jhn 11^{47} *A*⁎
fairni	Luk	5^{39}	*A*								Jhn	12^{19}	*A*	Luk 5^{17} *A*	Luk 5^{21} *A*
fairnin	2Cr	8^{10}	AB	2Cr	9^{2}	AB					Luk	5^{30}	*A*	Luk 6^{7} *A*	Luk 7^{30} *A*
fairniþai	Rom	7^{6}	A								Luk	15^{2}	*A*	Luk 16^{14} *A*	Mrk 2^{16} *A*
fairnjamma	1Cr	5^{8}	A								Mrk	2^{18}	*A*2	Mrk 2^{24} *A*	Mrk 3^{6} *A*
fairnjan	Eph	4^{22}	AB	Col	3^{9}	B					Mrk	7^{1}	*A*	Mrk 7^{3} *A*	Mrk 7^{5} *A*
fairnjana	Mat	9^{16}	*A*	Luk	5^{36}	*A*	Mrk	2^{21}	*A*		Mrk	8^{11}	*A*	Mrk 10^{2} *A*	
fairnjans	Mat	9^{17}	*A*	Luk	5^{37}	*A*	Mrk	2^{22}	*A*	Fareisaium	Jhn	7^{45}	*A*	Jhn 9^{13} *A*	Jhn 11^{46} *A*
fairnjin	Luk	5^{36}	*A*	Mrk	2^{21}	*A*					Jhn	12^{42}	*A*	Luk 17^{20} *A*	Skr 8^{4} E
fairnjo	Luk	5^{39}	*A*	1Cr	5^{7}	A				Fareisaius	Luk	7^{39}	*A*	Luk 18^{10} *A*	Luk 18^{11} *A*
fairnjons	2Cr	3^{14}	AB								Php	3^{5}	AB	Skr 8^{23} E	
fairra	Mat	7^{23}	*A*	Mat	8^{30}	*A*	Mat	25^{41}	C	faridedun	Luk	8^{23}	*A*		
	Luk	1^{38}	*A*	Luk	2^{15}	*A*	Luk	2^{37}	*A*	farjandans	Jhn	6^{19}	*A*		
	Luk	4^{13}	*A*	Luk	4^{42}	*A*	Luk	5^{3}	*A*	farwa	Mrk	16^{12}	S		
	Luk	5^{8}	*A*	Luk	7^{6}	*A*	Luk	8^{37}	*A*	faskjam	Jhn	11^{44}	*A*		
	Luk	14^{32}	*A*	Luk	15^{13}	*A*	Luk	15^{20}	*A*	fasta	Jhn	8^{55}	*A*	Luk 18^{12} *A*	2Cr 11^{9} B
	Mrk	7^{6}	*A*	Mrk	12^{34}	*A*	1Cr	7^{10}	A	fastai	Jhn	8^{52}	*A*	Jhn 17^{11} *A*	2Tm 1^{14} AB
	Eph	2^{13}	AB	Eph	2^{17}	AB				fastaid	Jhn	14^{15}	*A*	Jhn 15^{10} *A*	
fairraþro	Mat	27^{55}	*A*	Luk	16^{23}	*A*	Luk	17^{12}	*A*	fastaida	Jhn	12^{7}	*A*	Jhn 15^{10} *A*	Jhn 17^{12} *A*
	Luk	18^{13}	*A*	Mrk	5^{6}	*A*	Mrk	8^{3}	*A*		2Cr	11^{9}	B	Skr 1^{12} E	
	Mrk	11^{13}	*A*	Mrk	14^{54}	*A*	Mrk	15^{40}	*A*	fastaidedeina	Jhn	15^{20}	*A*		

fastaina	Jhn	15^{20}	*A*							Mrk	2^4	*A*	Mrk	2^{12}	*A*	Mrk	5^{21}	*A*
fastais	1Tm	5^{21}	*A*	1Tm	5^{22}	AB				Mrk	12^{38}	*A*	Mrk	14^{52}	*A*	Rom	14^{10}	*C*
fastaiþ	Mat	6^{16}	*A*	Jhn	8^{51}	*A*	Jhn	14^{21}	*A*	1Cr	15^{28}	A2	2Cr	5^{10}	AB	2Cr	8^6	AB
	Jhn	14^{23}	*A*	Jhn	14^{24}	*A*	Mrk	7^9	*A*	2Cr	12^{21}	AB	2Cr	13^2	AB	Gal	2^{14}	B
	Php	4^7	B							Gal	3^1	*A*	Php	3^{14}	AB	Col	1^{17}	AB
fastaiþs	Luk	8^{29}	*A*							Col	1^{22}	AB	1Th	3^9	B	1Th	3^{13}	B
fastam	Mat	9^{14}	*A*							1Tm	1^{13}	B	1Tm	1^{18}	AB	1Tm	2^{12}	AB
fastan	Luk	5^{34}	*A*	Mrk	2^{19}	A2	1Cr	7^5	*A*	Neh	5^{15}	D2	Skr	1^{18}	E			
	Eph	4^3	AB	1Tm	6^{14}	B	2Tm	1^{12}	AB	fauradaurja	Luk	10^{10}	*A*						
fastand	Mat	9^{14}	*A*	Mat	9^{15}	*A*	Luk	5^{33}	*A*	faurafilli	1Cr	7^{19}	*A*	Gal	5^6	B	Gal	6^{15}	A*B
	Luk	5^{35}	*A*	Mrk	2^{18}	A2	Mrk	2^{20}	*A*		Col	3^{11}	B						
	Gal	6^{13}	AB							faurafillja	1Cr	7^{18}	*A*						
fastandans	Mat	6^{16}	*A*	Mrk	2^{18}	*A*				faurafilljis	Gal	2^7	AB						
fastands	Mat	6^{17}	*A*	Mat	6^{18}	*A*				fauragaggam	Gal	4^2	*A*						
fastubnja	Luk	9^{43}	*A*=	Mrk	9^{29}	*A*	1Cr	7^{19}	*A*	fauragaggan	1Tm	3^5	*A*						
	Col	2^{23}	AB							fauragaggandans				Mrk	11^9	*A*	1Tm	3^{12}	*A*
fastubnjam	Luk	2^{37}	*A*							fauragaggands				1Tm	3^4	AB⁺			
faþom	Mrk	12^1	*A*							fauragaggi	Luk	16^3	*A*	Eph	3^2	B	Eph	3^9	B
faþos	Luk	14^{23}	*A*	Eph	2^{14}	AB				fauragaggis	Luk	1^{76}	*A*						
fauhons	Mat	8^{20}	*A*	Luk	9^{58}	*A*				fauragaggja	Luk	16^2	*A*	Luk	16^3	*A*	Luk	16^4	*A*
faur	Mat	8^{29}	*A*	Mat	26^{75}	AC	Jhn	10^{11}	*A*		Rom	16^{23}	*A*	Eph	1^{10}	AB*	Tit	1^7	B
	Jhn	10^{15}	*A*	Jhn	13^{37}	*A*	Jhn	13^{38}	*A*	fauragaggjan	Luk	16^1	*A*	Luk	16^8	*A*			
	Jhn	15^{13}	*A*	Jhn	17^{24}	*A*	Jhn	18^{14}	*A*	fauragaggjins	Luk	8^3	*A*						
	Luk	6^{17}	*A*	Luk	8^5	*A*	Luk	9^{50}	*A*	fauragaggjis	Luk	16^2	*A*						
	Luk	18^{35}	*A*	Luk	19^4	*A*	Mrk	1^{16}	*A*	fauragahaitanan				2Cr	9^5	AB			
	Mrk	2^{13}	*A*	Mrk	4^4	*A*	Mrk	8^6	A2	fauragahugida				2Cr	9^7	AB			
	Mrk	9^{40}	*A*	Mrk	10^{45}	*A*	Mrk	10^{46}	*A*	fauragaleikaida				Eph	1^9	AB			
	Mrk	14^{68}	*A*	Rom	8^{34}	*A*	Rom	9^3	*A*	fauragamanwida				Rom	9^{23}	*A*	Eph	2^{10}	AB
	Rom	14^{15}	*C*	1Cr	4^5	*A*	1Cr	4^6	*A*	fauragamanwjaina				2Cr	9^5	AB			
	1Cr	5^7	*A*	1Cr	15^3	*A*	1Cr	15^{29}	A2	fauragamelida				Eph	3^3	B			
	2Cr	1^6	B	2Cr	1^{11}	AB	2Cr	5^{15}	A3B3	fauragameliþ	Rom	15^4	*C*						
	2Cr	5^{20}	A2B2	2Cr	5^{21}	AB	2Cr	7^4	AB	fauragarairoþ	Eph	1^5	AB						
	2Cr	7^7	AB	2Cr	7^{12}	AB	2Cr	8^{16}	AB⁺	fauragaredanai				Eph	1^{11}	AB*			
	2Cr	8^{24}	AB	2Cr	9^{14}	B	2Cr	12^2	AB	fauragasandida				2Cr	9^3	AB			
	2Cr	12^5	A2B2	2Cr	12^{10}	AB	2Cr	12^{15}	AB	fauragasatjiþ	2Cr	4^{14}	B						
	2Cr	13^8	AB	Eph	1^4	AB	Eph	3^{13}	AB	fauragataih	Mrk	13^{23}	*A*						
	Eph	5^2	AB	Eph	5^{25}	*A*	Eph	6^{20}	B	fauragateiha	2Cr	13^2	AB						
	Gal	1^4	B	Gal	2^{20}	*A*	Php	1^{29}	B2	faurahah	Mrk	15^{38}	*A*						
	Php	4^{10}	B	Col	1^7	B	Col	1^9	B	fauraïst	2Cr	8^{11}	AB						
	Col	1^{24}	A2B2	1Th	4^{15}	B	1Th	5^{10}	B	fauramanwjandei				Skr	4^8	E			
	1Tm	2^6	AB	2Tm	1^9	AB	Tit	1^2	B	fauramaþleis	Luk	8^{41}	*A*	Luk	8^{49}	*A*	Luk	19^2	*A*
	Phm	1^3	*A*	Skr	1^5	E	Skr	2^1	E		2Cr	11^{32}	B	Neh	5^{14}	D2	Neh	5^{18}	D
	Skr	3^4	E	Skr	8^3	E	Skr	8^{20}	E	fauramaþlja	Mat	9^{34}	*A*	Neh	7^2	D			
	Skr	8^{25}	E							fauramaþlje	Skr	2^3	E						
faura	Mat	6^2	*A*	Mat	7^{15}	*A*	Mat	11^{10}	A2	fauramaþljos	Neh	5^{15}	D	Neh	5^{17}	D			
	Mat	26^{70}	*C*	Mat	27^{11}	*A*	Jhn	10^4	*A*	fauramelips	Gal	3^1	*A*						
	Jhn	10^5	*A*	Jhn	12^{36}	*A*	Jhn	12^{42}	*A*	fauraqaþ	Rom	9^{29}	*A*	2Cr	7^3	AB	2Cr	13^2	AB
	Jhn	16^{21}	*A*	Jhn	17^{15}	*A*	Luk	1^{76}	*A*		Gal	5^{21}	AB						
	Luk	2^{22}	*A*	Luk	3^7	*A*	Luk	5^{19}	*A*	fauraqeþum	1Th	3^4	B	1Th	4^6	B			
	Luk	7^{27}	A2	Luk	7^{38}	*A*	Luk	8^{19}	*A*	fauraqeþun	Mat	11^{13}	*A*						
	Luk	8^{35}	*A*	Luk	8^{41}	*A*	Luk	9^{45}	*A*	fauraqimid	Luk	1^{17}	*A*						
	Luk	9^{47}	*A*	Luk	9^{52}	*A*	Luk	10^1	*A*	fauraqiþa	Gal	5^{21}	A⁺B⁺						
	Luk	10^{21}	*A*	Luk	14^{10}	*A*	Luk	14^{24}	*A*	faurarahnjandans				Rom	12^{10}	*A*			
	Luk	17^{16}	*A*	Luk	19^3	*A*	Luk	19^{27}	*A*	faurastandandam				Luk	19^{24}	*A*	Mrk	14^{69}	*A*
	Luk	19^{42}	*A*	Luk	20^{46}	*A*	Mrk	1^2	A2	faurastandands				Rom	12^8	*A*			

fauratanja	Jhn	6^{26}	A	Mrk	13^{22}	A		faurwalwjands		Mat	27^{60}	A						
fauratanjam	2Cr	12^{12}	AB					fawai	Mat	7^{14}	A	Mat	9^{37}	A	Luk	10^{2}	A	
faurawenjandans				Eph	1^{12}	AB*		fawaim	Mrk	6^{5}	A							
faurawisan	Skr	8^{12}	E					fawamma	1Tm	4^{8}	AB							
faurbaud	Luk	5^{14}	A	Luk	8^{56}	A		fawans	Mrk	8^{7}	A							
faurbauht	Eph	1^{7}	AB	Col	1^{14}	AB		fawizo	2Cr	8^{15}	AB							
faurbauhtai	Eph	1^{14}	AB*					fera	Mrk	8^{10}	A	Gal	1^{21}	B				
faurbauþ	Luk	9^{21}	A	Mrk	6^{8}	A	Mrk 8^{30} A	ferai	Mat	25^{41}	C							
faurbigaggands				Mrk	10^{32}	A		ferjans	Luk	20^{20}	A							
faurbigaggiþ	Mrk	16^{7}	A					fero	Eph	4^{16}	A							
faurbisniwandeins				1Tm	5^{24}	AB		fetjandeins	1Tm	2^{9}	AB							
faurbiudais	1Tm	1^{3}	AB					fiais	Mat	5^{43}	A							
faurbiudiþ	Luk	8^{25}	A					fiaiþ	Jhn	12^{25}	A							
faurdammjada				2Cr	11^{10}	B		fiand	Mat	5^{43}	A							
faurdomein	1Tm	5^{21}	A					fiandans	Rom	12^{9}	A							
faurgaggandans				Luk	18^{39}	A	Mrk 11^{20} A	fiands	Neh	6^{16}	D							
	Mrk	15^{29}	A					fiaþwos	Gal	5^{20}	AB							
faurgaggandein				Luk	18^{36}	A		fidurdogs	Jhn	11^{39}	A							
faurhah	Mat	27^{51}	A					fidurfalþ	Luk	19^{8}	A							
faurhtai	Mrk	4^{40}	A	Mrk	10^{32}	A		fidurraginja	Luk	3^{1}	$A3$							
faurhtei	Luk	8^{50}	A	Mrk	5^{36}	A		fidwor	Jhn	11^{17}	A	Luk	2^{37}	A	Luk	4^{2}	A	
faurhtein	Mrk	5^{42}	A						Mrk	1^{13}	A	Mrk	8^{9}	A	Mrk	8^{20}	A	
faurhteins	2Tm	1^{7}	AB						Mrk	13^{27}	A	2Cr	11^{24}	B	DeA	2	$\mathfrak{A}$	
faurhteiþ	Mat	8^{26}	A	Mrk	16^{6}	A		fidworim	Mrk	2^{3}	A							
faurhtidedun	Luk	9^{34}	A					fidwortaihun	2Cr	12^{2}	B	Gal	2^{1}	A				
faurhtjaina	Jhn	14^{27}	A					figgragulþ	Luk	15^{22}	A							
faurlageinais	Luk	6^{4}	A	Mrk	2^{26}	A		figgrans	Mrk	7^{33}	A							
faurlagido	Luk	10^{8}	A					fija	Rom	7^{15}	A							
faurlagjaidau	1Cr	10^{27}	A					fijai	Jhn	15^{18}	A							
faurlagjan	Luk	9^{16}	A					fijaid	Jhn	15^{19}	A							
faurmuljais	1Cr	9^{9}	A					fijaida	Jhn	15^{18}	A	Jhn	17^{14}	A	Rom	9^{13}	A	
faurqiþa	Gal	2^{21}	A						Eph	5^{29}	A							
faurqiþan	Luk	14^{18}	A					fijaidedun	Jhn	15^{24}	A	Jhn	15^{25}	A	Luk	19^{14}	A	
faurqiþanana	Luk	14^{18}	A	Luk	14^{19}	A		fijaiþ	Mat	6^{24}	A	Jhn	7^{7}	A	Jhn	15^{23}	$A2$	
faurrinnandin				Skr	3^{11}	E			Luk	14^{26}	A	Luk	16^{13}	A				
faursigljandans				Mat	27^{66}	A		fijan	Jhn	7^{7}	A							
faursnau	Mrk	14^{8}	A					fijand	Luk	6^{22}	A	Rom	12^{20}	AC	2Th	3^{15}	AB	
faursniwandam				1Tm	1^{18}	AB		fijandam	Luk	1^{71}	A	Luk	6^{27}	A				
faursniwiþ	1Cr	11^{21}	A					fijandans	Rom	11^{28}	A							
faurstassjans	1Th	5^{12}	B					fijande	Luk	1^{74}	A							
Faurtunataus	1Cr	16^{17}	B					fijandis	Luk	10^{19}	A							
faurþis	Mat	5^{24}	A	Jhn	6^{62}	A	Jhn 7^{51} A	fijands	Mat	5^{44}	A	Mat	10^{36}	A	Luk	6^{35}	A	
	Jhn	9^{8}	A	Jhn	9^{17}	A	Luk 6^{42} A		Luk	19^{27}	A	Luk	19^{43}	A	Luk	20^{43}	A	
	Luk	9^{59}	A	Luk	9^{61}	A	Luk 14^{31} A		Mrk	12^{36}	A	Rom	8^{7}	A	1Cr	15^{25}	A	
	Luk	17^{25}	A	Mrk	3^{27}	A	Mrk 7^{27} A		1Cr	15^{26}	A	Gal	4^{16}	A	Php	3^{18}	AB	
	Mrk	9^{11}	A	Mrk	9^{12}	A	2Cr 1^{15} AB		Col	1^{21}	AB							
	Eph	4^{9}	A	1Th	4^{16}	B	2Th 2^{3} A*	fijaþwa	Eph	2^{15}	AB	Eph	2^{16}	AB				
	1Tm	5^{4}	AB	2Tm	1^{5}	A	Skr 1^{22} E	filaus	2Cr	7^{13}	AB	2Cr	8^{22}	B	Skr	3^{22}	E	
	Skr	5^{10}	E	DeN	1^{2}	N	DeN 2^{2} N		Skr	5^{16}	E	Skr	7^{14}	E				
	DeN	3^{2}	N	DeN	4^{2}	N		filegrja	Luk	19^{46}	A							
faurþize	Luk	2^{26}	A	Mrk	14^{72}	A		Filetus	2Tm	2^{17}	B							
faurþizei	Mat	6^{8}	A	Jhn	8^{58}	A	Jhn 13^{19} A	filhan	1Tm	5^{25}	AB							
	Jhn	14^{29}	A	Jhn	17^{5}	A	Luk 2^{21} A	filigrja	Mrk	11^{17}	A							
	Gal	2^{12}	B					Filippai	1Cr	exp	A	2Cr	exp	A				
faurwaipjais	1Tm	5^{18}	A					Filippau	Jhn	6^{5}	A	Jhn	12^{21}	A				

Filippaus–fragibaidau ALPHABETICAL WORD-INDEX

Filippaus	Mrk	6^{17}	A	Mrk	8^{27}	A	Cal	2^{16}	A	fiske	Jhn	6^{11}	A	Luk	5^6	A	Luk	5^9	A
Filippauzuh	Luk	3^1	A								Skr	7^{16}	E			
Filippisius	Php	4^{15}	B							fiskjans	Luk	5^2	A	Mrk	1^{16}	A
Filippu	Jhn	14^9	A	Luk	6^{14}	A	Mrk	3^{18}	A	fiskon	Luk	5^4	A			
Filippus	Jhn	6^7	A	Jhn	12^{22}	A2	Jhn	14^8	A	fiskos	Luk	9^{13}	A			
	Skr	7^4	E							fita	Gal	4^{19}	AB			
filleina	Mrk	1^6	A							fitandei	Gal	4^{27}	B			
filu	Mat	6^{23}	A	Mat	8^{28}	A	Mat	9^{14}	A	flahtom	1Tm	2^9	AB			
	Mat	10^{25}	A	Mat	27^{13}	A	Mat	27^{14}	A	flautai	Gal	5^{26}	AB*			
	Jhn	6^2	A	Jhn	6^5	A	Jhn	6^{11}	A	flauteiþ	1Cr	13^4	A			
	Jhn	12^9	A	Jhn	12^{12}	A	Jhn	12^{37}	A	flodus	Luk	6^{49}	A			
	Jhn	14^{30}	A	Jhn	16^{13}	A	Luk	4^{23}	A	fodeinai	Mat	6^{25}	A	Luk	7^{25}	A
	Luk	5^6	A	Luk	7^{11}	A	Luk	7^{47}	A	fodeiþ	Mat	6^{26}	A	Eph	5^{29}	A
	Luk	8^{39}	A2	Luk	9^{10}	A	Luk	9^{37}	A	fodida	Skr	7^{23}	E			
	Luk	15^{17}	A	Luk	15^{29}	A	Luk	16^5	A	fodidedi	1Tm	5^{10}	AB			
	Luk	16^7	A	Luk	18^{23}	A	Luk	18^{39}	A	fodiþs	Luk	4^{16}	A			
	Mrk	1^{45}	A	Mrk	3^7	A	Mrk	3^8	A2	fodr	Jhn	18^{11}	A			
	Mrk	3^{12}	A	Mrk	4^1	A	Mrk	5^{10}	A	fon	Mat	7^{19}	A	Mat	25^{41}	C	Jhn	15^6	A
	Mrk	5^{19}	A	Mrk	5^{20}	A	Mrk	5^{21}	A		Luk	3^9	A	Luk	9^{54}	A	Mrk	9^{22}	A
	Mrk	5^{23}	A	Mrk	5^{24}	A	Mrk	5^{38}	A		Mrk	9^{43}	A	Mrk	9^{44}	A	Mrk	9^{45}	A
	Mrk	5^{43}	A	Mrk	6^{30}	A	Mrk	7^{36}	A		Mrk	9^{46}	A	Mrk	9^{48}	A			
	Mrk	8^1	A	Mrk	8^{31}	A	Mrk	9^{13}	A	fotiwe	Mat	5^{35}	A	Luk	20^{43}	A	Mrk	12^{36}	A
	Mrk	9^{14}	A	Mrk	9^{26}	A	Mrk	10^{21}	A	fotjus	Rom	10^{15}	A			
	Mrk	10^{48}	A	Mrk	12^{27}	A	Mrk	15^3	A	fotu	Luk	4^{11}	A			
	Mrk	15^4	A	Mrk	16^2	A	Rom	11^{24}	A	fotubandjom	Luk	8^{29}	A			
	Rom	15^4	C	1Cr	12^{22}	A	1Cr	16^{12}	B	fotubaurd	Mat	5^{35}	A	Luk	20^{43}	A	Mrk	12^{36}	A
	1Cr	16^{19}	B	2Cr	1^5	B	2Cr	3^9	AB	fotum	Jhn	11^{32}	A	Luk	7^{38}	A2	Luk	8^{35}	A
	2Cr	3^{11}	AB	2Cr	8^{15}	AB	2Cr	8^{22}	A		Luk	8^{41}	A	Luk	9^5	A	Luk	17^{16}	A
	2Cr	12^9	AB	2Cr	12^{11}	AB	Gal	3^4	A		Mrk	5^4	A	Mrk	5^{22}	A	Mrk	6^{11}	A
	Php	1^{23}	B	1Tm	3^8	A	2Tm	1^{18}	AB		Mrk	7^{25}	A	1Cr	12^{21}	A	Eph	6^{15}	AB
	2Tm	2^{16}	B	2Tm	4^{15}	A	Phm	16	A	fotuns	Jhn	11^2	A	Jhn	11^{44}	A	Jhn	12^3	A2
	Skr	6^4	E	Skr	7^{16}	E	Skr	7^{18}	E		Jhn	13^{12}	A	Jhn	13^{14}	A2	Luk	1^{79}	A
	Skr	7^{19}	E	Skr	7^{21}	E					Luk	7^{38}	A	Luk	7^{44}	A2	Luk	7^{45}	A
filudeisein	2Cr	11^3	B	Eph	4^{14}	A					Luk	7^{46}	A	Luk	10^{11}	A	Luk	15^{22}	A
filufaiho	Eph	3^{10}	A								Mrk	5^4	A	Mrk	9^{45}	A	1Cr	15^{25}	A
filugalaubis	Jhn	12^3	A								1Cr	15^{26}	A	Eph	1^{22}	AB	1Tm	5^{10}	AB
filusna	Skr	7^9	E	Skr	7^{17}	E				fotus	Mrk	9^{45}	A	1Cr	12^{15}	A			
filusnai	2Cr	12^7	AB	2Tm	3^9	AB	Neh	5^{18}	D	fraatjau	1Cr	13^3	A			
	Skr	7^{20}	E							frabairan	Jhn	16^{12}	A			
filuwaurdein	Mat	6^7	A							frabauht	Jhn	12^5	A			
filuwaurdjaiþ	Mat	6^7	A							frabauhtaboka				DeA	1	𝔄
fim	Luk	16^6	A							frabauhtedun	Luk	17^{28}	A			
fimf	Jhn	6^{10}	A	Jhn	6^{13}	A	Jhn	8^{57}	A	frabauhts	Rom	7^{14}	A			
	Luk	1^{24}	A	Luk	7^{41}	A2	Luk	9^{13}	A	frabugei	Luk	18^{22}	A	Mrk	10^{21}	A
	Luk	9^{14}	A2	Luk	9^{16}	A	Luk	14^{19}	A	frabugjaidau	1Cr	10^{25}	A			
	Luk	19^{18}	A	Luk	19^{19}	A	Mrk	8^{19}	A2	frabugjan	Mrk	14^5	A			
	1Cr	15^6	A	2Cr	11^{24}	B	Skr	7^9	E	frabugjandane				Mrk	11^{15}	A
	Skr	7^{11}	E	Ver	9^{16}	V	Ver	12^{20}	V	frabugjandans				Luk	19^{45}	A	Mrk	11^{15}	A
fimftaihunim	Jhn	11^{18}	A							fradailiþ	Jhn	12^5	A			
fimftataihundin				Luk	3^1	A				fragaf	Jhn	10^{29}	A	Luk	7^{21}	A	Luk	7^{42}	A
finþandeins	Luk	9^{11}	A								Luk	7^{43}	A	Mrk	15^{45}	A	2Cr	2^{10}	A2
finþands	Mrk	15^{45}	A								2Cr	13^{10}	AB	Eph	4^{32}	AB	Col	3^{13}	B
fiskam	Skr	7^{18}	E	Skr	7^{26}	E					Skr	7^{13}	E			
fiskans	Jhn	6^9	A	Luk	9^{16}	A	Mrk	8^7	A	fragiba	2Cr	2^{10}	B2			
	Skr	7^4	E	Skr	7^{11}	E	Ver	9^{16}	V	fragibaidau	Phm	22	A			

fragiban	2Cr	2⁷	AB	Php	1²⁹	B		frakann	Mat	6²⁴	A	Jhn	12⁴⁸	A	Luk	16¹³	A
fragibandan	Skr	5¹⁷	E					frakant	Rom	14¹⁰	C			
fragibandans	Eph	4³²	AB	Col	3¹³	B		frakunnan	Skr	1²¹	E	Skr	6²⁶	E
fragibands	Col	2¹³	B	Skr	3²⁰	E		frakunnandans				Luk	18⁹	A
fragibis	Luk	7⁴	A					frakunneina	1Tm	6²	AB
fragibiþ	2Cr	2¹⁰	AB	2Cr	12¹³	AB		frakunneiþ	1Th	5²⁰	B
fragibtim	Luk	1²⁷	A					frakunni	Rom	14³	A*	1Cr	16¹¹	AB	1Tm	4¹²	B
fragif	Mrk	10³⁷	A					frakunnuþ	1Cr	11²²	A
fragift	Skr	3¹⁹	E					frakunþ	2Cr	10¹⁰	B
fragiftim	Luk	2⁵	A					frakunþeduþ	Gal	4¹⁴	A
fragilda	Luk	19⁸	A	Rom	12¹⁹	AC		frakunþs	Mrk	9¹²	A
fragildaidau	Rom	11³⁵	C					fralailot	Luk	8³⁸	A	Luk	8⁵¹	A	Mrk	1³⁴	A
fragiþ	2Cr	13⁵	B						Mrk	5³⁷	A	Mrk	8⁹	A	Mrk	15⁶	A
frah	Mat	27¹¹	A	Jhn	18⁷	A	Jhn	18¹⁹	A		Mrk	15¹⁵	A	Skr	4⁹	E
	Luk	8³⁰	A	Luk	9¹⁸	A	Luk	18¹⁸	A	fralailoti	Mrk	15¹¹	A
	Luk	18³⁶	A	Luk	18⁴⁰	A	Mrk	5⁹	A	fralailotun	Mrk	2⁴	A
	Mrk	8⁵	A	Mrk	8²³	A	Mrk	8²⁷	A	fralaus	Luk	15⁹	C
	Mrk	9¹⁶	A	Mrk	9²¹	A	Mrk	9³³	A	fraleitais	Luk	2²⁹	A
	Mrk	12²⁸	A	Mrk	14⁶⁰	A	Mrk	14⁶¹	A	fraleitan	Mrk	15⁹	A
	Mrk	15²	A	Mrk	15⁴	A	Mrk	15⁴⁴	A	fralet	Luk	4¹⁹	A	Luk	9¹²	A	Mrk	1²⁴	A
frahinþandans				2Cr	10⁵	B			Mrk	3²⁹	A	Eph	1⁷	AB*	Col	1¹⁴	AB
frahinþando	Rom	7²³	A					fraleta	Luk	3³	A	Mrk	8³	A
frahuh	Luk	15²⁶	A					fraletada	Luk	7⁴⁷	A
frahunþana	2Tm	3⁶	AB					fraletaid	Luk	6³⁷	A
frahunþanaim				Luk	4¹⁹	A		fraletais	Luk	17³	A	Luk	17⁴	A
fraihans	Luk	17²⁰	A					fraletan	Mat	27¹⁵	A	Jhn	19¹⁰	A	Jhn	19¹²	A
fraihn	Jhn	18²¹	A						Luk	4¹⁹	A	1Cr	7¹¹	A
fraihna	Luk	6⁹	A	Luk	20³	A	Mrk	11²⁹	A	fraletanda	Luk	6³⁷	A
fraihnai	Jhn	16³⁰	A	Luk	19³¹	A		fraletandans	Eph	6⁹	AB
fraihnan	Jhn	13²⁴	A	Jhn	16¹⁹	A	Luk	9⁴⁵	A	fraletau	Mat	27¹⁷	A	Jhn	18³⁹	A2
	Luk	20⁴⁰	A	Mrk	9³²	A	Mrk	12³⁴	A	fraletis	Jhn	19¹²	A
fraihnandan	Luk	2⁴⁶	A					fraletiþ	Mrk	7¹²	A	1Cr	16⁷	AB
fraihnis	Jhn	18²¹	A					fralets	1Cr	7²²	A
fraihniþ	Jhn	9²¹	A	Jhn	9²³	A	Jhn	16⁵	A	fralewjandans				2Tm	3⁴	AB
	Jhn	16²³	A					fraliusands	Luk	15⁴	A
fraisai	1Cr	7⁵	A					fraliusiþ	Luk	15⁸	A
fraisais	Luk	4¹²	A					fralusanan	Jhn	6²⁷	A
fraisaizau	Gal	6¹	AB					fralusanans	Luk	19¹⁰	A
fraisandans	Mrk	8¹¹	A	Mrk	10²	A		fralusanin	Luk	15⁴	A
fraisands	Jhn	6⁶	A	Luk	10²⁵	A	1Th	3⁵	B	fralusano	Luk	15⁶	A
fraisans	Luk	4²	A	Mrk	1¹³	A		fralusans	Luk	15²⁴	A	Luk	15³²	A
fraisiþ	Luk	20²³	A	Mrk	12¹⁵	A	2Cr	13⁵	A	fralusnandam				1Cr	1¹⁸	A	2Cr	2¹⁵g A
fraistobnjo	Luk	4¹³	A						2Cr	4³	AB
fraistubnja	1Tm	6⁹	AB					fralust	2Th	1⁹	A	1Tm	6⁹	AB
fraistubnjai	Mat	6¹³	A	Gal	4¹⁴	A		fralustai	Mat	7¹³	A	Rom	9²²	A
fraistubnjos	Luk	8¹³	A					fralustais	Jhn	17¹²	A	Php	1²⁸	B	2Th	2³	A
fraïtiþ	2Cr	11²⁰	B					fralusts	Php	3¹⁹	AB	1Th	5³	B
fraiw	Jhn	8³³	A	Jhn	8³⁷	A	Luk	8¹¹	A	fram	Mat	6¹	A	Mat	6²	A	Mat	8¹¹	A
	Luk	20²⁸	A	Mrk	4²⁷	A	Rom	9⁷	A2		Mat	8²⁴	A	Mat	9²²	A	Mat	11⁷	A
	2Cr	9¹⁰	B	2Cr	11²²	B	Gal	3²⁹	A		Mat	11¹⁹	A	Mat	27⁹	A	Mat	27¹²	A
fraiwa	Jhn	7⁴²	A	Luk	1⁵⁵	A	Luk	8⁵	A		Mat	27⁴⁵	A	Mat	27⁵⁵	A	Jhn	6⁴⁶	A
	Mrk	4³	A	Mrk	4²⁶	A	Mrk	12²⁰	A		Jhn	6⁶⁵	A	Jhn	7¹⁷	A	Jhn	7¹⁸	A
	Mrk	12²¹	A	Mrk	12²²	A	Rom	9⁸	A		Jhn	7²²	A	Jhn	7²⁹	A	Jhn	7⁵¹	A
	Rom	9²⁹	A	2Cr	9¹⁰	B	2Tm	2⁸	B		Jhn	8³⁸	A	Jhn	8⁴⁰	A	Jhn	8⁴²	A2
fraiwe	Mrk	4³¹	A						Jhn	8⁴⁴	A	Jhn	9¹⁶	A	Jhn	9³²	A

		Jhn	9³³	*A*	Jhn	12²¹	*A*	Jhn	13¹⁹	*A*	framgahtai	Php	1²⁵	B					Rom	13¹²	A
		Jhn	14⁷	*A*	Jhn	14²¹	*A*	Jhn	15²⁶	*A2*	framis	Mrk	1¹⁹	*A*	Mat	11¹²	*A*	Jhn	7¹⁷	*A*	Jhn	19¹²	*A*
		Jhn	15²⁷	*A*	Jhn	16⁴	*A*	Jhn	16²⁷	*A*	framuh	Mat	11¹²	*A*	Jhn	7¹⁷	*A*	Jhn	19¹²	*A*
		Jhn	16²⁸	*A*	Jhn	16³⁰	*A*	Jhn	17⁸	*A*	framwairþis	2Tm	3¹⁴	AB
		Jhn	17¹⁹	*A*	Jhn	18²⁸	*A*	Luk	1²	*A*	framwigis	Jhn	6³⁴	*A*	1Th	4¹⁷	B
		Luk	1³	*A*	Luk	1²⁶	*A*	Luk	1³⁰	*A*	franima	Jhn	14³	*A*
		Luk	1⁴⁵	*A*	Luk	1⁴⁸	*A*	Luk	1⁷⁰	*A*	franiman	Luk	19¹²	*A*
		Luk	2¹	*A*	Luk	2¹⁸	*A*	Luk	2²¹	*A*	fraqam	Luk	8⁴³	*A*
		Luk	2²⁴	*A*	Luk	2²⁶	*A*	Luk	2³⁶	*A*	fraqast	Mrk	11²¹	*A*
		Luk	3⁷	*A*	Luk	3¹⁹	*A*	Luk	4¹	*A*	fraqeþun	Luk	7³⁰	*A*
		Luk	4²	*A*	Luk	4¹⁵	*A*	Luk	4³⁷	*A*	fraqima	2Cr	12¹⁵	AB
		Luk	5¹⁰	*A*	Luk	5¹⁴	*A*	Luk	5¹⁵	*A*	fraqimada	2Cr	12¹⁵	AB
		Luk	6¹⁸	*A*	Luk	6²⁸	*A*	Luk	6³⁴	*A*	fraqimai	Luk	9⁵⁴	*A*
		Luk	7²⁴	*A*	Luk	7³⁰	*A*	Luk	7³⁵	*A*	fraqimaindau	Gal	5¹⁵	B*
		Luk	7⁴⁵	*A*	Luk	8²⁹	*A*	Luk	8⁴³	*A*	fraqimandei	Mrk	5²⁶	*A*
		Luk	8⁴⁹	*A*	Luk	9⁷	*A*	Luk	9²²	*A*	fraqisteiþ	Mat	10³⁹	*A2*	Mat	10⁴²	*A*	Jhn	12²⁵	*A*
		Luk	10²²	*A*	Luk	16²	*A*	Luk	16²²	*A*		Luk	9²⁴	*A2*	Luk	17³³	*A2*	Mrk	8³⁵	*A2*
		Luk	17²⁰	*A*	Luk	17²⁵	*A*	Luk	19²⁸	*A*		Mrk	9⁴¹	*A*
		Mrk	1⁵	*A*	Mrk	1⁹	*A2*	Mrk	1¹³	*A*	fraqistida	Jhn	18⁹	*A*	Luk	17²⁷	*A*	Luk	17²⁹	*A*
		Mrk	1⁴⁴	*A*	Mrk	2³	*A*	Mrk	3²¹	*A*	fraqistidai	2Cr	4⁹	AB
		Mrk	5²⁶	*A*	Mrk	5³⁵	*A*	Mrk	8³¹	*A*	fraqistja	1Cr	1¹⁹	A
		Mrk	10²⁷	*A3*	Mrk	12¹¹	*A*	Mrk	13¹⁹	*A*	fraqistjai	Jhn	10¹⁰	*A*
		Mrk	13²⁷	*A*	Mrk	14⁴³	*A*	Mrk	16¹¹	*A*	fraqistjais	Rom	14¹⁵	*C*
		Rom	9¹⁴	A	Rom	11²⁷	A	Rom	13¹	*A2C* 2	fraqistjan	Mat	10²⁸	*A*	Jhn	18¹⁴	*A*	Luk	4³⁴	*A*
		Rom	14¹²	*C*	Rom	15⁸	*C*	1Cr	4³	*A2*		Mrk	1²⁴	*A*
		1Cr	4⁵	A	1Cr	6¹	*A2*	1Cr	7⁷	A	fraqistjands	Luk	9²⁵	*A*
		1Cr	7²⁵	A	1Cr	14²⁴	*A2*	1Cr	16²	AB	fraqistna	Luk	15¹⁷	*A*
		2Cr	1²	B	2Cr	1⁴	B	2Cr	1¹⁶	AB	fraqistnai	Mat	5²⁹	*A*	Mat	5³⁰	*A*	Jhn	6¹²	*A*
		2Cr	2³	AB	2Cr	2⁶	AB	2Cr	2¹¹	AB		Skr	7²⁵	*E*
		2Cr	3²	AB	2Cr	3³	AB	2Cr	5⁴	AB	fraqistnam	Mat	8²⁵	*A*	Luk	8²⁴	*A*	Mrk	4³⁸	*A*
		2Cr	5⁶	AB*	2Cr	5¹²	AB	2Cr	5¹⁶	AB	fraqistnand	Mat	9¹⁷	*A*	Jhn	10²⁸	*A*	Luk	5³⁷	*A*
		2Cr	7¹³	AB	2Cr	7¹⁴	AB	2Cr	8¹⁹	A2B2		Mrk	2²²	*A*
		2Cr	8²⁰	AB	2Cr	9²	A2BB*2Cr	9³	AB	fraqistnandam				2Cr	2¹⁵	AB
		2Cr	11²⁴	B	2Cr	12¹¹	AB	Eph	1²	AB	fraqistniþ	1Cr	8¹¹	A
		Eph	2¹¹	AB	Eph	3⁹	B	Eph	5²⁰	A	fraqistnoda	Jhn	17¹²	*A*
		Eph	6¹⁸	AB	Eph	6¹⁹	AB	Eph	6²³	B	fraqistnodedun				1Cr	15¹⁸	A
		Gal	1³	B	Gal	2¹²	B	Gal	3²	A	fraqiþanai	Jhn	7⁴⁹	*A*	Skr	8¹⁶	*E*
		Gal	4⁹	A	Gal	5¹⁵	B	Php	1²⁸	B2	fraqiþanam	Skr	8²⁴	*E*
		Php	3¹²	AB	Col	1⁹	B	Col	1²⁶	A2B2	fraqiþanans	Mat	25⁴¹	*C*
		Col	2¹⁸	B	1Th	2¹⁴	B2	1Th	3⁶	B	fraqiþandans	Luk	6²⁸	*A*
		1Th	3⁷	B	2Th	1²	AB	2Th	1⁹	A2	fraquman	Neh	5¹⁸	D
		2Th	2²	A	1Tm	1²	AB	1Tm	2¹	AB	frarann	Luk	10³⁰	*A*
		1Tm	2²	A2B2	1Tm	3⁷	A	2Tm	1²	A	fraslindaidau	2Cr	5⁴	AB
		2Tm	1³	A	2Tm	2²⁶	AB	Tit	1⁴	B	frastim	2Cr	6¹³	AB
		Neh	5¹⁴	D2	Neh	6¹⁶	D	Skr	1⁷	*E*	frastisibja	Rom	9⁴	A
		Skr	1¹⁴	*E*	Skr	2⁹	*E*	Skr	4²⁴	*E*	fraþei	2Tm	2⁷	B
		Skr	6¹⁶	*E*	DeA	1	𝔄				fraþi	Rom	8⁶	*A2*	Rom	8⁷	*A*	Rom	11³⁴	*C*
												2Tm	2⁷	B
framaldra	Luk	1⁷	*A*	Luk	2³⁶	*A*				fraþja	Mrk	12³³	*A*	Rom	7¹⁵	*A*	2Cr	3¹⁴	AB
framaldrozei	Luk	1¹⁸	*A*								2Cr	4⁴	AB	2Cr	11³	B	Col	2¹⁸	B
framaþidans	Col	1²¹	AB							fraþjai	Skr	1¹	*E*
framaþjai	Eph	2¹²	AB	Eph	4¹⁸	AB				fraþjaidau	Php	2⁵	B⁻
framaþjaim	2Cr	10¹⁵	B	2Cr	10¹⁶	B	1Tm	5²²	AB	fraþjaima	Php	3¹⁶	A⁼B⁼
framaþjana	Jhn	10⁵	*A*	Rom	14⁴	A				fraþjaina	Luk	8¹⁰	*A*	Mrk	4¹²	*A*
framaþjane	Jhn	10⁵	*A*							fraþjaiþ	Mrk	7¹⁴	*A*	2Cr	13¹¹	AB	Col	3²	AB
framaþjin	Luk	16¹²	*A*

fraþjam	1Cr	14²⁰	A	Eph	3²⁰	AB		Skr	7⁶	E			
fraþjamarzeins				Gal	6³	AB	fraujam	Mat	6²⁴	A	Luk	16¹³	A	Col	3²²	B
fraþjan	Rom	12³	C 4	Rom	15⁵	C	1Cr	4⁶	A	fraujan	Mat	9³⁸	A	Jhn	11²	A	Luk	1⁴⁶	A
	Eph	3⁴	B	Php	4²	AB	Php	4¹⁰	B*		Luk	2³⁷	A	Luk	4⁸	A	Luk	4¹²	A
fraþjand	2Cr	10¹²	B	Php	3¹⁹	AB					Luk	10²	A	Luk	10²⁷	A	Luk	20³⁷	A
fraþjandan	Luk	8³⁵	A	Mrk	5¹⁵	A					Luk	20⁴⁴	A	Mrk	12³⁰	A	Mrk	12³⁷	A
fraþjandans	Rom	12¹⁶	A	Eph	5¹⁷	A	1Tm	1⁷	AB		Rom	7²⁵	A	Rom	15¹¹	C	1Cr	9¹	A
	Skr	8²²	E								1Cr	15⁵⁷	AB	1Cr	16²²	B	2Cr	4⁵	AB
fraþjands	Mrk	8¹⁷	A								2Cr	4¹⁴	B	2Cr	11¹⁷	B	2Cr	12⁸	AB*
fraþje	2Cr	10⁵	B								Eph	6²⁴	B	Php	3²⁰	AB	Col	4¹	B
fraþjis	Mrk	8³³	A	Rom	12²	C	Eph	4²³	AB		1Th	4²	B	1Th	5⁹	B	2Tm	2²²	AB*
fraþjiþ	Mrk	7¹⁸	A	Mrk	8¹⁷	A	Mrk	8²¹	A		Neh	5¹³	D	Neh	7²	D			
frauja	Mat	7²¹	A2	Mat	7²²	A2	Mat	8²	A	fraujans	Luk	19³³	A	Eph	6⁹	BB=	Col	4¹	B
	Mat	8⁶	A	Mat	8⁸	A	Mat	8²¹	A		1Tm	6¹	AB	1Tm	6²	AB			
	Mat	8²⁵	A	Mat	9²⁸	A	Mat	10²⁵	A	fraujin	Mat	5³³	A	Mat	10²⁴	A	Jhn	13¹⁶	A
	Mat	25⁴⁴	C	Mat	27¹⁰	A	Mat	27⁶³	A		Jhn	15²⁰	A	Luk	1¹⁶	A	Luk	1¹⁷	A
	Jhn	6²³	A	Jhn	6³⁴	A	Jhn	6⁶⁸	A		Luk	1⁴⁵	A	Luk	2²²	A	Luk	2³⁸	A
	Jhn	9³⁶	A	Jhn	9³⁸	A	Jhn	11³	A		Luk	14²¹	A	Luk	16⁵	A	Luk	17⁵	A
	Jhn	11¹²	A	Jhn	11²¹	A	Jhn	11²⁷	A		Luk	19⁸	A	Luk	19³⁴	A	Luk	20⁴²	A
	Jhn	11³²	A	Jhn	11³⁴	A	Jhn	11³⁹	A		Mrk	12¹¹	A	Mrk	12³⁶	A	Mrk	16²⁰	S
	Jhn	12²¹	A	Jhn	12³⁸	A	Jhn	13¹³	A		Rom	6²³	A	Rom	8³⁹	A	Rom	10⁹	A
	Jhn	13¹⁴	A	Jhn	13²⁵	A	Jhn	13³⁶	A		Rom	12¹¹	A	Rom	13¹⁴	A	Rom	14⁴	A
	Jhn	13³⁷	A	Jhn	14⁵	A	Jhn	14⁸	A		Rom	14¹⁴	C	Rom	16²²	A	1Cr	7²²	A
	Jhn	14²²	A	Jhn	15¹⁵	A	Luk	1²⁵	A		1Cr	7²⁵	A	1Cr	9¹	A	1Cr	10²²	A
	Luk	1²⁸	A	Luk	1³²	A	Luk	1⁵⁸	A		1Cr	11²³	A	1Cr	15³¹	A	1Cr	15⁵⁸	AB
	Luk	1⁶⁸	A	Luk	2¹¹	A	Luk	2¹⁵	A		1Cr	16¹⁹	B	2Cr	1²	B	2Cr	2¹²	AB
	Luk	2²⁹	A	Luk	5⁸	A	Luk	5¹²	A		2Cr	3¹⁶	AB	2Cr	5⁶	AB	2Cr	5⁸	AB
	Luk	6⁵	A	Luk	6⁴⁶	A2	Luk	7⁶	A		2Cr	8⁵	AB	2Cr	10¹⁷	B	Eph	1²	AB
	Luk	7¹³	A	Luk	9⁴³	A=	Luk	9⁵⁴	A		Eph	1¹⁵	AB	Eph	2²¹	B	Eph	3¹¹	AB
	Luk	9⁵⁷	A	Luk	9⁵⁹	A	Luk	9⁶¹	A		Eph	4¹	AB	Eph	4¹⁷	AB	Eph	5⁸	B
	Luk	10¹	A	Luk	10¹⁷	A	Luk	10²¹	A		Eph	5¹⁰	B	Eph	5¹⁹	A	Eph	5²²	A
	Luk	14¹⁶	A	Luk	14²²	A	Luk	14²³	A		Eph	6⁸	B	Eph	6¹⁰	AB	Eph	6²¹	B
	Luk	16³	A	Luk	16⁸	A	Luk	17⁶	A		Eph	6²³	B	Gal	1³	B	Gal	5¹⁰	B
	Luk	17³⁷	A	Luk	18⁶	A	Luk	18⁴¹	A		Php	1¹⁴	B	Php	2²⁴	B	Php	2²⁹	AB
	Luk	19⁸	A	Luk	19¹⁶	A	Luk	19¹⁸	A		Php	3¹	AB	Php	4¹	AB	Php	4²	AB
	Luk	19²⁰	A	Luk	19²⁵	A	Luk	19³¹	A		Php	4⁴	AB	Php	4¹⁰	B	Col	3¹⁶	B*
	Luk	20¹³	A	Luk	20¹⁵	A	Luk	20⁴²	A		Col	3¹⁸	B	Col	3²⁰	B	Col	3²³	B
	Mrk	2²⁸	A	Mrk	5¹⁹	A	Mrk	7²⁸	A		Col	3²⁴	B2	Col	4⁷	AB	Col	4¹⁷	B
	Mrk	11³	A	Mrk	12⁹	A	Mrk	12²⁹	A2		1Th	2¹⁵	B	1Th	3⁸	B	1Th	3⁹	B=
	Mrk	12³⁶	A	Mrk	13²⁰	A	Mrk	16¹⁹	S		1Th	4¹	B	1Th	4¹⁷	B2	1Th	5¹²	B
	Rom	9²⁸	A	Rom	9²⁹	A	Rom	10¹²	A		1Th	5¹⁶	B	1Th	5²⁷	AB	2Th	1¹	AB
	Rom	10¹⁶	A	Rom	12¹⁹	AC	Rom	14⁴	A		2Th	1²	AB	2Th	3⁴	B	2Th	3¹²	AB
	Rom	14¹¹	C	Rom	15⁹	C	1Cr	4⁴	A		1Tm	1²	AB	1Tm	1¹²	B	2Tm	1²	A
	1Cr	4⁵	A	1Cr	7¹⁰	A	1Cr	7¹²	A		2Tm	1¹⁸	AB	2Tm	2⁴	B	2Tm	2²¹	B
	1Cr	11²³	A	1Cr	14²¹	A	1Cr	15⁴⁷	A		Phm	1⁶	A	Phm	2⁰	A	Skr	1⁷	E
	1Cr	16⁷	AB	2Cr	3¹⁷	AB	2Cr	6¹⁷	AB		Skr	8²⁴	E						
	2Cr	6¹⁸	AB	2Cr	10⁸	B	2Cr	10¹⁸	B	fraujinassiwe	Eph	1²¹	AB						
	2Cr	13¹⁰	AB	Eph	4⁵	AB	Eph	6⁹	AB	fraujinassjus	Col	1¹⁶	AB						
	Gal	4¹	A	Php	4⁵	AB	1Th	3¹¹	B	fraujinodedun				Neh	5¹⁵	D			
	1Th	3¹²	B	1Th	4⁶	B	1Th	4¹⁶	B	fraujinoma	2Cr	1²⁴	AB						
	2Th	2¹⁶	B	2Th	3³	B	2Th	3⁵	B	fraujinon	1Tm	2¹²	AB						
	2Th	3¹⁶	A2B2	1Tm	6¹⁵	B	2Tm	1¹⁶	AB	fraujinond	Luk	2²⁹	A=						
	2Tm	1¹⁸	AB	2Tm	2⁷	B	2Tm	2¹⁹	B	fraujinondane				1Tm	6¹⁵	B			
	2Tm	3¹¹	AB	2Tm	4⁸	AB	2Tm	4¹⁴	A	fraujinonds	2Cr	8⁸	AB						
	Skr	1¹⁶	E	Skr	3¹²	E	Skr	3¹⁹	E°	fraujinoþ	Rom	7¹	A	Rom	14⁹	C

fraujins	Jhn	12¹³	A	Jhn	12³⁸	A	Jhn	18³²	A		Rom	8³	A	1Cr	15⁵⁶	AB	Gal	2¹⁷	A
	Luk	1⁶	A	Luk	1⁹	A	Luk	1¹¹	A		2Th	2³	A*						
	Luk	1¹⁵	A	Luk	1³⁸	A	Luk	1⁴³	A	frawaurhtaize	Mat	11¹⁹	A	Luk	7³⁴	A	Mrk	14⁴¹	A
	Luk	1⁶⁶	A	Luk	1⁷⁶	A	Luk	2⁹	A2	frawaurhtamma				Luk	18¹³	A			
	Luk	2²³	A2	Luk	2²⁴	A	Luk	2²⁶	A	frawaurhtans	Mat	9¹³	A	Luk	5³²	A	Luk	6³²	A
	Luk	2³⁹	A	Luk	3⁴	A	Luk	4¹⁸	A		Luk	6³³	A	Luk	15²	A	Mrk	2¹⁷	A
	Luk	4¹⁹	A	Luk	5¹⁷	A	Luk	16⁵	A		1Tm	1¹⁵	B	1Tm	5²⁰	A			
	Luk	19³⁸	A	Mrk	1³	A	Mrk	11⁹	A	frawaurhte	Luk	1⁷⁷	A	Luk	3³	A	Mrk	1⁴	A
	Mrk	11¹⁰	A‡	Rom	10¹³	A	Rom	11³⁴	C		Mrk	3²⁸	A	Eph	1⁷	AB	Col	1¹⁴	AB
	Rom	15⁶	C	Rom	16²⁴	A	1Cr	5⁴	A2		Col	2¹¹	B	Skr	3¹⁹	E			
	1Cr	5⁵	A	1Cr	7²²	A	1Cr	7²⁵	A	frawaurhteis	Mat	9²	A	Mat	9⁵	A	Luk	5²⁰	A
	1Cr	9⁵	A	1Cr	10¹⁶	A2	1Cr	10²¹	A2		Luk	5²³	A	Luk	7⁴⁷	A	Luk	7⁴⁸	A
	1Cr	10²⁶	A	1Cr	10²⁸	A	1Cr	11²⁶	A		Mrk	2⁵	A	Mrk	2⁹	A	Mrk	4¹²	A
	1Cr	11²⁷	A3	1Cr	11²⁹	A	1Cr	15⁵⁸	AB		1Tm	5²⁴	AB						
	1Cr	16¹⁰	AB	1Cr	16²³	AB	2Cr	1³	B	frawaurhtes	1Cr	7²⁸	A						
	2Cr	1¹⁴	AB	2Cr	3¹⁷	AB	2Cr	3¹⁸	A2B2	frawaurhti	Rom	7⁵	A						
	2Cr	4¹⁰	AB	2Cr	5¹¹	AB	2Cr	8⁹	AB	frawaurhtim	Jhn	8²⁴	A2	Jhn	9³⁴	A	Mrk	1⁵	A
	2Cr	8¹⁹	AB	2Cr	11³¹	B	2Cr	12¹	AB		1Cr	15¹⁷	A	Eph	2¹	AB	Eph	2⁵	AB
	2Cr	13¹³	AB	Eph	1³	AB	Eph	1¹⁷	AB		1Tm	5²²	AB	2Tm	3⁶	AB			
	Eph	3¹⁴	AB	Eph	5¹⁷	A	Eph	5²⁰	A	frawaurhtins	Mat	9⁶	A	Luk	5²¹	A	Luk	5²⁴	A
	Gal	6¹⁴	AB:	Gal	6¹⁷	B	Gal	6¹⁸	A*B		Luk	7⁴⁹	A	Mrk	2⁷	A	Mrk	2¹⁰	A
	Php	3⁸	AB	Col	1¹⁰	AB	Col	3¹⁷	B		Rom	11²⁷	A	1Cr	15³	A	Gal	1⁴	B
	1Th	2¹⁹	B	1Th	3¹³	B	1Th	4¹⁵	B2		1Th	2¹⁶	B	Skr	1³	E			
	1Th	5²	B	1Th	5²³	AB	1Th	5²⁸	AB	frawaurhtis	Luk	15⁷	A	Luk	15¹⁰	A	Luk	19⁷	A
	2Th	1⁷	A	2Th	1⁸	A	2Th	1⁹	A	frawaurhton	Mrk	8³⁸	A						
	2Th	1¹²	A2	2Th	2¹	A*	2Th	3¹	B	frawaurhts	Jhn	9¹⁶	A	Jhn	9²⁴	A	Jhn	9²⁵	A
	2Th	3⁶	B	2Th	3¹⁸	A*B	1Tm	1¹⁴	B		Jhn	9⁴¹	A	Luk	5⁸	A	Rom	7⁷	A
	1Tm	5²¹	A	1Tm	6¹	AB	1Tm	6³	AB		Rom	7⁸	A2	Rom	7⁹	A	Rom	7¹¹	A
	1Tm	6¹⁴	B	2Tm	1⁸	AB	2Tm	2¹⁴	B		Rom	7¹³	A3	Rom	7¹⁷	A	Rom	7²⁰	A
	2Tm	2¹⁹	B	2Tm	2²⁴	AB	2Tm	4¹	AB		1Cr	15⁵⁶	AB						
	SkB	3¹⁹	E¤	Skr	4⁹	E	Skr	4¹²	E	frawaurkeiþ	1Cr	8¹²	A						
	Skr	4²⁵	E	Skr	7¹	E	Skr	8¹¹	E	frawaurkjai	Luk	17³	A	Luk	17⁴	A			
frawalw	Luk	8²⁹	A							frawaurkjaid	1Cr	15³⁴	A						
frawardein	1Tm	6⁹	AB							frawaurkjaiþ	Eph	4²⁶	AB						
frawardeiþ	Mat	6¹⁹	A	Mat	6²⁰	A				frawaurkjandam				2Cr	13²	AB			
frawardidaize	1Tm	6⁵	AB							frawaurkjandane				2Cr	12²¹	AB			
frawardidedum				2Cr	7²	AB				frawaurkjandans				1Cr	8¹²	A			
frawardjada	2Cr	4¹⁶	B*							frawaurpanai	Mat	9³⁶	A						
frawardjand	Mat	6¹⁶	A	1Cr	15³³g	A				frawaurpans	Mrk	9⁴²	A						
frawas	Luk	15¹⁴	A							frawaurþanai	2Tm	3⁸	AB						
frawaurht	Jhn	8³⁴	A	Jhn	8⁴⁶	A	Jhn	15²²	A2	fraweit	Luk	18³	A	Rom	12¹⁹	AC	2Cr	7¹¹	AB
	Jhn	15²⁴	A	Jhn	16⁸	A	Jhn	16⁹	A		2Th	1⁸	A	2Th	1⁹	A*			
	Jhn	19¹¹	A	Rom	7⁷	A	Rom	7¹⁴	A	fraweita	Luk	18⁵	A						
	Rom	8³	A2	2Cr	5²¹	A2B2	2Cr	11⁷	B	fraweitan	2Cr	10⁶	B						
	Skr	1⁸	E							fraweitands	Rom	13⁴	AC	1Th	4⁶	B			
frawaurhta	Mat	27⁴	A	Jhn	9²	A	Jhn	9³	A	frawilwan	Jhn	10²⁹	A						
	Luk	7³⁷	A	Luk	7³⁹	A	Luk	15¹⁸	A	frawilwand	Mat	11¹²	A						
	Luk	15²¹	A	Rom	7¹³	A	1Cr	7²⁸	A	frawilwanda	1Th	4¹⁷	B						
frawaurhtai	Mat	9¹⁰	A	Jhn	8²¹	A	Jhn	8³⁴	A	frawilwiþ	Jhn	10¹²	A	Jhn	10²⁸	A			
	Luk	6³⁴	A	Luk	15¹	A	Mrk	2¹⁵	A	frawrekun	1Th	2¹⁵	B						
	Gal	2¹⁵	B	Gal	2¹⁷	A				frawrohiþs	Luk	16¹	A						
frawaurhtaim	Mat	9¹¹	A	Jhn	9³¹	A	Luk	5³⁰	A	frawulwanana				2Cr	12²	AB			
	Luk	6³⁴	A	Mrk	2¹⁶	A2	1Tm	1⁹	AB	frawulwans	2Cr	12⁴	AB						
frawaurhtais	Jhn	9⁴¹	A	Mrk	3²⁹	A	Rom	6²³	A	frehun	Jhn	9²	A	Jhn	9¹⁵	A	Jhn	9¹⁹	A
	Rom	7²³	A	Rom	7²⁵	A	Rom	8²	A		Luk	3¹⁰	A	Luk	3¹⁴	A	Luk	8⁹	A

		Luk	20[21]	*A*	Luk	20[27]	*A*	Mrk	4[10]	*A*	frijoda	Jhn	13[23]	*A*	Jhn	13[34]	*A*	Jhn	14[21]	*A*
		Mrk	7[5]	*A*	Mrk	7[17]	*A*	Mrk	9[11]	*A*		Jhn	14[31]	*A*	Jhn	15[9]	*A2*	Jhn	15[12]	*A*
		Mrk	9[28]	*A*	Mrk	10[2]	*A*	Mrk	10[10]	*A*		Luk	7[47]	*A*	Mrk	10[21]	*A*	Rom	9[13]	*A*
		Mrk	12[18]	*A*								2Cr	12[15]	*AB*	Eph	2[4]	*AB*	Eph	5[2]	*AB*
freidida	Rom	11[21]	*A*									Eph	5[25]	*A*	2Th	2[16]	*B*			
freidja	1Cr	7[28]	*A*	2Cr	12[6]	*AB*	2Cr	13[2]	*AB*	frijodan	Skr	5[3]	*E⁻°*	SkB	5[3]	*E¤*			
freidjai	Rom	11[21]	*A*							frijodedeiþ	Jhn	14[28]	*A*						
freidjands	2Cr	1[23]	*AB*							frijodedi	Jhn	15[19]	*A*						
freihals	2Cr	3[17]	*B*	Gal	2[4]	*B*	Gal	5[13]	*B*	frijodedun	Jhn	12[43]	*A*						
freihalsa	Gal	5[1]	*B*	Gal	5[13]	*B*				frijodeduþ	Jhn	16[27]	*A*						
freijhals	2Cr	3[17]	*A*	Eph	3[12]	*A⁼**	Gal	2[4]	*A*	frijodes	Jhn	17[23]	*A2*	Jhn	17[24]	*A*	Jhn	17[26]	*A*
freis	1Cr	7[21]	*A*	1Cr	7[22]	*A*	1Cr	9[1]	*A*	frijoduh	Jhn	11[5]	*A*						
	Eph	6[8]	*B*	Gal	3[28]	*A*	Col	3[11]	*B*	frijon	Mrk	12[33]	*A2*	Eph	5[28]	*A*	1Th	4[9]	*B*
fret	Luk	15[30]	*A*							frijonai	1Cr	16[20]	*B*	2Cr	13[12]	*AB*			
fretun	Luk	8[5]	*A*	Mrk	4[4]	*A*				frijond	Mat	6[5]	*A*	Luk	6[32]	*A*	Luk	14[10]	*A*
friaþwa	Jhn	13[35]	*A*	Jhn	17[26]	*A*	Rom	12[9]	*A*		Eph	6[24]	*B*	2Tm	4[8]	*AB*			
	Rom	13[10]	*A2*	1Cr	13[2]	*A*	1Cr	13[3]	*A*	frijondam	Luk	15[29]	*A*						
	1Cr	13[4]	*A3*	1Cr	13[8]	*A*	1Cr	16[24]	*B*	frijondan	Rom	8[37]	*A*	Skr	5[2]	*E*			
	2Cr	2[4]	*B*	2Cr	2[8]	*AB*	2Cr	5[14]	*AB*	frijondans	Mat	5[46]	*A*	Luk	6[32]	*A2*	2Tm	3[2]	*A*
	2Cr	13[13]	*B*	Eph	1[15]	*B*	Eph	3[19]	*B*		2Tm	3[4]	*AB*						
	Eph	6[23]	*B*	Gal	5[6]	*B*	Gal	5[22]	*B*	frijondins	Gal	2[20]	*A*						
	Php	2[2]	*B*	Col	1[8]	*B*	Col	3[14]	*B*	frijondjos	Luk	15[9]	*A*						
	1Th	3[6]	*B*	2Th	1[3]	*AB*	1Tm	1[5]	*AB*	frijonds	Mat	5[47]	*A*	Mat	11[19]	*A*	Jhn	11[11]	*A*
	1Tm	6[11]	*B*	2Tm	2[22]	*B*					Jhn	15[13]	*A*	Jhn	15[14]	*A*	Jhn	15[15]	*A*
friaþwai	Jhn	15[9]	*A*	Jhn	15[10]	*A2*	Jhn	15[13]	*A*		Jhn	19[12]	*A*	Luk	7[6]	*A*	Luk	7[34]	*A*
	Rom	8[35]	*A*	Rom	8[39]	*A*	Rom	14[15]	*C*		Luk	14[12]	*A*	Luk	15[6]	*A*	Luk	16[9]	*A*
	1Cr	16[14]	*B*	2Cr	6[6]	*B*	2Cr	8[7]	*B*		2Cr	12[15]	*AB*	2Tm	4[10]	*AB*			
	Eph	1[4]	*B*	Eph	3[18]	*B*	Eph	4[2]	*B*	frijos	Mat	5[43]	*A*	Jhn	11[3]	*A*	Luk	10[27]	*A*
	Eph	5[2]	*B*	Php	1[16]	*B*	1Th	3[12]	*B*		Mrk	12[30]	*A*	Mrk	12[31]	*A*	Rom	13[9]	*A*
	1Th	5[13]	*B*	2Th	3[5]	*B*	1Tm	1[14]	*B*		Gal	5[14]	*B*	Skr	5[25]	*E*	Skr	5[26]	*E*
	1Tm	2[15]	*B*	1Tm	4[12]	*B*	2Tm	1[13]	*B*	frijoþ	Mat	5[44]	*A*	Mat	5[46]	*A*	Mat	6[24]	*A*
	2Tm	3[10]	*B*								Mat	10[37]	*A2*	Jhn	10[17]	*A*	Jhn	12[25]	*A*
friaþwamildjai				Rom	12[10]	*A*					Jhn	13[34]	*A2*	Jhn	14[15]	*A*	Jhn	14[21]	*A2*
friaþwos	2Cr	8[8]	*B**	2Cr	8[24]	*B*	2Cr	13[11]	*B*		Jhn	14[23]	*A2*	Jhn	15[12]	*A*	Jhn	15[17]	*A*
	Gal	5[13]	*B*	Php	2[1]	*B*	Col	1[13]	*AB*		Jhn	16[27]	*A*	Luk	7[5]	*A*	Luk	16[13]	*A*
	1Th	5[8]	*B*	2Tm	1[7]	*B*					Rom	13[8]	*A2*	1Cr	16[22]	*B*	2Cr	9[7]	*B*
frija	Rom	7[3]	*A*	Gal	4[26]	*B*					Eph	5[25]	*A*	Eph	5[28]	*A2A⁼*	Col	3[19]	*B*
frijai	Jhn	8[33]	*A*	Jhn	8[36]	*A*	1Cr	12[13]	*A*	frioda	Jhn	11[36]	*A*						
	Gal	4[22]	*AB*	Gal	4[23]	*B*				friodedeiþ	Jhn	8[42]	*A*						
frijaizos	Gal	4[30]	*B*	Gal	4[31]	*B*				friondans	2Tm	3[2]	*B*						
frijana	Rom	8[2]	*A*							frioþ	Jhn	14[24]	*A*						
frijans	Jhn	8[32]	*A*	Jhn	8[36]	*A*	Gal	5[1]	*B*	frisaht	1Cr	15[49]	*AB*	2Cr	3[18]	*AB*	Php	3[17]	*AB*
frijaþwa	1Cr	16[24]	*A*	2Cr	2[4]	*A*	2Cr	13[13]	*A*		2Tm	1[13]	*AB*						
	Eph	1[15]	*A*	Eph	3[19]	*A*	Gal	5[22]	*A*	frisahtai	Jhn	13[15]	*A*	1Cr	13[12]	*A*	Col	3[10]	*B**
	1Tm	6[11]	*A*	2Tm	2[22]	*A*	Skr	5[26]	*E*		2Th	3[9]	*AB*	1Tm	1[16]	*B*			
frijaþwai	2Cr	6[6]	*A*	2Cr	8[7]	*A*	Eph	1[4]	*A*	frisahts	2Cr	4[4]	*AB*	Col	1[15]	*AB*	1Tm	4[12]	*B*
	Eph	3[18]	*A*	Eph	4[2]	*A*	Eph	4[15]	*A*	Friþareikeis	Cal	1[1]	*A⁻*						
	Eph	4[16]	*A*	Eph	5[2]	*A*	1Tm	2[15]	*A*	friusa	2Cr	11[27]	*B*						
	2Tm	1[13]	*A*	2Tm	3[10]	*A*				frodaba	Luk	16[8]	*A*	Mrk	12[34]	*A*			
frijaþwos	2Cr	8[8]	*A*	2Cr	8[24]	*A*	2Cr	13[11]	*A*	frodai	Rom	11[25]	*A*	1Cr	4[10]	*A*	2Cr	11[19]	*B*
	Eph	2[4]	*AB*	2Tm	1[7]	*A*				frodaim	Luk	10[21]	*A*	1Cr	10[15]	*A**			
frijei	1Cr	10[29]	*A*							frodamma	Mat	7[24]	*A*	1Tm	1[17]	*B**			
frijo	Jhn	14[21]	*A*	2Cr	11[11]	*B*				frodane	1Cr	1[19]	*A*						
frijod	Luk	6[27]	*A*	Luk	6[32]	*A*	Luk	6[35]	*A*	frodein	Luk	1[17]	*A*	Luk	2[47]	*A*	Luk	2[52]	*A*
	Luk	7[42]	*A*	Luk	7[47]	*A*					1Cr	1[19]	*A*	Eph	1[8]	*AB*	Eph	3[4]	*B*

	Col	1^9	B	Col	3^{16}	B	Skr	1^{25}	E	fulginis	Mrk	4^{22}	A		
frodozans	Luk	16^8	A							fulhsnja	Mat	6^4	A2	Mat 6^6 A2	Mat 6^{18} A2
froþ	1Cr	13^{11}	A	Skr	2^8	E					Skr	4^{23}	E		
froþeina	Jhn	12^{40}	A	Luk	9^{45}	A				fulin	Jhn	12^{15}	A		
froþs	1Tm	3^2	AB							fullafahida	Skr	7^{21}	E		
froþun	Jhn	8^{27}	A	Jhn	10^6	A	Luk	1^{22}	A	fullafahjais	Luk	4^8	A		
	Luk	2^{50}	A	Luk	9^{45}	A	Luk	18^{34}	A	fullafahjan	Mrk	15^{15}	A		
	Luk	20^{19}	A	Mrk	9^{32}	A	Mrk	12^{12}	A	fullafraþjam	2Cr	5^{13}	AB		
froþuþ	Php	4^{10}	B							fullai	Luk	4^{28}	A	Luk 5^{26} A	Luk 6^{11} A
fruma	Jhn	15^{27}	A	Jhn	16^4	A	Mrk	15^{42}	A	fullaizos	Cal	1^7	A		
	Rom	11^{35}	C	1Cr	15^{47}	A	1Tm	2^{13}	AB	fullamma	Eph	4^{13}	A	Eph 4^{13}g A	
	Cal	2^1	A							fullans	Mrk	8^{20}	A		
frumabaur	Luk	2^7	A	Col	1^{15}	AB	Col	1^{18}	AB	fullatojai	Mat	5^{48}	A		
frumadein	Col	1^{18}	AB							fullatojis	Mat	5^{48}	A		
fruman	Jhn	15^{18}	A							fullaweisai	1Cr	14^{20}	A		
frumans	Mrk	10^{31}	A2							fullaweisjam	2Cr	5^{11}	AB		
frume	1Cr	exp	A							fullawitan	Col	1^{28}	AB		
frumei	1Tm	inc	B							fullawitans	Php	3^{15}	AB	Col 4^{12} AB	
frumein	Mat	27^{64}	A	1Tm	5^{12}	A:				fulliþ	Mrk	4^{28}	A		
frumin	Luk	6^1	A	Mrk	16^9	A	Eph	4^{22}	AB	fulliþe	Col	2^{16}	B		
frumist	Mat	8^{21}	A	Jhn	10^{40}	A	Jhn	12^{16}	A	fulljai	Rom	15^{13}	C	2Th 1^{11} A	
	Jhn	18^{13}	A	Luk	10^5	A	Luk	14^{28}	A	fulljands	Mat	27^{48}	A		
	Mrk	4^{28}	A	Mrk	16^9	A	Rom	10^{19}	A	fullnaiþ	Eph	3^{19}	B	Eph 5^{18} A	Col 1^9 B
	2Cr	8^5	AB	1Tm	2^1	AB	1Tm	3^{10}	A	fullnands	Luk	2^{40}	A		
	2Tm	2^6	B	Skr	2^9	E				fullo	Rom	11^{12}	A	Rom 11^{25} A	1Cr 10^{26} A
frumista	Luk	2^2	A	Luk	14^{18}	A	Luk	19^{16}	A		1Cr	10^{28}	A	Eph 1^{23} AB	
	Luk	20^{29}	A	Mrk	12^{20}	A	Mrk	12^{28}	A	fullon	Mat	9^{16}	A	Mrk 2^{21} A	Eph 3^{19} AB
	Mrk	12^{29}	A	Mrk	12^{30}	A					Col	1^{19}	AB		
frumistam	Mrk	6^{21}	A							fullons	Eph	4^{13}	A		
frumistamma	1Tm	1^{16}	B							fullos	Mrk	8^{19}	A	Skr 7^{15} E	
frumistans	Luk	19^{47}	A							fulls	Jhn	12^3	A	Luk 4^1 A	Luk 5^{12} A
frumistin	Luk	1^2	A	Luk	16^5	A	Mrk	14^{12}	A		Luk	16^{20}	A		
frumistja	Jhn	6^{64}	A	Jhn	8^{44}	A				fulnaiþ	Eph	3^{19}	A		
frumistjam	1Cr	15^3	A							fuls	Jhn	11^{39}	A		
frumiston	Luk	15^{22}	A	2Tm	4^{16}	A				funin	Luk	3^{16}	A	Luk 3^{17} A	Luk 17^{29} A
frumists	Mrk	9^{35}	A	Mrk	10^{44}	A	1Tm	1^{15}	B		Mrk	9^{49}	A		
frumo	Gal	4^{13}	A							funins	Mat	5^{22}	A	Mrk 9^{47} A	Rom 12^{20} AC
fuglam	Mat	6^{26}	A								2Th	1^8	A		
fuglos	Mat	8^{20}	A	Luk	8^5	A	Luk	9^{58}	A	funiskos	Eph	6^{16}	AB		
	Mrk	4^4	A	Mrk	4^{32}	A				funþi	Mrk	5^{43}	A		
fulan	Luk	19^{30}	A	Luk	19^{33}	AA‡	Luk	19^{35}	A2	fvn	Ver	18^{29}	V		
	Mrk	11^2	A	Mrk	11^4	A	Mrk	11^5	A	Fwgailus	2Tm	1^{15}	AB		
	Mrk	11^7	A							fwnikiska	Mrk	7^{26}	A		
fulgin	Mat	10^{26}	A	Luk	8^{17}	A									

g

gaaggwei	Skr	1^{27}	E					
gaaggwein	Skr	1^{18}	$E^{+\circ}$	SkB	1^{18}	E^{π}		
gaaggwidai	2Cr	4^8	AB					
gaaiginondau	2Cr	2^{11}	AB*					
gaainaidai	1Th	2^{17}	B^-					
gaaistand	Mrk	12^6	A					
gaaiwiskoda	Rom	9^{33}	A	Rom	10^{11}	A		
gaaiwiskodedun				Mrk	12^4	$A^=$		
gaaiwiskonda	2Cr	10^8	B					
gaaiwiskondau				2Cr	9^4	A^+B		
gaaiwiskoþ	1Cr	11^4	A	1Cr	11^5	A	1Cr	11^{22} A
gaaiwiskoþs	2Cr	7^{14}	AB	Php	1^{20}	B		
gaandida	Luk	5^4	A					
gaarbjans	Eph	3^6	B					
gaarma	Rom	9^{15}	A					
gaarmai	Rom	11^{32}	A					
gaarmaida	Mrk	5^{19}	A	Php	2^{27}	AB		
gaarmaidai	Rom	11^{30}	A	2Cr	4^1	AB		
gaarmaindau	Rom	11^{31}	A					
gaarmaiþs	1Cr	7^{25}	A	1Tm	1^{13}	B	1Tm	1^{16} B
gaaukaiþ	1Th	4^1	B					
Gabaa	Neh	7^{30}	D^*					
ga-ba-dauþniþ				Jhn	11^{25}	A		
gabaidideduþ	2Cr	12^{11}	AB					
gabairada	Luk	1^{35}	A	Skr	2^6	E	Skr	2^{19} E
gabairaidau	Skr	2^{16}	E					
gabairam	Mrk	4^{30}	A					
gabairan	Skr	2^{10}	E	Skr	2^{15}	E		
gabairand	2Tm	2^{23}	AB					
gabairgada	Mat	9^{17}	A					
gabairhtein	2Tm	1^{10}	AB					
gabairhteiþ	1Cr	4^5	A					
gabairhtida	Jhn	17^6	A					
gabairhtidai	2Cr	11^6	B					
gabairhtiþs	1Tm	3^{16}	A					
gabairhtja	Jhn	14^{21}	A					
gabairhtjaidau				Mrk	4^{22}	A	Gal	4^{19} AB*
gabairhtjan	Jhn	14^{22}	A	Luk	1^{79}	A	2Cr	7^{12} AB
gabairhtjandin				2Cr	2^{14}	AB		
gabairhtjau	Rom	9^{17}	A	Col	4^4	B		
gabairid	Luk	1^{13}	A					
gabairis	Luk	1^{31}	A					
gaband	Mrk	6^{17}	A					
gabandwidedun				Luk	1^{62}	A		
gabandwjandona				Skr	6^{16}	E		
Gabaons	Neh	7^{25}	D					
gabar	Luk	1^{57}	A	Luk	2^7	A		
gabatnis	Mrk	7^{11}	A					

gabauan	Mrk	4^{32}	A					
gabaur	Rom	13^7	A2	1Cr	16^1	AB	1Cr	16^2 AB
gabauram	Rom	13^{13}	A					
gabauran	Jhn	16^{21}	A					
gabaurana	Gal	4^{29}	B					
gabauranai	Jhn	8^{41}	A	Rom	9^{11}	A		
gabauranamma				Jhn	9^{32}	A		
gabaurans	Jhn	9^2	A	Jhn	9^{19}	A	Jhn	9^{20} A
	Jhn	9^{34}	A	Jhn	16^{21}	A	Jhn	18^{37} A
	Luk	2^{11}	A	Gal	4^{23}	B		
gabaurgjans	Eph	2^{19}	AB*					
gabaurjaba	Mrk	6^{20}	A	Mrk	12^{37}	A	Mrk	14^{65} $A^=$
	2Cr	12^9	AB	2Cr	12^{15}g	A	2Cr	12^{15}g B
	Phm	^{14}g	A					
gabaurjoþum	Luk	8^{14}	A					
gabauros	Gal	5^{21}	AB					
gabaurþ	1Tm	2^{15}	AB	Skr	2^8	E	Skr	2^{13} E
gabaurþai	Jhn	9^1	A	Luk	1^{14}	A	Luk	4^{23} A
	Luk	4^{24}	A	Mrk	6^4	A	Mrk	7^{26} A
	Mrk	8^{38}	A	Rom	11^{21}	A		
gabaurþais	Mrk	6^{21}	A					
gabaurþiwaurde				1Tm	1^4	AB		
gabei	Rom	11^{12}	A2	Rom	11^{15}	A	Eph	1^{18} AB
gabeidiþ	1Cr	13^7	A					
gabeiga	Luk	16^{22}	A					
gabeigai	2Cr	8^9	B					
gabeigam	Luk	6^{24}	A					
gabeigans	Luk	14^{12}	A					
gabeigins	Luk	16^{21}	A					
gabeigs	Luk	16^1	A	Luk	18^{23}	A	Eph	2^4 B
gabein	Luk	8^{14}	A	Rom	9^{23}	A	2Cr	8^2 AB
	Eph	1^7	AB	Eph	3^8	B	Eph	3^{16} AB
	Col	1^{27}	AB					
gabeins	Mrk	4^{19}	A	Rom	11^{33}	A	Eph	2^7 AB
gabeisteiþ	1Cr	5^6	A					
gabidjaiþ	2Th	3^1	B					
gabigaba	Col	3^{16}	B					
gabigai	1Cr	4^8	A	2Cr	8^9	A	1Tm	6^9 AB
gabigamma	Luk	18^{25}	A	Mrk	10^{25}	A		
gabigjandans	2Cr	6^{10}	AB					
gabignandans				Luk	1^{53}	A	2Cr	9^{11} B
gabigs	Mat	27^{57}	A	Luk	16^{19}	A	Luk	19^2 A
	Rom	10^{12}	A	2Cr	8^9	AB	Eph	2^4 A
gabindan	Mrk	5^3	A	Mrk	5^4g	A		
gabindandans				Mat	27^2	A	Mrk	15^1 A
gabindi	Col	3^{14}	B					
gabindiþ	Mrk	3^{27}	A					
gabindos	Col	2^{19}	B					

gablauþjands	Col	2¹⁵	B					Jhn	8⁵³	A		
gableiþeino	Php	2¹	B					gadauþnodeduþ			Col	3³	AB
gableiþja	Rom	9¹⁵	A					Gaddarene	Luk	8²⁶	A	Luk	8³⁷	A	Mrk	5¹	A
gableiþjands	Mrk	9²²	A					gadedai	Eph	1⁵	AB		
gablindida	Jhn	12⁴⁰	A	2Cr	4⁴	AB		gadigans	1Tm	2¹³	AB⁻		
gaboteiþ	Mrk	9¹²	A					gadigis	Rom	9²⁰	A		
gabrak	Luk	9¹⁶	A	Luk	9⁴²	A	Mrk	5⁴	A	gadiliggs	Col	4¹⁰	AB
	Mrk	8⁶	A	Mrk	8¹⁹	A	1Cr	11²⁴	A	gadiupida	Luk	6⁴⁸	A
gabrannidai	Cal	1⁷	A					gadob	Eph	5³	B	1Tm	2¹⁰	AB	Skr	1¹⁶	E
gabrannidaizos				Skr	3¹⁵	E			Skr	1¹⁹	E	Skr	2²¹	E	Skr	3¹⁷	E
gabrannjaidau				1Cr	13³	A		gadof	Tit	2¹	A		
Gabriel	Luk	1¹⁹	A	Luk	1²⁶	A		gadomida	Mat	11¹⁹	A		
gabrikands	Luk	9³⁹	A					gadomidedun			Mrk	14⁶⁴	A		
gabrukano	1Cr	11²⁴	A					gadomiþs	Php	3¹²	AB	1Tm	3¹⁶	A
gabruko	Jhn	6¹³	A	Luk	9¹⁷	A	Mrk	8⁸	A	gadomjan	2Cr	10¹²	B		
	Mrk	8¹⁹	A	Mrk	8²⁰	A	Skr	7²⁶	E	gadomjandans			2Cr	10¹²	B
gabuganaim	Mrk	5⁴	A					gadraban	Mrk	15⁴⁶	A		
gabundan	2Tm	2⁹	B					gadragand	2Tm	4³	A		
gabundana	Rom	7²	A					gadragkeiþ	Mat	10⁴²	A		
gabundanana	Jhn	18²⁴	A	Luk	19³⁰	A	Mrk	11²	A	gadragkjai	Mrk	9⁴¹	A
	Mrk	11⁴	A					gadrauhteis	Jhn	19²	A	Mrk	15¹⁶	A
gabundans	Jhn	11⁴⁴	A	Mrk	5⁴	A	Mrk	15⁷	A	gadrauhtins	Mat	8⁹	A	Luk	7⁸	A
	1Cr	7²⁷	A	Col	4³	B			gadrauhts	2Tm	2³	B		
gabundjai	Eph	4³	AB					gadraus	Mat	7²⁵	A	Mat	7²⁷	A	Luk	6⁴⁹	A
gabundun	Jhn	18¹²	A						Luk	8⁵	A	Luk	8⁶	A	Luk	8⁷	A
gadaban	Mrk	10³²	A						Luk	8⁸	A	Mrk	4⁴	A	Mrk	4⁵	A
gadaila	1Cr	9²³	A						Mrk	4⁷	A	Mrk	4⁸	A	Mrk	5²²	A
gadailans	Luk	5¹⁰	A	1Cr	10²⁰	A	2Cr	1⁷	B	gadrausida	Luk	1⁵²	A
	Eph	3⁶	B	Eph	5⁷	B*	1Tm	6²	AB	gadrausidai	2Cr	4⁹	AB
gadailei	Luk	18²²	A					gadrausjaza	Luk	10¹⁵	A		
gadailida	Jhn	6¹¹	A	Rom	12³	C	1Cr	7¹⁷	A	gadrigkais	Luk	17⁸	A
gadailiþs	Mrk	3²⁶	A					gadriusai	Mat	5²⁹	A	Mat	5³⁰	A
gadailja	Luk	19⁸	A					gadriusan	Luk	16¹⁷	A		
gadailjada	Mrk	3²⁴	A	Mrk	3²⁵	A		gadriusand	Luk	6³⁹	A		
gadars	1Cr	6¹	A	2Cr	11²¹	B		gadriusando	Jhn	12²⁴	A	Luk	8¹⁴	A
gadaubida	Jhn	12⁴⁰	A	Jhn	16⁶	A		gadriusiþ	Mat	10²⁹	A	1Cr	13⁸	A
gadaukans	1Cr	1¹⁶	A					gadrobnoda	Jhn	12²⁷	A	Luk	1¹²	A
gadaursan	2Cr	10²	B	Php	1¹⁴	B		gadruseina	Rom	11¹¹	A		
gadaursjau	Eph	6²⁰	B					gadrusun	Jhn	18⁶	A	Rom	11²²	A	Rom	15³	C
gadaursta	Mrk	12³⁴	A					gaf	Jhn	6³¹	A	Jhn	6³²	A2	Jhn	6³³	A
gadaurstedun	Luk	20⁴⁰	A						Jhn	6³⁷	A	Jhn	7¹⁹	A	Jhn	13²⁶	A
gadaursum	2Cr	10¹²	B						Jhn	17²²	A	Jhn	18¹¹	A	Jhn	18²²	A
gadauþjanda	Rom	8³⁶	A						Jhn	19⁹	A	Luk	6⁴	A	Luk	9¹⁶	A
gadauþnai	Jhn	6⁵⁰	A	Luk	20²⁸	A2	Mrk	12¹⁹	A		Luk	15¹⁶	A	Luk	18⁴³	A	Luk	20²	A
gadauþnan	Jhn	12³³	A						Mrk	2²⁶	A	Mrk	4⁷	A	Mrk	4⁸	A
gadauþnand	1Cr	15²²	A						Mrk	6⁷	A	Rom	11³⁵	C	1Cr	15⁵⁷	AB
gadauþnandans			Rom	7⁶	A				2Cr	5⁵	AB	2Cr	8¹⁶	AB	2Cr	9⁹	B
gadauþniþ	Jhn	8²¹	A	Jhn	8²⁴	A2	Jhn	11²⁶	A		Eph	4¹¹	A	Gal	1⁴	B	1Th	4⁸	B
	Mrk	9⁴⁸	A						2Tm	1⁷	AB	Neh	5¹⁸	D		
gadauþnoda	Jhn	8⁵²	A	Jhn	8⁵³	A	Luk	8⁴⁹	A	gafahai	Jhn	12³⁵	A	1Th	5⁴	B
	Luk	20²⁹	A	Luk	20³²	A	Mrk	5³⁹	A	gafahaidau	Gal	6¹	AB		
	Mrk	12²¹	A	Rom	7¹⁰	A*		gafahan	Jhn	7³⁰	A	Jhn	10³⁹	A	Luk	20²⁶	A
gadauþnodedi			Jhn	11²¹	A	Jhn	11³⁷	A		2Cr	11³²	B	Eph	3¹⁸	AB	Php	3¹³	AB
	Mrk	15⁴⁴	A					gafahanai	2Tm	2²⁶	AB		
gadauþnodedun			Mat	8³²	A	Jhn	6⁵⁸	A	gafahans	Php	3¹²	AB		

gafahau	Php	3¹²	AB			gagatiloda	Eph	2²¹	B		
gafahis	Luk	5⁹	A			gagatiloþ	Eph	4¹⁶	A		
gafahiþ	Mrk	9¹⁸	A			gagawairþjan	1Cr	7¹¹	A		
gafahrida	Luk	1¹⁷	A			gagawairþnan				2Cr	5²⁰ AB
gafaifaheina	Jhn	7³²	A	Luk 20²⁰ A		gageigaidedjau				1Cr 9¹⁹ A	1Cr 9²⁰ A⁺A⁻
gafaifahun	Rom	9³⁰	A				1Cr	9²¹	A⁻⁺	1Cr 9²² A⁻	
gafaihondau	2Cr	2¹¹g	A			gageigaiþ	Mrk	8³⁶	A		
gafalh	Jhn	8⁵⁹	A	Jhn 12³⁶ A		gageigands	Luk	9²⁵	A		
gafastaida	Jhn	17¹²	A	Luk 2¹⁹ A	Luk 2⁵¹ A	gagg	Mat 5²⁴ A	Mat 6⁶ A	Mat 8⁴ A		
	Luk	18²¹	A	Mrk 10²⁰ A	2Tm 4⁷ AB		Mat 8⁹ A	Mat 8¹³ A	Mat 9⁵ A		
gafastaidedun				Jhn 17⁶ A			Mat 9⁶ A	Jhn 7³ A	Jhn 9⁷ A		
gafastaindau	1Th	5²³	AB				Jhn 9¹¹ A	Luk 5¹⁴ A	Luk 5²³ A		
gafastaiþ	1Cr	11²	A				Luk 5²⁴ A	Luk 7⁸ A	Luk 7⁵⁰ A		
gafastan	Luk	4¹⁰	A				Luk 8⁴⁸ A	Luk 9⁶⁰ A	Luk 17¹⁹ A		
gafastanda	Luk	5³⁸	A				Mrk 1⁴⁴ A	Mrk 2⁹ A	Mrk 2¹¹ A		
gafaurds	Mrk	14⁵⁵	A	Mrk 15¹ A			Mrk 2¹⁴ A	Mrk 5¹⁹ A	Mrk 5³⁴ A		
gafaurjos	1Tm	3¹¹	A				Mrk 7²⁹ A	Mrk 8³³ A	Mrk 10²¹ A		
gafaurs	1Tm	3²	AB				Mrk 10⁵² A				
gafehaba	1Th	4¹²	B			gagga	Jhn 7³³ A	Jhn 8²¹ A	Jhn 8²² A		
gafeteinai	1Tm	2⁹	AB				Jhn 13³³ A	Jhn 13³⁶ A	Jhn 14² A		
gafilhan	Mat	8²¹	A	Mat 8²² A⁺			Jhn 14³ A	Jhn 14⁴ A	Jhn 14¹² A		
gafilhis	Jhn	12⁷	A				Jhn 14²⁸ A	Jhn 16⁵ A	Jhn 16⁷ A		
gafraihnandam				Rom 10²⁰ A			Jhn 16¹⁰ A	Jhn 16¹⁶ A	Jhn 16¹⁷ A		
gafraþjein	1Tm	2¹⁵	AB				Jhn 16²⁸ A	Jhn 17¹¹ A	Jhn 17¹³ A		
gafraujinond	Mrk	10⁴²	A				Luk 14¹⁹ A	Luk 15¹⁸ A	Mrk 6⁵⁶ A		
gafrehun	Mrk	2¹	A				Mrk 11⁴ A	2Cr 6¹⁶ AB			
gafreideinai	1Th	5⁹	B			gaggai	Jhn 7³⁷ A	Luk 14²⁷ A	1Cr 7¹⁷ A		
gafreideinais	Eph	1¹⁴	AB*			gaggaima	Rom 13¹³ A	Eph 2¹⁰ AB*			
gafrijonai	1Th	5²⁶	AB			gaggais	Mat 5⁴¹ A	Mrk 8²⁶ A			
gafrisahtiþ	2Cr	3⁷	AB			gaggaiþ	Mat 9¹³ A	Luk 9⁴ A	Luk 10⁸ A		
gafrisahtnai	Gal	4¹⁹g	A				Mrk 6¹⁰ A	Eph 4¹⁷ AB	Eph 5² AB*		
gafriþodai	Col	1²¹	AB				Eph 5⁸ B	Gal 5¹⁶ B	Col 1¹⁰ B		
gafriþodedi	Eph	2¹⁶	AB				Col 4⁵ AB	1Th 4¹ B	1Th 4¹² B		
gafriþon	Col	1²⁰	AB			gaggam	Jhn 11⁷ A	Jhn 11¹¹ A	Jhn 11¹⁵ A		
gafriþonais	2Cr	5¹⁸	AB	2Cr 5¹⁹ AB			Jhn 11¹⁶ A	Jhn 14³¹ A	Mrk 1³⁸ A		
gafriþondin	2Cr	5¹⁸	AB				Mrk 14⁴² A	2Cr 5⁷ AB	Gal 5²⁵ AB		
gafriþonds	2Cr	5¹⁹	AB			gaggan	Jhn 7¹ A	Jhn 7³⁵ A2	Jhn 11⁴⁴ A		
gaft	Jhn	17²²	A	Jhn 17²⁴ A	Luk 7⁴⁴ A		Jhn 18⁸ A	Luk 6¹ A	Luk 8⁴¹ A		
gafulgin	Luk	18³⁴	A	Luk 19⁴² A			Luk 9²³ A	Luk 9⁵¹ A	Luk 10¹ A		
gafulgina	Col	1²⁶	AB	Col 3³ AB			Luk 18¹⁶ A	Luk 20⁴⁶ A	Mrk 10¹⁴ A		
gafulginons	Eph	3⁹	B				1Cr 10²⁷ A	Eph 4¹ AB	Php 3¹⁶ A		
gafulhans	Luk	16²²	A				1Th 2¹² B	1Th 4¹ B			
gafullaweisidons				Luk 1¹ A		gaggand	Mat 11⁵ A	Luk 7²² A	Mrk 7⁵ A		
gafullidedun	Jhn	6¹³	A	Luk 5⁷ A	Skr 7²⁵ E		Eph 4¹⁷ AB	Gal 2¹⁴ B	Php 3¹⁸ AB		
gafulljada	Luk	1¹⁵	A				2Tm 2¹⁶ B	Skr 4⁵ E			
gafulljands	Mrk	15³⁶	A			gagganda	Skr 3²⁴ E				
gafullnoda	Luk	1⁴¹	A	Luk 1⁶⁷ A	Mrk 4³⁷ A	gaggandam	Luk 9⁵⁷ A	Mrk 16¹² S	Rom 8¹ A		
gafullnodedun				Luk 8²³ A			Rom 8⁴ A				
gagaggandam				1Cr 5⁴ A		gaggandan	Jhn 6¹⁹ A	Jhn 6³⁵ A	Jhn 6³⁷ A		
gagaggiþ	Mrk	11²³	A	Php 1¹⁹ B		gaggandans	Mat 11⁴ A	Mat 27⁶⁶ A	Luk 7²² A		
gagahaftiþ	Eph	4¹⁶	A				Luk 8¹⁴ A	Luk 9¹³ A	Luk 9⁵² A		
gagaleikond	2Cr	11¹⁵	B				Luk 17¹⁴ A	Mrk 3⁶ A	Mrk 8²⁴ A		
gagaleikondans				2Cr 11¹³ B			Mrk 10³² A	Mrk 16¹⁵ S	2Cr 4² AB		
gagaleikoþ	2Cr	11¹⁴	B				2Cr 10² B	2Cr 10³ B	Php 3¹⁷ AB		
gagamainjand				Mrk 7²³ A		gaggandei	Mrk 16¹⁰ A				

gaggandin–gahnaiwjada

gaggandin	Luk	14³¹	A	Luk	19³⁶	A	gahaitandeim			1Tm	2¹⁰ AB
gaggando	Luk	9⁵³	A				gahaitands	Luk	9¹ A	Skr	5¹⁰ E
gaggandona	Luk	1⁶	A				gahaite	Eph	2¹² AB		
gaggands	Luk	6⁴⁷	A	Luk	14³¹ A	Luk 15¹⁵ A	gahaitis	Rom	9⁸ A	Rom	9⁹ A	Eph 1¹³ AB*
gaggats	Luk	19³⁰	A	Mrk	11² A	Mrk 14¹³ A2		Eph	3⁶ B		
gaggid	Luk	7⁸	A				gahaitiþ	Luk	15⁹ A		
gaggida	Luk	19¹²	A				gahalp	2Cr	6² AB		
gaggis	Mat	8¹⁹	A	Jhn	11⁸ A	Jhn 13³⁶ A	gahamodai	Gal	3²⁷ A	1Th	5⁸ B
	Jhn	14⁵	A	Jhn	16⁵ A	Luk 9⁵⁷ A	gahamon	1Cr	15⁵³ A2BB*		
	Rom	14¹⁵	C				gahamoþ	Rom	13¹⁴ A	Eph	4²⁴ B	Eph 6¹¹ AB
gaggiþ	Mat	8⁹	A	Mat	8³² A	Mat 25⁴¹ C		Col	3¹⁰ B	Col	3¹² B
	Mat	27⁶⁵	A	Jhn	6⁴⁵ A	Jhn 8¹² A	gahardeiþ	Rom	9¹⁸ A		
	Jhn	10⁴	A	Jhn	11⁹ A	Jhn 11¹⁰ A	gahaunida	Php	2⁸ B		
	Jhn	11³¹	A	Jhn	11³⁸ A	Jhn 12²² A	gahaunjai	2Cr	12²¹ AB		
	Jhn	12³⁵	A3	Luk	3¹⁶ A	Luk 8⁴⁹ A	gahauseinai	Rom	10¹⁷ A	Gal	3² A	Gal 3⁵ A
	Luk	10³	A	Luk	14¹⁷ A	Luk 14²⁶ A	gahauseins	Rom	10¹⁷ A		
	Luk	15⁴	A	Mrk	16⁷ A		gahauseiþ	Mat	10²⁷ A	Mat	11⁴ A	Mrk 8¹⁸ A
gagreftai	2Cr	8¹²	A					2Cr	12⁶ AB		
gagrefts	Luk	2¹	A				gahausida	Jhn	19⁸ A	Luk	9⁷ A	Luk 15²⁵ A
gagreiftai	2Cr	8¹²	B*					Mrk	6¹⁴ A		
gagudaba	2Tm	3¹²	AB				gahausidedum			Mrk	14⁵⁸ A
gagudei	1Tm	4⁸	A	1Tm	6⁶ AB		gahausidedun			Luk	2²⁰ A	Luk 10²⁴ A*
gagudein	1Tm	2²	AB	1Tm	4⁷ AB	1Tm 4⁸ B		Luk	16¹⁴ A	Mrk	11¹⁴ A	Mrk 11¹⁸ A
	1Tm	6³	AB	1Tm	6⁵ AB	1Tm 6¹¹ AB		Skr	6²⁶ E		
	Tit	1¹	B	Skr	1¹⁷ E		gahausideduts			Luk	7²² A
gagudeins	1Tm	3¹⁶	A	2Tm	3⁵ AB		gahausideduþ			Mat	26⁶⁵ C	Php 4⁹ B
gaguds	Mrk	15⁴³	A					Skr	6²³ E		
gahabaida	Mrk	6¹⁷	A				gahausiþ	Jhn	9³² A		
gahabaidai	Rom	7⁶	A				gahausjai	Mat	11¹⁵ A*	Luk	8⁸ A	Luk 14³⁵ A
gahabaidedun				Luk	4⁴² A			Mrk	4⁹ A	Mrk	4²³ A	Mrk 7¹⁶ A
gahabaina	1Cr	7⁹	A				gahausjan	Mrk	7³⁷ A		
gahabaiþ	1Th	4³	B	1Th	5²¹ B		gahausjand	Mat	11⁵ A	Luk	7²² A	Mrk 4¹⁵ A
gahaban	Mrk	3²¹	A	Phm	1³ A	Skr 8³ E	gahausjandam			Luk	19¹¹ A
gahaband	Luk	8¹⁵	A				gahausjandans			Mat	27⁴⁷ A	Jhn 6⁶⁰ A
gahabandans	Mrk	10²³	A					Jhn	12¹² A	Luk	2¹⁸ A	Luk 8¹⁰ A
gahaftida	Luk	15¹⁵	A					Luk	8¹⁴ A	Luk	8¹⁵ A	Luk 8²¹ A
gahaftnandan				Luk	10¹¹ A			Luk	18²⁶ A	Luk	20¹⁶ A	Mrk 3⁸ A
gahahjo	Luk	1³	A					Mrk	6²⁹ A	Mrk	10⁴¹ A	Mrk 14¹¹ A
gahaihait	Tit	1²	B	Skr	3¹⁹ E			Mrk	15³⁵ A	Eph	1¹³ AB	
gahaihaitun	Mrk	14¹¹	A	Mrk	15¹⁶ A		gahausjandei	Jhn	12²⁹ A	Luk	7²⁹ A	Mrk 5²⁷ A
gahailana	1Th	5²³	AB					Mrk	7²⁵ A		
gahailida	Mat	8¹⁶	A	Luk	4⁴⁰ A	Luk 7²¹ A	gahausjandein			Luk	20⁴⁵ A
	Luk	9¹¹	A	Luk	9⁴² A	Mrk 1³⁴ A	gahausjands	Mat	8¹⁰ A	Mat	9¹² A	Mat 11² A
	Mrk	3¹⁰	A	Mrk	6⁵ A			Jhn	6⁴⁵ A	Jhn	11⁴ A	Luk 7³ A
gahailidai	Luk	6¹⁸	A					Luk	7⁹ A	Luk	8⁵⁰ A	Luk 14¹⁵ A
gahailidedun	Mrk	6¹³	A					Luk	18²² A	Luk	18²³ A	Luk 18³⁶ A
gahailja	Mat	8⁷	A					Mrk	2¹⁷ A	Mrk	5³⁶ A	Mrk 6¹⁶ A
gahailjan	Luk	9¹	A	Luk	9² A			Mrk	10⁴⁷ A	Mrk	12²⁸ A	Eph 1¹⁵ AB*
gahailnid	Luk	7⁷	A				gahausjau	Php	1²⁷ B		
gahailniþ	Mat	8⁸	A				gahlaibaim	DeN	1³ N*	DeN	2³ N	DeN 4³ N
gahailnoda	Mat	8¹³	A	Luk	8⁴⁷ A	Mrk 5²⁹ A	gahlaibam	Jhn	11¹⁶ A		
gahaita	Rom	9⁴	A	Rom	15⁸ C	2Cr 1²⁰ AB	gahlaiban	Php	2²⁵ B		
	2Cr	7¹	AB	Gal	4²³ B	Gal 4²⁸ B	gahlaibim	DeN	3³ N		
	1Tm	4⁸	AB				gahnaiwidans			Luk	1⁵² A
gahaitam	Gal	3²⁹	A	2Tm	1¹ A		gahnaiwjada	Luk	3⁵ A	Luk	14¹¹ A	Luk 18¹⁴ A

gahnipnands	Mrk	10²²	A						
gahobains	Gal	5²³	AB						
gahorinoda	Mat	5²⁸	A						
gahraineinai	Luk	5¹⁴	A	Mrk	1⁴⁴	A			
gahraineiþ	Jhn	15²	A	Luk	3¹⁷	A	Mrk	7¹⁹	A
gahrainidai	Luk	17¹⁴	A	Luk	17¹⁷	A			
gahrainids	Luk	4²⁷	A						
gahrainjai	2Tm	2²¹	B						
gahrainjan	Mat	8²	A	Luk	5¹²	A	Mrk	1⁴⁰	A
gahrainjanda	Luk	7²²	A						
gahrainjands	Eph	5²⁶	A						
gah-þan-miþ-sandidedum				2Cr	8¹⁸	A⁻			
gahugd	1Cr	8¹²	A						
gahugdai	Luk	1⁵¹	A	Luk	10²⁷	A	Mrk	12³⁰	A
	Rom	7²⁵	A	1Cr	10²⁷	A	Eph	4¹⁸	AB
	Col	1²¹	AB	1Tm	1⁵ᵍ	A	1Tm	3⁹	A
	2Tm	1³	A						
gahugdais	Php	2³	B						
gahulida	2Cr	4³	A2B2						
gahulidamma				1Cr	11⁴	A			
gahuliþ	Mat	8²⁴	A	Mat	10²⁶	A	Luk	9⁴⁵	A
gahuljai	1Cr	11⁶	A						
gaƕairbam	Skr	6²⁵	E						
gaƕatjandin	SkB	1¹⁵	E ¤						
gaƕeilain	2Cr	2¹³	AB						
gaƕeilainais	2Cr	7⁵	AB						
gaƕeilaiþ	Luk	10⁶	A						
gaƕeiland	1Cr	13⁸	A						
gaƕeitjan	Mrk	9³	A						
gaƕotei	2Tm	4²	AB						
gaƕotida	Luk	4³⁵	A	Luk	9⁴²	A	Mrk	9²⁵	A
gaƕotjandin	Skr	1¹⁵	E °						
gaƕotjands	Luk	9²¹	A	Mrk	1⁴³	A			
Gai	Neh	7³²	D						
gaiainnan	Mat	5²²	A	Mat	5²⁹	A	Mat	5³⁰	A
	Mat	10²⁸	A	Mrk	9⁴³	A	Mrk	9⁴⁵	A
	Mrk	9⁴⁷	A						
gaïbnjand	Luk	19⁴⁴	A						
gaïddja	Jhn	18²	A	Mrk	3²⁰	A			
gaïddjedun	Luk	8⁴	A	Mrk	6³⁰	A			
gaïdreigodedeina				Luk	10¹³	A			
gaidw	Php	2³⁰	AB						
gaidwa	2Cr	9¹²	B	Col	1²⁴	AB⁺			
gaigrot	Mat	26⁷⁵	AC	Luk	19⁴¹	A			
gaigrotun	Luk	8⁵²	A						
gaigrotuþ	Luk	7³²	A						
gailjai	2Cr	2²	AB						
Gainnesaraiþ	Luk	5¹	A						
gairda	Mrk	1⁶	A						
gairdos	Mrk	6⁸	A						
Gairgaisaine	Mat	8²⁸	A						
gairnein	2Cr	7⁷	AB	2Cr	7¹¹	AB	2Cr	8¹⁹	AB
	2Cr	9²	AB						
gairneiþ	Luk	17²²	A	Luk	19³¹	A	Mrk	11³	A
	Gal	5¹⁷	B	1Tm	3¹	A2B2			
gairnida	Luk	15¹⁶	A	Luk	16²¹	A			
gairnidedeina				1Tm	5¹¹	A:			
gairnjais	Rom	7⁷	A						
gairnjandans	2Cr	5²	AB	2Cr	9¹⁴	B	1Th	3⁶	B
	1Tm	6¹⁰	AB						
gairnjandona	Luk	8²⁰	A						
gairnjands	Php	2²⁶	B	2Tm	1⁴	A			
gairunja	1Th	4⁵	B						
gaitein	Luk	15²⁹	A						
gaits	Neh	5¹⁸	D						
Gaïu	1Cr	1¹⁴	A						
Gaïus	Rom	16²³	A						
gajiukai	Col	2¹⁸	B						
gajiukaida	Jhn	16³³	A						
gajiukais	Rom	12²¹	AC						
gajiukaizau	Rom	12²¹	AC						
gajuk	Luk	2²⁴	A						
gajukans	2Cr	6¹⁴	AB						
gajuko	Luk	8⁹	A	Luk	8¹¹	A	Php	4³	AB
gajukom	Jhn	16²⁵	A2	Luk	8¹⁰	A	Mrk	3²³	A
	Mrk	4²	A	Mrk	4¹¹	A	Mrk	4³³	A
	Mrk	12¹	A						
gajukon	Jhn	10⁶	A	Luk	4²³	A	Luk	5³⁶	A
	Luk	6³⁹	A	Luk	8⁴	A	Luk	15³	A
	Luk	18¹	A	Luk	18⁹	A	Luk	19¹¹	A
	Luk	20⁹	A	Luk	20¹⁹	A	Mrk	4¹³	A
	Mrk	4³⁰	A	Mrk	4³⁴	A	Mrk	7¹⁷	A
	Mrk	12¹²	A	Mrk	13²⁸	A			
gajukono	Jhn	16²⁹	A						
gajukons	Mrk	4¹⁰	A	Mrk	4¹³	A			
gakann	1Cr	15²⁸	A						
gakanneiþ	Col	4⁷	AB						
gakannida	Jhn	15¹⁵	A	Jhn	17²⁶	A	Luk	2¹⁵	A
	Eph	3³	B	Col	1⁸	B			
gakannidedi	Rom	9²³	A	Skr	4²⁵	E			
gakannidedun				Luk	2¹⁷	A			
gakannjaiþ	1Cr	11²⁶	A						
gakannjan	2Cr	12¹¹	AB	Col	1²⁷	AB			
gakannjand	Col	4⁹	AB						
gakaroþ	1Tm	3⁵	A						
gakausidedum				2Cr	8²²	AB			
gakiusai	1Cr	11²⁸	A						
gakiusaindau	1Tm	3¹⁰	A						
gakiusan	Rom	12²	C						
gakiusandans	Eph	5¹⁰	B						
gakiusiþ	1Cr	16³	AB						
gakrotuda	Luk	20¹⁸	A						
gakunds	Gal	5⁸	B*						
gakunnaidai	Gal	4⁹	A						
gakunnaidau	Luk	8¹⁷	A						
gakunnaidedi				Luk	19¹⁵	A			
gakunnaideduþ				Mrk	12²⁶	A	2Cr	1¹⁴	AB
gakunnais	Luk	1⁴	A						
gakunnaiþ	Mat	6²⁸	A						
gakunnan	SkB	5²¹	E ¤						

gakunnands	1Cr	7⁶	A				Galateis	Gal	3¹	A	
gakunnun	1Cr	15²⁸	A				Galatiai	2Tm	4¹⁰	AB	
gakunþai	Luk	3²³	A				Galatiais	1Cr	16¹	B*	Gal	1²	B
gakunþedum	Gal	2⁵	AB				galatida	Gal	5⁷	B	
gakusanai	2Cr	13⁷	A⁻B⁻				Galatim	Gal	inc	B*	Gal	exp	A*2B
gakusanana	2Tm	2¹⁵	B				galaþoda	1Cr	7¹⁷	A	1Cr	7¹⁸	A
gakusans	Rom	14¹⁸	C	2Cr	10¹⁸	B⁻	galaþodam	1Cr	1²⁴	A	
gakust	2Cr	9¹³	B				galaþodedum	Mat	25³⁸	C	
galagid	Luk	2¹²	A				galaþodeduþ	Mat	25⁴³	C*	
galagida	Mat	27⁶⁰	A	Jhn	9¹⁵	A	Luk	2⁷	A	galaþon	Skr	1²⁵	E
	Mrk	8²⁵	A	Mrk	15⁴⁶	A				galaþoþ	Luk	15⁶	A
galagidana	Luk	19²⁰	A				galaþoþs	1Cr	7¹⁸	A	1Cr	7²¹	A
galagidedun	Jhn	19²	A	Luk	1⁶⁶	A	Mrk	6²⁹	A	galaubaim	1Tm	2⁹	AB⁺
	Mrk	11⁷	A	Mrk	16⁶	A				galaubamma	Rom	9²¹	A	1Cr	7²³	A
galagidideina	Luk	5¹⁸	A				galaubei	Luk	8⁵⁰	A	Mrk	5³⁶	A
galagiþ	Mat	6³⁰	A				galaubeid	Jhn	14¹²	A	
galagiþs	Mrk	15⁴⁷	A	2Tm	4⁸	AB	Skr	3²	E	galaubein	Mat	8¹⁰	A	Mat	9²	A	Luk	5²⁰	A
galagja	Luk	20⁴³	A	Mrk	12³⁶	A	Rom	9³³	A		Luk	7⁹	A	Luk	17⁵	A	Luk	17⁶	A
galagjada	Luk	3⁹	A					Luk	18⁸	A	Mrk	2⁵	A	Mrk	4⁴⁰	A
galagjai	Luk	9⁵⁸	A					Mrk	11²²	A	1Cr	13²	A	2Cr	5⁷	AB
galagjaidau	Mrk	9⁴²	A					Eph	1¹⁵	AB	Eph	2⁸	AB	Eph	3¹²	AB
galagjand	Jhn	15⁶	A					Eph	3¹⁷	AB	Gal	1²³	AB	Gal	2¹⁶	B
galagjands	Mrk	6⁵	A	Mrk	15³⁶	A		Php	3⁹	AB	Col	2¹²	B	1Th	3²	B
galagjaza	Mat	5²⁵	A					1Th	3⁵	B	1Th	3⁶	B	1Tm	1¹⁹	A2B2
galagjiþ	1Cr	15²⁵	A					1Tm	5⁸	AB	1Tm	5¹²	A*	1Tm	6¹¹	AB
galaisida	Php	4¹¹	B					2Tm	2¹⁸	B	2Tm	2²²	AB	2Tm	3⁸	AB
galaisideduþ	Php	4⁹	B					2Tm	3¹⁵	AB	2Tm	4⁷	AB	
galaisides	2Tm	3¹⁰g	A	2Tm	3¹⁴	AB	galaubeina	Tit	1⁶	B	
galaisiþs	Luk	1⁴	A				galaubeinai	Mat	9²⁹	A	Rom	9³⁰	A*	Rom	9³²	A
galaisjai	1Tm	2¹¹	AB					Rom	10⁶	A	Rom	11²⁰	A	Rom	14¹	A
galaisjaina	1Tm	5⁴	AB	Skr	5⁵	E		1Cr	16¹³	B	2Cr	1²⁴	A2B2	2Cr	8⁷	AB
galaisjan	1Tm	2¹²	AB					2Cr	10¹⁵	B	2Cr	13⁵	AB	Eph	6²³	B
galaista	2Tm	3¹⁰	AB					Gal	2¹⁶	B	Gal	2²⁰	A	Gal	5⁵	B
galaistans	Mrk	1³⁶	A	Gal	6¹⁶	A*B		Gal	6¹⁰	AB	Php	1²⁷	B	Php	3⁹	AB
galaistides	1Tm	4⁶	AB					Col	1²³	AB	1Tm	1²	AB	1Tm	1⁴	AB
galaistjandans				Rom	12¹³	A		1Tm	1⁵	AB	1Tm	1¹⁴	B	1Tm	2⁷	AB
galaiþ	Mat	9⁷	A	Mat	27⁶⁰	A	Jhn	6¹	A		1Tm	2¹⁵	AB	1Tm	3¹³	A	1Tm	4¹	AB
	Jhn	7¹⁰	A	Jhn	9⁷	A	Jhn	9¹¹	A		1Tm	4¹²	B	1Tm	6¹⁰	AB	2Tm	1¹³	AB
	Jhn	10⁴⁰	A	Jhn	11²⁸	A	Jhn	12¹⁹	A		2Tm	3¹⁰	AB	Tit	1¹	B	Tit	1⁴	B
	Jhn	12³⁶	A	Jhn	13²⁷	A	Jhn	13³⁰	A2		Tit	1¹³	A	Skr	2¹	E	Skr	2¹⁷	E
	Jhn	18¹	A	Jhn	18³³	A	Jhn	18³⁸	A	galaubeinais	Rom	10⁸	A	Rom	12³	C	2Cr	4¹³	B
	Jhn	19⁹	A	Luk	1²³	A	Luk	1³⁸	A		Eph	4¹³	A	Eph	4²⁹	AB	Eph	6¹⁶	AB
	Luk	1⁴⁰	A	Luk	4¹⁶	A	Luk	4³¹	A		Gal	3²	A	Gal	3⁵	A	Php	1²⁵	B
	Luk	4³⁸	A	Luk	4⁴²	A	Luk	5³	A		1Th	3⁷	B	1Th	3¹⁰	B	1Th	5⁸	B
	Luk	5²⁵	A	Luk	7¹	A	Luk	8²²	A		2Th	1⁴	AB	2Th	1¹¹	A	1Tm	3⁹	A
	Luk	8³⁹	A	Luk	9⁴⁶	A	Luk	10³⁰	A		1Tm	4⁶	AB	1Tm	6¹²	AB	2Tm	1⁵	A
	Luk	17²⁷	A	Luk	19⁷	A	Mrk	1³⁵	A	galaubeins	Mat	9²²	A	Luk	7⁵⁰	A	Luk	8²⁵	A
	Mrk	2¹	A	Mrk	2¹³	A	Mrk	2²⁶	A		Luk	8⁴⁸	A	Luk	17¹⁹	A	Luk	18⁴²	A
	Mrk	3¹	A	Mrk	5²⁰	A	Mrk	5²⁴	A		Mrk	5³⁴	A	Mrk	10⁵²	A	Rom	10¹⁷	A
	Mrk	5³⁸	A	Mrk	5⁴⁰	A	Mrk	7¹⁷	A		1Cr	15¹⁴	A	1Cr	15¹⁷	A	Eph	4⁵	AB
	Mrk	7²⁴	A	Mrk	8¹⁰	A	Mrk	10²²	A		Gal	5⁶	B	Gal	5²²	AB	2Th	1³	AB
	Mrk	11¹¹	A	Mrk	14¹⁰	A	Mrk	14⁶⁸	A		2Th	3²	B			
	Mrk	15⁴³	A	Rom	10¹⁸	A	Rom	13¹²	A	galaubeis	Jhn	11²⁶	A	Jhn	11⁴⁰	A	Jhn	14¹⁰	A
	2Cr	2¹³	AB	2Cr	8¹⁷	AB	2Tm	4¹⁰	B		Rom	10⁹	A			
Galate	1Cr	16¹	A⁻				galaubeiþ	Jhn	5⁴⁷	A	Jhn	6³⁶	A	Jhn	6⁴⁰	A

		Jhn	6⁴⁷	A	Jhn	7³⁸	A	Jhn	8²⁴	A	galauk	Luk 3²⁰ A	Rom 11³² A
		Jhn	8⁴⁵	A	Jhn	8⁴⁶	A	Jhn	10²⁵	A	galauseiþ	2Cr 1¹⁰ A2B2	
		Jhn	10²⁶	A	Jhn	10³⁷	A	Jhn	11²⁵	A	galausida	Mrk 5⁴ A	2Cr 1¹⁰ AB	Col 1¹³ AB
		Jhn	11²⁶	A	Jhn	12³⁶	A	Jhn	12⁴⁴	A2		2Tm 3¹¹ AB	
		Jhn	14¹	A2	Jhn	14¹¹	A2	Jhn	16³¹	A	galausidaim	Luk 17⁴ A	
		Luk	16¹¹	A	Mrk	1¹⁵	A	Mrk	11²⁴	A	galausidedi	Skr 1¹⁶ E	
		Mrk	16¹⁶	S	Rom	10¹⁰	A	Rom	14²	A	galausidedjau	Luk 19²³ A	
		1Cr	13⁷	A	1Th	2¹³	B	Skr	6²⁵	E	galausiþs	1Cr 7²⁷ A	
galaubida		Jhn	11²⁷	A	Jhn	12³⁸	A	Rom	10¹⁶	A	galausjada	Rom 7² A	
		2Cr	4¹³	B	Gal	3⁶	A	2Th	1¹⁰	A	galausjai	2Th 3³ B	
		2Tm	1¹²	AB	Skr	8²²	E				galausjan	Skr 1¹⁰ E	
galaubideideiþ					Jhn	5⁴⁶	A				galeik	Mat 11¹⁶ A∷	Mrk 7⁸ A	Mrk 7¹³ A
galaubidedi		Jhn	7⁴⁸	A	Skr	8¹⁵	E	Skr	8¹⁸	E	galeika	Mrk 12³¹ A	Mrk 14⁷⁰ A	Skr 5²⁴ E*
galaubidedum					Jhn	6⁶⁹	A	Rom	13¹¹	A		SkB 5²⁴ E⁋	Skr 5²⁶ E*	SkB 5²⁶ E⁋
		Gal	2¹⁶	B							galeikai	Luk 7³¹ A	Luk 7³² A	Rom 9²⁹ A
galaubidedun		Jhn	7⁵	A	Jhn	7³¹	A	Jhn	8³⁰	A		Col 1¹⁰ AB	2Tm 2⁴ B	
		Jhn	9¹⁸	A	Jhn	10⁴²	A	Jhn	11⁴⁵	A	galeikaida	Luk 1³ A	Luk 3²² A	Mrk 1¹¹ A
		Jhn	12¹¹	A	Jhn	12³⁷	A	Jhn	12⁴²	A		1Cr 1²¹ A	Col 1¹⁹ AB	1Th 3¹ B
		Jhn	17⁸	A	Mrk	16¹¹	A	Mrk	16¹³	S	galeikaidana	Rom 12¹ C	
		Mrk	16¹⁴	S	Rom	10¹⁴	A	Rom	11³¹	A	galeikaiþ	Luk 10²¹ A	Rom 12² C	Rom 14¹⁸ C
galaubideduþ		Jhn	16²⁷	A	Luk	20⁵	A	Mrk	11³¹	A		2Cr 12¹⁰ AB	Eph 5¹⁰ B	Col 3²⁰ B
		Rom	11³⁰	A	1Cr	15²	A	1Cr	15¹¹	A	galeikan	Rom 8⁸ A	2Cr 5⁹ AB	1Th 4¹ B
galaubides		Mat	8¹³	A	Luk	1²⁰	A				galeikandans	1Th 2¹⁵ B	
galaubiþs		1Tm	3¹⁶	A							galeikandein	Mrk 6²² A	
galaubja		Jhn	9³⁸	A	Mrk	9²⁴	A				galeikans	Eph 3⁶ B	
galaubjai		Jhn	12⁴⁶	A	Jhn	12⁴⁷	A	Jhn	17²¹	A	galeikinodos	Luk 8² A	
		Mrk	11²³	A							galeikinon	Luk 8⁴³ A	
galaubjaima		Jhn	6³⁰	A	Mrk	15³²	A				galeikja	Rom 8³ A	Php 2⁷ B	
galaubjaina		Jhn	11⁴²	A							galeiko	Mat 7²⁴ A	Mat 11¹⁶ A∷	Luk 7³¹ A
galaubjaiþ		Jhn	5⁴⁷	A	Jhn	6²⁹	A	Jhn	10³⁸	A3		Gal 5²¹ AB	Php 2⁶ B	
		Jhn	11¹⁵	A	Jhn	13¹⁹	A	Jhn	14²⁹	A	galeikoda	Mat 7²⁶ A	
		Mrk	13²¹	A							galeikom	Mrk 4³⁰ A	
galaubjam		Mat	27⁴²	A	Jhn	16³⁰	A	2Cr	4¹³	B	galeikon	2Th 3⁷ AB	2Th 3⁹ AB	Skr 1²⁵ E
		1Th	4¹⁴	B	2Tm	2¹³	B				galeikondan	Skr 5³ E	
galaubjan		Jhn	12³⁹	A	Mrk	9²³	A	Php	1²⁹	B	galeikondans	1Cr 11¹ A	Eph 5¹ AB	1Th 2¹⁴ B
		1Tm	1¹⁶	B	Skr	6³	E				galeikonds	Skr 5⁹ E	
galaubjand		Jhn	6⁶⁴	A	Jhn	16⁹	A	Luk	8¹³	A	galeikoþ	Mat 6⁸ A	Rom 12² C	
		Luk	20⁶	A	Rom	10¹⁴	A				galeiks	Jhn 8⁵⁵ A	Jhn 9⁹ A	Luk 6⁴⁷ A
galaubjandam					Jhn	8³¹	A	Mrk	4²⁴	A		Luk 6⁴⁸ A	Luk 6⁴⁹ A	Skr 1⁴ E
		Mrk	16¹⁷	S	Rom	10⁴	A	1Cr	14²²	A2	Galeilaia	Mat 27⁵⁵ A	Jhn 7¹ A	Jhn 7⁹ A
		Eph	1¹⁹	AB	1Th	2¹⁰	B	2Th	1¹⁰	A		Jhn 7⁴¹ A	Jhn 7⁵² A2	Luk 2⁴ A
		1Tm	4³	AB	1Tm	4¹²	B					Luk 8²⁶ A	Mrk 1¹⁴ A	Mrk 3⁷ A
galaubjandan		Jhn	6³⁵	A								Mrk 15⁴¹ A	Skr 8²⁶ E*	SkB 8²⁶ E⁋
galaubjandane					Mrk	9⁴²	A	1Tm	4¹⁰	B	Galeilaian	Luk 2³⁹ A	Luk 4¹⁴ A	Luk 17¹¹ A
galaubjandans					Mat	6³⁰	A	Mat	8²⁶	A		Mrk 1³⁹ A	Mrk 9³⁰ A	Mrk 16⁷ A
		Jhn	6⁶⁴	A	Jhn	7³⁹	A	Jhn	17²⁰	A	Galeilaias	Luk 1²⁶ A	Luk 3¹ A	Luk 4³¹ A
		Luk	8¹²	A	1Cr	1²¹	A	Eph	1¹³	AB*		Luk 4⁴⁴ A	Luk 5¹⁷ A	Mrk 1⁹ A
		1Tm	6²	A2B2	Skr	5²²	E					Mrk 1¹⁶ A	Mrk 1²⁸ A	Mrk 6²¹ A
galaubjandei		Luk	1⁴⁵	A							Galeilaiau	Mat 26⁶⁹ C	
galaubjandin		Mrk	9²³	A	2Cr	6¹⁵	AB				Galeilaie	Jhn 6¹ A	Jhn 12²¹ A	Mrk 7³¹ A
galaubjands		Mrk	16¹⁶	S	Rom	9³³	A	Rom	10¹¹	A	Galeilaius	Mrk 14⁷⁰ A∷	
		Skr	8²⁴	E							galeiþa	Jhn 7⁸ A	Jhn 8¹⁴ A2	Jhn 8²¹ A
galaubjau		Jhn	9³⁶	A								Jhn 14²⁸ A	Jhn 16⁷ A	
galaugnida		Luk	1²⁴	A	Luk	8⁴⁷	A				galeiþaima	Jhn 6⁶⁸ A	Mrk 5¹² A	
galaugnjan		Mrk	7²⁴	A							galeiþaina	2Cr 9⁵ AB	

galeiþais	Mrk	9^{25}	A						Mrk	3^{13}	A	Mrk	5^{13}	A	Mrk	11^4	A
galeiþaiþ	Luk	17^{23}	A							Mrk	12^{12}	A	Skr	8^3	$E^{+\circ}$	SkB	8^3	$E^{¤}$
galeiþam	Luk	8^{22}	A						galiug	Mrk	14^{56}	A	Mrk	14^{57}	A	2Cr	4^2	AB
galeiþan	Mat	8^{18}	A	Mat	8^{21}	A	Mat	8^{31}	A	galiuga-apaustauleis				2Cr	11^{13}	B
	Jhn	6^{67}	A	Luk	6^6	A	Luk	8^{31}	A	galiugabroþre				Gal	2^4	AB
	Luk	8^{32}	A	Luk	8^{37}	A	Luk	9^{59}	A	galiuga-broþrum				2Cr	11^{26}	B
	Luk	14^{18}	A	Luk	18^{25}	A	Mrk	1^{45}	A	galiugaguda	1Cr	10^{19}	A	1Cr	10^{20}	A⁼
	Mrk	5^{17}	A	Mrk	9^{43}	A2	Mrk	9^{45}	A	galiugagudam				1Cr	8^{10}	A
	Mrk	9^{47}	A	Mrk	10^{24}	A	Mrk	10^{25}	A2	galiugagude	Eph	5^5	B*	Gal	5^{20}	AB	Col	3^5	AB*
	1Cr	16^4	AB	2Cr	1^{16}	AB	Skr	2^{11}	E	galiugaida	Mrk	6^{17}	A
	Skr	2^{16}	E							galiugam	1Cr	5^{10}	A	1Cr	5^{11}	A	1Cr	10^{19}	A
galeiþand	Mat	25^{46}	C	Mrk	10^{23}	A	1Cr	16^4	AB		1Cr	10^{28}	A	2Cr	6^{16}	AB
galeiþandam	Luk	7^{24}	A							galiugapraufeteis				Mrk	13^{22}	A
galeiþandan	Mrk	4^1	A⁺	Mrk	9^{28}	A				galiugapraufetum				Luk	6^{26}	A
galeiþandans	Mat	8^{33}	A	Luk	9^{12}	A	Luk	19^{32}	A	galiugaweitwods				Luk	18^{20}	A	Mrk	10^{19}	A
	Mrk	14^{12}	A	Mrk	16^{13}	S					1Cr	15^{15}	A
galeiþandei	Mrk	7^{30}	A							galiugaxristjus				Mrk	13^{22}	A
galeiþands	Mat	27^5	A	Luk	1^{28}	A	Luk	8^{37}	A	galiuge	1Cr	8^{10}	A
	Luk	19^{45}	A	Mrk	1^{21}	A	Mrk	3^{27}	A	galiuhteiþ	1Cr	4^5	A
	Mrk	6^{27}	A	Mrk	7^{24}	A	Mrk	7^{31}	A	galiuhtjandins				2Tm	1^{10}	AB
	Mrk	8^{13}	A	1Tm	1^3	AB⁺				galukands	Mat	6^6	A
galeiþau	Jhn	16^7	A							galuknoda	Luk	4^{25}	A
galeiþis	Mat	11^{23}	A							galukun	Mat	27^{66}	A	Luk	5^6	A
galeiþiþ	Jhn	7^8	A	Mrk	7^{19}	A				gamag	Gal	5^6	B
galeiþos	Jhn	14^{23}	A							gamaidans	Luk	4^{19}	A	Luk	14^{13}	A	Luk	14^{21}	A
galeiweiþ	Jhn	6^{64}	A							gamain	Rom	14^{14}	C
galesun	Jhn	6^{13}	A	Jhn	11^{47}	A	Mrk	4^1	A	gamainduþ	Php	3^{10}	AB
	Skr	7^{25}	E							gamainduþais				2Cr	9^{13}	B
galewei	Luk	6^{29}	A							gamainduþe	2Cr	6^{14}	AB	Php	2^1	B
galeweiþ	Jhn	13^{21}	A							gamainduþs	1Cr	10^{16}	A2
galewida	Mrk	3^{19}	A							gamainein	2Cr	8^4	AB
galewidedi	Mrk	14^{10}	A	Mrk	14^{11}	A				gamaineins	Gal	2^9	B
galewiþs	Jhn	18^{36}	A	1Cr	11^{23}	A				gamaineiþ	Mrk	7^{20}	A
galewjada	Mrk	14^{41}	A							gamainida	Php	4^{15}	B
galewjan	Jhn	6^{71}	A	Jhn	12^4	A				gamainja	Php	4^{14}	B	1Tm	5^{22}	AB
galewjands	Mat	27^3	A	Mat	27^4	A	Jhn	18^2	A	gamainjai	Gal	6^6	AB	Tit	1^4	B
	Jhn	19^{11}	A	Luk	6^{16}	A				gamainjaim	Mrk	7^2	A
galga	1Cr	1^{17}	A							gamainjaiþ	Eph	5^{11}	B
galgan	Mat	10^{38}	A	Luk	9^{23}	A	Luk	14^{27}	A	gamainjan	Mrk	7^{15}	A	Mrk	7^{18}	A
	Mrk	8^{34}	A	Mrk	10^{21}	A	Mrk	15^{21}	A	gamainjandans				Rom	12^{13}	A	1Cr	10^{18}	A
	Eph	2^{16}	AB							gamainjando	Mrk	7^{15}	A
galgin	Mat	27^{42}	A	Mrk	15^{30}	A	Mrk	15^{32}	A	gamains	Rom	11^{17}	A	Skr	1^3	E
	Col	2^{14}	B							gamainþs	Neh	5^{13}	D
galgins	1Cr	1^{18}	A	Gal	5^{11}	B	Gal	6^{12}	AB	gamaitanon	Php	3^2	AB
	Gal	6^{14}	AB	Php	3^{18}	AB	Col	1^{20}	AB	gamalteinais	2Tm	4^6g	A
galigrja	Rom	9^{10}	A							gamalwidans	Luk	4^{18}	A
galisada	Jhn	15^6	A							gaman	Jhn	16^{21}	A	2Cr	8^{23}	AB	2Cr	13^{13}	AB
galisanans	Neh	5^{16}	D							gamana	Phm	17	A
galisand	Luk	17^{37}	A							gamanam	Luk	5^7	A
galisiþ	Jhn	6^{12}	A	Mrk	13^{27}	A	Skr	7^{24}	E	gamanweid	Luk	7^{27}	A
galiþun	Mat	8^{32}	A	Jhn	6^{22}	A	Jhn	6^{66}	A	gamanweiþ	Mat	11^{10}	A	Mrk	1^2	A
	Jhn	7^{10}	A	Jhn	7^{45}	A	Jhn	11^{46}	A	gamanwida	2Cr	5^5	B	2Cr	9^2	AB	Neh	5^{18}	D
	Jhn	18^6	A	Luk	2^{15}	A	Luk	8^{22}	A		Skr	7^{18}	$E:°$
	Luk	8^{30}	A	Luk	8^{33}	A	Luk	9^{52}	A	gamanwidai	2Cr	9^3	AB
	Luk	17^{14}	A	Mrk	1^{20}	A	Mrk	1^{21}	A	gamanwidaim				Rom	9^{22}	A

gamanwids	Luk	6⁴⁰	A				gamitone	Eph	2³	AB		
gamanwiþ	2Tm	2²¹	AB				gamostedun	Mrk	2²	A		
gamanwiþs	2Tm	3¹⁷	AB				gamot	Jhn	8³⁷	A		
gamarkoþ	Gal	4²⁵	B⁺				gamoteima	2Cr	7²	AB		
gamarzein	Rom	14¹³	C	1Cr	1²³	A	gamoteiþ	Mrk	14¹³	A		
gamarzeinais	Rom	9³³	A				gamotida	Jhn	11³⁰	A	Luk 8²⁷ A	Luk 9³⁷ A
gamarzeiþ	Jhn	6⁶¹	A	1Cr	8¹³	A		Mrk	5²	A		
gamarzidai	Mrk	6³	A				gamotidedun	Mat	8²⁸	A	Luk 9¹⁸ A	Luk 17¹² A
gamarzjada	Mat	11⁶	A	Luk	7²³	A	gamotjan	Jhn	12¹⁸	A	Luk 14³¹ A	1Th 4¹⁷ B
gamarzjai	Mrk	9⁴²	A				gamunan	Luk	1⁷²	A	1Cr 15² A	
gamarzjanda	Mrk	4¹⁷	A				gamunandans				1Cr 11² A	
gamarzjau	1Cr	8¹³	A				gamunandins				2Cr 7¹⁵ AB	
gamat	2Cr	10¹³	B				gamunands	Luk	1⁵⁴	A	Mrk 11²¹ A	2Tm 1⁴ A
gamatidedun	Mrk	8⁸	A				gamund	Eph	1¹⁶	AB*		
gamatjis	Luk	17⁸	A				gamunda	Mat	26⁷⁵	AC	Mrk 14⁷² A	
gamaudei	2Tm	2¹⁴	B				gamundai	Mrk	14⁹	A	1Cr 11²⁴ A	1Cr 11²⁵ A
gamaudein	2Tm	1⁵	A				gamundedum				Mat 27⁶³ A	
gamaudeiþ	Jhn	14²⁶	A				gamundedun	Jhn	12¹⁶	A		
gamaudida	Skr	7²¹	E				gamuneima	Gal	2¹⁰	B		
gamaudja	2Tm	1⁶	AB				gamuneis	Mat	5²³	A	2Tm 2⁸ B	
gamaurgida	Mrk	13²⁰	A				gamuneiþ	Jhn	15²⁰	A	Jhn 16⁴ A	Luk 17³² A
gamaurgidedi				Mrk	13²⁰	A		Eph	2¹¹	AB	Col 4¹⁹ B	
gamaurgiþ	Rom	9²⁸	A				gamunuþ	Mrk	8¹⁸	A		
gamaurgjands				Rom	9²⁸	A	ganagljands	Col	2¹⁴	B		
gamelei	Luk	16⁶	A				ganah	Mat	10²⁵	A	Jhn 14⁸ A	2Cr 2⁶ AB
gameleinim	2Cr	3⁷	AB					2Cr	12⁹	AB		
gameleins	Jhn	7³⁸	A	Jhn	7⁴²	A	1Tm 5¹⁸ A	ganaitidana	Mrk	12⁴	A	
gamelid	Luk	2²³	A	Luk	3⁴	A	Luk 4⁴ A	ganam	Jhn 6⁴⁵ A	Mrk 9² A		
	Luk	4⁸	A	Luk	4¹⁰	A	Luk 4¹⁷ A	ganamnida	Skr 2²⁴ E			
	Luk	7²⁷	A				ganamt	2Tm 3¹⁴ AB				
gamelida	Jhn	5⁴⁶	A	Luk	1⁶³	A⁻	Luk 10²⁰ A	ganas	Mat 9²² A	Luk 8³⁶ A		
	Luk	20²⁸	A	Mrk	10⁵	A	Mrk 12¹⁹ A	ganasida	Mat 9²² A	Luk 6¹⁹ A	Luk 7⁵⁰ A
	1Cr	5⁹	A	1Cr	5¹¹	A	2Cr 2³ AB		Luk 8⁴⁸ A	Luk 17¹⁹ A	Luk 18⁴² A
	2Cr	2⁴	AB	2Cr	2⁹	AB	2Cr 3² AB		Mrk 5³⁴ A	Mrk 10⁵² A	Mrk 15³¹ A
	2Cr	3³	AB	Gal	6¹¹	AB	Phm 19 A	ganasidai	Eph 2⁵ AB	Eph 2⁸ AB	
	Phm	21	A				ganasidedi	Luk 7³ A			
gamelidin	2Cr	4¹³	B				ganasidedjau	Jhn 12⁴⁰ A			
gamelido	Mat	8¹⁷	A	Jhn	10³⁵	A	Jhn 13¹⁸ A	ganasjada	Luk 8⁵⁰ A			
	Jhn	15²⁵	A	Jhn	17¹²	A	Luk 18³¹ A	ganasjais	1Cr 7¹⁶ A2			
	Luk	20¹⁷	A	Mrk	12¹⁰	A	Mrk 15²⁸ A	ganasjan	Luk 4¹⁸ A	Luk 6⁹ A	Luk 17³³ A
	Rom	9¹⁷	A	1Cr	15⁵⁴	AB	Gal 4³⁰ B		Mrk 8³⁵ A	Mrk 15³¹ A	1Cr 1²¹ A
gameliþ	Mat	11¹⁰	A	Jhn	6³¹	A	Jhn 6⁴⁵ A	ganasjau	Jhn 12⁴⁷ A	Rom 11¹⁴ A	1Cr 9²² A
	Jhn	8¹⁷	A	Jhn	10³⁴	A	Jhn 12¹⁴ A	ganasjis	1Tm 4¹⁶ B			
	Jhn	12¹⁶	A	Luk	10²⁶	A	Luk 19⁴⁶ A	ganasjiþ	Luk 9²⁴ A	Luk 17³³ A	Mrk 8³⁵ A
	Mrk	1²	A	Mrk	7⁶	A	Mrk 9¹² A	ganatida	Luk 7⁴⁴ A			
	Mrk	9¹³	A	Mrk	11¹⁷	A	Rom 8³⁶ A	ganauhan	2Cr 9⁸ B	Skr 7¹³ E		
	Rom	9¹³	A	Rom	9³³	A	Rom 10¹¹ A	ganauhin	1Tm 6⁶ AB			
	Rom	10¹⁵	A	Rom	11²⁶	A	Rom 12¹⁹ AC	ganawistrodai		Col 2¹² B		
	Rom	14¹¹	C	Rom	15⁴	C	Rom 15⁹ C	ganawistroþs	1Cr 15⁴ A			
	1Cr	1¹⁹	A	1Cr	4⁶	A	1Cr 9⁹ A	ganemuþ	Eph 4²⁰ AB	Php 4⁹ B	Col 1⁷ B
	1Cr	14²¹	A	2Cr	8¹⁵	AB*	2Cr 9⁹ B	ganesi	Mrk 13²⁰ A			
	Gal	4²²	AB	Gal	4²⁷	B	Gal exp A:	ganesun	Mrk 6⁵⁶ A			
gameljan	Luk	2¹	A				ganimai	2Cr 5¹⁰ AB			
gamikilida	Luk	1⁵⁸	A				ganimaiþ	1Cr 4⁶ A			
gaminþi	1Th	3⁶	B	2Tm	1³	A	Cal 1⁷ A	ganiman	1Cr 15⁵⁰ AB			

ganimands	Luk	9²⁸	*A*	Luk	18³¹	*A*	Gal	2¹	AB		Jhn	16²	*A*	Luk	4¹⁵	*A*
ganimis	Luk	1³¹	*A*							garaginoda	Jhn	18¹⁴	*A*			
ganimiþ	Mat	9¹³	*A*	Mrk	5⁴⁰	*A*	Mrk	13²⁸	*A*	garahnidedun				Mat	27⁹	*A*
	Eph	6⁸	B							garaid	Luk	3¹³	*A*			
ganisa	Mat	9²¹	*A*	Mrk	5²⁸	*A*				garaideinai	Rom	13²	AC	2Cr	10¹⁵	B	Gal	6¹⁶	A*B
ganisai	Mrk	5²³	*A*	1Cr	5⁵	*A*					Php	3¹⁶	*A*			
ganisaina	Luk	8¹²	*A*	1Cr	10³³	*A*	1Th	2¹⁶	B	garaideinais	2Cr	10¹³	B			
ganisan	Luk	18²⁶	*A*	Mrk	10²⁶	*A*	1Tm	2⁴	AB	garaideinim	Eph	2¹⁵	AB			
ganisand	Rom	9²⁷	*A*	Rom	11²⁶	*A*				garaideins	Rom	9⁴	*A*			
ganisandam	1Cr	1¹⁸	*A*	2Cr	2¹⁵	AB				garaidida	1Cr	16¹	AB	Eph	1⁹g	*A*	Tit	1⁵	B
ganisis	Rom	10⁹	A*							garaidon	Skr	1¹⁹	*E*			
ganisiþ	Jhn	10⁹	*A*	Mrk	16¹⁶	*S*	Rom	10¹³	*A*	garaiht	Php	4⁸	B	Col	4¹	B	2Th	1⁶	*A*
	1Cr	15²	*A*	1Tm	2¹⁵	AB				garaihta	Jhn	17²⁵	*A*	Luk	1⁶	*A*	Rom	7¹²	*A*
ganist	2Tm	2¹⁰	B	Skr	1¹³	*E*					Rom	11²²	A=	2Tm	4⁸	AB+
ganistai	Rom	10¹⁰	*A*	2Cr	7¹⁰	AB	Php	1¹⁹	B	garaihtaba	1Cr	15³⁴	*A*	1Th	2¹⁰	B	Skr	3¹³	*E*
	2Tm	3¹⁵	AB								Skr	6²²	*E*
ganistais	Eph	1¹³	AB*	Eph	1¹⁴g	*A*	Php	1²⁸	B	garaihtai	Luk	18⁹	*A*	Gal	2¹⁶	B	Gal	2¹⁷	AB
	1Th	5⁹	B							garaihtaize	Luk	1¹⁷	*A*	Luk	15⁷	*A*
ganists	Rom	11¹¹	*A*							garaihtaizos	2Th	1⁵	AB			
ganiþjam	Luk	2⁴⁴	*A*	Mrk	6⁴	*A*				garaihtamma	1Tm	1⁹	AB			
ganiþjos	Luk	1⁵⁸	*A*							garaihtana	Mat	10⁴¹	*A*	Luk	7²⁹	*A*	Mrk	6²⁰	*A*
ganoh	Jhn	16¹²	*A*							garaihtans	Mat	5⁴⁵	*A*	Mat	25⁴⁶	*C*	Luk	5³²	*A*
ganoha	Luk	7¹²	*A*	Luk	20⁹	*A*					Luk	16¹⁵	*A*	Luk	20²⁰	*A*	Gal	5⁴	B
ganohai	Jhn	6⁷	*A*	Luk	7¹¹	*A*	Mrk	10⁴⁶	*A*	garaihtei	Rom	8⁴	*A*	Rom	10⁶	*A*	Rom	14¹⁷	*C*
	1Cr	11³⁰	*A*								2Cr	5²¹	AB	Gal	2²¹	*A*	Php	3⁹	AB
ganohida	Eph	1⁸	AB								Skr	1⁵	*E*
ganohidai	Luk	3¹⁴g	*A*	1Tm	6⁸	AB				garaihteim	Luk	1⁶	*A*
ganohiþs	Php	4¹¹	B							garaihtein	Luk	1⁷⁵	*A*	Rom	9²⁸	*A*	Rom	9³⁰	A3
ganohjands	Skr	7¹²	E*	SkB	7¹²	E¶					Rom	10³	A3	Rom	10⁴	*A*	Rom	10⁵	*A*
ganohnan	1Th	3¹²	B								2Cr	6¹⁴	AB	Eph	4²⁴	AB	Eph	5⁹	B
gansjai	Gal	6¹⁷	A*B								Php	3⁶	AB	Php	3⁹	AB	1Tm	6¹¹	AB
ganumans	Luk	2²¹	*A*								2Tm	2²²	AB	2Tm	3¹⁶	AB	Skr	1⁴	*E*
ganuteina	Mrk	12¹³	*A*							garaihteinai	2Tm	3¹⁶	AB
ganutun	Luk	5⁹	*A*							garaihteins	Mat	5²⁰	*A*	Rom	9³¹	A2	2Cr	3⁹	AB
gapaidodai	Eph	6¹⁴	B								2Cr	6⁷	AB	2Cr	11¹⁵	B	Eph	6¹⁴	AB
gaqemun	Mat	27⁶²	*A*	Jhn	11¹⁹	*A*	Mrk	2²	*A*		Gal	5⁵	B	2Tm	4⁸	AB	Skr	1¹²	*E*
	Mrk	5²¹	*A*	Mrk	7¹	*A*	Mrk	10¹	*A*		Skr	1¹⁸	*E*	Skr	1²⁴	*E*
gaqeþun	Jhn	9²²	*A*							garaihtin	Mat	27¹⁹	*A*
gaqimand	Jhn	18²⁰	*A*							garaihtis	Mat	10⁴¹	A2
gaqimau	Php	3¹¹	AB							garaihtiþa	Jhn	16⁸	*A*	Jhn	16¹⁰	*A*
gaqimiþ	1Cr	14²³	*A*	Col	3¹⁸	B				garaihtiþai	Rom	10¹⁰	*A*
gaqiss	Rom	7¹⁶	*A*							garaihtiþs	1Cr	4⁴	*A*
gaqissai	1Cr	7⁵	*A*							garaihtjai	1Th	3¹¹	B	2Th	3⁵	B
gaqissans	Skr	1²¹	*E*							garaihtjan	Luk	1⁷⁹	*A*
gaqiu..	1Tm	6¹³	A*							garaihton	Jhn	7²⁴	*A*
gaqiujandin	Skr	5¹⁰	*E*							garaihtoza	Luk	18¹⁴	*A*
gaqiujandins	1Tm	6¹³	B							garaihts	Luk	2²⁵	*A*	Gal	2¹⁶	B2	Php	3¹²	AB
gaqiujiþ	2Cr	3⁶	AB								1Tm	3¹⁶	*A*	Tit	1⁸	B
gaqiunand	1Cr	15²²	*A*							garaþana	Mat	10³⁰	*A*
gaqiunoda	Luk	15²⁴	*A*	Luk	15³²	*A*	Rom	7⁹	*A*	garaznans	Jhn	9⁸	*A*	Luk	14¹²	*A*	Luk	15⁶	*A*
gaqumanai	Luk	5¹⁷	*A*							garaznons	Luk	15⁹	*A*
gaqumanaim	Mat	27¹⁷	*A*	Luk	8⁴	*A*				gard	Mat	9⁶	*A*	Mat	9⁷	*A*	Luk	1⁴⁰	*A*
gaqumþai	Mat	5²²	*A*	Jhn	18²⁰	*A*					Luk	4³⁸	*A*	Luk	5²⁴	*A*	Luk	5²⁵	*A*
gaqumþais	2Th	2¹	*A*								Luk	6⁴	*A*	Luk	7³⁶	*A*	Luk	7⁴⁴	*A*
gaqumþim	Mat	6²	*A*	Mat	6⁵	*A*	Mat	9³⁵	*A*		Luk	8⁴¹	*A*	Luk	9⁴	*A*	Luk	10⁷	*A*

		Luk	18²⁹	*A*	Luk	19⁷	*A⁼*	Mrk	2²⁶	*A*	garunsim	Mat	6²	*A*	Mat	11¹⁶	*A:*
		Mrk	3²⁰	*A*	Mrk	3²⁷	*A2*	Mrk	5³⁸	*A*	gasaggq	Mrk	1³²	*A*			
		Mrk	6¹⁰	*A*	Mrk	7¹⁷	*A*	Mrk	7²⁴	*A*	gasaht	Skr	8²⁶	*E**	SkB	8²⁶	*E ¶*
		Mrk	9²⁸	*A*	Mrk	10²⁹	*A*	Mrk	14⁶⁸	*A*	gasahtai	2Tm	3¹⁶	*AB*	Skr	8⁸	*E*	Skr	8²⁵	*E**
		1Cr	16¹⁵	*B*	2Cr	5¹	*AB*	1Tm	5⁴	*AB*		SkB	8²⁵	*E ¶*			
garda		Mat	5¹⁵	*A*	Mat	8⁶	*A*	Mat	8¹⁴	*A*	gasaƕ	Mat	8¹⁴	*A*	Mat	9⁹	*A*	Mat	26⁷¹	*AC*
		Mat	9¹⁰	*A*	Mat	9²³	*A*	Mat	9²⁸	*A*		Jhn	6²⁴	*A*	Jhn	8³⁸	*A*	Jhn	8⁵⁶	*A*
		Jhn	8³⁵	*A*	Jhn	11²⁰	*A*	Jhn	11³¹	*A*		Jhn	11³³	*A*	Jhn	14⁹	*A2*	Luk	1²²	*A*
		Jhn	14²	*A*	Luk	1²³	*A*	Luk	1²⁷	*A*		Luk	5²	*A*	Luk	5²⁷	*A*	Luk	10¹⁸	*A*
		Luk	1³³	*A*	Luk	1⁵⁶	*A*	Luk	1⁶⁹	*A*		Luk	15²⁰	*A*	Luk	16²³	*A*	Luk	19⁵	*A*
		Luk	2⁴	*A*	Luk	5²⁹	*A*	Luk	7⁶	*A*		Mrk	1¹⁰	*A*	Mrk	1¹⁶	*A*	Mrk	1¹⁹	*A*
		Luk	7¹⁰	*A*	Luk	8²⁷	*A*	Luk	8³⁹	*A*		Mrk	2¹⁴	*A*	Mrk	5³⁸	*A*	Mrk	8²⁵	*A*
		Luk	8⁵¹	*A*	Luk	9⁶¹	*A*	Luk	10⁵	*A*		Mrk	9¹⁴	*A*	Gal	2¹⁴	*B*	Skr	4²⁰	*E*
		Luk	10⁷	*A2*	Luk	15⁶	*A*	Luk	18¹⁴	*A*		Skr	4²⁴	*E*			
		Luk	19⁵	*A*	Luk	19⁹	*A*	Mrk	1²⁹	*A*	gasaƕt	Jhn	9³⁷	*A*			
		Mrk	2¹	*A*	Mrk	2¹¹	*A*	Mrk	2¹⁵	*A*	gasaiƕa	Mrk	8²⁴	*A2*	Rom	7²³	*A*	2Cr	7⁸	*AB*
		Mrk	5¹⁹	*A*	Mrk	6⁴	*A*	Mrk	7³⁰	*A*		Php	2²³	*B*			
		Mrk	8³	*A*	Mrk	8²⁶	*A*	Mrk	9³³	*A*	gasaiƕaima	Mat	27⁴²	*A⁼*	Mrk	15³²	*A*	1Th	3¹⁰	*B*
		Mrk	10¹⁰	*A*	Mrk	14⁵⁴	*A*	1Tm	3⁴	*AB*	gasaiƕaina	Mat	5¹⁶	*A*	Luk	8¹⁰	*A*
		1Tm	3⁵	*A*	1Tm	3¹⁵	*A*	1Tm	5¹⁴	*A:*	gasaiƕaindau	Mat	6¹⁶	*A*
		2Tm	1¹⁶	*AB*	2Tm	2²⁰	*B*	Neh	7³⁹	*D*	gasaiƕaizau	Mat	6¹⁸	*A*
gardan		Jhn	10¹	*A*				gasaiƕam	Jhn	9⁴¹	*A*	Luk	5²⁶	*A*
gardawaldand					Mat	10²⁵	*A*	gasaiƕan	Jhn	12²¹	*A*	Luk	8²⁰	*A*	Luk	9⁹	*A*
gardawaldands					Luk	14²¹	*A*		Luk	17²²	*A*	Luk	19³	*A*	1Th	2¹⁷	*B*
gardei		Luk	10⁵	*A*					1Th	3⁶	*B*	2Tm	1⁴	*A*	Skr	2⁶	*E*
gardim		Mat	11⁸	*A*	1Tm	3¹²	*A*	gasaiƕan..	Skr	2²⁶	*E°*
gardins		Luk	16⁴	*A*	Mrk	10³⁰	*A*	1Cr	11²²	*A*	gasaiƕanane	2Cr	4¹⁸	*B*
		1Tm	5¹³	*A*	2Tm	3⁶	*AB*	Tit	1¹¹	*A*	gasaiƕanans	Luk	9³¹	*A*
gardis		Mrk	15¹⁶	*A*				gasaiƕand	Jhn	6¹⁹	*A*	Luk	9²⁷	*A*	Mrk	5¹⁵	*A*
gards		Jhn	12³	*A*	Luk	14²³	*A*	Luk	19⁴⁶	*A2*		Mrk	9¹	*A*	Mrk	13²⁶	*A*	Skr	6²⁸	*E*
		Mrk	3²⁵	*A2*	2Cr	5¹	*B*		gasaiƕandam				Mrk	16¹⁴	*S*
garedaba		Rom	13¹³	*A*				gasaiƕandans				Mat	8³⁴	*A*	Mat	27⁵⁴	*A*
garedandans		2Cr	8²¹	*AB*					Jhn	6¹⁴	*A*	Jhn	11³¹	*A*	Luk	2¹⁷	*A*
garehsn		Gal	4²	*A*	Skr	1⁷	*E*	Skr	1¹⁹	*E*		Luk	2⁴⁸	*A*	Luk	8³⁴	*A*	Luk	8³⁶	*A*
		Skr	2²¹	*E*					Luk	8⁵³	*A*	Luk	9⁵⁴	*A*	Luk	14²⁹	*A*
garehsnai		Skr	2²⁵	*E⁻°*	SkB	2²⁵	*E ¤*	Skr	3²⁷	*E*		Luk	18¹⁵	*A*	Luk	19⁷	*A*	Luk	20¹³	*A*
		Skr	8¹⁹	*E**	SkB	8¹⁹	*E ¶*		Luk	20¹⁴	*A*	Mrk	2¹⁶	*A*	Mrk	7²	*A*
garehsnais		Skr	4²²	*E*					Mrk	9¹⁵	*A*	Gal	2⁷	*AB*	Php	2²⁸	*AB*
garehsns		Skr	1¹²	*E⁺°*	SkB	1¹²	*E ¤*	Skr	3³	*E*	gasaiƕandei	Jhn	11³²	*A*	Luk	1²⁹	*A*	Luk	8⁴⁷	*A*
		Skr	4⁷	*E*					Luk	18⁴³	*A*	Mrk	14⁶⁷	*A*	Mrk	14⁶⁹	*A*
garinnaima		Eph	4¹³	*A*				gasaiƕandeins				Mat	9⁸	*A*
garinnaiþ		1Cr	9²⁴	*A*	1Cr	14²⁶	*A*	gasaiƕands	Mat	8¹⁸	*A*	Mat	9²	*A*	Mat	9²²	*A*
gariud		Php	4⁸	*B*					Mat	9²³	*A*	Mat	9³⁶	*A*	Mat	27³	*A*
gariud..n		1Tm	2⁹	*A*					Luk	1¹²	*A*	Luk	5¹²	*A*	Luk	5²⁰	*A*
gariudans		1Tm	3⁸	*A*					Luk	7¹³	*A*	Luk	7³⁹	*A*	Luk	8²⁸	*A*
gariudein		1Tm	2⁹	*B*					Luk	9⁴⁷	*A*	Luk	18²⁴	*A*	Luk	19⁴¹	*AC*
gariudja		1Tm	2²	*B*					Mrk	2⁵	*A*	Mrk	5⁶	*A*	Mrk	8³³	*A*
gariudos		1Tm	3¹¹	*A*					Mrk	9²⁰	*A*	Mrk	9²⁵	*A*	Mrk	10¹⁴	*A*
gariuds		1Tm	3²	*A⁼ B⁼*					Mrk	11¹³	*A*	Mrk	12¹⁵	*A*	Mrk	12²⁸	*A*
garuni		Mat	27¹	*C*	Mat	27⁷	*A*	Mrk	3⁶	*A*		Mrk	12³⁴	*A*	Mrk	15³⁹	*A*	Skr	1⁶	*E*
		Mrk	15¹	*A*					Skr	2¹⁷	*E*			
garunjon		Luk	6⁴⁸	*A*				gasaiƕano	SkB	2²⁶	*E ¤*
garunnana		Mrk	1³³	*A*				gasaiƕanona	2Cr	4¹⁸	*B*	Col	1¹⁶	*AB*
garunnun		Jhn	12¹¹	*A*	Luk	5¹⁵	*A*	Mrk	14⁵³	*A*	gasaiƕans	Mrk	16¹¹	*A*	1Cr	15⁶	*A*
garunsai		Luk	7³²	*A*				gasaiƕau	Mrk	12¹⁵	*A*	Php	1²⁷	*B*

gasaiƕis	Jhn	11⁴⁰	*A*	Luk	7⁴⁴	*A*					
gasaiƕiþ	Mat	11⁴	*A*	Jhn	6⁶²	*A*	Jhn	8⁵¹	*A*		
	Jhn	10¹²	*A*	Jhn	11⁹	*A*	Jhn	14⁷	*A*		
	Jhn	16¹⁶	*A*	Jhn	16¹⁷	*A*	Jhn	16¹⁹	*A*		
	Luk	3⁶	*A*	Luk	17²²	*A*	Mrk	8¹⁸	*A*		
	Mrk	13²⁹	*A*	Mrk	14⁶²	*A*	Mrk	16⁷	*A*		
	1Cr	8¹⁰	*A*	2Cr	12⁶	AB	Php	1³⁰	B		
gasaizlep	Jhn	11¹¹	*A*								
gasaizlepun	1Cr	15⁶	*A*								
gasak	Luk	17³	*A*	1Tm	5²⁰	*A*	2Tm	4²	AB		
	Tit	1¹³	*A*								
gasakada	1Cr	14²⁴	*A*	Skr	7⁴	*E*					
gasakan	Tit	1⁹	AB	Tit	1¹¹	*A*	Skr	4²⁶	*E*		
gasakands	Luk	4⁴¹	*A*								
gasakans	Luk	3¹⁹	*A*								
gasakiþ	Jhn	8⁴⁶	*A*	Jhn	16⁸	*A*					
gasalboda	Jhn	12³	*A*	Luk	4¹⁸	*A*	Luk	7³⁸	*A*		
	Luk	7⁴⁶	*A*								
gasalbodedeina				Mrk	16¹	*A*					
gasalbodedun				Mrk	6¹³	*A*					
gasaliþ	1Cr	8¹⁰	*A*	1Cr	10²⁸	*A*					
gasaljands	Skr	1⁵	*E*								
gasandjaiþ	1Cr	16⁶	AB								
gasandjan	2Cr	1¹⁶	AB								
gasat	Jhn	6³	*A*	Jhn	12¹⁴	*A*	Luk	4²⁰	*A*		
	Mrk	11⁷	*A*	Mrk	16¹⁹	*S*					
gasatein	Eph	1⁴	AB								
gasatida	Jhn	15¹⁶	*A‡*	Luk	4⁹	*A*	Luk	6⁴⁸	*A*		
	Luk	9⁴⁷	*A*	Mrk	3¹⁶	*A*	Mrk	3¹⁷	*A*		
	Mrk	9³⁶	*A*	Rom	13¹	AC	1Cr	12¹⁸	*A*		
	Eph	1²⁰	AB	Neh	7¹	*D*					
gasatidai	Eph	1¹¹	AB								
gasatidedi	Luk	14²⁹	*A*								
gasatidedun	Luk	5¹⁹	*A*	1Cr	16¹⁵	B					
gasatids	Luk	7⁸	*A*								
gasatiþs	Mrk	8²⁵	*A*	Php	1¹⁶	B	1Tm	2⁷	AB		
	2Tm	1¹¹	AB								
gasatjais	Tit	1⁵	B								
gasatjan	Skr	1²³	*E*								
gasatjanda	Rom	14¹⁰	*C*								
gasatjands	1Tm	1¹²	B								
gasatjiþ	Luk	8¹⁶	*A⁺*								
gaseƕi	Jhn	8⁵⁶	*A*	Luk	19⁴	*A*					
gaseƕum	Luk	9⁴⁹	*A*								
gaseƕun	Jhn	6²	*A*	Jhn	15²⁴	*A*	Luk	2²⁰	*A*		
	Luk	9³²	*A*	Luk	9³⁶	*A*	Luk	10²⁴	*A*		
	Mrk	2¹²	*A*	Mrk	3¹¹	*A*	Mrk	5¹⁶	*A*		
	Mrk	9⁸	*A*	Mrk	9⁹	*A*	Mrk	11²⁰	*A*		
	Mrk	16⁵	*A*								
gaseƕuts	Luk	7²²	*A*								
gaseƕuþ	Jhn	6³⁶	*A*	Php	4⁹	B	Skr	6²³	*E**		
	SkB	6²³	*E*ⁿ								
gasibjon	Mat	5²⁴	*A*								
gasiggqai	2Cr	2⁷	AB								
gasiglida	Jhn	6²⁷	*A*								
gasiglidai	Eph	1¹³	AB*	Eph	4³⁰	AB					
gasinþam	2Cr	8¹⁹	AB								
gasinþjam	Luk	2⁴⁴	*A*								
gasitan	Mrk	4¹	*A*	2Th	2⁴	*A*					
gasitands	Luk	5³	*A*	Luk	14²⁸	*A*	Luk	14³¹	*A*		
	Luk	16⁶	*A*								
gaskadwein	1Tm	6⁸	AB								
gaskaft	Jhn	17²⁴	*A*	Col	1²³	AB					
gaskaftai	Mrk	16¹⁵	*S*								
gaskaftais	Mrk	10⁶	*A*	Mrk	13¹⁹	*A*	Col	1¹⁵	AB		
	1Tm	4⁴	AB								
gaskafts	Rom	8³⁹	*A*	2Cr	5¹⁷	AB	Gal	6¹⁵	A*B		
gaskaidaiþ	2Th	3⁶	B								
gaskaideins	Rom	10¹²	*A*								
gaskaidnai	1Cr	7¹¹	*A*								
gaskalki	Col	4⁷	AB								
gaskalkja	Col	1⁷	B								
gaskamai	2Th	3¹⁴	AB								
gaskapana	Col	1¹⁶	A2B2								
gaskapanai	Eph	2¹⁰	AB								
gaskapanin	Eph	4²⁴	AB								
gaskapans	Mrk	2²⁷	*A*								
gaskapjandin	Eph	3⁹	AB								
gaskaþjands	Luk	4³⁵	*A*								
gaskaþjiþ	Luk	10¹⁹	*A*								
gaskeiriþ	Mrk	5⁴¹	*A*	Mrk	15²²	*A*	Mrk	15³⁴	*A*		
gaskeirjada	Jhn	9⁷	*A*								
gaskeirjands	Skr	2¹⁸	*E*								
gaskohai	Mrk	6⁹	*A*	Eph	6¹⁵	B					
gaskohi	Luk	10⁴	*A*	Luk	15²²	*A*					
gaskop	Mrk	13¹⁹	*A*	Col	3¹⁰	B	1Tm	4³	AB		
gaskopi	Eph	2¹⁵	AB								
gaskoþ	Phm	1⁸	*A*								
gaskoþum	2Cr	7²	AB								
gaskoþuþ	Gal	4¹²	*A*								
gaslawai	Mrk	4³⁹	*A*								
gasleiþeiþ	Mrk	8³⁶	*A*								
gasleiþiþs	Php	3⁸	AB								
gasleiþjaindau				2Cr	7⁹	AB					
gasleiþjands	Luk	9²⁵	*A*								
gaslepandane	1Cr	15²⁰	*A*								
gaslepandans	1Cr	15¹⁸	*A*								
gasmait	Jhn	9⁶	*A*								
gasmiþoþ	2Cr	7¹⁰	AB								
gasnau	Rom	9³¹	*A*								
gasnewum	Php	3¹⁶	AB								
gasniumidedum				2Cr	10¹⁴	B					
gasok	Mat	8²⁶	*A*	Luk	4³⁹	*A*	Luk	8²⁴	*A*		
	Luk	9⁵⁵	*A*	Mrk	4³⁹	*A*	SkB	5¹¹	*E*¤		
gasoki	Skr	5¹¹	*E*°								
gasokja	Php	4¹⁷	B								
gasokjandam	Rom	10²⁰	*A*								
gasokjau	Php	4¹⁷	B								
gasoþida	Luk	1⁵³	*A*	Ver	24³⁹	V					
gasoþjan	Mrk	8⁴	*A*								

gaspaiw	Jhn	9⁶	A				gaswikunþjands				Skr	2³	E	
gaspillo	Luk	9⁶⁰	A				gaswiltaima	Jhn	11¹⁶	A				
gast	Mat	25³⁸	C	Mat	25⁴⁴	C	gaswiltam	1Cr	15³²	A	1Cr	15⁵¹	AB	
gastagqjais	Luk	4¹¹	A				gaswiltan	Jhn	18³²	A	Jhn	19⁷	A	Luk 16²² A
gastaistald	Neh	5¹⁶	D					Luk	20³⁶	A	2Cr	7³	B	Php 1²¹ B
gastaistaldjau	1Cr	9¹⁹ᵍ	A				gaswiltandans				1Cr	15³¹	A	2Cr 6⁹ AB
gastalda	Luk	18¹²	A				gaswiltandin	2Cr	5¹⁵	AB				
gastaldan	1Th	4⁴	B				gaswiltands	Mrk	12²⁰	A				
gastaldand	1Cr	7²⁸	A				gaswiltiþ	Jhn	12²⁴	A2	Mrk	9⁴⁴	A	Mrk 9⁴⁶ A
gastandai	1Cr	7²⁴	A	2Cr	13¹	B	Gal 2⁵ AB	Rom	7²	A	Rom	7³	A	
gastandan	Mrk	3²⁶	A				gaswinþidai	Col	1¹¹	AB				
gastandand	1Tm	2¹⁵	AB				gaswinþnan	Eph	3¹⁶	B				
gastandands	Luk	18⁴⁰	A	Mrk	10⁴⁹	A	gaswogida	Mrk	7³⁴	A				
gastandiþ	Jhn	8³¹	A	2Cr	13¹	A	1Th 3⁸ B	gaswulti	Jhn	11³²	A				
gastauida	1Cr	5³	A	2Cr	2¹	AB		gaswultun	Jhn	6⁴⁹	A	Luk	20³¹	A	2Cr 5¹⁵ AB
gastaurkniþ	Mrk	9¹⁸	A				gaswultuþ	Col	2²⁰	B				
gasteigiþ	Rom	10⁷	A				gataih	Luk	8⁴⁷	A	Luk	14²¹	A	Mrk 16¹⁰ A
gasteis	Eph	2¹²	AB	Eph	2¹⁹	AB	gataihan	Luk	2²⁶	A	Luk	8²⁰	A	
gastiggqiþ	Jhn	11⁹	A	Jhn	11¹⁰	A	gataihans	Luk	18¹⁴	A				
gastigodein	Rom	12¹³	A				gataihun	Mat	8³³	A	Luk	7¹⁸	A	Luk 8³⁴ A
gastigods	1Tm	3²	AB	Tit	1⁸	B		Luk	8³⁶	A	Luk	9³⁶	A	Luk 18³⁷ A
gastigun	Jhn	6²⁴	A					Mrk	5¹⁴	A	Mrk	6³⁰	A	Mrk 16¹³ S
gastim	Mat	27⁷	A				gataiknida	Luk	3⁷	A				
gastins	1Tm	5¹⁰	AB				gatair	Rom	14²⁰	C				
gastojanaim	2Th	3²	B				gataira	Mrk	14⁵⁸	A				
gastost	Rom	11²⁰	A				gatairada	1Cr	15²⁶	A	2Cr	3¹⁴	AB	2Cr 5¹ B
gastoþ	Jhn	8⁴⁴	A	Luk	1⁵⁶	A	Luk 2⁴³ A	gatairaidau	Jhn	7²³	A				
	Luk	6⁸	A	Luk	6¹⁰	A	Luk 6¹⁷ A	gatairan	Mat	5¹⁷	A2	Jhn	10³⁵	A	
	Luk	8⁴⁴	A	Mrk	3⁵	A		gatairanda	1Cr	13⁸	A				
gastoþan	Rom	14⁴	A⁻				gatairandans	2Cr	10⁵	B				
gastoþun	Luk	7¹⁴	A	Luk	17¹²	A		gatairandins	2Tm	1¹⁰	AB				
gastoþuþ	2Cr	1²⁴	AB				gatairands	Mrk	15²⁹	A	Eph	2¹⁴	AB	Eph 2¹⁵ AB
gastrawiþ	Mrk	14¹⁵	A				gatairiþ	Mat	5¹⁹	A	1Cr	15²⁴	A	
gasts	Mat	25⁴³	C				gatalzjaindau	1Tm	1²⁰	AB				
gasulid	Luk	6⁴⁸	A				gatamjan	Mrk	5⁴	A				
gasulidai	Eph	3¹⁸	AB				gatandida	1Tm	4²	AB				
gasuliþ	Mat	7²⁵	A				gatar	Gal	2¹⁸	A				
gasunjoda	Luk	7³⁵	A				gatarhida	Col	2¹⁵	B				
gasupoda	Luk	14³⁴	A				gatarhidana	Mat	27¹⁶	A				
gasupoþ	Col	4⁶	AB				gatarhiþ	2Tm	3⁹ᵍ	A				
gaswalt	Mat	9¹⁸	A	Mat	9²⁴	A	Jhn 11¹⁴ A	gatarhiþs	Gal	2¹¹	B				
	Luk	8⁵²	A	Luk	8⁵³	A	Luk 16²² A	gatarhjaiþ	2Th	3¹⁴	AB				
	Luk	20³⁰	A	Mrk	5³⁵	A	Mrk 9²⁶ A	gatarhjan	Skr	4²⁶	E				
	Mrk	12²²	A	Mrk	15⁴⁴	A	Rom 14¹⁵ C	gatarniþ	1Tm	6⁵	AB				
	1Cr	8¹¹	A	1Cr	15³	A	2Cr 5¹⁵ A2B2	gatauh	Luk	4⁹	A				
	Gal	2¹⁹	A	Gal	2²¹	A	1Th 4¹⁴ B	gatauhans	Mat	27³	A				
	1Th	5¹⁰	B					gatauhun	Mat	27²	A	Jhn	18¹³	A	Mrk 14⁵³ A
gasweraids	Jhn	13³¹	A					Mrk	15¹⁶	A				
gasweraiþs	Jhn	12¹⁶	A				gatauja	Mrk	1¹⁷	A				
gaswikunþeiþ				2Cr	10¹⁸	B2	gataujai	2Cr	9¹⁰	B	1Th	3¹²	B	
gaswikunþida				Col	1²⁶	AB	2Tm 1¹⁰ AB	gataujan	Mat	5³⁶	A	Mat	7¹⁸	A2	Jhn 11³⁷ A
gaswikunþidedeina				Mrk	3¹²	A		Luk	5³⁴	A	Mrk	6⁵	A	2Cr 11⁵ B
gaswikunþjan				Luk	19¹¹	A	gataujandan	1Cr	5³	A				
gaswikunþjand				Skr	6¹⁵	E⁻	gataujandin	Jhn	12³⁷	A				
gaswikunþjandona				SkB	6¹⁵	E¤	gataujiþ	Mat	7¹⁷	A2	Luk	9²⁵	A	Mrk 4³² A

		Mrk	7³⁷	*A*	Skr	5⁸	*E*	Skr	5⁹	*E*	gatimrjands	Mrk	15²⁹	*A*	
gataujos		Jhn	14²³	*A*							gatimrjo	Eph	2²¹	B	
gataura		Mat	9¹⁶	*A*	Mrk	2²¹	*A*				gatimrjon	2Cr	5¹	B	
gatauran		Gal	5¹¹	B							gatiuhand	Jhn	9¹³	*A*	
gataurnandins					2Cr	3⁷	AB	2Cr	3¹³	AB	gatiuhandans	Luk	5¹¹	*A*	
gataurnando		2Cr	3¹¹	AB							gatraua	Rom	8³⁸	*A*	2Cr 7¹⁶ AB 2Cr 10¹ B
gataurniþ		1Cr	13⁸	*A*	1Cr	13¹⁰	*A*					Gal	5¹⁰	B	Php 2²⁴ B 2Tm 1¹² AB
gataurþai		2Cr	10⁴	B	2Cr	10⁸	B	2Cr	13¹⁰	AB	gatrauaida	Gal	2⁷	AB	2Tm 3¹⁴ AB Tit 1³ B
gatawei		Luk	15¹⁹	*A*							gatrauaiþ	2Cr	10⁷	B	1Tm 1¹¹ B
gatawida		Jhn	6²	*A*	Jhn	6¹⁴	*A*	Jhn	7²¹	*A*	gatrauam	2Cr	5⁸	AB	Php 3³ A:B 2Th 3⁴ B
		Jhn	7²³	*A*	Jhn	9²⁶	*A*	Jhn	10⁴¹	*A*	gatrauandans	2Cr	5⁶	AB	Php 1¹⁴ B
		Jhn	11⁴⁵	*A*	Jhn	11⁴⁶	*A*	Jhn	13¹²	*A*	gatrauands	2Cr	2³	AB	Phm 2¹ *A*
		Jhn	13¹⁵	*A*	Jhn	15²⁴	*A*	Jhn	19⁷	*A*	gatrauau	2Cr	10²	B	
		Luk	1²⁵	*A*	Luk	1⁴⁹	*A*	Luk	1⁵¹	*A*	gatrudan	Luk	8⁵	*A*	
		Luk	6³	*A*	Luk	8³⁹	*A2*	Luk	9⁴³	*A*	gatulgeiþ	2Th	3³	B	
		Luk	9⁵⁴	*A*	Luk	16⁸	*A*	Luk	17⁹	*A*	gatulgida	Luk	9⁵¹	*A*	2Cr 1⁶ B 2Cr 7¹⁰ A
		Mrk	2²⁵	*A*	Mrk	5¹⁹	*A*	Mrk	5²⁰	*A*	gatulgidai	2Cr	7¹⁰	B	Col 1²³ AB
		Mrk	6²⁰	*A*	Mrk	7³⁷	*A*	Mrk	8²⁵	*A*	gatulgjai	1Th	3²	B	2Th 2¹⁷ B
		Mrk	10⁶	*A*	Mrk	14⁸	*A*	Mrk	14⁹	*A*	gatulgjan	Rom	15⁸	*C*	
		Mrk	15¹⁴	*A*	1Cr	1²⁰	A	2Cr	5¹⁰	AB	gatulgjand	Rom	11²³	*A*	
		2Cr	5²¹	AB	2Cr	7¹¹	AB	2Cr	11²⁵	B	gatwons	Luk	14²¹	*A*	
		Eph	2¹⁴	AB	Eph	3¹¹	AB	Gal	2⁸	A2B2	gaþagkja	2Cr	9⁶	A2B2	
		1Tm	1¹³	B	SkB	7¹⁸	*E*¤	Skr	7¹⁹	*E**	gaþahaidedi	Mrk	10⁴⁸	*A*	
		SkB	7¹⁹	*E*¶	Skr	7²⁰	*E*				gaþahaidedun				Luk 20²⁶ *A*
gatawidedeina					Luk	19⁴⁸	*A*				gaþaih	Skr	4¹⁰	*E*	
gatawidedi		Jhn	12¹⁸	*A*							gaþaihuþ	Php	4¹⁰	B	
gatawidedjau		Jhn	15²⁴	*A*							gaþarbaiþ	1Cr	9²⁵	*A*⁺	
gatawidedum		Mat	7²²	*A*	Luk	17¹⁰	*A*				gaþarban	1Tm	4³	AB	
gatawidedun		Jhn	12¹⁶	*A*	Luk	9¹⁰	*A*	Luk	9¹⁵	*A2*	ga-þau-laubidedeiþ				Jhn 5⁴⁶ *A*
		Mrk	3⁶	*A*	Mrk	6³⁰	*A**	Mrk	9¹³	*A*	gaþaurbs	Tit	1⁸	B	
		Mrk	15⁷	*A*	2Cr	12²¹	AB	1Tm	5¹²	*A*:	gaþaursana	Mrk	3¹	*A*	Mrk 3³ *A*
		Neh	5¹³	D	Skr	7⁹	*E*				gaþaursniþ	Jhn	15⁶	*A*	
gatawideduþ		Luk	19⁴⁶	*A*	Mrk	11¹⁷	*A*	Php	4¹⁴	B	gaþaursnoda	Luk	8⁶	*A*	Mrk 4⁶ *A* Mrk 5²⁹ *A*
gatawides		Jhn	18³⁵	*A*	Luk	2⁴⁸	*A*	Rom	9²⁰	A		Mrk	11²¹	*A*	
gatawidos		2Cr	12¹²	AB							gaþiuþida	Luk	9¹⁶	*A*	Eph 1³ AB Skr 7¹² *E*
gateih		Mrk	5¹⁹	*A*							gaþiuþjands	Mrk	8⁷	*A*	
gateiha		Jhn	16²⁵	*A*							gaþiwaidedeina				Gal 2⁴ AB
gateihaidau		Rom	9¹⁷	*A*							gaþiwaidedun				1Tm 6¹⁰ AB
gateiham		Col	1²⁸	AB							gaþiwaids	1Cr	7¹⁵	*A*	
gateihandin		1Th	3⁶	B							gaþiwaiþ	2Cr	11²⁰	B	
gateihands		1Cr	14²⁵	*A*	2Cr	7⁷	AB	Gal	4¹⁶	*A*	gaþiwandam	1Tm	1¹⁰	B	
gateihats		Luk	7²²	*A*							gaþlahsnoda	Luk	1²⁹	*A*	
gateihiþ		Mat	11⁴	*A*	Jhn	16¹³	*A*	Jhn	16¹⁴	*A*	gaþlaih	1Tm	5¹	B	1Tm 6² AB 2Tm 4² AB
		Jhn	16¹⁵	*A*							gaþlaihan	2Cr	2⁷	B	Tit 1⁹ AB
gatemiba		Skr	2²⁴	*E*							gaþlaihandans				1Th 2¹¹ B
gatewiþs		2Cr	8¹⁹	AB							gaþlaihandin	2Cr	5²⁰	AB	
gatilaba		Mrk	14¹¹	*A*							gaþlaihands	Mrk	10¹⁶	*A*	2Cr 7⁶ AB⁺
gatilona		2Tm	2¹⁰	B							gaþlaihiþ	1Tm	5⁸	AB	
gatils		Luk	9⁶²	*A*	Mrk	6²¹	*A*				gaþlaiht	Luk	6²⁴	*A*	2Cr 1⁴ B 2Th 2¹⁶ B
gatimid		Luk	5³⁶	*A*							gaþlaihtai	2Cr	7⁷	AB	1Tm 4¹³ B
gatimreinai		2Cr	13¹⁰	AB							gaþlaihtais	2Cr	1⁶	B2	2Cr 1⁷ B 2Cr 7⁴ AB
gatimreinais		2Cr	12¹⁹	AB							gaþlaihte	2Cr	1³	B	Php 2¹ B
gatimrida		Mat	7²⁴	*A*	Mat	7²⁶	*A*	Luk	4²⁹	*A*	gaþlauh	Mrk	14⁵²	*A*	
		Luk	7⁵	*A*	Mrk	12¹	*A*	Neh	7¹	D	gaþlauhun	Mat	8³³	*A*	Luk 8³⁴ *A* Mrk 5¹⁴ *A*
gatimrja		Mrk	14⁵⁸	*A*								Mrk	14⁵⁰	*A*	Mrk 16⁸ *A*

gaþrafstein	Luk	4^{19}	A	Rom	15^4	C		gauridai	2Cr	7^9	A2B2			
gaþrafsteinai	2Cr	7^{13}	AB	Col	4^{11}	AB		gauriþa	Jhn	16^6	A			
gaþrafsteino	Php	2^1	B					gaurja	2Cr	2^2	AB			
gaþrafsteins	2Cr	1^5	B					gaurjada	Rom	14^{15}	C			
gaþrafstida	2Cr	1^4	B	2Cr	7^6	AB		gaurjaiþ	Eph	4^{30}	AB			
gaþrafstidai	2Cr	1^4	B	2Cr	7^{13}	AB	2Cr 13^{11} A	gaurs	Luk	18^{23}	A	Mrk 3^5 A	Mrk 6^{26} A
	1Th	3^7	B						Mrk	10^{22}	A			
gaþrafstidedeina				Jhn	11^{19}	A		gawadjoda	2Cr	11^2	B			
gaþrafstidedun				1Cr	16^{18}	B		gawagida	2Cr	9^2	B	Skr 3^{13} E	
gaþrafstiþs	2Cr	7^7	AB					gawagjan	Luk	6^{48}	A			
gaþrafstjai	Eph	6^{22}	B	Col	4^8	AB	2Th 2^{17} B	gawagjanda	Mrk	13^{25}	A			
gaþrafstjan	2Cr	1^4	B					gawairpan	Mrk	9^{45}	A			
gaþrafstjanda	2Cr	1^6	B					gawairpands	Luk	4^{35}	A			
gaþrask	Luk	3^{17}	A					gawairpiþ	Mrk	9^{18}	A			
gaþreihandam				2Th	1^6	A		gawairþeigai	Mrk	9^{50}	A			
gaþ-þan-miþ-sandidedum				2Cr	8^{18}	B		gawairþeis	2Cr	13^{11}	AB	Eph 4^3 AB	Php 4^9 B
gaþ-þan-traua				2Tm	1^5	AB			2Th	3^{16}	AB			
gaþula	2Tm	2^{10}	B					gawairþi	Mat	10^{34}	A2	Jhn 14^{27} A2	Jhn 16^{33} A
gaþulam	2Tm	2^{12}	B						Luk	2^{14}	A	Luk 7^{50} A	Luk 10^5 A
gaþulan	Luk	17^{25}	A						Luk	10^6	A	Luk 19^{38} A	Mrk 5^{34} A
gaþulandam	2Th	1^7	A*						Rom	8^6	A	Rom 10^{15} A	Rom 12^{18} AC
gaþulandei	Mrk	5^{26}	A						Rom	14^{17}	C	2Cr 1^2 B	2Cr 13^{11} AB
gaþwastidai	1Cr	16^{13}	B*	Col	1^{23}	AB			Eph	1^2	AB	Eph 2^{14} AB	Eph 2^{15} AB
gaþwastjaiþ	Gal	6^1	AB						Eph	2^{17}	A2B2	Eph 6^{23} B	Gal 1^3 B
gaþwastjands	2Cr	1^{21}	AB*						Gal	5^{22}	AB	Gal 6^{16} A*B	Php 4^7 B
ga-u-ƕa-saíƕi				Mrk	8^{23}	A			Col	1^{20}	AB	Col 3^{15} B	1Th 5^3 B
gauja	Mat	8^{28}	A						1Th	5^{13}	B	2Th 1^2 AB	2Th 3^{16} AB
gaujans	Luk	3^3	A	Luk	8^{37}	A			1Tm	1^2	AB	2Tm 1^2 A	2Tm 2^{22} AB
gaujis	Luk	15^{15}	A						Tit	1^4	B			
ga-u-laubeis	Jhn	9^{35}	A					gawairþja	Luk	2^{29}	A	Luk 8^{48} A	Luk 19^{42} A
ga-u-laubjats	Mat	9^{28}	A						1Cr	7^{15}	A	1Cr 16^{11} B	
Gaulgauþa	Mrk	15^{22}	A					gawairþjis	Luk	1^{79}	A	Luk 10^6 A	Luk 14^{32} A
Gaumaurjam	Mrk	6^{11}	A						Rom	14^{19}	C	Eph 6^{15} AB	1Th 5^{23} AB
Gaumaurra	Rom	9^{29}	A					gawaknandans				Luk 9^{32} A	
gaumei	1Tm	4^{13}	B					gawaldand	Mrk	10^{42}	A			
gaumeis	Luk	6^{41}	A2					gawaleinai	Rom	9^{11}	A	Rom 11^{28} A	
gaumida	Jhn	6^5	A	Jhn	9^1	A		gawalida	Jhn	6^{70}	A	Jhn 13^{18} A	Jhn 15^{16} A
gaumidedeina				Jhn	12^{40}	A			Jhn	15^{19}	A	Mrk 13^{20} A	Eph 1^4 AB
gaumidedun	Mrk	16^4	A						Neh	5^{18}	D			
gaumjaina	Mrk	4^{12}	A					gawalidai	Col	3^{12}	B*			
gaumjaindau	Mat	6^5	A					gawalidaize	Tit	1^1	B			
gaumjais	Luk	6^{42}	A					gawalidane	Mrk	13^{20}	A	1Tm 5^{21} A	
gaumjan	Skr	7^{22}	E					gawalidans	Luk	18^7	A	Mrk 13^{22} A	Mrk 13^{27} A
gaumjandans	Mat	9^{11}	A						2Tm	2^{10}	B			
gaumjands	Luk	5^8	A	Luk	6^{42}	A	Luk 17^{14} A	gawalideduþ	Jhn	15^{16}	A			
	Luk	17^{15}	A					gawaljaidau	1Tm	5^9	AB			
gaunledida	2Cr	8^9	AB					gawaljands	Luk	6^{13}	A			
gaunodedum	Luk	7^{32}	A					gawamm	Rom	14^{14}	C			
gaunon	Luk	6^{25}	A					gawandei	Luk	8^{39}	A			
gaunoþ	Jhn	16^{20}	A					gawandeinai	Skr	1^{27}	E*°			
gaunoþu	2Cr	7^7	AB					gawandeins	SkB	1^{27}	E¤			
gaurai	Mat	6^{16}	A					gawandeiþ	Luk	1^{16}	A	2Cr 3^{16} AB	
gaurana	Luk	18^{24}	A					gawandida	Mat	27^3	A	Luk 1^{56} A	Luk 4^1 A
gaurein	Php	2^{27}	A2B2						Luk	4^{14}	A	Luk 8^{37} A	Luk 8^{40} A
gaurida	2Cr	2^2	AB	2Cr	2^5	A2B2	2Cr 7^8 A2B2		Luk	8^{55}	A	Luk 17^{15} A	Luk 19^{12} A

gawandidedeina				Jhn	12⁴⁰	A	gaweihada	1Tm	4⁵	AB	
gawandidedi	Skr	1¹⁷	E				gaweihai	1Th	5²³	AB	
gawandidedjau				1Cr	9²¹g	A	gaweihaida	Jhn	10³⁶	A	
gawandidedun				Luk	2²⁰	A	Luk 2³⁹ A	gaweihaidedi	Eph	5²⁶	A
	Luk	2⁴³	A	Luk	2⁴⁵	A	Luk 10¹⁷ A	gaweihaids	1Cr	7¹⁴	A
gawandideduþ				Gal	4⁹	A		gaweihaiþ	2Tm	2²¹	B
gawandiþs	Luk	10²¹	A	Luk	10²³	A		gaweiham	1Cr	10¹⁶	A
gawandjai	Luk	10⁶	A	Luk	17⁴	A	Luk 17³¹ A	gaweisoda	Luk	1⁶⁸	A	Luk 7¹⁶ A
gawandjaina	Mrk	4¹²	A					gaweisodai	Neh	7¹	D
gawandjaiþ	1Cr	7⁵	A					gaweisodeduþ				Mat 25⁴³ C
gawandjan	Luk	1¹⁷	A					gaweisoþ	Luk	1⁷⁸	A
gawandjand	2Tm	4⁴	AB					gawenja	Luk	7⁴³	A
gawandjandam				Skr	3¹⁸	E		gawi	Luk	4¹⁴	A	Luk 8²⁶ A	Luk 15¹⁴ A
gawandjandans				Luk	7¹⁰	A	Luk 9¹⁰ A		Mrk	6⁵⁵	A
	Luk	17¹⁸	A					gawigana	Luk	6³⁸	A
gawandjands	Mat	9²²	A	Luk	7⁴⁴	A	Luk 9⁵⁵ A	gawilja	1Cr	7¹²	A	1Cr 7¹³ A
	Luk	14²⁵	A	Mrk	5³⁰	A	Mrk 8³³ A	gawiljai	Rom	15⁶	C
gawargeinai	2Cr	7³	AB					gawissins	Eph	4¹⁶	A	Col 2¹⁹ B
gawargida	Rom	8³	A					gawizneigs	Rom	7²²	A
gawargjand	Mrk	10³³	A					gawondondans				Luk 20¹² A
gawas	Luk	1²²	A⁺	Luk	8²⁷	A		gawrikai	Luk	18⁷	A
gawaseins	Luk	9²⁹	A					gawrikandans				Rom 12¹⁹ AC
gawasida	Mat	6²⁹	A					gawrikiþ	Luk	18⁸	A
gawasidai	2Cr	5³	AB					gawrisqand	Luk	8¹⁴	A
gawasidana	Mat	11⁸	A	Luk	7²⁵	A	Luk 8³⁵ A	gawunnuþ	Gal	3⁴	A
	Mrk	5¹⁵	A					gazaufwlakio	Jhn	8²⁰	A
gawasidedun	Jhn	19²	A	Mrk	15¹⁷	A	Mrk 15²⁰ A	gazds	1Cr	15⁵⁵	AB	1Cr 15⁵⁶ AB
gawasids	Luk	16¹⁹	A					gebeima	2Th	3⁹	AB
gawasiþs	Luk	8²⁷	A	Mrk	1⁶	A		gebeina	Luk	2²⁴	A	Luk 20¹⁰ A
gawasjada	1Cr	15⁵⁴	A					gebi	Luk	1⁷³	A
gawasjam	Rom	13¹²	A					gebun	Jhn	19³	A	Mrk 15²³ A
gawasjiþ	Luk	15²²	A					gebuþ	Mat	25⁴²	C
gawaþ	Mrk	10⁹	A					giba	Mat	5²⁴	A2	Mat 8⁴ A	Jhn 6⁵¹ A2
gawaurdja	1Cr	15³³	A						Jhn	10²⁸	A	Jhn 13²⁶ A	Jhn 13³⁴ A
gawaurhta	Jhn	9⁶	A	Jhn	9¹¹	A	Jhn 9¹⁴ A		Jhn	14²⁷	A2	Luk 4⁶ A2	Mrk 6²² A
	Luk	1⁶⁸	A	Luk	3¹⁹	A	Luk 5²⁹ A		Mrk	6²³	A	1Cr 7⁷ A	1Cr 7²⁵ A
	Luk	14¹⁶	A	Luk	19¹⁶	A	Luk 19¹⁸ A		2Cr	1¹¹	AB	2Cr 8¹⁰ AB	Eph 2⁸ AB
	Mrk	3¹⁴	A	Rom	7⁸	A	Eph 1²⁰ AB		Php	4¹⁷	B
	DeA	1	𝔄					gibada	Luk	6³⁸	A2	Luk 8¹⁸ A	Luk 19²⁶ A
gawaurhtai	Eph	3¹⁸	AB						Mrk	4²⁵	A
gawaurhtedi	Luk	19¹⁵	A	Skr	1⁶	E	Skr 1¹³ E	gibai	Mat	5³¹	A	Jhn 17² A	Luk 3¹¹ A
gawaurhtedun				Mat	8³²	A	Jhn 12² A		Rom	15⁵	C	Eph 1¹⁷ AB	Eph 3⁷ B
gawaurkeiþ	Luk	9¹⁴	A						Eph	3¹⁶	AB	Eph 4²⁹ AB	2Th 3¹⁶ AB
gawaurki	Php	1²¹	B	Php	3⁷	AB	1Tm 6⁶ AB		2Tm	1¹⁶	AB	2Tm 1¹⁸ AB	2Tm 2²⁵ AB
gawaurkja	Php	3⁸	AB					gibaid	Luk	6³⁸	A
gawaurkjai	Luk	9⁵⁰	A⁼					gibaidau	Mrk	8¹²	A	Eph 6¹⁹ AB
gawaurkjaima				Luk	9³³	A		gibaima	Mrk	12¹⁴	A
gawaurkjam	Mrk	9⁵	A	2Tm	2⁴	B		gibais	Mat	5⁴²	A	Mrk 6²⁵ A
gawaurkjan	Rom	7¹⁸	A					gibaiþ	Eph	4²⁷	B
gawaurkjandei				Rom	7¹³	A		giban	Mat	27⁵⁸	A	Jhn 6⁵² A	Luk 1⁷¹ A
gawaurstwa	2Cr	8²³	B						Luk	1⁷⁷	A	Luk 8⁵⁵ A	Luk 17¹⁸ A
gawaurstwam	1Cr	16¹⁶	B	Php	4³	AB			Luk	20²²	A	Mrk 5⁴³ A	Mrk 10⁴⁰ A
gawaurstwan	Php	2²⁵	B						Mrk	10⁴⁵	A	Mrk 12¹⁴ A	Mrk 14⁵ A
gawaurstwans	2Cr	1²⁴	AB	2Cr	6¹	AB	Col 4¹¹ AB		Mrk	14¹¹	A	Eph 3²⁰ A⁼	Col 1²⁵ AB
gawaurstwin	Mrk	16²⁰	S					gibana	Rom	12³	C	Eph 3² B	1Tm 4¹⁴ B

	2Tm	1⁹	AB				godana	Rom	11²⁴	A*	1Cr	15³³	A
giband	Mrk	13²²	A	2Cr	9⁷	B	godans	Mat	5⁴⁵	A		
gibandan	Mat	9⁸	A				godeino	Php	4⁸	B		
gibandans	2Cr	5¹²	AB	2Cr	6³	AB	godin	1Tm	6¹²	AB		
gibandin	2Cr	5¹⁸	B				godis	Jhn	10³³	A	Luk	2¹⁴	A	Rom	12¹⁷	A
gibandins	2Th	1⁸	A*					Php	1¹⁵	B	1Tm	3¹	AB
gibands	2Cr	1²²	AB	1Tm	2⁶	AB	godo	2Cr	13⁷	AB	Gal	6⁹	AB	1Tm	1¹⁸	AB
gibano	Mrk	6²	A					1Tm	6¹³	B	2Tm	1¹⁴	AB
gibanon	2Cr	8¹	AB	Eph	3⁷	B	Gal	2⁹	B	godon	Luk	8¹⁵	A	Mrk	4²⁰	A	1Tm	6¹²	AB
gibau	Jhn	13²⁹	A					2Tm	4⁷	AB
gibid	Luk	1³²	A				gods	Jhn	10¹¹	A	Luk	6³⁵	A	Luk	6⁴³	A
gibiþ	Jhn	6²⁷	A	Jhn	11²²	A	Jhn	14¹⁶	A		2Tm	2³	B
	Jhn	14²⁷	A	Jhn	15¹⁶	A	Jhn	16²³	A	golein	Luk	1⁴¹	A
	Luk	9¹³	A	Luk	15²²	A	Luk	16¹²	A	goleinais	Luk	1⁴⁴	A
	Luk	19²⁴	A	Luk	20¹⁶	A	Mrk	8³⁷	A	goleins	Luk	1²⁹	A	1Cr	16²¹	B	Col	4¹⁸	B
	Mrk	12⁹	A	Mrk	13²⁴	A	Rom	12¹⁹	AC		2Th	3¹⁷	AB
	Eph	4²⁷	A	2Tm	2⁷	B				goleiþ	Mat	5⁴⁷	A	Rom	16²³	A2	1Cr	16¹⁹	B
giblin	Luk	4⁹	A					1Cr	16²⁰	B	Col	4¹⁰	AB	Col	4¹²	AB
gibos	Rom	11²⁹	A	2Cr	9¹⁵	B	Eph	4⁷	A		Col	4¹⁴	B	Col	4¹⁵	B	Phm	2³	A
	Eph	4⁸	A	Php	4¹⁵	B				golida	Luk	1⁴⁰	A
gif	Mat	6¹¹	A	Jhn	6³⁴	A	Jhn	9²⁴	A	golja	Rom	16²²	A
	Luk	6³⁰	A	Luk	15¹²	A	Mrk	10²¹	A	goljaiþ	Luk	10⁴	A	2Cr	13¹²	AB	1Th	5²⁶	AB
	Rom	12²⁰	AC				goljan	Mrk	15¹⁸	A
gild	Luk	20²²	A				goljand	1Cr	16¹⁹	B	1Cr	16²⁰	B‡	2Cr	13¹²	AB
gilstra	Rom	13⁶	A				goþ	Jhn	15²	A	Mrk	7²⁷	A	Mrk	9⁵	A
gilstrameleins		Luk	2²	A					Mrk	9⁴²	A	Mrk	9⁴³	A	Mrk	9⁴⁵	A
gilþa	Mrk	4²⁹	A					Mrk	9⁴⁷	A	Mrk	9⁵⁰	A	Mrk	14⁶	A
gistradagis	Mat	6³⁰	A					Rom	7¹⁶	A	Rom	7¹⁸	A	Rom	7¹⁹	A
giutand	Mat	9¹⁷	A2	Luk	5³⁸	A	Mrk	2²²	A		Rom	7²¹	A	Rom	12²	C	1Cr	7⁸	A
giutid	Luk	5³⁷	A					1Cr	7²⁶	A2	Eph	4²⁹	AB	Gal	4¹⁸	A
giutiþ	Mrk	2²²	A					1Tm	1⁸	A	1Tm	4⁴	AB
glaggwaba	Luk	15⁸	A				goþs	1Tm	4⁶	AB
glaggwo	1Th	5²	B				grabai	Luk	19⁴³	A
glaggwuba	Luk	1³	A				graban	Luk	16³	A
glitmunjandeins		Mrk	9³	A			gramjaiþ	Col	3²¹	B
god	Mat	7¹⁹	A	Luk	3⁹	A	Luk	6⁴³	A	gramsta	Luk	6⁴¹	A	Luk	6⁴²	A2
	Luk	9³³	A	Luk	14³⁴	A	1Th	3⁶	B	gras	Mrk	4²⁸	A	Rom	14²	A
	1Th	5²¹	B	1Tm	1⁸	B	1Tm	2³	AB	grase	Mrk	4³²	A
	1Tm	5⁴	B⁼				gredagai	Luk	6²⁵	A
goda	Mat	5¹⁶	A	Mat	7¹⁷	A	Jhn	10¹¹	A	gredagana	Mat	25⁴⁴	C
	Jhn	10¹⁴	A	Jhn	10³²	A	Luk	6³⁸	A	gredagans	Luk	1⁵³	A	Luk	6²¹	A
	Luk	19¹⁷	A	Mrk	4⁸	A	1Cr	5⁶	A	gredags	Mat	25⁴²	C	Luk	4²	A	Luk	6³	A
	2Cr	8²¹	AB	2Th	2¹⁶	B	1Tm	1¹⁹	AB		Mrk	2²⁵	A	Mrk	11¹²	A	1Cr	11²¹	A
	1Tm	2¹⁰	AB	1Tm	3⁷	A	1Tm	3¹³	A		Php	4¹²	B
	1Tm	5²⁵	AB				gredau	2Cr	11²⁷	B
godai	Luk	8⁸	A	1Tm	1⁵	AB				gredo	Rom	12²⁰	AC
godaim	Eph	2¹⁰	AB	Gal	6⁶	AB	2Th	2¹⁷	B	greipan	Mrk	14⁴⁸	A
	1Tm	5¹⁰	AB				greipiþ	Mrk	14⁴⁴	A
godaize	Mat	7¹⁷	A	2Cr	9⁸	B	Col	1¹⁰	AB	greitai	Jhn	11³¹	A
	1Tm	5¹⁰	A	2Tm	2²¹	AB	2Tm	3¹⁷	AB	greitan	Mrk	14⁷²	A
	Tit	1¹⁶	A				greitandei	Luk	7³⁸	A
godaizos	1Tm	4⁶	AB				greitandein	Jhn	11³³	A
godakunds	Luk	19¹²	A				greitiþ	Jhn	16²⁰	A
godamma	Luk	8¹⁵	A	Rom	12⁹	A	Rom	13³	AC	gret	Luk	7¹³	A
	Rom	13⁴	AC	Gal	4¹⁸	A				gretan	Luk	6²⁵	A	Rom	12¹⁵	A

gretandam	Mrk	16¹⁰	*A*	Rom	12¹⁵	*A*			gudalausai	Eph	2¹² AB*
gretandans	Jhn	11³³	*A*	Luk	6²¹	*A*	Mrk	5³⁸ *A*	gudaskaunein	Php	2⁶ B
gretands	Php	3¹⁸	B						gudblostreis	Jhn	9³¹ *A*
gretiþ	Luk	8⁵²	*A*	Mrk	5³⁹	*A*			gudhusa	Jhn	18²⁰ *A*
grets	Mat	8¹²	*A*						Gudilub	DeA	1 𝔄
grid	1Tm	3¹³	*A*						gudis	Mat	5³⁴ *A* Mat 8²⁹ *A* Mat 27⁴³ *A*
grindafraþjans				1Th	5¹⁴	B				Mat	27⁵⁴ *A* Jhn 6²⁸ *A* Jhn 6²⁹ *A*
gripun	Mrk	14⁵¹	*A*							Jhn	6³³ *A* Jhn 6⁴⁵ *A* Jhn 6⁶⁹ *A*
gripuþ	Mrk	14⁴⁹	*A*							Jhn	8⁴⁷ *A* Jhn 9³ *A* Jhn 9³⁵ *A*
grob	Luk	6⁴⁸	*A*							Jhn	10³⁵ *A* Jhn 10³⁶ *A* Jhn 11⁴ *A2*
grobos	Mat	8²⁰	*A*	Luk	9⁵⁸	*A*				Jhn	11²⁷ *A* Jhn 11⁴⁰ *A* Jhn 12⁴³ *A*
grunduwaddjau				Luk	6⁴⁸	*A*	Eph	2²⁰ B		Jhn	19⁷ *A* Luk 1⁶ *A* Luk 1⁸ *A*
grunduwaddju				Luk	6⁴⁹	*A*	Luk	14²⁹ *A*		Luk	1¹⁹ *A* Luk 1³⁵ *A* Luk 1⁷⁸ *A*
grunduwaddjus				2Tm	2¹⁹	B				Luk	2⁴⁰ *A* Luk 3² *A* Luk 3⁶ *A*
guda	Mat	6²⁴	*A*	Mat	27⁴³	*A*	Jhn	7¹⁷ *A*		Luk	3³⁸ *A* Luk 4³ *A* Luk 4⁴ *A*
	Jhn	8⁴⁰	*A*	Jhn	8⁴²	*A*	Jhn	8⁴⁷ *A2*		Luk	4⁹ *A* Luk 4³⁴ *A* Luk 4⁴¹ *A*
	Jhn	9¹⁶	*A*	Jhn	9²⁴	*A*	Jhn	9³³ *A*		Luk	4⁴³ *A* Luk 5¹ *A* Luk 6⁴ *A*
	Jhn	10³³	*A*	Jhn	10³⁴	*A*	Jhn	10³⁵ *A*		Luk	6¹² *A* Luk 7²⁸ *A* Luk 7³⁰ *A*
	Jhn	14¹	*A*	Jhn	16²	*A*	Jhn	16²⁷ *A*		Luk	8¹ *A* Luk 8¹⁰ *A* Luk 8¹¹ *A*
	Jhn	16³⁰	*A*	Luk	1¹⁶	*A*	Luk	1²⁶ *A*		Luk	8²¹ *A* Luk 8²⁸ *A* Luk 9² *A*
	Luk	1³⁰	*A*	Luk	1³⁷	*A*	Luk	1⁴⁷ *A*		Luk	9¹¹ *A* Luk 9²⁰ *A* Luk 9²⁷ *A*
	Luk	2¹⁴	*A*	Luk	2²⁸	*A*	Luk	2⁵² *A*		Luk	9⁴³ *A* Luk 9⁶⁰ *A* Luk 9⁶² *A*
	Luk	16¹³	*A*	Luk	17¹⁸	*A*	Luk	18²⁷ *A*		Luk	10⁹ *A* Luk 10¹¹ *A* Luk 14¹⁵ *A*
	Luk	18⁴³	*A2*	Luk	20²⁵	*A*	Mrk	5⁷ *A*		Luk	15¹⁰ *A* Luk 16¹⁵ *A* Luk 16¹⁶ *A*
	Mrk	10²⁷	*A2*	Mrk	12¹⁷	*A*	Rom	7⁴ *A*		Luk	17²⁰ *A2* Luk 17²¹ *A* Luk 18¹⁶ *A*
	Rom	7²⁵	*A*	Rom	8⁷	*A*	Rom	8⁸ *A*		Luk	18¹⁷ *A* Luk 18²⁴ *A* Luk 18²⁵ *A*
	Rom	9¹⁴	*A*	Rom	9²⁰	*A*	Rom	10¹ *A*		Luk	18²⁹ *A* Luk 19¹¹ *A* Luk 20²¹ *A*
	Rom	11³⁰	*A*	Rom	12¹	*C*	Rom	13¹ *A2C2*		Luk	20²⁵ *A* Luk 20³⁶ *A* Mrk 1¹ *A*
	Rom	14¹¹	*C*	Rom	14¹²	*C*	Rom	14¹⁸ *C*		Mrk	1³ *A* Mrk 1¹⁴ *A* Mrk 1¹⁵ *A*
	1Cr	1¹⁴	*A*	1Cr	1²¹	*A*	1Cr	4⁵ *A*		Mrk	1²⁴ *A* Mrk 2²⁶ *A* Mrk 3¹¹ *A*
	1Cr	7⁷	*A*	1Cr	7²⁴	*A*	1Cr	10²⁰ *A*		Mrk	3³⁵ *A* Mrk 4¹¹ *A* Mrk 4²⁶ *A*
	1Cr	15²⁴	*A*	1Cr	15⁵⁷	AB	2Cr	1² B		Mrk	4³⁰ *A* Mrk 5⁷ *A* Mrk 7⁸ *A*
	2Cr	1⁴	B	2Cr	1⁹	AB	2Cr	1²⁰ AB		Mrk	7⁹ *A* Mrk 7¹³ *A* Mrk 8³³ *A*
	2Cr	2¹⁴	AB	2Cr	2¹⁵	AB	2Cr	2¹⁷ AB		Mrk	9¹ *A* Mrk 9⁴⁷ *A* Mrk 10¹⁴ *A*
	2Cr	3⁴	AB	2Cr	3⁵	AB	2Cr	4¹⁵ B		Mrk	10¹⁵ *A* Mrk 10²³ *A* Mrk 10²⁴ *A*
	2Cr	5¹	AB	2Cr	5¹¹	AB	2Cr	5¹³ AB		Mrk	10²⁵ *A* Mrk 11²² *A* Mrk 12¹⁴ *A*
	2Cr	5¹⁸	AB	2Cr	5²⁰	A2B2	2Cr	8¹⁶ AB		Mrk	12¹⁷ *A* Mrk 12²⁴ *A* Mrk 12³⁴ *A*
	2Cr	9¹¹	B	2Cr	9¹²	B	2Cr	9¹⁵ B		Mrk	15³⁹ *A* Mrk 15⁴³ *A* Rom 6²³ *A*
	2Cr	10⁴	B	2Cr	13⁷	AB	Eph	1² AB		Rom	7²² *A* Rom 7²⁵ *A* Rom 8⁷ *A*
	Eph	2¹⁶	AB	Eph	3⁹	AB	Eph	4²⁴ AB		Rom	8⁹ *A* Rom 8³⁴ *A* Rom 8³⁹ *A*
	Eph	5¹	AB*	Eph	5²	AB	Eph	5²⁰ *A*		Rom	9⁶ *A* Rom 9⁸ *A* Rom 9¹¹ *A*
	Eph	6²³	B	Gal	1³	B	Gal	2¹⁹ *A*		Rom	9¹⁶ *A* Rom 9²⁶ *A* Rom 10² *A*
	Gal	3⁶	*A*	Gal	4⁸	*A*	Gal	4⁹ *A*		Rom	10³ *A2* Rom 11²² *A* Rom 11²⁹ *A*
	Php	1²⁸	B	Php	2⁶	B	Php	3³ AB		Rom	11³³ *C* Rom 12¹ *C* Rom 12² *C*
	Php	3⁹	AB	Php	4⁶	B	Col	3³ AB		Rom	12³ *C* Rom 12¹⁷ AC Rom 13² AC
	Col	3¹⁷	B	Col	3²⁵	B	1Th	2¹³ B		Rom	13⁴ A2C2 Rom 13⁶ *A* Rom 14¹⁷ *C*
	1Th	2¹⁵	B	1Th	3⁹	B2	1Th	3¹³ B		Rom	14²⁰ *C* Rom 15⁷ *C* Rom 15⁸ *C*
	1Th	4¹	B	1Th	4⁸	B	1Th	4⁹ B		1Cr	1¹⁸ *A* 1Cr 1²¹ *A* 1Cr 1²⁴ *A2*
	2Th	1¹	AB	2Th	1²	AB	2Th	1³ AB		1Cr	1²⁵ *A* 1Cr 7¹⁹ *A* 1Cr 9²¹ *A*
	2Th	1⁶	*A*	1Tm	1²	AB	1Tm	1¹⁷ B		1Cr	10³¹ *A* 1Cr 10³² *A* 1Cr 11²² *A*
	1Tm	4¹⁰	B	1Tm	5⁵	AB	2Tm	1² *A*		1Cr	15⁹ *A* 1Cr 15¹⁰ *A2* 1Cr 15¹⁵ *A*
	2Tm	1³	*A*	2Tm	2¹⁵	B	Tit	1⁴ B		1Cr	15³⁴ *A* 1Cr 15⁵⁰ AB 2Cr 1¹ B2
	Neh	6¹⁶	D	Skr	1⁵	E	Skr	1²³ *E*		2Cr	1¹² A2B2 2Cr 1¹⁹ AB 2Cr 1²⁰ AB
	Skr	1²⁴	*E*	Skr	5²⁰	*E*				2Cr	2¹⁷ A2B2 2Cr 3³ AB 2Cr 4² A2B2
gudafaurhts	Luk	2²⁵	*A*							2Cr	4⁴ AB 2Cr 4⁶ AB 2Cr 4⁷ AB

	2Cr	5^{21}	AB	2Cr	6^1	AB	2Cr	6^4	AB		
	2Cr	6^7	AB	2Cr	6^{16}	A2B2	2Cr	7^1	AB		
	2Cr	7^{12}	AB	2Cr	8^1	AB	2Cr	8^5	AB		
	2Cr	8^{21}	AB	2Cr	9^{14}	B	2Cr	10^5	B		
	2Cr	11^2	B	2Cr	11^7	B	2Cr	12^{19}	AB		
	2Cr	13^4	A2B2	2Cr	13^{13}	AB	Eph	1^1	AB		
	Eph	1^{11}	AB	Eph	2^8	AB	Eph	2^{19}	AB		
	Eph	2^{22}	B	Eph	3^2	B	Eph	3^7	B		
	Eph	3^{10}	AB	Eph	3^{19}	AB	Eph	4^{13}	AB		
	Eph	4^{18}	AB	Eph	4^{30}	AB	Eph	5^5	B		
	Eph	5^6	B	Eph	6^{11}	AB	Eph	6^{13}	AB		
	Eph	6^{17}	AB	Gal	1^4	B	Gal	1^{20}	B		
	Gal	2^{20}	A	Gal	2^{21}	A	Gal	4^6	A		
	Gal	4^7	A	Gal	4^{14}	A	Gal	5^{21}	AB		
	Gal	6^{16}	A*B	Php	1^{14}	B	Php	3^{14}	AB		
	Php	4^7	B	Col	1^{10}	AB*	Col	1^{15}	AB		
	Col	1^{25}	A2B2	Col	2^{12}	B	Col	2^{19}	B		
	Col	3^1	AB	Col	3^6	AB	Col	3^{12}	B		
	Col	3^{15}	B	Col	4^{11}	AB	Col	4^{12}	AB		
	1Th	2^{12}	B	1Th	2^{13}	B2	1Th	2^{14}	B		
	1Th	2^{16}	B	1Th	3^2	B	1Th	4^3	B		
	1Th	4^{16}	B	1Th	5^{18}	B	2Th	1^4	AB		
	2Th	1^5	A2B2	2Th	1^{12}	A	2Th	2^4	A		
	2Th	3^5	B	1Tm	1^1	AB	1Tm	1^4	AB		
	1Tm	1^{11}	B	1Tm	2^3	AB	1Tm	2^5	AB		
	1Tm	3^5	A	1Tm	3^{15}	A2	1Tm	4^4	AB		
	1Tm	4^5	AB	1Tm	5^4	AB	1Tm	5^{21}	A		
	1Tm	6^{11}	AB	1Tm	6^{13}	AB	2Tm	1^1	A		
	2Tm	1^6	AB	2Tm	1^8	AB	2Tm	2^2	B=		
	2Tm	2^9	B	2Tm	2^{19}	B	2Tm	3^{17}	AB		
	2Tm	4^1	AB	Tit	1^1	B2	Tit	1^3	B		
	Tit	1^7	B	Neh	5^{15}	D	Skr	1^8	E		
	Skr	1^{20}	E	Skr	2^5	E	Skr	2^7	E		
	Skr	2^{20}	E	Skr	4^{11}	E	Skr	5^{21}	E		
	Skr	8^{19}	E								
gudiskai	Skr	1^{16}	E								
gudiskaizos	2Tm	3^{16}	AB*								
gudiskamma	Skr	1^{10}	E								
gudja	Jhn	18^{19}	A	Luk	1^5	A	Mrk	14^{60}	A		
	Mrk	14^{61}	A	Mrk	14^{63}	A					
gudjam	Mat	27^3	A	Mat	27^{12}	A	Jhn	7^{45}	A		
	Luk	3^2	A	Luk	6^4	A	Luk	9^{22}	A		
	Luk	17^{14}	A	Mrk	2^{26}	A	Mrk	8^{31}	A		
	Mrk	14^{10}	A	Mrk	14^{43}	A	Skr	8^4	E		
gudjane	Jhn	18^3	A	Mrk	11^{18}	A					
gudjans	Mat	27^1	AC	Mat	27^6	A	Mat	27^{62}	A		
	Jhn	7^{32}	A	Jhn	11^{47}	A	Jhn	12^{10}	A		
	Jhn	18^{35}	A	Jhn	19^6	A	Luk	19^{47}	A		
	Luk	20^1	A	Luk	20^{19}	A	Mrk	11^{27}	A		
	Mrk	14^{53}	A	Mrk	14^{55}	A	Mrk	15^1	A		
	Mrk	15^3	A	Mrk	15^{10}	A	Mrk	15^{11}	A		
	Mrk	15^{31}	A	Neh	7^{39}	D					
gudjin	Mat	8^4	A	Jhn	18^{15}	A	Jhn	18^{16}	A		
	Jhn	18^{22}	A	Jhn	18^{24}	A	Luk	5^{14}	A		
	Mrk	1^{44}	A	Mrk	2^{26}	A	Mrk	14^{53}	A		
gudjinassaus	Luk	1^9	A	2Cr	9^{12}	B					
gudjinoda	Luk	1^8	A								
gudjins	Jhn	18^{10}	A	Jhn	18^{15}	A	Jhn	18^{26}	A		
	Mrk	14^{47}	A	Mrk	14^{54}	A	Mrk	14^{66}	A		
gulþa	1Tm	2^9	AB								
gulþeina	2Tm	2^{20}	B								
guma	Luk	19^2	A	1Cr	7^{16}	A					
gumakund	Gal	3^{28}	A								
gumakundaize				Luk	2^{23}	A					
gumane	Neh	5^{17}	D								
gumein	Mrk	10^6	A								
gumin	Eph	4^{13}g	A								
gund	2Tm	2^{17}	B								
Gutþiudai	Cal	1^1	A	Cal	1^7	A					
guþ	Mat	6^{30}	A	Mat	9^8	A	Mat	27^{46}	A2		
	Jhn	6^{27}	A	Jhn	8^{41}	A	Jhn	8^{42}	A		
	Jhn	8^{54}	A	Jhn	9^{29}	A	Jhn	9^{31}	A		
	Jhn	11^{22}	A2	Jhn	13^{31}	A	Jhn	13^{32}	A2		
	Jhn	17^3	A	Luk	1^{32}	A	Luk	1^{64}	A		
	Luk	1^{68}	A	Luk	2^{13}	A	Luk	2^{20}	A		
	Luk	3^8	A	Luk	4^8	A	Luk	4^{12}	A		
	Luk	5^{21}	A	Luk	5^{25}	A	Luk	5^{26}	A		
	Luk	7^{16}	A2	Luk	7^{29}	A	Luk	8^{39}	A		
	Luk	10^{27}	A	Luk	16^{15}	A	Luk	17^{15}	A		
	Luk	18^2	A	Luk	18^4	A	Luk	18^7	A		
	Luk	18^{11}	A	Luk	18^{13}	A	Luk	18^{19}	A		
	Luk	19^{37}	A	Luk	20^{37}	A3	Luk	20^{38}	A		
	Mrk	2^7	A	Mrk	2^{12}	A	Mrk	10^6	A		
	Mrk	10^9	A	Mrk	10^{18}	A	Mrk	12^{26}	A3A‡		
	Mrk	12^{27}	A	Mrk	12^{29}	A	Mrk	12^{30}	A		
	Mrk	13^{19}	A	Mrk	15^{34}	A2	Mrk	exp	S		
	Rom	8^3	A	Rom	9^5	A	Rom	9^{22}	A		
	Rom	10^9	A	Rom	11^1	A	Rom	11^{21}	A		
	Rom	11^{23}	A	Rom	11^{32}	A	Rom	12^3	C		
	Rom	14^3	A	Rom	15^5	C	Rom	15^6	C		
	Rom	15^9	C	Rom	15^{13}	C	1Cr	1^{20}	A		
	1Cr	1^{21}	A	1Cr	4^9	A	1Cr	5^{13}	A		
	1Cr	7^{15}	A	1Cr	7^{17}	A2	1Cr	11^3	A		
	1Cr	12^{18}	A	1Cr	14^{25}	A2	1Cr	15^{15}	A		
	1Cr	15^{25}	A=	1Cr	15^{28}	A	2Cr	1^3	B2		
	2Cr	1^{18}	AB	2Cr	1^{21}	AB	2Cr	1^{23}	AB		
	2Cr	4^4	AB	2Cr	4^6	AB	2Cr	5^5	AB		
	2Cr	5^{19}	AB	2Cr	6^{16}	A2B2	2Cr	7^6	AB		
	2Cr	7^9	AB	2Cr	7^{10}	AB	2Cr	7^{11}	AB		
	2Cr	9^7	B	2Cr	9^8	B	2Cr	9^{13}	B		
	2Cr	10^{13}	B	2Cr	11^{11}	B	2Cr	11^{31}	B		
	2Cr	12^2	AB	2Cr	12^3	AB	2Cr	12^{21}	AB		
	2Cr	13^{11}	AB	Eph	1^3	AB	Eph	1^{17}	AB		
	Eph	2^4	AB	Eph	2^{10}	AB	Eph	4^6	AB		
	Eph	4^{32}	AB	Gal	1^1	B	Gal	1^{24}	AB		
	Gal	2^6	AB	Gal	4^4	A	Gal	4^6	A		
	Gal	4^8	A	Gal	4^9	A	Gal	6^7	AB		
	Php	2^{27}	AB	Php	3^{15}	AB	Php	3^{19}	AB		
	Php	4^9	B	Col	1^{27}	AB	Col	3^{22}	B		
	Col	4^3	B	1Th	2^{10}	B	1Th	3^{11}	B		

	1Th	4⁵	B	1Th	4⁷	B	1Th	4¹⁴	B		2Tm	1⁷	AB	2Tm	2²⁵	AB	2Tm	3⁴	AB
	1Th	5⁹	B	1Th	5²³	AB	2Th	1⁸	A		Tit	1²	B⁻	Tit	1¹⁶	A	Skr	1¹	E
	2Th	1¹¹	A	2Th	2⁴	A	2Th	2¹⁶	B		Skr	3⁹	E	Skr	5²¹	E	Skr	6²⁸	E
	1Tm	2⁵	AB	1Tm	2¹⁰	AB	1Tm	4³	AB	guþs	Mrk	16¹⁹	S					

h

haba	Jhn	8⁴⁹	A	Jhn	10¹⁸	A2	1Cr	7²⁵	A		Mrk	7⁸	A	Mrk	8⁵	A	Mrk	8¹⁷	A2
	1Cr	15³¹	A	2Cr	2⁴	AB	2Cr	11¹²	B		Mrk	9⁵⁰	A	Mrk	11²²	A	Mrk	11²⁵	A
	2Tm	1³	A	Skr	6⁷	E					Mrk	14⁷	A2	Rom	8⁹	A	Rom	9²¹	A
habai	Mat	11¹⁵	A	Luk	3¹¹	A	Luk	8⁸	A		1Cr	7⁷	A	1Cr	11²²	A	1Cr	12¹²	A
	Luk	14¹⁸	A	Luk	14¹⁹	A	Luk	14³⁵	A		1Cr	14²⁶	A5	2Cr	5¹²	AB	2Cr	8¹¹	AB
	Mrk	4⁹	A	Mrk	4²³	A	Mrk	7¹⁶	A		Eph	5⁵	B	Php	2²⁹	AB⁻	Php	3¹⁷	AB
	2Cr	8¹²	A2B2	Eph	4²⁸	AB	Gal	6⁴	AB		Col	4¹³	AB	1Th	3⁶	B	1Th	5¹³	B
	Col	3¹³	B	1Tm	5⁴	B					2Th	3⁴	B	Skr	6²⁴	E	Skr	7³	E
habaid	Jhn	12⁴⁸	A	Jhn	13³⁵	A	Jhn	14²¹	A	habaiu	Luk	14²⁸	A						
	Jhn	16²¹	A	Jhn	16³³	A	Jhn	19¹¹	A	habam	Mrk	8¹⁶	A	Rom	12⁴	C	1Cr	9⁴	A
	Luk	5²⁴	A	Luk	6²⁴	A					1Cr	9⁵	A	2Cr	3⁴	AB	2Cr	5¹	AB*
habaida	Mat	9²⁵	A	Jhn	6⁶	A	Jhn	6⁷¹	A		2Cr	7¹²	AB	2Cr	10¹⁵	B	Eph	1⁷	AB
	Jhn	12⁶	A	Jhn	13²⁹	A	Jhn	17⁵	A		Eph	2¹⁸	AB	Eph	3¹²	AB	Gal	6¹⁰	AB
	Luk	8⁶	A	Luk	8²⁷	A	Luk	19²⁰	A		Col	1¹⁴	AB						
	Mrk	4⁵	A2	Mrk	4⁶	A	Mrk	5³	A	haban	Luk	8¹⁸	A	Luk	9³	A	Luk	14⁹	A
	Mrk	5¹⁵	A	Mrk	5²⁶	A	Mrk	7²⁵	A		Mrk	3¹⁵	A	Mrk	6¹⁸	A	Mrk	7⁴	A
	Mrk	14⁸	A	2Cr	2¹³	AB	2Cr	7⁵	AB		Php	4¹²	B2	1Tm	3⁷	A			
	2Cr	12¹¹	AB	Skr	1⁷	E	Skr	2¹⁸	E	haband	Mat	6⁵	A	Jhn	15²²	A	Luk	8¹³	A
habaidedeima				2Th	3⁹	AB					Luk	14¹⁴	A	Luk	15¹⁷	A	Mrk	2¹⁹	A
habaidedeina	Jhn	15²²	A	Jhn	15²⁴	A					Mrk	4¹⁷	A	Mrk	8²	A	Rom	10²	A
habaidedeiþ	Jhn	9⁴¹	A	Luk	17⁶	A	2Cr	1¹⁵	AB		Rom	12⁴	C	1Cr	15³⁴	A	1Th	4¹³	B
habaidedum	2Cr	1⁹	AB								1Tm	6²	AB						
habaidedun	Luk	4⁴⁰	A	Mrk	3¹⁰	A	Mrk	8⁷	A	habanda	2Tm	2²⁶	A						
	Mrk	8¹⁴	A	Mrk	9¹⁰	A	Mrk	10³²	A	habandam	Luk	7⁴²	A	Mrk	8¹	A			
	Mrk	11³²	A							habandan	Jhn	11¹⁷	A	Mrk	9¹⁷	A	Mrk	11¹³	A
habaidedunuh				Mat	27¹⁶	A					1Cr	8¹⁰	A						
habaima	Rom	15⁴	C							habandane	Luk	19²⁶	A	1Tm	4²	AB			
habaina	Jhn	17¹³	A	1Tm	5²⁰	A				habandans	Mat	8¹⁶	A	Mat	9¹²	A	Luk	18²⁴	A
habais	Jhn	6⁶⁸	A	Jhn	7²⁰	A	Jhn	8⁴⁸	A		Mrk	1³²	A2	Mrk	1³⁴	A	Mrk	2¹⁷	A
	Jhn	8⁵²	A	Jhn	8⁵⁷	A	Luk	18²²	A2		Mrk	6⁵⁵	A	Mrk	7³	A	Mrk	8¹⁸	A2
	Mrk	10²¹	A2	Rom	13³	AC	1Cr	4⁷	A		Rom	12¹⁸	AC	2Cr	3¹²	AB	2Cr	4¹	AB
	Phm	1⁷	A								2Cr	4⁷	AB	2Cr	4¹³	B	2Cr	7¹	AB
habaiþ	Mat	5²³	A	Mat	5⁴⁶	A	Mat	6¹	A		2Cr	9⁸	B	2Cr	10⁶	B	Eph	2¹²	AB
	Mat	8²⁰	A	Mat	9⁶	A	Mat	11¹⁸	A:		Eph	6¹²	AB	Php	1³⁰	B	Php	2²	B
	Mat	27⁶⁵	A	Jhn	6⁹	A	Jhn	6⁵³	A		1Tm	3⁹	A	1Tm	6⁸	AB	2Tm	3⁵	AB
	Jhn	8¹²	A	Jhn	10²⁰	A	Jhn	12⁸	A2	habandei	Luk	15⁸	A	Rom	9¹⁰	A	1Tm	4⁸	AB
	Jhn	12²⁶	A	Jhn	12³⁵	A	Jhn	12³⁶	A		1Tm	5¹⁰	AB						
	Jhn	15¹³	A	Jhn	16²²	A	Luk	7³³	A	habandein	Eph	5²⁷	A						
	Luk	8¹⁸	A2	Luk	9⁵⁸	A	Luk	19²⁵	A	habandeins	1Tm	5¹²	A:						
	Luk	19²⁶	A	Luk	20²⁴	A	Mrk	2¹⁰	A	habandin	Luk	6⁸	A	Luk	19²⁴	A	Mrk	3³	A
	Mrk	3⁹	A	Mrk	3²²	A	Mrk	3²⁶	A		Mrk	9⁴³	A	Mrk	9⁴⁵	A	Mrk	9⁴⁷	A
	Mrk	3²⁹	A	Mrk	3³⁰	A	Mrk	4²⁵	A3	habandins	Jhn	10²¹	A						
	Mrk	4⁴⁰	A	Mrk	5²³	A	Mrk	7⁶	A	habandona	Mat	9³⁶	A	Col	2²³	AB	1Tm	5²⁵	AB

habands	Mat	7²⁹	A	Mat	8²	A	Mat	8⁹	A	haimom	Mrk	1³⁸	A	Mrk	5¹⁴	A
	Jhn	18¹⁰	A	Luk	3¹¹	A	Luk	3¹⁷	A	haimos	Mat	9³⁵	A	Luk	8¹	A	Luk	9⁶	A
	Luk	4³³	A	Luk	7⁸	A	Luk	19¹⁷	A		Luk	9¹²	A	Mrk	6⁵⁶	A
	Mrk	1²²	A	Mrk	1⁴⁰	A	Mrk	3¹	A	haimoþlja	Mrk	10²⁹	A	Mrk	10³⁰	A
	Mrk	10²²	A	1Cr	6¹	A	Php	1²³	B	hairaiseis	Gal	5²⁰	AB
	Php	3⁴	AB	Php	3⁹	AB	Col	1¹⁸	AB	hairau	Rom	13⁴	A
	Col	2¹⁹	B	1Tm	1¹⁹	AB	1Tm	3⁴	AB	hairda	Mat	8³⁰	A	Mat	8³¹	A	Mat	8³²	A2
	2Tm	1¹³	AB	2Tm	2¹⁹	B	Tit	1⁶	B		Luk	8³²	A	Mrk	5¹¹	A	Mrk	5¹³	A
habau	1Cr	13²	A3	1Cr	13³	A	2Cr	2³	AB	hairdai	Luk	2⁸	A
	Php	2²⁷	AB	Php	3⁸	AB		hairdeis	Mat	9³⁶	A	Jhn	10²	A	Jhn	10¹¹	A2
habos	1Cr	9⁶	A				Jhn	10¹²	A	Jhn	10¹⁴	A	Jhn	10¹⁶	A
hafanana	Mrk	2³	A		hairdjam	Luk	2¹⁸	A
haftam	1Cr	7¹⁰	A		hairdjans	Eph	4¹¹	A
haftjandans	Rom	12⁹	A	Rom	12¹²	A	Col	4²	B*	hairdjos	Luk	2⁸	A	Luk	2¹⁵	A	Luk	2²⁰	A
	1Tm	3⁸	A		Hairmaugaineis		2Tm	1¹⁵	A
hahaida	Luk	19⁴⁸	A		Hairodiadins	Mrk	6¹⁷	A
hahis	Jhn	10²⁴	A		hairtam	Mat	9⁴	A	Luk	2³⁵	A	Luk	3¹⁵	A
Haibraieis	2Cr	11²²	B			Luk	5²²	A	Mrk	2⁶	A	Mrk	2⁸	A
Haibraium	Php	3⁵	AB			Mrk	4¹⁵	A	2Cr	3²	AB	2Cr	4⁶	AB
Haibraius	Php	3⁵	AB			2Cr	7³	AB	Eph	3¹⁷	AB	Eph	5¹⁹	A
haidau	2Th	2³	A*	2Tm	3⁸	AB	Skr	5²⁷	E*		Col	3¹⁵	B	Col	3¹⁶	B*
haidum	Php	1¹⁸	B		hairtane	1Cr	4⁵	A	2Cr	3³	AB	Eph	4¹⁸	AB
haifst	Php	1³⁰	B	1Tm	6¹²	AB	2Tm	4⁷	AB	hairtin	Mat	5²⁸	A	Jhn	12⁴⁰	A	Luk	1⁶⁶	A
	Skr	4²⁶	E			Luk	2¹⁹	A	Luk	2⁵¹	A	Luk	4¹⁸	A
haifstai	Rom	13¹³	A	Php	1¹⁷	B	Php	2³	B		Luk	8¹²	A	Luk	8¹⁵	A	Luk	10²⁷	A
haifstais	Php	1¹⁵	B*			Mrk	7²¹	A	Mrk	11²³	A	Mrk	12³⁰	A
haifstei	1Tm	6¹²	AB			Mrk	12³³	A	Rom	9²	A	Rom	10⁶	A
haifsteis	2Cr	12²⁰	AB	Gal	5²⁰	AB	1Tm	6⁴	AB*		Rom	10⁸	A	Rom	10⁹	A	2Cr	3¹⁵	AB
haifsteiþ	2Tm	2⁵	B			2Cr	5¹²	AB	2Cr	9⁷	AB	1Th	2¹⁷	B
haifstida	2Tm	4⁷	AB			1Tm	1⁵	AB	2Tm	2²²	AB
haifstjan	1Cr	9²⁵	A		hairtins	Luk	1⁵¹	A	Luk	6⁴⁵	A3	Luk	9⁴⁷	A
haihait	Mat	8¹⁸	A	Luk	5³	A	Luk	7³⁹	A		Mrk	3⁵	A	Rom	10¹	A	1Cr	14²⁵	A
	Luk	14¹⁰	A	Luk	14¹⁶	A	Luk	18⁴⁰	A		2Cr	2⁴	AB	Eph	1¹⁸	AB	Col	2²³	AB
	Luk	19¹⁵	A	Mrk	1²⁰	A	Mrk	5⁴³	A		Col	3²²	B
	Mrk	10⁴⁹	A		hairto	Mat	6²¹	A	Jhn	14¹	A	Jhn	16⁶	A
haihaitun	Mat	10²⁵	A	Luk	1⁵⁹	A			Jhn	16²²	A	Mrk	7⁶	A	Mrk	7¹⁹	A
haihamma	Mrk	9⁴⁷	A			Mrk	8¹⁷	A	Rom	10¹⁰	A	2Cr	6¹¹	AB
haila	Mrk	5³⁴	A	2Tm	4³	AB			2Cr	8¹⁶	AB	Skr	6²²	E
hailai	Mat	9¹²	A	Luk	5³¹	A	Tit	1⁹	AB	hairtona	Jhn	12⁴⁰	A	Jhn	14²⁷	A	Luk	1¹⁷	A
	Tit	1¹³	A			Luk	16¹⁵	A	2Cr	1²²	AB	Eph	6²²	B
hailaim	1Tm	6³	AB			Gal	4⁶	A	Php	4⁷	B	Col	4⁸	AB
hailaize	2Tm	1¹³	AB			1Th	3¹³	B	2Th	2¹⁷	B	2Th	3⁵	B
hailana	Jhn	7²³	A	Luk	7¹⁰	A	Luk	15²⁷	A	hairþra	Phm	12g	A*
hailei	Luk	4²³	A		hairþram	2Cr	6¹²	AB
Haileiins	Luk	1¹⁷	A		hairu	Mat	10³⁴	A	Jhn	18¹⁰	A	Jhn	18¹¹	A
Haileisaiu	Luk	4²⁷	A			Mrk	14⁴⁷	A	Rom	13⁴	C
hailidediu	Mrk	3²	A		hairum	Mrk	14⁴³	A	Mrk	14⁴⁸	A
hailjan	Luk	5¹⁷	A	Luk	6¹⁸	A	Mrk	3¹⁵	A	hairus	Luk	2³⁵	A	Rom	8³⁵	A
hailjands	Mat	9³⁵	A		hait	Mat	27⁶⁴	A	Luk	14¹³	A
hailon	1Tm	1¹⁰	B	Tit	2¹	A		haita	Rom	9²⁵	A
hails	Jhn	11¹²	A	Jhn	19³	A	Mrk	15¹⁸	A	haitada	Mat	5¹⁹	A2	Mat	27¹⁷	A	Jhn	11¹⁶	A
haim	Luk	9⁵²	A	Luk	9⁵⁶	A	Luk	19³⁰	A		Luk	1²⁶	A	Luk	1³²	A	Luk	1³⁵	A
	Mrk	11²	A			Luk	1³⁶	A	Luk	2⁴	A	Luk	2²³	A
haimai	Jhn	11¹	A			Luk	19²⁹	A	Mrk	11¹⁷	A	Rom	7³	A
haimo	Luk	5¹⁷	A	Luk	17¹²	A			Rom	9⁷	A	1Cr	7²²	A	Col	4¹¹	AB

haitaidau	Luk	1[60]	*A*	Luk	1[61]	*A*	Luk	15[19]	*A*		DeN	1[1]	N	DeN	2[1]	N	DeN	3[1]	N
	Luk	15[21]	*A*	1Cr	15[9]	*A*					DeN	4[1]	N			
haitaina	Luk	14[12]	*A*							handiwe	1Tm	4[14]	B	2Tm	1[6]	AB
haitais	Luk	1[13]	*A*	Luk	1[31]	*A*	Luk	14[12]	*A*	handu	Mat	8[3]	*A*	Mat	9[18]	*A*	Mat	9[25]	*A*
haitaizau	Luk	14[10]	*A*								Jhn	7[30]	*A*	Luk	5[13]	*A*	Luk	6[8]	*A*
haitan	Luk	1[62]	*A*	Luk	2[21]	*A*					Luk	6[10]	*A*	Luk	8[54]	*A*	Luk	9[62]	*A*
haitana	Luk	8[2]	*A*	Mrk	15[7]	*A*					Luk	15[22]	*A*	Mrk	1[31]	*A*	Mrk	1[41]	*A*
haitanam	Luk	14[17]	*A*								Mrk	3[1]	*A*	Mrk	3[3]	*A*	Mrk	3[5]	*A*
haitanan	Luk	6[15]	*A*								Mrk	8[23]	*A*			
haitanana	Mat	9[9]	*A*	Mat	27[16]	*A‡*				handugei	Mat	11[19]	*A*	Luk	7[35]	*A*	Eph	3[10]	AB
haitanane	Luk	14[24]	*A*							handugein	1Cr	1[20]	A	1Cr	1[21]	A2	1Cr	1[22]	A
haitanda	Rom	9[26]	A								1Cr	1[24]	A	2Cr	1[12]	AB	Eph	1[8]	AB
haitandin	Luk	14[12]	*A*								Col	1[9]	B	Col	1[28]	AB	Col	3[16]	B
haitandona	Mrk	3[31]	*A*								Col	4[5]	AB			
haitans	Mat	27[8]	*A*	Jhn	9[11]	*A*	Jhn	18[10]	*A*	handugeino	Mrk	6[2]	*A*			
	Luk	16[20]	*A*	Luk	19[2]	*A*	1Cr	7[22]	*A*	handugeins	Luk	2[40]	*A*	Rom	11[33]	A	Eph	1[17]	AB
haitaza	Luk	1[76]	*A*								Col	2[23]	AB*			
haitid	Luk	6[46]	*A*							handugozei	1Cr	1[25]	A*			
haitiþ	Jhn	10[3]	*A*	Jhn	11[28]	*A*	Luk	20[44]	*A*	handugs	1Cr	1[20]	A			
haitjai	1Cr	7[6]	A	1Th	4[16]	B				handum	Jhn	10[39]	*A*	Luk	4[11]	*A*	Luk	6[1]	*A*
haiþiwisk	Mrk	1[6]	*A*								Mrk	7[2]	*A*	Mrk	7[5]	*A*	Eph	4[28]	AB
haiþjai	Luk	17[7]	*A*	Luk	17[31]	*A*					1Th	4[11]	B			
haiþjos	Mat	6[28]	*A*	Mat	6[30]	*A*	Luk	15[15]	*A*	handuns	Jhn	7[44]	*A*	Jhn	11[44]	*A*	Luk	4[40]	*A*
haiþno	Mrk	7[26]	*A*								Luk	9[44]	*A*	Luk	20[19]	*A*	Mrk	5[23]	*A*
haizam	Jhn	18[3]	*A*								Mrk	6[2]	*A*	Mrk	6[5]	*A*	Mrk	7[3]	*A*
hakul	2Tm	4[13]	A								Mrk	8[23]	*A*	Mrk	8[25]	*A*	Mrk	9[31]	*A*
halba	Mrk	6[23]	*A*								Mrk	9[43]	*A*	Mrk	10[16]	*A*	Mrk	14[41]	*A*
halbai	2Cr	3[10]	AB	2Cr	9[3]	AB					Mrk	14[46]	*A*	Mrk	16[18]	S	Rom	10[21]	A
halbata	Luk	19[8]	*A*								2Cr	11[33]	B	1Tm	2[8]	AB	1Tm	5[22]	AB
haldan	Luk	15[15]	*A*								Skr	8[1]	E			
haldana	Mat	8[30]	*A*	Mrk	5[11]	*A*				handus	Mat	5[30]	*A*	Luk	1[66]	*A*	Luk	6[6]	*A*
haldanaize	Luk	8[32]	*A*								Luk	6[10]	*A*	Mrk	3[5]	*A*	Mrk	9[43]	*A*
haldandan	Luk	17[7]	*A*								1Cr	12[15]	A			
haldandans	Mat	8[33]	*A*	Luk	8[34]	*A*	Mrk	5[14]	*A*	handuwaurht	Eph	2[11]	AB			
haldis	Skr	4[22]	E							handuwaurhton				Mrk	14[58]	*A*
haldiþ	1Cr	9[7]	A							hanins	Mat	26[75]	AC			
halisaiw	Luk	9[39]	*A*							hansa	Jhn	18[3]	*A*	Jhn	18[12]	*A*	Luk	6[17]	*A*
halja	Mat	11[23]	*A**	Luk	10[15]	*A*	1Cr	15[55]	AB		Mrk	15[16]	*A*			
haljai	Luk	16[23]	*A*							hardaba	2Cr	13[10]	A			
halka	1Cr	15[10]	A							hardizo	Skr	6[21]	E			
halkam	Gal	4[9]	A							hardu	Jhn	6[60]	*A*			
hallu	Rom	9[33]	A							harduba	Mat	8[6]	*A*	2Cr	13[10]	B			
hals	Luk	15[20]	*A*							harduhairtein				Mrk	10[5]	*A*	Mrk	16[14]	S
halsaggan	Mrk	9[42]	*A*							hardus	Luk	19[21]	*A*	Luk	19[22]	*A*
haltai	Mat	11[5]	*A*	Luk	7[22]	*A*				harjis	Luk	2[13]	*A*	Luk	8[30]	*A*
haltamma	Mrk	9[45]	*A*							hatandane	Luk	1[71]	*A*			
haltans	Luk	14[13]	*A*	Luk	14[21]	*A*				hatandans	Luk	6[27]	*A*			
hamfamma	Mrk	9[43]	*A*							hatis	Eph	2[3]	B	Eph	4[31]	AB	Eph	5[6]	B
hana	Mat	26[74]	AC	Jhn	13[38]	*A*	Jhn	18[27]	*A*		Col	3[6]	AB	Col	3[8]	AB	1Th	2[16]	B
	Mrk	14[68]	*A*	Mrk	14[72]	*A2*					1Th	5[9]	B			
handau	Mat	8[15]	*A*	Jhn	10[28]	*A*	Jhn	10[29]	*A*	hatiza	Luk	3[7]	*A*	Gal	5[20]	AB	Skr	8[13]	*E*
	Luk	1[71]	*A*	Luk	1[74]	*A*	Luk	3[17]	*A*	hatize	Eph	2[3]	A			
	Mrk	5[41]	*A*	Mrk	7[32]	*A*	Mrk	9[27]	*A*	hatizoþ	Jhn	7[23]	*A*			
	1Cr	12[21]	A	1Cr	16[21]	B	Gal	6[11]	AB	hatjandam	Mat	5[44]	*A*	Luk	6[27]g	*A*
	Col	4[18]	B	2Th	3[17]	AB	Phm	1[9]	A	haubid	Jhn	19[2]	*A*	Luk	7[46]	*A*

haubida	Mat	5³⁶	*A*	Luk	20¹⁷	*A*	Mrk	12¹⁰	*A*	haurd	Col	4³	B		
	Mrk	15²⁹	*A*	1Cr	11⁴	*A*	1Cr	11⁵	*A*	haurdai	Mat	6⁶	*A*	2Cr	2¹² AB
haubidis	Mat	10³⁰	*A*	Luk	7³⁸	*A*	Mrk	6²⁴	*A*	haurdins	Neh	7¹	D		
haubiþ	Mat	6¹⁷	*A*	Mat	8²⁰	*A*	Luk	9⁹	*A*	haurds	1Cr	16⁹	AB		
	Luk	9⁵⁸	*A*	Mrk	6¹⁶	*A*	Mrk	6²⁵	*A*	haurja	Jhn	18¹⁸	*A*	Rom	12²⁰ *AC*
	Mrk	6²⁷	*A*2	Mrk	6²⁸	*A*	Mrk	15¹⁹	*A*	haurn	Luk	1⁶⁹	*A*		
	Rom	12²⁰	*AC*	1Cr	11³	*A*3	1Cr	11⁴	*A*	haurne	Luk	15¹⁶	*A*		
	1Cr	11⁵	*A*	1Cr	12²¹	*A*	Eph	1²²	AB	haurnjais	Mat	6²	*A*		
	Eph	4¹⁵	*A*	Eph	5²³	*A*2	Col	1¹⁸	AB	haurnjandans	Mat	9²³	*A*⁼		
	Col	2¹⁹	B							haurnjans	Mat	9²³	*A*⁼		
haubiþwundan				Mrk	12⁴	*A*				hausei	Mrk	12²⁹	*A*		
hauh	Mrk	9²	*A*							hausein	2Tm	4³	AB	2Tm	4⁴ AB
hauhaba	Rom	11²⁰	*A*	Rom	12¹⁶	*A*				hauseinai	Jhn	12³⁸	*A*	Rom	10¹⁶ *A*
hauhata	Luk	4⁵	*A*							hauseinais	1Th	2¹³	B		
hauhei	Jhn	12²⁸	*A*	Jhn	17¹	*A*	Jhn	17⁵	*A*	hauseis	Mat	27¹³	*A*		
	Eph	3¹⁸	AB							hauseiþ	Mat	7²⁴	*A*	Mat	7²⁶ *A*	Jhn	7⁵¹ *A*
hauhein	Jhn	8⁵⁰	*A*	Jhn	9²⁴	*A*	Jhn	12⁴³	*A*2		Jhn	8⁴⁷	*A*2	Jhn	9³¹ *A*	Jhn	10²⁰ *A*
hauheinai	Php	2³	B2								Jhn	14²⁴	*A*	Jhn	16¹³ *A*	Jhn	18³⁷ *A*
hauheinais	Jhn	11⁴	*A*								Luk	8¹⁸	*A*	Luk	10¹⁶ *A*2	Luk	10²⁴ *A*⁻
hauheins	Jhn	8⁵⁴	*A*								Luk	18⁶	*A*	Mrk	4³ *A*	Mrk	4²⁴ *A*
hauheiþ	Jhn	8⁵⁴	*A*	Jhn	13³²	*A*	Jhn	16¹⁴	*A*		Mrk	7¹⁴	*A*	Gal	4²¹ AB	Php	1³⁰ B
	Luk	14¹¹	*A*	Luk	18¹⁴	*A*				hausida	Jhn	8²⁶	*A*	Jhn	8⁴⁰ *A*	Jhn	9³⁵ *A*
hauhhairtai	2Tm	3²	AB								Jhn	11⁶	*A*	Jhn	11²⁰ *A*	Jhn	11²⁹ *A*
hauhhairtei	Mrk	7²²	*A*								Jhn	15¹⁵	*A*	Luk	1⁴¹ *A*	2Cr	12⁴ AB
hauhhairts	Tit	1⁷	B								Skr	2⁹	E		
hauhida	Jhn	12²⁸	*A*	Jhn	13³²	*A*	Jhn	17⁴	*A*	hausidedum	Jhn	12³⁴	*A*	Luk	4²³ *A*	Col	1⁹ B
hauhidedun	Mrk	2¹²	*A*							hausidedun	Jhn	7³²	*A*	Jhn	9⁴⁰ *A*	Jhn	10⁸ *A*
hauhis	Luk	14¹⁰	*A*								Jhn	12¹⁸	*A*	Luk	1⁵⁸ *A*	Mrk	6⁵⁵ *A*
hauhistins	Luk	1³²	*A*	Luk	1³⁵	*A*	Luk	1⁷⁶	*A*		Mrk	12³⁷	*A*	Rom	10¹⁴ *A*	Rom	10¹⁸ *A*
	Luk	6³⁵	*A*	Luk	8²⁸	*A*	Mrk	5⁷	*A*		Neh	6¹⁶	D		
hauhistjam	Luk	2¹⁴	*A*	Luk	19³⁸	*A*	Mrk	11¹⁰	*A*	hausideduþ	Mat	5²¹	*A*	Mat	5²⁷ *A*	Mat	5³³ *A*
hauhiþa	Jhn	7¹⁸	*A*2	Luk	14¹⁰	*A*	Rom	8³⁹	*A*		Mat	5³⁸	*A*	Mat	5⁴³ *A*	Jhn	8³⁸ *A*
	Eph	4⁸	*A*								Jhn	9²⁷	*A*	Jhn	14²⁸ *A*	Mrk	14⁶⁴ *A*
hauhiþai	Luk	1⁷⁸	*A*								Eph	3²	B	Eph	4²¹ AB	Php	2²⁶ AB
hauhiþos	2Cr	10⁵	B								Col	1²³	AB		
hauhiþs	Jhn	7³⁹	*A*	Jhn	13³¹	*A*	Jhn	13³²	*A*	hausides	2Tm	1¹³	AB	2Tm	2² B
	Jhn	15⁸	*A*	Jhn	17¹⁰	*A*				hausja	Luk	9⁹	*A*	Luk	16² *A*
hauhja	Jhn	8⁵⁴	*A*	Jhn	12²⁸	*A*				hausjai	Jhn	12⁴⁷	*A*		
hauhjai	Jhn	17¹	*A*							hausjaina	Mrk	4¹²	*A*	Mrk	6¹¹ *A*
hauhjaidau	Jhn	11⁴	*A*	Jhn	14¹³	*A*				hausjaiþ	Luk	9³⁵	*A*	Mrk	9⁷ *A*
hauhjaina	Mat	5¹⁶	*A*							hausjam	2Th	3¹¹	AB		
hauhjaindau	Mat	6²	*A*							hausjan	Jhn	8⁴³	*A*	Jhn	9²⁷ *A*	Luk	5¹ *A*
hauhjaiþ	Rom	15⁶	*C*								Luk	6¹⁸	*A*	Luk	8⁸ *A*	Luk	10²⁴ *A*
hauhjan	Rom	15⁹	*C*								Luk	15¹	*A*	Luk	19⁴⁸ *A*	SkB	6³ *E*□
hauhjands	Luk	17¹⁵	*A*							hausjand	Jhn	10³	*A*	Jhn	10¹⁶ *A*	Jhn	10²⁷ *A*
hauho	Luk	16¹⁵	*A*								Luk	8¹³	*A*	Mrk	4¹⁶ *A*	Mrk	4²⁰ *A*
hauhþuhts	1Tm	6⁴	AB								Rom	10¹⁴	*A*		
hauja	Skr	7⁸	E							hausjandam	Luk	6²⁷	*A*	Eph	4²⁹ AB
haunein	Col	3¹²	B							hausjandan	Luk	2⁴⁶	*A*		
hauneinai	Eph	4²	AB	Col	2¹⁸	B	Col	2²³	AB	hausjandans	Jhn	7⁴⁰	*A*	Jhn	18²¹ *A*	Luk	1⁶⁶ *A*
hauneinais	Php	3²¹	AB								Luk	2⁴⁷	*A*	Luk	4²⁸ *A*	Luk	8¹² *A*
hauniþai	1Tm	2¹¹	AB*								Mrk	3²¹	*A*	Mrk	4¹² *A*	Mrk	4¹⁸ *A*
haunjan	Php	4¹²	B								Mrk	6²	*A*	Mrk	16¹¹ *A*	Gal	1²³ AB
haunjands	2Cr	11⁷	B								1Tm	4¹⁶	B	Skr	3¹¹ *E*	Skr	6³ *E*⁺
hauns	2Cr	10¹	B							hausjandona	Mat	11¹⁵	*A*;	Luk	14³⁵ *A*⁻	Mrk	4⁹ *A*

	Mrk	4²³	A	Mrk	7¹⁶	A		heþjon	Mat	6⁶	A			
hausjands	Jhn	19¹³	A	Luk	6⁴⁷	A	Luk	6⁴⁹	A	hidre	Luk	14²¹	A	Mrk	11³	A
	Mrk	6²⁰	A						hidrei	Luk	9⁴¹	A			
hausjon	Jhn	6⁶⁰	A	Luk	5¹⁵	A	Mrk	4³³	A	hilm	Eph	6¹⁷	AB			
hausjondam	2Tm	2¹⁴	B						hilma	1Th	5⁸	B			
hawi	Mat	6³⁰	A	Jhn	6¹⁰	A			hilp	Mrk	9²²	A	Mrk	9²⁴	A
hazein	Luk	18⁴³	A	Rom	13³	AC			hilpan	Luk	5⁷	A			
hazeinai	Eph	1⁶	AB	Eph	1¹²	AB	Eph	1¹⁴	AB	hilpandam	2Cr	1¹¹	AB			
hazeinim	Eph	5¹⁹	A	Col	3¹⁶	B			himin	Mat	11²³	A*	Luk	2¹⁵	A	Luk	10¹⁵	A
hazeino	Php	4⁸	B							Luk	15¹⁸	A	Luk	15²¹	A	Luk	16¹⁷	A
hazeins	1Cr	4⁵	A	2Cr	8¹⁸	AB				Mrk	16¹⁹	S	Rom	10⁶	A	2Cr	12²	AB
hazida	Luk	16⁸	A						himina	Mat	5³⁴	A	Mat	6¹⁰	A	Mat	6²⁰	A
hazidedun	Neh	5¹³	D							Jhn	6³¹	A	Jhn	6³²	A2	Jhn	6³³	A
hazja	1Cr	11²²	A							Jhn	6³⁸	A	Jhn	6⁴¹	A	Jhn	6⁴²	A
hazjaina	Rom	15¹¹	C							Jhn	6⁵⁰	A	Jhn	6⁵¹	A	Jhn	6⁵⁸	A
hazjan	Luk	19³⁷	A							Jhn	12²⁸	A	Jhn	17¹	A	Luk	3²²	A
hazjandane	Luk	2¹³	A							Luk	9¹⁶	A	Luk	9⁵⁴	A	Luk	10¹⁸	A
hazjandans	Luk	2²⁰	A							Luk	15⁷	A	Luk	17²⁴	A2	Luk	17²⁹	A
hazjau	1Cr	11²²	A							Luk	18¹³	A	Luk	18²²	A	Luk	19³⁸	A
hazjiþ	Rom	15¹¹	C							Luk	20⁴	A	Luk	20⁵	A	Mrk	7³⁴	A
hazjuþ-þan	1Cr	11²	A							Mrk	8¹¹	A	Mrk	11³⁰	A	Mrk	11³¹	A
heito	Mat	8¹⁵	A							1Cr	15⁴⁷	A	2Cr	5²	AB	Eph	3¹⁵	AB
heitom	Mat	8¹⁴	A							Col	1²³	AB	1Th	4¹⁶	B	Skr	4¹⁸	E
heiwafraujin	Mrk	14¹⁴	A							Skr	4²¹	E	Skr	6¹⁷	E	Skr	6²⁰	E
helei	Mat	27⁴⁶	A2						himinakunda	Skr	4²³	E			
Heleian	Luk	9¹⁹	A						himinakundaim		Eph	1³	AB	Eph	2⁶	AB
Heleias	Luk	9⁵⁴	A						himinakundam		Eph	3¹⁰	AB	Eph	6¹²	AB
Heleiins	Luk	4²⁵	A						himinakundana		Skr	4¹⁵	E			
Heleis	Luk	3²³	A						himinakundins		1Cr	15⁴⁹	AB			
Helian	Mat	27⁴⁷	A	Mrk	8²⁸	A	Mrk	15³⁵	A	himinakundis		Luk	2¹³	A			
Helias	Mat	11¹⁴	A	Mat	27⁴⁹	A	Luk	4²⁶	A	himinakundon		Skr	2⁷	E			
	Luk	9⁸	A	Luk	9³⁰	A	Mrk	6¹⁵	A	himinam	Mat	5¹⁶	A	Mat	5⁴⁵	A	Mat	5⁴⁸	A
	Mrk	9⁴	A	Mrk	9¹¹	A	Mrk	9¹²	A		Mat	6¹	A	Mat	6⁹	A	Mat	6¹⁴	A
	Mrk	9¹³	A	Mrk	15³⁶	A				Mat	6²⁶	A	Mat	6³²	A	Mat	7²¹	A
Helijin	Luk	9³³	A	Mrk	9⁵	A				Mat	10³²	A	Mat	10³³	A	Luk	6²³	A
her	Mat	8²⁹	A	Jhn	6⁹	A	Jhn	6²⁵	A		Luk	10²⁰	A	Mrk	1¹¹	A	Mrk	10²¹	A
	Jhn	11²¹	A	Jhn	11³²	A	Luk	4²³	A		Mrk	11²⁵	A	Mrk	11²⁶	A	Mrk	12²⁵	A
	Luk	7⁸	A	Luk	9¹²	A	Luk	9²⁷	A		Mrk	13²⁵	A	2Cr	5¹	AB	Eph	1¹⁰	AB
	Luk	9³³	A	Luk	17²¹	A	Luk	17²³	A		Eph	1²⁰	AB	Eph	6⁹	AB	Php	3²⁰	AB
	Luk	19²⁷	A	Mrk	6³	A	Mrk	9¹	A		Col	1¹⁶	AB	Col	1²⁰	AB	Col	4¹	B
	Mrk	9⁵	A	Mrk	13²¹	A	Mrk	16⁶	A		2Th	1⁷	A			
	Col	4⁹	AB	Skr	7³	E			himinans	Mrk	1¹⁰	A	Eph	4¹⁰	A			
Heris	Luk	3²⁸	A						himine	Mat	5¹⁹	A2	Mat	5²⁰	A	Mat	7²¹	A
Heroda	Mrk	6¹⁸	A	Mrk	6²²	A				Mat	8¹¹	A	Mat	11¹¹	A	Mat	11¹²	A
Herodeis	Luk	3¹	A							Luk	6²⁰	A			
Herodes	Luk	1⁵	A	Luk	3¹⁹	A2	Luk	8³	A	himinis	Mat	6²⁶	A	Mat	8²⁰	A	Luk	8⁵	A
	Luk	9⁹	A	Mrk	6¹⁴	A	Mrk	6¹⁶	A		Luk	9⁵⁸	A	Luk	10²¹	A	Mrk	4³²	A
	Mrk	6¹⁷	A	Skr	3⁴	E				Mrk	13²⁵	A	Mrk	13²⁷	A	Mrk	14⁶²	A
Herodia	Mrk	6¹⁹	A						himins	Mat	5¹⁸	A	Luk	3²¹	A	Luk	4²⁵	A
Herodiadein	Luk	3¹⁹	A						himma	Mat	6¹¹	A	Mat	6³⁰	A	Jhn	13¹⁹	A
Herodiadins	Mrk	6²²	A							Jhn	14⁷	A	Luk	1⁴⁸	A	Luk	2¹¹	A
Herodiane	Mrk	12¹³	A							Luk	4²¹	A	Luk	5¹⁰	A	Luk	5²⁶	A
Herodianum	Mrk	3⁶	A							Luk	19⁵	A	Luk	19⁹	A			
Herodis	Luk	9⁷	A	Mrk	6²⁰	A	Mrk	6²¹	A	hina	Mat	11²³	A	Mat	27⁸	A	2Cr	3¹⁴	AB
	Mrk	8¹⁵	A							2Cr	3¹⁵	AB			

hindana	Mrk	3[8]	A							Mrk	16[2]	A	Mrk	16[8]	A	
hindar	Mat	8[18]	A	Mat	8[28]	A	Mat	8[34]	A	hlaiwasnom	Mat	8[28]	A	Mat	27[53]	A	Luk	8[27]	A
	Jhn	6[22]	A	Jhn	6[25]	A	Luk	8[22]	A	hlaiwasnos	Mat	27[52]	A			
	Luk	9[13]	A	Mrk	5[1]	A	Mrk	5[17]	A	hlaiwis	Mat	27[60]	A	Mrk	15[46]	A	Mrk	16[3]	A
	Mrk	5[21]	A	Mrk	8[13]	A	Mrk	8[33]	A	hlamma	1Tm	3[7]	A	1Tm	6[9]	AB
	Mrk	10[1]	A	Rom	14[5]	A	Skr	4[4]	E	hlasana	2Cr	9[7]	B			
hindarleiþ	Luk	17[7]	A							hlasein	Rom	12[8]	A			
hindarleiþan	Luk	16[17]	A							hlasoza	Php	2[28]	AB			
hindarweisai	2Cr	11[13]	B							hlauta	Mrk	15[24]	A			
hindarweisein				2Cr	12[16]	AB				hlautis	Col	1[12]	AB			
hindumisto	Mat	8[12]	A							hlauts	Luk	1[9]	A	Eph	1[11]	AB
hiri	Jhn	11[34]	A	Jhn	11[43]	A	Luk	18[22]	A	hlefi	Eph	4[28]	AB			
	Mrk	10[21]	A							hleibida	Luk	1[54]	A			
hirjats	Mrk	1[17]	A							hleidumei	Mat	6[3]	A			
hirjiþ	Mrk	12[7]	A							hleidumein	Mat	25[41]	C	Mrk	10[37]	A	Mrk	10[40]	A
hita	Mat	11[12]	A	Jhn	16[24]	A	Mrk	13[19]	A		Mrk	15[27]	A			
	1Cr	15[6]	A	Skr	4[11]	E				hleidumona	2Cr	6[7]	A⁻B			
hiuhma	Luk	1[10]	A							hleiþrai	2Cr	5[4]	AB*			
hiuhmans	Mat	8[18]	A	Luk	5[15]	A	Luk	14[25]	A	hleiþros	Luk	9[33]	A	Luk	16[9]	A	2Cr	5[1]	B
hiuma	Luk	6[17]	A							hleþrastakeins				Jhn	7[2]	A
hiumam	Luk	8[4]	A							hlifai	Eph	4[28]	AB			
hiwi	2Tm	3[5]	AB							hlifais	Luk	18[20]	A	Mrk	10[19]	A	Rom	13[9]	A
hlahjandans	Luk	6[25]	A							hlifand	Mat	6[19]	A			
hlaib	Jhn	13[18]	A	Jhn	13[30]	A	Luk	4[4]	A	hliftus	Jhn	10[1]	A			
	Luk	9[3]	A	Mrk	7[27]	A	2Th	3[8]	AB	hlijans	Mrk	9[5]	A			
	2Th	3[12]	B							hliuma	1Cr	12[17]	A2			
hlaiba	Jhn	13[27]	A	2Cr	9[10]	B*				hliumans	Luk	7[1]	A	Mrk	7[35]	A
hlaibam	Jhn	6[13]	A	Luk	9[13]	A	Mrk	8[4]	A	hlutrans	2Cr	7[11]	AB			
	Skr	7[17]	E	Skr	7[26]	E	Ver	24[39]	V*	hlutrein	2Cr	1[12]	AB			
hlaibans	Jhn	6[5]	A	Jhn	6[9]	A	Jhn	6[11]	A	hlutriþai	2Cr	2[17]	AB			
	Luk	6[4]	A	Luk	9[16]	A	Mrk	2[26]	A	hnaiwam	Rom	12[16]	A			
	Mrk	7[2]	A	Mrk	8[5]	A	Mrk	8[6]	A	hnaiweinai	Luk	1[48]	A			
	Mrk	8[14]	A	Mrk	8[16]	A	Mrk	8[17]	A	hnaiweiþ	Luk	14[11]	A	Luk	18[14]	A
	Mrk	8[19]	A	Mrk	8[20]	A	Neh	5[15]	D	hnaiwidaim	2Cr	7[6]	AB			
	Skr	7[3]	E	Skr	7[11]	E	Ver	9[16]	V*	hnasqjaim	Mat	11[8]	A2	Luk	7[25]	A
	Ver	12[20]	V							hneiwan	Luk	9[12]	A			
hlaibe	Jhn	6[26]	A	Luk	15[17]	A	Skr	7[15]	E	hnuto	2Cr	12[7]	B			
hlaibis	Jhn	6[51]	A	1Cr	10[17]	A	1Cr	11[28]	A	hnuþo	2Cr	12[7]	A			
hlaibos	Jhn	6[7]	A							hohan	Luk	9[62]	A			
hlaibs	Luk	4[3]	A							holoþ	Luk	3[14]	A			
hlaif	Mat	6[11]	A	Jhn	6[23]	A	Jhn	6[31]	A	horam	1Cr	5[9]	A	1Cr	5[10]	A	1Tm	1[10]	B
	Jhn	6[32]	A2	Jhn	6[34]	A	Jhn	6[58]	A	horinassau	Jhn	8[41]	A	2Cr	12[21]	AB	Col	3[5]	A
	Jhn	13[26]	A2	Luk	7[33]	A	Luk	14[15]	A	horinassjus	Mrk	7[21]	A			
	Mrk	3[20]	A	Mrk	6[8]	A	Mrk	7[5]	A	horinassu	Col	3[5]	B			
	Mrk	8[14]	A	1Cr	11[23]	A	1Cr	11[26]	A	horinassus	Eph	5[3]	AB	Gal	5[19]	AB
	1Cr	11[27]	A	2Th	3[12]	A	Neh	5[14]	D	horinon	Mat	5[32]	A			
	Neh	5[18]	D							horinondei	Rom	7[3]	A2			
hlaifs	Jhn	6[33]	A	Jhn	6[35]	A	Jhn	6[41]	A	horinondein	Mrk	8[38]	A			
	Jhn	6[48]	A	Jhn	6[50]	A	Jhn	6[51]	A2	horinos	Mat	5[27]	A	Luk	18[20]	A	Mrk	10[19]	A
	Jhn	6[58]	A	1Cr	10[16]	A	1Cr	10[17]	A		Rom	13[9]	A			
hlaine	Luk	3[5]	A							horinoþ	Mat	5[32]	A	Luk	16[18]	A2	Mrk	10[11]	A
hlaiw	Mat	27[66]	A	Mrk	16[5]	A					Mrk	10[12]	A			
hlaiwa	Mat	27[60]	A	Mat	27[61]	A	Mat	27[64]	A	horos	Luk	18[11]	A	Ver	19[30]	V*
	Jhn	11[17]	A	Jhn	11[31]	A	Jhn	11[38]	A	hors	1Cr	5[11]	A	Eph	5[5]	B
	Jhn	12[17]	A	Mrk	6[29]	A	Mrk	15[46]	A	hrain	Mat	8[3]	A	Tit	1[15]	A2	Skr	3[16]	E

hrainei	Skr	3⁹	E						
hrainein	Skr	3²²	E						
hraineinais	Luk	2²²	A						
hraineino	Skr	3⁸	E						
hrainjahairtans				Skr	6²⁷	E			
hrainjai	Mat	1¹⁵	A	Jhn	13¹¹	A	Jhn	15³	A
	1Tm	2⁹	AB	1Tm	3⁹	A	2Tm	1³	A
hrainjaim	Tit	1¹⁵	A						
hrainjam	2Cr	7¹	AB						
hrainjamma	Mat	27⁵⁹	A	1Tm	1⁵	AB	2Tm	2²²	AB
hrains	Mat	8³	A	Luk	5¹³	A	Luk	17¹⁵	A
	Mrk	1⁴¹	A	Mrk	1⁴²	A			
hraiwadubono				Luk	2²⁴	A			
hramjiþ	Jhn	19⁶	A						
hropei	Gal	4²⁷	B						
hropeiþ	Luk	9³⁹	A	Rom	9²⁷	A			
hropida	Jhn	7²⁸	A	Jhn	7³⁷	A	Jhn	11⁴³	A
	Jhn	12⁴⁴	A	Luk	18³⁹	A	Mrk	10⁴⁸	A
hropidedun	Mat	8²⁹	A	Jhn	12¹³	A	Jhn	18⁴⁰	A
	Jhn	19⁶	A	Jhn	19¹²	A	Mrk	3¹¹	A
	Mrk	11⁹	A	Mrk	15¹³	A	Mrk	15¹⁴	A
hropjan	Mrk	10⁴⁷	A						
hropjand	Luk	19⁴⁰	A						
hropjandan	Gal	4⁶	A						
hropjandans	Mat	9²⁷	A						
hropjandeins	Luk	4⁴¹	A						
hropjands	Mat	27⁵⁰	A	Mrk	1²⁶	A	Mrk	5⁵	A
	Mrk	5⁷	A	Mrk	9²⁶	A	Mrk	15³⁹	A
hrops	Eph	4³¹	AB						
hrot	Mat	8⁸	A	Luk	5¹⁹	A	Luk	7⁶	A
	Mrk	2⁴	A						
hrota	Luk	17³¹	A						
hrotam	Mat	10²⁷	A						
hroþeigans	2Cr	2¹⁴	AB						
hrugga	Mrk	6⁸	A						
hruk	Mat	26⁷⁵	AC						
hrukeiþ	Jhn	13³⁸	A						
hrukida	Mat	26⁷⁴	AC	Jhn	18²⁷	A			
hrukjai	Mrk	14⁷²	A						
hufum	Mat	11¹⁷	A*	Luk	7³²g	A			
hugei	Rom	11²⁰	A						
huggreiþ	Jhn	6³⁵	A						
huggridai	1Cr	4¹¹	A						
hugidedun	Jhn	11¹³	A						
hugis	Eph	4¹⁷	AB						
hugjaima	Php	3¹⁵	AB	Php	3¹⁶	AB			

hugjaiþ	Mat	5¹⁷	A	Php	2²	B			
hugjandam	Mrk	10²⁴	A						
hugjandane	1Tm	6⁵	AB						
hugjandans	Rom	12¹⁶	A						
hugjandona	Luk	2⁴⁴	A						
hugjands	Mat	5²⁵	A	Skr	7⁵	E			
hugjiþ	Gal	5¹⁰	B	Php	3¹⁵	AB			
hugsis	DeA	2	𝔄						
huhjands	1Cr	16²	AB						
huhrau	Luk	15¹⁷	A						
huhrus	Luk	4²⁵	A	Luk	15¹⁴	A	Rom	8³⁵	A
hulistr	2Cr	3¹³	AB	2Cr	3¹⁴	AB	2Cr	3¹⁵	AB
	2Cr	3¹⁶	AB						
huljai	1Cr	11⁶	A						
huljan	Mrk	14⁶⁵	A						
hulþs	Luk	18¹³	A						
hulundi	Jhn	11³⁸	A						
hunda	Luk	7⁴¹	A	Mrk	14⁵	A	Neh	7¹³	D*
	Neh	7³⁹	D						
hundafada	Mat	8¹³	A	Mrk	15⁴⁵	A			
hundafade	Luk	7²	A						
hundafads	Luk	7⁶	A						
hundafaþ	Mrk	15⁴⁴	A						
hundafaþs	Mat	8⁵	A	Mat	8⁸	A	Mat	27⁵⁴	A
	Mrk	15³⁹	A						
hundam	Jhn	6⁷	A	Mrk	7²⁷	A	1Cr	15⁶	A
hundans	Php	3²	AB						
hundos	Luk	16²¹	A	Mrk	7²⁸	A			
hunsl	Mat	9¹³	A	Luk	2²⁴	A	Eph	5²	AB
	Skr	1⁵	E						
hunsla	Jhn	16²	A	1Cr	10¹⁸	A			
hunslastada	Mat	5²³	A	1Cr	10¹⁸	A			
hunslastadis	Mat	5²⁴	A	Luk	1¹¹	A			
hunsle	Mrk	9⁴⁹	A						
hunsljada	2Tm	4⁶	AB						
hunþ	Eph	4⁸	A						
hup	Mrk	1⁶	A						
hupins	Eph	6¹⁴	AB						
huzd	Mat	6²¹	A	Luk	18²²	A	Mrk	10²¹	A
	2Cr	4⁷	AB						
huzda	Mat	6¹⁹	A	Mat	6²⁰	A	Luk	6⁴⁵	A
huzdjaiþ	Mat	6¹⁹	A	Mat	6²⁰	A			
huzdjan	2Cr	12¹⁴	AB						
Hwmainaius	1Tm	1²⁰	AB						
hwssopon	Skr	3¹⁶	E						

ƕ

ƕa	Mat	5²³	A	Mat	6³	A	Mat	6²⁵	A2		2Cr	2¹⁰	A2BB:	2Cr	3⁵	AB	2Cr	7¹⁴	AB
	Mat	6²⁸	A	Mat	6³¹	A2	Mat	8²⁶	A		2Cr	10⁸	B	2Cr	11¹	B	2Cr	11¹⁶	B
	Mat	8²⁹	A	Mat	9¹³	A	Mat	11⁷	A		2Cr	12⁶	A2B2	2Cr	12¹³	AB	2Cr	12¹⁸	AB
	Mat	11⁸	A	Mat	11⁹	A	Mat	26⁶⁶	C		2Cr	13⁸	AB	Eph	1¹⁸	AB	Eph	1¹⁹	AB
	Mat	26⁷⁰	AC	Mat	27⁴	A	Jhn	6⁹	A		Eph	3¹⁸	AB	Eph	4⁹	A	Eph	5¹⁷	A
	Jhn	6²⁸	A	Jhn	6³⁰	A2	Jhn	7⁴	A		Eph	5²⁷	A	Eph	6²¹	B2	Eph	6²²	B:
	Jhn	7¹⁹	A	Jhn	7³⁶	A	Jhn	7⁵¹	A		Gal	2⁶	AB	Gal	4³⁰	B	Gal	6³	AB
	Jhn	9¹⁷	A	Jhn	9²⁶	A	Jhn	9²⁷	A		Php	1¹⁸	B	Php	2²³	B	Php	2²⁸	A⁼B⁼
	Jhn	10⁶	A	Jhn	10²⁰	A	Jhn	10²⁴	A		Php	3¹⁵	A	Col	2²⁰	A⁻B	Col	4⁸	AB
	Jhn	12²⁷	A	Jhn	13¹²	A	Jhn	13²⁹	A		1Th	2¹⁹	B	1Th	3⁹	B	1Tm	1⁷	A2B2
	Jhn	14¹³	A	Jhn	14²²	A	Jhn	15¹⁵	A		1Tm	1¹⁰	B	1Tm	6⁷	AB	Phm	¹⁸	A
	Jhn	16¹⁷	A	Jhn	16¹⁸	A2	Jhn	18²¹	A		Skr	7⁶	E							
	Jhn	18³⁵	A	Jhn	18³⁸	A	Luk	1²¹	A	ƕad	Jhn	13³⁶	A							
	Luk	1⁶⁶	A	Luk	2⁴⁸	A	Luk	2⁴⁹	A	ƕadre	Jhn	7³⁵	A							
	Luk	3¹⁰	A	Luk	3¹²	A	Luk	3¹⁴	A	ƕaiƕop	2Cr	7¹⁴	AB*							
	Luk	4³⁴	A	Luk	4³⁶	A	Luk	5²²	A	ƕairbandane	2Th	3⁶	B							
	Luk	6²	A	Luk	6⁹	A	Luk	6¹¹	A	ƕairbandans	2Th	3¹¹	AB*							
	Luk	6³²	A	Luk	6³³	A	Luk	6³⁴	A	ƕairneins	Mrk	15²²	A							
	Luk	6⁴¹	A	Luk	6⁴⁶	A	Luk	7²⁴	A	ƕaiteis	Jhn	12²⁴	A							
	Luk	7²⁵	A	Luk	7²⁶	A	Luk	7⁴⁰	A	ƕaiwa	Mat	6²⁸	A	Mat	6³⁰	A	Jhn	5⁴⁷	A
	Luk	8⁹	A	Luk	8²⁸	A	Luk	8³⁰	A		Jhn	6⁴²	A	Jhn	6⁵²	A	Jhn	7¹⁵	A
	Luk	9³³	A	Luk	9⁴¹	A	Luk	10²⁵	A		Jhn	8³³	A	Jhn	9¹⁰	A	Jhn	9¹⁵	A
	Luk	10²⁶	A	Luk	15²⁶	A	Luk	16³	A		Jhn	9¹⁶	A	Jhn	9¹⁹	A	Jhn	9²¹	A
	Luk	16⁴	A	Luk	17⁸	A	Luk	18⁶	A		Jhn	9²⁶	A	Jhn	11³⁶	A	Jhn	12³⁴	A
	Luk	18¹⁸	A	Luk	18¹⁹	A	Luk	18³⁶	A		Jhn	14⁵	A	Jhn	14⁹	A	Luk	1³⁴	A
	Luk	18⁴¹	A	Luk	19⁸	A	Luk	19¹⁵	A		Luk	1⁶²	A	Luk	5¹⁸	A	Luk	5¹⁹	A
	Luk	19⁴⁸	A	Luk	20¹³	A	Luk	20¹⁵	A		Luk	6⁴	A	Luk	6⁴²	A	Luk	8¹⁸	A
	Luk	20¹⁷	A	Luk	20²³	A	Mrk	1²⁴	A		Luk	8³⁶	A	Luk	8⁴⁷	A	Luk	10²⁶	A
	Mrk	1²⁷	A	Mrk	2⁷	A	Mrk	2¹⁶	A		Luk	18²⁴	A	Luk	20⁴¹	A	Luk	20⁴⁴	A
	Mrk	2²⁴	A	Mrk	2²⁵	A	Mrk	4²²	A		Mrk	2²⁶	A	Mrk	3²³	A	Mrk	4¹³	A
	Mrk	4²⁴	A	Mrk	5⁷	A	Mrk	5⁹	A		Mrk	4⁴⁰	A	Mrk	5¹⁶	A	Mrk	8²¹	A
	Mrk	5¹⁴	A	Mrk	5³⁵	A	Mrk	5³⁹	A		Mrk	9¹²	A	Mrk	10²³	A	Mrk	10²⁴	A
	Mrk	8¹	A	Mrk	8²	A	Mrk	8¹²	A		Mrk	11¹⁸	A	Mrk	12²⁶	A	Mrk	12³⁵	A
	Mrk	8¹⁷	A	Mrk	8³⁶	A	Mrk	8³⁷	A		Mrk	14¹¹	A	Rom	10¹⁴	A3	Rom	10¹⁵	A2
	Mrk	9⁶	A	Mrk	9¹⁰	A	Mrk	9¹⁶	A		Rom	11¹⁴	A	Rom	11³³	C	1Cr	9²²	A
	Mrk	9¹⁹	A2	Mrk	9³³	A	Mrk	10³	A		1Cr	15¹²	A	1Cr	15³⁵	A	2Cr	1²⁰	AB
	Mrk	10¹⁷	A	Mrk	10¹⁸	A	Mrk	10³⁶	A		2Cr	3⁸	AB	Gal	2¹⁴	B	Gal	4⁹	A
	Mrk	10⁵¹	A	Mrk	11⁵	A	Mrk	11¹³	A		Php	3¹¹	AB	Col	4⁶	AB	1Th	2¹⁰	B
	Mrk	11²⁵	A	Mrk	12⁹	A	Mrk	12¹⁵	A		1Th	4¹	B	2Th	3⁷	B	1Tm	3⁵	A
	Mrk	14⁶⁰	A	Mrk	14⁶³	A	Mrk	14⁶⁴	A		1Tm	3¹⁵	A	2Tm	1³	A	Skr	2¹⁰	E
	Mrk	14⁶⁸	A	Mrk	15¹²	A	Mrk	15¹⁴	A		Skr	2¹⁴	E	Skr	5¹⁴	E				
	Mrk	15²⁴	A	Mrk	16¹⁸	S	Rom	7⁷	A	ƕamma	Jhn	6⁶⁸	A	Jhn	12³⁸	A	Luk	6⁴⁷	A
	Rom	9¹¹	A	Rom	9¹⁴	A	Rom	9¹⁹	A		Luk	20²	A	Luk	20⁸	A	Mrk	11²⁸	A
	Rom	9²⁰	A	Rom	9³⁰	A	Rom	10⁸	A		Mrk	11²⁹	A	Mrk	11³³	A	1Th	5¹⁵	B
	Rom	11¹⁵	A	Rom	12²	C	Rom	14¹⁰	C 2		2Th	2³	A*	2Th	3⁸	AB	2Tm	1¹²	AB
	Rom	14¹⁴	C‡	1Cr	4⁷	A	1Cr	5¹²	A		2Tm	3¹⁴	AB							
	1Cr	7¹⁶	A2	1Cr	10¹⁹	A3	1Cr	10³¹	A	ƕammeh	Luk	2⁴¹	A	Luk	6³⁰	A	Luk	16¹⁹	A
	1Cr	11²²	A	1Cr	14²⁶	A	1Cr	15²⁹	A		Luk	19⁴⁷	A	Mrk	14⁴⁹	A	1Cr	15³¹	A

	Eph	4¹⁴	A	Gal	5³	B*		Mat	26⁶⁸	C	Jhn	6⁴⁶	A	Jhn	6⁵¹	A
hvan	Mat	5²⁵	A	Mat	6²³	A	Mat	7¹⁴	A		Jhn	6⁶⁰	A	Jhn	6⁶⁴	A	Jhn	7¹⁷	A
	Mat	10²⁵	A	Mat	25⁴⁴	C	Mat	27¹³	A		Jhn	7²⁰	A	Jhn	8²⁵	A	Jhn	8⁴⁶	A
	Jhn	6²⁵	A	Luk	4¹¹	A	Luk	4²³	A		Jhn	8⁵¹	A	Jhn	8⁵²	A	Jhn	9²	A
	Luk	8³⁹	A2	Luk	15¹⁷	A	Luk	16⁵	A		Jhn	9²¹	A	Jhn	9²²	A	Jhn	9³¹	A
	Luk	16⁷	A	Luk	17²⁰	A	Mrk	3⁸	A		Jhn	9³²	A	Jhn	9³⁶	A	Jhn	10⁹	A
	Mrk	4¹²	A	Mrk	5¹⁹	A	Mrk	5²⁰	A		Jhn	11⁹	A	Jhn	11¹⁰	A	Jhn	12²⁶	A2
	Mrk	7³⁶	A	Mrk	8⁵	A	Mrk	8¹⁹	A		Jhn	12³⁴	A	Jhn	12³⁸	A	Jhn	12⁴⁷	A
	Mrk	8²⁰	A	Mrk	9²¹	A	Mrk	15⁴	A		Jhn	13²⁴	A	Jhn	13²⁵	A	Jhn	14²³	A
	Rom	11¹²	A	Rom	11²⁴	A	1Cr	9⁷	A		Jhn	15¹³	A	Jhn	16³⁰	A	Luk	3⁷	A
	Php	4¹⁰	B	2Tm	1¹⁸	AB	2Tm	2²⁵	AB		Luk	4³⁴	A	Luk	5²¹	A2	Luk	7⁴⁹	A
	Phm	1⁶	A								Luk	8²⁵	A	Luk	8⁴⁵	A2	Luk	9⁹	A
hvana	Mat	27¹⁷	A	Jhn	7³⁷	A	Jhn	8⁵³	A		Luk	9²³	A	Luk	10²²	A2	Luk	10²⁹	A
	Jhn	18⁴	A	Jhn	18⁷	A	Luk	9¹⁸	A		Luk	14²⁶	A	Luk	14²⁸	A	Luk	14³¹	A
	Luk	9²⁰	A	Mrk	8²⁷	A	Mrk	8²⁹	A		Luk	15⁴	A	Luk	16¹¹	A	Luk	16¹²	A
	Mrk	11²⁵	A	2Cr	12¹⁷	AB	Col	3¹³	B		Luk	17⁷	A	Luk	18²⁶	A	Luk	19³	A
	2Th	3⁸	AB								Luk	19³¹	A	Luk	20²	A	Mrk	1²⁴	A
hvanhun	Mat	7²³	A	Jhn	6³⁵	A	Jhn	7⁴⁶	A		Mrk	2⁷	A	Mrk	4²³	A	Mrk	4⁴¹	A
	Jhn	8³³	A	Luk	15²⁹	A	Eph	5²⁹	A		Mrk	5³⁰	A	Mrk	5³¹	A	Mrk	7¹⁶	A
	2Tm	3⁷	AB	Skr	6²³	E	Skr	8⁷	E		Mrk	8⁴	A	Mrk	9³⁰	A	Mrk	9³⁵	A
hvanoh	Luk	9²³	A								Mrk	10²⁶	A	Mrk	11³	A	Mrk	11¹⁶	A
hvanuh	Mat	25³⁸	C	Mat	25³⁹	C					Mrk	11²⁸	A	Mrk	13²¹	A	Mrk	16³	A
hvanzuh	Luk	10¹	A	Mrk	6⁷	A					Rom	7²⁴	A	Rom	8⁹	A	Rom	8³⁵	A
hvar	Mat	8²⁰	A	Jhn	7¹¹	A	Jhn	8¹⁹	A		Rom	9¹⁹	A	Rom	9²⁰	A	Rom	10⁶	A
	Jhn	9¹²	A	Jhn	11³⁴	A	Luk	8²⁵	A		Rom	10⁷	A	Rom	10¹⁶	A	Rom	11³⁴	C 2
	Luk	9⁵⁸	A	Luk	17¹⁷	A	Luk	17³⁷	A		Rom	11³⁵	C	Rom	14⁴	A	1Cr	1¹⁵	A
	Mrk	14¹²	A	Mrk	14¹⁴	A	Mrk	15⁴⁷	A		1Cr	4²	A	1Cr	4⁷	A	1Cr	5¹¹	A
	1Cr	1²⁰	A3	1Cr	12¹⁷	A2	1Cr	12¹⁹	A		1Cr	6¹	A	1Cr	7¹²	A	1Cr	7¹⁸	A2
	1Cr	15⁵⁵	A2B2								1Cr	8¹⁰	A	1Cr	9⁷	A3	1Cr	10²⁷	A
hvarboda	Jhn	7¹	A	Jhn	8⁵⁹	A	Jhn	10²³	A		1Cr	10²⁸	A	1Cr	14²⁴	A	1Cr	14²⁷	A
hvarbondin	Mat	9²⁷	A	Mrk	11²⁷	A					1Cr	16²²	B	2Cr	2²	AB	2Cr	2⁵	AB
hvarbonds	Mrk	1¹⁶	A	Mrk	2¹⁴	A					2Cr	2¹⁶	AB	2Cr	8²⁰	AB	2Cr	10⁷	B
hvarja	Mrk	12²⁸	A								2Cr	11¹⁶	B	2Cr	11²⁰	B5	2Cr	11²¹	B
hvarjai	Jhn	6⁶⁴	A								2Cr	11²⁹	B2	2Cr	12⁶	AB	Eph	2⁹	AB
hvarjamma	Mrk	12²³	A								Gal	3¹	A	Gal	5⁷	B	Gal	6³	AB
hvarjammeh	Luk	19²⁶	A	Rom	12³	C	1Cr	4⁵	A		Php	3⁴	AB:	Col	3¹³	B	1Th	4⁶	B
	1Cr	7¹⁷	A	1Cr	12¹¹	A					1Th	5¹⁵	B	2Th	3¹⁰	AB	2Th	3¹⁴	AB
hvarjana	Jhn	13²²	A								1Tm	1⁸	AB	1Tm	3¹	AB	1Tm	3⁵	A
hvarjano	Skr	4¹⁰	E								1Tm	5⁸	AB	1Tm	6³	AB	2Tm	2⁵	B
hvarjanoh	Luk	9¹⁴	A								2Tm	2²¹	B	Tit	1⁶	B			
hvarjans	Jhn	13¹⁸	A							hvashun	Mat	9¹⁶	A	Jhn	10¹⁸	A	Jhn	10²⁸	A
hvarjatoh	Mrk	9⁴⁹	A	Skr	6¹³	E					Luk	10²²	A	Mrk	10¹⁸	A	Mrk	10²⁹	A
hvarjis	Jhn	10³²	A	Luk	9⁴⁶	A	Luk	20³³	A		1Cr	16¹¹	AB	Col	2¹⁸	B	2Th	2³	A*
	Mrk	9³⁴	A							hvassaba	Tit	1¹³	A*						
hvarjizuh	Jhn	6⁷	A	Jhn	16³²	A	Luk	2³	A	hvassein	Rom	11²²	A2						
	Luk	6⁴⁰	A	Luk	6⁴⁴	A	Luk	14³³	A	hvaþ	Jhn	8¹⁴	A2	Jhn	12³⁵	A	Jhn	14⁵	A
	Luk	19¹⁵	A	Mrk	15²⁴	A	Rom	14¹²	C		Jhn	16⁵	A						
	1Cr	7⁷	A	1Cr	7²⁰	A	1Cr	7²⁴	A	hvaþar	Mat	9⁵	A	Luk	5²³	A	Luk	7⁴²	A
	1Cr	10²⁴	A	1Cr	14²⁶	A	1Cr	15²³	A		Mrk	2⁹	A	Php	1²²	B	Skr	3⁶	E
	1Cr	16²	AB	2Cr	5¹⁰	AB	2Cr	9⁷	AB	hvaþaramme	Skr	5²²	E						
	Eph	4²⁵	AB	Gal	6⁴	AB	Gal	6⁵	AB	hvaþjands	Mrk	9²⁰	A						
	Php	2⁴	B2	1Th	4⁴	B				hvaþjiþ	Mrk	9¹⁸	A						
hvarjoh	Mat	27¹⁵	A	Mrk	15⁶	A				hvaþon	Luk	9³⁹	A						
hvarjos	1Th	4²	B							hvaþro	Jhn	6⁵	A	Jhn	7²⁷	A2	Jhn	7²⁸	A
hvas	Mat	5³⁹	A	Mat	5⁴¹	A	Mat	6²⁷	A		Jhn	8¹⁴	A2	Jhn	9²⁹	A	Jhn	9³⁰	A

	Jhn	19⁹	A	Luk	1⁴³	A	Luk	7⁴²	A	ƕileikai	Mrk	4³⁰	A	2Cr	10¹¹	B	Gal	2⁶	AB
	Luk	20⁷	A	Mrk	6²	A	Mrk	8⁴	A	ƕileikaim	Gal	6¹¹	AB
	Mrk	12³⁷	A							ƕileikamma	Jhn	12³³	A	Jhn	18³²	A
ƕauþ-þan	1Cr	4⁷	A							ƕileikos	2Tm	3¹¹	AB
ƕazuh	Mat	5²²	A	Mat	5²⁸	A	Mat	5³¹	A	ƕileiks	Mat	8²⁷	A	1Cr	15⁴⁸	A2B
	Mat	5³²	A	Mat	7²¹	A	Mat	7²⁴	A	ƕileikuh	Eph	1¹⁸	A⁺B⁺
	Mat	7²⁶	A	Mat	11⁶	A	Jhn	6⁴⁰	A	ƕilftrjom	Luk	7¹⁴	A
	Jhn	6⁴⁵	A	Jhn	8³⁴	A	Jhn	11²⁶	A	ƕis	Jhn	14¹⁴	A	Jhn	18²¹	A	Luk	9⁵⁵	A
	Jhn	12⁴⁶	A	Jhn	18³⁷	A	Luk	2²³	A		Luk	19⁸	A	Luk	20²⁴	A	Luk	20²⁸	A
	Luk	6⁴⁷	A	Luk	14¹¹	A	Luk	16¹⁶	A		Mrk	6²⁴	A	Mrk	10³⁸	A	Mrk	12¹⁶	A
	Luk	16¹⁸	A2	Luk	20¹⁸	A	Mrk	9⁴⁹	A		Mrk	12¹⁹	A	2Cr	11¹¹	B	1Th	4¹²	B
	Rom	10¹¹	A	Rom	10¹³	A	1Cr	9²⁵	A	ƕizai	Gal	6¹	AB	Col	2²³	AB
	1Cr	11⁴	A	1Cr	11²⁷	A	Eph	5⁵	B⁺	ƕizuh	Neh	5¹⁸	D
	2Tm	2¹⁹	B							ƕo	Mat	5⁴⁶	A	Jhn	18²⁹	A	Luk	7³⁹	A
ƕe	Mat	5⁴⁷	A	Mat	6²⁵	A	Mat	6³¹	A		Luk	9²⁵	A	Mrk	1²⁷	A	Mrk	3³³	A
	Mat	11¹⁶	A*	Luk	7³¹	A2	Luk	14³⁴	A		Mrk	6²	A	Rom	13⁹	A	1Cr	7⁵	A
	Mrk	4³⁰	A	Mrk	9⁵⁰	A	2Cr	11²¹	B		1Cr	15²	A	1Cr	15³²	A	1Cr	16⁷	AB
ƕeh	Gal	6¹²	AB	Php	1²⁷	B					2Cr	5¹⁷	AB	2Cr	6¹⁴	A2B2	2Cr	6¹⁵	AB
ƕeila	Mat	27⁴⁵	A	Mat	27⁴⁶	A	Jhn	7³⁰	A		Php	2¹	B4	Php	4⁸	B2	1Tm	5⁴	B
	Jhn	7³³	A	Jhn	8²⁰	A	Jhn	12²³	A	ƕoftuli	1Cr	5⁶	A	2Cr	1¹²	AB	2Cr	1¹⁴	AB
	Jhn	16²	A	Jhn	16⁴	A	Jhn	16²¹	A		2Cr	7⁴	AB	2Cr	7¹⁴	AB	2Cr	9³	AB
	Jhn	16²⁵	A	Jhn	16³²	A	Jhn	17¹	A		2Cr	11¹⁰	B	Php	1²⁶	B
	Mrk	2¹⁹	A	Mrk	15²⁵	A	Mrk	15³³	A2	ƕoftulja	Gal	6⁴	AB
	Rom	7¹	A	1Cr	4¹¹	A				ƕoftuljos	1Cr	15³¹	A	2Cr	5¹²	AB	2Cr	8²⁴	AB
ƕeilaƕairb	2Cr	4¹⁷	B								2Cr	9⁴	AB	2Cr	11¹⁷	B	1Th	2¹⁹	B
ƕeilaƕairbai	Mrk	4¹⁷	A							ƕoh	1Cr	11⁵	A	1Cr	15³⁰	A
ƕeilai	Mat	8¹³	A	Mat	9²²	A	Mat	27⁴⁵	A	ƕop	Rom	11¹⁸	A
	Jhn	12²⁷	A2	Luk	1¹⁰	A	Luk	2³⁸	A	ƕopa	2Cr	9²	B	2Cr	11¹⁸	B	2Cr	12⁵	A2B2
	Luk	7²¹	A	Luk	10²¹	A	Luk	14¹⁷	A		2Cr	12⁹	AB
	Luk	18⁴	A	Luk	20¹⁹	A	Mrk	11¹¹	A	ƕopai	2Cr	10¹⁷	B	Eph	2⁹	AB
	Mrk	15³⁴	A	2Cr	7⁸	AB	Phm	1⁵	A	ƕopaina	Gal	6¹³	AB
	Skr	6³	E	Skr	6⁶	E				ƕopam	2Cr	9²	A	2Cr	10⁸	B	2Cr	10¹³	B
ƕeilaidedum	Col	1⁹	B								2Th	1⁴	AB
ƕeilo	1Cr	7⁵	A	1Cr	15³⁰	A	1Cr	16⁷	AB	ƕopan	2Cr	10¹⁶	B	2Cr	11³⁰	B	2Cr	12¹	B
ƕeilohun	Gal	2⁵	AB								2Cr	12⁶	AB	Gal	6¹⁴	AB
ƕeilos	Mat	9¹⁵	A	Jhn	11⁹	A	1Th	2¹⁷	B	ƕopand	2Cr	11¹²	B	2Cr	11¹⁸	B
ƕeit	Mat	5³⁶	A							ƕopandans	2Cr	5¹²	AB	2Cr	10¹⁵	B	Php	3³	AB
ƕeita	Luk	9²⁹	A							ƕopands	2Cr	10¹⁷	B	2Cr	12¹¹	AB
ƕeitai	Mrk	16⁵	A							ƕopau	1Cr	13³g	A	2Cr	11¹⁶	B	2Cr	11³⁰	B
ƕeitaim	Luk	20⁴⁶	A							ƕopis	Rom	11¹⁸	A	1Cr	4⁷	A
ƕeitos	Mrk	9³	A							ƕotidedun	Mrk	10⁴⁸	A
ƕelauda	2Cr	7¹¹	AB*							ƕotos	Eph	6⁹	AB	Skr	2³	E
ƕeleika	Luk	1²⁹	A							ƕouh	2Cr	6¹⁵	B	2Cr	6¹⁶	B
ƕileik	Eph	3⁹	B							ƕouþ-þan	2Cr	6¹⁵	A	2Cr	6¹⁶	A
ƕileika	Luk	7³⁹	A	Gal	4¹⁵	A	2Tm	3¹¹	AB

i

Iaeirus	Luk	8⁴¹	A								
Iairaimian	Mat	27⁹	A								
Iairaupaulein	Col	4¹³	B								
Iairausaulwmai				Jhn	12¹²	A					
Iaireikon	Luk	10³⁰	A	Luk	18³⁵	A	Luk	19¹	A		
Iairikon	Mrk	10⁴⁶	A								
Iairusalem	Luk	2²²	A	Luk	2²⁵	A	Luk	2⁴¹	A		
	Luk	2⁴³	A	Luk	2⁴⁵	A	Luk	4⁹	A		
	Luk	6¹⁷	A	Luk	9³¹	A	Luk	9⁵¹	A		
	Luk	9⁵³	A	Luk	10³⁰	A	Luk	17¹¹	A		
	Luk	18³¹	A	Luk	19¹¹	A	Mrk	11¹	A		
	Mrk	15⁴¹	A	1Cr	16³	AB	Gal	4²⁵	B		
	Gal	4²⁶	B								
Iairusalems	Neh	7²	D	Neh	7³	D					
Iairusaulwma	Luk	2⁴²	A	Luk	19²⁸	A	Mrk	10³³	A		
	Mrk	11¹¹	A	Gal	2¹	AB					
Iairusaulwmai				Mat	5³⁵	A	Jhn	10²²	A		
	Mrk	3²²	A	Mrk	10³²	A	Mrk	11¹⁵	A		
	Mrk	11²⁷	A								
Iairusaulwmeis				Mrk	1⁵	A					
Iairusaulwmeite				Jhn	7²⁵	A					
Iairusaulwmiam				Jhn	11¹⁸	A					
Iairusaulwmim				Mrk	3⁸	A	Mrk	7¹	A		
Iairusaulwmon				Luk	5¹⁷	A					
Iairusaulwmos				Luk	2³⁸	A					
Iaissaizis	Luk	3³²	A	Rom	15¹²	C					
Iakob	Rom	9¹³	A								
Iakoba	Mat	8¹¹	A	Rom	11²⁶	A					
Iakobau	Luk	5¹⁰	A	Mrk	1²⁹	A	Mrk	3¹⁷	A		
	1Cr	15⁷	A	Gal	2¹²	B					
Iakobaus	Luk	6¹⁶	A	Mrk	3¹⁷	A	Mrk	6³	A⁺		
Iakobis	Mat	27⁵⁶	A	Luk	1³³	A	Luk	3³⁴	A		
	Luk	20³⁷	A	Mrk	5³⁷	A	Mrk	12²⁶	A		
	Mrk	15⁴⁰	A	Mrk	16¹	A					
Iakobu	Luk	6¹⁴	A	Luk	6¹⁵	A	Luk	8⁵¹	A		
	Luk	9²⁸	A	Mrk	1¹⁹	A	Mrk	3¹⁸	A		
	Mrk	5³⁷	A	Mrk	9²	A	Mrk	10⁴¹	A		
Iakobus	Luk	9⁵⁴	A	Mrk	10³⁵	A	Gal	2⁹	B		
Iaredis	Luk	3³⁷	A								
Iareimis	Neh	7⁴²	D								
Iasson	Rom	16²¹	A								
Iaurdanau	Luk	4¹	A	Mrk	10¹	A					
Iaurdanaus	Luk	3³	A	Mrk	3⁸	A					
Iaurdane	Mrk	1⁵	A	Mrk	1⁹	A					
Iaurdanu	Jhn	10⁴⁰	A								
iba	Luk	17⁹	A	Gal	6¹	A					
ibai	Mat	5²⁵	A	Mat	7¹⁶	A	Mat	9¹⁵	A		
	Mat	27⁶⁴	A	Jhn	6⁶⁷	A	Jhn	7²⁶	A		
	Jhn	7³¹	A	Jhn	7⁴¹	A	Jhn	7⁴⁷	A		
	Jhn	7⁵¹	A	Jhn	7⁵²	A	Jhn	8⁵³	A		
	Jhn	9²⁷	A	Jhn	9⁴⁰	A	Jhn	10²¹	A		
	Jhn	18¹⁷	A	Luk	6³⁹	A	Luk	14¹²	A		
	Luk	14²⁹	A	Luk	18⁵	A	Mrk	2¹⁹	A		
	Mrk	2²¹	A	Mrk	2²²	A	Mrk	4¹²	A		
	Mrk	4²¹	A	Rom	9¹⁴	A	Rom	9²⁰	A		
	Rom	10¹⁸	A	Rom	10¹⁹	A	Rom	11¹	A		
	Rom	11²¹	A	1Cr	1¹³	A	1Cr	9⁴	A		
	1Cr	9⁵	A	1Cr	9⁸	A	1Cr	9²⁷	A		
	1Cr	10²²	A	1Cr	11²²	A	2Cr	1¹⁷	AB		
	2Cr	2⁷	AB	2Cr	3¹	AB	2Cr	8²⁰	AB		
	2Cr	9⁴	AB	2Cr	11³	B	2Cr	11⁷	B		
	2Cr	11¹⁶	B	2Cr	12⁶	AB	2Cr	12¹⁷	AB		
	2Cr	12¹⁸	AB	2Cr	12²⁰	A2B2	2Cr	12²¹	AB		
	2Cr	13⁵	B	Gal	2²	AB	Gal	4¹¹	A		
	Gal	5¹³	B	Gal	5¹⁵	B*	Gal	6¹	B		
	1Th	3⁵	B	1Th	5¹⁵	B	1Tm	3⁶	A		
	Skr	2¹¹	E	Skr	2¹⁵	E	Skr	8¹⁴	E		
	Skr	8²¹	E	Skr	8²⁶	E*					
ibdaljin	Luk	19³⁷	A								
ibna	Skr	1⁴	E								
ibnaleika	Skr	5²⁶	E								
ibnamma	Luk	6¹⁷	A								
ibnans	Luk	20³⁶	A								
ibnaskaunjamma				Php	3²¹	AB					
ibnassau	2Cr	8¹³	AB								
ibnassu	Col	4¹	B								
ibnassus	2Cr	8¹⁴	AB								
ibnon	Skr	5²⁴	E								
ibukai	Jhn	6⁶⁶	A	Jhn	18⁶	A					
ibukana	Luk	17³¹	A								
iddja	Mat	9⁹	A	Mat	9¹⁹	A	Jhn	6⁵	A		
	Jhn	11²⁹	A	Luk	1³⁹	A	Luk	2⁵¹	A		
	Luk	4³⁰	A	Luk	5²⁸	A	Luk	7¹¹	A		
	Luk	8⁴²	A	Luk	17¹¹	A	Luk	19²⁸	A		
	Mrk	2¹⁴	A	Mrk	5⁴²	A	Mrk	6⁵⁶	A		
iddjedum	2Cr	12¹⁸	AB								
iddjedun	Jhn	6²¹	A	Jhn	6⁶⁶	A	Jhn	12¹⁸	A		
	Jhn	18²⁸	A	Luk	2³	A	Luk	9⁵⁶	A		
	Mrk	1⁴⁵	A	Mrk	2¹³	A	Mrk	2¹⁵	A		
	Mrk	5²⁴	A	Mrk	9³⁰	A	Mrk	11¹⁵	A		
	Mrk	11²⁷	A								
iddjedunuh	Jhn	6¹⁷	A	Jhn	11³¹	A					
iddjeduþ	Eph	2²	AB	Col	3⁷	AB					
iddjuh	Jhn	18³	A	Luk	7⁶	A					
idreiga	Luk	5³²	A	Rom	11²⁹	A	2Cr	7¹⁰	AB*		
	2Tm	2²⁵	AB								
idreigai	2Cr	7⁹	AB								
idreigo	Luk	17³	A	Luk	17⁴	A	2Cr	7⁸	AB		

idreigoda	2Cr	7⁸	AB*					Mat	26⁷¹	AC	Mat	27⁵⁴	A	Mat	27⁵⁵	A
idreigodedeina				Mat	11²¹	A*	Mrk	6¹²	A		Mat	27⁵⁷	A	Jhn	11²¹	A	Jhn	12³	A
idreigodedun	Mat	11²⁰	A*					Jhn	12¹¹	A	Jhn	12²²	A	Jhn	18¹⁵	A
idreigondane	2Cr	12²¹	AB					Jhn	18²²	A	Jhn	19⁹	A	Luk	5¹⁹	A
idreigondins	Luk	15⁷	A	Luk	15¹⁰	A		Luk	6¹¹	A	Luk	7⁴	A	Luk	7¹⁹	A
idreigonds	Mat	27³	A					Luk	8³⁵	A	Luk	9³³	A	Luk	10²⁹	A
idreigos	Luk	3³	A	Luk	3⁸	A	Luk	15⁷	A	Luk	19³⁵	A	Mrk	2¹⁵	A	Mrk	5¹⁵	A
	Mrk	1⁴	A	Skr	3¹⁷	E			Mrk	5²¹	A	Mrk	6³⁰	A	Mrk	9⁴	A
idreigoþ	Mrk	1¹⁵	A					Mrk	9⁵	A	Mrk	11⁷	A	Mrk	11³³	A
Idumaia	Mrk	3⁸	A					Mrk	14⁶⁷	A	Rom	13¹⁴	A	Rom	14¹⁴	C
idweit	Luk	1²⁵	A	1Tm	3⁷	A		Gal	2¹⁶	B	1Th	2¹⁵	B	1Th	4¹	B
idweitida	Mrk	16¹⁴	S					2Th	3¹²	AB				
idweitidedun	Mat	27⁴⁴	A	Mrk	15³²	A	Iesuis	Mat	26⁷⁵	AC	Mat	27⁵⁸	A	Jhn	12⁹	A
idweitjan	Mat	11²⁰	A					Jhn	13²³	A	Jhn	13²⁵	A	Luk	5⁸	A
idweitjand	Luk	6²²	A					Luk	8³⁵	A	Luk	8⁴¹	A	Mrk	1¹	A
idweitjanda	1Tm	4¹⁰	B					Mrk	5²²	A	Mrk	15⁴³	A	Rom	15⁶	C
idweitjandane				Rom	15³	C		Rom	16²⁴	A	1Cr	5⁴	A2	1Cr	5⁵	A
Iesu	Mat	8²⁹	A	Mat	8³⁴	A	Mat	27¹	A	1Cr	16²³	AB	2Cr	1¹	B	2Cr	1³	B
	Mat	27¹⁷	A	Jhn	6¹⁹	A	Jhn	6²⁴	A	2Cr	1¹⁴	AB	2Cr	4⁵	AB	2Cr	4⁶	AB*
	Jhn	12²¹	A	Jhn	17³	A	Jhn	18⁵	A	2Cr	4¹⁰	AB	2Cr	4¹¹	B2	2Cr	8⁹	AB
	Jhn	18⁷	A	Jhn	18¹²	A	Jhn	18¹⁵	A	2Cr	11³¹	B	2Cr	13¹³	AB	Eph	1¹	AB
	Jhn	18¹⁹	A	Jhn	18²⁸	A	Jhn	18³³	A	Eph	1³	AB	Eph	1¹⁷	AB	Eph	3¹	B
	Jhn	19¹	A	Luk	1³¹	A	Luk	2²⁷	A	Eph	3¹⁴	AB	Eph	5²⁰	A	Gal	2¹⁶	B2
	Luk	3²¹	A	Luk	4³⁴	A	Luk	5¹²	A	Gal	6¹⁴	AB	Gal	6¹⁷	A*B	Gal	6¹⁸	A*B
	Luk	7³	A	Luk	8²⁸	A2	Luk	17¹³	A	Php	1¹⁹	B	Php	3⁸	AB	Php	3⁹	AB
	Luk	18³⁸	A	Luk	19³	A	Luk	19³⁵	A	Col	1⁷	B	Col	3¹⁷	B	Col	4¹²	AB
	Mrk	1²⁴	A	Mrk	5⁶	A	Mrk	5⁷	A	1Th	2¹⁹	B	1Th	3¹³	B	1Th	5²³	AB
	Mrk	5²⁷	A	Mrk	9⁸	A	Mrk	10⁴⁷	A	1Th	5²⁸	AB	2Th	1⁷	A	2Th	1⁸	A
	Mrk	10⁵⁰	A	Mrk	10⁵²	A	Mrk	14⁵³	A	2Th	1¹²	A2	2Th	2¹	A	2Th	3⁶	B
	Mrk	14⁵⁵	A	Mrk	14⁶⁰	A	Mrk	15¹	A	2Th	3¹⁸	A*B	1Tm	1¹	A2B2	1Tm	4⁶	AB
	Mrk	15¹⁵	A	Mrk	16⁶	A	Rom	6²³	A	1Tm	5²¹	A	1Tm	6³	AB	1Tm	6¹³	AB
	Rom	7²⁵	A	Rom	8¹	A	Rom	8²	A	1Tm	6¹⁴	B	2Tm	1¹	A	2Tm	1⁸	AB
	Rom	8³⁹	A	Rom	10⁹	A	Rom	15⁵	C	2Tm	1¹⁰	AB	2Tm	2³	B	2Tm	4¹	AB
	Rom	15⁸	C	1Cr	1²³	A	1Cr	9¹	A	Tit	1¹	B	Neh	7³⁹	D	Neh	7⁴³	D
	1Cr	15³¹	A	1Cr	15⁵⁷	AB	1Cr	16²²	B	Iesus	Mat	7²⁸	A	Mat	8⁴	A	Mat	8⁷	A
	1Cr	16²⁴	AB	2Cr	1²	B	2Cr	4⁵	AB		Mat	8¹⁰	A	Mat	8¹³	A	Mat	8¹⁴	A
	2Cr	4¹⁴	B2	2Cr	11⁴	B	Eph	1¹	AB		Mat	8¹⁸	A	Mat	8²⁰	A	Mat	8²²	A
	Eph	1²	AB	Eph	1⁵	AB	Eph	1¹⁵	AB		Mat	8²⁶	A	Mat	9²	A	Mat	9⁴	A
	Eph	2⁶	AB	Eph	2⁷	AB	Eph	2¹⁰	AB		Mat	9⁹	A	Mat	9¹²	A	Mat	9¹⁵	A
	Eph	2¹³	AB	Eph	2²⁰	B	Eph	3⁶	B		Mat	9¹⁹	A	Mat	9²²	A	Mat	9²³	A
	Eph	3¹¹	AB	Eph	3²¹	AB	Eph	4²¹	AB		Mat	9²⁸	A	Mat	9³⁰	A	Mat	9³⁵	A
	Eph	6²³	B	Eph	6²⁴	B	Gal	1¹	B		Mat	11¹	A	Mat	11⁴	A	Mat	11⁷	A
	Gal	1³	B	Gal	2⁴	AB	Gal	3²⁸	A		Mat	26¹	C	Mat	27¹¹	A2	Mat	27⁴⁶	A
	Gal	4¹⁴	A	Gal	5⁶	B	Php	1²⁶	B		Mat	27⁵⁰	A	Jhn	6¹	A	Jhn	6³	A
	Php	2⁵	B	Php	3³	AB	Php	3¹⁴	AB		Jhn	6⁵	A	Jhn	6¹⁰	A	Jhn	6¹¹	A
	Php	3²⁰	AB	Php	4⁷	B	Col	1²⁸	AB		Jhn	6¹⁴	A	Jhn	6¹⁵	A	Jhn	6¹⁷	A
	1Th	2¹⁴	B	1Th	4²	B	1Th	4¹⁴	B		Jhn	6²²	A	Jhn	6²⁴	A	Jhn	6²⁶	A
	1Th	5⁹	B	1Th	5¹⁸	B	2Th	1¹	AB		Jhn	6²⁹	A	Jhn	6³²	A	Jhn	6³⁵	A
	2Th	1²	AB	1Tm	1²	AB	1Tm	1¹²	B		Jhn	6⁴²	A	Jhn	6⁴³	A	Jhn	6⁵³	A
	1Tm	1¹⁴	B	1Tm	3¹³	A	2Tm	1¹	A		Jhn	6⁶¹	A	Jhn	6⁶⁴	A	Jhn	6⁶⁷	A
	2Tm	1²	A	2Tm	1⁹	AB	2Tm	1¹³	AB		Jhn	6⁷⁰	A	Jhn	7¹	A	Jhn	7⁶	A
	2Tm	2¹	B	2Tm	2⁸	B	2Tm	2¹⁰	B		Jhn	7¹⁴	A	Jhn	7¹⁶	A	Jhn	7²¹	A
	2Tm	3¹²	AB	2Tm	3¹⁵	AB	Tit	1⁴	B		Jhn	7²⁸	A	Jhn	7³³	A	Jhn	7³⁷	A
	Phm	23	A					Jhn	7³⁹	A	Jhn	8¹²	A	Jhn	8¹⁴	A
Iesua	Mat	9¹⁰	A	Mat	9²⁷	A	Mat	26⁶⁹	C		Jhn	8¹⁹	A	Jhn	8²¹	A	Jhn	8²³	A

	Jhn	8²⁵	*A*	Jhn	8²⁸	*A*	Jhn	8³¹	*A*		
	Jhn	8³⁴	*A*	Jhn	8³⁹	*A*	Jhn	8⁴²	*A*		
	Jhn	8⁴⁹	*A*	Jhn	8⁵⁴	*A*	Jhn	8⁵⁸	*A*		
	Jhn	8⁵⁹	*A*	Jhn	9³	*A*	Jhn	9¹¹	*A*		
	Jhn	9¹⁴	*A*	Jhn	9³⁵	*A*	Jhn	9³⁷	*A*		
	Jhn	9³⁹	*A*	Jhn	9⁴¹	*A*	Jhn	10⁶	*A*		
	Jhn	10⁷	*A*	Jhn	10²³	*A*	Jhn	10²⁵	*A*		
	Jhn	10³²	*A*	Jhn	10³⁴	*A*	Jhn	11⁵	*A*		
	Jhn	11⁹	*A*	Jhn	11¹³	*A*	Jhn	11¹⁴	*A*		
	Jhn	11¹⁷	*A*	Jhn	11²⁰	*A*	Jhn	11²³	*A*		
	Jhn	11²⁵	*A*	Jhn	11³⁰	*A*	Jhn	11³²	*A*		
	Jhn	11³³	*A*	Jhn	11³⁵	*A*	Jhn	11³⁸	*A*		
	Jhn	11³⁹	*A*	Jhn	11⁴⁰	*A*	Jhn	11⁴¹	*A*		
	Jhn	11⁴⁴	*A*	Jhn	11⁴⁶	*A*	Jhn	12¹	*A*		
	Jhn	12⁷	*A*	Jhn	12⁹	*A*	Jhn	12¹²	*A*		
	Jhn	12¹⁴	*A*	Jhn	12¹⁶	*A*	Jhn	12²³	*A*		
	Jhn	12³⁰	*A*	Jhn	12³⁵	*A*	Jhn	12³⁶	*A*		
	Jhn	12⁴⁴	*A*	Jhn	13²¹	*A*	Jhn	13²³	*A*		
	Jhn	13²⁶	*A*	Jhn	13²⁷	*A*	Jhn	13²⁹	*A*		
	Jhn	13³¹	*A*	Jhn	13³⁶	*A*	Jhn	13³⁸	*A*		
	Jhn	14⁶	*A*	Jhn	14⁹	*A*	Jhn	14²³	*A*		
	Jhn	16¹⁹	*A*	Jhn	16³¹	*A*	Jhn	17¹	*A*		
	Jhn	18¹	*A2*	Jhn	18²	*A*	Jhn	18⁴	*A*		
	Jhn	18⁵	*A*	Jhn	18⁸	*A*	Jhn	18¹¹	*A*		
	Jhn	18²⁰	*A*	Jhn	18²³	*A*	Jhn	18³⁴	*A*		
	Jhn	18³⁶	*A*	Jhn	18³⁷	*A*	Jhn	19⁵	*A*		
	Jhn	19⁹	*A*	Jhn	19¹¹	*A*	Luk	2²¹	*A*		
	Luk	2⁴³	*A*	Luk	2⁵²	*A*	Luk	3²³	*A*		
	Luk	4¹	*A*	Luk	4⁴	*A*	Luk	4⁸	*A*		
	Luk	4¹²	*A*	Luk	4¹⁴	*A*	Luk	4³⁵	*A*		
	Luk	5¹⁰	*A*	Luk	5²²	*A*	Luk	5³¹	*A*		
	Luk	6³	*A*	Luk	6⁹	*A*	Luk	6¹²	*A*		
	Luk	7⁶	*A*	Luk	7⁹	*A*	Luk	7¹³	*A⁼*		
	Luk	7²²	*A*	Luk	7⁴⁰	*A*	Luk	8³⁰	*A*		
	Luk	8³⁸	*A*	Luk	8³⁹	*A*	Luk	8⁴⁰	*A*		
	Luk	8⁴⁵	*A*	Luk	8⁴⁸	*A*	Luk	9³⁶	*A*		
	Luk	9⁴¹	*A*	Luk	9⁴²	*A*	Luk	9⁴³	*AA⁼*		
	Luk	9⁴⁷	*A*	Luk	9⁵⁰	*A*	Luk	9⁵⁸	*A*		
	Luk	9⁶⁰	*A*	Luk	9⁶²	*A*	Luk	10²¹	*A*		
	Luk	10³⁰	*A*	Luk	17¹⁷	*A*	Luk	18¹⁶	*A*		
	Luk	18¹⁹	*A*	Luk	18²²	*A*	Luk	18²⁴	*A*		
	Luk	18³⁷	*A*	Luk	18⁴⁰	*A*	Luk	18⁴²	*A*		
	Luk	19⁵	*A*	Luk	19⁹	*A*	Luk	20⁸	*A*		
	Luk	20²³	*A*	Luk	20³⁴	*A*	Mrk	1⁹	*A*		
	Mrk	1¹⁴	*A*	Mrk	1¹⁷	*A*	Mrk	1²⁵	*A*		
	Mrk	1⁴¹	*A*	Mrk	1⁴²	*A*	Mrk	2⁴	*A*		
	Mrk	2⁵	*A*	Mrk	2⁸	*A*	Mrk	2¹⁷	*A*		
	Mrk	2¹⁹	*A*	Mrk	3⁷	*A*	Mrk	4¹	*A⁼*		
	Mrk	5¹³	*A*	Mrk	5²⁰	*A*	Mrk	5³⁰	*A*		
	Mrk	5³⁶	*A*	Mrk	6⁴	*A*	Mrk	7²⁷	*A*		
	Mrk	8¹⁷	*A*	Mrk	8²⁷	*A*	Mrk	9²	*A*		
	Mrk	9²³	*A*	Mrk	9²⁵	*A*	Mrk	9²⁷	*A*		
	Mrk	10⁵	*A*	Mrk	10¹⁴	*A*	Mrk	10²¹	*A*		
	Mrk	10²³	*A*	Mrk	10²⁴	*A*	Mrk	10²⁷	*A*		
	Mrk	10²⁹	*A*	Mrk	10³²	*A*	Mrk	10³⁶	*A*		

	Mrk	10³⁸	*A*	Mrk	10³⁹	*A*	Mrk	10⁴⁷	*A*
	Mrk	10⁴⁹	*A*	Mrk	10⁵¹	*A*	Mrk	10⁵²	*A*
	Mrk	11⁶	*A*	Mrk	11¹¹	*A*	Mrk	11¹⁵	*A*
	Mrk	11²²	*A*	Mrk	11²⁹	*A*	Mrk	11³³	*A*
	Mrk	12¹⁵	*A*	Mrk	12¹⁷	*A*	Mrk	12²⁴	*A*
	Mrk	12²⁹	*A*	Mrk	12³⁴	*A*	Mrk	12³⁵	*A*
	Mrk	14⁶	*A*	Mrk	14⁴⁸	*A*	Mrk	14⁷²	*A*
	Mrk	15⁵	*A*	Mrk	15³⁴	*A*	Mrk	15³⁷	*A*
	Mrk	16¹⁹	*S*	1Cr	11²³	A	2Cr	1¹⁹	AB
	2Cr	13⁵	AB	Gal	3¹	*A*	Col	4¹¹	AB
	1Th	3¹¹	B	1Th	4¹⁴	B	2Th	2¹⁶	B
	1Tm	1¹⁵	B	1Tm	1¹⁶	B	1Tm	2⁵	AB
iftumin	Mat	27⁶²	*A*	Jhn	6²²	*A*	Jhn	12¹²	*A*
	Mrk	11¹²	*A*						
iggqara	1Cr	12²¹	A						
iggqarai	Mat	9²⁹	*A*						
iggqis	Mat	9²⁹	*A*	Mrk	11²	*A*	Mrk	11³	*A*
igqis	Mrk	1¹⁷	*A*	Mrk	10³⁶	*A*	Mrk	14¹³	*A*
ija	Mat	8¹⁵	*A*	Mat	9¹⁸	*A*	Jhn	11³¹	*A*
	Jhn	11³³	*A*	Jhn	12⁷	*A*	Luk	2⁵⁰	*A*
	Luk	4³⁹	*A2*	Mrk	1³⁰	*A*	Mrk	5³³	*A*
ijos	Jhn	11¹⁹	*A*	Mrk	16⁸				
ik	Mat	5²²	*A*	Mat	5²⁸	*A*	Mat	5³²	*A*
	Mat	5³⁴	*A*	Mat	5³⁹	*A*	Mat	5⁴⁴	*A*
	Mat	8⁷	*A*	Mat	8⁹	*A*	Mat	10³²	*A*
	Mat	10³³	*A*	Mat	11¹⁰	*A*	Jhn	5⁴⁵	*A*
	Jhn	6²⁰	*A*	Jhn	6³⁵	*A*	Jhn	6⁴⁰	*A*
	Jhn	6⁴¹	*A*	Jhn	6⁴⁴	*A*	Jhn	6⁴⁸	*A*
	Jhn	6⁵¹	*A3*	Jhn	6⁵⁴	*A*	Jhn	6⁵⁶	*A*
	Jhn	6⁵⁷	*A*	Jhn	6⁶³	*A*	Jhn	6⁷⁰	*A*
	Jhn	7⁷	*A*	Jhn	7⁸	*A*	Jhn	7²⁹	*A*
	Jhn	7³⁴	*A*	Jhn	7³⁶	*A*	Jhn	8¹²	*A*
	Jhn	8¹⁴	*A*	Jhn	8¹⁵	*A*	Jhn	8¹⁶	*A2*
	Jhn	8¹⁸	*A*	Jhn	8²¹	*A2*	Jhn	8²²	*A*
	Jhn	8²³	*A2*	Jhn	8²⁴	*A*	Jhn	8²⁶	*A*
	Jhn	8²⁸	*A*	Jhn	8²⁹	*A*	Jhn	8³⁸	*A*
	Jhn	8⁴²	*A*	Jhn	8⁴⁵	*A*	Jhn	8⁴⁹	*A*
	Jhn	8⁵⁰	*A*	Jhn	8⁵⁴	*A*	Jhn	8⁵⁵	*A*
	Jhn	8⁵⁸	*A*	Jhn	9⁴	*A*	Jhn	9⁹	*A*
	Jhn	9¹¹	*A*	Jhn	9²⁵	*A*	Jhn	9³⁹	*A*
	Jhn	10⁷	*A*	Jhn	10⁹	*A*	Jhn	10¹⁰	*A*
	Jhn	10¹¹	*A*	Jhn	10¹⁴	*A*	Jhn	10¹⁵	*A*
	Jhn	10¹⁷	*A*	Jhn	10¹⁸	*A‡*	Jhn	10²⁵	*A*
	Jhn	10²⁷	*A*	Jhn	10²⁸	*A*	Jhn	10³⁰	*A*
	Jhn	10³⁴	*A*	Jhn	10³⁸	*A*	Jhn	11²⁵	*A*
	Jhn	11²⁷	*A*	Jhn	11⁴²	*A*	Jhn	12²⁶	*A*
	Jhn	12³²	*A*	Jhn	12⁴⁶	*A*	Jhn	12⁴⁷	*A*
	Jhn	12⁴⁹	*A*	Jhn	13¹⁴	*A‡*	Jhn	13¹⁵	*A*
	Jhn	13¹⁸	*A*	Jhn	13¹⁹	*A*	Jhn	13²⁰	*A*
	Jhn	13²⁶	*A*	Jhn	13³³	*A*	Jhn	13³⁴	*A*
	Jhn	13³⁶	*A*	Jhn	14³	*A*	Jhn	14⁴	*A*
	Jhn	14⁶	*A*	Jhn	14¹⁰	*A2*	Jhn	14¹¹	*A*
	Jhn	14¹²	*A2*	Jhn	14¹⁴	*A*	Jhn	14¹⁶	*A*
	Jhn	14¹⁹	*A*	Jhn	14²⁰	*A2*	Jhn	14²¹	*A*
	Jhn	14²⁷	*A*	Jhn	14²⁸	*A2*	Jhn	14³¹	*A*

ik-im

	Jhn	15^1	*A*	Jhn	15^4	*A*	Jhn	15^5	*A2*
	Jhn	15^9	*A*	Jhn	15^{10}	*A*	Jhn	15^{12}	*A*
	Jhn	15^{14}	*A*	Jhn	15^{15}	*A*	Jhn	15^{16}	*A*
	Jhn	15^{19}	*A*	Jhn	15^{20}	*A*	Jhn	15^{26}	*A*
	Jhn	16^4	*A*	Jhn	16^7	*A3*	Jhn	16^{16}	*A*
	Jhn	16^{17}	*A*	Jhn	16^{26}	*A*	Jhn	16^{27}	*A*
	Jhn	16^{33}	*A*	Jhn	17^4	*A*	Jhn	17^9	*A*
	Jhn	17^{11}	*A*	Jhn	17^{12}	*A*	Jhn	17^{14}	*A2*
	Jhn	17^{16}	*A*	Jhn	17^{18}	*A*	Jhn	17^{19}	*A*
	Jhn	17^{21}	*A*	Jhn	17^{22}	*A*	Jhn	17^{23}	*A*
	Jhn	17^{24}	*A*	Jhn	17^{25}	*A*	Jhn	17^{26}	*A*
	Jhn	18^5	*A*	Jhn	18^6	*A*	Jhn	18^8	*A*
	Jhn	18^{20}	*A2*	Jhn	18^{21}	*A*	Jhn	18^{26}	*A*
	Jhn	18^{35}	*A*	Jhn	18^{37}	*A2*	Jhn	18^{38}	*A*
	Jhn	19^6	*A*	Luk	1^{18}	*A*	Luk	1^{19}	*A*
	Luk	2^{48}	*A*	Luk	3^{16}	*A2*	Luk	4^{43}	*A*
	Luk	6^{42}	*A*	Luk	7^8	*A*	Luk	7^{27}	*A*
	Luk	8^{46}	*A*	Luk	9^9	*A2*	Luk	10^3	*A*
	Luk	15^{17}	*A*	Luk	16^9	*A*	Luk	19^5	*A*
	Luk	19^{13}	*A*	Luk	19^{22}	*A*	Luk	19^{23}	*A‡*
	Luk	20^3	*A*	Luk	20^8	*A*	Luk	20^{43}	*A*
	Mrk	1^2	*A*	Mrk	1^7	*A*	Mrk	1^8	*A*
	Mrk	6^{16}	*A*	Mrk	9^{25}	*A*	Mrk	10^{38}	*A2*
	Mrk	10^{39}	*A2*	Mrk	11^{29}	*A*	Mrk	11^{33}	*A*
	Mrk	12^{26}	*A*	Mrk	12^{36}	*A*	Mrk	14^{58}	*A*
	Mrk	14^{62}	*A*	Rom	7^9	A	Rom	7^{10}	A
	Rom	7^{14}	A	Rom	7^{17}	A	Rom	7^{20}	A2
	Rom	7^{24}	A	Rom	7^{25}	A*	Rom	9^3	A
	Rom	10^{19}	A	Rom	11^1	A	Rom	11^{13}	A
	Rom	11^{19}	A	Rom	12^{19}	A*C*	Rom	14^{11}	*C*
	Rom	16^{22}	A	1Cr	1^{12}	A4	1Cr	1^{16}	A
	1Cr	7^8	A	1Cr	7^{10}	A	1Cr	7^{12}	A
	1Cr	7^{28}	A	1Cr	9^6	A	1Cr	9^{26}	A
	1Cr	10^{30}	A2	1Cr	10^{33}	A	1Cr	11^1	A
	1Cr	11^{23}	A	1Cr	15^9	A	1Cr	15^{10}	A
	1Cr	15^{11}	A	1Cr	16^6	AB	1Cr	16^{10}	AB
	2Cr	1^{23}	AB	2Cr	2^2	AB	2Cr	2^{10}	*A2B2*
	2Cr	6^{17}	AB	2Cr	10^1	B	2Cr	11^{16}	B
	2Cr	11^{18}	B	2Cr	11^{21}	B	2Cr	11^{22}	B3
	2Cr	11^{23}	B	2Cr	11^{29}	B	2Cr	12^{11}	AB
	2Cr	12^{13}	AB	2Cr	12^{15}	AB	2Cr	12^{16}	AB
	2Cr	12^{20}	AB	Eph	1^{15}	AB	Eph	3^1	B
	Eph	3^7	B	Eph	4^1	AB	Eph	6^{21}	B
	Gal	2^{14}	B	Gal	2^{19}	A	Gal	2^{20}	A
	Gal	4^{12}	A2	Gal	4^{18}	A	Gal	5^2	B
	Gal	5^{10}	B	Gal	5^{11}	B	Gal	6^{14}	AB
	Gal	6^{17}	A:B	Php	2^{28}	AB	Php	3^4	*A2B2*
	Php	3^{12}	B	Php	3^{13}	AB	Php	4^{11}	B
	Col	1^{23}	AB	Col	1^{25}	AB	1Th	2^{18}	B
	1Th	3^5	B	1Tm	1^{15}	B	1Tm	2^7	AB
	2Tm	1^{11}	AB	2Tm	4^6	AB	Tit	1^5	B
	Phm	13	A	Phm	19	A2	Phm	20	A
	Neh	5^{14}	D	Neh	5^{15}	D	Skr	3^{23}	E
	Skr	3^{25}	E	Skr	4^2	E	Skr	4^7	E
	Skr	6^2	E	Skr	6^7	E	Skr	6^8	E

	Skr	6^9	E	DeN	1^1	N	DeN	2^1	N
	DeN	3^1	N	DeN	4^1	N	DeA	1	𝔄
ikei	1Cr	15^9	A	2Cr	10^1	B	1Tm	1^{13}	B
iku	Jhn	7^{17}	*A*						
im	Mat	6^1	*A*	Mat	6^7	*A*	Mat	7^{12}	*A*
	Mat	7^{23}	*A*	Mat	8^4	*A*	Mat	8^8	*A*
	Mat	8^9	*A*	Mat	8^{26}	*A*	Mat	8^{30}	*A*
	Mat	8^{32}	*A*	Mat	9^{12}	*A*	Mat	9^{15}	*A3*
	Mat	9^{18}	*A*	Mat	9^{23}	*A*	Mat	9^{28}	*A*
	Mat	9^{30}	*A*	Mat	11^4	*A*	Mat	25^{40}	*C*
	Mat	25^{45}	*C*	Mat	27^{17}	*A2*	Mat	27^{43}	*A*
	Mat	27^{48}	*A*	Mat	27^{65}	*A*	Jhn	6^{17}	*A*
	Jhn	6^{20}	*AA‡*	Jhn	6^{26}	*A*	Jhn	6^{29}	*A*
	Jhn	6^{31}	*A*	Jhn	6^{32}	*A*	Jhn	6^{35}	*A2*
	Jhn	6^{41}	*A*	Jhn	6^{43}	*A*	Jhn	6^{48}	*A*
	Jhn	6^{51}	*A*	Jhn	6^{53}	*A*	Jhn	6^{61}	*A*
	Jhn	6^{70}	*A*	Jhn	7^6	*A*	Jhn	7^9	*A*
	Jhn	7^{21}	*A*	Jhn	7^{28}	*A*	Jhn	7^{29}	*A*
	Jhn	7^{33}	*A*	Jhn	7^{34}	*A*	Jhn	7^{36}	*A*
	Jhn	7^{39}	*A*	Jhn	7^{45}	*A*	Jhn	7^{47}	*A*
	Jhn	7^{50}	*A*	Jhn	8^{12}	*A2*	Jhn	8^{14}	*A*
	Jhn	8^{16}	*A*	Jhn	8^{18}	*A*	Jhn	8^{21}	*A*
	Jhn	8^{23}	*A3*	Jhn	8^{24}	*A*	Jhn	8^{25}	*A*
	Jhn	8^{27}	*A*	Jhn	8^{28}	*A2*	Jhn	8^{34}	*A*
	Jhn	8^{39}	*A*	Jhn	8^{42}	*A*	Jhn	8^{58}	*A2*
	Jhn	9^5	*A2*	Jhn	9^9	*A*	Jhn	9^{16}	*A*
	Jhn	9^{20}	*A*	Jhn	9^{27}	*A*	Jhn	9^{30}	*A*
	Jhn	9^{41}	*A*	Jhn	10^4	*A*	Jhn	10^6	*A2*
	Jhn	10^7	*A2*	Jhn	10^8	*A*	Jhn	10^9	*A*
	Jhn	10^{11}	*A*	Jhn	10^{14}	*A*	Jhn	10^{25}	*A‡*
	Jhn	10^{28}	*A*	Jhn	10^{32}	*A*	Jhn	10^{34}	*A*
	Jhn	10^{36}	*A*	Jhn	11^{11}	*A*	Jhn	11^{14}	*A*
	Jhn	11^{25}	*A*	Jhn	11^{44}	*A*	Jhn	11^{46}	*A*
	Jhn	12^{23}	*A*	Jhn	12^{26}	*A*	Jhn	12^{35}	*A*
	Jhn	12^{36}	*A*	Jhn	13^{12}	*A*	Jhn	13^{13}	*A*
	Jhn	13^{19}	*A*	Jhn	13^{33}	*A*	Jhn	14^3	*A*
	Jhn	14^6	*A*	Jhn	15^1	*A*	Jhn	15^5	*A*
	Jhn	15^{22}	*A*	Jhn	15^{24}	*A*	Jhn	16^{19}	*A*
	Jhn	16^{31}	*A*	Jhn	16^{32}	*A*	Jhn	17^2	*A*
	Jhn	17^8	*A*	Jhn	17^{10}	*A*	Jhn	17^{11}	*A*
	Jhn	17^{12}	*A2*	Jhn	17^{14}	*A2*	Jhn	17^{15}	*A*
	Jhn	17^{16}	*A*	Jhn	17^{19}	*A*	Jhn	17^{22}	*A*
	Jhn	17^{23}	*A*	Jhn	17^{24}	*A*	Jhn	17^{26}	*A3*
	Jhn	18^4	*A*	Jhn	18^5	*A3*	Jhn	18^6	*A2*
	Jhn	18^8	*A*	Jhn	18^{17}	*A*	Jhn	18^{18}	*A*
	Jhn	18^{21}	*A*	Jhn	18^{25}	*A*	Jhn	18^{29}	*A*
	Jhn	18^{31}	*A*	Jhn	18^{35}	*A*	Jhn	18^{37}	*A2*
	Jhn	18^{38}	*A*	Jhn	19^4	*A*	Jhn	19^5	*A*
	Jhn	19^6	*A*	Luk	1^7	*A*	Luk	1^{18}	*A*
	Luk	1^{19}	*A2*	Luk	1^{22}	*A2*	Luk	2^7	*A*
	Luk	2^{10}	*A*	Luk	2^{15}	*A*	Luk	2^{17}	*A*
	Luk	2^{18}	*A*	Luk	2^{20}	*A*	Luk	2^{42}	*A*
	Luk	2^{46}	*A*	Luk	2^{49}	*A*	Luk	2^{50}	*A*
	Luk	2^{51}	*A2*	Luk	3^{11}	*A‡*	Luk	3^{13}	*A*
	Luk	3^{14}	*A*	Luk	3^{16}	*A*	Luk	4^{21}	*A*

im-imma   ALPHABETICAL WORD-INDEX   89

Luk 4^{23}	A	Luk 4^{39}	A	Luk 4^{41}	A		
Luk 4^{42}	A	Luk 4^{43}	A	Luk 5^{2}	A		
Luk 5^{8}	A	Luk 5^{14}	A	Luk 5^{22}	A		
Luk 5^{29}	A	Luk 5^{31}	A	Luk 5^{34}	A2		
Luk 5^{35}	A	Luk 5^{36}	A	Luk 6^{2}	A		
Luk 6^{5}	A	Luk 6^{9}	A	Luk 6^{13}	A		
Luk 6^{17}	A	Luk 6^{31}	A	Luk 6^{39}	A		
Luk 7^{6}	A2	Luk 7^{8}	A	Luk 7^{22}	A		
Luk 7^{42}	A‡	Luk 8^{3}	A	Luk 8^{21}	A		
Luk 8^{22}	A	Luk 8^{25}	A	Luk 8^{31}	A		
Luk 8^{32}	A2	Luk 8^{36}	A	Luk 8^{56}	A		
Luk 9^{1}	A	Luk 9^{3}	A	Luk 9^{11}	A		
Luk 9^{13}	A2	Luk 9^{14}	A	Luk 9^{17}	A		
Luk 9^{20}	A	Luk 9^{21}	A	Luk 9^{34}g	A		
Luk 9^{37}	A	Luk 9^{45}	A	Luk 9^{48}	A		
Luk 9^{50}	A	Luk 9^{54}	A	Luk 9^{55}	A2		
Luk 9^{57}	A	Luk 10^{2}	A	Luk 10^{7}	A		
Luk 10^{9}	A	Luk 10^{18}	A	Luk 14^{25}	A		
Luk 15^{2}	A	Luk 15^{3}	A	Luk 15^{6}	A		
Luk 15^{12}	A	Luk 15^{19}	A	Luk 15^{21}	A		
Luk 16^{15}	A	Luk 17^{14}	A	Luk 17^{20}	A		
Luk 17^{37}	A	Luk 18^{1}	A	Luk 18^{7}	A		
Luk 18^{11}	A	Luk 18^{15}	A	Luk 18^{29}	A		
Luk 18^{31}	A	Luk 18^{34}	A	Luk 19^{11}	A2		
Luk 19^{13}	A2	Luk 19^{22}	A	Luk 19^{32}	A		
Luk 19^{33}	A2	Luk 19^{40}	A	Luk 19^{46}	A		
Luk 20^{3}	A	Luk 20^{8}	A	Luk 20^{15}	A		
Luk 20^{17}	A	Luk 20^{19}	A	Luk 20^{23}	A		
Luk 20^{25}	A	Luk 20^{34}	A	Luk 20^{41}	A		
Mrk 1^{7}	A	Mrk 1^{17}	A	Mrk 1^{31}	A		
Mrk 1^{38}	A	Mrk 1^{44}	A	Mrk 2^{2}	A		
Mrk 2^{8}	A	Mrk 2^{17}	A	Mrk 2^{19}	A2		
Mrk 2^{20}	A	Mrk 2^{25}	A	Mrk 2^{27}	A		
Mrk 3^{4}	A	Mrk 3^{17}	A	Mrk 3^{23}	A		
Mrk 3^{33}	A	Mrk 4^{2}	A	Mrk 4^{11}	A		
Mrk 4^{12}	A	Mrk 4^{13}	A	Mrk 4^{21}	A		
Mrk 4^{24}	A	Mrk 4^{33}	A	Mrk 4^{34}	A		
Mrk 4^{35}	A	Mrk 4^{40}	A	Mrk 5^{10}	A		
Mrk 5^{13}	A	Mrk 5^{16}	A	Mrk 5^{19}	A		
Mrk 5^{39}	A	Mrk 5^{43}	A	Mrk 6^{4}	A		
Mrk 6^{7}	A	Mrk 6^{8}	A	Mrk 6^{10}	A		
Mrk 6^{11}	A	Mrk 6^{54}	A	Mrk 7^{6}	A		
Mrk 7^{9}	A	Mrk 7^{14}	A	Mrk 7^{18}	A		
Mrk 7^{36}	A2	Mrk 8^{1}	A	Mrk 8^{15}	A		
Mrk 8^{17}	A	Mrk 8^{21}	A	Mrk 8^{27}	A		
Mrk 8^{29}	A	Mrk 8^{30}	A	Mrk 8^{34}	A		
Mrk 9^{1}	A	Mrk 9^{4}	A	Mrk 9^{7}	A		
Mrk 9^{9}	A2	Mrk 9^{12}	A	Mrk 9^{14}	A		
Mrk 9^{19}	A	Mrk 9^{29}	A	Mrk 9^{31}	A		
Mrk 9^{35}	A	Mrk 9^{36}	A2	Mrk 10^{5}	A		
Mrk 10^{11}	A	Mrk 10^{13}	A	Mrk 10^{14}	A		
Mrk 10^{16}	A2	Mrk 10^{24}	A	Mrk 10^{27}	A		
Mrk 10^{29}	A	Mrk 10^{32}	A	Mrk 10^{36}	A		
Mrk 10^{38}	A	Mrk 10^{39}	A	Mrk 10^{42}	A3		
Mrk 11^{2}	A	Mrk 11^{5}	A	Mrk 11^{6}	A2		

		Mrk 11^{12}	A	Mrk 11^{17}	A	Mrk 11^{22}	A
		Mrk 11^{29}	A	Mrk 11^{33}	A	Mrk 12^{1}	A
		Mrk 12^{4}	A	Mrk 12^{6}	A	Mrk 12^{12}	A
		Mrk 12^{15}	A	Mrk 12^{16}	A	Mrk 12^{17}	A
		Mrk 12^{24}	A	Mrk 12^{26}	A	Mrk 12^{28}	A
		Mrk 12^{38}	A	Mrk 14^{7}	A	Mrk 14^{10}	A
		Mrk 14^{13}	A	Mrk 14^{44}	A	Mrk 14^{48}	A
		Mrk 14^{52}	A	Mrk 14^{62}	A	Mrk 15^{6}	A
		Mrk 15^{8}	A	Mrk 15^{9}	A	Mrk 15^{11}	A
		Mrk 15^{12}	A	Mrk 15^{14}	A	Mrk 15^{15}	A
		Mrk 16^{6}	A	Mrk 16^{15}	S	Mrk 16^{18}	S2
		Mrk 16^{19}	S	Rom 7^{14}	A	Rom 7^{16}	A
		Rom 7^{22}	A	Rom 9^{26}	A	Rom 10^{2}	A
		Rom 11^{1}	A	Rom 11^{13}	A	Rom 11^{14}	A
		Rom 11^{27}	A	1Cr 1^{12}	A	1Cr 4^{4}	A
		1Cr 7^{8}	A	1Cr 9^{1}	A2	1Cr 9^{2}	A2
		1Cr 12^{15}	A2	1Cr 12^{16}	A2	1Cr 13^{2}	A
		1Cr 15^{9}	A2	1Cr 15^{10}	A3	2Cr 2^{13}	A
		2Cr 4^{4}	AB	2Cr 5^{19}	AB	2Cr 6^{16}	AB
		2Cr 7^{4}	A2B2	2Cr 8^{22}	AB	2Cr 8^{24}	AB
		2Cr 9^{13}	B	2Cr 10^{1}	B	2Cr 11^{6}	B
		2Cr 12^{10}	AB	2Cr 12^{11}	AB	2Cr 12^{14}	AB
		Eph 4^{18}	AB	Eph 5^{7}	B	Eph 6^{9}	A2B2
		Gal 2^{2}	AB	Gal 4^{17}	A	Gal 4^{20}	AB
		Gal 6^{16}	AB	Php 1^{16}	B	Php 1^{23}	B‡
		Php 1^{28}	B	Php 3^{8}	AB	Php 4^{11}	B
		Php 4^{12}	B	Col 4^{3}	B	1Tm 1^{15}	B
		1Tm 2^{7}	AB	1Tm 5^{16}	A⁚	2Tm 1^{11}	AB
		2Tm 2^{25}	AB	2Tm 4^{16}	A⁚	Neh 5^{15}	D
		Neh 6^{17}	D	Neh 7^{3}	D	Skr 3^{20}	E
		Skr 3^{25}	E	Skr 7^{13}	E	Skr 8^{5}	E
		Skr 8^{9}	E	Skr 8^{11}	E	Skr 8^{20}	E
imma	Mat 5^{25}	A	Mat 5^{39}	A	Mat 5^{40}	A
		Mat 5^{41}	A	Mat 8^{1}	A2	Mat 8^{3}	A
		Mat 8^{4}	A	Mat 8^{5}	A2	Mat 8^{7}	A
		Mat 8^{15}	A	Mat 8^{16}	A	Mat 8^{19}	A
		Mat 8^{20}	A	Mat 8^{21}	A	Mat 8^{22}	A
		Mat 8^{23}	A2	Mat 8^{27}	A	Mat 8^{28}	A2
		Mat 9^{2}	A	Mat 9^{9}	A2	Mat 9^{19}	A
		Mat 9^{27}	A	Mat 9^{28}	A2	Mat 9^{32}	A
		Mat 10^{32}	A	Mat 11^{2}	A	Mat 11^{11}	A
		Mat 26^{69}	C	Mat 27^{11}	A	Mat 27^{13}	A
		Mat 27^{14}	A	Mat 27^{19}	A2	Mat 27^{42}	A
		Mat 27^{44}	A2	Mat 27^{54}	A	Mat 27^{55}	A
		Mat 27^{64}	A	Jhn 6^{5}	A	Jhn 6^{7}	A
		Jhn 6^{25}	A	Jhn 6^{28}	A	Jhn 6^{30}	A
		Jhn 6^{34}	A	Jhn 6^{40}	A	Jhn 6^{56}	A
		Jhn 6^{65}	A	Jhn 6^{66}	A	Jhn 6^{68}	A
		Jhn 7^{3}	A	Jhn 7^{5}	A	Jhn 7^{18}	A
		Jhn 7^{26}	A	Jhn 7^{29}	A	Jhn 7^{31}	A
		Jhn 7^{39}	A	Jhn 7^{48}	A	Jhn 7^{50}	A
		Jhn 7^{51}	A	Jhn 7^{52}	A	Jhn 8^{13}	A
		Jhn 8^{19}	A	Jhn 8^{25}	A	Jhn 8^{26}	A
		Jhn 8^{29}	A	Jhn 8^{30}	A2	Jhn 8^{33}	A
		Jhn 8^{39}	A	Jhn 8^{41}	A	Jhn 8^{44}	A

Jhn	8^{48}	A	Jhn	8^{52}	A	Jhn	8^{57}	A	Luk	9^{37}	A	Luk	9^{39}	A	Luk	9^{40}	A
Jhn	9^{3}	A	Jhn	9^{6}	A	Jhn	9^{7}	A	Luk	9^{42}	A	Luk	9^{45}	A	Luk	9^{49}	A
Jhn	9^{10}	A	Jhn	9^{12}	A	Jhn	9^{14}	A	Luk	9^{52}	A	Luk	9^{57}	A	Luk	9^{58}	A
Jhn	9^{21}	A	Jhn	9^{24}	A	Jhn	9^{26}	$A\ddagger$	Luk	9^{60}	A	Luk	9^{62}	A	Luk	10^{6}	A
Jhn	9^{28}	A	Jhn	9^{34}	$A2$	Jhn	9^{35}	$A2$	Luk	10^{26}	A	Luk	10^{28}	A	Luk	14^{15}	A
Jhn	9^{36}	A	Jhn	9^{37}	A	Jhn	9^{40}	$A2$	Luk	14^{16}	A	Luk	14^{25}	A	Luk	14^{32}	A
Jhn	10^{5}	A	Jhn	10^{24}	A	Jhn	10^{33}	A	Luk	14^{35}	A	Luk	15^{1}	$A2$	Luk	15^{16}	A
Jhn	10^{38}	A	Jhn	10^{41}	A	Jhn	10^{42}	A	Luk	15^{18}	A	Luk	15^{20}	A	Luk	15^{21}	A
Jhn	11^{3}	A	Jhn	11^{8}	A	Jhn	11^{10}	A	Luk	15^{27}	A	Luk	15^{30}	A	Luk	15^{31}	A
Jhn	11^{15}	A	Jhn	11^{16}	A	Jhn	11^{24}	A	Luk	16^{1}	A	Luk	16^{2}	A	Luk	16^{6}	A
Jhn	11^{27}	A	Jhn	11^{29}	A	Jhn	11^{30}	A	Luk	16^{7}	A	Luk	17^{3}	$A2$	Luk	17^{4}	A
Jhn	11^{32}	$A2$	Jhn	11^{34}	A	Jhn	11^{39}	A	Luk	17^{8}	A	Luk	17^{12}	$A2$	Luk	17^{16}	A
Jhn	11^{45}	A	Jhn	12^{2}	$A2$	Jhn	12^{13}	A	Luk	17^{19}	A	Luk	17^{37}	A	Luk	18^{3}	A
Jhn	12^{16}	A	Jhn	12^{17}	A	Jhn	12^{18}	A	Luk	18^{15}	A	Luk	18^{19}	A	Luk	18^{22}	A
Jhn	12^{19}	A	Jhn	12^{29}	A	Jhn	12^{34}	A	Luk	18^{33}	A	Luk	18^{37}	A	Luk	18^{40}	A
Jhn	12^{37}	$A2$	Jhn	12^{42}	A	Jhn	13^{25}	A	Luk	18^{42}	A	Luk	19^{5}	A	Luk	19^{9}	A
Jhn	13^{27}	A	Jhn	13^{28}	A	Jhn	13^{29}	A	Luk	19^{14}	A	Luk	19^{17}	A	Luk	19^{22}	A
Jhn	13^{31}	A	Jhn	13^{32}	A	Jhn	13^{36}	A	Luk	19^{24}	A	Luk	19^{25}	A	Luk	19^{26}	A
Jhn	13^{37}	A	Jhn	14^{5}	A	Jhn	14^{6}	A	Luk	19^{31}	A	Luk	19^{36}	A	Luk	19^{39}	A
Jhn	14^{8}	A	Jhn	14^{9}	A	Jhn	14^{21}	A	Luk	19^{48}	A	Luk	20^{1}	A	Luk	20^{2}	A
Jhn	14^{22}	A	Jhn	14^{23}	$A3$	Jhn	15^{5}	A	Luk	20^{5}	A	Luk	20^{10}	A	Luk	20^{38}	A
Jhn	17^{2}	$A2$	Jhn	18^{5}	A	Jhn	18^{10}	A	Luk	20^{44}	A	Mrk	1^{5}	$A2$	Mrk	1^{13}	A
Jhn	18^{20}	A	Jhn	18^{22}	A	Jhn	18^{23}	$A\ddagger$	Mrk	1^{18}	A	Mrk	1^{20}	A	Mrk	1^{26}	A
Jhn	18^{25}	A	Jhn	18^{26}	A	Jhn	18^{30}	A	Mrk	1^{27}	A	Mrk	1^{30}	A	Mrk	1^{32}	A
Jhn	18^{31}	A	Jhn	18^{33}	A	Jhn	18^{37}	A	Mrk	1^{36}	$A2$	Mrk	1^{37}	A	Mrk	1^{40}	$A2$
Jhn	18^{38}	A	Jhn	19^{2}	A	Jhn	19^{3}	A	Mrk	1^{41}	$A2$	Mrk	1^{42}	A	Mrk	1^{43}	A
Jhn	19^{4}	A	Jhn	19^{6}	A	Jhn	19^{7}	A	Mrk	1^{44}	A	Mrk	1^{45}	A	Mrk	2^{3}	A
Jhn	19^{9}	A	Jhn	19^{10}	A	Luk	1^{9}	A	Mrk	2^{4}	A	Mrk	2^{13}	A	Mrk	2^{14}	$A2$
Luk	1^{11}	A	Luk	1^{13}	A	Luk	1^{19}	A	Mrk	2^{15}	A	Mrk	2^{18}	A	Mrk	2^{23}	A
Luk	1^{32}	A	Luk	1^{66}	A	Luk	1^{74}	A	Mrk	2^{24}	A	Mrk	2^{25}	A	Mrk	3^{2}	A
Luk	1^{76}	A	Luk	2^{5}	A	Luk	2^{24}	A	Mrk	3^{6}	A	Mrk	3^{7}	A	Mrk	3^{8}	A
Luk	2^{25}	A	Luk	2^{26}	A	Luk	2^{40}	A	Mrk	3^{9}	A	Mrk	3^{10}	A	Mrk	3^{11}	A
Luk	2^{48}	A	Luk	3^{12}	A	Luk	3^{19}	A	Mrk	3^{13}	A	Mrk	3^{21}	A	Mrk	3^{31}	A
Luk	4^{3}	A	Luk	4^{5}	A	Luk	4^{6}	A	Mrk	3^{32}	A	Mrk	4^{1}	A	Mrk	4^{25}	$A2$
Luk	4^{8}	$A2$	Luk	4^{9}	A	Luk	4^{12}	A	Mrk	4^{36}	A	Mrk	4^{38}	A	Mrk	4^{41}	A
Luk	4^{13}	A	Luk	4^{17}	A	Luk	4^{20}	A	Mrk	5^{2}	$A2$	Mrk	5^{8}	A	Mrk	5^{9}	A
Luk	4^{22}	A	Luk	4^{29}	A	Luk	4^{35}	$A3$	Mrk	5^{18}	A	Mrk	5^{19}	A	Mrk	5^{20}	A
Luk	4^{37}	A	Luk	4^{40}	A	Luk	5^{5}	A	Mrk	5^{21}	A	Mrk	5^{24}	$A2$	Mrk	5^{31}	A
Luk	5^{9}	A	Luk	5^{11}	A	Luk	5^{13}	$A2$	Mrk	5^{33}	$A2$	Mrk	5^{35}	A	Mrk	6^{1}	A
Luk	5^{14}	$A2$	Luk	5^{15}	A	Luk	5^{27}	A	Mrk	6^{2}	A	Mrk	6^{14}	A	Mrk	6^{19}	$A2$
Luk	5^{28}	A	Luk	5^{29}	A	Luk	5^{33}	A	Mrk	6^{20}	$A3$	Mrk	6^{27}	A	Mrk	6^{30}	A
Luk	6^{1}	A	Luk	6^{3}	A	Luk	6^{6}	A	Mrk	6^{56}	A	Mrk	7^{1}	A	Mrk	7^{19}	A
Luk	6^{10}	A	Luk	6^{18}	A	Luk	6^{19}	$A2$	Mrk	7^{28}	$A2$	Mrk	7^{32}	$A2$	Mrk	7^{33}	A
Luk	6^{29}	A	Luk	7^{2}	A	Luk	7^{3}	A	Mrk	7^{34}	A	Mrk	7^{35}	A	Mrk	8^{4}	A
Luk	7^{6}	$A3$	Luk	7^{11}	A	Luk	7^{20}	A	Mrk	8^{11}	$A2$	Mrk	8^{19}	A	Mrk	8^{22}	$A2$
Luk	7^{28}	$AA^{=}$	Luk	7^{30}	A	Luk	7^{36}	A	Mrk	8^{29}	A	Mrk	9^{13}	A	Mrk	9^{20}	A
Luk	7^{39}	A	Luk	7^{43}	A	Luk	8^{1}	A	Mrk	9^{21}	A	Mrk	9^{22}	A	Mrk	9^{23}	A
Luk	8^{4}	A	Luk	8^{18}	$A2$	Luk	8^{19}	$A2$	Mrk	9^{25}	A	Mrk	9^{31}	A	Mrk	9^{38}	$A2$
Luk	8^{20}	A	Luk	8^{25}	A	Luk	8^{27}	$A2$	Mrk	9^{39}	A	Mrk	9^{42}	A	Mrk	9^{47}	A
Luk	8^{28}	A	Luk	8^{38}	A	Luk	8^{39}	A	Mrk	10^{1}	A	Mrk	10^{13}	A	Mrk	10^{17}	A
Luk	8^{42}	A	Luk	8^{45}	A	Luk	8^{47}	$A3$	Mrk	10^{18}	A	Mrk	10^{20}	A	Mrk	10^{21}	$A2$
Luk	8^{49}	$A2$	Luk	8^{50}	A	Luk	9^{7}	A	Mrk	10^{28}	A	Mrk	10^{34}	A	Mrk	10^{35}	A
Luk	9^{10}	A	Luk	9^{11}	A	Luk	9^{12}	$A2$	Mrk	10^{37}	A	Mrk	10^{39}	A	Mrk	10^{46}	A
Luk	9^{13}	A	Luk	9^{18}	A	Luk	9^{30}	A	Mrk	10^{48}	A	Mrk	10^{49}	A	Mrk	10^{51}	$A2$
Luk	9^{32}	$A2$	Luk	9^{33}	A	Luk	9^{34}	A	Mrk	10^{52}	A	Mrk	11^{13}	$A3$	Mrk	11^{14}	A

	Mrk 11^{18}	*A*	Mrk 11^{21}	*A*	Mrk 11^{23}	*A*	Mat 10^{27}	*A3*| Mat 10^{28}	*A*	Mat 10^{32}	*A3*
	Mrk 11^{27}	*A2*	Mrk 11^{28}	*A*	Mrk 11^{31}	*A*	Mat 10^{33}	*A3*	Mat 10^{39}	*A*	Mat 10^{41}	*A2*
	Mrk 12^{7}	*A*	Mrk 12^{8}	*A*	Mrk 12^{13}	*A*	Mat 10^{42}	*A*	Mat 11^{2}	*A*	Mat 11^{6}	*A*
	Mrk 12^{14}	*A*	Mrk 12^{16}	*A*	Mrk 12^{18}	*A*	Mat 11^{8}	*A*	Mat 11^{11}	*A2*| Mat 11^{16}	*A:*
	Mrk 12^{26}	*A*	Mrk 12^{29}	*A*	Mrk 12^{32}	*A2*	Mat 11^{20}	*A*	Mat 11^{21}	*A2A:*	Mat 11^{22}	*A*
	Mrk 12^{34}	*A*	Mrk 12^{37}	*A2*	Mrk 14^{11}	*A*	Mat 11^{23}	*AA:*	Mat 11^{24}	*A*	Mat 25^{39}	*C*
	Mrk 14^{12}	*A*	Mrk 14^{43}	*A2*	Mrk 14^{45}	*A2*	Mat 25^{41}	*C*	Mat 25^{43}	*C*	Mat 25^{44}	*C*
	Mrk 14^{47}	*A2*	Mrk 14^{51}	*A*	Mrk 14^{53}	*A*	Mat 25^{46}	*C2*	Mat 26^{71}	*AC*	Mat 27^{5}	*A*
	Mrk 14^{54}	*A*	Mrk 14^{61}	*A*	Mrk 14^{65}	*A*	Mat 27^{6}	*A*	Mat 27^{18}	*A*	Mat 27^{51}	*A*
	Mrk 14^{67}	*A*	Mrk 14^{72}	*A*	Mrk 15^{2}	*A*	Mat 27^{53}	*A*	Mat 27^{56}	*A*	Mat 27^{60}	*A*
	Mrk 15^{7}	*A*	Mrk 15^{23}	*A*	Mrk 15^{27}	*A*	Jhn 6^{14}	*A*	Jhn 6^{15}	*A*	Jhn 6^{17}	*A2*
	Mrk 15^{32}	*A2*	Mrk 15^{41}	*A2*	Mrk 16^{10}	*A*	Jhn 6^{21}	*A*	Jhn 6^{22}	*A*	Jhn 6^{24}	*A2*
	Rom 9^{33}	*A*	Rom 10^{11}	A	Rom 11^{34}	*C*	Jhn 6^{40}	*A*	Jhn 6^{44}	*A*	Jhn 6^{49}	*A*
	Rom 11^{35}	*C 2*	Rom 11^{36}	*C 2*	Rom 12^{20}	*AC*	Jhn 6^{51}	*A2*	Jhn 6^{53}	*A*	Jhn 6^{54}	*A*
	Rom 15^{12}	*C*	1Cr 7^{12}	*A*	1Cr 10^{22}	*A*	Jhn 6^{56}	*A2*	Jhn 6^{57}	*A2*	Jhn 6^{58}	*A*
	1Cr 15^{25}	*A*	1Cr 15^{26}	*A*	1Cr 15^{28}	*A*	Jhn 6^{59}	*A2*| Jhn 6^{61}	*A*	Jhn 7^{1}	*A2*
	1Cr 16^{11}	*AB*	2Cr 1^{19}	*AB*	2Cr 1^{20}	*AB*	Jhn 7^{3}	*A*	Jhn 7^{4}	*A*	Jhn 7^{8}	*A2*
	2Cr 2^{8}	*AB*	2Cr 2^{13}	*B*	2Cr 5^{9}	*AB*	Jhn 7^{9}	*A*	Jhn 7^{10}	*A*	Jhn 7^{11}	*A*
	2Cr 5^{21}	*AB*	2Cr 7^{14}	*AB*	2Cr 8^{18}	*AB*	Jhn 7^{12}	*A*	Jhn 7^{13}	*A*	Jhn 7^{14}	*A*
	2Cr 12^{18}	*AB*	2Cr 13^{4}	*A2B2*	Eph 1^{4}	*AB*	Jhn 7^{18}	*A*	Jhn 7^{22}	*A*	Jhn 7^{23}	*A2*
	Eph 1^{5}	*B*	Eph 1^{9}	*AB*| Eph 1^{9}g	*A*	Jhn 7^{28}	*A*	Jhn 7^{35}	*A*	Jhn 7^{37}	*A*
	Eph 1^{10}	*AB*	Eph 1^{22}	*AB*	Eph 3^{21}	*B*	Jhn 7^{43}	*A*	Jhn 7^{50}	*A*	Jhn 8^{12}	*A*
	Eph 4^{21}	*AB*	Eph 6^{9}	*AB*	Gal 2^{11}	*B*	Jhn 8^{17}	*A*	Jhn 8^{20}	*A2*	Jhn 8^{21}	*A*
	Gal 2^{13}	*B*	Php 1^{29}	*B*	Php 3^{9}	*AB*	Jhn 8^{24}	*A2*	Jhn 8^{26}	*A*	Jhn 8^{31}	*A*
	Col 1^{16}	*A2B2*	Col 1^{17}	*AB*	Col 1^{19}	*AB*	Jhn 8^{35}	*A*	Jhn 8^{37}	*A*	Jhn 8^{44}	*A2*
	Col 1^{20}	*AB*	Col 1^{22}	*AB*	Col 2^{12}	*B*	Jhn 9^{5}	*A*	Jhn 9^{7}	*A*	Jhn 9^{11}	*A*
	Col 2^{13}	*B*	Col 3^{4}	*AB*	Col 4^{13}	*AB*	Jhn 9^{30}	*A*	Jhn 9^{34}	*A*	Jhn 9^{39}	*A*
	1Th 4^{14}	*B*	1Th 4^{17}	*B*	1Th 5^{10}	*B*	Jhn 10^{1}	*A*	Jhn 10^{19}	*A*	Jhn 10^{22}	*A*
	2Th 1^{12}	*A*	2Th 2^{1}	*A*	2Th 3^{14}	*AB*	Jhn 10^{23}	*A2*	Jhn 10^{25}	*A*	Jhn 10^{32}	*A*
	1Tm 1^{16}	*B*	2Tm 1^{18}	*AB*	2Tm 4^{14}	*A*	Jhn 10^{33}	*A2*	Jhn 10^{34}	*A*	Jhn 10^{36}	*A*
	Neh 6^{18}	*D*	Neh 6^{19}	*D2*	Skr 2^{18}	*E*	Jhn 10^{38}	*A2*	Jhn 10^{40}	*A*	Jhn 11^{4}	*A*
	Skr 4^{5}	*E*	Skr 8^{15}	*E*	Skr 8^{19}	*EE**| Jhn 11^{6}	*A*	Jhn 11^{7}	*A*	Jhn 11^{9}	*A*
	SkB 8^{19}	*E¶*					Jhn 11^{10}	*A2*	Jhn 11^{15}	*A*	Jhn 11^{17}	*A*
immuh	Rom 11^{36}	*C*	Eph 3^{21}	*A*			Jhn 11^{20}	*A*	Jhn 11^{24}	*A2*| Jhn 11^{27}	*A*
in	Mat 5^{15}	*A*	Mat 5^{16}	*A2*	Mat 5^{19}	*A2*	Jhn 11^{30}	*A2*	Jhn 11^{31}	*A*	Jhn 11^{38}	*A*
	Mat 5^{20}	*A*	Mat 5^{22}	*A*	Mat 5^{24}	*A*	Jhn 11^{42}	*A*	Jhn 12^{1}	*A*	Jhn 12^{5}	*A*
	Mat 5^{25}	*A2*| Mat 5^{28}	*A*	Mat 5^{29}	*A*	Jhn 12^{7}	*A*	Jhn 12^{9}	*A*	Jhn 12^{11}	*A*
	Mat 5^{30}	*A*	Mat 5^{45}	*A*	Mat 5^{48}	*A*	Jhn 12^{12}	*A*	Jhn 12^{13}	*A*	Jhn 12^{20}	*A*
	Mat 6^{1}	*A2*	Mat 6^{2}	*A2*	Mat 6^{4}	*A3*	Jhn 12^{24}	*A*	Jhn 12^{25}	*A2*	Jhn 12^{27}	*A*
	Mat 6^{5}	*A*	Mat 6^{6}	*A4*	Mat 6^{7}	*A*	Jhn 12^{30}	*A2*	Jhn 12^{35}	*A2*	Jhn 12^{37}	*A*
	Mat 6^{9}	*A*	Mat 6^{10}	*A*	Mat 6^{13}	*A2*	Jhn 12^{46}	*A2*	Jhn 12^{48}	*A*	Jhn 13^{23}	*A*
	Mat 6^{18}	*A2*| Mat 6^{20}	*A*	Mat 6^{23}	*A*	Jhn 13^{27}	*A*	Jhn 13^{31}	*A*	Jhn 13^{32}	*A2*
	Mat 6^{26}	*A*	Mat 6^{29}	*A*	Mat 6^{30}	*A*	Jhn 14^{2}	*A*	Jhn 14^{10}	*A3*| Jhn 14^{11}	*A3*
	Mat 7^{13}	*A*	Mat 7^{14}	*A*	Mat 7^{15}	*A*	Jhn 14^{13}	*A2*| Jhn 14^{14}	*A*	Jhn 14^{17}	*A*
	Mat 7^{19}	*A*	Mat 7^{21}	*A2*	Mat 7^{22}	*A*	Jhn 14^{20}	*A4*	Jhn 14^{26}	*A*	Jhn 14^{30}	*A*
	Mat 8^{5}	*A*	Mat 8^{6}	*A*	Mat 8^{10}	*A*	Jhn 15^{2}	*A*	Jhn 15^{3}	*A*	Jhn 15^{4}	*A3*
	Mat 8^{11}	*A*	Mat 8^{12}	*A*	Mat 8^{13}	*A*	Jhn 15^{5}	*A2*	Jhn 15^{6}	*A2*	Jhn 15^{7}	*A2*
	Mat 8^{14}	*A2*| Mat 8^{23}	*A*	Mat 8^{24}	*A*	Jhn 15^{8}	*A*	Jhn 15^{9}	*A*	Jhn 15^{10}	*A2*
	Mat 8^{28}	*A*	Mat 8^{31}	*A*	Mat 8^{32}	*A3*| Jhn 15^{11}	*A*	Jhn 15^{16}	*A*	Jhn 15^{21}	*A*
	Mat 8^{33}	*A*	Mat 9^{1}	*A2*| Mat 9^{3}	*A*	Jhn 15^{24}	*A*	Jhn 15^{25}	*A*	Jhn 16^{13}	*A*
	Mat 9^{4}	*A*	Mat 9^{6}	*A*	Mat 9^{7}	*A*	Jhn 16^{21}	*A*	Jhn 16^{23}	*A2*| Jhn 16^{24}	*A*
	Mat 9^{10}	*A*	Mat 9^{17}	*A2*	Mat 9^{21}	*A*	Jhn 16^{25}	*A2*	Jhn 16^{26}	*A2*	Jhn 16^{28}	*A*
	Mat 9^{23}	*A*	Mat 9^{28}	*A*	Mat 9^{31}	*A*	Jhn 16^{33}	*A2*| Jhn 17^{10}	*A*	Jhn 17^{11}	*A3*
	Mat 9^{33}	*A*	Mat 9^{34}	*A*	Mat 9^{35}	*A*	Jhn 17^{12}	*A2*	Jhn 17^{13}	*A2*	Jhn 17^{17}	*A*
	Mat 9^{36}	*A*	Mat 9^{38}	*A*	Mat 10^{23}	*A*	Jhn 17^{18}	*A2*| Jhn 17^{19}	*A*	Jhn 17^{21}	*A3*

Jhn	17²³	A2	Jhn	17²⁶	A2	Jhn	18¹	A	Luk	8¹⁴	A	Luk	8¹⁵	A2	Luk	8¹⁷	A
Jhn	18¹¹	A	Jhn	18¹⁵	A	Jhn	18²⁰	A2	Luk	8²²	A2	Luk	8²³	A	Luk	8²⁶	A
Jhn	18²⁶	A	Jhn	18²⁸	A2	Jhn	18³³	A	Luk	8²⁷	A2	Luk	8³⁰	A	Luk	8³¹	A
Jhn	18³⁷	A	Jhn	18³⁸	A	Jhn	18³⁹	A	Luk	8³²	A2	Luk	8³³	A2	Luk	8³⁴	A2
Jhn	19⁴	A	Jhn	19⁶	A	Jhn	19⁹	A	Luk	8³⁷	A	Luk	8⁴¹	A	Luk	8⁴³	A2
Luk	1¹	A	Luk	1⁵	A	Luk	1⁶	A2	Luk	8⁴⁷	A2	Luk	8⁴⁸	A	Luk	8⁵¹	A
Luk	1⁸	A2	Luk	1⁹	A	Luk	1¹¹	A	Luk	9³	A	Luk	9⁴	A	Luk	9¹²	A2
Luk	1¹⁴	A	Luk	1¹⁵	A2	Luk	1¹⁷	A3	Luk	9²⁴	A	Luk	9²⁶	A	Luk	9²⁸	A
Luk	1¹⁸	A	Luk	1¹⁹	A	Luk	1²⁰	A	Luk	9³¹	A2	Luk	9³⁴	A2	Luk	9³⁴g	A
Luk	1²¹	A	Luk	1²²	A	Luk	1²⁵	A2	Luk	9³⁶	A	Luk	9³⁷	A	Luk	9⁴³	A⁼2
Luk	1²⁶	A2	Luk	1²⁷	A	Luk	1²⁸	A	Luk	9⁴⁴	A2	Luk	9⁴⁶	A	Luk	9⁴⁸	A
Luk	1³¹	A	Luk	1³³	A	Luk	1³⁶	A	Luk	9⁵⁰	A⁼	Luk	9⁵¹	A2	Luk	9⁵²	A
Luk	1³⁹	A3	Luk	1⁴⁰	A	Luk	1⁴¹	A	Luk	9⁵⁶	A	Luk	9⁵⁷	A	Luk	9⁶¹	A
Luk	1⁴²	A	Luk	1⁴⁴	A3	Luk	1⁵⁰	A	Luk	9⁶²	A	Luk	10¹	A	Luk	10²	A
Luk	1⁵¹	A	Luk	1⁵⁹	A	Luk	1⁶¹	A	Luk	10³	A	Luk	10⁵	A	Luk	10⁷	A
Luk	1⁶⁵	A	Luk	1⁶⁶	A	Luk	1⁶⁹	A	Luk	10⁸	A	Luk	10⁹	A	Luk	10¹⁰	A
Luk	1⁷⁵	A2	Luk	1⁷⁷	A	Luk	1⁷⁸	A	Luk	10¹²	A	Luk	10¹³	A3	Luk	10¹⁴	A
Luk	1⁷⁹	A2	Luk	2¹	A	Luk	2³	A	Luk	10¹⁷	A	Luk	10²⁰	A2	Luk	10²¹	A
Luk	2⁴	A2	Luk	2⁵	A	Luk	2⁷	A2	Luk	10²⁶	A	Luk	10³⁰	A	Luk	14¹⁴	A
Luk	2⁸	A	Luk	2¹¹	A	Luk	2¹²	A	Luk	14¹⁵	A	Luk	14²¹	A	Luk	15⁶	A
Luk	2¹⁴	A2	Luk	2¹⁵	A	Luk	2¹⁶	A	Luk	15⁷	A3	Luk	15¹⁰	A2	Luk	15¹³	A
Luk	2¹⁹	A	Luk	2²⁰	A	Luk	2²¹	A	Luk	15¹⁷	A	Luk	15¹⁸	A2	Luk	15²¹	A2
Luk	2²²	A	Luk	2²³	A	Luk	2²⁴	A	Luk	15²²	A	Luk	16³	A	Luk	16⁴	A
Luk	2²⁵	A	Luk	2²⁷	A2	Luk	2²⁹	A	Luk	16⁸	A	Luk	16⁹	A	Luk	16¹⁰	A4
Luk	2³¹	A	Luk	2³⁴	A	Luk	2³⁸	A⁼	Luk	16¹¹	A	Luk	16¹²	A	Luk	16¹⁵	A3
Luk	2³⁹	A2	Luk	2⁴¹	A	Luk	2⁴²	A	Luk	16¹⁶	A	Luk	16²²	A	Luk	16²³	A3
Luk	2⁴³	A	Luk	2⁴⁴	A3	Luk	2⁴⁵	A	Luk	17⁶	A	Luk	17¹¹	A	Luk	17¹²	A
Luk	2⁴⁶	A2	Luk	2⁴⁹	A	Luk	2⁵¹	A2	Luk	17²¹	A	Luk	17²⁴	A2	Luk	17²⁶	A2
Luk	3¹	A	Luk	3²	A	Luk	3⁴	A2	Luk	17²⁷	A	Luk	17²⁸	A	Luk	17³¹	A2
Luk	3⁸	A	Luk	3⁹	A	Luk	3¹⁵	A	Luk	17³³	A	Luk	18²	A	Luk	18³	A
Luk	3¹⁶	A	Luk	3¹⁷	A2	Luk	3²⁰	A	Luk	18⁴	A	Luk	18⁵	A	Luk	18¹⁰	A
Luk	3²²	A	Luk	4¹	A2	Luk	4²	A	Luk	18¹³	A	Luk	18¹⁷	A	Luk	18²²	A
Luk	4⁵	A	Luk	4⁷	A	Luk	4⁹	A	Luk	18²⁴	A	Luk	18²⁵	A	Luk	18²⁹	A
Luk	4¹⁴	A2	Luk	4¹⁵	A	Luk	4¹⁶	A3	Luk	18³⁰	A2	Luk	18³¹	A	Luk	19⁵	A
Luk	4¹⁸	A	Luk	4¹⁹	A	Luk	4²⁰	A	Luk	19⁷	A⁼	Luk	19¹⁷	A	Luk	19²⁰	A
Luk	4²¹	A	Luk	4²³	A2	Luk	4²⁴	A	Luk	19²⁸	A	Luk	19³⁰	A2	Luk	19³⁷	A
Luk	4²⁵	A2	Luk	4²⁶	A	Luk	4²⁷	A	Luk	19³⁸	A3	Luk	19⁴²	A	Luk	19⁴⁴	A3
Luk	4²⁸	A	Luk	4³¹	A2	Luk	4³²	A	Luk	19⁴⁵	A2	Luk	19⁴⁷	A	Luk	20¹	A2
Luk	4³³	A	Luk	4³⁵	A	Luk	4³⁸	A	Luk	20²	A	Luk	20⁸	A	Luk	20¹⁰	A
Luk	4⁴⁴	A	Luk	5³	A	Luk	5⁷	A	Luk	20¹⁹	A	Luk	20²⁶	A	Luk	20³³	A
Luk	5⁹	A	Luk	5¹²	A	Luk	5¹⁷	A	Luk	20⁴²	A	Luk	20⁴⁶	A	Luk	23¹²	G
Luk	5¹⁸	A	Luk	5¹⁹	A2	Luk	5²²	A	Mrk	1²	A	Mrk	1³	A	Mrk	1⁴	A
Luk	5²⁴	A	Luk	5²⁵	A2	Luk	5²⁹	A	Mrk	1⁵	A	Mrk	1⁸	A2	Mrk	1⁹	A2
Luk	5³²	A	Luk	5³⁵	A	Luk	5³⁷	A	Mrk	1¹¹	A	Mrk	1¹²	A	Mrk	1¹³	A
Luk	5³⁸	A	Luk	6¹	A	Luk	6²	A	Mrk	1¹⁴	A	Mrk	1¹⁵	A	Mrk	1¹⁶	A
Luk	6⁴	A	Luk	6⁶	A2	Luk	6⁷	A	Mrk	1¹⁹	A	Mrk	1²⁰	A	Mrk	1²¹	A2
Luk	6⁸	A	Luk	6¹²	A3	Luk	6²²	A	Mrk	1²³	A2	Mrk	1²⁹	A	Mrk	1³⁰	A
Luk	6²³	A2	Luk	6³⁸	A	Luk	6³⁹	A	Mrk	1³⁹	A	Mrk	1⁴⁵	A	Mrk	2¹	A2
Luk	6⁴¹	A2	Luk	6⁴²	A3	Luk	7¹	A2	Mrk	2⁶	A	Mrk	2⁸	A	Mrk	2¹⁵	A
Luk	7⁹	A	Luk	7¹¹	A2	Luk	7¹⁶	A	Mrk	2²⁰	A	Mrk	2²²	A2	Mrk	2²⁶	A
Luk	7²³	A	Luk	7²⁴	A	Luk	7²⁵	A3	Mrk	2²⁷	A2	Mrk	3¹	A	Mrk	3³	A
Luk	7²⁸	A2	Luk	7³²	A	Luk	7³⁶	A	Mrk	3⁴	A	Mrk	3⁵	A	Mrk	3⁹	A
Luk	7³⁷	A2	Luk	7⁴⁴	A	Luk	7⁴⁷	A	Mrk	3¹³	A	Mrk	3²⁰	A	Mrk	3²²	A
Luk	7⁴⁹	A	Luk	7⁵⁰	A	Luk	8⁶	A	Mrk	3²³	A	Mrk	3²⁷	A	Mrk	4¹	A2
Luk	8⁷	A	Luk	8¹⁰	A	Luk	8¹³	A	Mrk	4²	A2	Mrk	4⁵	A	Mrk	4⁷	A

Mrk	4^{8}	*A*	Mrk	4^{11}	*A*	Mrk	4^{15}	*A*
Mrk	4^{17}	*A2*	Mrk	4^{18}	*A*	Mrk	4^{24}	*A*
Mrk	4^{28}	*A*	Mrk	4^{30}	*A*	Mrk	4^{35}	*A*
Mrk	4^{36}	*A*	Mrk	4^{37}	*A*	Mrk	5^{1}	*A*
Mrk	5^{2}	*A*	Mrk	5^{3}	*A*	Mrk	5^{5}	*A2*
Mrk	5^{12}	*A2*	Mrk	5^{13}	*A3*	Mrk	5^{14}	*A2*
Mrk	5^{18}	*A*	Mrk	5^{20}	*A*	Mrk	5^{21}	*A*
Mrk	5^{25}	*A*	Mrk	5^{27}	*A*	Mrk	5^{30}	*A2*
Mrk	5^{34}	*A*	Mrk	5^{38}	*A*	Mrk	6^{1}	*A*
Mrk	6^{2}	*A*	Mrk	6^{3}	*A*	Mrk	6^{4}	*A3*
Mrk	6^{6}	*A*	Mrk	6^{8}	*A2*	Mrk	6^{10}	*A*
Mrk	6^{11}	*A*	Mrk	6^{14}	*A*	Mrk	6^{17}	*A2*
Mrk	6^{26}	*A2*	Mrk	6^{27}	*A*	Mrk	6^{29}	*A*
Mrk	6^{56}	*A2*	Mrk	7^{15}	*A*	Mrk	7^{17}	*A*
Mrk	7^{18}	*A*	Mrk	7^{19}	*A3*	Mrk	7^{24}	*A2*
Mrk	7^{29}	*A*	Mrk	7^{33}	*A*	Mrk	8^{1}	*A*
Mrk	8^{10}	*A*	Mrk	8^{13}	*A*	Mrk	8^{14}	*A*
Mrk	8^{22}	*A*	Mrk	8^{23}	*A*	Mrk	8^{26}	*A2*
Mrk	8^{27}	*A*	Mrk	8^{35}	*A2*	Mrk	8^{38}	*A2*
Mrk	9^{1}	*A*	Mrk	9^{2}	*A*	Mrk	9^{22}	*A2*
Mrk	9^{25}	*A*	Mrk	9^{28}	*A*	Mrk	9^{29}	*A2*
Mrk	9^{31}	*A*	Mrk	9^{33}	*A3*	Mrk	9^{36}	*A*
Mrk	9^{38}	*A*	Mrk	9^{39}	*A*	Mrk	9^{41}	*A*
Mrk	9^{42}	*A*	Mrk	9^{43}	*A3*	Mrk	9^{45}	*A3*
Mrk	9^{47}	*A2*	Mrk	9^{50}	*A*	Mrk	10^{1}	*A*
Mrk	10^{10}	*A*	Mrk	10^{15}	*A*	Mrk	10^{17}	*A*
Mrk	10^{21}	*A*	Mrk	10^{22}	*A*	Mrk	10^{23}	*A*
Mrk	10^{24}	*A2*	Mrk	10^{25}	*A*	Mrk	10^{29}	*A2*
Mrk	10^{30}	*A2*	Mrk	10^{33}	*A*	Mrk	10^{37}	*A*
Mrk	10^{43}	*A2*	Mrk	10^{46}	*A*	Mrk	10^{52}	*A*
Mrk	11^{1}	*A*	Mrk	11^{2}	*A2*	Mrk	11^{9}	*A*
Mrk	11^{10}	*A2*	Mrk	11^{11}	*A3*	Mrk	11^{15}	*A2*
Mrk	11^{18}	*A*	Mrk	11^{20}	*A*	Mrk	11^{23}	*A2*
Mrk	11^{25}	*A*	Mrk	11^{26}	*A*	Mrk	11^{27}	*A*
Mrk	11^{28}	*A*	Mrk	11^{29}	*A*	Mrk	11^{33}	*A*
Mrk	12^{1}	*A*	Mrk	12^{11}	*A*	Mrk	12^{14}	*A*
Mrk	12^{23}	*A*	Mrk	12^{25}	*A*	Mrk	12^{35}	*A*
Mrk	12^{36}	*A*	Mrk	12^{38}	*A*	Mrk	13^{17}	*A*
Mrk	13^{20}	*A*	Mrk	13^{24}	*A*	Mrk	13^{25}	*A*
Mrk	13^{26}	*A*	Mrk	14^{5}	*A*	Mrk	14^{13}	*A*
Mrk	14^{41}	*A*	Mrk	14^{49}	*A*	Mrk	14^{54}	*A*
Mrk	14^{60}	*A*	Mrk	14^{66}	*A*	Mrk	15^{1}	*A*
Mrk	15^{7}	*A*	Mrk	15^{10}	*A*	Mrk	15^{38}	*A*
Mrk	15^{39}	*A*	Mrk	15^{40}	*A*	Mrk	15^{41}	*A2*
Mrk	15^{46}	*A*	Mrk	16^{5}	*A2*	Mrk	16^{7}	*A*
Mrk	16^{9}	*A*	Mrk	16^{12}	*S*	Mrk	16^{15}	*S*
Mrk	16^{17}	*S*	Mrk	16^{19}	*S*	Rom	6^{23}	A
Rom	7^{5}	A2	Rom	7^{6}	A2	Rom	7^{8}	A
Rom	7^{17}	A	Rom	7^{18}	A2	Rom	7^{20}	A
Rom	7^{23}	A3	Rom	8^{1}	A	Rom	8^{2}	A
Rom	8^{3}	A3	Rom	8^{4}	A	Rom	8^{8}	A
Rom	8^{9}	A3	Rom	8^{10}	A	Rom	8^{34}	A
Rom	8^{36}	A	Rom	8^{37}	A	Rom	8^{39}	A
Rom	9^{1}	A	Rom	9^{5}	A	Rom	9^{7}	A
Rom	9^{17}	A:	Rom	9^{22}	A	Rom	9^{25}	A

Rom	9^{26}	A	Rom	9^{28}	A	Rom	9^{33}	A
Rom	10^{5}	A	Rom	10^{6}	A2	Rom	10^{7}	A
Rom	10^{8}	A2	Rom	10^{9}	A2	Rom	10^{12}	A
Rom	10^{19}	A4	Rom	11^{11}	A	Rom	11^{14}	A
Rom	11^{17}	A	Rom	11^{22}	A	Rom	11^{23}	A
Rom	11^{24}	A2	Rom	11^{25}	A	Rom	11^{28}	A
Rom	11^{32}	A	Rom	11^{36}	*C*	Rom	12^{3}	*C*
Rom	12^{4}	*C*	Rom	12^{5}	*C*	Rom	12^{8}	A3
Rom	12^{10}	A	Rom	12^{16}	A	Rom	12^{17}	A2*C*2
Rom	13^{4}	A2*C*2	Rom	13^{5}	A2	Rom	13^{6}	A
Rom	13^{9}	A	Rom	13^{13}	A	Rom	13^{14}	A
Rom	14^{14}	*C*	Rom	14^{15}	*C*	Rom	14^{17}	*C*
Rom	14^{18}	*C*	Rom	14^{19}	*C*	Rom	14^{20}	*C*
Rom	15^{5}	*C*	Rom	15^{7}	*C*	Rom	15^{9}	*C*2
Rom	16^{22}	A	1Cr	1^{13}	A2	1Cr	1^{15}	A
1Cr	1^{17}	A	1Cr	1^{21}	A	1Cr	4^{3}	A
1Cr	4^{4}	A	1Cr	4^{6}	A3	1Cr	4^{10}	A2
1Cr	5^{4}	A	1Cr	5^{5}	A	1Cr	5^{8}	A3
1Cr	7^{5}	A	1Cr	7^{14}	A2	1Cr	7^{15}	A2
1Cr	7^{17}	A	1Cr	7^{20}	A2	1Cr	7^{22}	A
1Cr	7^{24}	A2	1Cr	7^{26}	A	1Cr	8^{10}	A
1Cr	8^{11}	A	1Cr	9^{1}	A	1Cr	9^{9}	A
1Cr	9^{23}	A	1Cr	9^{24}	A	1Cr	10^{2}	A3
1Cr	10^{25}	A	1Cr	10^{28}	A	1Cr	10^{30}	A
1Cr	11^{22}	A	1Cr	11^{23}	A	1Cr	11^{24}	A
1Cr	11^{25}	A	1Cr	11^{30}	A	1Cr	12^{13}	A
1Cr	12^{18}	A	1Cr	13^{12}	A	1Cr	14^{21}	A2
1Cr	14^{25}	A	1Cr	15^{1}	A	1Cr	15^{2}	A
1Cr	15^{3}	A	1Cr	15^{10}	A	1Cr	15^{12}	A
1Cr	15^{17}	A	1Cr	15^{18}	A	1Cr	15^{19}	A2
1Cr	15^{22}	A2	1Cr	15^{23}	A2	1Cr	15^{28}	A
1Cr	15^{31}	A2	1Cr	15^{32}	A	1Cr	15^{52}	A2B2
1Cr	15^{54}	AB*	1Cr	15^{58}	A2B2	1Cr	16^{3}	AB
1Cr	16^{8}	AB	1Cr	16^{11}	B	1Cr	16^{13}	B
1Cr	16^{14}	B	1Cr	16^{17}	B	1Cr	16^{19}	B
1Cr	16^{20}	B	1Cr	16^{24}	AB	2Cr	1^{1}	B2
2Cr	1^{4}	B	2Cr	1^{5}	B	2Cr	1^{6}	B3
2Cr	1^{8}	B	2Cr	1^{9}	AB	2Cr	1^{11}	A2B2
2Cr	1^{12}	A4B4	2Cr	1^{14}	AB	2Cr	1^{16}	A2B2
2Cr	1^{19}	A2B2	2Cr	1^{20}	AB	2Cr	1^{21}	AB
2Cr	1^{22}	AB	2Cr	1^{23}	AB	2Cr	2^{1}	AB
2Cr	2^{3}	AB	2Cr	2^{8}	AB	2Cr	2^{9}	AB
2Cr	2^{10}	A2B2	2Cr	2^{12}	A3B3	2Cr	2^{13}	A2
2Cr	2^{13}	B2B=	2Cr	2^{14}	A2B2	2Cr	2^{15}	A2B2
2Cr	2^{17}	A2B2	2Cr	3^{2}	AB	2Cr	3^{3}	A2B2
2Cr	3^{7}	A3B3	2Cr	3^{8}	A	2Cr	3^{9}	A
2Cr	3^{10}	A2B2	2Cr	3^{11}	AB	2Cr	3^{13}	AB
2Cr	3^{14}	A2B2	2Cr	3^{18}	AB	2Cr	4^{2}	A2B2
2Cr	4^{3}	AB	2Cr	4^{4}	AB	2Cr	4^{5}	AB
2Cr	4^{6}	A2B2	2Cr	4^{7}	AB	2Cr	4^{8}	AB
2Cr	4^{11}	B3	2Cr	4^{12}	B2	2Cr	4^{13}	B2
2Cr	4^{15}	B	2Cr	5^{1}	AB	2Cr	5^{2}	AB
2Cr	5^{4}	AB	2Cr	5^{6}	AB	2Cr	5^{11}	AB
2Cr	5^{12}	A2B	2Cr	5^{17}	AB	2Cr	5^{19}	A2B2
2Cr	5^{21}	AB	2Cr	6^{2}	AB	2Cr	6^{3}	AB

2Cr	6^4	A5B5	2Cr	6^5	A6B6	2Cr	6^6	A6B6	Eph	5^{26}	A	Eph	6^9	AB	Eph	6^{10}	A2B2
2Cr	6^7	A2B2	2Cr	6^{12}	A2B2	2Cr	6^{16}	AB	Eph	6^{12}	AB	Eph	6^{13}	A2B2	Eph	6^{15}	AB
2Cr	7^1	AB	2Cr	7^2	AB	2Cr	7^3	AB	Eph	6^{18}	A2B3	Eph	6^{19}	B2	Eph	6^{20}	B2
2Cr	7^4	AB	2Cr	7^5	A2B2	2Cr	7^6	AB	Eph	6^{21}	B	Eph	6^{24}	B	Gal	1^6	B
2Cr	7^7	A2B2	2Cr	7^8	AB	2Cr	7^9	B	Gal	1^{20}	B	Gal	1^{22}	AB	Gal	1^{24}	AB
2Cr	7^{11}	AB	2Cr	7^{12}	A3B3	2Cr	7^{14}	AB	Gal	2^1	AB	Gal	2^2	AB	Gal	2^4	A2B2
2Cr	7^{16}	A2B2	2Cr	8^1	AB	2Cr	8^2	AB	Gal	2^8	AB	Gal	2^{11}	B2	Gal	2^{16}	B
2Cr	8^4	AB	2Cr	8^6	AB	2Cr	8^7	A4B4	Gal	2^{17}	AB	Gal	2^{20}	A3	Gal	3^1	A
2Cr	8^8	AB	2Cr	8^9	AB	2Cr	8^{10}	AB	Gal	3^5	A	Gal	3^{27}	A	Gal	3^{28}	A
2Cr	8^{12}	AB	2Cr	8^{14}	AB	2Cr	8^{16}	AB	Gal	4^6	A	Gal	4^{11}	A	Gal	4^{18}	A2
2Cr	8^{18}	AB	2Cr	8^{20}	AB	2Cr	8^{21}	A2B2	Gal	4^{19}	AB	Gal	4^{20}	AB	Gal	4^{24}	B
2Cr	8^{22}	A2B2	2Cr	8^{23}	AB	2Cr	8^{24}	A2B2	Gal	4^{25}	B	Gal	5^4	B	Gal	5^6	B
2Cr	9^3	AB	2Cr	9^4	AB	2Cr	9^6	AB	Gal	5^{10}	B2	Gal	5^{13}	B	Gal	5^{14}	B3
2Cr	9^8	B3	2Cr	9^{11}	B2	2Cr	9^{13}	B2	Gal	5^{26}	AB	Gal	6^1	A2B2	Gal	6^4	A2B2
2Cr	9^{14}	B	2Cr	9^{15}	B	2Cr	10^1	B2	Gal	6^6	AB	Gal	6^8	A2B2	Gal	6^{12}	AB
2Cr	10^3	B	2Cr	10^5	B	2Cr	10^{12}	B	Gal	6^{13}	AB	Gal	6^{14}	A2B2	Php	1^{14}	B
2Cr	10^{14}	B	2Cr	10^{15}	B2	2Cr	10^{16}	B	Php	1^{15}	B2	Php	1^{18}	B	Php	1^{20}	B3
2Cr	10^{17}	B	2Cr	11^3	B	2Cr	11^6	B2	Php	1^{22}	B	Php	1^{24}	B2	Php	1^{26}	B2
2Cr	11^9	B:	2Cr	11^{10}	B3	2Cr	11^{11}	B	Php	1^{27}	B	Php	1^{28}	B	Php	1^{30}	B2
2Cr	11^{12}	B	2Cr	11^{17}	B2	2Cr	11^{20}	B2	Php	2^1	B	Php	2^3	B	Php	2^5	B2
2Cr	11^{21}	B2	2Cr	11^{23}	B2B*2	2Cr	11^{25}	B	Php	2^6	B	Php	2^7	B	Php	2^{22}	B
2Cr	11^{26}	B4	2Cr	11^{27}	B4	2Cr	11^{32}	B	Php	2^{24}	B	Php	2^{26}	AB	Php	2^{29}	AB
2Cr	11^{33}	B	2Cr	12^1	B	2Cr	12^2	A2B2	Php	2^{30}	AB	Php	3^1	AB	Php	3^3	A2B2
2Cr	12^3	AB	2Cr	12^4	AB	2Cr	12^5	AB	Php	3^4	A2B2	Php	3^6	AB	Php	3^7	AB
2Cr	12^6	AB	2Cr	12^9	A2B2	2Cr	12^{10}	A6B6	Php	3^8	A2B2	Php	3^9	AB	Php	3^{11}	AB
2Cr	12^{12}	A2B2	2Cr	12^{19}	A3B3	2Cr	13^3	A3B3	Php	3^{12}	AB	Php	3^{14}	AB	Php	3^{19}	AB
2Cr	13^4	A2B2	2Cr	13^5	A2B2	2Cr	13^{12}	AB	Php	3^{20}	AB	Php	4^1	AB	Php	4^2	AB
Eph	1^1	A2B2	Eph	1^3	A2B3	Eph	1^4	A3B3	Php	4^3	A2B2	Php	4^4	AB	Php	4^6	AB
Eph	1^5	AB	Eph	1^6	A2B2	Eph	1^7	AB	Php	4^7	B	Php	4^9	B	Php	4^{10}	B
Eph	1^8	A2B2	Eph	1^9g	A	Eph	1^{10}	A2B2	Php	4^{11}	B	Php	4^{12}	B2	Php	4^{13}	B
Eph	1^{11}	A2B2	Eph	1^{12}	AB	Eph	1^{13}	AB	Php	4^{15}	B2	Php	4^{16}	B	Col	1^6	B
Eph	1^{15}	A2B2	Eph	1^{16}	A2B2	Eph	1^{17}	AB	Col	1^8	B	Col	1^9	B	Col	1^{10}	A3B3
Eph	1^{18}	AB	Eph	1^{19}	AB	Eph	1^{19}g	A	Col	1^{11}	A2B2	Col	1^{12}	AB	Col	1^{13}	AB
Eph	1^{20}	A3B3	Eph	1^{21}	A2B2	Eph	1^{23}	AB	Col	1^{14}	AB	Col	1^{16}	A3B3	Col	1^{17}	AB
Eph	2^2	A2B2	Eph	2^3	A2B2	Eph	2^4	A2B3	Col	1^{18}	AB	Col	1^{19}	AB	Col	1^{20}	AB
Eph	2^6	A2B2	Eph	2^7	A3B3	Eph	2^{10}	A2B2	Col	1^{21}	AB	Col	1^{22}	AB	Col	1^{23}	A2B2
Eph	2^{11}	A2B2	Eph	2^{12}	A2B2	Eph	2^{13}	A2B2	Col	1^{24}	A2B2	Col	1^{25}	AB	Col	1^{27}	A2B2
Eph	2^{15}	AB	Eph	2^{16}	A2B2	Eph	2^{18}	AB	Col	1^{28}	A2B2	Col	1^{29}	A2	Col	2^{11}	B
Eph	2^{21}	B2	Eph	2^{22}	B2	Eph	3^1	B2	Col	2^{12}	B2	Col	2^{15}	B	Col	2^{16}	B3
Eph	3^2	B	Eph	3^3	B	Eph	3^4	B	Col	2^{18}	B	Col	2^{20}	AB	Col	2^{23}	A2B2
Eph	3^5	B	Eph	3^6	B	Eph	3^8	B	Col	3^1	AB	Col	3^3	AB	Col	3^4	AB
Eph	3^9	AB	Eph	3^{10}	AB	Eph	3^{11}	AB	Col	3^7	A2B2	Col	3^{11}	B	Col	3^{15}	B2B*
Eph	3^{12}	A2B2	Eph	3^{13}	A2B2	Eph	3^{14}	AB	Col	3^{16}	B4	Col	3^{17}	B3	Col	3^{18}	B
Eph	3^{15}	AB	Eph	3^{16}	A:B	Eph	3^{17}	AB	Col	3^{20}	B	Col	3^{21}	B	Col	3^{22}	B2
Eph	3^{18}	AB	Eph	3^{19}	A	Eph	3^{20}	AB	Col	4^1	B	Col	4^2	B2	Col	4^3	B
Eph	3^{21}	A2B3	Eph	4^1	AB	Eph	4^2	AB	Col	4^5	AB	Col	4^6	AB	Col	4^7	AB
Eph	4^3	AB	Eph	4^4	AB	Eph	4^6	A	Col	4^{12}	A2B2	Col	4^{13}	B	Col	4^{15}	B
Eph	4^8	A2	Eph	4^9	A	Eph	4^{13}	A2	Col	4^{16}	B	Col	4^{17}	B	1Th	2^{13}	B
Eph	4^{14}	A	Eph	4^{15}	A2	Eph	4^{16}	A2	1Th	2^{14}	B2	1Th	2^{17}	B	1Th	2^{19}	B2
Eph	4^{17}	A2B2	Eph	4^{18}	A3B3	Eph	4^{19}	A2B2	1Th	3^1	B2	1Th	3^2	B	1Th	3^3	B
Eph	4^{21}	A2B2	Eph	4^{24}	AB	Eph	4^{25}	AB	1Th	3^7	B	1Th	3^8	B	1Th	3^9	B
Eph	4^{30}	A2B	Eph	4^{32}	AB	Eph	5^2	AB	1Th	3^{12}	B2	1Th	3^{13}	B2	1Th	4^1	B
Eph	5^3	B	Eph	5^5	B	Eph	5^8	B	1Th	4^4	B	1Th	4^5	B	1Th	4^7	B
Eph	5^9	B	Eph	5^{18}	A2	Eph	5^{19}	A2	1Th	4^{10}	B2	1Th	4^{15}	B2	1Th	4^{16}	B4
Eph	5^{20}	A	Eph	5^{21}	A	Eph	5^{24}	A	1Th	4^{17}	B2	1Th	4^{18}	B	1Th	5^2	B

1Th	5^{4}	B	1Th	5^{9}	B	1Th	5^{12}	B2
1Th	5^{13}	B3	1Th	5^{16}	B	1Th	5^{18}	B3
1Th	5^{23}	AB	1Th	5^{26}	AB	1Th	5^{27}	AB
2Th	1^{1}	AB	2Th	1^{3}	A2B2	2Th	1^{4}	A4B3
2Th	1^{5}	AB	2Th	1^{7}	A	2Th	1^{8}	A
2Th	1^{10}	A3	2Th	1^{11}	A	2Th	1^{12}	A2
2Th	2^{1}	A	2Th	2^{4}	A‡	2Th	2^{16}	B
2Th	2^{17}	B	2Th	3^{4}	B2	2Th	3^{5}	B2
2Th	3^{6}	B	2Th	3^{7}	AB	2Th	3^{8}	A
2Th	3^{11}	AB	2Th	3^{12}	AB	2Th	3^{16}	AB
1Tm	1^{2}	AB	1Tm	1^{3}	AB	1Tm	1^{4}	AB
1Tm	1^{12}	B	1Tm	1^{13}	B	1Tm	1^{14}	B
1Tm	1^{15}	B	1Tm	1^{16}	B	1Tm	1^{17}	B
1Tm	1^{18}	AB	1Tm	2^{2}	A2B2	1Tm	2^{3}	AB
1Tm	2^{4}	AB	1Tm	2^{7}	A2B2	1Tm	2^{8}	AB
1Tm	2^{9}	A2B2	1Tm	2^{11}	A2B2	1Tm	2^{12}	AB
1Tm	2^{14}	AB	1Tm	2^{15}	AB	1Tm	3^{6}	A
1Tm	3^{7}	A	1Tm	3^{9}	A	1Tm	3^{11}	A
1Tm	3^{13}	AA‡	1Tm	3^{15}	A	1Tm	3^{16}	A5
1Tm	4^{1}	AB	1Tm	4^{2}	AB	1Tm	4^{12}	B5
1Tm	4^{14}	B	1Tm	4^{16}	B	1Tm	5^{2}	B
1Tm	5^{4}	AB	1Tm	5^{5}	AB	1Tm	5^{6}	AB
1Tm	5^{10}	AB	1Tm	5^{17}	A2	1Tm	5^{19}	A
1Tm	5^{20}	A	1Tm	5^{21}	A	1Tm	5^{23}	AB
1Tm	6^{7}	AB	1Tm	6^{9}	A2B2	1Tm	6^{12}	AB
1Tm	6^{13}	B	1Tm	6^{15}	B	2Tm	1^{1}	A
2Tm	1^{3}	A2	2Tm	1^{5}	A3B	2Tm	1^{6}	A2B2
2Tm	1^{9}	AB	2Tm	1^{11}	AB	2Tm	1^{12}	A2B2
2Tm	1^{13}	A2B2	2Tm	1^{14}	AB	2Tm	1^{15}	AB
2Tm	1^{17}	AB	2Tm	1^{18}	A2B2	2Tm	2^{1}	B2
2Tm	2^{9}	B	2Tm	2^{10}	B	2Tm	2^{14}	B
2Tm	2^{20}	B	2Tm	2^{25}	AB	2Tm	3^{1}	AB
2Tm	3^{6}	AB	2Tm	3^{7}	AB	2Tm	3^{11}	A3B3
2Tm	3^{12}	AB	2Tm	3^{14}	AB	2Tm	3^{15}	AB
2Tm	3^{16}	AB	2Tm	4^{1}	AB	2Tm	4^{2}	AB
2Tm	4^{5}	AB	2Tm	4^{8}	AB	2Tm	4^{12}	A
2Tm	4^{13}	A	2Tm	4^{16}	A	Tit	1^{3}	B
Tit	1^{5}	B3	Tit	1^{6}	B	Tit	1^{9}	AB
Tit	1^{11}	A	Tit	1^{13}	A2	Phm	^{13}	A
Phm	^{16}	A2	Phm	^{20}	A2	Phm	^{23}	A
Neh	5^{14}	D	Neh	5^{18}	D2	Neh	6^{16}	D
Neh	6^{17}	D	Neh	6^{18}	D	Neh	6^{19}	D
Skr	1^{18}	E	Skr	1^{23}	E	Skr	1^{26}	E
Skr	2^{1}	E	Skr	2^{3}	E	Skr	2^{5}	E
Skr	2^{9}	E	Skr	2^{11}	E	Skr	2^{13}	E
Skr	2^{15}	E	Skr	2^{17}	E	Skr	2^{20}	E
Skr	3^{2}	E	Skr	3^{8}	E	Skr	3^{15}	E
Skr	3^{23}	E	Skr	3^{26}	E	Skr	4^{16}	E
Skr	4^{19}	E	Skr	4^{22}	E	Skr	4^{25}	E
Skr	6^{2}	E	Skr	6^{6}	E	Skr	6^{18}	E
Skr	6^{21}	E	Skr	6^{24}	E	Skr	7^{8}	E
Skr	7^{17}	E	Skr	7^{19}	E	Skr	7^{22}	E
Skr	8^{9}	E	Skr	8^{11}	E	Skr	8^{12}	E
Skr	8^{17}	E	Skr	8^{19}	E	Cal	2^{16}	A
Cal	2^{20}	A¯						

ina	Mat	6^{8}	A	Mat	7^{24}	A	Mat	8^{2}	A
	Mat	8^{5}	A	Mat	8^{7}	A	Mat	8^{25}	A
	Mat	8^{31}	A	Mat	8^{34}	A	Mat	9^{18}	A
	Mat	9^{24}	A	Mat	9^{31}	A	Mat	10^{33}	A
	Mat	26^{67}	C	Mat	26^{71}	A2C2	Mat	27^{1}	A
	Mat	27^{2}	A2	Mat	27^{3}	A	Mat	27^{11}	A
	Mat	27^{18}	A	Mat	27^{43}	A2	Mat	27^{48}	A
	Mat	27^{49}	A	Jhn	6^{2}	A	Jhn	6^{6}	A
	Jhn	6^{15}	AA‡	Jhn	6^{21}	A	Jhn	6^{25}	A
	Jhn	6^{40}	A	Jhn	6^{41}	A	Jhn	6^{44}	A2
	Jhn	6^{54}	A	Jhn	6^{64}	A	Jhn	6^{71}	A
	Jhn	7^{1}	A	Jhn	7^{11}	A	Jhn	7^{12}	A‡
	Jhn	7^{13}	A	Jhn	7^{29}	A	Jhn	7^{30}	A2
	Jhn	7^{32}	A2	Jhn	7^{35}	A	Jhn	7^{43}	A
	Jhn	7^{44}	A2	Jhn	7^{45}	A	Jhn	8^{20}	A
	Jhn	8^{55}	A4	Jhn	8^{59}	A	Jhn	9^{2}	A
	Jhn	9^{8}	A	Jhn	9^{13}	A	Jhn	9^{15}	A
	Jhn	9^{18}	A	Jhn	9^{21}	A	Jhn	9^{22}	A
	Jhn	9^{35}	A	Jhn	9^{37}	A	Jhn	9^{38}	A
	Jhn	10^{4}	A	Jhn	10^{13}	A	Jhn	10^{24}	A
	Jhn	10^{31}	A	Jhn	10^{39}	A	Jhn	11^{11}	A
	Jhn	11^{17}	A	Jhn	11^{20}	A	Jhn	11^{32}	A
	Jhn	11^{34}	A	Jhn	11^{36}	A	Jhn	11^{44}	A
	Jhn	12^{4}	A	Jhn	12^{6}	A	Jhn	12^{14}	A
	Jhn	12^{17}	A	Jhn	12^{21}	A	Jhn	12^{26}	A
	Jhn	12^{41}	A	Jhn	12^{47}	A	Jhn	12^{48}	A
	Jhn	13^{32}	A2	Jhn	14^{7}	A2	Jhn	14^{17}	A3
	Jhn	14^{21}	A	Jhn	14^{23}	A	Jhn	16^{7}	A
	Jhn	16^{19}	A	Jhn	18^{2}	A	Jhn	18^{4}	A
	Jhn	18^{5}	A	Jhn	18^{10}	A	Jhn	18^{12}	A
	Jhn	18^{13}	A	Jhn	18^{24}	A	Jhn	18^{30}	A
	Jhn	18^{31}	A2	Jhn	19^{2}	A	Jhn	19^{4}	A
	Jhn	19^{6}	A3	Jhn	19^{12}	A	Luk	1^{12}	A
	Luk	1^{21}	A	Luk	1^{50}	A	Luk	1^{59}	A
	Luk	1^{62}	A	Luk	1^{65}	A	Luk	2^{7}	A2
	Luk	2^{21}	A	Luk	2^{22}	A	Luk	2^{27}	A
	Luk	2^{28}	A	Luk	2^{33}	A	Luk	2^{34}	A
	Luk	2^{38}	A	Luk	2^{44}	A2	Luk	2^{45}	A2
	Luk	2^{46}	A	Luk	2^{48}	A	Luk	3^{10}	A
	Luk	3^{14}	A	Luk	3^{22}	A	Luk	4^{4}	A
	Luk	4^{5}	A	Luk	4^{9}	A2	Luk	4^{14}	A
	Luk	4^{29}	A2	Luk	4^{35}	A	Luk	4^{38}	A
	Luk	4^{41}	A	Luk	4^{42}	A3	Luk	5^{1}	A
	Luk	5^{3}	A	Luk	5^{9}	A	Luk	5^{12}	A
	Luk	5^{15}	A	Luk	5^{18}	A	Luk	5^{19}	A2
	Luk	6^{7}	A	Luk	6^{16}	A	Luk	7^{3}	A
	Luk	7^{4}	A	Luk	7^{9}	A	Luk	7^{15}	A
	Luk	7^{17}	A	Luk	7^{36}	A	Luk	7^{39}	A
	Luk	7^{42}	A	Luk	8^{9}	A	Luk	8^{24}	A
	Luk	8^{29}	A	Luk	8^{30}	A2	Luk	8^{31}	A
	Luk	8^{32}	A	Luk	8^{37}	A	Luk	8^{38}	A2
	Luk	8^{40}	A	Luk	8^{41}	A	Luk	8^{42}	A
	Luk	8^{53}	A	Luk	9^{9}	A	Luk	9^{39}	A3
	Luk	9^{42}	A2	Luk	9^{45}	A	Luk	9^{53}	A
	Luk	10^{25}	A	Luk	10^{30}	A	Luk	14^{29}	A

Luk 14^{31} *A*$^{+}$	Luk 15^{15} *A*	Luk 15^{20} *A*
Luk 15^{22} *A*	Luk 15^{27} *A*	Luk 15^{28} *A*
Luk 16^{2} *A*	Luk 16^{14} *A*	Luk 18^{18} *A*
Luk 18^{24} *A*	Luk 18^{39} *A*	Luk 18^{40} *A2*
Luk 18^{43} *A*	Luk 19^{4} *A*	Luk 19^{5} *A*
Luk 19^{6} *A*	Luk 19^{14} *A*	Luk 19^{30} *A*
Luk 19^{46} *A*	Luk 19^{47} *A*	Luk 20^{9} *A*
Luk 20^{10} *A*	Luk 20^{14} *A2*	Luk 20^{15} *A*
Luk 20^{18} *A*	Luk 20^{19} *A*	Luk 20^{20} *A*
Luk 20^{21} *A*	Luk 20^{27} *A*	Luk 20^{40} *A*
Luk 20^{44} *A*	Luk 24^{16} G	Mrk 1^{10} *A*
Mrk 1^{12} *A*	Mrk 1^{25} *A*	Mrk 1^{26} *A*
Mrk 1^{34} *A*	Mrk 1^{37} *A*	Mrk 1^{40} *A*
Mrk 1^{43} *A*	Mrk 2^{16} *A*	Mrk 3^{2} *A*
Mrk 3^{6} *A*	Mrk 3^{9} *A*	Mrk 3^{10} *A*
Mrk 3^{11} *A*	Mrk 3^{12} *A*	Mrk 3^{19} *A*
Mrk 3^{21} *A*	Mrk 3^{31} *A*	Mrk 3^{32} *A*
Mrk 4^{1} *A*	Mrk 4^{10} *A2*	Mrk 4^{36} *A*
Mrk 4^{38} *A*	Mrk 5^{3} *A*	Mrk 5^{4} *A*
Mrk 5^{6} *A*	Mrk 5^{9} *A*	Mrk 5^{10} *A*
Mrk 5^{12} *A*	Mrk 5^{17} *A*	Mrk 5^{18} *A2*
Mrk 5^{19} *A*	Mrk 5^{22} *A*	Mrk 5^{23} *A*
Mrk 5^{24} *A*	Mrk 5^{40} *A*	Mrk 6^{17} *A*
Mrk 6^{20} *A*	Mrk 6^{54} *A*	Mrk 6^{56} *A*
Mrk 7^{5} *A*	Mrk 7^{12} *A*	Mrk 7^{15} *A2*
Mrk 7^{17} *A*	Mrk 7^{18} *A*	Mrk 7^{25} *A*
Mrk 7^{26} *A*	Mrk 7^{32} *A*	Mrk 7^{33} *A*
Mrk 8^{11} *A*	Mrk 8^{22} *A*	Mrk 8^{23} *A2*
Mrk 8^{25} *A*	Mrk 8^{26} *A*	Mrk 8^{30} *A*
Mrk 8^{32} *A2*	Mrk 9^{11} *A*	Mrk 9^{13} *A*
Mrk 9^{15} *A2*	Mrk 9^{18} *A3*	Mrk 9^{19} *A*
Mrk 9^{20} *A3*	Mrk 9^{22} *A*	Mrk 9^{25} *A*
Mrk 9^{26} *A*	Mrk 9^{27} *A2*	Mrk 9^{28} *A2*
Mrk 9^{32} *A*	Mrk 9^{45} *A*	Mrk 10^{2} *A2*
Mrk 10^{10} *A*	Mrk 10^{17} *A*	Mrk 10^{21} *A*
Mrk 10^{32} *A*	Mrk 10^{33} *AA*‡	Mrk 10^{34} *A3*
Mrk 10^{49} *A*	Mrk 11^{2} *A*	Mrk 11^{3} *A*
Mrk 11^{4} *A*	Mrk 11^{7} *AA*‡	Mrk 11^{18} *A*
Mrk 12^{1} *A2*	Mrk 12^{3} *A*	Mrk 12^{8} *A*
Mrk 12^{12} *A2*	Mrk 12^{13} *A*	Mrk 12^{18} *A*
Mrk 12^{28} *A*	Mrk 12^{33} *A*	Mrk 12^{34} *A2*
Mrk 12^{37} *A*	Mrk 14^{10} *A*	Mrk 14^{11} *A*
Mrk 14^{44} *A*‡	Mrk 14^{46} *A2*	Mrk 14^{50} *A*
Mrk 14^{55} *A*	Mrk 14^{56} *A*	Mrk 14^{57} *A*
Mrk 14^{58} *A*	Mrk 14^{61} *A*	Mrk 14^{64} *A*
Mrk 14^{65} *A2*	Mrk 14^{69} *A*	Mrk 15^{1} *A*
Mrk 15^{2} *A*	Mrk 15^{3} *A*	Mrk 15^{4} *A*
Mrk 15^{10} *A*	Mrk 15^{13} *A*	Mrk 15^{14} *A*
Mrk 15^{16} *A*	Mrk 15^{17} *A2*	Mrk 15^{18} *A*
Mrk 15^{19} *A2*	Mrk 15^{20} *A5*	Mrk 15^{22} *A*
Mrk 15^{24} *A*	Mrk 15^{25} *A*	Mrk 15^{29} *A*
Mrk 15^{31} *A*	Mrk 15^{36} *A2*	Mrk 15^{41} *A*
Mrk 15^{44} *A*	Mrk 16^{1} *A*	Mrk 16^{6} *A*
Mrk 16^{7} *A*	Mrk 16^{14} *S*	Rom 10^{9} A
Rom 11^{36} *C*	Rom 12^{20} *AC*	Rom 14^{3} A

	Rom 14^{4} A	Rom 15^{11} *C*	1Cr 15^{27} A
	1Cr 15^{28} A	1Cr 16^{11} B2	1Cr 16^{12} B
	2Cr 1^{20} AB	2Cr 5^{16} B	2Cr 7^{15} AB
	Eph 1^{5} A	Eph 1^{20} AB	Eph 1^{22} AB
	Eph 2^{18} AB	Eph 4^{15} A	Eph 4^{21} AB
	Gal 1^{1} B	Php 1^{29} B	Php 2^{26} AB
	Php 2^{27} A2B2	Php 2^{28} A2B2	Php 2^{29} AB
	Php 3^{10} AB	Col 1^{16} AB	Col 1^{20} A2B2
	Col 2^{12} B*	Col 3^{10} B	Col 3^{17} B
	Col 4^{10} AB	2Th 2^{4} A‡	2Th 3^{15} AB
	Phm ^{12} A	Phm ^{15} A	Skr 2^{1} *E*
	Skr 3^{3} *E*	Skr 4^{7} *E*	Skr 6^{4} *E*
	Skr 6^{19} *E*$^{-\circ}$	SkB 6^{19} *E*¤	Skr 8^{1} E$^{+\circ}$
	SkB 8^{1} E¤	Skr 8^{6} E	Skr 8^{10} *E*
	Skr 8^{25} *E*		
inagida	Mat 9^{30} *A*		
inahai	Rom 12^{16} A		
inahein	1Tm 2^{9} AB		
inaheins	2Tm 1^{7} AB		
inaljanom	1Cr 10^{22} A		
inaljanoþ	1Cr 13^{5}g A		
inbrannjada	Jhn 15^{6} *A*		
indrobnai	Jhn 14^{1} *A*		
indrobnaina	Jhn 14^{27} *A*		
indrobnoda	Jhn 13^{21} *A*		
infeinandein	Luk 1^{78} *A*		
infeinands	Mrk 1^{41} *A*		
infeinoda	Mat 9^{36} *A*	Luk 7^{13} *A*	Luk 15^{20} *A*
	Mrk 8^{2} *A*		
ingaleikonda	2Cr 3^{18} AB		
ingardjam	1Tm 5^{8} AB		
ingardjans	Eph 2^{19} AB*		
ingardjon	1Cr 16^{19} B	Col 4^{15} B	
ingibe	Mrk 16^{18} *S*		
ingramjada	1Cr 13^{5} A		
inilon	2Cr 11^{12} B2	Php 1^{18} B	
inilons	Jhn 15^{22} *A*		
inkilþo	Luk 1^{24} *A*	Luk 1^{36} *A*	
inkilþon	Luk 2^{5} *A*		
inkunjam	1Th 2^{14} B		
inliuhtida	Eph 1^{18} AB^{-}		
inliuhtjan	Eph 3^{9} B		
inmaidein	Mrk 8^{37} *A*		
inmaideins	Skr 5^{15} *E*		
inmaideiþ	Php 3^{21} AB		
inmaidida	Mrk 9^{2} *A*		
inmaidiþs	Skr 3^{8} *E*		
inmaidjaiþ	Rom 12^{2} *C*‡		
inmaidjan	Gal 4^{20} AB	Skr 6^{14} *E*	
inmaidjanda	1Cr 15^{51} AB	1Cr 15^{52} AB	
inn	Mat 9^{25} *A*	Jhn 10^{1} *A*	Jhn 18^{16} *A*
	Luk 1^{28} *A*	Luk 4^{16} *A*	Mrk 5^{40} *A*
	Mrk 6^{22} *A*	Mrk 15^{43} *A*	1Cr 14^{23} A
inna	1Cr 5^{12} A	2Cr 3^{3} AB	2Cr 6^{16} AB
	Col 1^{29} A		

innakundai	Mat	10³⁶	A					
innakundans	Mat	10²⁵	A					
innana	Mrk	15¹⁶	A	2Cr	7⁵	AB		
innatbereina	Luk	5¹⁸	A	Luk	5¹⁹	A		
innatgaggai	1Cr	14²⁴	A					
innatgaggan	Luk	14²³	A					
innatgaggandans				Mat	27⁵³	A	Mrk	4¹⁹ A
innatgaggandin				Mat	8⁵	A	Mat	8²³ A
innatgaggands				Mrk	5³⁹	A		
innatgahtai	Luk	1²⁹	A					
innatiddja	Luk	7⁴⁵	A					
innattauhun	Luk	2²⁷	A					
innaþro	Mat	7¹⁵	A	Mrk	7²¹	A	Mrk	7²³ A
inngaggais	Mat	8⁸	A	Luk	7⁶	A		
inngaggaiþ	Mat	7¹³	A	Luk	10⁵	A	Luk	10¹⁰ A
inngaggan	Luk	8⁵¹	A	Luk	15²⁸	A		
inngaggandan				Mrk	5¹⁸	A		
inngaggandans				Luk	8¹⁶	A	Luk	19³⁰ A
	Mrk	11²	A					
inngaggandin				Luk	17¹²	A		
inngaggando	Mrk	7¹⁵	A	Mrk	7¹⁸	A		
inngaggands	Jhn	10²	A	Mrk	1¹⁹	A		
inngaggiþ	Jhn	10⁹	A2					
inngalaiþ	Luk	6⁴	A					
inngaleiþai	Mrk	14¹⁴	A	Rom	11²⁵	A		
inngaleiþan	Skr	2²⁰	E					
inngaleiþand	Luk	18²⁴	A					
inngaleiþandans				Mat	7¹³	A		
inngaleiþands				Luk	19¹	A		
inngaleiþiþ	Mat	7²¹	A					
inniujiþa	Jhn	10²²	A					
innufslupun	Gal	2⁴	AB					
innuma	2Cr	4¹⁶	B					
innuman	Eph	3¹⁶	AB	Skr	6¹⁴	E		
innumin	Rom	7²²	A					
innwaurpano	Jhn	12⁶	A					
inqis	Luk	19³¹	A					
inrauhtida	Jhn	11³³	A					
inrauhtiþs	Jhn	11³⁸	A					
inreiraida	Mat	27⁵¹	A					
ins	Mat	6²⁶	A	Mat	7¹⁶	A	Mat	7²⁰ A
	Mat	7²⁹	A	Mat	9³⁰	A	Mat	10²⁶ A
	Mat	27¹⁰	A	Jhn	7⁷	A	Jhn	8⁵⁹ A
	Jhn	9¹⁹	A	Jhn	12⁴⁰	A	Jhn	17⁶ A
	Jhn	17⁹	A	Jhn	17¹¹	A	Jhn	17¹² A
	Jhn	17¹⁴	A	Jhn	17¹⁵	A	Jhn	17¹⁷ A
	Jhn	17¹⁸	A	Jhn	17²³	A	Jhn	18⁷ A
	Luk	2⁹	A2	Luk	2⁴⁶	A	Luk	4³⁰ A
	Luk	4³¹	A	Luk	4⁴⁰	A2	Luk	5¹⁷ A
	Luk	6³	A	Luk	6¹⁰	A	Luk	7¹⁹ A
	Luk	9²	A	Luk	9⁵	A	Luk	9¹⁰ A
	Luk	9¹¹	A	Luk	9¹⁶	A	Luk	9¹⁸ A
	Luk	9³⁴	A	Luk	9⁴⁶	A	Luk	10¹ A
	Luk	18⁸	A	Luk	18¹⁵	A	Luk	18¹⁶ A
	Mrk	1²⁰	A	Mrk	1²¹	A	Mrk	1²² A
	Mrk	2¹³	A	Mrk	3⁵	A	Mrk	3¹² A
	Mrk	3¹⁴	A	Mrk	3²³	A	Mrk	4² A
	Mrk	6⁷	A	Mrk	8³	A	Mrk	8⁵ A
	Mrk	8⁹	A	Mrk	8¹³	A	Mrk	8³¹ A
	Mrk	9²	A	Mrk	9¹⁴	A	Mrk	9³³ A
	Mrk	10¹	A	Mrk	10³²	A	Mrk	10⁴² A
	Mrk	11⁶	A	Mrk	12²⁸	A	Rom	10¹ A
	Rom	11¹¹	A	Rom	11¹⁷	A	Rom	11²³ A
	1Cr	15²⁹	A	Eph	6⁹	B	1Th	2¹⁶ B
	1Th	5³	B	1Th	5¹³	B	Tit	1¹³ A
	SkB	1²²	E⁶	Skr	4⁶	E	Skr	5²⁵ E
	Skr	6⁴	E	Skr	7¹³	E	Skr	7¹⁸ E:
	SkB	7¹⁸	E¶	Skr	8¹³	E		
insaht	Luk	1¹	A	Skr	6¹²	E		
insahtai	1Cr	exp	A	Skr	5¹³	E	Skr	5²⁰ E
insahts	Skr	6¹	E					
insalƕ	Luk	1²⁵	A	Luk	1⁴⁸	A		
insaiano	Mrk	4¹⁵	A					
insaiƕan	Luk	9³⁸	A					
insaiƕandans				Mrk	9⁸	A		
insaiƕandei	Mrk	14⁶⁷	A					
insaiƕandeins				Mrk	16⁴	A		
insaiƕands	Luk	9¹⁶	A	Luk	19⁵	A	Luk	20¹⁷ A
	Mrk	10²¹	A	Mrk	10²⁷	A		
insaiƕiþ	Mat	6²⁶	A					
insailidedun	Mrk	2⁴	A					
insakana	Skr	4²⁴	E					
insakandin	Skr	8²⁰	E					
insakands	1Tm	4⁶	AB					
insandei	Mrk	5¹²	A					
insandeiþ	Mrk	4²⁹	A	Mrk	11³	A	Mrk	13²⁷ A
insandida	Mat	27¹⁹	A	Jhn	6²⁹	A	Jhn	6⁵⁷ A
	Jhn	7²⁹	A	Jhn	8⁴²	A	Jhn	10³⁶ A
	Jhn	17¹⁸	A	Jhn	18²⁴	A	Luk	1⁵³ A
	Luk	4¹⁸	A	Luk	4⁴³	A	Luk	7³ A
	Luk	7⁶	A	Luk	7¹⁹	A	Luk	7²⁰ A
	Luk	9²	A	Luk	9⁵²	A	Luk	10¹ A
	Luk	14¹⁷	A	Luk	15¹⁵	A	Luk	19²⁹ A
	Luk	20¹⁰	A	Mrk	8²⁶	A	Mrk	11¹ A
	Mrk	12²	A	Mrk	12⁴	A	Mrk	12⁵ A
	Mrk	12⁶	A	Mrk	14¹³	A	1Cr	1¹⁷ A
	2Cr	12¹⁷	AB	Eph	6²²	B	Gal	4⁴ A
	Gal	4⁶	A	Php	2²⁸	AB	Col	4⁸ AB
	1Th	3⁵	B	2Tm	4¹²	A	Phm	1¹ A
	Neh	6¹⁹	D	Skr	6⁹	E	Skr	6²⁴ E
insandidans	Luk	7¹⁰	A	Luk	19³²	A		
insandidedi	Mrk	3¹⁴	A					
insandidedum				2Cr	8²²	AB	1Th	3² B
insandidedun				Jhn	1¹³	A	Luk	19¹⁴ A
	Luk	20¹⁰	A	Luk	20¹¹	A	Luk	20²⁰ A
	Mrk	3³¹	A	Mrk	12³	A	Mrk	12⁴ A
	Mrk	12¹³	A					
insandideduþ				Php	4¹⁶	B		
insandides	Jhn	11⁴²	A	Jhn	17³	A	Jhn	17⁸ A
	Jhn	17¹⁸	A	Jhn	17²¹	A	Jhn	17²³ A

	Jhn	17²⁵	A					inwidand	Tit	1¹⁶	A				
insandiþs	Jhn	9⁷	A	Luk	1¹⁹	A	Luk	1²⁶	A	inwidandans	2Tm	3⁵	AB				
	Luk	4²⁶	A	Skr	6¹⁶	E				inwidis	Mat	26⁷⁵	C	Mrk	14⁷²	A
insandja	Mat	11¹⁰	A	Jhn	13²⁰	A	Jhn	15²⁶	A	inwidiþ	Mrk	7⁹	A	1Tm	5⁸	AB
	Luk	7²⁷	A	Luk	10³	A	Mrk	1²	A	inwindai	Luk	18¹¹	A				
insandjaiþ	1Cr	16¹¹	B							inwindaim	1Cr	6¹	A				
insandjan	Mrk	6⁷	A							inwindamma	Luk	16¹¹	A				
insandjanda	Rom	10¹⁵	A							inwindans	Mat	5⁴⁵	A				
insandjands	Mat	11²	A	Luk	14³²	A	Mrk	6¹⁷	A	inwindiþa	Jhn	7¹⁸	A	Rom	9¹⁴	A
	Mrk	6²⁷	A	Rom	8³	A				inwindiþai	1Cr	13⁶	A				
insok	Skr	4¹⁵	E	Skr	5⁴	E				inwindiþos	Luk	16⁸	A	Luk	16⁹	A	Luk	18⁶	A
instand	2Tm	4²	A							inwindo	Luk	9⁴¹	A				
instandai	2Th	2²	A*							inwisandins	Mrk	16¹	A				
inswinþei	2Tm	2¹	B							inwiteina	Jhn	12²⁰	A				
inswinþida	Neh	5¹⁶	D							inwitoþs	1Cr	9²¹	A⁺				
inswinþjaiþ	Eph	6¹⁰	AB*							inwitun	Mrk	9¹⁵	A	Mrk	15¹⁹	A
inswinþjan	Eph	3¹⁶	A							Ioanan	Neh	6¹⁸	D				
inswinþjandin				Php	4¹³	B	1Tm	1¹²	B	Iodins	Luk	3²⁶	A				
intandeiþ	Luk	3¹⁷	A							Iohanna	Luk	8³	A				
intrusgans	Rom	11²⁴	A							Iohannau	Luk	9⁹	A				
intrusgiþs	Rom	11¹⁷	A							Iohanne	Mat	11⁴	A	Mat	11¹¹	A	Mat	11¹³	A
intrusgjaidau	Rom	11¹⁹	A								Luk	7²⁸	A	Mrk	1⁹	A	Mrk	1¹⁹	A
intrusgjan	Rom	11²³	A								Mrk	3¹⁷	A	Mrk	6¹⁶	A	Skr	3¹¹	E
intrusgjanda	Rom	11²³	A	Rom	11²⁴	A					Skr	4²⁵	E	Skr	6³	E	Skr	6⁷	E
intundnan	1Cr	7⁹	A							Iohannein	Luk	3¹⁵	A				
inu	Rom	7⁸	A	Rom	7⁹	A	Rom	10¹⁴	A	Iohannen	Mat	11⁷	A	Luk	1¹³	A	Luk	3²	A
	Rom	11²⁹	A	1Cr	4⁸	A	1Cr	15²⁷	A		Luk	3²⁰	A	Luk	5¹⁰	A	Luk	6¹⁴	A
	2Cr	10¹³	B	2Cr	10¹⁵	B	2Cr	12²	A		Luk	7¹⁸	A	Luk	7²²	A	Luk	7²⁴	A
	2Cr	12³	A	Eph	2¹²	A	1Tm	5²¹	A		Luk	8⁵¹	A	Luk	9¹⁹	A	Luk	9²⁸	A
	Phm	14	A	Skr	1⁹	E					Luk	16¹⁶	A	Luk	20⁶	A	Mrk	1²⁹	A
inuh	Mat	5³²	A	Mat	10²⁹	A	Mat	11²⁵	A		Mrk	5³⁷	A	Mrk	6¹⁷	A	Mrk	6²⁰	A
	Jhn	15⁵	A	Luk	6⁴⁹	A	Luk	7²¹	A		Mrk	8²⁸	A	Mrk	9²	A	Mrk	10⁴¹	A
	Luk	10⁷	A	Luk	10²¹	A	Mrk	4³⁴	A		Mrk	11³²	A				
	Mrk	10⁷	A	2Cr	2⁸	B	2Cr	4¹⁶	B	Iohannes	Mat	9¹⁴	A	Mat	11²	A	Mat	11¹⁸	A*
	2Cr	5⁹	B	2Cr	6¹⁷	B	2Cr	7¹³	B		Jhn	10⁴⁰	A	Jhn	10⁴¹	A2	Luk	1⁶⁰	A
	2Cr	11²⁸	B	2Cr	12²	B	2Cr	12³	B		Luk	1⁶³	A	Luk	3¹⁶	A	Luk	5³³	A
	Eph	2¹²	B	1Th	3⁷	B	1Th	4⁸	B		Luk	7¹⁹	A	Luk	7²⁰	A	Luk	7²⁴	A
	1Th	5¹¹	B	1Tm	2⁸	AB	2Tm	2¹⁰	B		Luk	7³³	A	Luk	9⁷	A	Luk	9⁴⁹	A
	Skr	1³	E	Skr	1²³	E	Skr	2⁴	E		Luk	9⁵⁴	A	Mrk	1⁴	A	Mrk	1⁶	A
	Skr	2⁹	E	Skr	2¹⁴	E	Skr	3²³	E		Mrk	1¹⁴	A	Mrk	2¹⁸	A	Mrk	6¹⁸	A
	Skr	4⁶	E	Skr	4¹²	E	Skr	6¹⁷	E		Mrk	9³⁸	A	Mrk	10³⁵	A	Gal	2⁹	B
	Skr	6²²	E	Skr	7⁹	E					Skr	1⁶	E	Skr	3²	E	Skr	3⁷	E*
inuhsandidedun				Jhn	7³²	A					SkB	3⁷	E"	Skr	3¹⁷	E	Skr	3²¹	E
inuþ-þaim	1Tm	4¹⁵	B								Skr	6¹²	E				
inuþ-þis	Rom	13⁶	A	2Cr	2⁸	A	2Cr	5⁹	A	Iohannins	Luk	3²⁷	A	Luk	3³⁰	A
	2Cr	6¹⁷	A	2Cr	7¹³	A				Iohannis	Mat	11¹²	A	Luk	7²⁹	A	Luk	20⁴	A
inwagida	Jhn	11³³	A								Mrk	2¹⁸	A	Mrk	6¹⁴	A	Mrk	6²⁴	A
inwagidedun	Mrk	15¹¹	A								Mrk	6²⁵	A	Mrk	11³⁰	A
inwait	Mat	8²	A	Mat	9¹⁸	A	Jhn	9³⁸	A	Ioreimis	Luk	3²⁹	A				
	Mrk	5⁶	A							Ioriais	Neh	7²⁴	D				
inwandjan	Gal	1⁷	B							Ioseba	Skr	2²	E				
inweitais	Luk	4⁸	A							Iosef	Mat	27⁵⁷	A	Mat	27⁵⁹	A	Luk	1²⁷	A
inweitis	Luk	4⁷	A								Luk	2⁴	A	Luk	2¹⁶	A	Luk	2³³	A
inweitiþ	1Cr	14²⁵	A								Luk	2⁴³	A	Mrk	15⁴³	A
inwidai	Mrk	8³⁴	A							Iosefa	Mrk	15⁴⁵	A				

Iosefis	Jhn	6⁴²	*A*	Luk	3²³	*A*	Luk	3²⁴	*A*	Luk	6¹	*A*	Luk	6⁶	*A*	Luk	6⁸	*A*2
	Luk	3²⁶	*A*	Luk	3³⁰	*A*	Luk	4²²	*A*	Luk	6¹⁰	*A*2	Luk	6¹⁴	*A*	Luk	6¹⁷	*A*
Iosezis	Mat	27⁵⁶	*A*	Luk	3²⁹	*A*	Mrk	15⁴⁰	*A*	Luk	6²⁰	*A*	Luk	6³⁵	*A*	Luk	6⁴⁰	*A*
	Mrk	15⁴⁷	*A*							Luk	6⁴⁵	*A*	Luk	7³	*A*	Luk	7⁵	*A*
is	Mat	5²⁵	*A*	Mat	5³⁵	*A*	Mat	7²⁷	*A*	Luk	7¹¹	*A*	Luk	7¹⁵	*A*	Luk	7¹⁸	*A*
	Mat	7²⁸	*A*	Mat	8³	*A*	Mat	8¹³	*A*	Luk	7¹⁹	*A*	Luk	7²⁰	*A*	Luk	7³⁸	*A*3
	Mat	8¹⁴	*A*	Mat	8²¹	*A*	Mat	8²³	*A*	Luk	7⁴⁰	*A*	Luk	7⁴³	*A*	Luk	7⁵⁰	*A*
	Mat	8²⁴	*A*	Mat	8²⁵	*A*	Mat	9¹⁰	*A*2	Luk	8¹	*A*	Luk	8⁹	*A*	Luk	8¹⁰	*A*
	Mat	9¹¹	*A*	Mat	9¹⁸	*A*	Mat	9¹⁹	*A*	Luk	8¹⁹	*A*	Luk	8²¹	*A*	Luk	8²²	*A*2
	Mat	9²⁰	*A*	Mat	9²¹	*A*	Mat	10²⁵	*A*3	Luk	8²⁴	*A*	Luk	8³⁷	*A*	Luk	8⁴⁰	*A*
	Mat	10³⁵	*A*	Mat	10³⁶	*A*	Mat	11³	*A*	Luk	8⁴²	*A*	Luk	8⁴⁴	*A*	Luk	8⁴⁶	*A*
	Mat	11²⁰	*A*	Mat	25⁴¹	C	Mat	26⁶⁵	C	Luk	8⁵⁰	*A*	Luk	8⁵⁴	*A*	Luk	8⁵⁶	*A*
	Mat	26⁶⁷	C	Mat	26⁷⁰	C	Mat	26⁷³	*AC*	Luk	9¹⁸	*A*2	Luk	9²⁰	*A*	Luk	9²¹	*A*
	Mat	27¹¹	*A*	Mat	27¹⁹	*A*	Mat	27⁵³	*A*	Luk	9²⁹	*A*3	Luk	9³¹	*A*	Luk	9³²	*A*
	Mat	27⁶⁴	*A*	Jhn	6⁸	*A*	Jhn	6¹⁵	*A*	Luk	9⁴²	*A*	Luk	9⁵¹	*A*2	Luk	9⁵³	*A*
	Jhn	6¹⁶	*A*	Jhn	6²⁰	*A*	Jhn	6²²	*A*	Luk	9⁵⁴	*A*	Luk	9⁵⁹	*A*	Luk	10¹	*A*
	Jhn	6²⁴	*A*	Jhn	6⁵³	*A*	Jhn	6⁶⁰	*A*	Luk	10²⁷	*A*	Luk	10²⁹	*A*	Luk	15¹⁴	*A*
	Jhn	6⁶¹	*A*	Jhn	6⁶⁶	*A*	Jhn	6⁶⁹	*A*	Luk	15²⁰	*A*2	Luk	15²²	*A*2	Luk	15²⁵	*A*
	Jhn	7³	*A*	Jhn	7⁵	*A*	Jhn	7¹⁰	*A*2	Luk	15²⁷	*A*	Luk	15²⁸	*A*	Luk	15²⁹	*A*
	Jhn	7¹⁷	*A*	Jhn	7²⁹	*A*	Jhn	7³⁰	*A*	Luk	15³¹	*A*	Luk	16¹	*A*	Luk	16⁷	*A*
	Jhn	7³⁸	*A*	Jhn	7⁵²	*A*	Jhn	8²⁰	*A*	Luk	16²⁰	*A*	Luk	16²¹	*A*	Luk	16²³	*A*
	Jhn	8²⁵	*A*	Jhn	8⁴²	*A*	Jhn	8⁴⁴	*A*	Luk	16²⁴	*A*	Luk	17¹¹	*A*2	Luk	17¹⁶	*A*
	Jhn	8⁴⁸	*A*	Jhn	8⁵³	*A*	Jhn	8⁵⁵	*A*	Luk	17³¹	*A*	Luk	17³⁷	*A*	Luk	18²¹	*A*
	Jhn	9²	*A*2	Jhn	9³	*A*	Jhn	9⁸	*A*	Luk	18²³	*A*	Luk	18²⁷	*A*	Luk	18²⁹	*A*
	Jhn	9⁹	*A*	Jhn	9¹²	*A*	Jhn	9¹⁵	*A*	Luk	18³⁵	*A*	Luk	18³⁸	*A*	Luk	18³⁹	*A*
	Jhn	9¹⁷	*A*	Jhn	9¹⁸	*A*2	Jhn	9²⁰	*A*	Luk	18⁴¹	*A*	Luk	19⁴	*A*	Luk	19¹⁴	*A*
	Jhn	9²²	*A*	Jhn	9²³	*A*	Jhn	9²⁸	*A*	Luk	19²¹	*A*	Luk	19³⁷	*A*	Luk	20¹⁷	*A*
	Jhn	9³¹	*A*	Jhn	9³⁸	*A*	Jhn	10³	*A*	Luk	20²⁰	*A*	Luk	20²⁵	*A*	Luk	20²⁶	*A*2
	Jhn	10⁴	*A*	Jhn	11²	*A*	Jhn	11³	*A*	Luk	20²⁸	*A*	Mrk	1⁷	*A*	Mrk	1⁸	*A*
	Jhn	11⁴	*A*	Jhn	11¹²	*A*	Jhn	11¹³	*A*2	Mrk	1¹¹	*A*	Mrk	1¹⁶	*A*	Mrk	1¹⁹	*A*
	Jhn	11²⁷	*A*	Jhn	11⁴⁴	*A*	Jhn	12³	*A*	Mrk	1²²	*A*	Mrk	1²⁴	*A*	Mrk	1²⁸	*A*
	Jhn	12⁴	*A*	Jhn	12¹⁶	*A*	Jhn	12⁴¹	*A*	Mrk	1⁴⁵	*A*2	Mrk	2¹⁵	*A*3	Mrk	2¹⁶	*A*
	Jhn	13²³	*A*	Jhn	14¹²	*A*	Jhn	14¹⁷	*A*	Mrk	2²³	*A*	Mrk	2²⁵	*A*2	Mrk	3⁵	*A*
	Jhn	15¹⁰	*A*	Jhn	15¹⁵	*A*	Jhn	16⁸	*A*	Mrk	3⁸	*A*	Mrk	3¹¹	*A*	Mrk	3¹³	*A*
	Jhn	16¹⁷	*A*‡	Jhn	16²⁹	*A*	Jhn	18¹	*A*	Mrk	3²⁷	*A*2	Mrk	3³¹	*A*2	Mrk	4²⁷	*A*
	Jhn	18¹⁷	*A*2	Jhn	18¹⁹	*A*2	Jhn	18²⁵	*A*2	Mrk	4³²	*A*	Mrk	4³⁸	*A*	Mrk	5⁴	*A*
	Jhn	18³³	*A*	Jhn	18³⁷	*A*	Jhn	19⁹	*A*	Mrk	5²⁷	*A*	Mrk	5²⁸	*A*	Mrk	5³¹	*A*
	Jhn	19¹²	*A*	Luk	1⁴	*A*	Luk	1⁵	*A*	Mrk	5³⁴	*A*	Mrk	5⁴⁰	*A*	Mrk	6¹	*A*
	Luk	1⁸	*A*	Luk	1¹³	*A*	Luk	1¹⁴	*A*	Mrk	6²	*A*	Mrk	6³	*A*	Mrk	6¹⁴	*A*
	Luk	1¹⁷	*A*	Luk	1²³	*A*	Luk	1²⁴	*A*	Mrk	6²⁷	*A*2	Mrk	6²⁸	*A*	Mrk	6²⁹	*A*2
	Luk	1²⁹	*A*	Luk	1³¹	*A*	Luk	1³²	*A*	Mrk	6⁵⁵	*A*	Mrk	6⁵⁶	*A*	Mrk	7²	*A*
	Luk	1³³	*A*	Luk	1⁴⁹	*A*	Luk	1⁵⁰	*A*	Mrk	7⁶	*A*	Mrk	7¹⁷	*A*	Mrk	7²⁵	*A*
	Luk	1⁵⁵	*A*	Luk	1⁵⁹	*A*	Luk	1⁶⁰	*A*	Mrk	7³³	*A*	Mrk	7³⁵	*A*	Mrk	7³⁶	*A*
	Luk	1⁶²	*A*	Luk	1⁶³	*A*2	Luk	1⁶⁴	*A*2	Mrk	8⁴	*A*	Mrk	8²³	*A*	Mrk	8²⁵	*A*
	Luk	1⁶⁷	*A*	Luk	1⁷⁵	*A*	Luk	1⁷⁷	*A*	Mrk	8²⁶	*A*	Mrk	8²⁷	*A*	Mrk	8²⁹	*A*2
	Luk	2²¹	*A*	Luk	2²⁸	*A*	Luk	2³³	*A*	Mrk	8³³	*A*	Mrk	8³⁸	*A*	Mrk	9³	*A*
	Luk	2³⁴	*A*	Luk	2⁴¹	*A*	Luk	2⁴³	*A*	Mrk	9¹²	*A*	Mrk	9¹⁹	*A*	Mrk	9²¹	*A*2
	Luk	2⁴⁷	*A*2	Luk	2⁴⁸	*A*	Luk	2⁵¹	*A*	Mrk	9²⁸	*A*	Mrk	9³⁹	*A*	Mrk	9⁴²	*A*
	Luk	3¹	*A*	Luk	3⁴	*A*	Luk	3¹⁶	*A*	Mrk	10³	*A*	Mrk	10¹⁰	*A*	Mrk	10¹³	*A*
	Luk	3¹⁹	*A*	Luk	3²²	*A*	Luk	4¹⁵	*A*	Mrk	10¹⁸	*A*	Mrk	10²²	*A*	Mrk	10²⁴	*A*
	Luk	4²²	*A*	Luk	4³⁰	*A*	Luk	4³²	*A*2	Mrk	10⁴²	*A*	Mrk	10⁴⁸	*A*	Mrk	10⁵⁰	*A*
	Luk	4³⁴	*A*	Luk	4⁴⁰	*A*	Luk	4⁴¹	*A*	Mrk	11¹⁴	*A*	Mrk	11¹⁸	*A*	Mrk	12¹⁴	*A*
	Luk	4⁴³	*A*	Luk	5¹	*A*	Luk	5¹²	*A*	Mrk	12¹⁹	*A*2	Mrk	12³⁴	*A*	Mrk	14¹²	*A*
	Luk	5¹⁴	*A*	Luk	5¹⁶	*A*	Luk	5¹⁷	*A*	Mrk	14⁵¹	*A*	Mrk	14⁵²	*A*	Mrk	14⁶¹	*A*2
	Luk	5¹⁸	*A*	Luk	5³⁰	*A*	Luk	5³⁴	*A*	Mrk	14⁶²	*A*	Mrk	14⁶⁴	*A*	Mrk	14⁶⁵	*A*2

ALPHABETICAL WORD-INDEX

	Mrk 14^{68} *A*	Mrk 14^{70} *A2A*‡	Mrk 14^{71} *A*		Luk 2^{25} *A*	Mrk 15^{32} *A*	Rom 9^{27} *A*
	Mrk 15^{2} *A2*	Mrk 15^{19} *A*	Mrk 15^{21} *A*		2Cr 3^{7} AB	2Cr 3^{13} AB	Eph 2^{12} AB
	Mrk 15^{23} *A*	Mrk 15^{24} *A*	Mrk 15^{26} *A*		Php 3^{5} AB		
	Mrk 15^{27} *A*	Mrk 15^{39} *A*	Mrk 15^{44} *A*	ist	Mat 5^{21} *A*	Mat 5^{27} *A*	Mat 5^{29} *A*
	Mrk 16^{7} *A*	Rom 8^{9} *A*	Rom 9^{19} *A*		Mat 5^{30} *A*	Mat 5^{31} *A*	Mat 5^{33} *A*
	Rom 9^{20} *A*	Rom 11^{33} *C*2	Rom 12^{20} *AC*		Mat 5^{34} *A*	Mat 5^{35} *A2*	Mat 5^{37} *A*
	Rom 14^{4} *A*	Rom 15^{10} *C*	1Cr 7^{27} *A2*		Mat 5^{38} *A*	Mat 5^{43} *A*	Mat 5^{48} *A*
	1Cr 8^{10} *A*	1Cr 9^{23} *A*	1Cr 14^{25} *A*		Mat 6^{13} *A*	Mat 6^{21} *A2*	Mat 6^{22} *A2*
	1Cr 15^{10} *A*	1Cr 15^{23} *A*	1Cr 15^{25} *A2*		Mat 6^{23} *A2*	Mat 6^{25} *A*	Mat 7^{12} *A*
	1Cr 15^{28} *A*	1Cr 16^{12} B	2Cr 2^{11} AB		Mat 8^{27} *A*	Mat 9^{5} *A*	Mat 9^{15} *A*
	2Cr 3^{7} AB	2Cr 7^{7} AB	2Cr 7^{13} AB		Mat 10^{26} *A*	Mat 10^{32} *A*	Mat 10^{33} *A*
	2Cr 7^{15} AB	2Cr 8^{9} AB	2Cr 9^{9} B		Mat 11^{6} *A*	Mat 11^{10} *A2*	Mat 11^{11} *A*
	2Cr 9^{15} B	2Cr 10^{7} B	2Cr 11^{15} B		Mat 11^{14} *A*	Mat 11^{16} *A*‡	Mat 26^{66} C
	2Cr 11^{33} B	Eph 1^{4} AB	Eph 1^{7} *A2B2*		Mat 26^{68} C	Mat 27^{6} *A2*	Mat 27^{42} *A*
	Eph 1^{12} AB	Eph 1^{14} AB	Eph 1^{18} *A2B2*		Mat 27^{46} *A*	Mat 27^{54} *A*	Mat 27^{62} *A*
	Eph 1^{19} *A2B2*	Eph 1^{23} AB	Eph 2^{10} AB		Mat 27^{64} *A*	Jhn 5^{45} *A*	Jhn 6^{9} *A2*
	Eph 3^{5} B	Eph 3^{6} B	Eph 3^{7} B		Jhn 6^{14} *A*	Jhn 6^{31} *A*	Jhn 6^{33} *A*
	Eph 3^{12} AB	Eph 5^{23} *A*	Eph 6^{10} AB		Jhn 6^{40} *A*	Jhn 6^{42} *A*	Jhn 6^{45} *A*
	Gal 4^{7} *A*	Gal 6^{6} *A*	Php 3^{10} *A3B3*		Jhn 6^{50} *A*	Jhn 6^{51} *A*	Jhn 6^{55} *A2*
	Col 1^{9} B	Col 1^{11} AB	Col 1^{17} AB		Jhn 6^{58} *A*	Jhn 6^{60} *A*	Jhn 6^{63} *A3*
	Col 1^{18} *A2B2*	Col 1^{20} AB	Col 1^{22} AB		Jhn 6^{64} *A*	Jhn 6^{65} *A*	Jhn 6^{70} *A*
	Col 1^{24} AB	Col 1^{26} AB	Col 2^{22} AB		Jhn 7^{6} *A2*	Jhn 7^{8} *A*	Jhn 7^{11} *A*
	Col 3^{9} B	Col 4^{15} B	1Th 2^{19} B		Jhn 7^{12} *A*	Jhn 7^{18} *A*	Jhn 7^{25} *A*
	2Th 1^{7} *A*	2Th 1^{9} *A*	1Tm 1^{8} AB		Jhn 7^{26} *A*	Jhn 7^{27} *A2*	Jhn 7^{28} *A*
	1Tm 3^{7} *A*	1Tm 5^{18} *A*	1Tm 6^{12} AB		Jhn 7^{40} *A*	Jhn 7^{41} *A*	Jhn 8^{14} *A*
	2Tm 1^{8} AB	2Tm 2^{12} B	2Tm 2^{19} B		Jhn 8^{16} *A*	Jhn 8^{17} *A2*	Jhn 8^{19} *A*
	2Tm 2^{26} AB	2Tm 3^{10} AB	2Tm 4^{1} *A2B2*		Jhn 8^{26} *A*	Jhn 8^{29} *A*	Jhn 8^{34} *A*
	2Tm 4^{8} AB	2Tm 4^{14} *A*	Phm 1^{9} *A*		Jhn 8^{39} *A*	Jhn 8^{44} *A*	Jhn 8^{50} *A*
	Neh 6^{18} D	Skr 2^{2} *E*	Skr 2^{17} *E*		Jhn 8^{54} *A3*	Jhn 9^{4} *A*	Jhn 9^{8} *A*
	Skr 3^{26} *E*	Skr 4^{14} *E*	Skr 4^{21} *E*		Jhn 9^{9} *A2*	Jhn 9^{12} *A*	Jhn 9^{17} *A*
	Skr 5^{17} *E*	Skr 6^{2} *E*	Skr 6^{6} *E*		Jhn 9^{19} *A*	Jhn 9^{20} *A*	Jhn 9^{21} *A*
	Skr 6^{23} *E2*	Skr 6^{24} *E*	Skr 6^{26} *E*		Jhn 9^{23} *A*	Jhn 9^{24} *A*	Jhn 9^{25} *A*
	Skr 6^{27} *E*	Skr 7^{2} *E*	Skr 7^{19} *E*		Jhn 9^{29} *A*	Jhn 9^{30} *A2*	Jhn 9^{31} *A*
	Skr 7^{22} *E*	Skr 8^{2} *E*	Skr 8^{26} *E*		Jhn 9^{36} *A*	Jhn 9^{37} *A*	Jhn 10^{1} *A*
Isaka	Mat 8^{11} *A*	Rom 9^{7} *A*			Jhn 10^{2} *A*	Jhn 10^{13} *A*	Jhn 10^{29} *A*
Isakis	Luk 3^{34} *A*	Luk 20^{37} *A*	Mrk 12^{26} *A*		Jhn 10^{34} *A*	Jhn 10^{35} *A*	Jhn 11^{3} *A*
	Rom 9^{10} *A*	Gal 4^{28} B			Jhn 11^{39} *A2*	Jhn 12^{9} *A*	Jhn 12^{14} *A*
Iskarioteis	Mrk 14^{10} *A*				Jhn 12^{31} *A*	Jhn 12^{34} *A2*	Jhn 12^{35} *A*
Iskarioten	Luk 6^{16} *A*	Mrk 3^{19} *A*			Jhn 13^{25} *A*	Jhn 13^{26} *A*	Jhn 13^{31} *A*
Iskariotes	Jhn 12^{4} *A*				Jhn 13^{32} *A*	Jhn 14^{10} *A2*	Jhn 14^{17} *A*
Iskariotu	Jhn 6^{71} *A*				Jhn 14^{21} *A*	Jhn 14^{28} *A*	Jhn 15^{1} *A*
Iskarjotes	Jhn 14^{22} *A*				Jhn 15^{4} *A*	Jhn 15^{8} *A*	Jhn 15^{12} *A*
Israel	Mrk 12^{29} *A*	Rom 9^{6} *A*	Rom 9^{27} *A*		Jhn 16^{7} *A*	Jhn 16^{15} *A*	Jhn 16^{17} *A*
	Rom 9^{31} *A*	Rom 10^{19} *A*	Rom 11^{26} *A*		Jhn 16^{21} *A*	Jhn 16^{32} *A*	Jhn 17^{3} *A*
	1Cr 10^{18} *A*				Jhn 17^{17} *A*	Jhn 18^{14} *A*	Jhn 18^{31} *A*
Israela	Mat 8^{10} *A*	Mat 9^{33} *A*	Luk 1^{54} *A*		Jhn 18^{37} *A*	Jhn 18^{38} *A*	Jhn 18^{39} *A*
	Luk 1^{80} *A*	Luk 2^{32} *A*	Luk 2^{34} *A*		Jhn 19^{5} *A*	Luk 1^{13} *A*	Luk 1^{36} *A*
	Luk 4^{25} *A*	Luk 4^{27} *A*	Luk 7^{9} *A*		Luk 1^{61} *A*	Luk 1^{63} *A*	Luk 2^{11} *A2*
	Rom 9^{6} *A*	Rom 10^{21} *A*	Rom 11^{25} *A*		Luk 2^{23} *A*	Luk 2^{24} *A*	Luk 3^{4} *A*
	Gal 6^{16} *A*B				Luk 4^{4} *A*	Luk 4^{6} *A*	Luk 4^{8} *A*
Israeleitai	Rom 9^{4} *A*				Luk 4^{10} *A*	Luk 4^{12} *A*	Luk 4^{22} *A*
Israeleiteis	2Cr 11^{22} B				Luk 4^{24} *A*	Luk 5^{21} *A*	Luk 5^{23} *A*
Israeleites	Rom 11^{1} *A*				Luk 5^{34} *A*	Luk 5^{39} *A*	Luk 6^{2} *A*
Israelis	Mat 10^{23} *A*	Mat 27^{9} *A*	Mat 27^{42} *A*		Luk 6^{4} *A*	Luk 6^{5} *A*	Luk 6^{9} *A*
	Jhn 12^{13} *A*	Luk 1^{16} *A*	Luk 1^{68} *A*		Luk 6^{20} *A*	Luk 6^{32} *A*	Luk 6^{33} *A*

Luk	6^{34}	*A*	Luk	6^{35}	*A*	Luk	6^{36}	*A*
Luk	6^{43}	*A*	Luk	6^{44}	*A*	Luk	6^{47}	*A*
Luk	6^{48}	*A*	Luk	6^{49}	*A*	Luk	7^{4}	*A*
Luk	7^{23}	*A2*	Luk	7^{27}	*A2*	Luk	7^{28}	*A*
Luk	7^{39}	*A*	Luk	7^{49}	*A*	Luk	8^{10}	*A*
Luk	8^{11}	*A2*	Luk	8^{17}	*A*	Luk	8^{25}	*A*
Luk	8^{26}	*A*	Luk	8^{30}	*A*	Luk	9^{9}	*A*
Luk	9^{33}	*A*	Luk	9^{35}	*A*	Luk	9^{38}	*A*
Luk	9^{44}	*A*	Luk	9^{50}	*AA⁼*	Luk	9^{62}	*A*
Luk	10^{7}	*A*	Luk	10^{22}	*A3*	Luk	10^{26}	*A*
Luk	10^{29}	*A*	Luk	14^{10}	*A*	Luk	14^{17}	*A*
Luk	14^{22}	*A*	Luk	14^{35}	*A*	Luk	15^{31}	*A*
Luk	16^{10}	*A3*	Luk	16^{17}	*A*	Luk	17^{21}	*A*
Luk	18^{7}	*A*	Luk	18^{16}	*A*	Luk	18^{22}	*A*
Luk	18^{25}	*A*	Luk	18^{27}	*A*	Luk	18^{29}	*A*
Luk	19^{9}	*A*	Luk	19^{34}	*A*	Luk	19^{42}	*A*
Luk	19^{46}	*A2*	Luk	20^{2}	*A*	Luk	20^{14}	*A*
Luk	20^{17}	*A*	Luk	20^{22}	*A*	Luk	20^{44}	*A*
Mrk	1^{2}	*A*	Mrk	2^{1}	*A*	Mrk	2^{9}	*A*
Mrk	2^{16}	*A*	Mrk	2^{19}	*A*	Mrk	2^{24}	*A*
Mrk	2^{26}	*A*	Mrk	2^{28}	*A*	Mrk	3^{4}	*A*
Mrk	3^{17}	*A*	Mrk	3^{21}	*A*	Mrk	3^{29}	*A*
Mrk	3^{33}	*A*	Mrk	3^{35}	*A*	Mrk	4^{11}	*A*
Mrk	4^{22}	*A*	Mrk	4^{26}	*A*	Mrk	4^{31}	*A*
Mrk	5^{41}	*A*	Mrk	6^{3}	*A*	Mrk	6^{11}	*A*
Mrk	6^{15}	*A2*	Mrk	6^{16}	*A*	Mrk	6^{18}	*A*
Mrk	7^{4}	*A*	Mrk	7^{6}	*A*	Mrk	7^{11}	*A*
Mrk	7^{15}	*A2*	Mrk	7^{27}	*A*	Mrk	7^{34}	*A*
Mrk	8^{31}	*A*	Mrk	9^{5}	*A*	Mrk	9^{7}	*A*
Mrk	9^{10}	*A*	Mrk	9^{12}	*A*	Mrk	9^{13}	*A*
Mrk	9^{21}	*A*	Mrk	9^{39}	*A*	Mrk	9^{40}	*A*
Mrk	9^{42}	*A*	Mrk	9^{43}	*A*	Mrk	9^{45}	*A*
Mrk	9^{47}	*A*	Mrk	10^{14}	*A*	Mrk	10^{21}	*A*
Mrk	10^{24}	*A*	Mrk	10^{25}	*A*	Mrk	10^{27}	*A2*
Mrk	10^{29}	*A*	Mrk	10^{47}	*A*	Mrk	11^{17}	*A*
Mrk	12^{7}	*A*	Mrk	12^{11}	*A*	Mrk	12^{14}	*A*
Mrk	12^{16}	*A*	Mrk	12^{28}	*A*	Mrk	12^{29}	*A*
Mrk	12^{32}	*A*	Mrk	12^{33}	*A*	Mrk	12^{35}	*A*
Mrk	12^{37}	*A*	Mrk	13^{28}	*A*	Mrk	14^{44}	*A*
Mrk	14^{69}	*A*	Mrk	14^{70}	*A*	Mrk	15^{16}	*A*
Mrk	15^{22}	*A*	Mrk	15^{34}	*A*	Mrk	15^{42}	*A*
Mrk	16^{4}	*A*	Rom	7^{2}	A	Rom	7^{3}	A
Rom	7^{7}	A	Rom	7^{14}	A	Rom	8^{34}	A
Rom	8^{36}	A	Rom	9^{2}	A	Rom	9^{4}	A
Rom	9^{5}	A	Rom	9^{12}	A	Rom	9^{13}	A
Rom	9^{33}	A	Rom	10^{8}	A	Rom	10^{12}	A
Rom	10^{15}	A	Rom	11^{23}	A	Rom	11^{26}	A
Rom	12^{3}	*C*	Rom	12^{19}	*AC*	Rom	13^{4}	*A2C2*
Rom	13^{9}	A	Rom	13^{10}	A	Rom	13^{11}	A2
Rom	14^{2}	A	Rom	14^{4}	A	Rom	14^{11}	*C*
Rom	14^{14}	*C*	Rom	14^{18}	*C*	Rom	15^{9}	*C*
Rom exp		A	1Cr	1^{13}	A	1Cr	1^{18}	A2
1Cr	1^{19}	A	1Cr	4^{3}	A	1Cr	4^{4}	A
1Cr	4^{6}	A	1Cr	5^{7}	A	1Cr	7^{8}	A
1Cr	7^{9}	A	1Cr	7^{12}	A	1Cr	7^{13}	A
1Cr	7^{14}	A2	1Cr	7^{19}	A2	1Cr	7^{22}	A3
1Cr	7^{26}	A	1Cr	9^{9}	A	1Cr	10^{16}	A2
1Cr	10^{23}	A	1Cr	10^{26}	A	1Cr	10^{28}	A2
1Cr	11^{3}	A	1Cr	11^{5}	A	1Cr	11^{6}	A
1Cr	11^{21}	A	1Cr	11^{24}	A	1Cr	11^{25}	A
1Cr	12^{12}	A2	1Cr	13^{4}	A2	1Cr	13^{10}	A2
1Cr	14^{21}	A	1Cr	14^{25}	A	1Cr	14^{26}	A
1Cr	15^{5}	A	1Cr	15^{6}	A	1Cr	15^{17}	A
1Cr	15^{53}	AB	1Cr	15^{55}	A2B2	1Cr	16^{4}	AB
1Cr exp		A	2Cr	1^{5}	B2	2Cr	1^{12}	AB
2Cr	2^{2}	AB	2Cr	2^{3}	AB	2Cr	3^{5}	AB
2Cr	3^{17}	A2B2	2Cr	4^{3}	A2B2	2Cr	4^{4}	AB
2Cr	8^{10}	AB	2Cr	8^{12}	A2B2	2Cr	8^{15}	AB
2Cr	8^{23}	AB	2Cr	9^{1}	AB	2Cr	9^{2}	AB
2Cr	9^{8}	B	2Cr	9^{9}	B	2Cr	9^{12}	B
2Cr	10^{18}	B	2Cr	11^{10}	B	2Cr	12^{1}	B
2Cr	12^{7}	AB	2Cr	12^{13}	AB	2Cr	13^{3}	AB
2Cr	13^{5}	AB	2Cr exp		A	Eph	1^{14}	AB
Eph	1^{18}	AB	Eph	1^{23}	AB	Eph	2^{8}	AB
Eph	2^{14}	AB	Eph	3^{2}	B	Eph	3^{5}	B
Eph	3^{13}	AB	Eph	4^{7}	A	Eph	4^{9}	A
Eph	4^{10}	A	Eph	4^{15}	A	Eph	4^{21}	AB
Eph	5^{3}	B	Eph	5^{5}	B	Eph	5^{9}	B
Eph	5^{18}	A	Eph	5^{23}	A2	Eph	6^{9}	AB
Eph	6^{17}	AB	Eph	6^{21}	B	Eph	6^{22}	B
Gal	2^{6}	AB	Gal	4^{1}	A2	Gal	4^{2}	A
Gal	4^{18}	A	Gal	4^{22}	AB	Gal	4^{24}	B
Gal	4^{25}	B	Gal	4^{26}	B2	Gal	4^{27}	B
Gal	5^{3}	B	Gal	5^{8}	B	Gal	5^{11}	B
Gal	5^{19}	AB	Gal	5^{22}	AB	Gal	6^{3}	AB
Gal	6^{3}g	A*	Gal	6^{14}	AB	Gal	6^{15}	A*B
Gal exp		A*	Php	1^{21}	B	Php	1^{22}	B
Php	1^{23}	B	Php	1^{28}	B	Php	1^{29}	B
Php	2^{23}	B	Php	2^{28}	A⁼B⁼	Php	3^{6}	AB
Php	3^{9}	AB	Php	3^{19}	AB	Php	3^{20}	AB
Php	4^{5}	AB	Php	4^{7}	B	Php	4^{8}	B
Col	1^{7}	B	Col	1^{15}	AB	Col	1^{17}	AB
Col	1^{18}	A2B2	Col	1^{23}	AB	Col	1^{24}	AB
Col	1^{25}	AB	Col	1^{27}	AB	Col	2^{17}	B
Col	2^{22}	AB	Col	3^{1}	AB	Col	3^{3}	AB
Col	3^{5}	AB	Col	3^{14}	B	Col	3^{20}	B
Col	4^{7}	AB	Col	4^{8}	AB	Col	4^{9}	A2B2
Col	4^{16}	B	1Th	2^{13}	B	1Th	2^{19}	B
1Th	4^{3}	B	1Th	4^{6}	B	1Th	5^{18}	B
2Th	1^{3}	AB	2Th	1^{6}	A	2Th	1^{10}	A
2Th	3^{2}	B	2Th	3^{7}	AB	2Th	3^{17}	AB
1Tm	1^{5}	AB	1Tm	1^{8}	AB	1Tm	1^{11}	B2
1Tm	1^{20}	AB	1Tm	2^{3}	AB	1Tm	2^{10}	AB
1Tm	3^{15}	A2	1Tm	3^{16}	A	1Tm	4^{8}	A2B2
1Tm	4^{10}	B	1Tm	5^{4}	AB	1Tm	5^{5}	A‡B
1Tm	5^{6}	AB	1Tm	5^{8}	AB	1Tm	6^{5}	AB
1Tm	6^{6}	AB	1Tm	6^{10}	AB	2Tm	1^{1}	A
2Tm	1^{5}	A	2Tm	1^{6}	AB	2Tm	1^{9}	AB
2Tm	1^{12}	AB	2Tm	1^{15}	AB	2Tm	2^{10}	B
2Tm	2^{17}	B	2Tm	4^{8}	AB	2Tm	4^{11}	A2B2

	Tit	1^1 B	Tit	1^3 B	Tit	1^6 B	Jhn	15^{24} $A2$	Jhn	16^4 A	Jhn	16^5 A
	Tit	1^{11} A	Tit	1^{13} A	Tit	2^1 A	Jhn	16^{10} A	Jhn	16^{11} A	Jhn	16^{13} A
	Phm	18 A	Skr	1^8 E	Skr	2^{10} E	Jhn	16^{19} A	Jhn	16^{20} A	Jhn	16^{21} A
	Skr	2^{14} E	Skr	3^{25} E	Skr	4^{13} E	Jhn	16^{22} A	Jhn	17^{11} A	Jhn	17^{13} A
	Skr	4^{19} E	Skr	6^{14} E	Skr	6^{26} E	Jhn	17^{25} A	Jhn	18^3 A	Jhn	18^4 A
	Skr	7^2 $EE^{+\circ}$	SkB	7^2 $E^{¤}$	Skr	7^6 E	Jhn	18^7 A	Jhn	18^{10} A	Jhn	18^{16} A
ita	Mat	5^{29} A	Mat	27^{59} A	Mat	27^{60} A	Jhn	18^{17} A	Jhn	18^{19} A	Jhn	18^{22} A
	Jhn	15^2 $A2$	Luk	6^{48} A	Luk	8^{16} A	Jhn	18^{25} $A2$	Jhn	18^{28} $A2$	Jhn	18^{31} A
	Mrk	4^{16} A	Mrk	4^{37} A	Mrk	6^{28} $A2$	Jhn	18^{36} $A2$	Jhn	18^{39} A	Jhn	18^{40} A
	Mrk	6^{29} A	Mrk	9^{36} $A2$	Mrk	11^{17} A	Jhn	19^6 A	Jhn	19^9 A	Jhn	19^{12} A
	Mrk	15^{46} $A2$	Rom	7^{20} A	Eph	5^{29} A	Luk	1^{29} A	Luk	1^{57} A	Luk	1^{63} A
	Col	2^{14} B	Col	4^{17} B			Luk	1^{80} A	Luk	2^9 A	Luk	2^{19} A
itan	Luk	15^{16} A	Luk	16^{21} A			Luk	2^{40} A	Luk	3^{16} A	Luk	3^{17} A
Ituraias	Luk	3^1 A					Luk	3^{19} A	Luk	4^1 A	Luk	4^{30} A
iþ	Mat	5^{19} $A2$	Mat	5^{21} A	Mat	5^{22} A	Luk	4^{40} A	Luk	5^2 A	Luk	5^5 A
	Mat	5^{29} A	Mat	5^{32} A	Mat	5^{33} A	Luk	5^{16} A	Luk	5^{33} $A2$	Luk	6^2 A
	Mat	5^{37} A	Mat	5^{39} A	Mat	6^3 A	Luk	6^8 A	Luk	6^{11} A	Luk	6^{40} A
	Mat	6^6 A	Mat	6^{15} A	Mat	6^{17} A	Luk	6^{41} A	Luk	6^{49} A	Luk	7^4 A
	Mat	6^{20} A	Mat	6^{23} A	Mat	6^{24} A	Luk	7^6 A	Luk	7^{14} A	Luk	7^{28} A
	Mat	6^{27} A	Mat	7^{15} A	Mat	7^{17} A	Luk	7^{30} A	Luk	7^{39} A	Luk	7^{40} A
	Mat	8^{12} A	Mat	8^{20} A	Mat	8^{22} A	Luk	7^{41} A	Luk	7^{44} A	Luk	7^{45} A
	Mat	8^{24} A	Mat	8^{27} A	Mat	8^{31} A	Luk	7^{46} A	Luk	7^{47} A	Luk	7^{50} A
	Mat	8^{32} A	Mat	8^{33} A	Mat	9^{12} A	Luk	8^{10} $A2$	Luk	8^{12} A	Luk	8^{13} A
	Mat	9^{14} A	Mat	9^{15} A	Mat	9^{22} A	Luk	8^{14} A	Luk	8^{15} A	Luk	8^{21} A
	Mat	9^{31} A	Mat	9^{34} A	Mat	9^{37} A	Luk	8^{24} A	Luk	8^{37} A	Luk	8^{48} A
	Mat	10^{28} $A2$	Mat	10^{33} A	Mat	11^2 A	Luk	8^{50} A	Luk	8^{56} A	Luk	9^9 A
	Mat	11^{11} A	Mat	11^{21} $A\colon$	Mat	25^{46} C	Luk	9^{11} A	Luk	9^{13} A	Luk	9^{19} A
	Mat	26^{66} C	Mat	26^{69} C	Mat	26^{70} C	Luk	9^{21} A	Luk	9^{25} A	Luk	9^{32} A
	Mat	27^4 A	Mat	27^6 A	Mat	27^{11} $A2$	Luk	9^{43} $A^=$	Luk	9^{45} A	Luk	9^{47} A
	Mat	27^{46} A	Mat	27^{47} A	Mat	27^{49} A	Luk	9^{58} A	Luk	9^{59} A	Luk	9^{60} A
	Mat	27^{50} A	Mat	27^{54} A	Mat	27^{57} A	Luk	9^{61} A	Luk	10^2 A	Luk	10^6 A
	Mat	27^{66} A	Jhn	6^6 A	Jhn	6^{10} A	Luk	10^{10} A	Luk	10^{13} A	Luk	10^{16} A
	Jhn	6^{15} A	Jhn	6^{16} A	Jhn	6^{18} A	Luk	10^{20} A	Luk	10^{27} A	Luk	10^{29} A
	Jhn	6^{58} A	Jhn	6^{61} A	Jhn	7^6 A	Luk	14^{34} A	Luk	15^{17} A	Luk	15^{28} A
	Jhn	7^7 A	Jhn	7^8 A	Jhn	7^{10} A	Luk	15^{30} A	Luk	16^7 A	Luk	16^{13} A
	Jhn	7^{14} A	Jhn	7^{18} A	Jhn	7^{23} A	Luk	16^{15} A	Luk	16^{17} A	Luk	16^{20} A
	Jhn	7^{27} A	Jhn	7^{29} A	Jhn	7^{31} A	Luk	17^{15} A	Luk	17^{17} A	Luk	17^{29} A
	Jhn	7^{37} A	Jhn	8^{14} A	Jhn	8^{15} A	Luk	17^{37} A	Luk	18^5 A	Luk	18^7 A
	Jhn	8^{19} A	Jhn	8^{23} $A2$	Jhn	8^{39} A	Luk	18^8 A	Luk	18^{14} A	Luk	18^{16} A
	Jhn	8^{40} A	Jhn	8^{45} A	Jhn	8^{55} A	Luk	18^{21} A	Luk	18^{23} A	Luk	18^{27} A
	Jhn	8^{59} A	Jhn	9^9 A	Jhn	9^{11} A	Luk	18^{29} $A2$	Luk	18^{38} A	Luk	18^{39} A
	Jhn	9^{12} A	Jhn	9^{15} A	Jhn	9^{17} A	Luk	18^{41} A	Luk	19^{14} A	Luk	19^{26} A
	Jhn	9^{21} A	Jhn	9^{25} A	Jhn	9^{28} A	Luk	19^{34} A	Luk	19^{42} $A2$	Luk	19^{46} A
	Jhn	9^{29} A	Jhn	9^{38} A	Jhn	9^{41} $A2$	Luk	19^{47} A	Luk	20^5 A	Luk	20^6 A
	Jhn	10^2 A	Jhn	10^5 A	Jhn	10^6 A	Luk	20^{10} A	Luk	20^{11} A	Luk	20^{12} A
	Jhn	10^{10} E	Jhn	10^{12} E	Jhn	10^{13} A	Luk	20^{17} A	Luk	20^{18} A	Luk	20^{25} A
	Jhn	10^{38} A	Jhn	10^{41} A	Jhn	11^4 A	Luk	20^{35} A	Mrk	1^8 A	Mrk	1^{14} A
	Jhn	11^{13} A	Jhn	11^{20} $A2$	Jhn	11^{21} A	Mrk	1^{30} A	Mrk	1^{41} A	Mrk	1^{45} A
	Jhn	11^{29} A	Jhn	11^{32} $A2$	Jhn	11^{41} A	Mrk	2^{18} A	Mrk	3^4 A	Mrk	4^{10} A
	Jhn	12^2 A	Jhn	12^3 $A2$	Jhn	12^8 $A2$	Mrk	4^{11} A	Mrk	4^{34} $A2$	Mrk	5^{33} A
	Jhn	12^{23} A	Jhn	12^{24} A	Jhn	12^{44} A	Mrk	5^{34} A	Mrk	5^{36} A	Mrk	5^{40} A
	Jhn	13^{20} A	Jhn	13^{36} A	Jhn	14^7 A	Mrk	6^3 A	Mrk	6^{19} A	Mrk	6^{24} $A2$
	Jhn	14^8 A	Jhn	14^{11} A	Jhn	14^{17} A	Mrk	6^{27} A	Mrk	7^3 A	Mrk	7^6 $A2$
	Jhn	14^{19} A	Jhn	14^{22} A	Jhn	14^{24} A	Mrk	7^7 A	Mrk	7^{11} A	Mrk	7^{27} A
	Jhn	15^5 A	Jhn	15^{15} A	Jhn	15^{22} A	Mrk	7^{28} A	Mrk	8^5 A	Mrk	8^{20} A

Mrk	8²⁸	A	Mrk	8³³	A	Mrk	8³⁵	A	1Cr	15⁵⁶ AB	1Cr 15⁵⁷ AB	1Cr 16¹ AB
Mrk	9¹²	A	Mrk	9¹⁹	A	Mrk	9²¹	A	1Cr	16⁶ AB	1Cr 16¹¹ B	1Cr 16¹² B
Mrk	9²³	A	Mrk	9²⁷	A	Mrk	9³²	A	1Cr	exp A	2Cr 1¹² AB	2Cr 3⁶ AB
Mrk	9³⁴	A	Mrk	9³⁹	A	Mrk	9⁵⁰	A	2Cr	4⁵ AB	2Cr 4¹² B	2Cr 4¹⁸ B
Mrk	10³	A	Mrk	10⁴	A	Mrk	10⁶	A	2Cr	5¹¹ AB	2Cr 5¹⁶ AB	2Cr 6¹⁰ A2B2
Mrk	10¹³	A	Mrk	10¹⁸	A	Mrk	10²¹	A	2Cr	6¹² AB	2Cr 7¹⁰ AB	2Cr 8¹¹ AB
Mrk	10²²	A	Mrk	10²⁴	A	Mrk	10²⁶	A	2Cr	8¹³ AB	2Cr 10¹⁰ B	2Cr 10¹³ B
Mrk	10³⁶	A	Mrk	10³⁷	A	Mrk	10³⁸	A	2Cr	11¹² B	2Cr 11²¹ B	2Cr 12⁵ AB
Mrk	10³⁹	A2	Mrk	10⁴⁰	A	Mrk	10⁴²	A2	2Cr	12⁶ AB	2Cr 13⁷ A	2Cr 13⁹ AB
Mrk	10⁴³	A	Mrk	10⁴⁸	A	Mrk	10⁵⁰	A	Eph	2⁴ AB	Eph 2¹³ AB	Eph 4⁷ A
Mrk	10⁵¹	A	Mrk	10⁵²	A	Mrk	11⁶	A	Eph	4¹⁵ A	Eph 4²⁰ AB	Eph 4²⁸ A
Mrk	11¹⁷	A	Mrk	11²⁶	A	Mrk	11²⁹	A	Eph	5⁸ B	Gal 2² AB	Gal 2⁹ B
Mrk	12³	A	Mrk	12⁷	A	Mrk	12¹⁴	A	Gal	2¹² B	Gal 2²⁰ A2	Gal 4⁴ A
Mrk	12¹⁵	A	Mrk	12¹⁶	A2	Mrk	12²⁹	A	Gal	4⁷ A‡	Gal 4⁹ A	Gal 4¹⁶ A
Mrk	13²³	A	Mrk	14⁶	A	Mrk	14⁷	A	Gal	4²³ B	Gal 4²⁵ B	Gal 4²⁶ B
Mrk	14¹¹	A	Mrk	14⁴⁶	A	Mrk	14⁴⁷	A	Gal	5¹⁵ B	Gal 5¹⁷ AB	Gal 5²² AB
Mrk	14⁵²	A	Mrk	14⁵⁵	A	Mrk	14⁶¹	A	Gal	5²⁴ AB	Gal 6³ AB	Gal 6⁴ AB
Mrk	14⁶²	A	Mrk	14⁶³	A	Mrk	14⁶⁸	A	Gal	6⁸ AB	Gal 6¹⁴ AB	Php 1¹⁷ B
Mrk	14⁷⁰	A	Mrk	14⁷¹	A	Mrk	15²	A	Php	1²² B	Php 1²⁸ B	Php 2²⁵ B
Mrk	15⁴	A	Mrk	15⁵	A	Mrk	15⁶	A	Php	3¹ AB	Php 3¹⁴ AB	Php 3¹⁸ AB
Mrk	15⁹	A	Mrk	15¹¹	A	Mrk	15¹²	A	Php	3²⁰ AB	Col 1²¹ AB	Col 1²⁶ AB
Mrk	15¹³	A	Mrk	15¹⁴	A2	Mrk	15¹⁵	A2	Col	2¹⁷ B	Col 3⁸ AB	1Th 5⁸ B
Mrk	15¹⁶	A	Mrk	15²³	A	Mrk	15³¹	A	2Th	3¹⁴ AB	1Tm 1¹⁴ B	1Tm 2¹² AB
Mrk	15³⁷	A	Mrk	15⁴⁴	A	Mrk	15⁴⁷	A	1Tm	2¹⁴ AB	1Tm 2¹⁵ AB	1Tm 3⁵ A
Mrk	16¹⁶	S	Mrk	16²⁰	S	Rom	6²³	A	1Tm	4⁷ A2B	1Tm 4⁸ AB	1Tm 5⁴ B
Rom	7³	A‡	Rom	7⁶	A	Rom	7⁸	A	1Tm	5⁶ AB	1Tm 5¹¹ A‡	1Tm 5²⁰ A
Rom	7⁹	A2	Rom	7¹⁰	A	Rom	7¹⁴	A	1Tm	6⁴ AB	1Tm 6¹¹ A2B2	2Tm 1¹⁰ A2B2
Rom	7¹⁶	A	Rom	7¹⁷	A	Rom	7¹⁸	A	2Tm	2¹⁶ B	2Tm 2²² AB	2Tm 2²³ AB
Rom	7²⁵	A	Rom	8⁵	A	Rom	8⁶	A	2Tm	2²⁴ AB	2Tm 3⁵ AB	2Tm 3¹⁰ AB
Rom	8⁷	A	Rom	8⁹	A2	Rom	9¹³	A	2Tm	3¹³ AB	2Tm 3¹⁴ AB	2Tm 4⁴ AB
Rom	9¹⁸	A	Rom	9²²	A	Rom	9²⁷	A	2Tm	4⁵ AB	Tit 1¹ B	Tit 1³ B
Rom	9³¹	A	Rom	10⁶	A	Rom	10¹⁰	A	Tit	1¹⁵ A	Tit 1¹⁶ A	Tit 2¹ A
Rom	10¹⁴	A	Rom	10¹⁵	A	Rom	10¹⁷	A	Phm	11 A	Phm 12 A	Phm 14 A
Rom	10²⁰	A	Rom	10²¹	A	Rom	11¹²	A	Phm	16 A	Phm 18 A	Neh 5¹⁵ D2
Rom	11¹⁷	A2	Rom	11¹⁸	A	Rom	11²⁰	A	Skr	1²² E	Skr 1²⁶ E	Skr 2¹⁶ E
Rom	11²²	A	Rom	11²⁸	A	Rom	11³⁰	A	Skr	3¹⁷ E	Skr 3¹⁹ E	Skr 3²² E
Rom	12²⁰	AC	Rom	13¹	AC	Rom	13²	AC	Skr	3²⁴ E	Skr 4² E	Skr 4⁷ E
Rom	13⁴	AC	Rom	13¹²	A2	Rom	14¹	A	Skr	4⁹ E	Skr 4¹⁵ E	Skr 4¹⁸ E
Rom	14²	A	Rom	14³	A	Rom	14¹⁰	C	Skr	4²⁷ E	Skr 5² E	Skr 5¹² E
Rom	14¹⁵	C	Rom	15⁵	C	Rom	15⁹	C	Skr	6² E	Skr 6⁴ E	Skr 6⁶ E
Rom	15¹³	C	1Cr	1¹²	A3	1Cr	1¹⁸	A	Skr	6¹¹ E	Skr 6¹⁴ E	Skr 6²¹ E
1Cr	1²²	A	1Cr	1²³	A2	1Cr	1²⁴	A	Skr	6²⁶ E	Skr 7⁶ E	Skr 7⁸ E
1Cr	4⁴	A	1Cr	4¹⁰	A3	1Cr	5¹¹	A	Skr	8¹² E	Skr 8²⁵ E	
1Cr	5¹³	A	1Cr	7⁷	A	1Cr	7⁹	A	Iudaia	Jhn 7¹ A	Luk 3¹ A	Luk 7¹⁷ A
1Cr	7¹⁰	A	1Cr	7¹¹	A	1Cr	7¹²	A		Mrk 3⁸ A	2Cr 1¹⁶ AB	1Th 2¹⁴ B
1Cr	7¹⁴	A	1Cr	7¹⁵	A	1Cr	7²⁵	A		Neh 5¹⁴ D	Neh 6¹⁸ D	Skr 4¹⁰ E
1Cr	7²⁸	A2	1Cr	9²⁴	A	1Cr	9²⁵	A2	Iudaialand	Mrk 1⁵ A		
1Cr	10²⁷	A	1Cr	10²⁸	A	1Cr	11³	A2	Iudaian	Jhn 7³ A	Jhn 11¹⁷ A	Luk 2⁴ A
1Cr	11⁵	A	1Cr	11⁶	A	1Cr	11³¹	A	Iudaias	Luk 1⁵ A	Luk 1⁶⁵ A	Luk 5¹⁷ A
1Cr	12¹²	A	1Cr	12¹⁸	A	1Cr	12¹⁹	A		Luk 6¹⁷ A	Mrk 10¹ A	Gal 1²² AB
1Cr	12²⁰	A2	1Cr	13²	A	1Cr	13³	A	Iudaiaus	Rom 10¹² A		
1Cr	13⁸	A	1Cr	13¹¹	A	1Cr	13¹²	AA‡	Iudaie	Mat 27¹¹ A	Jhn 6⁴ A	Jhn 7² A
1Cr	14²²	A	1Cr	14²⁴	A2	1Cr	15⁸	A		Jhn 7¹³ A	Jhn 11¹⁹ A	Jhn 12⁹ A
1Cr	15¹¹	A	1Cr	15¹³	A	1Cr	15¹⁷	A		Jhn 18¹² A	Jhn 18³³ A	Jhn 18³⁹ A
1Cr	15²⁰	A	1Cr	15²⁷	A	1Cr	15⁵¹	AB		Jhn 19³ A	Luk 7³ A	Mrk 15² A

		Mrk	15⁹	A	Mrk	15¹²	A	Mrk	15¹⁸	A	ize	Mat	5³²	A	Mat	6¹⁴	A	Mat	6¹⁵	A
		Mrk	15²⁶	A	1Cr	1²⁴	A	Neh	6¹⁷	D		Mat	7¹⁶	A	Mat	7²⁰	A	Mat	8³⁴	A
Iudaiei	Jhn	12¹¹	A									Mat	9²	A	Mat	9⁴	A	Mat	9²⁹	A
Iudaieis	Jhn	6⁴¹	A	Jhn	6⁵²	A	Jhn	7¹	A		Mat	9³⁵	A	Mat	9³⁶	A	Mat	10²⁹	A
	Jhn	7¹¹	A	Jhn	7³⁵	A	Jhn	8²²	A		Mat	11¹	A	Jhn	7⁷	A	Jhn	7⁴⁴	A
	Jhn	8⁴⁸	A	Jhn	8⁵²	A	Jhn	8⁵⁷	A		Jhn	10²⁰	A	Jhn	10³⁹	A	Jhn	11³⁷	A
	Jhn	9¹⁸	A	Jhn	9²²	A	Jhn	10²⁴	A		Jhn	11⁴⁶	A	Jhn	12³⁷	A	Jhn	12⁴⁰	A2
	Jhn	10³¹	A	Jhn	10³³	A	Jhn	11⁸	A		Jhn	13¹²	A	Jhn	15²⁵	A	Jhn	16⁴	A
	Jhn	11³¹	A	Jhn	11³⁶	A	Jhn	18²⁰	A		Jhn	17²⁰	A	Jhn	18⁹	A	Luk	1¹⁶	A
	Jhn	18³¹	A	Jhn	19⁷	A	Jhn	19¹²	A		Luk	1⁷⁷	A	Luk	2²²	A	Luk	4⁶	A
	Mrk	7³	A	1Cr	1²²	A	Gal	2¹³	B		Luk	4¹⁵	A	Luk	4²⁷	A	Luk	4²⁹	A
	Gal	2¹⁵	B	Neh	5¹⁷	D					Luk	4⁴⁰	A	Luk	5⁶	A	Luk	5⁷	A
Iudaium	Jhn	8³¹	A	Jhn	10¹⁹	A	Jhn	13³³	A		Luk	5²⁰	A	Luk	5²²	A	Luk	5²⁵	A
	Jhn	18¹⁴	A	Jhn	18³⁶	A	Jhn	18³⁸	A		Luk	5³⁰	A	Luk	6⁸	A	Luk	6²³	A
	Rom	9²⁴	A	1Cr	1²³	A	1Cr	9²⁰	A		Luk	6²⁶	A	Luk	8¹²	A	Luk	8¹³	A
	1Cr	10³²	A	2Cr	11²⁴	B	1Th	2¹⁴	B		Luk	8¹⁵	A	Luk	9⁴⁶	A	Luk	9⁴⁷	A
	Skr	3⁸	E								Luk	15¹²	A	Luk	17¹⁵	A	Luk	20²³	A
Iudaiuns	Jhn	9²²	A	Jhn	11³³	A					Mrk	1²³	A	Mrk	1³⁹	A	Mrk	2⁵	A
Iudaius	Jhn	18³⁵	A	Gal	2¹⁴	B					Mrk	3⁵	A	Mrk	4¹⁵	A	Mrk	5³⁷	A
iudaiwisko	Gal	2¹⁴	B								Mrk	6⁶	A	Mrk	7⁶	A	Mrk	8³	A2
iudaiwiskon	Gal	2¹⁴	B								Mrk	9¹	A	Mrk	9²	A	Mrk	9⁴⁴	A
Iudan	Jhn	6⁷¹	A	Luk	6¹⁶	A2	Mrk	3¹⁹	A		Mrk	9⁴⁶	A	Mrk	9⁴⁸	A	Mrk	10⁴²	A
Iudas	Mat	27³	A	Jhn	13²⁹	A	Jhn	14²²	A		Mrk	12¹⁵	A	Mrk	12²³	A	Mrk	14⁵⁹	A
	Jhn	18²	A	Jhn	18³	A	Jhn	18⁵	A		Mrk	16¹²	S	Mrk	16¹⁴	S	Rom	10¹⁸	A2
	Mrk	14¹⁰	A	Mrk	14⁴³	A					Rom	11¹¹	A	Rom	11¹²	A3	Rom	11¹⁵	A
Iudin	Jhn	13²⁶	A								Rom	11²⁷	A	Rom	11³⁰	A	1Cr	8¹²	A
Iudins	Luk	1³⁹	A	Luk	3³⁰	A	Luk	3³³	A		1Cr	12¹⁸	A	1Cr	15⁵⁷	A	2Cr	3¹⁴	AB
	Mrk	6³	A								2Cr	3¹⁵	AB	2Cr	5¹⁹	AB	2Cr	5²¹	A
iumjons	Mat	8¹	A								2Cr	6¹⁶	AB	2Cr	6¹⁷	AB	2Cr	8²	A3B3
iup	Jhn	11⁴¹	A	Luk	19⁵	A	Rom	10⁷	A		2Cr	8¹⁶	A	2Cr	11¹⁵	B	Eph	2¹⁷	A
iupa	Gal	4²⁶	B	Php	3¹⁴	AB	Col	3¹	AB		Eph	4¹⁵	A	Gal	1¹	B	Gal	2¹³	B
	Col	3²	AB	Skr	2⁵	E					Gal	6¹³	A	Php	3¹⁹	AB	1Th	5¹³	B
iupana	Gal	4⁹	A								1Tm	1¹⁶	B	2Tm	2¹⁷	B	2Tm	3⁹	AB
iupaþro	Mat	27⁵¹	A	Jhn	8²³	A	Jhn	19¹¹	A		Tit	1¹²	A2	Tit	1¹⁵	A	Neh	5¹⁴	D
	Mrk	15³⁸	A	Skr	2⁶	E	Skr	2⁷	E		Neh	5¹⁵	D	Neh	6¹⁶	D	Skr	7⁷	E
	Skr	4¹³	E	Skr	4¹⁵	E					SkB	7¹⁸	E⁶	Skr	7²²	E	Skr	8²	E
Iusezis	Mrk	6³	A⁺								Skr	8¹³	E							
iusila	2Cr	8¹³	AB	2Th	1⁷	A				izei	Mat	7¹⁵	A	Jhn	7⁵⁰	A	Jhn	8⁴⁰	A
iusiza	Gal	4¹	A								Jhn	11³⁷	A	Jhn	12⁴	A	Jhn	15²⁶	A
izai	Mat	5²⁸	A	Mat	5³¹	A	Mat	10³⁹	A		Jhn	16²	A	Jhn	19¹²	A	1Cr	15²⁷	A
	Jhn	11²³	A	Jhn	11²⁵	A‡	Jhn	11³¹	A2		1Cr	15⁵⁷	B	2Cr	1¹⁰	AB	2Cr	3⁶	AB
	Jhn	11³³	A	Jhn	11⁴⁰	A	Jhn	12²⁵	A2		2Cr	5²¹	B	2Cr	8¹⁶	B	2Cr	9²	B
	Luk	1²⁸	A	Luk	1²⁹	A⁼	Luk	1³⁰	A		2Cr	9¹⁴	B	Eph	1³	AB	Eph	1¹⁴	AB
	Luk	1³⁵	A	Luk	1³⁶	A	Luk	1³⁸	A		Eph	2¹⁷	B	Gal	1⁴	B	Gal	6¹³	B
	Luk	1⁴⁵	A	Luk	1⁵⁶	A	Luk	1⁵⁸	A2	izo	Jhn	11¹⁹	A							
	Luk	1⁶¹	A	Luk	2⁶	A	Luk	7¹²	A	izos	Mat	5²⁸	A	Mat	8¹⁵	A	Mat	9²⁵	A
	Luk	7¹³	A2	Luk	7⁴⁸	A	Luk	8⁴⁸	A		Mat	10³⁵	A2	Jhn	11¹	A	Jhn	11⁵	A
	Luk	8⁵⁵	A	Luk	9²⁴	A	Luk	10⁹	A		Jhn	16²¹	A	Luk	1⁵	A	Luk	1⁴¹	A
	Luk	16¹⁶	A	Luk	17³³	A2	Luk	18¹⁷	A		Luk	1⁵⁸	A	Luk	7⁴⁷	A	Luk	8⁴⁴	A
	Luk	19⁴⁵	A	Mrk	5³⁴	A	Mrk	5⁴¹	A		Luk	8⁵⁴	A	Luk	8⁵⁵	A	Luk	8⁵⁶	A
	Mrk	5⁴³	A	Mrk	6²³	A	Mrk	6²⁶	A		Luk	10¹⁰	A	Mrk	1³¹	A	Mrk	5²⁹	A
	Mrk	7²⁷	A	Mrk	7²⁹	A	Mrk	8³⁵	A		Mrk	7²⁶	A	Mrk	14⁹	A	1Cr	10²⁶	A
	Mrk	10¹⁵	A	Mrk	14⁶	A	Mrk	16¹¹	A		1Cr	10²⁸	A	Gal	4³⁰	B	2Tm	3⁵	AB
	Rom	9¹²	A	Rom	10⁵	A	1Cr	7¹³	A	izwar	Mat	5¹⁶	A	Mat	5³⁷	A	Mat	5⁴⁸	A
	Eph	6²⁰	B	Col	4²	B					Mat	6⁸	A	Mat	6¹⁴	A	Mat	6¹⁵	A

	Mat	6²¹	A2	Mat	6²⁶	A	Mat	6³²	A		Php	1²⁵	B	1Th	3⁷	B	1Th	3¹⁰	B
	Mat	9¹¹	A	Jhn	7⁶	A	Jhn	8⁴²	A	izwaramma	Mat	6¹	A	Mat	6²⁵	A	Jhn	8¹⁷	A
	Jhn	8⁵⁶	A	Jhn	9¹⁹	A	Jhn	14¹	A		Jhn	8³⁸	A	Jhn	10³⁴	A	Jhn	18³¹	A
	Jhn	15¹⁶	A	Jhn	15²⁰	A	Jhn	16⁶	A		Luk	6²²	A	Rom	16²⁴	A	2Cr	11⁸	B
	Jhn	16²²	A	Luk	6³⁶	A	Luk	10⁶	A		Eph	4²⁹	AB	Gal	6¹³	AB	Gal	6¹⁸	A*B
	Luk	16¹²	A	Mrk	7⁹	A	Mrk	8¹⁷	A		Col	3⁸	AB						
	Mrk	10⁴³	A	Mrk	11²⁵	A	Mrk	11²⁶	A	izwarana	Mat	5¹⁶	A	Luk	6³⁸	A	Rom	12¹	C
	Mrk	13¹⁸	A	1Cr	16¹⁴	B	2Cr	7⁷	AB		1Cr	16¹⁷	B	1Cr	16¹⁸	B	2Cr	2⁹	AB
	2Cr	8¹⁴	AB	2Cr	9¹⁰	B	Eph	3¹³	AB		2Cr	7⁷	AB	2Cr	9⁵	AB	Php	2²⁵	B⁺
	Php	2³⁰	AB	Col	4⁶	AB	1Th	2¹⁷	B⁻		1Th	5²³	AB						
izwara	Mat	5¹⁶	A	Mat	6¹	A	Mat	6²⁷	A	izwarans	Mat	5⁴⁴	A	Mat	5⁴⁷	A	Luk	6³⁵	A
	Mat	10³⁰	A	Jhn	6⁶⁴	A	Jhn	6⁷⁰	A		2Cr	4⁵	AB	Eph	6¹⁴	AB	Col	3⁵	AB
	Jhn	7¹⁹	A	Jhn	8⁴⁶	A	Jhn	9⁴¹	A		1Th	5¹²	B						
	Jhn	11¹⁵	A	Jhn	12³⁰	A	Jhn	13²¹	A	izwaris	Mat	5⁴⁵	A	Mat	10²⁹	A	Jhn	8⁴¹	A
	Jhn	14²⁷	A	Jhn	15¹¹	A	Jhn	16²⁰	A		Jhn	8⁴⁴	A	Rom	12²	C	2Cr	9¹³	B
	Jhn	16²²	A	Jhn	16²⁴	A	Luk	5⁴	A		Eph	1¹⁸	AB	Eph	4²³	AB	Col	2¹³	B
	Luk	6²⁰	A	Luk	6²³	A	Luk	6²⁴	A		2Th	1⁴	AB						
	Luk	6³⁵	A	Luk	8²⁵	A	Luk	9⁴⁴	A	izwaros	Mat	6¹⁵	A	Mrk	11²⁵	A	Mrk	11²⁶	A
	Luk	10²⁰	A	Luk	14²⁸	A	Luk	14³³	A		2Cr	12¹⁴	AB	2Cr	12¹⁵	AB	Eph	5²⁵	A
	Luk	15⁴	A	Luk	16¹⁵	A	Luk	17⁷	A		Gal	6²	AB	Php	4⁶	AB	Col	3¹⁹	B
	Mrk	10⁵	A	Mrk	10⁴⁴	A	Rom	11²⁸	A		Phm	22	A						
	Rom	12¹	C	1Cr	1¹³	A	1Cr	1¹⁴	A	izwis	Mat	5¹⁸	A	Mat	5²⁰	A	Mat	5²²	A
	1Cr	4⁶	A	1Cr	5⁶	A	1Cr	6¹	A		Mat	5²⁸	A	Mat	5³²	A	Mat	5³⁴	A
	1Cr	7⁵	A2	1Cr	7¹⁴	A	1Cr	11²⁴	A		Mat	5³⁹	A	Mat	5⁴⁴	A4	Mat	5⁴⁶	A
	1Cr	14²⁶	A	1Cr	15¹⁷	A	1Cr	15⁵⁸	AB		Mat	6²	A	Mat	6⁵	A	Mat	6¹⁴	A
	1Cr	16²	AB	1Cr	16³	AB	2Cr	1¹⁴	AB		Mat	6¹⁶	A	Mat	6¹⁹	A	Mat	6²⁰	A
	2Cr	1²³	AB	2Cr	2³	AB	2Cr	2¹⁰	AB		Mat	6²⁵	A	Mat	6²⁹	A	Mat	6³⁰	A
	2Cr	4¹⁵	B	2Cr	7⁷	AB	2Cr	7¹⁵	AB		Mat	7¹²	A	Mat	7¹⁵	A	Mat	7²³	A
	2Cr	8⁹	AB	2Cr	9²	AB	2Cr	9¹⁴	B		Mat	8¹⁰	A	Mat	8¹¹	A	Mat	10²³	A
	2Cr	10⁶	B	2Cr	11³	B	Eph	1¹⁵	AB		Mat	10²⁶	A	Mat	10²⁷	A	Mat	10²⁸	A
	Eph	1¹⁶	AB	Eph	3¹	B	Eph	4²⁶	AB		Mat	10⁴⁰	A	Mat	10⁴²	A	Mat	11⁹	A
	Eph	6²²	B	Gal	4⁶	A	Gal	4¹⁵	A2		Mat	11¹¹	A	Mat	11¹⁷	A*	Mat	11²¹	A
	Php	1¹⁹	B	Php	1²⁴	B	Php	1²⁶	B		Mat	11²²	A*2	Mat	11²³	A	Mat	11²⁴	A
	Php	2²⁶	B	Php	4⁵	AB	Php	4⁷	B		Mat	25⁴⁰	C	Mat	25⁴⁵	C	Mat	26⁶⁶	C
	Col	1⁸	B	Col	3³	AB	Col	3⁴	AB		Mat	27¹⁷	A	Jhn	5⁴⁵	A2	Jhn	6²⁰	A
	Col	3²¹	B	Col	4⁸	AB	1Th	2¹¹	B		Jhn	6²⁶	A	Jhn	6²⁷	A	Jhn	6³²	A3
	1Th	3²	B	1Th	3⁵	B	1Th	3⁶	B		Jhn	6³⁶	A	Jhn	6⁴³	A	Jhn	6⁴⁷	A
	1Th	3⁹	B	1Th	3¹⁰	B	1Th	3¹³	B		Jhn	6⁵³	A2	Jhn	6⁶¹	A	Jhn	6⁶³	A
	1Th	4³	B	1Th	4⁴	B	2Th	1³	A3B3		Jhn	6⁶⁵	A	Jhn	6⁷⁰	A	Jhn	7⁷	A
	2Th	2¹⁷	B	2Th	3⁵	B	2Th	3⁸	AB		Jhn	7¹⁹	A	Jhn	7²²	A	Jhn	7³³	A
izwarai	Mat	6²⁵	A	Jhn	6⁴⁹	A	Jhn	6⁵⁸	A		Jhn	8²⁴	A	Jhn	8²⁵	A	Jhn	8²⁶	A
	Jhn	8²¹	A	Luk	10¹¹	A	Mrk	7¹³	A		Jhn	8³²	A	Jhn	8³⁴	A	Jhn	8³⁶	A
	Rom	11³¹	A	2Cr	1²⁴	AB	2Cr	10⁸	B		Jhn	8³⁷	A	Jhn	8⁴⁰	A	Jhn	8⁵¹	A
	2Cr	10¹⁵	B	Php	1²⁵	B					Jhn	8⁵⁵	A	Jhn	8⁵⁸	A	Jhn	9²⁷	A
izwaraim	Mat	9⁴	A	Jhn	8²⁴	A2	Luk	3¹⁴	A		Jhn	10¹	A	Jhn	10⁷	A	Jhn	10²⁵	A
	Luk	4²¹	A	Luk	5²²	A	Luk	9⁵	A		Jhn	10²⁶	A	Jhn	10³²	A	Jhn	12⁸	A
	Mrk	2⁸	A	Mrk	6¹¹	A	1Cr	15¹⁷	A		Jhn	12²⁴	A	Jhn	12³⁵	A2	Jhn	13¹²	A
	2Cr	5¹¹	AB	2Cr	6¹²	AB	2Cr	8¹⁴	AB		Jhn	13¹⁴	A2	Jhn	13¹⁵	A2	Jhn	13¹⁶	A
	Eph	2¹	AB	Eph	3¹⁷	AB	Eph	5¹⁹	A		Jhn	13¹⁸	A	Jhn	13¹⁹	A	Jhn	13²⁰	A
	Col	3¹⁵	B	Col	3¹⁶	B	Col	3¹⁸	B		Jhn	13²¹	A	Jhn	13³³	A2	Jhn	13³⁴	A4
	1Th	2¹⁴	B	1Th	4¹¹	B	2Th	1⁴	AB		Jhn	13³⁵	A	Jhn	14²	A2	Jhn	14³	A2
izwaraizos	Mat	5²⁰	A	1Cr	7⁵	A	1Cr	15³¹	A		Jhn	14⁹	A	Jhn	14¹⁰	A	Jhn	14¹²	A
	2Cr	1⁶	B2	2Cr	1²⁴	AB	2Cr	8⁸	AB		Jhn	14¹⁶	A2	Jhn	14¹⁷	A2	Jhn	14¹⁸	A2
	2Cr	8²⁴	AB	2Cr	9¹⁰	B	2Cr	12¹⁹	AB		Jhn	14²⁰	A	Jhn	14²⁵	A2	Jhn	14²⁶	A3
	2Cr	13⁹	AB	Eph	1¹³	AB	Eph	4⁴	AB		Jhn	14²⁷	A3	Jhn	14²⁸	A2	Jhn	14²⁹	A

Jhn	14³⁰	A	Jhn	15³	A	Jhn	15⁴	A			
Jhn	15⁷	A2	Jhn	15⁹	A	Jhn	15¹¹	A2			
Jhn	15¹²	A2	Jhn	15¹⁴	A	Jhn	15¹⁵	A3			
Jhn	15¹⁶	A2A‡	Jhn	15¹⁷	A2	Jhn	15¹⁸	A2			
Jhn	15¹⁹	A2	Jhn	15²⁰	A2	Jhn	15²¹	A			
Jhn	15²⁶	A	Jhn	16¹	A	Jhn	16²	A2			
Jhn	16⁴	A4	Jhn	16⁵	A	Jhn	16⁶	A			
Jhn	16⁷	A4	Jhn	16¹²	A	Jhn	16¹³	A2			
Jhn	16¹⁴	A	Jhn	16¹⁵	A	Jhn	16¹⁹	A			
Jhn	16²⁰	A	Jhn	16²²	A2	Jhn	16²³	A2			
Jhn	16²⁵	A3	Jhn	16²⁶	A2	Jhn	16²⁷	A			
Jhn	16³³	A2	Jhn	18⁸	A	Jhn	18³⁹	A3			
Jhn	19⁴	A	Luk	2¹⁰	A	Luk	2¹¹	A			
Luk	2¹²	A	Luk	3⁷	A	Luk	3⁸	A2			
Luk	3¹³	A	Luk	3¹⁶	A2	Luk	4²⁴	A			
Luk	4²⁵	A	Luk	6⁹	A	Luk	6²²	A2			
Luk	6²⁴	A	Luk	6²⁵	A2	Luk	6²⁶	A			
Luk	6²⁷	A3	Luk	6²⁸	A2	Luk	6³¹	A			
Luk	6³²	A2	Luk	6³³	A2	Luk	6³⁴	A			
Luk	6³⁸	A2	Luk	6⁴⁷	A	Luk	7⁹	A			
Luk	7²⁶	A	Luk	7²⁸	A	Luk	7³²	A2			
Luk	8¹⁰	A	Luk	9⁵	A	Luk	9²⁷	A			
Luk	9⁴¹	A2	Luk	9⁴⁸	A	Luk	9⁵⁰	A2			
Luk	10³	A	Luk	10⁶	A	Luk	10⁸	A2			
Luk	10⁹	A	Luk	10¹⁰	A	Luk	10¹¹	A2			
Luk	10¹²	A	Luk	10¹³	A	Luk	10¹⁴	A			
Luk	10¹⁶	A2	Luk	10¹⁹	A2	Luk	10²⁰	A			
Luk	10²⁴	A	Luk	14²⁴	A	Luk	15⁷	A			
Luk	15¹⁰	A	Luk	16⁹	A3	Luk	16¹¹	A			
Luk	16¹²	A	Luk	16¹⁵	A	Luk	17⁶	A			
Luk	17¹⁰	A	Luk	17¹⁴	A	Luk	17²¹	A			
Luk	17²³	A	Luk	17³⁴	A	Luk	18⁸	A			
Luk	18¹⁴	A	Luk	18¹⁷	A	Luk	18²⁹	A			
Luk	19²⁶	A	Luk	19⁴⁰	A	Luk	20³	A			
Luk	20⁸	A	Mrk	1⁸	A2	Mrk	3²⁸	A			
Mrk	4¹¹	A	Mrk	4²⁴	A2	Mrk	6¹¹	A3			
Mrk	7⁶	A	Mrk	8¹²	A	Mrk	8¹⁵	A			
Mrk	9¹	A	Mrk	9¹³	A	Mrk	9¹⁹	A2			
Mrk	9³³	A	Mrk	9⁴⁰	A2	Mrk	9⁴¹	A2			
Mrk	9⁵⁰	A2	Mrk	10³	A	Mrk	10⁵	A			
Mrk	10¹⁵	A	Mrk	10²⁹	A	Mrk	10⁴³	A2			
Mrk	11²³	A	Mrk	11²⁴	A2	Mrk	11²⁵	A			
Mrk	11²⁶	A	Mrk	11²⁹	A2	Mrk	11³³	A			
Mrk	13²¹	A	Mrk	13²³	A	Mrk	14⁷	A			
Mrk	14⁹	A	Mrk	14¹⁵	A	Mrk	14⁴⁹	A			
Mrk	14⁶⁴	A	Mrk	15⁹	A	Mrk	16⁶	A			
Mrk	16⁷	A2	Rom	8⁹	A	Rom	8¹⁰	A			
Rom	10¹⁹	A2	Rom	11¹³	A	Rom	11²⁵	A2			
Rom	12¹	C	Rom	12²	C	Rom	12³	C			
Rom	12¹⁰	A2	Rom	12¹⁴	A	Rom	12¹⁶	A2			
Rom	12¹⁸	AC	Rom	12¹⁹	AC	Rom	13⁸	A*			
Rom	15⁵	C2	Rom	15⁷	C2	Rom	15¹³	C			
Rom	16²²	A	Rom	16²³	A2	1Cr	4³	A			
1Cr	4⁸	A	1Cr	5⁴	A	1Cr	5⁹	A2			
1Cr	5¹¹	A	1Cr	5¹³	A	1Cr	7²⁸	A			
1Cr	9²	A	1Cr	10¹	A	1Cr	10²⁰	A
1Cr	10²⁷	A2	1Cr	11²	A2	1Cr	11³	A
1Cr	11²²	A2	1Cr	11²³	A	1Cr	11³⁰	A
1Cr	14²⁵	A	1Cr	15¹	A2	1Cr	15²	A
1Cr	15³	A	1Cr	15¹²	A	1Cr	15³⁴	A2
1Cr	15⁵¹	AB	1Cr	16⁵	AB	1Cr	16⁶	AB
1Cr	16⁷	A2B2	1Cr	16¹⁰	AB	1Cr	16¹²	B2
1Cr	16¹⁵	B	1Cr	16¹⁹	B2	1Cr	16²⁰	BB‡
1Cr	16²³	AB	1Cr	16²⁴	AB	2Cr	1²	B
2Cr	1⁶	B	2Cr	1⁸	B	2Cr	1¹¹	AB
2Cr	1¹²	AB	2Cr	1¹³	AB	2Cr	1¹⁵	AB
2Cr	1¹⁶	A3B3	2Cr	1¹⁸	AB	2Cr	1¹⁹	AB
2Cr	1²¹	AB	2Cr	2¹	AB	2Cr	2²	AB
2Cr	2³	A2B2	2Cr	2⁴	A2B2	2Cr	2⁵	AB
2Cr	2⁷	AB	2Cr	2⁸	AB	2Cr	3¹	A2B2
2Cr	4¹²	B	2Cr	4¹⁴	B*	2Cr	5¹²	A2B2
2Cr	5¹³	AB	2Cr	6¹	AB	2Cr	6¹¹	AB
2Cr	6¹⁷	A2B2	2Cr	6¹⁸	AB	2Cr	7²	AB
2Cr	7⁴	A2B2	2Cr	7⁷	AB	2Cr	7⁸	A2B2
2Cr	7¹¹	A3B3	2Cr	7¹²	A2B2	2Cr	7¹³	AB
2Cr	7¹⁴	A2B2	2Cr	7¹⁵	AB	2Cr	7¹⁶	AB
2Cr	8¹	AB	2Cr	8⁶	AB	2Cr	8⁷	AB
2Cr	8⁸	AB	2Cr	8¹⁰	AB	2Cr	8¹³	AB
2Cr	8¹⁶	AB‡	2Cr	8¹⁷	AB	2Cr	8²²	AB
2Cr	8²³	AB	2Cr	8²⁴	AB	2Cr	9¹	AB
2Cr	9²	A2B2	2Cr	9³	AB	2Cr	9⁴	AB
2Cr	9⁵	AB	2Cr	9⁸	B	2Cr	9¹⁴	B2
2Cr	10¹	B̀3	2Cr	10⁹	B	2Cr	10¹³	B
2Cr	10¹⁴	B2	2Cr	10¹⁵	B	2Cr	10¹⁶	B
2Cr	11²	B2	2Cr	11⁶	B	2Cr	11⁷	B
2Cr	11⁸	B	2Cr	11⁹	B	2Cr	11¹¹	B
2Cr	11²⁰	B2	2Cr	12¹¹	AB	2Cr	12¹²	AB
2Cr	12¹³	AB	2Cr	12¹⁴	A3B3	2Cr	12¹⁵	AB
2Cr	12¹⁶	A2B2	2Cr	12¹⁷	A2B2	2Cr	12¹⁸	AB
2Cr	12¹⁹	A2B2	2Cr	12²⁰	A2B2	2Cr	12²¹	AB
2Cr	13¹	AB	2Cr	13³	A2B2	2Cr	13⁴	AB
2Cr	13⁵	A3B3	2Cr	13¹¹	AB	2Cr	13¹²	A2B2
2Cr	13¹³	AB	Eph	1²	AB	Eph	1¹⁷	AB
Eph	1¹⁹g	A	Eph	2¹	AB	Eph	2⁸	AB
Eph	2¹⁷	AB	Eph	3²	B	Eph	3¹³	AB
Eph	3¹⁶	AB	Eph	4¹	AB	Eph	4²	AB
Eph	4³¹	AB	Eph	4³²	A3B3	Eph	5³	B
Eph	5⁶	B	Eph	5¹⁸	A	Eph	5¹⁹	A
Eph	5²¹	A	Eph	6⁹	AB	Eph	6¹⁰	AB
Eph	6¹¹	AB	Eph	6¹²	AB	Eph	6²¹	B
Eph	6²²	B	Gal	1³	B	Gal	1⁶	B
Gal	1⁷	B	Gal	1²⁰	B	Gal	2⁵	AB
Gal	3¹	A2	Gal	3²	A	Gal	3⁵	A2
Gal	4⁹	A	Gal	4¹¹	A2	Gal	4¹²	A
Gal	4¹³	A	Gal	4¹⁵	A	Gal	4¹⁶	A2
Gal	4¹⁷	A2	Gal	4¹⁸	A	Gal	4¹⁹	AB
Gal	4²⁰	A2B2	Gal	5²	B2	Gal	5⁴	B
Gal	5⁷	B	Gal	5⁸	B*	Gal	5¹⁰	B2
Gal	5¹²	B	Gal	5¹³	B	Gal	5¹⁴	B
Gal	5¹⁵	BB*	Gal	5²¹	AB	Gal	6¹¹	AB

	Gal	6^{12}	AB	Gal	6^{13}	AB	Php	1^{25}	B
	Php	1^{26}	B	Php	1^{27}	B2	Php	1^{28}	B
	Php	1^{29}	B	Php	2^{5}	B	Php	2^{25}	B
	Php	2^{28}	A=B=	Php	3^{1}	A2B2	Php	3^{15}	AB
	Php	3^{17}	AB	Php	3^{18}	AB	Php	4^{9}	B2
	Col	1^{7}	B	Col	1^{9}	B	Col	1^{12}	AB
	Col	1^{13}	AB	Col	1^{21}	A*B	Col	1^{22}	AB
	Col	1^{24}	AB	Col	1^{25}	AB	Col	1^{27}	AB
	Col	2^{13}	B	Col	2^{16}	B	Col	2^{18}	B
	Col	3^{9}	B2	Col	3^{12}	B	Col	3^{13}	BB*
	Col	3^{16}	B2	Col	4^{2}	B	Col	4^{7}	AB
	Col	4^{8}	A2B2	Col	4^{9}	A2B2	Col	4^{10}	A2B2
	Col	4^{12}	A3B3	Col	4^{13}	AB	Col	4^{14}	B
	Col	4^{16}	B	Col	4^{19}	B	1Th	2^{10}	B
	1Th	2^{11}	B	1Th	2^{12}	B2	1Th	2^{13}	B
	1Th	2^{17}	B	1Th	2^{18}	B	1Th	3^{2}	B
	1Th	3^{4}	B2	1Th	3^{5}	B	1Th	3^{6}	B2
	1Th	3^{7}	B	1Th	3^{9}	B	1Th	3^{11}	B
	1Th	3^{12}	B3	1Th	4^{1}	B	1Th	4^{2}	B
	1Th	4^{3}	B	1Th	4^{6}	B	1Th	4^{8}	B
	1Th	4^{9}	B2	1Th	4^{10}	B	1Th	4^{11}	B
	1Th	4^{13}	B	1Th	4^{15}	B	1Th	4^{18}	B
	1Th	5^{1}	B	1Th	5^{4}	B	1Th	5^{11}	B
	1Th	5^{12}	B2B‡	1Th	5^{13}	B	1Th	5^{14}	B
	1Th	5^{15}	B	1Th	5^{18}	B	1Th	5^{22}	AB
	1Th	5^{23}	AB	1Th	5^{24}	AB	1Th	5^{27}	AB
	1Th	5^{28}	AB	2Th	1^{2}	AB	2Th	1^{3}	AB
	2Th	1^{4}	AB	2Th	1^{5}	AB	2Th	1^{6}	A
	2Th	1^{7}	A*	2Th	1^{10}	A	2Th	1^{11}	A2
	2Th	1^{12}	A	2Th	2^{1}	A	2Th	2^{2}	A*
	2Th	2^{3}	A*	2Th	3^{1}	B	2Th	3^{3}	B2
	2Th	3^{4}	B2	2Th	3^{6}	B2	2Th	3^{7}	AB
	2Th	3^{9}	A‡B‡	2Th	3^{10}	A2B2	2Th	3^{11}	AB
	2Th	3^{14}	AB	2Th	3^{16}	A2B2	2Th	3^{18}	A*B
	Phm	22	A	Skr	3^{24}	E	Skr	3^{26}	E
	Skr	6^{13}	*E*	Skr	6^{24}	E			
izwizei	Gal	3^{1}	A						

j

ja	Mat	5^{37}	*A2*	2Cr	1^{17}	A2B2	2Cr	1^{18}	AB
	2Cr	1^{19}	A2B2	2Cr	1^{20}	AB			
jabai	Mat	5^{23}	*A*	Mat	5^{29}	*A*	Mat	5^{30}	*A*
	Mat	5^{39}	*A*	Mat	5^{41}	*A*	Mat	5^{46}	*A*
	Mat	5^{47}	*A*	Mat	6^{14}	*A*	Mat	6^{15}	*A*
	Mat	6^{22}	*A*	Mat	6^{23}	*A2*	Mat	6^{24}	*A*
	Mat	8^{2}	*A*	Mat	8^{31}	*A*	Mat	9^{21}	*A*
	Mat	10^{25}	*A*	Mat	11^{14}	*A*	Mat	11^{23}	*A*⁑
	Mat	27^{43}	*A*	Jhn	5^{46}	*A*	Jhn	6^{51}	*A*
	Jhn	6^{62}	*A*	Jhn	7^{4}	*A*	Jhn	7^{17}	*A*
	Jhn	7^{23}	*A*	Jhn	7^{37}	*A*	Jhn	8^{14}	*A*
	Jhn	8^{16}	*A*	Jhn	8^{24}	*A*	Jhn	8^{31}	*A*
	Jhn	8^{36}	*A*	Jhn	8^{42}	*A*	Jhn	8^{51}	*A*
	Jhn	8^{52}	*A*	Jhn	8^{54}	*A*	Jhn	8^{55}	*A*
	Jhn	9^{22}	*A*	Jhn	9^{25}	*A*	Jhn	9^{31}	*A*
	Jhn	10^{9}	*A*	Jhn	10^{24}	*A*	Jhn	10^{35}	*A*
	Jhn	10^{38}	*A*	Jhn	11^{9}	*A*	Jhn	11^{10}	*A*
	Jhn	11^{12}	*A*	Jhn	11^{40}	*A*	Jhn	12^{24}	*A*
	Jhn	12^{26}	*A2*	Jhn	12^{32}	*A*	Jhn	12^{47}	*A*
	Jhn	13^{14}	*A*	Jhn	13^{17}	*A*	Jhn	13^{32}	*A*
	Jhn	13^{35}	*A*	Jhn	14^{3}	*A*	Jhn	14^{11}	*A*
	Jhn	14^{14}	*A*	Jhn	14^{15}	*A*	Jhn	14^{23}	*A*
	Jhn	14^{28}	*A*	Jhn	15^{7}	*A*	Jhn	15^{10}	*A*
	Jhn	15^{14}	*A*	Jhn	15^{18}	*A*	Jhn	15^{19}	*A*
	Jhn	15^{20}	*A2*	Jhn	16^{7}	*A2*	Jhn	18^{8}	*A*
	Jhn	18^{23}	*A2*	Jhn	19^{12}	*A*	Luk	4^{3}	*A*
	Luk	4^{7}	*A*	Luk	4^{9}	*A*	Luk	5^{12}	*A*
	Luk	6^{32}	*A*	Luk	6^{33}	*A*	Luk	6^{34}	*A*
	Luk	9^{23}	*A*	Luk	10^{6}	*A2*	Luk	14^{26}	*A*
	Luk	14^{32}	*A*=	Luk	14^{34}	*A*	Luk	15^{8}	*A*
	Luk	16^{11}	*A*	Luk	16^{12}	*A*	Luk	17^{3}	*A2*
	Luk	17^{4}	*A*	Luk	17^{6}	*AA*=	Luk	18^{4}	*A*
	Luk	19^{8}	*A*	Luk	19^{31}	*A*	Luk	19^{40}	*A*
	Luk	20^{5}	*A*	Luk	20^{6}	*A*	Luk	20^{28}	*A*
	Mrk	1^{40}	*A*	Mrk	3^{24}	*A*	Mrk	3^{25}	*A*
	Mrk	3^{26}	*A*	Mrk	4^{23}	*A*	Mrk	4^{26}	*A*
	Mrk	5^{28}	*A*	Mrk	7^{11}	*A*	Mrk	7^{16}	*A*
	Mrk	8^{3}	*A*	Mrk	8^{12}	*A*	Mrk	8^{36}	*A*
	Mrk	9^{22}	*A*	Mrk	9^{23}	*A*	Mrk	9^{35}	*A*
	Mrk	9^{43}	*A*	Mrk	9^{45}	*A*	Mrk	9^{47}	*A*
	Mrk	9^{50}	*A*	Mrk	10^{12}	*A*	Mrk	11^{3}	*A*
	Mrk	11^{25}	*A*	Mrk	11^{26}	*A*	Mrk	11^{31}	*A*
	Mrk	12^{19}	*A*	Mrk	13^{21}	*A*	Mrk	13^{22}	*A*
	Mrk	16^{18}	*S*	Rom	7^{2}	A	Rom	7^{3}	A2
	Rom	7^{16}	A	Rom	7^{20}	A	Rom	8^{9}	A2
	Rom	8^{10}	A	Rom	9^{22}	A	Rom	9^{27}	A
	Rom	10^{9}	A	Rom	11^{12}	A	Rom	11^{15}	A
	Rom	11^{16}	A	Rom	11^{17}	A	Rom	11^{18}	A
	Rom	11^{22}	A	Rom	11^{24}	A	Rom	12^{18}	A*C*
	Rom	12^{20}	A2*C*2	Rom	13^{4}	A*C*	Rom	13^{9}	A
	Rom	14^{15}	*C*	1Cr	4^{7}	A	1Cr	5^{10}	A=
	1Cr	5^{11}	A	1Cr	7^{8}	A	1Cr	7^{9}	A
	1Cr	7^{11}	A	1Cr	7^{12}	A	1Cr	7^{15}	A
	1Cr	7^{28}	A2	1Cr	8^{10}	A	1Cr	8^{13}	A
	1Cr	9^{2}	A	1Cr	10^{27}	A	1Cr	10^{28}	A
	1Cr	10^{30}	A	1Cr	11^{6}	A2	1Cr	11^{31}	A

		1Cr	12¹⁵	A	1Cr	12¹⁶	A	1Cr	12¹⁷	A2	Mat	5²⁴	A2	Mat	5²⁵	A2	Mat	5²⁹	A2
		1Cr	13²	A	1Cr	13³	A2	1Cr	14²³	A	Mat	5³⁰	A3	Mat	5³²	A	Mat	5³⁸	A
		1Cr	14²⁴	A	1Cr	15¹³	A	1Cr	15¹⁴	A	Mat	5³⁹	A	Mat	5⁴⁰	A3	Mat	5⁴¹	A
		1Cr	15¹⁶	A	1Cr	15¹⁷	A	1Cr	15¹⁹	A	Mat	5⁴²	A	Mat	5⁴³	A	Mat	5⁴⁴	A
		1Cr	15²⁹	A	1Cr	15³²	A2	1Cr	16⁴	AB	Mat	5⁴⁵	A3	Mat	5⁴⁶	A	Mat	5⁴⁷	A2
		1Cr	16⁷	AB	1Cr	16¹⁰	AB	1Cr	16²²	B	Mat	6²	A	Mat	6⁴	A	Mat	6⁵	A2
		2Cr	2²	AB	2Cr	2⁵	AB	2Cr	2¹⁰	AB	Mat	6⁶	A2	Mat	6¹⁰	A	Mat	6¹²	A2
		2Cr	3⁷	AB	2Cr	3⁹	AB	2Cr	3¹¹	AB	Mat	6¹³	A3	Mat	6¹⁴	A	Mat	6¹⁷	A
		2Cr	4³	AB	2Cr	5¹	B*	2Cr	5³	AB	Mat	6¹⁸	A	Mat	6¹⁹	A3	Mat	6²⁰	A
		2Cr	5¹⁶	AB	2Cr	5¹⁷	AB	2Cr	7⁸	A3B3	Mat	6²¹	A	Mat	6²⁴	A2	Mat	6²⁵	A2
		2Cr	7¹²	AB	2Cr	7¹⁴	AB*	2Cr	8¹²	AB*	Mat	6²⁶	A	Mat	6²⁸	A	Mat	6³⁰	A2
		2Cr	9⁴	AB	2Cr	10⁷	B	2Cr	10⁸	B	Mat	7¹²	A2	Mat	7¹³	A2	Mat	7¹⁴	A2
		2Cr	11⁴	B	2Cr	11⁶	B	2Cr	11¹⁵	B	Mat	7¹⁹	A	Mat	7²²	A2	Mat	7²³	A
		2Cr	11²⁰	B5	2Cr	11³⁰	B	2Cr	12⁶	AB	Mat	7²⁴	A	Mat	7²⁵	A5	Mat	7²⁶	A2
		2Cr	12¹¹	AB	2Cr	13²	AB	2Cr	13⁴	AB	Mat	7²⁷	A6	Mat	7²⁸	A	Mat	7²⁹	A
		Eph	3²	B	Eph	4²¹	AB	Gal	2¹⁴	B*	Mat	8²	A	Mat	8³	A2	Mat	8⁴	A2
		Gal	2¹⁷	B	Gal	2¹⁸	A	Gal	2²¹	A	Mat	8⁶	A	Mat	8⁷	A	Mat	8⁸	A2
		Gal	3⁴	A	Gal	4¹⁵	A	Gal	5²	B	Mat	8⁹	A7	Mat	8¹⁰	A	Mat	8¹¹	A4
		Gal	5¹¹	B	Gal	5¹⁵	B	Gal	5¹⁸	AB	Mat	8¹²	A	Mat	8¹³	A3	Mat	8¹⁴	AA⁼A⁑
		Gal	5²⁵	AB	Gal	6¹	AB	Gal	6³	AB	Mat	8¹⁵	A4	Mat	8¹⁶	A2	Mat	8¹⁷	A
		Php	1²²	B	Php	2¹	B4	Php	3⁴	AB	Mat	8¹⁹	A	Mat	8²⁰	A2	Mat	8²¹	A
		Php	3¹⁵	AB	Php	4⁸	B2	Col	1²³	AB	Mat	8²²	A	Mat	8²³	A	Mat	8²⁴	A
		Col	2²⁰	B	Col	3¹	AB	Col	3¹³	B	Mat	8²⁵	A	Mat	8²⁶	A3	Mat	8²⁷	A2
		Col	4¹⁰	AB	1Th	3⁸	B	1Th	4¹⁴	B	Mat	8²⁸	A	Mat	8²⁹	A2	Mat	8³²	A3
		2Th	1⁶	A	2Th	3¹⁰	AB	2Th	3¹⁴	AB	Mat	8³³	A	Mat	8³⁴	A2	Mat	9¹	A2
		1Tm	1⁸	AB	1Tm	1¹⁰	B	1Tm	2¹⁵	AB	Mat	9²	A	Mat	9⁴	A	Mat	9⁵	A
		1Tm	3¹	AB	1Tm	3⁵	A	1Tm	3¹⁵	A	Mat	9⁶	A	Mat	9⁷	A	Mat	9⁸	A
		1Tm	5⁴	B	1Tm	5⁸	AB	1Tm	6³	AB	Mat	9⁹	A3	Mat	9¹⁰	A4	Mat	9¹¹	A2
		2Tm	2⁵	B	2Tm	2¹¹	B	2Tm	2¹²	B2	Mat	9¹³	A	Mat	9¹⁴	A	Mat	9¹⁵	A2
		2Tm	2¹³	B	2Tm	2²¹	B	Tit	1⁶	B	Mat	9¹⁶	A	Mat	9¹⁷	A3	Mat	9¹⁸	A
		Phm	¹⁷	A	Phm	¹⁸	A	Skr	1¹³	E	Mat	9¹⁹	A2	Mat	9²⁰	A	Mat	9²²	A2
		Skr	4¹⁹	E							Mat	9²³	A3A⁼	Mat	9²⁴	A	Mat	9²⁵	A
jab-bi	Gal	3²⁹	A								Mat	9²⁶	A	Mat	9²⁷	A2	Mat	9²⁸	A
jab-biudis	1Cr	10²¹	A								Mat	9³⁰	A2	Mat	9³³	A2	Mat	9³⁵	A5
jab-brusts	2Cr	7¹⁵	A								Mat	9³⁶	A	Mat	10¹	A	Mat	10²⁵	A
jad-du	2Cr	2¹⁶	A								Mat	10²⁶	A	Mat	10²⁷	A	Mat	10²⁸	A3
Jaeirus	Mrk	5²²	A								Mat	10²⁹	A	Mat	10³⁰	A	Mat	10³²	A
jag-bigitand	2Cr	9⁴	A								Mat	10³³	A	Mat	10³⁵	A2	Mat	10³⁶	A
jag-gabairaidau				Skr	2¹¹	E					Mat	10³⁷	A	Mat	10³⁸	A2	Mat	10³⁹	A
jag-gahamoþ	Eph	4²⁴	A								Mat	10⁴⁰	A	Mat	10⁴¹	A	Mat	10⁴²	A
jag-gahausida	Skr	4²⁰	E	Skr	4²⁴	E					Mat	11¹	A2	Mat	11⁴	A2	Mat	11⁵	A4
jag-galaiþ	2Tm	4¹⁰	A								Mat	11⁶	A	Mat	11⁹	A	Mat	11¹²	A
jag-gamanwida				2Cr	5⁵	A					Mat	11¹³	A	Mat	11¹⁴	A	Mat	11¹⁶	A⁑
jag-gapaidodai				Eph	6¹⁴	A					Mat	11¹⁷	A⁑3	Mat	11¹⁸	A⁑	Mat	11¹⁹	A3
jag-garaihtein				Skr	4¹⁷	E					Mat	11¹⁹	A*A⁑	Mat	11²¹	AA⁑	Mat	11²²	A
jag-gariudja	1Tm	2²	A								Mat	11²³	A	Mat	25³⁸	C2	Mat	25³⁹	C
jag-gaskohai	Eph	6¹⁵	A								Mat	25⁴⁰	C2	Mat	25⁴¹	C2	Mat	25⁴³	C
jag-gaslepand	1Cr	11³⁰	A								Mat	25⁴⁴	C	Mat	25⁴⁵	C	Mat	25⁴⁶	C
jag-gatraua	Rom	14¹⁴	C								Mat	26¹	C	Mat	26⁶⁷	C	Mat	26⁶⁹	C2
jag-gaþlaihan	2Cr	2⁷	A								Mat	26⁷¹	A2C	Mat	26⁷²	AC	Mat	26⁷³	A2C2
jag-gawaurstwa				2Cr	8²³	A					Mat	26⁷⁴	A2C2	Mat	26⁷⁵	A2C2	Mat	27¹	AC
jag-gibandin	2Cr	5¹⁸	A								Mat	27²	A2	Mat	27³	A	Mat	27⁵	A2
jag-gretands	Php	3¹⁸	A								Mat	27⁹	A	Mat	27¹⁰	A	Mat	27¹¹	A
jah	Mat	5¹⁵	A	Mat	5¹⁶	A	Mat	5¹⁸	A	Mat	27¹²	A2	Mat	27¹⁴	A	Mat	27¹⁹	A
	Mat	5¹⁹	A2	Mat	5²⁰	A	Mat	5²³	A	Mat	27⁴²	A	Mat	27⁴⁴	A	Mat	27⁴⁸	A3

jah–jah ALPHABETICAL WORD-INDEX 109

Mat	27⁵¹	A3	Mat	27⁵²	A2	Mat	27⁵³	A2			
Mat	27⁵⁴	A2	Mat	27⁵⁶	A3	Mat	27⁵⁷	A			
Mat	27⁵⁹	A	Mat	27⁶⁰	A2	Mat	27⁶¹	A			
Mat	27⁶²	A	Mat	27⁶⁴	A2	Jhn	6¹	A			
Jhn	6²	A	Jhn	6³	A	Jhn	6⁵	A			
Jhn	6⁹	A	Jhn	6¹¹	A2	Jhn	6¹³	A			
Jhn	6¹⁵	A	Jhn	6¹⁷	A3	Jhn	6¹⁹	A3			
Jhn	6²¹	A	Jhn	6²²	A	Jhn	6²⁴	A			
Jhn	6²⁵	A	Jhn	6²⁶	A3	Jhn	6²⁹	A			
Jhn	6³⁰	A	Jhn	6³³	A	Jhn	6³⁵	A2			
Jhn	6³⁶	A	Jhn	6³⁷	A	Jhn	6⁴⁰	A2			
Jhn	6⁴²	A2	Jhn	6⁴³	A	Jhn	6⁴⁴	A			
Jhn	6⁴⁵	A2	Jhn	6⁴⁹	A	Jhn	6⁵¹	A			
Jhn	6⁵³	A	Jhn	6⁵⁴	A2	Jhn	6⁵⁵	A			
Jhn	6⁵⁶	A2	Jhn	6⁵⁷	A3	Jhn	6⁵⁸	A			
Jhn	6⁶³	A	Jhn	6⁶⁴	A	Jhn	6⁶⁵	A			
Jhn	6⁶⁶	A	Jhn	6⁶⁷	A	Jhn	6⁶⁹	A2			
Jhn	6⁷⁰	A	Jhn	7¹	A	Jhn	7³	A2			
Jhn	7⁴	A	Jhn	7¹⁰	A	Jhn	7¹¹	A			
Jhn	7¹²	A	Jhn	7¹⁴	A	Jhn	7¹⁵	A			
Jhn	7¹⁶	A	Jhn	7¹⁸	A	Jhn	7¹⁹	A			
Jhn	7²⁰	A	Jhn	7²¹	A2	Jhn	7²²	A			
Jhn	7²⁶	A2	Jhn	7²⁸	A4	Jhn	7²⁹	A			
Jhn	7³⁰	A	Jhn	7³¹	A	Jhn	7³²	A			
Jhn	7³³	A	Jhn	7³⁴	A2	Jhn	7³⁵	A			
Jhn	7³⁶	A2	Jhn	7³⁷	A2	Jhn	7⁴²	A			
Jhn	7⁴⁵	A	Jhn	7⁴⁷	A	Jhn	7⁵¹	A			
Jhn	7⁵²	A3	Jhn	8¹⁴	A3	Jhn	8¹⁶	A			
Jhn	8¹⁷	A	Jhn	8¹⁸	A	Jhn	8¹⁹	A			
Jhn	8²⁰	A	Jhn	8²¹	A2	Jhn	8²³	A			
Jhn	8²⁵	A2	Jhn	8²⁶	A2	Jhn	8²⁸	A			
Jhn	8²⁹	A	Jhn	8³²	A2	Jhn	8³³	A			
Jhn	8³⁸	A	Jhn	8³⁹	A	Jhn	8⁴²	A			
Jhn	8⁴⁴	A3	Jhn	8⁴⁸	A2	Jhn	8⁴⁹	A			
Jhn	8⁵⁰	A	Jhn	8⁵²	A2	Jhn	8⁵³	A			
Jhn	8⁵⁵	A3	Jhn	8⁵⁶	A2	Jhn	8⁵⁷	A			
Jhn	8⁵⁹	A2	Jhn	9¹	A	Jhn	9⁶	A2			
Jhn	9⁷	A3	Jhn	9⁸	A	Jhn	9¹¹	A4			
Jhn	9¹⁴	A	Jhn	9¹⁵	A4	Jhn	9¹⁶	A			
Jhn	9¹⁸	A	Jhn	9¹⁹	A	Jhn	9²⁰	A2			
Jhn	9²⁴	A	Jhn	9²⁷	A2	Jhn	9²⁸	A			
Jhn	9³⁰	A2	Jhn	9³¹	A	Jhn	9³⁴	A3			
Jhn	9³⁵	A	Jhn	9³⁶	A	Jhn	9³⁷	A2			
Jhn	9³⁸	A	Jhn	9³⁹	A2	Jhn	9⁴⁰	A3			
Jhn	10¹	A	Jhn	10³	A3	Jhn	10⁴	A2			
Jhn	10⁸	A	Jhn	10⁹	A3	Jhn	10¹⁰	A3			
Jhn	10¹²	A5	Jhn	10¹³	A	Jhn	10¹⁴	A2			
Jhn	10¹⁵	A2	Jhn	10¹⁶	A4	Jhn	10¹⁸	A			
Jhn	10²⁰	A	Jhn	10²²	A	Jhn	10²³	A			
Jhn	10²⁴	A	Jhn	10²⁵	A	Jhn	10²⁷	A2			
Jhn	10²⁸	A3	Jhn	10²⁹	A	Jhn	10³⁰	A			
Jhn	10³³	A	Jhn	10³⁵	A	Jhn	10³⁶	A			
Jhn	10³⁸	A2	Jhn	10³⁹	A	Jhn	10⁴⁰	A2			
Jhn	10⁴¹	A2	Jhn	10⁴²	A	Jhn	11¹	A			
Jhn	11²	A	Jhn	11⁵	A2	Jhn	11⁸	A			
Jhn	11¹¹	A	Jhn	11¹⁵	A	Jhn	11¹⁶	A			
Jhn	11¹⁹	A2	Jhn	11²²	A	Jhn	11²⁵	A			
Jhn	11²⁶	A2	Jhn	11²⁸	A3	Jhn	11²⁹	A			
Jhn	11³¹	A	Jhn	11³³	A2	Jhn	11³⁴	A2			
Jhn	11³⁵	A	Jhn	11³⁷	A	Jhn	11³⁸	A			
Jhn	11⁴¹	A	Jhn	11⁴²	A	Jhn	11⁴³	A			
Jhn	11⁴⁴	A4	Jhn	11⁴⁵	A	Jhn	11⁴⁶	A			
Jhn	11⁴⁷	A	Jhn	12²	A	Jhn	12³	A2			
Jhn	12⁵	A	Jhn	12⁶	A2	Jhn	12⁹	A2			
Jhn	12¹⁰	A	Jhn	12¹¹	A	Jhn	12¹³	A2			
Jhn	12¹⁶	A	Jhn	12¹⁷	A	Jhn	12²¹	A			
Jhn	12²²	A3	Jhn	12²⁵	A	Jhn	12²⁶	A2			
Jhn	12²⁷	A	Jhn	12²⁸	A2	Jhn	12³⁰	A			
Jhn	12³²	A	Jhn	12³⁴	A	Jhn	12³⁵	A			
Jhn	12³⁶	A2	Jhn	12³⁸	A	Jhn	12⁴⁰	A4			
Jhn	12⁴¹	A	Jhn	12⁴²	A	Jhn	12⁴⁴	A			
Jhn	12⁴⁵	A	Jhn	12⁴⁷	A2	Jhn	12⁴⁸	A			
Jhn	13¹²	A	Jhn	13¹³	A	Jhn	13¹⁴	A2			
Jhn	13²¹	A2	Jhn	13²⁶	A	Jhn	13²⁷	A			
Jhn	13³¹	A	Jhn	13³²	A2	Jhn	13³³	A2			
Jhn	13³⁴	A	Jhn	14¹	A	Jhn	14³	A3			
Jhn	14⁴	A2	Jhn	14⁵	A	Jhn	14⁶	A2			
Jhn	14⁷	A3	Jhn	14⁹	A2	Jhn	14¹⁰	A			
Jhn	14¹¹	A	Jhn	14¹²	A2	Jhn	14¹³	A			
Jhn	14¹⁶	A2	Jhn	14¹⁷	A	Jhn	14¹⁹	A			
Jhn	14²⁰	A2	Jhn	14²¹	A4	Jhn	14²³	A4A⁼			
Jhn	14²⁴	A	Jhn	14²⁶	A	Jhn	14²⁸	A			
Jhn	14²⁹	A	Jhn	14³⁰	A	Jhn	14³¹	A			
Jhn	15¹	A	Jhn	15²	A	Jhn	15⁴	A			
Jhn	15⁵	A	Jhn	15⁶	A4	Jhn	15⁷	A2			
Jhn	15⁸	A	Jhn	15¹⁰	A	Jhn	15¹¹	A			
Jhn	15¹⁶	A2A‡	Jhn	15²⁰	A2	Jhn	15²²	A			
Jhn	15²³	A	Jhn	15²⁴	A4	Jhn	15²⁷	A			
Jhn	16³	A	Jhn	16⁵	A	Jhn	16⁸	A3			
Jhn	16¹⁰	A	Jhn	16¹³	A	Jhn	16¹⁴	A			
Jhn	16¹⁵	A	Jhn	16¹⁶	A3	Jhn	16¹⁷	A3			
Jhn	16¹⁹	A4	Jhn	16²⁰	A	Jhn	16²²	A3			
Jhn	16²³	A	Jhn	16²⁴	A	Jhn	16²⁶	A			
Jhn	16²⁷	A	Jhn	16²⁸	A2	Jhn	16²⁹	A			
Jhn	16³⁰	A	Jhn	16³²	A3	Jhn	17¹	A			
Jhn	17³	A	Jhn	17⁵	A	Jhn	17⁶	A2			
Jhn	17⁸	A2	Jhn	17¹⁰	A3	Jhn	17¹¹	A			
Jhn	17¹²	A	Jhn	17¹³	A	Jhn	17¹⁴	A			
Jhn	17¹⁹	A2	Jhn	17²⁰	A‡	Jhn	17²¹	A2			
Jhn	17²²	A	Jhn	17²³	A3	Jhn	17²⁴	A			
Jhn	17²⁵	A2	Jhn	17²⁶	A3	Jhn	18¹	A			
Jhn	18²	A	Jhn	18³	A4	Jhn	18⁵	A			
Jhn	18⁶	A	Jhn	18¹⁰	A2	Jhn	18¹²	A3			
Jhn	18¹³	A	Jhn	18¹⁵	A2	Jhn	18¹⁶	A2			
Jhn	18¹⁷	A	Jhn	18¹⁸	A4	Jhn	18¹⁹	A			
Jhn	18²⁰	A2	Jhn	18²⁵	A3	Jhn	18²⁷	A			
Jhn	18²⁹	A	Jhn	18³⁰	A	Jhn	18³¹	A			
Jhn	18³³	A	Jhn	18³⁵	A	Jhn	18³⁷	A			
Jhn	18³⁸	A2	Jhn	19¹	A	Jhn	19²	A3			
Jhn	19³	A2	Jhn	19⁴	A	Jhn	19⁵	A2			

Jhn	19⁶	A2	Jhn	19⁷	A	Jhn	19⁹	A2	Luk	5⁴	A	Luk	5⁵	A	Luk	5⁶	A
Jhn	19¹⁰	A	Luk	1²	A	Luk	1³	AA⁼	Luk	5⁷	A3	Luk	5⁹	A	Luk	5¹⁰	A3
Luk	1⁵	A2	Luk	1⁶	A	Luk	1⁷	A2	Luk	5¹¹	A	Luk	5¹²	A3	Luk	5¹³	A2
Luk	1¹⁰	A	Luk	1¹²	A2	Luk	1¹³	A2	Luk	5¹⁴	A3	Luk	5¹⁵	A2	Luk	5¹⁶	A
Luk	1¹⁴	A3	Luk	1¹⁵	A3	Luk	1¹⁶	A	Luk	5¹⁷	A7	Luk	5¹⁸	A3	Luk	5¹⁹	A
Luk	1¹⁷	A3	Luk	1¹⁸	A2	Luk	1¹⁹	A3	Luk	5²⁰	A	Luk	5²¹	A2	Luk	5²³	A
Luk	1²⁰	A2	Luk	1²¹	A2	Luk	1²²	A3	Luk	5²⁴	A	Luk	5²⁵	A	Luk	5²⁶	A3
Luk	1²³	A	Luk	1²⁴	A	Luk	1²⁷	A	Luk	5²⁷	A3	Luk	5²⁸	A	Luk	5²⁹	A3
Luk	1²⁸	A	Luk	1²⁹	A	Luk	1³⁰	A	Luk	5³⁰	A4	Luk	5³¹	A	Luk	5³³	A3
Luk	1³¹	A3	Luk	1³²	A2	Luk	1³³	A2	Luk	5³⁵	A2	Luk	5³⁶	A3	Luk	5³⁷	A3
Luk	1³⁵	A2A‡	Luk	1³⁶	A3	Luk	1³⁸	A	Luk	5³⁸	A	Luk	5³⁹	A	Luk	6¹	A3
Luk	1⁴⁰	A2	Luk	1⁴¹	A2	Luk	1⁴²	A3	Luk	6³	A2	Luk	6⁴	A3	Luk	6⁵	A2
Luk	1⁴³	A	Luk	1⁴⁵	A	Luk	1⁴⁶	A	Luk	6⁶	A4	Luk	6⁷	A	Luk	6⁸	A2
Luk	1⁴⁷	A	Luk	1⁴⁹	A	Luk	1⁵⁰	A	Luk	6¹⁰	A2	Luk	6¹¹	A	Luk	6¹²	A2
Luk	1⁵²	A	Luk	1⁵³	A	Luk	1⁵⁵	A	Luk	6¹³	A3	Luk	6¹⁴	A4	Luk	6¹⁵	A2
Luk	1⁵⁶	A	Luk	1⁵⁷	A	Luk	1⁵⁸	A3	Luk	6¹⁶	A2	Luk	6¹⁷	A6A⁼	Luk	6¹⁸	A3
Luk	1⁵⁹	A2	Luk	1⁶⁰	A	Luk	1⁶¹	A	Luk	6¹⁹	A2	Luk	6²⁰	A	Luk	6²²	A3
Luk	1⁶³	A	Luk	1⁶⁴	A2	Luk	1⁶⁵	A2	Luk	6²³	A	Luk	6²⁵	A	Luk	6²⁹	A3
Luk	1⁶⁶	A2	Luk	1⁶⁷	A3	Luk	1⁶⁸	A	Luk	6³⁰	A	Luk	6³¹	A2	Luk	6³²	A
Luk	1⁶⁹	A	Luk	1⁷¹	A	Luk	1⁷²	A	Luk	6³³	A2	Luk	6³⁴	A2	Luk	6³⁵	A4
Luk	1⁷⁵	A	Luk	1⁷⁶	A	Luk	1⁷⁹	A	Luk	6³⁶	A	Luk	6³⁷	A3	Luk	6³⁸	A4
Luk	1⁸⁰	A2	Luk	2³	A	Luk	2⁴	A	Luk	6⁴²	A	Luk	6⁴⁵	A	Luk	6⁴⁶	A
Luk	2⁷	A3	Luk	2⁸	A2	Luk	2⁹	A2	Luk	6⁴⁷	A2	Luk	6⁴⁸	A3	Luk	6⁴⁹	A3
Luk	2¹⁰	A	Luk	2¹²	A2	Luk	2¹³	A2	Luk	7³	A	Luk	7⁵	A	Luk	7⁶	A
Luk	2¹⁴	A	Luk	2¹⁵	A3	Luk	2¹⁶	A4	Luk	7⁷	A	Luk	7⁸	A7	Luk	7⁹	A
Luk	2¹⁸	A	Luk	2²⁰	A3	Luk	2²¹	A2	Luk	7¹⁰	A	Luk	7¹¹	A3	Luk	7¹²	A2
Luk	2²²	A	Luk	2²⁴	A	Luk	2²⁵	A3	Luk	7¹³	A2	Luk	7¹⁴	A2	Luk	7¹⁵	A3
Luk	2²⁶	A	Luk	2²⁷	A2	Luk	2²⁸	A3	Luk	7¹⁶	A2	Luk	7¹⁷	A2	Luk	7¹⁸	A
Luk	2³²	A	Luk	2³³	A2	Luk	2³⁴	A4	Luk	7¹⁹	A	Luk	7²¹	A3	Luk	7²²	A2
Luk	2³⁵	A	Luk	2³⁶	A	Luk	2³⁷	A3	Luk	7²³	A	Luk	7²⁵	A	Luk	7²⁶	A
Luk	2³⁸	A	Luk	2³⁹	A	Luk	2⁴⁰	A3	Luk	7²⁹	A2	Luk	7³⁰	A	Luk	7³¹	A
Luk	2⁴¹	A	Luk	2⁴²	A	Luk	2⁴³	A3	Luk	7³²	A3	Luk	7³³	A	Luk	7³⁴	A4
Luk	2⁴⁴	A2	Luk	2⁴⁵	A	Luk	2⁴⁶	A3	Luk	7³⁵	A	Luk	7³⁶	A	Luk	7³⁷	A
Luk	2⁴⁷	A	Luk	2⁴⁸	A3	Luk	2⁴⁹	A	Luk	7³⁸	A4	Luk	7³⁹	A	Luk	7⁴⁰	A
Luk	2⁵⁰	A	Luk	2⁵¹	A4	Luk	2⁵²	A4	Luk	7⁴⁴	A2	Luk	7⁴⁹	AA‡	Luk	8¹	A5
Luk	3¹	A3	Luk	3²	A	Luk	3³	A	Luk	8²	A3	Luk	8³	A3	Luk	8⁴	A
Luk	3⁵	A4	Luk	3⁶	A	Luk	3⁸	A	Luk	8⁵	A3	Luk	8⁶	A2	Luk	8⁷	A2
Luk	3⁹	A	Luk	3¹⁰	A	Luk	3¹¹	A	Luk	8⁸	A3	Luk	8¹⁰	A	Luk	8¹²	A
Luk	3¹²	AA‡	Luk	3¹⁴	A4	Luk	3¹⁵	A	Luk	8¹³	A2	Luk	8¹⁴	A4	Luk	8¹⁵	A2
Luk	3¹⁶	A	Luk	3¹⁷	A2	Luk	3¹⁸	A	Luk	8¹⁷	A	Luk	8¹⁸	A2	Luk	8¹⁹	A2
Luk	3¹⁹	A	Luk	3²⁰	A2	Luk	3²¹	A2	Luk	8²⁰	A2	Luk	8²¹	A2	Luk	8²²	A4
Luk	3²²	A2	Luk	3²³	A	Luk	4¹	A	Luk	8²³	A3	Luk	8²⁴	A3	Luk	8²⁵	A3
Luk	4²	A2	Luk	4³	A	Luk	4⁴	A	Luk	8²⁶	A	Luk	8²⁷	A2	Luk	8²⁸	A3
Luk	4⁵	A	Luk	4⁶	A3	Luk	4⁸	A2	Luk	8²⁹	A3	Luk	8³¹	A	Luk	8³²	A2
Luk	4⁹	A2	Luk	4¹¹	A	Luk	4¹²	A	Luk	8³³	A2	Luk	8³⁴	A2	Luk	8³⁵	A4
Luk	4¹³	A	Luk	4¹⁴	A2	Luk	4¹⁵	A	Luk	8³⁶	A	Luk	8³⁷	A	Luk	8³⁹	A2
Luk	4¹⁶	A3	Luk	4¹⁷	A2	Luk	4¹⁹	A	Luk	8⁴¹	A2	Luk	8⁴²	A	Luk	8⁴³	A2
Luk	4²⁰	A3	Luk	4²²	A3	Luk	4²³	A2	Luk	8⁴⁴	A	Luk	8⁴⁵	A4	Luk	8⁴⁷	A2
Luk	4²⁵	A	Luk	4²⁶	A	Luk	4²⁷	A2	Luk	8⁵⁰	A	Luk	8⁵¹	A4	Luk	8⁵²	A
Luk	4²⁸	A	Luk	4²⁹	A2	Luk	4³¹	A2	Luk	8⁵³	A	Luk	8⁵⁴	A	Luk	8⁵⁵	A3
Luk	4³²	A	Luk	4³³	A2	Luk	4³⁴	A	Luk	8⁵⁶	A	Luk	9¹	A2	Luk	9²	A2
Luk	4³⁵	A3	Luk	4³⁶	A4	Luk	4³⁷	A	Luk	9³	A	Luk	9⁴	A2	Luk	9⁵	A2
Luk	4³⁸	A	Luk	4³⁹	A2	Luk	4⁴¹	A3	Luk	9⁶	A	Luk	9⁷	A	Luk	9⁹	A2
Luk	4⁴²	A3	Luk	4⁴³	A	Luk	4⁴⁴	A	Luk	9¹⁰	A2	Luk	9¹¹	A2	Luk	9¹²	A2
Luk	5¹	A2	Luk	5²	A	Luk	5³	A	Luk	9¹³	A	Luk	9¹⁵	A2	Luk	9¹⁶	A3

jah–jah

Luk 9^{17} A3	Luk 9^{18} A2	Luk 9^{22} A5	Luk 18^{43} A3	Luk 19^{1} A	Luk 19^{2} A2
Luk 9^{23} A2	Luk 9^{26} A2	Luk 9^{28} A2	Luk 19^{3} A2	Luk 19^{4} A	Luk 19^{5} A2
Luk 9^{29} A2	Luk 9^{30} A2	Luk 9^{32} A2	Luk 19^{6} A2	Luk 19^{7} A	Luk 19^{8} A
Luk 9^{33} A4	Luk 9^{34} A	Luk 9^{34}g A	Luk 19^{9} A	Luk 19^{10} A	Luk 19^{11} A
Luk 9^{35} A	Luk 9^{36} A3	Luk 9^{38} A	Luk 19^{12} A	Luk 19^{13} A	Luk 19^{14} A
Luk 9^{39} A4	Luk 9^{40} A2	Luk 9^{41} A2	Luk 19^{15} A2	Luk 19^{17} A	Luk 19^{18} A
Luk 9^{42} A3	Luk 9^{43} A=	Luk 9^{45} A2	Luk 19^{19} A2	Luk 19^{20} A	Luk 19^{21} A
Luk 9^{48} A2	Luk 9^{49} A	Luk 9^{50} A	Luk 19^{22} A3	Luk 19^{23} A2	Luk 19^{24} A2
Luk 9^{51} A	Luk 9^{52} A2	Luk 9^{53} A	Luk 19^{25} A	Luk 19^{26} A	Luk 19^{27} A
Luk 9^{54} A3	Luk 9^{55} A	Luk 9^{56} A	Luk 19^{28} A	Luk 19^{29} A2	Luk 19^{31} A
Luk 9^{58} A2	Luk 9^{59} A	Luk 9^{60} A	Luk 19^{35} A2	Luk 19^{38} A	Luk 19^{39} A
Luk 9^{61} A	Luk 9^{62} A	Luk 10^{1} A3	Luk 19^{40} A	Luk 19^{41} A	Luk 19^{42} A
Luk 10^{6} A	Luk 10^{7} A	Luk 10^{8} A2	Luk 19^{43} A3	Luk 19^{44} A3	Luk 19^{45} A2
Luk 10^{9} A2	Luk 10^{10} A	Luk 10^{11} A	Luk 19^{47} A3	Luk 19^{48} A	Luk 20^{1} A3
Luk 10^{13} A2	Luk 10^{14} A	Luk 10^{15} A	Luk 20^{2} A	Luk 20^{3} A2	Luk 20^{7} A
Luk 10^{16} A	Luk 10^{17} A	Luk 10^{19} A3	Luk 20^{8} A	Luk 20^{9} A2	Luk 20^{10} A
Luk 10^{21} A5	Luk 10^{22} A3	Luk 10^{23} A	Luk 20^{11} A3	Luk 20^{12} A2	Luk 20^{15} A
Luk 10^{24} A4	Luk 10^{25} A2	Luk 10^{27} A4	Luk 20^{16} A2	Luk 20^{19} A3	Luk 20^{20} A3
Luk 10^{28} A	Luk 10^{30} A3	Luk 14^{11} A	Luk 20^{21} A3	Luk 20^{24} A	Luk 20^{25} A
Luk 14^{12} A3	Luk 14^{14} A	Luk 14^{16} A	Luk 20^{26} A2	Luk 20^{28} A2	Luk 20^{29} A
Luk 14^{17} A	Luk 14^{18} A3	Luk 14^{19} A2	Luk 20^{30} A2	Luk 20^{31} A4	Luk 20^{32} A
Luk 14^{20} A2	Luk 14^{21} A6	Luk 14^{22} A2	Luk 20^{34} A2	Luk 20^{35} A	Luk 20^{36} A
Luk 14^{23} A3	Luk 14^{25} A	Luk 14^{26} A6	Luk 20^{37} A3	Luk 20^{42} A	Luk 20^{44} A
Luk 14^{27} A2	Luk 14^{29} A	Luk 14^{30} A	Mrk 1^{4} A	Mrk 1^{5} A3	Mrk 1^{6} A3
Luk 15^{1} A	Luk 15^{2} A3	Luk 15^{4} A3	Mrk 1^{7} A	Mrk 1^{9} A2	Mrk 1^{10} A2
Luk 15^{5} A	Luk 15^{6} A2	Luk 15^{7} A	Mrk 1^{11} A	Mrk 1^{12} A	Mrk 1^{13} A3
Luk 15^{8} A2	Luk 15^{9} A2	Luk 15^{12} A2	Mrk 1^{15} A2	Mrk 1^{16} A2	Mrk 1^{17} A2
Luk 15^{13} A3	Luk 15^{14} A	Luk 15^{15} A2	Mrk 1^{18} A	Mrk 1^{19} A3	Mrk 1^{20} A2
Luk 15^{16} A2	Luk 15^{18} A2	Luk 15^{20} A4	Mrk 1^{21} A2	Mrk 1^{22} A2	Mrk 1^{23} A2
Luk 15^{21} A2	Luk 15^{22} A3	Luk 15^{23} A2	Mrk 1^{24} A	Mrk 1^{25} A2	Mrk 1^{26} A2
Luk 15^{24} A4	Luk 15^{25} A3	Luk 15^{26} A	Mrk 1^{27} A3	Mrk 1^{29} A3	Mrk 1^{30} A
Luk 15^{27} A	Luk 15^{28} A	Luk 15^{29} A2	Mrk 1^{31} A3	Mrk 1^{32} A	Mrk 1^{33} A
Luk 15^{31} AA=	Luk 15^{32} A4	Luk 16^{1} A	Mrk 1^{34} A3	Mrk 1^{35} A3	Mrk 1^{36} A2
Luk 16^{2} A	Luk 16^{5} A	Luk 16^{6} A2	Mrk 1^{37} A	Mrk 1^{38} A3	Mrk 1^{39} A2
Luk 16^{7} A2	Luk 16^{8} A	Luk 16^{9} A	Mrk 1^{40} A3	Mrk 1^{41} A	Mrk 1^{42} A2
Luk 16^{10} A3	Luk 16^{12} A	Luk 16^{13} A2	Mrk 1^{43} A	Mrk 1^{44} A2	Mrk 1^{45} A2
Luk 16^{14} A2	Luk 16^{15} A	Luk 16^{16} A2	Mrk 2^{1} A2	Mrk 2^{2} A2	Mrk 2^{3} A
Luk 16^{17} A	Luk 16^{18} A2	Luk 16^{19} A3	Mrk 2^{4} A3	Mrk 2^{6} A	Mrk 2^{8} A
Luk 16^{21} A2	Luk 16^{22} A3	Luk 16^{23} A2	Mrk 2^{9} A2	Mrk 2^{11} A	Mrk 2^{12} A3
Luk 16^{24} A	Luk 17^{3} A	Luk 17^{4} A2	Mrk 2^{13} A3	Mrk 2^{14} A3	Mrk 2^{15} A5
Luk 17^{5} A	Luk 17^{6} A2	Luk 17^{8} A4	Mrk 2^{16} A5	Mrk 2^{17} A	Mrk 2^{18} A5
Luk 17^{10} A	Luk 17^{11} A3	Luk 17^{12} A	Mrk 2^{19} A	Mrk 2^{20} A	Mrk 2^{21} A
Luk 17^{13} A	Luk 17^{14} A2	Luk 17^{16} A	Mrk 2^{22} A2	Mrk 2^{23} A2	Mrk 2^{24} A
Luk 17^{19} A	Luk 17^{20} A	Luk 17^{22} A	Mrk 2^{25} A3	Mrk 2^{26} A3	Mrk 2^{27} A
Luk 17^{23} A	Luk 17^{25} A	Luk 17^{26} A2	Mrk 2^{28} A	Mrk 3^{1} A2	Mrk 3^{2} A
Luk 17^{27} A4	Luk 17^{28} A3	Luk 17^{29} A2	Mrk 3^{3} A	Mrk 3^{4} A	Mrk 3^{5} A3
Luk 17^{31} A2	Luk 17^{33} A	Luk 17^{34} A	Mrk 3^{6} A	Mrk 3^{7} A2	Mrk 3^{8} A6
Luk 17^{35} A	Luk 17^{37} A	Luk 18^{1} A2	Mrk 3^{9} A	Mrk 3^{10} A	Mrk 3^{11} A2
Luk 18^{2} A	Luk 18^{3} A2	Luk 18^{4} A3	Mrk 3^{12} A	Mrk 3^{13} A3	Mrk 3^{14} A2
Luk 18^{7} A2	Luk 18^{9} A	Luk 18^{10} A	Mrk 3^{15} A2	Mrk 3^{16} A	Mrk 3^{17} A3
Luk 18^{11} A‡	Luk 18^{12} A	Luk 18^{13} A	Mrk 3^{18} A8	Mrk 3^{19} A2	Mrk 3^{20} A2
Luk 18^{16} A	Luk 18^{18} A	Luk 18^{20} A	Mrk 3^{21} A2	Mrk 3^{22} A2	Mrk 3^{23} A
Luk 18^{22} A3	Luk 18^{28} A	Luk 18^{30} A	Mrk 3^{24} A	Mrk 3^{25} A	Mrk 3^{26} A2
Luk 18^{31} A	Luk 18^{32} A3	Luk 18^{33} A2	Mrk 3^{27} A	Mrk 3^{28} A	Mrk 3^{31} A3
Luk 18^{34} A3	Luk 18^{39} A	Luk 18^{42} A	Mrk 3^{32} A3	Mrk 3^{33} A	Mrk 3^{34} A2

Mrk	3^{35}	$A3$	Mrk	4^1	$A3$	Mrk	4^2	$A2$			
Mrk	4^4	$A3$	Mrk	4^5	A	Mrk	4^6	A			
Mrk	4^7	$A4$	Mrk	4^8	$A6$	Mrk	4^9	A			
Mrk	4^{11}	A	Mrk	4^{12}	$A4$	Mrk	4^{13}	$A2$			
Mrk	4^{15}	$A2$	Mrk	4^{16}	A	Mrk	4^{17}	A			
Mrk	4^{18}	A	Mrk	4^{19}	$A4$	Mrk	4^{20}	$A5$			
Mrk	4^{21}	A	Mrk	4^{24}	$A2$	Mrk	4^{25}	$A2$			
Mrk	4^{26}	A	Mrk	4^{27}	$A5$	Mrk	4^{30}	A			
Mrk	4^{32}	$A3$	Mrk	4^{33}	A	Mrk	4^{35}	A			
Mrk	4^{36}	$A2$	Mrk	4^{37}	$A2$	Mrk	4^{38}	$A3$			
Mrk	4^{39}	$A4$	Mrk	4^{40}	A	Mrk	4^{41}	$A4$			
Mrk	5^1	A	Mrk	5^2	A	Mrk	5^3	A			
Mrk	5^4	$A4$	Mrk	5^5	$A4$	Mrk	5^6	A			
Mrk	5^7	$A2$	Mrk	5^9	$A2$	Mrk	5^{10}	A			
Mrk	5^{12}	A	Mrk	5^{13}	$A4$	Mrk	5^{14}	$A4$			
Mrk	5^{15}	$A5$	Mrk	5^{16}	$A2$	Mrk	5^{17}	A			
Mrk	5^{18}	A	Mrk	5^{19}	$A3$	Mrk	5^{20}	$A3$			
Mrk	5^{21}	$A2$	Mrk	5^{22}	$A2$	Mrk	5^{23}	$A2$			
Mrk	5^{24}	$A3$	Mrk	5^{25}	A	Mrk	5^{26}	$A3$			
Mrk	5^{29}	$A2$	Mrk	5^{30}	A	Mrk	5^{31}	$A2$			
Mrk	5^{32}	A	Mrk	5^{33}	$A3$	Mrk	5^{34}	A			
Mrk	5^{37}	$A3$	Mrk	5^{38}	$A4$	Mrk	5^{39}	$A2$			
Mrk	5^{40}	$A4$	Mrk	5^{41}	A	Mrk	5^{42}	$A3$			
Mrk	5^{43}	$A2$	Mrk	6^1	$A3$	Mrk	6^2	$A3$			
Mrk	6^3	$A5$	Mrk	6^4	$A2$	Mrk	6^5	A			
Mrk	6^6	$A2$	Mrk	6^7	$A3$	Mrk	6^8	A			
Mrk	6^9	A	Mrk	6^{10}	A	Mrk	6^{11}	A			
Mrk	6^{12}	A	Mrk	6^{13}	$A3$	Mrk	6^{14}	$A2A‡$			
Mrk	6^{17}	A	Mrk	6^{19}	$A2$	Mrk	6^{20}	$A4$			
Mrk	6^{21}	$A3$	Mrk	6^{22}	$A5$	Mrk	6^{23}	A			
Mrk	6^{25}	A	Mrk	6^{26}	$A2$	Mrk	6^{27}	A			
Mrk	6^{28}	$A3$	Mrk	6^{29}	$A3$	Mrk	6^{30}	$A3$			
Mrk	6^{53}	A	Mrk	6^{54}	A	Mrk	6^{56}	$A3$			
Mrk	7^1	$A2$	Mrk	7^2	A	Mrk	7^3	A			
Mrk	7^4	$A5$	Mrk	7^5	A	Mrk	7^8	$A2$			
Mrk	7^9	A	Mrk	7^{10}	$A2$	Mrk	7^{12}	A			
Mrk	7^{13}	A	Mrk	7^{14}	$A2$	Mrk	7^{17}	A			
Mrk	7^{18}	$A2$	Mrk	7^{19}	A	Mrk	7^{23}	A			
Mrk	7^{24}	$A4$	Mrk	7^{26}	A	Mrk	7^{27}	A			
Mrk	7^{28}	$A2$	Mrk	7^{29}	A	Mrk	7^{30}	$A2$			
Mrk	7^{31}	$A2$	Mrk	7^{32}	$A2$	Mrk	7^{33}	$A2$			
Mrk	7^{34}	$A2$	Mrk	7^{35}	$A3$	Mrk	7^{36}	A			
Mrk	7^{37}	$A3$	Mrk	8^1	A	Mrk	8^2	A			
Mrk	8^3	A	Mrk	8^4	A	Mrk	8^5	A			
Mrk	8^6	$A5$	Mrk	8^7	$A3$	Mrk	8^8	$A2$			
Mrk	8^9	A	Mrk	8^{10}	$A2$	Mrk	8^{11}	$A2$			
Mrk	8^{12}	A	Mrk	8^{13}	A	Mrk	8^{14}	$A2$			
Mrk	8^{15}	$A2$	Mrk	8^{16}	A	Mrk	8^{17}	A			
Mrk	8^{18}	$A2$	Mrk	8^{21}	A	Mrk	8^{22}	$A3$			
Mrk	8^{23}	$A2$	Mrk	8^{24}	A	Mrk	8^{25}	$A3$			
Mrk	8^{26}	A	Mrk	8^{27}	$A3$	Mrk	8^{28}	A			
Mrk	8^{29}	A	Mrk	8^{30}	A	Mrk	8^{31}	$A6$			
Mrk	8^{32}	$A2$	Mrk	8^{33}	A	Mrk	8^{34}	$A3$			
Mrk	8^{35}	A	Mrk	8^{36}	A	Mrk	8^{38}	$A3$			
Mrk	9^1	A	Mrk	9^2	$A5$	Mrk	9^3	A			
Mrk	9^4	$A2$	Mrk	9^5	$A4$	Mrk	9^7	$A2$
Mrk	9^8	A	Mrk	9^{10}	A	Mrk	9^{11}	A
Mrk	9^{12}	$A2$	Mrk	9^{13}	A	Mrk	9^{14}	$A2$
Mrk	9^{15}	$A2$	Mrk	9^{16}	A	Mrk	9^{17}	A
Mrk	9^{18}	$A6$	Mrk	9^{20}	$A3$	Mrk	9^{21}	A
Mrk	9^{22}	$A3$	Mrk	9^{24}	A	Mrk	9^{25}	$A2$
Mrk	9^{26}	$A3$	Mrk	9^{27}	A	Mrk	9^{28}	A
Mrk	9^{29}	$A2$	Mrk	9^{30}	$A2$	Mrk	9^{31}	$A3$
Mrk	9^{32}	A	Mrk	9^{33}	$A2$	Mrk	9^{35}	$A3$
Mrk	9^{36}	$A2$	Mrk	9^{37}	A	Mrk	9^{38}	A
Mrk	9^{39}	A	Mrk	9^{42}	$A2$	Mrk	9^{43}	A
Mrk	9^{44}	A	Mrk	9^{45}	A	Mrk	9^{46}	A
Mrk	9^{47}	A	Mrk	9^{48}	A	Mrk	9^{49}	A
Mrk	9^{50}	A	Mrk	10^1	$A3$	Mrk	10^2	A
Mrk	10^4	A	Mrk	10^5	A	Mrk	10^6	A
Mrk	10^7	A	Mrk	10^8	A	Mrk	10^{10}	A
Mrk	10^{11}	$A2$	Mrk	10^{12}	$A2$	Mrk	10^{14}	$A2$
Mrk	10^{16}	A	Mrk	10^{17}	$A2$	Mrk	10^{19}	A
Mrk	10^{21}	$A4$	Mrk	10^{23}	A	Mrk	10^{26}	A
Mrk	10^{28}	A	Mrk	10^{29}	A	Mrk	10^{30}	$A7$
Mrk	10^{31}	A	Mrk	10^{32}	$A4$	Mrk	10^{33}	$A3A‡$
Mrk	10^{34}	$A5$	Mrk	10^{35}	$A2$	Mrk	10^{37}	A
Mrk	10^{38}	A	Mrk	10^{39}	A	Mrk	10^{41}	$A2$
Mrk	10^{44}	A	Mrk	10^{45}	$A2$	Mrk	10^{46}	$A3$
Mrk	10^{47}	$A2$	Mrk	10^{48}	A	Mrk	10^{49}	$A2$
Mrk	10^{51}	A	Mrk	10^{52}	$A2$	Mrk	11^1	$A2$
Mrk	11^2	$A2$	Mrk	11^3	$A2$	Mrk	11^4	$A2$
Mrk	11^5	A	Mrk	11^6	A	Mrk	11^7	$A3$
Mrk	11^8	A	Mrk	11^9	$AA‡$	Mrk	11^{11}	$A3$
Mrk	11^{12}	A	Mrk	11^{13}	$A2$	Mrk	11^{14}	$A2$
Mrk	11^{15}	$A5$	Mrk	11^{16}	A	Mrk	11^{17}	A
Mrk	11^{18}	$A3$	Mrk	11^{19}	A	Mrk	11^{20}	A
Mrk	11^{21}	A	Mrk	11^{22}	A	Mrk	11^{23}	$A2$
Mrk	11^{24}	A	Mrk	11^{25}	$A2$	Mrk	11^{27}	$A4$
Mrk	11^{28}	$A2$	Mrk	11^{29}	$A3$	Mrk	11^{31}	A
Mrk	11^{33}	$A2$	Mrk	12^1	$A6$	Mrk	12^2	A
Mrk	12^3	A	Mrk	12^4	$A3A^=$	Mrk	12^5	$A3$
Mrk	12^6	A	Mrk	12^7	A	Mrk	12^8	$A2$
Mrk	12^9	$A2$	Mrk	12^{11}	A	Mrk	12^{12}	$A3$
Mrk	12^{13}	$A2$	Mrk	12^{14}	A	Mrk	12^{16}	$A2$
Mrk	12^{17}	$A3$	Mrk	12^{18}	$A2$	Mrk	12^{19}	$A3$
Mrk	12^{20}	$A2$	Mrk	12^{21}	$A4$	Mrk	12^{22}	$A3$
Mrk	12^{24}	A	Mrk	12^{26}	$A2$	Mrk	12^{28}	A
Mrk	12^{30}	$A4$	Mrk	12^{31}	A	Mrk	12^{32}	$A2$
Mrk	12^{33}	$A6$	Mrk	12^{34}	$A2$	Mrk	12^{35}	A
Mrk	12^{37}	$A2$	Mrk	12^{38}	A	Mrk	13^{17}	A
Mrk	13^{19}	A	Mrk	13^{20}	A	Mrk	13^{21}	A
Mrk	13^{22}	$A4$	Mrk	13^{24}	A	Mrk	13^{25}	$A2$
Mrk	13^{26}	$A2$	Mrk	13^{27}	$A2$	Mrk	13^{28}	A
Mrk	13^{29}	A	Mrk	14^5	$A2$	Mrk	14^7	A
Mrk	14^9	A	Mrk	14^{10}	A	Mrk	14^{11}	$A2$
Mrk	14^{12}	A	Mrk	14^{13}	$A2$	Mrk	14^{14}	A
Mrk	14^{15}	$A2$	Mrk	14^{16}	A	Mrk	14^{43}	$A5$
Mrk	14^{44}	A	Mrk	14^{45}	$A2$	Mrk	14^{46}	A
Mrk	14^{47}	A	Mrk	14^{48}	$A2$	Mrk	14^{49}	A

Mrk	14^{50}	A	Mrk	14^{51}	$A2$	Mrk	14^{53}	$A4$	1Cr	7^{17}	A	1Cr	7^{19}	A	1Cr	7^{28}	A
Mrk	14^{54}	$A3$	Mrk	14^{55}	$A2$	Mrk	14^{56}	A	1Cr	9^{4}	A	1Cr	9^{5}	$A2$	1Cr	9^{6}	A
Mrk	14^{57}	A	Mrk	14^{58}	A	Mrk	14^{59}	A	1Cr	9^{7}	$A2$	1Cr	9^{8}	A	1Cr	9^{20}	A
Mrk	14^{60}	A	Mrk	14^{61}	$A2$	Mrk	14^{62}	$A2$	1Cr	9^{27}	A	1Cr	10^{1}	A	1Cr	10^{2}	$A2$
Mrk	14^{65}	$A5$	Mrk	14^{66}	$AA^=$	Mrk	14^{67}	$A2$	1Cr	10^{3}	A	1Cr	10^{4}	A	1Cr	10^{17}	A
Mrk	14^{68}	$A2$	Mrk	14^{69}	A	Mrk	14^{70}	$A2A‡$	1Cr	10^{21}	A	1Cr	10^{26}	A	1Cr	10^{27}	A
Mrk	14^{71}	A	Mrk	14^{72}	$A3$	Mrk	15^{1}	$A3$	1Cr	10^{28}	$A2$	1Cr	10^{32}	$A3$	1Cr	11^{5}	A
Mrk	15^{2}	A	Mrk	15^{3}	A	Mrk	15^{8}	A	1Cr	11^{21}	A	1Cr	11^{22}	$A2$	1Cr	11^{23}	A
Mrk	15^{16}	A	Mrk	15^{17}	$A2$	Mrk	15^{18}	A	1Cr	11^{24}	$A2$	1Cr	11^{25}	A	1Cr	11^{27}	A
Mrk	15^{19}	$A3$	Mrk	15^{20}	$A3$	Mrk	15^{21}	$A2$	1Cr	11^{28}	A	1Cr	11^{29}	$AA‡$	1Cr	11^{30}	A
Mrk	15^{22}	A	Mrk	15^{23}	A	Mrk	15^{24}	A	1Cr	12^{11}	A	1Cr	12^{12}	A	1Cr	12^{13}	$A2$
Mrk	15^{25}	A	Mrk	15^{26}	A	Mrk	15^{27}	$A2$	1Cr	13^{2}	$A4$	1Cr	13^{3}	$A2$	1Cr	13^{9}	A
Mrk	15^{28}	$A2$	Mrk	15^{29}	$A3$	Mrk	15^{30}	A	1Cr	14^{21}	A	1Cr	14^{23}	$A2$	1Cr	14^{27}	A
Mrk	15^{31}	A	Mrk	15^{32}	$A2$	Mrk	15^{33}	A	1Cr	15^{1}	$A2$	1Cr	15^{2}	A	1Cr	15^{5}	A
Mrk	15^{34}	A	Mrk	15^{35}	A	Mrk	15^{36}	A	1Cr	15^{8}	A	1Cr	15^{10}	$A^=$	1Cr	15^{11}	A
Mrk	15^{38}	A	Mrk	15^{40}	$A3$	Mrk	15^{41}	$A4$	1Cr	15^{14}	A	1Cr	15^{16}	A	1Cr	15^{17}	A
Mrk	15^{42}	A	Mrk	15^{43}	$AA‡$	Mrk	15^{44}	A	1Cr	15^{21}	A	1Cr	15^{24}	$A3$	1Cr	15^{32}	A
Mrk	15^{45}	A	Mrk	15^{46}	$A4$	Mrk	15^{47}	A	1Cr	15^{48}	$A2B$	1Cr	15^{49}	$A2B2$	1Cr	15^{50}	AB
Mrk	16^{1}	$A3$	Mrk	16^{2}	A	Mrk	16^{3}	A	1Cr	15^{52}	$A2B2$	1Cr	15^{53}	AB	1Cr	16^{1}	AB
Mrk	16^{4}	A	Mrk	16^{5}	$A2$	Mrk	16^{7}	A	1Cr	16^{4}	AB	1Cr	16^{6}	AB	1Cr	16^{9}	$A2B2$
Mrk	16^{8}	$A3$	Mrk	16^{10}	A	Mrk	16^{11}	$A2$	1Cr	16^{10}	AB	1Cr	16^{12}	B	1Cr	16^{15}	B
Mrk	16^{13}	S	Mrk	16^{14}	$S2$	Mrk	16^{15}	S	1Cr	16^{16}	$B3$	1Cr	16^{17}	$B2$	1Cr	16^{18}	$B2$
Mrk	16^{16}	S	Mrk	16^{18}	$S2$	Mrk	16^{19}	S	1Cr	16^{19}	$B2$	2Cr	1^{1}	B	2Cr	1^{2}	$B2$
Mrk	16^{20}	S	Rom	7^{2}	A	Rom	7^{4}	A	2Cr	1^{3}	$B2$	2Cr	1^{5}	$B2$	2Cr	1^{6}	$B4$
Rom	7^{6}	A	Rom	7^{10}	A	Rom	7^{11}	A	2Cr	1^{7}	B	2Cr	1^{8}	B	2Cr	1^{10}	AB
Rom	7^{12}	$A3$	Rom	7^{23}	A	Rom	8^{2}	A	2Cr	1^{11}	AB	2Cr	1^{12}	AB	2Cr	1^{13}	AB
Rom	8^{3}	A	Rom	8^{6}	A	Rom	8^{34}	A	2Cr	1^{14}	AB	2Cr	1^{15}	AB	2Cr	1^{16}	$A2B3$
Rom	9^{2}	A	Rom	9^{4}	$A5$	Rom	9^{5}	A	2Cr	1^{17}	AB	2Cr	1^{18}	B	2Cr	1^{19}	$A2B3$
Rom	9^{9}	A	Rom	9^{10}	A	Rom	9^{15}	A	2Cr	1^{20}	B	2Cr	1^{21}	AB	2Cr	1^{22}	$A2B2$
Rom	9^{17}	$AA‡$	Rom	9^{22}	A	Rom	9^{24}	$A2$	2Cr	2^{2}	AB	2Cr	2^{3}	B	2Cr	2^{4}	AB
Rom	9^{25}	$A2$	Rom	9^{26}	A	Rom	9^{28}	A	2Cr	2^{7}	B	2Cr	2^{10}	$A2B2$	2Cr	2^{12}	AB
Rom	9^{29}	$A2$	Rom	9^{33}	$A2$	Rom	10^{1}	A	2Cr	2^{14}	AB	2Cr	2^{15}	AB	2Cr	2^{16}	B
Rom	10^{3}	A	Rom	10^{8}	A	Rom	10^{9}	A	2Cr	3^{2}	AB	2Cr	3^{6}	AB	2Cr	3^{13}	B
Rom	10^{12}	A	Rom	10^{18}	A	Rom	10^{20}	A	2Cr	4^{6}	AB	2Cr	4^{7}	AB	2Cr	4^{11}	B
Rom	10^{21}	A	Rom	11^{1}	A	Rom	11^{12}	A	2Cr	4^{13}	$B3$	2Cr	4^{14}	$B2$	2Cr	4^{16}	B
Rom	11^{14}	A	Rom	11^{16}	$A3$	Rom	11^{17}	$A2$	2Cr	4^{17}	B	2Cr	5^{2}	AB	2Cr	5^{3}	B
Rom	11^{22}	$A2$	Rom	11^{23}	A	Rom	11^{24}	A	2Cr	5^{4}	AB	2Cr	5^{5}	$AB2$	2Cr	5^{6}	AB^*
Rom	11^{26}	A	Rom	11^{27}	A	Rom	11^{29}	A	2Cr	5^{8}	$A2B2$	2Cr	5^{11}	AB	2Cr	5^{12}	B
Rom	11^{31}	$A2$	Rom	11^{33}	$C2$	Rom	11^{35}	C	2Cr	5^{15}	$A2B2$	2Cr	5^{18}	B	2Cr	5^{19}	AB
Rom	11^{36}	$C2$	Rom	12^{2}	$C2$	Rom	12^{14}	A	2Cr	6^{1}	B	2Cr	6^{2}	AB	2Cr	6^{7}	AB
Rom	12^{17}	AC	Rom	13^{3}	AC	Rom	13^{5}	A	2Cr	6^{8}	$A5B4$	2Cr	6^{9}	$A2B2$	2Cr	6^{10}	AB
Rom	13^{6}	A	Rom	13^{9}	A	Rom	13^{11}	A	2Cr	6^{13}	AB	2Cr	6^{16}	$A3B3$	2Cr	6^{17}	$A3B3$
Rom	13^{13}	$A3$	Rom	13^{14}	A	Rom	14^{9}	$C2$	2Cr	6^{18}	$A3B3$	2Cr	7^{1}	AB	2Cr	7^{3}	B
Rom	14^{10}	C	Rom	14^{11}	C	Rom	14^{17}	$C3$	2Cr	7^{5}	AB	2Cr	7^{7}	AB	2Cr	7^{8}	$AA‡$
Rom	14^{18}	C	Rom	14^{19}	C	Rom	15^{4}	C	2Cr	7^{8}	$BB‡$	2Cr	7^{14}	AB	2Cr	7^{15}	$AB2$
Rom	15^{5}	C	Rom	15^{6}	C	Rom	15^{7}	C	2Cr	8^{2}	B	2Cr	8^{3}	AB	2Cr	8^{4}	AB
Rom	15^{9}	C	Rom	15^{10}	C	Rom	15^{11}	$C2$	2Cr	8^{5}	B	2Cr	8^{6}	AB	2Cr	8^{7}	$A5B5$
Rom	15^{12}	$C2$	Rom	16^{21}	$A3$	Rom	16^{23}	$A2$	2Cr	8^{8}	AB	2Cr	8^{10}	$AB2$	2Cr	8^{11}	$A2B2$
1Cr	1^{14}	A	1Cr	1^{19}	A	1Cr	1^{24}	$A2$	2Cr	8^{14}	AB	2Cr	8^{15}	AB	2Cr	8^{19}	$A2B2$
1Cr	4^{5}	$A2$	1Cr	4^{6}	A	1Cr	4^{8}	$A2$	2Cr	8^{21}	AB	2Cr	8^{23}	AB	2Cr	8^{24}	AB
1Cr	4^{9}	$A2$	1Cr	4^{11}	$A5$	1Cr	4^{12}	A	2Cr	9^{2}	AB	2Cr	9^{4}	B	2Cr	9^{5}	$AB2$
1Cr	5^{4}	A	1Cr	5^{7}	A	1Cr	5^{8}	A	2Cr	9^{6}	$A3B3$	2Cr	9^{10}	$B3$	2Cr	9^{12}	B
1Cr	5^{10}	A	1Cr	5^{12}	A	1Cr	6^{1}	A	2Cr	9^{13}	$B2$	2Cr	9^{14}	B	2Cr	10^{1}	B
1Cr	7^{5}	A	1Cr	7^{8}	A	1Cr	7^{11}	A	2Cr	10^{5}	$B3$	2Cr	10^{6}	B	2Cr	10^{7}	B
1Cr	7^{12}	A	1Cr	7^{13}	$A2$	1Cr	7^{14}	A	2Cr	10^{8}	B	2Cr	10^{10}	$B2$	2Cr	10^{11}	B

2Cr	10^{12}	B	2Cr	10^{13}	B	2Cr	10^{14}	B	Php	1^{23}	B	Php	1^{25}	B3	Php	1^{27}	B
2Cr	11^1	B	2Cr	11^3	B	2Cr	11^8	B2	Php	1^{28}	B2	Php	1^{29}	B	Php	1^{30}	B
2Cr	11^9	B2	2Cr	11^{12}	B2	2Cr	11^{14}	B	Php	2^1	B	Php	2^4	B	Php	2^5	B
2Cr	11^{16}	B	2Cr	11^{18}	B	2Cr	11^{21}	B	Php	2^8	B	Php	2^{24}	B	Php	2^{25}	B3
2Cr	11^{22}	B3	2Cr	11^{25}	B	2Cr	11^{27}	B3	Php	2^{26}	B	Php	2^{27}	A2B2	Php	2^{28}	AB
2Cr	11^{29}	B2	2Cr	11^{31}	B	2Cr	11^{33}	B2	Php	2^{29}	AB	Php	3^3	AB2	Php	3^4	A2B2
2Cr	12^1	B2	2Cr	12^3	AB	2Cr	12^4	AB	Php	3^8	AB	Php	3^9	AB	Php	3^{10}	A2B2
2Cr	12^7	AB	2Cr	12^9	AB	2Cr	12^{11}	AB	Php	3^{15}	A2B2	Php	3^{16}	A=B=	Php	3^{17}	B
2Cr	12^{12}	A2B2	2Cr	12^{14}	B	2Cr	12^{15}	AB	Php	3^{18}	B	Php	3^{19}	B	Php	3^{20}	AB
2Cr	12^{18}	AB	2Cr	12^{20}	AB	2Cr	12^{21}	A2B3	Php	3^{21}	AB	Php	4^1	A2B2	Php	4^2	B
2Cr	13^1	B	2Cr	13^2	A3B3	2Cr	13^4	A2B	Php	4^3	A2B2	Php	4^6	AB	Php	4^7	B2
2Cr	13^9	AB	2Cr	13^{10}	B	2Cr	13^{11}	A2B2	Php	4^9	B5	Php	4^{10}	B	Php	4^{12}	B7
2Cr	13^{13}	A2B2	Eph	1^1	AB	Eph	1^2	A2B2	Php	4^{15}	B2	Php	4^{16}	B3	Col	1^8	B
Eph	1^3	AB	Eph	1^4	AB	Eph	1^8	AB	Col	1^9	B3	Col	1^{10}	A	Col	1^{11}	AB
Eph	1^{10}	B	Eph	1^{13}	AB	Eph	1^{15}	A2B2	Col	1^{13}	AB	Col	1^{16}	A2B3	Col	1^{17}	A2B2
Eph	1^{17}	AB	Eph	1^{19}	AB	Eph	1^{20}	AB	Col	1^{18}	AB	Col	1^{20}	AB	Col	1^{21}	A2B2
Eph	1^{21}	A5B5	Eph	1^{22}	A2B2	Eph	2^1	A2B2	Col	1^{22}	A2B2	Col	1^{23}	A2B2	Col	1^{24}	AB
Eph	2^3	A4B4	Eph	2^5	AB	Eph	2^6	A2B2	Col	1^{26}	AB	Col	1^{28}	AB	Col	2^{12}	B
Eph	2^8	AB	Eph	2^{12}	A2B2	Eph	2^{14}	AB	Col	2^{13}	B2	Col	2^{14}	B	Col	2^{15}	B
Eph	2^{16}	AB	Eph	2^{17}	A2B2	Eph	2^{19}	A2BB‡	Col	2^{18}	B	Col	2^{19}	B3	Col	2^{22}	AB
Eph	2^{20}	B	Eph	2^{22}	B	Eph	3^5	B	Col	2^{23}	A2B2	Col	3^3	AB	Col	3^4	AB
Eph	3^6	B2	Eph	3^9	B	Eph	3^{10}	AB	Col	3^5	AB	Col	3^7	AB	Col	3^8	AB
Eph	3^{12}	AB	Eph	3^{15}	AB	Eph	3^{18}	A3B4	Col	3^{10}	B	Col	3^{11}	B4B‡	Col	3^{12}	B
Eph	3^{21}	A	Eph	4^2	AB	Eph	4^4	AB	Col	3^{13}	B3	Col	3^{15}	B3	Col	3^{16}	B2
Eph	4^6	A3B	Eph	4^8	A	Eph	4^9	A	Col	3^{19}	B	Col	3^{25}	B	Col	4^1	B2
Eph	4^{10}	A	Eph	4^{11}	A2	Eph	4^{13}	A	Col	4^3	B2	Col	4^7	A2B2	Col	4^8	AB
Eph	4^{14}	A	Eph	4^{16}	A‡	Eph	4^{17}	A2B2	Col	4^9	AB	Col	4^{10}	AB	Col	4^{11}	AB
Eph	4^{21}	AB	Eph	4^{24}	AB2	Eph	4^{26}	AB	Col	4^{12}	AB	Col	4^{13}	AB2	Col	4^{15}	B2
Eph	4^{30}	AB	Eph	4^{31}	A4B4	Eph	5^2	A4B4	Col	4^{16}	B3	Col	4^{17}	B	1Th	2^{10}	B3
Eph	5^3	AB	Eph	5^5	B	Eph	5^9	B2	1Th	2^{11}	B	1Th	2^{12}	B2	1Th	2^{13}	B2
Eph	5^{11}	B	Eph	5^{18}	A	Eph	5^{19}	A2	1Th	2^{14}	B2	1Th	2^{15}	B5	1Th	2^{18}	B3
Eph	5^{20}	A	Eph	5^{23}	A2	Eph	5^{25}	A2	1Th	2^{20}	B	1Th	3^2	B3	1Th	3^4	B3
Eph	5^{27}	A	Eph	5^{28}	AA=	Eph	5^{29}	A2	1Th	3^5	B2	1Th	3^6	B3B‡	1Th	3^7	B
Eph	6^9	A2	Eph	6^9	B3B=	Eph	6^{10}	AB	1Th	3^{10}	B2	1Th	3^{11}	B2	1Th	3^{12}	B3
Eph	6^{12}	A2B2	Eph	6^{13}	AB	Eph	6^{14}	B	1Th	3^{13}	B	1Th	4^1	B4	1Th	4^4	B
Eph	6^{15}	B	Eph	6^{17}	A2B2	Eph	6^{18}	A3B3	1Th	4^5	B	1Th	4^6	B2	1Th	4^{10}	B
Eph	6^{19}	AB	Eph	6^{21}	BB‡	Eph	6^{22}	B	1Th	4^{11}	B4	1Th	4^{12}	B	1Th	4^{14}	B2
Eph	6^{23}	B2	Gal	1^1	B	Gal	1^2	B	1Th	4^{16}	B2	1Th	4^{17}	B	1Th	5^1	B
Gal	1^3	B2	Gal	1^4	B	Gal	1^7	B	1Th	5^3	B2	1Th	5^5	B	1Th	5^6	B
Gal	1^{21}	B	Gal	1^{24}	AB	Gal	2^1	AB	1Th	5^7	B	1Th	5^8	B2	1Th	5^{11}	B2
Gal	2^2	AB	Gal	2^8	AB	Gal	2^9	AB4	1Th	5^{12}	BB‡	1Th	5^{13}	BB‡	1Th	5^{15}	B
Gal	2^{12}	B	Gal	2^{13}	B	Gal	2^{14}	B	1Th	5^{23}	A3B3	1Th	5^{24}	AB	1Th	5^{25}	AB
Gal	2^{15}	B	Gal	2^{16}	B2	Gal	2^{20}	A	2Th	1^1	A3B3	2Th	1^2	A2B2	2Th	1^3	AB
Gal	2^{21}	A	Gal	3^5	A	Gal	3^6	A	2Th	1^4	A2B2	2Th	1^5	AB	2Th	1^7	A
Gal	4^2	A	Gal	4^3	A	Gal	4^7	A	2Th	1^8	A	2Th	1^9	A	2Th	1^{10}	A
Gal	4^9	A	Gal	4^{10}	A3	Gal	4^{12}	A	2Th	1^{11}	A3	2Th	1^{12}	A2	2Th	2^1	A
Gal	4^{14}	A	Gal	4^{20}	AB	Gal	4^{22}	AB	2Th	2^3	A	2Th	2^4	A	2Th	2^{16}	B4
Gal	4^{27}	B	Gal	4^{29}	B	Gal	4^{30}	B	2Th	2^{17}	B2	2Th	3^1	B3	2Th	3^2	B2
Gal	5^1	B‡	Gal	5^{12}	B	Gal	5^{15}	B	2Th	3^3	B	2Th	3^4	B2	2Th	3^5	B
Gal	5^{16}	B	Gal	5^{21}	AB	Gal	5^{24}	AB	2Th	3^6	B	2Th	3^8	AB	2Th	3^{10}	AB
Gal	5^{25}	AB*	Gal	6^1	AB	Gal	6^2	AB	2Th	3^{12}	AB	2Th	3^{15}	B	1Tm	1^1	AB
Gal	6^4	A2B2	Gal	6^7	AB	Gal	6^8	A2B2	1Tm	1^2	AB	1Tm	1^4	AB	1Tm	1^5	A2B2
Gal	6^{14}	AB	Gal	6^{16}	AA*2	Gal	6^{16}	B3	1Tm	1^9	A6B6	1Tm	1^{10}	B	1Tm	1^{12}	B
Php	1^{15}	B2	Php	1^{18}	B2	Php	1^{19}	B	1Tm	1^{13}	B2	1Tm	1^{14}	B	1Tm	1^{15}	B
Php	1^{20}	B2	Php	1^{21}	B	Php	1^{22}	B	1Tm	1^{17}	B	1Tm	1^{19}	AB	1Tm	1^{20}	AA=*B

1Tm	2^2	AB3	1Tm	2^3	AB	1Tm	2^4	AB		Skr	4^{12}	E	Skr	4^{14}	E	Skr	4^{15}	$E\,2$
1Tm	2^5	A2B2	1Tm	2^7	AB2	1Tm	2^8	AB		Skr	4^{16}	$E\,^*$	SkB	4^{16}	$E\,^\P$	Skr	4^{18}	E
1Tm	2^9	A2B2	1Tm	2^{14}	AB	1Tm	2^{15}	A2B2		Skr	4^{20}	$E2$	Skr	4^{21}	E	Skr	4^{26}	$E\,2$
1Tm	3^7	A	1Tm	3^8	A	1Tm	3^{12}	A		Skr	4^{27}	E	Skr	5^6	$E\,2$	Skr	5^8	$E2$
1Tm	3^{13}	A	1Tm	3^{15}	A	1Tm	3^{16}	A		Skr	5^9	E	Skr	5^{12}	E	Skr	5^{14}	E
1Tm	4^1	AB	1Tm	4^2	AB	1Tm	4^3	AB		Skr	5^{17}	E	Skr	5^{18}	E	Skr	5^{20}	E
1Tm	4^4	AB	1Tm	4^5	AB	1Tm	4^6	AB		Skr	5^{21}	E	Skr	5^{24}	E	Skr	6^5	E
1Tm	4^8	AB	1Tm	4^9	B	1Tm	4^{10}	B		Skr	6^{17}	E	Skr	6^{18}	E	Skr	6^{23}	E
1Tm	4^{11}	B	1Tm	4^{16}	B3	1Tm	5^4	ABB$^=$		Skr	6^{26}	E	Skr	6^{28}	E	Skr	7^1	E
1Tm	5^5	A3B3	1Tm	5^6	AB	1Tm	5^7	AB		Skr	7^2	E	Skr	7^3	E	Skr	7^{10}	E
1Tm	5^8	AB	1Tm	5^{10}	A2A*3	1Tm	5^{13}	A3		Skr	7^{11}	E	Skr	7^{12}	$E\,2$	Skr	7^{15}	E
1Tm	5^{16}	A$:$	1Tm	5^{17}	A	1Tm	5^{18}	A		Skr	7^{17}	E	Skr	7^{19}	E	Skr	7^{21}	E
1Tm	5^{20}	A	1Tm	5^{21}	A2	1Tm	5^{23}	AB		Skr	7^{25}	E	Skr	7^{26}	E	Skr	8^3	E
1Tm	5^{24}	AB	1Tm	5^{25}	A2B2	1Tm	6^1	AB		Skr	8^4	E	Skr	8^{14}	E	Skr	8^{20}	$E\,2$
1Tm	6^2	A2B2	1Tm	6^3	AB2	1Tm	6^4	AB		SkB	8^{21}	$E\,^\varepsilon$	Skr	8^{22}	E	Skr	8^{23}	$E\,2$
1Tm	6^8	AB	1Tm	6^9	A3A*	1Tm	6^9	B4		Skr	8^{26}	E	Skr	8^{27}	E	Cal	1^1	A
1Tm	6^{10}	B	1Tm	6^{12}	AB	1Tm	6^{13}	B		Cal	1^7	A	Sal	^{8}	S	Sal	^{12}	S
1Tm	6^{15}	B3	1Tm	6^{16}	B	2Tm	1^2	A		DeN	1^1	N	DeN	1^2	N	DeN	1^3	N
2Tm	1^3	A	2Tm	1^5	A2B	2Tm	1^7	A2B2		DeN	2^1	N	DeN	2^2	N	DeN	2^3	N
2Tm	1^9	A2B2	2Tm	1^{10}	AB	2Tm	1^{11}	A2B2		DeN	3^1	N	DeN	3^2	N2	DeN	3^3	N
2Tm	1^{12}	A2B2	2Tm	1^{13}	AB	2Tm	1^{15}	AB		DeN	4^1	N	DeN	4^2	N2	DeN	4^3	N
2Tm	1^{16}	AB	2Tm	1^{17}	AB	2Tm	1^{18}	AB		DeA	^{2}	𝔄	DeA	^{3}	𝔄	Ver	9^{16}	V
2Tm	2^2	B2	2Tm	2^5	B	2Tm	2^{10}	B		Ver	17^{27}	V3	Ver	19^{30}	V			
2Tm	2^{11}	B	2Tm	2^{12}	B2	2Tm	2^{17}	B2	jai	Mat	9^{28}	A	Mat	11^9	A	Jhn	11^{27}	A
2Tm	2^{18}	B	2Tm	2^{19}	B	2Tm	2^{20}	B4		Luk	7^{26}	A	Luk	10^{21}	A	Mrk	7^{28}	A
2Tm	2^{23}	AB	2Tm	2^{26}	AB	2Tm	3^2	AB		Rom	9^{18}	A	Rom	9^{20}	A	Php	4^3	AB
2Tm	3^5	B	2Tm	3^6	AB	2Tm	3^7	B‡		1Tm	6^{11}	AB	Phm	^{20}	A	SkB	4^{12}	$E\,^\varepsilon$
2Tm	3^8	A2B2	2Tm	3^9	A	2Tm	3^{11}	AB	jaina	Mat	9^{26}	A	Jhn	11^{29}	A	Jhn	18^{17}	A
2Tm	3^{12}	AB	2Tm	3^{13}	A2B2	2Tm	3^{14}	AB		Mrk	3^{24}	A	Mrk	13^{24}	A	2Cr	7^8	AB
2Tm	3^{15}	AB	2Tm	3^{16}	AB	2Tm	4^1	A2A‡	jainai	Mat	8^{13}	A	Mat	9^{22}	A	Mat	9^{31}	A
2Tm	4^1	B2B‡	2Tm	4^2	AB	2Tm	4^6	AB		Jhn	7^{45}	A	Jhn	10^6	A	Jhn	11^{13}	A
2Tm	4^8	AB	2Tm	4^{10}	B	2Tm	4^{13}	A		Luk	9^5	A	Luk	9^{34}	A	Luk	10^{12}	A
2Tm	4^{15}	A	Tit	1^1	B	Tit	1^4	B2		Luk	18^3	A	Mrk	6^{11}	A	Mrk	12^7	A
Tit	1^5	B	Tit	1^9	AB2	Tit	1^{14}	A		Mrk	13^{19}	A	Mrk	16^{13}	S	Mrk	16^{20}	S
Tit	1^{15}	A3	Tit	1^{16}	A2	Phm	^{11}	A		Rom	11^{23}	A	1Cr	15^{11}	A	Skr	8^5	$E^{-\circ}$
Phm	^{16}	A2	Phm	^{21}	A	Neh	5^{13}	D3		SkB	8^5	$E^\boxempty$	Skr	8^{12}	E			
Neh	5^{14}	D3	Neh	5^{15}	D4	Neh	5^{16}	D4	jainaim	Luk	4^2	A	Luk	5^{35}	A	Luk	9^{36}	A
Neh	5^{17}	D4	Neh	5^{18}	D5	Neh	6^{15}	D3		Mrk	1^9	A	Mrk	4^{11}	A	Mrk	8^1	A
Neh	6^{16}	D4	Neh	6^{17}	D2	Neh	6^{18}	D		Mrk	13^{17}	A	Neh	6^{17}	D	Skr	8^9	E
Neh	6^{19}	D3	Neh	7^1	D5	Neh	7^2	D3		Skr	8^{21}	E						
Neh	7^3	D	Neh	7^{21}	D*	Neh	7^{29}	DD$:$	jainaize	Luk	14^{24}	A	Luk	20^1	A	2Cr	8^{14}	A2BB*
Neh	7^{30}	D$:$	Neh	7^{32}	D	Neh	7^{37}	D		2Tm	3^9	AB	Skr	8^8	E	Skr	8^{10}	E
Neh	7^{39}	D	Neh	7^{43}	D2	Neh	7^{45}	D		Skr	8^{25}	E						
Skr	1^2	E	Skr	1^9	E	Skr	1^{14}	E	jainamma	Mat	7^{22}	A	Mat	7^{25}	A	Mat	7^{27}	A
Skr	1^{16}	E	Skr	1^{17}	E	Skr	1^{21}	E		Mat	11^{25}	A	Jhn	14^{20}	A	Jhn	16^{23}	A
Skr	1^{23}	E	Skr	1^{25}	$E\,2$	Skr	1^{26}	E		Jhn	16^{26}	A	Luk	6^{23}	A	Luk	6^{48}	A
Skr	2^4	E	Skr	2^7	E	Skr	2^{12}	E		Luk	10^{12}	A	Luk	17^9	A	Luk	17^{31}	A
Skr	2^{13}	E	Skr	2^{16}	E	Skr	2^{17}	E		Mrk	2^{20}	A	Mrk	4^{35}	A	Rom	14^{15}	C
Skr	2^{19}	E	Skr	2^{21}	E	Skr	2^{23}	$E\,2$		Eph	2^{12}	AB	2Th	1^{10}	A	2Tm	1^{18}	AB
Skr	2^{24}	E	Skr	2^{25}	E	Skr	2^{26}	E		2Tm	4^8	AB						
Skr	3^1	E	Skr	3^5	E	Skr	3^8	E	jainana	Mat	8^{28}	A	Jhn	13^{27}	A	Luk	20^{11}	A
Skr	3^9	E	Skr	3^{10}	E	Skr	3^{12}	E		Mrk	12^5	A	2Tm	1^{12}	AB			
Skr	3^{16}	$E\,2$	Skr	3^{18}	E	Skr	3^{19}	E	jainans	Jhn	10^{35}	A	Luk	2^1	A	Luk	19^{27}	A
Skr	3^{20}	E	Skr	4^3	E	Skr	4^5	E		Mrk	13^{24}	A						
Skr	4^8	E	Skr	4^{10}	E	Skr	4^{11}	E	jainar	Mat	5^{23}	A	Mat	5^{24}	A	Mat	8^{12}	A

		Mat	26⁷¹	AC	Mat	27⁴⁷	A	Mat	27⁵⁵	A	jas-sunjai	1Tm	2⁷	A
		Mat	27⁶¹	A	Jhn	6³	A	Jhn	6²²	A	jas-sunjos	1Cr	5⁸	A
		Jhn	6²⁴	A	Jhn	10⁴⁰	A	Jhn	10⁴²	A	jas-sutja	1Tm	2²	A
		Jhn	11¹⁵	A	Jhn	11³¹	A	Jhn	12²	A	jas-swa	1Tm	3¹⁰	A
		Jhn	12⁹	A	Jhn	18²	A	Luk	2⁶	A	jas-swaswe	1Cr	11²	A
		Luk	6⁶	A	Luk	8³²	A	Luk	10⁶	A	jas-Swntwkein		Php	4²	A
		Luk	15¹³	A	Luk	17²¹	A	Luk	17²³	A	jaþ	1Cr	15⁴	A
		Mrk	1³⁵	A	Mrk	1³⁸	A	Mrk	2⁶	A	jaþ-ni	2Cr	8⁵	A
		Mrk	3¹	A	Mrk	5¹¹	A	Mrk	6⁵	A	jaþ-þai	1Cr	15¹⁸	A	1Tm	3¹⁰	A
		Mrk	11⁵	A	Mrk	13²¹	A	Mrk	14¹⁵	A	jaþ-þairh	2Cr	1¹⁶	A	2Cr	1²⁰	A
		Skr	3¹	E							jaþ-þan	Jhn	8¹⁶	A	1Cr	4⁵	A	1Cr	12¹⁴	A
jainata	Luk	15¹⁴	A									2Cr	6¹	A
jaind	Jhn	11⁸	A								jaþ-þana	1Cr	11²⁶	A
jaindre	Luk	17³⁷	A								jaþ-þans	1Cr	1¹⁶	A	2Tm	3⁵	A	Tit	1⁹	A
jaindwairþs	Jhn	18³	A								jaþ-þata	2Cr	2³	A	2Cr	8²	A
jainis	Jhn	5⁴⁷	A	Luk	15¹⁵	A	Luk	20³⁵	A	jaþ-þatei	1Cr	15⁴	A	1Cr	15⁵	A
		Mrk	4³⁵	A	1Cr	10²⁸	A*	Skr	5⁴	E	jaþþe	1Cr	10³¹	A3	1Cr	12¹³	A4	1Cr	13⁸	A3
		Skr	5¹⁸	E	Skr	6¹	E						1Cr	14²⁷	B	1Cr	15¹¹	A2	2Cr	1⁶	B2
jains		Mat	27⁸	A	Mat	27⁶³	A	Jhn	5⁴⁶	A			2Cr	5⁹	A2B2	2Cr	5¹⁰	A2B2	2Cr	5¹³	A2B2
		Jhn	6²⁹	A	Jhn	7¹¹	A	Jhn	8⁴⁴	A			2Cr	8²³	AB2	2Cr	12²	A2B2	2Cr	12³	A2B2
		Jhn	9¹¹	A	Jhn	9²⁵	A	Jhn	9³⁶	A			Eph	6⁸	B2	Php	1¹⁸	B2	Php	1²⁰	B2
		Jhn	13²⁵	A	Jhn	13³⁰	A	Jhn	16¹³	A			Php	1²⁷	B2	Col	1¹⁶	A4B4	Col	1²⁰	A2B2
		Jhn	16¹⁴	A	Luk	18¹⁴	A	Mrk	3²⁵	A			1Th	5¹⁰	B2	Skr	4¹⁷	E 2
		2Cr	10¹⁸	B	2Tm	2¹³	B	Skr	4¹	E	jaþ-þis	1Cr	11²⁸	A
		Skr	4⁶	E	Skr	6²	E	Skr	6⁵	E	jaþ-þo	Eph	1¹⁰	A	Col	1¹⁶	A
		Skr	6¹⁰	E	Skr	6²⁵	E					jaþ-þrije	2Cr	13¹	A
jainþro	Mat	5²⁶	A	Mat	9⁹	A	Mat	9²⁷	A	jaþ-þuk	Phm	1⁹	A
		Mat	11¹	A	Mrk	1¹⁹	A	Mrk	6¹	A	jau	Jhn	7⁴⁸	A	Luk	6⁷	A	Rom	7²⁵	A
		Mrk	6¹⁰	A	Mrk	6¹¹	A	Mrk	7²⁴	A			1Tm	5¹⁰	B5	Skr	8¹⁴	E
		Mrk	9³⁰	A	Mrk	10¹	A	Mrk	10⁴⁶	A	Jaurdanau	Skr	4⁴	E
Jairupulai	Cal	2¹⁶	A								jer	Luk	4¹⁹	A	Neh	5¹⁴	D
Jakob	Ver	17²⁷	V								jera	Luk	2³⁶	A	Luk	2⁴¹	A	Luk	3¹	A
jal-laggei	Eph	3¹⁸	A										Luk	8⁴³	A	Luk	20⁹	A	Mrk	5²⁵	A
jal-liban	2Cr	1⁸	A										2Cr	8¹⁰	AB	2Cr	9²	AB	2Cr	12²	AB
jam-mundoþ	Php	3¹⁷	A										Gal	2¹	AB	2Tm	3¹	AB	Neh	5¹⁴	D2
jan-nauh	1Cr	15¹⁷	A								jeram	Luk	4²⁵	A
jan-ne	2Cr	1¹⁸	A	2Cr	1¹⁹	A					jere	Jhn	8⁵⁷	A	Luk	2³⁷	A	Luk	3²³	A
Jannes	2Tm	3⁸	A										Luk	15²⁹	A	Mrk	5⁴²	A	1Tm	5⁹	AB*
jan-ni	Mat	25⁴²	C2	Mat	25⁴³	C3	Mat	25⁴⁴	C			Skr	7²²	E
		Luk	7³²	A	1Cr	10²⁰	A	1Cr	14²¹	A	jiuka	1Cr	9²⁶	A
		1Cr	15³⁴	A	2Cr	3¹³	A	2Cr	5¹²	A	jiukam	Rom	8³⁷	A
		2Cr	9⁵	A	2Cr	12¹⁴	A	2Cr	12²¹	A	jiukos	2Cr	12²⁰	AB	Gal	5²⁰	AB
		2Cr	13¹⁰	A	Gal	4¹⁸	A	Php	3³	A	Jiuleis	Cal	2¹	A
		2Th	3¹⁵	A	1Tm	6³	A	2Tm	3⁷	A	Johannen	Ver	17²⁷	V*
		Skr	1¹²	E							jota	Mat	5¹⁸	A
Jannins	Luk	3²⁴	A								ju	Mat	5²⁸	A	Jhn	9²⁷	A	Jhn	11³⁹	A
Jannis	2Tm	3⁸	B										Jhn	15³	A	Luk	2¹⁵	A	Luk	3⁹	A
jar-ragin	2Cr	8¹⁰	A										Luk	6²⁴	A	Luk	14¹⁷	A	Luk	15¹⁹	A
jas-sa	Mat	26²	C	Mat	26⁷¹	C							Luk	15²¹	A	Luk	16²	A	Mrk	8²	A
jas-saei	2Cr	8¹⁵	A										Mrk	9¹³	A	Rom	7¹⁷	A	Rom	7²⁰	A
jas-samana	2Cr	7³	A										Rom	13¹¹	A	Rom	14¹⁵	C	1Cr	4⁸	A2
jas-sauþ	Skr	1⁵	E										1Cr	5³	A	Eph	2¹⁹	B	Gal	5²¹	AB
jas-sik	1Tm	6¹⁰	A										Php	3¹²	A2B2	Php	4¹⁰	B	1Th	3¹	B
jas-silbans	Gal	2¹⁷	A										1Th	3⁵	B	1Tm	5²³	AB	2Tm	2¹⁸	B
jas-so	1Cr	15¹⁰	A	1Cr	15¹⁴	A							2Tm	4⁶	AB	Phm	1⁶	A	Skr	1²	E

	Skr	1^{18}	E	Skr	2^{1}	E	Skr	3^{8}	E		Jhn	15^{27}	A	Jhn	16^{20}	A2	Jhn	16^{22}	A
	Skr	5^{22}	E	Skr	6^{28}	E					Jhn	16^{27}	A	Jhn	18^{31}	A	Jhn	19^{6}	A
Judaie	Skr	8^{23}	E								Luk	6^{20}	A	Luk	6^{21}	A2	Luk	6^{25}	A2
Judaiei	Jhn	11^{45}	A								Luk	6^{31}	A	Luk	9^{13}	A	Luk	9^{20}	A
Judaieis	1Cr	12^{13}	A								Luk	9^{44}	A	Luk	10^{23}	A	Luk	10^{24}	A2
Judaium	Skr	4^{3}	E								Luk	16^{15}	A	Luk	17^{6}	A	Luk	17^{10}	A
Judaiuns	1Cr	9^{20}	A								Luk	19^{46}	A	Mrk	7^{11}	A	Mrk	7^{18}	A
Judaius	1Cr	9^{20}	A	Gal	3^{28}	A	Col	3^{11}	B		Mrk	8^{29}	A	Mrk	11^{17}	A	Mrk	11^{26}	A
judaiwiskaize	Tit	1^{14}	A								Mrk	12^{27}	A	Mrk	13^{23}	A	Mrk	13^{29}	A
judaiwiskom	Skr	3^{10}	E								Rom	7^{4}	A	Rom	8^{9}	A	Rom	9^{26}	A
Judas	Jhn	12^{4}	A								Rom	11^{30}	A	1Cr	4^{10}	A2	1Cr	5^{12}	A
jugg	Luk	5^{39}	A								1Cr	9^{1}	A	1Cr	9^{2}	A	1Cr	10^{15}	A
juggalaud	Luk	7^{14}	A								1Cr	16^{1}	AB	1Cr	16^{6}	AB	1Cr	16^{16}	B
juggalaudeis	Mrk	14^{51}	A								2Cr	1^{14}	AB	2Cr	3^{2}	AB	2Cr	6^{12}	AB
juggalauþ	Mrk	16^{5}	A								2Cr	6^{13}	AB	2Cr	6^{16}	AB	2Cr	6^{18}	AB
juggalauþs	Mrk	14^{51}	A								2Cr	8^{9}	AB	2Cr	9^{4}	AB	2Cr	11^{7}	B
juggans	1Tm	5^{1}	B	2Tm	2^{22}	AB					2Cr	12^{11}	AB	2Cr	13^{7}	AB	2Cr	13^{9}	AB
juggata	Mat	9^{17}	A	Luk	5^{38}	A	Mrk	2^{22}	A2		Eph	1^{13}	AB	Eph	1^{18}	AB	Eph	2^{11}	AB
juggons	Luk	2^{24}	A								Eph	2^{13}	AB	Eph	2^{22}	B	Eph	4^{20}	AB
juggos	1Tm	5^{2}	B	1Tm	5^{11}	A:	1Tm	5^{14}	A:		Eph	4^{22}	AB	Eph	5^{25}	A	Eph	6^{9}	BB=
juhiza	Luk	15^{12}	A	Luk	15^{13}	A					Eph	6^{21}	B	Gal	3^{28}	A	Gal	3^{29}	A
juka	Luk	14^{19}	A								Gal	4^{6}	A	Gal	4^{12}	A	Gal	4^{21}	AB
jukuzja	Gal	5^{1}	B								Gal	5^{13}	B	Gal	6^{1}	AB	Php	4^{15}	B2
jukuzjai	1Tm	6^{1}	AB								Col	3^{4}	AB	Col	3^{7}	AB	Col	3^{8}	AB
jundai	Luk	18^{21}	A	Mrk	10^{20}	A	1Tm	4^{12}	B		Col	3^{13}	B	Col	3^{18}	B	Col	3^{21}	B
jus	Mat	5^{48}	A	Mat	6^{8}	A2	Mat	6^{9}	A		Col	4^{1}	B2	Col	4^{16}	B	1Th	2^{14}	B2
	Mat	6^{26}	A	Mat	7^{12}	A	Mat	7^{23}	A		1Th	2^{19}	B	1Th	2^{20}	B	1Th	3^{8}	B
	Mat	9^{4}	A	Mat	10^{31}	A	Mat	25^{41}	C		1Th	4^{9}	B	1Th	5^{4}	B	1Th	5^{5}	B
	Jhn	5^{45}	A	Jhn	6^{67}	A	Jhn	7^{8}	A		2Th	1^{12}	A	2Th	3^{13}	AB	Skr	6^{6}	E
	Jhn	7^{28}	A	Jhn	7^{34}	A	Jhn	7^{36}	A		Skr	6^{25}	E	Skr	8^{14}	E			
	Jhn	7^{47}	A	Jhn	8^{14}	A	Jhn	8^{15}	A	Justus	Col	4^{11}	AB						
	Jhn	8^{21}	A	Jhn	8^{22}	A	Jhn	8^{23}	A2	juþan	Jhn	6^{17}	A	Jhn	7^{14}	A	Jhn	9^{22}	A
	Jhn	8^{31}	A	Jhn	8^{38}	A	Jhn	8^{41}	A		Jhn	11^{17}	A	Luk	7^{6}	A	Luk	9^{12}	A
	Jhn	8^{44}	A	Jhn	8^{47}	A	Jhn	8^{49}	A		Luk	19^{37}	A	Mrk	1^{45}	A	Mrk	2^{2}	A
	Jhn	8^{54}	A	Jhn	9^{19}	A	Jhn	9^{27}	A		Mrk	4^{37}	A	Mrk	11^{11}	A	Mrk	13^{28}	A
	Jhn	9^{30}	A	Jhn	10^{26}	A	Jhn	10^{36}	A		Mrk	15^{42}	A	Mrk	15^{44}	A			
	Jhn	13^{13}	A	Jhn	13^{14}	A	Jhn	13^{15}	A	jû-þan	Mrk	15^{44}	A						
	Jhn	13^{33}	A	Jhn	13^{34}	A	Jhn	14^{3}	A	juzei	Luk	16^{15}	A	2Cr	8^{10}	AB	Eph	2^{13}	AB
	Jhn	14^{17}	A	Jhn	14^{19}	A2	Jhn	14^{20}	A2		Eph	2^{17}	AB	Gal	5^{4}	B	1Th	2^{13}	B
	Jhn	14^{28}	A	Jhn	15^{3}	A	Jhn	15^{4}	A	juzuþ-þan	1Cr	4^{10}	A						
	Jhn	15^{5}	A	Jhn	15^{14}	A	Jhn	15^{16}	A2										

k

Kaballarja	DeA	2	𝔄							Kaidmeielis	Neh	7^{43}	D*						
Kaeinanis	Luk	3^{36}	A	Luk	3^{37}	A				Kaidron	Jhn	18^{1}	A						
Kafarnaum	Mat	8^{5}	A	Mat	11^{23}	A*	Jhn	6^{17}	A	Kaifaira	Neh	7^{29}	D*						
	Jhn	6^{24}	A	Jhn	6^{59}	A	Luk	4^{23}	A	kaisara	Jhn	19^{12}	A2	Luk	2^{1}	A	Luk	20^{22}	A
	Luk	4^{31}	A	Luk	7^{1}	A	Luk	10^{15}	A		Luk	20^{25}	A	Mrk	12^{14}	A	Mrk	12^{17}	A
	Mrk	1^{21}	A	Mrk	2^{1}	A	Mrk	9^{33}	A	kaisaragild	Mrk	12^{14}	A						

Kaisarias	Mrk	8²⁷	A					kaupatjan	Mrk	14⁶⁵	A				
kaisaris	Luk	3¹	A	Luk	20²⁴	A	Luk 20²⁵ A	kaupoþ	Luk	19¹³	A				
	Mrk	12¹⁶	A	Mrk	12¹⁷	A		Kaurazein	Mat	11²¹	A:	Luk	10¹³	A	
Kajafa	Jhn	18¹⁴	A					kaurban	Mrk	7¹¹	A				
Kajafin	Jhn	18¹³	A	Jhn	18²⁴	A	Jhn 18²⁸ A	kaurbaunan	Mat	27⁶	A				
	Luk	3²	A					kaurein	2Cr	4¹⁷	B				
kalbons	Skr	3¹⁵	E					kaurida	2Cr	11⁸	B	2Cr	12¹³	AB	2Cr 12¹⁶ AB
kald	Jhn	18¹⁸	A					kauridai	Luk	9³²	A	2Cr	1⁸	B	2Cr 5⁴ AB
kaldis	Mat	10⁴²	A					kauridedeima				2Th	3⁸	AB	
kalkinassau	1Th	4³	B⁻					kauridedjau	Neh	5¹⁸	D				
kalkinassaus	Mat	5³²	A					kauridedun	Neh	5¹⁵	D				
kalkinassjus	Mrk	7²¹	A					Kaurinþaium	2Cr	inc	B	2Cr	exp	B	
kalkinassus	Gal	5¹⁹	AB					Kaurinþium	1Cr	exp	A2	2Cr	exp	A2	
kalkjom	Luk	15³⁰	A					Kaurinþius	2Cr	6¹¹	AB				
Kananeiten	Mrk	3¹⁸	A					Kaurinþon	Rom	exp	A	2Cr	1¹	B	2Cr 1²³ AB
kann	Mat	26⁷²	AC	Mat	26⁷⁴	AC	Jhn 7¹⁵ A	kauriþos	Gal	6²	AB				
	Jhn	7²⁹	A	Jhn	8⁵⁵	A2	Jhn 10¹⁴ A	kaurja	2Cr	12¹⁴	AB				
	Jhn	10¹⁵	A2	Jhn	10²⁷	A	Jhn 14¹⁷ A	kaurjaidau	1Tm	5¹⁶	A:				
	Luk	1³⁴	A	Luk	4³⁴	A	Luk 10²² A	kaurjos	2Cr	10¹⁰	B				
	Luk	16¹⁵	A	Mrk	1²⁴	A	Mrk 14⁶⁸ A	kaurn	Luk	3¹⁷	A				
	Mrk	14⁷¹	A	Php	1²²	B		kaurnis	Luk	16⁷	A	Mrk	4²⁸	A	
kanneiþ	Eph	6²¹	B					kaurno	Jhn	12²⁴	A	Luk	17⁶	A	Mrk 4³¹ A
kannida	Skr	4¹²	E					kauseiþ	Luk	14²⁴	A	2Cr	13⁵	AB	
kannidedi	Skr	4¹⁴	E					kausjai	Jhn	8⁵²	A				
канniþ	Eph	3¹⁰	AB					kausjais	Col	2²¹	AB				
kannja	Jhn	17²⁶	A	1Cr	15¹	A	2Cr 8¹ AB	kausjan	Luk	14¹⁹	A				
kannjan	Eph	1⁹	AB	Eph	6¹⁹	B		kausjand	Luk	9²⁷	A`	Mrk	9¹	A	
kannt	1Cr	7¹⁶	A					kawtsjon	DeN	1²	N	DeN	2²	N	DeN 3² N
kant	Jhn	16³⁰	A	Luk	18²⁰	A	Mrk 10¹⁹ A		DeN	4²	N				
	2Tm	1¹⁸	AB					Kefas	1Cr	9⁵	A				
kapillon	1Cr	11⁶	A					Kefin	1Cr	15⁵	A				
kara	Mat	27⁴	A	Jhn	12⁶	A	Mrk 4³⁸ A	Kefins	1Cr	1¹²	A				
	Mrk	12¹⁴	A					keiniþ	Mrk	4²⁷	A				
Kareiaþiaareim				Neh	7²⁹	D*		kelikn	Luk	14²⁸	A	Mrk	12¹	A	Mrk 14¹⁵ A
kar-ist	Jhn	10¹³	A					Kileikiais	Gal	1²¹	B				
karkara	Mat	5²⁵	A					kilþein	Luk	1³¹	A				
karkarai	Mat	11²	A	Mat	25³⁹	C	Mat 25⁴³ C	kindina	Mat	27²	A	Mat	27¹¹	A	Luk 2² A⁼
	Mat	25⁴⁴	C	Luk	3²⁰	A	Mrk 6¹⁷ A	kindinis	Luk	20²⁰	A				
	Mrk	6²⁷	A	Skr	3²	E		kindins	Mat	27¹¹	A	Mat	27¹⁴	A	Mat 27¹⁵ A
karkarom	2Cr	6⁵	AB	2Cr	11²³	B		kinnu	Mat	5³⁹	A	Luk	6²⁹	A	
karos	1Cr	7²¹	A					kintu	Mat	5²⁶	A				
Karpau	2Tm	4¹³	A					kiusai	Gal	6⁴	AB				
kas	Mrk	11¹⁶	A	Mrk	14¹³	A	1Th 4⁴ B	kiusands	2Cr	8⁸	AB				
	2Tm	2²¹	B					Klaimaintau	Php	4³	A				
kasa	Luk	8¹⁶	A	Luk	17³¹	A	Mrk 3²⁷ A	Klemaintau	Php	4³	B				
	Rom	9²¹	A	2Tm	2²⁰	B		klismjandei	1Cr	13¹	A				
kasam	Rom	9²²	A	Rom	9²³	A	2Cr 4⁷ AB	klismo	1Cr	13¹	A				
kase	Luk	16⁶	A					kniwa	Mrk	15¹⁹	A	Eph	3¹⁴	AB	
kasja	Rom	9²¹	A					kniwam	Luk	5⁸	A	Mrk	1⁴⁰	A	
kasjins	Mat	27⁷	A	Mat	27¹⁰	A		kniwe	Rom	14¹¹	C				
katile	Mrk	7⁴	A					knodai	Php	3⁵	AB				
Kaulaussaium				Col	exp	B		knussjands	Mrk	1⁴⁰	A	Mrk	10¹⁷	A	
kaupastedi	2Cr	12⁷	AB					Kosamis	Luk	3²⁸	A				
kaupastedun	Mat	26⁶⁷	C					Krekis	Rom	10¹²	A				
kaupatidai	1Cr	4¹¹	A					Krekos	1Cr	1²²	A				

Kreks	Gal	2^3	AB	Gal	3^{28}	A	Col	3^{11}	B	kunnjai	Col	4^8	A*B			
Kretai	Tit	1^5	B							kunnjau	Jhn	8^{55}	A			
Kretes	Tit	1^{12}	A							kunnum	Jhn	7^{27}	A	Jhn	9^{29}	A	Luk	1^{18}	A
Krispu	1Cr	1^{14}	A								1Cr	13^9	A	2Cr	5^{16}	A2B2
Krispus	2Tm	4^{10}	B							kunnun	Jhn	7^{49}	A	Jhn	10^4	A	Jhn	10^5	A
kriustiþ	Mrk	9^{18}	A								Jhn	10^{14}	A	Jhn	15^{21}	A	1Th	4^5	B
krusts	Mat	8^{12}	A								Skr	8^{16}	E			
kubituns	Luk	9^{14}	A							kunnuþ	Mat	27^{65}	A	Jhn	7^{28}	A2	Jhn	8^{19}	A
kukida	Luk	7^{38}	A	Luk	15^{20}	A	Mrk	14^{45}	A		Jhn	8^{43}	A	Jhn	8^{55}	A	Jhn	14^4	A2
kukides	Luk	7^{45}	A								Jhn	14^7	A	Jhn	14^{17}	A	Mrk	13^{28}	A
kukjau	Mrk	14^{44}	A								2Cr	8^9	AB	2Cr	13^5	AB	2Th	3^7	B
kumei	Mrk	5^{41}	A							kunþ	Eph	3^5	B			
kunawidom	Eph	6^{20}	B							kunþa	Mat	7^{23}	A	Jhn	17^{25}	A	2Cr	3^2	AB
kuni	Mat	11^{16}	A*	Luk	3^7	A	Luk	9^{41}	A		2Cr	5^{21}	AB	Php	4^5	AB	2Tm	2^{19}	B
	Luk	9^{43}	A=	Mrk	8^{12}	A	Mrk	9^{19}	A	kunþam	Luk	2^{44}	A			
	Mrk	9^{29}	A							kunþedeiþ	Jhn	8^{19}	A2	Jhn	14^7	A2
kunja	Luk	1^{48}	A	Luk	1^{61}	A	Luk	2^{36}	A	kunþedum	Jhn	6^{42}	A			
	Luk	16^8	A	Luk	17^{25}	A	Mrk	8^{12}	A	kunþedun	Jhn	12^{16}	A	Mrk	1^{34}	A
	2Cr	11^{26}	B							kunþes	2Tm	3^{15}	AB			
kunjis	Luk	1^8	A	Luk	7^{31}	A	Php	3^5	AB	kunþi	Luk	1^{77}	A	1Cr	8^{10}	A	1Cr	13^2	A
kunnan	Jhn	13^{38}	A	Jhn	14^5	A	Luk	8^{10}	A		1Cr	13^8	A	2Cr	10^5	B	Skr	1^{22}	E
	Mrk	4^{11}	A	Eph	3^{19}	A*B	Php	3^{10}	AB		Skr	6^{13}	E			
	1Th	5^{12}	B	Tit	1^{16}	A				kunþja	Rom	10^2	A	2Cr	6^6	AB	2Cr	8^7	AB
kunnandam	Rom	7^1	A	2Th	1^8	A					2Cr	11^6	B	Skr	4^{11}	E
kunnandans	Mrk	12^{24}	A	Eph	5^5	B	Gal	4^8	A	kunþjis	2Cr	2^{14}	AB	2Cr	4^6	AB	Eph	3^{19}	AB
	Skr	3^6	E								Php	3^8	AB	Col	1^9	B
kunnandins	Skr	7^1	E							kunþos	Php	4^6	AB			
kunnands	Jhn	6^{15}	A	Mrk	6^{20}	A	Skr	1^{11}	E	kunþs	Jhn	18^{15}	A	Jhn	18^{16}	A
	Skr	2^{12}	E	Skr	5^4	E				Kusins	Luk	8^3	A			
kunnei	Jhn	17^{23}	A							Kustanteinus	Cal	2^4	A			
kunneina	Jhn	17^3	A							kustau	2Cr	8^2	AB			
kunneis	2Tm	3^1	AB							kustu	2Cr	2^9	AB	2Cr	13^3	AB
kunneiþ	Jhn	15^{18}	A	Mrk	4^{13}	A	Mrk	13^{29}	A	Kwreinaiau	Luk	2^2	A			
	2Cr	2^4	AB	2Cr	13^6	AB	Eph	6^{22}	B	Kwreinaiu	Mrk	15^{21}	A			

l

lag	Luk	5^{25}	A	Mrk	1^{30}	A	Mrk	2^4	A	lagja	Jhn	10^{15}	A	Jhn	10^{17}	A	Jhn	10^{18}	A‡
lagei	Jhn	18^{11}	A								Jhn	13^{37}	A			
lagg	Mrk	9^{21}	A							lagjai	1Cr	16^2	A			
lagga	Luk	8^{27}	A	Mrk	2^{19}	A	Rom	7^1	A	lagjais	Mrk	5^{23}	A	1Tm	5^{22}	AB
	Rom	11^{13}	A							lagjan	Mat	10^{34}	A2	Mat	27^6	A	Ver	18^{29}	V
laggai	Luk	18^4	A							lagjandans	Mrk	15^{19}	A			
laggamodein	Rom	9^{22}	A	2Cr	6^6	AB				lagjands	Mat	27^{48}	A	Mrk	10^{16}	A	2Cr	5^{19}	AB
laggei	Eph	3^{18}	B							lagjid	Luk	5^{36}	A			
lagida	Luk	19^{22}	A	Mrk	7^{33}	A	2Cr	3^{13}	AB	lagjis	Jhn	13^{38}	A			
lagidedi	Mrk	7^{32}	A							lagjiþ	Mat	9^{16}	A	Jhn	10^{11}	A	Jhn	15^{13}	A
lagidedun	Mrk	6^{56}	A								Luk	9^{44}	A			
lagideduþ	Jhn	11^{34}	A							laibos	Mrk	8^8	A	Rom	9^{27}	A	SkB	8^{21}	E‹
lagides	Luk	19^{21}	A							laigaion	Mrk	5^{15}	A			

Laigaion	Mrk	5⁹	A				laisjandin	Luk	20¹	A	Gal	6⁶	AB
laikid	Luk	6²³	A				laisjandona	2Tm	3⁷	AB			
laikins	Luk	15²⁵	A				laisjands	Mat	7²⁹	A	Mat	9³⁵	A	Jhn	6⁵⁹	A
lailaik	Luk	1⁴¹	A	Luk	1⁴⁴	A		Jhn	7²⁸	A	Jhn	8²⁰	A	Luk	4³¹	A
lailot	Luk	4⁴¹	A	Mrk	5¹⁹	A	Mrk	11¹⁶	A		Luk	5¹⁷	A	Luk	19⁴⁷	A	Mrk	1²²	A
lailotun	Mrk	11⁶	A					Mrk	6⁶	A	Mrk	12³⁵	A	Mrk	14⁴⁹	A
lailoun	Jhn	9²⁸	A				laist	Skr	2²⁴	E	Skr	5⁶	E
lais	Php	4¹²	B2				laistei	Mat	8²²	A	Mat	9⁹	A	Luk	5²⁷	A
laisareis	Mat	9¹¹	A	Mat	10²⁵	A	Jhn	11²⁸	A		Luk	9⁵⁹	A	2Tm	2²²	AB
	Jhn	13¹³	A	Jhn	13¹⁴	A	Mrk	14¹⁴	A	laisteis	Jhn	13³⁶	A
	1Tm	2⁷	AB	2Tm	1¹¹	AB	Skr	1²⁴	E	laisteiþ	Jhn	8¹²	A	Luk	9⁴⁹	A	Mrk	9³⁸	A2
	Skr	7⁵	E				laistida	Jhn	6²	A	Jhn	18¹⁵	A	Luk	5²⁸g	A
laisari	Mat	8¹⁹	A	Luk	3¹²	A	Luk	6⁴⁰	A		Luk	18⁴³	A	Mrk	10⁵²	A	Mrk	14⁵¹	A
	Luk	7⁴⁰	A	Luk	8⁴⁹	A	Luk	9³⁸	A		Mrk	14⁵⁴	A
	Luk	10²⁵	A	Luk	18¹⁸	A	Luk	19³⁹	A	laistidedum	Luk	18²⁸	A	Mrk	10²⁸	A
	Luk	20²¹	A	Luk	20²⁸	A	Luk	20³⁹	A	laistidedun	Mat	8¹	A	Mat	9²⁷	A	Mat	27⁵⁵	A
	Mrk	4³⁸	A	Mrk	5³⁵	A	Mrk	9¹⁷	A		Luk	5¹¹	A	Luk	9¹¹	A	Mrk	1¹⁸	A
	Mrk	9³⁸	A	Mrk	10¹⁷	A	Mrk	10²⁰	A		Mrk	3⁷	A	Mrk	6¹	A	Mrk	15⁴¹	A
	Mrk	10³⁵	A	Mrk	12¹⁴	A	Mrk	12¹⁹	A	laistim	2Cr	12¹⁸	AB
	Mrk	12³²	A				laistja	Mat	8¹⁹	A	Luk	9⁵⁷	A	Luk	9⁶¹	A
laisaris	Luk	6⁴⁰	A				laistjai	Mat	10³⁸	A	Jhn	12²⁶	A	Luk	9²³	A
laisarja	Mat	10²⁴	A	Skr	2⁹	E		Mrk	8³⁴	A
laisarjam	Luk	2⁴⁶	A				laistjaima	Rom	14¹⁹	C
laisarjans	Eph	4¹¹	A	2Tm	4³	AB	laistjais	1Tm	6¹¹	AB
laisei	1Tm	4¹¹	B	1Tm	6²	AB	laistjaiþ	Luk	17²³	A	1Th	5¹⁵	B
laiseigs	1Tm	3²	AB	2Tm	2²⁴	AB	laistjan	Jhn	13³⁶	A	Jhn	13³⁷	A	Luk	18²²	A
laisein	Jhn	7¹⁷	A	Jhn	18¹⁹	A	Luk	4³²	A		Mrk	8³⁴	A	Mrk	10²¹	A
	1Cr	14²⁶	A	2Tm	4³	AB	Skr	8¹¹	E	laistjand	Jhn	10⁴	A	Jhn	10⁵	A	Jhn	10²⁷	A
laiseinai	Mat	7²⁸	A	Mrk	1²²	A	Mrk	4²	A	laistjandeins	Rom	9³⁰	A
	Mrk	12³⁸	A	Rom	15⁴	C	1Tm	1¹⁰	B	laistjands	Rom	9³¹	A
	1Tm	4¹³	B	1Tm	4¹⁶	B	1Tm	5¹⁷	A	Laiwweis	Luk	3²⁴	A	Luk	3²⁹	A	Luk	5²⁹	A
	1Tm	6³	AB	2Tm	3¹⁰	AB	2Tm	3¹⁰g	A	Laiwweiteis	Neh	7¹	D	Neh	7⁴³	D
	2Tm	3¹⁶	AB	2Tm	4²	AB	Tit	1⁹	AB2	Laiwwi	Luk	5²⁷	A	Mrk	2¹⁴	A
	Tit	2¹	A	Skr	1²¹	E		Lamaikis	Luk	3³⁶	A
laiseinais	Mrk	11¹⁸	A	Eph	4¹⁴	A	1Tm	4⁶	AB	lamb	Luk	15⁶	A
laiseinim	Col	2²²	AB				lamba	Mat	9³⁶	A	Jhn	10³	A2	Jhn	10⁴	AA‡
laiseinins	Mrk	7⁷	A					Jhn	10⁸	A	Jhn	10¹¹	A	Jhn	10¹²	A2
laiseino	Mrk	1²⁷	A	1Tm	4¹	AB		Jhn	10¹⁵	A	Jhn	10¹⁶	A	Jhn	10²⁷	A
laiseins	Jhn	7¹⁶	A	1Tm	6¹	AB	Skr	4⁹	E		Luk	10³	A	Rom	8³⁶	A	Neh	5¹⁸	D
laiseis	Jhn	9³⁴	A	Luk	20²¹	A2	Mrk	12¹⁴	A	lambam	Jhn	10¹²	A
laiseiþ	Jhn	14²⁶	A	Skr	3²³	E	Skr	4⁶	E	lambe	Mat	7¹⁵	A	Jhn	10¹	A	Jhn	10²	A
	Skr	5²⁴	E					Jhn	10⁷	A	Jhn	10¹³	A	Jhn	10²⁶	A
laisida	Jhn	7¹⁴	A	Jhn	8²⁸	A	Jhn	18²⁰	A		Luk	15⁴	A
	Luk	4¹⁵	A	Luk	5³	A	Mrk	1²¹	A	land	Luk	14¹⁸	A	Luk	15¹³	A
	Mrk	2¹³	A	Mrk	4²	A	Mrk	9³¹	A	landa	Mat	11²¹	A	Luk	2⁸	A	Mrk	5¹	A
	Mrk	10¹	A	Mrk	11¹⁷	A	Gal	6⁶	AB		Mrk	5¹⁰	A	Mrk	6¹	A	2Cr	11¹⁰	B
laisidai	Jhn	6⁴⁵	A				landis	Luk	3¹	A	Luk	4³⁷	A	Luk	19¹²	A
laisjai	Mat	5¹⁹	A2	1Tm	6³	AB	las	SkB	7¹⁸	E ᵉ
laisjaina	1Tm	1³	AB				lasiwostai	1Cr	12²²	A
laisjan	Mat	11¹	A	Jhn	7³⁵	A	Luk	6⁶	A	lasiws	2Cr	10¹⁰	B
	Mrk	4¹	A	Mrk	6²	A	Mrk	8³¹	A	lata	Luk	19²²	A
	2Tm	2²	B				latai	Rom	12¹¹	A
laisjand	1Tm	5¹³	A				latei	Php	3¹	AB
laisjandans	Mrk	7⁷	A	Col	1²⁸	AB	Col	3¹⁶	B	latidedi	Luk	1²¹	A
	Tit	1¹¹	A				latos	Tit	1¹²	A

laþaleiko	2Cr	12¹⁵	A					Lazarus	Jhn	11¹	A	Jhn	11²	A	Jhn	11¹¹	A
laþo	1Cr	10²⁷	A						Jhn	11¹⁴	A	Jhn	12¹	A	Jhn	12²	A
laþoda	Rom	9²⁴	A	1Cr	7¹⁵	A	Col	1¹²	AB		Luk	16²⁰	A						
	1Th	2¹²	B	1Th	4⁷	B	1Th	5²⁴	AB	Lazzaru	Luk	16²³	A						
laþodai	Eph	4¹	AB	Gal	5¹³	B*	Col	3¹⁵	B	leiht	2Cr	4¹⁷	B						
laþon	Mat	9¹³	A	Luk	2³⁸	A	Luk	5³²	A	leihtis	2Cr	1¹⁷	AB						
	Mrk	2¹⁷	A							leiƕaid	Luk	6³⁵	A						
laþonai	1Cr	7²⁰	A	2Tm	1⁹	AB				leiƕan	Mat	5⁴²	A						
laþonais	Luk	2²⁵	A	Eph	1¹⁸	AB	Eph	4¹	AB	leiƕand	Luk	6³⁴	A						
	Eph	4⁴	AB	Php	3¹⁴	AB	2Th	1¹¹	A	leiƕid	Luk	6³⁴	A						
laþondin	Rom	9¹²	A	Gal	1⁶	B	Gal	5⁸	B*	leik	Mat	5²⁹	A	Mat	5³⁰	A	Mat	6²²	A
laþondins	2Tm	1⁹	AB								Mat	6²³	A	Mat	6²⁵	A	Mat	27⁵⁸	A
laþons	Rom	11²⁹	A								Mat	27⁵⁹	A	Jhn	6⁵¹	A	Jhn	6⁵²	A
laþoþs	1Cr	7²⁰	A	1Tm	6¹²	AB					Jhn	6⁵³	A	Jhn	6⁵⁴	A	Jhn	6⁵⁵	A
laubos	Mrk	13²⁸	A								Jhn	6⁵⁶	A	Jhn	6⁶³	A	Luk	17³⁷	A
Laudeikaia	Col	4¹³	B	Col	4¹⁵	B					Mrk	6²⁹	A	Mrk	10⁸	A	Mrk	14⁸	A
Laudeikaion	Col	4¹⁶	B								Mrk	15⁴⁵	A	Rom	7⁴	A	Rom	8³	A
Laudekaion	Col	4¹⁶	B								Rom	8¹⁰	A	Rom	11¹⁴	A	Rom	12⁵	C
laudjai	Gal	4¹⁹g	A								1Cr	9²⁷	A	1Cr	10¹⁷	A	1Cr	11²⁴	A
lauf	Mrk	11¹³	A2								1Cr	11²⁹	A	1Cr	12¹²	A2	1Cr	12¹⁴	A
laugnida	Mat	26⁷⁰	C	Mat	26⁷²	C	Mrk	14⁷⁰	A		1Cr	12¹⁷	A	1Cr	12¹⁹	A	1Cr	12²⁰	A
laugnjandam	Luk	8⁴⁵	A								1Cr	13³	A	1Cr	15⁵⁰	AB	2Cr	7⁵	AB
lauhatjandei	Luk	17²⁴	A								2Cr	12²	AB	2Cr	12³	AB	Eph	1²³	AB
lauhmoni	Luk	17²⁴	A								Eph	4⁴	AB	Eph	4¹⁶	A	Eph	5²⁸	A⁼
lauhmunja	Luk	10¹⁸	A								Eph	5²⁹	A	Eph	6¹²	AB	Gal	5¹⁷	AB2
lauhmunjai	2Th	1⁸	A								Gal	5²⁴	AB	Col	1²⁴	AB	Col	2¹⁷	B
Lauidjai	2Tm	1⁵	A*								Col	2¹⁹	B	1Th	5²³	AB	Skr	1¹⁰	E
laun	Mat	6¹	A								Skr	1²³	E	Skr	2²	E			
launa	Rom	6²³	A							leika	Mat	6²⁵	A	Mat	10²⁸	A2	Mat	27⁵²	A
launawargos	2Tm	3²	AB								Jhn	8¹⁵	A	Mrk	5²⁹	A	Mrk	10⁸	A
laune	Luk	6³²	A	Luk	6³³	A	Luk	6³⁴	A		Rom	7⁵	A	Rom	7¹⁸	A	Rom	7²⁴	A
launis	1Tm	5¹⁸g	A								Rom	7²⁵	A	Rom	8¹	A	Rom	8³	A
laus	1Cr	9²¹	A								Rom	8⁴	A	Rom	8⁵	A	Rom	8⁸	A
lausa	1Cr	15¹⁴	A	1Cr	15⁵⁸	AB	2Cr	9³	AB		Rom	8⁹	A	Rom	9³	A	Rom	9⁵	A
lausai	Gal	5⁴	B	Php	2³	B					Rom	12¹	C	Rom	12⁴	C	1Cr	10¹⁸	A
lausaim	Eph	5⁶	B								1Cr	10³³	A	1Cr	12¹²	A	1Cr	12¹³	A
lausaiwaurdai	Tit	1¹⁰	A								1Cr	12¹⁵	A2	1Cr	12¹⁶	A2	1Cr	12¹⁸	A
lausana	Luk	20¹⁰	A	Luk	20¹¹	A					2Cr	1¹⁷	AB	2Cr	4¹⁰	AB	2Cr	4¹¹	B
lausans	Luk	1⁵³	A								2Cr	5⁶	AB*	2Cr	5⁸	AB	2Cr	5¹⁶	A2B2
lausawaurdai	Tit	1¹⁰	B								2Cr	10²	B	2Cr	10³	B2	2Cr	11¹⁸	B
lausawaurdein				1Tm	1⁶	AB					2Cr	12²	AB	2Cr	12³	AB	2Cr	12⁷	AB
lausawaurdja	2Tm	2¹⁶	B								Eph	2¹¹	A2B2	Eph	2¹⁵	AB	Eph	2¹⁶	AB
lausei	Mat	6¹³	A	Luk	6³⁰	A					Eph	5²⁸	A	Gal	2²⁰	A	Gal	3³	A
lauseiþ	Rom	7²⁴	A								Gal	4¹⁴	A	Gal	4²³	AB	Gal	4²⁹	B
laushandjan	Mrk	12³	A								Gal	6⁸	A2B2	Gal	6¹²	AB	Gal	6¹³	AB
lausjadau	Mat	27⁴³	A								Gal	6¹⁷	A*B	Php	1²⁰	B	Php	1²²	B
lausjaiþ	Luk	3¹³	A								Php	1²⁴	B	Php	3³	AB	Php	3⁴	A2BB*
lausjan	1Cr	7²⁷	A								Php	3²¹	A2B2	Php	4⁷	B	Col	1²²	AB
lausjands	Rom	11²⁶	A								Col	1²⁴	AB	Col	2¹⁵	B	Col	3¹⁵	B
lausqiþrans	Mrk	8³	A								Col	3²²	B	1Tm	3¹⁶	A	Phm	1⁶	A
lausqiþreim	2Cr	11²⁷	B*								Skr	2²³	E	Skr	4¹⁹	E			
lausqiþrein	2Cr	6⁵	AB							leikain	2Th	1¹¹	A						
Lazarau	Jhn	12¹⁰	A							leikainai	Eph	1⁵	AB	Eph	1⁹g	A	2Tm	1⁹	AB
Lazaru	Jhn	11⁵	A	Jhn	11⁴³	A	Jhn	12⁹	A	leikaiþ	Jhn	8²⁹	A						
	Jhn	12¹⁷	A	Ver	14²³	V				leike	Jhn	17²	A	Luk	3⁶	A	Mrk	13²⁰	A

	Gal	2¹⁶	B				lew	Rom	7⁸	A	Rom	7¹¹	A	2Cr	5¹²	AB
leikeina	2Cr	10⁴	B	1Tm	4⁸	AB	lewa	Gal	5¹³	B			
leikeinai	2Cr	1¹²	AB				lewjands	Jhn	18⁵	A	Mrk	14⁴²	A	Mrk	14⁴⁴	A
leikeinaim	2Cr	3³	AB				liba	Jhn	6⁵⁷	A	Jhn	14¹⁹	A	Rom	14¹¹	C
leikeinon	Skr	2¹³	E					Gal	2²⁰	A3			
leikeins	Rom	7¹⁴	A				libai	Mrk	5²³	A			
leikeis	Luk	5³¹	A	Col	4¹⁴	B	libaid	Jhn	11²⁵	A	Luk	4⁴	A
leiki	Luk	4²³	A				libaida	Sal	1²	S			
leikinassaus	Luk	9¹¹	A				libaideduþ	Col	3⁷	AB			
leikinoda	Ver	7¹³	V*				libaima	1Th	5¹⁰	B			
leikinodedi	Luk	6⁷	A				libain	Mat	25⁴⁶	C	Jhn	6³³	A	Jhn	6⁴⁰	A
leikinon	Luk	5¹⁵	A					Jhn	6⁴⁷	A	Jhn	6⁵³	A	Jhn	6⁵⁴	A
leikinondans	Luk	9⁶	A					Jhn	10¹⁰	A	Jhn	10²⁸	A	Jhn	17²	A
leikis	Mat	6²²	A	Mat	27⁵⁸	A	Luk	3²²	A	Luk	18³⁰	A	Mrk	9⁴³	A	Mrk	9⁴⁵	A
	Mrk	15⁴³	A	Rom	8³	A	Rom	8⁵	A	Mrk	10³⁰	A	Gal	6⁸	AB	Php	1²⁰	B
	Rom	8⁶	A	Rom	8⁷	A	Rom	9⁸	A	1Tm	6¹²	AB	2Tm	1¹⁰	AB
	Rom	13¹⁴	A	1Cr	5⁵	A	1Cr	7²⁸	A	libaina	2Cr	5¹⁵	AB⁻
	1Cr	10¹⁶	A	1Cr	11²⁷	A	1Cr	12¹⁵	A	libainai	Mat	7¹⁴	A	Jhn	6²⁷	A	Jhn	12²⁵	A
	1Cr	12¹⁶	A	1Cr	12²²	A	2Cr	5¹⁰	AB		Rom	7¹⁰	A	1Cr	15¹⁹	A	2Cr	2¹⁶	A2B2
	2Cr	7¹	AB	2Cr	10¹⁰	B	Eph	2³	A2B2		2Cr	5⁴	AB	1Tm	1¹⁶	B
	Eph	4¹²	A	Eph	4¹⁶	A	Eph	5²³	A	libainais	Jhn	6³⁵	A	Jhn	6⁴⁸	A	Jhn	6⁵¹	A
	Gal	4¹³	A	Gal	5¹³	B*	Gal	5¹⁶	B		Jhn	6⁶⁸	A	Jhn	8¹²	A	Luk	8¹⁴	A
	Gal	5¹⁹	AB	Col	1¹⁸	AB	Col	2¹¹	B		Luk	10²⁵	A	Luk	18¹⁸	A	Mrk	4¹⁹	A
	Col	2¹³	B	Col	2¹⁸	B	Col	2²³	A2B2		Mrk	10¹⁷	A	Rom	8²	A	Eph	4¹⁸	AB
	Skr	3⁸	E					Php	4³	AB	1Tm	4⁸	AB	2Tm	1¹	A
lein	Mrk	15⁴⁶	A					Tit	1²	B			
leina	Mrk	14⁵¹	A	Mrk	14⁵²	A	Mrk	15⁴⁶	A	libains	Jhn	6⁶³	A	Jhn	11²⁵	A	Jhn	14⁶	A
leitaidau	Rom	12¹⁹	AC					Jhn	17³	A	Rom	6²³	A	Rom	8⁶	A
leitil	Mat	6³⁰	A	Mat	8²⁶	A	Mat	26⁷³	AC		Rom	8³⁸	A‡	Rom	11¹⁵	A	2Cr	4¹¹	B
	Jhn	6⁷	A	Jhn	12³⁵	A	Jhn	13³³	A		2Cr	4¹²	B	Col	3³	AB	Col	3⁴	AB
	Jhn	14¹⁹	A	Jhn	16¹⁶	A2	Jhn	16¹⁷	A2	libais	Luk	10²⁸	A	Gal	2¹⁴	B
	Jhn	16¹⁸	A	Jhn	16¹⁹	A2	Luk	5³	A	libaiþ	Mat	9¹⁸	A	Jhn	6⁵¹	A	Jhn	6⁵⁷	A
	Luk	7⁴⁷	A2	Mrk	14⁷⁰	A	1Cr	5⁶	A		Jhn	6⁵⁸	A	Jhn	11²⁶	A	Jhn	14¹⁹	A
	2Cr	8¹⁵	AB	2Cr	11¹	B	2Cr	11¹⁶	B		Mrk	16¹¹	A	Rom	7¹	A	Rom	10⁵	A
	Gal	5⁹	B*	1Tm	5²³	AB					2Cr	13⁴	AB	Gal	2²⁰	A
leitila	Jhn	7³³	A				libam	2Cr	6⁹	AB	2Cr	13⁴	AB	Gal	5²⁵	AB
leitilai	2Cr	7⁸	AB	Skr	6³	E		1Th	3⁸	B			
leitilamma	Luk	16¹⁰	A2	Luk	19¹⁷	A	Eph	3³	B	liban	Jhn	6⁶³	A	2Cr	1⁸	B	2Cr	7³	AB
	Skr	4⁷	E					Php	1²¹	B	Php	1²²	B	2Tm	3¹²	AB
leitilane	Mat	25⁴⁵	C	Mrk	9⁴²	A		Skr	5⁸	E2			
leitilata	Mrk	1¹⁹	A⁺				liband	Luk	20³⁸	A			
leitils	Luk	19³	A				libanda	Jhn	6⁵¹	A			
leiþu	Luk	1¹⁵	A				libandans	2Cr	4¹¹	B	2Cr	5¹⁵	AB	1Th	4¹⁵	B
lekeis	Mat	9¹²	A	Mrk	2¹⁷	A		1Th	4¹⁷	B			
lekinoþ	Luk	10⁹	A				libandei	Luk	2³⁶	A	1Tm	5⁶	AB
lekjam	Mrk	5²⁶	A				libandin	Rom	7²	A	Rom	7³	A	1Tm	4¹⁰	B
lekjans	Luk	8⁴³	A				libandins	Jhn	6⁶⁹	A	Jhn	7³⁸	A	Rom	9²⁶	A
let	Mat	8²²	A	Mat	27⁴⁹	A	Jhn	12⁷	A		2Cr	3³	AB	2Cr	6¹⁶	AB	1Tm	3¹⁵	A
	Luk	4³⁴	A	Luk	6⁴²	A	Luk	9⁶⁰	A	libands	Mat	27⁶³	A	Jhn	6⁵⁷	A	Luk	15¹³	A
	Mrk	7²⁷	A	Mrk	15³⁶	A				libau	Gal	2¹⁹	A			
leta	Jhn	14¹⁸	A				ligandan	Mat	9²	A			
letand	Luk	19⁴⁴	A				ligandane	Mat	27⁵²	A			
letands	Mrk	15³⁷	A				ligandei	Skr	3²¹	E*	SkB	3²¹	E⁋
letiþ	Jhn	11⁴⁴	A	Jhn	18⁸	A	Luk	18¹⁶	A	ligandein	Mat	8¹⁴	A	Mrk	7³⁰	A
	Mrk	10¹⁴	A	Mrk	14⁶	A				ligando	Luk	2¹⁶	A	Mrk	5⁴⁰	A

ligiþ	Mat	8^6	A	Luk	2^{34}	A	Luk	3^9	A	liugom	1Cr	7^{10}	A
	2Cr	3^{15}	AB							liugos	1Tm	4^3	AB
ligr	Mat	9^6	A	Luk	8^{16}	A	Mrk	4^{21}	A	liuhad	Jhn	11^{10}	A	Jhn	12^{46}	A	Luk	8^{16}	A
ligra	Mat	9^2	A	Luk	5^{18}	A	Luk	17^{34}	A	liuhada	Mat	10^{27}	A	Jhn	12^{36}	A	Mrk	14^{54}	A
	Mrk	7^{30}	A								2Cr	6^{14}	AB	Col	1^{12}	A^-B	Skr	6^6	E
ligram	Rom	13^{13}	A							liuhadein	Mat	6^{22}	A	2Cr	4^4	B	2Cr	4^6	AB
ligre	Mrk	7^4	A							liuhadeins	2Cr	4^4	A
lima	Mat	27^{46}	A	Mrk	15^{34}	A				liuhadis	Jhn	12^{36}	A	Luk	16^8	A	Rom	13^{12}	A
lisand	Mat	6^{26}	A	Luk	6^{44}	A^-					2Cr	11^{14}	B	Eph	5^8	B	Eph	5^9	B
lisanda	Mat	7^{16}	A								1Th	5^5	B
listeigon	Eph	4^{14}	A							liuhaþ	Mat	5^{16}	A	Mat	6^{23}	A	Jhn	8^{12}	$A2$
listeigs	2Cr	12^{16}	AB								Jhn	9^5	A	Jhn	11^9	A	Jhn	12^{35}	$A2$
listins	Eph	6^{11}	AB								Jhn	12^{36}	A	Luk	2^{32}	A	Mrk	13^{24}	A
litai	Gal	2^{13}	B								2Cr	4^6	AB	Eph	5^8	B	1Tm	6^{16}	B
liteinins	1Tm	2^1	AB							liuhtida	2Cr	4^6	AB
liþiwe	Mat	5^{29}	A	Mat	5^{30}	A	1Cr	12^{22}	A	liuhtjai	Mat	5^{16}	A	2Cr	4^4	AB
liþjus	Rom	12^4	C	Rom	12^5	$C\ddagger$	1Cr	12^{12}	A	liuhtjando	Skr	6^5	E
	1Cr	12^{20}	A							liuta	Luk	6^{42}	A
liþum	Rom	7^5	A	Rom	7^{23}	$A2$				liutai	2Tm	3^{13}	AB
liþuns	Rom	12^4	C	1Cr	12^{12}	A	1Cr	12^{18}	A	liutans	Mat	6^2	A	Mat	6^5	A	Mat	6^{16}	A
	Col	3^5	AB								Mrk	7^6	A
liþus	1Cr	12^{14}	A	1Cr	12^{19}	A	Eph	4^{25}	AB	liutei	Mrk	7^{22}	A
liuba	Luk	3^{22}	A	Luk	9^{35}	A	Mrk	1^{11}	A	liutein	Luk	20^{20}	A	Mrk	12^{15}	A	Eph	4^{14}	A
	Mrk	9^7	A	Eph	5^1	AB	Eph	6^{21}	B		1Tm	4^2	AB
	Col	4^7	AB	Col	4^{14}	B				liuteiþ	Mat	5^{15}	A
liubai	Rom	11^{28}	A	1Tm	6^2	AB				liuþarjos	Neh	7^1	D	Neh	7^{44}	D
liubaleik	Php	4^8	B							liuþo	Rom	15^9	C
liuban	Luk	20^{13}	A							Lod	Luk	17^{29}	A
liubana	Mrk	12^6	A	Phm	^{16}	A				Lodis	Luk	17^{28}	A	Luk	17^{32}	A
liubans	Rom	12^{19}	AC	1Cr	15^{58}	AB	2Cr	7^1	AB	lofam	Mat	26^{67}	C	Mrk	14^{65}	A
	2Cr	12^{19}	AB	Php	4^1	AB				lofin	Jhn	18^{22}	A	Jhn	19^3	A
liubin	Eph	1^6	AB	Col	1^7	B	Col	4^9	AB	Lokan	Sal	^{4}	S
	2Tm	1^2	A							lubainais	Rom	15^{13}	C
liubon	Rom	9^{25}	A							lubjaleisai	2Tm	3^{13}g	A
liudiþ	Mrk	4^{27}	A							lubjaleisei	Gal	5^{20}	AB
liuga	Rom	9^1	A	2Cr	11^{31}	B	Gal	1^{20}	B	ludja	Mat	6^{17}	A
	1Tm	2^7	AB							luftau	1Th	4^{17}	B
liugada	Mrk	10^{12}	A	1Cr	7^{28}	A				luftaus	Eph	2^2	AB
liugaida	Luk	14^{20}	A							luftu	1Cr	9^{26}	A
liugaidedun	Luk	17^{27}	A							Lukan	Luk	inc	A
liugaidos	Luk	17^{27}	A							lukarn	Mat	6^{22}	A	Luk	8^{16}	A	Luk	15^8	A
liugaiþ	Mat	5^{32}	A	Luk	16^{18}	A	Mrk	10^{11}	A		Mrk	4^{21}	A	Skr	6^5	E
	Col	3^9	B							lukarnastaþan		Mrk	4^{21}	A
liugan	1Cr	7^9	A	1Tm	5^{11}	$A\ast$	1Tm	5^{14}	$A\ast$	lukarnastaþin		Mat	5^{15}	A	Luk	8^{16}	A
liugand	Luk	20^{34}	A	Luk	20^{35}	A	Mrk	12^{25}	A	Lukas	Col	4^{14}	B	2Tm	4^{11}	AB
liuganda	Luk	20^{34}	A	Luk	20^{35}	A	Mrk	12^{25}	A	Lukius	Rom	16^{21}	A
liugandans	Skr	8^{17}	$E\ast$	SkB	8^{17}	$E\P$				lun	Mrk	10^{45}	A
liugandau	1Cr	7^9	A							lustau	Col	3^5	A	Col	3^5g	A	1Th	2^{17}	B
liugands	Luk	16^{18}	A							lustaus	1Th	4^5	B
liugn	Jhn	8^{44}	A	Eph	4^{25}	AB	Skr	1^{15}	E	lustjus	Mrk	4^{19}	A
liugnapraufetum				Mat	7^{15}	A				luston	Mat	5^{28}	A
liugnawaurde	1Tm	4^2	AB							lustu	Rom	7^7	A	Rom	7^8	A	Gal	5^{16}	B
liugnja	Jhn	8^{44}	A	Jhn	8^{55}	A					Php	1^{23}	B	Col	3^5	B
liugnjam	1Tm	1^{10}	B							lustum	Eph	2^3	AB	Eph	4^{22}	AB	Gal	5^{24}	AB$\ast$
liugnjans	Tit	1^{12}	A								2Tm	3^6	A^-B	2Tm	4^3	AB	Phm	^{14}	A

lustuns	Jhn	8^{44}	*A*	Rom	13^{14}	A	Eph	2^3g	A	Lwddomaeis	Neh	7^{37}	D	
	1Tm	6^9	AB	2Tm	2^{22}	AB				Lwsaniaus	Luk	3^1	*A*	
lustusamans	Php	4^1	AB							Lwstrws	2Tm	3^{11}	AB	
lutondans	Tit	1^{10}	AB											

m

Maeinanis	Luk	3^{31}	*A*								1Tm	6^7	AB					
mag	Mat	6^{24}	*A*	Mat	6^{27}	*A*	Mat	7^{18}	*A*	magun	Mat	9^{15}	*A*	Luk	20^{36}	*A*	Mrk	2^{19}	*A2*
	Jhn	6^{44}	*A*	Jhn	6^{52}	*A*	Jhn	6^{60}	*A*		Mrk	4^{32}	*A*	Rom	8^8	A	1Cr	15^{50}	AB
	Jhn	6^{65}	*A*	Jhn	7^7	*A*	Jhn	9^4	*A*	magus	Luk	2^{43}	*A*						
	Jhn	9^{16}	*A*	Jhn	10^{21}	*A*	Jhn	10^{29}	*A*	magutsu	Mrk	10^{38}	*A*						
	Jhn	13^{37}	*A*	Jhn	14^{17}	*A*	Jhn	15^4	*A*	maguþ	Mat	6^{24}	*A*	Jhn	7^{34}	*A*	Jhn	7^{36}	*A*
	Luk	3^8	*A*	Luk	5^{21}	*A*	Luk	6^{39}	*A*		Jhn	8^{21}	*A*	Jhn	8^{22}	*A*	Jhn	8^{43}	*A*
	Luk	14^{20}	*A*	Luk	14^{26}	*A*	Luk	14^{27}	*A*		Jhn	13^{33}	*A*	Jhn	15^5	*A*	Jhn	16^{12}	*A*
	Luk	14^{33}	*A*	Luk	16^3	*A*	Luk	16^{13}	*A*		Luk	16^{13}	*A*	Mrk	14^7	*A*	1Cr	10^{21}	*A2*
	Luk	18^{26}	*A*	Mrk	2^7	*A*	Mrk	3^{23}	*A*		Eph	6^{16}	AB						
	Mrk	3^{24}	*A*	Mrk	3^{25}	*A*	Mrk	3^{26}	*A*	Mahaþis	Luk	3^{26}	*A*						
	Mrk	3^{27}	*A*	Mrk	7^{18}	*A*	Mrk	8^4	*A*	maht	Jhn	10^{35}	*A*	Luk	8^{46}	*A*	Luk	9^1	*A*
	Mrk	9^3	*A*	Mrk	9^{29}	*A*	Mrk	10^{26}	*A*		Luk	9^{50}	*A=*	Mrk	5^{30}	*A*	Mrk	9^{39}	*A*
	Mrk	15^{31}	*A*	Rom	8^7	A	1Cr	12^{21}	A		Mrk	12^{24}	*A*	Mrk	14^5	*A*	Rom	9^{17}	A
	Php	3^{21}	AB	Php	4^{13}	B	1Tm	3^5	A		1Cr	1^{24}	A	2Cr	1^8	B	2Cr	8^3	AB
	1Tm	6^{16}	B*	2Tm	2^{13}	B	Skr	2^6	E		Php	3^{10}	AB	2Tm	3^5	AB	Skr	4^{14}	*E*
	Skr	2^{11}	*E*	Skr	2^{15}	*E*	Skr	2^{20}	*E*		Skr	6^{14}	*E*	Skr	7^1	*E*			
	Skr	6^{13}	*E*							mahta	Mat	8^{28}	*A*	Jhn	11^{37}	*A*	Luk	1^{22}	*A*
magandan	Mat	10^{28}	*A*								Luk	6^{48}	*A*	Luk	8^{43}	*A*	Luk	14^{30}	*A*
magandans	Mat	10^{28}	*A*	Mrk	2^4	*A*					Luk	19^3	*A*	Mrk	1^{45}	*A*	Mrk	5^3	*A*
magands	Luk	1^{20}	*A*								Mrk	5^4	*A*	Mrk	6^5	*A*	Mrk	6^{19}	*A*
magaþai	Luk	1^{27}	*A*								Mrk	7^{24}	*A*	1Tm	5^{25}	AB	Skr	6^{11}	*E*
magaþais	Luk	1^{27}	*A*							mahtai	Luk	1^{17}	*A*	Luk	4^{14}	*A*	Luk	4^{36}	*A*
magaþein	Luk	2^{36}	*A*								Luk	10^{19}	*A*	Luk	10^{27}	*A*	Mrk	9^1	*A*
magau	Luk	2^{48}	*A*								Mrk	12^{30}	*A*	Mrk	12^{33}	*A*	Mrk	13^{26}	*A*
Magdalan	Mrk	8^{10}	*A*								1Cr	5^4	A	2Cr	6^7	AB	2Cr	8^3	AB
Magdalene	Mat	27^{56}	*A*	Mat	27^{61}	*A*	Luk	8^2	*A*		2Cr	13^4	*A2B2*	Eph	3^{16}	AB	Eph	3^{20}	AB
	Mrk	15^{40}	*A*	Mrk	15^{47}	*A*	Mrk	16^1	*A*		Eph	6^{10}	AB	Col	1^{11}	*A2B2*	Col	1^{29}	A
	Mrk	16^9	*A*								2Th	1^{11}	A	2Tm	1^8	AB	Skr	1^{16}	*E*
mageima	2Cr	1^4	B								Skr	5^9	*E*	Skr	8^2	*E*			
mageis	Mrk	9^{22}	*A*	Mrk	9^{23}	*A*				mahtais	Mrk	14^{62}	*A*	1Cr	15^{24}	A	2Cr	4^7	AB
mageiþ	Eph	3^4	B	Eph	3^{18}	AB	Eph	6^{11}	AB		Eph	1^{19}	*A2B2*	Eph	3^7	B	2Th	1^7	A
	Eph	6^{13}	AB								2Th	1^9	A	2Tm	1^7	AB	Skr	1^{11}	*E*
magi	Mrk	7^{15}	*A*	Mrk	9^{39}	*A*	Rom	8^{39}	A	mahte	Luk	19^{37}	*A*	Mrk	6^5	*A*	Eph	1^{21}	AB
	Rom	12^{18}	AC							mahtedeina	2Cr	3^7	AB-						
magiwe	Luk	15^{26}	*A*							mahtedi	Jhn	9^{33}	*A*	Luk	14^{29}	*A*	Skr	1^9	*E*
magjau	Mat	9^{28}	*A*								Skr	5^{14}	*E*						
magt	Mat	5^{36}	*A*	Mat	8^2	*A*	Jhn	13^{36}	*A*	mahtedum	Luk	9^{43}	*A=*	Mrk	9^{28}	*A*			
	Luk	5^{12}	*A*	Luk	6^{42}	*A*	Luk	16^2	*A*	mahtedun	Jhn	12^{39}	*A*	Luk	8^{19}	*A*	Luk	9^{40}	*A*
	Mrk	1^{40}	*A*	1Cr	7^{21}	A					Luk	20^{26}	*A*	Mrk	3^{20}	*A*	Mrk	4^{33}	*A*
magu	Luk	9^{42}	*A*	Mrk	10^{39}	*A*					Mrk	9^{18}	*A*						
magud	Luk	5^{34}	*A*							mahteig	Luk	18^{27}	*A*	Mrk	9^{23}	*A*	Mrk	10^{27}	*A*
magula	Jhn	6^9	*A*	Skr	7^3	*E*					Mrk	13^{22}	*A*	Gal	4^{15}	A			
magum	Jhn	14^5	*A*	2Cr	13^8	AB	1Th	3^9	B										

mahteiga	Luk	1⁴⁹	*A*	2Cr	10⁴	B	1Tm	6¹⁵	B
	2Tm	3⁷	AB
mahteigans	Luk	1⁵²	*A*
mahteigin	Eph	3²⁰	AB
mahteigo	Rom	9²²	*A*
mahteigons	2Tm	3¹⁵	AB
mahteigs	Luk	14³¹	*A*	Luk	14³²	*A*⁼	Rom	11²³	*A*
	Rom	14⁴	*A*	2Cr	9⁸	B	2Cr	12¹⁰	AB
	2Cr	13³	AB	2Tm	1¹²	AB	Tit	1⁹	AB
mahteis	Mat	11²⁰	*A*	Mat	11²¹	*A**	Mat	11²³	*A**
	Luk	10¹³	*A*	Mrk	6²	*A*	Mrk	6¹⁴	*A*
	Mrk	13²⁵	*A*	Rom	8³⁸	*A*
mahtim	2Cr	12¹²	AB
mahtins	Mat	7²²	*A*	Gal	3⁵	*A*
mahts	Mat	6¹³	*A*	Luk	1³⁵	*A*	Luk	5¹⁷	*A*
	Luk	6¹⁹	*A*	1Cr	1¹⁸	*A*	1Cr	15⁵⁶	AB
	2Cr	12⁹	A2B2	Skr	2¹⁰	*E*	Skr	2¹⁴	*E*
maidjandans	2Cr	2¹⁷	AB
maihstau	Luk	14³⁵	*A*
Mailaianis	Luk	3³¹	*A*
maile	Eph	5²⁷	*A*
Mailkeins	Luk	3²⁸	*A*
Mailkeis	Luk	3²⁴	*A*
maimaitun	Mrk	11⁸	*A*
maimbranans				2Tm	4¹³	*A*
mais	Mat	6²⁵	*A*	Mat	6²⁶	*A*	Mat	6³⁰	*A*
	Mat	10²⁵	*A*	Mat	10²⁸	*A*	Jhn	12⁴³	*A*
	Jhn	19⁸	*A*	Luk	5¹⁵	*A*	Luk	7²⁶	*A*
	Luk	7⁴²	*A*	Luk	18³⁹	*A*	Mrk	5²⁶	*A*
	Mrk	7³⁶	*A*	Mrk	9⁴²	*A*	Mrk	10²⁶	*A*
	Mrk	10⁴⁸	*A*	Mrk	15¹¹	*A*	Mrk	15¹⁴	*A*
	Rom	11¹²	*A*	Rom	11²⁴	*A*	Rom	12³	*C*
	Rom	14¹³	*C*	1Cr	7²¹	*A*	1Cr	12²²	*A*
	1Cr	exp	*A*	2Cr	2⁷	AB	2Cr	3⁸	AB
	2Cr	3⁹	AB	2Cr	3¹¹	AB	2Cr	5⁸	AB
	2Cr	7⁷	AB	2Cr	7¹³	AB	2Cr	8²²	B
	2Cr	11²³	B	2Cr	12⁹	AB	Eph	4²⁸	AB
	Eph	5⁴	B	Gal	4²⁷	B	Php	1¹⁴	B
	Php	1²³	B	Php	3⁴	AB	1Th	4¹	B
	1Th	4¹⁰	B	1Tm	1⁴	AB	1Tm	6²	AB
	2Tm	1¹⁸	*A*⁼B⁼	2Tm	3⁴	AB	Phm	16	*A*
	Skr	1¹⁹	*E*	Skr	5¹⁶	*E*	Skr	7²¹	*E*
	Skr	8¹¹	*E*
Maisaullamis	Neh	6¹⁸	D
maist	Mrk	4³²	*A*	1Cr	14²⁷	*A*
maistam	Mrk	6²¹	*A*
maistans	Jhn	19⁶	*A*
maistin	Jhn	18²⁴	*A*
maistins	Jhn	18²⁶	*A*
maists	Luk	9⁴⁶	*A*	Mrk	9³⁴	*A*
maiþms	Mrk	7¹¹	*A*
maiza	Mat	11¹¹	*A*2	Jhn	8⁵³	*A*	Jhn	13¹⁶	*A*2
	Jhn	14²⁸	*A*	Jhn	15²⁰	*A*	Luk	7²⁸	*A*2
	Rom	9¹²	*A*	Skr	3⁷	*E*
maizei	Mrk	12³¹	*A*
maizein	Jhn	15¹³	*A*	Jhn	19¹¹	*A*	Skr	6⁷	E
maizo	Jhn	10²⁹	*A*	Luk	9¹³	*A*	Eph	3²⁰	AB
	Skr	7¹⁴	*E*
maizona	Jhn	14¹²	*A*
maizuh	Skr	8⁸	*E*
maizuþ-þan	Gal	4⁹	*A*
Makaidonja	2Cr	1¹⁶	*A*	2Cr	2¹³	*A*
Makaidonjai	2Cr	1¹⁶	*A*	2Cr	7⁵	*A*
Makedonais	1Tm	1³	*A*
Makeibis	Neh	7³³	D*
Makidonai	2Cr	11⁹	B	Php	4¹⁵	B	1Th	4¹⁰	B
Makidonais	2Cr	8¹	AB*	2Cr	exp	*A*	1Tm	1³	B
Makidoneis	2Cr	9⁴	AB
Makidonim	2Cr	9²	AB⁻
Makidonja	1Cr	16⁵	A2B2	2Cr	1¹⁶	B	2Cr	2¹³	B
Makidonjai	2Cr	1¹⁶	B	2Cr	7⁵	B
Makmas	Neh	7³¹	D*
Malailaielis	Luk	3³⁷	*A*
malandeins	Luk	17³⁵	*A*
Malkus	Jhn	18¹⁰	*A*
malma	Rom	9²⁷	*A*
malmin	Mat	7²⁶	*A*
malo	Mat	6¹⁹	*A*	Mat	6²⁰	*A*
Mambres	2Tm	3⁸	B
mammonim	Luk	16¹³ᵍ *A*
mammonin	Mat	6²⁴	*A*
mammons	Col	1²²	AB
Mamres	2Tm	3⁸	*A*
man	Luk	17⁹	*A*	1Cr	4⁹	*A*	1Cr	7²⁶	*A*
	2Cr	9⁵	AB	2Cr	10²	B	2Cr	11⁵	B
	Php	3¹³	AB
manag	Jhn	6¹⁰	*A*	Jhn	8²⁶	*A*	Jhn	12²⁴	*A*
	Jhn	15⁵	*A*	Jhn	15⁸	*A*	Luk	8²⁹	*A*
	Luk	9²²	*A*	Luk	17²⁵	*A*	Mrk	4²	*A*
	Mrk	5²⁶	*A*	Mrk	6²⁰	*A*	Mrk	7⁴	*A*
	Mrk	7⁸	*A*	Mrk	7¹³	*A*	Mrk	9¹²	*A*
	Mrk	10²²	*A*	Col	4¹³	AB
managa	Mat	9³⁷	*A*	Mat	27⁵²	*A*	Jhn	10³²	*A*
	Luk	6²³	*A*	Luk	6³⁵	*A*	Luk	10²	*A*
	Mrk	4⁵	*A*	2Cr	1²⁰	AB	2Cr	2⁴	AB
	2Cr	7⁴	A2B2	2Cr	9¹²	B	Gal	4²⁷	B
	1Tm	3¹³	*A*	2Tm	2²	B	2Tm	4¹⁴	*A*
	Skr	3¹	*E**°
managai	Mat	7¹³	*A*	Mat	7²²	*A*	Mat	8¹¹	*A*
	Mat	9¹⁰	*A*	Jhn	6⁶⁰	*A*	Jhn	6⁶⁶	*A*
	Jhn	7³¹	*A*	Jhn	7⁴⁰	*A*	Jhn	8³⁰	*A*
	Jhn	10⁸	*A*	Jhn	10²⁰	*A*	Jhn	10⁴¹	*A*
	Jhn	10⁴²	*A*	Jhn	11¹⁹	*A*	Jhn	11⁴⁵	*A*
	Jhn	12¹¹	*A*	Jhn	12⁴²	*A*	Luk	1¹	*A*
	Luk	1¹⁴	*A*	Luk	4²⁷	*A*	Luk	4⁴⁰	*A*
	Luk	5¹⁵	*A*	Luk	9⁵	*A*	Luk	10²⁴	*A*
	Luk	14²⁵	*A*	Mrk	2²	*A*	Mrk	2¹⁵	*A*2
	Mrk	3¹⁰	*A*	Mrk	5⁹	*A*	Mrk	6²	*A*
	Mrk	6¹¹	*A*	Mrk	6⁵⁶	*A*	Mrk	8¹	*A*
	Mrk	9²⁶	*A*	Mrk	10³¹	*A*	Mrk	10⁴⁸	*A*

	Mrk	11⁸	A	Mrk	13²⁶	A	Mrk	14⁵⁶	A		Mrk	12¹²	A	Mrk	15¹¹	A	Mrk	15¹⁵	A
	Rom	9²²	A	Rom	12⁵	C	1Cr	11³⁰	A		Rom	9²⁵	A2	Rom	10²¹	A	Rom	15¹⁰	C
	1Cr	12¹²	A	1Cr	12¹⁴	A	1Cr	12²⁰	A		1Cr	14²¹	A	Neh	5¹⁵	D2	Neh	5¹⁸	D2
	1Cr	16⁹	AB	2Cr	2⁴	AB	2Cr	8⁴	AB	manageino	Luk	2³¹	A
	2Cr	8²²	AB	2Cr	11¹⁸	B	Gal	3²⁷	A	manageins	Mat	7²⁸	A	Mat	9⁸	A	Mat	9³³	A
	Gal	6¹²	AB	Gal	6¹⁶	A*B	Php	3¹⁵	AB		Mat	9³⁶	A	Mat	27¹	A	Jhn	6²	A
	Php	3¹⁸	AB	1Tm	6¹	AB	Tit	1¹⁰	AB		Jhn	6⁵	A	Jhn	7¹⁵	A	Jhn	7³¹	A
	Neh	6¹⁷	D	Neh	6¹⁸	D	Skr	7¹²	E		Jhn	7⁴⁰	A	Jhn	11⁴²	A	Jhn	12⁹	A
managaim	Mat	10³¹	A	Mat	27⁵³	A	Jhn	6⁹	A		Jhn	12¹²	A	Luk	1¹⁰	A	Luk	3¹⁰	A
	Luk	2³⁵	A	Luk	4⁴¹	A	Luk	7²¹	A		Luk	4⁴²	A	Luk	5³	A	Luk	5⁶	A
	Luk	8⁴	A	Mrk	4³³	A	Mrk	5²⁶	A		Luk	5¹⁹	A	Luk	6¹⁷	A	Luk	7¹	A
	2Cr	8²²	AB	1Tm	6¹⁰	AB	Skr	7⁶	E		Luk	7¹¹	A	Luk	7¹⁶	A	Luk	8⁴²	A
managaize	Mat	8³⁰	A	Luk	2³⁴	A	Luk	2³⁶	A		Luk	8⁴⁵	A	Luk	8⁴⁷	A	Luk	9¹¹	A
	Luk	8³²	A	1Tm	6¹²	B	Cal	1¹	A		Luk	9¹⁸	A	Luk	9³⁷	A	Luk	19⁴⁷	A
managaizos	2Cr	3¹²	AB								Luk	20²⁶	A	Luk	23¹³	G*	Mrk	2¹³	A
managam	1Cr	10³³	A								Mrk	3⁷	A	Mrk	3⁸	A	Mrk	3⁹	A
managamma	Luk	16¹⁰	A2	2Cr	1¹¹	AB	2Cr	6⁴	AB		Mrk	4¹	A	Mrk	5²¹	A	Mrk	5²⁴	A
	2Cr	8²	AB	1Th	2¹⁷	B	Skr	7⁸	E		Mrk	9¹⁴	A	Mrk	10¹	A	Rom	15¹¹	C
managans	Mat	8¹⁶	A	Mat	8¹⁸	A	Luk	1¹⁶	A		Ver	24³⁹	V
	Luk	7²¹	A	Luk	14¹⁶	A	Luk	15¹³	A	managfalþ	Luk	18³⁰	A
	Mrk	1³⁴	A	Mrk	3¹⁰	A	Mrk	6¹³	A	managfalþo	Eph	3¹⁰	B
	Mrk	8⁵	A	Mrk	8²⁰	A	Mrk	10⁴⁵	A	managistans	1Cr	15⁶	A	2Cr	9²	AB	Php	1¹⁴	B*
	Mrk	12⁵	A	Rom	12⁴	C	1Cr	10¹⁷	A	managistons	Mat	11²⁰	A
	1Cr	12¹²	A	2Cr	1¹¹	AB	2Cr	6¹⁰	AB	managizam	1Cr	15⁶	A	2Cr	2⁶	AB
	2Cr	12²¹	AB	1Tm	6⁹	AB	Neh	7²	D	managizans	1Cr	9¹⁹	A	2Cr	4¹⁵	B
managduþs	2Cr	8²	AB							managizeim	2Cr	11²³	B
managei	Mat	9²⁵	A	Jhn	6²²	A	Jhn	6²⁴	A	managizein	2Cr	2⁷	AB
	Jhn	7²⁰	A	Jhn	7⁴⁹	A	Jhn	12¹⁷	A	managizeins	Jhn	7³¹	A
	Jhn	12¹⁸	A	Jhn	12²⁹	A	Jhn	12³⁴	A	managizo	Mat	5²⁰	A	Mat	5³⁷	A	Mat	5⁴⁷	A
	Luk	1²¹	A	Luk	2¹³	A	Luk	5¹	A		Mat	11⁹	A	Jhn	10¹⁰	A	Jhn	15²	A
	Luk	5²⁹	A	Luk	6¹⁹	A	Luk	7¹²	A		Luk	7⁴³	A	Mrk	12³³	A	Mrk	14⁵	A
	Luk	7²⁹	A	Luk	8⁴⁰	A	Luk	18⁴³	A		1Cr	15¹⁰	A	2Cr	8¹⁵	AB	2Cr	10⁸	B
	Luk	19³⁷	A	Luk	19⁴⁸	A	Luk	20⁶	A	managjai	2Cr	9¹⁰	B	1Th	3¹²	B
	Mrk	3²⁰	A	Mrk	3³²	A	Mrk	4¹	A	managn..	Eph	3¹⁰g	A
	Mrk	7⁶	A	Mrk	9¹⁵	A	Mrk	9²⁵	A	managnaiþ	2Cr	8⁷	AB
	Mrk	11¹⁸	A	Mrk	12³⁷	A	Mrk	14⁴³	A	managnandei	2Cr	4¹⁵	B
	Mrk	15⁸	A	Rom	9²⁶	A	2Cr	6¹⁶	AB	managniþ	2Cr	8⁷	AB	2Th	1³	AB
	Eph	3¹⁰g	A	Neh	5¹³	D	Skr	7¹⁴	E	managons	Luk	7⁴⁷	A	2Cr	7⁴	AB	Eph	2⁴	AB
	Skr	8¹⁶	E							managos	Mat	8¹	A	Mat	27⁵⁵	A	Jhn	14²	A
manageim	Mat	11⁷	A	Luk	3⁷	A	Luk	7²⁴	A		Luk	4²⁵	A	Luk	8³	A	Luk	8³⁰	A
	Mrk	2⁴	A								Mrk	1³⁴	A	Mrk	3²⁸	A	Mrk	6¹³	A
managein	Mat	9²³	A	Mat	27¹⁵	A	Mat	27⁶⁴	A		Mrk	8¹⁹	A	Mrk	15⁴¹	A
	Jhn	7¹²	A2	Jhn	7³²	A	Jhn	7⁴³	A	managuþ-þan				Luk	3¹⁸	A
	Jhn	18¹⁴	A	Luk	1¹⁷	A	Luk	1⁶⁸	A	manamaurþrja				Jhn	8⁴⁴	A
	Luk	1⁷⁷	A	Luk	2¹⁰	A	Luk	2³²	A	manased	Jhn	12⁴⁷	A2	Jhn	17¹⁸	A	Luk	9²⁵	A
	Luk	3¹⁵	A	Luk	3¹⁸	A	Luk	3²¹	A	manasedai	Jhn	6³³	A	Jhn	7⁴	A	Jhn	12³¹	A
	Luk	7⁹	A	Luk	8¹⁹	A	Luk	9¹²	A		Jhn	14²²	A	Jhn	14³⁰	A	Jhn	17¹³	A
	Luk	9¹³g	A	Luk	9¹⁶	A	Luk	9³⁸	A		Jhn	18²⁰	A	1Cr	4⁹	A	Eph	2¹²	AB
	Luk	18³⁶	A	Luk	19³	A	Luk	19³⁹	A	manasedais	Jhn	6⁵¹	A	Jhn	8¹²	A	Skr	1⁶	E
	Luk	20¹	A	Luk	20⁹	A	Luk	20¹⁹	A		Skr	1⁹	E
	Luk	20⁴⁵	A	Mrk	4³⁶	A	Mrk	5²⁷	A	manaseds	Jhn	12¹⁹	A	Jhn	15¹⁸	A	Jhn	15¹⁹	A
	Mrk	5³⁰	A	Mrk	5³¹	A	Mrk	7¹⁴	A	manaseidai	Luk	9¹³	A
	Mrk	7¹⁷	A	Mrk	7³³	A	Mrk	8¹	A	manaseiþs	Jhn	14¹⁷	A	Jhn	14¹⁹	A
	Mrk	8²	A	Mrk	8⁶	A2	Mrk	8³⁴	A	manaseþ	Jhn	6¹⁴	A	Jhn	16⁸	A	Jhn	17⁹	A
	Mrk	9¹⁷	A	Mrk	10⁴⁶	A	Mrk	11³²	A		Jhn	17¹⁸	A	Mrk	14⁹	A	Mrk	16¹⁵	S

		2Cr	5¹⁹	AB						1Cr	15³²	A*	2Cr	3²	AB	Eph	4⁸	A
manaseþs	Jhn	7⁷	A	Jhn	14²⁷	A	Jhn	14³¹	A		Gal	1¹	B	Php	4⁵	AB	Col	3²²	B
	Jhn	15¹⁹	A	Jhn	16²⁰	A	Jhn	17¹⁴	A		Col	3²³	B	1Th	2¹⁵	B	2Th	3²	B
	Jhn	17²¹	A	Jhn	17²³	A	Jhn	17²⁵	A		1Tm	2¹	AB	2Tm	2²	B	Skr	6¹⁴	E
manaulja	Php	2⁸	B							mannan	Mat	9⁹	A	Mat	9³²	A	Mat	10³⁵	A
manleika	Mrk	12¹⁶	A								Mat	11⁸	A	Mat	26⁷²	AC	Mat	26⁷⁴	AC
manleikan	Luk	20²⁴	A	1Cr	15⁴⁹	B*					Jhn	7²²	A	Jhn	7²³	A	Jhn	7⁵¹	A
mann	Mat	7²⁶	A	Mat	8⁴	A	Jhn	9¹	A		Jhn	8⁴⁰	A	Jhn	9²⁴	A	Jhn	18¹⁴	A
	Luk	5¹⁴	A	Luk	6⁸	A	Luk	6⁴⁸	A		Jhn	18²⁹	A	Luk	5¹⁸	A	Luk	7²⁵	A
	Luk	6⁴⁹	A	Luk	8²⁹	A	Luk	8³³	A		Luk	8³⁵	A	Luk	18²	A	Luk	18⁴	A
	Luk	8⁵⁶	A	Luk	9²¹	A	Luk	9³⁶	A		Mrk	7¹⁵	A	Mrk	7¹⁸	A	Mrk	7²⁰	A
	Mrk	3³	A	Mrk	3⁵	A	Mrk	5⁸	A		Mrk	7²³	A	Mrk	7²⁴	A	Mrk	8³⁶	A
	Mrk	7¹⁵	A	Mrk	7²⁰	A	Mrk	7³⁶	A		Mrk	14⁷¹	A	1Cr	15²¹	A2	2Cr	12²	AB
	Mrk	10²	A	Rom	7¹	A	Rom	7²²	A		2Cr	12³	AB	Eph	3¹⁶	AB	Eph	4²²	AB
	1Cr	7²⁶	A	2Cr	12⁴	AB	Eph	2¹⁵	AB		Gal	1¹	B	Col	3⁹	B	Skr	1¹⁴	E
	Eph	4²⁴	AB	1Th	4⁸	B	Skr	2²²	E		Skr	8²¹	E						
manna	Mat	6²⁴	A	Mat	8²	A	Mat	8⁹	A	mannanhun	Luk	3¹⁴	A2	Luk	10⁴	A			
	Mat	8²⁸	A	Mat	9³⁰	A	Mat	11¹⁹	A*	mannans	Mrk	7⁸	A	2Cr	5¹¹	AB	1Tm	1⁹	B
	Mat	27⁵⁷	A	Jhn	6³¹	A	Jhn	6⁴⁴	A		1Tm	1¹⁰	B	2Tm	3²	AB	2Tm	3⁸	AB
	Jhn	6⁴⁹	A	Jhn	6⁵⁸	A	Jhn	7⁴	A		2Tm	3¹³	A						
	Jhn	7²³	A	Jhn	7²⁷	A	Jhn	7⁴⁶	A2	manne	Mat	5¹⁶	A	Mat	6¹	A	Mat	10³²	A
	Jhn	9⁴	A	Jhn	9¹¹	A	Jhn	9¹⁶	A2		Mat	10³³	A	Jhn	8¹⁷	A	Jhn	18³¹	A
	Jhn	9²⁴	A	Jhn	9³⁰	A	Jhn	10³³	A		Luk	5¹⁰	A	Luk	8⁴⁹	A	Luk	9⁴⁴	A
	Jhn	15¹³	A	Jhn	16²¹	A	Jhn	19⁵	A		Luk	9⁵⁰	A⁼	Luk	14²⁴	A	Luk	15¹¹	A
	Luk	2²⁵	A2	Luk	4⁴	A	Luk	4³³	A		Luk	16¹	A	Luk	16¹⁵	A	Luk	16¹⁹	A
	Luk	5⁸	A	Luk	5¹²	A	Luk	5²⁰	A		Luk	19³⁰	A	Mrk	1¹⁷	A	Mrk	3²⁸	A
	Luk	6⁶	A	Luk	6⁴⁵	A2	Luk	7⁸	A		Mrk	7⁷	A	Mrk	7²¹	A	Mrk	8³³	A
	Luk	7³⁴	A	Luk	8¹⁶	A	Luk	9²⁵	A		Mrk	9³¹	A	Mrk	11²	A	Mrk	12¹⁴	A
	Luk	9³⁸	A	Luk	9⁶²	A	Luk	10³⁰	A		Mrk	15²¹	A	Rom	12¹⁷	AC	1Cr	15¹⁹	A
	Luk	14¹⁶	A	Luk	14³⁰	A	Luk	15⁴	A		2Cr	4²	AB	2Cr	8²¹	AB	Eph	3⁵	B
	Luk	15¹⁶	A	Luk	19¹²	A	Luk	19²¹	A		Eph	4¹⁴	A	Gal	5³	B	Php	2⁷	B
	Luk	19²²	A	Luk	20⁹	A	Mrk	1²³	A		Col	1²⁸	A3B3	Col	2²²	AB	1Th	2¹³	B
	Mrk	2²¹	A	Mrk	2²²	A	Mrk	2²⁷	A		1Tm	2⁵	AB	1Tm	4¹⁰	B	1Tm	5²⁴	AB
	Mrk	3¹	A	Mrk	3²⁷	A	Mrk	4²⁶	A		1Tm	6⁵	AB	1Tm	6¹⁶	B	Tit	1¹⁴	A
	Mrk	5²	A	Mrk	5³	A	Mrk	5⁴	A		Skr	1¹³	E	Skr	4¹¹	E	Skr	4²²	E
	Mrk	5⁴³	A	Mrk	7¹¹	A	Mrk	8³⁷	A	mannhun	Jhn	8³³	A	Mrk	1⁴⁴	A	Mrk	8²⁶	A
	Mrk	10⁷	A	Mrk	10⁹	A	Mrk	11¹⁴	A		Mrk	8³⁰	A	Mrk	9⁹	A	Mrk	16⁸	A
	Mrk	12¹	A	Mrk	14¹³	A	Mrk	15³⁹	A		1Tm	5²²	AB⁺						
	Rom	7²⁴	A	Rom	9²⁰	A	Rom	10⁵	A	manniska	Jhn	12⁴³	A						
	1Cr	11²⁸	A	1Cr	15⁴⁷	A2	2Cr	4¹⁶	B*	manniskaim	Skr	6¹⁰	E						
	Eph	5⁶	B	Eph	5²⁹	A	Gal	2¹⁶	B	manniskamma				1Cr	4³	A			
	Gal	6¹	AB	Gal	6⁷	AB	Php	2⁸	B	manniskodaus				Skr	6¹²	E			
	Col	2¹⁶	B	2Th	2³	A*	1Tm	2⁵	AB	mannleikan	1Cr	15⁴⁹	A						
	1Tm	4¹²	B	1Tm	6¹¹	AB	2Tm	3¹⁷	AB	mans	Mat	5¹⁹	A	Mat	7¹²	A	Mat	8²⁰	A
	2Tm	4¹⁶	A	Skr	2¹⁰	E	Skr	2¹⁴	E		Mat	8²⁷	A	Mat	9⁶	A	Mat	10²³	A
	Skr	4¹⁶	E	Skr	8⁷	E2					Mat	10³⁶	A	Mat	11¹⁹	A*	Mat	26²	C
mannahun	Mrk	9³⁹	A								Jhn	6¹⁰	A	Jhn	6¹⁴	A	Jhn	6²⁷	A
mannam	Mat	6²	A	Mat	6⁵	A	Mat	6¹⁴	A		Jhn	6⁵³	A	Jhn	6⁶²	A	Jhn	8²⁸	A
	Mat	6¹⁵	A	Mat	6¹⁶	A	Mat	6¹⁸	A		Jhn	12²³	A	Jhn	12³⁴	A2	Jhn	13³¹	A
	Mat	9⁸	A	Jhn	17⁶	A	Luk	1²⁵	A		Jhn	18¹⁷	A	Luk	2¹⁵	A	Luk	5¹⁸	A
	Luk	2¹⁴	A	Luk	2⁵²	A	Luk	16¹⁵	A		Luk	5²⁴	A	Luk	6⁵	A	Luk	6²²	A2
	Luk	18²⁷	A	Luk	20⁴	A	Luk	20⁶	A		Luk	6²⁶	A	Luk	6³¹	A	Luk	7³¹	A
	Mrk	10²⁷	A	Mrk	11³⁰	A	Mrk	11³²	A		Luk	7³⁴	A	Luk	9²²	A	Luk	9²⁶	A
	Rom	12¹⁸	AC	Rom	14¹⁸	C	1Cr	1²⁵	A		Luk	9⁴⁴	A	Luk	9⁵⁶	A	Luk	9⁵⁸	A
	1Cr	4⁹	A	1Cr	7²³	A	1Cr	9⁸	A		Luk	17¹²	A	Luk	17²²	A	Luk	17²⁴	A

	Luk	17²⁶ *A*	Luk	17³⁰ *A*	Luk	18⁸ *A*		Jhn	11²⁰ *A*	Jhn	11³² *A*	Jhn	12³ *A*
	Luk	18¹⁰ *A*	Luk	18¹¹ *A*	Luk	18³¹ *A*		Luk	8² *A*	Mrk	15⁴⁰ *A2*	Mrk	15⁴⁷ *A2*
	Luk	19⁷ *A*	Luk	19¹⁰ *A*	Mrk	2¹⁰ *A*		Mrk	16¹ *A2*		
	Mrk	2²⁷ *A*	Mrk	2²⁸ *A*	Mrk	7¹⁵ *A*	Marjan	Jhn	11¹⁹ *A*	Jhn	11²⁸ *A*	Jhn	11³¹ *A*
	Mrk	8²⁴ *A*	Mrk	8²⁷ *A*	Mrk	8³¹ *A*	Marjin	Jhn	11⁴⁵ *A*	Mrk	16⁹ *A*
	Mrk	8³⁸ *A*	Mrk	9⁹ *A*	Mrk	9¹² *A*	Marjins	Jhn	11¹ *A*	Mrk	6³ *A*
	Mrk	9³¹ *A*	Mrk	10³³ *A*	Mrk	10⁴⁵ *A*	Markaillaus	Skr	4²⁶ *E⁻*
	Mrk	13²⁶ *A*	Mrk	14⁴¹ *A*	Mrk	14⁶² *A*	Markailliaus	SkB	4²⁶ *E▫*
	1Cr	7⁷ *A*	Gal	2⁶ *AB*	1Tm	2⁴ *AB*	markom	Mrk	7³¹ *A2*	Mrk	10¹ *A*
	1Tm	6⁹ *AB*	2Tm	3¹³ *B*	Skr	1⁹ *E*	markos	Mat	8³⁴ *A*	Mrk	5¹⁷ *A*	Mrk	7²⁴ *A*
	Skr	1²³ *E*	Skr	1²⁵ *E*	Skr	7⁷ *E*	Marku	Mrk inc *A*	Mrk exp *S*	2Tm	4¹¹ *AB*
manshun	Mrk	12¹⁴ *A*			Markus	Col	4¹⁰ *AB*
manwei	Luk	17⁸ *A*	Phm	22 *A*	martwre	Cal	1¹ *A*	Cal	1⁷ *A*
manweid	Luk	3⁴ *A*			Marþa	Jhn	11²⁰ *A*	Jhn	11²¹ *A*	Jhn	11²⁴ *A*
manweiþ	Mrk	1³ *A*				Jhn	11³⁰ *A*	Jhn	11³⁹ *A*	Jhn	12² *A*
manwides	Luk	2³¹ *A*			Marþan	Jhn	11⁵ *A*	Jhn	11¹⁹ *A*
manwido	Mat	25⁴¹ *C*			Marþins	Jhn	11¹ *A*
manwiþ	Mrk	10⁴⁰ *A*			marzeins	Gal	5¹¹ *B*
manwiþai	Eph	6¹⁵ *AB*			marzjai	Mat	5²⁹ *A*	Mat	5³⁰ *A*	Mrk	9⁴³ *A*
manwiþo	Luk	14²⁸ *A*				Mrk	9⁴⁵ *A*	Mrk	9⁴⁷ *A*
manwja	Jhn	14³ *A*			mat	Jhn	6²⁷ *A2*	Luk	8⁵⁵ *A*	Rom	12²⁰ *AC*
manwjaim	2Cr	10¹⁶ *B*				1Cr	10³ *A*
manwjaima	Mrk	14¹² *A*			mata	Rom 14¹⁵ *C*	2Cr	9¹⁰ *B*	Col	2¹⁶ *B*
manwjaiþ	Mrk	14¹⁵ *A*			mate	1Tm	4³ *AB*
manwjan	Jhn	14² *A*	Luk	1¹⁷ *A*	Luk	1⁷⁶ *A*	matibalg	Luk	9³ *A*	Luk	10⁴ *A*	Mrk	6⁸ *A*
	Luk	9⁵² *A*			matida	Jhn	13¹⁸ *A*	Luk	4² *A*	Luk	6⁴ *A*
manwjana	2Cr	9⁵ *AB*				Mrk	1⁶ *A*	Mrk	2²⁶ *A*	Gal	2¹² *B*
manwjandans		Mrk	1¹⁹ *A*			Skr	7¹⁴ *E**	SkB	7¹⁴ *E▪*
manwjata	Mrk	14¹⁵ *A*			matidedeina	Jhn	18²⁸ *A*	Mrk	8¹ *A*
manwu	Jhn	7⁶ *A*	Luk	14¹⁷ *A*		matidedi	Luk	7³⁶ *A*
manwuba	2Cr	10⁶ *B*			matidedum	2Th	3⁸ *AB*	Neh	5¹⁴ *D*
manwus	2Cr	12¹⁴ *AB*			matidedun	Jhn	6²³ *A*	Jhn	6³¹ *A*	Jhn	6⁴⁹ *A*
maran	1Cr	16²² *B*				Jhn	6⁵⁸ *A*	Luk	6¹ *A*	Luk	9¹⁷ *A*
marei	Mat	8²⁷ *A*	Jhn	6¹⁸ *A*	Mrk	4⁴¹ *A*		Luk	15¹⁶ *A*	1Cr	10³ *A*
marein	Mat	8¹⁸ *A*	Mat	8²⁴ *A*	Mat	8²⁶ *A*	matideduþ	Jhn	6²⁶ *A*
	Mat	8²⁸ *A*	Mat	8³² *A*	Jhn	6¹ *A*	matins	Luk	3¹¹ *A*	Luk	9¹² *A*	Luk	9¹³ *A*
	Jhn	6¹⁶ *A*	Jhn	6¹⁷ *A*	Jhn	6¹⁹ *A*		Mrk	7¹⁹ *A*
	Jhn	6²² *A*	Jhn	6²⁵ *A*	Luk	6¹⁷ *A*	matis	Rom 14¹⁵ *C*	Rom 14²⁰ *C*
	Luk	17⁶ *A*	Mrk	1¹⁶ *A2*	Mrk	2¹³ *A*	matja	Luk	17⁸ *A*	1Cr	8¹³ *A*
	Mrk	3⁷ *A*	Mrk	4¹ *A3*	Mrk	4³⁹ *A*	matjai	Jhn	6⁵⁰ *A*	Mrk	11¹⁴ *A*	1Cr	9⁷ *A2*
	Mrk	5¹ *A*	Mrk	5¹³ *A2*	Mrk	5²¹ *A2*		1Cr	11²⁸ *A*	2Th	3¹⁰ *AB*
	Mrk	7³¹ *A*	Mrk	8¹³ *A*	Mrk	9⁴² *A*	matjaina	Jhn	6⁵ *A*	Mrk	8² *A*	2Th	3¹² *AB*
	Mrk	11²³ *A*	1Cr	10¹ *A*	1Cr	10² *A*	matjais	Mrk	14¹² *A*
	2Cr	11²⁶ *B*			matjaiþ	Mat	6²⁵ *A*	Luk	10⁸ *A*	1Cr	10²⁵ *A*
mareins	Rom	9²⁷ *A*	2Cr	11²⁵ *B*			1Cr	10²⁷ *A*	1Cr	10²⁸ *A*	1Cr	10³¹ *A*
Maria	Luk	2¹⁹ *A*				1Cr	11²⁶ *A*
Mariam	Luk	1²⁷ *A*	Luk	1³⁰ *A*	Luk	1³⁴ *A*	matjam	Mat	6³¹ *A*	1Cr	15³² *A*
	Luk	1³⁸ *A*	Luk	1³⁹ *A*	Luk	1⁴⁶ *A*	matjan	Mat	25⁴² *C*	Jhn	6³¹ *A*	Jhn	6⁵² *A*
	Luk	1⁵⁶ *A*				Luk	6⁴ *A*	Luk	9¹³ *A*	Mrk	2²⁶ *A*
Marian	Luk	2¹⁶ *A*				Mrk	3²⁰ *A*	Mrk	5⁴³ *A*	Rom	14² *A*
Mariin	Luk	2⁵ *A*	Luk	2³⁴ *A*		1Cr	8¹⁰ *A*	1Cr	9⁴ *A*	1Cr	11²¹ *A*
Mariins	Luk	1⁴¹ *A*				1Cr	11²² *A*
marikreitum	1Tm	2⁹ *AB*			matjand	Luk	5³³ *A*	Mrk	7³ *A*	Mrk	7⁴ *A*
marisaiw	Luk	8²² *A*	Luk	8²³ *A*	Luk	8³³ *A*		Mrk	7⁵ *A*	Mrk	7²⁸ *A*
Marja	Mat	27⁵⁶ *A2*	Mat	27⁶¹ *A2*	Jhn	11² *A*	matjandam	Jhn	6¹³ *A*

matjandan	Mrk	2¹⁶	*A*	Rom	14³	*A*				
matjandans	Luk	10⁷	*A*	Luk	15²³	*A*	Mrk	7²	*A*	
	Mrk	8⁹	*A*	1Cr	10¹⁸	*A*				
matjandin	Rom	14³	*A*							
matjands	Mat	11¹⁸	*A**	Mat	11¹⁹	*A**	Luk	7³³	*A*	
	Luk	7³⁴	*A*	Rom	14³	*A*2				
matjau	Luk	17⁸	*A*	Mrk	14¹⁴	*A*				
matjid	Luk	5³⁰	*A*							
matjiþ	Mat	9¹¹	*A*	Jhn	6⁵¹	*A*	Jhn	6⁵³	*A*	
	Jhn	6⁵⁴	*A*	Jhn	6⁵⁶	*A*	Jhn	6⁵⁷	*A*	
	Jhn	6⁵⁸	*A*	Luk	14¹⁵	*A*	Mrk	2¹⁶	*A*	
	Rom	14²	*A*	1Cr	11²⁴	*A*	1Cr	11²⁷	*A*	
	1Cr	11²⁹	*A*2							
mats	Jhn	6⁵⁵	*A*	Rom	14¹⁷	*C*	1Cr	8¹³	*A*	
Mattaþanis	Luk	3²⁹	*A*	Luk	3³¹	*A*				
Mattaþiaus	Luk	3²⁶	*A*							
Mattaþiwis	Luk	3²⁵	*A*							
Matþaiu	Mrk	3¹⁸	*A*							
Matþatis	Luk	3²⁴	*A*							
maþa	Mrk	9⁴⁴	*A*	Mrk	9⁴⁶	*A*	Mrk	9⁴⁸	*A*	
maþla	Mrk	7⁴	*A*							
maþlein	Jhn	8⁴³	*A*							
maþlja	Jhn	14³⁰	*A*							
Maþþaiu	Mat	9⁹	*A*	Luk	6¹⁵	*A*				
Maþusalis	Luk	3³⁷	*A*							
maudeiþ	Skr	6⁴	*E*							
mauja	2Cr	11²	*B*							
maujai	Mrk	6²²	*A*	Mrk	6²⁸	*A*				
maujos	Luk	8⁵¹	*A*	1Cr	7²⁵	*A*				
maurgin	Mat	27¹	*AC*	Mrk	11²⁰	*A*	Mrk	15¹	*A*	
	Mrk	16⁹	*A*							
maurgina	1Cr	15³²	*A*							
maurgins	Jhn	18²⁸	*A*							
maurnaiþ	Mat	6²⁵	*A*	Mat	6³¹	*A*	Php	4⁶	*AB*	
maurnands	Mat	6²⁷	*A*							
maurþr	Mrk	15⁷	*A*							
maurþra	Mrk	7²¹	*A*	Gal	5²¹	*AB*	1Tm	6⁴	*A*⁼*B*⁼	
maurþreiþ	Mat	5²¹	*A*							
maurþrjais	Mat	5²¹	*A*	Luk	18²⁰	*A*	Mrk	10¹⁹	*A*	
	Rom	13⁹	*A*							
maurþrjandam				1Tm	1⁹	*B*				
mawi	Mat	9²⁴	*A*	Mat	9²⁵	*A*	Luk	8⁵⁴	*A*	
	Mrk	5⁴²	*A*	Mrk	6²⁸	*A*	1Cr	7²⁸	*A*	
mawilo	Mrk	5⁴¹	*A*							
megs·	Neh	6¹⁸	*D*							
mein	Mat	8⁸	*A*	Jhn	6⁵¹	*A*	Jhn	6⁵⁴	*A*2	
	Jhn	6⁵⁵	*A*	Jhn	6⁵⁶	*A*2	Jhn	7⁶	*A*	
	Jhn	8³⁷	*A*	Jhn	8⁴³	*A*	Jhn	8⁵¹	*A*	
	Jhn	8⁵²	*A*	Jhn	14²³	*A*	Jhn	14²⁴	*A*	
	Jhn	14²⁷	*A*	Jhn	15²⁰	*A*	Jhn	16¹⁵	*A*	
	Luk	1²⁵	*A*	Luk	7⁶	*A*	Luk	15⁶	*A*	
	Luk	15³¹	*A*	Luk	19²³	*A*	Mrk	5⁹	*A*	
	Mrk	10⁴⁰	*A*	Mrk	11¹⁷	*A*	Mrk	14⁸	*A*	
	Rom	9¹⁷	*A*	Rom	11¹³	*A*	Rom	11¹⁴	*A*	
	1Cr	9²⁷	*A*	1Cr	11²	*A*	1Cr	11²⁴	*A*	
	1Cr	13³	*A*	2Cr	8²³	*AB*	Php	2³⁰	*AB*	
	2Tm	1¹²	*AB*	2Tm	2¹	*B*				
meina	Mat	7²⁴	*A*	Mat	7²⁶	*A*	Mat	9¹⁸	*A*
	Mat	10³⁷	*A*2	Mat	10³⁸	*A*	Mat	10³⁹	*A*
	Mat	25⁴³	*C*	Jhn	6⁵⁷	*A*	Jhn	7¹⁶	*A*2
	Jhn	8¹⁴	*A*	Jhn	8¹⁶	*A*	Jhn	8⁴³	*A*
	Jhn	8⁵⁰	*A*	Jhn	8⁵⁴	*A*	Jhn	10¹⁴	*A*2
	Jhn	10¹⁵	*A*	Jhn	10¹⁷	*A*	Jhn	10²⁷	*A*
	Jhn	12²⁷	*A*	Jhn	12³⁰	*A*	Jhn	12⁴⁸	*A*
	Jhn	13³⁷	*A*	Jhn	14²⁴	*A*	Jhn	15⁷	*A*
	Jhn	15¹¹	*A*	Jhn	15¹²	*A*	Jhn	17¹⁰	*A*2
	Jhn	17¹³	*A*	Jhn	18³⁶	*A*3	Luk	1¹⁸	*A*
	Luk	1⁴⁶	*A*	Luk	2³⁰	*A*	Luk	6⁴⁷	*A*
	Luk	8²¹	*A*	Luk	9²⁴	*A*	Luk	9²⁶	*A*
	Luk	17³³	*A*	Mrk	3³³	*A*	Mrk	3³⁴	*A*
	Mrk	5²³	*A*	Mrk	6²³	*A*	Mrk	8³⁵	*A*
	Mrk	8³⁸	*A*	Mrk	10²⁹	*A*	Rom	9¹⁷	*A*
	Rom	9²⁵	*A*2	Rom	9²⁶	*A*	1Cr	9³	*A*
	1Cr	10²⁹	*A*	1Cr	16²⁴	*AB*	2Cr	2³	*AB*
	2Cr	11²⁸	*B*2	2Cr	12⁹	*AB*	Eph	3¹⁴	*AB*
	Gal	4¹⁹	*A*	Gal	4²⁰	*AB*	Php	2²	*B*
	Php	3⁹	*AB*	Php	4¹⁴	*B*	2Tm	1⁸	*AB*
	Phm	¹²g	*A*	Neh	6¹⁹	*D*	Skr	4¹	*E*
	Skr	6¹²	*E*						
meinai	Jhn	8³¹	*A*	Jhn	10²⁷	*A*	Jhn	10²⁸	*A*
	Jhn	13³⁵	*A*	Jhn	15⁸	*A*	Jhn	15⁹	*A*
	Jhn	15¹⁰	*A*	Jhn	15¹⁴	*A*	Jhn	18³⁶	*A*
	Luk	1⁴⁴	*A*	Luk	8²¹	*A*	Luk	18²¹	*A*
	Luk	20⁴²	*A*	Mrk	3³³	*A*	Mrk	3³⁴	*A*
	Mrk	10²⁰	*A*	Mrk	10⁴⁰	*A*	Mrk	12³⁶	*A*
	Rom	7⁴	*A*	Rom	9¹	*A*	Rom	16²¹	*A*
	1Cr	11¹	*A*	1Cr	11²⁴	*A*	1Cr	11²⁵	*A*
	1Cr	15⁵⁸	*AB*	1Cr	16²¹	*B*	2Cr	1²³	*AB*
	Eph	3⁴	*B*	Eph	6¹⁰	*AB*	Gal	6¹¹	*AB*
	Php	3¹	*AB*	Php	3¹⁷	*AB*	Php	4¹	*AB*
	Col	4¹⁸	*B*	2Th	3¹⁷	*AB*	2Tm	2⁸	*B*
	2Tm	3¹⁰	*AB*	2Tm	3¹⁰g	*A*	2Tm	4¹⁶	*A*
	Phm	¹⁹	*A*	Neh	5¹⁴	*D*	Neh	5¹⁶	*D*
	DeN	1¹	*N*	DeN	2¹	*N*	DeN	3¹	*N*
	DeN	4¹	*N*						
meinaim	Jhn	5⁴⁷	*A*	Jhn	12⁴⁷	*A*	Luk	1²⁰	*A*
	Luk	1⁴⁴	*A*	Luk	15²⁹	*A*	Mrk	14¹⁴	*A*
	Rom	7²³	*A*2	2Cr	12⁵	*AB*	2Cr	12⁹	*AB*
	Eph	1¹⁶	*AB*	Eph	3¹³	*AB*	Php	1¹⁴	*B*
	Php	1¹⁷	*B*	Php	1²⁰	*B*	Php	4³	*AB*
	2Th	3¹⁷	*A**B	2Tm	1³	*A*			
meinaize	Mat	25⁴⁰	*C*	Jhn	10²⁶	*A*	Luk	9²⁶	*A*
	Mrk	8³⁸	*A*						
meinaizo	2Tm	1⁶	*AB*	2Tm	1¹⁶	*AB*			
meinaizos	Jhn	10¹⁶	*A*	Jhn	18³⁷	*A*	Mrk	9²⁴	*A*
	1Cr	9²	*A*	2Cr	11¹	*B*	2Cr	11³⁰	*B*
	Php	2²⁵	*B*	Col	4¹⁹	*B*	2Tm	4⁶	*AB*
meinamma	Mat	8⁹	*A*2	Jhn	6⁶⁵	*A*	Jhn	8³¹	*A*
	Jhn	8³⁸	*A*	Jhn	10¹⁸	*A*	Jhn	10³²	*A*
	Jhn	14¹³	*A*	Jhn	14¹⁴	*A*	Jhn	14²⁰	*A*

		Jhn	14²¹	*A*	Jhn	14²⁶	*A*	Jhn	15¹⁵	*A*		Col	4⁵	AB	2Tm	4³	AB	2Tm	4⁶	AB
		Jhn	15¹⁶	*A*	Jhn	16¹⁰	*A*	Jhn	16¹⁴	*A*		Skr	8³	*E*						
		Jhn	16¹⁵	*A*	Jhn	16²³	*A*	Jhn	16²⁴	*A*	mela	Mat	11²⁵	*A*	Jhn	6⁶⁶	*A*	Luk	1²⁰	*A*
		Jhn	16²⁶	*A*	Luk	1⁴⁷	*A*	Luk	4⁷	*A*		Luk	4²¹	*A*	Luk	8¹³	*A2*	Luk	8²⁷	*A*
		Luk	7⁸	*A*	Luk	9³⁸	*A*	Luk	9⁴⁸	*A*		Luk	18³⁰	*A*	Luk	20¹⁰	*A*	Mrk	6²¹	*A*
		Luk	9⁵⁰	*A⁼*	Luk	9⁶¹	*A*	Luk	10²²	*A*		Mrk	10³⁰	*A*	Mrk	12²⁴	*A*	Rom	9⁹	*A*
		Luk	15¹⁸	*A*	Luk	16⁵	*A*	Luk	18³	*A*		2Cr	6²	AB	2Cr	8¹⁴	AB	Eph	2¹²	AB
		Luk	20⁴²	*A*	Mrk	9³⁷	*A*	Mrk	9³⁹	*A*		Eph	6¹⁸	AB	1Th	2¹⁷	B	1Th	5¹	B
		Mrk	9⁴¹	*A*	Mrk	12³⁶	*A*	Mrk	16¹⁷	*S*		2Tm	1⁹	AB	Tit	1²	B	Tit	1³	B
		Rom	7¹⁸	*A*	Rom	9²	*A*	1Cr	1¹⁵	*A*		Skr	2¹	*E*	Skr	4⁷	*E*			
		1Cr	5⁴	*A*	1Cr	11²⁵	*A*	2Cr	2¹³	AB	melam	Jhn	5⁴⁷	*A*	Gal	4¹⁰	*A*	1Tm	2⁶	AB
		2Cr	12⁷	AB	Gal	4¹⁴	*A*	Gal	6¹⁷	*A·B*		1Tm	6¹⁵	B	Skr	6¹⁹	*E*			
		Php	1²⁰	B	Col	1²⁴	AB	2Tm	1³	*A*	melan	Mrk	4²¹	*A*						
		Neh	5¹⁷	D	Neh	6¹⁹	D	Neh	7²	D	mele	Eph	1¹⁰	AB						
meinana	Mat	8²¹	*A*	Mat	11¹⁰	*A*	Jhn	6³⁸	*A*	melei	Luk	16⁷	*A*						
		Jhn	8¹⁹	*A2*	Jhn	8⁴⁹	*A*	Jhn	8⁵⁶	*A*	meleiþ	Rom	10⁵	*A*						
		Jhn	14⁷	*A*	Jhn	14³¹	*A*	Jhn	15²³	*A*	melida	1Cr	exp	*A2*	2Cr	7¹²	AB			
		Jhn	15²⁴	*A*	Jhn	17²⁴	*A*	Luk	7²⁷	*A*	melidai	Luk	2³	*A*						
		Luk	9⁵⁹	*A*	Luk	20¹³	*A*	Mrk	1²	*A*	melis	Jhn	14⁹	*A*	Luk	4⁵	*A*	Gal	4¹	*A*
		Mrk	9¹⁷	*A*	Mrk	12⁶	*A*	1Cr	8¹³	*A*		Gal	4⁴	*A*						
		1Cr	16¹⁸	B	2Cr	2¹³	AB	Php	1²⁶	B	meliþ	Rom	exp	*A*	2Cr	exp	*A*			
		Php	2²⁵	B							melja	2Cr	13²	AB	2Cr	13¹⁰	AB	Gal	1²⁰	B
meinans	Luk	7⁴⁴	*A2*	Luk	7⁴⁵	*A*	Luk	7⁴⁶	*A*		2Th	3¹⁷	*A·B*	1Tm	3¹⁴	*A*			
		Luk	19²⁷	*A*	Rom	9³	*A*				meljaima	1Th	5¹	B						
meinata	Jhn	6⁵⁵	*A*	Jhn	7⁸	*A*	Luk	7⁴⁶	*A*	meljam	2Cr	1¹³	AB						
		1Cr	9¹	*A*							meljan	Luk	1¹	*A*	Luk	1³	*A*	Mrk	10⁴	*A*
meinis	Mat	7²¹	*A*	Mat	10³²	*A*	Mat	10³³	*A*		2Cr	9¹	AB	Php	3¹	AB	1Th	4⁹	B
		Jhn	10²⁵	*A*	Jhn	10²⁹	*A*	Jhn	10³⁷	*A*	meljands	Rom	16²²	*A*						
		Jhn	12⁷	*A*	Jhn	14²	*A*	Jhn	15¹⁰	*A*	mena	Mrk	13²⁴	*A*						
		Jhn	15²¹	*A*	Luk	1⁴³	*A*	Luk	2⁴⁹	*A*	menoþ	Luk	1²⁶	*A*						
		Luk	14²⁴	*A*	Luk	15¹⁷	*A*	Luk	19⁸	*A*	menoþis	Neh	6¹⁵	D*						
		Rom	7²³	*A*	Rom	10¹	*A*	Eph	6¹⁹	B⁻	menoþs	Luk	1²⁴	*A*	Luk	1³⁶	*A*	Luk	1⁵⁶	*A*
		Php	3⁸	AB	Neh	5¹⁴	D	Neh	5¹⁸	D		Luk	4²⁵	*A*						
meinos	Jhn	14¹⁵	*A*	Jhn	14²¹	*A*	Jhn	15¹⁰	*A*	menoþum	Gal	4¹⁰	*A*						
		Rom	10²¹	*A*	1Cr	13³	*A*	2Cr	11⁹	B	merei	2Tm	4²	AB						
		Phm	12	*A*	Phm	20	*A*				mereinai	Tit	1³	B	Skr	4⁹	*E*			
meins	Mat	8⁶	*A*	Mat	8⁸	*A*	Mat	27⁴⁶	*A2*	mereins	1Cr	15¹⁴	*A*						
		Jhn	6³²	*A*	Jhn	8²⁸	*A*	Jhn	8⁵⁴	*A*	mereiþ	2Cr	11⁴	B	Gal	1²³	AB			
		Jhn	10²⁹	*A*	Jhn	10³⁰	*A*	Jhn	11²¹	*A*	merida	Luk	1⁶⁵	*A*	Mrk	1⁷	*A*	1Cr	15¹	*A*
		Jhn	11³²	*A*	Jhn	12²⁶	*A*	Jhn	14²³	*A*		2Cr	11⁷	B	Col	1²³	AB	Skr	3¹⁸	*E*
		Jhn	14²⁸	*A*	Jhn	15¹	*A*	Jhn	15⁸	*A*	meridedum	2Cr	11⁴	B						
		Luk	1⁴⁷	*A*	Luk	3²²	*A*	Luk	7⁷	*A*	meridedun	Mrk	6¹²	*A*	Mrk	7³⁶	*A*	Mrk	16²⁰	*S*
		Luk	9³⁵	*A*	Luk	14²³	*A*	Luk	14²⁶	*A*	merids	1Tm	3¹⁶	*A*						
		Luk	14²⁷	*A*	Luk	14³³	*A*	Luk	15²⁴	*A*	Merila	DeN	3¹	N						
		Luk	16³	*A*	Luk	19⁴⁶	*A*	Mrk	1¹¹	*A*	meriþa	Mat	9²⁶	*A*	Luk	4¹⁴	*A*	Luk	4³⁷	*A*
		Mrk	3³⁵	*A*	Mrk	9⁷	*A*	Mrk	15³⁴	*A2*		Mrk	1²⁸	*A*						
		Rom	16²³	*A*	Php	4¹	AB				merja	Gal	2²	AB						
meki	Eph	6¹⁷	AB							merjada	Mrk	14⁹	*A*	1Cr	15¹²	*A*	2Cr	1¹⁹	*A*
mekilidedun	Gal	1²⁴	*A·*								Php	1¹⁸	B						
mel	Mat	8²⁹	*A*	Jhn	7⁶	*A2*	Jhn	7⁸	*A*	merjaiþ	Mat	10²⁷	*A*	Mrk	16¹⁵	*S*			
		Jhn	12³⁵	*A*	Jhn	13³³	*A*	Luk	1⁵⁷	*A*	merjam	Rom	10⁸	*A*	1Cr	1²³	*A*	1Cr	15¹¹	*A*
		Luk	4¹³	*A*	Luk	8²⁹	*A*	Luk	19⁴⁴	*A*		2Cr	4⁵	AB						
		Mrk	1¹⁵	*A*	Mrk	9²¹	*A*	Mrk	11¹³	*A*	merjan	Mat	11¹	*A*	Luk	4¹⁹	*A2*	Luk	9²	*A*
		Mrk	12²	*A*	Rom	13¹¹	*A*	1Cr	4⁵	*A*		Mrk	1⁴⁵	*A*	Mrk	3¹⁴	*A*	Mrk	5²⁰	*A*
		2Cr	6²	AB	Gal	6⁹	AB	Gal	6¹⁰	AB		2Cr	10¹⁶	B						

merjand	Rom	10¹⁵	A	Php	1¹⁵	B	Php	1¹⁷	B	Jhn	17²³	A2	Jhn 17²⁴ A · Jhn 17²⁵ A

merjand Rom 10¹⁵ A   Php 1¹⁵ B   Php 1¹⁷ B
merjandan Rom 10¹⁴ A
merjands Mat 9³⁵ A   Luk 3³ A   Luk 4⁴⁴ A
 Luk 8¹ A   Luk 8³⁹ A   Mrk 1⁴ A
 Mrk 1¹⁴ A   Mrk 1³⁹ A   1Cr 9²⁷ A
 1Tm 2⁷ AB   2Tm 1¹¹ AB
merjau Mrk 1³⁸ A   Gal 5¹¹ B
mesa Mrk 6²⁵ A   Mrk 6²⁸ A   Mrk 11¹⁵ A
 Mrk 12¹ A
mi.. Luk 24¹⁵ G
midgardiwaddju   Eph 2¹⁴ A
mididdjedun Luk 7¹¹ A
midja Luk 17¹¹ A
midjai Jhn 7¹⁴ A
midjaim Luk 2⁴⁶ A   Luk 4³⁵ A   Luk 5¹⁹ A
 Luk 6⁸ A   Mrk 9³⁶ A   Mrk 14⁶⁰ A
midjans Jhn 8⁵⁹ A   Luk 4³⁰ A
midjasweipains   Luk 17²⁷ A
midjungard Luk 2¹ A   Skr 4¹⁰ E*   SkB 4¹⁰ E¶
midjungardis Luk 4⁵ A   Rom 10¹⁸ A
midumai Luk 8⁷ A   Luk 10³ A   Mrk 3³ A
 2Cr 6¹⁷ AB   Col 2¹⁴ B   Skr 3²¹ E*
 SkB 3²¹ E¶
midumonds 1Tm 2⁵ AB
mik Mat 8² A   Mat 10³³ A   Mat 10³⁷ A2
 Mat 10⁴⁰ A3   Mat 25⁴² C   Mat 25⁴³ C2
 Mat 26⁷⁵ AC   Jhn 5⁴⁶ A   Jhn 6²⁶ A
 Jhn 6³⁶ A   Jhn 6³⁸ A   Jhn 6⁴⁰ A
 Jhn 6⁴⁴ A   Jhn 6⁵⁷ A2   Jhn 7⁷ A
 Jhn 7¹⁶ A   Jhn 7¹⁹ A   Jhn 7²⁸ A2
 Jhn 7²⁹ A   Jhn 7³³ A   Jhn 7³⁴ A
 Jhn 7³⁶ A   Jhn 8¹² A   Jhn 8¹⁴ A
 Jhn 8¹⁶ A   Jhn 8¹⁸ A3   Jhn 8¹⁹ A2
 Jhn 8²¹ A   Jhn 8²⁶ A   Jhn 8²⁸ A
 Jhn 8²⁹ A   Jhn 8⁴⁰ A   Jhn 8⁴² A2
 Jhn 8⁴⁶ A   Jhn 8⁴⁹ A   Jhn 8⁵⁴ A2
 Jhn 9⁴ A   Jhn 10⁹ A   Jhn 10¹⁴ A
 Jhn 10¹⁵ A   Jhn 10¹⁷ A   Jhn 10²⁵ A
 Jhn 10²⁷ A   Jhn 10³² A   Jhn 11⁴² A
 Jhn 12⁸ A   Jhn 12²⁶ A   Jhn 12²⁷ A
 Jhn 12⁴⁴ A   Jhn 12⁴⁵ A2   Jhn 12⁴⁹ A
 Jhn 13¹³ A   Jhn 13¹⁸ A   Jhn 13²⁰ A3
 Jhn 13²¹ A   Jhn 13³³ A   Jhn 13³⁶ A
 Jhn 13³⁸ A2   Jhn 14⁶ A   Jhn 14⁷ A
 Jhn 14⁹ A2   Jhn 14¹⁴ A   Jhn 14¹⁵ A
 Jhn 14¹⁹ A2   Jhn 14²¹ A3   Jhn 14²³ A
 Jhn 14²⁴ A2   Jhn 14²⁸ A   Jhn 15⁵ A
 Jhn 15⁹ A   Jhn 15¹⁶ A   Jhn 15¹⁸ A
 Jhn 15²⁰ A   Jhn 15²¹ A   Jhn 15²³ A
 Jhn 15²⁴ A2   Jhn 15²⁵ A   Jhn 15²⁶ A
 Jhn 16³ A   Jhn 16⁵ A2   Jhn 16¹⁰ A
 Jhn 16¹⁴ A   Jhn 16¹⁶ A2   Jhn 16¹⁷ A2
 Jhn 16¹⁹ A2   Jhn 16²³ A   Jhn 16²⁷ A
 Jhn 16³² A   Jhn 17⁵ A   Jhn 17⁸ A
 Jhn 17¹⁸ A   Jhn 17¹⁹ A   Jhn 17²¹ A
 Jhn 17²³ A2   Jhn 17²⁴ A   Jhn 17²⁵ A
 Jhn 17²⁶ A   Jhn 18⁸ A   Jhn 18²¹ A
 Jhn 18²³ A   Jhn 18³⁴ A   Jhn 19¹¹ A2
 Luk 1⁴⁸ A   Luk 2⁴⁹ A   Luk 4⁷ A
 Luk 4¹⁸ A2   Luk 4⁴³ A   Luk 5¹² A
 Luk 6⁴⁶ A   Luk 7⁷ A   Luk 9¹⁸ A
 Luk 9²⁰ A   Luk 9²³ A   Luk 9⁴⁸ A3
 Luk 9⁵⁹ A   Luk 10¹⁶ A   Luk 14¹⁸ A
 Luk 14¹⁹ A   Luk 15¹² A   Luk 15¹⁹ A
 Luk 16³ A   Luk 16⁴ A2   Luk 17⁴ A
 Luk 18³ A   Luk 18¹⁹ A   Luk 18²² A
 Luk 18³⁸ A   Luk 18³⁹ A   Luk 19²⁷ A
 Luk 20²³ A   Mrk 1⁴⁰ A   Mrk 6²² A
 Mrk 6²³ A   Mrk 7⁶ A   Mrk 7⁷ A
 Mrk 8²⁷ A   Mrk 8²⁹ A   Mrk 8³³ A
 Mrk 8³⁴ A   Mrk 9³⁷ A4   Mrk 10¹⁸ A
 Mrk 10²¹ A   Mrk 10³⁶ A   Mrk 10⁴⁷ A
 Mrk 10⁴⁸ A   Mrk 12¹⁵ A   Mrk 14⁷ A
 Mrk 14⁴² A   Mrk 14⁴⁸ A   Mrk 14⁴⁹ A
 Mrk 14⁷² A   Rom 7¹¹ A   Rom 7²³ A
 Rom 7²⁴ A   Rom 8² A   Rom 9²⁰ A
 Rom 10²⁰ A2   Rom 15³ C   1Cr 1¹⁷ A
 1Cr 4³ A   1Cr 4⁴ A   1Cr 5¹² A
 1Cr 7⁷ A   1Cr 9³ A   1Cr 16⁶ AB
 1Cr 16⁷ AB   2Cr 1¹⁶ AB   2Cr 1¹⁹ AB
 2Cr 2² AB   2Cr 2⁵ AB   2Cr 7⁷ AB
 2Cr 7⁸ AB   2Cr 11¹ B   2Cr 11⁵ B
 2Cr 11⁷ B   2Cr 11⁹ B   2Cr 11¹⁶ B2
 2Cr 11³² B   2Cr 12⁵ AB   2Cr 12⁷ AB
 2Cr 12¹¹ AB   2Cr 12²⁰ AB   2Cr 12²¹ AB
 Eph 6²¹ B   Eph 6²² B   Gal 2¹⁸ A
 Gal 2²⁰ A2   Gal 4¹⁴ A   Php 2²³ B
 Php 2²⁷ AB   Php 3¹³ AB   Php 3¹⁴ AB
 Php 4¹⁰ B   Php 4¹¹ B   Php 4¹² B
 Php 4¹³ B   Col 4⁷ AB   1Tm 1¹² B2
 2Tm 1¹² AB   2Tm 1¹⁶ AB   2Tm 1¹⁷ AB
 2Tm 3¹¹ AB   Phm 1⁷ A2   Neh 6¹⁴ D
 Neh 6¹⁹ D   Skr 5²⁶ E   Skr 6⁹ E2
 Skr 6¹⁷ E   Skr 6¹⁸ E
mikil Mat 8²⁶ A   Mrk 4³⁹ A   Mrk 4⁴¹ A
 2Cr 11⁵ B   2Cr 11¹⁵ B   1Tm 6⁶ AB
mikila Jhn 7¹² A   Luk 2¹⁰ A   Luk 5²⁹ A2
 Luk 6¹⁷ A   Luk 6⁴⁹ A   Mrk 4³⁷ A
 Mrk 15³⁷ A   Rom 9² A   1Cr 16⁹ AB
mikilaba Php 4¹⁰ B
mikilai Mat 27⁴⁶ A   Mat 27⁵⁰ A   Jhn 11⁴³ A
 Luk 1⁴² A   Luk 4³⁸ A   Luk 8²⁸ A
 Luk 17¹⁵ A   Luk 19³⁷ A   Mrk 1²⁶ A
 Mrk 5⁷ A   Mrk 5⁴² A   Mrk 15³⁴ A
mikilamma Mat 27⁶⁰ A   Jhn 6¹⁸ A   Luk 2⁹ A
 Luk 8³⁷ A   2Tm 2²⁰ B   Skr 7¹⁰ E
mikilana Luk 14¹⁶ A
mikilans Mrk 4³² A   Mrk 10⁴² A
mikilata Mrk 14¹⁵ A
mikilduþ Skr 4¹² E°

mikilduþais	Skr	4¹⁴	E	SkB	7⁴	E⌑					
mikilduþs	SkB	4¹²	E⌑								
mikileid	Luk	1⁴⁶	A								
mikilein	Luk	1⁴⁹	A	Luk	9⁴³	A	Skr	4²⁵	E		
mikileins	Eph	1¹⁹	AB								
mikileiþ	Ver	13²²	V*								
mikilidedun	Mat	9⁸	A	Luk	5²⁶	A	Luk	7¹⁶	A		
	Gal	1²⁴	B								
mikilids	Luk	4¹⁵	A								
mikilin	Jhn	7³⁷	A								
mikilins	Mat	5³⁵	A								
mikilis	Skr	7⁴	E°								
mikilja	Rom	11¹³	A								
mikiljada	Php	1²⁰	B								
mikiljaidau	2Th	3¹	B								
mikiljandans	Luk	2²⁰	A	Mrk	2¹²	A	2Cr	9¹³	B		
mikiljands	Luk	5²⁵	A								
mikilnan	2Cr	10¹⁵	B								
mikilon	Eph	3¹⁹	AB								
mikilos	Mat	7²²	A								
mikils	Mat	5¹⁹	A	Mat	7²⁷	A	Mat	8²⁴	A		
	Luk	1¹⁵	A	Luk	1³²	A	Luk	4²⁵	A		
	Luk	7¹⁶	A	Luk	9⁴⁸	A	Mrk	10⁴³	A		
	Mrk	16⁴	A	1Tm	3¹⁶	A					
mikilþuhtans	Luk	1⁵¹	A								
mildiþo	Php	2¹	B								
milhma	Luk	9³⁴	A	Mrk	9⁷	A					
milhmam	Luk	9³⁴g	A	Mrk	13²⁶	A	Mrk	14⁶²	A		
	1Th	4¹⁷	B								
milhmin	Luk	9³⁴	A	Luk	9³⁵	A	Mrk	9⁷	A		
	1Cr	10¹	A	1Cr	10²	A					
militondans	Luk	3¹⁴	A								
miliþ	Mrk	1⁶	A								
miluks	1Cr	9⁷	A								
mimz	1Cr	8¹³	A								
minnist	Mrk	4³¹	A								
minnista	Mat	5¹⁹	A	Luk	9⁴⁸	A					
minnistan	Mat	5²⁶	A								
minnistane	Mat	10⁴²	A	Mat	25⁴⁰	C					
minnistin	1Cr	4³	A								
minnistono	Mat	5¹⁹	A								
minniza	Mat	11¹¹	A	Luk	7²⁸	A					
minnizei	Skr	3²²	E⁺°	SkB	3²²	E⌑					
minnizin	Rom	9¹²	A								
minnizins	Mrk	15⁴⁰	A								
minnizo	2Cr	11⁵	B								
mins	2Cr	12¹¹	AB	2Cr	12¹⁵	A	1Tm	5⁹	AB		
minz	2Cr	12¹⁵	B								
minznan	Skr	4²	E	Skr	4⁷	E	Skr	6²	E		
mis	Mat	7²¹	A	Mat	7²²	A	Mat	7²³	A		
	Mat	8²¹	A	Mat	8²²	A	Mat	9⁹	A		
	Mat	10³²	A	Mat	10³⁸	A	Mat	11⁶	A		
	Mat	25⁴⁰	C	Mat	25⁴¹	C	Mat	25⁴²	C		
	Mat	25⁴⁵	C	Mat	27⁴	A	Mat	27¹⁰	A		
	Mat	27⁴⁶	A	Jhn	5⁴⁶	A	Jhn	6³⁵	A2		
	Jhn	6³⁷	A3	Jhn	6⁴⁴	A	Jhn	6⁴⁵	A		
	Jhn	6⁴⁷	A	Jhn	6⁵⁶	A	Jhn	6⁶⁵	A		
	Jhn	7¹⁷	A	Jhn	7²³	A	Jhn	7²⁸	A		
	Jhn	7³⁷	A	Jhn	7³⁸	A	Jhn	8²⁸	A		
	Jhn	8²⁹	A2	Jhn	8³⁷	A	Jhn	8⁴²	A		
	Jhn	8⁴⁵	A	Jhn	8⁴⁶	A	Jhn	9¹¹	A2		
	Jhn	9¹⁵	A	Jhn	9³⁰	A	Jhn	10¹⁸	AA‡		
	Jhn	10²⁹	A	Jhn	10³⁷	A	Jhn	10³⁸	A2		
	Jhn	11²⁵	A	Jhn	11²⁶	A	Jhn	11⁴¹	A		
	Jhn	11⁴²	A	Jhn	12²⁶	A2	Jhn	12³²	A		
	Jhn	12⁴⁴	A2	Jhn	12⁴⁶	A	Jhn	12⁴⁸	A		
	Jhn	12⁴⁹	A2	Jhn	13¹⁸	A	Jhn	14¹	A		
	Jhn	14³	A	Jhn	14¹⁰	A3	Jhn	14¹¹	A3		
	Jhn	14¹²	A	Jhn	14²⁰	A	Jhn	14²⁸	A		
	Jhn	14³⁰	A	Jhn	14³¹	A	Jhn	15²	A		
	Jhn	15⁴	A2	Jhn	15⁵	A	Jhn	15⁶	A		
	Jhn	15⁷	A	Jhn	15²⁷	A	Jhn	16⁹	A		
	Jhn	16³²	A	Jhn	16³³	A	Jhn	17⁴	A		
	Jhn	17⁶	A2	Jhn	17⁷	A	Jhn	17⁸	A		
	Jhn	17⁹	A	Jhn	17¹¹	A	Jhn	17¹²	A		
	Jhn	17²⁰	A	Jhn	17²¹	A	Jhn	17²²	A		
	Jhn	17²³	A	Jhn	17²⁴	A3	Jhn	18⁹	A		
	Jhn	18¹¹	A	Jhn	18³⁵	A	Jhn	19¹⁰	A		
	Luk	1³	A	Luk	1²⁵	A	Luk	1³⁸	A		
	Luk	1⁴³	A2	Luk	1⁴⁹	A	Luk	3¹⁶	A		
	Luk	4⁶	A	Luk	4¹⁸	A	Luk	4²³	A		
	Luk	5⁸	A	Luk	5²⁷	A	Luk	6⁴⁷	A		
	Luk	7⁸	A	Luk	7²³	A	Luk	7⁴⁴	A		
	Luk	7⁴⁵	A	Luk	8²⁸	A2	Luk	8⁴⁵	A2		
	Luk	8⁴⁶	A2	Luk	9²³	A	Luk	9³⁸	A		
	Luk	9⁵⁹	A	Luk	9⁶¹	A	Luk	10¹⁶	A3		
	Luk	10²²	A	Luk	10²⁹	A	Luk	14²⁶	A		
	Luk	14²⁷	A	Luk	15⁶	A	Luk	15⁹	A		
	Luk	15¹²	A	Luk	15¹⁸	A	Luk	15²⁹	A		
	Luk	15³¹	A	Luk	16³	A	Luk	17⁸	A		
	Luk	18⁵	A2	Luk	18¹³	A	Luk	18¹⁶	A		
	Luk	19²¹	A	Luk	19²⁷	A	Luk	20³	A		
	Luk	20²⁴	A	Mrk	1⁷	A2	Mrk	1¹⁷	A		
	Mrk	2¹⁴	A	Mrk	5⁷	A2	Mrk	5³⁰	A		
	Mrk	5³¹	A	Mrk	6²⁵	A	Mrk	7⁶	A		
	Mrk	7¹¹	A	Mrk	7¹⁴	A	Mrk	8²	A		
	Mrk	8³⁴	A	Mrk	9¹⁹	A	Mrk	9³⁹	A		
	Mrk	9⁴²	A	Mrk	10¹⁴	A	Mrk	11²⁹	A		
	Mrk	11³⁰	A	Mrk	12¹⁵	A	Mrk	14⁶	A		
	Mrk	15³⁴	A	Rom	7⁸	A	Rom	7¹⁰	A		
	Rom	7¹³	A2	Rom	7¹⁷	A	Rom	7¹⁸	A2		
	Rom	7²⁰	A	Rom	7²¹	A2	Rom	9¹	A		
	Rom	9²	A	Rom	9¹⁹	A	Rom	11²⁷	A		
	Rom	12³	C	Rom	12¹⁹	AC	Rom	14¹¹	C		
	1Cr	4³	A	1Cr	4⁴	A	1Cr	4⁶	A		
	1Cr	10²³	A	1Cr	10³³	A	1Cr	13³	A		
	1Cr	14²¹	A	1Cr	15⁸	A	1Cr	15¹⁰	A2		
	1Cr	15³²	A	1Cr	16⁴	A2B2	1Cr	16⁹	AB		
	1Cr	16¹¹	B	2Cr	1¹⁷	AB	2Cr	2¹	AB		
	2Cr	2²	AB	2Cr	2¹²	AB	2Cr	6¹⁶	AB		

		2Cr	6¹⁸	AB	2Cr	7⁴	A2B2	2Cr	7⁷	AB		Col	3¹³	B	1Th	3¹²	B	1Th	4⁹	B
		2Cr	9¹	AB	2Cr	9⁴	AB	2Cr	11¹⁰	B2		1Th	4¹⁸	B	1Th	5¹¹	B	1Th	5¹⁵	B
		2Cr	12⁶	A2B2	2Cr	12⁷	AB	2Cr	12⁸	AB		2Th	1³	AB	Skr	3⁶	E			
		2Cr	12⁹	A2B2	2Cr	12¹⁰	AB	2Cr	12¹³	AB	mitada	Luk	6³⁸	A	Mrk	4²⁴	A			
		2Cr	13³	AB	2Cr	13¹⁰	AB	Eph	3²	B	mitade	Luk	16⁷	A						
		Eph	3³	B	Eph	3⁷	B	Eph	3⁸	B	mitadjon	Luk	6³⁸	A						
		Eph	6¹⁹	A2B2	Gal	1²	B	Gal	1²⁴	AB	mitads	Luk	6³⁸	A						
		Gal	2¹	AB	Gal	2³	AB	Gal	2⁶	A2B2	mitandans	2Cr	10¹²	B						
		Gal	2⁷	AB	Gal	2⁸	AB	Gal	2⁹	B2	mitaþ	Mrk	4²⁴	A	Rom 12³	C	2Cr	10¹³	B3
		Gal	2²⁰	A	Gal	4¹²	A	Gal	4¹⁵	A		2Cr	10¹⁵	B	Eph	4⁷	A	Eph	4¹³	A
		Gal	4²¹	AB	Gal	6¹⁴	A2BB*	Gal	6¹⁷	A*B		Eph	4¹⁶	A						
		Php	1¹⁹	B	Php	1²¹	B	Php	1²²	B	mitid	Luk	6³⁸	A						
		Php	1²⁶	B	Php	1³⁰	B2	Php	2²²	B	mitiþ	Mrk	4²⁴	A						
		Php	3¹	AB	Php	3⁷	AB	Php	4³	AB	mito	2Cr	1¹⁷	AB						
		Php	4⁹	B	Php	4¹⁵	B	Php	4¹⁶	B	mitoda	1Cr	13¹¹	A						
		Col	1²⁵	AB	Col	1²⁹	A	Col	4¹⁰	AB	mitodedun	Mrk	2⁸	A						
		Col	4¹¹	AB	1Tm	1¹¹	B	1Tm	1¹⁶	B	mitodeduþ	Mrk	9³³	A						
		2Tm	1¹³	AB	2Tm	1¹⁵	AB	2Tm	1¹⁸	AB	miton	Luk	9⁴⁷	A	SkB	3¹⁷	E¤			
		2Tm	2²	B	2Tm	3¹¹	AB	2Tm	4⁸	A3B3	mitond	Rom	8⁵	A						
		2Tm	4⁹	AB	2Tm	4¹⁰	AB	2Tm	4¹¹	A2B2	mitondans	Php	2⁴	B						
		2Tm	4¹⁴	A	2Tm	4¹⁶	A2	Tit	1³	B	mitonds	2Cr	1¹⁷	AB						
		Phm	11	A	Phm	13	A2	Phm	16	A	mitone	Rom	14¹	A						
		Phm	18	A	Phm	19	A	Phm	22	A	mitoneis	Luk	2³⁵	A	Mrk	7²¹	A			
		Phm	23	A	Neh	5¹⁴	D	Neh	5¹⁵	D	mitonins	Mat	9⁴	A	Luk	5²²	A	Luk	6⁸	A
		Neh	5¹⁸	D	Skr	3²⁴	E	Skr	3²⁵	E		2Cr	10⁵	B						
		Skr	6⁸	E	DeA	1	𝔛				mitons	Luk	9⁴⁶	A						
missadedai	Rom 11¹¹	A	1Tm	2¹⁴	AB				mitoþ	Mat	9⁴	A	Mrk	2⁸	A	1Cr	13⁵	A
missadede	Gal	6¹	AB	Skr	3¹⁴	E	Skr	3¹⁸	E		Php	4⁸	B						
missadedim	Eph	2¹	AB	Col	2¹³	B				miþ	Mat	5²⁵	A	Mat	5⁴⁰	A	Mat	5⁴¹	A
missadedins	Mat	6¹⁴	A	Mat	6¹⁵	A2	Mrk	11²⁵	A		Mat	8¹¹	A	Mat	9¹¹	A	Mat	9¹⁵	A
	Mrk 11²⁶	A	2Cr	5¹⁹	AB	Col	2¹³	B		Mat	26⁶⁹	C	Mat	26⁷¹	AC	Mat	26⁷²	AC
missadeds	Rom 11¹²	A								Mat	27⁵⁴	A	Jhn	6³	A	Jhn	6⁴³	A
missaleikaim	Luk	4⁴⁰	A	Mrk	1³⁴	A	2Tm	3⁶	AB		Jhn	6⁵²	A	Jhn	6⁶⁶	A	Jhn	7³³	A
	Skr	5¹³	E	Skr	6¹⁸	E					Jhn	8²⁹	A	Jhn	9¹⁶	A	Jhn	9³⁷	A
missaleikom	Skr	2²²	E								Jhn	9⁴⁰	A	Jhn	10¹⁹	A	Jhn	11¹⁶	A
missaleiks	Skr	6¹⁸	E								Jhn	11³¹	A	Jhn	11³³	A	Jhn	12²	A
missaqiss	Jhn	7⁴³	A	Jhn	9¹⁶	A	Jhn	10¹⁹	A		Jhn	12⁸	A	Jhn	12¹⁷	A	Jhn	13¹⁸	A
missataujandan				Gal	2¹⁸	A					Jhn	13³³	A	Jhn	13³⁵	A	Jhn	14⁹	A
misso	Jhn	6⁴³	A	Jhn	6⁵²	A	Jhn	7³⁵	A		Jhn	14¹⁶	A	Jhn	14¹⁷	A	Jhn	14³⁰	A
	Jhn	12¹⁹	A	Jhn	13¹⁴	A	Jhn	13²²	A		Jhn	15²⁷	A	Jhn	16⁴	A	Jhn	16¹⁹	A
	Jhn	13³⁴	A2	Jhn	13³⁵	A	Jhn	15¹²	A		Jhn	16³²	A	Jhn	17¹²	A	Jhn	17²⁴	A
	Jhn	15¹⁷	A	Jhn	16¹⁷	A	Jhn	16¹⁹	A		Jhn	18¹	A	Jhn	18²	A	Jhn	18³	A
	Luk	2¹⁵	A	Luk	4³⁶	A	Luk	6¹¹	A		Jhn	18⁵	A	Jhn	18¹⁵	A	Jhn	18¹⁸	A
	Luk	7³²	A	Luk	8²⁵	A	Luk	20⁵	A		Jhn	18²⁶	A	Luk	1²⁸	A	Luk	1⁵⁶	A
	Luk	20¹⁴	A	Luk	23¹²	G	Mrk	1²⁷	A		Luk	1⁶⁶	A	Luk	2⁵	A	Luk	2¹³	A
	Mrk	4⁴¹	A	Mrk	8¹⁶	A	Mrk	9¹⁰	A		Luk	2³⁶	A	Luk	2⁵¹	A	Luk	4³⁶	A
	Mrk	9³³	A	Mrk	9³⁴	A	Mrk	9⁵⁰	A		Luk	5⁹	A	Luk	5¹⁹	A	Luk	5²⁹	A
	Mrk	10²⁶	A	Mrk	11³¹	A	Mrk	12⁷	A		Luk	5³⁰	A	Luk	5³⁴	A	Luk	6³	A
	Mrk	15³¹	A	Mrk	16³	A	Rom	12¹⁰	A2		Luk	6⁴	A	Luk	6¹⁷	A	Luk	7⁶	A
	Rom 12¹⁶	A	Rom	13⁸	A	Rom	14¹³	C		Luk	7¹²	A	Luk	7³⁶	A	Luk	8¹	A
	Rom 14¹⁹	C	Rom	15⁵	C	Rom	15⁷	C		Luk	8¹³	A	Luk	8³⁸	A	Luk	8⁴⁵	A
	1Cr	7⁵	A	1Cr	16²⁰	B	2Cr	13¹²	AB		Luk	9³²	A	Luk	9³⁹	A	Luk	9⁴⁹	A
	Eph	4²	AB	Eph	4³²	A2B2	Eph	5²¹	A		Luk	10¹⁷	A	Luk	14³¹	A2	Luk	15⁶	A
	Gal	5¹³	B	Gal	5¹⁵	BB*	Gal	5¹⁷	AB		Luk	15⁹	A	Luk	15²⁹	A	Luk	15³⁰	A
	Gal	5²⁶	A2BB*	Gal	6²	AB	Col	3⁹	B		Luk	15³¹	A	Luk	17¹⁵	A	Luk	17²⁰	A

		Luk	19²³	*A*	Luk	20¹	*A*	Luk	20⁵	*A*	miþarbaidei	2Tm	1⁸	AB	
		Luk	20¹⁴	*A*	Mrk	1¹³	*A*	Mrk	1²⁰	*A*	miþarbaididedun		Php	4³	AB
		Mrk	1²⁷	*A2*	Mrk	1²⁹	*A*	Mrk	1³⁶	*A*	miþfaginodedun		Luk	1⁵⁸	*A*
		Mrk	2¹⁶	*A2*	Mrk	2¹⁹	*A2*	Mrk	2²⁵	*A*	miþfaginoþ	1Cr	13⁶	*A*	
		Mrk	2²⁶	*A*	Mrk	3⁵	*A*	Mrk	3⁶	*A*	miþfrahunþana		Col	4¹⁰	AB	Phm 2³ *A*
		Mrk	3⁷	*A*	Mrk	3¹⁴	*A*	Mrk	4¹⁰	*A*	miþgadauþnodedum		2Tm	2¹¹	B
		Mrk	4¹⁶	*A*	Mrk	4³⁶	*A*	Mrk	5¹⁸	*A*	miþgaleikondans		Php	3¹⁷	AB
		Mrk	5²⁴	*A*	Mrk	5³⁷	*A*	Mrk	5⁴⁰	*A*	miþgaqiwida Eph	2⁵	AB	Col	2¹³	B
		Mrk	7³¹	*A*	Mrk	8²	*A*	Mrk	8¹⁰	*A*	miþgardawaddju		Eph	2¹⁴	B
		Mrk	8¹⁴	*A*	Mrk	8¹⁶	*A*	Mrk	8³⁴	*A*	miþgasatida Eph	2⁶	*A*			
		Mrk	8³⁸	*A*	Mrk	9⁴	*A2*	Mrk	9⁸	*A*	miþgasatidai Eph	2⁶	B*			
		Mrk	9¹⁴	*A*	Mrk	9¹⁶	*A*	Mrk	9²⁴	*A*	miþgaswiltan 2Cr	7³	*A*			
		Mrk	9³³	*A*	Mrk	9⁵⁰	*A*	Mrk	10³⁰	*A*	miþgatauhans		Gal	2¹³	B
		Mrk	10⁴⁶	*A*	Mrk	11¹¹	*A*	Mrk	13²⁶	*A*	miþgatimridai		Eph	2²²	B
		Mrk	14⁷	*A*	Mrk	14¹⁴	*A*	Mrk	14⁴³	*A2*	miþgawisandans		Rom	12¹⁶	*A*
		Mrk	14⁴⁸	*A*	Mrk	14⁵³	*A*	Mrk	14⁵⁴	*A*	miþiddjedun Luk	14²⁵	*A*	Mrk	15⁴¹	*A*
		Mrk	14⁶²	*A*	Mrk	14⁶⁷	*A*	Mrk	15¹	*A*	miþinngalaiþ Jhn	18¹⁵	*A*			
		Mrk	15⁷	*A2*	Mrk	15²³	*A*	Mrk	15²⁷	*A*	miþinsandida		2Cr	12¹⁸	AB
		Mrk	15²⁸	*A*	Mrk	15³¹	*A2*	Mrk	16¹⁰	*A*	miþkauriþs Php	3¹⁰	AB			
		Mrk	16²⁰	*S*	Rom	12¹⁵	*A2*	Rom	12¹⁸	*AC*	miþlibam 2Tm	2¹¹	B			
		Rom	15¹⁰	*C*	Rom	16²⁴	*A*	1Cr	5⁴	*A*	miþlitidedun Gal	2¹³	B			
		1Cr	7¹²	*A*	1Cr	7¹³	*A*	1Cr	7¹⁸	*A*	miþmatjan 1Cr	5¹¹	*A*			
		1Cr	15¹⁰	*A*	1Cr	16⁴	AB	1Cr	16¹¹	B	miþmatjiþ Luk	15²	*A*			
		1Cr	16¹²	B	1Cr	16¹⁹	B	1Cr	16²³	AB	miþniman Mat	11¹⁴	*A*			
		1Cr	16²⁴	AB	2Cr	1¹	B	2Cr	1²¹	AB	miþ-ni-qam Jhn	6²²	*A*			
		2Cr	4¹⁴	B	2Cr	6¹⁴	*A2B2*	2Cr	6¹⁵	*A2B2*	miþqiþaina Skr	5⁶	*E*			
		2Cr	6¹⁶	AB	2Cr	7¹⁵	AB	2Cr	8⁴	AB	miþrodidedun		Luk	9³⁰	*A*
		2Cr	8¹⁹	*A2B2*	2Cr	8²²	AB	2Cr	9⁴	AB	miþsatjau 1Cr	13²	*A*			
		2Cr	13⁴	AB	2Cr	13¹¹	AB	2Cr	13¹³	AB	miþskalkinoda		Php	2²²	B
		Eph	3¹⁸	AB	Eph	4²	*A2B2*	Eph	4²⁵	AB	miþsokjan Mrk	8¹¹	*A*			
		Eph	4³¹	AB	Eph	4³²	AB	Eph	6²³	B	miþstandandans		Luk	9³²	*A*
		Eph	6²⁴	B	Gal	1²	B	Gal	2¹	*A2B2*	miþþan Skr	2⁴	*E*	Skr	2⁹	*E*	Skr 2¹⁸ *E*
		Gal	2³	AB	Gal	2¹²	B	Gal	4²⁵	B	miþþane Luk	2⁴³	*A*			
		Gal	4³⁰	B	Gal	5²⁴	AB	Gal	6¹⁸	*A*B*	miþþanei Mat	9¹⁸	*A*	Mat	27¹²	*A*	Luk 1⁸ *A*
		Php	1²³	B	Php	2²⁹	AB	Php	4³	AB		Luk	2⁶	*A*	Luk	2²⁷	*A*	Luk 4⁴⁰ *A*
		Php	4⁶	AB	Php	4⁹	B	Col	1¹¹	AB		Luk	5¹	*A*	Luk	5¹²	*A*	Luk 8⁵ *A*
		Col	2¹²	B	Col	2¹³	B	Col	2²⁰	B		Luk	8⁴⁰	*A*	Luk	8⁴²	*A*	Luk 9¹⁸ *A*
		Col	3³	AB	Col	3⁴	AB	Col	3⁹	B		Luk	9²⁹	*A*	Luk	9³³	*A*	Luk 9³⁶ *A*
		Col	4⁹	AB	Col	4¹⁹	B	1Th	3¹³	B		Luk	17¹¹	*A*	Luk	17¹⁴	*A*	Luk 18³⁵ *A*
		1Th	4¹⁴	B	1Th	4¹⁷	*B2*	1Th	5¹⁰	B		Mrk	4⁴	*A*	2Cr	3¹⁵	AB	2Cr 3¹⁶ AB
		1Th	5¹⁵	B	1Th	5²⁸	AB	2Th	1⁷	*A2*	miþþiudanom		2Tm	2¹²	B
		2Th	3¹²	AB	2Th	3¹⁴	AB	2Th	3¹⁶	AB	miþþiudanoma		1Cr	4⁸	*A*
		2Th	3¹⁸	*A*B*	1Tm	1¹⁴	B	1Tm	2⁹	AB	miþurraisida Eph	2⁶	*A*			
		1Tm	2¹⁵	AB	1Tm	3⁴	*A*	1Tm	4³	AB	miþurraisidai Eph	2⁶	B			
		1Tm	4⁴	AB	1Tm	6⁶	AB	2Tm	2¹⁰	B	miþurrisuþ Col	2¹²	B	Col	3¹	AB
		2Tm	2²²	AB	2Tm	4¹¹	*A2B2*	Skr	1⁸	*E*	miþushramidans		Mat	27⁴⁴	*A*	Mrk 15³² *A*
		Skr	2²	*E*	Skr	3⁵	*E*	Skr	3⁸	*E*	miþushramiþs		Gal	2²⁰	*A*
		Skr	4³	*E*	Skr	8¹³	*E*	Skr	8¹⁷	*E*	miþuskeinandans		Luk	8⁷	*A*
		Skr	8²⁰	*E*	DeN	1²	*N*	DeN	1³	*N*	miþwait 1Cr	4⁴	*A*			
		DeN	2²	*N*	DeN	2³	*N*	DeN	3²	*N*	miþwas 2Tm	4¹⁶	*A*			
		DeN	3³	*N*	DeN	4²	*N**	DeN	4³	*N*	miþweitwodjandein		Rom	9¹	*A*
miþanakumbidedun					Mat	9¹⁰	*A*	Mrk	2¹⁵	*A*	miþwissei 1Cr	8¹⁰	*A*	Tit	1¹⁵	*A*
miþanakumbjandam					Luk	14¹⁰	*A*	Mrk	6²²	*A*	miþwisseim 2Cr	4²	AB	2Cr	5¹¹	AB
miþanakumbjandane					Mrk	6²⁶	*A*				miþwissein Rom	9¹	*A*	1Tm	1⁵	AB	1Tm 1¹⁹ AB
miþanakumbjandans					Luk	7⁴⁹	*A*					1Tm	4²	AB			

miþwisseins	Rom	13⁵	A	1Cr	10²⁵	A	2Cr	1¹²	AB	motastada	Luk	5²⁷	A
mizdo	Luk	6²³	A	Luk	6³⁵	A				mukamodein	2Cr	10¹	B
mizdon	Mat	6²	A	Mat	6⁵	A	Mat	6¹⁶	A	mulda	Luk	9⁵	A	Mrk	6¹¹	A
	Mat	10⁴¹	A2	Mat	10⁴²	A	Mrk	9⁴¹	A	muldeina	1Cr	15⁴⁸	A
mizdono	Mat	5⁴⁶	A							muldeinans	1Cr	15⁴⁸	A
mizdons	Luk	10⁷	A	1Tm	5¹⁸	A				muldeins	1Cr	15⁴⁷	A
moda	Mrk	3⁵	A							mun	Rom	13¹⁴	A
modags	Mat	5²²	A	Luk	15²⁸	A				mun..	Gal	2⁶g	A
modis	Luk	4²⁸	A							muna	Eph	1¹¹	AB	Eph	3¹¹	AB	2Tm	3¹⁰	AB
Mose	Jhn	5⁴⁶	A	Jhn	7²²	A	Jhn	9²⁸	A	munaida	Luk	10¹	A	Luk	19⁴	A
	Jhn	9²⁹	A	Luk	9³³	A	Mrk	9⁴	A	munaidedun	Jhn	6¹⁵	A
	Mrk	9⁵	A	Rom	9¹⁵	A	1Cr	10²	A	munaidedunuþ-þan				Jhn	12¹⁰	A
Moses	Mat	8⁴	A	Jhn	5⁴⁵	A	Jhn	6³²	A	munais	Jhn	14²²	A
	Jhn	7¹⁹	A	Jhn	7²²	A	Luk	5¹⁴	A	munandane	SkB	3¹⁷	E
	Luk	9³⁰	A	Luk	20²⁸	A	Luk	20³⁷	A	munandans	2Cr	10²	B	Php	1¹⁷	B	Skr	3¹⁷	E°
	Mrk	1⁴⁴	A	Mrk	7¹⁰	A	Mrk	10³	A	munandin	Rom	14¹⁴	C
	Mrk	10⁴	A	Mrk	12¹⁹	A	Rom	10⁵	A	munands	Php	2³	B	Skr	2¹³	E
	Rom	10¹⁹	A	2Cr	3¹⁵	AB				munda	Php	2²⁵	B
Mosez	2Cr	3¹³	AB							mundedun	Jhn	13²⁹	A
Moseza	2Tm	3⁸	AB							mundoþ	Php	3¹⁷	B
Mosezis	Jhn	7²³	A	Luk	2²²	A	Mrk	12²⁶	A	mundrein	Php	3¹⁴	AB
	1Cr	9⁹	A	2Cr	3⁷	AB				munds	Luk	3²³	A
mota	Rom	13⁷	A2							muni	2Cr	11¹⁶	B	2Cr	12⁶	AB
motai	Mat	9⁹	A	Mrk	2¹⁴	A				munins	2Cr	2¹¹	AB
motareis	Luk	18¹⁰	A	Luk	18¹¹	A	Luk	18¹³	A	muns	Rom	9¹¹	A	2Cr	8¹¹	AB
motari	Luk	5²⁷	A							munþ	Luk	1⁷⁰	A	1Cr	9⁹g	A	1Tm	5¹⁸	A
motarjam	Mat	9¹¹	A	Luk	5³⁰	A	Mrk	2¹⁶	A2	munþa	Luk	4²²	A	Luk	19²²	A	Rom	10⁸	A
motarje	Mat	11¹⁹	A*	Luk	5²⁹	A	Luk	7³⁴	A		Rom	10⁹	A	Rom	10¹⁰	A	Rom	15⁶	C
	Luk	19²	A								2Cr	13¹	AB	Eph	4²⁹	AB	Col	3⁸	AB
motarjos	Mat	5⁴⁷	A	Mat	9¹⁰	A	Luk	3¹²	A	munþis	Eph	6¹⁹	B
	Luk	7²⁹	A	Luk	15¹	A	Mrk	2¹⁵	A	munþs	Luk	1⁶⁴	A	Luk	6⁴⁵	A	2Cr	6¹¹	AB*
	Ver	19³⁰	V																

n

n..	1Cr	9⁹g	A*							nahtamata	Skr	7¹⁰	E
Nabawis	Neh	7³³	D							nahtamatis	Luk	14¹⁷	A	Luk	14²⁴	A
nadre	Luk	3⁷	A							nahts	Jhn	9⁴	A	Jhn	13³⁰	A	Luk	2⁸	A
Naem	Luk	7¹¹	A								Rom	13¹²	A	1Th	5⁵	B	1Th	5⁷	B
Naggais	Luk	3²⁵	A							Naiman	Luk	4²⁷	A
Nahassonis	Luk	3³²	A							naiteinins	Luk	5²¹	A	Mrk	2⁷	A
naht	Jhn	7⁵⁰	A	Jhn	11¹⁰	A	Luk	5⁵	A	naiteinos	Mrk	3²⁸	A
	Luk	6¹²	A	Luk	17⁸	A	Luk	17³⁴	A	Naitofaþeis	Neh	7²⁶	D*
	Mrk	4²⁷	A	1Cr	11²³	A	2Cr	11²⁵	B	naiw	Mrk	6¹⁹	A
	1Th	3¹⁰	B	1Th	5²	B	1Th	5⁷	B	Nakoris	Luk	3³⁴	A
	2Th	3⁸	AB	2Tm	1³	A	Skr	8²⁰	E*	nam	Mat	27⁴⁸	A	Jhn	10¹⁸	A	Jhn	12³	A
	SkB	8²⁰	E								Jhn	13¹²	A	Jhn	18³	A	Jhn	19¹	A
nahtam	Luk	2³⁷	A	Luk	18⁷	A	Mrk	5⁵	A		Luk	1⁶³	A=	Luk	20³⁰	A	Luk	20³¹	A
	1Tm	5⁵	AB								Mrk	12²⁰	A	Mrk	12²¹	A	Mrk	15²³	A
nahtamat	Jhn	12²	A	Luk	14¹²	A	Luk	14¹⁶	A		1Cr	11²³	A	2Cr	11²⁴	B	2Cr	12¹⁶	AB
	Mrk	6²¹	A	1Cr	11²⁵	A					Neh	6¹⁸	D

namin	Mat	7²²	*A3*	Mat	10⁴¹	*A2*	Mat	10⁴²	*A*	nasjandis	1Tm	1¹	AB	1Tm	2³	AB	2Tm	1¹⁰	AB
	Jhn	10³	*A*	Jhn	10²⁵	*A*	Jhn	12¹³	*A*		Tit	1³	B	Skr	1²¹	*E*
	Jhn	14¹³	*A*	Jhn	14¹⁴	*A*	Jhn	14²⁶	*A*	nasjands	Luk	2¹¹	*A*	Eph	5²³	A	1Tm	4¹⁰	B
	Jhn	15¹⁶	*A*	Jhn	16²³	*A*	Jhn	16²⁴	*A*		Skr	1³	*E*	Skr	2⁴	*E*	Skr	2¹⁶	*E*
	Jhn	16²⁶	*A*	Jhn	17¹¹	*A*	Jhn	17¹²	*A*		Skr	5²⁵	*E*
	Jhn	18¹⁰	*A*	Luk	1⁵	*A*	Luk	1⁵⁹	*A*	nati	Mrk	1¹⁶	*A*
	Luk	1⁶¹	*A*	Luk	5²⁷	*A*	Luk	6²²	*A*	natja	Luk	5²	*A*	Luk	5⁴	*A*	Luk	5⁵	*A*
	Luk	9⁴⁸	*A*	Luk	9⁴⁹	*A*	Luk	9⁵⁰	*A⁼*		Luk	5⁶	*A*	Mrk	1¹⁸	*A*	Mrk	1¹⁹	*A*
	Luk	10¹⁷	*A*	Luk	16²⁰	*A*	Luk	19²	*A*	natjan	Luk	7³⁸	*A*
	Luk	19³⁸	*A*	Mrk	5²²	*A*	Mrk	9³⁷	*A*	Naþanis	Luk	3³¹	*A*
	Mrk	9³⁸	*A*	Mrk	9³⁹	*A*	Mrk	9⁴¹	*A*	Naubaimbair	Cal	2¹	A
	Mrk	11⁹	*A*	Mrk	11¹⁰	*A*	Mrk	16¹⁷	*S*	naudibandjo	2Tm	1¹⁶	AB
	Rom	15⁹	*C*	1Cr	1¹³	A	1Cr	1¹⁵	A	naudibandjom				Mrk	5³	*A*	Mrk	5⁴	*A*
	1Cr	5⁴	A	Eph	5²⁰	A	Col	3¹⁷	B	naudibandjos	Mrk	5⁴	*A*
	2Th	3⁶	B							naudiþaurft	2Cr	9⁵	AB
namins	Jhn	15²¹	*A*							naudiþaurfts	Skr	2²⁰	*E*
namna	Luk	10²⁰	*A*	Mrk	3¹⁷	*A*	Php	4³	AB	Nauel	Luk	17²⁷	*A*
namnam	Skr	5¹³	*E*							Nauelis	Luk	3³⁶	*A*	Luk	17²⁶	*A*
namne	Eph	1²¹	AB	Skr	5¹⁵	*E*				nauh	Mat	27⁶³	*A*	Jhn	7⁶	*A*	Jhn	7⁸	*A2*
namnida	Luk	6¹³	*A*	Luk	6¹⁴	*A*	Luk	7¹¹	*A*		Jhn	7³³	*A*	Jhn	8⁵⁷	*A*	Jhn	12³⁵	*A*
namnidaize	Eph	1²¹	AB								Jhn	13³³	*A*	Jhn	14¹⁹	*A*	Jhn	16¹²	*A*
namnidaizos	Luk	9¹⁰	*A*								Jhn	16¹⁶	*A*	Luk	14²²	*A*	Luk	18²²	*A*
namnidans	Eph	2¹¹	AB								Mrk	4⁴⁰	*A*	Mrk	8¹⁷	*A*	Mrk	8²¹	*A*
namnidon	Eph	2¹¹	AB								Mrk	11²	*A*	Rom	9¹⁹	A	Php	3¹³	AB
namnids	1Cr	5¹¹	A								Skr	2⁴	*E*	Skr	2¹²	*E*	Skr	4⁵	*E*
namnjada	Eph	3¹⁵	AB								Skr	7²⁰	*E*	Skr	8²	*E**	SkB	8²	*E ⁋*
namnjai	2Tm	2¹⁹	B							nauhþan	Jhn	6¹⁷	*A*	Luk	1¹⁵	*A*	Luk	8⁴⁹	*A*
namnjaidau	Eph	5³	*A*B*								Luk	9⁴²	*A*
namo	Mat	6⁹	*A*	Mat	27⁵⁷	*A*	Jhn	12²⁸	*A*	nauhþanuh	Jhn	7³⁰	*A*	Jhn	7³⁹	*A2*	Jhn	8²⁰	*A*
	Jhn	17⁶	*A*	Jhn	17²⁶	*A*	Luk	1⁵	*A*		Jhn	11³⁰	*A2*	Luk	14³²	*A*	Luk	15²⁰	*A*
	Luk	1¹³	*A*	Luk	1²⁷	*A2*	Luk	1³¹	*A*		Mrk	5³⁵	*A*	Mrk	12⁶	*A*	Mrk	14⁴³	*A*
	Luk	1⁴⁹	*A*	Luk	1⁶³	*A*	Luk	2²¹	*A*		Rom	9¹¹	A	Neh	5¹⁵	D	Skr	3²	*E*
	Luk	2²⁵	*A*	Luk	8³⁰	*A*	Luk	8⁴¹	*A*	nauhuþ-þan	Luk	14²⁶	*A*
	Mrk	3¹⁶	*A*	Mrk	5⁹	*A2*	Mrk	6¹⁴	*A*	Naumis	Luk	3²⁵	*A*
	Rom	9¹⁷	A	Rom	10¹³	A	2Th	1¹²	A	naus	Luk	7¹²	*A*	Luk	7¹⁵	*A*
	1Tm	6¹	AB	2Tm	2¹⁹	B				nauþai	2Cr	9⁷	AB*	1Th	3⁷	B	Phm	14	A
namt	1Cr	4⁷	A								Skr	1¹³	*E*	Skr	1¹⁷	*E*	Skr	6¹	*E*
namuh	Jhn	6¹¹	*A*							nauþei	Luk	14²³	*A*
naqadai	1Cr	4¹¹	A	2Cr	5³	AB	1Tm	1¹⁹	AB	nauþim	2Cr	6⁴	AB	2Cr	12¹⁰	AB
naqadana	Mat	25³⁸	C	Mat	25⁴⁴	C	Mrk	14⁵¹	*A*	nauþjada	Luk	16¹⁶	*A*
naqadei	Rom	8³⁵	A							nauþjand	Gal	6¹²	AB
naqadein	2Cr	11²⁷	B							nauþjandin	Skr	1¹⁴	*E*
naqaþs	Mat	25⁴³	C	Mrk	14⁵²	*A*				nauþs	Skr	1¹²	*E*
nardaus	Jhn	12³	*A*							naweis	Luk	7²²	*A*
nasei	Mat	8²⁵	*A*	Jhn	12²⁷	*A*	Mrk	15³⁰	*A*	nawins	Luk	9⁶⁰	*A*
nasein	Luk	1⁷¹	*A*	Luk	2³⁰	*A*	Luk	3⁶	*A*	nawis	Rom	7⁸	*A*
naseinai	Rom	10¹	A							Nazaraiþ	Luk	1²⁶	*A*	Luk	2⁴	*A*	Luk	2³⁹	*A*
naseinais	Luk	1⁶⁹	*A*	Luk	1⁷⁷	*A*	2Cr	1⁶	B2		Luk	2⁵¹	*A*	Luk	4¹⁶	*A*	Mrk	1⁹	*A*
	2Cr	6²	*A2B2*	Eph	6¹⁷	AB	1Th	5⁸	B⁻	Nazoraiau	Mat	26⁷¹	AC
naseins	Luk	1⁹⁹	*A*	Rom	13¹¹	A				Nazoraiu	Jhn	18⁵	*A*	Jhn	18⁷	*A*	Mrk	16⁶	*A*
nasjan	Mat	27⁴⁹	*A*	Luk	9²⁴	*A*	Luk	9⁵⁶	*A*	Nazoraius	Luk	18³⁷	*A*	Mrk	10⁴⁷	*A*
	Luk	19¹⁰	*A*	Mrk	3⁴	*A*	1Tm	1¹⁵	B	Nazoreinau	Mrk	14⁶⁷	*A*
nasjand	Luk	1⁴⁷	*A*	Php	3²⁰	AB	Tit	1⁴	B	Nazorenai	Mrk	1²⁴	*A*
	Skr	4⁶	*E*							Nazorenu	Luk	4³⁴	*A*
nasjandins	2Tm	1⁹	AB							ne	Mat	5³⁷	*A2*	Jhn	7¹²	*A*	Jhn	18²⁵	*A*

	Jhn	18^{40}	*A*	Luk	1^{60}	*A*		2Cr	1^{17}	*A2B2*		Mat	26^{72}	*AC*	Mat	26^{74}	*AC*	Mat	27^{6}	*A*
	2Cr	1^{18}	*B*	2Cr	1^{19}	*B*						Mat	27^{12}	*A*	Mat	27^{14}	*A2*	Mat	27^{19}	*A*
neƕ	Luk	15^{25}	*A*									Jhn	5^{47}	*A*	Jhn	6^{7}	*A*	Jhn	6^{12}	*A*
neƕa	Jhn	6^{4}	*A*	Jhn	6^{19}	*A*	Jhn	6^{23}	*A*		Jhn	6^{17}	*A*	Jhn	6^{20}	*A*	Jhn	6^{22}	*A*
	Jhn	7^{2}	*A*	Jhn	11^{18}	*A*	Luk	5^{1}	*A*		Jhn	6^{26}	*A*	Jhn	6^{27}	*A*	Jhn	6^{32}	*A*
	Luk	7^{12}	*A*	Luk	18^{35}	*A*	Luk	18^{40}	*A*		Jhn	6^{35}	*A2*	Jhn	6^{36}	*A*	Jhn	6^{37}	*A*
	Luk	19^{11}	*A*	Luk	19^{29}	*A*	Luk	19^{37}	*A*		Jhn	6^{43}	*A*	Jhn	6^{44}	*A*	Jhn	6^{46}	*A*
	Luk	19^{41}	*A*	Mrk	2^{4}	*A*	Mrk	11^{1}	*A*		Jhn	6^{50}	*A*	Jhn	6^{53}	*A*	Jhn	6^{58}	*A*
	Mrk	13^{28}	*A*	Mrk	13^{29}	*A*	Rom	10^{8}	*A*		Jhn	6^{63}	*A*	Jhn	6^{64}	*A2*	Jhn	6^{65}	*A*
	Eph	2^{13}	*AB*	Eph	2^{17}	*AB*	Php	2^{27}	*AB*		Jhn	6^{66}	*A*	Jhn	7^{1}	*A*	Jhn	7^{4}	*A*
	Php	4^{5}	*AB*	Skr	3^{4}	*E*					Jhn	7^{5}	*A*	Jhn	7^{6}	*A*	Jhn	7^{7}	*A*
neƕis	Rom	13^{11}	*A*									Jhn	7^{8}	*A2*	Jhn	7^{10}	*A*	Jhn	7^{19}	*A*
neƕjandans	Luk	15^{1}	*A*									Jhn	7^{22}	*A*	Jhn	7^{23}	*A*	Jhn	7^{24}	*A*
neƕundja	Luk	10^{29}	*A*									Jhn	7^{26}	*A*	Jhn	7^{27}	*A*	Jhn	7^{28}	*A2*
neƕundjan	Mat	5^{43}	*A*	Luk	10^{27}	*A*	Mrk	12^{31}	*A*		Jhn	7^{30}	*A2*	Jhn	7^{34}	*A2*	Jhn	7^{35}	*A*
	Mrk	12^{33}	*A*	Rom	13^{8}	*A*	Rom	13^{9}	*A*		Jhn	7^{36}	*A2*	Jhn	7^{39}	*A2*	Jhn	7^{44}	*A*
	Gal	5^{14}	*B*									Jhn	7^{45}	*A*	Jhn	7^{46}	*A*	Jhn	7^{49}	*A*
neƕundjin	Eph	4^{25}	*AB*									Jhn	7^{52}	*A*	Jhn	8^{12}	*A*	Jhn	8^{14}	*A*
neƕundjins	Rom	13^{10}	*A*									Jhn	8^{15}	*A*	Jhn	8^{16}	*A*	Jhn	8^{19}	*A*
nei	2Cr	3^{8}	*AB*	Skr	1^{17}	*E*						Jhn	8^{20}	*A2*	Jhn	8^{21}	*A*	Jhn	8^{22}	*A*
Neikaudaimau				Skr	8^{19}	*E*						Jhn	8^{23}	*A*	Jhn	8^{24}	*A*	Jhn	8^{27}	*A*
neiþa	Gal	5^{21}	*AB*	Gal	5^{26}	*AB*	1Tm	6^{4}	*AB*		Jhn	8^{28}	*A*	Jhn	8^{29}	*A*	Jhn	8^{33}	*A*
neiþis	Mat	27^{18}	*A*	Mrk	15^{10}	*A*	Php	1^{15}	*B*		Jhn	8^{35}	*A*	Jhn	8^{37}	*A*	Jhn	8^{40}	*A*
Nekaudemus	Skr	2^{9}	*E*									Jhn	8^{41}	*A*	Jhn	8^{42}	*A*	Jhn	8^{43}	*A2*
nemeina	Mrk	6^{8}	*A*									Jhn	8^{44}	*A*	Jhn	8^{45}	*A*	Jhn	8^{46}	*A*
nemeis	1Cr	4^{7}	*A*									Jhn	8^{47}	*A2*	Jhn	8^{49}	*A*	Jhn	8^{50}	*A*
nemi	Mrk	12^{2}	*A*	Mrk	15^{21}	*A*	Mrk	15^{24}	*A*		Jhn	8^{51}	*A*	Jhn	8^{52}	*A*	Jhn	8^{54}	*A*
nemum	Luk	5^{5}	*A*									Jhn	8^{55}	*A2*	Jhn	8^{57}	*A*	Jhn	9^{4}	*A*
nemun	Mat	27^{1}	*AC*	Jhn	8^{59}	*A*	Jhn	10^{31}	*A*		Jhn	9^{12}	*A*	Jhn	9^{16}	*A*	Jhn	9^{18}	*A*
	Jhn	12^{13}	*A*	Jhn	17^{8}	*A*	Mrk	12^{22}	*A*		Jhn	9^{21}	*A2*	Jhn	9^{25}	*A*	Jhn	9^{27}	*A*
	Neh	5^{15}	*D*									Jhn	9^{29}	*A*	Jhn	9^{30}	*A*	Jhn	9^{31}	*A*
nemuþ	2Cr	11^{4}	*B*	Gal	3^{2}	*A*	Col	4^{10}	*AB*		Jhn	9^{32}	*A*	Jhn	9^{33}	*A2*	Jhn	9^{41}	*A*
Nerins	Luk	3^{27}	*A*									Jhn	10^{1}	*A*	Jhn	10^{5}	*A2*	Jhn	10^{6}	*A*
neþlos	Luk	18^{25}	*A*	Mrk	10^{25}	*A*						Jhn	10^{8}	*A*	Jhn	10^{10}	*A*	Jhn	10^{12}	*A*
ni	Mat	5^{17}	*A2*	Mat	5^{18}	*A*	Mat	5^{20}	*A*		Jhn	10^{13}	*A*	Jhn	10^{16}	*A*	Jhn	10^{18}	*A*
	Mat	5^{21}	*A*	Mat	5^{26}	*A*	Mat	5^{27}	*A*		Jhn	10^{21}	*A*	Jhn	10^{25}	*A*	Jhn	10^{26}	*A2*
	Mat	5^{29}	*A*	Mat	5^{30}	*A*	Mat	5^{33}	*A*		Jhn	10^{28}	*A2*	Jhn	10^{29}	*A*	Jhn	10^{33}	*A*
	Mat	5^{34}	*A2*	Mat	5^{36}	*A*	Mat	5^{39}	*A*		Jhn	10^{35}	*A*	Jhn	10^{37}	*A*	Jhn	10^{41}	*A*
	Mat	5^{42}	*A*	Mat	6^{1}	*A2*	Mat	6^{2}	*A*		Jhn	11^{9}	*A*	Jhn	11^{15}	*A*	Jhn	11^{21}	*A*
	Mat	6^{3}	*A*	Mat	6^{5}	*A*	Mat	6^{7}	*A*		Jhn	11^{26}	*A*	Jhn	11^{32}	*A*	Jhn	11^{37}	*A*
	Mat	6^{8}	*A*	Mat	6^{13}	*A*	Mat	6^{15}	*A2*		Jhn	12^{5}	*A*	Jhn	12^{6}	*A*	Jhn	12^{8}	*A*
	Mat	6^{16}	*A*	Mat	6^{18}	*A*	Mat	6^{19}	*A*		Jhn	12^{9}	*A*	Jhn	12^{15}	*A*	Jhn	12^{16}	*A*
	Mat	6^{20}	*A*	Mat	6^{24}	*A2*	Mat	6^{25}	*A*		Jhn	12^{19}	*A*	Jhn	12^{30}	*A*	Jhn	12^{35}	*A2*
	Mat	6^{26}	*A*	Mat	6^{31}	*A*	Mat	7^{18}	*A*		Jhn	12^{37}	*A*	Jhn	12^{39}	*A*	Jhn	12^{40}	*A*
	Mat	7^{19}	*A*	Mat	7^{21}	*A*	Mat	7^{23}	*A*		Jhn	12^{42}	*A2*	Jhn	12^{44}	*A*	Jhn	12^{46}	*A*
	Mat	7^{25}	*A*	Mat	7^{26}	*A*	Mat	7^{29}	*A*		Jhn	12^{47}	*A*	Jhn	12^{48}	*A*	Jhn	12^{49}	*A*
	Mat	8^{4}	*A*	Mat	8^{8}	*A*	Mat	8^{10}	*A*		Jhn	13^{11}	*A*	Jhn	13^{18}	*A*	Jhn	13^{28}	*A*
	Mat	8^{20}	*A*	Mat	8^{28}	*A*	Mat	9^{12}	*A*		Jhn	13^{33}	*A*	Jhn	13^{36}	*A*	Jhn	13^{37}	*A*
	Mat	9^{13}	*A*	Mat	9^{14}	*A*	Mat	9^{16}	*A*		Jhn	13^{38}	*A*	Jhn	14^{1}	*A*	Jhn	14^{5}	*A*
	Mat	9^{24}	*A*	Mat	9^{30}	*A*	Mat	9^{33}	*A*		Jhn	14^{6}	*A*	Jhn	14^{9}	*A*	Jhn	14^{10}	*A*
	Mat	9^{36}	*A*	Mat	10^{23}	*A*	Mat	10^{26}	*A4*		Jhn	14^{11}	*A= A⁑*	Jhn	14^{17}	*A2*	Jhn	14^{18}	*A*
	Mat	10^{28}	*A2*	Mat	10^{29}	*A*	Mat	10^{31}	*A*		Jhn	14^{19}	*A*	Jhn	14^{22}	*A2*	Jhn	14^{24}	*A2*
	Mat	10^{34}	*A*	Mat	10^{38}	*A*	Mat	10^{42}	*A*		Jhn	14^{27}	*A2*	Jhn	14^{30}	*A2*	Jhn	15^{4}	*A*
	Mat	11^{6}	*A*	Mat	11^{11}	*A*	Mat	11^{17}	*A2*		Jhn	15^{5}	*A2*	Jhn	15^{13}	*A*	Jhn	15^{15}	*A2*
	Mat	11^{20}	*A⁑*	Mat	25^{45}	*C2*	Mat	26^{70}	*C*		Jhn	15^{16}	*A*	Jhn	15^{19}	*A*	Jhn	15^{21}	*A*

Jhn	15²²	A2	Jhn	15²⁴	A3	Jhn	16¹	A	Luk	15¹⁶	A	Luk	15¹⁹	A	Luk	15²¹	A
Jhn	16³	A	Jhn	16⁴	A	Jhn	16⁵	A	Luk	15²⁸	A	Luk	15²⁹	A2	Luk	16²	A
Jhn	16⁷	A2	Jhn	16⁹	A	Jhn	16¹⁰	A	Luk	16³	A	Luk	16¹¹	A	Luk	16¹²	A
Jhn	16¹²	A	Jhn	16¹⁶	A	Jhn	16¹⁷	A	Luk	16¹³	A2	Luk	17⁹	A	Luk	17¹⁸	A
Jhn	16¹⁸	A	Jhn	16¹⁹	A	Jhn	16²¹	A2	Luk	17²⁰	A	Luk	17²²	A	Luk	17²³	A
Jhn	16²²	A	Jhn	16²³	A	Jhn	16²⁴	A2	Luk	17³¹	A2	Luk	18¹	A	Luk	18²	A2
Jhn	16²⁵	A	Jhn	16²⁶	A	Jhn	16²⁹	A	Luk	18⁴	A3	Luk	18¹¹	A	Luk	18¹³	A
Jhn	16³⁰	A	Jhn	16³²	A	Jhn	17⁹	A	Luk	18¹⁶	A	Luk	18¹⁷	A2	Luk	18¹⁹	A
Jhn	17¹¹	A	Jhn	17¹²	A	Jhn	17¹⁴	A2	Luk	18²⁰	A4	Luk	18²⁹	A	Luk	18³⁰	A
Jhn	17¹⁵	A	Jhn	17¹⁶	A2	Jhn	17²⁰	A	Luk	18³⁴	A2	Luk	19³	A	Luk	19¹⁴	A
Jhn	17²⁵	A	Jhn	18⁹	A	Jhn	18¹⁷	A	Luk	19²¹	A2	Luk	19²²	A2	Luk	19²³	A
Jhn	18²⁰	A	Jhn	18²⁵	A	Jhn	18²⁸	A2	Luk	19²⁷	A	Luk	19³⁰	A	Luk	19⁴⁴	A2
Jhn	18³⁰	A	Jhn	18³¹	A	Jhn	18³⁶	A	Luk	19⁴⁸	A	Luk	20⁵	A	Luk	20⁷	A
Jhn	18³⁸	A	Jhn	19⁴	A	Jhn	19⁶	A	Luk	20⁸	A	Luk	20²¹	A	Luk	20²⁶	A
Jhn	19⁹	A	Jhn	19¹⁰	A	Jhn	19¹¹	A	Luk	20²⁷	A	Luk	20³¹	A	Luk	20³⁵	A2
Jhn	19¹²	A	Luk	1⁷	A	Luk	1¹³	A	Luk	20⁴⁰	A	Luk	24¹⁶	G	Mrk	1⁷	A
Luk	1¹⁵	A	Luk	1²⁰	A2	Luk	1²²	A	Mrk	1²²	A	Mrk	1³⁴	A	Mrk	1⁴⁴	A
Luk	1³⁰	A	Luk	1³³	A	Luk	1³⁴	A	Mrk	1⁴⁵	A	Mrk	2²	A	Mrk	2⁴	A
Luk	1⁶¹	A	Luk	2⁷	A	Luk	2¹⁰	A	Mrk	2¹²	A	Mrk	2¹⁷	A2	Mrk	2¹⁸	A
Luk	2²⁶	A	Luk	2³⁷	A	Luk	2⁴³	A	Mrk	2¹⁹	A	Mrk	2²¹	A	Mrk	2²²	A
Luk	2⁴⁵	A	Luk	2⁵⁰	A	Luk	3⁸	A	Mrk	2²⁴	A	Mrk	2²⁶	A	Mrk	2²⁷	A
Luk	3¹³	A	Luk	3¹⁴	A2	Luk	3¹⁶	A	Mrk	3⁹	A	Mrk	3¹²	A	Mrk	3²⁰	A
Luk	4²	A	Luk	4⁴	A	Luk	4¹¹	A	Mrk	3²⁴	A	Mrk	3²⁵	A	Mrk	3²⁶	A
Luk	4¹²	A	Luk	4²⁴	A	Luk	4²⁶	A	Mrk	3²⁷	A	Mrk	3²⁹	A	Mrk	4⁵	A2
Luk	4²⁷	A	Luk	4³⁵	A	Luk	4⁴¹	A	Mrk	4⁶	A	Mrk	4⁷	A	Mrk	4¹²	A2
Luk	4⁴²	A	Luk	5⁵	A	Luk	5¹⁰	A	Mrk	4¹³	A	Mrk	4¹⁷	A	Mrk	4²²	A
Luk	5¹⁴	A	Luk	5¹⁹	A	Luk	5³¹	A	Mrk	4²⁵	A	Mrk	4²⁷	A	Mrk	4³⁴	A
Luk	5³²	A	Luk	5³⁴	A	Luk	5³⁶	A2	Mrk	4⁴⁰	A	Mrk	5³	A	Mrk	5⁴	A
Luk	5³⁷	A	Luk	5³⁹	A	Luk	6²	A	Mrk	5⁷	A	Mrk	5¹⁰	A	Mrk	5¹⁹	A
Luk	6³	A	Luk	6⁴	A	Luk	6²⁹	A	Mrk	5²⁶	A	Mrk	5³⁶	A	Mrk	5³⁷	A
Luk	6³⁰	A	Luk	6³⁵	A	Luk	6³⁷	A4	Mrk	5³⁹	A	Mrk	5⁴³	A	Mrk	6⁵	A
Luk	6⁴¹	A	Luk	6⁴²	A	Luk	6⁴³	A	Mrk	6⁸	A	Mrk	6⁹	A	Mrk	6¹¹	A
Luk	6⁴⁴	A	Luk	6⁴⁶	A	Luk	6⁴⁸	A	Mrk	6¹⁸	A	Mrk	6¹⁹	A	Mrk	6²⁶	A
Luk	6⁴⁹	A	Luk	7⁶	A3	Luk	7⁷	A	Mrk	7³	A	Mrk	7⁴	A	Mrk	7⁵	A
Luk	7⁹	A	Luk	7¹³	A	Luk	7²³	A	Mrk	7¹²	A2	Mrk	7¹⁵	A	Mrk	7¹⁸	A2
Luk	7³⁰	A	Luk	7³²	A	Luk	7⁴²	A	Mrk	7¹⁹	A	Mrk	7²⁴	A2	Mrk	7²⁷	A
Luk	7⁴⁴	A	Luk	7⁴⁵	A2	Luk	7⁴⁶	A	Mrk	7³⁶	A	Mrk	8¹	A	Mrk	8²	A
Luk	8⁶	A	Luk	8¹⁰	A2	Luk	8¹²	A	Mrk	8¹⁴	A	Mrk	8¹⁶	A	Mrk	8¹⁷	A2
Luk	8¹³	A	Luk	8¹⁴	A	Luk	8¹⁶	A	Mrk	8¹⁸	A3	Mrk	8²¹	A	Mrk	8²⁶	A2
Luk	8¹⁷	A3	Luk	8¹⁸	A	Luk	8¹⁹	A	Mrk	8³⁰	A	Mrk	8³³	A	Mrk	9¹	A
Luk	8²⁷	A2	Luk	8²⁸	A	Luk	8³¹	A	Mrk	9³	A	Mrk	9⁶	A	Mrk	9⁸	A
Luk	8⁴³	A	Luk	8⁴⁷	A	Luk	8⁴⁹	A	Mrk	9⁹	A	Mrk	9¹⁸	A	Mrk	9²⁵	A
Luk	8⁵⁰	A	Luk	8⁵¹	A	Luk	8⁵²	A2	Mrk	9²⁸	A	Mrk	9²⁹	A	Mrk	9³⁰	A
Luk	8⁵⁶	A	Luk	9³	A	Luk	9⁵	A	Mrk	9³²	A	Mrk	9³⁷	A	Mrk	9³⁸	A2
Luk	9²¹	A	Luk	9²⁷	A	Luk	9³³	A	Mrk	9³⁹	A2	Mrk	9⁴¹	A	Mrk	9⁴⁴	A2
Luk	9³⁶	A2	Luk	9⁴⁰	A	Luk	9⁴³	A=2	Mrk	9⁴⁶	A2	Mrk	9⁴⁸	A2	Mrk	10⁸	A
Luk	9⁴⁵	A2	Luk	9⁴⁹	A	Luk	9⁵⁰	AA=2	Mrk	10⁹	A	Mrk	10¹⁴	A	Mrk	10¹⁵	A2
Luk	9⁵³	A	Luk	9⁵⁶	A	Luk	9⁵⁸	A	Mrk	10¹⁸	A	Mrk	10¹⁹	A5	Mrk	10²⁷	A
Luk	9⁶²	A	Luk	10⁴	A2	Luk	10⁶	A	Mrk	10²⁹	A	Mrk	10³⁰	A	Mrk	10³⁸	A
Luk	10⁷	A	Luk	10¹⁰	A	Luk	10¹⁹	A	Mrk	10⁴³	A	Mrk	10⁴⁵	A	Mrk	11²	A
Luk	10²⁰	A	Luk	10²²	A	Luk	10²⁴	A2	Mrk	11¹³	A2	Mrk	11¹⁴	A	Mrk	11¹⁶	A
Luk	14¹²	A	Luk	14¹⁴	A	Luk	14²⁰	A	Mrk	11²³	A	Mrk	11²⁶	A2	Mrk	11³¹	A
Luk	14²⁴	A	Luk	14²⁶	A2	Luk	14²⁷	A2	Mrk	11³³	A	Mrk	12¹⁴	A2	Mrk	12¹⁸	A
Luk	14²⁹	A	Luk	14³⁰	A	Luk	14³³	A2	Mrk	12¹⁹	A	Mrk	12²⁰	A	Mrk	12²¹	A
Luk	14³⁵	A	Luk	15⁷	A	Luk	15¹³	A	Mrk	12²²	A	Mrk	12²⁴	A	Mrk	12²⁵	A2

ni-ni ALPHABETICAL WORD-INDEX 139

Mrk	12³⁴	*A2*	Mrk	13¹⁸	*A*	Mrk	13¹⁹	*A2*	1Cr 15³³ A	1Cr 15⁵⁰ AB	1Cr 15⁵¹ AB
Mrk	13²⁰	*A2*	Mrk	13²¹	*A*	Mrk	13²⁴	*A*	1Cr 16² AB	1Cr 16⁷ AB	1Cr 16¹¹ AB
Mrk	14⁷	*A*	Mrk	14⁴⁹	*A*	Mrk	14⁵⁵	*A*	1Cr 16¹² B	1Cr 16²² B	2Cr 1⁸ B
Mrk	14⁵⁶	*A*	Mrk	14⁵⁹	*A*	Mrk	14⁶¹	*A*	2Cr 1⁹ AB	2Cr 1¹² AB	2Cr 1¹³ AB
Mrk	14⁶⁸	*A2*	Mrk	14⁷¹	*A*	Mrk	15⁴	*A*	2Cr 1¹⁷ B⁼	2Cr 1¹⁹ A	2Cr 1²³ AB
Mrk	15⁵	*A*	Mrk	15²³	*A*	Mrk	15³¹	*A*	2Cr 1²⁴ AB	2Cr 2¹ AB	2Cr 2³ AB
Mrk	16⁶	*A*	Mrk	16⁸	*A*	Mrk	16¹¹	*A*	2Cr 2⁴ AB	2Cr 2⁵ A2B2	2Cr 2¹¹ A2B2
Mrk	16¹⁴	*S*	Mrk	16¹⁶	*S*	Mrk	16¹⁸	*S*	2Cr 2¹¹ᵍ A	2Cr 2¹³ A2B2	2Cr 2¹⁷ AB
Rom	7³	A	Rom	7⁶	A	Rom	7⁷	A2	2Cr 3³ A2B2	2Cr 3⁵ AB	2Cr 3⁶ AB:
Rom	7¹⁵	A2	Rom	7¹⁶	A	Rom	7¹⁷	A	2Cr 3⁷ AB	2Cr 3⁸ B	2Cr 3¹⁰ AB
Rom	7¹⁸	A2	Rom	7¹⁹	A2	Rom	7²⁰	A2	2Cr 3¹³ AB2	2Cr 4¹ AB	2Cr 4² A2B
Rom	8¹	A2	Rom	8⁴	A	Rom	8⁷	A2	2Cr 4⁴ AB	2Cr 4⁵ AB	2Cr 4⁷ AB
Rom	8⁸	A	Rom	8⁹	A2	Rom	8³⁸	A3A‡	2Cr 4⁸ A2B2	2Cr 4⁹ A2B2	2Cr 4¹⁶ B
Rom	9¹	A	Rom	9⁶	A2	Rom	9⁸	A	2Cr 4¹⁸ B	2Cr 5³ AB	2Cr 5⁴ AB
Rom	9¹⁰	A	Rom	9¹¹	A‡	Rom	9¹²	A	2Cr 5⁷ AB	2Cr 5¹² AB2	2Cr 5¹⁵ AB
Rom	9¹⁶	A2	Rom	9²⁴	A	Rom	9²⁵	A	2Cr 5¹⁶ A3B3	2Cr 5¹⁹ AB	2Cr 5²¹ AB
Rom	9²⁶	A	Rom	9³⁰	A	Rom	9³¹	A	2Cr 6¹ AB	2Cr 6³ A2B2	2Cr 6⁹ AB
Rom	9³²	A	Rom	9³³	A	Rom	10²	A	2Cr 6¹⁰ AB	2Cr 6¹² AB	2Cr 6¹⁴ AB
Rom	10³	A	Rom	10⁶	A	Rom	10¹¹	A	2Cr 6¹⁷ AB	2Cr 7² A3B3	2Cr 7³ AB
Rom	10¹²	A	Rom	10¹⁴	A2	Rom	10¹⁶	A	2Cr 7⁵ AB	2Cr 7⁷ AB	2Cr 7⁸ AB
Rom	10¹⁸	A	Rom	10¹⁹	A	Rom	10²⁰	A2	2Cr 7⁹ A2B2	2Cr 7¹² A2B2	2Cr 7¹⁴ AB
Rom	11¹⁸	A2	Rom	11²⁰	A	Rom	11²¹	A2	2Cr 8⁵ B	2Cr 8⁸ AB	2Cr 8¹⁰ AB
Rom	11²⁵	A2	Rom	11³⁰	A	Rom	11³¹	A	2Cr 8¹² A2B2	2Cr 8¹³ AB	2Cr 8¹⁵ A2B2
Rom	12²	*C*	Rom	12³	*C*	Rom	12⁴	*C*	2Cr 8¹⁹ AB	2Cr 8²¹ AB	2Cr 9³ AB
Rom	12¹¹	A	Rom	12¹⁴	A	Rom	12¹⁶	A2	2Cr 9⁴ AB	2Cr 9⁵ B	2Cr 9⁷ AB
Rom	12¹⁷	A2	Rom	12¹⁹	AC	Rom	12²¹	AC	2Cr 9¹² B	2Cr 10² B	2Cr 10³ B
Rom	13³	*A2C* 2	Rom	13⁴	AC	Rom	13⁵	A	2Cr 10⁴ B	2Cr 10⁸ B2	2Cr 10⁹ B
Rom	13⁸	A	Rom	13⁹	A3	Rom	13¹⁰	A	2Cr 10¹² B2	2Cr 10¹³ B	2Cr 10¹⁴ B2
Rom	13¹³	A3	Rom	13¹⁴	A	Rom	14¹	A	2Cr 10¹⁵ B	2Cr 10¹⁶ B	2Cr 10¹⁸ B
Rom	14³	A4	Rom	14¹³	*C* 2	Rom	14¹⁴	*C*	2Cr 11⁴ B3	2Cr 11⁵ B	2Cr 11⁶ B
Rom	14¹⁵	*C* 2	Rom	14¹⁶	*C*	Rom	14²⁰	*C*	2Cr 11⁸ B	2Cr 11¹⁰ B	2Cr 11¹¹ B
1Cr	1¹⁴	A	1Cr	1¹⁵	A	1Cr	1¹⁶	A	2Cr 11¹⁷ B	2Cr 11²⁹ B2	2Cr 11³¹ B
1Cr	1¹⁷	A2	1Cr	1²¹	A	1Cr	4⁴	A	2Cr 12¹ B	2Cr 12² A2B2	2Cr 12³ A
1Cr	4⁵	A	1Cr	4⁶	A2	1Cr	4⁷	A2	2Cr 12⁴ AB	2Cr 12⁵ AB	2Cr 12⁶ AB
1Cr	5⁶	A	1Cr	5⁸	A	1Cr	5⁹	A	2Cr 12⁷ A2B2	2Cr 12¹¹ A2B2	2Cr 12¹³ AB
1Cr	5¹⁰	A	1Cr	5¹¹	A2	1Cr	6¹	A	2Cr 12¹⁴ A2B3	2Cr 12¹⁶ AB	2Cr 12²⁰ A2B2
1Cr	7⁵	A	1Cr	7⁶	A	1Cr	7⁹	A	2Cr 12²¹ B	2Cr 13² AB	2Cr 13³ AB
1Cr	7¹⁰	A2	1Cr	7¹¹	A	1Cr	7¹²	A2	2Cr 13⁶ AB	2Cr 13⁷ A2B2	2Cr 13⁸ AB
1Cr	7¹³	A	1Cr	7¹⁷	A	1Cr	7¹⁸	A2	2Cr 13¹⁰ AB2	Eph 1²¹ AB	Eph 2⁸ AB
1Cr	7¹⁹	A2	1Cr	7²¹	A	1Cr	7²³	A	Eph 2⁹ A2B2	Eph 2¹² AB	Eph 2¹⁹ AB
1Cr	7²⁵	A	1Cr	7²⁷	A2	1Cr	7²⁸	A2	Eph 3⁵ B	Eph 3¹³ AB	Eph 4¹⁴ A
1Cr	8¹³	A2	1Cr	9²	A	1Cr	9⁴	A	Eph 4¹⁷ AB	Eph 4²⁰ AB	Eph 4²⁶ A2B2
1Cr	9⁵	A	1Cr	9⁶	A2	1Cr	9⁷	A2	Eph 4²⁷ A	Eph 4²⁸ AB	Eph 4²⁹ AB
1Cr	9⁹	A2	1Cr	9²⁰	A	1Cr	9²¹	A	Eph 4³⁰ AB	Eph 5⁴ B	Eph 5⁵ B
1Cr	9²⁶	A2	1Cr	10¹	A	1Cr	10²⁰	AA⁼	Eph 5⁶ B	Eph 5⁷ B	Eph 5¹¹ B
1Cr	10²¹	A2	1Cr	10²³	A2	1Cr	10²⁴	A	Eph 5¹⁷ A	Eph 5¹⁸ A	Eph 5²⁷ A
1Cr	10²⁵	A	1Cr	10²⁷	A	1Cr	10²⁸	A	Eph 5²⁹ A	Gal 1¹ B	Gal 1²⁰ B
1Cr	10²⁹	A	1Cr	10³³	A	1Cr	11⁶	A	Gal 2⁵ B	Gal 2⁶ A3B3	Gal 2¹⁴ B2
1Cr	11²²	A2	1Cr	11²⁹	A	1Cr	11³¹	A	Gal 2¹⁵ B	Gal 2¹⁶ B3	Gal 2²⁰ A
1Cr	12¹⁵	A2	1Cr	12¹⁶	A3	1Cr	12²¹	A2	Gal 2²¹ A	Gal 3¹ A	Gal 4¹ A
1Cr	13²	A2	1Cr	13³	AA‡	1Cr	13⁴	A3	Gal 4⁷ A	Gal 4⁸ A2	Gal 4¹² A
1Cr	13⁵	A3	1Cr	13⁵ᵍ	A	1Cr	13⁸	A	Gal 4¹⁴ A2	Gal 4¹⁷ A	Gal 4²⁷ B
1Cr	14²²	A2	1Cr	15⁹	A	1Cr	15¹⁰	A2	Gal 4³⁰ B	Gal 4³¹ B	Gal 5¹ B
1Cr	15¹⁴	A	1Cr	15¹⁵	A	1Cr	15¹⁶	A	Gal 5⁷ B	Gal 5⁸ B:	Gal 5¹⁰ B
1Cr	15¹⁷	A	1Cr	15²⁹	A	1Cr	15³²	A	Gal 5¹⁶ B	Gal 5¹⁷ AB	Gal 5¹⁸ AB

	Gal	5^{21}	AB	Gal	5^{26}	AB	Gal	6^3	AB		Skr	7^{19}	E	Skr	7^{24}	E	Skr	8^3	E
	Gal	6^4	AB	Gal	6^7	A2B2	Gal	6^9	A2B2		Skr	8^5	E	Skr	8^7	E	Skr	8^9	E
	Gal	6^{12}	AB	Gal	6^{14}	A2B2	Gal	6^{15}	AB		Skr	8^{10}	E	Skr	8^{13}	E	Skr	8^{16}	E
	Gal	6^{17}	A*B	Php	1^{17}	B	Php	1^{20}	B		Skr	8^{18}	E:	SkB	8^{18}	E¶	Skr	8^{22}	EE*
	Php	1^{22}	B	Php	1^{28}	B	Php	1^{29}	B		SkB	8^{22}	E¶	Skr	8^{25}	E			
	Php	2^3	B	Php	2^4	B	Php	2^6	B	niba	Jhn	10^{37}	A	Jhn	10^{38}	A	Jhn	14^2	A
	Php	2^{27}	A2B2	Php	3^1	AB	Php	3^3	AB		Jhn	14^6	A	Jhn	15^4	$A2$	Jhn	15^6	A
	Php	3^9	AB	Php	3^{12}	AB	Php	3^{13}	AB		Jhn	17^{12}	A	Luk	9^{13}	A	Luk	17^{18}	A
	Php	4^6	AB	Php	4^{11}	B	Php	4^{15}	AB		Luk	18^{19}	A	Mrk	2^7	A	Mrk	2^{26}	A
	Php	4^{17}	B	Col	1^9	B	Col	1^{23}	AB		Mrk	3^{27}	A	Mrk	6^4	A	Mrk	6^5	A
	Col	2^{16}	B	Col	2^{18}	B2	Col	2^{19}	B		Mrk	6^8	A	Mrk	7^3	A	Mrk	7^4	A
	Col	2^{21}	AB3	Col	2^{23}	AB	Col	3^2	AB		Mrk	8^{14}	A	Mrk	9^9	A	Mrk	9^{29}	A
	Col	3^8	AA=B	Col	3^9	AB	Col	3^{19}	B		Mrk	11^{13}	A	Rom	10^{15}	A	Rom	11^{23}	A
	Col	3^{21}	B2	Col	3^{22}	B	Col	3^{23}	B		Rom	13^8	A	Rom	14^{14}	C	1Cr	1^{14}	A
	1Th	2^{13}	B	1Th	2^{15}	B	1Th	2^{17}	B		1Cr	7^5	A	1Cr	15^2	A	2Cr	2^2	A
	1Th	3^1	B	1Th	3^3	B	1Th	3^5	B		2Cr	12^5	AB	2Cr	12^{13}	A	Eph	4^9	A
	1Th	4^5	B2	1Th	4^6	B	1Th	4^7	B		Gal	6^{14}	AB	2Th	2^3	A:	1Tm	5^{19}	A
	1Th	4^8	B	1Th	4^9	B	1Th	4^{12}	B		2Tm	2^5	B	2Tm	2^{14}	B	Skr	2^6	E
	1Th	4^{13}	B3	1Th	4^{15}	B	1Th	5^1	B		Skr	2^{19}	E						
	1Th	5^3	B	1Th	5^4	B	1Th	5^5	B2	nibai	Mat	5^{20}	A	Jhn	6^{44}	A	Jhn	6^{46}	A
	1Th	5^6	B	1Th	5^9	B	1Th	5^{19}	B		Jhn	6^{53}	A	Jhn	6^{65}	A	Jhn	7^{35}	A
	1Th	5^{20}	B	2Th	1^8	A2	2Th	2^2	A		Jhn	7^{51}	A	Jhn	8^{22}	A	Jhn	10^{10}	A
	2Th	2^3	A:	2Th	3^2	B	2Th	3^6	B		Jhn	12^{24}	A	Luk	6^4	A	Luk	9^{43}	A=
	2Th	3^7	AB	2Th	3^8	AB2	2Th	3^9	A2B2		Mrk	5^{37}	A	Rom	11^{15}	A	2Cr	2^2	B
	2Th	3^{10}	AB2	2Th	3^{11}	AB	2Th	3^{13}	AB		2Cr	12^{13}	B	2Cr	13^5	A			
	2Th	3^{14}	A2B2	2Th	3^{15}	B	1Tm	1^3	AB	nidwa	Mat	6^{19}	A	Mat	6^{20}	A			
	1Tm	1^7	B2	1Tm	1^{20}	AB	1Tm	2^7	AB	nih	Mat	5^{35}	$A2$	Mat	5^{36}	A	Mat	6^{20}	$A3$
	1Tm	2^9	AB	1Tm	2^{12}	AB2	1Tm	2^{14}	AB		Mat	6^{25}	A	Mat	6^{26}	$A2$	Mat	6^{28}	$A2$
	1Tm	3^3	A3B3	1Tm	3^5	A	1Tm	3^7	A		Mat	6^{29}	A	Mat	7^{18}	A	Mat	10^{24}	A
	1Tm	3^8	A	1Tm	3^{11}	A	1Tm	4^4	AB		Mat	10^{34}	A-	Mat	11^{18}	AA:	Jhn	6^{24}	A
	1Tm	4^{12}	B	1Tm	4^{14}	B	1Tm	5^1	B		Jhn	6^{38}	A	Jhn	7^{13}	A	Jhn	8^{19}	A
	1Tm	5^8	AB	1Tm	5^9	AB	1Tm	5^{13}	AA:		Jhn	8^{42}	A	Jhn	9^3	$A2$	Jhn	9^{33}	A
	1Tm	5^{16}	A:	1Tm	5^{18}	A	1Tm	5^{19}	A		Jhn	12^{47}	A	Jhn	13^{16}	A	Jhn	14^{17}	A
	1Tm	5^{21}	A	1Tm	5^{22}	A2B2	1Tm	5^{23}	AB		Jhn	14^{27}	A	Jhn	15^4	A	Jhn	15^{22}	A
	1Tm	5^{25}	AB	1Tm	6^1	AB	1Tm	6^2	AB		Jhn	16^3	A	Jhn	16^{13}	A	Jhn	18^{30}	A
	1Tm	6^3	B	1Tm	6^4	AB	1Tm	6^7	A2B2		Jhn	19^{11}	A	Luk	6^{43}	A	Luk	6^{44}	A
	1Tm	6^{16}	B	2Tm	1^7	AB	2Tm	1^8	AB		Luk	7^{33}	$A2$	Luk	8^{17}	A	Luk	9^3	$A5$
	2Tm	1^9	AB	2Tm	1^{16}	AB	2Tm	2^4	B		Luk	10^4	$A2$	Luk	14^{12}	$A3$	Luk	14^{35}	A
	2Tm	2^5	B	2Tm	2^{13}	B2	2Tm	2^{14}	B		Luk	17^{21}	A	Luk	17^{23}	A	Luk	18^{13}	A
	2Tm	2^{20}	B	2Tm	2^{24}	AB	2Tm	3^7	B		Luk	20^{36}	A	Mrk	2^2	A	Mrk	3^{20}	A
	2Tm	3^9	AB	2Tm	4^3	AB	2Tm	4^8	AB		Mrk	4^{22}	$A2$	Mrk	6^8	$A3$	Mrk	6^{11}	A
	2Tm	4^{16}	$A2$	Tit	1^6	B	Tit	1^7	$B5B$=		Mrk	8^{17}	A	Mrk	11^{33}	A	Mrk	12^{10}	A
	Tit	1^{11}	A	Tit	1^{14}	A	Tit	1^{15}	A		Mrk	12^{24}	A	Rom	7^7	$A3$	Rom	8^{38}	$A3$
	Phm	1^4	$A2$	Phm	1^6	A	Phm	1^9	A		Rom	8^{39}	$A3$	Rom	9^{29}	A	Rom	13^9	A
	Neh	5^{14}	D	Neh	5^{15}	D	Neh	5^{16}	D		1Cr	1^{20}	A	1Cr	4^3	A	1Cr	4^4	A
	Neh	5^{18}	D2	Neh	7^3	D	Skr	1^4	E		1Cr	12^{15}	A	1Cr	13^5	A	1Cr	13^6	A
	Skr	1^{27}	E	Skr	2^3	E	Skr	2^6	E		1Cr	15^{13}	A	1Cr	15^{16}	A	1Cr	15^{50}	AB
	Skr	2^8	E	Skr	2^{12}	E	Skr	2^{20}	E		2Cr	1^{19}	B	2Cr	4^2	B*	2Cr	12^3	B
	Skr	3^2	E	Skr	3^6	E	Skr	3^9	E		Eph	4^{27}	B	Eph	5^3	AB	Gal	1^1	B
	Skr	3^{25}	E	Skr	4^{13}	E	Skr	4^{21}	E		Gal	2^3	AB	Gal	2^5	A	Gal	3^{28}	$A3$
	Skr	4^{22}	E	Skr	4^{25}	E	Skr	5^6	E°		Gal	5^6	B2	Gal	6^{13}	B	Gal	6^{15}	AB
	Skr	5^{11}	E	Skr	5^{14}	$E2$	Skr	5^{16}	E		Col	2^{21}	$A2$	1Th	4^6	B	2Th	2^2	AA*3
	Skr	5^{24}	E	Skr	5^{26}	E	Skr	6^4	E		2Th	3^8	A	2Th	3^{10}	A	1Tm	1^7	A3B
	Skr	6^{24}	E	Skr	6^{25}	E	Skr	6^{26}	E		1Tm	2^{12}	A	1Tm	3^3	B	1Tm	3^6	A
	Skr	7^4	E	Skr	7^{10}	E	Skr	7^{13}	E		1Tm	3^8	$A2$	1Tm	6^{16}	B	2Tm	1^8	AB

	2Tm	1¹²	AB	Skr	1⁴	*E*	Skr	1¹⁴	*E*		
	Skr	4²³	*E*	Skr	5¹¹	E	Skr	6²²	E		
	Skr	6²³	E	Skr	7²	*E*	Skr	7⁵	*E*		
	Skr	7¹⁶	E								
Nikaudemus	Jhn	7⁵⁰	*A*								
nim	Mat	9⁶	*A*	Luk	16⁶	*A*	Luk	16⁷	*A*		
	Mrk	2⁹	*A*								
nimai	Jhn	6⁷	*A*	Luk	9²³	*A*	Luk	20²⁸	*A*		
	Mrk	8³⁴	*A*	Mrk	12¹⁹	*A*					
nimaina	1Cr	9²⁵	*A*								
nimaiþ	Luk	9³	*A*	2Cr	11¹⁶	B	Eph	6¹⁷	AB		
niman	Mat	5⁴⁰	*A*	Jhn	6²¹	*A*	Jhn	7³⁹	*A*		
	Jhn	10¹⁸	*A*	Jhn	14¹⁷	*A*	Luk	17³¹	*A*		
	Mrk	7²⁷	*A*	Mrk	8¹⁴	*A*	2Cr	6¹	AB		
	2Cr	8⁴	AB								
nimand	Mrk	4¹⁶	*A*	Mrk	16¹⁸	*S*	Rom	13²	*AC*		
nimandans	Mat	27⁶	*A*	Mat	27⁷	*A*	Mrk	12³	*A*		
	1Th	2¹³	B								
nimandei	Rom	7⁸	*A*	Rom	7¹¹	*A*					
nimandin	Luk	6²⁹	*A*	Luk	6³⁰	*A*					
nimands	Mat	27⁵⁹	*A*	Luk	9¹⁶	*A*	Luk	19²²	*A*		
	Luk	20²⁹	*A*	Mrk	8⁶	*A*	Mrk	9³⁶	*A2*		
	Mrk	10²¹	*A*	2Cr	11⁸	B	Php	2⁷	B		
	Skr	7¹²	*E*								
nimau	Jhn	10¹⁷	*A*								
nimis	Luk	19²¹	*A*	1Cr	7²⁸	A					
nimiþ	Mat	10³⁸	*A*	Mat	10⁴¹	*A2*	Jhn	7²³	*A*		
	Jhn	10¹⁸	*A*	Jhn	16¹⁴	*A*	Jhn	16¹⁵	*A*		
	Jhn	16²²	*A*	Jhn	16²⁴	*A*	Jhn	18³¹	*A*		
	Jhn	19⁶	*A*	Luk	9³⁹	*A*	Luk	19²⁴	*A*		
	Mrk	11²⁴	*A*	1Cr	9²⁴	A	1Cr	11²⁴	A		
	2Cr	11⁴	B	Eph	6¹³	AB	Gal	2⁶g	*A*		
	Gal	4³⁰	B	Col	3²⁴	B	Skr	4²¹	E		
nimuh	Mrk	2¹¹	*A*								
nis-sijai	Luk	20¹⁶	*A*	Rom	7⁷	A	Rom	7¹³	A		
	Rom	9¹⁴	*A*	Rom	11¹	A	Rom	11¹¹	A		
	Gal	2¹⁷	*A*								
nis-slahuls	1Tm	3³	A								
nist	Mat	10²⁴	*A*	Mat	10³⁷	*A2*	Mat	10³⁸	*A*		
	Jhn	6²⁴	*A*	Jhn	7¹⁶	*A*	Jhn	7¹⁸	*A*		
	Jhn	8¹³	*A*	Jhn	8⁴⁴	*A*	Jhn	9¹⁶	*A*		
	Jhn	10¹²	*A*	Jhn	11⁴	*A*	Jhn	11¹⁰	*A*		
	Jhn	13¹⁶	*A*	Jhn	14²⁴	*A*	Jhn	15²⁰	*A*		
	Jhn	18³⁶	*A2*	Luk	1³⁷	*A*	Luk	6⁴⁰	*A*		
	Luk	7²⁸	*A*	Luk	9¹³	*A*	Luk	9⁵⁰	*A*		
	Luk	14³²	*A⁼*	Luk	20³⁸	*A*	Mrk	6⁴	*A*		
	Mrk	9⁴⁰	*A*	Mrk	10⁴⁰	*A*	Mrk	12²⁷	*A*		
	Mrk	12³¹	*A*	Mrk	12³²	*A*	Mrk	16⁶	*A*		
	Rom	8⁹	*A*	Rom	13¹	*AC*	Rom	14¹⁷	*C*		
	1Cr	7¹⁵	A	1Cr	12¹⁴	A	1Cr	12¹⁵	A		
	1Cr	12¹⁶	A	1Cr	15¹²	A	1Cr	15¹³	A		
	1Cr	15⁵⁸	AB	2Cr	1¹⁸	AB	2Cr	11¹⁴	B		
	2Cr	11¹⁵	B	Eph	6⁹	AB	Eph	6¹²	AB		
	Gal	1⁷	B	Gal	3²⁸	A3	Gal	5²	B		
	Gal	5²³	AB	Col	3¹¹	B	Col	3²⁵	B		

	1Tm	1⁹	AB	2Tm	2⁹	B	SkB	1¹	E⁶
niþais	Php	4³	AB						
niþjans	Luk	14¹²	*A*						
niþjis	Jhn	18²⁶	*A*						
niþjo	Luk	1³⁶	*A*						
niþjos	Rom	16²¹	A						
niþ-þaim	Mrk	16¹³	*S*						
niþ-þan	Mat	9¹³	*A*	Mat	9¹⁷	*A*	Jhn	11³⁰	*A*
	Luk	20⁴⁰	*A*	1Cr	1¹⁷	A	1Cr	5⁸	A
	1Cr	12²¹	A	Gal	6¹³	*A*	1Tm	1⁴	AB
niþ-þatei	Rom	9⁷	A						
niu	Mat	5⁴⁶	*A*	Mat	5⁴⁷	*A*	Mat	6²⁵	*A*
	Mat	6²⁶	*A*	Mat	7²²	*A*	Mat	10²⁹	*A*
	Mat	27¹³	*A*	Jhn	6⁴²	*A*	Jhn	6⁷⁰	*A*
	Jhn	7¹⁹	*A*	Jhn	7²⁵	*A*	Jhn	7⁴²	*A*
	Jhn	8⁴⁸	*A*	Jhn	9⁸	*A*	Jhn	10³⁴	*A*
	Jhn	11⁹	*A*	Jhn	11³⁷	*A*	Jhn	11⁴⁰	*A*
	Jhn	14¹⁰	*A*	Jhn	18¹¹	*A*	Jhn	18²⁵	*A*
	Jhn	18²⁶	*A*	Jhn	19¹⁰	*A*	Luk	2⁴⁹	*A*
	Luk	3¹⁵	*A*	Luk	4²²	*A*	Luk	6³⁹	*A*
	Luk	9⁵⁵	*A*	Luk	14²⁸	*A*	Luk	14³¹	*A*
	Luk	15⁴	*A*	Luk	15⁸	*A*	Luk	17⁸	*A*
	Luk	17¹⁷	*A*	Luk	18⁷	*A*	Luk	20²²	*A*
	Mrk	2²⁵	*A*	Mrk	4²¹	*A*	Mrk	4³⁸	*A*
	Mrk	6³	*A2*	Mrk	11¹⁷	*A*	Mrk	12¹⁴	*A*
	Mrk	12²⁴	*A*	Mrk	12²⁶	*A*	Mrk	14⁶⁰	*A*
	Mrk	15⁴	*A*	Rom	7¹	A	Rom	9²¹	A
	1Cr	5⁶	A	1Cr	5¹²	A	1Cr	8¹⁰	A
	1Cr	9¹	A4	1Cr	9⁸	A‡	1Cr	9²⁴	A
	1Cr	10¹⁶	A2	1Cr	10¹⁸	A	1Cr	14²³	A
	2Cr	12¹⁸	A2B2	2Cr	13⁵	AB	Gal	4²¹	AB
	Gal	4²¹g	A	1Th	2¹⁹	B	2Tm	2²⁵	AB
niuhseinais	Luk	19⁴⁴	*A*						
niuja	Jhn	13³⁴	*A*	Luk	5³⁶	*A*	Mrk	2²¹	*A*
	2Cr	5¹⁷	A2B2	Gal	6¹⁵	A*B			
niujaim	Mrk	16¹⁷	*S*						
niujaizos	2Cr	3⁶	AB						
niujamma	Mat	27⁶⁰	*A*	Eph	2¹⁵	AB	Col	3¹⁰	B
niujans	Mat	9¹⁷	*A*	Luk	5³⁸	*A*	Mrk	2²²	*A*
niujasatidana	1Tm	3⁶	A						
niujata	Mat	9¹⁷	*A*	Luk	5³⁷	*A*			
niujin	Luk	5³⁶	*A*	Eph	4²⁴	AB			
niujis	Luk	5³⁶	*A*	Mrk	2²¹	*A*	1Cr	5⁷	A
niujiþai	Rom	7⁶	A						
niujo	Luk	5³⁷	*A*	Mrk	1²⁷	*A*	Mrk	2²²	*A*
	1Cr	11²⁵	A						
niuklahai	Eph	4¹⁴	A						
niuklahaim	Luk	10²¹	*A*						
niuklahein	Skr	7⁷	*E*						
niuklahs	1Cr	13¹¹	A4	Gal	4¹	A			
niun	Luk	15⁴	*A*	Luk	17¹⁷	*A*	Neh	7³⁹	D
niundon	Mat	27⁴⁵	*A*	Mat	27⁴⁶	*A*	Mrk	15³³	*A*
	Mrk	15³⁴	*A*						
niune	Luk	15⁷	*A*						
niuntehund	Luk	15⁴	*A*	Neh	7²¹	D*			

niuntehundis	Luk	15^7	A						1Cr	10^{19}	A	1Cr	10^{31}	A	1Cr	12^{18}	A
niutan	Luk	20^{35}	A						1Cr	12^{20}	A	1Cr	13^{12}	A2	1Cr	14^{22}	A
niutau	Phm	20	A						1Cr	14^{26}	A	1Cr	15^{12}	A	1Cr	15^{20}	A
notin	Mrk	4^{38}	A						1Cr	15^{58}	AB	1Cr	16^7	AB	1Cr	16^{12}	B
nu	Mat	5^{19}	A	Mat	5^{23}	A	Mat	5^{48}	A	1Cr	16^{16}	B	1Cr	16^{18}	B	2Cr	1^{17}	AB
	Mat	6^2	A	Mat	6^8	A	Mat	6^9	A	2Cr	3^{12}	AB	2Cr	4^{12}	B	2Cr	4^{13}	B
	Mat	6^{22}	A	Mat	6^{23}	A	Mat	6^{31}	A	2Cr	5^6	AB	2Cr	5^{11}	AB	2Cr	5^{16}	A2B2
	Mat	7^{24}	A	Mat	9^{18}	A	Mat	9^{38}	A	2Cr	5^{20}	AB	2Cr	6^2	A2B2	2Cr	7^1	AB
	Mat	10^{32}	A	Mat	11^{16}	A:	Mat	26^{65}	C	2Cr	7^9	AB	2Cr	7^{16}	AB	2Cr	8^{11}	AB
	Mat	27^{42}	A	Mat	27^{43}	A	Mat	27^{64}	A	2Cr	8^{14}	AB	2Cr	8^{22}	AB	2Cr	9^5	AB
	Jhn	5^{47}	A	Jhn	6^{42}	A	Jhn	6^{45}	A	2Cr	11^4	B	2Cr	12^9	AB	2Cr	12^{16}	AB
	Jhn	6^{62}	A	Jhn	8^{24}	A	Jhn	8^{36}	A	2Cr	13^2	AB	Eph	2^2	AB*	Eph	2^{13}	AB:
	Jhn	8^{40}	A	Jhn	8^{52}	A	Jhn	9^{19}	A	Eph	2^{19}	AB	Eph	3^5	B	Eph	3^{10}	AB
	Jhn	9^{21}	A	Jhn	9^{25}	A	Jhn	9^{41}	A	Eph	4^1	AB	Eph	4^{17}	AB	Eph	5^1	AB
	Jhn	11^8	A	Jhn	11^{22}	A	Jhn	12^{27}	A	Eph	5^7	B	Eph	5^8	B	Eph	6^{10}	AB
	Jhn	12^{31}	A2	Jhn	13^{14}	A	Jhn	13^{31}	A	Eph	6^{14}	AB	Gal	1^{23}	AB	Gal	2^{20}	A2
	Jhn	13^{32}	A	Jhn	13^{33}	A	Jhn	13^{36}	A	Gal	3^3	A	Gal	3^5	A	Gal	4^9	A
	Jhn	13^{37}	A	Jhn	14^{29}	A	Jhn	15^{22}	A	Gal	4^{15}	A	Gal	4^{16}	A	Gal	4^{20}	AB
	Jhn	15^{24}	A	Jhn	16^5	A	Jhn	16^{12}	A	Gal	4^{25}	B	Gal	4^{29}	B	Gal	4^{31}	B
	Jhn	16^{22}	A	Jhn	16^{29}	A	Jhn	16^{30}	A	Gal	5^1	B	Gal	5^{17}	AB	Gal	6^{10}	AB
	Jhn	16^{31}	A	Jhn	16^{32}	A	Jhn	17^5	A	Php	1^{20}	B	Php	1^{30}	B	Php	2^1	B
	Jhn	17^7	A	Jhn	17^{13}	A	Jhn	18^8	A	Php	2^{23}	B	Php	2^{28}	AB	Php	2^{29}	AB
	Jhn	18^{36}	A	Jhn	18^{39}	A	Luk	1^{48}	A	Php	3^{15}	AB	Php	3^{18}	AB	Php	4^1	AB
	Luk	2^{29}	A	Luk	3^8	A	Luk	3^9	A	Php	4^4	AB	Col	1^{21}	AB	Col	1^{24}	AB
	Luk	4^7	A	Luk	5^{10}	A	Luk	6^{21}	A2	Col	1^{26}	AB	Col	2^{16}	B	Col	3^1	AB
	Luk	6^{25}	A2	Luk	7^{31}	A	Luk	7^{42}	A	Col	3^5	AB	Col	3^8	AB	Col	3^{12}	B
	Luk	8^{18}	A	Luk	10^2	A	Luk	14^{33}	A	1Th	3^6	B	1Th	4^1	B	1Th	4^8	B
	Luk	16^{11}	A	Luk	19^{42}	A	Luk	20^{15}	A	1Th	4^{18}	B	1Th	5^6	B	1Tm	2^1	AB
	Luk	20^{29}	A	Luk	20^{33}	A	Mrk	10^9	A	1Tm	2^8	AB	1Tm	3^2	AB	1Tm	4^8	AB
	Mrk	10^{30}	A	Mrk	15^{12}	A	Mrk	15^{32}	A	1Tm	5^{14}	A:	2Tm	1^{10}	AB	2Tm	2^1	B
	Rom	7^4	A	Rom	7^6	A	Rom	7^7	A	2Tm	2^3	B	2Tm	4^{10}	AB	Phm	11	A
	Rom	7^{12}	A	Rom	7^{13}	A	Rom	7^{17}	A	Phm	17	A	Skr	1^6	E	Skr	1^{19}	E
	Rom	7^{20}	A	Rom	7^{21}	A	Rom	7^{25}	A	Skr	1^{23}	E	Skr	1^{26}	E	Skr	3^{27}	E
	Rom	8^1	A	Rom	9^{14}	A	Rom	9^{16}	A	Skr	4^1	E	Skr	4^2	E	Skr	4^{11}	E
	Rom	9^{18}	A	Rom	9^{19}	A	Rom	9^{20}	A	Skr	4^{24}	E	SkB	5^6	E◻	Skr	5^{12}	E
	Rom	9^{30}	A	Rom	10^{14}	A	Rom	11^1	A	Skr	5^{19}	E	Skr	6^3	E			
	Rom	11^{19}	A	Rom	11^{22}	A	Rom	11^{30}	A	nuh	Jhn	18^{37}	A	Mrk	12^9	A		
	Rom	11^{31}	A	Rom	12^1	C	Rom	13^7	A	nuk-kannt	1Cr	7^{16}	A					
	Rom	13^{10}	A	Rom	13^{11}	A	Rom	13^{12}	A	nunu	Mat	10^{26}	A	Mat	10^{31}	A	Rom	14^{15}	C
	Rom	14^{12}	C	Rom	14^{13}	C	Rom	14^{19}	C		Rom	14^{20}	C	Php	4^4	AB	2Tm	1^8	AB
	1Cr	4^5	A	1Cr	4^{11}	A	1Cr	5^{11}	A	nutans	Luk	5^{10}	A	Mrk	1^{17}	A			
	1Cr	7^{14}	A	1Cr	7^{26}	A	1Cr	9^{26}	A	Nwmfan	Col	4^{15}	B						

O

o	Luk	9^{41}	A	Mrk	9^{19}	A	Mrk	15^{29}	A	ogandam	Luk	1^{50}	A				
	Rom	11^{33}	A	Gal	3^1	A					ogandans	Luk	8^{25}	A	Col	3^{22}	B
Obeidis	Luk	3^{32}	A							ogandei	Mrk	5^{33}	A				
Odueiins	Neh	7^{43}	D							ogands	Luk	1^{82}	A	Gal	2^{12}	B+	Neh	7^2	D
og	Luk	18^4	A	2Cr	11^3	B	2Cr	12^{20}	AB	ogeis	Rom	13^3	AC				
	Gal	4^{11}	A							ogeiþ	Mat	10^{26}	A	Mat	10^{28}	A2	Mat	10^{31}	A

	Jhn	6²⁰	A	Luk	2¹⁰	A		Luk	9⁴⁵	A	Luk 20¹⁹ A	Mrk 4⁴¹ A
ogjan	Neh	6¹⁹	D					Mrk	5¹⁵	A	Mrk 9³² A	Mrk 11¹⁸ A
ogs	Jhn	12¹⁵	A	Luk	1¹³	A	Luk 1³⁰ A	Mrk	12¹²	A	Mrk 16⁸ A	Neh 6¹⁶ D
	Luk	5¹⁰	A	Rom	11²⁰	A	Rom 13⁴ AC	ohteigo	2Tm 4² B		
ohta	Jhn	19⁸	A	Luk	19²¹	A	Mrk 6²⁰ A	Osaiin	Rom 9²⁵ A		
ohtedun	Mat	9⁸	A	Mat	27⁵⁴	A	Jhn 6¹⁹ A	osanna	Jhn 12¹³ A	Mrk 11⁹ A	Mrk 11¹⁰ A
	Jhn	9²²	A	Luk	2⁹	A	Luk 8³⁵ A				

þ

paida	Mat 5⁴⁰ A	Luk 6²⁹ A			Pawlus	1Cr 1¹² A	1Cr 1¹³ A2	1Cr 16²¹ B
paidom	Mrk 6⁹ A					2Cr 1¹ B	2Cr 10¹ B	Eph 1¹ AB
paidos	Luk 3¹¹ A	Luk 9³ A				Eph 3¹ B	Gal 1¹ B*	Gal 5² B
paintekusten	1Cr 16⁸ AB					Col 1²³ AB	1Th 2¹⁸ B	2Th 1¹ AB
Paitrau	Mat 26⁷³ AC	Jhn 18¹¹ A	Jhn 18¹⁷ A			1Tm 1¹ AB	2Tm 1¹ A	Tit 1¹ B
	Luk 7⁴⁰ A	Mrk 14⁶⁶ A	Mrk 14⁷⁰ A			Phm 1⁹ A		
	Mrk 16⁷ A	Gal 2⁷ B	Gal 2⁸ AB		peikabagme	Jhn 12¹³ A		
	Gal 2¹⁴ B				Peilatau	Mat 27² A	Mat 27⁵⁸ A	Mat 27⁶² A
Paitraus	Mat 8¹⁴ A	Jhn 6⁸ A				Luk 3¹ A	Mrk 15¹ A	Mrk 15⁴³ A
Paitru	Jhn 18¹⁶ A	Luk 6¹⁴ A	Luk 8⁵¹ A			1Tm 6¹³ B		
	Luk 9²⁸ A	Mrk 5³⁷ A	Mrk 8³³ A		Peilatus	Mat 27¹³ A	Mat 27¹⁷ A	Mat 27⁵⁸ A
	Mrk 9² A	Mrk 14⁶⁷ A	Gal 2⁷ A			Mat 27⁶⁵ A	Jhn 18²⁹ A	Jhn 18³¹ A
	Ver 17²⁷ V					Jhn 18³³ A	Jhn 18³⁵ A	Jhn 18³⁷ A
Paitrus	Mat 26⁶⁹ C	Mat 26⁷⁵ AC	Jhn 6⁶⁸ A			Jhn 18³⁸ A	Jhn 19¹ A	Jhn 19⁴ A
	Jhn 13²⁴ A	Jhn 13³⁶ A	Jhn 13³⁷ A			Jhn 19⁶ A	Jhn 19⁸ A	Jhn 19¹⁰ A
	Jhn 18¹⁰ A	Jhn 18¹⁵ A	Jhn 18¹⁶ A			Jhn 19¹² A	Jhn 19¹³ A	Mrk 15² A
	Jhn 18¹⁸ A	Jhn 18²⁵ A	Jhn 18²⁶ A			Mrk 15⁴ A	Mrk 15⁵ A	Mrk 15⁹ A
	Jhn 18²⁷ A	Luk 5⁸ A	Luk 8⁴⁵ A			Mrk 15¹² A	Mrk 15¹⁴ A	Mrk 15¹⁵ A
	Luk 9²⁰ A	Luk 9³² A	Luk 9³³ A			Mrk 15⁴⁴ A		
	Luk 9⁴³ A=	Luk 18²⁸ A	Mrk 3¹⁶ A		pistikeinis	Jhn 12³ A		
	Mrk 8²⁹ A	Mrk 8³² A	Mrk 9⁵ A		plapjo	Mat 6⁵ A		
	Mrk 10²⁸ A	Mrk 11²¹ A	Mrk 14⁵⁴ A		plat	Luk 5³⁶ A	Mrk 2²¹ A	
	Mrk 14⁷² A	Gal 2⁹ B	Gal 2¹¹ B		plata	Mat 9¹⁶ A		
papa	DeN 1¹ N				plinsideduþ	Mat 11¹⁷ A	Luk 7³² A	
papan	Cal 1⁷ A				plinsjandein	Mrk 6²² A		
parakletu	Jhn 14¹⁶ A				praitauria	Jhn 18³³ A	Jhn 19⁹ A	
parakletus	Jhn 14²⁶ A	Jhn 15²⁶ A	Jhn 16⁷ A		praitoria	Jhn 18²⁸ A		
paraskaiwe	Mrk 15⁴² A				praitoriaun	Jhn 18²⁸ A	Mrk 15¹⁶ A	
paraskaiwein	Mat 27⁶² A				praizbwtairein		1Tm 5¹⁹ A	Tit 1⁵ B
paska	Mat 26² C*	Luk 2⁴¹ A	Mrk 14¹² A2		praizbwtaireis		1Tm 4¹⁴ B	
	Mrk 14¹⁴ A	1Cr 5⁷ A			praufetau	Mat 11⁹ A	Luk 4²⁷ A	Mrk 1² A
pasxa	Jhn 6⁴ A	Jhn 18²⁸ A	Jhn 18³⁹ A		praufetaus	Mat 10⁴¹ A2	Jhn 12³⁸ A	Luk 3⁴ A
Paunteau	1Tm 6¹³ AB				praufete	Luk 1⁷⁰ A	Luk 4²⁴ A	Mrk 6¹⁵ A
Pauntiau	Mat 27² A					Mrk 8²⁸ A	Eph 2²⁰ B	Neh 6¹⁴ D*
paurpaurai	Luk 16¹⁹ A					Skr 6¹⁹ E		
paurpurai	Mrk 15¹⁷ A	Mrk 15²⁰ A			praufetei	Mat 26⁶⁸ C	Mrk 14⁶⁵ A	
paurpurodai	Jhn 19² A				praufeteis	Mat 7¹² A	Mat 11¹³ A	Jhn 8⁵² A
paurpurodon	Jhn 19⁵ A					Jhn 8⁵³ A	Luk 2³⁶ A	Luk 10²⁴ A
Pawlaus	Eph inc A	Col 4¹⁸ B	2Th inc A*			Luk 16¹⁶ A		
	2Th 3¹⁷ AB				praufetes	Jhn 7⁴⁰ A	Mrk 6¹⁵ A	Mrk 11³² A

praufetida	Luk	1⁶⁷	A	Mrk	7⁶	A		praufetus	Jhn	6¹⁴	A	Jhn	7⁵²	A	Jhn	9¹⁷	A
praufetidedum				Mat	7²²	A			Luk	1⁷⁶	A	Luk	4¹⁷	A	Luk	7¹⁶	A
praufetja	1Cr	13⁸	A	1Cr	14²²	A			Luk	7²⁸	A	Luk	7³⁹	A	Luk	9⁸	A
praufetjam	1Cr	13⁹	A	1Th	5²⁰	B	1Tm	1¹⁸	AB	Luk	9¹⁹	A	Mrk	6⁴	A	Tit	1¹²	A
praufetjand	1Cr	14²⁴	A					Skr	4¹⁷	E
praufetjandei	1Cr	11⁵	A				Priska	1Cr	16¹⁹	B
praufetjands	1Cr	11⁴	A				psalmo	Luk	20⁴²	A	Eph	4⁸g	A
praufetjans	1Cr	13²	A	1Tm	4¹⁴	B	psalmom	Eph	5¹⁹	A	Col	3¹⁶	B
praufetu	Mat	8¹⁷	A	Mat	10⁴¹	A	Mat	11⁹	A	psalmon	1Cr	14²⁶	A
	Mat	27⁹	A	Luk	7²⁶	A2	Luk	20⁶	A	pugg	Luk	10⁴	A
praufetum	Jhn	6⁴⁵	A	Luk	6²³	A	Eph	3⁵	B	pund	Jhn	12³	A
	1Th	2¹⁵	B							Puntiau	Luk	3¹	A
praufetuns	Mat	5¹⁷	A	Luk	18³¹	A	Eph	4¹¹	A

q

qaino	2Cr	12²¹	AB				qamt	Mat	8²⁹	A	Jhn	6²⁵	A	Luk	4³⁴	A
qainodeduþ	Mat	11¹⁷	A					Mrk	1²⁴	A
qainon	Mat	9¹⁵	A				Qartus	Rom	16²³	A
qainondam	Mrk	16¹⁰	A				qast	Luk	20³⁹	A	Mrk	12³²	A
qairrei	Gal	5²³	AB				qaþ	Mat	8⁴	A	Mat	8⁷	A	Mat	8⁸	A
qairrein	2Cr	10¹	B	Eph	4²	AB	Col	3¹²	B	Mat	8¹⁰	A	Mat	8¹³	A	Mat	8¹⁹	A
	1Tm	6¹¹	AB	2Tm	2²⁵	AB					Mat	8²⁰	A	Mat	8²¹	A	Mat	8²²	A
qairreins	Gal	6¹	AB								Mat	8²⁶	A	Mat	8³²	A	Mat	9²	A
qairrus	1Tm	3³	A⁼∶	2Tm	2²⁴	AB				Mat	9⁴	A	Mat	9⁶	A	Mat	9⁹	A
qairu	2Cr	12⁷g	A*								Mat	9¹²	A	Mat	9¹⁵	A	Mat	9²²	A
qam	Mat	5¹⁷	A	Mat	9¹	A	Mat	9¹³	A	Mat	9²³	A	Mat	9²⁸	A	Mat	9³⁷	A
	Mat	10³⁴	A	Mat	10³⁵	A	Mat	11¹⁸	A	Mat	11²	A	Mat	11⁴	A	Mat	26¹	C
	Mat	11¹⁹	A∶	Mat	27⁵⁷	A	Jhn	7²⁸	A	Mat	26⁷¹	AC	Mat	27¹¹	A	Mat	27¹³	A
	Jhn	8¹⁴	A	Jhn	8²⁰	A	Jhn	8⁴²	A2	Mat	27¹⁷	A	Mat	27⁴³	A	Mat	27⁶³	A
	Jhn	9⁷	A	Jhn	9³⁹	A	Jhn	10¹⁰	A	Mat	27⁶⁵	A	Jhn	6⁶	A	Jhn	6⁸	A
	Jhn	11²⁸	A	Jhn	11³⁰	A	Jhn	11³²	A	Jhn	6¹⁰	A	Jhn	6¹²	A	Jhn	6²⁰	A
	Jhn	12¹²	A	Jhn	12²³	A	Jhn	12²⁷	A	Jhn	6²⁶	A	Jhn	6²⁹	A	Jhn	6³²	A
	Jhn	12²⁸	A	Jhn	12⁴⁶	A	Jhn	12⁴⁷	A	Jhn	6³⁵	A	Jhn	6³⁶	A	Jhn	6⁴¹	A
	Jhn	16²¹	A	Jhn	16³²	A	Jhn	17¹	A	Jhn	6⁴³	A	Jhn	6⁵³	A	Jhn	6⁵⁹	A
	Jhn	18³⁷	A	Luk	2²⁷	A	Luk	2⁵¹	A	Jhn	6⁶¹	A	Jhn	6⁶⁵	A2	Jhn	6⁶⁷	A
	Luk	3³	A	Luk	4¹⁶	A	Luk	5³²	A	Jhn	7⁶	A	Jhn	7⁹	A	Jhn	7¹⁶	A
	Luk	8⁴¹	A	Luk	8⁴⁷	A∶	Luk	9⁵⁶	A	Jhn	7²¹	A	Jhn	7³³	A	Jhn	7³⁶	A
	Luk	15²⁰	A	Luk	15²⁷	A	Luk	15³⁰	AB	Jhn	7³⁸	A	Jhn	7³⁹	A	Jhn	7⁴²	A
	Luk	17²⁷	A	Luk	19⁵	A	Luk	19¹⁰	A	Jhn	7⁵⁰	E	Jhn	8¹⁴	A	Jhn	8²¹	A
	Luk	19¹⁶	A	Luk	19¹⁸	A	Luk	19²⁰	A	Jhn	8²³	A	Jhn	8²⁴	A	Jhn	8²⁵	A
	Mrk	1⁹	A	Mrk	1¹¹	A	Mrk	1¹⁴	A	Jhn	8²⁷	A	Jhn	8³¹	A	Jhn	8³⁹	A
	Mrk	1³⁸	A	Mrk	1⁴⁰	A	Mrk	2¹⁷	A	Jhn	8⁴²	A	Jhn	8⁵⁸	A	Jhn	9⁷	A
	Mrk	5³³	A	Mrk	6¹	A	Mrk	7³¹	A	Jhn	9⁹	A	Jhn	9¹¹	A2	Jhn	9¹²	A
	Mrk	8¹⁰	A	Mrk	9⁷	A	Mrk	9¹³	A	Jhn	9¹⁵	A	Jhn	9²⁷	A	Jhn	9³⁰	A
	Mrk	9³³	A	Mrk	10¹	A	Mrk	10⁴⁵	A	Jhn	9³⁶	A	Jhn	9³⁷	A	Jhn	9³⁹	A
	Mrk	10⁵⁰	A	Mrk	14⁴³	A	Mrk	14⁵⁴	A	Jhn	9⁴¹	A	Jhn	10⁶	A	Jhn	10⁷	A
	2Cr	1²³	AB	Gal	1²¹	B	Gal	2¹¹	B	Jhn	10²⁵	A	Jhn	10²⁶	A	Jhn	10³⁴	A
	Gal	4⁴	A	1Tm	1¹⁵	B	Skr	1³	E	Jhn	10³⁵	A	Jhn	10³⁶	A	Jhn	10⁴¹	A
	Skr	4²²	E								Jhn	11⁴	A	Jhn	11⁷	A	Jhn	11¹¹	A

qaþ-qaþ ALPHABETICAL WORD-INDEX 145

Jhn	11¹⁴	A	Jhn	11¹⁶	A	Jhn	11²¹	A
Jhn	11²³	A	Jhn	11²⁴	A	Jhn	11²⁵	A
Jhn	11²⁷	A	Jhn	11³⁴	A	Jhn	11³⁹	A2
Jhn	11⁴⁰	A2	Jhn	11⁴¹	A	Jhn	11⁴²	A
Jhn	11⁴⁴	A	Jhn	12⁴	A	Jhn	12⁶	A
Jhn	12⁷	A	Jhn	12³⁰	A	Jhn	12³³	A
Jhn	12³⁵	A	Jhn	12³⁸	A	Jhn	12³⁹	A
Jhn	12⁴¹	A	Jhn	12⁴⁴	A	Jhn	13¹¹	A
Jhn	13¹²	A	Jhn	13²¹	A	Jhn	13²⁴	A
Jhn	13²⁷	A	Jhn	13²⁸	A	Jhn	13³¹	A
Jhn	13³³	A	Jhn	13³⁶	A2	Jhn	13³⁷	A
Jhn	14⁵	A	Jhn	14⁶	A	Jhn	14⁹	A
Jhn	14²²	A	Jhn	14²³	A	Jhn	14²⁶	A
Jhn	14²⁸	A	Jhn	14²⁹	A	Jhn	15¹⁵	A
Jhn	15²⁰	A	Jhn	16⁴	A2	Jhn	16¹⁵	A
Jhn	16¹⁹	A2	Jhn	17¹	A	Jhn	18⁴	A
Jhn	18⁵	A	Jhn	18⁶	A	Jhn	18⁸	A
Jhn	18⁹	A	Jhn	18¹¹	A	Jhn	18¹⁶	A
Jhn	18¹⁷	A2	Jhn	18²¹	A	Jhn	18²⁵	A
Jhn	18²⁶	A	Jhn	18²⁹	A	Jhn	18³¹	A
Jhn	18³²	A	Jhn	18³⁷	AA‡	Jhn	18³⁸	A2
Jhn	19⁴	A	Jhn	19⁵	A	Jhn	19⁶	A
Jhn	19⁹	A	Jhn	19¹⁰	A	Luk	1¹³	A
Luk	1¹⁸	A	Luk	1¹⁹	A	Luk	1²⁸	A
Luk	1³⁰	A	Luk	1³⁴	A	Luk	1³⁵	A
Luk	1³⁸	A	Luk	1⁴²	A	Luk	1⁴⁶	A
Luk	1⁶⁰	A	Luk	1⁶⁷	A	Luk	2¹⁰	A
Luk	2²⁸	A	Luk	2³⁴	A	Luk	2⁴⁸	A
Luk	2⁴⁹	A	Luk	3⁷	A	Luk	3¹¹	A
Luk	3¹³	A	Luk	3¹⁴	A	Luk	4³	A
Luk	4⁶	A	Luk	4⁸	A	Luk	4⁹	A
Luk	4¹²	A	Luk	4²³	A	Luk	4²⁴	A
Luk	4⁴³	A	Luk	5⁴	A	Luk	5⁵	A
Luk	5¹⁰	A	Luk	5²⁰	A	Luk	5²²	A
Luk	5²⁴	A	Luk	5²⁷	A	Luk	5³¹	A
Luk	5³⁴	A	Luk	6³	A	Luk	6⁵	A
Luk	6⁸	A	Luk	6⁹	A	Luk	6¹⁰	A
Luk	6²⁰	A	Luk	7⁹	A	Luk	7¹³	A
Luk	7¹⁴	A	Luk	7²²	A	Luk	7⁴⁰	A2
Luk	7⁴³	A2	Luk	7⁴⁴	A	Luk	7⁵⁰	A
Luk	8⁴	A	Luk	8¹⁰	A	Luk	8²¹	A
Luk	8²²	A	Luk	8²⁵	A	Luk	8²⁸	A
Luk	8³⁰	A	Luk	8⁴⁵	A2	Luk	8⁴⁶	A
Luk	8⁴⁸	A	Luk	8⁵²	A	Luk	9³	A
Luk	9⁹	A	Luk	9¹³	A	Luk	9¹⁴	A
Luk	9²⁰	A2	Luk	9²³	A	Luk	9³³	A
Luk	9⁴¹	A	Luk	9⁴³	AA⁼2	Luk	9⁴⁸	A
Luk	9⁴⁹	A	Luk	9⁵⁰	A	Luk	9⁵⁵	A
Luk	9⁵⁷	A	Luk	9⁵⁸	A	Luk	9⁵⁹	A2
Luk	9⁶⁰	A	Luk	9⁶¹	A	Luk	9⁶²	A
Luk	10¹⁸	A	Luk	10²¹	A2	Luk	10²³	A
Luk	10²⁶	A	Luk	10²⁷	A	Luk	10²⁸	A
Luk	10²⁹	A	Luk	10³⁰	A	Luk	14¹⁵	A
Luk	14¹⁶	A	Luk	14¹⁸	A	Luk	14¹⁹	A
Luk	14²⁰	A	Luk	14²¹	A	Luk	14²²	A
Luk	14²³	A	Luk	14²⁵	A	Luk	15³	A
Luk	15¹²	A	Luk	15¹⁷	A	Luk	15²¹	A
Luk	15²²	A	Luk	15²⁷	A	Luk	15²⁹	A
Luk	15³¹	A	Luk	16²	A	Luk	16³	A
Luk	16⁵	A	Luk	16⁶	A2	Luk	16⁷	A3
Luk	16¹⁵	A	Luk	17⁶	A	Luk	17¹⁴	A
Luk	17¹⁷	A	Luk	17¹⁹	A	Luk	17²⁰	A
Luk	17²²	A	Luk	17³⁷	A	Luk	18⁴	A
Luk	18⁶	A	Luk	18⁹	A	Luk	18¹⁶	A
Luk	18¹⁹	A	Luk	18²²	A	Luk	18²⁴	A
Luk	18²⁷	A	Luk	18²⁸	A	Luk	18³¹	A
Luk	18⁴¹	A	Luk	18⁴²	A	Luk	19⁵	A
Luk	19⁸	A	Luk	19⁹	A	Luk	19¹¹	A
Luk	19¹²	A	Luk	19¹³	A	Luk	19¹⁷	A
Luk	19¹⁹	A	Luk	19²²	A	Luk	19²⁴	A
Luk	19³²	A	Luk	19⁴⁰	A	Luk	20³	A
Luk	20⁸	A	Luk	20¹³	A	Luk	20¹⁷	A
Luk	20¹⁹	A	Luk	20²³	A	Luk	20³⁴	A
Luk	20⁴¹	A	Luk	20⁴²	A	Luk	20⁴⁵	A
Luk	23¹⁴	G	Mrk	1¹⁷	A	Mrk	1³⁸	A
Mrk	1⁴¹	A	Mrk	1⁴²	A	Mrk	1⁴⁴	A
Mrk	2⁵	A	Mrk	2⁸	A	Mrk	2¹⁰	A
Mrk	2¹⁴	A	Mrk	2¹⁷	A	Mrk	2¹⁹	A
Mrk	2²⁵	A	Mrk	2²⁷	A	Mrk	3³	A
Mrk	3⁴	A	Mrk	3⁵	A	Mrk	3⁹	A
Mrk	3²³	A	Mrk	3³⁴	A	Mrk	4²	A
Mrk	4⁹	A	Mrk	4¹¹	A	Mrk	4¹³	A
Mrk	4²¹	A	Mrk	4²⁴	A	Mrk	4²⁶	A
Mrk	4³⁰	A	Mrk	4³⁵	A	Mrk	4³⁹	A
Mrk	4⁴⁰	A	Mrk	5⁷	A	Mrk	5⁸	A
Mrk	5⁹	A	Mrk	5¹⁹	A	Mrk	5²⁸	A
Mrk	5³⁰	A	Mrk	5³³	A	Mrk	5³⁴	A
Mrk	5³⁶	A	Mrk	5³⁹	A	Mrk	6⁴	A
Mrk	6¹⁰	A	Mrk	6¹⁴	A	Mrk	6¹⁶	A
Mrk	6¹⁸	A	Mrk	6²²	A	Mrk	6²⁴	A2
Mrk	7⁶	A	Mrk	7⁹	A	Mrk	7¹⁰	A
Mrk	7¹⁴	A	Mrk	7¹⁸	A	Mrk	7²⁷	A
Mrk	7²⁸	A	Mrk	7²⁹	A	Mrk	7³⁴	A
Mrk	8⁷	A	Mrk	8¹²	A	Mrk	8¹⁷	A
Mrk	8²¹	A	Mrk	8²⁴	A	Mrk	8²⁹	A2
Mrk	8³⁴	A	Mrk	9¹	A	Mrk	9⁵	A
Mrk	9¹²	A	Mrk	9¹⁷	A	Mrk	9¹⁸	A
Mrk	9¹⁹	A	Mrk	9²¹	A	Mrk	9²³	A
Mrk	9²⁴	A	Mrk	9²⁹	A	Mrk	9³¹	A
Mrk	9³⁵	A	Mrk	9³⁶	A2	Mrk	9³⁹	A3
Mrk	10³	A	Mrk	10⁵	A	Mrk	10¹¹	A
Mrk	10¹⁴	A	Mrk	10¹⁸	A	Mrk	10²⁰	A
Mrk	10²¹	A	Mrk	10²³	A	Mrk	10²⁴	A
Mrk	10²⁷	A	Mrk	10²⁹	A	Mrk	10³⁶	A
Mrk	10⁴²	A	Mrk	10⁵¹	A2	Mrk	10⁵²	A
Mrk	11²	A	Mrk	11¹⁴	A	Mrk	11²¹	A
Mrk	11²²	A	Mrk	11²⁹	A	Mrk	11³³	A
Mrk	12¹²	A	Mrk	12¹⁵	A	Mrk	12¹⁶	A
Mrk	12¹⁷	A	Mrk	12²⁴	A	Mrk	12²⁶	A
Mrk	12³²	A	Mrk	12³⁴	A	Mrk	12³⁵	A

		Mrk	12³⁶	*A*	Mrk	12³⁸	*A*	Mrk	14⁶	*A*		
		Mrk	14⁴⁵	*A*	Mrk	14⁴⁸	*A*	Mrk	14⁶¹	*A*		
		Mrk	14⁶³	*A*	Mrk	14⁶⁷	*A*	Mrk	14⁷²	*A*		
		Mrk	15²	*A*	Mrk	15¹²	*A*	Mrk	15¹⁴	*A*		
		Mrk	15³⁹	*A*	Mrk	16⁶	*A*	Mrk	16⁷	*A*		
		Mrk	16¹⁵	*S*	1Cr	11²⁴	*A*	2Cr	4⁶	AB		
		2Cr	9³	AB	2Cr	12⁹	AB	Gal	2¹⁴	*B*		
		Php	3¹⁸	AB	1Tm	5¹⁸	*A*	Tit	1¹²	*A*		
		Neh	5¹³	*D*	Neh	7³	*D*	Skr	1⁸	*E*		
		Skr	2⁷	*E*	Skr	2¹⁰	*E*	Skr	2¹⁴	*E*		
		Skr	5⁷	*E*	Skr	5²⁵	*E*	Skr	6²⁷	*E*		
		Skr	7²	*E*	Skr	7⁷	*E*	Skr	7²³	*E*		
qaþuh		Mat	9²¹	*A*	Jhn	6⁵	*A*	Jhn	6⁷¹	*A*		
		Jhn	8¹²	*A*	Jhn	8²⁸	*A*	Jhn	9¹⁷	*A*		
		Jhn	9³⁵	*A*	Jhn	9³⁸	*A*	Jhn	11¹³	*A*		
		Jhn	13²⁵	*A*	Jhn	14⁸	*A*	Jhn	18²²	*A*		
		Jhn	18³³	*A*	Luk	5³⁶	*A*	Luk	6³⁹	*A*		
		Luk	7⁴⁸	*A*	Luk	10²	*A*	Luk	18²¹	*A*		
		Luk	18²⁹	*A*	Luk	20²⁵	*A*	Mrk	5⁴¹	*A*		
		Mrk	8¹	*A*	Mrk	10³⁸	*A*	Mrk	10³⁹	*A*		
		Mrk	14¹³	*A*	Mrk	14⁶²	*A*					
qaþuþ-þan		Luk	14¹²	*A*	Luk	15¹¹	*A*	Luk	16¹	*A*		
		Luk	18¹	*A*	Mrk	7²⁰	*A*					
qeins		Luk	1⁵	*A*	Luk	2⁵	*A*					
qemeina		Gal	2¹²	*B*								
qemi		Luk	1⁴³	*A*	1Cr	16¹²	B2					
qemjau		Mat	5¹⁷	*A*	Mat	10³⁴	*A*	Jhn	15²²	*A*		
qemun		Mat	7²⁵	*A*	Mat	7²⁷	*A*	Jhn	6²³	*A*		
		Jhn	6²⁴	*A*	Jhn	10⁸	*A*	Jhn	10⁴¹	*A*		
		Jhn	11³³	*A*	Jhn	12⁹	*A*	Jhn	18⁴	*A*		
		Luk	1⁵⁹	*A*	Luk	2¹⁶	*A*	Luk	2⁴⁴	*A*		
		Luk	3¹²	*A*	Luk	4⁴²	*A*	Luk	5⁷	*A*		
		Luk	6¹⁸	*A*	Luk	8³⁵	*A*	Luk	9³⁴	*A*		
		Mrk	1²⁹	*A*	Mrk	2³	*A*	Mrk	3⁸	*A*		
		Mrk	3³¹	*A*	Mrk	4⁴	*A*	Mrk	5¹	*A*		
		Mrk	5¹⁴	*A*	Mrk	5³⁵	*A*	Mrk	6²⁹	*A*		
		Mrk	8³	*A*	Mrk	8²²	*A*	Mrk	10⁴⁶	*A*		
		Gal	2¹²	*B*	Skr	3¹	*E*					
qen		Mat	5³¹	*A*	Mat	5³²	*A*	Luk	3¹⁹	*A*		
		Luk	14²⁰	*A*	Luk	14²⁶	*A*	Luk	16¹⁸	*A*		
		Luk	18²⁹	*A*	Luk	20²⁸	A2	Luk	20²⁹	*A*		
		Luk	20³⁰	*A*	Mrk	6¹⁸	*A*	Mrk	10²	*A*		
		Mrk	10¹¹	*A*	Mrk	10²⁹	*A*	Mrk	12¹⁹	*A*		
		Mrk	12²⁰	*A*	1Cr	7¹¹	A	1Cr	7¹²	A2		
		1Cr	7¹⁶	A	1Cr	7²⁷	A	1Cr	7²⁸	A		
		Eph	5²⁸	A								
qenai		Luk	20³³	*A*	Mrk	12¹⁹	*A*	Mrk	12²³	*A*		
		1Cr	7¹⁰	A	1Cr	7¹⁴	A	1Cr	7²⁷	A2		
		Neh	6¹⁸	*D*								
qenais		Luk	17³²	*A*	Mrk	6¹⁷	*A*	Eph	5²³	A		
		1Tm	3²	AB	1Tm	3¹²	A	Tit	1⁶	B		
qenes		Eph	5²²	A	Eph	5²⁴	A					
qenins		Eph	5²⁵	A	Eph	5²⁸	A	Col	3¹⁹	B		
qens		Mat	27¹⁹	*A*	Luk	1¹³	*A*	Luk	1¹⁸	*A*		
		Luk	1²⁴	*A*	Luk	8³	*A*	Luk	20³²	*A*		

		Luk	20³³	*A*	Mrk	12²²	*A*	Mrk	12²³	*A*		
		Rom	7²	A	1Cr	7¹³	A	1Cr	7¹⁴	A		
		1Tm	5⁹	AB								
qeþeina		Mrk	7³⁶	*A*	Mrk	8³⁰	*A*					
qeþi		Jhn	11¹³	*A*	Jhn	13²²	*A*	Jhn	13²⁹	*A*		
		Luk	5¹⁴	*A*	Rom	7⁷	A					
qeþjau		Jhn	8⁵⁵	*A*	Jhn	14²	*A*					
qeþun		Mat	9³	*A*	Mat	9¹¹	*A*	Mat	9²⁸	*A*		
		Mat	9³⁴	*A*	Mat	26⁶⁶	*C*	Mat	26⁷³	AC		
		Mat	27⁴	*A*	Mat	27⁶	*A*	Mat	27⁴⁷	*A*		
		Mat	27⁴⁹	*A*	Jhn	6¹⁴	*A*	Jhn	6²⁸	*A*		
		Jhn	6³⁰	*A*	Jhn	6³⁴	*A*	Jhn	6⁴²	*A*		
		Jhn	6⁶⁰	*A*	Jhn	7³	*A*	Jhn	7¹¹	*A*		
		Jhn	7¹²	A2	Jhn	7²⁰	*A*	Jhn	7³¹	*A*		
		Jhn	7³⁵	*A*	Jhn	7⁴⁰	*A*	Jhn	7⁴¹	A2		
		Jhn	7⁴⁵	*A*	Jhn	7⁵²	*A*	Jhn	8¹³	*A*		
		Jhn	8¹⁹	*A*	Jhn	8²²	*A*	Jhn	8²⁵	*A*		
		Jhn	8³⁹	*A*	Jhn	8⁴¹	*A*	Jhn	8⁴⁸	*A*		
		Jhn	8⁵²	*A*	Jhn	8⁵⁷	*A*	Jhn	9⁸	*A*		
		Jhn	9⁹	*A*	Jhn	9¹⁰	*A*	Jhn	9¹²	*A*		
		Jhn	9¹⁶	A2	Jhn	9²⁰	*A*	Jhn	9²²	*A*		
		Jhn	9²³	*A*	Jhn	9²⁴	*A*	Jhn	9²⁶	*A*		
		Jhn	9²⁸	*A*	Jhn	9³⁴	*A*	Jhn	9⁴⁰	*A*		
		Jhn	10²¹	*A*	Jhn	10²⁴	*A*	Jhn	10⁴¹	*A*		
		Jhn	11⁸	*A*	Jhn	11¹²	*A*	Jhn	11³⁴	*A*		
		Jhn	11³⁶	*A*	Jhn	11³⁷	*A*	Jhn	11⁴⁶	*A*		
		Jhn	12¹⁹	*A*	Jhn	12²²	*A*	Jhn	12²⁹	A2		
		Jhn	16¹⁷	*A*	Jhn	16²⁹	*A*	Jhn	18⁵	*A*		
		Jhn	18⁷	*A*	Jhn	18²⁵	*A*	Jhn	18³⁰	*A*		
		Jhn	18³⁴	*A*	Jhn	19³	*A*	Luk	1⁶¹	*A*		
		Luk	2¹⁵	*A*	Luk	3¹²	*A*	Luk	4²²	*A*		
		Luk	5³³	*A*	Luk	6²	*A*	Luk	7²⁰	*A*		
		Luk	9⁷	*A*	Luk	9⁸	*A*	Luk	9¹²	*A*		
		Luk	9¹³	*A*	Luk	9¹⁹	*A*	Luk	9³¹	*A*		
		Luk	9⁵⁴	*A*	Luk	17⁵	*A*	Luk	17³⁷	*A*		
		Luk	18²⁶	*A*	Luk	19²⁵	*A*	Luk	19³³	*A*		
		Luk	19³⁴	*A*	Luk	19³⁹	*A*	Luk	20²	*A*		
		Luk	20¹⁶	*A*	Luk	20²⁴	*A*	Luk	20³⁹	*A*		
		Mrk	1³⁰	*A*	Mrk	1³⁷	*A*	Mrk	2¹⁶	*A*		
		Mrk	2¹⁸	*A*	Mrk	2²⁴	*A*	Mrk	3²¹	*A*		
		Mrk	3²²	*A*	Mrk	3³⁰	*A*	Mrk	3³²	*A*		
		Mrk	4³⁸	*A*	Mrk	4⁴¹	*A*	Mrk	5³¹	*A*		
		Mrk	6¹⁵	A2	Mrk	8⁵	*A*	Mrk	8¹⁹	*A*		
		Mrk	8²⁰	*A*	Mrk	9²⁶	*A*	Mrk	10⁴	*A*		
		Mrk	10³⁷	*A*	Mrk	10³⁹	*A*	Mrk	11⁵	*A*		
		Mrk	11⁶	*A*	Mrk	11²⁸	*A*	Mrk	11³³	*A*		
		Mrk	12⁷	*A*	Mrk	12¹⁴	*A*	Mrk	12¹⁶	*A*		
		Mrk	14¹²	*A*	Mrk	14⁶⁵	*A*	Mrk	14⁷⁰	*A*		
		Mrk	15³¹	*A*	Mrk	15³⁵	*A*	Mrk	16³	*A*		
		Mrk	16⁸	*A*	1Cr	exp	A	Skr	8⁵	*E*		
		Sal	⁸	*S*								
qeþunuh		Jhn	6²⁵	*A*	Jhn	7²⁵	*A*	Jhn	9¹⁷	*A*		
		Jhn	10²⁰	*A*	Jhn	16¹⁸	*A*	Jhn	18³¹	*A*		
qim		Mat	8⁹	*A*	Luk	7⁸	*A*					
qima		Jhn	8¹⁴	*A*	Jhn	14³	*A*	Jhn	14¹⁸	*A*		

	Jhn	14²⁸	A	Rom	9⁹	A	1Cr	16³	AB		Eph	5⁶	B*	Col	3⁶	AB	1Th	5²	B
	1Cr	16⁵	AB	2Cr	12¹	B	2Cr	13¹	AB		2Th	1¹⁰	A	2Th	2³	A
	2Cr	13²	AB	Php	2²⁴	B	1Tm	4¹³	B	qinakund	Gal	3²⁸	A
qimai	Mat	6¹⁰	A	Jhn	16⁴	A	Luk	8¹⁷	A	qinein	Mrk	10⁶	A
	Luk	14¹⁰	A	1Cr	4⁵	A	1Cr	11²⁶	A	qineina	2Tm	3⁶	AB
	1Cr	16¹⁰	AB	1Cr	16¹¹	B	Col	4¹⁰	AB	qino	Mat	9²⁰	A	Mat	9²²	A	Jhn	16²¹	A
qimaiu	Mat	27⁴⁹	A	Mrk	15³⁶	A					Luk	7³⁷	A	Luk	7³⁹	A	Luk	8⁴³	A
qiman	Mat	11¹⁴	A	Jhn	6⁴⁴	A	Jhn	6⁶⁵	A		Luk	8⁴⁷	A	Luk	15⁸	A	Mrk	5³³	A
	Jhn	7³⁴	A	Jhn	7³⁶	A	Jhn	8²¹	A		Mrk	7²⁵	A	Mrk	7²⁶	A	Mrk	10¹²	A
	Jhn	8²²	A	Jhn	13³³	A	Luk	7⁷	A		1Cr	7¹⁶	A⁻	1Cr	11⁶	A	1Tm	2¹¹	AB
	Luk	14²⁰	A	Mrk	2⁴	A	Mrk	9¹¹	A		1Tm	2¹⁴	AB	Ver	7¹³	V
	2Cr	1¹⁵	AB	2Cr	1¹⁶	AB	2Cr	12¹⁴	AB	qinom	Luk	1²⁸	A	Luk	1⁴²	A	1Tm	2¹⁰	AB
	Gal	4²⁰	AB	1Th	2¹⁸	B	1Tm	2⁴	AB	qinon	Mat	5²⁸	A	Luk	4²⁶	A	Luk	7⁴⁴	A²
	1Tm	3¹⁴	A	2Tm	3⁷	AB	2Tm	4⁹	AB		Luk	7⁵⁰	A	1Cr	9⁵	A	1Cr	11⁶	A
qimand	Mat	7¹⁵	A	Mat	8¹¹	A	Luk	5³⁵	A		Gal	4⁴	A	1Tm	2¹²	AB
	Luk	17²²	A	Luk	19⁴³	A	2Cr	9⁴	AB	qinono	Mat	11¹¹	A	Luk	7²⁸	A	Mrk	5²⁵	A
qimanda	Mat	11³	A	Jhn	6¹⁴	A	Jhn	11²⁷	A		1Cr	11⁵	A
	Jhn	12¹³	A	Luk	7¹⁹	A	Luk	7²⁰	A	qinons	Mat	27⁵⁵	A	Luk	8²	A	Mrk	15⁴⁰	A
	Luk	19³⁸	A	Mrk	11⁹	A	2Cr	11⁴	B		1Cr	11³	A	Col	3¹⁸	B	1Tm	2⁹	AB
qimandam	2Cr	7⁵	AB								1Tm	3¹¹	A	Skr	7⁹	E
qimandan	Jhn	6¹⁹	A	Jhn	10¹²	A	Mrk	13²⁶	A	qisteinai	1Cr	5⁵	A
	Mrk	14⁶²	A	Mrk	15²¹	A	2Cr	12²¹	AB	qistjan	Luk	9⁵⁶	A
qimandans	Mat	9¹⁰	A	Mat	27⁶⁴	A	Jhn	11⁴⁵	A	qiþ	Mat	8⁸	A	Jhn	10²⁴	A	Luk	4³	A
	Luk	7⁴	A	Luk	7²⁰	A	Mrk	3²²	A		Luk	7⁷	A	Luk	7⁴⁰	A	Luk	7⁴²	A
	Mrk	7¹	A	Mrk	12¹⁴	A	2Cr	11⁹	B		Luk	20²	A
	Neh	5¹⁷	D							qiþa	Mat	5¹⁸	A	Mat	5²⁰	A	Mat	5²²	A
qimandei	Luk	18⁵	A	Mrk	7²⁵	A	Mrk	11¹⁰	A		Mat	5²⁶	A	Mat	5²⁸	A	Mat	5³²	A
qimandein	Rom	7⁹	A								Mat	5³⁴	A	Mat	5³⁹	A	Mat	5⁴⁴	A
qimandin	Mat	8²⁸	A	Mat	9²⁸	A	Luk	18³⁰	A		Mat	6²	A	Mat	6⁵	A	Mat	6¹⁶	A
	1Th	3⁶	B	Skr	8¹⁹	E*	SkB	8¹⁹	E¶		Mat	6²⁵	A	Mat	8⁹	A	Mat	8¹⁰	A
qimands	Mat	8⁷	A	Mat	8¹⁴	A	Mat	9¹⁸	A²		Mat	8¹¹	A	Mat	10²³	A	Mat	10²⁷	A
	Mat	9²³	A	Jhn	11¹⁷	A	Jhn	16⁸	A		Mat	10⁴²	A	Mat	11⁹	A	Mat	11¹¹	A
	Luk	8⁵¹	A	Luk	14²¹	A	Luk	15⁶	A		Mat	11²²	A*	Mat	11²⁴	A	Mat	25⁴⁰	C
	Luk	15¹⁷	A	Luk	15²⁵	A	Luk	18⁸	A		Mat	25⁴⁵	C	Jhn	6²⁶	A	Jhn	6³²	A
	Luk	19²³	A	Mrk	5²³	A	Mrk	9¹²	A		Jhn	6⁴⁷	A	Jhn	6⁵³	A	Jhn	8³⁴	A
	Mrk	9¹⁴	A	Mrk	11¹³	A	Mrk	14⁴⁵	A		Jhn	8⁴⁶	A	Jhn	8⁵¹	A	Jhn	8⁵⁸	A
	Mrk	15⁴³	A	2Cr	2³	AB	2Cr	2¹²	AB		Jhn	10¹	A	Jhn	10⁷	A	Jhn	12²⁴	A
	2Cr	12²⁰	AB	Eph	2¹⁷	AB	2Tm	1¹⁷	AB		Jhn	13¹⁶	A	Jhn	13¹⁸	A	Jhn	13¹⁹	A
	2Tm	4¹³	A	Skr	1¹⁶	E	Skr	4¹³	E		Jhn	13²⁰	A	Jhn	13²¹	A	Jhn	13³³	A
qimau	Luk	19¹³	A	1Cr	16²	AB	2Cr	2¹	AB		Jhn	13³⁸	A	Jhn	14¹²	A	Jhn	15¹⁵	A
	Php	1²⁷	B								Jhn	16⁷	A	Jhn	16²⁰	A	Jhn	16²³	A
qimi	Luk	7³	A								Jhn	16²⁶	A	Luk	3⁸	A	Luk	4²⁴	A
qimid	Luk	7⁸	A								Luk	4²⁵	A	Luk	5²⁴	A	Luk	6²⁷	A
qimiþ	Mat	5²⁰	A	Mat	8⁹	A	Mat	10²³	A		Luk	6⁴⁶	A	Luk	7⁸	A	Luk	7⁹	A
	Jhn	6³⁷	A	Jhn	7²⁷	A	Jhn	7³¹	A		Luk	7¹⁴	A	Luk	7²⁶	A	Luk	7²⁸	A
	Jhn	7⁴¹	A	Jhn	7⁴²	A	Jhn	9⁴	A		Luk	7⁴⁷	A	Luk	10¹²	A	Luk	10²⁴	A
	Jhn	10¹⁰	A	Jhn	11²⁰	A	Jhn	12¹²	A		Luk	14²⁴	A	Luk	15⁷	A	Luk	15¹⁰	A
	Jhn	12¹⁵	A	Jhn	14⁶	A	Jhn	14³⁰	A		Luk	15¹⁸	A	Luk	16⁹	A	Luk	17³⁴	A
	Jhn	15²⁶	A	Jhn	16²	A	Jhn	16⁷	A		Luk	18⁸	A	Luk	18¹⁴	A	Luk	18¹⁷	A
	Jhn	16¹³	A	Jhn	16²⁵	A	Jhn	16³²	A		Luk	18²⁹	A	Luk	19²⁶	A	Luk	19⁴⁰	A
	Luk	8¹²	A	Luk	9²⁶	A	Luk	17²⁰	A²		Luk	20⁸	A	Mrk	2¹¹	A	Mrk	3²⁸	A
	Luk	18¹⁷	A	Luk	20¹⁶	A	Mrk	1⁷	A		Mrk	5⁴¹	A	Mrk	6¹¹	A	Mrk	8¹²	A
	Mrk	4¹⁵	A	Mrk	4¹⁷	A	Mrk	4²¹	A		Mrk	9¹	A	Mrk	9¹³	A	Mrk	9⁴¹	A
	Mrk	5²²	A	Mrk	8³⁸	A	Mrk	10¹⁵	A		Mrk	10¹⁵	A	Mrk	10²⁹	A	Mrk	11²³	A
	Mrk	12⁹	A	1Cr	13¹⁰	A	1Cr	16¹²	B		Mrk	11²⁴	A	Mrk	11²⁹	A	Mrk	11³³	A

ALPHABETICAL WORD-INDEX

qiþa–qiþanis

	Mrk 14⁹	A	Rom 9¹	A	Rom 10¹⁸	A	Luk 1⁶⁶ A	Luk 3¹⁰ A	Luk 3¹⁴ A
	Rom 10¹⁹	A	Rom 11¹	A	Rom 11¹³	A	Luk 4³⁶ A	Luk 5²¹ A	Luk 5²⁶ A
	Rom 12³	C	Rom 15⁸	C	1Cr 7⁶	A	Luk 5³⁰ A	Luk 7⁴ A	Luk 7¹⁶ A
	1Cr 7⁸	A	1Cr 7¹²	A	1Cr 9⁸	A	Luk 8⁹ A	Luk 8²⁴ A	Luk 8²⁵ A
	1Cr 10¹⁵	A2	1Cr 10²⁹	A	1Cr 15⁵⁰	AB	Luk 10¹⁷ A	Luk 14³⁰ A	Luk 15² A
	1Cr 15⁵¹	AB	2Cr 6¹³	AB	2Cr 7³	AB	Luk 17¹³ A	Luk 19⁷ A	Luk 19¹⁴ A
	2Cr 8⁸	AB	2Cr 11¹⁶	B	2Cr 11²¹	B2	Luk 19³⁸ A	Luk 20² A	Luk 20⁵ A
	2Cr 11²³	B	2Cr 12⁶	AB	Eph 4¹⁷	AB	Luk 20¹⁴ A	Luk 20²¹ A	Luk 20²⁸ A
	Gal 4¹	A	Gal 5²	B	Gal 5¹⁶	B*	Mrk 1²⁷ A	Mrk 2¹² A	Mrk 3¹¹ A
	Php 3¹⁸	AB	Php 4⁴	AB	1Tm 2⁷	AB	Mrk 5³⁵ A	Mrk 6² A	Mrk 7³⁷ A
	2Tm 2⁷	B	Phm ²¹	A	Skr 2⁶	E	Mrk 8¹⁶ A	Mrk 9¹¹ A	Mrk 10²⁶ A
	Skr 2¹⁹	E					Mrk 10³⁵ A	Mrk 10⁴⁹ A	Mrk 11⁹ A
qiþada	Rom 9²⁶	A					Mrk 11³¹ A	Mrk 12¹⁸ A	Mrk 14⁵⁷ A
qiþai	Luk 14¹⁰	A	Luk 17⁷ A	Mrk 7¹⁰ A		Mrk 15²⁹ A	2Tm 2¹⁸ B	Skr 8⁶ E
	Mrk 7¹¹	A	Mrk 11³ A	Mrk 11²³ A		Skr 8¹³ E	Skr 8²⁶ E	
	Mrk 13²¹	A	1Cr 1¹⁵ A	1Cr 10²⁸ A	qiþandei	Mat 26⁶⁹ C	Mat 27¹⁹ A	Jhn 11²⁸ A2
	1Cr 12¹⁵	A	1Cr 12¹⁶ A			Jhn 11³² A	Luk 1²⁴ A	Luk 3²² A
qiþaima	Luk 9⁵⁴	A				Luk 9³⁵ A	Luk 15⁹ A	Luk 18³ A
qiþaina	Mat 27⁶⁴	A				Mrk 6²⁵ A		
qiþais	Mat 8⁴	A	Mrk 1⁴⁴ A	Mrk 8²⁶ A	qiþandeins	Jhn 11³ A	Luk 4⁴¹ A	Mrk 5¹² A
	Rom 10⁶	A	Rom 11¹⁹ A		qiþandin	Jhn 18²² A	Luk 9³⁴ A	Skr 8²⁰ E
qiþaits	Luk 19³¹	A	Mrk 11³ A	Mrk 14¹⁴ A	qiþandins	Luk 3⁴ A		
qiþaiþ	Mat 10²⁷	A	Luk 10⁵ A	Luk 10¹⁰ A	qiþando	Mrk 15²⁸ A		
	Luk 17¹⁰	A	Col 4¹⁷ B		qiþands	Mat 8² A	Mat 8³ A	Mat 8⁶ A
qiþam	Jhn 8⁴⁸	A	Luk 20⁵ A	Luk 20⁶ A		Mat 9¹⁸ A	Mat 9²⁹ A	Mat 9³⁰ A
	Mrk 11³¹	A	Mrk 11³² A	Rom 7⁷ A		Mat 25⁴⁵ C	Mat 26⁷⁰ C	Mat 27⁴ A
	Rom 9¹⁴	A	Rom 9³⁰ A	1Cr 10¹⁹ A		Mat 27¹¹ A	Mat 27⁴⁶ A	Jhn 7²⁸ A
	1Th 4¹⁵	B				Jhn 7³⁷ A	Jhn 9⁶ A	Jhn 11⁴³ A
qiþan	Mat 5²¹	A	Mat 5²⁷ A	Mat 5³³ A		Jhn 12²³ A	Jhn 13²¹ A	Jhn 18¹ A
	Mat 5³⁸	A	Mat 5⁴³ A	Mat 9⁵ A2		Jhn 18³⁸ A	Luk 1⁶³ A	Luk 3¹⁶ A
	Mat 11⁷	A	Jhn 16¹² A	Luk 2²⁴ A		Luk 4⁴ A	Luk 4³⁴ A	Luk 4³⁵ A
	Luk 3⁸	A	Luk 4¹² A	Luk 5²³ A2		Luk 5⁸ A	Luk 5¹² A	Luk 5¹³ A
	Luk 6⁴²	A	Luk 7⁴⁰ A	Luk 7⁴⁹ A		Luk 7⁶ A	Luk 7¹⁹ A	Luk 7²⁰ A
	Luk 14¹⁷	A	Luk 20⁹ A	Mrk 2⁹ A2		Luk 7³⁹ A	Luk 8⁸ A	Luk 8³⁰ A
	Mrk 10²⁸	A	Mrk 10³² A	Mrk 10⁴⁷ A		Luk 8³⁸ A	Luk 8⁴⁹ A	Luk 8⁵⁰ A
	Mrk 12¹	A	Mrk 14⁶⁹ A	Rom 9¹² A		Luk 8⁵⁴ A	Luk 9¹⁸ A	Luk 9²² A
	1Cr 12²¹	A	Skr 4²⁷ E			Luk 9³⁸ A	Luk 10²⁵ A	Luk 15³ A
qiþanana	2Th 2⁴	A*				Luk 15⁶ A	Luk 17⁴ A	Luk 18² A
qiþand	Mat 7²²	A	Mat 11¹⁸ A*	Mat 11¹⁹ A*		Luk 18¹³ A	Luk 18¹⁸ A	Luk 18³⁸ A
	Jhn 7²⁶	A	Luk 6²⁶ A	Luk 9¹⁸ A		Luk 18⁴¹ A	Luk 19¹⁶ A	Luk 19¹⁸ A
	Luk 17²¹	A	Luk 17²³ A	Luk 20²⁷ A		Luk 19²⁰ A	Luk 19²⁸ A	Luk 19³⁰ A
	Luk 20⁴¹	A	Mrk 8²⁷ A	Mrk 9¹¹ A		Luk 19⁴¹ A	Luk 19⁴⁶ A	Mrk 1⁷ A
	Mrk 12¹⁸	A	Mrk 12³⁵ A	1Cr 14²³ A		Mrk 1¹⁵ A	Mrk 1²⁴ A	Mrk 1²⁵ A
	1Cr 15¹²	A	2Cr 10¹⁰ B	1Th 5³ B		Mrk 1⁴⁰ A	Mrk 3³³ A	Mrk 5²³ A
qiþandam	Mat 11¹⁷	A*	Luk 7³² A	Skr 4³ E		Mrk 8¹⁵ A	Mrk 8²⁶ A	Mrk 8²⁷ A
	Skr 8²¹	E				Mrk 8³³ A	Mrk 9²⁵ A	Mrk 9³⁸ A
qiþandan	Mat 8¹⁷	A	Mat 27⁹ A	Mrk 14⁵⁸ A		Mrk 10¹⁷ A	Mrk 11¹⁷ A	Mrk 12⁶ A
qiþandane	Luk 2¹³	A				Mrk 12²⁶ A	Mrk 14⁴⁴ A	Mrk 14⁶⁰ A
qiþandans	Mat 6³¹	A	Mat 8²⁵ A	Mat 8²⁷ A		Mrk 14⁶⁸ A	Mrk 15⁴ A	Mrk 15⁹ A
	Mat 8²⁹	A	Mat 8³¹ A	Mat 9¹⁴ A		Mrk 15³⁴ A	Mrk 15³⁶ A	1Cr 11²⁵ A
	Mat 9²⁷	A	Mat 9³³ A	Mat 25⁴⁴ C		Skr 2⁵ E	Skr 2¹⁸ E	Skr 3³ E
	Mat 26⁶⁸	C	Mat 27⁵⁴ A	Mat 27⁶³ A		Skr 3²³ E	Skr 4⁶ E	Skr 4¹² E
	Jhn 6⁵²	A	Jhn 7¹⁵ A	Jhn 9² A		Skr 4¹⁵ E	Skr 6⁵ E	Skr 6²² E
	Jhn 9¹⁹	A	Jhn 11³¹ A	Jhn 12²¹ A		Skr 7⁶ E		
	Jhn 18⁴⁰	A	Jhn 19⁶ A	Jhn 19¹² A	qiþanis	Mat 26⁷⁵ AC		

qiþano	Mat	27⁹	A	Luk	2²¹	A	Skr	5²³	E		Rom	12¹⁹	AC	Rom	14¹¹	C	Rom	15¹⁰	C
qiþanona	Luk	18³⁴	A								Rom	15¹¹	C	Rom	15¹²	C	1Cr	9⁸	A
qiþanuh	Mat	5³¹	A								1Cr	14²¹	A	1Cr	15²⁷	A	1Cr	15³⁵	A
qiþau	Jhn	12²⁷	A	Luk	1⁴¹	A	1Cr	11²²	A		2Cr	6²	AB	2Cr	6¹⁶	AB	2Cr	6¹⁷	AB
	2Cr	9⁴	AB	Php	4¹¹	B	Phm	19	A		2Cr	6¹⁸	AB	Eph	4⁸	A	Gal	4²¹	AB
qiþaus	Luk	1⁴²	A	1Tm	5²³	AB					Gal	4³⁰	B	Gal	5⁴	B	1Tm	4¹	AB
qiþeina	Luk	8⁵⁶	A	Luk	9²¹	A					Skr	6²	E	Skr	6¹⁷	E	Ver	22³⁵	V
qiþeiþ	Luk	17⁶	A							qiþiþa	Ver	8¹⁴	V*						
qiþiduh	Mrk	16⁷	A							qiþu	Luk	2²³	A						
qiþis	Mat	26⁷⁰	AC	Mat	27¹¹	A	Jhn	8³³	A	qiþuh	Mat	6²⁹	A	Luk	9²⁷	A			
	Jhn	8⁵²	A	Jhn	9¹⁷	A	Jhn	12³⁴	A	qiþuhaftom	Mrk	13¹⁷	A						
	Jhn	14⁹	A	Jhn	16²⁹	A	Jhn	18³⁴	A	qiþuhafton	1Th	5³	B						
	Jhn	18³⁷	A	Luk	8⁴⁵	A	Luk	18¹⁹	A	qius	Rom	7⁹	A						
	Mrk	5³¹	A	Mrk	10¹⁸	A	Mrk	14⁶⁸	A	qiwai	Col	2²⁰	AB						
	Mrk	15²	A	Rom	9¹⁹	A				qiwaim	Rom	14⁹	C						
qiþiþ	Mat	5²²	A2	Mat	7²¹	A	Mat	25⁴⁰	C	qiwaize	Luk	20³⁸	A	Mrk	12²⁷	A			
	Mat	25⁴¹	C	Jhn	6⁴²	A	Jhn	8²²	A	qiwana	Rom	12¹	C						
	Jhn	8⁵⁴	A	Jhn	9¹⁹	A	Jhn	9⁴¹	A	qiwans	2Tm	4¹	AB						
	Jhn	10³⁶	A	Jhn	11¹¹	A	Jhn	12²²	A	qrammiþa	Luk	8⁶	A						
	Jhn	13¹³	A	Jhn	16¹⁷	A	Jhn	16¹⁸	A2	quam	Ver	18²⁹	V						
	Luk	4²³	A	Luk	5³⁹	A	Luk	7³³	A	qum	Php	1²⁶	B	1Tm	6¹⁴	B	2Tm	4¹	AB
	Luk	7³⁴	A	Luk	9²⁰	A	Luk	9³³	A		2Tm	4⁸	AB						
	Luk	10⁹	A	Luk	17⁸	A	Luk	18⁶	A	quma	1Cr	15²³	A	2Cr	7⁶	AB	2Cr	7⁷	AB
	Luk	20³	A	Luk	20⁵	A	Luk	20³⁷	A		1Th	2¹⁹	B	1Th	3¹³	B	1Th	4¹⁵	B
	Luk	20⁴²	A	Mrk	7¹¹	A	Mrk	8²⁹	A		1Th	5²³	AB						
	Mrk	11²³	A2	Mrk	11³¹	A	Mrk	12³⁶	A	qumana	Jhn	6⁵¹	A	Skr	4¹⁹	E			
	Mrk	12³⁷	A	Mrk	14¹⁴	A	Mrk	14⁷¹	A	qumanana	Mrk	9¹	A	Skr	4¹⁵	E			
	Mrk	15¹²	A	Rom	9¹⁵	A	Rom	9¹⁷	A	qumans	Mrk	9³³	A						
	Rom	9²⁰	A	Rom	9²⁵	A	Rom	10⁶	A	qumis	1Cr	16¹⁷	B	2Th	2¹	A*			
	Rom	10⁸	A	Rom	10¹¹	A	Rom	10¹⁶	A	qums	2Cr	10¹⁰	B						
	Rom	10¹⁹	A	Rom	10²⁰	A	Rom	10²¹	A										

r

rabbaunei	Mrk	10⁵¹	A							rahniþs	Mrk	15²⁸	A						
rabbei	Jhn	6²⁵	A	Jhn	9²	A	Jhn	11⁸	A	rahnjaidau	2Tm	4¹⁶	A*						
	Mrk	9⁵	A	Mrk	11²¹	A	Mrk	14⁴⁵	A2	rahnjaina	1Tm	6¹	AB						
	Skr	4³	E							rahnjaiþ	2Th	3¹⁵	AB						
Ragawis	Luk	3³⁵	A							rahnjanda	Rom	9⁸	A						
ragin	1Cr	7²⁵	A	2Cr	8¹⁰	B	Phm	14	A	rahnjands	2Cr	5¹⁹	AB						
ragina	Col	1²⁵	AB							rahtoda	2Cr	9¹	AB						
raginam	Col	2¹⁴	B							Raibaikka	Rom	9¹⁰	A						
ragineis	Mrk	15⁴³	A	Rom	11³⁴	C	Skr	8²³	E	raidida	Skr	3¹⁴	E						
raginjam	Gal	4²	A							raidjandan	2Tm	2¹⁵	B						
raginondin	Luk	2²	A	Luk	3¹	A				raihtaba	Luk	7⁴³	A	Luk	10²⁸	A	Luk	20²¹	A
rahnei	Phm	18	A								Mrk	7³⁵	A	Gal	2¹⁴	B	2Tm	2¹⁵	B
rahneiþ	Luk	14²⁸	A							raihtamma	Luk	3⁵	A						
rahnida	Luk	7⁷	A	Php	2⁶	B	Php	3⁷	AB	raihtis	Mat	9⁵	A	Mat	9³⁷	A	Mat	11¹⁸	A
	1Tm	1¹²	B								Jhn	16⁹	A	Luk	1¹	A	Luk	1¹⁸	A
rahnidai	Rom	8³⁶	A								Luk	6⁴⁴	A	Luk	7³³	A	Luk	14²⁸	A
rahnidedun	Skr	8¹²	E								Luk	17²⁴	A	Luk	18¹⁴	A	Mrk	4⁴	A

	Mrk	6[17]	A	Mrk	7[8]	A	Mrk	7[10]	A		Jhn	16[11]	A	Rom	13[3]	AC
	Mrk	7[25]	A	Mrk	8[3]	A	Mrk	12[37]	A	reirandei	Luk	8[47]	A	Mrk	5[33]	A
	Rom	8[10]	A	Rom	10[1]	A	Rom	10[18]	A	reiro	Mrk	16[8]	A			
	Rom	11[30]	A	Rom	12[4]	C	Rom	14[2]	A	reirom	2Cr	7[15]	AB*			
	Rom	14[5]	A	1Cr	12[12]	A	2Cr	8[7]	AB	reiron	Mat	27[54]	A			
	2Cr	8[17]	AB	2Cr	10[1]	B	2Cr	10[10]	B	Resins	Luk	3[27]	A			
	Gal	2[15]	B	Gal	4[24]	B	Php	1[15]	B	rign	Mat	7[25]	A	Mat	7[27]	A
	1Th	2[18]	B	2Tm	1[10]	AB	Skr	2[2]	E	rigneiþ	Mat	5[45]	A			
	Skr	2[22]	E	Skr	2[23]	E	Skr	2[25]	E	rignida	Luk	17[29]	A			
	Skr	2[26]	E	Skr	3[22]	E	Skr	4[8]	E	rikis	Rom	12[20]	AC			
	Skr	5[2]	E	Skr	5[16]	E	Skr	8[23]	E*	rimisa	2Th	3[12]	AB			
	SkB	8[23]	E¶							rinna	1Cr	9[26]	A			
raihtos	Luk	3[4]	A	Mrk	1[3]	A				rinnaiþ	1Cr	9[24]	A			
raisida	Rom	9[17]	A:							rinnand	Jhn	7[38]	A	1Cr	9[24]	A
raka	Mat	5[22]	A							rinnandans	Mat	8[28]	A	1Cr	9[24]	A
Rama	Neh	7[30]	D*							rinnandins	Rom	9[16]	A			
rann	Luk	8[33]	A	Mrk	5[6]	A	Mrk	5[13]	A	rinnau	Gal	2[2]	AB			
	Mrk	9[25]	A							rinnon	Jhn	18[1]	A			
rasta	Mat	5[41]	A							riqis	Mat	8[12]	A	Mat	27[45]	A	Jhn	6[17]	A
raþizo	Luk	18[25]	A								Mrk	15[33]	A			
raþjo	Rom	9[27]	A							riqiz	Mat	6[23]	A2	Jhn	12[35]	A	Eph	5[8]	B*
raþjon	Jhn	6[10]	A	Luk	16[2]	A	Rom	14[12]	C	riqiza	Mat	10[27]	A	Jhn	8[12]	A	Jhn	12[35]	A
	Php	4[15]	B								Jhn	12[46]	A	Luk	1[79]	A	2Cr	6[14]	AB
raudai	Skr	3[16]	E								1Th	5[4]	B			
raupidedun	Luk	6[1]	A							riqizein	Mat	6[23]	A			
raupjan	Mrk	2[23]	A							riqizeinai	Eph	4[18]	AB			
raus	Mat	11[7]	A	Mat	27[48]	A	Luk	7[24]	A	riqizeiþ	Mrk	13[24]	A			
	Mrk	15[36]	A							riqizis	Rom	13[12]	A	1Cr	4[5]	A	Eph	5[11]	B
rausa	Mrk	15[19]	A								Eph	6[12]	AB	Col	1[13]	AB	1Th	5[5]	B
razda	Mat	26[73]	AC	Mrk	14[70]	A	1Cr	14[26]	A	riurei	1Cr	15[50]	AB			
razdai	1Cr	14[27]	A							riurein	Gal	6[8]	AB	Col	2[22]	AB
razdo	Rom	14[11]	C	1Cr	12[10]	A				riurja	2Cr	4[18]	B	2Cr	11[3]	B
razdom	Mrk	16[17]	S	1Cr	14[21]	A	1Cr	14[23]	A	riurjamma	2Cr	4[11]	B			
razdos	1Cr	13[8]	A	1Cr	14[22]	A				riurjan	Eph	4[22]	AB			
razn	Mat	7[24]	A	Mat	7[26]	A	Luk	6[48]	A	riurjana	1Cr	9[25]	A			
	Luk	6[49]	A	Luk	15[8]	A	Luk	15[25]	A	riurjand	1Cr	15[33]	A			
	Mrk	11[17]	A2							riurjo	1Cr	15[53]	AB			
razna	Mat	7[25]	A	Mat	7[27]	A	Luk	6[48]	A	rodei	Tit	2[1]	A			
	Luk	7[37]	A	Luk	17[31]	A				rodeid	Luk	6[45]	A			
raznis	Luk	6[49]	A							rodeis	Jhn	16[29]	A	Jhn	19[10]	A	Luk	20[21]	A
reik	Eph	2[2]	AB							rodeiþ	Jhn	7[18]	A	Jhn	7[26]	A	Jhn	8[44]	A2
reikam	Jhn	12[42]	A								Jhn	9[37]	A	Jhn	16[13]	A2	Luk	5[21]	A
reike	Jhn	7[48]	A	Luk	18[18]	A	Skr	8[15]	E		Mrk	2[7]	A			
	Skr	8[18]	E	Skr	8[22]	E	Skr	8[24]	E	rodida	Mat	9[18]	A	Mat	9[33]	A	Jhn	6[63]	A
reikinon	Mrk	10[42]	A								Jhn	7[13]	A	Jhn	7[46]	A	Jhn	8[12]	A
reikinoþ	Jhn	14[30]	A	Rom	15[12]	C					Jhn	8[20]	A	Jhn	8[40]	A	Jhn	8[45]	A
reikis	Mat	9[23]	A								Jhn	9[29]	A	Jhn	10[6]	A	Jhn	12[29]	A
reikistin	Jhn	18[22]	A	Mrk	3[22]	A					Jhn	12[36]	A	Jhn	12[41]	A	Jhn	12[48]	A
reikja	Luk	20[20]	A	Rom	8[38]	A:	Eph	6[12]	AB		Jhn	12[49]	A	Jhn	14[25]	A	Jhn	15[3]	A
	Col	1[16]	AB	Col	2[15]	B					Jhn	15[11]	A	Jhn	16[1]	A	Jhn	16[4]	A
reikjam	Eph	3[10]	AB								Jhn	16[6]	A	Jhn	16[25]	A	Jhn	16[33]	A
reikjane	Neh	6[17]	D								Jhn	17[1]	A	Jhn	18[20]	A2	Jhn	18[23]	A
reikje	Eph	1[21]	AB								Luk	1[55]	A	Luk	1[64]	A	Luk	1[70]	A
reikjis	1Cr	15[24]	A								Luk	2[33]	A	Luk	2[38]	A	Luk	2[50]	A
reiks	Mat	9[18]	A	Jhn	7[26]	A	Jhn	12[31]	A		Luk	7[39]	A	Luk	9[11]	A	Mrk	2[2]	A

	Mrk	4^{33}	A	Mrk	4^{34}	A	Mrk	7^{35}	A	rodjandans	Mrk	9^4	A	Eph	5^{19}	A
	Mrk	8^{32}	A	Mrk	16^{19}	S	1Cr	13^{11}	A	rodjandeins	1Tm	5^{13}	A			
	2Cr	4^{13}	B	Skr	8^7	E				rodjandin	Jhn	8^{30}	A	Luk	8^{49}	A	Mrk	5^{35}	A
rodidane	Luk	1^{45}	A								Mrk	14^{43}	A
rodidedi	Mrk	9^6	A							rodjandins	2Cr	13^3	AB
rodidedjau	Jhn	15^{22}	A	Jhn	18^{21}	A				rodjands	Luk	5^4	A	Skr	4^{18}	E	Skr	4^{23}	E
rodidedum	2Cr	7^{14}	AB								Skr	8^{25}	E
rodidedun	Luk	4^{36}	A	Luk	6^{11}	A	Neh	6^{19}	D	rohsn	Jhn	18^{15}	A
	Skr	8^{17}	E*	SkB	8^{17}	E″				rohsnai	Mat	26^{69}	C	Mrk	14^{66}	A
rodidona	Luk	2^{18}	A							Rufaus	Mrk	15^{21}	A
rodiþ	Luk	2^{17}	A	Luk	2^{20}	A	Mrk	5^{36}	A	Rumai	Gal	exp	A*	2Tm	1^{17}	AB
rodja	Jhn	7^{17}	A	Jhn	8^{25}	A	Jhn	8^{26}	A	rumis	Luk	2^7	A
	Jhn	8^{28}	A	Jhn	8^{38}	A	Jhn	14^{10}	A2	Rumonim	Rom	exp	A2
	Jhn	16^{25}	A	Jhn	17^{13}	A	Rom	7^1	A	rums	Mat	7^{13}	A
	1Cr	14^{21}	A	1Cr	15^{34}	A	2Cr	11^{17}	B2	run	Mat	8^{32}	A	2Tm	4^7	AB
rodjada	Mrk	14^9	A							runa	Mat	27^1	A	Luk	7^{30}	A	Luk	8^{43}	A
rodjai	Jhn	9^{21}	A	1Cr	14^{27}	A					Mrk	4^{11}	A	Mrk	5^{25}	A	1Cr	15^{51}	AB
rodjaiþ	Eph	4^{25}	AB								Eph	1^9	AB	Eph	3^3	B	Eph	6^{19}	B
rodjam	2Cr	2^{17}	AB	2Cr	4^{13}	B	2Cr	12^{19}	AB		Col	1^{26}	AB	Col	4^3	B	1Tm	3^9	A
rodjan	Jhn	8^{26}	A	Luk	1^{19}	A	Luk	1^{20}	A		1Tm	3^{16}	A
	Luk	1^{22}	A	Luk	4^{21}	A	Luk	4^{41}	A	runai	Eph	3^4	B
	Luk	7^{15}	A	Luk	7^{24}	A	Mrk	1^{34}	A	runnjau	Gal	2^2	AB
	Mrk	7^{37}	A	2Cr	12^4	AB	Eph	6^{20}	B	runnuþ	Gal	5^7	B*
	Php	1^{14}	B	Col	4^3	B	Col	4^4	AB	runos	Luk	8^{10}	A	Rom	11^{25}	A	1Cr	4^5	A
	1Th	2^{16}	B								1Cr	13^2	A	Eph	3^9	B	Col	1^{27}	AB
rodjand	Mrk	16^{17}	S	1Cr	14^{23}	A	1Tm	1^7	AB	runs	Luk	8^{44}	A
rodjandan	Skr	4^{16}	E						

S

s..	2Th	2^4	A								Jhn	8^{47}	A	Jhn	9^3	A	Jhn	9^8	A
sa	Mat	5^{25}	A2	Mat	5^{32}	A	Mat	5^{48}	A		Jhn	9^9	A	Jhn	9^{12}	A	Jhn	9^{16}	A
	Mat	6^{14}	A	Mat	6^{26}	A	Mat	6^{32}	A		Jhn	9^{19}	A	Jhn	9^{20}	A	Jhn	9^{24}	A
	Mat	7^{13}	A	Mat	7^{14}	A	Mat	7^{17}	A		Jhn	9^{30}	A	Jhn	9^{33}	A	Jhn	9^{37}	A
	Mat	7^{21}	A	Mat	8^8	A2	Mat	8^{13}	A		Jhn	10^2	A	Jhn	10^{11}	A	Jhn	10^{12}	A
	Mat	8^{17}	A	Mat	8^{27}	A	Mat	9^3	A		Jhn	10^{13}	A	Jhn	10^{14}	A	Jhn	11^{27}	A
	Mat	9^6	A	Mat	9^{11}	A	Mat	9^{15}	A		Jhn	11^{37}	A2	Jhn	11^{44}	A	Jhn	12^1	A
	Mat	9^{33}	A	Mat	10^{23}	A	Mat	10^{40}	A2		Jhn	12^3	A	Jhn	12^4	A	Jhn	12^{13}	A
	Mat	10^{41}	A2	Mat	11^3	A	Mat	11^{10}	A		Jhn	12^{26}	A	Jhn	12^{31}	A	Jhn	12^{34}	A2
	Mat	11^{11}	A	Mat	11^{14}	A	Mat	11^{19}	A		Jhn	13^{26}	A	Jhn	14^6	A	Jhn	14^{10}	A
	Mat	25^{40}	C	Mat	26^{68}	C	Mat	26^{71}	A		Jhn	14^{21}	A	Jhn	14^{22}	A	Jhn	14^{26}	A3
	Mat	27^3	A	Mat	27^{11}	A	Mat	27^{14}	A		Jhn	15^4	A	Jhn	15^{26}	A	Jhn	16^{11}	A
	Mat	27^{15}	A	Mat	27^{47}	A	Mat	27^{54}	A		Jhn	17^5	A	Jhn	17^{12}	A	Jhn	18^2	A
	Jhn	6^{14}	A2	Jhn	6^{33}	A	Jhn	6^{35}	A		Jhn	18^5	A	Jhn	18^{12}	A	Jhn	18^{13}	A
	Jhn	6^{41}	A	Jhn	6^{42}	A3	Jhn	6^{45}	A		Jhn	18^{16}	A	Jhn	18^{19}	A	Jhn	18^{30}	A
	Jhn	6^{46}	A	Jhn	6^{48}	A	Jhn	6^{50}	A		Jhn	18^{40}	A	Jhn	19^5	A2	Jhn	19^{11}	A
	Jhn	6^{51}	A3	Jhn	6^{52}	A	Jhn	6^{57}	A		Luk	1^{13}	A	Luk	1^{19}	A2	Luk	1^{28}	A
	Jhn	6^{58}	A	Jhn	6^{71}	A	Jhn	7^{15}	A		Luk	1^{35}	A	Luk	1^{36}	A	Luk	1^{38}	A
	Jhn	7^{25}	A	Jhn	7^{26}	A	Jhn	7^{31}	A		Luk	1^{49}	A	Luk	2^{10}	A	Luk	2^{25}	A
	Jhn	7^{35}	A	Jhn	7^{39}	A	Jhn	7^{40}	A2		Luk	2^{34}	A	Luk	2^{43}	A	Luk	2^{48}	A
	Jhn	7^{41}	A	Jhn	7^{46}	A	Jhn	8^{19}	A		Luk	3^{11}	A	Luk	3^{15}	A	Luk	3^{19}	A

	Luk	3²²	*A2*	Luk	4⁶	*A*	Luk	4²²	*A*		Col	4¹²	*A2B*	Col	4¹⁴	*B*	1Th	3⁵	*B*
	Luk	4²⁷	*A*	Luk	4³⁴	*A*	Luk	4³⁵	*A*		1Th	5⁴	*B*	2Th	2⁴	*A*	1Tm	2⁶	*AB*
	Luk	5²¹	*A*	Luk	5²⁴	*A*	Luk	5³⁴	*A*		1Tm	5¹⁸	*A*	1Tm	6¹⁵	*B*	2Tm	4⁸	*AB*
	Luk	5³⁵	*A*	Luk	5³⁶	*A*	Luk	6⁵	*A*		Phm	²³	*A*	Neh	7²	*D*	Skr	1⁸	*E*
	Luk	6⁴⁷	*A*	Luk	6⁴⁹	*A*	Luk	7⁶	*A*		Skr	3²⁴	*E*	Skr	4⁴	*E*	Skr	4¹³	*E*
	Luk	7⁷	*A*	Luk	7¹⁵	*A*	Luk	7¹⁹	*A*		Skr	4¹⁸	*E*	Skr	4²⁷	*E*⁺°	Skr	5¹²	*E*
	Luk	7²⁰	*A2*	Luk	7²⁷	*A*	Luk	7²⁸	*A*		Skr	5¹⁴	*E*	Skr	7²²	*E*	Skr	8⁷	*E*
	Luk	7³³	*A*	Luk	7³⁹	*A2*	Luk	7⁴⁹	*A*		Skr	8²³	*E*						
	Luk	8²⁵	*A*	Luk	8³³	*A*	Luk	8³⁶	*A*	Sabailliaus	Skr	4²⁶	*E*	Skr	5¹³	*E*			
	Luk	8³⁸	*A*	Luk	8⁴⁴	*A*	Luk	8⁴⁵	*A2*	sabana	Mat	27⁵⁹	*A*						
	Luk	9⁷	*A*	Luk	9⁹	*A*	Luk	9³⁵	*A2*	Sabaoþ	Rom	9²⁹	*A*						
	Luk	9⁴²	*A*	Luk	9⁴⁸	*A2*	Luk	14¹⁸	*A*	sabbataus	Luk	18¹²	*A*						
	Luk	14²¹	*A2*	Luk	14²²	*A*	Luk	14²³	*A*	sabbate	Jhn	9¹⁶	*A*	Mrk	16¹	*A*	1Cr	16²	*AB*
	Luk	14³⁰	*A*	Luk	15²	*A*	Luk	15¹²	*A*	sabbatim	Luk	4³¹	*A*	Mrk	2²⁴	*A*	Mrk	3⁴	*A*
	Luk	15¹³	*A*	Luk	15²¹	*A*	Luk	15²²	*A*	sabbato	Jhn	7²²	*A*	Jhn	7²³	*A2*	Jhn	9¹⁴	*A*
	Luk	15²⁴	*A*	Luk	15²⁵	*A*	Luk	15³⁰	*A*		Luk	4¹⁶	*A*	Luk	6¹	*A*	Luk	6²	*A*
	Luk	16¹	*A*	Luk	16³	*A*	Luk	16⁸	*A*		Luk	6⁵	*A*	Luk	6⁶	*A*	Luk	6⁷	*A*
	Luk	16¹⁰	*A*	Luk	16¹⁸	*A*	Luk	16²²	*A*		Luk	6⁹	*A*	Mrk	1²¹	*A*	Mrk	2²³	*A*
	Luk	17¹⁸	*A*	Luk	18¹¹	*A2*	Luk	18¹³	*A*		Mrk	2²⁷	*A2*	Mrk	2²⁸	*A*	Mrk	3²	*A*
	Luk	18¹⁴	*A*	Luk	19⁹	*A*	Luk	19¹⁶	*A*		Mrk	6²	*A*	Mrk	15⁴²	*A*	Mrk	16⁹	*A*
	Luk	19²⁰	*A*	Luk	19³⁸	*A*	Luk	20¹³	*A*	sabbatum	Col	2¹⁶	*B*						
	Luk	20¹⁴	*A2*	Luk	20²⁸	*A*	Luk	20²⁹	*A*	sad	Luk	15¹⁶	*A*						
	Luk	20³⁰	*A*	Mrk	1⁷	*A*	Mrk	1¹¹	*A*	sada	Mrk	7²⁷	*A*						
	Mrk	1²⁴	*A*	Mrk	1²⁶	*A*	Mrk	2⁴	*A*	sadai	Jhn	6¹²	*A*	Jhn	6²⁶	*A*	Luk	6²¹	*A*
	Mrk	2⁷	*A*	Mrk	2²⁰	*A*	Mrk	2²¹	*A*		Luk	9¹⁷	*A*	Mrk	8⁸	*A*	1Cr	4⁸	*A*
	Mrk	2²⁸	*A*	Mrk	3²⁵	*A*	Mrk	3³⁵	*A*		Skr	7²³	*E*						
	Mrk	4³	*A*	Mrk	4¹⁴	*A*	Mrk	4³⁹	*A*	sadans	Luk	6²⁵	*A*						
	Mrk	4⁴¹	*A*	Mrk	5²⁹	*A*	Mrk	6³	*A2*	Saddukaie	Luk	20²⁷	*A*						
	Mrk	6¹⁴	*A*	Mrk	6¹⁶	*A*	Mrk	6¹⁷	*A*	Saddukaieis	Mrk	12¹⁸	*A*						
	Mrk	6²⁶	*A*	Mrk	6²⁷	*A*	Mrk	9⁷	*A2*	sads	Php	4¹²	*B*						
	Mrk	9²⁰	*A*	Mrk	9²⁴	*A*	Mrk	10⁴⁷	*A*	saei	Mat	5¹⁹	*A2*	Mat	5²¹	*A*	Mat	5²²	*A2*
	Mrk	10⁵¹	*A*	Mrk	11⁹	*A*	Mrk	11²⁵	*A*		Mat	5²⁸	*A*	Mat	5³¹	*A*	Mat	5³²	*A*
	Mrk	11²⁶	*A*	Mrk	12⁷	*A2*	Mrk	12¹¹	*A*		Mat	6⁴	*A*	Mat	6⁶	*A*	Mat	6¹⁸	*A*
	Mrk	12¹⁶	*A*	Mrk	12²⁰	*A*	Mrk	12²¹	*A*		Mat	7²¹	*A*	Mat	7²⁴	*A2*	Mat	7²⁶	*A2*
	Mrk	12³²	*A*	Mrk	13¹⁸	*A*	Mrk	14¹⁵	*A*		Mat	10³²	*A2*	Mat	10³³	*A2*	Mat	10³⁷	*A2*
	Mrk	14⁴²	*A*	Mrk	14⁴⁴	*A2*	Mrk	14⁶⁰	*A*		Mat	10³⁸	*A*	Mat	10³⁹	*A2*	Mat	10⁴²	*A*
	Mrk	14⁶¹	*A2*	Mrk	14⁶³	*A*	Mrk	14⁶⁹	*A*		Mat	11⁶	*A*	Mat	11¹⁰	*A*	Mat	11¹⁴	*A*
	Mrk	15⁷	*A*	Mrk	15²⁶	*A*	Mrk	15²⁹	*A*		Mat	11¹⁵	*A*	Mat	27¹⁷	*A*	Mat	27⁵⁷	*A*
	Mrk	15³²	*A2*	Mrk	15³⁹	*A4*	Mrk	16⁴	*A*		Mat	27⁶²	*A*	Jhn	5⁴⁵	*A*	Jhn	6⁹	*A*
	Mrk	16¹⁶	*S*	Rom	8⁹	*A*	Rom	9¹²	*A*		Jhn	6³³	*A*	Jhn	6⁴⁰	*A*	Jhn	6⁴⁴	*A*
	Rom	9³³	*A*	Rom	10¹	*A*	Rom	10⁵	*A*		Jhn	6⁴⁶	*A*	Jhn	6⁴⁷	*A*	Jhn	6⁵⁰	*A2*
	Rom	10¹¹	*A*	Rom	10¹²	*A*	Rom	11²⁶	*A*		Jhn	6⁵⁴	*A*	Jhn	6⁵⁶	*A*	Jhn	6⁵⁷	*A*
	Rom	12⁸	*A3*	Rom	13²	*AC*	Rom	14³	*A2*		Jhn	6⁵⁸	*A2*	Jhn	6⁶³	*A*	Jhn	6⁶⁴	*A*
	Rom	15¹²	*C*	Rom	16²²	*A*	Rom	16²³	*A*		Jhn	7¹⁸	*A2*	Jhn	7²⁸	*A*	Jhn	7³⁸	*A*
	1Cr	1²¹	*A*	1Cr	7¹³	*A*	1Cr	7¹⁴	*A*		Jhn	7⁵⁰	*A*	Jhn	8¹²	*A*	Jhn	8¹⁶	*A*
	1Cr	7¹⁵	*A*	1Cr	8¹¹	*A*	1Cr	11²⁵	*A*		Jhn	8¹⁸	*A2*	Jhn	8²⁶	*A*	Jhn	8²⁹	*A*
	1Cr	12¹¹	*A*	1Cr	15⁹	*A*	1Cr	15⁴⁷	*A2*		Jhn	8³⁴	*A*	Jhn	8⁵⁰	*A*	Jhn	8⁵³	*A*
	1Cr	15⁴⁸	*A2B*	2Cr	1²¹	*AB*	2Cr	2²	*AB*		Jhn	8⁵⁴	*A*	Jhn	9⁸	*A*	Jhn	9¹³	*A*
	2Cr	2⁷	*AB*	2Cr	4¹⁴	*B*	2Cr	4¹⁶	*B*B:		Jhn	9²⁴	*A*	Jhn	9³⁷	*A*	Jhn	10¹	*A*
	2Cr	5¹	*B*	2Cr	7⁶	*AB*	2Cr	9¹⁰	*B*		Jhn	10¹²	*A*	Jhn	11¹⁶	*A*	Jhn	11²⁵	*A*
	2Cr	10¹¹	*B*	2Cr	10¹⁷	*B*	2Cr	11⁴	*B*		Jhn	11²⁶	*A*	Jhn	12²⁵	*A2*	Jhn	12³⁵	*A*
	2Cr	11³¹	*B*	Eph	2¹⁴	*AB*	Eph	4¹⁰	*A*		Jhn	12⁴⁴	*A*	Jhn	12⁴⁵	*A*	Jhn	12⁴⁶	*A*
	Eph	6²¹	*B*	Gal	2³	*AB*	Gal	4²³	*AB2*		Jhn	12⁴⁸	*A*	Jhn	12⁴⁹	*A*	Jhn	13¹⁸	*A*
	Gal	4²⁹	*B*	Gal	5¹⁰	*B2*	Gal	6⁶	*AB*		Jhn	13²⁰	*A2*	Jhn	14⁹	*A*	Jhn	14¹⁰	*A*
	Col	3²⁵	*B*	Col	4⁷	*AB*	Col	4¹⁰	*AB*		Jhn	14¹²	*A*	Jhn	14²¹	*A3*	Jhn	14²⁴	*A*

	Jhn	14³⁰	A	Jhn	15⁵	A	Jhn	15⁶	A	sah	Mat	5¹⁹	A	Mat	27⁵⁸	A	Jhn	7¹⁸	A
	Jhn	15²³	A	Jhn	18¹³	A	Jhn	18¹⁴	A		Jhn	8³⁵	A	Jhn	10¹	A	Jhn	12⁴⁹	A
	Jhn	18¹⁶	A	Jhn	18³⁷	A	Luk	1³⁵	A		Jhn	18¹⁰	A	Jhn	18¹⁵	A	Jhn	18²⁶	A
	Luk	1⁶¹	A	Luk	2¹¹	A	Luk	3¹¹	A		Jhn	18⁴⁰	A	Luk	1³²	A	Luk	3¹⁶	A
	Luk	5¹⁸	A	Luk	5²¹	A	Luk	6¹⁶	A		Luk	8⁴¹	A	Luk	16²⁰	A	Luk	17¹⁶	A
	Luk	6⁴⁸	A	Luk	7²	A	Luk	7²³	A		Luk	19²	A	Luk	20¹⁷	A	Mrk	6¹⁶	A
	Luk	7²⁷	A	Luk	7³⁹	A	Luk	7⁴⁹	A		Mrk	12¹⁰	A	Skr	2¹²	E	Skr	3²⁶	E
	Luk	8⁸	A	Luk	8¹⁸	A2	Luk	8²⁷	A		Skr	6¹⁸	E						
	Luk	9²⁴	A2	Luk	9²⁶	A	Luk	9⁴⁸	A2	saƀɔ	Jhn	6⁴⁶	A	Jhn	12⁴¹	A	Jhn	18²⁶	A
	Luk	9⁵⁰	AA⁼	Luk	10¹⁶	A3	Luk	14¹⁰	A		Luk	20³⁷	A	1Cr	9¹	A	Col	2¹⁸	B
	Luk	14¹¹	A2	Luk	14¹⁵	A	Luk	14²⁷	A		1Tm	6¹⁶	B						
	Luk	14³³	A	Luk	14³⁵	A	Luk	15³⁰	A	saƀazuh	Mat	10³²	A	Jhn	16²	A	Jhn	19¹²	A
	Luk	16¹	A	Luk	16¹⁰	A	Luk	16¹⁸	A		Luk	7²³	A	Luk	9⁴⁸	A2	Luk	18¹⁴	A
	Luk	17⁷	A	Luk	17³¹	A2	Luk	17³³	A2		Mrk	9³⁷	A	Mrk	9⁴²	A	Mrk	10¹¹	A
	Luk	18¹⁴	A2	Luk	18¹⁷	A	Luk	18³⁰	A		Mrk	10⁴³	A	Gal	5¹⁰	B			
	Luk	20²	A	Luk	20¹⁸	A	Mrk	1²	A	saƀt	Jhn	8⁵⁷	A						
	Mrk	3¹⁹	A	Mrk	3²⁹	A	Mrk	3³⁵	A	sai	Mat	8²	A	Mat	8²⁴	A	Mat	8²⁹	A
	Mrk	4⁹	A	Mrk	4²⁵	A2	Mrk	5³	A		Mat	8³²	A	Mat	8³⁴	A	Mat	9¹⁰	A
	Mrk	5¹⁵	A	Mrk	5¹⁸	A	Mrk	7¹⁰	A		Mat	9²⁰	A	Mat	9³²	A	Mat	11⁸	A
	Mrk	8³⁴	A	Mrk	8³⁵	A2	Mrk	8³⁸	A		Mat	11¹⁰	A	Mat	11¹⁹	A‡	Mat	26⁶⁵	C
	Mrk	9³⁷	A2	Mrk	9³⁸	A	Mrk	9³⁹	A		Jhn	7²⁶	A	Jhn	7⁴⁸	A	Jhn	11³	A
	Mrk	9⁴⁰	A	Mrk	9⁴¹	A	Mrk	9⁴²	A		Jhn	11³⁶	A	Jhn	12¹⁵	A	Jhn	12¹⁹	A
	Mrk	10¹¹	A	Mrk	10¹⁵	A	Mrk	10²⁹	A		Jhn	16²⁹	A	Jhn	16³²	A	Jhn	18²¹	A
	Mrk	10³⁰	A	Mrk	10⁴³	A	Mrk	10⁴⁴	A		Jhn	19⁴	A	Jhn	19⁵	A‡	Luk	1²⁰	A‡
	Mrk	15⁴²	A	Mrk	15⁴³	A	Mrk	16¹⁶	S		Luk	1³¹	A	Luk	1³⁶	A	Luk	1³⁸	A
	Rom	8³⁴	A2	Rom	9⁵	A	Rom	10¹³	A		Luk	1⁴⁴	A	Luk	1⁴⁸	A	Luk	2¹⁰	A
	Rom	13⁸	A	Rom	14²	A	Rom	14¹⁸	C		Luk	2³⁴	A	Luk	2⁴⁸	A	Luk	5¹²	A
	1Cr	4⁴	A	1Cr	4⁵	A	1Cr	7²²	A2		Luk	5¹⁸	A	Luk	6²³	A	Luk	7¹²	A
	1Cr	9²⁵	A	1Cr	11²⁷	A	1Cr	11²⁹	A		Luk	7²⁵	A	Luk	7²⁷	A	Luk	7³⁴	A
	1Cr	15¹⁰	A	2Cr	1⁴	B	2Cr	1¹⁹	AB		Luk	7³⁷	A	Luk	8⁴¹	A	Luk	9³⁰	A
	2Cr	2²	AB	2Cr	4⁴	AB	2Cr	4⁶	A2B2		Luk	9³⁸	A	Luk	9³⁹	A	Luk	10³	A
	2Cr	5⁵	A2B2	2Cr	8¹⁵	AB2	2Cr	8²³	AB		Luk	10¹⁹	A	Luk	10²⁵	A	Luk	15²⁹	A
	2Cr	9⁶	A2B2	2Cr	10¹⁸	B	2Cr	13³	AB		Luk	17²¹	A3	Luk	17²³	A2	Luk	18²⁸	A
	Eph	1⁹	AB	Eph	2¹⁴	AB	Eph	4⁶	A		Luk	18³¹	A	Luk	19²	A	Luk	19⁸	A
	Eph	4¹⁰	A2	Eph	4²⁸	AB	Eph	5²⁸	A		Luk	19²⁰	A	Mrk	1²	A	Mrk	1¹²	A
	Gal	1²³	AB	Gal	2⁸	AB	Gal	3⁵	A		Mrk	2²⁴	A	Mrk	3³²	A	Mrk	3³⁴	A
	Gal	5¹⁰	B	Gal	6⁸	A2B2	Php	2⁶	B		Mrk	4³	A	Mrk	5²²	A	Mrk	10²³	A
	Php	3²¹	AB	Col	1⁷	B	Col	1⁸	B		Mrk	10²⁸	A	Mrk	10³³	A	Mrk	11²¹	A
	Col	1¹²	AB	Col	1¹³	AB	Col	1¹⁵	AB		Mrk	13²¹	A2	Mrk	13²³	A	Mrk	14⁴¹	A
	Col	1¹⁸	AB	Col	1²⁴	A⁼B⁼	Col	2¹²	B		Mrk	14⁴²	A	Mrk	15⁴	A	Mrk	15³⁵	A
	Col	3¹⁰	B	Col	4⁹	AB	Col	4¹¹	AB		Mrk	16⁶	A	Rom	7⁶	A	Rom	9³³	A
	1Th	2¹²	B	1Th	4⁸	B2	1Th	5¹⁰	B		Rom	11²²	A	1Cr	15⁵¹	AB	2Cr	5¹⁷	AB
	1Th	5²⁴	A2B2	2Th	2¹⁶	B	2Th	3³	B		2Cr	6²	A2B2	2Cr	6⁹	AB	2Cr	8¹¹	AB
	1Tm	2⁴	AB	1Tm	3¹⁵	A	1Tm	3¹⁶	A*		2Cr	8²²	AB	2Cr	12¹⁴	AB	Eph	2¹³	AB
	1Tm	4¹⁰	B	1Tm	6¹⁶	B	2Tm	1¹⁴	AB		Eph	2¹⁹	AB	Gal	1²⁰	B	Gal	4⁹	A
	2Tm	2¹⁹	B	2Tm	4¹	AB	Skr	1¹	E		Gal	5²	B	Gal	6¹¹	AB	1Th	3⁸	B
	Skr	1⁸	E	Skr	2⁶	E	Skr	2¹⁹	E		Skr	1⁸	E	Skr	4⁴	E	Skr	8¹⁴	E*
	Skr	4³	E	Skr	6¹⁷	E	Skr	7²	E		SkB	8¹⁴	E¶	Ver	22³⁵	V			
	Skr	7³	E	Skr	7²²	E				saiada	Mrk	4¹⁵	A	Mrk	4³¹	A	Mrk	4³²	A
saggqa	Mat	8¹¹	A							saian	Luk	8⁵	A	Mrk	4³	A	Ver	22³⁵	V
saggqjand	1Tm	6⁹	AB							saianans	Mrk	4¹⁶	A	Mrk	4¹⁸	A	Mrk	4²⁰	A
saggwa	1Tm	4¹³	B							saiand	Mat	6²⁶	A						
saggwim	Eph	5¹⁹	A	Col	3¹⁶	B				saiandan	2Cr	9¹⁰	B						
saggwins	Luk	15²⁵	A							saiands	Luk	8⁵	A	Mrk	4³	A	Ver	22³⁵	V*
sagq	Luk	4⁴⁰	A							saihs	Luk	4²⁵	A	Mrk	9²	A	1Tm	5⁹	AB

saihsta	Luk	1³⁶	A							Mrk	8³⁵	A	Mrk	10⁴⁵	A	1Th	5²³ AB
saihstin	Luk	1²⁶	A					saiwalai	Mat	6²⁵	A	Mat	10²⁸	A2	Mat	10³⁹	A
saihsto	Mrk	15³³	A						Luk	9²⁴	A	Luk	10²⁷	A	Mrk	8³⁵	A
saihston	Mat	27⁴⁵	A						Mrk	8³⁶	A	Mrk	12³⁰	A	Mrk	12³³	A
saiƕ	Mat	8⁴	A	Jhn	7⁵²	A	Jhn	11³⁴	A	2Cr	1²³	AB	Php	1²⁷	B	Php	2³⁰ AB
	Mrk	1⁴⁴	A	2Cr	7¹¹	A⁻B	Col	4¹⁷	B	Col	3²³	B	Skr	2²²	E		
	Skr	8²⁷	E					saiwalo	Rom	13¹	AC						
saiƕa	Jhn	9¹⁵	A	Jhn	9²⁵	A	Jhn	16²²	A	saiwalom	Luk	9⁵⁶	A					
saiƕaima	Jhn	6³⁰	A	Luk	2¹⁵	A				saiwalos	Mrk	8³⁷	A	2Cr	12¹⁵	AB	Skr	4⁸ E
saiƕaina	Jhn	7³	A	Jhn	9³⁹	A	Jhn	17²⁴	A	saiwe	DeN	1⁴	N*	DeN	2⁴	N	DeN	3⁴ N
	Luk	8¹⁶	A	Mrk	4¹²	A					DeN	4⁴	N					
saiƕaiþ	1Cr	16¹⁰	B							Saixaineiins	Neh	6¹⁸	D					
saiƕam	Mat	27⁴⁹	A	Mrk	15³⁶	A	1Cr	13¹²	A	sak	Luk	19³⁹	A					
saiƕan	Mat	6¹	A	Mat	11⁷	A	Mat	11⁸	A	sakan	2Tm	2²⁴	AB					
	Mat	11⁹	A	Luk	2²⁶	A	Luk	7²⁴	A	sakjons	2Tm	2²³	AB					
	Luk	7²⁵	A	Luk	7²⁶	A	Luk	8³⁵	A	sakkau	Mat	11²¹	A					
	Luk	10²⁴	A	Luk	14¹⁸	A	Mrk	5¹⁴	A	sakkum	Luk	10¹³	A					
	Mrk	5³²	A	1Cr	16⁷	AB	1Tm	6¹⁶	B*	sakuls	1Tm	3³	AB					
saiƕand	Luk	10²³	A							Salamis	Luk	3³⁵	A					
saiƕandans	Jhn	9⁸	A	Jhn	9³⁹	A	Jhn	11⁴⁵	A	Salaþielis	Luk	3²⁷	A					
	Luk	8¹⁰	A	Mrk	4¹²	A				salbo	Mat	6¹⁷	A					
saiƕandeins	Mat	27⁵⁵	A	Mrk	15⁴⁰	A				salboda	Jhn	11²	A					
saiƕands	Jhn	9⁷	A	Luk	9⁶²	A	Mrk	5²²	A	salbodes	Luk	7⁴⁶	A					
saiƕats	Mat	9³⁰	A							salbon	Mrk	14⁸	A					
saiƕis	Mrk	5³¹	A	Mrk	12¹⁴	A				salbonais	Jhn	12³	A					
saiƕiþ	Mat	5²⁸	A	Mat	6⁴	A	Mat	6⁶	A	salbonds	2Cr	1²¹	AB					
	Mat	6¹⁸	A	Jhn	6⁴⁰	A	Jhn	9¹⁹	A	saldra	Eph	5⁴	B					
	Jhn	9²¹	A	Jhn	12¹⁹	A	Jhn	12⁴⁵	A2	salida	Jhn	10⁴⁰	A	Jhn	11⁶	A		
	Jhn	14¹⁷	A	Jhn	14¹⁹	A2	Jhn	16¹⁰	A	salidedun	Mrk	14¹²	A					
	Jhn	16¹⁶	A	Jhn	16¹⁷	A	Jhn	16¹⁹	A	saliþwos	Jhn	14²	A	Jhn	14²³	A	Mrk	14¹⁴ A
	Luk	8¹⁸	A	Luk	10²³	A	Luk	10²⁴	A		Phm	22	A					
	Mrk	4²⁴	A	Mrk	8¹⁵	A	Mrk	12³⁸	A	salja	1Cr	16⁶	AB	1Cr	16¹⁹	B		
	Mrk	13²³	A	1Cr	10¹⁸	A	1Cr	16¹⁰	A	saljada	1Cr	10¹⁹	A					
	2Cr	10⁷	B	Gal	5¹⁵	B	Php	3²	A3B3	saljaina	Luk	9¹²	A					
	1Th	5¹⁵	B							saljaiþ	Mrk	6¹⁰	A					
saiiþ	2Cr	9⁶	B2	Gal	6⁷	B	Gal	6⁸	B2	saljan	Jhn	16²	A	Luk	1⁹	A	1Cr	16⁷ AB
saijands	Mrk	4¹⁴	A								1Tm	1³	AB					
saijiþ	Mrk	4¹⁴	A	2Cr	9⁶	A2	Gal	6⁷	A	saljand	1Cr	10²⁰	A2					
	Gal	6⁸	A2							saljiþ	Luk	9⁴	A					
Sailaumis	Neh	7⁴⁵	D							Salmonis	Luk	3³²	A					
Saimaieinis	Luk	3²⁶	A							Salome	Mrk	15⁴⁰	A	Mrk	16¹	A		
sainjau	1Tm	3¹⁵	A							salt	Luk	14³⁴	A2	Mrk	9⁵⁰	A3		
sair	1Th	5³	B							salta	Mrk	9⁴⁹	A	Col	4⁶	AB		
sairam	1Tm	6¹⁰	AB							saltada	Mrk	9⁴⁹	A2					
Sairokis	Luk	3³⁵	A							sama	Rom	10¹²	A	1Cr	12¹¹	A	Eph	6⁹ AB
saislep	Mat	8²⁴	A								Skr	5¹³	E	Skr	5¹⁴	E	Skr	7²² E
saiso	Luk	8⁵	A	Luk	19²²	A	Mrk	4⁴	A	samafraþjai	Php	2²	B					
saisost	Luk	19²¹	A							samakunjans	Rom	9³	A					
saiwa	Luk	5¹	A	Luk	5²	A				samalaud	Luk	6³⁴	A					
saiwala	Mat	6²⁵	A	Mat	10³⁹	A	Jhn	10¹¹	A	samaleika	Mrk	14⁵⁹	A					
	Jhn	10¹⁵	A	Jhn	10¹⁷	A	Jhn	10²⁴	A	samaleiko	Jhn	6¹¹	A	Luk	3¹¹	A	Luk	5³³ A
	Jhn	12²⁵	A2	Jhn	12²⁷	A	Jhn	13³⁷	A		Luk	6²⁶	A	Luk	6³¹	A	Luk	17²⁸ A
	Jhn	13³⁸	A	Jhn	15¹³	A	Luk	1⁴⁶	A		Luk	17³¹	A	Luk	20³¹	A2	Mrk	4¹⁶ A
	Luk	2³⁵	A	Luk	6⁹	A	Luk	9²⁴	A		Mrk	12²¹	A	Mrk	12²²	A	Mrk	15³¹ A
	Luk	14²⁶	A	Luk	17³³	A	Mrk	3⁴	A		1Cr	7²²	A	1Cr	11²⁵	A	1Tm	2⁹ AB

	1Tm	3¹¹	A	1Tm	5²⁵	AB	SkB	7¹⁵	E¤	Satanan	Luk	10¹⁸	A	Mrk	3²³	A
samaleikoh	Luk	5¹⁰	A	Skr	7¹⁵	E°				Satanas	Mrk	3²³	A	Mrk	4¹⁵	A
samaleikos	Mrk	14⁵⁶	A							Satanin	Mrk	1¹³	A	2Cr	2¹¹	AB	1Tm	1²⁰	AB
samam	2Cr	12¹⁸	AB							Satanins	2Cr	12⁷	AB
saman	1Cr	10³	A	2Cr	4¹³	B				satida	1Th	5⁹	B
samana	Luk	15¹³	A	Luk	17³⁵	A	Mrk	12²⁸	A	satidai	1Th	3³	B
	1Cr	14²³	A	2Cr	7³	B	Php	1²⁷	B	satidedun	Luk	17²⁸	A
	Col	4³	B	1Th	5¹⁰	B	1Tm	5¹³	A	satiþ	1Tm	1⁹	AB
	Skr	1²	E	Cal	2²⁰	A				satjaidau	Mrk	4²¹	A2
samaqisse	2Cr	6¹⁵	AB	2Cr	6¹⁶	AB				satjaiþ	Rom	14¹³	C
Samareite	Luk	9⁵²	A							satjiþ	Luk	8¹⁶	A⁻	1Cr	9⁷	A
Samareites	Jhn	8⁴⁸	A	Luk	17¹⁶	A				saþ	Luk	16²¹	A
Samarian	Luk	17¹¹	A							sau	Jhn	9²	A	Jhn	9¹⁹	A
samasaiwalai	Php	2²	B							saud	Rom	12¹	C
samaþ	Mrk	9²⁵	A	1Cr	5⁴	A	1Cr	7⁵	A	Saudauma	Rom	9²⁹	A
	1Cr	14²⁶	A							Saudaumim	Luk	17²⁹	A
samin	Luk	2⁸	A	Luk	17³⁴	A	Mrk	10⁸	A	Saudaumjam	Mat	11²³	A*	Luk	10¹²	A	Mrk	6¹¹	A
	Rom	9²¹	A	2Cr	12¹⁸	AB	Eph	2¹⁴	AB	Saudaumje	Mat	11²⁴	A
	Skr	5²⁷	E							saudim	Mrk	12³³	A
samjan	Gal	6¹²	AB							sauhte	Luk	5¹⁵	A	Luk	6¹⁸	A	Luk	8²	A
samjandans	Col	3²²	B								1Tm	5²³	AB
samo	Mat	5⁴⁶	A	Mat	5⁴⁷	A	Mat	27⁴⁴	A	sauhtim	Luk	4⁴⁰	A	Luk	7²¹	A	Mrk	1³⁴	A
	Luk	6³³	A	Mrk	10¹⁰	A	Rom	12⁴	C	sauhtins	Mat	8¹⁷	A	Mat	9³⁵	A	Luk	9¹	A
	Rom	12¹⁶	A	Rom	15⁵	C	1Cr	10⁴	A		Mrk	3¹⁵	A
	1Cr	11⁵	A	2Cr	3¹⁴	AB	2Cr	6¹³	AB	sauil	Mrk	1³²	A	Mrk	13²⁴	A
	2Cr	13¹¹	AB	Eph	6⁹	B	Php	2²	B	Saulaumon	Mat	6²⁹	A
	Php	3¹⁶	AA=	Php	3¹⁶	BB=	Php	4²	AB	Saulaumonis	Jhn	10²³	A
	1Th	2¹⁴	B							sauleis	Gal	2⁹	B*
samon	Luk	6³⁸	A	2Cr	3¹⁸	AB	2Cr	8¹⁶	AB	sauls	1Tm	3¹⁵	A
	Php	1³⁰	B	Php	2²	B	Php	3¹⁶	A	Saur	Luk	4²⁷	A
samona	Php	3¹	AB							Saurais	Gal	1²¹	B
samono	2Cr	1⁶	B							saurga	Jhn	16²⁰	A	Jhn	16²¹	A	Jhn	16²²	A
sandeiþ	Jhn	14²⁶	A								Rom	9²	A	2Cr	2³	AB	2Cr	7¹⁰	A2B2
sandida	Jhn	6⁴⁴	A	Jhn	7²⁸	A	Jhn	8¹⁶	A		2Cr	11²⁸	B
	Jhn	8¹⁸	A	Jhn	8²⁶	A	Jhn	8²⁹	A	saurgai	2Cr	2¹	AB	2Cr	2⁷	AB
	Jhn	12⁴⁹	A	Skr	6¹⁷	E				saurgaideduþ	2Cr	7⁹	AB
sandidedun	Neh	6¹⁷	D							saurgaiþ	Mat	6²⁸	A	2Cr	2⁴	AB	1Th	4¹³	B
sandja	Jhn	16⁷	A	Luk	20¹³	A	1Cr	16³	AB	saurgan	2Cr	7¹¹	AB
sandjan	Luk	20¹¹	A	Luk	20¹²	A	Php	2²³	B	saurgandans	Jhn	16²⁰	A	2Cr	6¹⁰	AB
	Php	2²⁵	B							saurgom	Luk	8¹⁴	A
sandjandan	Mat	10⁴⁰	A	Jhn	12⁴⁵	A	Jhn	13²⁰	A	saurgos	Mrk	4¹⁹	A
	Jhn	15²¹	A	Luk	9⁴⁸	A	Mrk	9³⁷	A	Saurim	Luk	2²	A
sandjandin	Jhn	7³³	A	Jhn	12⁴⁴	A	Jhn	13¹⁶	A	Saurini	Mrk	7²⁶	A
	Jhn	16⁵	A	Luk	10¹⁶	A				sauþ	Eph	5²	AB
sandjandins	Jhn	6³⁸	A	Jhn	6⁴⁰	A	Jhn	7¹⁶	A	sauþo	1Cr	15²	A
	Jhn	7¹⁸	A	Jhn	9⁴	A	Jhn	14²⁴	A	Sedis	Luk	3³⁸	A
Saraipta	Luk	4²⁶	A							seƕeina	Jhn	12⁹	A
Sarrin	Rom	9⁹	A							seƕi	Jhn	6⁴⁶	A	Luk	2²⁶	A
sarwa	Eph	6¹³	AB							seƕum	Mat	25³⁸	C	Mat	25³⁹	C	Mat	25⁴⁴	C
sarwam	Rom	13¹²	A	Eph	6¹¹	AB					Mrk	9³⁸	A
sat	Mat	26⁶⁹	C	Jhn	9⁸	A	Jhn	11²⁰	A	seƕun	Jhn	6²²	A	Jhn	13²²	A	Jhn	19⁶	A
	Luk	18³⁵	A	Luk	19³⁰	A	Mrk	10⁴⁶	A		Luk	2³⁰	A	Luk	19³⁷	A	Mrk	15⁴⁷	A
	Mrk	11²	A								Skr	6²⁷	E
Satana	Jhn	13²⁷	A	Mrk	3²⁶	A	Mrk	8³³	A	seƕuþ	Jhn	6²⁶	A
	1Cr	7⁵	A	2Cr	11¹⁴	B	1Th	2¹⁸	B	sei	Jhn	6²²	A	Jhn	12¹²	A	Jhn	12¹⁷	A

	Jhn	12²⁹	*A*	Luk	1²⁶	*A*	Luk	1³⁶	*A*
	Luk	2⁴	*A*	Luk	2⁵	*A*	Luk	2¹⁰	*A*
	Luk	7³⁷	*A*	Luk	7³⁹	*A*	Luk	8²	*A*
	Luk	15¹²	*A*	Rom	7¹⁰	A	Rom	7²⁰	A
	Rom	12³	*C*	2Cr	9¹¹	B	Eph	1²³	AB
	Eph	3²	B	Gal	4²⁴	B	Gal	4²⁶	B
	Php	3⁶	AB	Php	3⁹	AB	Col	1²³	AB
	Col	1²⁶	AB	Col	1²⁹	A	Col	3⁵	B
	Col	3¹⁴	B	1Tm	1¹¹	B	1Tm	4¹⁴	B
	1Tm	5⁹	AB	2Tm	1¹	A	2Tm	1⁵	A2
	2Tm	1⁶	AB	2Tm	1⁹	AB	2Tm	2¹⁰	B
	Tit	1¹	*A*	Tit	1³	B	Skr	1⁷	*E*
Seidona	Mrk	3⁸	*A*						
Seidonai	Luk	10¹³	*A*	Luk	10¹⁴	*A*			
Seidonais	Luk	4²⁶	*A*						
Seidone	Mat	11²¹	*A**	Luk	6¹⁷	*A*	Mrk	7²⁴	*A*
	Mrk	7³¹	*A*						
Seidonim	Mat	11²²	*A*						
Seimon	Jhn	6⁶⁸	*A*	Jhn	13²⁴	*A*	Jhn	13³⁶	*A*
	Jhn	18¹⁰	*A*	Jhn	18¹⁵	*A*	Jhn	18²⁵	*A*
	Luk	5⁵	*A*	Luk	5⁸	*A*	Luk	6¹⁴	*A*
	Luk	6¹⁵	*A*	Luk	7⁴⁰	*A*	Luk	7⁴³	*A*
	Mrk	1³⁶	*A*						
Seimona	Luk	5¹⁰	*A2*	Luk	7⁴⁴	*A*	Mrk	3¹⁶	*A*
	Mrk	3¹⁸	*A*	Mrk	15²¹	*A*			
Seimonau	Luk	5⁴	*A*						
Seimonaus	Jhn	6⁸	*A*						
Seimonis	Jhn	6⁷¹	*A*	Jhn	12⁴	*A*	Jhn	13²⁶	*A*
	Luk	4³⁸	*A2*	Luk	5³	*A*	Mrk	1¹⁶	*A*
	Mrk	1²⁹	*A*	Mrk	1³⁰	*A*	Mrk	6³	*A*
Seimonu	Mrk	1¹⁶	*A*						
sein	Mat	7²⁴	*A*	Mat	7²⁶	*A*	Mat	8²⁰	*A*
	Luk	3¹⁷	*A*	Luk	15¹²	*A*	Mrk	13²⁴	*A*
	1Cr	10²⁴	A	1Cr	11⁴	A	1Cr	11⁵	A
	1Cr	13⁵	A	1Cr	13⁵ᵍ	A	Eph	5²⁸	A⁼
	Eph	5²⁹	A	Gal	5²⁴	AB	Gal	6⁴	AB
	1Th	4⁴	B	Tit	1³	B			
seina	Mat	5³²	*A*	Mat	5⁴⁵	*A*	Mat	6²	*A*
	Mat	6⁵	*A*	Mat	6¹⁶	*A2*	Mat	9³⁸	*A*
	Mat	10³⁹	*A*	Jhn	7¹⁸	*A*	Jhn	10¹¹	*A*
	Jhn	11²⁸	*A*	Jhn	12²⁵	*A2*	Jhn	13¹⁸	*A*
	Jhn	15¹³	*A*	Jhn	15²²	*A*	Jhn	17¹	*A*
	Luk	1⁵⁸	*A*	Luk	2³⁹	*A*	Luk	6²⁰	*A*
	Luk	7¹	*A*	Luk	7³²	*A*	Luk	9²⁴	*A*
	Luk	9⁶²	*A*	Luk	10²	*A*	Luk	14²⁶	*A*
	Luk	16¹⁸	*A*	Luk	16²³	*A*	Luk	17³³	*A*
	Luk	18¹³	*A*	Mrk	1¹⁸	*A*	Mrk	1⁴¹	*A*
	Mrk	8³⁵	*A*	Mrk	10¹¹	*A*	Mrk	10⁴⁵	*A*
	Mrk	13¹⁶	*A*	Mrk	15²⁹	*A*	Rom	10³	A
	2Cr	8⁴	AB	Eph	5²⁸	A2	Php	2⁴	B
	1Th	2¹¹	B	Skr	3⁵	*E*			
Seina	Gal	4²⁴	B	Gal	4²⁵	B			
seinai	Mat	6⁷	*A*	Mat	9¹	*A*	Mat	10³⁹	*A*
	Mat	10⁴²	*A*	Luk	1⁶⁸	*A*	Luk	2³	*A*
	Luk	2⁸	*A*	Luk	2³⁶	*A*	Luk	3¹⁷	*A*
	Luk	4²⁴	*A*	Luk	7¹²	*A*	Luk	9²⁴	*A*
	Mrk	4²	*A*	Mrk	6⁴	*A*	Mrk	6²⁴	*A*
	Mrk	6²⁸	*A*	Mrk	7¹⁰	*A*	Mrk	7¹²	*A*
	Mrk	8³⁵	*A*	Mrk	8³⁶	*A*	Mrk	9⁴¹	*A*
	Mrk	10⁷	*A*	Mrk	10⁵⁰	*A*	Mrk	12³⁸	*A*
	1Cr	15²³	A	1Cr	16¹⁹	B	2Cr	11³	B
	Eph	1²⁰	AB	Eph	4¹⁶	A	Php	2³⁰	AB
	1Th	2¹²	B	2Tm	1⁹	AB	Skr	1²⁵	*E*
	Skr	2¹	*E*°*						
seinaigairnai	2Tm	3²ᵍ	A						
seinaim	Mat	9³⁷	*A*	Mat	11¹	*A*	Mat	11²	*A*
	Mat	11¹⁹	*A*	Mat	26¹	*C**	Jhn	6³	*A*
	Jhn	6¹²	*A*	Jhn	6²²	*A*	Jhn	8⁴⁴	*A*
	Jhn	11¹⁶	*A*	Jhn	16³²	*A*	Jhn	18¹	*A*
	Jhn	18²	*A*	Luk	1¹⁸	*A*	Luk	3¹⁵	*A*
	Luk	4¹⁰	*A*	Luk	6²⁰	*A*	Luk	7³⁵	*A*
	Luk	7⁴⁴	*A*	Luk	8³	*A*	Luk	9¹⁴	*A*
	Luk	9⁴³	*A*	Luk	10²¹	*A*	Luk	10²³	*A*
	Luk	15²²	*A*	Luk	16¹	*A*	Luk	19³⁶	*A*
	Luk	20⁴⁵	*A*	Mrk	1⁵	*A*	Mrk	2⁶	*A*
	Mrk	3⁷	*A*	Mrk	3⁹	*A*	Mrk	4³⁴	*A*
	Mrk	8⁶	*A*	Mrk	8¹⁰	*A*	Mrk	8³⁴	*A*
	Mrk	10²³	*A*	Mrk	10⁴⁶	*A*	Mrk	11⁸	*A*
	Eph	5²²	A	Eph	5²⁴	A	Gal	4²⁵	B
	Col	2¹⁴	B	1Th	3¹³	B	2Th	1¹⁰	A
	1Tm	3¹²	A	2Tm	4³	AB	Skr	4²	*E*
	Skr	7²³	*E*						
seinaize	Luk	1⁷	*A*	Luk	1⁷⁰	*A*	Luk	7¹⁹	*A*
	Luk	19²⁹	*A*	Mrk	6²¹	*A*	Mrk	11¹	*A*
	Mrk	14¹³	*A*	Eph	4¹⁸	AB			
seinaizo	Luk	5¹⁵	*A*	Luk	6¹⁸	*A*			
seinaizos	Luk	1¹⁵	*A*	Luk	1⁴⁸	*A*	Luk	1⁷²	*A*
	Luk	1⁸⁰	*A*	Luk	7¹⁶	*A*	Luk	10⁷	*A*
	Luk	15¹⁵	*A*	Mrk	6²¹	*A*	Mrk	8³⁷	*A*
	Eph	1⁶	AB	Eph	2⁷	AB	Col	1¹³	AB
	2Th	1¹¹	A	SkB	1¹¹	*E⁶*	Skr	2¹¹	*E*
	Skr	2¹⁵	*E*	Skr	7¹⁷	*E*	Skr	8¹²	*E*
seinamma	Mat	5²²	*A2*	Mat	5²⁸	*A*	Mat	6²⁹	*A*
	Mat	10²⁴	*A*	Mat	27⁶⁰	*A*	Jhn	11²	*A*
	Jhn	12³	*A*	Jhn	13¹⁶	*A*	Jhn	15²⁰	*A*
	Luk	1²⁰	*A*	Luk	1²³	*A*	Luk	1³⁶	*A*
	Luk	1⁵¹	*A*	Luk	1⁵⁴	*A*	Luk	1⁵⁶	*A*
	Luk	1⁶⁶	*A*	Luk	2¹⁹	*A*	Luk	2⁵¹	*A*
	Luk	3¹⁷	*A*	Luk	4¹⁶	*A*	Luk	5²⁹	*A*
	Luk	7⁴⁴	*A*	Luk	8⁵	*A*	Luk	8⁴³	*A*
	Luk	9²⁶	*A*	Luk	10¹	*A*	Luk	14²¹	*A2*
	Luk	14³³	*A*	Luk	15²⁰	*A*	Luk	16⁸	*A*
	Luk	17²⁴	*A*	Luk	18¹⁴	*A*	Luk	20²⁸	*A*
	Mrk	2⁸	*A*	Mrk	4³	*A*	Mrk	5²⁶	*A*
	Mrk	6¹	*A*	Mrk	6⁴	*A*	Mrk	7¹⁰	*A*
	Mrk	7¹¹	*A*	Mrk	7¹²	*A*	Mrk	7³⁰	*A*
	Mrk	8¹²	*A*	Mrk	10⁷	*A*	Mrk	11²³	*A*
	Mrk	12¹⁹	*A*	Rom	11¹	A	Rom	14⁴	A
	1Cr	7¹¹	A	1Cr	11²¹	*A**	Eph	1⁶	AB
	Eph	1¹⁷	AB	Eph	2¹⁵	AB	Eph	4²⁵	AB

		Gal	6⁸	AB	1Tm	3⁴	AB	1Tm	3⁵	A		
seinana		Mat	6²⁷	A	Mat	9⁷	A	Mat	10³⁸	A		
		Luk	2⁷	A	Luk	5²⁵	A	Luk	6⁴⁰	A		
		Luk	8⁴¹	A	Luk	9²³	A	Luk	14¹⁷	A		
		Luk	14²⁶	A	Luk	14²⁷	A	Mrk	1⁶	A		
		Mrk	1²⁰	A	Mrk	8³⁴	A	Mrk	10¹²	A		
		Rom	8³	A	Eph	3¹⁶	AB	Gal	4⁴	A		
		1Th	4⁶	B	1Th	4⁸	B	2Th	3¹²	AB		
		2Tm	3⁴	AB								
seinans		Mat	8²²	A	Jhn	15¹³	A	Luk	2²⁸	A		
		Luk	6¹³	A	Luk	9⁶⁰	A	Luk	15⁵	A		
		Luk	16⁴	A	Luk	18⁷	A	Luk	19¹³	A		
		Mrk	7³³	A	Mrk	8²⁷	A	Mrk	8³³	A		
		Mrk	9¹⁸	A	Mrk	9³¹	A	Mrk	13²⁷	A2		
		1Tm	6¹	AB								
seinata		Luk	9⁵¹	A	Luk	15¹³	A					
seinaze		Ver	11¹⁹	V								
seinis		Luk	1⁸	A	Luk	1⁵¹	A	Luk	1⁶⁹	A		
		Luk	6⁴⁵	A2	Luk	7³⁸	A	Luk	16⁵	A		
		Mrk	6¹⁷	A	Mrk	8³⁸	A	Rom	9²³	A		
		2Cr	2¹⁴	AB	Eph	1⁵	AB	Eph	1⁹	AB		
		Eph	1¹¹	AB	Eph	3¹⁶	AB	Eph	4¹⁷	AB		
		Gal	4⁶	A	Php	3²¹	AB	Col	2¹⁸	B		
seinos		Jhn	13¹²	A	Luk	18¹³	A	Luk	19³⁵	A		
		Mrk	5¹⁷	A	Mrk	8²³	A	Mrk	11⁷	A		
		Mrk	14⁶³	A	Eph	5²⁸	A	1Th	2¹⁶	B		
seiteina		2Cr	11²⁸	B								
seiþu		Mat	27⁵⁷	A	Jhn	6¹⁶	A					
selei		Gal	5²²	AB								
selein		Rom	11²²	A3	2Cr	6⁶	AB	Eph	2⁷	AB		
		Eph	5⁹	B	Col	3¹²	B*					
seljai		Eph	4³²	AB								
seljamma		Luk	8¹⁵	A								
sels		1Cr	13⁴	A								
Semis		Luk	3³⁶	A								
seneigana		1Tm	5¹	B								
setun		Mrk	3³²	A								
si		Luk	1²⁹	A	Luk	7¹²	A	Luk	7⁴⁴	A		
		Luk	7⁴⁵	A	Luk	7⁴⁶	A	Mrk	6²⁴	A2		
		Mrk	7²⁸	A								
siai		Luk	8²⁵	A	2Cr	12¹⁶	A⁺B⁺	Php	4⁵	B		
		Col	4⁶	B								
siais		1Tm	5²²	A								
siaiu		Luk	14³¹	A								
siau		Luk	9⁴¹	A								
sibakþanei		Mrk	15³⁴	A								
sibakþani		Mat	27⁴⁶	A								
sibja		Gal	4⁵	A								
sibun		Luk	2³⁶	A	Luk	8²	A	Luk	17⁴	A2		
		Luk	20²⁹	A	Luk	20³¹	A	Luk	20³³	A		
		Mrk	8⁵	A	Mrk	8⁶	A	Mrk	8⁸	A		
		Mrk	8²⁰	A2	Mrk	12²⁰	A	Mrk	12²²	A		
		Mrk	12²³	A	Mrk	16⁹	A					
sibuntehund		Luk	10¹	A	Luk	10¹⁷	A					
sidau		2Tm	3¹⁰	A⁼B⁼								
sido		1Tm	4¹⁵	B								
sidu		1Cr	15³³	A								
sidus		Skr	3⁹	E								
sifai		Gal	4²⁷	B								
sifaida		Jhn	8⁵⁶	A								
sifaiþ		Rom	15¹⁰	C								
siggwada		2Cr	3¹⁵	AB								
siggwan		Luk	4¹⁶	A								
siggwandans		Eph	3⁴	B	Eph	5¹⁹	A	Col	3¹⁶	B*		
sigis		1Cr	15⁵⁴	AB	1Cr	15⁵⁵	AB	1Cr	15⁵⁷	AB		
sigislaun		1Cr	9²⁴	A								
sigislauna		Php	3¹⁴	AB								
sigljands		2Cr	1²²	AB								
sigljo		1Cr	9²	A	2Tm	2¹⁹	B					
sihw		1Cr	15⁵⁷g	B								
sijai		Mat	6⁴	A	Mat	9¹³	A	Jhn	7¹⁷	A		
		Jhn	7²²	A	Jhn	7³⁶	A	Jhn	12³⁴	A		
		Jhn	14¹⁶	A	Jhn	15¹¹	A	Jhn	15¹⁶	A		
		Jhn	16¹⁸	A	Jhn	16²⁴	A	Jhn	17²⁶	A		
		Luk	1³⁴	A	Luk	3¹³	A	Luk	8⁹	A		
		Luk	10⁶	A	Luk	17³¹	A	Mrk	1²⁷	A		
		Mrk	4⁴¹	A	Mrk	9³⁵	A	Mrk	10²	A		
		Mrk	10⁴³	A2	Mrk	10⁴⁴	A	Mrk	13²²	A		
		Rom	7³	A	Rom	12²	C	1Cr	4⁶	A		
		1Cr	5¹¹	A	1Cr	7²⁰	A	1Cr	10¹⁹	A		
		1Cr	10³³	A	1Cr	15²⁸	A	1Cr	16¹⁰	AB		
		1Cr	16²²	B‡	2Cr	1¹⁷	AB	2Cr	4⁷	AB		
		2Cr	4¹⁰	B	2Cr	11³⁰	B	Eph	3¹⁸	AB		
		Eph	4²⁹	AB	Eph	5¹⁰	B	Eph	5¹⁷	A		
		Eph	5²⁷	A	Gal	5¹⁰	B	Gal	6¹⁴	AB		
		Php	4⁵	A	Php	4⁹	B	Col	1¹⁸	AB		
		Col	4⁶	A	1Th	5²¹	B	1Tm	4¹⁵	B		
		2Tm	3¹⁷	AB	Tit	1⁹	AB	Phm	14	A		
		Skr	3²¹	E								
sijaidu		2Cr	2⁹	AB	2Cr	13⁵	AB					
sijaima		Mat	6¹²	A	2Cr	1⁹	AB	2Cr	3⁵	AB		
		Eph	1⁴	AB	Eph	1¹²	AB	Eph	4¹⁴	A		
		Php	3¹⁵	AB	1Th	5⁶	B	1Th	5⁸	B		
		1Tm	6⁸	AB								
sijaina		Jhn	17¹¹	A	Jhn	17¹⁹	A	Jhn	17²¹	A2		
		Jhn	17²²	A	Jhn	17²³	A	Jhn	17²⁴	A		
		Luk	7³¹	A	Mrk	10⁸	A	Rom	9⁷	A		
		1Cr	10¹⁹	A	1Cr	10²⁰	A⁼	Php	4⁶	AB		
		1Tm	3¹²	A	1Tm	5³	B	1Tm	5⁷	AB		
		1Tm	6¹	AB	2Tm	2²	B	Tit	1¹³	A		
sijais		Mat	5²⁵	A	Jhn	10²⁴	A	Luk	1²⁰	A		
		Luk	4³	A	Luk	4⁹	A	Luk	18¹³	A		
		Luk	18²⁰	A	Luk	19¹⁷	A	Luk	19¹⁹	A		
		Mrk	5³⁴	A	Mrk	10¹⁹	A	1Tm	4¹²	B		
		1Tm	4¹⁴	B	1Tm	4¹⁵	B	1Tm	5²²	B		
		2Tm	4⁵	AB								
sijaiþ		Mat	5⁴⁸	A	Mat	6⁵	A	Luk	3¹⁴g	A		
		Mrk	9⁵⁰	A	Rom	11²⁵	A	Rom	13⁸	A		
		1Cr	5⁷	A2	1Cr	7⁵	A	1Cr	10³²	A		
		1Cr	14²⁰	A2	1Cr	16¹³	B	2Cr	9³	AB		

		2Cr	13¹¹	A3B2	Eph	4²⁶	AB	Col	3¹⁹	B
		1Th	5¹⁴	B						
sijaiþ-þan		Mat	5³⁷	A						
sijau		Jhn	8⁵⁵	A	Mrk	9¹⁹	A	2Cr	12⁶	AB
		Gal	4¹⁸	A	Php	2²⁸	AB	Php	3¹²	AB
siju		Jhn	10³⁰	A	Jhn	17²²	A			
sijum		Jhn	8³³	A	Jhn	8⁴¹	A	Jhn	9²⁸	A
		Jhn	9⁴⁰	A	Luk	17¹⁰	A	Mrk	5⁹	A
		Rom	12⁵	C	1Cr	12¹³	A	1Cr	15¹⁹	A
		1Cr	15³⁰	A	2Cr	1⁴	B	2Cr	1¹⁴	AB
		2Cr	1²⁴	AB	2Cr	2¹¹	AB	2Cr	2¹⁵	AB
		2Cr	2¹⁷	B	2Cr	5⁶	AB*	2Cr	5¹⁰	AB
		2Cr	5¹¹	AB	2Cr	7¹³	A	2Cr	13⁶	B
		Eph	2⁵	B	Eph	2¹⁰	B	Eph	4²⁵	A
		Gal	2¹⁷	A	Gal	4³¹	B	Php	3³	B
		1Th	3³	B	1Th	3⁷	B			
sijuþ		Mat	6²⁶	A	Mat	10³¹	A	Jhn	7⁴⁷	A
		Jhn	8²³	A2	Jhn	8³¹	A	Jhn	8³⁶	A
		Jhn	8³⁷	A	Jhn	8⁴⁴	A	Jhn	8⁴⁷	A
		Jhn	10²⁶	A	Jhn	10³⁴	A	Jhn	13¹¹	A
		Jhn	13¹⁷	A	Jhn	13³⁵	A	Jhn	14³	A
		Jhn	15³	A	Jhn	15⁴	A	Jhn	15⁷	A
		Jhn	15¹⁰	A	Jhn	15¹⁴	A	Jhn	15¹⁹	A
		Jhn	15²⁷	A	Luk	6²²	A	Luk	9⁵⁵	A
		Luk	16¹⁵	A	Mrk	4⁴⁰	A	Mrk	7¹⁸	A
		Mrk	9⁴¹	A	Mrk	12²⁴	A	Mrk	12²⁷	A
		Mrk	13²⁹	A	Rom	8⁹	A	1Cr	4⁸	A
		1Cr	7²³	A	1Cr	9¹	A	1Cr	9²	A
		1Cr	11²	A	1Cr	15¹⁷	A	2Cr	1⁷	B
		2Cr	3²	AB	2Cr	3³	B	2Cr	6¹⁶	B
		2Cr	7³	AB	2Cr	13⁵	AB	2Cr	13⁹	B
		Eph	2⁵	A	Eph	2⁸	B	Eph	2¹⁹	A2B2
		Eph	2²²	B	Eph	4¹	B	Eph	4⁴	AB
		Eph	4²¹	AB	Eph	4²⁵	B	Eph	4³⁰	AB
		Gal	3³	A	Gal	3²⁷	A	Gal	3²⁸	A
		Gal	3²⁹	A	Gal	4⁶	A	Gal	5⁴	B
		Gal	5¹³	B	Gal	5¹⁸	AB	1Th	4⁹	B
		1Th	5⁴	B	1Th	5⁵	B			
sik		Mat	6²⁹	A	Mat	8¹⁸	A	Mat	9²²	A
		Mat	11¹	A	Mat	11²⁰	A	Mat	27⁵	A
		Mat	27⁵³	A	Jhn	7⁴	A	Jhn	7¹⁸	A
		Jhn	8⁵⁹	A	Jhn	9²¹	A	Jhn	11³³	A
		Jhn	12⁴	A	Jhn	12³⁶	A	Jhn	12⁴⁸	A
		Jhn	13¹⁶	A	Jhn	18¹⁸	A2	Jhn	18²⁵	A
		Jhn	19⁷	A	Jhn	19¹²	A	Luk	1²⁴	A
		Luk	1⁵⁶	A	Luk	2²⁰	A	Luk	2³⁹	A
		Luk	2⁴³	A	Luk	2⁴⁵	A	Luk	4¹	A
		Luk	4¹⁴	A	Luk	6¹⁸	A	Luk	6³²	A
		Luk	7⁹	A	Luk	7¹⁰	A	Luk	7³⁰	A
		Luk	7⁴⁴	A	Luk	8³⁷	A	Luk	8⁴⁰	A
		Luk	9⁸	A	Luk	9¹⁰	A	Luk	9²³	A
		Luk	9²⁶	A2	Luk	9³³	A	Luk	10⁶	A
		Luk	10¹¹	A	Luk	10¹⁷	A	Luk	10²⁹	A
		Luk	14¹¹	A2	Luk	14¹²	A	Luk	14²⁵	A
		Luk	14³¹	A	Luk	15¹	A	Luk	15¹⁵	A
		Luk	17³	A	Luk	17⁴	A	Luk	17¹⁵	A
		Luk	17³¹	A	Luk	17³⁷	A	Luk	18¹⁴	A2
		Luk	19¹²	A	Luk	19¹⁵	A	Luk	20²⁰	A
		Luk	23¹²	G	Mrk	1¹⁵	A	Mrk	3²⁰	A
		Mrk	3²⁴	A	Mrk	3²⁵	A	Mrk	3²⁶	A
		Mrk	3³⁴	A	Mrk	4¹	A	Mrk	4¹²	A
		Mrk	5⁵	A	Mrk	5²¹	A	Mrk	5³⁰	A
		Mrk	7¹	A	Mrk	7⁶	A	Mrk	8³³	A
		Mrk	8³⁴	A	Mrk	8³⁶	A	Mrk	8³⁸	A2
		Mrk	9²	A	Mrk	10¹	A	Mrk	10³⁵	A
		Mrk	12³³	A	Mrk	14⁵⁴	A	Mrk	14⁶⁷	A
		Mrk	15³¹	A	Mrk	16⁹	A‡	Rom	10¹²	A
		Rom	11²³	A	Rom	14¹⁴	C	1Cr	7⁹	A
		1Cr	7¹⁵	A	1Cr	9²⁵	A	1Cr	11⁶	A
		1Cr	11²⁸	A	1Cr	15⁷	A	1Cr	15⁸	A
		1Cr	15²⁸	A2	1Cr	16¹⁵	B	2Cr	5¹⁵	AB
		2Cr	8⁵	AB	2Cr	8⁹	AB	2Cr	10⁷	B
		2Cr	10¹²	B3B=	2Cr	10¹⁸	B	2Cr	11¹³	B
		2Cr	11¹⁴	B	2Cr	11¹⁵	B	Eph	4¹⁹	AB
		Eph	5²	AB*	Eph	5²⁵	A	Eph	5²⁸	A
		Gal	1⁴	B*	Gal	2¹²	B	Gal	2²⁰	A
		Gal	6³ᵍ	A*	Php	1¹⁷	B	Php	2⁶	B
		Php	2⁷	B	Php	2⁸	B	Col	2¹⁵	B
		Col	2¹⁸	B	2Th	2⁴	A*	2Th	3¹⁴	AB
		1Tm	2⁶	AB	1Tm	2⁹	AB	1Tm	2¹¹	AB
		1Tm	5⁴	AB‡	1Tm	5¹³	A	1Tm	5²⁵	AB
		1Tm	6¹⁰	B	2Tm	1¹⁵	AB	2Tm	1¹⁶	AB
		2Tm	2⁴	B	2Tm	2¹³	B	2Tm	2²¹	B
		2Tm	3²	AB	2Tm	3³	AB	2Tm	3⁷	AB
		2Tm	4⁴	AB	Phm	1⁵	A	Skr	1⁵	E
		Skr	2³	E	Skr	3⁶	E	Skr	4¹⁵	E
		Skr	5⁵	E	Skr	7¹	E	Skr	8³	E
sikle		Neh	5¹⁵	D						
silba		Mat	27⁵⁷	A	Jhn	6⁶	A	Jhn	9²¹	A2
		Jhn	16²⁷	A	Luk	1¹⁷	A	Luk	1²²	A
		Luk	3²³	A	Luk	5¹	A	Luk	6³	A
		Luk	6⁴²	A	Luk	14¹¹	A	Luk	18¹⁴	A2
		Luk	20⁴²	A	Mrk	12³⁶	A	Mrk	12³⁷	A
		Mrk	15⁴³	A	Rom	7²⁵	A	Rom	9³	A
		1Cr	9²⁰	A	1Cr	9²⁷	A	1Cr	15²⁸	A
		2Cr	8¹⁷	AB	2Cr	10¹	B	2Cr	11¹⁴	B
		2Cr	12¹³	AB	Eph	4¹¹	A	Eph	5²⁷	A
		Php	2²⁴	B	1Th	3¹¹	B	1Th	4¹⁶	B
		1Th	5²³	AB	2Th	2¹⁶	B	2Th	3¹⁶	AB
		Skr	1⁴	E	Skr	5²⁴	E	Skr	6²	E
silbam		Mat	9³	A	Jhn	6⁵³	A	Luk	7⁴⁹	A
		Rom	11²⁵	A	Rom	12¹⁶	A	1Cr	5¹³	A
		2Cr	1⁹	A2B2	2Cr	3⁵	AB2	2Cr	5¹⁵	AB
		2Cr	10¹²	B2						
silban		Mat	8⁴	A	Jhn	7⁴	A	Jhn	8¹³	A
		Jhn	8¹⁴	A	Jhn	8¹⁸	A	Jhn	8⁵³	A
		Jhn	8⁵⁴	A	Jhn	9²³	A	Jhn	10³³	A
		Jhn	11³³	A	Jhn	14²¹	A	Jhn	14²²	A
		Jhn	17¹⁹	A	Jhn	19⁷	A	Jhn	19¹²	A
		Luk	4²³	A	Luk	4⁴¹	A=	Luk	5¹⁴	A

		Luk	7⁷	A	Luk	9²³	A	Luk	10²⁷	A	sildaleikjandans			Mat	9⁸	A	Luk	20²⁶	A
		Luk	14¹¹	A	Mrk	1⁴⁴	A	Mrk	3²⁶	A		Mrk	1²⁷	A	Skr	8¹¹	E		
		Mrk	8³⁴	A	Mrk	12³¹	A	Mrk	12³³	A	sildaleikjandona			Luk	2³³	A		
		Mrk	15³⁰	A	Mrk	15³¹	A	Rom	13⁹	A	sildaleiknan	2Th	1¹⁰	A					
		1Cr	4³	A	1Cr	7⁷	A	1Cr	11²⁸	A	sildaleiks	Mrk	12¹¹	A					
		2Cr	10⁷	B	2Cr	10¹⁸	B	2Cr	11⁷	B	Siloamis	Jhn	9⁷	A	Jhn	9¹¹	A		
		2Cr	11⁹	B	2Cr	12⁵	AB	Eph	5²	AB*	silubr	Luk	19¹⁵	A	Luk	19²³	A		
		Eph	5²⁵	A	Eph	5²⁸	A	Gal	1⁴	B*	silubreina	2Tm	2²⁰	B					
		Gal	2¹⁸	A	Gal	2²⁰	A	Gal	5¹⁴	B	silubreinaize	Mat	27⁹	A					
		Gal	6¹	AB	Gal	6³g	A*	Php	2⁷	B	silubreinam	Mat	27⁵	A⁺					
		Php	2⁸	B	Php	3¹³	AB	1Tm	2⁶	AB	silubrinaize	Mat	27³	A					
		1Tm	4⁷	AB	1Tm	4¹⁶	B	1Tm	5²²	AB	silubris	Neh	5¹⁵	D					
		2Tm	2¹³	B	2Tm	2¹⁵	B	Phm	19	A	simle	Rom	7⁹	A*	Eph	2²	AB	Eph	2¹¹	AB
silbans		Luk	16¹⁵	A	Luk	17¹³	A	Luk	18⁹	A		Eph	2¹³	AB*	Gal	1²³	AB	Gal	2⁶	AB
		Rom	12¹⁹	AC	Rom	13²	AC	1Cr	11³¹	A		Col	1²¹	AB	Col	3⁷	AB		
		2Cr	1⁴	B	2Cr	1⁹	AB	2Cr	3¹	AB	sinapis	Luk	17⁶	A	Mrk	4³¹	A		
		2Cr	4²	AB	2Cr	4⁵	AB	2Cr	5¹²	AB	sind	Mat	7¹³	A	Mat	7¹⁴	A	Mat	7¹⁵	A
		2Cr	8⁵	AB	2Cr	10¹²	B4	2Cr	13⁵	A2B2		Mat	10³⁰	A	Mat	11⁸	A2	Jhn	6⁷	A
		Eph	4¹⁹	AB	Col	3¹³	B*	Col	3¹⁶	B		Jhn	6⁶⁴	A2	Jhn	7⁷	A	Jhn	7⁴⁹	A
		1Th	3³	B	1Th	4⁹	B	1Th	5²	B		Jhn	10⁸	A	Jhn	10¹²	A	Jhn	10¹⁶	A
		2Th	1⁴	AB	2Th	3⁷	B	2Th	3⁹	AB		Jhn	10²¹	A	Jhn	11⁹	A	Jhn	14²	A
		1Tm	6¹⁰	AB								Jhn	15⁷	A	Jhn	17⁷	A	Jhn	17⁹	A
Silbanu		2Cr	1¹⁹	AB								Jhn	17¹⁰	A	Jhn	17¹¹	A	Jhn	17¹⁴	A
Silbanus		2Th	1¹	AB								Jhn	17¹⁶	A	Luk	7²⁵	A	Luk	7³²	A
silbasiunjos		Luk	1²	A								Luk	8¹²	A	Luk	8¹⁴	A	Luk	8¹⁵	A
silbawiljos		2Cr	8³	AB*								Luk	8²¹	A	Luk	9²⁷	A	Luk	9⁶¹	A
silbin		Jhn	6⁶¹	A	Jhn	7¹⁷	A	Jhn	7¹⁸	A		Luk	10²⁰	A	Luk	16⁸	A	Luk	20³⁵	A
		Jhn	7²⁸	A	Jhn	8²²	A	Jhn	8²⁸	A		Luk	20³⁶	A2	Mrk	4¹⁵	A	Mrk	4¹⁶	A
		Jhn	8⁴²	A	Jhn	10¹⁸	A	Jhn	11³⁸	A		Mrk	4¹⁷	A	Mrk	4¹⁸	A	Mrk	4²⁰	A
		Jhn	12⁴⁹	A	Jhn	14³	A	Jhn	14¹⁰	A		Mrk	6³	A	Mrk	9¹	A	Mrk	10⁸	A
		Jhn	15⁴	A	Jhn	16¹³	A	Jhn	17⁵	A		Mrk	12²⁵	A	Mrk	14¹⁴	A	Rom	8⁵	A
		Jhn	18³⁴	A	Luk	7⁸	A	Luk	9²⁵	A		Rom	9⁴	A	Rom	9⁶	A	Rom	11²⁹	A
		Luk	18⁴	A	Mrk	5³⁰	A	Rom	13⁶	A		Rom	11³³	C	Rom	13¹	AC	Rom	13³	AC
		1Cr	4⁴	A	1Cr	11²⁹	A	1Cr	16²	AB		Rom	13⁶	A	Rom	14¹⁹	C 2	1Cr	7⁸	A
		2Cr	10⁷	B	Eph	2¹⁵	AB	Eph	2¹⁶	AB		1Cr	7¹⁴	A	1Cr	10¹⁸	A	1Cr	12²²	A*
		Eph	2²⁰	B	Gal	6³	AB	Gal	6⁴	AB		1Cr	14²²	A	1Cr	15⁶	A	1Cr	15²⁷	A
		1Tm	4¹⁶	B	2Tm	4¹¹	AB					1Cr	16¹⁵	B	2Cr	4¹⁸	B	2Cr	7¹⁵	AB
silbins		Luk	14²⁶	A	1Cr	10²⁹	A	1Cr	exp	A		2Cr	10¹⁰	B	2Cr	11²²	B3	2Cr	11²³	B
		Eph	5²⁸	A=	Gal	6⁴	AB					2Cr	12⁴	AB	Gal	1⁷	B	Gal	4⁸	A
silbo		Jhn	12²⁴	A	Luk	5³⁷	A	Luk	7¹²	A		Gal	4²⁴	B2	Gal	5¹⁹	AB	Gal	5²⁴	AB
		Mrk	4²⁸	A	Rom	14¹⁴	C	2Cr	2¹	AB		Gal	6¹³	AB	Gal	6¹⁶	A*B	Php	3¹⁴	AB
		2Cr	2³	AB	2Cr	7¹¹	AB	Gal	2¹⁰	B		Php	4³	AB	Col	1¹⁶	AB	Col	1¹⁷	AB
silbons		Luk	2³⁵	A								Col	2²³	AB	Col	3¹	AB	Col	3²	A2B2
sildaleik		Jhn	9³⁰	A	Luk	5⁹	A	2Cr	11¹⁴	B		Col	3⁵	AB	Col	4¹¹	A2B2	Col	4¹³	AB
sildaleikeiþ		Jhn	7²¹	A								1Th	2¹⁵	B	1Th	4¹²	B	1Tm	5¹³	A:
sildaleikida		Mat	8¹⁰	A	Mat	27¹⁴	A	Luk	7⁹	A		1Tm	5²⁴	AB	1Tm	5²⁵	A2B2	1Tm	6²	A3B3
		Mrk	6⁶	A	Mrk	15⁵	A	Mrk	15⁴⁴	A		2Tm	1¹⁵	AB	2Tm	2¹⁹	B	2Tm	2²⁰	B
sildaleikidedun				Mat	8²⁷	A	Mat	9³³	A		2Tm	3⁶	AB	2Tm	3¹⁴	AB	Tit	1¹⁰	AB
		Jhn	7¹⁵	A	Luk	1²¹	A	Luk	1⁶³	A		Tit	1¹⁵	A	Skr	8¹⁶	E		
		Luk	2¹⁸	A	Luk	2⁴⁸	A	Luk	4²²	A	sineigos	1Tm	5²	B					
		Luk	4³²	A	Luk	8²⁵	A	Mrk	5²⁰	A	sineigs	Luk	1¹⁸	A					
		Mrk	6²	A	Mrk	7³⁷	A	Mrk	10³²	A	sinistam	Mat	27³	A	Mat	27¹²	A	Luk	9²²	A
		Mrk	11¹⁸	A	Mrk	12¹⁷	A					Luk	20¹	A	Mrk	8³¹	A	Mrk	14⁴³	A
sildaleikja		Gal	1⁶	B								Mrk	15¹	A					
sildaleikjandam				Luk	9⁴³	A				sinistane	Mrk	7³	A					

sinistans	Mat	27¹	A	Luk	7³	A	Mrk	7⁵	A		Jhn	11¹²	A	Jhn	12¹⁶	A	Jhn	13²²	A
	Mrk	11²⁷	A	Mrk	14⁵³	A					Jhn	13³⁵	A	Jhn	15⁸	A	Jhn	16²⁹	A
sinteinan	Mat	6¹¹	A								Jhn	18¹	A	Luk	5³³	A2	Luk	6¹	A
sinteino	Jhn	7⁶	A	Jhn	8²⁹	A	Jhn	11⁴²	A		Luk	7¹¹	A	Luk	7¹⁸	A	Luk	8⁹	A
	Jhn	12⁸	A2	Jhn	18²⁰	A2	Luk	15³¹	A		Luk	8²²	A	Luk	9¹⁸	A	Luk	9⁵⁴	A
	Luk	18¹	A	Mrk	5⁵	A	Mrk	14⁷	A2		Luk	18¹⁵	A	Mrk	2¹⁸	A3	Mrk	2²³	A
	Mrk	15⁸	A	1Cr	15⁵⁸	AB	2Cr	2¹⁴	AB		Mrk	2²⁴	A	Mrk	5³¹	A	Mrk	6¹	A
	2Cr	4¹⁰	AB	2Cr	4¹¹	B	2Cr	5⁶	AB		Mrk	6²⁹	A	Mrk	7⁵	A	Mrk	7¹⁷	A
	2Cr	6¹⁰	AB	2Cr	9⁸	B	Eph	5²⁰	A		Mrk	8⁴	A	Mrk	8²⁷	A	Mrk	9²⁸	A
	Eph	6¹⁸	AB	Gal	4¹⁸	A	Php	1²⁰	B		Mrk	10¹⁰	A	Mrk	10¹³	A	Mrk	10²⁴	A
	Php	4⁴	AB	Col	4⁶	AB	Col	4¹²	AB		Mrk	11¹⁴	A	Mrk	14¹²	A	Mrk	14¹⁶	A*
	1Th	2¹⁶	B	1Th	3⁶	B	1Th	5¹⁵	B	sis	Mat	5⁴²	A	Mat	8³²	A	Mat	9³	A
	1Th	5¹⁶	B	2Th	1³	AB	2Th	1¹¹	A		Mat	9²¹	A	Mat	26⁷⁵	AC	Jhn	6¹⁹	A
	2Th	3¹⁶	AB	2Tm	3⁷	AB	Tit	1¹²	A		Jhn	6⁵²	A	Jhn	6⁶¹	A	Jhn	7¹⁸	A
sinteinom	Skr	3¹⁰	E**°	SkB	3¹⁰	E¤					Jhn	7³⁵	A	Jhn	8²²	A	Jhn	8³¹	A
sinþa	Jhn	9²⁴	A	Mrk	14⁷²	A	2Cr	11²⁵	B		Jhn	9²²	A2	Jhn	11³⁸	A	Jhn	12¹⁹	A
	2Cr	13²	AB	Php	4¹⁶	B	1Th	2¹⁸	B		Jhn	13²²	A	Jhn	13³²	A	Jhn	15⁴	A
sinþam	Mat	26⁷⁵	AC	Jhn	13³⁸	A	Luk	17⁴	A2		Jhn	16¹³	A	Jhn	16¹⁷	A	Jhn	17¹³	A
	Luk	18¹²	A	Mrk	14⁷²	A2	2Cr	11²⁴	B		Jhn	19⁸	A	Luk	1²⁹	A	Luk	2¹⁵	A
	2Cr	11²⁵	BB*	2Cr	12⁸	AB					Luk	3⁷	A	Luk	4³⁶	A	Luk	6⁴	A
Sion	Jhn	12¹⁵	A	Rom	9³³	A	Rom	11²⁶	A		Luk	6¹¹	A	Luk	7⁹	A	Luk	7³⁹	A
siponeis	Mat	10²⁴	A	Mat	10⁴²	A	Jhn	9²⁸	A		Luk	7⁴⁹	A	Luk	8²⁵	A	Luk	8³⁷	A
	Jhn	18¹⁵	A2	Jhn	18¹⁶	A	Luk	6⁴⁰	A		Luk	9¹²	A	Luk	9²⁵	A2	Luk	9⁴⁷	A
	Luk	14²⁶	A	Luk	14²⁷	A	Luk	14³³	A		Luk	9⁵²	A	Luk	15¹⁷	A	Luk	16³	A
siponi	Mat	10²⁵	A								Luk	18⁴	A	Luk	18⁷	A	Luk	18⁹	A
siponida	Mat	27⁵⁷	A								Luk	18¹¹	A	Luk	18⁴⁰	A	Luk	19¹²	A
siponjam	Mat	9¹⁰	A	Mat	9¹¹	A	Mat	9³⁷	A		Luk	19¹⁵	A	Luk	19²⁷	A	Luk	20⁵	A
	Mat	11¹	A	Mat	11²	A	Mat	26¹	C		Luk	20¹⁴	A	Luk	23¹²	G	Mrk	1²⁷	A
	Jhn	6³	A	Jhn	6¹²	A	Jhn	6²²	A		Mrk	2⁶	A	Mrk	2⁸	A	Mrk	2¹⁹	A
	Jhn	11⁷	A	Jhn	16¹⁷	A	Jhn	18¹	A		Mrk	2²⁶	A	Mrk	3¹⁴	A	Mrk	4¹⁷	A
	Jhn	18²	A	Luk	5³⁰	A	Luk	6²⁰	A		Mrk	4⁴¹	A2	Mrk	5⁴	A	Mrk	5³⁰	A2
	Luk	9¹⁴	A	Luk	9¹⁶	A	Luk	9⁴³	A		Mrk	5³⁷	A	Mrk	5⁴⁰	A	Mrk	6²⁰	A
	Luk	10²¹	A	Luk	10²³	A	Luk	16¹	A		Mrk	8¹⁴	A	Mrk	8¹⁶	A	Mrk	9⁸	A
	Luk	17²²	A	Luk	19³⁹	A	Luk	20⁴⁵	A		Mrk	9¹⁰	A	Mrk	9³⁴	A	Mrk	10²⁶	A
	Mrk	2¹⁵	A	Mrk	2¹⁶	A	Mrk	3⁷	A		Mrk	11³¹	A	Mrk	12⁶	A	Mrk	12⁷	A
	Mrk	3⁹	A	Mrk	4³⁴	A	Mrk	8⁶	A		Mrk	15³¹	A	Mrk	16³	A	Mrk	16⁸	A
	Mrk	8¹⁰	A	Mrk	8³⁴	A	Mrk	9¹⁴	A		Rom	13²	AC	Rom	14¹²	C	1Cr	11²⁹	A
	Mrk	9¹⁸	A	Mrk	10²³	A	Mrk	10⁴⁶	A		1Cr	16²	AB	2Cr	5¹⁵	AB	2Cr	5¹⁸	AB
	Mrk	14¹⁴	A	Mrk	16⁷	A	Skr	3⁷	E		2Cr	5¹⁹	AB	2Cr	10⁷	B	2Cr	10¹²	B2
	Skr	4²	E	Skr	7²³	E					Eph	2¹⁵	AB	Eph	2¹⁶	AB	Eph	5²⁷	A
siponjans	Mat	8¹⁸	A	Mat	10¹	A*	Jhn	18¹⁹	A		Gal	5¹⁷	AB	Gal	6³	AB	Gal	6⁴	AB
	Luk	6¹³	A	Luk	9⁴⁰	A	Mrk	8¹	A		Gal	6¹²	AB	Php	2³	B	Php	3²¹	AB
	Mrk	8²⁷	A	Mrk	8³³	A	Mrk	9³¹	A		Col	2¹⁵	B	1Tm	3¹³	A	2Tm	4³	AB
	Skr	5²⁵	E	Skr	7²¹	E					Tit	1¹⁴	A	Skr	3⁶	E	Skr	4³	E
siponje	Mat	8²¹	A	Jhn	6⁸	A	Jhn	6⁶⁰	A	sit	Luk	20⁴²	A	Mrk	12³⁶	A			
	Jhn	6⁶⁶	A	Jhn	12⁴	A	Jhn	13²³	A	sitaiwa	Mrk	10³⁷	A						
	Jhn	18¹⁷	A	Jhn	18²⁵	A	Luk	6¹⁷	A	sitan	Mrk	10⁴⁰	A						
	Luk	7¹⁹	A	Luk	19²⁹	A	Luk	19³⁷	A	sitandam	Mat	11¹⁶	A	Luk	1⁷⁹	A	Luk	7³²	A
	Mrk	7²	A	Mrk	11¹	A	Mrk	14¹³	A	sitandan	Mat	9⁹	A	Luk	2⁴⁶	A	Luk	5²⁷	A
	Ver	11¹⁹	V								Luk	8³⁵	A	Mrk	2¹⁴	A	Mrk	5¹⁵	A
											Mrk	14⁶²	A	Mrk	16⁵	A			
siponjos	Mat	8²³	A	Mat	8²⁵	A	Mat	9¹⁴	A2	sitandans	Luk	5¹⁷	A	Mrk	2⁶	A	Mrk	3³⁴	A
	Mat	9¹⁹	A	Mat	27⁶⁴	A	Jhn	6¹⁶	A	sitandeins	Mat	27⁶¹	A	Luk	10¹³	A			
	Jhn	6²²	A	Jhn	6²⁴	A	Jhn	6⁶¹	A	sitandin	Mat	27¹⁹	A						
	Jhn	7³	A	Jhn	8³¹	A	Jhn	9²	A	sitands	Jhn	12¹⁵	A	Mrk	9³⁵	A	Mrk	14⁵⁴	A
	Jhn	9²⁷	A	Jhn	9²⁸	A	Jhn	11⁸	A										

	Col	3¹	AB						Luk	20¹¹	*A*	Mrk	12²	*A*	Mrk	12⁴	*A*
sitlans	Mat	8²⁰	*A*	Luk	9⁵⁸	*A*	Mrk	11¹⁵	*A*		Mrk	14⁴⁷	*A*	Rom	14⁴	A	Phm	1⁶	A2
sitlos	Col	1¹⁶	AB					skalka	Mat	8⁹	*A*	Luk	7⁸	*A*	Luk	14²¹	*A*
siud	Luk	5¹⁰	*A*						Luk	14²³	*A*	Luk	17⁹	*A*	Gal	4¹	A
siujiþ	Mrk	2²¹	*A*					skalkam	Luk	15²²	*A*
siuka	1Cr	8¹²	A	2Cr	12¹⁰	AB		skalkans	Jhn	15¹⁵	*A*	Luk	19¹³	*A*	Luk	19¹⁵	*A*
siukai	1Cr	11³⁰	A	2Cr	11²¹	B			2Cr	4⁵	AB	1Tm	6¹	A:B
siukaim	Jhn	6²	*A*	Mrk	6⁵	*A*		skalke	Jhn	18²⁶	*A*
siukam	2Cr	13⁴	AB	2Cr	13⁹	AB		skalkinassaus	Eph	5⁵	B	Gal	5¹	B
siukan	Luk	7¹⁰	*A*	Php	2²⁶	AB		skalkinassus	Rom	9⁴	A	Gal	5²⁰	AB	Col	3⁵	AB
siukana	Mat	25³⁹	C	Mat	25⁴⁴	C		skalkino	Rom	7²⁵	A	2Tm	1³	A
siukands	Luk	7²	*A*	1Tm	6⁴	AB		skalkinoda	Luk	15²⁹	*A*
siukans	Luk	4⁴⁰	*A*	Luk	10⁹	*A*	Mrk	6¹³	*A*	skalkinodedum				Jhn	8³³	*A*
	Mrk	6⁵⁶	*A*	1Th	5¹⁴	B		skalkinodeduþ				Gal	4⁸	A
siukau	2Cr	11²⁹	B					skalkinoma	Rom	7⁶	A
siukei	Jhn	11⁴	*A*					skalkinon	Mat	6²⁴	*A*2	Luk	1⁷⁴	*A*	Luk	16¹³	*A*2
siukeim	2Cr	12⁹	AB2	2Cr	12¹⁰	AB			Gal	4⁹	A
siukein	2Cr	12⁹	A	2Cr	13⁴	AB	Gal	4¹³	A	skalkinona	1Tm	6²	AB
siukeins	2Cr	11³⁰	B					skalkinondam				1Cr	5¹⁰	A
siukis	1Cr	8¹⁰	A					skalkinondans				Rom	12¹¹	A	Rom	13⁶	A
siukiþ	2Cr	11²⁹	B	2Cr	13³	AB			Gal	4³	A	Php	3³	AB	Col	3²²	B
siuks	Mat	25⁴³	C	Jhn	11¹	*A*	Jhn	11²	*A*	skalkinonds	1Cr	5¹¹	A
	Jhn	11³	*A*	Jhn	11⁶	*A*	Rom	8³	A	skalkinoþ	Rom	9¹²	A	Rom	14¹⁸	*C*	Gal	4²⁵	B
	Php	2²⁷	AB						Gal	5¹³	B	Col	3²⁴	B
sium	Luk	9¹²	*A*	1Cr	10¹⁷	A	1Cr	10²²	A	skalkis	Php	2⁷	B
	1Cr	12¹³	A	1Cr	15¹⁹	A	2Cr	2¹⁷	A	skalkos	Jhn	18¹⁸	*A*	Luk	17¹⁰	*A*	1Cr	7²³	A
	2Cr	7¹³	B	2Cr	10¹¹	B	2Cr	13⁶	A		1Cr	12¹³	A	Neh	5¹⁵	D
	Eph	2¹⁰	A	Gal	4²⁸	B	Php	3³	A	skalks	Mat	10²⁴	*A*	Mat	10²⁵	*A*	Jhn	8³⁴	*A*
siun	Luk	1²²	*A*	Luk	4¹⁹	*A*	Luk	7²¹	*A*		Jhn	8³⁵	*A*	Jhn	13¹⁶	*A*	Jhn	15¹⁵	*A*
	2Cr	5⁷	AB	Skr	6²³	E	Skr	6²⁷	E		Jhn	15²⁰	*A*	Luk	7²	*A*	Luk	14²¹	*A*
siunai	Jhn	7²⁴	*A*	Luk	1¹¹	*A*	Luk	3²²	*A*		Luk	14²²	*A*	Mrk	10⁴⁴	*A*	1Cr	7²¹	A
siunins	2Cr	12¹	B						1Cr	7²²	A2	Eph	6⁸	B	Gal	3²⁸	A
siuns	Luk	9²⁹	*A*						Gal	4⁷	A	Col	3¹¹	B	Col	4¹²	AB
siuþ	2Cr	3³	A	2Cr	6¹⁶	A	2Cr	13⁹	A		2Tm	2²⁴	AB	Tit	1¹	B
	Eph	2⁸	A	Eph	4¹	A	1Th	2²⁰	B	skalt	Luk	16⁵	*A*	Luk	16⁷	*A*
	1Th	5⁵	B	Skr	8¹⁴	E		skaluþ-þan	Tit	1⁷	B
skabaidau	1Cr	1¹⁶	A					skama	Luk	16³	*A*	2Tm	1¹²	AB
skaban	1Cr	1¹⁶	A					skamai	2Tm	1⁸	AB
skadau	Luk	1⁷⁹	*A*	Mrk	4³²	*A*		skamaid	Luk	9²⁶	*A*
skadus	Col	2¹⁷	B					skamaida	2Tm	1¹⁶	AB
skaftida	Jhn	12⁴	*A*					skamaidedeima				2Cr	1⁸g	A	2Cr	1⁸g	B
skaidai	Mrk	10⁹	*A*	1Cr	7¹⁵	A		skamaiþ	Luk	9²⁶	*A*	Mrk	8³⁸	*A*2
skaidan	Mat	10³⁵	*A*	1Cr	7¹⁰	A		skandai	Php	3¹⁹	AB
skaidiþ	1Cr	7¹⁵	A					Skariotau	Jhn	13²⁶	*A*
skal	Jhn	8²⁶	*A*	Jhn	9⁴	*A*	Jhn	10¹⁶	*A*	skatt	Luk	19²⁴	*A*	Luk	20²⁴	*A*	Mrk	12¹⁵	*A*
	Jhn	16¹²	*A*	Jhn	19⁷	*A*	Luk	4⁴³	*A*	skattans	Mat	27⁶	*A*	Luk	9³	*A*	Luk	19¹⁶	*A*
	Luk	7⁴⁰	*A*	Luk	9²²	*A*	Luk	17²⁵	*A*		Luk	19¹⁸	*A*
	Luk	19⁵	*A*	Mrk	8³¹	*A*	1Cr	15²⁵	A	skatte	Jhn	6⁷	*A*	Jhn	12⁵	*A*	Luk	7⁴¹	*A*
	1Tm	3²	AB	1Tm	3⁷	A	2Tm	2⁶	B		Mrk	14⁵	*A*
	2Tm	2²⁴	AB	2Tm	4¹	AB	Tit	1¹¹	A	skattjam	Luk	19²³	*A*
	Skr	4¹	E	Skr	4⁶	E	Skr	6²	E	skattjane	Mrk	11¹⁵	*A*
skaljos	Luk	5¹⁹	*A*					skatts	Luk	19¹⁶	*A*	Luk	19¹⁸	*A*	Luk	19²⁰	*A*
skalk	Jhn	18¹⁰	*A*	Luk	2²⁹	*A*	Luk	7³	*A*	skaþaila	Col	3²⁵	B
	Luk	7¹⁰	*A*	Luk	14¹⁷	*A*	Luk	17⁷	*A*	skaþis	2Cr	12¹³	AB
	Luk	19¹⁷	*A*	Luk	19²²	*A*	Luk	20¹⁰	*A*	skaþulans	1Tm	6⁹	AB

skaudaraip	Luk	3¹⁶	*A*	Mrk	1⁷	*A*	Skr	3²⁶	*E*			
skaunjai	Rom	10¹⁵	*A*									
skaurpjono	Luk	10¹⁹	*A*									
skauta	Mat	9²⁰	*A*	Luk	8⁴⁴	*A*	Mrk	6⁵⁶	*A*			
skeimam	Jhn	18³	*A*									
skeinan	2Cr	4⁶	AB									
skeinandei	Luk	9²⁹	*A*									
skeiniþ	Luk	17²⁴	*A*									
skeireins	1Cr	12¹⁰	*A*									
skeiris	Skr	5⁶	*E*									
skeirs	Skr	4¹²	*E*									
skerein	1Cr	14²⁶	*A*									
skewjandans	Mrk	2²³	*A*									
skildu	Eph	6¹⁶	AB									
skiliggans	DeN	4⁴	N*									
skiljam	1Cr	10²⁵	*A*									
skilliggans	DeN	1²	N	DeN	1³	N	DeN	2²	N			
	DeN	2⁴	N*	DeN	3¹	N	DeN	3³	N*			
	DeA	2	𝔄*									
skilligngans	DeN	4²	N									
skip	Mat	8²³	*A*	Mat	8²⁴	*A*	Mat	9¹	*A*			
	Jhn	6¹⁷	*A*	Jhn	6²¹	*A2*	Jhn	6²²	*A2*			
	Luk	8²²	*A*	Luk	8³⁷	*A*	Mrk	3⁹	*A*			
	Mrk	4¹	*A*	Mrk	4³⁷	*A*	Mrk	5¹⁸	*A*			
	Mrk	8¹⁰	*A*	Mrk	8¹³	*A*						
skipa	Jhn	6¹⁹	*A*	Jhn	6²³	*A*	Jhn	6²⁴	*A*			
	Luk	5²	*A*	Luk	5³	*A*	Luk	5⁷	*A2*			
	Luk	5¹¹	*A*	Mrk	1¹⁹	*A*	Mrk	1²⁰	*A*			
	Mrk	4³⁶	*A2*	Mrk	5²	*A*	Mrk	5²¹	*A*			
	Mrk	6⁵⁴	*A*	Mrk	8¹⁴	*A*	2Cr	11²⁵	B			
skipe	Luk	5³	*A*									
skohe	Mrk	1⁷	*A*									
skohis	Luk	3¹⁶	*A*	Skr	3²⁶	*E*						
skohsla	Mat	8³¹	*A*	Luk	8²⁷g	*A*						
skohslam	1Cr	10²⁰	*A2*									
skohsle	1Cr	10²¹	*A2*									
skoþ	Col	3²⁵	B									
skufta	Jhn	11²	*A*	Jhn	12³	*A*	Luk	7³⁸	*A*			
	Luk	7⁴⁴	*A*									
skuggwan	1Cr	13¹²	*A*									
skula	Mat	5²¹	*A*	Mat	5²²	*A3*	Mat	26⁶⁶	C			
	Mrk	3²⁹	*A*	1Cr	11²⁷	*A*	Gal	5³	B			
	Phm	18	*A*	Phm	19	*A*						
skulam	Mat	6¹²	*A*									
skulan	Mrk	14⁶⁴	*A*									
skulans	Mat	6¹²	*A*	Luk	7⁴¹	*A*	Rom	13⁸	*A*			
skuld	Mat	27⁶	*A*	Jhn	18³¹	*A*	Luk	6²	*A*			
	Luk	6⁴	*A*	Luk	6⁹	*A*	Luk	15³²	*A*			
	Mrk	2²⁴	*A*	Mrk	2²⁶	*A*	Mrk	6¹⁸	*A*			
	1Cr	15⁵³	AB*	2Cr	11³⁰	B	2Th	3⁷	B			
	1Tm	3¹⁵	*A*	Tit	1¹¹	*A*	Skr	6²⁶	*E*			
skulda	Mat	11¹⁴	*A*	Jhn	12³³	*A*	Jhn	18³²	*A*			
	Luk	2⁴⁹	*A*	Luk	7⁴¹	*A*	Luk	9³¹	*A*			
	Luk	19¹¹	*A*	2Cr	2³	AB	2Cr	12⁴	AB			
	1Tm	5¹³	*A:*	Skr	1²⁴	*E*						
skuldai	2Cr	5¹⁰	AB									
skuldedeiþ	1Cr	5¹⁰	*A*									
skuldedi	Skr	3⁶	*E*									
skuldedum	Luk	17¹⁰	*A*									
skuldedun	Jhn	7³⁹	*A*									
skuldo	Rom	13⁷	*A*									
skulds	Jhn	12³⁴	*A*	Luk	9⁴⁴	*A*	Mrk	8³¹	*A*			
	2Cr	12¹¹	AB									
skuldu	Luk	20²²	*A*	Mrk	3⁴	*A*	Mrk	10²	*A*			
	Mrk	12¹⁴	*A*									
skuleiþ	Col	4⁶	AB									
skuli	Jhn	7³⁵	*A2*	Luk	1⁶⁶	*A*	Mrk	9¹¹	*A*			
	Rom	12³	*C*									
skuljau	Eph	6²⁰	B	Col	4⁴	AB						
skulum	2Th	1³	AB	Skr	5¹⁹	*E*						
skulun	Luk	18¹	*A*	2Cr	12¹⁴	AB	Eph	5²⁸	*A*			
skuluþ	Jhn	13¹⁴	*A*	1Cr	15²	*A*	1Th	4¹	B			
skura	Luk	8²³	*A*	Mrk	4³⁷	*A*						
Skwþus	Col	3¹¹	B*									
slah	Jhn	18²²	*A*									
slaha	Mrk	5²⁹	*A*	Mrk	5³⁴	*A*						
slahals	1Tm	3³	B	Tit	1⁷	B						
slahandans	1Cr	8¹²	*A*									
slahands	Mat	26⁶⁸	C									
slahim	Luk	7²¹	*A*	2Cr	6⁵	AB	2Cr	11²³	B			
slahins	Jhn	19³	*A*									
slahis	Jhn	18²³	*A*									
slahiþ	2Cr	11²⁰	B									
slaihtaim	Luk	3⁵	*A*									
slauhtais	Rom	8³⁶	*A*									
slawaidedun	Mrk	9³⁴	*A*									
slawand	Luk	19⁴⁰	*A*									
slawandein	1Tm	2²	AB									
sleidja	2Tm	3¹	AB									
sleidjai	Mat	8²⁸	*A*									
sleiþa	Php	3⁷	AB	Php	3⁸	AB						
sleiþei	Rom	8³⁵	*A*									
slep	Jhn	11¹³	*A*									
slepa	Luk	9³²	*A*	Rom	13¹¹	*A*						
slepaima	1Th	5⁶	B	1Th	5¹⁰	B						
slepand	1Th	5⁷	B2									
slepands	Mrk	4³⁸	*A*									
slepiþ	Mat	9²⁴	*A*	Jhn	11¹²	*A*	Luk	8⁵²	*A*			
	Mrk	4²⁷	*A*	Mrk	5³⁹	*A*						
sliupand	2Tm	3⁶	AB									
sloh	Jhn	18¹⁰	*A*	Luk	18¹³	*A*	Mrk	14⁴⁷	*A*			
slohun	Mat	26⁶⁷	C	Mrk	14⁶⁵	*A*	Mrk	15¹⁹	*A*			
smairþra	Rom	11¹⁷	*A*									
smakkabagm	Luk	19⁴	*A*	Mrk	11¹³	*A*	Mrk	11²⁰	*A*			
smakkabagma				Mrk	13²⁸	*A*						
smakkabagms				Mrk	11²¹	*A*						
smakkane	Mrk	11¹³	*A*									
smakkans	Mat	7¹⁶	*A*	Luk	6⁴⁴	*A*						
smalista	1Cr	15⁹	*A*									
smarnos	Php	3⁸	AB									

smwrna	Mrk	15²³	A					
snagan	Mat	9¹⁶	A	Luk	5³⁶	A	Mrk	2²¹ A
snagin	Mat	9¹⁶	A					
snagins	Luk	5³⁶	A					
snaiws	Mrk	9³	A					
snauh	1Th	2¹⁶	B					
sneiþam	Gal	6⁹	AB					
sneiþand	Mat	6²⁶	A					
sneiþands	Luk	19²²	A					
sneiþis	Luk	19²¹	A					
sneiþiþ	2Cr	9⁶	A2B2	Gal	6⁷	AB	Gal	6⁸ A2B2
sniumei	2Tm	4⁹	AB					
sniumidedum				1Th	2¹⁷	B		
sniumjandans				Luk	2¹⁶	A		
sniumjands	Luk	19⁵	A	Luk	19⁶	A		
sniumundo	Luk	1³⁹	A	Mrk	6²⁵	A		
sniumundos	Php	2²⁸	AB					
sniwaiþ	Jhn	15¹⁶	A					
sniwiþ	1Cr	9²⁵	A					
snorjon	2Cr	11³³	B					
snutraim	Luk	10²¹	A					
snutrane	1Cr	1¹⁹	A					
snutrein	1Cr	1¹⁷	A	1Cr	1¹⁹	A		
so	Mat	6⁴	A	Mat	8¹⁵	A	Mat	8³² A
	Mat	8³⁴	A	Mat	9²²	A	Mat	9²⁴ A
	Mat	9²⁵	A2	Mat	9²⁶	A	Mat	27⁵⁶ A2
	Mat	27⁶¹	A	Mat	27⁶⁴	A	Jhn	6⁴ A
	Jhn	7²	A	Jhn	7⁷	A	Jhn	7¹⁶ A
	Jhn	7²⁰	A	Jhn	7⁴⁹	A	Jhn	8¹³ A
	Jhn	8¹⁴	A	Jhn	8³²	A	Jhn	8⁵⁴ A
	Jhn	11⁴	A	Jhn	11²⁵	A	Jhn	12¹⁷ A
	Jhn	12¹⁹	A	Jhn	12³⁰	A	Jhn	12³⁴ A
	Jhn	14¹⁷	A	Jhn	14¹⁹	A	Jhn	14²⁷ A
	Jhn	14³¹	A	Jhn	15¹⁸	A	Jhn	15¹⁹ A2
	Jhn	16⁴	A	Jhn	16²⁰	A	Jhn	17³ A
	Jhn	17¹⁴	A	Jhn	17²¹	A	Jhn	17²³ A
	Jhn	17²⁵	A	Jhn	18¹⁷	A	Jhn	18³⁵ A
	Jhn	18³⁸	A	Luk	1²⁹	A	Luk	1³⁶ A
	Luk	1⁴⁵	A	Luk	1⁶⁰	A	Luk	2⁴⁸ A
	Luk	3⁹	A	Luk	4²⁹	A	Luk	6⁶ A
	Luk	6¹⁰	A2	Luk	6⁴⁹	A	Luk	7³⁹ A
	Luk	8⁹	A	Luk	8¹¹	A	Luk	8⁴² A
	Luk	8⁴⁷	A	Luk	9³⁶	A	Luk	18⁵ A
	Luk	20⁶	A	Luk	20³²	A	Mrk	1²⁷ A2
	Mrk	1³¹	A	Mrk	1³³	A	Mrk	3⁵ A
	Mrk	3²⁴	A	Mrk	3³³	A	Mrk	4¹ A
	Mrk	5¹³	A	Mrk	5³³	A	Mrk	5⁴² A
	Mrk	6²	A2	Mrk	6¹⁹	A	Mrk	6²⁸ A
	Mrk	7⁶	A	Mrk	7²⁶	A	Mrk	11¹⁰ A
	Mrk	12¹⁶	A	Mrk	12²²	A	Mrk	12³⁰ A
	Mrk	12³⁷	A	Mrk	14⁸	A	Mrk	14⁹ A2
	Mrk	14⁵⁵	A	Mrk	15¹	A	Mrk	15⁴⁰ A
	Mrk	15⁴⁷	A	Mrk	16¹	A2	Rom	7¹⁷ A
	Rom	10⁶	A	Rom	11¹⁵	A	Rom	11¹⁸ A
	Rom	11²⁷	A	1Cr	1²⁵	A	1Cr	5⁶ A
	1Cr	7¹²	A	1Cr	7¹⁴	A	1Cr	11²⁵ A
	1Cr	15¹⁴	A	1Cr	15¹⁷	A	2Cr	1¹¹ AB
	2Cr	1¹²	AB	2Cr	3⁵	AB	2Cr	7⁸ AB
	2Cr	7¹⁰	B	2Cr	7¹⁴	AB	2Cr	9³ AB
	2Cr	11¹⁰	B	Eph	3³	B	Eph	3⁸ B
	Eph	3¹⁰	AB	Gal	4²⁶	B	Gal	4²⁷ B2
	Gal	5⁸	B	Col	4¹⁶	B	1Th	5²⁷ AB
	2Th	3¹⁷	AB	1Tm	5⁶	AB	Tit	1¹³ A
	Neh	5¹³	D	Neh	6¹⁵	D	Neh	7¹ D
	Skr	3³	E	Skr	3⁹	E	Skr	4¹ E
	Skr	4⁷	E	Skr	7¹⁴	E	Skr	8¹⁶ E
sô	Ver	8¹⁴	V					
soei	Jhn	11²	A	Luk	8⁴³	A	1Cr	7¹³ A
	Col	3⁵	A*	1Tm	5⁵	AB		
soh	Jhn	17³	A	Luk	2²	A	Luk	2³⁶ A
	Luk	2³⁷	A2	Luk	2³⁸	A	Mrk	16¹⁰ A
	Skr	8⁷	E					
sokareis	1Cr	1²⁰	A					
sokei	1Cr	7²⁷	A2					
sokeins	Skr	3⁷	E	Skr	3¹³	E		
sokeiþ	Jhn	6²⁶	A	Jhn	7⁴	A	Jhn	7¹⁸ A2
	Jhn	7¹⁹	A	Jhn	7²⁰	A	Jhn	7³⁴ A
	Jhn	7³⁶	A	Jhn	8²¹	A	Jhn	8³⁷ A
	Jhn	8⁴⁰	A	Jhn	8⁵⁰	A	Jhn	13³³ A
	Jhn	16¹⁹	A	Jhn	18⁴	A	Jhn	18⁷ A
	Jhn	18⁸	A	Luk	15⁸	A	Luk	17³³ A
	Mrk	8¹²	A	Mrk	9¹⁶	A	Mrk	11²⁴ A
	Mrk	16⁶	A	1Cr	13⁵	A	2Cr	13³ AB
	Col	3¹	AB					
sokida	Jhn	19¹²	A	Luk	9⁹	A	Luk	19³ A
	Mrk	14¹¹	A	2Tm	1¹⁷	AB	Neh	5¹⁸ D
sokidedum	Luk	2⁴⁸	A					
sokidedun	Jhn	7¹	A	Jhn	7¹¹	A	Jhn	7³⁰ A
	Jhn	10³⁹	A	Jhn	11⁸	A	Luk	2⁴⁴ A
	Luk	4⁴²	A	Luk	5¹⁸	A	Luk	6¹⁹ A
	Luk	19⁴⁷	A	Luk	20¹⁹	A	Mrk	1²⁷ A
	Mrk	11¹⁸	A	Mrk	12¹²	A	Mrk	14⁵⁵ A
sokideduþ	Luk	2⁴⁹	A					
sokja	Jhn	8⁵⁰	A	2Cr	12¹⁴	AB		
sokjai	1Cr	10²⁴	A	Skr	1¹	E		
sokjan	Luk	19¹⁰	A					
sokjand	Mat	6³²	A	Jhn	7²⁵	A	Mrk	1³⁷ A
	Mrk	3³²	A	1Cr	1²²	A		
sokjandam	Skr	4³	E					
sokjandans	Jhn	6²⁴	A	Mrk	8¹¹	A	Mrk	9¹⁰ A
	Mrk	9¹⁴	A	Mrk	12²⁸	A	Rom	10³ A
	Gal	2¹⁷	AB					
sokjandona	Luk	2⁴⁵	A					
sokjands	Luk	1⁶³	A	1Cr	10³³	A		
soknim	1Tm	1⁴	AB					
soknins	1Tm	6⁴	AB	2Tm	2²³	AB		
sokun	Jhn	6⁵²	A	Mrk	10¹³	A	SkB	8²³ E⁶
Soseipatrus	Rom	16²¹	A					
soþa	Col	2²³	AB					
spaikulatur	Mrk	6²⁷	A					

spaiskuldra	Jhn	9⁶	A				stain	Jhn	11³⁹	A	Jhn	11⁴¹	A	Luk	19⁴⁴	A
sparwam	Mat	10³¹	A					Luk	20¹⁸	A	Mrk	15⁴⁶	A	Mrk	16³	A
sparwans	Mat	10²⁹	A					Rom	9³³	A
spaurd	1Cr	9²⁴	A				staina	Mat	7²⁴	A	Mat	7²⁵	A	Mat	27⁶⁰	A2
spaurd..	Luk	24¹³	G*					Jhn	11³⁸	A	Luk	4³	A	Luk	4¹¹	A
spaurde	Jhn	6¹⁹	A					Luk	6⁴⁸	A2	Luk	8⁶	A	Luk	8¹³	A
spaurdim	Jhn	11¹⁸	A					Luk	19⁴⁴	A	Mrk	15⁴⁶	A	Rom	9³²	A
spedista	Luk	20³²	A				stainahamma	Mrk	4⁵	A	Mrk	4¹⁶	A
spedistaim	1Tm	4¹	A	2Tm	3¹	AB	stainam	Jhn	11⁸	A	Luk	3⁸	A	Luk	20⁶	A
spedistamma	1Cr	15⁸	A					Mrk	5⁵	A	Mrk	12⁴	A	2Cr	3⁷	AB
spedistana	Mrk	12⁶	A				stainans	Jhn	8⁵⁹	A	Jhn	10³¹	A
spedistans	1Cr	4⁹	A				staineinaim	2Cr	3³	AB
spedistin	Jhn	6⁴⁰	A	Jhn	6⁴⁴	A	Jhn	6⁵⁴	A	staineiþ	Jhn	10³²	A
	Jhn	7³⁷	A	Jhn	11²⁴	A	Jhn	12⁴⁸	A	stainiþs	2Cr	11²⁵	B
	Mrk	16¹⁴	S	1Cr	15⁵²	AB		stainjam	Jhn	10³³	A
spedumista	Mrk	12²²	A				stainos	Mat	27⁵¹	A	Luk	19⁴⁰	A
speidizei	Mat	27⁶⁴	A				stains	Luk	20¹⁷	A	Mrk	12¹⁰	A	Mrk	16⁴	A
speiwan	Mrk	14⁶⁵	A				stairnons	Mrk	13²⁵	A
speiwand	Mrk	10³⁴	A				stairo	Luk	1⁷	A	Luk	1³⁶	A	Gal	4²⁷	B
speiwands	Mrk	8²³	A				stakins	Gal	6¹⁷	A*B
spewands	Mrk	7³³	A				stammana	Mrk	7³²	A
spidistaim	1Tm	4¹	B				stand	Luk	6⁸	A	2Tm	4²	B
spilda	Luk	1⁶³	A				standaiduh	1Cr	16¹³	B
spildom	2Cr	3³	A2B2				standaiþ	Mrk	11²⁵	A	Eph	6¹⁴	AB	Gal	5¹	B
spilla	1Tm	4⁷	AB	Skr	1²⁶	E		Php	4¹	AB	Col	4¹²	AB
spillam	2Tm	4⁴	AB				standan	Mrk	3²⁴	A	Mrk	3²⁵	A	Eph	6¹¹	AB
spille	1Tm	1⁴	AB					Eph	6¹³	AB
spilli	Tit	1¹⁴	A				standand	Luk	8²⁰	A
spillo	Luk	2¹⁰	A				standandane	Mat	27⁴⁷	A	Luk	9²⁷	A	Mrk	9¹	A
spillodedeina	Mrk	9⁹	A					Mrk	11⁵	A
spillodedun	Mrk	5¹⁶	A	Neh	6¹⁹	D	standandans	Mat	6⁵	A	Mat	26⁷³	AC⁺
spillondane	Rom	10¹⁵	A2				standandei	Luk	7³⁸	A
spinnand	Mat	6²⁸	A				standandona	Luk	5²	A	Mrk	3³¹	A
spiwun	Mat	26⁶⁷	C				standands	Jhn	18¹⁸	A	Jhn	18²⁵	A	Luk	1¹¹	A
sprauto	Mat	5²⁵	A	Jhn	11²⁹	A	Jhn	11³¹	A		Luk	1¹⁹	A	Luk	5¹	A	Luk	18¹¹	A
	Jhn	13²⁷	A	Luk	14²¹	A	Luk	15²²	A		Luk	18¹³	A	Luk	19⁸	A
	Luk	16⁶	A	Luk	18⁸	A	Mrk	9³⁹	A	standiþ	Rom	14⁴	A2	1Cr	15¹	A	Php	1²⁷	B
	Gal	1⁶	B	Php	2²⁴	B	2Th	2²	A*		2Tm	2¹⁹	B
	1Tm	3¹⁴	A	1Tm	5²²	AB	2Tm	4⁹	AB	staþ	Luk	1⁴	A⁻	Luk	9¹⁰	A	Luk	14⁹	A
spwreidans	Mrk	8⁸	A	Mrk	8²⁰	A			Mrk	1³⁵	A	Mrk	15²²	A	Mrk	16⁶	A
stabim	Gal	4³	A	Gal	4⁹	A	Col	2²⁰	B		Rom	12¹⁹	AC	Eph	4²⁷	AB
stad	Jhn	10⁴⁰	A	Jhn	14²	A	Jhn	14³	A	staþa	Luk	5³	A	Mrk	4¹	A
	Jhn	18²	A	Luk	4¹⁷	A	Luk	4⁴²	A	staþs	Mrk	15²²	A
stada	Jhn	6¹⁰	A	Jhn	6²³	A	Jhn	11⁶	A	staua	Mat	5²⁵	A	Mat	5⁴⁰	A	Jhn	7²⁴	A
	Jhn	11³⁰	A	Luk	2⁷	A	Luk	6¹⁷	A		Jhn	8¹⁶	A	Jhn	12³¹	A	Jhn	16⁸	A
	Luk	9¹²	A	Luk	14¹⁰	A	Luk	19⁵	A		Jhn	16¹¹	A	Luk	18²	A	Luk	18⁶	A
	Rom	9²⁶	A	1Cr	8¹⁰	A	Skr	7⁸	E		1Cr	6¹	A	1Cr	11²⁹	A	1Tm	5¹²	A*
stade	Luk	10¹	A					2Tm	4⁸	AB	Skr	5¹²	E	Skr	5¹⁸	E
stadim	Mrk	1⁴⁵	A	2Cr	2¹⁴	AB	2Th	3¹⁶	AB	stauai	Mat	5²¹	A	Mat	5²²	A	Mat	27³	A
	1Tm	2⁸	AB					Jhn	9³⁹	A	1Tm	3⁶	A	1Tm	5²⁴	AB
stadins	Luk	4³⁷	A					Skr	1³	E*	SkB	1³	E¶
stadis	Mrk	4³⁵	A				stauastola	Mat	27¹⁹	A	Rom	14¹⁰	C	2Cr	5¹⁰	AB
stads	Luk	14²²	A				stauidedeima	1Cr	11³¹	A
Staifanaus	1Cr	1¹⁶	A	1Cr	16¹⁵	B	1Cr	16¹⁷	B	stauides	Luk	7⁴³	A
staigos	Luk	3⁴	A	Luk	14²¹	A	Mrk	1³	A	stauin	Mat	5²⁵	A

stauos	Mat	11²²	A*	Mat	11²⁴	A	Luk	10¹⁴	A	stomin	2Cr	9⁴	AB	2Cr	11¹⁷	B			
	Mrk	6¹¹	A	Rom	11³³	C	2Th	1⁵	AB	stoþ	Mat	27¹¹	A	Jhn	6²²	A	Jhn	7³⁷	A
	Skr	5¹⁷	E								Jhn	12²⁹	A	Jhn	18¹⁶	A			
stautai	Mat	5³⁹	A							stoþuh	Jhn	18⁵	A						
stautandin	Luk	6²⁹	A							stoþun	Jhn	18¹⁸	A						
steigiþ	Jhn	10¹	A							strawidedun	Mrk	11⁸	A2						
stibna	Jhn	10⁴	A	Jhn	10⁵	A	Jhn	12²⁸	A	striks	Mat	5¹⁸	A						
	Jhn	12³⁰	A	Luk	1⁴⁴	A	Luk	3⁴	A	stubju	Luk	10¹¹	A						
	Luk	3²²	A	Luk	9³⁵	A	Luk	9³⁶	A	sugqun	Luk	5⁷	A						
	Luk	17¹³	A	Mrk	1³	A	Mrk	1¹¹	A	suljom	Mrk	6⁹	A						
	Mrk	9⁷	A	Mrk	15³⁷	A	Gal	4²⁰	AB	sum	Luk	8⁵	A	Luk	8⁷	A	Mrk	4⁴	A
	Skr	6²⁰	E	Skr	6²³	E	Skr	6²⁶	E		Mrk	4⁷	A	Mrk	4⁸	A	Rom	9²¹	A
stibnai	Mat	27⁴⁶	A	Mat	27⁵⁰	A	Jhn	10³	A		2Cr	2⁵	AB						
	Jhn	10²⁷	A	Jhn	11⁴³	A	Luk	1⁴²	A	suma	Luk	15⁸	A	Luk	17¹²	A	Mrk	5²⁵	A
	Luk	8²⁸	A	Luk	17¹⁵	A	Luk	19³⁷	A		2Tm	2²⁰	B						
	Mrk	1²⁶	A	Mrk	5⁷	A	Mrk	15³⁴	A	sumai	Mat	9³	A	Mat	27⁴⁷	A	Jhn	6⁶⁴	A
	1Th	4¹⁶	B								Jhn	7²⁵	A	Jhn	9¹⁶	A	Jhn	9⁴⁰	A
stibnos	Jhn	10¹⁶	A	Jhn	18³⁷	A					Jhn	11³⁷	A	Jhn	12²⁰	A	Jhn	13²⁹	A
stigqan	Luk	14³¹	A								Luk	6²	A	Luk	9⁷	A	Luk	9⁸	A
stika	Luk	4⁵	A								Luk	9¹⁹	A	Luk	9²⁷	A	Luk	18²	A
stikl	Jhn	18¹¹	A	Mrk	10³⁸	A	Mrk	10³⁹	A		Luk	19³⁹	A	Luk	20²⁷	A	Luk	20³⁹	A
	1Cr	10²¹	A2	1Cr	11²⁵	A	1Cr	11²⁶	A		Mrk	2⁶	A	Mrk	7¹	A	Mrk	8³	A
	1Cr	11²⁷	A								Mrk	9¹	A	Mrk	11⁵	A	Mrk	11⁸	A
stikla	Mat	10⁴²	A	Mrk	9⁴¹	A					Mrk	12¹³	A	Mrk	14⁵⁷	A	Mrk	14⁶⁵	A
stikle	Mrk	7⁴	A	Mrk	7⁸	A					Mrk	15³⁵	A	Rom	11¹⁷	A	1Cr	15¹²	A
stiklis	1Cr	10¹⁷	A	1Cr	11²⁸	A					1Cr	15³⁴	A	1Cr	exp	A	2Cr	2¹⁷	AB
stikls	1Cr	10¹⁶	A	1Cr	11²⁵	A					2Cr	3¹	AB	Gal	1⁷	B	Gal	2¹²	B
stilai	Jhn	10¹⁰	A								Php	1¹⁵	B2	Php	1¹⁶	B	1Tm	1⁶	AB
stiland	Mat	6²⁰	A								1Tm	1¹⁹	AB	1Tm	4¹	AB	1Tm	6¹⁰	AB
stiur	Luk	15²³	A	Luk	15²⁷	A	Luk	15³⁰	A		Skr	3⁶	E	Skr	6²⁶	E	Skr	6²⁷	E
	Neh	5¹⁸	D							sumaih	Jhn	7¹²	A	Jhn	7⁴¹	A2	Jhn	7⁴⁴	A
stiurjan	Rom	10³	A								Jhn	9⁹	A2	Jhn	9¹⁶	A	Jhn	10²¹	A
stiurjand	1Tm	1⁷	AB								Jhn	12²⁹	A	Mrk	8²⁸	A			
stiwitja	2Cr	1⁶	B	2Cr	6⁴	AB				sumaim	Luk	18⁹	A	2Cr	2¹⁶	AB	1Tm	1³	AB
stiwitjis	2Th	1⁴	AB							sumaimuþ-þan				2Cr	2¹⁶	AB			
stoja	Jhn	8¹⁵	A	Jhn	8¹⁶	A	Jhn	12⁴⁷	A	sumaiþ-þan	Mat	26⁶⁷	C	Jhn	11⁴⁶	A	1Cr	15⁶	A
	Luk	19²²	A							sumaiuþ-þan	Luk	9⁸	A						
stojada	1Cr	10²⁹	A							sumaize	1Tm	5²⁴	AB2	2Tm	2¹⁸	B			
stojai	Rom	14³	A							sumaizeh	1Tm	5²⁴	A						
stojaima	Rom	14¹³	C							sumamma	Luk	7⁴¹	A	Luk	15¹⁵	A	Luk	20¹	A
stojaindau	Luk	6³⁷	A							sumammuh	1Cr	12¹⁰	A						
stojaiþ	Jhn	7²⁴	A2	Rom	14¹³	C	1Cr	4⁵	A	suman	Rom	11³⁰	A	1Cr	13⁹	A2	Eph	2³	AB
stojan	Jhn	8²⁶	A	1Cr	5¹²	A	1Cr	6¹	A		Eph	5⁸	B	Gal	1²³	AB	Skr	6¹⁹	E
	2Tm	4¹	AB	Skr	5¹⁴	EE*	SkB	5¹⁴	E ¶	sumana	Luk	9⁴⁹	A	Luk	15²⁶	A	Mrk	9³⁸	A
stojandan	Jhn	12⁴⁸	A	Skr	5¹⁷	E					Mrk	15²¹	A						
stojau	Jhn	12⁴⁷	A							sumans	Mrk	7²	A	Mrk	12⁵	A	Rom	11¹⁴	A
stojid	Luk	6³⁷	A								1Cr	9²²	A	2Cr	10²	B	Eph	4¹¹	A
stojis	Rom	14⁴	A	Rom	14¹⁰	C					2Th	3¹¹	AB						
stojiþ	Jhn	7⁵¹	A	Jhn	8¹⁵	A	Jhn	8⁵⁰	A	sumansuþ-þan				Eph	4¹¹	A2			
	Jhn	12⁴⁸	A	Jhn	18³¹	A	Rom	14⁵	A	sumanuh	Skr	6²⁰	E 2						
	1Cr	5¹²	A	1Cr	5¹³	A	Skr	5¹¹	E	sumanzuh	Mrk	12⁵	A						
	Skr	8²¹	E							sumanzuþ-þan				Eph	4¹¹	A			
stol	Luk	1³²	A							sumata	Rom	11²⁵	A	2Cr	1¹⁴	AB			
stolam	Luk	1⁵²	A							sumis	Luk	7²	A						
stols	Mat	5³⁴	A							sums	Jhn	7⁵⁰	A	Jhn	11¹	A	Jhn	12²	A

		Jhn	18²²	A	Jhn	18²⁶	A	Luk	7³⁶	A			
		Luk	8²⁷	A	Luk	8⁴⁶	A	Luk	8⁴⁹	A			
		Luk	9⁸	A	Luk	9¹⁹	A	Luk	9⁵⁷	A			
		Luk	10²⁵	A	Luk	10³⁰	A‡	Luk	14¹⁵	A			
		Luk	14¹⁶	A	Luk	14²⁰	A	Luk	15¹¹	A			
		Luk	16¹	A	Luk	16¹⁹	A	Luk	16²⁰	A			
		Luk	18²	A	Luk	18¹⁸	A	Luk	18³⁵	A			
		Luk	19¹²	A	Luk	19²⁰	A	Mrk	14⁴³	A			
		Mrk	14⁴⁷	A	Mrk	14⁵¹	A	Rom	14²	A			
		Rom	14⁵	A	1Cr	7⁷	A	1Cr	11²¹	A			
		1Cr	15³⁵	A	Tit	1¹²	A						
sumsuh		1Cr	7⁷	A									
sumuþ-þan		Rom	9²¹	A	2Tm	2²⁰	B						
sumzuþ-þan		1Cr	11²¹	A									
sunau		Mat	8²⁹	A	Mat	9²⁷	A	Jhn	9³⁵	A			
		Jhn	14¹³	A	Luk	1³⁶	A	Luk	3²	A			
		Luk	8²⁸	A	Luk	18³⁹	A	Mrk	5⁷	A			
		Mrk	10⁴⁷	A	Mrk	10⁴⁸	A	Eph	1⁶	AB			
		Gal	4³⁰	B2	Skr	5¹²	E	Skr	5¹⁷	E			
		Skr	5²¹	E									
sunaus		Jhn	6⁵³	A	Luk	3²³	A	Luk	3²⁴	A5			
		Luk	3²⁵	A5	Luk	3²⁶	A5	Luk	3²⁷	A5			
		Luk	3²⁸	A5	Luk	3²⁹	A5	Luk	3³⁰	A5			
		Luk	3³¹	A5	Luk	3³²	A5	Luk	3³³	A5			
		Luk	3³⁴	A5	Luk	3³⁵	A5	Luk	3³⁶	A5			
		Luk	3³⁷	A5	Luk	3³⁸	A4	Luk	4³	A			
		Luk	6²²	A	Luk	17²²	A	Luk	17²⁶	A			
		Mrk	1¹	A	Gal	4⁶	A	Col	1¹³	B			
		Neh	6¹⁸	D2	Neh	7¹⁶	D*	Neh	7¹⁷	D*			
		Neh	7²¹	DD*	Neh	7⁴⁵	D	Skr	5⁶	E			
sundro		Luk	9¹⁰	A	Luk	9¹⁸	A	Luk	10²³	A			
		Mrk	4¹⁰	A	Mrk	4³⁴	A	Mrk	7³³	A			
		Mrk	9²	A	Mrk	9²⁸	A	1Cr	12¹¹	A			
		Gal	2²	AB									
suniwe		Mat	27⁵⁶	A	Luk	1¹⁶	A	Rom	9²⁷	A			
		Eph	1⁵	AB	Gal	4⁵	A	Neh	7¹⁵	D:			
		Neh	7¹⁸	D:	Neh	7¹⁹	D*	Neh	7²⁰	D*			
		Neh	7²²	D	Neh	7²³	D*	Neh	7²⁴	D			
		Neh	7²⁵	D*	Neh	7²⁶	D2	Neh	7²⁷	D			
		Neh	7²⁸	D*									
sunja		Jhn	8¹⁴	A	Jhn	8¹⁷	A	Jhn	8³²	A2			
		Jhn	8⁴⁰	A	Jhn	8⁴⁴	A	Jhn	8⁴⁵	A			
		Jhn	8⁴⁶	A	Jhn	10⁴¹	A	Jhn	14⁶	A			
		Jhn	16⁷	A	Jhn	17¹⁷	A	Jhn	18³⁸	A			
		Luk	9²⁷	A	Mrk	5³³	A	Rom	9¹	A			
		2Cr	7¹⁴	AB	2Cr	11¹⁰	B	2Cr	12⁶	AB			
		2Cr	13⁸	A2B2	Eph	4¹⁵	A	Eph	4²¹	AB			
		Eph	4²⁵	AB	Gal	2⁵	AB	Gal	4¹⁶	A			
		1Tm	2⁷	AB	1Tm	4³	AB	1Tm	6⁵	AB			
		Tit	1¹⁴	A	Skr	8²⁰	E						
sunjaba		1Th	2¹³	B									
sunjai		Mat	26⁷³	AC	Mat	27⁵⁴	A	Jhn	6¹⁴	A			
		Jhn	6⁵⁵	A2	Jhn	7²⁶	A2	Jhn	7⁴⁰	A			
		Jhn	8³¹	A	Jhn	8³⁶	A	Jhn	8⁴⁴	A			
		Jhn	16¹³	A	Jhn	17⁸	A	Jhn	17¹⁷	A			
		Jhn	17¹⁹	A	Jhn	18³⁷	A	Luk	17⁵	A			
		Luk	4²⁵	A	Luk	20²¹	A	Mrk	11³²	A			
		Mrk	12¹⁴	A	Mrk	12³²	A	Mrk	14⁷⁰	A			
		Mrk	15³⁹	A	Rom	15⁸	C	1Cr	13⁶	A			
		1Cr	14²⁵	A	2Cr	7¹⁴	AB	Eph	5⁹	B			
		Eph	6¹⁴	AB	Gal	2¹⁴	B	Gal	3¹	A			
		Gal	5⁷	B	Php	1¹⁸	B	Col	1⁶	B			
		1Tm	2⁷	B	1Tm	5³	B	1Tm	5⁵	AB			
		1Tm	5¹⁶	A:	1Tm	6⁷	AB	2Tm	2¹⁸	B			
		2Tm	3⁸	AB	2Tm	4⁴	AB	Skr	1⁸	E			
Sunjaifriþas		DeN	2¹	N									
sunjana		Jhn	17³	A									
sunjein		Php	4⁸	B									
sunjeina		Jhn	8¹³	A	Jhn	8¹⁶	A	Tit	1¹³	A			
sunjeinai		2Cr	6⁸	AB									
sunjeinan		Jhn	6³²	A									
sunjeino		Jhn	15¹	A	Luk	16¹¹	A						
sunjeins		Jhn	7¹²	A	Jhn	7¹⁸	A	Jhn	7²⁸	A			
		Jhn	8²⁶	A	Mrk	12¹⁴	A	Neh	7²	D			
		Skr	6¹¹	E									
sunjoma		2Cr	12¹⁹	AB⁻									
sunjon		2Cr	7¹¹	AB									
sunjonai		Php	1¹⁶	B	2Tm	4¹⁶	A						
sunjos		Jhn	14¹⁷	A	Jhn	15²⁶	A	Jhn	16¹³	A			
		Jhn	18³⁷	A	Luk	16⁸	A	2Cr	4²	B			
		2Cr	6⁷	AB	Eph	1¹³	B	Eph	4²⁴	AB			
		1Tm	2⁴	AB	1Tm	3¹⁵	A	2Tm	2¹⁵	B			
		2Tm	2²⁵	AB	2Tm	3⁷	AB	Tit	1¹	B			
		Skr	1²²	E									
sunjus		Mat	5⁴⁵	A	Mat	8¹²	A	Mat	9¹⁵	A			
		Jhn	12³⁶	A	Luk	6³⁵	A	Luk	20³⁴	A			
		Luk	20³⁶	A2	Mrk	2¹⁹	A	Mrk	3¹⁷	A			
		Mrk	10³⁵	A	Rom	9²⁶	A	2Cr	3⁷	AB			
		2Cr	3¹³	AB	2Cr	4²	A	Eph	1¹³	A			
		Gal	4⁶	A	1Th	5⁵	B2	Neh	7¹⁴	D			
		Neh	7³³	D*	Neh	7³⁴	D	Neh	7³⁵	D			
		Neh	7³⁶	D	Neh	7³⁷	D	Neh	7³⁸	D			
		Neh	7³⁹	D	Neh	7⁴⁰	D	Neh	7⁴¹	D			
		Neh	7⁴²	D	Neh	7⁴³	D	Neh	7⁴⁴	D			
		Neh	7⁴⁵	D2	Skr	3²⁰	E						
sunnin		Mrk	4⁶	A	Mrk	16²	A						
sunno		Luk	4⁴⁰	A	Eph	4²⁶	AB	Neh	7³	D			
sunnon		Mat	5⁴⁵	A									
suns		Mat	8³	A	Mat	26⁷⁴	AC	Mat	27⁴⁸	A			
		Jhn	13³⁰	A	Jhn	13³²	A	Jhn	18²⁷	A			
		Luk	1⁶⁴	A	Luk	5¹³	A	Luk	5³⁹	A			
		Luk	6⁴⁹	A	Luk	8³³	A	Luk	8⁴⁴	A			
		Luk	8⁴⁷	A	Luk	8⁵⁵	A	Luk	14¹⁸	A			
		Luk	17⁷	A	Luk	18⁴³	A	Luk	19¹¹	A			
		Mrk	1¹⁰	A	Mrk	1¹²	A	Mrk	1¹⁸	A			
		Mrk	1²⁰	A	Mrk	1²¹	A	Mrk	1²⁸	A			
		Mrk	1²⁹	A	Mrk	1³⁰	A	Mrk	1³¹	A			
		Mrk	1⁴²	A	Mrk	1⁴³	A	Mrk	2²	A			
		Mrk	2⁸	A	Mrk	2¹²	A	Mrk	4⁵	A			
		Mrk	4¹⁵	A	Mrk	4¹⁶	A	Mrk	4¹⁷	A			

	Mrk	4²⁹	*A*	Mrk	5²	*A*	Mrk	5¹³	*A*
	Mrk	5⁴²	*A*	Mrk	6²⁷	*A*	1Cr	15⁶	*A*
	1Cr	15⁵²	AB	Php	2²³	B	1Th	4¹⁷	B
sunsaiw	Jhn	6²¹	*A*	Luk	4³⁹	*A*	Luk	5²⁵	*A*
	Mrk	3⁶	*A*	Mrk	5²⁹	*A*	Mrk	5³⁰	*A*
	Mrk	5³⁶	*A*	Mrk	6²⁵	*A*	Mrk	6⁵⁴	*A*
	Mrk	7³⁵	*A*	Mrk	8¹⁰	*A*	Mrk	9¹⁵	*A*
	Mrk	9²⁰	*A*	Mrk	9²⁴	*A*	Mrk	10⁵²	*A*
	Mrk	11²	*A*	Mrk	11³	*A*	Mrk	14⁴³	*A*
	Mrk	14⁴⁵	*A*	Mrk	15¹	*A*			
sunsei	Jhn	11²⁰	*A*	Jhn	11²⁹	*A*	Jhn	11³²	*A*
	Jhn	11³³	*A*	Luk	1⁴⁴	*A*	Luk	19⁴¹	*A*
sunu	Mat	10³⁷	*A*	Jhn	6⁴⁰	*A*	Jhn	6⁶²	*A*
	Jhn	8²⁸	*A*	Jhn	17¹	*A*	Jhn	19⁷	*A*
	Luk	1¹³	*A*	Luk	1³¹	*A*	Luk	1⁵⁷	*A*
	Luk	2⁷	*A*	Luk	9³⁸	*A*	Luk	9⁴¹	*A*
	Luk	18³¹	*A*	Luk	18³⁸	*A*	Luk	20¹³	*A*
	Luk	20⁴¹	*A*	Mrk	9¹²	*A*	Mrk	9¹⁷	*A*
	Mrk	12⁶	*A2*	Mrk	13²⁶	*A*	Mrk	14⁶²	*A*
	Rom	8³	A	Gal	4⁴	A	Skr	4²⁷	E
	Skr	5¹⁹	E	Skr	5²³	E			
sunum	Mat	27⁹	*A*	Luk	16⁸	*A*	Mrk	3²⁸	*A*
	2Cr	6¹⁸	AB	Eph	2²	AB	Eph	3⁵	B
	Eph	5⁶	B	Col	3⁶	AB	Neh	7⁴³	D
sununs	Luk	5¹⁰	*A*	Luk	5³⁴	*A*	Luk	15¹¹	*A*
	Gal	4²²	AB						
sunus	Mat	8²⁰	*A*	Mat	9⁶	*A*	Mat	10²³	*A*
	Mat	11¹⁹	*A*	Mat	26²	C	Mat	27⁴³	*A*
	Mat	27⁵⁴	*A*	Jhn	6²⁷	*A*	Jhn	6⁴²	*A*
	Jhn	6⁶⁹	*A*	Jhn	8³⁵	*A*	Jhn	8³⁶	*A*
	Jhn	9¹⁹	*A*	Jhn	9²⁰	*A*	Jhn	10³⁶	*A*
	Jhn	11⁴	*A*	Jhn	11²⁷	*A*	Jhn	12²³	*A*
	Jhn	12³⁴	*A2*	Jhn	13³¹	*A*	Jhn	17¹	*A*
	Jhn	17¹²	*A*	Luk	1³²	*A*	Luk	1³⁵	*A*
	Luk	3²²	*A*	Luk	3²³	*A*	Luk	4⁹	*A*
	Luk	4²²	*A*	Luk	4⁴¹	*A*	Luk	5²⁴	*A*
	Luk	6⁵	*A*	Luk	7¹²	*A*	Luk	7³⁴	*A*
	Luk	9²⁰	*A*	Luk	9²²	*A*	Luk	9²⁶	*A*
	Luk	9³⁵	*A*	Luk	9⁴⁴	*A*	Luk	9⁵⁶	*A*
	Luk	9⁵⁸	*A*	Luk	10⁶	*A*	Luk	10²²	*A3*
	Luk	15¹³	*A*	Luk	15¹⁹	*A*	Luk	15²¹	*A2*
	Luk	15²⁴	*A*	Luk	15²⁵	*A*	Luk	15³⁰	*A*
	Luk	17²⁴	*A*	Luk	17³⁰	*A*	Luk	18⁸	*A*
	Luk	19⁹	*A*	Luk	19¹⁰	*A*	Luk	20⁴⁴	*A*
	Mrk	1¹¹	*A*	Mrk	2¹⁰	*A*	Mrk	2²⁸	*A*
	Mrk	3¹¹	*A*	Mrk	6³	*A*	Mrk	8³¹	*A*
	Mrk	8³⁸	*A*	Mrk	9⁷	*A*	Mrk	9⁹	*A*
	Mrk	9³¹	*A*	Mrk	10³³	*A*	Mrk	10⁴⁵	*A*
	Mrk	10⁴⁶	*A*	Mrk	12³⁵	*A*	Mrk	12³⁷	*A*
	Mrk	14⁴¹	*A*	Mrk	14⁶¹	*A*	Mrk	15³⁹	*A*
	Rom	9⁹	A	1Cr	15²⁸	A	2Cr	1¹⁹	AB
	Eph	4¹³	A	Gal	2²⁰	A	Gal	4⁷	AA‡
	Gal	4³⁰	B	Col	1¹³	A	2Th	2³	A
	Neh	6¹⁸	D	Skr	5⁸	E			
supuda	Mrk	9⁵⁰	*A*						
suqnis	1Tm	5²³g	A						
Susanna	Luk	8³	*A*						
sutis	1Tm	3³	AB						
sutizo	Mat	11²²	*A:*	Mat	11²⁴	*A*	Luk	10¹²	*A*
	Luk	10¹⁴	*A*	Mrk	6¹¹	*A*			
sutja	1Tm	2²	B						
suþjandans	2Tm	4³	A						
suþjondans	2Tm	4³	B						
swa	Mat	5¹⁶	*A*	Mat	5¹⁹	*A2*	Mat	6⁹	*A*
	Mat	6³⁰	*A*	Mat	7¹²	*A*	Mat	7¹⁷	*A*
	Mat	9³³	*A*	Jhn	6⁹	*A*	Jhn	6¹¹	*A*
	Jhn	8⁵⁹	*A*	Jhn	10⁸	*A*	Jhn	12³⁷	*A*
	Jhn	13¹⁵	*A*	Jhn	13²⁵	*A*	Jhn	14³¹	*A*
	Jhn	15⁵	*A*	Jhn	16¹³	*A*	Luk	1²⁵	*A*
	Luk	1²⁹	*A⁼*	Luk	2⁴⁸	*A*	Luk	4⁴⁰	*A*
	Luk	9⁵	*A*	Luk	9¹⁰	*A*	Luk	9¹⁵	*A*
	Luk	10²¹	*A*	Luk	15⁷	*A*	Luk	15¹⁰	*A*
	Luk	15²⁹	*A*	Luk	17¹⁰	*A*	Luk	17²⁴	*A*
	Luk	19³¹	*A*	Mrk	2⁷	*A*	Mrk	2⁸	*A*
	Mrk	2¹²	*A*	Mrk	2¹⁹	*A*	Mrk	3¹⁰	*A*
	Mrk	3²⁸	*A*	Mrk	4²⁶	*A*	Mrk	4⁴⁰	*A*
	Mrk	6¹¹	*A*	Mrk	6³⁰	*A*	Mrk	6⁵⁶	*A*
	Mrk	7¹⁸	*A*	Mrk	9¹³	*A*	Mrk	10²¹	*A*
	Mrk	10⁴³	*A*	Mrk	14⁵⁹	*A*	Mrk	15³⁹	*A*
	Rom	7¹	A⁺	Rom	9²⁰	A	Rom	10⁶	A
	Rom	11¹³	A	Rom	11²⁶	A	Rom	11³¹	A
	Rom	12⁵	*C*	Rom	15⁴	*C*	1Cr	5³	A
	1Cr	7⁷	A2	1Cr	7¹⁷	A2	1Cr	7²⁶	A
	1Cr	9²⁴	A	1Cr	9²⁶	A2	1Cr	11²⁵	A
	1Cr	11²⁶	A	1Cr	11²⁸	A	1Cr	12¹²	A
	1Cr	14²¹	A	1Cr	15¹¹	A2	1Cr	15⁴⁹	B
	1Cr	16¹	AB	2Cr	1⁵	B	2Cr	7¹⁴	AB
	2Cr	8¹¹	AB	2Cr	8¹³	AB	2Cr	10⁷	B
	Eph	4²⁰	AB	Eph	5²⁸	A	Gal	1⁶	B⁻
	Gal	3³	A	Gal	3⁴	A	Gal	3²⁷	A
	Gal	4³	A	Gal	6²	AB	Gal	6¹²	AB
	Gal	6¹⁶	A*B	Php	3¹⁵	AB	Php	3¹⁷	AB
	Php	4¹	AB	Col	3¹³	B	1Th	4¹	B⁻
	1Th	4¹⁴	B	1Th	4¹⁷	B‡	1Th	5²	B
	2Th	3¹⁷	A*B	1Tm	3⁸	A	1Tm	6¹	AB
	2Tm	3⁸	AB	Neh	5¹⁵	D	Skr	1²⁴	E
	Skr	5⁸	E	Skr	5²⁰	E	Skr	6²¹	E
	Skr	7⁶	E	Skr	7¹²	E	Skr	7¹⁶	E
	Skr	7¹⁸	E	Skr	7¹⁹	E			
swaei	Luk	3²³	*A*	Mrk	1²⁷	*A*	Mrk	2²⁸	*A*
	Rom	7⁴	A	Rom	7⁶	A	Rom	13²	AC
	1Cr	14²²	A	1Cr	15⁵⁸	AB	2Cr	2⁷	AB
	2Cr	3⁷	AB	2Cr	4¹²	B	2Cr	5¹⁶	AB
	2Cr	5¹⁷	AB	2Cr	7⁷	AB	2Cr	8⁶	AB
	Gal	2¹³	B	Gal	4⁷	A	Php	4¹	AB
	1Th	4¹⁸	B	2Th	1⁴	AB	2Th	2⁴	A
	Skr	3²⁰	E	Skr	7¹⁸	E			
swah	Jhn	15⁴	*A*	Jhn	15⁹	*A*	Jhn	17¹⁸	*A*
	Luk	14³³	*A*	Luk	17²⁶	*A*	Mrk	13²⁹	*A*
	1Cr	11²⁵	A	1Cr	15²²	A	2Cr	8⁶	AB

	Eph	5²⁴	A	Gal	4²⁹	B		Luk	18¹¹	A2	Luk	19³²	A	Mrk	1²²	A
swaif	Luk	7⁴⁵	A					Mrk	1⁴⁵	A	Mrk	2²	A	Mrk	2¹²	A
swaihra	Jhn	18¹³	A					Mrk	3¹⁰	A	Mrk	3²⁰	A	Mrk	3²⁸	A
swaihro	Luk	4³⁸	A	Mrk	1³⁰	A		Mrk	4¹	A	Mrk	4²⁶	A	Mrk	4³²	A
swaihron	Mat	8¹⁴	A	Mat	10³⁵	A		Mrk	4³³	A	Mrk	4³⁷	A	Mrk	9¹³	A
swalaud	Jhn	14⁹	A	Gal	4¹	A		Mrk	9²⁶	A	Mrk	10⁸	A	Mrk	11⁶	A
swalauda	Mat	8¹⁰	A	Luk	7⁹	A	Skr	4¹⁴	E	Mrk	15⁵	A	Mrk	15⁸	A	Mrk	16⁷	A
swaleik	Luk	9⁹	A	Gal	5²¹	AB		Rom	8³⁶	A	Rom	9¹³	A	Rom	9²⁵	A
swaleika	Mrk	13¹⁹	A2	1Cr	7²⁸	A	2Cr	3⁴	AB	Rom	9²⁷	A	Rom	9²⁹	A	Rom	9³³	A
	2Cr	3¹²	AB	Gal	5²³	AB		Rom	10¹⁵	A	Rom	11²⁶	A	Rom	11³⁰	A
swaleikai	1Cr	15⁴⁸	A2B*	2Cr	10¹¹	B	2Cr	11¹³	B	Rom	12³	C	Rom	12⁴	C	Rom	15⁷	C
	Skr	5²⁰	E					Rom	15⁹	C	1Cr	4⁹	A	1Cr	5⁷	A
swaleikaim	Mrk	4³³	A	1Cr	7¹⁵	A	1Cr	16¹⁶	B	1Cr	7¹⁷	A2	1Cr	9⁵	A	1Cr	10³³	A
	2Cr	1¹⁰	AB	2Th	3¹²	AB	1Tm	6⁵	A	1Cr	11¹	A	1Cr	12¹¹	A	1Cr	12¹⁸	A
swaleikaize	Luk	18¹⁶	A	Mrk	9³⁷	A	Mrk	10¹⁴	A‡	1Cr	13²	A	1Cr	15⁸	A	1Cr	15²²	A
	Eph	5²⁷	A					1Cr	15⁴⁹	AB	1Cr	16¹	AB	1Cr	16¹⁰	AB
swaleikamma	1Cr	5¹¹	A	2Cr	2⁶	AB	Skr	1¹¹	E	2Cr	1⁵	B	2Cr	1⁷	B	2Cr	1⁸	AB
swaleikana	1Cr	5⁵	A	2Cr	12²	AB	2Cr	12³	AB	2Cr	1¹⁴	A2B2	2Cr	2¹⁷	AB*	2Cr	3⁵	B
	2Cr	12⁵	AB	Gal	6¹	AB		2Cr	3¹³	AB	2Cr	3¹⁸	AB	2Cr	4¹	AB
swaleikans	1Cr	16¹⁸	B	2Cr	12²⁰	AB	Php	2²⁹	AB	2Cr	7¹⁴	AB	2Cr	8⁵	AB	2Cr	8⁶	AB
swaleikata	Mat	9⁸	A	Mrk	7⁸	A	Mrk	7¹³	A	2Cr	8⁸	AB*	2Cr	8¹¹	AB	2Cr	8¹²	A2B2
swaleikos	Jhn	9¹⁶	A	Mrk	6²	A	Mrk	9³	A	2Cr	8¹⁵	AB	2Cr	9³	AB	2Cr	9⁵	A2B2
swaleiks	2Cr	2⁷	AB	2Cr	10¹¹	B	2Cr	12²⁰	AB	2Cr	9⁷	AB	2Cr	9⁹	B	2Cr	10⁷	B
swalt	Luk	8⁴²	A					2Cr	10¹⁴	B	2Cr	11³	B	2Cr	11¹²	B
swam	Mrk	15³⁶	A					2Cr	11²³	B	2Cr	13²	AB	Eph	1⁴	AB
swamm	Mat	27⁴⁸	A					Eph	2³	AB	Eph	3⁵	B	Eph	4⁴	AB
swarais	Mat	5³⁶	A					Eph	4¹⁷	AB	Eph	4²¹	AB	Eph	4³²	AB
swaran	Mat	5³⁴	A	Mat	26⁷⁴	AC	Mrk	14⁷¹	A	Eph	5²	AB	Eph	5³	B	Eph	5²²	A
swarands	Mat	26⁷²	AC					Eph	5²³	A	Eph	5²⁴	A	Eph	5²⁵	A
sware	Mat	5²²	A	Mrk	7⁷	A	Rom	13⁴	AC	Eph	5²⁹	A	Gal	2⁷	AB	Gal	3⁶	A
	1Cr	15²	A	1Cr	15¹⁴	A	1Cr	15¹⁷	A	Gal	4²⁹	B	Php	3¹⁷	AB	Col	1⁷	B
	2Cr	6¹	A	Gal	2²	AB	Gal	2²¹	A	Col	3¹³	B	Col	4⁴	AB	1Th	2¹¹	B
	Gal	3⁴	A2	Gal	4¹¹	A	Col	2¹⁸	B	1Th	2¹³	B2	1Th	2¹⁴	B	1Th	3⁴	B
	1Th	3⁵	B	Skr	4¹⁴	E		1Th	3⁶	B	1Th	3¹²	B	1Th	4¹	B
swarei	2Cr	6¹	B					1Th	4⁵	B	1Th	4⁶	B	1Th	4¹¹	B
swart	Mat	5³⁶	A					1Th	5³	B	1Th	5¹¹	B	2Th	1³	AB
swartiza	2Cr	3³	A					2Th	3¹	B	2Th	3¹⁵	AB	1Tm	1³	AB
swartizla	2Cr	3³	B					2Tm	3⁹	AB	Tit	1⁵	B	Phm	1⁴	A
swaswe	Mat	5⁴⁸	A	Mat	6²	A	Mat	6⁵	A	Phm	1⁶	A	Skr	3¹⁷	E	Skr	5⁷	E
	Mat	6⁷	A	Mat	6¹²	A	Mat	6¹⁶	A	Skr	5¹⁹	E	Skr	5²³	E	Skr	5²⁶	E
	Mat	7²⁹	A	Mat	8¹³	A	Mat	8²⁴	A	Skr	8⁷	E						
	Mat	8²⁸	A	Mat	27¹⁰	A	Mat	27¹⁴	A	swaþ-þan	1Cr	8¹²	A						
	Mat	27⁶⁵	A	Jhn	6¹⁰	A	Jhn	6³¹	A	swau	Jhn	18²²	A						
	Jhn	6⁵⁷	A	Jhn	6⁵⁸	A	Jhn	7³⁸	A	swe	Mat	6¹⁰	A	Mat	6²⁹	A	Mat	7²⁹	A
	Jhn	7⁴⁶	A	Jhn	8²⁸	A	Jhn	10¹⁵	A		Mat	9³⁶	A	Mat	10²⁵	A2	Jhn	6¹¹	A
	Jhn	10²⁶	A	Jhn	11¹⁸	A	Jhn	12¹⁴	A		Jhn	6¹⁶	A	Jhn	6¹⁹	A	Jhn	7¹⁰	A
	Jhn	13¹⁵	A	Jhn	13³³	A	Jhn	14²⁷	A		Jhn	10⁸	A	Jhn	11⁶	A	Jhn	13³⁴	A
	Jhn	14³¹	A	Jhn	15⁹	A	Jhn	15¹⁰	A		Jhn	15⁴	A	Jhn	15⁶	A	Jhn	16¹³	A
	Jhn	15¹²	A	Jhn	17²	A	Jhn	17¹¹	A		Jhn	18⁶	A	Luk	1⁴¹	A	Luk	1⁵⁶	A
	Jhn	17¹⁴	A	Jhn	17¹⁶	A	Jhn	17¹⁸	A		Luk	3²²	A	Luk	3²³	A	Luk	4²⁵	A
	Jhn	17²¹	A	Jhn	17²²	A	Jhn	17²³	A		Luk	4⁴⁰	A	Luk	5⁶	A	Luk	5⁷	A
	Luk	1²	A	Luk	1⁵⁵	A	Luk	1⁷⁰	A		Luk	6²²	A	Luk	6⁴⁰	A	Luk	8²³	A
	Luk	2²⁰	A	Luk	2²³	A	Luk	2²⁴	A		Luk	8⁴²	A	Luk	9⁵	A	Luk	9¹⁰	A
	Luk	3⁴	A	Luk	6¹⁰	A	Luk	6³¹	A		Luk	9¹⁴	A	Luk	9²⁸	A	Luk	9⁵²	A
	Luk	6³⁶	A	Luk	17²⁴	A	Luk	17²⁶	A		Luk	9⁵⁴	A	Luk	10³	A	Luk	10¹⁸	A

swe–swikunþ ALPHABETICAL WORD-INDEX 169

	Luk	10²⁷	A	Luk	14²²	A	Luk	15¹⁹	A	sweraim	2Tm 2²⁰ B	
	Luk	17⁶	A	Luk	17²⁸	A	Luk	18¹⁷	A	sweraina	Skr 5¹⁹ E	Skr 5²³ E
	Luk	20³⁷	A	Mrk	1²	A	Mrk	1¹⁰	A	sweraiþ	Jhn 12²⁶ A	Mrk 7⁶ A 1Th 5¹³ B
	Mrk	1²²	A	Mrk	2¹⁹	A	Mrk	3¹⁰	A	swerand	Skr 5¹⁹ E	Skr 5²³ E* SkB 5²³ E⁕
	Mrk	4²⁷	A	Mrk	4³¹	A	Mrk	4³⁶	A	swerans	Php 2²⁹ AB	
	Mrk	5¹³	A	Mrk	6¹¹	A	Mrk	6¹⁵	A	sweriþa	Rom 13⁷ A2	1Tm 1¹⁷ B Skr 5¹⁸ E
	Mrk	6³⁰	A	Mrk	6⁵⁶	A	Mrk	7⁶	A		Skr 5²¹ E*	SkB 5²¹ E⁕ Skr 5²² E
	Mrk	8⁹	A	Mrk	8²⁴	A	Mrk	9³	A2		Skr 5²⁴ E	
	Mrk	9¹³	A	Mrk	9²⁶	A	Mrk	10¹	A	sweriþai	Rom 12¹⁰ A	1Th 4⁴ B 2Tm 2²¹ B
	Mrk	10¹⁵	A	Mrk	10²¹	A	Mrk	12²⁵	A	sweriþo	Col 2²³ AB	
	Mrk	12³¹	A	Mrk	12³³	A	Mrk	13¹⁹	A	sweriþos	1Tm 6¹ AB	Skr 5¹ E
	Mrk	14⁴⁸	A	Mrk	14⁷²	A	Rom	7¹	A	swers	Luk 7² A	
	Rom	8³⁶	A	Rom	9²⁹	A2	Rom	11¹³	A	swes	Luk 15¹² A	Luk 15¹³ A Luk 15³⁰ A
	Rom	13⁹	A	Rom	13¹³	A	Rom	15⁴	C		Tit 1¹² A	
	1Cr	4⁷	A	1Cr	5³	A	1Cr	7⁷	A	swesa	Jhn 10¹² A	1Cr 7⁷ A Gal 6⁵ AB
	1Cr	7⁸	A	1Cr	7²⁵	A	1Cr	9²⁰	A2		1Th 4¹¹ B	1Tm 4² AB Skr 2²⁵ E
	1Cr	9²¹	A	1Cr	9²²	A	1Cr	9²⁶	AA‡	swesai	Skr 5⁹ E	
	1Cr	11²⁵	A	1Cr	11²⁶	A	1Cr	12¹²	A	swesaim	Mrk 15²⁰ A	1Cr 9⁷ A Eph 4²⁸ AB
	1Cr	13¹¹	A3	1Cr	exp	A	2Cr	2¹⁷	AB		1Th 2¹⁵ B	1Tm 2⁶ AB 1Tm 5⁸ AB
	2Cr	3¹	AB	2Cr	5²⁰	AB	2Cr	6⁴	AB		1Tm 6¹⁵ B	
	2Cr	6⁸	A2B2	2Cr	6⁹	A2B2	2Cr	6¹⁰	A3B3	swesamma	Luk 6⁴⁴ A	Tit 1³ B Skr 1¹⁹ E
	2Cr	6¹³	AB	2Cr	7¹⁵	AB	2Cr	8⁷	AB		Skr 1²¹ E	Skr 5⁹ E
	2Cr	10²	B	2Cr	10⁹	B	2Cr	11¹⁵	B*	swesana	Rom 11²⁴ A	1Tm 5⁴ AB
	2Cr	11¹⁶	B	2Cr	11¹⁷	B	2Cr	11²¹	B	swesans	Jhn 15¹⁹ A	Gal 6¹⁰ AB
	2Cr	12²⁰	A2B2	2Cr	13⁷	A	Eph	3³	B	swesata	Gal 6⁹ AB	
	Eph	5¹	AB	Eph	5⁸	B	Eph	5²⁸	A	swesona	Jhn 10³ A	Jhn 10⁴ A 2Cr 5¹⁰ AB
	Eph	6²⁰	B	Gal	2⁹	B	Gal	3²⁷	A	sweþauh	Mat 7¹⁵ A	Mat 11²² A Mat 11²⁴ A
	Gal	4¹	A	Gal	4¹²	A2	Gal	4¹⁴	A2		Jhn 7¹³ A	Jhn 12⁴² A Luk 6³⁵ A
	Gal	4¹⁶	A	Gal	5¹⁴	B	Gal	5²¹	AB		Luk 10¹¹ A	Luk 10¹⁴ A Luk 10²⁰ A
	Gal	6¹²	AB	Gal	6¹⁶	A*B	Php	1²⁰	B		Luk 18⁸ A	Luk 19²⁷ A Mrk 9¹² A
	Php	2⁸	B	Php	2²²	B	Php	3¹⁵	AB		Mrk 10³⁹ A	Rom 7¹² A Rom 8⁹ A
	Col	2²⁰	AB	Col	3¹²	B	Col	3¹⁸	B		Rom 9⁶ A	2Cr 5³ AB 2Cr 5¹⁹ AB
	Col	3²²	B	Col	3²³	B	1Th	2¹¹	B		2Cr 10⁸ B	2Cr 12¹² AB 2Cr 12¹⁵ AB
	1Th	4¹³	B	1Th	5²	B	1Th	5⁴	B		Eph 3² B	Eph 4²¹ AB Gal 4⁸ A
	1Th	5⁶	B	2Th	2²	A*A‡	2Th	3¹⁵	AB		Gal 6¹³ AB	Php 3¹ AB Php 3⁸ AB
	1Tm	4⁷	AB	1Tm	5¹	B2	1Tm	5²	B2		Php 3¹⁴ AB	Php 3¹⁶ AB Php 4¹⁴ B
	1Tm	6¹	AB	2Tm	2³	B	2Tm	2⁹	B		Col 1²³ AB	Col 2²³ AB* 2Th 1⁶ AB*
	2Tm	2¹⁷	B	Tit	1⁷	B	Phm		1⁷ A		Skr 1⁹ E	
	Neh	6¹⁶	D	Neh	7¹	D	Skr	2¹⁸	E	swibla	Luk 17²⁹ A	
	Skr	6¹	E	Skr	6²⁸	E	Skr	7⁴	E	swigljans	Mat 9²³ A	
	Skr	7¹⁰	E	Skr	7¹⁶	E	Skr	7¹⁸	E⁼	swiglodedum	Mat 11¹⁷ A	Luk 7³² A
	SkB	7¹⁸	E⁕	Skr	7¹⁹	E				swigniþai	Luk 1⁴⁴ A	
swegneid	Luk	1⁴⁷	A							swignjai	Col 3¹⁵ B⁻	
swegnida	Luk	10²¹	A							swignjan	Skr 6⁶ E*	SkB 6⁶ E⁕
swegniþa	Luk	1¹⁴	A							swikn	Mat 27⁴ A	
sweina	Luk	8³³	A	Luk	15¹⁵	A	Luk	15¹⁶	A	swikna	2Cr 11² B	
	Mrk	5¹²	A	Mrk	5¹³	A	Mrk	5¹⁴	A	swiknaba	Php 1¹⁷ B	
	Mrk	5¹⁶	A							swiknana	1Tm 5²² AB	
sweine	Mat	8³⁰	A	Mat	8³¹	A	Mat	8³²	A	swiknei	Gal 5²³ AB	
	Luk	8³²	A	Mrk	5¹¹	A				swiknein	2Cr 11³ B	1Tm 5² B Skr 3⁸ E
swekunþamma				Luk	8¹⁷	A					Skr 3¹³ E	Skr 4² E* SkB 4² E⁕
swera	Jhn	8⁴⁹	A							swikniþai	2Cr 6⁶ AB	1Tm 4¹² B
swerai	Luk	18²⁰	A	Mrk	7¹⁰	A	Mrk	10¹⁹	A	swiknos	1Tm 2⁸ AB	
	1Tm	5³	B							swikunþ	Luk 8¹⁷ A	Mrk 4²² A Mrk 6¹⁴ A
sweraidau	Jhn	12²³	A								2Cr 3³ B	1Tm 4¹⁵ B 2Tm 3⁹ AB

swikunþa	1Cr	14^{25}	A	2Cr	4^{11}	B	Gal	5^{19}	AB		1Tm	5^2	B*	
	1Tm	5^{25}	AB				Swmaion	Luk	2^{25}	A	Luk	2^{34}	A	
swikunþaba	Jhn	11^{14}	A	Mrk	8^{32}	A	1Tm	4^1	AB	Swmaions	Luk	3^{30}	A	
	Skr	2^2	E	Skr	8^{11}	E	swnagogafada				Mrk	5^{35}	A	Mrk	5^{36}	A
swikunþai	2Cr	3^3	A	2Cr	5^{11}	AB	swnagogafade				Mrk	5^{22}	A	
swikunþans	2Cr	5^{11}	AB				swnagogafadis				Mrk	5^{38}	A	
swikunþos	1Tm	5^{24}	AB				swnagogai	Luk	4^{38}	A				
swikunþs	Rom	10^{20}	A	Col	3^4	AB	swnagogais	Jhn	9^{22}	A	Luk	8^{41}	A	Luk	8^{49}	A
swinþai	Mrk	2^{17}	A	1Cr	4^{10}	A	2Cr	13^9	AB*	swnagoge	Jhn	6^{59}	A	Mrk	6^2	A
swinþan	Mrk	3^{27}	A				swnagogei	Jhn	12^{42}	A				
swinþein	Luk	1^{51}	A				swnagogein	Luk	4^{16}	A	Luk	4^{20}	A	Luk	4^{28}	A
swinþeins	Eph	1^{19}	AB	Eph	6^{10}	AB		Luk	4^{33}	A	Luk	6^6	A	Luk	7^5	A
swinþis	Mrk	3^{27}	A				swnagogen	Mrk	1^{21}	A	Mrk	1^{23}	A	Mrk	1^{29}	A
swinþnoda	Luk	1^{80}	A	Luk	2^{40}	A		Mrk	3^1	A				
swinþos	2Cr	10^{10}	B				swnagogim	Luk	4^{44}	A	Mrk	1^{39}	A	
swinþoza	Luk	3^{16}	A	Mrk	1^7	A	Skr	3^{24}	E	Swntwkein	Php	4^2	B	
swinþozans	1Cr	10^{22}	A				swogatjam	2Cr	5^2	AB	2Cr	5^4	AB	
swistar	Jhn	11^5	A	Jhn	11^{28}	A	Jhn	11^{39}	A	swor	Luk	1^{73}	A	Mrk	6^{23}	A
	Mrk	3^{35}	A	1Cr	7^{15}	A	1Cr	9^5	A	Swriais	Luk	2^2	A$^=$	
swistrjus	Jhn	11^3	A	Mrk	3^{32}	A	Mrk	6^3	A	swultawairþja	Luk	7^2	A	
swistrs	Jhn	11^1	A				swumfsl	Jhn	9^{11}	A				
swistruns	Luk	14^{26}	A	Mrk	10^{29}	A‡	Mrk	10^{30}	A	swumsl	Jhn	9^7	A	

t

tagl	Mat	5^{36}	A				taihuntaihund				Luk	16^6	A	Luk	16^7	A
tagla	Mat	10^{30}	A				taihuntaihundfalþ				Luk	8^8	A	
taglam	Mrk	1^6	A				taihuntehund				Luk	15^4	A	
tagra	2Cr	2^4	AB				taihuntewjam				1Cr	15^6	A$^=$	
tagram	Luk	7^{38}	A	Luk	7^{44}	A	Mrk	9^{24}	A	taikn	Jhn	6^{14}	A	Jhn	12^{18}	A	Mrk	8^{11}	A
tagre	2Tm	1^4	A					Mrk	8^{12}	A	2Th	1^5	AB	
tagrida	Jhn	11^{35}	A				taiknai	Luk	2^{34}	A				
tahida	Luk	9^{42}	A	Mrk	1^{26}	A	Mrk	9^{20}	A	taikne	Jhn	6^{30}	A	Jhn	10^{41}	A	Jhn	12^{37}	A
	2Cr	9^9	B					Mrk	8^{12}	A	1Cr	1^{22}	A	
tahjands	Mrk	9^{26}	A				taikneis	2Cr	12^{12}	AB				
tahjiþ	Luk	9^{39}	A				taikneiþ	Mrk	14^{15}	A	1Tm	6^{15}	B	
taihswai	Mrk	16^5	A	Col	3^1	AB	taiknim	2Cr	12^{12}	AB				
taihswo	Mat	5^{29}	A	Mat	5^{30}	A	Mat	6^3	A	taiknins	Jhn	6^2	A	Jhn	6^{26}	A	Jhn	7^{31}	A
	Jhn	18^{10}	A	Luk	6^6	A	Mrk	14^{47}	A		Jhn	9^{16}	A	Mrk	13^{22}	A	Mrk	16^{20}	S
taihswon	Mat	5^{39}	A	Luk	1^{11}	A	Luk	20^{42}	A		Skr	6^{21}	E	
	Mrk	10^{37}	A	Mrk	10^{40}	A	Mrk	12^{36}	A	taiknjandan	Skr	5^3	E	
	Mrk	14^{62}	A	Mrk	15^{27}	A	Mrk	16^{19}	S	taiknjandans	Luk	20^{20}	A	
	Rom	8^{34}	A	Eph	1^{20}	AB	taikns	Luk	2^{12}	A	Mrk	16^{17}	S	
taihswona	2Cr	6^7	AB				taine	Jhn	15^2	A				
taihswons	Gal	2^9	B				tainjons	Jhn	6^{13}	A	Luk	9^{17}	A	Mrk	8^{19}	A
taihun	Luk	14^{31}	A	Luk	15^8	A	Luk	17^{12}	A		Skr	7^{15}	E	Skr	7^{25}	E
	Luk	17^{17}	A	Luk	19^{13}	A2	Luk	19^{16}	A	Tairtius	Rom	16^{22}	A	
	Luk	19^{17}	A	Luk	19^{24}	A	Luk	19^{25}	A	taitok	Luk	8^{46}	A	Mrk	5^{30}	A	Mrk	5^{31}	A
	Mrk	10^{41}	A				taitrarkes	Luk	3^{19}	A	Luk	9^7	A	
taihundon	Luk	18^{12}	A				taleiþa	Mrk	5^{41}	A				

talzeinai	2Tm	3^{16}	AB				taujands	Mat	7^{21}	A	Luk	6^{43}	A2	Luk	6^{47}	A
talzidai	2Cr	6^{9}	AB					Luk	6^{49}	A	Luk	10^{25}	A	Luk	18^{18}	A
talzjaiþ	1Th	5^{14}	B	2Th	3^{15}	AB		Rom	10^{5}	A	Rom	12^{20}	AC	Col	1^{20}	AB
talzjand	Luk	5^{5}	A	Luk	8^{24}	A	Luk	8^{45}	A	1Tm	4^{16}	B	1Tm	5^{21}	A	Skr	5^{18}	E
	Luk	9^{33}	A	Luk	9^{49}	A	Luk	17^{13}	A	taujats	Mrk	11^{3}	A	Mrk	11^{5}	A
talzjandans	Col	1^{28}	AB	Col	3^{16}	B*	1Th	5^{12}	B‡	taujau	Jhn	6^{38}	A	Jhn	10^{37}	A	Jhn	10^{38}	A
talzjands	2Tm	2^{25}	AB					Luk	16^{3}	A	Luk	16^{4}	A	Luk	18^{41}	A
tandeiþ	Luk	15^{8}	A					Luk	20^{13}	A	Mrk	10^{17}	A	Mrk	10^{51}	A
tandjands	Luk	8^{16}	A					Mrk	15^{12}	A	1Cr	13^{3}	A	2Cr	13^{10}	A*B
tarmei	Gal	4^{27}	B					Skr	6^{8}	E						
tauhans	Luk	4^{1}	A				taujid	Luk	6^{2}	A	Luk	6^{46}	A	Luk	7^{8}	A
tauhun	Jhn	18^{28}	A				taujis	Jhn	6^{30}	A	Jhn	7^{3}	A	Jhn	7^{4}	A
taui	Rom	12^{4}	C	Eph	2^{10}	AB		Jhn	8^{53}	A	Jhn	10^{33}	A	Jhn	13^{27}	A
tauja	Jhn	8^{28}	A	Jhn	8^{29}	A	Jhn	10^{25}	A	Luk	20^{2}	A	Mrk	11^{28}	A2	Rom	13^{4}	AC
	Jhn	14^{12}	A	Jhn	14^{13}	A	Jhn	14^{14}	A	Phm		21	A						
	Jhn	14^{31}	A	Luk	20^{8}	A	Mrk	11^{29}	A	taujiþ	Mat	5^{19}	A	Mat	5^{32}	A	Mat	5^{47}	A
	Mrk	11^{33}	A	Rom	7^{15}	A2	Rom	7^{16}	A		Mat	6^{3}	A	Mat	7^{24}	A	Mat	7^{26}	A
	Rom	7^{19}	A	Rom	7^{20}	A	1Cr	9^{23}	A		Mat	8^{9}	A	Jhn	6^{63}	A	Jhn	7^{4}	A
	2Cr	11^{12}	B	Eph	6^{21}	B	Skr	6^{9}	E		Jhn	7^{19}	A	Jhn	8^{34}	A	Jhn	8^{38}	A
taujai	Jhn	7^{31}	A	Jhn	7^{51}	A	Luk	3^{11}	A		Jhn	8^{41}	A	Jhn	9^{31}	A	Jhn	13^{17}	A
	Luk	20^{15}	A	Mrk	12^{9}	A	1Cr	16^{2}	B		Jhn	14^{10}	A	Jhn	14^{12}	A2	Jhn	15^{14}	A
taujaid	Luk	6^{27}	A	Luk	6^{31}	A	Luk	6^{33}	A		Jhn	15^{15}	A	Jhn	19^{12}	A	Mrk	7^{8}	A
	Luk	6^{35}	A					Mrk	7^{13}	A	Mrk	9^{39}	A	Rom	9^{28}	A
taujaima	Jhn	6^{28}	A	Luk	3^{10}	A	Luk	3^{12}	A		1Cr	10^{31}	A	1Cr	16^{1}	A	Eph	4^{16}	A
	Luk	3^{14}	A					Eph	6^{8}	B	Gal	5^{17}	A	1Th	4^{10}	B
taujaina	Mat	7^{12}	A*	Luk	6^{31}	A		1Th	5^{11}	B	1Th	5^{24}	AB	2Th	3^{4}	B
taujais	Mat	6^{2}	A	Mrk	10^{35}	A	Rom	13^{3}	AC	tawei	Mat	8^{9}	A	Jhn	13^{27}	A	Luk	4^{23}	A
taujaiþ	Mat	5^{44}	A	Mat	7^{12}	A	Jhn	13^{15}	A		Luk	7^{8}	A	Luk	10^{28}	A			
	Luk	16^{9}	A	Luk	17^{10}	A	Rom	13^{14}	A	tawida	Jhn	7^{31}	A	Jhn	8^{40}	A	Luk	8^{8}	A
	1Cr	10^{31}	A	1Cr	16^{1}	B*	1Cr	16^{13}	B		Mrk	3^{8}	A	Mrk	15^{8}	A	2Cr	11^{7}	B
	2Cr	13^{7}	A2B2	Eph	6^{9}	B	Gal	5^{13}	B		Neh	5^{15}	D						
	Gal	5^{17}	B	Php	4^{9}	B	Col	3^{13}	B	tawidedeina	Jhn	6^{15}	A	Luk	2^{27}	A	Rom	9^{11}	A
	Col	3^{17}	B*	Col	3^{23}	B	Col	4^{16}	B	tawidedeiþ	Jhn	8^{39}	A						
taujan	Mat	6^{1}	A	Mat	9^{28}	A	Jhn	6^{6}	A	tawidedun	Luk	6^{23}	A	Luk	6^{26}	A			
	Jhn	7^{17}	A	Jhn	8^{44}	A	Jhn	9^{16}	A	tawideduþ	Mat	25^{40}	C2	Mat	25^{45}	C2			
	Jhn	9^{33}	A	Jhn	15^{5}	A	Luk	1^{72}	A	tawidideina	Luk	6^{11}	A						
	Luk	6^{2}	A	Luk	6^{9}	A2	Luk	17^{10}	A	Teibairiaus	Luk	3^{1}	A						
	Mrk	3^{4}	A2	Mrk	7^{12}	A	Mrk	10^{36}	A	teikais	Col	2^{21}	AB						
	Mrk	14^{7}	A	Rom	7^{21}	A	Rom	9^{21}	A*	Teimaiaus	Mrk	10^{46}	A						
	2Cr	8^{10}	AB	2Cr	8^{11}	AB	2Cr	11^{12}	B	Teimauþaiau	1Tm inc		A*B	1Tm	1^{2}	A	2Tm inc		A*
	Eph	3^{20}	AB	Gal	2^{10}	B	Gal	5^{3}	B		2Tm	1^{2}	A						
	1Th	4^{11}	B	2Th	3^{4}	B	1Tm	2^{1}	AB	Teimauþaiu	2Cr	1^{9}	AB	1Th	3^{2}	B	1Th	3^{6}	B
	Phm		14	A					1Tm	1^{2}	B	1Tm	1^{18}	B			
taujand	Mat	5^{46}	A	Mat	5^{47}	A	Mat	6^{2}	A	Teimauþaius	1Cr	16^{10}	AB	2Cr	1^{1}	B	2Th	1^{1}	AB
	Jhn	15^{21}	A	Jhn	16^{3}	A	Luk	5^{33}	A	Teitau	2Cr	7^{14}	A⁻B	Tit inc		B	Tit	1^{4}	B
	Luk	6^{33}	A	Mrk	2^{24}	A		Teitaun	2Cr	2^{13}	AB	2Cr	8^{6}	AB			
taujandam	Luk	6^{33}	A				Teitaus	2Cr	7^{6}	AB	2Cr	7^{13}	AB	2Cr	8^{16}	AB
taujandan	Mat	6^{3}	A				Teitu	2Cr	8^{23}	AB	2Cr	12^{18}	AB	Gal	2^{1}	AB
taujandane	Mat	7^{19}	A				Teitus	2Cr	12^{18}	AB	Gal	2^{3}	AB	2Tm	4^{10}	A
taujandans	Luk	5^{6}	A	Luk	8^{21}	A	Mrk	15^{1}	A	tekands	Luk	8^{45}	A2						
	2Cr	4^{2}	AB	2Cr	13^{11}	AB	Eph	2^{3}	AB	tekiþ	Luk	7^{39}	A						
	Eph	4^{15}	A	Gal	5^{21}	AB⁻	Gal	6^{9}	AB	tewai	1Cr	15^{23}	A						
	2Th	3^{13}	AB				Tibairiadau	Jhn	6^{23}	A						
taujandein	Mrk	5^{32}	A				Tibairiade	Jhn	6^{1}	A						
taujandin	Rom	13^{4}	AC				tigiwe	Luk	3^{23}	A						

tigum	Luk	14³¹	*A*	1Tm	5⁹	AB	triweina	2Tm	2²⁰	B		
tiguns	Mat	27³	*A*	Mat	27⁹	*A*	Jhn	8⁵⁷	*A*	trudan	Luk	10¹⁹	*A*
	Luk	4²	*A*	Luk	7⁴¹	*A*	Luk	9¹⁴	*A*	trudand	Luk	6⁴⁴	*A⁻*
	Luk	16⁶	*A*	Mrk	1¹³	*A*	2Cr	11²⁴	B	tugglam	Gal	4³g	A
til	Luk	6⁷	*A*							tuggo	Luk	1⁶⁴	*A*
timbrjan	Luk	14²⁸	*A*	Luk	14³⁰	*A*				tuggon	Mrk	7³³	*A*
timreinai	1Cr	14²⁶	A	2Cr	10⁸	B	Eph	4¹²	A	tuggons	Mrk	7³⁵	*A*
	Eph	4¹⁶	A	Eph	4²⁹	AB	1Tm	1⁴	AB	tulgiþa	1Th	5³	B	1Tm	3¹⁵	A
timreinais	Rom	14¹⁹	*C*							tulgiþo	2Cr	10⁴	B			
timreiþ	1Cr	10²³	*A*							tulgjai	1Cr	15⁵⁸	AB			
timridedun	Luk	17²⁸	*A*							tulgjan	2Cr	2⁸	AB	1Th	3¹³	B
timrja	Mrk	6³	*A*	Gal	2¹⁸	*A*				tulgjandin	Mrk	16²⁰	*S*			
timrjada	1Cr	8¹⁰	*A*							tulgus	2Tm	2¹⁹	B			
timrjaiþ	1Th	5¹¹	B							tundnau	2Cr	11²⁹	B*			
timrjandin	Luk	6⁴⁸	*A*	Luk	6⁴⁹	*A*				tunþau	Mat	5³⁸	*A*			
timrjans	Luk	20¹⁷	*A*	Mrk	12¹⁰	*A*				tunþiwe	Mat	8¹²	*A*			
tiuhan	Luk	6³⁹	*A*	Luk	18⁴⁰	*A*				tunþu	Mat	5³⁸	*A*			
tiuhand	2Tm	3⁶	AB							tunþuns	Mrk	9¹⁸	*A*			
tiuhanda	Gal	5¹⁸	AB	2Tm	2²⁶	B	2Tm	3⁶	AB	tuzwerjai	Mrk	11²³	*A*
tiuhandans	2Cr	10⁵	B							twa	Mat	27⁵¹	*A*	Luk	5²	*A*	Mrk	9⁴⁷	*A*
tiuhandei	Skr	4¹¹	*E*								Mrk	10⁸	*A2*	Mrk	15³⁸	*A*	Skr	5⁵	*E*
tiuhiþ	Mrk	14⁴⁴	*A*	1Th	4¹⁴	B⁻				twaddje	Jhn	8¹⁷	*A*	2Cr	13¹	AB	1Tm	5¹⁹	*A⁺*
Tobeias	Neh	6¹⁷	*D*	Neh	6¹⁹	*D*					Skr	3²¹	*E**	SkB	3²¹	*E ¶*	Skr	5¹⁵	*E*
Tobeiin	Neh	6¹⁷	*D*							twai	Mat	8²⁸	*A*	Mat	9²⁷	*A*	Mat	10²⁹	*A*
toja	Jhn	8⁴¹	*A*	2Cr	7¹¹	AB	Eph	3⁷	B		Luk	7⁴¹	*A*	Luk	9¹³	*A*	Luk	9³⁰	*A*
tojam	Col	3⁹	B								Luk	17³⁴	*A*	Luk	18¹⁰	*A*			
Trakauneitidaus				Luk	3¹	*A*				twaim	Mat	6²⁴	*A*	Jhn	6⁷	*A*	Luk	14³¹	*A*
Trauadai	2Cr	2¹²	AB	2Tm	4¹³	*A*					Luk	16¹³	*A*	Luk	18¹²	*A*	Mrk	6⁹	*A*
trauaida	Mat	27⁴³	*A*								Mrk	14⁷²	*A*	Mrk	16¹²	*S*	Php	1²³	B
trauaidedun	Luk	18⁹	*A*								Php	4¹⁶	B	1Th	2¹⁸	B			
trauain	2Cr	3⁴	AB	Php	3⁴	AB				twalib	Luk	6¹³	*A*	Luk	8¹	*A*			
trauainai	2Cr	1¹⁵	AB	2Cr	8²²	AB	2Cr	10²	B	twalibe	Jhn	6⁷¹	*A*	Luk	8⁴²	*A*	Mrk	5⁴²	*A*
	Eph	3¹²	AB	Php	1²⁰	B					Mrk	14¹⁰	*A*	Mrk	14⁴³	*A*			
trauains	2Cr	7⁴	AB							twalibim	Jhn	6⁶⁷	*A*	Mrk	4¹⁰	*A*	Mrk	11¹¹	*A*
trauan	Php	3⁴	AB							twalibwintrus	Luk	2⁴²	*A*						
trauandans	2Cr	1⁹	AB							twalif	Mat	10¹	*A*	Mat	11¹	*A*	Jhn	11⁹	*A*
trausteis	Eph	2¹²	AB								Luk	8⁴³	*A*	Luk	9¹	*A*	Luk	9¹²	*A*
triggw	1Tm	1¹⁵	B	1Tm	3¹	AB	1Tm	4⁹	B		Luk	9¹⁷	*A*	Mrk	3¹⁴	*A*	Mrk	5²⁵	*A*
	2Tm	2¹¹	B								Mrk	6⁷	*A*	Mrk	8¹⁹	*A*	Mrk	9³⁵	*A*
triggwa	Rom	11²⁷	*A*	1Cr	11²⁵	*A*	Eph	6²¹	B		Mrk	10³²	*A*						
	Col	4⁷	AB							twans	Mat	26²	*C*	Jhn	11⁶	*A*	Luk	7¹⁹	*A*
triggwaba	Luk	20⁶	*A*	Php	1²⁵	B					Luk	9¹⁶	*A*	Luk	9³²	*A*	Luk	10¹	*A*
triggwai	Luk	16¹¹	*A*	Luk	16¹²	*A*					Luk	15¹¹	*A*	Luk	19²⁹	*A*	Mrk	6⁷	*A*
triggwaim	Eph	1¹	AB	2Tm	2²	B⁺					Mrk	9⁴⁵	*A*	Mrk	11¹	*A*	Mrk	14¹³	*A*
triggwana	1Tm	1¹²	B								Mrk	15²⁷	*A*	1Cr	14²⁷	A	Eph	2¹⁵	AB
triggwin	Col	4⁹	AB								Gal	4²²	AB	Skr	7⁴	*E*	Skr	7¹¹	*E*
triggwis	Tit	1⁹	B								Ver	9¹⁶	*V**	Ver	11¹⁹	*V*			
triggwos	Luk	1⁷²	*A*	Rom	9⁴	A	2Cr	3⁶	AB*	tweifl	Skr	2¹⁴	*E*						
	2Cr	3¹⁴	AB	Gal	4²⁴	B	1Tm	3¹¹	A	tweiflein	1Tm	2⁸	AB						
triggws	Luk	16¹⁰	*A2*	Luk	19¹⁷	*A*	1Cr	4²	A	tweifleinai	Rom	14¹	*A*						
	1Cr	7²⁵	*A*	2Cr	1¹⁸	AB	Col	1⁷	B	tweifljan	Skr	6¹⁰	*E*						
	1Th	5²⁴	AB	2Th	3³	B	2Tm	2¹³	B	tweihnaim	Mrk	7³¹	*A*						
	Tit	1⁹	*A*							tweihnos	Luk	9³	*A*						
trigon	2Cr	9⁷	AB							twisstandands				2Cr	2¹³	A			
triwam	Mrk	14⁴³	*A*	Mrk	14⁴⁸	*A*				twisstasseis	Gal	5²⁰	B						

twistandands	2Cr	2¹³	B							Gal	4²⁴	B	Skr	2²⁴	E	
twistasseis	Gal	5²⁰	A						Twra	Mrk	3⁸	A				
Twkeiku	2Tm	4¹²	A						Twrai	Luk	10¹³	A	Luk	10¹⁴	A	
Twkeikus	Eph	6²¹	B	Col	4⁷	A			Twre	Mat	11²¹	A:	Luk	6¹⁷	A	Mrk	7²⁴	A
Twkekus	Col	4⁷	B							Mrk	7³¹	A				
twos	Mat	5⁴¹	A	Luk	2²⁴	A	Luk	3¹¹	A	Twrim	Mat	11²²	A			
	Luk	17³⁵	A	Mrk	5¹³	A	Mrk	9⁴³	A							

þ

þa..	1Tm	6¹³	A							Jhn	10³¹	A	Jhn	10³³	A	Jhn	11⁸	A
Þaddaiu	Mrk	3¹⁸	A							Jhn	11¹²	A	Jhn	11³¹	A	Jhn	11³⁶	A
þadei	Mat	8¹⁹	A	Jhn	6⁶²	A	Jhn	8²¹	A	Jhn	11⁴⁵	A	Jhn	11⁴⁷	A2	Jhn	12¹⁰	A
	Jhn	8²²	A	Jhn	13³³	A	Jhn	13³⁶	A	Jhn	12¹⁹	A	Jhn	12²¹	A	Jhn	13²²	A
	Jhn	14⁴	A	Luk	9⁵⁷	A	Luk	10¹	A	Jhn	16²⁹	A	Jhn	17¹¹	A	Jhn	17²¹	A
	Mrk	6⁵⁵	A	Mrk	6⁵⁶	A	Mrk	14¹⁴	A	Jhn	17²⁴	A	Jhn	17²⁵	A	Jhn	18²¹	A
þaggkeiþ	Mrk	8¹⁷	A							Jhn	19²	A	Jhn	19⁶	A	Luk	1⁶⁶	A
þagkjai	2Cr	10⁷	B	2Cr	10¹¹	B				Luk	2¹⁵	A3	Luk	2¹⁸	A	Luk	2²⁰	A
þagkjan	Luk	5²¹	A	2Cr	3⁵	AB				Luk	2⁴¹	A	Luk	2⁴⁷	A	Luk	3¹⁴	A
þagkjandam	Luk	3¹⁵	A							Luk	5²¹	A	Luk	5³¹	A	Luk	5³³	A
þagkjandans	Jhn	13²²	A	Mrk	2⁶	A				Luk	5³⁷	A	Luk	6⁷	A	Luk	6¹⁸	A
þagkjandei	Luk	2¹⁹	A							Luk	6³²	A	Luk	6³³	A	Luk	7¹⁰	A
þagkjau	2Cr	1¹⁷	AB							Luk	7¹⁴	A	Luk	7²⁰	A	Luk	7²⁵	A
þahai	Mrk	1²⁵	A							Luk	7⁴⁹	A	Luk	8¹	A	Luk	8⁷	A
þahaida	Mrk	14⁶¹	A							Luk	8¹²	A2	Luk	8¹³	A2	Luk	8¹⁴	A
þahaidedi	Luk	18³⁹	A							Luk	8¹⁵	A2	Luk	8¹⁶	A	Luk	8²¹	A2
þahaidedun	Luk	9³⁶	A	Mrk	3⁴	A				Luk	8³³	A	Luk	8³⁴	A	Luk	8³⁶	A
þahainai	1Tm	2¹²	AB							Luk	8⁴⁵	A	Luk	9¹²	A	Luk	9³¹	A
þahands	Luk	1²⁰	A							Luk	9³²	A	Luk	10¹⁷	A	Luk	10²⁰	A
þahons	Rom	9²¹	A							Luk	14²⁹	A	Luk	16⁸	A	Luk	16¹⁴	A
þahta	Luk	1²⁹	A	Luk	9⁷	A				Luk	17¹⁷	A2	Luk	18¹¹	A	Luk	18²⁴	A
þahtedun	Luk	20⁵	A	Luk	20¹⁴	A	Mrk	8¹⁶	A	Luk	18²⁶	A	Luk	18³⁹	A	Luk	19³²	A
	Mrk	11³¹	A							Luk	19³³	A	Luk	19⁴⁰	A	Luk	19⁴⁷	A2
þai	Mat	5⁴⁶	A	Mat	6²	A	Mat	6⁵	A	Luk	20¹	A	Luk	20¹⁰	A	Luk	20¹⁴	A
	Mat	6⁷	A	Mat	6¹⁶	A	Mat	7¹³	A	Luk	20¹⁹	A	Luk	20³¹	A	Luk	20³³	A
	Mat	7¹⁴	A	Mat	8¹²	A	Mat	8²⁷	A	Luk	20³⁴	A	Mrk	1²²	A	Mrk	1³⁶	A
	Mat	8³³	A	Mat	9¹²	A	Mat	9¹⁴	A	Mrk	2⁸	A	Mrk	2¹⁶	A	Mrk	2¹⁷	A
	Mat	9²⁸	A	Mat	25⁴⁴	C	Mat	25⁴⁶	C2	Mrk	2¹⁸	A	Mrk	2²²	A	Mrk	2²⁵	A
	Mat	26⁷³	AC	Mat	27¹	AC2	Mat	27⁶	A	Mrk	3⁸	A	Mrk	3²²	A	Mrk	3³³	A
	Mat	27⁴⁴	A2	Mat	27⁴⁹	A	Mat	27⁵⁴	A	Mrk	3³⁴	A	Mrk	4⁷	A	Mrk	4¹⁰	A
	Mat	27⁶⁴	A	Jhn	6⁵	A	Jhn	6¹⁴	A	Mrk	4¹⁵	A	Mrk	4¹⁶	AA:	Mrk	4¹⁸	A3
	Jhn	6⁶¹	A	Jhn	6⁶⁴	A	Jhn	7¹	A	Mrk	4¹⁹	A	Mrk	4²⁰	A2	Mrk	5¹³	A
	Jhn	7³	A	Jhn	7⁵	A	Jhn	7¹⁰	A	Mrk	5¹⁴	A	Mrk	7⁵	A4	Mrk	8⁹	A
	Jhn	7²⁶	A	Jhn	7³²	A2	Jhn	7³⁵	A	Mrk	9¹	A	Mrk	9¹¹	A	Mrk	10¹³	A
	Jhn	7³⁹	A	Jhn	7⁴⁵	A	Jhn	7⁴⁶	A	Mrk	10²³	A	Mrk	10²⁴	A	Mrk	10⁴¹	A
	Jhn	7⁴⁷	A	Jhn	8¹³	A	Jhn	8⁴⁸	A	Mrk	10⁴²	A	Mrk	11⁹	AA:	Mrk	11¹⁴	A
	Jhn	8⁵²	A	Jhn	8⁵⁷	A	Jhn	9⁸	A	Mrk	11¹⁸	A	Mrk	11²⁷	A	Mrk	12⁷	A
	Jhn	9¹⁵	A	Jhn	9²⁰	A	Jhn	9²²	A	Mrk	12¹⁰	A	Mrk	12²²	A	Mrk	12²³	A
	Jhn	9²³	A	Jhn	9³⁹	A2	Jhn	9⁴⁰	A	Mrk	12²⁵	A	Mrk	12³⁵	A	Mrk	13¹⁹	A

	Mrk	14¹²	*A*	Mrk	14¹⁶	*A*	Mrk	14⁵¹	*A*		
	Mrk	14⁵³	*A*	Mrk	14⁵⁵	*A*	Mrk	14⁶⁰	*A*		
	Mrk	14⁷⁰	*A*	Mrk	15¹	*A*	Mrk	15³	*A*		
	Mrk	15¹⁰	*A*	Mrk	15¹¹	*A*	Mrk	15²⁹	*A*		
	Mrk	15³¹	*A*	Mrk	15³²	*A*	Rom	8⁵	A2		
	Rom	8⁸	A	Rom	9⁶	AA‡	Rom	9²⁶	A		
	Rom	11²⁴	A	Rom	11³¹	A	Rom	13²	A*C*		
	Rom	13³	A*C*	Rom	16²¹	A	1Cr	9⁵	A		
	1Cr	9²⁴	A	1Cr	10¹⁷	A	1Cr	10¹⁸	A		
	1Cr	15⁶	A	1Cr	15²³	A	1Cr	15²⁹	A		
	1Cr	15⁴⁸	A2B	1Cr	16¹⁷	B	2Cr	5¹⁵	AB		
	2Cr	11¹³	B	2Cr	13¹²	AB	Eph	1¹²	AB		
	Eph	2³	AB	Eph	2¹¹	AB	Gal	1²	B		
	Gal	1⁷	B	Gal	2⁶	AB	Gal	2¹³	B		
	Gal	5¹²	B	Gal	5²¹	AB	Gal	6¹	AB		
	Gal	6¹²	AB	Gal	6¹³	AB	Col	4¹¹	AB		
	1Th	4¹³	B	1Th	4¹⁵	B2	1Th	4¹⁶	B		
	1Th	4¹⁷	B2	1Th	5⁶	B	1Tm	3¹³	A		
	1Tm	5²⁰	A	2Tm	2¹⁰	B	2Tm	3⁸	AB		
	Tit	1¹⁰	A	Neh	5¹⁶	D	Neh	5¹⁷	D2		
	Skr	6²⁷	E	Skr	6²⁸	E	Skr	8³	E		
	Skr	8⁶	E								
Þaiaufeilu	Luk	1³	*A*								
þaiei	Mat	11⁸	*A*	Jhn	6⁶⁴	*A*	Jhn	7⁴⁹	*A*		
	Jhn	11³³	*A*	Luk	1²	*A*	Luk	5¹⁰	*A*		
	Luk	5¹⁷	*A*	Luk	5²⁹	*A*	Luk	6³	*A*		
	Luk	6¹⁸	*A*	Luk	8⁴	*A*	Luk	8¹³	*A*		
	Luk	8¹⁴	*A*	Luk	9²⁷	*A*	Luk	9³⁰	*A*		
	Luk	9⁶¹	*A*	Luk	10³⁰	*A*	Luk	15⁷	*A*		
	Luk	18⁹	*A*	Luk	19²⁷	*A*	Luk	20²⁷	*A*		
	Luk	20³⁵	*A*	Mrk	4¹⁶	*A*	Mrk	4²⁰	*A*		
	Mrk	5¹⁶	*A*	Mrk	10⁴²	*A*‡	Mrk	12¹⁸	*A*		
	Mrk	15⁷	*A*	Rom	9⁴	A	Rom	11²²	A		
	1Cr	10¹⁷	A	1Cr	12²²	A*	1Cr	15²³	A⁼		
	Eph	4¹⁹	AB	Eph	6²⁴	B	Gal	2⁴	AB		
	Gal	2⁹	B*	Gal	5²⁴	AB	Php	1¹⁷	B		
	Php	3¹⁹	AB	Col	3⁵	AB	Col	4⁹	AB		
	Col	4¹¹	A2B2	Col	4¹³	AB	1Th	2¹⁵	B		
	1Th	4¹²	B	1Th	4¹³	B	1Th	4¹⁴	B		
	1Th	5⁷	B2	2Th	1⁹	A	1Tm	6²	A2B2		
	1Tm	6⁹	A2B2	2Tm	1¹⁵	AB	2Tm	2²	B		
	2Tm	2¹⁸	B	2Tm	2¹⁹	B	2Tm	3⁶	AB		
	2Tm	3¹²	AB	2Tm	4⁸	AB	Tit	1¹¹	A		
	Neh	5¹⁵	D	Neh	6¹⁴	D	Neh	6¹⁷	D		
	Skr	4²⁷	E	Skr	8¹⁶	E					
þaih	Luk	2⁵²	*A*	Luk	17¹²	*A*	Mrk	3¹¹	*A*		
þaim	Mat	5¹⁵	*A*	Mat	5²¹	*A*	Mat	5³³	*A*		
	Mat	5³⁷	*A*	Mat	5⁴⁴	*A*	Mat	6⁸	*A*		
	Mat	6¹²	*A*	Mat	6²⁶	*A*	Mat	7¹⁵	*A*		
	Mat	8¹⁰	*A*	Mat	9¹¹	*A*	Mat	11¹	*A*		
	Mat	11⁷	A2	Mat	11¹²	*A*	Mat	25⁴¹	C		
	Mat	26⁷⁰	C	Mat	26⁷¹	AC	Mat	27⁵	*A*		
	Mat	27⁷	*A*	Mat	27¹²	*A*	Jhn	6⁷	*A*		
	Jhn	6¹¹	*A*	Jhn	6¹³	A2	Jhn	6⁶⁷	*A*		
	Jhn	7⁴⁵	*A*	Jhn	8²³	A2	Jhn	8³¹	*A*		

Jhn	9¹⁵	*A*	Jhn	10¹²	*A*	Jhn	10³⁸	*A*
Jhn	11¹⁶	*A*	Jhn	12⁴²	*A*	Jhn	13²⁹	*A*
Jhn	14¹²	*A*	Jhn	16¹⁷	*A*	Jhn	17¹⁰	*A*
Luk	1³⁹	*A*	Luk	1⁵⁰	*A*	Luk	1⁶⁵	*A*
Luk	1⁷⁹	*A*	Luk	2¹⁸	*A*	Luk	2³³	*A*
Luk	2³⁸	*A*	Luk	2⁴⁹	*A*	Luk	3⁷	*A*
Luk	3⁸	*A*	Luk	4²	*A*	Luk	4³⁶	*A*
Luk	4⁴³	*A*	Luk	5³⁰	*A*	Luk	6⁴	*A*
Luk	6¹²	*A*	Luk	6²⁴	*A*	Luk	6²⁷	A2
Luk	6²⁸	*A*	Luk	6³³	*A*	Luk	6³⁵	*A*
Luk	7²⁴	*A*	Luk	7³²	*A*	Luk	8⁴	*A*
Luk	8¹⁰	*A*	Luk	9⁶¹	*A*	Luk	14¹⁰	*A*
Luk	14¹⁷	*A*	Luk	18⁹	*A*	Luk	19²⁴	*A*
Luk	19³⁹	*A*	Luk	20¹	*A*	Luk	20¹⁰	*A*
Luk	20¹⁶	*A*	Luk	20⁴⁶	*A*	Mrk	1²⁷	*A*
Mrk	1³⁸	*A*	Mrk	2¹⁶	A2	Mrk	2²⁶	*A*
Mrk	3⁶	*A*	Mrk	3⁹	*A*	Mrk	3²²	*A*
Mrk	4¹⁰	*A*	Mrk	4¹¹	*A*	Mrk	4²⁴	*A*
Mrk	6²¹	A2	Mrk	6²²	*A*	Mrk	8³¹	A2
Mrk	8³³	A2	Mrk	8³⁸	*A*	Mrk	9¹⁶	*A*
Mrk	10¹³	*A*	Mrk	10²⁴	*A*	Mrk	10³³	*A*
Mrk	11¹¹	*A*	Mrk	12²	A2	Mrk	12³¹	*A*
Mrk	12³³	*A*	Mrk	13¹⁷	*A*	Mrk	14¹⁰	*A*
Mrk	14⁴³	*A*	Mrk	14⁶⁹	*A*	Mrk	15¹	*A*
Mrk	15⁷	*A*	Mrk	15³¹	*A*	Mrk	16¹⁰	*A*
Mrk	16¹³	*S*	Mrk	16¹⁴	*S*2	Mrk	16¹⁷	*S*
Rom	8¹	A	Rom	8⁴	A	Rom	8³⁷	A
Rom	10⁴	A	Rom	10²⁰	A2	Rom	11²²	A
Rom	12¹⁶	A	Rom	14¹⁸	*C*	1Cr	1¹⁸	A2
1Cr	1²⁴	A	1Cr	5¹⁰	A2	1Cr	7⁸	A
1Cr	7¹⁰	A	1Cr	7¹²	A	1Cr	7¹⁵	A
1Cr	8⁹	A	1Cr	9²⁰	A	1Cr	9²¹	A
1Cr	9²²	A	1Cr	10³³	A	1Cr	14²²	A4
1Cr	15⁵	A	1Cr	16¹	AB	1Cr	16¹⁵	B
1Cr	16¹⁶	B2	2Cr	1¹	B2	2Cr	2¹⁵	A2B2
2Cr	4²	AB	2Cr	4³	AB	2Cr	7⁸	B
2Cr	10¹²	B	2Cr	11⁵	B	2Cr	11³⁰	B
2Cr	12¹¹	AB	2Cr	12¹⁸	AB	2Cr	13²	AB
Eph	1¹	A2B2	Eph	1¹⁹	AB	Eph	2⁷	AB
Eph	2¹⁰	AB	Eph	2¹⁷	AB	Eph	2¹⁹	AB
Eph	3⁵	B	Eph	3¹⁰	AB	Eph	3¹⁸	AB
Eph	6¹²	AB	Eph	6¹⁸	AB	Gal	1²²	AB
Gal	2⁶	AB	Gal	4⁸	A	Gal	4⁹	A
Gal	5²¹	AB	Php	1²³	B	Php	1²⁸	B
Php	3¹⁴	A2B2	Col	1²⁶	AB	Col	3²	AB
Col	3⁷	AB	Col	3²²	B‡	Col	4⁵	AB
1Th	2¹⁰	B	1Th	2¹⁴	B	1Th	3³	B
1Th	3¹³	B	1Th	4¹²	B	1Th	4¹⁸	B
1Th	5²⁷	AB	2Th	1⁶	A	2Th	1¹⁰	A2
1Tm	1¹⁶	B	1Tm	1¹⁸	AB2	1Tm	2²	AB
1Tm	3⁷	A	1Tm	3¹⁶	A	1Tm	4¹²	B
1Tm	4¹⁶	B	1Tm	5¹⁶	A‡	1Tm	6³	AB
1Tm	6⁵	A	2Tm	2¹⁴	B	2Tm	2²²	AB
2Tm	3⁶	AB	Neh	5¹⁷	D	Neh	5¹⁸	D
Skr	3¹⁸	E	Skr	4²	E	Skr	6¹¹	E

	Skr	6²¹	*E*	Skr	6²⁵	*E*	Skr	7¹⁷	*E*		
	Skr	7¹⁸	*E*	Skr	7²⁶	*E*	Skr	7²⁷	*E*		
	Skr	8⁴	*E*	Skr	8²⁴	*E*					
þaimei	Mat	11²⁰	*A*	Mat	27⁵⁶	*A*	Jhn	7³¹	*A*		
	Jhn	10³⁵	*A*	Luk	1²⁵	*A*	Luk	6³⁴	*A*		
	Luk	19¹⁵	*A*	Mrk	10⁴⁰	*A*	Mrk	15⁴⁰	*A*		
	Rom	9⁵	*A*	1Cr	16¹⁹	B	2Cr	2³	AB		
	2Cr	4⁴	AB	2Cr	5¹⁰	AB	Eph	2²	AB		
	Eph	2³	AB	Gal	2²	AB	Gal	2⁵	AB		
	Gal	4⁹	*A*	Php	4¹¹	B	Col	1²⁴	AB		
	Col	1²⁷	AB	Col	3²	AB	Col	3⁷	AB		
	1Tm	1⁶	AB	1Tm	6⁴	AB	1Tm	6⁵	AB		
	2Tm	3¹⁴	AB								
þaimuh	2Th	3¹²	AB	1Tm	6⁸	AB					
þairh	Mat	7¹³	A2	Mat	8¹⁷	*A*	Mat	8²⁸	*A*		
	Mat	27⁹	*A*	Jhn	8⁵⁹	*A*	Jhn	10¹	*A*		
	Jhn	10²	*A*	Jhn	10⁹	*A*	Jhn	11⁴	*A*		
	Jhn	14⁶	*A*	Jhn	17²⁰	*A*	Luk	inc	*A*		
	Luk	1⁷⁰	*A*	Luk	1⁷⁸	*A*	Luk	4³⁰	*A*		
	Luk	6¹	*A*	Luk	8⁴	*A*	Luk	17¹¹	*A*		
	Luk	18²⁵	*A*	Luk	18³¹	*A*	Mrk	inc	*A*		
	Mrk	2²³	*A*	Mrk	6²	*A*	Mrk	9³⁰	*A*		
	Mrk	10²⁵	*A*	Mrk	11¹⁶	*A*	Mrk	16²⁰	*S*		
	Mrk	exp	*S*	Rom	7⁴	*A*	Rom	7⁵	*A*		
	Rom	7⁷	*A*	Rom	7⁸	*A*	Rom	7¹¹	A2		
	Rom	7¹³	A2	Rom	7²⁵	*A*	Rom	8³	*A*		
	Rom	8³⁷	*A*	Rom	10¹⁷	*A*	Rom	11³⁶	*C*		
	Rom	12¹	*C*	Rom	12³	*C*	Rom	14¹⁴	*C*		
	Rom	15⁴	*C*	1Cr	1²¹	A2	1Cr	10²⁹	*A*		
	1Cr	13¹²	*A*	1Cr	15²	*A*	1Cr	15²¹	A2		
	1Cr	15⁵⁷	AB	1Cr	16³	AB	2Cr	1¹	B		
	2Cr	1⁴	B	2Cr	1⁵	B	2Cr	1¹¹	AB		
	2Cr	1¹⁶	B	2Cr	1¹⁹	A2B2	2Cr	1²⁰	AB2		
	2Cr	2⁴	AB	2Cr	2¹⁴	AB	2Cr	3⁴	AB		
	2Cr	3¹¹	AB	2Cr	4¹⁴	B	2Cr	4¹⁵	B		
	2Cr	5⁷	A2B2	2Cr	5¹⁸	AB	2Cr	5²⁰	AB		
	2Cr	6⁷	AB	2Cr	6⁸	A2B2	2Cr	8⁵	AB		
	2Cr	9¹¹	B	2Cr	9¹²	B	2Cr	9¹³	B		
	2Cr	10⁹	B	2Cr	10¹¹	B	2Cr	11³³	B		
	2Cr	12¹⁷	AB	Eph	1¹	AB	Eph	1⁵	AB		
	Eph	1⁷	AB	Eph	2⁸	AB	Eph	2¹⁶	AB		
	Eph	2¹⁸	AB*	Eph	3⁶	B	Eph	3¹⁰	AB		
	Eph	3¹²	AB	Eph	3¹⁶	AB	Eph	3¹⁷	AB		
	Eph	4¹⁶	*A*	Eph	5⁶	B	Eph	6¹⁸	AB		
	Gal	1¹	B2	Gal	2¹⁶	B	Gal	2¹⁹	*A*		
	Gal	2²¹	*A*	Gal	4⁷	*A*	Gal	4¹³	*A*		
	Gal	5⁶	B	Gal	6¹⁴	AB	Php	1¹⁹	B		
	Php	1²⁰	B2	Php	1²⁶	B	Php	3⁹	AB		
	Col	1¹⁶	AB	Col	1²⁰	A3B3	Col	1²²	AB		
	Col	2¹²	B	Col	2¹⁹	B	Col	2²²	AB		
	Col	3⁶	AB	Col	3¹⁷	B	1Th	4²	B		
	1Th	4¹⁴	B	1Th	5⁹	B	2Th	2²	A*3A:		
	2Th	3¹⁴	AB	1Tm	2¹⁰	AB	1Tm	2¹⁵	AB		
	1Tm	4⁵	AB	1Tm	4¹⁴	B	2Tm	1¹	*A*		
	2Tm	1⁶	AB	2Tm	1¹⁰	A2B2	2Tm	1¹⁴	AB		
	2Tm	2²	B	2Tm	3¹⁵	AB	Phm	2²	*A*
	Skr	1¹⁵	*E*	Skr	2⁸	*E*	Skr	3⁴	*E*
	Skr	5²⁶	*E*	Skr	6¹¹	*E*	Skr	6¹⁹	*E*
	Skr	6²⁰	*E* 2	Skr	6²⁹	*E*	Skr	7⁵	*E*
	Sal	⁴	*S*	DeN	1²	N	DeN	2²	N
	DeN	3²	N	DeN	4²	N			
þairharbaidjandans				Luk	5⁵	*A*			
þairhberi	Mrk	11¹⁶	*A*						
þairhgagga	1Cr	16⁵	AB						
þairhgaggaima				Luk	2¹⁵	*A*			
þairhgaggan	Luk	19⁴	*A*	Mrk	2²³	*A*	1Tm	5¹³	*A*
þairhgaggands				Jhn	9¹	*A*			
þairhgaggiþ	Luk	2³⁵	*A*	Luk	18³⁷	*A*			
þairhgaleikoda				1Cr	4⁶	A⁻			
þairhiddja	Luk	17¹¹	*A*						
þairhiddjedun				Luk	9⁶	*A*	1Cr	10¹	*A*
þairhlaiþ	Luk	19¹	*A*						
þairhleiþan	Luk	18²⁵	*A*						
þairhleiþands				Mat	9⁹	*A*	Luk	4³⁰	*A*
	1Cr	16⁷	AB						
þairhsaiƕandans				2Cr	3¹⁸	AB			
þairhwakandans				Luk	2⁸	*A*			
þairhwis	1Tm	4¹⁶	B						
þairhwisa	Php	1²⁵	B						
þairhwisai	Gal	2⁵g	*A*						
þairhwisis	Rom	11²²	*A*						
þairhwisiþ	Jhn	9⁴¹	*A*	Col	1²³	AB	1Tm	5⁵	AB
þairko	Luk	18²⁵	*A*	Mrk	10²⁵	*A*			
þairwakands	Luk	6¹²	*A*						
Þaissalauneikai				Php	4¹⁶	B	2Tm	4¹⁰	AB
Þaissalauneikaie				2Th	1¹	AB			
Þaissalauneikaium				1Th	exp	A*	2Th	inc	*A*
	2Th	exp	B						
Þaissalaunekaium				2Th	inc	B			
þaiþ-þan	Rom	12⁴	*C*	1Cr	12¹²	*A*			
þamma	Mat	5¹⁵	*A*	Mat	5³⁷	*A*	Mat	5³⁹	*A*
	Mat	5⁴⁰	*A*	Mat	5⁴²	A2	Mat	6¹	*A*
	Mat	6⁶	*A*	Mat	6¹³	*A*	Mat	6¹⁸	*A*
	Mat	7²⁵	*A*	Mat	8⁹	*A*	Mat	8¹³	*A*
	Mat	9²	*A*	Mat	9⁶	*A*	Mat	9¹⁶	*A*
	Mat	11¹¹	*A*	Mat	26⁶⁹	*C*	Mat	26⁷¹	AC
	Mat	27¹⁹	*A*	Mat	27⁴²	*A*	Mat	27⁶¹	*A*
	Mat	27⁶⁴	*A*	Jhn	6¹⁰	*A*	Jhn	6²³	*A*
	Jhn	6⁴⁴	*A*	Jhn	6⁵⁴	*A*	Jhn	6⁶⁶	*A*
	Jhn	7³³	*A*	Jhn	7³⁷	*A*	Jhn	8²³	A2
	Jhn	8²⁶	*A*	Jhn	9⁵	*A*	Jhn	9⁶	A2
	Jhn	9⁹	*A*	Jhn	9¹⁷	*A*	Jhn	9²⁷	*A*
	Jhn	9²⁸	*A*	Jhn	9³⁰	*A*	Jhn	9³¹	*A*
	Jhn	9³⁹	*A*	Jhn	10²⁰	*A*	Jhn	11²⁴	*A*
	Jhn	11³⁰	*A*	Jhn	11³⁷	*A*	Jhn	11³⁸	*A*
	Jhn	12¹⁶	*A*	Jhn	12²¹	*A*	Jhn	12²⁵	*A*
	Jhn	12⁴⁴	*A*	Jhn	12⁴⁶	*A*	Jhn	13¹⁶	*A*
	Jhn	13²⁴	*A*	Jhn	13²⁷	*A*	Jhn	13³⁵	*A*
	Jhn	15⁸	*A*	Jhn	15¹⁹	A2	Jhn	16⁵	*A*
	Jhn	16²⁸	*A*	Jhn	16³⁰	*A*	Jhn	16³³	*A*

	Jhn	17⁵	A	Jhn	17⁶	A	Jhn	17¹¹	A2	2Cr	5¹⁵	AB	2Cr	5¹⁶	AB	2Cr	5¹⁸	AB
	Jhn	17¹²	A	Jhn	17¹⁴	A2	Jhn	17¹⁵	A2	2Cr	7¹¹	AB	2Cr	8⁹	AB	2Cr	8¹⁰	AB
	Jhn	17¹⁶	A2	Jhn	18¹⁵	A	Jhn	18¹⁶	A	2Cr	8¹⁴	AB	2Cr	9⁴	AB	2Cr	11¹⁷	B
	Jhn	18²²	A	Jhn	18²⁴	A	Jhn	18³⁶	A2	2Cr	12¹⁸	AB	Eph	1⁶	AB	Eph	1¹³	AB
	Jhn	18³⁷	A3	Jhn	18³⁸	A	Jhn	19⁷	A	Eph	1²¹	A2B2	Eph	3⁸	B	Eph	3⁹	AB
	Jhn	19¹²	A	Luk	1¹⁸	A	Luk	1³⁴	A	Eph	3²⁰	AB	Eph	4²⁴	A2B2	Eph	6¹³	AB
	Luk	1⁶¹	A	Luk	2⁷	A	Luk	2⁸	A	Eph	6¹⁸	AB	Gal	1⁴	B*	Gal	1⁶	B
	Luk	2¹³	A	Luk	2²⁶	A	Luk	2⁵⁰	A	Gal	4³⁰	B	Gal	5⁸	B	Gal	5¹⁴	B
	Luk	3⁷	A	Luk	3¹¹	A	Luk	4³	A	Gal	6⁶	AB	Gal	6⁸	AB	Php	1¹⁸	B
	Luk	4³⁵	A	Luk	5²	A	Luk	5³	A	Php	4¹³	B	Col	1⁷	B	Col	1⁹	B
	Luk	5¹⁹	A	Luk	5²⁰	A	Luk	5²⁴	A	Col	2²⁰	AB	Col	3¹⁰	B	Col	4⁹	AB
	Luk	5³⁶	A2	Luk	6⁵	A	Luk	6⁸	A2	1Th	3³	B	2Th	3³	B	1Tm	1¹²	B
	Luk	6¹¹	A	Luk	6²³	A	Luk	6²⁹	A2	1Tm	1¹⁵	B	1Tm	6⁷	AB	1Tm	6¹²	AB
	Luk	6³⁰	A	Luk	6⁴²	A3	Luk	6⁴⁸	A	2Tm	3⁸	AB	Neh	5¹⁴	D	Neh	5¹⁶	D
	Luk	7⁶	A	Luk	7⁸	A	Luk	7¹¹	A	Skr	3¹¹	E	Skr	5⁵	E	Skr	5⁹	E
	Luk	7²⁸	A	Luk	7³⁸	A	Luk	8¹³	A	Skr	6⁷	E	Skr	7⁸	E	Skr	7²¹	E
	Luk	8²⁴	A	Luk	8²⁹	A3	Luk	8³²	A	þammei	Jhn	5⁴⁵	A	Jhn	6⁵	A	Jhn	6²³	A
	Luk	8³³	A	Luk	9³⁴	A	Luk	9³⁵	A2		Jhn	6²⁹	A	Jhn	7²⁵	A	Jhn	11⁶	A
	Luk	9³⁷	A	Luk	9⁴²	A	Luk	9⁴³	A⁼		Jhn	13²⁶	A	Jhn	18²⁶	A	Luk	1²²	A
	Luk	9⁴⁵	A	Luk	10⁵	A	Luk	10⁷	A		Luk	1⁷⁸	A	Luk	4²⁹	A	Luk	5²⁵	A
	Luk	10¹⁶	A	Luk	10²⁰	A	Luk	14¹⁰	A		Luk	7⁴	A	Luk	7⁴³	A	Luk	7⁴⁵	A
	Luk	14¹²	A	Luk	14²³	A	Luk	14³¹	A		Luk	7⁴⁷	A	Luk	8³⁵	A	Luk	8³⁸	A
	Luk	15⁴	A	Luk	16⁵	A	Luk	16¹²	A		Luk	9³⁴	A	Luk	9⁵¹	A	Luk	10²⁰	A
	Luk	16²²	A	Luk	17⁶	A	Luk	17²⁴	A		Luk	10²²	A	Luk	15⁶	A	Luk	15⁹	A
	Luk	17²⁵	A	Luk	17³⁰	A2	Luk	18³⁰	A2		Luk	17¹⁵	A	Luk	17²⁹	A	Luk	18¹	A
	Luk	19⁵	A	Luk	19⁹	A	Luk	19¹⁹	A		Luk	19³⁰	A	Luk	20¹⁷	A	Mrk	2⁴	A
	Luk	19²⁴	A	Luk	19²⁶	A	Luk	19⁴²	A		Mrk	6¹⁶	A	Mrk	7⁵	A	Mrk	7¹⁸	A
	Luk	20¹⁵	A	Luk	23¹²	G	Mrk	1¹⁰	A		Mrk	11²	A	Mrk	12¹⁰	A	Mrk	14⁴⁴	A
	Mrk	1²⁰	A	Mrk	1²⁵	A	Mrk	2⁵	A		Mrk	15¹²	A	Mrk	16⁴	A	Rom	7⁶	A
	Mrk	2⁹	A	Mrk	2¹⁰	A	Mrk	2²¹	A2		Rom	8³	A	Rom	10¹⁴	A2	Rom	13⁷	A4
	Mrk	2²⁸	A	Mrk	3³	A2	Mrk	3⁵	A		1Cr	7²⁴	A	1Cr	15¹	A	2Cr	1¹⁰	AB
	Mrk	3¹⁷	A	Mrk	3²²	A	Mrk	4²⁸	A		2Cr	2¹⁰	AB	2Cr	2¹³	AB	2Cr	5⁴	AB
	Mrk	5⁸	A	Mrk	5¹¹	A	Mrk	5²⁹	A		2Cr	8¹¹	AB	2Cr	11¹²	B	2Cr	11²¹	B
	Mrk	5³⁴	A	Mrk	5³⁵	A	Mrk	5³⁶	A		2Cr	13¹⁰	AB	Eph	1⁷	AB	Eph	1¹¹	AB
	Mrk	6²	A	Mrk	6³	A	Mrk	6²⁵	A		Eph	1¹³	A2B2	Eph	2²¹	B	Eph	2²²	B
	Mrk	7³⁶	A	Mrk	8¹²	A	Mrk	8²⁶	A		Eph	3¹²	AB	Eph	3¹⁵	AB	Eph	4¹⁶	A
	Mrk	9⁷	A2	Mrk	9⁹	A	Mrk	9²³	A		Eph	4³⁰	AB	Eph	5¹⁸	A	Eph	6¹⁶	AB
	Mrk	9²⁵	A2	Mrk	9³²	A	Mrk	10⁹	A		Gal	1⁵	B	Gal	4¹⁸	A	Gal	5¹	B
	Mrk	10³⁰	A2	Mrk	11²³	A	Mrk	12⁸	A		Php	2²⁴	B	Php	3¹²	AB	Php	3¹⁶	AB
	Mrk	12¹⁷	A	Mrk	14¹²	A	Mrk	14¹³	A		Php	4¹⁰	B	Col	1¹⁴	AB	Col	1²⁹	AB
	Mrk	14¹⁴	A	Mrk	14⁵²	A	Mrk	14⁶⁷	A		Col	2¹⁹	B	Col	3¹⁵	B	2Th	1¹¹	A
	Mrk	15³⁰	A	Mrk	15³²	A	Mrk	15⁴⁵	A		1Tm	2⁷	AB	2Tm	1³	A	2Tm	1¹²	AB
	Mrk	15⁴⁶	A	Mrk	16²	A	Mrk	16⁸	A		2Tm	2⁴	B	2Tm	2²⁶	AB	2Tm	4¹⁵	A
	Rom	7²	A	Rom	7⁴	A	Rom	7²²	A		Skr	4⁴	E	Skr	8¹⁷	E*	SkB	8¹⁷	E¶
	Rom	7²³	A	Rom	7²⁴	A	Rom	9⁹	A	þammuh	Jhn	10³	A	Skr	2⁸	E	Skr	5²⁷	E
	Rom	9¹²	A2	Rom	9²⁰	A	Rom	9²¹	A		Skr	6²⁵	E						
	Rom	9²⁶	A	Rom	12²	C	Rom	13³	AC	þan	Mat	5³¹	A	Mat	6²	A	Mat	6⁵	A
	Rom	13⁴	AC	Rom	13⁶	A	Rom	13⁹	A2		Mat	6⁶	A	Mat	6²⁹	A	Mat	6³²	A
	Rom	14³	A	Rom	14¹⁴	C 2	1Cr	4⁴	A		Mat	7²³	A	Mat	7²⁸	A	Mat	8¹	A
	1Cr	5¹⁰	A	1Cr	5¹¹	A	1Cr	7²⁴	A		Mat	8⁵	A	Mat	8¹⁰	A	Mat	8¹⁶	A
	1Cr	11²²	A	1Cr	12¹²	A	1Cr	12¹⁵	A2		Mat	8¹⁸	A	Mat	8²¹	A	Mat	8³⁰	A
	1Cr	12¹⁶	A2	1Cr	15²⁸	A	2Cr	1⁹	AB		Mat	9⁸	A	Mat	9¹⁵	A2	Mat	9¹⁷	A
	2Cr	1¹²	AB	2Cr	2⁶	AB	2Cr	2¹⁴	AB		Mat	9²⁵	A	Mat	9²⁸	A	Mat	9³⁶	A
	2Cr	2¹⁶	AB	2Cr	4¹³	B	2Cr	5²	AB		Mat	11⁷	A	Mat	11¹²	A	Mat	25³⁸	C
	2Cr	5⁵	AB	2Cr	5⁶	AB*	2Cr	5⁸	AB		Mat	25³⁹	C	Mat	26⁷¹	AC	Mat	26⁷³	AC

Mat	27¹	AC	Mat	27⁷	A	Mat	27¹⁵	A	Luk	6⁶	A	Luk	6⁷	A	Luk	6⁹	A
Mat	27¹⁶	A	Mat	27¹⁷	A	Mat	27¹⁹	A	Luk	6²²	A	Luk	6²⁶	A	Luk	6³⁰	A
Mat	27⁴⁵	A	Mat	27⁴⁶	A	Mat	27⁵¹	A	Luk	6³⁹	A	Luk	6⁴²	A	Luk	6⁴³	A
Mat	27⁵⁵	A	Mat	27⁵⁷	A	Mat	27⁶¹	A	Luk	6⁴⁴	A	Luk	6⁴⁸	A	Luk	7¹	A
Mat	27⁶²	A	Jhn	6³	A	Jhn	6⁴	A	Luk	7²	A	Luk	7³	A	Luk	7⁸	A
Jhn	6⁶	A	Jhn	6¹⁰	A	Jhn	6¹¹	A	Luk	7⁹	A	Luk	7¹²	A	Luk	7¹⁶	A
Jhn	6²³	A	Jhn	6²⁴	A	Jhn	6⁴⁰	A	Luk	7²⁰	A	Luk	7²¹	A	Luk	7²⁴	A
Jhn	6⁴¹	A	Jhn	6⁴³	A	Jhn	6⁵¹	A	Luk	7³⁶	A	Luk	7³⁹	A	Luk	7⁴²	A
Jhn	6⁶⁴	A	Jhn	6⁷¹	A	Jhn	7²	A	Luk	7⁴³	A	Luk	7⁴⁸	A	Luk	7⁵⁰	A
Jhn	7⁹	A	Jhn	7¹³	A	Jhn	7¹⁶	A	Luk	8⁴	A	Luk	8⁸	A	Luk	8⁹	A
Jhn	7²⁵	A	Jhn	7²⁸	A	Jhn	7³⁰	A	Luk	8¹³	A	Luk	8¹⁹	A	Luk	8²²	A
Jhn	7³¹	A	Jhn	7³²	A	Jhn	7³³	A	Luk	8²³	A	Luk	8²⁴	A	Luk	8²⁵	A2
Jhn	7³⁹	A	Jhn	7⁴⁰	A	Jhn	7⁴⁴	A	Luk	8²⁷	A	Luk	8²⁸	A	Luk	8³⁰	A
Jhn	7⁴⁵	A	Jhn	7⁴⁷	A	Jhn	8¹⁷	A	Luk	8³³	A	Luk	8³⁴	A	Luk	8³⁵	A
Jhn	8¹⁹	A	Jhn	8²²	A	Jhn	8²⁸	A2	Luk	8³⁶	A	Luk	8³⁸	A2	Luk	8⁴⁰	A
Jhn	8³⁵	A	Jhn	8⁴²	A	Jhn	8⁴⁴	A	Luk	8⁴²	A	Luk	8⁴⁵	A	Luk	8⁴⁷	A
Jhn	8⁴⁸	A	Jhn	8⁵⁹	A	Jhn	9⁵	A	Luk	8⁵¹	A	Luk	8⁵²	A	Luk	9¹	A
Jhn	9¹²	A	Jhn	9¹⁴	A2	Jhn	9¹⁵	A	Luk	9³	A	Luk	9⁶	A	Luk	9⁷	A
Jhn	9¹⁶	A	Jhn	9¹⁸	A	Jhn	9²⁰	A	Luk	9⁸	A	Luk	9¹²	A	Luk	9¹⁴	A
Jhn	9²⁴	A	Jhn	9³¹	A	Jhn	9³⁷	A	Luk	9¹⁶	A	Luk	9¹⁹	A2	Luk	9²⁰	A2
Jhn	10⁴	A	Jhn	10²²	A	Jhn	11¹	A	Luk	9²¹	A	Luk	9²³	A	Luk	9²⁷	A
Jhn	11²	A	Jhn	11³	A	Jhn	11⁵	A	Luk	9²⁸	A	Luk	9³²	A	Luk	9³⁴	A2
Jhn	11⁶	A	Jhn	11⁷	A	Jhn	11¹³	A	Luk	9³⁷	A	Luk	9⁴¹	A	Luk	9⁴²	A
Jhn	11¹⁴	A	Jhn	11¹⁷	A	Jhn	11¹⁸	A	Luk	9⁴³	A3	Luk	9⁴⁶	A	Luk	9⁴⁹	A
Jhn	11²⁵	A	Jhn	11³¹	A	Jhn	11³⁷	A	Luk	9⁵¹	A	Luk	9⁵⁴	A	Luk	9⁵⁵	A
Jhn	11³⁸	A	Jhn	11⁴¹	A	Jhn	11⁴²	A	Luk	9⁵⁷	A	Luk	9⁵⁹	A	Luk	9⁶⁰	A
Jhn	11⁴⁷	A	Jhn	12⁴	A	Jhn	12⁷	A	Luk	9⁶¹	A	Luk	9⁶²	A	Luk	10²	A
Jhn	12⁹	A	Jhn	12¹⁴	A	Jhn	12¹⁷	A2	Luk	10⁷	A	Luk	10¹⁷	A	Luk	10¹⁸	A
Jhn	12²⁸	A	Jhn	12²⁹	A	Jhn	12³⁵	A	Luk	10³⁰	A	Luk	14¹⁰	A	Luk	14¹²	A
Jhn	12⁴¹	A	Jhn	12⁴²	A	Jhn	12⁴⁷	A	Luk	14¹³	A	Luk	14¹⁵	A	Luk	14²⁵	A
Jhn	13¹²	A	Jhn	13²³	A	Jhn	13²⁴	A	Luk	15³	A	Luk	15¹⁴	A	Luk	15¹⁷	A
Jhn	13²⁵	A	Jhn	13²⁷	A2	Jhn	13²⁸	A	Luk	15²⁰	A	Luk	15²²	A	Luk	15³⁰	A
Jhn	13³⁰	A2	Jhn	13³¹	A	Jhn	14³	A	Luk	16³	A	Luk	16⁴	A	Luk	16⁷	A
Jhn	14⁷	A	Jhn	14²¹	A	Jhn	15²⁶	A	Luk	16⁹	A	Luk	16¹⁴	A	Luk	16²²	A2
Jhn	15²⁷	A	Jhn	16¹³	A2	Jhn	16²¹	A	Luk	16²³	A	Luk	17³	A	Luk	17⁶	A
Jhn	16²²	A	Jhn	17³	A	Jhn	17¹²	A	Luk	17⁷	A	Luk	17¹⁰	A	Luk	17¹⁵	A
Jhn	18²	A	Jhn	18⁵	A	Jhn	18⁷	A	Luk	17¹⁷	A	Luk	17²⁰	A	Luk	17²²	A2
Jhn	18¹⁰	A	Jhn	18¹⁴	A	Jhn	18¹⁵	A	Luk	18⁶	A	Luk	18⁹	A	Luk	18¹⁵	A2
Jhn	18¹⁸	A	Jhn	18⁴⁰	A	Jhn	19¹	A	Luk	18¹⁹	A	Luk	18²²	A	Luk	18²⁴	A
Luk	1⁶	A	Luk	1⁸	A	Luk	1¹¹	A	Luk	18²⁶	A	Luk	18²⁸	A	Luk	18³¹	A
Luk	1¹³	A	Luk	1²²	A	Luk	1²⁴	A	Luk	18³⁵	A	Luk	18³⁶	A	Luk	18³⁷	A
Luk	1²⁶	A	Luk	1³⁴	A	Luk	1³⁸	A	Luk	18⁴⁰	A2	Luk	19⁸	A	Luk	19⁹	A
Luk	1³⁹	A	Luk	1⁵⁶	A	Luk	1⁶²	A	Luk	19¹¹	A	Luk	19¹²	A	Luk	19¹³	A
Luk	1⁶⁴	A	Luk	1⁶⁶	A	Luk	2¹	A	Luk	19¹⁶	A	Luk	19¹⁹	A	Luk	19³²	A
Luk	2²	A	Luk	2⁴	A	Luk	2⁶	A	Luk	19³³	A	Luk	19³⁶	A	Luk	19³⁷	A
Luk	2¹⁷	A	Luk	2³⁵	A	Luk	2³⁷	A	Luk	20³	A	Luk	20⁹	A	Luk	20¹³	A
Luk	2⁴²	A	Luk	2⁴⁷	A	Luk	3¹	A2	Luk	20¹⁴	A	Luk	20¹⁶	A	Luk	20²³	A
Luk	3⁷	A	Luk	3¹¹	A	Luk	3¹²	A	Luk	20²⁴	A	Luk	20²⁷	A	Luk	20³¹	A
Luk	3¹⁴	A	Luk	3¹⁵	A	Luk	3¹⁶	A	Luk	20³⁹	A	Luk	20⁴¹	A	Luk	20⁴⁵	A
Luk	3²¹	A	Luk	4²¹	A	Luk	4²⁴	A	Mrk	1²⁸	A	Mrk	1³²	A2	Mrk	2⁵	A
Luk	4²⁵	A	Luk	4³⁸	A2	Luk	4³⁹	A	Mrk	2⁶	A	Mrk	2²⁰	A2	Mrk	2²⁵	A
Luk	4⁴⁰	A	Luk	4⁴¹	A	Luk	4⁴²	A	Mrk	3⁶	A	Mrk	3¹¹	A	Mrk	3²⁷	A‡
Luk	5³	A	Luk	5⁴	A	Luk	5⁸	A	Mrk	3³¹	A	Mrk	3³²	A	Mrk	4⁶	A
Luk	5¹⁰	A	Luk	5¹⁵	A	Luk	5²²	A	Mrk	4¹⁵	A	Mrk	4¹⁶	A	Mrk	4³¹	A
Luk	5³⁵	A2	Luk	5³⁶	A	Luk	6³	A	Mrk	4³²	A	Mrk	4³⁵	A	Mrk	4³⁶	A

	Mrk 5^{6}	A	Mrk 5^{11}	A	Mrk 6^{4}	A
	Mrk 6^{15}	A2	Mrk 6^{16}	A	Mrk 6^{21}	A
	Mrk 7^{5}	A	Mrk 7^{17}	A	Mrk 8^{1}	A
	Mrk 8^{8}	A	Mrk 8^{19}	A	Mrk 8^{20}	A
	Mrk 8^{28}	A	Mrk 8^{29}	A	Mrk 8^{38}	A
	Mrk 9^{9}	A	Mrk 9^{25}	A	Mrk 9^{38}	A
	Mrk 10^{14}	A	Mrk 10^{28}	A	Mrk 11^{4}	A
	Mrk 11^{8}	A	Mrk 11^{25}	A	Mrk 12^{5}	A
	Mrk 12^{23}	A	Mrk 12^{25}	A	Mrk 13^{21}	A
	Mrk 13^{26}	A	Mrk 13^{27}	A	Mrk 13^{28}	A
	Mrk 13^{29}	A	Mrk 14^{7}	A	Mrk 14^{12}	A
	Mrk 15^{7}	A	Mrk 15^{25}	A	Mrk 15^{36}	A
	Mrk 15^{39}	A	Mrk 15^{41}	A	Mrk 16^{9}	A
	Mrk 16^{12}	A	Mrk 16^{14}	S	Mrk 16^{19}	S
	Rom 7^{3}	A	Rom 7^{5}	A	Rom 11^{27}	A
	Rom 13^{11}	A	1Cr 5^{10}	A	1Cr 11^{21}	A
	1Cr 13^{11}	A	1Cr 13^{12}	A2	1Cr 14^{26}	A
	1Cr 15^{7}	A	1Cr 15^{24}	AA¯	1Cr 16^{2}	AB
	1Cr 16^{4}	AB	1Cr 16^{5}	AB	1Cr 16^{8}	B
	2Cr 2^{10}	AB	2Cr 4^{15}	B	2Cr 6^{1}	B
	2Cr 6^{15}	B	2Cr 6^{16}	B	2Cr 8^{5}	B
	2Cr 8^{22}	AB	2Cr 10^{6}	B	2Cr 12^{1}	B
	2Cr 12^{10}	A2B2	2Cr 13^{9}	AB	Eph 2^{12}	AB
	Gal 2^{11}	B	Gal 4^{3}	A	Gal 4^{8}	A
	Gal 4^{23}	AB	Gal 4^{29}	B	Gal 6^{4}	AB
	Gal 6^{13}	B	Php 1^{15}	B	Php 1^{16}	B
	Php 3^{4}	AB	Php 4^{15}	B	Col 3^{4}	AB
	Col 3^{7}	AB	Col 4^{16}	B	1Th 3^{4}	B
	1Th 4^{17}	B	1Th 5^{3}	B	2Th 1^{10}	A
	2Th 3^{10}	AB	1Tm 3^{10}	A	1Tm 5^{11}	A⁚
	1Tm 5^{24}	AB	1Tm 5^{25}	AB	2Tm 2^{5}	B
	2Tm 3^{12}	AB	2Tm 4^{3}	AB	2Tm 4^{8}	B
	Skr 2^{7}	E	Skr 2^{8}	E	Skr 2^{23}	E
	Skr 3^{3}	E	Skr 3^{7}	E	Skr 3^{12}	E*
	SkB 3^{12}	E¶	Skr 3^{15}	E	Skr 3^{26}	E
	Skr 5^{2}	E	Skr 5^{3}	E	Skr 5^{4}	E
	Skr 5^{11}	E	Skr 6^{20}	E2	Skr 6^{27}	E2
	Skr 7^{15}	E	Skr 7^{16}	E	Skr 8^{3}	E
	Skr 8^{6}	E	Skr 8^{7}	E	Skr 8^{8}	E
	Skr 8^{17}	E				
þana	Mat 5^{16}	A	Mat 5^{26}	A	Mat 6^{11}	A
	Mat 7^{14}	A	Mat 8^{28}	A	Mat 9^{6}	A
	Mat 9^{8}	A	Mat 10^{28}	A	Mat 10^{40}	A
	Mat 26^{72}	AC	Mat 26^{74}	AC	Mat 27^{7}	A
	Mat 27^{64}	A	Mat 27^{66}	A	Jhn 6^{27}	A3
	Jhn 6^{32}	A	Jhn 6^{34}	A	Jhn 6^{35}	A2
	Jhn 6^{37}	A	Jhn 6^{40}	A	Jhn 6^{58}	A
	Jhn 6^{71}	A	Jhn 7^{27}	A	Jhn 8^{28}	A
	Jhn 9^{13}	A	Jhn 9^{17}	A	Jhn 9^{24}	A
	Jhn 9^{29}	A	Jhn 10^{36}	A	Jhn 10^{40}	A
	Jhn 10^{41}	A	Jhn 11^{19}	A	Jhn 11^{27}	A
	Jhn 11^{39}	A	Jhn 11^{41}	A	Jhn 12^{45}	A
	Jhn 12^{48}	A	Jhn 13^{20}	A2	Jhn 13^{26}	A2
	Jhn 13^{30}	A	Jhn 14^{4}	A	Jhn 14^{5}	A
	Jhn 14^{8}	A	Jhn 14^{9}	A	Jhn 15^{21}	A

	Jhn 16^{28}	A	Jhn 16^{33}	A	Jhn 18^{2}	A
	Jhn 18^{5}	A	Jhn 18^{7}	A	Jhn 18^{11}	A2
	Jhn 18^{29}	A	Jhn 18^{39}	A	Jhn 18^{40}	A
	Jhn 19^{5}	A	Jhn 19^{12}	A	Luk 1^{20}	A
	Luk 2^{7}	A	Luk 6^{15}	A2	Luk 7^{3}	A
	Luk 7^{10}	A	Luk 7^{43}	A	Luk 8^{22}	A
	Luk 8^{23}	A	Luk 8^{33}	A	Luk 8^{35}	A
	Luk 8^{49}	A	Luk 8^{51}	A	Luk 9^{19}	A
	Luk 9^{41}	A	Luk 9^{42}	A	Luk 9^{48}	A
	Luk 10^{11}	A	Luk 14^{9}	A*	Luk 15^{23}	A
	Luk 15^{27}	A	Luk 15^{30}	A	Luk 16^{8}	A
	Luk 19^{14}	A	Luk 19^{24}	A	Luk 19^{33}	AA‡
	Luk 19^{35}	A2	Luk 20^{12}	A	Luk 20^{13}	A2
	Luk 20^{16}	A	Luk 20^{18}	A	Mrk 1^{19}	A
	Mrk 2^{14}	A	Mrk 3^{18}	A2	Mrk 3^{27}	A2
	Mrk 5^{15}	A2	Mrk 5^{16}	A	Mrk 5^{35}	A
	Mrk 8^{28}	A	Mrk 8^{36}	A	Mrk 9^{21}	A
	Mrk 9^{28}	A	Mrk 9^{37}	A	Mrk 10^{39}	A
	Mrk 10^{49}	A	Mrk 11^{5}	A	Mrk 11^{7}	A
	Mrk 11^{20}	A	Mrk 12^{4}	A	Mrk 12^{6}	A
	Mrk 12^{9}	A	Mrk 14^{44}	A	Mrk 14^{62}	A
	Mrk 14^{71}	A	Mrk 15^{9}	A	Mrk 15^{15}	A
	Mrk 15^{44}	A	Mrk 16^{3}	A	Mrk 16^{6}	A2
	Rom 8^{37}	A	Rom 13^{4}	AC	Rom 14^{3}	A
	1Cr 5^{3}	A	1Cr 5^{5}	A	1Cr 5^{13}	A
	1Cr 7^{13}	A	1Cr 8^{10}	A	1Cr 10^{3}	A
	1Cr 11^{26}	A	1Cr 11^{27}	A2	1Cr 15^{27}	A
	1Cr 16^{12}	B	2Cr 4^{13}	B	2Cr 5^{21}	AB
	2Cr 9^{5}	A2B2	2Cr 9^{10}	B	2Cr 12^{2}	AB
	2Cr 12^{3}	AB	2Cr 12^{5}	AB	Eph 4^{22}	A2B2
	Eph 4^{30}	AB	Gal 4^{29}	B	Gal 5^{13}	B
	Gal 6^{1}	AB	Col 3^{9}	B	2Th 3^{14}	AB
	Phm ^{17}	A	Skr 1^{16}	E	Skr 2^{4}	E
	Skr 2^{16}	E	Skr 2^{24}	E	Skr 2^{26}	E
	Skr 5^{2}	E	Skr 5^{3}	E	Skr 5^{6}	E
þanamais	Luk 16^{2}	A	Mrk 5^{35}	A	Mrk 14^{63}	A
	Mrk 15^{5}	A	Rom 14^{13}	C	Gal 5^{11}	B
	Gal 6^{17}	A*B	1Th 3^{1}	B	1Tm 5^{23}	AB
þanaseiþs	Jhn 6^{66}	A	Jhn 14^{19}	A	Jhn 14^{30}	A
	Jhn 15^{15}	A	Jhn 16^{10}	A	Jhn 16^{21}	A
	Jhn 16^{25}	A	Jhn 17^{11}	A	Luk 15^{19}	A
	Luk 15^{21}	A	Luk 20^{36}	A	Luk 20^{40}	A
	Mrk 9^{8}	A	Mrk 9^{25}	A	Mrk 10^{8}	A
	Mrk 11^{14}	A	Mrk 12^{34}	A	2Cr 1^{23}	AB
	2Cr 5^{15}	AB	2Cr 5^{16}	AB	Eph 4^{14}	A
	Eph 4^{17}	AB	Eph 4^{28}	AB	Gal 2^{20}	A
	Gal 4^{7}	A	Col 2^{20}	AB	Skr 1^{12}	E
	Skr 3^{9}	E				
þande	Mat 6^{30}	A	Jhn 5^{47}	A	Jhn 8^{46}	A
	Jhn 9^{16}	A	Jhn 12^{35}	A	Jhn 12^{36}	A
	Jhn 13^{17}	A	Luk 2^{30}	A	1Cr 15^{12}	A
	1Cr 15^{20}	A=	Gal 3^{29}	A	Gal 4^{7}	A
	Skr 6^{24}	E				
þandei	Luk 1^{34}	A	Luk 16^{3}	A	Rom 11^{16}	A
	Rom 11^{21}	A	Gal 6^{10}	AB	Php 1^{18}	B

þane	Luk	10⁵	A							Rom	11²¹	A	Rom	12¹⁴	A	1Cr	1²¹	A
þanei	Mat	11¹⁰	A	Mat	25⁴⁰	C	Mat	25⁴⁵	C	1Cr	5¹²	A2	1Cr	5¹³	A	1Cr	9³	A
	Mat	27¹⁵	A	Jhn	6²⁷	A	Jhn	6⁵¹	A	1Cr	9²⁰	A	1Cr	11²²	A	1Cr	16³	AB
	Jhn	7²⁸	A	Jhn	7³⁹	A	Jhn	8⁵⁴	A	1Cr	16¹⁸	B	2Cr	1⁴	B	2Cr	5¹²	AB
	Jhn	9⁴	A*	Jhn	9¹⁹	A	Jhn	10³⁶	A	2Cr	8⁴	AB*	2Cr	9²	AB	2Cr	10²	B
	Jhn	11³	A	Jhn	12¹	A	Jhn	12⁹	A	2Cr	11¹⁹	B	Eph	1¹⁵	AB*	Eph	2¹⁵	AB
	Jhn	13²⁰	A	Jhn	13²³	A	Jhn	13²⁴	A	Eph	2¹⁶	AB	Eph	6¹²	AB	Gal	2¹²	B
	Jhn	14¹⁷	A	Jhn	14²⁶	A	Jhn	15²⁶	A	Gal	4⁵	A	Php	2²⁹	AB	Php	3²	A2B2
	Jhn	17³	A	Jhn	17⁵	A	Jhn	17²²	A	Php	3¹⁷	AB	Php	3¹⁸	AB	Col	3⁵	AB
	Jhn	17²⁴	A	Jhn	18¹	A	Jhn	18¹¹	A	Col	4¹³	AB	Col	4¹⁵	B	1Th	4¹³	B
	Luk	1⁷³	A	Luk	6¹⁴	A	Luk	7²⁷	A	1Th	4¹⁴	B	1Th	4¹⁵	B	1Th	5¹²	B
	Luk	9⁴	A	Luk	9⁹	A	Luk	17²⁷	A	1Th	5¹⁴	B3	1Tm	5²⁰	A	2Tm	2¹⁰	B
	Luk	19²⁰	A	Luk	20¹⁸	A	Mrk	10³⁸	A	2Tm	2¹⁹	B	2Tm	2²⁵	AB	2Tm	3⁵	B
	Mrk	10³⁹	A	Mrk	11²¹	A	Mrk	14⁷¹	A	Tit	1⁹	B	Skr	1¹⁹	E	Skr	3¹⁷	E
	Mrk	15⁶	A	Rom	9¹⁵	AA*	Rom	9¹⁸	A2	Skr	7⁷	E	Skr	7¹¹	E			
	Rom	14¹⁵	C	1Cr	10¹⁶	A2	1Cr	15¹⁵	A	þanuh	Mat	8²⁶	A	Mat	9²	A	Mat	9⁶	A
	2Cr	8²²	AB	2Cr	10¹⁸	B	2Cr	11⁴	B2		Mat	9¹⁴	A	Mat	9²⁵	A	Mat	9²⁹	A
	Eph	3¹¹	AB	Eph	6²²	B	Gal	2⁴	AB		Mat	9³²	A	Mat	9³⁷	A	Mat	11²⁰	A
	Gal	6¹⁴	AB*	Col	1²⁸	AB	Col	4⁸	AB		Mat	25⁴¹	C	Mat	25⁴⁴	C	Mat	25⁴⁵	C
	Col	4¹⁰	AB	1Tm	6¹⁵	B	1Tm	6¹⁶	B		Mat	26³	C	Mat	26⁶⁷	C	Mat	26⁷⁴	AC
	2Tm	4⁸	AB	2Tm	4¹³	A	Phm	13	A		Mat	27³	A	Mat	27⁹	A	Mat	27¹³	A
	Skr	6²⁴	E								Mat	27⁵⁸	A	Jhn	6¹²	A	Jhn	6¹³	A
þank	Luk	17⁹	A								Jhn	6²⁷	A	Jhn	6³⁴	A	Jhn	6⁵²	A
þankeiþ	Luk	14³¹	A								Jhn	6⁶⁰	A	Jhn	6⁶⁸	A	Jhn	7³	A
þannu	Mat	7²⁰	A	Mrk	4⁴¹	A	Mrk	14⁶	A		Jhn	7¹⁰	A	Jhn	7¹¹	A	Jhn	7³³	A
	Rom	7³	A	Rom	8¹	A	Rom	9¹⁶	A		Jhn	7⁴³	A	Jhn	8¹³	A	Jhn	8²¹	A
	Rom	9¹⁸	A	Rom	9²⁰	A	Rom	10¹⁷	A		Jhn	8²⁸	A	Jhn	8³¹	A	Jhn	8⁴¹	A
	Rom	14¹²	C	Rom	14¹⁹	C	1Cr	4⁵	A		Jhn	8⁵²	A	Jhn	8⁵⁷	A	Jhn	8⁵⁹	A
	1Cr	5⁸	A	2Cr	5¹⁵	AB	2Cr	6³	B		Jhn	9⁸	A	Jhn	9¹⁰	A	Jhn	9²⁵	A
	Gal	2¹⁷	A	Gal	3²⁹	A	Gal	4³¹	B		Jhn	9²⁶	A	Jhn	9²⁸	A	Jhn	10⁷	A
	Gal	5¹¹	B	Gal	6¹⁰	AB	1Th	4¹	B		Jhn	10¹⁹	A	Jhn	10²⁴	A	Jhn	11⁶	A
	1Th	5⁶	B								Jhn	11¹²	A	Jhn	11¹⁴	A	Jhn	11¹⁶	A
þans	Mat	5⁴⁴	A2	Mat	5⁴⁶	A	Mat	5⁴⁷	A		Jhn	11²¹	A	Jhn	11³³	A	Jhn	11³⁸	A
	Mat	8¹⁶	A2	Mat	8²²	A	Mat	8³³	A		Jhn	11⁴⁵	A	Jhn	12¹⁶	A	Jhn	12¹⁹	A
	Mat	10¹	A	Mat	10²⁵	A	Mat	10²⁸	A		Jhn	12⁴²	A	Jhn	13²²	A	Jhn	13³⁶	A
	Mat	27³	A	Mat	27⁶	A2	Jhn	6¹⁰	A		Jhn	16²⁵	A	Jhn	18²⁴	A	Jhn	18²⁸	A
	Jhn	6¹¹	A	Jhn	9¹⁸	A	Jhn	12⁸	A		Jhn	18³⁸	A	Jhn	19¹	A	Jhn	19¹³	A
	Jhn	17⁹	A	Jhn	17²⁰	A2	Jhn	18⁸	A		Luk	1²⁶	A	Luk	8⁵⁴	A	Luk	9¹²	A
	Jhn	18²¹	A	Luk	1²⁴	A	Luk	2⁴³	A		Luk	9¹³	A	Luk	10²⁸	A	Luk	14¹⁰	A
	Luk	4¹⁸	A	Luk	5⁹	A	Luk	5³⁷	A		Luk	14²¹	A	Luk	15²⁸	A	Mrk	4²⁹	A
	Luk	6²⁷	A	Luk	6²⁸	A	Luk	6³²	A2		Mrk	10¹³	A	Mrk	12⁶	A	Mrk	16¹⁹	S
	Luk	6³⁵	A	Luk	7³¹	A	Luk	9¹	A		1Cr	14²⁵	A	1Cr	15¹⁸	A	1Cr	15²⁸	A
	Luk	9²	A	Luk	9¹¹	A	Luk	9¹⁶	A		1Cr	15⁵⁴	AB	Php	1²³	B	Php	2²³	B
	Luk	9³²	A2	Luk	9⁶⁰	A	Luk	10⁹	A		Col	3⁴	AB*	1Th	5³	B	Phm	11	A
	Luk	14¹⁹	A	Luk	18⁷	A2	Luk	18³¹	A		Skr	7²³	E	Skr	7²⁵	E			
	Luk	19¹⁰	A	Luk	19¹⁵	A	Luk	19⁴⁵	A	þanuþ-þan	1Cr	15²⁸	A	1Cr	15⁵⁴	A			
	Luk	20²⁰	A	Mrk	1¹⁹	A	Mrk	1³²	A	þanzei	Jhn	17⁶	A	Jhn	17⁹	A	Jhn	17¹¹	A
	Mrk	2²²	A	Mrk	3³⁴	A	Mrk	5⁴⁰	A		Jhn	17¹²	A	Jhn	18⁹	A	Luk	5⁹	A
	Mrk	6⁷	A	Mrk	6⁵⁵	A	Mrk	7⁶	A		Luk	6⁴	A	Luk	6¹³	A	Mrk	2²⁶	A
	Mrk	8⁴	A	Mrk	8⁶	A	Mrk	8⁷	A2		Mrk	3¹³	A	Mrk	13²⁰	A	Rom	9²⁴	A
	Mrk	8¹⁹	A	Mrk	8²⁰	A	Mrk	8³³	A		1Cr	16³	AB	Gal	4¹⁹	AB	Php	3¹⁸	AB
	Mrk	9¹⁶	A	Mrk	9³⁵	A	Mrk	10³²	A		1Tm	1²⁰	AB	1Tm	4³	AB	Tit	1¹¹	A
	Mrk	11¹⁵	A	Mrk	12⁹	A	Mrk	13²⁰	A2		Skr	5⁸	E	Skr	7¹²	E			
	Mrk	13²²	A	Mrk	13²⁷	A	Mrk	14⁷	A	þanzuh	Skr	1²⁰	E						
	Rom	9³	A	Rom	10¹²	A	Rom	11¹⁸	A	þar	Luk	9⁴	A	Mrk	6¹⁰	A			

þarb	Php	2²⁵	B					
þarbai	Php	4¹¹	B					
þarbam	Jhn	12⁵	A	Mrk	10²¹	A		
þarbane	Jhn	12⁶	A					
þarbans	Luk	9¹¹	A					
þarbom	2Cr	8¹⁴	A2B2					
þarbos	2Cr	11⁹	B	Php	4¹²	B		
þarei	Mat	6¹⁹	A2	Mat	6²⁰	A2	Mat	6²¹	A
	Jhn	6²³	A	Jhn	7³⁴	A	Jhn	7³⁶	A
	Jhn	7⁴²	A	Jhn	10⁴⁰	A	Jhn	11³⁰	A
	Jhn	11³²	A	Jhn	11⁴¹	A	Jhn	12¹	A
	Jhn	12²⁶	A	Jhn	14³	A	Jhn	17²⁴	A
	Jhn	18¹	A	Jhn	18²⁰	A	Luk	4¹⁶	A
	Luk	4¹⁷	A	Luk	17³⁷	A	Mrk	2⁴	A
	Mrk	4⁵	A	Mrk	4¹⁵	A	Mrk	5⁴⁰	A
	Mrk	9⁴⁴	A	Mrk	9⁴⁶	A	Mrk	9⁴⁸	A
	Mrk	14¹⁴	A	Mrk	16⁶	A	Rom	9²⁶	A
	2Cr	3¹⁷	AB	Col	3¹	AB	Col	3¹¹	B
þarf	Luk	14¹⁸	A	1Cr	12²¹	A2		
þarft	Jhn	16³⁰	A					
þarihis	Mat	9¹⁶	A					
Þarins	Luk	3³⁴	A					
þaruh	Mat	6²¹	A	Mat	9³	A	Mat	9¹⁸	A
	Jhn	6⁵	A	Jhn	6¹⁰	A	Jhn	6¹⁴	A
	Jhn	6¹⁹	A	Jhn	6²⁰	A	Jhn	6²¹	A
	Jhn	6²⁴	A	Jhn	6²⁸	A	Jhn	6³²	A
	Jhn	6⁵³	A	Jhn	6⁶⁷	A	Jhn	7⁶	A
	Jhn	7³⁵	A	Jhn	7⁴⁵	A	Jhn	8²⁵	A
	Jhn	9²	A	Jhn	11³⁶	A	Jhn	12²	A
	Jhn	12²⁶	A	Jhn	13³⁷	A	Jhn	14³	A
	Jhn	14⁵	A	Jhn	14⁹	A	Jhn	14²²	A
	Jhn	16¹⁷	A	Jhn	16²⁹	A	Jhn	18⁵	A
	Jhn	18⁶	A	Jhn	18¹¹	A	Jhn	18¹²	A
	Jhn	18¹⁵	A	Jhn	18¹⁶	A	Jhn	18¹⁷	A
	Jhn	18¹⁸	A	Jhn	18²⁵	A	Jhn	18²⁷	A
	Jhn	18²⁹	A	Jhn	18³¹	A	Jhn	18³³	A‡
	Jhn	18³⁷	A	Jhn	19⁵	A	Jhn	19⁶	A
	Jhn	19¹⁰	A	Luk	2²⁵	A	Luk	3¹³	A
	Luk	4⁴³	A	Luk	5³⁴	A	Luk	6⁸	A
	Luk	6¹⁰	A	Luk	7¹²	A	Luk	7³⁷	A
	Luk	7⁴³	A	Luk	8²³	A	Luk	8³⁰	A
	Luk	8⁴⁶	A	Luk	8⁵²	A	Luk	9⁴²	A
	Luk	10²⁶	A	Luk	14¹⁶	A	Luk	15²⁷	A
	Luk	15²⁹	A	Luk	15³¹	A	Luk	16⁶	A
	Mrk	10²⁰	A	Mrk	10²⁴	A	Mrk	14⁶⁴	A
	Mrk	16⁶	A	Mrk	16⁷	A	2Cr	3¹⁷	AB
	Skr	3¹	E	Skr	8⁵	E		
þata	Mat	5²⁹	A	Mat	5³⁷	A	Mat	5⁴⁶	A
	Mat	5⁴⁷	A	Mat	6²³	A2	Mat	6³⁰	A
	Mat	6³²	A	Mat	7¹²	A	Mat	7¹³	A
	Mat	7¹⁴	A	Mat	8³	A	Mat	8⁵	A
	Mat	8⁹	A	Mat	8¹²	A	Mat	8¹⁷	A
	Mat	8²⁴	A	Mat	9¹⁵	A	Mat	9¹⁸	A
	Mat	9²⁸	A	Mat	11¹⁶	A	Mat	25⁴¹	C2
	Mat	27⁹	A	Mat	27⁵⁸	A	Mat	27⁵⁹	A

Mat	27⁶⁶	A	Jhn	6¹	A	Jhn	6⁹	A
Jhn	6²¹	A	Jhn	6²²	A	Jhn	6⁵⁵	A2
Jhn	6⁵⁹	A	Jhn	6⁶⁰	A	Jhn	6⁶¹	A2
Jhn	6⁶³	A	Jhn	7¹	A	Jhn	7⁴	A
Jhn	7¹⁹	A	Jhn	7²³	A	Jhn	7³²	A
Jhn	7³⁶	A	Jhn	8²⁶	A	Jhn	8²⁸	A
Jhn	8³⁰	A	Jhn	9⁶	A2	Jhn	9¹¹	A
Jhn	9¹⁴	A	Jhn	9²²	A	Jhn	9⁴⁰	A
Jhn	10⁹	A	Jhn	10³⁵	A	Jhn	11⁴	A
Jhn	11⁷	A	Jhn	11¹¹	A	Jhn	11²⁶	A
Jhn	11²⁸	A	Jhn	11⁴³	A	Jhn	12⁵	A
Jhn	12⁶	A	Jhn	12⁷	A	Jhn	12¹⁶	A2
Jhn	12³⁶	A	Jhn	12³⁸	A	Jhn	12⁴¹	A
Jhn	12⁴⁸	A	Jhn	13¹⁷	A2	Jhn	13¹⁸	A
Jhn	13²¹	A	Jhn	14¹³	A	Jhn	14²⁴	A
Jhn	14²⁵	A	Jhn	15¹	A	Jhn	15⁵	A
Jhn	15¹¹	A	Jhn	15¹²	A	Jhn	15¹⁷	A
Jhn	15²¹	A	Jhn	15²⁵	A	Jhn	16¹	A
Jhn	16³	A	Jhn	16⁴	A2	Jhn	16⁶	A
Jhn	16⁹	A⸗	Jhn	16¹³	A	Jhn	16¹⁷	A
Jhn	16¹⁸	A	Jhn	16¹⁹	A	Jhn	16²⁵	A
Jhn	16³³	A	Jhn	17¹	A	Jhn	17⁶	A
Jhn	17¹²	A	Jhn	17¹³	A	Jhn	18¹	A
Jhn	18⁹	A	Jhn	18²²	A	Jhn	18²³	A
Jhn	18³⁴	A	Jhn	18³⁸	A	Jhn	19⁸	A
Luk	1¹⁸	A	Luk	1¹⁹	A	Luk	1²⁰	A
Luk	1³⁴	A	Luk	1⁴³	A	Luk	1⁴⁴	A
Luk	1⁵⁹	A	Luk	1⁶²	A	Luk	1⁶⁶	A
Luk	1⁸⁰	A	Luk	2¹²	A	Luk	2¹⁵	A
Luk	2¹⁶	A	Luk	2¹⁷	A2	Luk	2²¹	A
Luk	2²⁷	A	Luk	2⁴⁰	A	Luk	3⁵	A
Luk	3²⁰	A	Luk	4⁶	A2	Luk	4²⁸	A
Luk	4³⁶	A	Luk	5⁶	A	Luk	5¹³	A
Luk	5¹⁵	A	Luk	5²⁴	A	Luk	5²⁷	A
Luk	5³⁶	A	Luk	5³⁷	A	Luk	5³⁹	A
Luk	6³	A	Luk	6³³	A	Luk	7⁴	A
Luk	7⁸	A	Luk	7⁹	A	Luk	7¹⁷	A
Luk	8¹	A⸗	Luk	8⁵	A	Luk	8⁷	A
Luk	8⁸	A	Luk	8¹¹	A2	Luk	8¹²	A
Luk	8¹³	A	Luk	8¹⁴	A	Luk	8¹⁵	A2
Luk	8³⁴	A	Luk	8³⁵	A	Luk	8⁵⁶	A
Luk	9²¹	A	Luk	9³⁴	A	Luk	9⁴³	A⸗
Luk	9⁴⁵	A	Luk	9⁴⁶	A	Luk	9⁴⁸	A
Luk	10¹	A	Luk	10⁸	A	Luk	10¹¹	A
Luk	10²⁸	A	Luk	14¹⁵	A	Luk	14¹⁸	A
Luk	14²¹	A	Luk	15⁴	A	Luk	15⁶	A
Luk	15¹³	A	Luk	15²⁶	A	Luk	15³¹	A
Luk	16²	A	Luk	16¹¹	A	Luk	16¹²	A
Luk	16¹⁵	A	Luk	17²⁴	A	Luk	18⁴	A
Luk	18²¹	A	Luk	18²²	A	Luk	18²³	A
Luk	18²⁷	A	Luk	18³¹	A	Luk	18³⁴	A
Luk	18³⁶	A	Luk	19⁴	A	Luk	19¹¹	A
Luk	19¹⁵	A	Luk	19²³	A2	Luk	19²⁸	A
Luk	19⁴⁴	A	Luk	20²	A2	Luk	20⁸	A
Luk	20¹⁴	A	Luk	20¹⁷	A	Mrk	1¹⁵	A

	Mrk	1²⁷	*A*	Mrk	1⁴²	*A2*	Mrk	1⁴⁵	*A*		
	Mrk	2⁴	*A*	Mrk	2⁸	*A*	Mrk	2⁹	*A*		
	Mrk	2¹¹	*A*	Mrk	2²²	*A*	Mrk	3²⁸	*A*		
	Mrk	4⁴	*A*	Mrk	4⁷	*A*	Mrk	4¹⁵	*A2*		
	Mrk	4¹⁶	*A*	Mrk	4¹⁹	*A2*	Mrk	4²⁰	*A*		
	Mrk	4²⁷	*A*	Mrk	4³³	*A*	Mrk	5¹⁴	*A*		
	Mrk	5³²	*A*	Mrk	5³⁶	*A*	Mrk	5³⁹	*A*		
	Mrk	5⁴⁰	*A*	Mrk	5⁴¹	*A*	Mrk	5⁴³	*A*		
	Mrk	6²	*A*	Mrk	6³	*A*	Mrk	6²⁸	*A*		
	Mrk	6⁵⁵	*A*	Mrk	7⁹	*A*	Mrk	7¹⁵	*A3*		
	Mrk	7¹⁸	*A*	Mrk	7²⁰	*A2*	Mrk	8¹²	*A*		
	Mrk	8²⁶	*A*	Mrk	8³²	*A*	Mrk	9¹⁰	*A2*		
	Mrk	9²¹	*A*	Mrk	9²³	*A*	Mrk	9²⁹	*A*		
	Mrk	9⁴³	*A*	Mrk	9⁴⁵	*A*	Mrk	10¹⁰	*A*		
	Mrk	10⁴⁰	*A*	Mrk	11³	*A*	Mrk	11²³	*A*		
	Mrk	11²⁸	*A3*	Mrk	11²⁹	*A*	Mrk	11³³	*A*		
	Mrk	12⁷	*A*	Mrk	12¹⁰	*A*	Mrk	12³³	*A2*		
	Mrk	13²⁹	*A*	Mrk	14⁵	*A*	Mrk	14⁴⁷	*A*		
	Mrk	14⁷²	*A*	Mrk	15²⁸	*A2*	Mrk	15⁴⁵	*A*		
	Mrk	16⁵	*A*	Mrk	16¹²	*A*	Mrk	16¹⁷	*S*		
	Mrk	16²⁰	*S*	Rom	7¹³	*A2*	Rom	7¹⁵	*A*		
	Rom	7¹⁶	*A*	Rom	7¹⁷	*A*	Rom	7¹⁹	*A‡*		
	Rom	7²⁰	*A*	Rom	8³	*A*	Rom	9¹⁷	*A*		
	Rom	9²²	*A*	Rom	10⁸	*A*	Rom	10¹¹	*A*		
	Rom	12⁴	*C*	Rom	12¹⁶	*A*	Rom	12²⁰	*AC*		
	Rom	13⁹	*A*	Rom	13¹¹	*A2*	Rom	14¹³	*C*		
	Rom	15⁵	*C*	1Cr	1¹⁶	*A*	1Cr	1¹⁸	*A*		
	1Cr	5³	*A*	1Cr	5⁷	*A*	1Cr	7¹⁹	*A2*		
	1Cr	7²⁶	*A*	1Cr	9⁸	*A2*	1Cr	10⁴	*A*		
	1Cr	11⁵	*A*	1Cr	11²⁴	*A3*	1Cr	11²⁵	*A*		
	1Cr	15⁵	*A*	1Cr	15⁵⁰	*AB*	1Cr	15⁵³	*A2B2*		
	1Cr	15⁵⁴	*A2B*	1Cr	16¹	*AB*	2Cr	1¹⁷	*A2B2*		
	2Cr	1¹⁸	*A2B2*	2Cr	1²⁰	*AB*	2Cr	2¹	*AB*		
	2Cr	2³	*B*	2Cr	2⁶	*AB*	2Cr	2⁷	*AB*		
	2Cr	3¹⁰	*AB*	2Cr	3¹¹	*A2B2*	2Cr	3¹⁴	*AB*		
	2Cr	3¹⁶	*AB*	2Cr	4¹	*AB*	2Cr	4⁷	*AB*		
	2Cr	4¹⁷	*B*	2Cr	5⁴	*AB**	2Cr	5¹⁵	*AB*		
	2Cr	6¹³	*AB*	2Cr	7¹¹	*AB*	2Cr	8²	*B*		
	2Cr	8¹⁰	*AB*	2Cr	8²⁰	*AB*	2Cr	9²	*AB*		
	2Cr	10⁷	*B*	2Cr	10¹¹	*B*	2Cr	11²⁸	*B*		
	2Cr	12¹³	*AB*	2Cr	12¹⁴	*AB*	2Cr	13¹	*AB*		
	2Cr	13⁷	*AB*	2Cr	13¹⁰	*AB*	2Cr	13¹¹	*AB*		
	Eph	2⁸	*AB*	Eph	3⁹	*B*	Eph	4¹⁷	*AB*		
	Eph	5⁵	*B*	Eph	6⁸	*B*	Eph	6⁹	*B*		
	Eph	6¹⁰	*AB*	Gal	2⁷	*AB*	Gal	2¹⁰	*B*		
	Gal	2¹⁸	*A*	Gal	4¹³	*A*	Gal	4²¹	*AB*		
	Gal	4³⁰	*B*	Gal	5¹⁷	*AB*	Gal	5²¹	*A2B2*		
	Gal	6⁷	*A*	Gal	6⁹	*AB*	Php	1¹⁹	*B*		
	Php	1²²	*B*	Php	1²⁵	*B*	Php	1²⁸	*B*		
	Php	1²⁹	*B*	Php	2²	*B*	Php	2⁵	*B*		
	Php	3¹	*AB*	Php	3¹⁵	*A2B2*	Php	4²	*AB*		
	Php	4⁸	*B2*	Php	4⁹	*B*	Col	2¹⁴	*B*		
	Col	3²⁰	*B*	Col	4⁵	*B*	Col	4¹⁷	*B*		
	1Th	2¹⁴	*B*	1Th	4³	*B*	1Th	4¹⁰	*B*		
	1Th	5¹⁸	*B*	2Th	3¹	*B*	2Th	3¹⁰	*AB*		

	1Tm	1¹⁵	B	1Tm	1¹⁸	AB	1Tm	3¹	AB
	1Tm	3¹⁴	A	1Tm	4⁶	AB	1Tm	4⁹	B
	1Tm	4¹¹	B	1Tm	5⁴	AB	1Tm	5⁷	AB
	1Tm	5²¹	A	1Tm	6²	AB	1Tm	6¹¹	AB
	1Tm	6¹³	B	2Tm	1¹²	A2B2	2Tm	1¹⁴	AB*
	2Tm	2¹¹	B	2Tm	2¹⁹	B	2Tm	3¹	AB
	Phm	1⁸	A	Neh	5¹³	D	Neh	6¹⁶	D
	Skr	1⁶	*E*	Skr	1¹⁵	*E*	Skr	2²⁵	*E*
	Skr	2²⁶	*E*	Skr	3⁴	*E*	Skr	4²⁰	*E*
	Skr	5²³	*E*	Skr	5²⁶	*E*	Skr	7⁶	*E*
þatahvah	Jhn	15⁷	*A*	Jhn	15¹⁶	*A*			
þat-ain	Jhn	9²⁵	*A*	Rom	9¹⁰	A	2Cr	8¹⁹	AB
	Gal	3²	*A*						
þatain	1Tm	5¹³	A	Skr	1²⁷	*E*			
þataine	Skr	1¹⁰	*E*						
þatainei	Mat	5⁴⁷	*A*	Mat	8⁸	*A*	Mat	9²¹	*A*
	Mat	10²⁸	*A*	Mat	10⁴²	*A*	Luk	8⁵⁰	*A*
	Mrk	5³⁶	*A*	Rom	9²⁴	*A**	Rom	12¹⁷	A
	Rom	13⁵	A	1Cr	15¹⁹	A	2Cr	7⁷	AB
	2Cr	8¹⁰	AB	2Cr	8²¹	AB	2Cr	9¹²	B
	Eph	1²¹	AB	Gal	1²³	AB	Gal	2¹⁰	B
	Gal	4¹⁸	A	Gal	5¹³	B	Php	1²⁷	B⁼
	Php	1²⁹	B	Php	2²⁷	AB	2Tm	2²⁰	B
	2Tm	4⁸	AB	Skr	4²⁵	*E*	Skr	5¹⁴	*E*
	Skr	7¹³	*E*						
þatei	Mat	5¹⁸	*A*	Mat	5²⁰	*A*	Mat	5²¹	*A*
	Mat	5²²	*A*	Mat	5²³	*A*	Mat	5²⁵	*A*
	Mat	5²⁷	*A*	Mat	5²⁸	*A*	Mat	5³¹	*A*
	Mat	5³²	*A*	Mat	5³³	*A*	Mat	5³⁸	*A*
	Mat	5⁴³	*A*	Mat	6⁵	*A*	Mat	6¹²	*A*
	Mat	6¹⁶	*A*	Mat	6²⁹	*A*	Mat	6³²	*A*
	Mat	7²³	*A*	Mat	8¹¹	*A*	Mat	9⁶	*A*
	Mat	9¹⁸	*A*	Mat	9²⁸	*A*	Mat	10²⁶	*A2*
	Mat	10²⁷	*A2*	Mat	10³⁴	*A*	Mat	11⁴	*A*
	Mat	11²⁰	*A**	Mat	11²⁴	*A*	Mat	26²	*C*
	Mat	26⁷²	*AC*	Mat	26⁷⁴	*AC*	Mat	26⁷⁵	*AC*
	Mat	27³	*A*	Mat	27⁹	*A*	Mat	27¹⁸	*A*
	Mat	27⁴³	*A*	Mat	27⁴⁶	*A*	Mat	27⁴⁷	*A*
	Mat	27⁶⁰	*A*	Mat	27⁶³	*A*	Jhn	5⁴⁵	*A*
	Jhn	6⁶	*A*	Jhn	6¹³	*A*	Jhn	6¹⁴	*A*
	Jhn	6¹⁵	*A*	Jhn	6²²	*A2*	Jhn	6²⁴	*A*
	Jhn	6²⁶	*A2*	Jhn	6³⁶	*A*	Jhn	6³⁷	*A*
	Jhn	6⁴²	*A*	Jhn	6⁴⁶	*A*	Jhn	6⁵¹	*A*
	Jhn	6⁶¹	*A*	Jhn	6⁶⁵	*A*	Jhn	6⁶⁹	*A*
	Jhn	7⁷	*A*	Jhn	7¹²	*A*	Jhn	7²²	*A*
	Jhn	7²⁶	*A*	Jhn	7³⁶	*A*	Jhn	7⁴²	*A*
	Jhn	7⁵²	*A*	Jhn	8¹⁷	*A*	Jhn	8²⁴	*A2*
	Jhn	8²⁵	*A*	Jhn	8²⁶	*A*	Jhn	8²⁷	*A*
	Jhn	8²⁸	*A*	Jhn	8²⁹	*A*	Jhn	8³³	*A*
	Jhn	8³⁴	*A*	Jhn	8³⁷	*A*	Jhn	8³⁸	*A2*
	Jhn	8⁴⁵	*A*	Jhn	8⁴⁸	*A*	Jhn	8⁵²	*A*
	Jhn	8⁵⁴	*A*	Jhn	8⁵⁵	*A*	Jhn	9⁷	*A*
	Jhn	9⁸	*A*	Jhn	9⁹	*A3*	Jhn	9¹⁷	*A*
	Jhn	9¹⁸	*A*	Jhn	9¹⁹	*A*	Jhn	9²⁰	*A2*
	Jhn	9²³	*A*	Jhn	9²⁴	*A*	Jhn	9²⁹	*A*

Jhn	9³⁰	A	Jhn	9³¹	A	Jhn	9³²	A	Mrk	2²⁴	A	Mrk	3¹¹	A	Mrk	3¹⁷	A
Jhn	9³⁵	A	Jhn	9⁴¹	A	Jhn	10⁶	A	Mrk	3²¹	A	Mrk	3²²	A2	Mrk	3²⁸	A
Jhn	10⁷	A	Jhn	10²⁹	A	Jhn	10³³	A	Mrk	4²²	A	Mrk	4²⁵	A	Mrk	4³¹	A
Jhn	10³⁶	A	Jhn	10³⁸	A	Jhn	10⁴¹	A2	Mrk	5²³	A	Mrk	5²⁸	A	Mrk	5²⁹	A
Jhn	11⁶	A	Jhn	11¹³	A	Jhn	11²⁰	A	Mrk	5³³	A	Mrk	5³⁵	A	Mrk	5⁴¹	A
Jhn	11²⁴	A	Jhn	11²⁷	A	Jhn	11³¹	A2	Mrk	6⁴	A	Mrk	6¹⁴	A	Mrk	6¹⁵	A2
Jhn	11⁴⁰	A	Jhn	11⁴²	A2	Jhn	11⁴⁵	A	Mrk	6¹⁶	A	Mrk	6¹⁸	A	Mrk	6²³	A
Jhn	11⁴⁶	A	Jhn	12⁹	A	Jhn	12¹²	A	Mrk	7⁴	A	Mrk	7⁶	A	Mrk	7⁸	A
Jhn	12¹⁶	A	Jhn	12¹⁹	A	Jhn	12³⁴	A2	Mrk	7¹¹	A2	Mrk	7¹⁵	A	Mrk	7²⁰	A
Jhn	12³⁸	A	Jhn	12⁴⁸	A	Jhn	13¹⁹	A	Mrk	7³⁴	A	Mrk	8²⁴	A	Mrk	8³¹	A
Jhn	13²¹	A	Jhn	13²⁷	A	Jhn	13²⁹	A	Mrk	9¹	A	Mrk	9⁹	A	Mrk	9¹¹	A
Jhn	14¹⁰	A	Jhn	14¹¹	A	Jhn	14¹³	A	Mrk	9¹³	A	Mrk	9²⁵	A	Mrk	9²⁶	A
Jhn	14¹⁹	A	Jhn	14²⁰	A	Jhn	14²⁴	A	Mrk	9³¹	A	Mrk	10⁹	A	Mrk	10³³	A
Jhn	14²⁶	A	Jhn	14³¹	A	Jhn	15³	A	Mrk	10³⁵	A	Mrk	10⁴²	A	Mrk	10⁴⁷	A
Jhn	15⁵	A	Jhn	15¹⁴	A	Jhn	15¹⁵	A	Mrk	11³	A	Mrk	11¹⁷	A	Mrk	11²³	A
Jhn	15²⁰	A	Jhn	16⁴	A	Jhn	16⁹	A	Mrk	11²⁴	A	Mrk	11³²	A	Mrk	12⁶	A
Jhn	16¹⁰	A	Jhn	16¹¹	A	Jhn	16¹⁵	A2	Mrk	12⁷	A	Mrk	12¹²	A	Mrk	12¹⁴	A
Jhn	16¹⁷	A2	Jhn	16¹⁸	A	Jhn	16¹⁹	A2	Mrk	12¹⁹	A	Mrk	12²⁶	A	Mrk	12²⁸	A
Jhn	16²³	A	Jhn	16²⁷	A	Jhn	16³⁰	A	Mrk	12²⁹	A	Mrk	12³²	A	Mrk	12³⁴	A
Jhn	17²	A	Jhn	17⁴	A	Jhn	17⁸	A2	Mrk	12³⁵	A	Mrk	13²⁸	A	Mrk	13²⁹	A
Jhn	17²¹	A	Jhn	17²³	A	Jhn	17²⁴	A	Mrk	14⁸	A	Mrk	14⁹	A	Mrk	14¹⁴	A
Jhn	17²⁵	A	Jhn	18²	A	Jhn	18⁶	A	Mrk	14⁵⁸	A2	Mrk	14⁶⁹	A	Mrk	14⁷¹	A
Jhn	18⁸	A	Jhn	18⁹	A	Jhn	18¹⁴	A	Mrk	14⁷²	A	Mrk	15¹⁰	A	Mrk	15¹⁶	A
Jhn	18²¹	A	Jhn	18³²	A	Jhn	19⁴	A	Mrk	15²²	A	Mrk	15³⁴	A	Mrk	15³⁹	A
Jhn	19¹⁰	A	Luk	1²⁵	A	Luk	1²⁹	A⁼	Mrk	15⁴⁶	A	Mrk	16⁷	A	Mrk	16¹¹	A
Luk	1⁴⁵	A	Luk	1⁶¹	A	Luk	2¹¹	A	Mrk	16¹⁹	S·	Rom	7¹	A	Rom	7¹⁴	A
Luk	2¹⁵	A	Luk	2¹⁷	A	Luk	2²³	A	Rom	7¹⁵	A3	Rom	7¹⁶	A2	Rom	7¹⁸	A
Luk	2⁴⁹	A2	Luk	2⁵⁰	A	Luk	3⁸	A	Rom	7¹⁹	A2	Rom	7²⁰	A	Rom	8³⁶	A
Luk	3¹³	A	Luk	4⁴	A	Luk	4¹⁰	A	Rom	8³⁸	A	Rom	9²	A	Rom	9¹²	A
Luk	4¹¹	A	Luk	4¹²	A	Luk	4²¹	A	Rom	9³⁰	A	Rom	10²	A	Rom	10⁵	A
Luk	4²⁴	A	Luk	4²⁵	A	Luk	4³⁶	A	Rom	10⁸	A	Rom	10⁹	A	Rom	11²⁵	A
Luk	4⁴¹	A	Luk	4⁴³	A	Luk	5³	A	Rom	12²	C	Rom	13⁸	A	Rom	13¹¹	A
Luk	5¹⁴	A	Luk	5²⁴	A	Luk	5²⁶	A	Rom	14¹¹	C	Rom	14¹⁴	C	1Cr	1¹⁵	A
Luk	5³⁶	A	Luk	6²	A	Luk	6³	A	1Cr	4⁶	A	1Cr	4⁷	A	1Cr	5⁶	A
Luk	6⁵	A	Luk	6⁴⁶	A	Luk	6⁴⁹	A	1Cr	7¹⁶	A	1Cr	7²⁶	A	1Cr	9⁹	A
Luk	7⁴	A	Luk	7¹⁶	A2	Luk	7²²	A2	1Cr	9²⁴	A	1Cr	10¹	A	1Cr	10¹⁵	A
Luk	7³⁷	A	Luk	7³⁹	A	Luk	8¹⁷	A2	1Cr	10¹⁹	A2	1Cr	10²⁰	AA⁼	1Cr	10²⁵	A
Luk	8¹⁸	A	Luk	8²⁰	A	Luk	8²⁶	A	1Cr	10²⁷	A	1Cr	10²⁸	A	1Cr	10³³	A2
Luk	8⁴⁷	A	Luk	8⁴⁹	A	Luk	8⁵³	A	1Cr	11³	A	1Cr	11²³	A2	1Cr	12¹⁵	A
Luk	9⁷	A	Luk	9⁸	AA‡	Luk	9¹³	A	1Cr	12¹⁶	A	1Cr	13¹⁰	A2	1Cr	14²¹	A
Luk	9¹⁷	A	Luk	9¹⁹	A	Luk	9²²	A	1Cr	14²³	A	1Cr	14²⁵	A	1Cr	15¹	A2
Luk	10¹¹	A	Luk	10¹²	A	Luk	10²⁴	A3	1Cr	15²	A	1Cr	15³	A	1Cr	15⁴	A
Luk	14²⁴	A	Luk	14³⁰	A	Luk	15²	A	1Cr	15¹²	A2	1Cr	15¹⁵	A	1Cr	15²⁵	A
Luk	15⁷	A	Luk	15²⁷	A	Luk	17⁹	A	1Cr	15²⁷	A	1Cr	15⁵⁸	AB	1Cr	16²	AB
Luk	17¹⁰	A2	Luk	17³⁴	A	Luk	18⁸	A	1Cr	16¹²	B	1Cr	16¹⁵	B	2Cr	1⁷	B
Luk	18²²	A	Luk	18²⁹	A	Luk	18³⁷	A	2Cr	1¹²	AB	2Cr	1¹⁷	AB	2Cr	1²⁴	AB
Luk	19⁷	A	Luk	19⁹	A	Luk	19¹¹	A	2Cr	2³	AB	2Cr	3³	AB	2Cr	3⁵	AB
Luk	19²¹	A2	Luk	19²²	A3	Luk	19²⁶	A2	2Cr	4¹⁴	B	2Cr	5¹	B	2Cr	5⁶	AB
Luk	19²⁹	A	Luk	19³¹	A	Luk	19⁴⁰	A	2Cr	5¹⁵	AB	2Cr	6¹⁶	AB	2Cr	7³	AB
Luk	19⁴²	A	Luk	19⁴³	A	Luk	19⁴⁶	A	2Cr	7⁸	AB	2Cr	8²	AB	2Cr	8⁹	AB
Luk	20⁵	A	Luk	20¹⁹	A	Luk	20²¹	A	2Cr	9¹	AB	2Cr	10⁸	B	2Cr	10¹¹	B
Luk	20³⁷	A	Mrk	1¹⁴	A	Mrk	1¹⁵	A	2Cr	11¹²	B	2Cr	11¹⁷	B	2Cr	11²¹	B
Mrk	1³⁷	A	Mrk	1⁴⁰	A	Mrk	1⁴⁴	A	2Cr	11³¹	B	2Cr	12⁴	AB	2Cr	12⁶	AB
Mrk	2¹	A	Mrk	2⁸	A	Mrk	2¹⁰	A	2Cr	12⁸	AB	2Cr	12¹³	AB	2Cr	13²	AB
Mrk	2¹²	A	Mrk	2¹⁶	A	Mrk	2¹⁹	A	2Cr	13⁵	AB	2Cr	13⁶	AB	Eph	1²⁰	AB*

þatei–þaurneinan

	Eph	2^{11}	AB	Eph	3^5	B	Eph	3^{13}	AB		Gal	2^1	B	1Th	4^{17}	B	2Tm	4^8	B
	Eph	4^9	A	Eph	4^{29}	AB	Eph	5^5	B2		Skr	6^{28}	E	SkB	7^{18}	E^ι			
	Eph	5^{10}	B	Eph	6^9	AB	Eph	6^{17}	AB	þaþroei	Php	3^{20}	AB						
	Gal	1^7	B	Gal	1^{20}	B	Gal	1^{23}	AB	þaþroh	Jhn	11^7	A	Jhn	18^7	A	Luk	4^9	A
	Gal	2^2	AB	Gal	2^7	B	Gal	2^{10}	B		Luk	8^{12}	A	Luk	9^4	A	Luk	16^7	A
	Gal	2^{14}	B	Gal	2^{16}	B	Gal	2^{18}	A		Luk	16^{16}	A	Mrk	4^{17}	A	Mrk	4^{28}	$A2$
	Gal	2^{20}	A	Gal	4^6	A	Gal	4^{13}	A		Mrk	7^5	A	Mrk	8^{25}	A	1Cr	15^6	A
	Gal	4^{15}	A	Gal	4^{22}	AB	Gal	4^{24}	B		1Cr	15^7	A	2Cr	8^5	B	Gal	2^1	A
	Gal	5^2	B	Gal	5^3	B	Gal	5^{10}	B*		1Tm	2^{13}	AB	2Tm	4^8	A	Skr	3^7	E
	Gal	5^{17}	AB	Gal	5^{19}	AB*	Gal	5^{21}	A2B2	þaþroþ-þan	1Cr	7^5	A	1Cr	15^7	A	1Cr	15^{23}	A
	Gal	6^7	AB	Php	1^{16}	B	Php	1^{25}	B		1Cr	15^{24}	A	2Cr	8^5	A				
	Php	1^{27}	B	Php	1^{28}	B	Php	2^5	B	þau	Mat	5^{20}	$A2$	Mat	6^{15}	A	Mat	9^5	A
	Php	2^{22}	B	Php	3^7	AB	Php	3^{12}	AB		Mat	11^3	A	Mat	11^{21}	$A*$	Mat	11^{22}	$A*$
	Php	4^7	B	Php	4^8	B6	Php	4^9	B		Mat	11^{24}	A	Mat	27^{17}	A	Jhn	7^{17}	A
	Php	4^{11}	B	Php	4^{15}	B	Php	4^{17}	B		Jhn	7^{41}	A	Jhn	8^{19}	A	Jhn	8^{42}	A
	Col	1^{10}	AB	Col	1^{24}	AB	Col	1^{25}	AB		Jhn	9^2	A	Jhn	9^{41}	A	Jhn	11^{21}	A
	Col	1^{27}	AB	Col	2^{14}	B	Col	2^{17}	B		Jhn	12^{43}	A	Jhn	18^{30}	A	Jhn	18^{34}	A
	Col	2^{18}	B	Col	2^{22}	A2B2	Col	3^{17}	B		Luk	5^{23}	A	Luk	6^9	$A2$	Luk	7^{19}	A
	Col	3^{23}	B	Col	3^{24}	B	Col	3^{25}	B		Luk	7^{20}	A	Luk	7^{39}	A	Luk	9^{13}	A
	Col	4^1	B	Col	4^7	AB	Col	4^9	AB		Luk	9^{46}	A	Luk	10^{12}	A	Luk	10^{13}	A
	Col	4^{13}	AB	Col	4^{17}	B	1Th	2^{13}	B		Luk	10^{14}	A	Luk	15^7	A	Luk	16^{17}	A
	1Th	3^3	B	1Th	3^4	B	1Th	3^6	B		Luk	17^6	A	Luk	18^{14}	A	Luk	18^{25}	A
	1Th	4^{14}	B	1Th	4^{15}	B	1Th	5^2	B		Luk	20^4	A	Luk	20^{22}	A	Mrk	2^9	A
	1Th	5^{21}	B	2Th	2^2	A*	2Th	3^4	B		Mrk	6^{11}	A	Mrk	6^{56}	A	Mrk	9^{43}	A
	2Th	3^9	AB	2Th	3^{17}	AB	1Tm	1^8	AB		Mrk	9^{45}	A	Mrk	9^{47}	A	Mrk	10^{25}	A
	1Tm	1^9	AB	1Tm	1^{11}	B	1Tm	1^{15}	B		Mrk	11^{26}	A	Mrk	11^{30}	A	Mrk	12^{14}	A
	1Tm	2^{10}	AB	1Tm	4^1	AB	1Tm	4^{15}	B		Mrk	14^5	A	Rom	7^1	A	Rom	8^{35}	$A6$
	1Tm	6^7	AB	2Tm	1^5	AB	2Tm	1^{15}	AB		Rom	9^{21}	A	Rom	9^{29}	$A2$	Rom	12^3	C
	2Tm	2^7	B	2Tm	2^{23}	AB	2Tm	3^{15}	AB		Rom	13^{11}	A	1Cr	7^5	A	1Cr	7^9	A
	Tit	1^{11}	A	Tit	2^1	A	Phm	^{19}	A		1Cr	9^6	A	1Cr	10^{22}	A	1Cr	11^{22}	A
	Phm	^{21}	A2	Neh	6^{16}	D	Neh	7^3	D		1Cr	11^{31}	A	1Cr	15^6	A	1Cr	15^{14}	A
	Skr	1^{11}	E	Skr	2^{17}	E	Skr	3^{20}	E		1Cr	15^{29}	A	1Cr	15^{30}	A	2Cr	11^{16}	B
	Skr	4^{13}	E	Skr	4^{20}	E	Skr	5^2	E		2Cr	13^5	A	Eph	3^{20}	AB	Gal	3^2	A
	Skr	6^9	E	Skr	6^{16}	E	Skr	7^{14}	E		Gal	3^5	A	Gal	4^{27}	B	1Tm	1^4	AB
	Skr	7^{15}	E	Skr	7^{22}	E	Skr	7^{27}	E		2Tm	3^4	AB	Skr	1^{17}	E				
	Skr	8^6	E	Skr	8^{21}	E	Skr	8^{23}	E	þauh	Jhn	11^{25}	A	Jhn	11^{32}	A	Mrk	10^{15}	A
	Skr	8^{27}	$E*$	SkB	8^{27}	E^{III}	Ver	7^{13}	$V*$		Mrk	13^{20}	A	Mrk	16^{18}	S	2Cr	13^5	B
	Ver	8^{14}	V	Ver	11^{19}	V	Ver	13^{22}	$V*$	þauhjabai	1Cr	7^{21}	A	2Cr	4^{16}	B	Skr	4^{21}	E
	Ver	22^{35}	V	Ver	24^{39}	V					þaurbandin	Eph	4^{28}	AB						
þat-ist	Jhn	6^{29}	A	Mrk	7^2	A	Rom	7^{18}	A	þaurbeima	Jhn	13^{29}	A						
	Rom	9^8	A	Rom	9^9	A	Rom	10^6	A	þaurbeiþ	1Th	4^{12}	B						
	Rom	10^7	A	Rom	10^8	A	1Cr	9^3	A	þaurbum	Mat	26^{65}	C	Mrk	14^{63}	A	2Cr	3^1	AB*
	Phm	^{12}	A								1Th	4^9	B	1Th	5^1	B				
þatuh	Mat	27^{44}	A	Jhn	6^6	A	Jhn	6^{40}	A	þaurbun	Mat	9^{12}	A	Luk	5^{31}	A	Luk	15^7	A
	Jhn	7^9	A	Jhn	7^{39}	A	Jhn	8^{40}	A		Mrk	2^{17}	A						
	Jhn	13^{28}	A	Jhn	14^8	A	1Cr	15^1	A	þaurbuþ	Mat	6^8	A	Mat	6^{32}	A				
	2Cr	4^{15}	B	Gal	6^7	B	Php	3^7	AB	þaurfta	Mrk	2^{25}	A						
	1Tm	4^{16}	B	Skr	1^{15}	E	Skr	3^3	E	þaurftai	1Cr	12^{22}	A	Eph	5^4	B				
	Skr	5^4	E							þaurftais	1Cr	7^{26}	A	Php	2^{25}	B	Skr	7^{13}	E
þatuþ-þan	Jhn	12^6	A	Jhn	12^{16}	A	Jhn	12^{33}	A	þaurfte	Luk	9^{25}	A						
	1Cr	7^6	A	1Cr	9^{23}	A	1Cr	12^{11}	A	þaurftos	2Tm	3^{16}	AB						
	2Cr	1^{17}	AB	2Cr	9^6	AB	2Cr	12^{19}	AB	þaurftozo	Php	1^{24}	B						
	Eph	4^9	A	1Th	4^{15}	B	1Tm	2^3	AB	þaurfts	Luk	19^{34}	A						
þaþro	Jhn	7^3	A	Jhn	14^{31}	A	Jhn	18^{36}	A	þaurneina	Mrk	15^{17}	A						
	Luk	4^9	A	Luk	4^{29}	A	Gal	1^{21}	B	þaurneinan	Jhn	19^5	A						

þaurniwe	Luk	8[7]	*A*						Jhn	17[6]	*A*	Jhn	17[9]	*A*	Luk	2[32]	*A*
þaurnjus	Luk	8[7]	*A*	Mrk	4[7]	*A*			Luk	4[23]	*A*	Luk	5[14]	*A*	Luk	5[33]	*A*
þaurnum	Mat	7[16]	*A*	Jhn	19[2]	*A*	Luk	6[44]	*A*	Luk	8[20]	*A*	Luk	10[27]	*A3*	Luk	19[43]	*A*
þaurnuns	Luk	8[14]	*A*	Mrk	4[7]	*A*	Mrk	4[18]	*A*	Mrk	1[44]	*A*	Mrk	2[18]	*A*	Mrk	2[24]	*A*
þaurp	Neh	5[16]	D						Mrk	3[32]	*A*	Mrk	7[5]	*A*	Mrk	7[29]	*A*
þaurseiþ	Jhn	6[35]	*A*						Mrk	10[37]	*A2*	Mrk	12[30]	*A3*	1Tm	4[12]	*B**
þaursidai	1Cr	4[11]	*A*						2Tm	1[5]	*A2*	Phm	21	*A*			
þaursja	Luk	6[8]	*A*						þeinaim	Luk	19[39]	*A*	Luk	19[42]	*A*	Mrk	5[19]	*A*
þaursjai	Jhn	7[37]	*A*	Rom	12[20]	*AC*				Mrk	9[18]	*A*						
þaursjana	Mrk	11[20]	*A*						þeinaize	Mat	5[29]	*A*	Mat	5[30]	*A*	Luk	15[19]	*A*
þaurstein	2Cr	11[27]	B							Luk	20[43]	*A*	Mrk	12[36]	*A*	2Tm	1[4]	*A*
þaursus	Luk	6[6]	*A*						þeinaizo	1Tm	5[23]	*AB*						
þe	1Cr	16[6]	B	2Cr	8[23]	*A*	Skr	4[22]	*E*	þeinaizos	Luk	1[44]	*A*	Luk	19[44]	*A*			
þeei	Jhn	6[38]	*A*	Jhn	12[6]	*A*	2Cr	2[4]	*AB*	þeinamma	Mat	5[24]	*A*	Mat	5[25]	*A*	Mat	5[36]	*A*
þei	Mat	6[26]	*A*	Mat	9[15]	*A*	Jhn	6[7]	*A*		Mat	6[6]	*A*	Mat	6[18]	*A*	Mat	7[22]	*A3*
	Jhn	6[12]	*A*	Jhn	7[35]	*A*	Jhn	11[22]	*A*		Jhn	17[11]	*A*	Jhn	17[12]	*A*	Luk	1[38]	*A*
	Jhn	13[34]	*A*	Jhn	13[35]	*A*	Jhn	13[38]	*A*		Luk	1[61]	*A*	Luk	2[29]	*A*	Luk	5[5]	*A*
	Jhn	15[7]	*A*	Jhn	15[16]	*A*	Jhn	16[20]	*A*		Luk	6[41]	*A*	Luk	6[42]	*A4*	Luk	7[27]	*A*
	Jhn	16[23]	*A*	Jhn	16[26]	*A*	Jhn	16[33]	*A*		Luk	8[39]	*A*	Luk	9[49]	*A*	Luk	10[17]	*A*
	Luk	4[6]	*A*	Mrk	6[10]	*A*	Mrk	6[22]	*A*		Luk	10[21]	*A*	Luk	10[27]	*A*	Luk	15[18]	*A*
	Mrk	6[23]	*A*	Mrk	9[18]	*A*	Mrk	11[23]	*A*		Luk	15[21]	*A*	Luk	19[5]	*A*	Luk	19[22]	*A*
	Mrk	11[24]	*A*	Mrk	14[9]	*A*	Rom	10[9]	*A*		Luk	19[42]	*A2*	Mrk	2[11]	*A*	Mrk	5[19]	*A*
	1Cr	4[9]	*A*	1Cr	11[2]	*A*	1Cr	15[50]	*AB*		Mrk	5[34]	*A*	Mrk	9[38]	*A*	Mrk	10[37]	*A*
	1Cr	16[6]	*A*							Mrk	12[30]	*A*	Rom	10[6]	*A*	Rom	10[8]	*A2*
þeihais	1Tm	4[15]	B							Rom	10[9]	*A2*	Rom	14[10]	*C*	Rom	14[15]	*C*
þeihan	Skr	2[17]	*E*							Rom	15[9]	*C*	1Cr	8[11]	*A*			
þeihand	2Tm	3[9]	*AB*	2Tm	3[13]	*AB*				þeinana	Mat	5[43]	*A2*	Mat	9[6]	*A2*	Mat	11[10]	*A*
þeihandei	Skr	4[10]	*E**	SkB	4[10]	*E*¶				Jhn	17[1]	*A*	Luk	2[29]	*A*	Luk	4[8]	*A*
þeihando	Col	2[19]	B							Luk	4[11]	*A*	Luk	4[12]	*A*	Luk	5[24]	*A*
þeihs	Rom	13[11]	*A*							Luk	7[27]	*A*	Luk	7[44]	*A*	Luk	9[41]	*A*
þeihsa	1Th	5[1]	B							Luk	10[27]	*A2*	Luk	18[20]	*A*	Mrk	1[2]	*A*
þeiƕon	Jhn	12[29]	*A*							Mrk	7[10]	*A*	Mrk	10[19]	*A*	Mrk	12[30]	*A*
þeiƕons	Mrk	3[17]	*A*							Mrk	12[31]	*A*	Rom	12[20]	*AC*	Rom	13[9]	*A*
þein	Mat	5[23]	*A*	Mat	5[29]	*A2*	Mat	5[30]	*A*		Rom	14[10]	*C*	Gal	5[14]	B			
	Mat	6[9]	*A*	Mat	6[17]	*A*	Mat	6[22]	*A2*	þeinans	Mat	5[33]	*A*	Luk	9[40]	*A*	Luk	14[12]	*A3*
	Mat	6[23]	*A2*	Luk	4[7]	*A*	Luk	6[30]	*A*		Luk	20[43]	*A*	Mrk	12[36]	*A*			
	Luk	8[30]	*A*	Luk	15[30]	*A*	Luk	15[31]	*A*	þeinata	Jhn	12[28]	*A*	Jhn	17[6]	*A2*	Jhn	17[14]	*A*
	Mrk	2[11]	*A*	Mrk	5[9]	*A*	Mrk	9[47]	*A*		Jhn	17[17]	*A*	Jhn	17[26]	*A*	Luk	5[24]	*A*
	1Cr	15[55]	*AB*	2Tm	4[5]	*AB*	Phm	14	*AA*⁻		Mrk	2[9]	*A*						
þeina	Mat	5[24]	*A2*	Mat	5[30]	*A*	Mat	5[39]	*A*	þeinis	Luk	1[42]	*A*	Luk	6[41]	*A*	Luk	6[42]	*A*
	Mat	5[40]	*A*	Mat	6[3]	*A2*	Mat	6[4]	*A*		Luk	16[2]	*A*	Mrk	6[18]	*A*	1Tm	5[23]	*AB*
	Mat	6[6]	*A*	Mat	6[13]	*A*	Mat	6[17]	*A*	þeinos	Mat	9[2]	*A*	Luk	5[20]	*A*	Luk	7[48]	*A*
	Mat	9[18]	*A*	Mat	9[22]	*A*	Mat	26[73]	*AC*		Mrk	2[5]	*A*	Mrk	2[9]	*A*	Mrk	3[32]	*A*
	Jhn	7[3]	*A*	Jhn	8[13]	*A*	Jhn	13[38]	*A*	þeins	Mat	5[23]	*A*	Mat	6[4]	*A*	Mat	6[6]	*A*
	Jhn	17[10]	*A2*	Jhn	18[35]	*A*	Luk	1[13]	*A2*		Mat	6[10]	*A2*	Mat	6[18]	*A*	Jhn	8[19]	*A*
	Luk	1[36]	*A*	Luk	2[30]	*A*	Luk	2[35]	*A*		Jhn	11[23]	*A*	Jhn	12[15]	*A*	Jhn	17[1]	*A*
	Luk	6[10]	*A*	Luk	7[50]	*A*	Luk	8[20]	*A*		Luk	2[48]	*A*	Luk	15[19]	*A*	Luk	15[21]	*A*
	Luk	8[48]	*A*	Luk	8[49]	*A*	Luk	15[29]	*A*		Luk	15[27]	*A2*	Luk	15[30]	*A*	Luk	15[32]	*A*
	Luk	17[19]	*A*	Luk	18[42]	*A*	Luk	19[44]	*A*		Luk	17[3]	*A*	Luk	19[16]	*A*	Luk	19[18]	*A*
	Mrk	3[5]	*A*	Mrk	3[32]	*A*	Mrk	5[34]	*A*		Luk	19[20]	*A*	Mrk	9[45]	*A*	Rom	14[15]	*C*
	Mrk	5[35]	*A*	Mrk	7[10]	*A*	Mrk	9[43]	*A*		1Cr	15[55]	*AB**						
	Mrk	10[19]	*A*	Mrk	10[52]	*A*	Mrk	14[70]	*A*	þewisa	Col	3[22]	B						
	1Cr	7[16]	*A*	1Cr	12[21]	*A*	2Cr	6[2]	*AB*	þewisam	Col	4[1]	B						
	Phm	20	*A*						þis	Mat	5[35]	*A*	Mat	5[45]	*A*	Mat	7[21]	*A*
þeinai	Mat	6[6]	*A*	Mat	9[14]	*A*	Jhn	7[3]	*A‡*		Mat	9[23]	*A*	Mat	10[33]	*A*	Mat	11[12]	*A*

þis–þiudinassau

	Mat	27⁹ *A*	Mat	27⁵⁸ *A*	Mat	27⁶⁰ *A*	þisƕanoh	Mat 10³³ *A*
	Jhn	6³⁸ *A*	Jhn	6⁴⁰ *A*	Jhn	6⁵⁰ *A*	þisƕaruh	Mrk 9¹⁸ *A* Mrk 14⁹ *A*
	Jhn	6⁵¹ *A*	Jhn	6⁵³ *A*	Jhn	6⁶⁰ *A*	þisƕazuh	Mrk 11²³ *A*
	Jhn	7¹⁶ *A*	Jhn	7¹⁸ *A*	Jhn	8⁴⁴ *A*	þisƕizuh	Mrk 6²² *A*
	Jhn	9⁴ *A*	Jhn	9⁵ *A*	Jhn	9¹⁸ *A*	þiube	Luk 19⁴⁶ *A*
	Jhn	10¹⁶ *A*	Jhn	11⁹ *A*	Jhn	11³⁹ *A*	þiubja	Mrk 7²² *A*
	Jhn	12¹¹ *A*	Jhn	12³¹ *A*	Jhn	14²⁴ *A*	þiubjo	Jhn 11²⁸ *A* Jhn 18²⁰ *A*
	Jhn	15³ *A*	Jhn	15¹⁹ *A*	Jhn	15²⁰ *A*	þiubos	Mat 6¹⁹ *A* Mat 6²⁰ *A* Jhn 10⁸ *A*
	Jhn	16¹¹ *A*	Jhn	18¹⁰ *A*	Jhn	18¹³ *A*	þiubs	Jhn 10¹⁰ *A* Jhn 12⁶ *A* 1Th 5² *B*
	Jhn	18¹⁵ *A*	Jhn	18¹⁷ *A*	Jhn	18²⁵ *A*		1Th 5⁴ *B*
	Jhn	18²⁶ *A*	Luk	1² *A*	Luk	3¹ *A2*	þiuda	Jhn 18³⁵ *A* Luk 7⁵ *A*
	Luk	4⁵ *A*	Luk	4²⁹ *A*	Luk	4³⁷ *A*	þiudai	Rom 10¹⁹ *A*
	Luk	4³⁸ *A*	Luk	6⁴⁹ *A*	Luk	7³¹ *A*	þiudan	Jhn 18³⁹ *A* Jhn 19¹² *A* Luk 14³¹ *A*
	Luk	7³⁶ *A*	Luk	7³⁷ *A*	Luk	8⁴⁹ *A*		Mrk 15⁹ *A* Mrk 15¹² *A* Mrk 15¹⁸ *A*
	Luk	14²⁴ *A*	Luk	16⁸ *A*	Luk	16²¹ *A*	þiudana	Jhn 6¹⁵ *A* Mrk 6²⁵ *A* 1Tm 1¹⁷ *B*
	Luk	18³⁴ *A*	Luk	19³¹ *A*	Luk	19³³ *A*	þiudanam	1Tm 2² *AB*
	Luk	19³⁴ *A*	Luk	19³⁷ *A*	Luk	20¹⁰ *A*	þiudane	Mat 11⁸ *A*
	Luk	20¹³ *A*	Luk	20¹⁵ *A*	Luk	20³⁴ *A*	þiudangardi	Mat 6¹³ *A* Mat 11¹² *A* Jhn 18³⁶ *A3*
	Mrk	1¹⁶ *A*	Mrk	4¹⁷ *A*	Mrk	5⁷ *A*		Luk 6²⁰ *A* Luk 10⁹ *A* Luk 10¹¹ *A*
	Mrk	5³⁸ *A*	Mrk	5⁴⁰ *A*	Mrk	6²⁴ *A*		Luk 16¹⁶ *A* Luk 17²⁰ *A2* Luk 17²¹ *A*
	Mrk	6²⁵ *A*	Mrk	7²⁹ *A*	Mrk	8¹⁵ *A*		Luk 18¹⁶ *A* Luk 19¹¹ *A* Mrk 1¹⁵ *A*
	Mrk	8²³ *A*	Mrk	9²⁴ *A*	Mrk	10⁷ *A*		Mrk 3²⁴ *A2* Mrk 4²⁶ *A* Mrk 10¹⁴ *A*
	Mrk	10²² *A*	Mrk	11³ *A*	Mrk	12² *A*		Mrk 11¹⁰ *A* Rom 14¹⁷ *C*
	Mrk	12⁹ *A*	Mrk	13²⁸ *A*	Mrk	14⁴ *A*	þiudangardja	Mat 7²¹ *A* Luk 4⁴³ *A* Luk 8¹ *A*
	Mrk	14⁵⁴ *A*	Mrk	14⁶¹ *A*	Mrk	14⁶⁶ *A*		Luk 9² *A* Luk 9¹¹ *A* Luk 9⁶⁰ *A*
	Mrk	15⁴⁰ *A*	Mrk	15⁴³ *A*	Mrk	15⁴⁶ *A*		Luk 9⁶² *A* Luk 18¹⁷ *A* Luk 18²⁴ *A*
	Mrk	16² *A*	Mrk	16³ *A*	Rom	7³ *A*		Luk 18²⁵ *A* Luk 19¹² *A* Luk 19¹⁵ *A*
	Rom	7²⁴ *A*	Rom	11²⁴ *A*	1Cr	1²⁰ *A2*		Mrk 4³⁰ *A* Mrk 6²³ *A* Mrk 9⁴⁷ *A*
	1Cr	5¹⁰ *A*	1Cr	9⁷ *A*	1Cr	10²⁸ *A*		Mrk 10¹⁵ *A* Mrk 10²³ *A* Mrk 10²⁴ *A*
	1Cr	11²⁸ *A*	1Cr	12¹⁵ *A*	1Cr	12¹⁶ *A*		Mrk 10²⁵ *A* Col 1¹³ *AB* Skr 2⁷ *E*
	1Cr	15⁴⁹ *A2B2*	2Cr	2⁸ *B*	2Cr	3⁷ *AB*		Skr 2²⁰ *E*
	2Cr	3¹³ *AB*	2Cr	4⁴ *AB*	2Cr	4¹⁶ *B;*	þiudangardjai	Mat 5¹⁹ *A2* Mat 5²⁰ *A*
	2Cr	5⁹ *B*	2Cr	6¹⁷ *B*	2Cr	7¹⁰ *AB*		Mat 8¹¹ *A* Mat 11¹¹ *A* Luk 7²⁸ *A*
	2Cr	7¹² *A2B2*	2Cr	7¹³ *B*	2Cr	9¹² *B*		Luk 14¹⁵ *A* Mrk 12³⁴ *A* Eph 5⁵ *B*
	2Cr	9¹³ *B*	2Cr	13³ *AB*	Eph	1¹¹ *AB**		1Th 2¹² *B* Skr 2⁵ *E*
	Eph	1²³ *AB*	Eph	2² *A2B2*	Eph	3¹⁴ *AB*	þiudangardjom	Luk 7²⁵ *A*
	Eph	3¹⁹ *AB*	Eph	4¹⁸ *AB*	Eph	6¹² *AB*	þiudangardjos	Mat 8¹² *A* Mat 9³⁵ *A*
	Eph	6¹⁶ *AB*	Gal	2²⁰ *A*	Gal	4³ *A*		Luk 18²⁹ *A* Mrk 1¹⁴ *A* Mrk 4¹¹ *A*
	Col	2²⁰ *AB*	Col	3¹⁰ *B*	1Th	3⁷ *B*		Mrk 15⁴³ *A* Gal 5²¹ *AB* Col 4¹¹ *AB*
	1Th	4⁸ *B*	1Th	5¹¹ *B*	1Tm	1¹¹ *B*		2Th 1⁵ *AB* Skr 3²⁰ *E*
	1Tm	6¹³ *B2*	2Tm	1⁹ *AB*	2Tm	2¹⁰ *B*	þiudanis	Mat 5³⁵ *A* Luk 1⁵ *A* 2Cr 11³² *B*
	Neh	5¹⁸ *D*	Skr	1³ *E*	Skr	1²² *E*		Neh 5¹⁴ *D* Cal 2⁴ *A*
	Skr	1²³ *E*	Skr	2⁴ *E*	Skr	2⁹ *E*	þiudanodedeiþ	1Cr 4⁸ *A*
	Skr	2¹⁰ *E*	Skr	2¹⁴ *E*	Skr	3²³ *E*	þiudanodeduþ	1Cr 4⁸ *A*
	Skr	4⁶ *E*	Skr	4¹² *E*	Skr	4²⁵ *E*	þiudanon	Luk 19¹⁴ *A* Luk 19²⁷ *A* 1Cr 15²⁵ *A*
	Skr	6¹⁵ *E*	Skr	6¹⁷ *E*	Skr	6²² *E*	þiudanondane	1Tm 6¹⁵ *B*
þishun	Gal	6¹⁰ *AB*	1Tm	4¹⁰ *B*	1Tm	5⁸ *AB*	þiudanos	Luk 10²⁴ *A*
	2Tm	4¹³ *A*	Tit	1¹⁰ *AB**			þiudanoþ	Luk 1³³ *A*
þisƕaduh	Mat	8¹⁹ *A*	Luk	9⁵⁷ *A*	Mrk	6¹⁰ *A*	þiudans	Mat 25⁴⁰ *C* Mat 27¹¹ *A* Jhn 12¹³ *A*
	Mrk	6⁵⁶ *A*	1Cr	16⁶ *AB*				Jhn 12¹⁵ *A* Jhn 18³³ *A* Jhn 18³⁷ *A2*
þisƕah	Jhn	11²² *A*	Jhn	16²³ *A*	Mrk	6²³ *A*		Jhn 19³ *A* Luk 14³¹ *A* Luk 19³⁸ *A*
	Mrk	7¹¹ *A*	Mrk	11²³ *A*	Mrk	11²⁴ *A*		Mrk 6¹⁴ *A* Mrk 6²² *A* Mrk 6²⁶ *A*
	Gal	5¹⁷ *AB*	Php	4⁸ *B6*	Col	3¹⁷ *B*		Mrk 6²⁷ *A* Mrk 15² *A* Mrk 15²⁶ *A*
	Col	3²³ *B*						Mrk 15³² *A* 1Tm 6¹⁵ *B*
þisƕammeh	Luk	4⁶ *A*	Mrk	4²⁵ *A*			þiudinassau	Luk 9²⁷ *A*

þiudinassaus	Luk	1³³	A	Luk	3¹	A	Luk	8¹⁰	A	þiuþiþs	Rom	9⁵	A	2Cr	1³	B	Eph	1³	AB
þiudinassu	Mrk	9¹	A	1Cr	15²⁴	A	1Cr	15⁵⁰	AB	þiuþjaiþ	Mat	5⁴⁴	A	Luk	6²⁸	A	Rom	12¹⁴	A2
	2Tm	4¹	AB							þiuþjands	Luk	1⁶⁴	A						
þiudinassuns	Luk	4⁵	A							þiuþspilloda	Luk	3¹⁸	A						
þiudinassus	Mat	6¹⁰	A							þiwadw	Gal	4²⁴	B						
þiudisko	Gal	2¹⁴	B							þiwe	Luk	16¹³	A						
þiudo	Mat	5⁴⁶	A	Mat	6⁷	A	Jhn	7³⁵	A	þiwi	Mat	26⁶⁹	C	Jhn	18¹⁷	A	Luk	1³⁸	A
	Jhn	12²⁰	A	Rom	11¹³	A	Rom	11²⁵	A		Mrk	14⁶⁹	A						
	1Cr	1²⁴	A	Eph	3¹	B	1Tm	2⁷	AB	þiwos	Neh	5¹⁶	D						
	2Tm	1¹¹	AB							þizai	Mat	9²²	A	Mat	10²³	A	Mat	27¹⁵	A
þiudom	Luk	2³²	A	Luk	18³²	A	Mrk	10³³	A‡		Mat	27⁶⁴	A	Jhn	6³³	A	Jhn	7⁴	A
	Mrk	10⁴²	A	Mrk	11¹⁷	A	Rom	9²⁴	A		Jhn	7¹¹	A	Jhn	7⁴³	A	Jhn	12²⁰	A
	Rom	11¹¹	A	Rom	11¹²	A	Rom	11¹³	A		Jhn	12²⁷	A2	Jhn	12³¹	A	Jhn	14²²	A
	Rom	15⁹	C	Rom	15¹²	C	1Cr	1²³	A		Jhn	14³⁰	A	Jhn	15¹³	A	Luk	1²¹	A
	1Cr	10³²	A	2Cr	11²⁶	B	Eph	3⁸	B		Luk	2²⁷	A	Luk	2³⁸	A	Luk	4²⁰	A
	Gal	2²	B	Gal	2⁹	B	Gal	2¹²	B		Luk	4²⁸	A	Luk	4³³	A	Luk	4³⁸	A
	Gal	2¹⁵	B	Col	1²⁷	AB	1Th	2¹⁶	B		Luk	4³⁹	A	Luk	5¹⁴	A	Luk	6³⁸	A
	1Tm	3¹⁶	A	Neh	5¹⁷	D					Luk	7⁹	A	Luk	7²¹	A	Luk	7³⁷	A
þiudos	Mat	6³²	A	Jhn	7³⁵	A	Rom	9³⁰	A		Luk	7⁴⁴	A	Luk	7⁵⁰	A	Luk	8¹⁵	A
	Rom	15⁹	C	Rom	15¹⁰	C	Rom	15¹¹	C		Luk	9⁵	A	Luk	9¹³	A	Luk	9¹⁶	A
	Rom	15¹²	C	1Cr	10²⁰	A	1Cr	12¹³	A		Luk	9³⁸	A	Luk	9⁴³	A	Luk	10¹¹	A
	2Cr	11³²	B	Eph	2¹¹	AB	Eph	3⁶	B		Luk	10¹²	A	Luk	10²¹	A	Luk	17³⁴	A
	Eph	4¹⁷	AB	Gal	2²	A*	Gal	2⁸	AB		Luk	18³	A	Luk	19³⁹	A	Luk	19⁴⁷	A
	Gal	2¹⁴	B	1Th	4⁵	B	Neh	6¹⁶	D		Luk	20¹⁹	A	Luk	20³³	A	Mrk	1¹³	A
þiujai	Gal	4²²	AB	Gal	4²³	AB	Gal	4³⁰	B		Mrk	1²²	A	Mrk	1²³	A	Mrk	1²⁹	A
þiujo	Mrk	14⁶⁶	A								Mrk	4²⁰	A	Mrk	6¹¹	A	Mrk	6²²	A
þiujos	Luk	1⁴⁸	A	Gal	4³⁰	B	Gal	4³¹	B		Mrk	6²⁸	A	Mrk	7¹³	A	Mrk	7¹⁷	A
þiumagaus	Luk	1⁶⁹	A								Mrk	8²	A	Mrk	8⁶	A	Mrk	8³⁸	A
þiumagu	Luk	1⁵⁴	A								Mrk	9¹⁷	A	Mrk	10¹¹	A	Mrk	10³⁹	A
þiumagus	Mat	8⁶	A	Mat	8⁸	A	Mat	8¹³	A		Mrk	11¹⁹	A	Mrk	12²³	A	Mrk	12³¹	A
	Luk	7⁷	A								Mrk	15¹⁵	A	Mrk	15²⁰	A	Mrk	16⁹	A
þiuþ	Luk	6⁹	A	Luk	6³³	A2	Luk	6³⁵	A		Mrk	16¹⁵	S	Rom	8³⁹	A	Rom	11¹¹	A
	Luk	6⁴⁵	A	Mrk	3⁴	A	Rom	7¹⁸	A		Rom	11¹⁷	A	Rom	11³⁰	A	1Cr	4⁹	A
	Rom	10¹⁵	A	Rom	13³	AC	Rom	14¹⁶	C		1Cr	5⁹	A	1Cr	7²⁰	A	1Cr	11⁵	A
	2Cr	5¹⁰	AB	Eph	4²⁸	AB	Gal	6¹⁰	AB		1Cr	14²¹	A	1Cr	15¹⁹	A	2Cr	1¹	B
	1Th	5¹⁵	B	Phm	14	A					2Cr	1¹⁵	AB	2Cr	3¹⁰	AB	2Cr	5²	AB
þiuþa	Rom	12²¹	AC								2Cr	5⁴	AB	2Cr	8⁷	A2B2	2Cr	8¹⁹	AB
þiuþe	Luk	1⁵³	A								2Cr	8²⁰	AB	2Cr	9³	AB	2Cr	11³	B
þiuþeiga	Mat	7¹⁸	A	Luk	18¹⁸	A	Mrk	10¹⁷	A		Eph	2²	AB	Eph	2¹¹	AB	Eph	3⁷	B
	Rom	7¹²	A	2Cr	11³¹	B					Eph	3²⁰	AB	Gal	2¹³	B	Gal	4²⁵	B
þiuþeigaim	Eph	2¹⁰g	A								Gal	4³⁰	B	Gal	6¹⁶	AB	Php	3⁶	AB
þiuþeigamma				Luk	6⁴⁵	A					1Tm	1⁴	AB	1Tm	1¹⁰	B	1Tm	1¹⁴	AB
þiuþeigana	Luk	18¹⁹	A	Mrk	10¹⁸	A					1Tm	3¹³	A	1Tm	6³	AB	2Tm	2¹	B
þiuþeigins	Mrk	14⁶¹	A								Tit	2¹	A	Neh	5¹⁵	D	Neh	5¹⁸	D2
þiuþeigo	Rom	7¹³	A2								Skr	7²⁰	E						
þiuþeigs	Mat	7¹⁸	A	Luk	1⁶⁸	A	Luk	6⁴⁵	A	þizaiei	Luk	6³⁸	A	Luk	8²	A	Luk	19³⁰	A
	Luk	18¹⁹	A	Mrk	10¹⁸	A					Mrk	4²⁴	A	Mrk	10³⁸	A	Mrk	10³⁹	A
þiuþeinai	2Cr	9⁶	A2B2	Eph	1³	AB					Mrk	16⁹	A	1Cr	7²⁰	A	1Cr	11²³	A
þiuþeinais	2Th	1¹¹	A								2Cr	1⁴	B	2Cr	7⁷	AB	2Cr	9²	AB
þiuþida	Jhn	12¹³	A	Luk	1²⁹	A⁼	Luk	2²⁸	A		2Cr	10²	B	Eph	1⁶	AB	Eph	2⁴	AB
	Luk	2³⁴	A	Luk	19³⁸	A	Mrk	10¹⁶	A		Eph	4¹	AB	Col	2¹²	B	1Th	3⁹	B
	Mrk	1⁹	A								1Tm	1¹⁹	AB	1Tm	6¹²	AB	2Tm	2⁹	B
þiuþido	Luk	1²⁸	A	Luk	1⁴²	A2	Mrk	11¹⁰	A	þize	Mat	5²⁰	A	Mat	6²⁹	A	Mat	9³	A
þiuþiqissais	1Cr	10¹⁶	A								Mat	10⁴²	A	Mat	25⁴⁰	C	Mat	25⁴⁵	C
þiuþis	Rom	9¹¹	A	Eph	6⁸	B					Mat	26⁷³	AC	Mat	27⁴⁷	A	Mat	27⁵²	A

	Jhn	6⁸	A	Jhn	6¹¹	A	Jhn	6²⁶	A		2Tm	2²¹	B	Skr	1²⁶	E	Skr	3⁸	E
	Jhn	6⁶⁰	A	Jhn	6⁷¹	A	Jhn	7²⁵	A		Skr	3²⁵	E	Skr	4¹⁶	E	Skr	6²	E
	Jhn	7⁴⁰	A	Jhn	7⁴⁸	A	Jhn	9¹⁶	A		Skr	6²¹	E 2	Skr	7¹⁴	E	Skr	8⁹	E
	Jhn	9⁴⁰	A	Jhn	10⁵	A	Jhn	10⁷	A	þizeiei	Php	3¹⁹	A2
	Jhn	10¹³	A	Jhn	10¹⁹	A	Jhn	10³²	A	þizo	Mat	5¹⁹	A	Luk	4²⁶	A	Luk	16²¹	A
	Jhn	11⁴⁵	A	Jhn	12²	A	Jhn	12⁴	A		2Cr	1⁶	B	1Tm	5²³	AB	Cal	2²⁰	A
	Jhn	12⁶	A	Jhn	12²⁰	A	Jhn	13²³	A	þizos	Jhn	6⁵¹	A	Jhn	7³¹	A	Jhn	7⁴⁰	A
	Jhn	13²⁸	A	Jhn	14¹¹	A	Jhn	16⁴	A		Jhn	11⁴²	A	Jhn	12³	A	Jhn	16²¹	A
	Jhn	18³	A	Jhn	18¹⁷	A	Jhn	18²⁵	A		Luk	1²⁷	A	Luk	7¹²	A2	Luk	8¹⁴	A
	Jhn	18²⁶	A	Jhn	19¹³	A	Luk	1⁴	A		Luk	8⁵¹	A	Mrk	3⁹	A	Mrk	4¹⁰	A
	Luk	1⁴⁵	A	Luk	1⁷⁰	A	Luk	1⁷¹	A		Mrk	4¹⁹	A	Mrk	8²⁷	A	Mrk	8³⁵	A
	Luk	4⁶	A	Luk	5³	A	Luk	5⁹	A		Mrk	10²⁹	A	Rom	11²⁵	A	1Cr	1²¹	A
	Luk	6¹⁷	A	Luk	7⁴²	A	Luk	8²²	A		1Cr	7²⁶	A	2Cr	1⁶	B	2Cr	3¹⁴	AB
	Luk	8³⁷	A	Luk	9⁸	A	Luk	9¹⁹	A		2Cr	5¹	B	2Cr	8⁸	AB	2Cr	9⁴	B
	Luk	9²⁶	A	Luk	9²⁷	A	Luk	14¹⁴	A		2Cr	9¹⁵	B	2Cr	11¹⁷	B	Eph	2⁴	AB
	Luk	14²⁴	A	Luk	15⁴	A	Luk	17²²	A		Eph	3⁹	B	Eph	4¹	AB	Gal	4²⁷	B2
	Luk	18¹²	A	Luk	18¹⁶	A	Luk	18²⁹	A		Php	3¹⁴	AB	Col	1²⁷	AB	2Th	1¹¹	A
	Luk	20³³	A	Luk	20³⁹	A	Mrk	2⁶	A		1Tm	4⁸	A2B2	1Tm	4¹⁴	B	2Tm	1⁵	A
	Mrk	4³¹	A	Mrk	5²²	A	Mrk	6¹⁵	A		2Tm	2⁴	B	Neh	5¹⁶	D	Skr	1⁶	E
	Mrk	6²⁶	A2	Mrk	7¹	A	Mrk	7²	A		Skr	1⁹	E	Skr	1²⁴	E
	Mrk	7³	A	Mrk	9¹	A	Mrk	9³⁷	A	þizozei	Jhn	11²	A	Mrk	7²⁵	A	Eph	3¹	B
	Mrk	9⁴²	A2	Mrk	10¹⁴	A	Mrk	11⁵	A		Eph	3⁷	B	Col	1²³	AB	Col	1²⁵	AB
	Mrk	11¹⁵	A	Mrk	12¹³	A	Mrk	12²⁸	A		Col	4³	B	2Th	1⁵	AB	1Tm	6¹⁰	AB
	Mrk	13²⁰	A	Mrk	14¹⁰	A	Mrk	14⁴³	A		2Tm	1⁶	AB	2Tm	1¹²	AB	Tit	1⁵	B
	Mrk	14⁴⁷	A	Mrk	15³⁵	A	Rom	9¹⁷	A:		Tit	1¹³	A
	Rom	10¹⁵	A2	Rom	11¹⁷	A	Rom	15³	C	þizuh	Mat	27⁵⁷	A	Luk	9²⁶	A	2Cr	13⁹	AB
	1Cr	1¹⁹	A2	1Cr	8¹¹	A	1Cr	9⁷	A	þlahsjandans	2Cr	10⁹	B
	1Cr	10²⁷	A	1Cr	10³⁰	A	2Cr	4⁴	AB	þlaqus	Mrk	13²⁸	A
	2Cr	4¹⁸	B	2Cr	9¹²	B	2Cr	11¹²	B	þlauhs	Mrk	13¹⁸	A
	2Cr	12¹³	AB	2Cr	12²¹	AB	Eph	3⁸	B	þliuh	2Tm	2²²	AB
	Eph	3¹³	AB	Gal	2⁴	A	Php	2²⁶	A	þliuhais	1Tm	6¹¹	AB
	Php	3¹⁹	B	Col	2¹⁷	B	1Tm	5²¹	A	þliuhaiþ	Mat	10²³	A
	Tit	1⁵	B	Neh	6¹⁷	D	Skr	1²³	E	þliuhan	Luk	3⁷	A
	Skr	2²³	E	Skr	2²⁴	E	Skr	3¹⁴	E	þliuhand	Jhn	10⁵	A
	Skr	4⁸	E	Skr	5⁴	E	Skr	5¹⁰	E	þliuhiþ	Jhn	10¹²	A
	Skr	7¹⁶	E	Skr	8¹⁰	E	Skr	8¹⁵	EE*	þo	Mat	5²⁴	A2	Mat	5³⁰	A	Mat	5³²	A
	SkB	8¹⁵	Eᵛ	Skr	8²²	E	Cal	1¹	A		Mat	5³⁹	A	Mat	7²⁴	A	Mat	7²⁶	A
	Cal	1⁷	A	DeN	1⁴	N	DeN	2⁴	N		Mat	7²⁸	A	Mat	8³¹	A2	Mat	9²²	A
	DeN	3⁴	N	DeN	4⁴	N⁺						Mat	10³⁹	A	Mat	11¹²	A	Mat	26¹	C
þizeei	Luk	2²⁰	A	Rom	9⁴	A	Rom	9⁵	A		Mat	26⁶⁵	C	Mat	27⁵³	A	Mat	27⁵⁴	A2
	1Cr	15⁶	A	2Cr	11¹⁵	B	2Cr	12¹⁷	AB		Jhn	6¹	A	Jhn	6¹⁴	A	Jhn	6⁶³	A
	Php	3¹⁹	B	Php	4³	AB	1Tm	1¹⁵	B		Jhn	7⁸	A2	Jhn	7¹⁰	A	Jhn	7¹²	A
	1Tm	1²⁰	AB	2Tm	1¹⁵	A	2Tm	2¹⁷	B		Jhn	7¹⁷	A	Jhn	7²⁴	A	Jhn	7³²	A
þizei	Mat	6⁸	A	Jhn	6⁴²	A	Jhn	10¹²	A		Jhn	8²⁰	A	Jhn	9¹⁰	A	Jhn	9²¹	A
	Jhn	13²⁹	A	Luk	1²⁷	A	Luk	2²⁵	A		Jhn	10³	A3	Jhn	10⁴	A2	Jhn	10⁶	A
	Luk	3¹⁶	A	Luk	4¹⁸	A	Luk	7⁴⁷	A		Jhn	10⁸	A	Jhn	10¹²	A2	Jhn	10¹⁴	A
	Luk	8⁶	A	Luk	8⁴¹	A	Luk	8⁴⁷	A		Jhn	10¹⁵	A	Jhn	10¹⁶	A	Jhn	10¹⁷	A
	Luk	9³⁶	A	Luk	14¹⁵	A	Luk	18⁵	A		Jhn	10¹⁸	A4A‡	Jhn	10²¹	A	Jhn	10²⁵	A
	Luk	19⁴⁴	A	Mrk	1⁷	A	Mrk	4⁵	A		Jhn	10²⁷	A	Jhn	10²⁸	A	Jhn	10²⁹	A
	Mrk	4³⁸	A	Mrk	14⁶⁹	A	Mrk	14⁷⁰	A		Jhn	11¹¹	A	Jhn	12¹⁸	A	Jhn	14¹⁰	A2
	Rom	15⁷	C	2Cr	4¹³	B2	2Cr	4¹⁸	B		Jhn	14¹²	A	Jhn	14²⁴	A	Jhn	15²⁴	A
	2Cr	8¹⁸	AB	2Cr	12¹⁰	AB	Eph	4⁸	A		Jhn	16⁸	A	Jhn	16²²	A	Jhn	17⁸	A
	Eph	4²⁵	AB	Gal	2⁴	B	Gal	2¹⁰	B		Jhn	17⁹	A	Jhn	17¹⁸	A	Jhn	18¹	A
	Php	2²⁶	B	Php	3⁸	AB	1Th	3¹	B		Jhn	19⁵	A	Luk	1⁶⁵	A	Luk	2⁶	A
	1Tm	2⁶	A	2Tm	1¹⁵	B	2Tm	2¹⁴	B		Luk	2¹⁸	A	Luk	2¹⁹	A	Luk	2⁵¹	A

	Luk	4²¹	*A*	Luk	4²²	*A2*	Luk	4²³	*A*		1Tm	1¹⁸	B	1Tm	4⁷	AB	1Tm	4¹⁵	B
	Luk	4³²	*A*	Luk	4³⁸	*A*	Luk	5⁴	*A*		1Tm	6¹²	AB	1Tm	6¹⁴	B	2Tm	2²	B
	Luk	5⁷	*A*	Luk	5¹¹	*A*	Luk	6¹⁰	*A*		2Tm	2¹⁶	B	2Tm	3¹⁵	AB	2Tm	4⁷	AB
	Luk	6⁴⁷	*A*	Luk	7¹	*A*	Luk	7¹³	*A*		2Tm	4¹⁰	AB	Neh	5¹⁵	D	Neh	5¹⁸	D2
	Luk	7¹⁸	*A*	Luk	7⁴⁴	*A*	Luk	8³²	*A*		Skr	1⁷	*E*	Skr	1¹⁸	*E*	Skr	2⁷	*E*
	Luk	8³³	*A*	Luk	8⁵²	*A*	Luk	9⁷	*A*		Skr	2¹³	*E*	Skr	3¹²	*E**	SkB	3¹²	*E¶*
	Luk	9¹¹	*A*	Luk	9¹²	*A*	Luk	9²⁴	*A*		Skr	3¹⁵	*E*	Skr	4⁶	*E*	Skr	4²⁰	*E*
	Luk	9²⁵	*A*	Luk	9²⁸	*A*	Luk	9⁴⁴	*A*		Skr	4²⁴	*E*	Skr	4²⁶	*E*	Skr	5¹⁸	*E*
	Luk	9⁴⁷	*A*	Luk	10²	*A*	Luk	10⁷	*A*		Skr	6⁴	*E*	Skr	6⁷	*E*	Skr	6⁸	*E2*
	Luk	10²¹	*A2*	Luk	15³	*A*	Luk	15⁴	*A*		Skr	6¹⁴	*E*	Skr	7⁸	*E*	Skr	8²⁶	*E*
	Luk	15²²	*A*	Luk	16¹⁴	*A*	Luk	17¹⁰	*A*		Sal	6	S	DeA	1	א			
	Luk	17³¹	*A*	Luk	17³³	*A*	Luk	18⁵	*A*	þoei	Mat	8⁴	*A*	Jhn	6¹⁴	*A*	Jhn	6²¹	*A*
	Luk	18⁹	*A*	Luk	18¹¹	*A*	Luk	18¹⁶	*A2*		Jhn	6⁶³	*A*	Jhn	7³	*A*	Jhn	8⁴⁰	*A*
	Luk	18³⁴	*A*	Luk	19³⁰	*A*	Luk	19⁴¹	*A2*		Jhn	10¹⁶	*A*	Jhn	10²⁵	*A*	Jhn	14¹⁰	*A*
	Luk	19⁴²	*A*	Luk	20¹	*A*	Luk	20⁹	*A*		Jhn	14¹²	*A*	Jhn	15²⁴	*A*	Jhn	17⁷	*A*
	Luk	20¹⁹	*A2*	Luk	20²⁵	*A2*	Luk	20²⁸	*A*		Jhn	17⁸	*A*	Jhn	17²⁶	*A*	Jhn	18⁴	*A*
	Luk	20³⁰	*A*	Luk	20³¹	*A*	Luk	20³³	*A*		Luk	1⁴	*A*	Luk	1²⁰	*A*	Luk	2³¹	*A*
	Luk	24¹⁷	G	Mrk	1¹⁸	*A*	Mrk	1³¹	*A2*		Luk	2³³	*A*	Luk	3¹⁹	*A*	Luk	5⁷	*A*
	Mrk	3⁵	*A*	Mrk	4¹³	*A*	Mrk	4³⁰	*A*		Luk	9³¹	*A*	Luk	9⁴³	*A*	Luk	10⁸	*A*
	Mrk	4³⁶	*A*	Mrk	5⁴	*A*	Mrk	5¹²	*A2*		Luk	10¹⁰	*A*	Luk	10²³	*A2*	Luk	15¹⁶	*A*
	Mrk	5¹³	*A*	Mrk	5¹⁴	*A*	Mrk	5¹⁶	*A*		Mrk	7¹³	*A*	Mrk	10³²	*A*	Mrk	13¹⁹	*A*
	Mrk	5²³	*A*	Mrk	5³⁰	*A*	Mrk	5³¹	*A*		Rom	8⁵	*A2*	Rom	9²³	A	Rom	14¹⁹	*C* 2
	Mrk	5³²	*A*	Mrk	5³³	*A*	Mrk	6¹¹	*A*		1Cr	15³¹	A	2Cr	1¹³	AB	2Cr	2⁴	AB
	Mrk	6¹⁷	*A*	Mrk	7¹⁴	*A*	Mrk	7¹⁷	*A*		2Cr	7¹²	AB	2Cr	10¹³	B	2Cr	11⁴	B
	Mrk	7²³	*A*	Mrk	7²⁶	*A*	Mrk	7³⁰	*A*		2Cr	12⁴	AB	2Cr	12²¹	AB	Eph	1⁸	AB
	Mrk	8⁶	*A*	Mrk	8²⁵	*A*	Mrk	8³⁴	*A*		Eph	1⁹g	A	Eph	2¹⁰	AB	Eph	5⁴	B
	Mrk	8³⁵	*A*	Mrk	9⁴³	*A*	Mrk	10⁵	*A*		Eph	5⁶	B	Eph	6²⁰	B	Gal	1²³	AB
	Mrk	10⁸	*A*	Mrk	10¹⁴	*A2*	Mrk	10¹⁶	*A*		Gal	4⁸	A	Php	1³⁰	B	Php	3¹⁴	AB
	Mrk	10²⁰	*A*	Mrk	11²	*A2*	Mrk	11¹⁶	*A*		Col	1²³	AB	Col	2²³	AB	Col	3¹	AB
	Mrk	11³²	*A*	Mrk	12¹²	*A2*	Mrk	12¹⁷	*A2*		Col	3²	AB	Col	3⁶	AB	Col	4¹⁶	B
	Mrk	12¹⁹	*A*	Mrk	12²¹	*A*	Mrk	12²²	*A*		2Th	3⁶	B	1Tm	1⁴	AB	1Tm	4⁶	AB
	Mrk	12²³	*A*	Mrk	13²⁴	*A*	Mrk	13²⁸	*A*		1Tm	5¹³	A⁑	1Tm	5²⁵	AB	2Tm	1¹¹	AB
	Mrk	14⁵	*A*	Mrk	14⁶	*A*	Mrk	14¹³	*A*		2Tm	1¹³	AB	2Tm	2²	B	2Tm	3⁶	AB*
	Mrk	14⁵⁸	*A*	Mrk	14⁶⁴	*A*	Mrk	15¹¹	*A*		Tit	1²	B	Skr	4²⁴	*E*	Skr	6⁸	*E*
	Mrk	15²⁹	*A2*	Mrk	16¹⁵	*S* 2	Rom	6²³	A		Skr	6⁹	*E*	Skr	7⁵	*E*			
	Rom	7¹¹	A	Rom	8⁵	*A2*	Rom	9⁸	A	þoh	Skr	8¹⁷	*E*						
	Rom	9²⁵	*A2*	Rom	9³⁰	A	Rom	10⁵	*A2*	þoman	Luk	6¹⁵	*A*	Mrk	3¹⁸	*A*			
	Rom	11¹⁸	A	Rom	13¹	*AC*	Rom	16²²	A	þomas	Jhn	11¹⁶	*A*	Jhn	14⁵	*A*			
	1Cr	1²¹	A	1Cr	4⁶	A‡	1Cr	4¹¹	A	þos	Mat	9⁴	*A*	Mat	9³⁶	*A*	Mat	11²⁰	*A*
	1Cr	7¹²	A	1Cr	7²⁸	A	1Cr	10¹⁹	A		Mat	11²¹	*A⁑*	Mat	11²³	*A*	Jhn	6¹²	*A*
	1Cr	10²⁰	A⁼	1Cr	12¹⁹	A	1Cr	14²⁵	A		Jhn	11³	*A*	Jhn	14²¹	*A*	Luk	1¹	*A*
	1Cr	15²⁷	A	1Cr	15²⁸	A	2Cr	1⁴	B		Luk	4¹⁷	*A*	Luk	4²⁰	*A*	Luk	4⁴¹	*A*
	2Cr	1⁸	B	2Cr	3¹⁸	AB	2Cr	4¹⁸	B2		Luk	7⁴⁷	*A*	Luk	8²⁹	*A*	Luk	8³⁸	*A*
	2Cr	5¹⁰	AB	2Cr	5¹⁷	AB	2Cr	7¹	AB		Luk	9¹¹	*A*	Luk	9¹²	*A*	Luk	9¹⁸	*A*
	2Cr	7¹⁵	AB	2Cr	8¹	AB	2Cr	8⁶	AB		Luk	18²⁰	*A*	Luk	19²⁴	*A*	Mrk	1³⁴	*A*
	2Cr	8¹⁶	AB	2Cr	10⁷	B	2Cr	11²⁸	B		Mrk	4¹³	*A*	Mrk	5⁴	*A*	Mrk	5¹²	*A*
	Eph	1¹⁰	AB	Eph	2¹⁴	AB	Eph	3⁸	B		Mrk	6¹⁴	*A*	Mrk	10¹⁹	*A*	Mrk	13²⁵	*A*
	Eph	3¹⁹	AB	Eph	4¹⁵	A	Eph	5²⁵	A		Mrk	14⁵⁶	*A*	Mrk	15²⁴	*A*	Mrk	16²⁰	*S*
	Eph	5²⁶	A	Eph	6¹²	AB	Gal	2⁹	AB		Rom	7⁵	A	Rom	9³⁰	A	Rom	10²¹	A⁑
	Gal	5¹⁰	B	Gal	5¹⁷	AB	Gal	5²³	AB		2Cr	10¹⁰	B	Gal	4²⁴	B	Php	4³	AB
	Php	1³⁰	B	Php	2²	B	Php	2⁴	B2		Col	2¹⁴	B	Col	3¹⁹	B	2Th	3¹⁴	AB
	Php	3¹	AB	Php	3²	AB	Php	3⁹	A2B		2Tm	2²³	AB	2Tm	3¹⁵	AB	Neh	6¹⁶	D
	Col	1¹⁶	AB2	Col	1²⁰	A2B2	Col	1²³	AB		Skr	7²⁴	*E*						
	Col	2¹⁵	B	Col	3⁸	AB	Col	3¹⁴	B‡	þoze	Luk	19³⁷	*A*						
	Col	4⁴	AB	Col	4¹⁵	B	1Th	5¹	B	þozei	Mat	27⁵⁵	*A*	Jhn	6²	*A*	Luk	8²	*A*

		Luk	8³	A	Luk	10¹³	A	Mrk	15⁴¹	A
		2Cr	1⁶	B	Php	4³	AB	1Th	4⁵	B
		2Th	1⁴	AB	1Tm	5³	B			
þrafstei	Mat	9²	A	Mat	9²²	A	Luk	8⁴⁸	A		
	Mrk	10⁴⁹	A								
þrafsteinais	Rom	15⁵	C								
þrafsteiþ	Jhn	16³³	A	1Th	4¹⁸	B	1Th	5¹¹	B		
þrafstidedun	Neh	6¹⁴	D								
þrafstjaiþ	1Th	5¹⁴	B								
þrafstjandans	Jhn	11³¹	A								
þrafstjands	Luk	3¹⁸	A								
þragida	Mat	27⁴⁸	A								
þragjai	2Th	3¹	B								
þragjands	Luk	15²⁰	A	Mrk	15³⁶	A					
þraihanai	2Cr	4⁸	AB								
þraihans	Mat	7¹⁴	A								
þraiheina	Mrk	3⁹	A								
þraihun	Luk	8⁴²	A	Mrk	5²⁴	A					
þramsteins	Mrk	1⁶	A								
þrasabalþein	Skr	5¹¹	E								
þreihand	Luk	8⁴⁵	A								
þreihanda	2Cr	1⁶	B	2Cr	6¹²	A2B2					
þreihandein	Mrk	5³¹	A								
þreihslam	2Cr	12¹⁰	AB								
þri..d..	1Cr	9⁹g	A*								
þridja	Luk	20³¹	A	Mrk	12²¹	A					
þridjan	Mat	27⁶⁴	A	Luk	20¹²	A	2Cr	12²	AB		
þridjin	Luk	9²²	A	Luk	18³³	A	Mrk	9³¹	A		
	Mrk	10³⁴	A	1Cr	15⁴	A					
þridjo	Mrk	15²⁵	A	2Cr	12¹⁴	AB	2Cr	13¹	AB		
þrija	Mrk	14⁵	A								
þrije	Luk	3²³	A	2Cr	13¹	B	1Tm	5¹⁹	A		
þrim	Mat	26⁷⁵	AC	Jhn	13³⁸	A	Luk	4²⁵	A		
	Mrk	14⁷²	A	2Cr	11²⁵	B2	2Cr	12⁸	AB		
þrins	Mat	27³	A	Mat	27⁹	A	Mat	27⁶³	A		
	Luk	1⁵⁶	A	Luk	2⁴⁶	A	Luk	9³³	A		
	Mrk	8²	A	Mrk	8³¹	A	Mrk	9⁵	A		
	Mrk	14⁵⁸	A	Mrk	15²⁹	A	1Cr	14²⁷	A		
þriskandan	1Cr	9⁹	A								
þriskandin	1Tm	5¹⁸	A								
þroþei	1Tm	4⁷	AB								
þrutsfill	Mat	8²	A	Mat	8³	A	Luk	5¹³	A		
	Mrk	1⁴⁰	A	Mrk	1⁴²	A					
þrutsfillai	Mat	11⁵	A	Luk	4²⁷	A	Luk	7²²	A		
	Luk	17¹²	A								
þrutsfillis	Luk	5¹²	A								
þu	Mat	6⁶	A	Mat	6⁹	A	Mat	6¹⁷	A		
	Mat	11²³	AA*	Mat	26⁶⁹	C	Mat	26⁷³	AC		
	Mat	27⁴	A	Mat	27¹¹	A2	Jhn	6³⁰	A		
	Jhn	6⁶⁹	A	Jhn	7³	A	Jhn	7⁵²	A		
	Jhn	8¹³	A	Jhn	8²⁵	A	Jhn	8³³	A		
	Jhn	8⁴⁸	A	Jhn	8⁵²	A	Jhn	8⁵³	A2		
	Jhn	9¹⁷	A	Jhn	9²⁸	A	Jhn	9³⁴	A2		
	Jhn	9³⁵	A	Jhn	10²⁴	A	Jhn	10³³	A		
	Jhn	11²⁷	A	Jhn	11⁴²	A	Jhn	12³⁴	A		

	Jhn	13³⁸	A	Jhn	14⁹	A	Jhn	16³⁰	A2		
	Jhn	17⁵	A	Jhn	17⁸	A	Jhn	17²¹	A2		
	Jhn	17²³	A2	Jhn	17²⁵	A	Jhn	18¹⁷	A		
	Jhn	18²⁵	A	Jhn	18³³	A	Jhn	18³⁴	A		
	Jhn	18³⁷	A2	Jhn	19⁹	A	Luk	1²⁸	A		
	Luk	1⁴²	A	Luk	1⁷⁶	A	Luk	3²²	A		
	Luk	4⁷	A	Luk	4²³	A	Luk	4⁴¹	A		
	Luk	9²⁰	A	Luk	9⁶⁰	A	Luk	10¹⁵	A2		
	Luk	15³¹	A	Luk	16⁷	A	Luk	17⁸	A		
	Luk	17⁹	A	Luk	19¹⁹	A	Luk	19⁴²	A		
	Mrk	1¹¹	A	Mrk	1²⁴	A	Mrk	3¹¹	A		
	Mrk	8²⁹	A	Mrk	9²⁵	A2	Mrk	14⁶¹	A		
	Mrk	14⁶⁷	A	Mrk	14⁶⁸	A	Mrk	15²	A2		
	Rom	9²⁰	A	Rom	11¹⁷	A	Rom	11¹⁸	A		
	Rom	11²⁰	A	Rom	11²²	A	Rom	11²⁴	A		
	Rom	14⁴	A	Rom	14¹⁰	C 2	1Cr	7¹⁶	A		
	Gal	2¹⁴	B	Gal	6¹	AB	1Tm	4¹⁵	B		
	1Tm	6¹¹	AB	2Tm	1¹⁸	AB	2Tm	2¹	B		
	2Tm	2³	B	2Tm	3¹⁰	AB	2Tm	3¹⁴	AB		
	2Tm	4⁵	AB	2Tm	4¹⁵	A	Tit	2¹	A		
	Phm	12	A	Skr	4⁴	E	Skr	8²⁶	E		
þû	Mat	11³	A	Luk	7¹⁹	A	Luk	7²⁰	A		
þuei	Rom	14⁴	A								
þuggkeiþ	Jhn	16²	A								
þuggkjand	Mrk	10⁴²	A								
þugkeiþ	Mat	6⁷	A	Mat	26⁶⁶	C	Luk	8¹⁸	A		
	Mrk	14⁶⁴	A	1Cr	exp	A	2Cr	12¹⁹	AB		
	Gal	6³	AB	Php	3⁴	AB					
þugkjaima	2Cr	10⁹	B	2Cr	13⁷	A2B2					
þugkjand	1Cr	12²²	A								
þugkjandam	Gal	2⁶	AB								
þugkjandans	Gal	2⁶	AB								
þuhta	Luk	19¹¹	A	Gal	2²	AB	Skr	4¹⁹	E		
	Skr	6¹¹	E								
þuhtaus	1Cr	10²⁸	A*	Col	2²³	A= B= *					
þuhtedi	Skr	1¹⁷	E								
þuhtedun	Gal	2⁹	B	Skr	6³	E					
þuhtu	1Cr	10²⁹	A								
þuhtuþ-þan	1Cr	10²⁹	A								
þuk	Mat	5²³	A	Mat	5²⁵	A2	Mat	5²⁹	A		
	Mat	5³⁰	A	Mat	5³⁹	A	Mat	5⁴¹	A		
	Mat	5⁴²	A	Mat	6³	A	Mat	8⁴	A		
	Mat	8¹⁹	A	Mat	9²	A	Mat	9²²	A2		
	Mat	25³⁸	C	Mat	25³⁹	C	Mat	25⁴⁴	C		
	Mat	26⁶⁸	C	Mat	26⁷³	AC	Mat	27¹³	A		
	Jhn	7⁴	A	Jhn	7²⁰	A	Jhn	8¹³	A		
	Jhn	8⁵³	A	Jhn	10³³	A2	Jhn	11⁸	A		
	Jhn	11²⁸	A	Jhn	13³⁷	A2	Jhn	14²²	A		
	Jhn	16³⁰	A	Jhn	17¹	A	Jhn	17³	A		
	Jhn	17⁴	A	Jhn	17²⁵	A2	Jhn	18²⁶	A		
	Jhn	18³⁵	A	Jhn	19¹⁰	A2	Luk	1³⁵	A		
	Luk	2⁴⁸	A	Luk	4⁹	A	Luk	4¹⁰	A2		
	Luk	4¹¹	A	Luk	4²³	A	Luk	4³⁴	A		
	Luk	5⁸	A=	Luk	5¹⁴	A	Luk	6²⁹	A		
	Luk	6³⁰	A	Luk	7⁶	A	Luk	7⁵⁰	A		

	Luk	8^{20} A	Luk	8^{28} A	Luk	8^{39} A		Luk	8^{28} A	Luk	8^{39} A	Luk	9^{33} A
	Luk	8^{45} A	Luk	8^{48} $A2$	Luk	9^{38} A		Luk	10^{13} $A2$	Luk	10^{21} A	Luk	14^{10} $A3$
	Luk	9^{57} A	Luk	9^{61} A	Luk	10^{27} A		Luk	14^{12} A	Luk	14^{14} $A2$	Luk	15^{29} A
	Luk	14^{10} A	Luk	14^{12} A	Luk	14^{18} A		Luk	16^{2} A	Luk	16^{6} A	Luk	16^{7} A
	Luk	14^{19} A	Luk	17^{6} $A2$	Luk	17^{19} A		Luk	17^{4} A	Luk	18^{11} A	Luk	18^{22} A
	Luk	18^{28} A	Luk	18^{42} A	Luk	19^{21} A		Luk	18^{41} A	Luk	19^{43} A	Luk	19^{44} $A2$
	Luk	19^{22} A	Luk	19^{43} $A3$	Luk	19^{44} A		Luk	20^{2} A	Mrk	1^{2} $A2$	Mrk	1^{24} A
	Mrk	1^{24} A	Mrk	1^{37} A	Mrk	1^{44} A		Mrk	2^{5} A	Mrk	2^{9} A	Mrk	2^{11} A
	Mrk	3^{32} A	Mrk	4^{38} A	Mrk	5^{7} A		Mrk	5^{7} A	Mrk	5^{19} A	Mrk	5^{41} A
	Mrk	5^{19} A	Mrk	5^{31} A	Mrk	5^{34} A		Mrk	6^{18} A	Mrk	6^{22} A	Mrk	6^{23} A
	Mrk	9^{43} A	Mrk	9^{45} A	Mrk	9^{47} A		Mrk	9^{5} A	Mrk	9^{17} A	Mrk	9^{25} A
	Mrk	10^{28} A	Mrk	10^{35} A	Mrk	10^{49} $A2$		Mrk	9^{43} A	Mrk	9^{45} A	Mrk	9^{47} A
	Mrk	10^{52} A	Mrk	11^{23} A	Mrk	12^{14} A		Mrk	10^{21} A	Mrk	10^{51} A	Mrk	11^{14} A
	Mrk	12^{31} A	Mrk	14^{60} A	Mrk	15^{4} A		Mrk	11^{23} A	Mrk	11^{28} A	Mrk	exp S
	Mrk	15^{30} A	Rom	8^{36} A	Rom	9^{17} A		Rom	9^{7} A	Rom	9^{17} A	Rom	10^{8} A
	Rom	11^{18} A	Rom	11^{21} A	Rom	13^{9} A		Rom	11^{22} A	Rom	13^{4} AC	Rom	15^{9} C
	Rom	15^{3} C	1Cr	4^{7} A	1Cr	8^{10} A		2Cr	6^{2} AB	1Tm	1^{18} B	1Tm	3^{14} $A2$
	2Cr	12^{9} AB	Gal	5^{14} B	Gal	6^{1} AB		1Tm	4^{14} $B2$	1Tm	4^{15} B	1Tm	4^{16} $B2$
	Php	4^{3} AB	1Tm	1^{3} AB	1Tm	1^{18} AB		2Tm	1^{5} $A2B$	2Tm	1^{6} AB	2Tm	2^{7} B
	1Tm	4^{7} AB	1Tm	4^{16} B	1Tm	5^{22} AB		2Tm	3^{14} AB	2Tm	4^{11} AB	Tit	1^{5} $B2$
	1Tm	6^{14} B	2Tm	1^{3} A	2Tm	1^{4} A		Phm	^{11} A	Phm	^{16} A	Phm	^{18} A
	2Tm	1^{6} AB	2Tm	1^{8} AB	2Tm	2^{1} B		Phm	^{19} A	Phm	^{21} A	Skr	2^{6} E
	2Tm	2^{15} B	2Tm	3^{14} AB	2Tm	3^{15} AB		Skr	2^{19} E	Skr	4^{4} E	DeA	^{1} $\mathfrak{X}$
	Phm	^{13} A	Phm	^{23} A	Ver	8^{14} V	þusundi	Neh	7^{34} D	Neh	7^{40} D	Neh	7^{41} D
þukei	Mrk	1^{11g} A						Neh	7^{42} D				
þulain	Rom	15^{4} C	1Tm	6^{11} AB	Skr	2^{2} E	þusundifadim			Mrk	6^{21} A		
þulainai	Luk	8^{15} A	2Cr	12^{12} AB	2Tm	3^{10} AB	þusundifaþs	Jhn	18^{12} A				
þulainais	Rom	15^{5} C	Skr	2^{2} E			þusundjo	Luk	14^{31} A				
þulaine	2Cr	1^{5} B	2Cr	1^{6} B	2Cr	1^{7} B	þusundjom	Luk	14^{31} A	Mrk	8^{19} A	Mrk	8^{20} A
	Php	3^{10} AB					þusundjos	Jhn	6^{10} A	Luk	9^{14} A	Mrk	5^{13} A
þulaiþ	1Cr	13^{7} A	2Th	1^{5} $A*$				Mrk	8^{9} A	Neh	7^{19} $D*$	Neh	7^{38} D
þulan	Php	4^{12} B						Skr	7^{9} E				
þulandans	Col	3^{13} B					þusundjus	Neh	7^{17} D				
þulau	Luk	9^{41} A	Mrk	9^{19} A			þuthaurna	1Cr	15^{52} AB	1Th	4^{16} B		
þus	Mat	5^{26} A	Mat	5^{29} $A2$	Mat	5^{30} $A2$	þuthaurneiþ	1Cr	15^{52} AB				
	Mat	5^{40} A	Mat	5^{42} A	Mat	6^{2} A	þuzei	Luk	3^{22} A	Mrk	1^{11} A		
	Mat	6^{4} A	Mat	6^{6} A	Mat	6^{18} A	þwah	Mat	6^{17} A				
	Mat	6^{23} A	Mat	8^{13} A	Mat	8^{29} A	þwahan	Jhn	9^{7} A	Jhn	13^{14} A		
	Mat	9^{2} A	Mat	9^{5} A	Mat	11^{10} $A2$	þwahand	Mrk	7^{3} A				
	Mat	11^{21} $A*A:$	Mat	11^{24} A	Mat	25^{39} C	þwahl	Skr	2^{8} $E°$				
	Mat	25^{44} C	Mat	27^{19} A	Jhn	6^{30} A	þwahla	Eph	5^{26} A				
	Jhn	9^{10} A	Jhn	9^{17} A	Jhn	9^{26} $A2$	þwairhaiþ-þan			Eph	4^{26} AB		
	Jhn	9^{37} A	Jhn	11^{22} A	Jhn	11^{40} A	þwairhei	Eph	4^{31} AB				
	Jhn	11^{41} A	Jhn	12^{15} A	Jhn	13^{38} A	þwairhein	Rom	9^{22} A	Rom	10^{19} A	Rom	12^{19} AC
	Jhn	17^{5} $A2$	Jhn	17^{7} A	Jhn	17^{8} A		Rom	13^{4} AC	Eph	4^{26} AB	Col	3^{8} AB
	Jhn	17^{11} A	Jhn	17^{13} A	Jhn	17^{21} A		Col	3^{21} B	1Tm	2^{8} AB		
	Jhn	18^{30} A	Jhn	18^{34} $A2$	Jhn	19^{11} $A2$	þwairheins	Rom	9^{22} A	Rom	13^{5} A	2Cr	12^{20} AB
	Luk	1^{3} A	Luk	1^{13} $A2$	Luk	1^{14} A		Skr	8^{17} E				
	Luk	1^{19} $A2$	Luk	1^{28} A	Luk	1^{30} A	þwairhs	Luk	14^{21} A	Tit	1^{7} B		
	Luk	1^{35} A	Luk	4^{6} A	Luk	4^{34} A	þwalh	SkB	2^{8} $E¤$				
	Luk	5^{10} A	Luk	5^{20} A	Luk	5^{23} A	þwastiþa	Php	3^{1} AB				
	Luk	5^{24} A	Luk	6^{29} A	Luk	7^{7} A	þwmiamins	Luk	1^{10} A	Luk	1^{11} A		
	Luk	7^{14} A	Luk	7^{20} A	Luk	7^{27} A	þwohi	1Tm	5^{10} AB				
	Luk	7^{40} A	Luk	7^{47} A	Luk	7^{48} A							

u

ubil	Mat	8¹⁶	A	Jhn	18²³	A	Luk	6⁴³	A		Rom	9⁵	A	1Cr	4⁶	A	2Cr	1⁵	B
	Luk	6⁴⁵	A	Mrk	1³²	A	Mrk	1³⁴	A		2Cr	1⁸	B	2Cr	8³	AB	2Cr	11⁵	B
	Mrk	6⁵⁵	A	Mrk	7¹⁰	A	Rom	7¹⁹	A		2Cr	12⁶	AB	2Cr	12¹¹	AB	2Cr	12¹³	AB
	Rom	7²¹	A	Rom	12¹⁷	A	Rom	13⁴	A2C2		Eph	1²²	AB	Eph	3²⁰	AB	Eph	4⁶	A
	Rom	13¹⁰	A	1Cr	13⁵	A	1Th	5¹⁵	B		Eph	4¹⁰	A	Eph	6¹⁶	AB	Php	4⁷	B
ubila	Mat	7¹⁷	A2	Mat	7¹⁸	A	Mat	9⁴	A		Col	3¹⁴	B	2Th	2⁴	A	Phm	16	A
	Jhn	7⁷	A	Luk	3¹⁹	A	Rom	12⁹	A*		Phm	21	A	Neh	7²	D	SkB	3¹⁷	E¤
	1Cr	15³³	A	Col	3⁵	B	Tit	1¹²	A		Skr	6¹²	E	Skr	7¹¹	E			
ubilaba	Jhn	18²³	A	Mrk	2¹⁷	A				ufarassau	Luk	15¹⁷	A	Mrk	7³⁷	A	Rom	7¹³	A
ubilai	2Tm	3¹³	AB								2Cr	1⁸	B	2Cr	1¹²	AB	2Cr	2⁴	AB
ubilaim	Col	1²¹	AB	2Th	3²	B					2Cr	4¹⁷	B	2Cr	7¹⁵	AB	2Cr	10¹⁴	B
ubilaize	Luk	7²¹	A	Luk	8²	A	Eph	4²⁹	AB		2Cr	10¹⁵	B	2Cr	11²³	B2	2Cr	12¹⁵	AB
	1Tm	6¹⁰	AB								Eph	1⁸	AB	Eph	3¹⁹	AB	Php	4¹²	B
ubilaizo	1Th	5²²	AB								1Th	2¹⁷	B	1Th	3¹⁰	B	1Th	5¹³	B
ubilamma	Luk	6²²	A	Luk	6⁴⁵	A	Rom	12¹⁷	A		1Tm	2²	AB						
	Rom	13³	AC	1Th	5¹⁵	B				ufarassaus	2Cr	3¹⁰	AB	2Cr	9¹⁴	B⁺	Php	3⁸	AB
ubilan	1Cr	5¹³	A							ufarassiþ	1Tm	1¹⁴	B						
ubilana	Col	3⁵	A							ufarassjai	2Cr	4¹⁵	B*						
ubilans	Mat	5⁴⁵	A	Php	3²	AB				ufarassjaiþ	2Cr	9⁸	B						
ubilin	Mat	5³⁷	A	Mat	6¹³	A	Eph	6¹³	AB	ufarassjan	2Cr	9⁸	B						
	Gal	1⁴	B	2Th	3³	B				ufarassjando	2Cr	9¹²	B						
ubilis	Mrk	15¹⁴	A	2Cr	13⁷	AB				ufarassu	Eph	2⁷	AB	Php	4¹²	B			
ubilona	Mrk	7²³	A							ufarassus	2Cr	1⁵	B	2Cr	4⁷	AB	2Cr	8¹⁴	A2BB*
ubilos	Mrk	7²¹	A	1Tm	6⁴	AB					Eph	1¹⁹	AB*						
ubils	Mat	7¹⁸	A	Luk	6⁴³	A	Luk	6⁴⁵	A	ufarfulla	Luk	6³⁸	A						
ubiltojis	Jhn	18³⁰	A	2Tm	2⁹	B				ufarfullein	Luk	6⁴⁵	A						
ubilwaurdjan	Mrk	9³⁹	A							ufarfulliþs	2Cr	7⁴	AB						
ubilwaurds	1Cr	5¹¹	A							ufarfulljandans				1Cr	15⁵⁸	AB			
ubizwai	Jhn	10²³	A							ufargaggai	1Th	4⁶	B						
ubuhwopida	Luk	18³⁸	A							ufargaggan	Skr	1¹⁵	E	Skr	1¹⁸	E	Skr	1²⁰	E
udaga	Ver	8¹⁴	V*							ufargudjam	Mrk	10³³	A						
uf	Mat	8⁸	A	Mat	8⁹	A	Luk	3²³	A	ufargutana	Luk	6³⁸	A						
	Luk	4²⁷	A	Luk	7⁶	A	Luk	7⁸	A2	ufarhafjands	2Th	2⁴	A*						
	Luk	8¹⁶	A	Luk	17²⁴	A2	Mrk	2²⁶	A	ufarhafnau	2Cr	12⁷	AB						
	Mrk	4²¹	A	Mrk	4³²	A	Mrk	12¹	A	ufarhamon	2Cr	5²	AB:						
	Rom	7¹⁴	A	1Cr	9²⁰	A5	1Cr	10¹	A	ufarhauhiþs	1Tm	3⁶	A						
	1Cr	15²⁵	A	1Cr	15²⁶	A	1Cr	15²⁷	A	ufarhauseino	2Cr	10⁶	B						
	1Cr	15²⁸	A	Eph	1²²	AB	Gal	4²	A	ufarhiminakunda				1Cr	15⁴⁸	AB			
	Gal	4³	A	Gal	4³g	A	Gal	4⁴	A	ufarhiminakundans				1Cr	15⁴⁸	AB			
	Gal	4⁵	A	Gal	4²¹	AB	Gal	5¹⁸	AB	ufarhleiþrjai	2Cr	12⁹	AB						
	Col	1²³	AB	1Tm	6¹	AB	1Tm	6¹³	AB	ufarhugjau	2Cr	12⁷	AB						
	Skr	1²	E							ufariddja	Luk	15²⁹	A						
ufaiþjai	Neh	6¹⁸	D							ufarist	2Cr	3⁹	AB						
ufar	Mat	6¹⁴	A	Mat	6²⁶	A	Mat	6³²	A	ufarjaina	2Cr	10¹⁶	B						
	Mat	10²⁴	A2	Mat	10³⁷	A2	Mat	27⁴⁵	A	ufarlagida	Jhn	11³⁸	A						
	Jhn	6¹	A	Jhn	6¹⁷	A	Jhn	10⁴⁰	A	ufarlaiþ	Mat	9¹	A						
	Jhn	18¹	A	Luk	1³³	A	Luk	3¹³	A	ufarmaudein	Skr	6⁴	E						
	Luk	4³⁹	A	Luk	6⁴⁰	A	Luk	9¹	A	ufarmeleins	Mrk	12¹⁶	A						
	Luk	19¹⁴	A	Luk	19¹⁷	A	Luk	19²⁷	A	ufarmeli	Luk	20²⁴	A	Mrk	15²⁶	A			

ufarmeliþ	Mrk	15²⁶	A					ufhropida	Mat	27⁴⁶	A	Luk	4³³	A	Mrk 1²³ A
ufarmiton	Skr	3¹⁷	E°					ufhropjands	Luk	8²⁸	A	Luk	16²⁴	A	Mrk 9²⁴ A
ufarmunnodedun				Mrk	8¹⁴	A		Ufitahari	DeN	1¹	N				
ufarmunnonds				Php	2³⁰	AB	Php 3¹⁴ AB	ufjo	2Cr	9¹	AB				
ufaro	Jhn	11³⁸	A	Luk	2⁸	A	Luk 10¹⁹ A	ufku..þ..ina	Luk	24¹⁶	G				
	Luk	19¹⁹	A	Eph	1²¹	AB	Skr 4¹³ EE	ufkunna	1Cr	13¹²	A				
	Skr	4¹⁹	E					ufkunnai	Jhn	14³¹	A				
ufarranneinim				Skr	3¹⁰	E		ufkunnaida	1Cr	1²¹	A				
ufarskadweid	Luk	1³⁵	A					ufkunnaidai	2Cr	6⁸	AB				
ufarskadwida	Luk	9³⁴	A					ufkunnaidau	Mat	10²⁶	A				
ufarskadwjands				Mrk	9⁷	A		ufkunnaiþ	Mat	7¹⁶	A	Mat	7²⁰	A	Jhn 7¹⁷ A
ufarskafts	Rom	11¹⁶	A						Jhn	7⁵¹	A	Jhn	8²⁸	A	Jhn 8³² A
ufarstigun	Mrk	4⁷	A						Jhn	10³⁸	A	Jhn	14²⁰	A	1Cr 16¹⁸ B
ufarswarais	Mat	5³³	A						2Cr	1¹³	A2B2				
ufarswaram	1Tm	1¹⁰	B					ufkunnan	1Th	3⁵	B				
ufartrusnjandans				Skr	3¹⁶	E		ufkunnand	Jhn	13³⁵	A				
ufarþeihandei				Skr	3²¹	E		ufkunnandam				1Tm	4³	AB	
ufarwahseiþ	2Th	1³	AB					ufkunnandans				Mrk	6⁵⁴	A	Gal 2⁹ AB
ufarwisandam				Rom	13¹	AC			Gal	4⁹	A				
ufbaulidai	2Tm	3⁴	AB					ufkunnandei	Luk	7³⁷	A				
ufblesada	1Cr	13⁴	A					ufkunnands	Luk	5²²	A	Mrk	2⁸	A	Php 2²⁸ A⁼*
ufblesans	1Cr	4⁶	A	Col	2¹⁸	B			Php	2²⁸	B⁼*				
ufbrann	Mrk	4⁶	A					ufkunnau	2Cr	2⁹	AB				
ufbrikan	Mrk	6²⁶	A					ufkunþa	Jhn	17⁷	A	Jhn	17²⁵	A	Luk 8⁴⁶ A
ufbrikands	1Tm	1¹³	B						Mrk	5²⁹	A	Mrk	5³⁰	A	Rom 11³⁴ C
ufbrikiþ	Luk	10¹⁶	A4	1Th	4⁸	B2		ufkunþedi	Luk	7³⁹	A				
ufdaupidai	Luk	7²⁹	A					ufkunþedjau	Rom	7⁷	A				
ufdaupidamma				Luk	3²¹	A		ufkunþedum	Jhn	6⁶⁹	A	Jhn	8⁵²	A	2Cr 5¹⁶ AB
ufdaupiþs	Mrk	16¹⁶	S					ufkunþedun	Jhn	7²⁶	A	Jhn	16³	A	Jhn 17²⁵ A
ufdaupjands	Jhn	13²⁶	A2						Neh	6¹⁶	D				
ufgaurdanai	Eph	6¹⁴	AB					ufkunþes	Jhn	14⁹	A	Luk	19⁴⁴	A	
ufgraband	Mat	6¹⁹	A	Mat	6²⁰	A		ufkunþja	Eph	1¹⁷	AB	Col	1¹⁰	AB	Col 3¹⁰ B
ufhaband	Luk	4¹¹	A						1Tm	2⁴	AB	2Tm	2²⁵	AB	2Tm 3⁷ AB
ufhausein	2Cr	7¹⁵	AB	2Cr	10⁵	B			Tit	1¹	B				
ufhauseinai	2Cr	9¹³	B	1Tm	2¹¹	AB	Phm ²¹ A	ufkunþjis	Eph	4¹³	A				
ufhauseins	2Cr	10⁶	B					ufligaiþ	Luk	16⁹	A				
ufhauseiþ	Mat	6²⁴	A	Rom	8⁷	A	Eph 5²⁴ A	ufligand	Mrk	8³	A				
ufhausidedun				Rom	10³	A	Rom 10¹⁶ A	ufmelida	DeN	1¹	N⁺	DeN	2¹	N	DeN 3¹ N
ufhausjai	Rom	13¹	AC	2Th	3¹⁴	AB			DeN	4¹	N	DeA	3	𝔛	
ufhausjaina	Eph	5²²	A					ufrakei	Luk	6¹⁰	A	Mrk	3⁵	A	
ufhausjaiþ	Rom	13⁵	AC	1Cr	16¹⁶	B	Col 3¹⁸ B	ufrakida	Luk	6¹⁰	A	Mrk	3⁵	A	
	Col	3²⁰	B	Col	3²²	B		ufrakjai	1Cr	7¹⁸	A				
ufhausjan	Gal	3¹	A	Gal	5⁷	B		ufrakjands	Mat	8³	A	Luk	5¹³	A	Mrk 1⁴¹ A
ufhausjand	Mat	8²⁷	A	Luk	8²⁵	A	Luk 10¹⁷ A	ufsaggqiþs	1Cr	15⁵⁴	B				
	Luk	10²⁰	A	Mrk	1²⁷	A	Mrk 4⁴¹ A	ufsagqiþs	1Cr	15⁵⁴	A				
ufhausjandam				2Th	1⁸	A		ufslaup	Gal	2¹²	B				
ufhausjandans				2Cr	2⁹	AB	Eph 5²¹ A	ufsliupandane				Gal	2⁴	A*B	
	Skr	1¹⁹	E					ufsnaist	Luk	15³⁰	A				
ufhausjandona				1Tm	3⁴	A⁻B		ufsnaiþ	Luk	15²⁷	A				
ufhausjands	Luk	2⁵¹	A	Php	2⁸	B		ufsneiþai	Jhn	10¹⁰	A				
ufhlohjanda	Luk	6²¹	A					ufsneiþiþ	Luk	15²³	A				
ufhnaiwein	Gal	2⁵	AB					ufsniþans	1Cr	5⁷	A				
ufhnaiwida	1Cr	15²⁶	A	1Cr	15²⁷	A2	Eph 1²² AB	ufstrawidedun				Luk	19³⁶	A	
ufhnaiwjan	Php	3²¹	AB					ufswalleinos	2Cr	12²⁰	A				
ufhnaiwjandin				1Cr	15²⁸	A		ufswogjands	Mrk	8¹²	A				

ufta	Jhn	18²	A	Luk	5³³	A	Mrk	5⁴	A		1Cr	15²⁵	A	1Cr	16⁸	AB	2Cr	1¹³	AB
	Mrk	7³	A	Mrk	9²²	A	1Cr	11²⁵	A		2Cr	3⁹	AB	2Cr	3¹¹	AB	2Cr	3¹⁴	AB
	1Cr	11²⁶	A	2Cr	8²²	AB	2Cr	11²³	B		2Cr	3¹⁵	AB	2Cr	10¹³	B	2Cr	10¹⁴	B2
	2Cr	11²⁶	B	2Cr	11²⁷	B2	Php	3¹⁸	AB		2Cr	12²	AB	Gal	4¹	A	Gal	4²	A
	1Tm	5²³	AB	2Tm	1¹⁶	AB					Php	1²³	B	Php	2⁸	B	Php	2³⁰	AB
ufto	Mat	27⁶⁴	A								1Th	2¹⁶	B	1Th	5¹⁵	B	1Tm	6¹⁴	B
ufþanjam	2Cr	10¹⁴	B								2Tm	2⁹	B	Neh	5¹⁴	D	Neh	7³	D
ufþanjands	Php	3¹⁴	AB								SkB	4¹⁰	E ⌑	Skr	4¹¹	E			
ufwaira	Rom	7²	A							undar	Mrk	4²¹	A						
ufwopida	Luk	1⁴²	A	Luk	8⁸	A	Luk	9³⁸	A	undaristo	Eph	4⁹	A⁻						
uggkis	Mat	9²⁷	A	Jhn	17²¹	A	Mrk	10³⁵	A	undarleijin	Eph	3⁸	B						
ugkis	Luk	7²⁰	A	Mrk	10³⁷	A	1Cr	4⁶	A	undaro	Mrk	6¹¹	A	Mrk	7²⁸	A			
uhtedun	Mrk	11³²	A							undaurnimat	Luk	14¹²	A						
uhteigai	1Cr	7⁵	A							undgreip	1Tm	6¹²	AB						
uhteigo	2Tm	4²	A							undgreipan	Mrk	12¹²	A						
uhtiug	1Cr	16¹²	B							undgreipandans				Mrk	12⁸	A			
uhtwon	Mrk	1³⁵	A							undgreipands				Mrk	1³¹	A	Mrk	9²⁷	A
ulbandau	Luk	18²⁵	A	Mrk	10²⁵	A				undgripun	Jhn	18¹²	A	Mrk	14⁴⁶	A	Mrk	15²¹	A
ulbandaus	Mrk	1⁶	A							undiwanein	1Cr	15⁵³	AB	1Cr	15⁵⁴	A	1Tm	6¹⁶	B
unagandans	Php	1¹⁴	B							undredan	Skr	6¹³	E						
unagands	1Cr	16¹⁰	A⁺B							undrinnai	Luk	15¹²	A						
unagein	Luk	1⁷⁴	A							undrunnun	Skr	3⁶	E°						
unairknai	2Tm	3²	B							unfagram	Luk	6³⁵	A						
unairknaim	1Tm	1⁹	AB							unfairinodaba				1Th	2¹⁰	B			
unairknans	2Tm	3²	A							unfairinona	1Th	3¹³	B*	1Th	5²³	A			
unaiwiskana	2Tm	2¹⁵	B							unfairlaistidon				Eph	3⁸	B			
unanasiuniba	Skr	8²	E							unfaurjos	1Tm	5¹³	A						
unandhuliþ	2Cr	3¹⁴	AB							unfaurweisane				Skr	3¹⁴	E			
unandsakana	Skr	6¹⁵	E							unfraþjandein				Rom	10¹⁹	A			
unandsok	Skr	6¹³	E							unfreideinai	Col	2²³	AB⁺						
unatgaht	1Tm	6¹⁶	B							unfrodai	Eph	5¹⁷	A						
unbairandane				Jhn	15²	A	Luk	3⁹	A	unfrodana	2Cr	11¹⁶	B2						
unbairandei	Gal	4²⁷	B							unfrodans	Gal	3¹	A						
unbarnahs	Luk	20²⁸	A	Luk	20²⁹	A	Luk	20³⁰	A	unfrodein	2Cr	11¹⁷	B	2Cr	11²¹	B			
unbauranamma				Skr	5²⁰	E				unfrodeins	Luk	6¹¹	A	2Cr	11¹	B			
unbeistein	1Cr	5⁸	A							unfroþans	Gal	3³	A						
unbeistjodai	1Cr	5⁷	A							ungafairinoda				1Tm	6¹⁴	B			
unbiarja	Tit	1¹²	A*							ungafairinodai				1Tm	3¹⁰	A			
unbilaistidai	Rom	11³³	C							ungafairinodos				1Tm	5⁷	AB⁺			
unbimaita	Col	2¹³	B							ungafairinonds				1Tm	3²	AB	Tit	1⁶	B
unbimaitanai	Eph	2¹¹	AB							ungafairinoþs				Tit	1⁷	B			
unbrukjai	Luk	17¹⁰	A	Skr	1²	E				ungahabandans				2Tm	3³	AB			
und	Mat	5¹⁸	A	Mat	5²⁵	A	Mat	5³⁸	A2	ungahobainais				1Cr	7⁵	A			
	Mat	9¹⁵	A	Mat	10²⁵	A	Mat	11¹²	A	ungaƕairba	Tit	1⁶	B						
	Mat	11¹³	A	Mat	11²³	AA²2	Mat	27⁸	A	ungaƕairbai	2Tm	3²	AB	Tit	1¹⁰	AB			
	Mat	27¹⁰	A	Mat	27⁴⁵	A	Mat	27⁵¹	A	ungakusanai	2Cr	13⁵	AB	2Cr	13⁶	AB	2Cr	13⁷	AB
	Mat	27⁶⁴	A	Jhn	10²⁴	A	Jhn	16²⁴	A		Tit	1¹⁶g	A						
	Luk	1²⁰	A	Luk	1⁵⁵	A	Luk	1⁸⁰	A	ungalaubamma				Rom	9²¹	A⁺			
	Luk	2¹⁵	A	Luk	4¹³	A	Luk	4²⁹	A	ungalaubein	Mrk	16¹⁴	S						
	Luk	4⁴²	A	Luk	9⁴¹	A	Luk	10¹⁵	A2	ungalaubeinai				Rom	11²⁰	A	Rom	11²³	A
	Luk	16¹⁶	A	Luk	17²⁷	A	Luk	18⁵	A		Rom	11³⁰	A	Rom	11³²	A	1Tm	1¹³	B
	Luk	18³⁹	A	Mrk	2¹⁹	A	Mrk	6²³	A		Skr	8⁸	E						
	Mrk	9¹⁹	A2	Mrk	13¹⁹	A	Mrk	13²⁷	A	ungalaubeinais				Mrk	6⁶	A	Mrk	9²⁴	A
	Mrk	15³³	A	Mrk	15³⁸	A	Rom	11²⁵	A		Eph	2²	AB	Eph	5⁶	B*	Col	3⁶	AB
	Rom	12¹⁷	A	1Cr	4¹¹	A	1Cr	15⁶	A	ungalaubjandam				1Cr	14²²	A2	2Cr	6¹⁴	AB

		Tit	1^{15}	A			unhulþon	Mat	11^{18}	A*	Jhn	7^{20}	A	Jhn	8^{48}	A
ungalaubjandan								Jhn	8^{49}	A	Jhn	8^{52}	A	Jhn	10^{20}	A
ungalaubjandane		1Cr	10^{27}	A	2Cr	4^4	AB		Jhn	10^{21}	A	Luk	7^{33}	A	Mrk	7^{26}	A
	Skr	5^{10}	E	Skr	6^{21}	E			Mrk	7^{30}	A
ungalaubjandans		1Cr	14^{23}	A	Tit	1^{16}	A	unhulþono	Mat	9^{34}	A	Mrk	3^{22}	A	1Tm	4^1	AB
ungalaubjandei		1Cr	7^{14}	A				unhulþons	Mat	7^{22}	A	Mat	9^{34}	A	Luk	4^{33}	A
ungalaubjandein		Rom	10^{21}	A	1Cr	7^{12}	A		Luk	4^{41}	A	Luk	8^2	A	Luk	8^{27}	A
ungalaubjandin		2Cr	6^{15}	AB	1Tm	5^8	AB		Luk	8^{30}	A	Luk	8^{35}	A	Luk	8^{38}	A
ungalaubjandins		1Cr	10^{29}	A					Luk	9^{49}	A	Luk	10^{17}	A	Mrk	1^{32}	A
ungalaubjando		Luk	9^{41}	A	Mrk	9^{19}	A		Mrk	1^{34}	A2	Mrk	1^{39}	A	Mrk	3^{15}	A
ungalaubjands		1Cr	7^{14}	A	1Cr	7^{15}	A		Mrk	5^{12}	A	Mrk	6^{13}	A	Mrk	9^{38}	A
	1Cr	14^{24}	A						Mrk	16^9	A	Mrk	16^{17}	S
ungaraihtein	2Cr	6^{14}	AB					unhunslagai	2Tm	3^3	AB
ungasaiƕanamma				1Tm	1^{17}	B		unƕapnandin				Luk	3^{17}	A
ungasaiƕanane				2Cr	4^{18}	B		unƕapnando	Mrk	9^{43}	A	Mrk	9^{45}	A
ungasaiƕanis	2Cr	4^4	B⁻	Col	1^{15}	AB		unƕeilo	Rom	9^2	A
ungasaiƕanona				2Cr	4^{18}	B	Col	1^{16}	AB	unkarja	1Tm	4^{14}	B
ungastoþai	1Cr	4^{11}	A					unkarjans	Mrk	4^{15}	A
ungatassaba	2Th	3^6	B	2Th	3^{11}	AB		unkaureinom	2Cr	11^9	B
ungatassans	1Th	5^{14}	B					unkjane	DeA	2	𝔄
ungatewidai	2Th	3^7	AB					unkunnandam				Skr	6^{11}	E
ungawagidai	1Cr	15^{58}	AB					unkunnandans				Rom	10^3	A	Skr	4^5	E
unhabandans	1Cr	11^{22}	A					unkunnandin				Skr	2^{18}	E
unhabandin	Luk	3^{11}	A	Luk	19^{26}	A		unkunnands	Skr	2^{12}	E
unhailai	1Cr	11^{30}	A					unkunþai	2Cr	6^8	AB
unhailans	Luk	5^{31}	A	Luk	9^2	A	Mrk	16^{18}	S	unkunþi	1Cr	15^{34}	A
unhaili	Mat	9^{12}	A					unkunþs	Gal	1^{22}	AB
unhailja	Mat	9^{35}	A					unledai	Mat	11^5	A	Luk	7^{22}	A	2Cr	6^{10}	AB
unhanduwaurhta		Mrk	14^{58}	A				unledaim	Luk	4^{18}	A	Luk	18^{22}	A	Luk	19^8	A
unhanduwaurhtana		2Cr	5^1	AB					Mrk	14^5	A	2Cr	9^9	B
unhindarweisai		2Cr	6^6	AB	1Tm	1^5	AB	unledaize	Ver	13^{22}	V*
unhrain	Rom	14^{14}	C‡					unledam	Jhn	13^{29}	A
unhrainein	Col	3^5	AB					unledane	Gal	2^{10}	B
unhrainiþa	Gal	5^{19}	AB					unledans	Jhn	12^8	A	Luk	6^{20}	A	Luk	14^{13}	A
unhrainiþai	2Cr	12^{21}	AB	1Th	4^7	B			Luk	14^{21}	A	Mrk	14^7	A
unhrainiþos	Eph	4^{19}	AB	Eph	5^3	AB		unledi	2Cr	8^2	AB
unhrainja	Mrk	1^{25}	A	Mrk	1^{26}	A	Mrk	5^8	A	unledin	Luk	16^{22}	A
	1Cr	7^{14}	A					unledja	2Cr	8^9	AB
unhrainjaim	Luk	6^{18}	A					unleds	Luk	16^{20}	A
unhrainjaize	Mrk	6^7	A					unliubon	Rom	9^{25}	A
unhrainjam	Luk	4^{36}	A	Mrk	1^{27}	A		unliugaida	1Cr	7^{11}	A⁻
unhrainjamma		Mrk	1^{23}	A	Mrk	5^2	A	unliugands	Tit	1^2	B
	2Cr	6^{17}	AB					unliuta	Rom	12^9	A
unhrainjana	Luk	4^{33}	A	Mrk	3^{30}	A	Mrk	7^{25}	A	unliutons	2Tm	1^5	A
unhrainjans	Mrk	3^{11}	A	Mrk	5^{13}	A		unlustau	Col	3^{21}	B
unhrainjin	Luk	8^{29}	A	Luk	9^{42}	A	Mrk	9^{25}	A	unmaht	Gal	4^{13}g	A
unhrains	Luk	9^{39}	A	2Cr	11^6	B	Eph	5^5	B	unmahteig	Luk	1^{37}	A	Mrk	10^{27}	A
unhulþa	Luk	4^{35}	A	Luk	9^{42}	A		unmahteiga	1Cr	8^{11}	A
unhulþans	Luk	8^{33}	A					unmahteigai	1Cr	4^{10}	A
unhulþin	Mat	25^{41}	C	Luk	8^{29}	A	1Cr	5^5	A	unmahteigam				1Cr	8^9	A	1Cr	9^{22}	A
	Eph	4^{27}	AB						Gal	4^9	A
unhulþins	Eph	6^{11}g	A	1Tm	3^6	A	1Tm	3^7	A	unmahteigana				Rom	14^1	A
	1Tm	6^9	AB	2Tm	2^{26}	AB		unmahteigans				1Cr	9^{22}	A
unhulþo	Mat	9^{33}	A	Jhn	10^{21}	A	Mrk	7^{29}	A	unmahteigo	Luk	18^{27}	A	Rom	8^3	A
unhulþom	Luk	9^1	A	Mrk	3^{22}	A		unmahteigs	Rom	14^2	A	1Cr	9^{22}	A

unmahtim	2Cr	12⁵	AB				unsahtaba	1Tm	3¹⁶	A	
unmahtins	Mat	8¹⁷	*A*				unsaihvandans			Jhn	9³⁹	*A*
unmanariggwai				2Tm	3³	B	unsaltan	Mrk	9⁵⁰	*A*	
unmanarigwai				2Tm	3³	*A*	unsar	Mat	6⁹	*A*	Jhn	7⁵¹	*A*	Jhn	8³⁹	*A*
unmanwjans	2Cr	9⁴	A⁻B					Jhn	8⁵⁴	*A*	Jhn	9²⁰	*A*	Jhn	11¹¹	*A*
unmildjai	2Tm	3³	AB					Mrk	12⁷	*A*	Mrk	12²⁹	*A*	Rom	14¹⁶	*C*
unnutjans	1Tm	6⁹	AB					2Cr	1¹⁸	AB	2Cr	4¹⁶	B*	2Cr	5¹	B
unqenidam	1Cr	7⁸	*A*					2Cr	6³	AB	2Cr	6¹¹	A2B2	2Cr	7⁵	AB
unqeþja	2Cr	12⁴	AB					2Cr	10⁸	B	Eph	2¹⁴	AB	1Th	2²⁰	B
unriurein	1Cr	15⁵³	AB	Eph	6²⁴	B	2Tm	1¹⁰	AB	1Th	3⁶	B	1Th	3¹¹	B2	2Th	1¹¹	*A*
unriureins	1Cr	15⁵⁰	AB					2Th	2¹⁶	B2	Skr	8²¹	*E*			
unriurjai	1Cr	15⁵²	AB				unsara	Jhn	10²⁴	*A*	Luk	1⁷⁸	*A*	Luk	7⁵	*A*
unriurjamma	1Tm	1¹⁷	B*					Mrk	9²²	*A*	Rom	13¹¹	*A*	Rom	14¹²	*C*
unriurjana	1Cr	9²⁵	*A*					1Cr	5⁷	*A*	1Cr	15¹⁴	A2	2Cr	1⁵	B
unrodjandan	Mrk	9¹⁷	*A*					2Cr	1⁶	B	2Cr	1⁸	B	2Cr	1¹²	AB
unrodjandans				Mrk	7³⁷	*A*		2Cr	1¹⁴	AB	2Cr	1²²	AB	2Cr	3²	AB
unrodjands	Mrk	9²⁵	*A*					2Cr	3⁵	AB	2Cr	4³	AB	2Cr	7¹²	AB
uns	Mat	6¹¹	*A*	Mat	6¹²	*A*	Mat	6¹³	A2	2Cr	7¹⁴	AB	2Cr	9³	AB	Eph	4⁷	*A*
	Mat	8²⁹	*A*	Mat	8³¹	A2	Luk	1¹	*A*	Gal	4²⁶	B	Php	3²⁰	AB	1Th	2¹⁹	B
	Luk	2⁴⁸	*A*	Luk	4³⁴	*A*	Luk	9¹³	*A*	1Th	3⁵	B	2Th	1¹⁰	*A*			
	Luk	17⁵	*A*	Luk	20¹⁴	*A*	Luk	20²⁸	*A*	unsarai	Jhn	6³¹	*A*	Jhn	12³⁸	*A*	Rom	10¹⁶	*A*
	Mrk	1²⁴	A2	Rom	8⁴	*A*	Rom	8³⁴	*A*		Rom	15⁴	*C*	1Cr	10¹	*A*	2Cr	1⁴	B
	Rom	8³⁵	*A*	Rom	8³⁷	*A*	Rom	8³⁹	*A*		2Cr	5²	AB	2Cr	7¹³	AB	2Cr	8¹⁹	AB
	Rom	9²⁴	*A*	Rom	13¹¹	*A*	Rom	14¹³	*C*		2Cr	8²³	AB	2Cr	10¹⁵	B	1Th	3⁷	B
	Rom	14¹⁹	*C*	1Cr	4⁸	*A*	1Cr	4⁹	*A*		Neh	6¹⁶	D	Skr	1⁴	*E*			
	1Cr	5⁷	*A*	1Cr	7¹⁵	*A*	1Cr	11³¹	*A*	unsaraim	Mat	6¹²	*A*	Luk	1⁵⁵	*A*	Luk	1⁷¹	*A*
	2Cr	1⁴	B	2Cr	1⁵	B	2Cr	1⁸	B2		Luk	1⁷²	*A*	Mrk	12¹¹	*A*	Rom	7⁵	*A*
	2Cr	1⁹	A2B2	2Cr	1¹⁰	AB	2Cr	1¹¹	A3B3		2Cr	3²	AB	2Cr	4⁶	AB	2Cr	7³	AB
	2Cr	1¹⁴	AB	2Cr	1¹⁹	AB	2Cr	1²⁰	AB		2Tm	1⁹	AB	2Tm	4¹⁵	*A*	DeN	1³	N
	2Cr	1²¹	A2B	2Cr	1²²	AB	2Cr	2¹⁴	A2B2		DeN	2³	N	DeN	3³	N	DeN	4³	N*
	2Cr	3¹	AB	2Cr	3³	AB	2Cr	3⁵	AB2	unsaraize	Luk	1⁷⁴	*A*						
	2Cr	3⁶	AB	2Cr	4²	AB	2Cr	4⁵	A2B2	unsaraizos	2Cr	1¹²	AB	2Cr	4¹⁷	B*	2Cr	7⁴	AB
	2Cr	4¹²	B	2Cr	5⁵	AB2	2Cr	5¹¹	AB		2Cr	8²⁴	AB	Php	3²¹	AB	2Th	2¹	*A*
	2Cr	5¹²	AB2	2Cr	5¹⁴	AB	2Cr	5¹⁸	AB2		1Tm	1¹	AB						
	2Cr	5¹⁹	AB	2Cr	5²⁰	AB	2Cr	5²¹	AB	unsaramma	Jhn	8⁵³	*A*	Jhn	19⁷	*A*	Rom	6²³	*A*
	2Cr	6⁴	AB	2Cr	6¹²	AB	2Cr	7⁶	AB		Rom	8³⁹	*A*	Rom	13¹⁴	*A*	1Cr	15³¹	*A*
	2Cr	7⁷	AB	2Cr	8⁴	AB	2Cr	8⁵	AB		2Cr	1²	B	2Cr	4¹⁰	A*B	2Cr	4¹¹	B
	2Cr	8⁷	AB	2Cr	8¹⁹	A2B2	2Cr	8²⁰	A2B2		Eph	1²	AB	Eph	3¹¹	AB	Gal	1³	B
	2Cr	9¹¹	B	2Cr	10²	B	2Cr	10¹²	B		Col	1⁷	B	1Th	3⁹	B	1Th	3¹³	B
	2Cr	10¹⁴	B	2Cr	12¹⁹	AB	Eph	1³	AB		2Th	1¹	AB	2Th	1²	AB	2Th	3¹⁴	AB
	Eph	1⁴	*A*	Eph	1⁵	AB	Eph	1⁶	AB		1Tm	1²	AB	1Tm	1¹²	B	2Tm	1²	*A*
	Eph	1⁸	AB	Eph	1¹⁹	AB	Eph	2⁴	AB		Tit	1⁴	B	Neh	6¹⁶	D	DeN	1³	N
	Eph	2⁵	A2B2	Eph	2⁷	AB	Eph	3²⁰	B		DeN	2³	N	DeN	3³	N	DeN	4³	N
	Eph	4⁶	*A*	Eph	5²	A2B2	Gal	1⁴	B	unsarana	Mat	6¹¹	*A*	Luk	1⁷³	*A*	Rom	7²⁵	*A*
	Gal	1²³	AB	Gal	5¹	B	Gal	5²⁶	AB		1Cr	9¹	*A*	1Cr	15⁵⁷	AB	2Cr	8²²	AB
	Col	1⁸	B	Col	2¹³	B	Col	2¹⁴	B2		Eph	6²⁴	B	Gal	2⁴	AB	1Th	3²	B
	Col	4³	B	1Th	2¹³	B	1Th	2¹⁵	B		1Th	3¹¹	B	1Th	5⁹	B			
	1Th	2¹⁶	B	1Th	2¹⁸	B	1Th	3¹	B	unsarans	Luk	1⁷⁵	*A*	Luk	1⁷⁹	*A*	Luk	10¹¹	*A*
	1Th	3⁴	B	1Th	3⁶	B2	1Th	4¹	B	unsaris	Luk	1⁷⁸	*A*	Mrk	1³	*A*	Mrk	11¹⁰	*A*
	1Th	4⁷	B	1Th	5⁹	B	1Th	5¹⁰	B		Rom	9¹⁰	*A*	Rom	15⁶	*C*	Rom	16²⁴	*A*
	1Th	5²⁵	AB	2Th	1⁷	*A*	2Th	2²	*A*		1Cr	5⁴	A2	2Cr	1³	B	2Cr	8⁹	AB*
	2Th	2¹⁶	B	2Th	3⁶	B	2Th	3⁹	AB		2Cr	10⁴	B	2Cr	13¹³	B	Eph	1³	AB
	2Tm	1⁹	A2B	2Tm	1¹⁴	AB	2Tm	2¹²	B		Eph	1¹⁴	AB	Eph	1¹⁷	AB*	Eph	2³	AB
	Skr	1⁵	*E*	Skr	1²⁴	*E*	Skr	3²³	*E*		Eph	3¹⁴	AB	Eph	5²⁰	*A*	Gal	1⁴	B
	Skr	5²⁴	*E*									Gal	6¹⁴	AB*	Gal	6¹⁷	B	Gal	6¹⁸	A*B

		1Th	2¹⁹	B	1Th	3¹³	B	1Th	5²³	AB	unswers	Mrk	6⁴	A
		1Th	5²⁸	AB	2Th	1⁷	A	2Th	1⁸	A	unswikunþozei		Skr	6¹	E
		2Th	1¹²	A3	2Th	2¹	A	2Th	3⁶	B	untalaim	1Tm	1⁹	AB	
		2Th	3¹⁸	A*B	1Tm	1¹	AB	1Tm	2³	AB	untalans	Luk	1¹⁷	A	
		1Tm	5²¹	A	1Tm	6³	AB	1Tm	6¹⁴	B	untalons	2Tm	2²³	AB	
		2Tm	1⁸	AB	2Tm	1¹⁰	AB	Tit	1³	B	unte	Mat	5¹⁸	A	Mat	5²⁶	A	Mat	5³⁴	A
unsaros	Mat	8¹⁷	A	1Cr	15³	A	Gal	1⁴	B		Mat	5³⁵	A2	Mat	5³⁶	A	Mat	5⁴⁵	A
	2Th	2¹⁵	B									Mat	6⁵	A	Mat	6¹³	A	Mat	6¹⁴	A
unsel	Mat	6²³	A	Mrk	7²²	A					Mat	6²⁴	A	Mat	7¹³	A	Mat	7²⁵	A
unselein	Luk	20²³	A	Eph	4³¹	AB	Col	3⁸	AB		Mat	9¹⁶	A	Mat	9²⁴	A	Mat	9³⁶	A
	2Tm	2¹⁹	B	Skr	1²²	E	Skr	8²	E		Mat	10²³	A	Mat	11²¹	A:	Mat	11²³	A:
	Skr	8¹⁰	E								Mat	25⁴²	C	Mat	27⁶	A	Jhn	6²	A
unseleins	Mrk	7²²	A	1Cr	5⁸	A	Eph	6¹²	AB		Jhn	6³⁸	A	Jhn	6⁴¹	A	Jhn	7¹	A
	Eph	6¹⁶	B	Skr	8¹²	E	Skr	8²⁵	E*		Jhn	7⁷	A	Jhn	7⁸	A	Jhn	7²³	A
	SkB	8²⁵	E¶								Jhn	7²⁹	A	Jhn	7³⁰	A	Jhn	7³⁹	A2
unselja	Luk	19²²	A								Jhn	8¹⁴	A	Jhn	8¹⁶	A	Jhn	8²⁰	A
unseljai	2Tm	3³	AB								Jhn	8²⁹	A	Jhn	8³⁷	A	Jhn	8⁴²	A
unseljam	Luk	6³⁵	A								Jhn	8⁴³	A	Jhn	8⁴⁴	A2	Jhn	8⁴⁷	A
unseljin	Mat	5³⁹	A	Jhn	17¹⁵	A					Jhn	9⁴	A	Jhn	9¹⁸	A	Jhn	9²²	A
unseljins	Eph	6¹⁶	A								Jhn	10⁴	A	Jhn	10⁵	A	Jhn	10¹³	A
unsibjaim	Mrk	15²⁸	A	1Tm	1⁹	AB*					Jhn	10¹⁷	A	Jhn	10²⁶	A	Jhn	10³⁶	A
unsibjona	Mat	7²³	A								Jhn	11⁹	A	Jhn	11¹⁰	A	Jhn	11¹⁵	A
unsis	Mat	8²⁵	A	Mat	8²⁹	A	Mat	26⁶⁸	C		Jhn	11⁴¹	A	Jhn	12⁶	A	Jhn	12¹¹	A
	Mat	27⁴	A	Jhn	6³⁴	A	Jhn	6⁵²	A		Jhn	12¹⁸	A	Jhn	12³⁹	A	Jhn	12⁴⁹	A
	Jhn	9³⁴	A	Jhn	10²⁴	A	Jhn	14⁸	A2		Jhn	13²⁹	A	Jhn	13³⁸	A	Jhn	14¹²	A
	Jhn	14⁹	A	Jhn	14²²	A	Jhn	16¹⁷	A		Jhn	14¹⁷	A2	Jhn	14²⁸	A	Jhn	15¹⁵	A2
	Jhn	18³¹	A	Luk	1²	A	Luk	1⁶⁹	A		Jhn	15¹⁹	A	Jhn	15²¹	A	Jhn	15²⁷	A
	Luk	1⁷¹	A	Luk	1⁷³	A	Luk	2¹⁵	A		Jhn	16³	A	Jhn	16⁴	A	Jhn	16⁶	A
	Luk	4³⁴	A	Luk	7⁵	A	Luk	7¹⁶	A		Jhn	16⁷	A	Jhn	16¹⁴	A	Jhn	16¹⁶	A
	Luk	9³³	A	Luk	9⁴⁹	A	Luk	10¹¹	A		Jhn	16²¹	A2	Jhn	16²⁷	A	Jhn	16³²	A
	Luk	10¹⁷	A	Luk	17¹³	A	Luk	19¹⁴	A		Jhn	17⁸	A	Jhn	17⁹	A	Jhn	17¹⁴	A
	Luk	20²	A	Luk	20⁶	A	Luk	20²²	A		Jhn	17²⁴	A	Jhn	18¹⁸	A	Jhn	19⁷	A
	Mrk	5¹²	A	Mrk	6³	A	Mrk	9⁵	A		Luk	1¹	A	Luk	1⁷	A	Luk	1³⁷	A
	Mrk	9²²	A	Mrk	9³⁸	A2	Mrk	10⁴	A		Luk	1⁴⁸	A	Luk	1⁴⁹	A	Luk	1⁵⁸	A
	Mrk	12¹⁹	A	Mrk	14¹⁵	A	Mrk	16³	A		Luk	1⁶⁸	A	Luk	2⁷	A	Luk	2¹⁰	A
	Rom	9²⁹	A	1Cr	15⁵⁷	AB	2Cr	1²¹	B		Luk	4⁶	A	Luk	4³²	A	Luk	4⁴¹	A
	2Cr	4⁷	AB	2Cr	4¹⁴	B	2Cr	4¹⁷	B		Luk	4⁴³	A	Luk	5⁸	A	Luk	5³⁴	A
	2Cr	5⁵	A	2Cr	5¹²	A	2Cr	5¹⁸	A		Luk	6¹⁹	A	Luk	6²⁰	A	Luk	6²¹	A2
	2Cr	7¹	AB	2Cr	7⁵	AB	2Cr	7⁹	AB		Luk	6²³	A	Luk	6²⁴	A	Luk	6²⁵	A2
	2Cr	10⁸	B	2Cr	10¹²	B	2Cr	10¹³	B		Luk	6³⁵	A	Luk	7⁵	A	Luk	7⁶	A
	Eph	1⁴	B	Eph	1⁹	AB	Eph	3²⁰	A		Luk	7⁴⁷	A	Luk	8¹⁸	A	Luk	8²⁹	A
	Gal	2⁴	AB	Php	3¹⁷	AB	Col	4³	B		Luk	8³⁰	A	Luk	8³⁷	A	Luk	8⁴²	A
	1Th	3⁶	B	2Th	3¹	B	2Th	3⁷	AB		Luk	8⁵²	AB	Luk	9⁷	A	Luk	9¹²	A
	2Th	3⁹	AB	2Tm	1⁷	AB	2Tm	1⁹	AB		Luk	9²⁷	A	Luk	9³⁸	A	Luk	9⁴⁴	A
	Neh	5¹⁷	D2	Neh	6¹⁶	D					Luk	9⁴⁸	A	Luk	9⁴⁹	A	Luk	9⁵⁰	A
unsutjam	2Cr	6⁵	AB								Luk	9⁵³	A	Luk	9⁵⁶	A	Luk	10¹³	A
unsweibandans				1Th	2¹³	B	1Th	5¹⁷	B*		Luk	10²¹	A2	Luk	14¹¹	A	Luk	14¹⁴	A
unsweibando	2Tm	1³	A								Luk	14¹⁷	A	Luk	15⁴	A	Luk	15⁸	A
unsweibands	Eph	1¹⁶	AB								Luk	15⁹	A	Luk	15²⁴	A	Luk	15²⁷	A
unswerai	1Cr	4¹⁰	A								Luk	15³²	A	Luk	16⁸	A2	Luk	16¹⁵	A
unsweraim	2Tm	2²⁰	B								Luk	17⁸	A	Luk	17⁹	A	Luk	17¹⁰	A
unsweraiþ	Jhn	8⁴⁹	A								Luk	18¹¹	A	Luk	18¹⁴	A	Luk	18¹⁶	A
unswerandans				Luk	20¹¹	A					Luk	19³	A	Luk	19⁴	A	Luk	19⁹	A
unswerein	2Cr	6⁸	AB								Luk	19¹³	A	Luk	19¹⁷	A	Luk	19²¹	A
unsweriþai	2Cr	11²¹	B								Luk	20⁴³	A	Mrk	1²²	A	Mrk	1³⁴	A

Mrk	1³⁸	A	Mrk	3³⁰	A	Mrk	4⁶	A			
Mrk	4²⁵	A	Mrk	4²⁹	A	Mrk	4⁴¹	A			
Mrk	5⁴	A	Mrk	5⁸	A	Mrk	5⁹	A			
Mrk	5²⁸	A	Mrk	6¹⁰	A	Mrk	6¹⁷	A			
Mrk	6²⁰	A	Mrk	7¹⁹	A	Mrk	7²⁷	A			
Mrk	8²	A	Mrk	8¹⁶	A	Mrk	8¹⁷	A2			
Mrk	8³³	A	Mrk	8³⁸	A	Mrk	9¹	A			
Mrk	9¹¹	A	Mrk	9³¹	A	Mrk	9³⁸	A			
Mrk	9⁴⁰	A	Mrk	9⁴¹	A	Mrk	10¹⁴	A			
Mrk	11¹⁸	A	Mrk	12³⁶	A	Mrk	13²²	A			
Mrk	14⁵⁴	A	Mrk	15⁴²	A	Mrk	16¹⁴	S			
Rom	7⁷	A	Rom	7⁸	A	Rom	7¹¹	A			
Rom	7¹⁵	A	Rom	7¹⁸	A	Rom	7¹⁹	A			
Rom	7²¹	A	Rom	8²	A	Rom	8³	A			
Rom	8⁵	A	Rom	8⁷	A	Rom	9¹⁷	A*			
Rom	9¹⁹	A	Rom	9²⁸	A	Rom	9³²	A			
Rom	11²⁵	A	Rom	11³⁶	C	Rom	13¹	AC			
Rom	13⁴	A2C 2	Rom	13⁶	A	Rom	13⁸	A			
Rom	13¹¹	A	1Cr	1¹⁸	A	1Cr	1²¹	A			
1Cr	1²²	A	1Cr	1²⁵	A	1Cr	4⁵	A			
1Cr	4⁹	A	1Cr	5¹⁰	A	1Cr	9²	A			
1Cr	10¹⁷	A	1Cr	11⁶	A	1Cr	11²³	A			
1Cr	11²⁶	A	1Cr	15¹⁵	A	1Cr	15²¹	A			
1Cr	15²²	A	1Cr	15³²	A	1Cr	16⁷	AB			
1Cr	16¹⁰	AB	1Cr	16¹⁷	B	2Cr	1⁵	B			
2Cr	1⁸	B2	2Cr	1¹²	AB	2Cr	1¹³	AB			
2Cr	1¹⁴	AB	2Cr	1¹⁹	AB	2Cr	1²⁴	AB			
2Cr	2²	AB	2Cr	2¹¹	AB	2Cr	2¹⁵	AB			
2Cr	2¹⁷	AB	2Cr	3⁶	AB	2Cr	3¹⁰	AB			
2Cr	3¹⁴	A2B2	2Cr	4⁶	AB	2Cr	4¹⁷	B			
2Cr	4¹⁸	B	2Cr	5²	AB*	2Cr	5⁷	AB			
2Cr	5¹⁰	AB	2Cr	5¹³	AB	2Cr	5¹⁴	AB			
2Cr	5¹⁹	AB	2Cr	5²¹	AB	2Cr	6¹⁴	AB			
2Cr	6¹⁶	AB	2Cr	7⁸	A2B	2Cr	7⁹	A2B2			
2Cr	7¹⁰	AB	2Cr	7¹³	AB	2Cr	7¹⁴	AB*			
2Cr	7¹⁶	AB	2Cr	8³	AB	2Cr	8⁹	AB			
2Cr	8¹⁰	AB	2Cr	8¹⁷	AB	2Cr	9²	A2B2			
2Cr	9⁷	B	2Cr	9¹²	B	2Cr	10⁴	B			
2Cr	10¹⁰	B	2Cr	10¹²	B	2Cr	10¹⁴	B			
2Cr	10¹⁸	B	2Cr	11²	B	2Cr	11⁷	B			
2Cr	11⁹	B	2Cr	11¹⁰	B	2Cr	11¹¹	B			
2Cr	11¹³	B	2Cr	11¹⁴	B	2Cr	11¹⁸	B			
2Cr	11¹⁹	B	2Cr	12⁶	AB	2Cr	12⁹	AB			
2Cr	12¹⁰	AB	2Cr	12¹¹	AB	2Cr	12¹⁴	AB			
2Cr	12²⁰	AB	2Cr	13³	AB	Eph	2⁸	AB			
Eph	2¹²	AB	Eph	2¹⁸	AB	Eph	3³	B			
Eph	4¹³	A	Eph	4²⁵	AB	Eph	5²³	A			
Eph	6¹²	AB	Gal	2⁸	AB	Gal	2¹¹	B			
Gal	2¹²	B	Gal	2¹⁶	B	Gal	2¹⁸	A			
Gal	2¹⁹	A	Gal	2²¹	A	Gal	3²⁸	A			
Gal	4¹²	A	Gal	4¹⁹	AB	Gal	4²⁰	AB			
Gal	4²⁷	B*	Gal	4³⁰	B	Gal	5⁶	B			
Gal	5¹⁴	B	Gal	5¹⁷	B	Gal	6⁸	AB			
Gal	6⁹	AB	Gal	6¹⁵	AB	Gal	6¹⁷	A:B			
Php	1¹⁹	B	Php	1²⁰	B	Php	2²⁶	B			
Php	2³⁰	AB	Php	3¹⁸	AB	Php	3²¹	AB			
Php	4¹⁰	B	Php	4¹¹	B	Php	4¹⁶	B			
Col	1¹⁶	AB	Col	1¹⁹	AB	Col	3³	AB			
Col	3²⁰	B	Col	3²⁴	B	1Th	2¹³	B			
1Th	2¹⁴	B	1Th	2¹⁸	B	1Th	3⁸	B			
1Th	4⁶	B	1Th	4⁷	B	1Th	4⁹	B			
1Th	4¹⁴	B	1Th	4¹⁶	B	1Th	5²	B			
1Th	5⁵	B	1Th	5⁷	B	1Th	5⁹	B			
2Th	1³	AB	2Th	1¹⁰	A	2Th	2³	A*			
2Th	3⁷	AB	1Tm	1¹²	B	1Tm	1¹³	B			
1Tm	4⁴	AB	1Tm	4¹⁰	B	1Tm	4¹³	B			
1Tm	5¹²	A:	1Tm	6²	A2B2	2Tm	1⁷	AB
2Tm	1¹²	AB	2Tm	1¹⁶	AB	2Tm	2¹⁶	B
2Tm	3⁶	AB	2Tm	3⁹	AB	2Tm	4¹⁰	AB
2Tm	4¹¹	AB	Neh	6¹⁸	D	Neh	7²	D
Skr	3¹³	E	Skr	5²³	E	Skr	6¹³	E
Skr	6²⁵	E	Skr	6²⁸	E			

untilamalskai	2Tm	3⁴	AB					
untriggwa	Luk	16¹⁰	A					
untriggws	Luk	16¹⁰	A					
unþaþlauh	2Cr	11³³	B					
unþaþliuhand				1Th	5³	B		
unþiudom	Rom	10¹⁹	A					
unþiuþ	Luk	6⁹	A	Mrk	3⁴	A	Rom	12²¹	AC
	2Cr	5¹⁰	AB					
unþiuþa	Rom	12²¹	AC	2Tm	4¹⁴	A		
unþiuþis	Rom	9¹¹	A					
unþiuþjaiþ	Rom	12¹⁴	A					
unþwahanaim				Mrk	7²	A	Mrk	7⁵	A
unufbrikandans				1Cr	10³²	A		
unuhteigo	2Tm	4²	AB					
unuslaisiþs	Jhn	7¹⁵	A					
unusspilloda	Rom	11³³	C					
unusspillodons				2Cr	9¹⁵	B		
unwaha	Luk	1⁶	A					
unwairþaba	1Cr	11²⁷	A	1Cr	11²⁹	A		
unwamma	Eph	5²⁷	A	1Tm	6¹⁴	B		
unwammai	Eph	1⁴	AB					
unwammans	Col	1²²	AB					
unwammeins	1Cr	5⁸	A					
unwaurstwons				1Tm	5¹³	A2		
unweis	1Cr	14²⁴	A					
unweisai	1Cr	14²³	A					
unweisans	Rom	11²⁵	A*	2Cr	1⁸	B*	1Th	4¹³	B
unweniggo	1Th	5³	B					
unwerein	2Cr	7¹¹	AB					
unwerida	Mrk	10¹⁴	A					
unwerjan	Mrk	10⁴¹	A					
unwissamma	1Cr	9²⁶	A⁺					
unwita	2Cr	11²³	B	2Cr	12⁶	AB	2Cr	12¹¹	AB
unwitandans	2Cr	2¹¹	AB					
unwitands	1Tm	1¹³	B					
unwitans	Mrk	7¹⁸	A	1Cr	10¹	A	2Cr	11¹⁹	B
unwiti	Mrk	7²²	A	2Tm	3⁹	AB		
unwitjis	Eph	4¹⁸	AB					

unwunands	Php	2²⁶	B					
urrais	Mat	8¹⁵	A	Mat	9²⁵	A	Mat	11¹¹ A
	Mat	27⁶⁴	A	Jhn	11²⁹	A	Luk	7¹⁶ A
	Luk	9⁷	A	Mrk	2¹²	A	Mrk	5⁴² A
	Mrk	6¹⁴	A	Mrk	6¹⁶	A	Mrk	16⁶ A
	1Cr	15⁴	A	1Cr	15¹²	A	1Cr	15¹³ A
	1Cr	15¹⁴	A	1Cr	15¹⁶	A	1Cr	15¹⁷ A
	1Cr	15²⁰	A					
urraiseiþ	2Cr	4¹⁴	B	Skr	5⁷	E		
urraisida	Jhn	6¹⁸	A	Jhn	12¹	A	Jhn	12⁹ A
	Jhn	12¹⁷	A	Luk	1⁶⁹	A	Mrk	1³¹ A
	Mrk	9²⁷	A	Rom	10⁹	A	1Cr	15¹⁵ A2
	Gal	1¹	B	Col	2¹²	B		
urraisidedun	Mat	8²⁵	A	Luk	8²⁴	A	Mrk	4³⁸ A
urraisja	Jhn	6⁴⁰	A	Jhn	6⁴⁴	A	Jhn	6⁵⁴ A
urraisjai	Luk	20²⁸	A					
urraisjan	Luk	3⁸	A	Php	1¹⁷	B		
urraisjandin	2Cr	1⁹	AB					
urraisjands	2Cr	4¹⁴	B	Eph	1²⁰	AB		
urrann	Jhn	8⁴²	A	Jhn	11⁴⁴	A	Jhn	16²⁷ A
	Jhn	17⁸	A	Luk	1⁹	A	Luk	2¹ A
	Luk	2⁴	A	Luk	4¹⁴	A	Luk	4³⁵ A
	Luk	7³³	A	Luk	7³⁴	A	Luk	8⁵ A
	Mrk	4³	A	Mrk	4⁵	A	Ver	22³⁵ V
urranneiþ	Mat	5⁴⁵	A					
urrant	Jhn	16³⁰	A					
urrediþ	Col	2²⁰	AB					
urreis	Mat	9⁵	A	Luk	5²³	A	Luk	5²⁴ A
	Luk	6⁸	A	Luk	7¹⁴	A	Luk	8⁵⁴ A
	Mrk	2⁹	A	Mrk	2¹¹	A	Mrk	3³ A
	Mrk	5⁴¹	A	Mrk	10⁴⁹	A		
urreisa	Mat	27⁶³	A					
urreisan	Luk	9²²	A	Rom	13¹¹	A		
urreisand	Mat	11⁵	A	Luk	7²²	A	Luk	20³⁷ A
	Mrk	12²⁶	A	Mrk	13²²	A	1Cr	15¹⁶ A
	1Cr	15²⁹	A	1Cr	15³²	A	1Cr	15³⁵ A
urreisandin	Rom	7⁴	A	2Cr	5¹⁵	AB		
urreisands	Mat	8²⁶	A	Mat	9⁶	A	Mat	9⁷ A
	Mat	9¹⁹	A	Luk	6⁸	A	Luk	8²⁴ A
	Mrk	4³⁹	A					
urreisiþ	Jhn	7⁵²	A	Jhn	14³¹	A	Mrk	4²⁷ A
	Mrk	14⁴²	A					
urrinnai	Neh	7³	D					
urrinnandane				Jhn	12²⁰	A		
urrinnandin	Mrk	4⁶	A	Mrk	16²	A		
urrinnando	Mrk	4⁸	A					
urrinniþ	Jhn	15²⁶	A	Mrk	4³²	A	Rom	11²⁶ A
ur-riqiza	2Cr	4⁶	AB					
urrisanana	Mrk	16¹⁴	S	2Tm	2⁸	B		
urrist	Mat	27⁵³	A					
urrisun	Mat	27⁵²	A					
urrugkai	Eph	2³g	A					
urrumnaiþ	2Cr	6¹³	AB					
urrumnoda	2Cr	6¹¹	A					
urrunnun	Jhn	12¹³	A	Mrk	8¹¹	A		
urrunnuþ	Mrk	14⁴⁸	A					
urruns	Luk	1⁷⁸	A	Luk	9³¹	A		
urrunsa	Mat	8¹¹	A	Mrk	7¹⁹	A		
us	Mat	5³⁷	A	Mat	8²⁸	A	Mat	27⁷ A
	Mat	27⁴⁸	A	Mat	27⁵³	A	Mat	27⁶⁴ A
	Jhn	6¹³	A	Jhn	6²³	A	Jhn	6³¹ A
	Jhn	6³²	A2	Jhn	6³³	A	Jhn	6³⁸ A
	Jhn	6⁴¹	A	Jhn	6⁴²	A	Jhn	6⁵⁰ A
	Jhn	6⁵¹	A	Jhn	6⁵⁸	A	Jhn	6⁶⁴ A
	Jhn	7²²	A	Jhn	7³⁸	A	Jhn	7⁴¹ A
	Jhn	7⁴²	A2	Jhn	7⁵²	A2	Jhn	8²³ A4
	Jhn	8⁴¹	A	Jhn	8⁴⁴	A2	Jhn	8⁴⁷ A2
	Jhn	8⁵⁹	A	Jhn	9¹	A	Jhn	9⁶ A
	Jhn	10²⁸	A	Jhn	10²⁹	A	Jhn	10³² A
	Jhn	10³⁹	A	Jhn	11¹	A	Jhn	12¹ A
	Jhn	12⁹	A	Jhn	12¹⁷	A2	Jhn	12²⁷ A
	Jhn	12²⁸	A	Jhn	12⁴²	A2	Jhn	12⁴⁹ A
	Jhn	15¹⁹	A2	Jhn	16²	A	Jhn	16⁵ A
	Jhn	16¹⁴	A	Jhn	16¹⁵	A	Jhn	16¹⁷ A
	Jhn	17⁶	A	Jhn	17¹²	A	Jhn	17¹⁴ A2
	Jhn	17¹⁵	A	Jhn	17¹⁶	A2	Jhn	18³⁶ A2
	Jhn	19²	A	Luk	1⁵	A2	Luk	1²⁷ A
	Luk	1⁷¹	A2	Luk	1⁷⁴	A	Luk	1⁷⁸ A
	Luk	2⁴	A3	Luk	2³⁵	A	Luk	2³⁶ A
	Luk	3⁸	A	Luk	3²²	A	Luk	4²² A
	Luk	4²⁹	A	Luk	4³⁵	A	Luk	4³⁸ A
	Luk	5³	A	Luk	5¹⁷	A	Luk	6¹³ A
	Luk	6⁴²	A	Luk	6⁴⁴	A3	Luk	6⁴⁵ A2
	Luk	8²	A	Luk	8³	A	Luk	8⁴ A
	Luk	8²⁷	A	Luk	9⁵	A	Luk	9⁷ A
	Luk	9³⁵	A	Luk	9³⁸	A	Luk	9⁵⁴ A
	Luk	10⁷	A	Luk	10¹¹	A	Luk	10¹⁸ A
	Luk	10²⁷	A4	Luk	16⁴	A	Luk	16⁹ A
	Luk	17⁶	A	Luk	17²⁴	A	Luk	17²⁹ A2
	Luk	18²¹	A	Luk	19²²	A	Luk	19³⁹ A
	Luk	20⁵	A	Luk	20⁶	A	Luk	20¹⁵ A
	Luk	20²⁰	A	Luk	20³⁵	A	Mrk	1¹⁰ A
	Mrk	1¹¹	A	Mrk	1²⁵	A	Mrk	1²⁶ A
	Mrk	1²⁹	A	Mrk	3⁷	A	Mrk	3⁸ A3
	Mrk	5²	A2	Mrk	5⁸	A	Mrk	5¹⁰ A
	Mrk	5³⁰	A	Mrk	6¹⁴	A	Mrk	6¹⁶ A
	Mrk	6⁵⁴	A	Mrk	7¹	A	Mrk	7¹¹ A
	Mrk	7¹⁵	A	Mrk	7¹⁷	A	Mrk	7²⁰ A
	Mrk	7²¹	A	Mrk	7²⁶	A	Mrk	7²⁹ A
	Mrk	8¹¹	A	Mrk	9⁷	A	Mrk	9⁹ A
	Mrk	9¹⁰	A	Mrk	9¹⁷	A	Mrk	9²¹ A
	Mrk	9²⁵	A	Mrk	10²⁰	A	Mrk	11⁸ A
	Mrk	11¹²	A	Mrk	11¹⁴	A	Mrk	11¹⁹ A
	Mrk	11²⁰	A	Mrk	11³¹	A	Mrk	11³² A
	Mrk	12⁸	A	Mrk	12²⁵	A	Mrk	12³⁰ A4
	Mrk	12³³	A4	Mrk	15⁴⁶	A	Rom	7⁴ A
	Rom	7²⁴	A	Rom	9⁵	A	Rom	9⁶ A
	Rom	9¹⁰	A	Rom	9¹²	A2	Rom	9²¹ A
	Rom	9²⁴	A2	Rom	9³⁰	A	Rom	9³² A2
	Rom	10⁵	A	Rom	10⁶	A	Rom	10⁷ A

	Rom	10⁹	A	Rom	10¹⁷	A	Rom	11¹⁴	A	usbeidam	Php	3²⁰	AB	
	Rom	11¹⁵	A	Rom	11²¹	A	Rom	11²⁴	A	usbeidandam	Luk	2³⁸	*A*	
	Rom	11²⁶	A	Rom	11³⁶	*C*	Rom	12¹⁸	A*C*	usbeidands	Luk	18⁷	*A*	Rom 9²² A
	Rom	13³	A*C*	Rom	13¹¹	A	Rom	exp	A	usbeisnai	Eph	4²	AB	Php 1²⁰ B Col 1¹¹ AB
	1Cr	5¹⁰	A	1Cr	5¹³	A	1Cr	7⁵	A		2Tm	3¹⁰	AB	2Tm 4² AB
	1Cr	9⁹	A	1Cr	12¹²	A	1Cr	12¹⁵	A	usbeisnei	Gal	5²²	AB	
	1Cr	12¹⁶	A	1Cr	13¹⁰	A	1Cr	13¹²	A	usbeisneiga	1Cr	13⁴	A	
	1Cr	15¹²	A	1Cr	15²⁰	A	1Cr	15⁴⁷	A2	usbeisneigai	1Th	5¹⁴	B	
	1Cr	exp	A2	2Cr	1¹⁰	AB	2Cr	2²	AB	usbeisnein	Col	3¹²	B	1Tm 1¹⁶ B
	2Cr	2⁴	AB	2Cr	2¹⁶	A2B	2Cr	2¹⁷	A2B2	usbida	Rom	9³	A	
	2Cr	3¹	AB	2Cr	3⁵	AB	2Cr	3⁹	B*	usblaggw	Jhn	19¹	A	
	2Cr	4⁷	AB	2Cr	5¹	AB	2Cr	5²	AB	usbliggwandans				Luk 18³³ *A* Luk 20¹⁰ *A*
	2Cr	5⁸	AB	2Cr	5¹⁸	AB	2Cr	6¹⁷	AB		Mrk	12⁵	*A*	
	2Cr	7⁹	AB	2Cr	8⁷	AB	2Cr	8¹¹	AB	usbliggwands	Mrk	15¹⁵	*A*	
	2Cr	8¹³	AB	2Cr	9²	AB	2Cr	9⁶	A3B3	usbloteinai	2Cr	8⁴	AB*	
	2Cr	9⁷	A2B2	2Cr	11²⁵	B	2Cr	11²⁶	B2	usbluggwans	2Cr	11²⁵	B	
	2Cr	12⁶	AB	2Cr	13⁴	A3B3	2Cr	exp	A	usbluggwun	Mrk	12³	*A*	
	Eph	1²⁰	AB	Eph	2⁸	AB	Eph	2⁹	AB	usbraidida	Rom	10²¹	A	
	Eph	3¹⁵	AB	Eph	4¹⁶	A	Eph	4²⁹	AB	usbruknodedun				Rom 11¹⁷ A Rom 11¹⁹ A
	Gal	1¹	B	Gal	1⁴	B	Gal	2¹²	B		Rom	11²⁰	A	
	Gal	2¹⁵	B	Gal	2¹⁶	B4	Gal	4⁴	A	usbugjandans	Col	4⁵	AB	
	Gal	4²²	A2B2	Gal	4²³	AB2	Gal	5⁴	B	usbugjands	Mrk	15⁴⁶	*A*	
	Gal	5⁵	B	Gal	5⁸	B*	Gal	6⁸	A2B2	usdaudana	2Cr	8²²	AB	
	Gal	exp	A*	Php	1¹⁶	B	Php	1¹⁷	B	usdaudei	2Tm	2¹⁵	B	
	Php	1²³	B	Php	3⁵	A2B2	Php	3⁹	A2B2	usdaudein	Rom	12⁸	A	Rom 12¹¹ A 2Cr 7¹¹ AB
	Php	3¹¹	AB	Col	1¹³	AB	Col	1¹⁸	AB		2Cr	7¹²	AB	2Cr 8⁷ AB 2Cr 8¹⁶ AB
	Col	2¹²	B	Col	2¹⁴	B	Col	2¹⁹	B		Eph	6¹⁸	AB	
	Col	3⁸	AB	Col	3²³	B	Col	4⁹	AB	usdaudeins	2Cr	8⁸	AB	
	Col	4¹¹	AB	Col	4¹²	B	Col	4¹⁶	B	usdaudida	Gal	2¹⁰	B	
	1Tm	1⁵	AB	1Tm	6⁴	AB	2Tm	2⁷	B	usdaudidedeina				Jhn 18³⁶ *A*
	2Tm	2⁸	B2	2Tm	2²²	AB	2Tm	2²⁶	AB	usdaudjaina	Skr	3¹¹	*E**	SkB 3¹¹ *E*¶
	2Tm	3⁶	AB	2Tm	3¹¹	AB	2Tm	3¹⁵	AB	usdaudjam	2Cr	5⁹	AB	
	Tit	1¹⁰	A	Phm	1⁴	A	Neh	5¹⁷	D	usdaudjandans				Eph 4³ AB
	Neh	7³⁹	D	Neh	7⁴³	D	Skr	1¹⁰	*E*	usdaudjands	Col	1²⁹	AB	Col 4¹² AB
	Skr	1¹⁸	*E*	Skr	2¹³	*E*	Skr	2¹⁹	E	usdaudo	Luk	7⁴	*A*	1Tm 4¹⁶ B 2Tm 1¹⁷ AB
	Skr	2²²	*E* 2	Skr	3⁷	E	Skr	4¹⁶	*E*	usdaudoza	2Cr	8¹⁷	AB	
	Skr	4¹⁸	*EE* 2	Skr	4²¹	*E*	Skr	4²³	*E*	usdaudozan	2Cr	8²²	AB	
	Skr	6¹⁷	*E*	Skr	6²⁰	*E*	Skr	7²⁰	*E*	usdraus	Rom	9⁶	A	
	Skr	7²⁶	E	Skr	8²⁴	*E*	Skr	8²⁶	E	usdrebi	Mrk	5¹⁰	*A*	
	Ver	24³⁹	V							usdreiban	Luk	9⁴³	*A*⁼	Mrk 9²⁸ *A*
usagidai	Mrk	9⁶	*A*							usdreibandan	Luk	9⁴⁹	*A*	Mrk 9³⁸ *A*
usagljai	Luk	18⁵	*A*							usdreibands	Luk	8⁵⁴	*A*	
usaiwida	1Cr	15¹⁰	A							usdreibeina	Mrk	9¹⁸	*A*	
usalþanaizo	1Tm	4⁷	AB							usdreibiþ	Mat	9³⁴	*A*	
usbairan	1Tm	6⁷	AB							usdribana	Mat	9²⁵	*A*	
usbairands	Mrk	11¹⁴	*A*							usdribans	Mat	9³³	*A*	
usbairid	Luk	6⁴⁵	*A*2							usdribeina	Luk	9⁴⁰	*A*	
usbalþeins	1Tm	6⁵	AB							usdribun	Mrk	6¹³	*A*	
usbar	Mat	8¹⁷	*A*	Skr	7⁵	*E*				usdrusteis	Luk	3⁵	*A*	
usbaugeiþ	Luk	15⁸	*A*							usdrusuþ	Gal	5⁴	B*	
usbauhta	Luk	14¹⁹	*A*							usfaifraisi	1Th	3⁵	B	
usbauhtai	1Cr	7²³	A							usfairina	Php	3⁶	AB	
usbauhtedi	Gal	4⁵	*A*⁻							usfairinans	Col	1²²	AB	
usbauhtedun	Mat	27⁷	*A*	Mrk	16¹	*A*				usfairinona	1Th	5²³	B	
usbeida	1Cr	16¹¹	B							usfarþon	2Cr	11²⁵	B	

usfilha	Mrk	14[8]	A							Mrk	9[30]	A	Mrk	16[20]	S	
usfilhan	Mat	27[7]	A	Luk	9[59]	A	Luk	9[60]	A	usgaggandei	Mrk	6[24]	A	Mrk	15[8]	A	
usfilhands	Skr	2[2]	E							usgaggandein				Luk	8[46]	A	Mrk	5[30]	A
usfilmans	Luk	9[43]	A	Mrk	1[22]	A				usgaggandeins				Mrk	16[8]	A	
usfilmei	Luk	5[26]	A	Mrk	16[8]	A				usgaggandin	Luk	8[27]	A	Mrk	5[2]	A	Mrk	10[17]	A
usfodein	1Tm	6[8]	AB								Mrk	10[46]	A				
usfratwjan	2Tm	3[15]	AB							usgaggando	Mrk	7[20]	A				
usfullei	2Tm	4[5]	AB							usgaggandona				Luk	4[22]	A	
usfulleinais	Eph	1[10]	AB*							usgaggands	Mat	26[75]	AC	Jhn	18[4]	A	Luk	1[22]	A
usfulleins	Rom	13[10]	A	Gal	4[4]	A					Luk	4[42]	A	Luk	15[28]	A	Luk	19[28]	A
usfulleiþ	Gal	6[2]	AB	Php	2[2]	B					Mrk	1[10]	A	Mrk	1[45]	A	
usfullida	Mat	11[1]	A	Jhn	16[24]	A	Jhn	17[13]	A	usgaggis	Mat	5[26]	A				
	Luk	7[1]	A	Rom	13[8]	A				usgaggiþ	Luk	9[43]	A=	Mrk	7[19]	A	2Cr	6[17]	AB
usfullidedi	Eph	4[10]	A	Php	2[30]	AB				usgaisiþs	Mrk	3[21]	A				
usfullidedun	1Cr	16[17]	B	2Cr	1[19]	B				usgebeina	Luk	7[42]	A				
usfulliþ	Jhn	7[8]	A	Jhn	13[18]	A	Jhn	17[12]	A	usgeisnodedum				2Cr	5[13]	AB	
	Neh	6[16]	D							usgeisnodedun				Luk	2[47]	A	Luk	8[56]	A
usfulliþs	2Cr	7[4]	AB								Mrk	2[12]	A	Mrk	5[42]	A	Mrk	9[15]	A
usfullja	Col	1[24]	AB								Mrk	10[26]	A	Mrk	16[5]	A	
usfulljada	Luk	3[5]	A	Rom	13[9]	A	2Cr	10[6]	B	usgiba	Phm	1[9]	A				
	Gal	5[14]	B							usgibaima	Skr	5[22]	E				
usfulljaidau	Jhn	15[11]	A	Rom	8[4]	A				usgibais	Mat	5[33]	A				
usfulljais	Col	4[17]	B							usgiban	Rom	12[1]	C	2Cr	11[2]	B	1Tm	5[4]	AB
usfulljan	Mat	5[17]	A	Luk	9[31]	A	Eph	1[10]	AB*		2Tm	2[15]	B	Skr	5[24]	E*	SkB	5[24]	E"
	Col	1[25]	AB	1Th	2[16]	B				usgiband	2Th	1[9]	A*				
usfulljanda	Luk	1[20]	A							usgibandans	Rom	12[17]	A				
usfulljandins	Eph	1[23]	AB							usgibands	Luk	4[20]	A				
usfulljando	2Cr	9[12]	B							usgibis	Mat	5[26]	A				
usfullnau	2Tm	1[4]	A							usgibiþ	Mat	6[4]	A	Mat	6[6]	A	Mat	6[18]	A
usfullnoda	Mat	27[9]	A	Luk	1[57]	A	Mrk	1[15]	A		Mrk	12[17]	A	Rom	13[7]	A	Rom	14[12]	C
	Mrk	15[28]	A	Skr	4[1]	E					2Tm	4[8]	AB				
usfullnodedeina				Mrk	14[49]	A				usgif	Luk	16[2]	A				
usfullnodedi	Mat	8[17]	A	Jhn	12[38]	A	Jhn	15[25]	A	usgildada	Luk	14[14]	A				
	Jhn	18[9]	A	Jhn	18[32]	A				usgildai	1Th	5[15]	B				
usfullnodedun				Luk	1[23]	A	Luk	2[6]	A	usgildan	Luk	14[14]	A	1Th	3[9]	B	2Th	1[6]	A
	Luk	4[21]	A							usgildiþ	2Tm	4[14]	A				
usfulnai	Luk	14[23]	A							usgrabandans	Mrk	2[4]	A	Gal	4[15]	A	
usfulnodedun				Luk	2[21]	A	Luk	2[22]	A	usgrof	Mrk	12[1]	A				
	Luk	9[51]	A							usgrudjans	Luk	18[1]	A	2Cr	4[1]	AB*	2Cr	4[16]	B
usgagg	Luk	4[35]	A	Luk	5[8]	A	Luk	14[10]	A		Eph	3[13]	AB	Gal	6[9]	AB	2Th	3[13]	AB
	Luk	14[21]	A	Luk	14[23]	A	Mrk	1[25]	A	usguldan	Luk	14[12]	A				
	Mrk	5[8]	A	Mrk	9[25]	A				usgutniþ	Mat	9[17]	A	Luk	5[37]	A	Mrk	2[22]	A
usgaggai	Eph	4[29]	AB	Col	3[8]	B				ushafan	Luk	9[17]	A				
usgaggaiþ	Luk	9[4]	A	Mrk	6[10]	A				ushafanaizos	2Cr	10[5]	B				
usgaggam	Luk	18[31]	A	Mrk	10[33]	A				ushafei	Mrk	11[23]	A				
usgaggan	Jhn	6[15]	A	Luk	8[29]	A	Mrk	9[29]	A	ushafjan	Luk	18[13]	A				
	1Cr	5[10]	A							ushafjandans	1Tm	2[8]	AB				
usgaggana	Mrk	7[30]	A							ushafjands	Luk	5[24]	A	Luk	5[25]	A	Luk	6[20]	A
usgaggand	Luk	4[36]	A	Mrk	7[21]	A	Mrk	7[23]	A		Luk	16[23]	A	Mrk	2[12]	A	Col	2[18]	B
usgaggandam	Luk	2[42]	A	Mrk	6[54]	A				ushaihah	Mat	27[5]	A				
usgaggandan	Mat	26[71]	AC							ushaista	2Cr	1[18]	B				
usgaggandans				Mat	8[32]	A	Mat	9[31]	A	ushaitandans	Gal	5[26]	AB				
	Mat	27[53]	A	Luk	8[33]	A	Luk	9[5]	A	ushanþ	Eph	4[8]	A				
	Luk	9[6]	A	Luk	10[10]	A	Mrk	1[29]	A	ushauheiþ	Jhn	8[28]	A				
	Mrk	5[13]	A	Mrk	6[11]	A	Mrk	6[12]	A	ushauhida	Mat	11[23]	A	Luk	1[52]	A	

ushauhido	Luk	10[15]	*A*					uslagjan	Luk	20[19]	*A*				
ushauhjada	Jhn	12[32]	*A*	Luk	14[11]	*A*	Luk 18[14] *A*	uslagjand	Mrk	16[18]	*S*				
ushauhjaindau				2Cr	11[7]	B		uslagjands	Luk	9[62]	*A*				
ushauhjan	Jhn	12[34]	*A*					uslagjiþ	Luk	15[5]	*A*				
ushauhnai	2Th	1[12]	A					uslaisidai	Eph	4[21]	AB	1Th	4[9]	B	
ushauhnan	2Th	1[10]	A*					uslaiþ	Mrk	8[13]	*A*				
ushlaupands	Mrk	10[50]	*A*					uslaubei	Mat	8[21]	*A*	Mat	8[31]	*A*	Luk 9[59] *A*
ushof	Mat	11[1]	*A*	Jhn	6[5]	*A*	Jhn 13[18] *A*		Luk	9[61]	*A*				
ushofon	Luk	17[13]	*A*					uslaubida	Mat	27[58]	*A*	Luk	8[32]	*A*	Mrk 5[13] *A*
ushofun	Jhn	11[41]	*A*						Mrk	10[4]	*A*				
ushraineiþ	1Cr	5[7]	A					uslaubidedi	Luk	8[32]	*A*				
ushramei	Jhn	19[6]	*A*2	Mrk	15[13]	*A*	Mrk 15[14] *A*	uslaubja	1Tm	2[12]	AB				
ushramidan	Mrk	16[6]	*A*					uslaubjandein				Skr	8[3]	*E*	
ushramidana	1Cr	1[23]	A					uslauk	Jhn	9[14]	*A*	Jhn	9[17]	*A*	Jhn 9[21] *A*
ushramidedeina				Mrk	15[20]	*A*			Jhn	9[26]	*A*	Jhn	9[30]	*A*	Jhn 11[37] *A*
ushramidedun				Mrk	15[25]	*A*	Mrk 15[27] *A*		Jhn	18[10]	*A*				
	Gal	5[24]	AB					uslausei	Luk	17[6]	*A*				
ushramiþs	Mrk	15[15]	*A*	1Cr	1[13]	A	2Cr 13[4] AB	uslausein	Luk	1[68]	*A*				
	Gal	3[1]	A	Gal	6[14]	AB		uslauseinais	Eph	4[30]	AB				
ushramjan	Mat	26[2]	C	Jhn	19[10]	*A*		uslausida	Php	2[7]	B				
ushramjandans				Mrk	15[24]	*A*		uslausidedi	Gal	1[4]	B				
ushrisjaiþ	Mrk	6[11]	*A*					uslausjaidau	1Cr	1[17]	A*				
ushuloda	Mat	27[60]	*A*					uslausjaindau	2Th	3[2]	B				
usiddja	Mat	8[34]	*A*	Mat	9[26]	*A*	Jhn 6[3] *A*	usleiþ	Jhn	7[3]	*A*				
	Jhn	8[59]	*A*	Jhn	10[39]	*A*	Jhn 11[31] *A*	usleiþa	1Cr	16[5]	AB				
	Jhn	18[1]	*A*	Jhn	18[16]	*A*	Jhn 19[5] *A*	usleiþam	Mrk	4[35]	*A*				
	Luk	4[37]	*A*	Luk	5[27]	*A*	Luk 6[12] *A*	usleiþan	Mat	8[28]	*A*	2Cr	5[8]	AB	
	Luk	6[19]	*A*	Luk	7[17]	*A*	Luk 9[28] *A*	usleiþandin	Mrk	5[21]	*A*				
	Luk	17[29]	*A*	Mrk	1[26]	*A*	Mrk 1[28] *A*	usleiþands	Jhn	8[59]	*A*				
	Mrk	1[35]	*A*	Mrk	2[12]	*A*	Mrk 7[29] *A*	usleiþiþ	Mat	5[18]	*A*2				
	Mrk	8[27]	*A*	Mrk	9[26]	*A*	Mrk 11[11] *A*	usletan	Gal	4[17]	A				
	Mrk	11[19]	*A*	Gal	2[1]	AB	Php 4[15] B	usliþa	Mat	8[6]	*A*	Luk	5[18]	*A*	Mrk 2[4] *A*
usiddjedun	Mat	9[32]	*A*	Luk	4[41]	*A*	Luk 8[2] *A*	usliþan	Mat	9[2]	*A*	Mrk	2[3]	*A*	
	Luk	8[35]	*A*2	Luk	8[38]	*A*	Luk 18[10] *A*	usliþi	Mat	8[34]	*A*				
	Mrk	1[5]	*A*	Mrk	3[21]	*A*	Mrk 14[16] *A*	usliþin	Mat	9[2]	*A*	Mat	9[6]	*A*	Luk 5[20] *A*
usiddjeduþ	Mat	11[7]	*A*	Mat	11[8]	*A*	Mat 11[9] *A*		Luk	5[24]	*A*	Mrk	2[5]	*A*	Mrk 2[9] *A*
	Luk	7[24]	*A*	Luk	7[25]	*A*	Luk 7[26] *A*		Mrk	2[10]	*A*				
uskannjaima	2Cr	5[12]	AB					usliþun	2Cr	5[17]	AB				
uskannjan	Rom	9[22]	A					usluka	Eph	6[19]	B				
uskeinand	Mrk	13[28]	*A*					uslukai	Col	4[3]	B				
uskeinoda	Luk	8[8]	*A*					uslukaindau	Neh	7[3]	D				
uskijanata	Luk	8[6]	*A*					uslukan	Jhn	10[21]	*A*				
uskiusa	1Cr	1[19]	A					uslukanai	2Cr	2[12]	AB				
uskiusada	Luk	17[25]	*A*					uslukands	Luk	2[23]	*A*	Luk	4[17]	*A*	Mrk 14[47] *A*
uskiusaiþ	1Th	5[21]	B					uslukiþ	Jhn	9[32]	*A*	Jhn	10[3]	*A*	
uskiusan	Mrk	8[31]	*A*					uslukn	Mrk	7[34]	*A*				
uskunþ	Mat	9[33]	*A*					usluknans	Mrk	1[10]	*A*				
uskunþa	Rom	7[13]	A	2Cr	4[10]	B		usluknoda	Luk	1[64]	*A*	Luk	3[21]	*A*	1Cr 16[9] AB
uskunþana	Jhn	7[4]	*A*						2Cr	6[11]	AB				
uskunþs	Luk	6[44]	*A*					usluknodedun				Mat	9[30]	*A*	Mat 27[52] *A*
uskusanai	2Tm	3[8]	AB	Tit	1[16]	A			Jhn	9[10]	*A*	Mrk	7[35]	*A*	
uskusans	Luk	9[22]	*A*	1Cr	9[27]	A		uslunein	Skr	1[6]	*E*				
uskusun	Luk	4[29]	*A*	Luk	20[17]	*A*		usluto	Eph	5[6]	B⁻	2Th	2[3]	A	
uslagida	Jhn	7[30]	*A*	Jhn	7[44]	*A*	Skr 8[1] *E*	uslutoda	Rom	7[11]	A	2Cr	11[3]	B	1Tm 2[14] AB
uslagidedun	Mrk	14[46]	*A*					uslutondin	Skr	1[14]	*E*				

uslutondins	Skr	1[22]	E					ussaiƕands	Luk	6[10]	A	Mrk	3[5]	A	Mrk	7[34]	A
uslutonds	Gal	6[3]g	A*						Mrk	8[24]	A						
uslutoþs	1Tm	2[14]	AB					ussaiƕau	Luk	18[41]	A	Mrk	10[51]	A			
usmaitada	Mat	7[19]	A	Luk	3[9]	A		ussaljan	Luk	19[7]	A						
usmaitaindau	Gal	5[12]	B					ussandida	Mrk	1[43]	A						
usmaitans	Rom	11[24]	A					ussandjai	Mat	9[38]	A						
usmaitau	2Cr	11[12]	B					ussat	Luk	7[15]	A						
usmaitaza	Rom	11[22]	A					ussatei	Luk	17[6]	A						
usmanagnoda				2Cr	8[2]	AB		ussateinai	Eph	2[3]g	A						
usmeitum	2Cr	1[12]	B					ussatida	Luk	20[9]	A	Mrk	12[1]	A	Col	1[17]	AB
usmeridedun	Mat	9[31]	A					ussatidamma	Skr	2[22]	E						
usmernoda	Luk	5[15]	A					ussatidedun	Luk	19[35]	A						
usmeta	Eph	4[22]	AB	1Tm	4[12]	B	2Tm 3[10] AB	ussatjai	Luk	10[2]	A	Mrk	12[19]	A			
usmete	Skr	1[23]	E	Skr	1[26]	E		usseƕi	Jhn	9[18]	A						
usmetis	Eph	2[12]	AB					ussiggwaid	Col	4[16]	B						
usmetum	2Cr	1[12]	A	Eph	2[3]	AB		ussiggwaidau	Col	4[16]	B2	1Th	5[27]	AB			
usmetun	2Tm	2[18]	B					ussiggwis	Luk	10[26]	A						
usmitaiþ	Php	1[27]	B					ussindo	Phm	16	A						
usmitan	1Tm	3[15]	A					usskarjaindau	2Tm	2[26]	AB						
usnam	Mat	8[17]	A	Luk	6[4]	A	Col 2[14] B	usskarjiþ	1Cr	15[34]	A*						
usnemun	Mat	27[9]	A	Mrk	6[29]	A	Mrk 8[8] A	usskawai	1Th	5[8]	B						
usnemuþ	Mrk	8[19]	A	Mrk	8[20]	A		ussok	Gal	2[2]	AB						
usnimada	Luk	17[34]	A	Luk	17[35]	A		ussokei	Jhn	7[52]	A	Skr	8[27]	E*			
usnimais	Jhn	17[15]	A					ussokeiþ	1Cr	4[4]	A	1Cr	4[7]	A			
usnimands	Mrk	15[46]	A					ussokja	1Cr	4[3]	A						
usnimiþ	Jhn	15[2]	A	Luk	8[12]	A	Mrk 4[15] A	ussokjada	1Cr	14[24]	A						
	1Cr	5[13]	A	2Cr	11[20]	B		ussokjaidau	1Cr	4[3]	A						
us-nu-gibiþ	Luk	20[25]	A					ussokjandans	1Cr	9[3]	A						
usnumans	Mrk	16[19]	S					usspillo	Luk	8[39]	A						
usqam	Rom	7[11]	A					usspillodedun				Luk	9[10]	A			
usqemeina	Jhn	12[10]	A	Mrk	3[6]	A		usstagg	Mat	5[29]	A						
usqemun	Luk	20[15]	A	Mrk	12[8]	A	1Th 2[15] B	usstaig	Jhn	7[14]	A	Luk	19[4]	A	Eph	4[9]	A
usqimai	Jhn	8[22]	A						Eph	4[10]	A						
usqimam	Mrk	12[7]	A					usstandan	Mrk	8[31]	A	Mrk	9[10]	A			
usqiman	Mat	10[28]	A	Jhn	7[1]	A	Jhn 7[19] A	usstandand	Mrk	12[23]	A	Mrk	12[25]	A	1Cr	15[52]	AB
	Jhn	7[20]	A	Jhn	7[25]	A	Jhn 8[37] A		1Th	4[16]	B						
	Jhn	8[40]	A	Jhn	18[31]	A	Luk 9[22] A	usstandandam				Mrk	11[12]	A			
	Mrk	6[19]	A	Mrk	8[31]	A		usstandandans				Mrk	14[57]	A			
usqimand	Luk	18[33]	A	Mrk	9[31]	A	Mrk 10[34] A	usstandandei	Luk	1[39]	A	Luk	4[39]	A			
usqimandans	Mat	10[28]	A	Mrk	12[5]	A		usstandands	Mat	9[9]	A	Luk	4[38]	A	Luk	5[25]	A
usqimiþ	Jhn	16[2]	A	Luk	19[27]	A	2Cr 3[6] AB		Luk	5[28]	A	Luk	15[18]	A	Luk	15[20]	A
usqissai	Tit	1[6]	B						Luk	17[19]	A	Mrk	1[35]	A	Mrk	2[14]	A
usqisteiþ	Luk	20[16]	A	Mrk	12[9]	A			Mrk	7[24]	A	Mrk	10[1]	A	Mrk	14[60]	A
usqistidedeina				Mrk	11[18]	A			Mrk	16[9]	A	Rom	15[12]	C			
usqistidedi	Mrk	9[22]	A					usstandans	Luk	4[29]	A						
usqistiþs	Mrk	9[31]	A					usstandiþ	Jhn	11[23]	A	Jhn	11[24]	A	Luk	18[33]	A
usqistjan	Luk	6[9]	A	Luk	19[47]	A	Mrk 3[4] A		Mrk	9[31]	A						
usqiþan	Mrk	1[45]	A					usstass	Jhn	11[25]	A	Luk	20[27]	A	Mrk	12[18]	A
usrumnoda	2Cr	6[11]	B						1Cr	15[12]	A	1Cr	15[13]	A	1Cr	15[21]	A
ussaƕ	Jhn	9[11]	A	Jhn	9[15]	A	Luk 18[43] A		2Tm	2[18]	B						
	Mrk	10[52]	A					usstassai	Jhn	11[24]	A	Luk	2[34]	A	Luk	20[33]	A
ussaiƕ	Luk	18[42]	A						Mrk	12[23]	A	Php	3[11]	AB			
ussaiƕan	Mrk	8[25]	A					usstassais	Luk	20[35]	A	Luk	20[36]	A	Php	3[10]	AB
ussaiƕand	Mat	11[5]	A	Luk	7[22]	A		ussteigan	Jhn	6[62]	A						
ussaiƕandins	Jhn	9[18]	A					ussteigandans				Luk	5[19]	A			

ussteigands	Eph	4⁸	A											
ussteigiþ	Rom	10⁶	A							ustoþ	Gal	3³	A	
usstigun	Jhn	6¹⁷	A								Luk	8⁵⁵	A	Luk 10²⁵ A
usstiurei	Eph	5¹⁸	A							usþriutandans				Mat 5⁴⁴ A
usstiureins	Tit	1⁶	B							usþriutiþ	Luk	18⁵	A	Mrk 14⁶ A
usstiuriba	Luk	15¹³	A							usþroþeins	1Tm	4⁸	AB	
usstoþ	Jhn	11³¹	A	Luk	4¹⁶	A	Luk	9⁸	A	usþroþiþs	Php	4¹²	B	
	Luk	9¹⁹	A	Mrk	3²⁶	A	Mrk	6¹	A	usþulaida	2Tm	3¹¹	A⁺B	
	Mrk	9²⁷	A	1Th	4¹⁴	B				usþulaidedeiþ				2Cr 1¹ B
usstoþi	Mrk	9⁹	A							usþulaideduþ	2Cr	1¹⁴	B	
ussuggwud	Luk	6³	A							usþulainai	Col	1¹¹	AB	2Th 3⁵ B
ussuggwuþ	Mrk	2²⁵	A	Mrk	12¹⁰	A	Gal	4²¹g	A*	usþulaiþ	2Cr	1¹	B	2Cr 1¹⁹ B* 2Cr 1¹²⁰ B
ustaig	Mrk	3¹³	A								Gal	5¹	B	1Th 5¹⁴ B 2Th 1⁴ AB
ustaiknein	2Cr	8²⁴	AB							usþulan	Skr	2⁸	E	
ustaikneinais	Luk	1⁸⁰	A							usþuland	2Tm	4³	AB	
ustaikneins	Php	1²⁸	B	Skr	5¹⁶	E				usþulandans	Rom	12¹²	A	Eph 4² AB 1Th 3¹ B
ustaikneiþ	Skr	5²⁷	E								Skr	8¹³	E	Skr 8²⁵ E
ustaiknida	Luk	10¹	A	1Cr	4⁹	A	2Tm	4¹⁴	A	usþulands	1Th	3⁵	B⁺	2Tm 2²⁴ AB
	Skr	1¹²	E	Skr	2⁴	E	Skr	7¹⁷	E	usþwoh	Jhn	13¹²	A	Jhn 13¹⁴ A
	Ver	11¹⁹	V							usþwohun	Luk	5²	A	
ustaiknideduþ				2Cr	7¹¹	AB				uswagida	2Cr	9²	A	
ustaikniþs	Skr	8²⁴	E							uswagidai	Eph	4¹⁴	A	
ustaiknja	Gal	2¹⁸	A							uswahsans	Jhn	9²¹	A	Jhn 9²³ A
ustaiknjan	Rom	9²²	A							uswahst	Eph	4¹⁶	A	
ustaiknjandans				2Cr	4²	AB	2Cr	6⁴	AB	uswairp	Luk	6⁴²	A	Mrk 9⁴⁷ A Gal 4³⁰ B
	2Cr	8²⁴	AB							uswairpa	Jhn	6³⁷	A	Luk 6⁴² A
ustaiknjandin				2Cr	2¹⁴	AB				uswairpada	Jhn	12³¹	A	Jhn 15⁶ A
ustandiþ	Mrk	10³⁴	A							uswairpam	Rom	13¹²	A	
ustassai	Luk	14¹⁴	A							uswairpan	Luk	6⁴²	A	Luk 19⁴⁵ A Mrk 3¹⁵ A
ustauh	Mat	7²⁸	A	Mat	26¹	C	Jhn	17⁴	A		Mrk	3²³	A	Mrk 11¹⁵ A
	Mrk	1¹²	A	Mrk	8²³	A	Mrk	9²	A	uswairpand	Luk	6²²	A	Luk 14³⁵ A Mrk 16¹⁷ S
	Mrk	exp	S	Rom	exp	A	1Cr	exp	A	uswairpanda	Mat	8¹²	A	
	2Cr	exp	AB	Eph	exp	B	Gal	exp	A:B	uswairpandans				Luk 19³⁵ A Luk 20¹⁵ A
	Col	exp	B	1Th	exp	A*	2Th	exp	B	uswairpands	Mrk	1³⁹	A	Mrk 5⁴⁰ A
	2Tm	4⁷	AB							uswairpis	Mat	8³¹	A	
ustauhan	Rom	12²	C	1Cr	13¹⁰	A				uswairpiþ	Mrk	3²²	A	
ustauhana	Neh	6¹⁵	D	Skr	1⁷	E				uswakjau	Jhn	11¹¹	A	
ustauhanai	Jhn	17²³	A	2Cr	13¹¹	AB				uswalteinai	2Tm	2¹⁴	B	
ustauhanaim	Luk	4²	A							uswalteins	Luk	6⁴⁹	A	
ustauhans	Luk	6⁴⁰g	A	2Tm	3¹⁷	AB				uswaltida	Mrk	11¹⁵	A	
ustauhi	Eph	5²⁷	A							uswaltidedun	2Tm	2¹⁸	B	
ustauhtai	Eph	4¹²	A							uswaltjand	Tit	1¹¹	A	
ustauhtais	2Cr	13⁹	AB							uswalugidai	Eph	4¹⁴	A	
ustauhts	Luk	1⁴⁵	A	Rom	10⁴	A				uswandidedun				1Tm 1⁶ AB Skr 1¹ E
ustauhun	Luk	2³⁹	A	Mrk	15²⁰	A				uswandjai	Eph	4¹⁴	A	
ustiuhada	Luk	18³¹	A	2Cr	7¹⁰	AB	2Cr	12⁹	AB	uswandjais	Mat	5⁴²	A	
ustiuhai	2Cr	8⁶	AB							uswarp	Mat	8¹⁶	A	Mrk 1³⁴ A Mrk 16⁹ A
ustiuhaima	1Th	3¹⁰	B							uswaurhta	Mat	11¹⁹	A	
ustiuhaiþ	Rom	13⁶	A	2Cr	8¹¹	AB	Gal	5¹⁶	B	uswaurhtais	2Cr	9¹⁰	B	
ustiuhan	Luk	14²⁸	A	Luk	14²⁹	A	Luk	14³⁰	A	uswaurhtana	Luk	10²⁹	A	
	Rom	10⁷	A	2Cr	8¹¹	AB				uswaurhtane	Luk	14¹⁴	A	
ustiuhandam	Luk	2⁴³	A							uswaurhtans	Mat	9¹³	A	Mrk 2¹⁷ A
ustiuhandans	2Cr	7¹	AB							uswaurkeiþ	Col	1²⁹	A	
ustiuhands	Luk	4⁵	A	Luk	4¹³	A	Rom	9²⁸	A	uswaurkjandans				Eph 6¹³ AB
ustiuhiþ	Mat	10²³	A	Jhn	10³	A	Jhn	10⁴	A	uswaurpa	Rom	11¹⁵	A	
										uswaurpai	1Cr	15⁸	A	1Tm 4⁴ AB

uswaurpanai	Jhn	12⁴²	*A*							Mrk	11¹⁹	*A*	Mrk	12⁸	*A*	
uswaurpi	Mrk	7²⁶	*A*					uta	Mat	26⁶⁹	*C*	Jhn	18¹⁶	*A*	Luk	1¹⁰	*A*
uswaurpum	Mat	7²²	*A*						Luk	8²⁰	*A*	Mrk	1⁴⁵	*A*	Mrk	3³¹	*A*
uswaurpun	Jhn	9³⁴	*A*	Jhn	9³⁵	*A*	Luk	20¹²	*A*	Mrk	3³²	*A*	Mrk	4¹¹	*A*	Mrk	11⁴	*A*
	Mrk	12⁸	*A*	Mrk	12¹⁰	*A*				1Cr	5¹²	*A*	1Cr	5¹³	*A*	Col	4⁵	*AB*
uswaurts	2Cr	9⁹	*B*							1Th	4¹²	*B*	1Tm	3⁷	*A*			
usweihaim	1Tm	1⁹	*AB*					utana	Jhn	9²²	*A*	Mrk	8²³	*A*	2Cr	4¹⁶	*B*
usweihona	1Tm	4⁷	*AB*	2Tm	2¹⁶	*B*				2Cr	7⁵	*AB*	Skr	3¹⁵	*E*			
uswenans	Luk	6³⁵	*A*	Eph	4¹⁹	*AB*		utaþro	Mrk	7¹⁵	*A*	Mrk	7¹⁸	*A*			
uswindandans				Mrk	15¹⁷	*A*		utbaurans	Luk	7¹²	*A*						
uswissai	2Tm	2¹⁸	*B*					utgaggando	Mrk	7¹⁵	*A*						
uswissja	Eph	4¹⁷	*AB*					utgaggiþ	Jhn	10⁹	*A*						
uswundun	Jhn	19²	*A*					uzetin	Luk	2⁷	*A*	Luk	2¹²	*A*	Luk	2¹⁶	*A*
ut	Mat	9³²	*A*	Mat	26⁷⁵	*AC*	Jhn	6³⁷	*A*	uzon	Mrk	15³⁷	*A*	Mrk	15³⁹	*A*	
	Jhn	9³⁴	*A*	Jhn	9³⁵	*A*	Jhn	11⁴³	*A*	uzu	Gal	3²	*A2*	Gal	3⁵	*A2*	
	Jhn	12³¹	*A*	Jhn	13³⁰	*A2*	Jhn	15⁶	*A*	uzuh	Jhn	6⁶⁶	*A*	Luk	6⁴⁵	*A*	Luk	20⁴	*A2*
	Jhn	18⁴	*A*	Jhn	18¹⁶	*A*	Jhn	18²⁹	*A*		Mrk	11³⁰	*A2*						
	Jhn	18³⁸	*A*	Jhn	19⁴	*A2*	Jhn	19⁵	*A*	uzuhhof	Jhn	11⁴¹	*A*	Jhn	17¹	*A*	
	Luk	4²⁹	*A*	Luk	8⁵⁴	*A*	Luk	14³⁵	*A*	uzuhiddja	Jhn	16²⁸	*A*				
	Luk	15²⁸	*A*	Luk	20¹⁵	*A*	Mrk	1²⁵	*A*	uzuþ-þan-iddja				Gal	2²	*AB*	

V

vamba	Ver	8¹⁴	*V*

W

wadi	2Cr	1²²	*AB*	2Cr	5⁵	*AB*	Eph	1¹⁴	*AB*•	wai	Mat	11²¹	*A*•2	Luk	6²⁴	*A*	Luk	6²⁵	*A2*
	Skr	6²⁹	*E*								Luk	6²⁶	*A*	Luk	10¹³	*A2*	Mrk	13¹⁷	*A*
wadjabokos	Col	2¹⁴	*B*					waiandin	Jhn	6¹⁸	*A*						
wagg	2Cr	12⁴	*AB*					waidedja	Jhn	10¹	*A*	Jhn	18⁴⁰	*A*			
waggarja	Mrk	4³⁸	*A*					waidedjane	Mrk	11¹⁷	*A*	2Cr	11²⁶	*B*			
wagid	Luk	7²⁴	*A*					waidedjans	Mat	27⁴⁴	*A*	Jhn	10⁸	*A*	Luk	10³⁰	*A*
wagidata	Mat	11⁷	*A*						Mrk	15²⁷	*A*						
wagjan	2Th	2²	*A*•					waidedjin	Mrk	14⁴⁸	*A*						
wahseiþ	Eph	2²¹	*B*	Col	2¹⁹	*B*		waifairƕjandans				Mrk	5³⁸	*A*			
wahsjairna	Eph	4¹⁵	*A*					waih	1Cr	15³²	*A*						
wahsjan	2Cr	9¹⁰	*B*	Skr	4¹	*E*	Skr	4⁶	*E*	waihjons	2Cr	7⁵	*AB*						
	Skr	6²	*E*								waihstam	Mat	6⁵	*A*						
wahsjand	Mat	6²⁸	*A*					waihstastaina	Eph	2²⁰	*B*						
wahsjandans	Col	1¹⁰	*A*					waihstins	Luk	20¹⁷	*A*	Mrk	12¹⁰	*A*			
wahsjandein	2Cr	10¹⁵	*B*					waiht	Mat	10²⁶	*A*	Mat	27¹²	*A*	Mat	27¹⁹	*A*
wahsjando	Mrk	4⁸	*A*						Jhn	6⁶³	*A*	Jhn	7²⁶	*A*	Jhn	8²⁸	*A*
wahstau	Luk	2⁵²	*A*	Luk	19³	*A*	Col	2¹⁹	*B*		Jhn	9³³	*A*	Jhn	12¹⁹	*A*	Jhn	14³⁰	*A*
wahstaus	Eph	4¹³	*A*						Jhn	15⁵	*A*	Jhn	18²⁰	*A*	Luk	3¹³	*A*
wahstu	Mat	6²⁷	*A*						Luk	4²	*A*	Luk	5⁵	*A*	Luk	9³	*A*
wahtwom	Luk	2⁸	*A*						Luk	9³⁶	*A*	Mrk	1⁴⁴	*A*	Mrk	6⁸	*A*

	Mrk	7¹²	A	Mrk	11¹³	A	Mrk	14⁶⁰	A	wainahs	Rom	7²⁴	A*		
	Mrk	14⁶¹	A	Mrk	15⁴	A	Mrk	15⁵	A‡	wainei	1Cr	4⁸	A	2Cr	11¹	B	Gal	5¹²	B
	Mrk	16⁸	A	Rom	8¹	A	Rom	9¹	A	waip	Jhn	19⁵	A	1Cr	9²⁵	A
	Rom	14¹⁴	C	1Cr	4⁴	A	1Cr	10²⁵	A	waips	Php	4¹	AB	1Th	2¹⁹	B	2Tm	4⁸	AB
	1Cr	10²⁷	A	1Cr	13³	A	2Cr	6¹⁰	A*B*	wair	Luk	8²⁷	A	Luk	8³⁸	A	Luk	8⁴¹	A
	2Cr	7⁵	AB	2Cr	12⁵	AB	2Cr	13⁷	AB		Mrk	6²⁰	A	Rom	7³	A	1Cr	13¹¹	A
	Gal	2⁶	A2B2	Gal	4¹	A	Gal	4¹²	A		Eph	5²³	A	Neh	7²	D
	Gal	5⁶	B	Gal	5¹⁰	B	Gal	6³	AB	waira	Mat	7²⁴	A	Rom	7³	A	2Cr	11²	B
	Gal	6¹⁵	AB	Php	2³	B	2Th	3¹¹	AB		Eph	4¹³	A	1Tm	2¹²	AB
	1Tm	4⁴	AB	1Tm	5²¹	A	1Tm	6⁴	AB	wairaleiko	1Cr	16¹³	B
	1Tm	6⁷	AB	Tit	1¹⁵	A	Phm	14	A	wairam	Col	3¹⁸	B
	Skr	7⁴	E							wairans	Luk	9³²	A	1Tm	2⁸	AB
waihtai	Jhn	6¹²	A	Luk	4³⁵	A	Luk	18³⁴	A	wairdus	Rom	16²³	A
	Mrk	5²⁶	A	Mrk	9²⁹	A	2Cr	6³	AB	waire	Luk	9¹⁴	A	Neh	7²⁹	D	Skr	7⁹	E
	2Cr	7⁹	AB	2Cr	11⁵	B	2Cr	12¹¹	AB	wairilom	Mrk	7⁶	A	1Cr	14²¹	A
	Gal	6¹⁴	AB	Php	1²⁰	B	Php	1²⁸	B	wairos	Jhn	6¹⁰	A	Luk	7²⁰	A	Luk	9³⁰	A
	Php	4⁶	AB	2Tm	2¹⁴	B	Skr	7¹¹	E		Eph	5²⁵	A	Eph	5²⁸	A	Col	3¹⁹	B
	Skr	7²⁰	E	Skr	7²⁴	E					Neh	7³⁰	D	Neh	7³¹	D*	Neh	7³²	D
waihtais	Jhn	16²³	A	Jhn	16²⁴	A	Luk	6³⁵	A		Neh	7³³	D
	Luk	20⁴⁰	A	Rom	13⁸	A	Eph	3¹	B	wairp	Mat	5²⁹	A	Mat	5³⁰	A	Luk	4⁹	A
	2Tm	1⁶	AB	Tit	1⁵	B					Mrk	11²³	A
waihte	Luk	10¹⁹	A	1Th	5²²	B				wairpam	Luk	5⁵	A
waihtins	Luk	1¹	A							wairpan	Mrk	7²⁷	A
waihts	Jhn	8⁵⁴	A	Mrk	7¹⁵	A	1Cr	7¹⁹	A2	wairpandans	Mrk	1¹⁶	A	Mrk	12⁴	A	Mrk	15²⁴	A
	1Cr	10²⁰	A⁼	1Cr	13²	A	2Cr	12¹¹	AB		Skr	3¹⁶	E
	Skr	2²⁵	E							wairpiþ	Mrk	4²⁶	A
waila	Mat	5²⁵	A	Mat	5⁴⁴	A	Jhn	8⁴⁸	A	wairs	Mrk	5²⁶	A
	Jhn	13¹³	A	Jhn	18²³	A	Luk	3²²	A	wairsiza	Mat	9¹⁶	A	Mrk	2²¹	A	1Tm	5⁸	AB
	Luk	6²⁶	A	Luk	6²⁷	A	Luk	15²³	A	wairsizei	Mat	27⁶⁴	A
	Luk	15³²	A	Luk	16¹⁹	A	Luk	19¹⁷	A	wairsizin	2Tm	3¹³	AB
	Luk	20³⁹	A	Mrk	1¹¹	A	Mrk	7⁶	A	wairþ	Mat	8³	A	Luk	5¹³	A	Mrk	1⁴¹	A
	Mrk	7⁹	A	Mrk	7³⁷	A	Mrk	12²⁸	A		1Cr	16⁴	AB	2Th	1³	AB	1Tm	1¹⁵	B
	Mrk	12³²	A	Mrk	14⁷	A	Mrk	16¹⁸	S		1Tm	4⁹	B	DeN	1⁴	N	DeN	2⁴	N
	Rom	11²⁰	A	Rom	12¹	C	Rom	12³	C		DeN	3⁴	N	DeN	4⁴	N
	Rom	14¹⁸	C	1Cr	9²²g	A	2Cr	5⁹	AB	wairþa	Luk	10²⁵	A	1Cr	7²³	A	2Cr	6¹⁶	AB
	2Cr	6²	AB	2Cr	8¹²	AB	2Cr	11⁴	B		2Cr	6¹⁸	AB	Php	1²⁰	B
	2Cr	11¹⁶	B	Eph	5¹⁰	B	Gal	4¹⁷	A	wairþaba	Eph	4¹	AB	Php	1²⁷	B	Col	1¹⁰	AB
	Gal	5⁷	B	Php	4¹⁴	B	Col	3²⁰	B		1Th	2¹²	B
	2Th	3¹³	AB	1Tm	3⁴	AB	1Tm	3¹²	A	wairþai	Mat	6¹⁰	A	Mat	8¹³	A	Mat	9²⁹	A
	1Tm	3¹³	A	2Tm	1¹⁸	AB	Neh	6¹⁹	D*		Mat	10²⁵	A	Jhn	9²²	A	Jhn	13¹⁹	A
	Skr	6⁴	E								Jhn	14²⁹	A	Luk	1²⁰	A	Luk	1³⁸	A
wailadedais	1Tm	6²	AB								Luk	4³	A	Luk	6⁴⁰	A	Luk	8¹⁷	A
wailamerein	2Cr	6⁸	AB								Luk	20¹⁴	A	Luk	20³⁵	A	Mrk	4²²	A
wailamereinais				1Cr	1²¹	A					Mrk	9¹²	A	Mrk	13¹⁸	A	1Cr	8⁹	A
wailameri	Php	4⁸	B								1Cr	14²⁶	A	1Cr	16²	AB	1Cr	16¹⁴	B
wailamerida	1Cr	15²	A	Eph	2¹⁷	AB					2Cr	3⁵	AB	2Cr	3⁸	AB	2Cr	4¹¹	B
wailamerjada	Luk	16¹⁶	A	2Cr	1¹⁹	B					2Cr	8¹⁴	A2B2	1Th	3⁵	B	2Th	2³	A*
wailamerjan	Luk	1¹⁹	A	Luk	4¹⁸	A	Luk	4⁴³	A		2Tm	2²	B	Skr	1²⁴	E
	1Cr	1¹⁷	A	Eph	3⁸	B				wairþaid	Luk	6³⁶	A
wailamerjanda				Mat	11⁵	A	Luk	7²²	A	wairþaiduh	Eph	4³²	AB
wailamerjandans				Luk	9⁶	A				wairþaima	2Cr	4¹	B	Gal	2¹⁶	B	Gal	5²⁶	AB
wailamerjandin				Luk	20¹	A					Gal	6⁹	AB
wailaqiss	2Cr	9⁵	AB							wairþaina	Jhn	9³⁹	A	2Cr	11³	B	Col	3²¹	B
wailaspillonds				Luk	8¹	A					Skr	3²⁰	E
wailawiznai	Skr	7¹³	E							wairþaiþ	Mat	5⁴⁵	A	Mat	6¹⁶	A	Jhn	12³⁶	A

		Jhn 15[8]	A	Rom 7[4]	A	Rom 12[16]	A	wairþs	Mat 8[8]	A	Mat 10[37]	A2	Mat 10[38]	A
		1Cr 7[23]	A	1Cr 11[1]	A	1Cr 15[58]	B		Luk 3[16]	A	Luk 7[4]	A	Luk 7[6]	A
		2Cr 6[14]	AB	2Cr 8[9]	AB*	Eph 3[13]	AB		Luk 10[7]	A	Luk 15[19]	A	Luk 15[21]	A
		Eph 5[1]	AB	Eph 5[7]	B	Eph 5[17]	A		Mrk 1[7]	A	1Cr 15[9]	A	2Cr 2[16]	AB
		Gal 4[12]	A	Gal 6[7]	AB	Php 3[17]	AB		1Tm 5[18]	A	Skr 3[25]	E		
		Col 3[15]	B	2Th 3[13]	AB			waist	Jhn 19[10]	A	2Tm 1[15]	AB		
wairþam		2Cr 4[1]	A	2Cr 4[16]	B	1Th 4[17]	B	wait	Mat 6[8]	A	Mat 26[70]	C	Jhn 7[27]	A
wairþan		Mat 8[24]	A	Jhn 9[27]	A	Jhn 12[29]	A		Jhn 8[14]	A	Jhn 8[37]	A	Jhn 9[12]	A
		Luk 1[66]	A	Luk 9[22]	A	Luk 15[14]	A		Jhn 9[25]	A2	Jhn 11[22]	A	Jhn 11[24]	A
		Luk 18[1]	A	Mrk 1[17]	A	Mrk 7[27]	A		Jhn 12[35]	A	Jhn 13[18]	A	Jhn 15[15]	A
		Mrk 10[43]	A	Mrk 10[44]	A	Mrk 13[29]	A		Mrk 4[27]	A	Mrk 14[68]	A	Rom 7[18]	A
		Rom 12[18]	AC	1Cr 7[21]	A	1Cr 10[20]	A		Rom 14[14]	C	1Cr 1[16]	A	1Cr 13[12]	A
		Php 4[12]	B	1Tm 6[9]	AB	Skr 1[7]	E		2Cr 9[2]	AB	2Cr 11[11]	B	2Cr 11[31]	B
		Skr 1[21]	E	Skr 1[26]	E	Skr 7[18]	E*		2Cr 12[2]	A4B4	2Cr 12[3]	A3B3	Php 1[19]	B
		SkB 7[18]	E¶	Skr 7[20]	E				Php 1[25]	B	2Tm 1[12]	AB		
wairþana		Luk 7[7]	A					waitei	Jhn 18[35]	A	1Cr 16[6]	AB		
wairþand		Mat 11[5]	A	Jhn 6[45]	A	Jhn 10[16]	A	waituh	Mat 6[32]	A				
		Luk 17[34]	A	Luk 17[35]	A	Mrk 6[2]	A		Mat 7[25]	A	Mat 7[27]	A		
		Mrk 10[31]	A	Mrk 13[19]	A	Mrk 13[25]	A	waiwoun						
		1Cr 14[25]	A	2Cr 6[16]	AB	Gal 5[21]	AB	wajamerein	Mat 26[65]	C	Mrk 14[64]	A	2Cr 6[8]	AB
		1Th 5[7]	B2	1Tm 6[4]	AB	2Tm 3[2]	AB	wajamereins	Jhn 10[33]	A	Mrk 7[22]	A	Eph 4[31]	AB
wairþands		Skr 2[1]	E					wajamereiþ	Mat 9[3]	A	Mrk 3[29]	A		
wairþans		2Cr 3[6]	AB	2Th 1[5]	AB	2Th 1[11]	A	wajameridedun			Mrk 15[29]	A		
		1Tm 6[1]	AB					wajamerjaidau			Rom 14[16]	C	1Tm 6[1]	AB
wairþata		Luk 3[8]	A					wajamerjan	1Tm 1[20]	AB				
wairþau		Luk 18[18]	A	Mrk 10[17]	A	1Cr 9[23]	A	wajamerjand	Mrk 3[28]	A				
		1Cr 9[27]	A					wajamerjandans			2Tm 3[2]	AB		
wairþida		2Cr 3[5]	AB					wajamerjands	1Tm 1[13]	B				
wairþidai		Skr 5[22]	E*	SkB 5[22]	E¶			wajamerjau	Jhn 10[36]	A				
wairþidos		Skr 7[5]	E					wakaima	1Th 5[6]	B	1Th 5[10]	B		
wairþis		Luk 14[14]	A	1Tm 4[6]	AB			wakaiþ	1Cr 16[13]	B				
wairþiþ		Mat 5[18]	A	Mat 5[20]	A	Mat 5[21]	A	wakandans	Eph 6[18]	A−B	Col 4[2]	B		
		Mat 5[22]	A3	Mat 6[22]	A	Mat 6[23]	A	waldaiþ	Luk 3[14]	A				
		Mat 8[12]	A	Mat 9[16]	A	Mat 11[22]	A*	waldan	1Tm 5[14]	A:				
		Mat 11[24]	A	Mat 26[2]	C	Jhn 8[33]	A	waldufneis	Skr 7[2]	E				
		Jhn 11[12]	A	Jhn 15[7]	A	Jhn 16[20]	A2	waldufni	Mat 7[29]	A	Mat 9[6]	A	Mat 9[8]	A
		Luk 1[14]	A	Luk 1[15]	A	Luk 1[32]	A		Jhn 10[18]	A2	Jhn 17[2]	A	Jhn 19[10]	A2
		Luk 1[33]	A	Luk 1[45]	A	Luk 2[10]	A		Luk 4[6]	A	Luk 5[24]	A	Luk 9[1]	A
		Luk 3[5]	A	Luk 4[7]	A	Luk 6[21]	A		Luk 10[19]	A	Luk 19[17]	A	Luk 20[2]	A
		Luk 6[25]	A	Luk 6[35]	A2	Luk 9[48]	A		Mrk 1[22]	A	Mrk 2[10]	A	Mrk 3[15]	A
		Luk 10[12]	A	Luk 10[14]	A	Luk 14[12]	A		Mrk 6[7]	A	Mrk 11[28]	A	Rom 9[21]	A
		Luk 14[34]	A	Luk 15[7]	A	Luk 15[10]	A		Rom 13[1]	AC	Rom 13[3]	AC	1Cr 9[4]	A
		Luk 17[24]	A	Luk 17[26]	A	Luk 17[30]	A		1Cr 9[5]	A	1Cr 9[6]	A	2Cr 10[8]	B
		Luk 20[33]	A	Mrk 2[21]	A	Mrk 4[11]	A		2Th 3[9]	AB	Skr 5[17]	E		
		Mrk 4[19]	A	Mrk 4[32]	A	Mrk 9[50]	A	waldufnja	Mat 8[9]	A	Luk 4[32]	A	Luk 4[36]	A
		Mrk 11[23]	A	Mrk 11[24]	A	Mrk 12[7]	A		Luk 7[8]	A	Luk 20[20]	A	Mrk 1[27]	A
		Mrk 12[23]	A	Mrk 13[19]	A	Mrk 13[28]	A		Rom 13[2]	AC	2Cr 13[10]	AB	Eph 6[12]	AB
		Mrk 16[18]	S	Rom 7[3]	A	Rom 9[9]	A		Col 1[13]	AB	Col 1[16]	AB	Col 2[15]	B
		Rom 9[26]	A	Rom 15[12]	C	1Cr 4[5]	A		Skr 1[10]	E	Skr 1[11]	E	Skr 1[16]	E
		1Cr 11[27]	A	1Cr 15[50]	AB	1Cr 15[54]	AB*	waldufnjam	Rom 13[1]	AC	Eph 3[10]	AB		
		1Cr 15[58]	A	2Cr 1[7]	B	2Cr 6[18]	AB	waldufnje	Jhn 19[11]	A	Luk 20[2]	A	Luk 20[8]	A
		2Cr 11[15]	B	2Cr 13[11]	AB	Gal 2[16]	B2		Mrk 11[28]	A	Mrk 11[29]	A	Mrk 11[33]	A
		Php 3[19]	AB	Col 3[4]	A2BB*2Tm 2[21]	B		Eph 1[21]	AB				
		2Tm 3[9]	AB	2Tm 4[3]	AB			waldufnjis	1Cr 15[24]	A	Eph 2[2]	AB		
wairþodins		Mat 27[9]	A					walisans	Col 3[12]	B				
								walisin	1Tm 1[2]	AB	Tit 1[4]	B		

waliso	Php	4³	AB	2Tm	2¹	B			Luk	2⁴⁶	*A*	Luk	3²	*A*	Luk	3²¹	*A*
waljam	2Cr	5⁸	AB						Luk	3²²	*A*	Luk	4²	*A*	Luk	4²⁵	*A*
waljau	Php	1²²	B						Luk	4³⁶	*A*	Luk	4⁴²	*A*	Luk	5¹	*A*
waltidedun	Mrk	4³⁷	*A*						Luk	5¹²	*A*	Luk	5¹⁷	*A*	Luk	6¹	*A*
waluns	Luk	9³	*A*						Luk	6⁶	*A*	Luk	6¹²	*A*	Luk	6¹³	*A*
walwisoda	Mrk	9²⁰	*A*						Luk	6¹⁶	*A*	Luk	6⁴⁹	*A*	Luk	7¹¹	*A*
wamba	Luk	2²¹	*A*	Mrk	7¹⁹	*A*	Php	3¹⁹	AB	Luk	7³⁵	*A*	Luk	8¹	*A*	Luk	8⁵	*A*
	Skr	2¹¹	E	Skr	2¹⁵	E				Luk	8²⁰	*A*	Luk	8²²	*A*	Luk	8²⁴	*A*
wambai	Jhn	7³⁸	*A*	Luk	1¹⁵	*A*	Luk	1⁴⁴	*A*	Luk	8⁴⁰	*A*	Luk	9¹⁷	*A*	Luk	9¹⁸	*A*
	Skr	2¹³	*E*							Luk	9²⁹	*A*	Luk	9³³	*A*	Luk	9³⁴	*A*
wambos	Tit	1¹²	A						Luk	9³⁵	*A*	Luk	9³⁶	*A2*	Luk	9³⁷	*A*
wamme	Eph	5²⁷	A						Luk	9⁵¹	*A*	Luk	9⁵⁷	*A*	Luk	10²¹	*A*
wan	Luk	18²²	*A*	Mrk	10²¹	*A*				Luk	14²²	*A*	Luk	15¹⁴	*A*	Luk	15²⁴	*A*
wana	1Tm	5¹²	A⁛						Luk	15²⁸	*A*	Luk	15³²	*A*	Luk	16¹	*A*
wanai	2Cr	12¹³	AB						Luk	16²²	*A2*	Luk	17¹¹	*A*	Luk	17¹⁴	*A*
wanains	Rom	11¹²	A						Luk	17¹⁵	*A*	Luk	17²⁶	*A*	Luk	17²⁸	*A*
wanans	2Cr	11²⁴	B						Luk	18²³	*A*	Luk	18³⁵	*A*	Luk	19⁹	*A*
wanata	Tit	1⁵	B						Luk	19¹⁵	*A*	Luk	19²⁹	*A*	Luk	20¹	*A*
wandei	Mat	5³⁹	*A*						Luk	20¹⁷	*A*	Mrk	1⁹	*A*	Mrk	1¹⁴	*A*
wandjands	Luk	7⁹	*A*						Mrk	1⁴²	*A*	Mrk	2¹⁵	*A*	Mrk	2²³	*A*
wandum	2Cr	11²⁵	B						Mrk	2²⁷	*A*	Mrk	3²⁶	*A*	Mrk	4⁴	*A*
waninassu	1Cr	16¹⁷	B	1Th	3¹⁰	B	Skr	7²⁰	*E*⁎	Mrk	4¹⁰	*A*	Mrk	4²²	*A*	Mrk	4³⁷	*A*
	SkB	7²⁰	*E*⁋							Mrk	4³⁹	*A*	Mrk	5¹⁶	*A*	Mrk	5³³	*A*
warai	1Th	5⁶	B						Mrk	6²	*A*	Mrk	6¹⁴	*A*	Mrk	8²⁵	*A*
wardjans	Mat	27⁶⁵	*A*						Mrk	9⁴	*A*	Mrk	9⁷	*A*	Mrk	9²¹	*A*
warein	2Cr	4²	AB*						Mrk	9²⁶	*A*	Mrk	11¹⁹	*A*	Mrk	12¹⁰	*A*
wargiþa	Rom	13²	AC	Gal	5¹⁰	B				Mrk	12¹¹	*A*	Mrk	14⁴	*A*	Mrk	15³³	*A2*
wargiþos	Rom	8¹	A	2Cr	3⁹	AB				Mrk	16¹¹	*A*	Mrk	16¹²	*S*	Mrk	16¹⁹	*S*
waridedum	Mrk	9³⁸	*A*						Rom	7¹⁰	*A*	Rom	7¹³	*A*	Rom	10²⁰	*A2*
waridedun	Luk	9⁴⁹	*A*						Rom	11²⁵	*A*	Rom	15⁴	*C2*	1Cr	1¹³	*A*
warjais	Luk	6²⁹	*A*						1Cr	7¹⁸	*A2*	1Cr	9²⁰	*A*	1Cr	13¹¹	*A*
warjandane	1Tm	4³	AB						1Cr	15¹⁰	*A*	1Cr	15⁵⁴	AB	2Cr	1¹⁹	*A2B2*
warjandans	1Th	2¹⁶	B						2Cr	3⁷	AB	2Cr	7⁷	AB	2Cr	7¹³	AB
warjiþ	Luk	9⁵⁰	*A*	Luk	18¹⁶	*A*	Mrk	9³⁹	*A*	2Cr	7¹⁴	*A2B2*	2Cr	12⁴	AB	2Cr	12¹¹	AB
	Mrk	10¹⁴	*A*							Eph	3⁷	B	Eph	3⁸	B	Gal	2¹³	B
warmeiþ	Eph	5²⁹	A						Gal	2²⁰	*A*	Gal	4¹⁶	*A*	Php	3¹²	AB
warmidedun	Jhn	18¹⁸	*A*						Col	1²³	AB	Col	1²⁵	AB	Col	1²⁶	AB
warmjandan	Mrk	14⁶⁷	*A*						1Th	3⁴	B	1Tm	1¹⁴	B⁛	1Tm	1¹⁶	B
warmjands	Jhn	18¹⁸	*A*	Jhn	18²⁵	*A*	Mrk	14⁵⁴	*A*	1Tm	2¹³	AB	1Tm	2¹⁴	*A2B2*	1Tm	3¹⁶	*A6*
warst	Jhn	9³⁴	*A*	Rom	11¹⁷	*A2*	Rom	11²⁴	*A*	1Tm	4¹⁴	B	Neh	6¹⁵	D	Neh	6¹⁶	D2
warþ	Mat	7²⁸	*A*	Mat	8³	*A*	Mat	8²⁴	*A*	Neh	7¹	D2	Skr	3⁷	E	Skr	3¹³	*E*
	Mat	8²⁶	*A*	Mat	9¹⁰	*A*	Mat	9²⁵	*A*	Skr	6¹	*E*	Skr	6¹⁹	*E*	Skr	6²²	*E*
	Mat	9³³	*A*	Mat	11¹	*A*	Mat	11¹⁹	*A*	Skr	8⁹	*E*						
	Mat	26¹	C	Mat	27³	*A*	Mat	27⁸	*A*	was	Mat	7²⁵	*A*	Mat	7²⁷	*A*	Mat	7²⁹	*A*
	Mat	27⁴⁵	*A*	Mat	27⁵⁷	*A*	Jhn	6¹⁶	*A*		Mat	9³³	*A*	Mat	25⁴²	*C2*	Mat	25⁴³	C⁛
	Jhn	6¹⁷	*A*	Jhn	6²¹	*A*	Jhn	7⁴³	*A*		Mat	26⁷¹	AC	Mat	27¹²	*A*	Mat	27¹⁵	*A*
	Jhn	9²	*A*	Jhn	9¹⁶	*A*	Jhn	9²⁰	*A*		Mat	27⁵⁶	*A*	Jhn	6¹⁸	*A*	Jhn	6²²	*A*
	Jhn	10¹⁹	*A*	Jhn	10²²	*A*	Jhn	10³⁵	*A*		Jhn	6⁴⁶	*A*	Jhn	6⁶²	*A*	Jhn	7¹²	*A*
	Jhn	12³	*A*	Jhn	12³⁰	*A*	Jhn	12³⁸	*A*		Jhn	7³⁹	*A2*	Jhn	7⁴²	*A*	Jhn	8⁴⁴	*A*
	Jhn	13³¹	*A*	Jhn	14²²	*A*	Jhn	16¹¹	*A*		Jhn	9⁸	*A*	Jhn	9¹³	*A*	Jhn	9²⁴	*A*
	Jhn	16²¹	*A*	Luk	1⁸	*A*	Luk	1¹¹	*A*		Jhn	9²⁵	*A*	Jhn	9³²	*A*	Jhn	10⁶	*A*
	Luk	1²³	*A*	Luk	1²⁴	*A*	Luk	1⁴¹	*A*		Jhn	10²²	*A*	Jhn	10⁴⁰	*A*	Jhn	10⁴¹	*A*
	Luk	1⁴⁴	*A*	Luk	1⁵⁹	*A*	Luk	1⁶⁵	*A*		Jhn	11²	*A*	Jhn	11⁶	*A2*	Jhn	11¹⁵	*A*
	Luk	2¹	*A*	Luk	2²	*A*	Luk	2⁶	*A*		Jhn	11³⁰	*A*	Jhn	11³²	*A*	Jhn	11³⁸	*A*
	Luk	2¹³	*A*	Luk	2¹⁵	*A*	Luk	2⁴²	*A*		Jhn	11⁴¹	*A*	Jhn	12¹	*A*	Jhn	12²	*A*

	Jhn	12⁵	*A*	Jhn	12⁶	*A*	Jhn	12¹⁶	*A*2		
	Jhn	12¹⁷	*A*	Jhn	14⁹	*A*	Jhn	16⁴	*A*		
	Jhn	17¹²	*A*	Jhn	18¹	*A*	Jhn	18¹⁰	*A*		
	Jhn	18¹³	*A*2	Jhn	18¹⁵	*A*	Jhn	18¹⁶	*A*		
	Jhn	18¹⁸	*A*2	Jhn	18²⁵	*A*	Jhn	18²⁶	*A*		
	Jhn	18²⁸	*A*	Jhn	18⁴⁰	*A*	Luk	1⁵	*A*		
	Luk	1⁷	*A*2	Luk	1¹⁰	*A*	Luk	1²¹	*A*		
	Luk	1²²	*A*	Luk	1²⁶	*A*	Luk	1⁶⁶	*A*		
	Luk	1⁸⁰	*A*	Luk	2⁴	*A*	Luk	2⁵	*A*		
	Luk	2⁷	*A*	Luk	2¹⁷	*A*	Luk	2²⁰	*A*		
	Luk	2²¹	*A*	Luk	2²⁵	*A*3	Luk	2²⁶	*A*		
	Luk	2³³	*A*	Luk	2³⁶	*A*	Luk	2⁴⁰	*A*		
	Luk	2⁵¹	*A*	Luk	3²³	*A*2	Luk	4¹	*A*		
	Luk	4¹⁶	*A*	Luk	4¹⁷	*A*	Luk	4²⁶	*A*		
	Luk	4²⁷	*A*	Luk	4²⁹	*A*	Luk	4³¹	*A*		
	Luk	4³²	*A*	Luk	4³³	*A*	Luk	4³⁸	*A*		
	Luk	4⁴⁴	*A*	Luk	5¹	*A*	Luk	5³	*A*		
	Luk	5¹²	*A*	Luk	5¹⁶	*A*	Luk	5¹⁷	*A*2		
	Luk	5¹⁸	*A*	Luk	5²⁹	*A*	Luk	6³	*A*		
	Luk	6⁶	*A*2	Luk	6¹²	*A*	Luk	6⁴⁸	*A*		
	Luk	7²	*AA‡*	Luk	7¹²	*A*2	Luk	7³⁷	*A*		
	Luk	8²	*A*	Luk	8²⁷	*A*	Luk	8²⁹	*A*3		
	Luk	8⁴¹	*A*	Luk	8⁴²	*A*	Luk	8⁴³	*A*		
	Luk	9¹⁸	*A*	Luk	9⁴⁵	*A*	Luk	9⁵³	*A*		
	Luk	15²⁴	*A*2	Luk	15³²	*A*2	Luk	16¹	*A*		
	Luk	16¹⁹	*A*2	Luk	16²⁰	*A*2	Luk	17⁹	*A*		
	Luk	17¹⁶	*A*	Luk	18²	*A*	Luk	18²³	*A*		
	Luk	18³⁴	*A*	Luk	18³⁵	*A*	Luk	18⁴⁰	*A*		
	Luk	19²	*A*2	Luk	19³	*A*	Luk	19¹¹	*A*		
	Luk	19²⁹	*A*	Luk	19³⁷	*A*	Luk	19⁴¹	*A*		
	Luk	19⁴⁷	*A*	Luk	20⁴	*A*	Mrk	1⁴	*A*		
	Mrk	1⁹	*A*	Mrk	1¹³	*A*2	Mrk	1²²	*A*		
	Mrk	1²³	*A*	Mrk	1³³	*A*	Mrk	1³⁹	*A*		
	Mrk	1⁴⁵	*A*	Mrk	2⁴	*A*	Mrk	2²⁵	*A*		
	Mrk	3¹	*A*	Mrk	4¹	*A*	Mrk	4³⁶	*A*		
	Mrk	4³⁸	*A*	Mrk	5⁴	*A*	Mrk	5⁵	*A*		
	Mrk	5¹⁸	*A*	Mrk	5²¹	*A*	Mrk	5⁴⁰	*A*		
	Mrk	5⁴²	*A*	Mrk	10¹	*A‡*	Mrk	10²²	*A*		
	Mrk	10³²	*A‡*	Mrk	10⁴⁰	*A*	Mrk	11¹²	*A*		
	Mrk	11¹³	*A*	Mrk	11³⁰	*A*	Mrk	11³²	*A*		
	Mrk	13¹⁹	*A*	Mrk	14⁴⁹	*A*	Mrk	14⁵⁴	*A*		
	Mrk	14⁵⁹	*A*	Mrk	15²⁶	*A*	Mrk	15²⁸	*A*		
	Mrk	15³⁹	*A*	Mrk	15⁴⁰	*A*	Mrk	15⁴¹	*A*		
	Mrk	15⁴²	*A*	Mrk	15⁴³	*A*	Mrk	15⁴⁶	*A*		
	Mrk	16⁴	*A*	Rom	7⁸	*A*	Rom	7⁹	*A‡*		
	Rom	7¹⁰	*A*	Rom	8³	*A*	Rom	9²²	*A‡*		
	Rom	11³⁴	*C*	1Cr	7²⁰	*A*	1Cr	7²⁴	*A*		
	1Cr	9²²	*A*2	1Cr	11²³	*A*	1Cr	13¹¹	*A*		
	1Cr	15⁴	*A*	1Cr	16¹²	*B*	2Cr	3¹⁰	*AB*		
	2Cr	5¹⁹	*AB*	2Cr	7⁷	*AB*	2Cr	11²⁵	*B*3		
	2Cr	11³³	*B*	2Cr	12¹¹	*AB*	2Cr	13⁴	*AB*		
	Eph	1⁶	*AB*	Eph	3³	*B*	Eph	3⁵	*B*		
	Gal	2³	*AB*	Gal	2⁷	*AB*	Gal	2¹¹	*B*		
	Gal	3¹	*A*	Gal	4¹⁵	*A*	Gal	4²³	*B*		
	Php	2²⁶	*B*	Php	2²⁷	*AB*	Php	3⁷	*AB*		
	Php	3¹⁰	*AB*	Col	1²⁶	*AB*	Col	2¹⁴	*B*		
	1Th	3⁴	*B*	1Tm	1¹³	*B*2	2Tm	3⁹	*AB*		
	Neh	5¹⁸	*D*2	Neh	6¹⁸	*D*	Neh	7²	*D*		
	SkB	1¹¹	*E⁶*	Skr	1¹⁹	*E*	Skr	2²¹	*E*		
	Skr	3²	*E*	Skr	3⁴	*E*	Skr	3⁹	*E*2		
	Skr	4³	*E*	Skr	4⁸	*E*	Skr	4¹⁶	*E*		
	Skr	4¹⁸	*E*	Skr	4²³	*E*	Skr	6⁵	*E*		
	Skr	6¹⁷	*E*	Skr	7¹⁴	*E*	Skr	7²²	*E*		
	Skr	8²³	*E*	Skr	8²⁴	*E**	SkB	8²⁴	*E¶*		
wasidai	Mat	11⁸	*A*								
wasidedum	Mat	25³⁸	*C*								
wasideduþ	Mat	25⁴³	*C**								
wasjaima	Mat	6³¹	*A*								
wasjaiþ	Mat	6²⁵	*A*	Mrk	6⁹	*A*					
wasjiþ	Mat	6³⁰	*A*								
wast	Mat	26⁶⁹	*C*	Luk	15³¹	*A⁼*	Luk	19¹⁷	*A*		
	Mrk	14⁶⁷	*A*	1Cr	7²¹	A					
wastja	Mat	5⁴⁰	*A*	Jhn	19⁵	*A*	Luk	6²⁹	*A*		
	Luk	15²²	*A*	Mrk	13¹⁶	*A*					
wastjai	Mat	9²¹	*A*	Jhn	19²	*A*	Mrk	5²⁷	*A*		
	Mrk	10⁵⁰	*A*	Mrk	16⁵	*A*					
wastjom	Mat	6²⁵	*A*	Mat	7¹⁵	*A*	Mat	11⁸	*A*		
	Luk	7²⁵	*A*2	Luk	8²⁷	*A*	Luk	19³⁶	*A*		
	Mrk	5²⁸	*A*	Mrk	5³⁰	*A*	Mrk	11⁸	*A*		
	Mrk	15²⁰	*A*	1Tm	2⁹	*AB*					
wastjos	Mat	6²⁸	*A*	Mat	9²⁰	*A*	Jhn	13¹²	*A*		
	Luk	8⁴⁴	*A*	Luk	19³⁵	*A*	Mrk	6⁵⁶	*A*		
	Mrk	9³	*A*	Mrk	11⁷	*A*	Mrk	14⁶³	*A*		
	Mrk	15²⁴	*A*								
wasuh	Mat	8³⁰	*A*	Mat	27⁶¹	*A*	Jhn	6⁴	*A*		
	Jhn	6¹⁰	*A*	Jhn	7²	*A*	Jhn	9¹⁴	*A*		
	Jhn	11¹	*A*	Jhn	11²	*A*	Jhn	11¹⁸	*A*		
	Jhn	11³⁸	*A*	Jhn	13²³	*A*	Jhn	13³⁰	*A*		
	Jhn	18¹⁴	*A*	Mrk	5¹¹	*A*	Mrk	15⁷	*A*		
	Mrk	15²⁵	*A*	Skr	3¹²	*E**	SkB	3¹²	*E¶*		
wasuþ-þan	Luk	8³²	*A*	Luk	15²⁵	*A*	Luk	18³	*A*		
	Mrk	1⁶	*A*	Mrk	7²⁶	*A*	Gal	1²²	*B*		
watin	Luk	3¹⁶	*A*	Mrk	1⁸	*A*	Mrk	1¹⁰	*A*		
	Skr	2¹⁹	*E*	Skr	3²⁴	*E*					
watins	Mat	10⁴²	*A*	Jhn	7³⁸	*A*	Luk	8²⁴	*A*		
	Mrk	9⁴¹	*A*	Mrk	14¹³	*A*	Eph	5²⁶	A		
watnam	Mat	8³²	*A*	Luk	8²⁵	*A*					
wato	Luk	7⁴⁴	*A*	Mrk	9²²	*A*	1Tm	5²³	*AB*		
	Skr	2²⁶	*E*	Skr	3¹⁵	*E*					
waurd	Mat	5³⁷	*A*	Jhn	6⁶⁰	*A*	Jhn	7³⁶	*A*		
	Jhn	8³⁷	*A*	Jhn	8⁴³	*A*	Jhn	8⁵¹	*A*		
	Jhn	8⁵²	*A*	Jhn	8⁵⁵	*A*	Jhn	10³⁵	*A*		
	Jhn	12³⁸	*A*	Jhn	12⁴⁸	*A*	Jhn	14²³	*A*		
	Jhn	14²⁴	*A*	Jhn	15²⁰	*A*	Jhn	15²⁵	*A*		
	Jhn	17⁶	*A*	Jhn	17¹⁴	*A*	Jhn	17¹⁷	*A*		
	Jhn	18⁹	*A*	Jhn	18³²	*A*	Jhn	19⁸	*A*		
	Luk	2¹⁵	*A*	Luk	2¹⁷	*A*	Luk	3²	*A*		
	Luk	4³²	*A*	Luk	5¹	*A*	Luk	5¹⁵	*A*		
	Luk	7¹⁷	*A*	Luk	8¹¹	*A*	Luk	8¹²	*A*		
	Luk	8¹³	*A*	Luk	8¹⁵	*A*	Luk	8²¹	*A*		

	Luk	9⁴⁵	A	Luk	18³⁴	A	Mrk	1⁴⁵	A	waurhtedun	Rom	7⁵	A			
	Mrk	2²	A	Mrk	4¹⁴	A	Mrk	4¹⁵	A2	waurkei	2Tm	4⁵	AB			
	Mrk	4¹⁶	A	Mrk	4¹⁸	A	Mrk	4¹⁹	A	waurkeis	Jhn	6³⁰	A			
	Mrk	4²⁰	A	Mrk	4³³	A	Mrk	5³⁶	A	waurkeiþ	Jhn	6¹⁰	A	Luk	3⁴	A	Mrk	1³	A
	Mrk	7¹³	A	Mrk	8³²	A	Mrk	9¹⁰	A		Mrk	3³⁵	A	Rom	13¹⁰	A	1Cr	12¹¹	A
	Mrk	14⁷²	A	Mrk	16²⁰	S	Rom	9⁶	A		1Cr	16¹⁰	AB	2Cr	4¹²	B	2Cr	9¹¹	B
	Rom	9⁹	A	Rom	9²⁸	A2	Rom	10⁸	A2		Gal	3⁵	A	1Th	2¹³	B*	Skr	7⁷	E
	Rom	10¹⁷	A	1Cr	1¹⁸	A	1Cr	15⁵⁴	AB	waurkja	Rom	7¹⁵	A	Rom	7¹⁷	A	Rom	7¹⁹	A
	2Cr	1¹⁸	AB	2Cr	2¹⁷	AB	2Cr	4²	AB*		Rom	7²⁰	A
	2Cr	5¹⁹	AB	2Cr	10¹⁰	B	Eph	1¹³	AB	waurkjada	2Cr	4¹⁷	B
	Eph	6¹⁷	AB	Eph	6¹⁹	B	Php	1¹⁴	B	waurkjaima	Jhn	6²⁸	A
	Col	1²⁵	AB	Col	2²³	AB	Col	3¹⁶	B	waurkjais	Luk	14¹²	A	Luk	14¹³	A
	Col	4⁶	AB	1Th	2¹³	B3	2Th	3¹	B	waurkjaiþ	Jhn	6²⁷	A	Luk	3⁸	A	1Cr	11²⁴	A
	1Tm	1¹⁵	B	1Tm	3¹	AB	1Tm	4⁵	AB		1Cr	11²⁵	A	Col	3²³	B
	1Tm	4⁹	B	2Tm	2⁹	B	2Tm	2¹¹	B	waurkjam	Gal	6¹⁰	AB
	2Tm	2¹⁵	B	2Tm	2¹⁷	B	2Tm	4²	AB	waurkjan	Jhn	9⁴	A2	Jhn	17⁴	A	1Cr	9⁶	A
	Tit	1³	B	Neh	5¹³	D	Skr	6²⁴	E		1Th	4¹¹	B	2Th	3¹⁰	AB
waurda	Mat	7²⁴	A	Mat	7²⁶	A	Mat	7²⁸	A	waurkjand	Mrk	6¹⁴	A	1Cr	15²⁹	A
	Mat	8⁸	A	Mat	8¹⁶	A	Mat	26¹	C	waurkjandans				Mat	7²³	A	Jhn	18¹⁸	A
	Jhn	6⁶³	A	Jhn	6⁶⁸	A	Jhn	8²⁰	A		2Th	3⁸	AB	2Th	3¹¹	AB	2Th	3¹²	AB
	Jhn	8³¹	A	Jhn	8⁴⁷	A	Jhn	10²¹	A	waurkjandein	Eph	3²⁰	AB
	Jhn	12⁴⁸	A	Jhn	14¹⁰	A	Jhn	14²⁴	A	waurkjandins	Eph	1¹¹	AB	Eph	2²	AB	Skr	6¹⁵	E
	Jhn	15⁷	A	Jhn	17⁸	A	Jhn	17²⁰	A	waurkjands	Eph	1¹⁶	AB*	Eph	2¹⁵	AB*	Eph	4²⁸	AB
	Luk	1³⁸	A	Luk	1⁶⁵	A	Luk	2¹⁹	A	waurmans	Mrk	16¹⁸	S
	Luk	2²⁹	A	Luk	2⁵⁰	A	Luk	2⁵¹	A	waurme	Luk	10¹⁹	A
	Luk	4²²	A	Luk	5⁵	A	Luk	6⁴⁷	A	waurms	2Cr	11³	B
	Luk	7¹	A	Luk	7⁷	A	Luk	9²⁸	A	waurpeina	Jhn	8⁵⁹	A	Jhn	10³¹	A
	Luk	9⁴⁴	A	Luk	9⁴⁵	A	Mrk	9³²	A	waurstw	Jhn	6²⁹	A	Jhn	7²¹	A	Jhn	17⁴	A
	Mrk	12¹³	A	Rom	10¹⁸	A	Rom	13⁹	A		Mrk	14⁶	A	Rom	14²⁰	C	1Cr	9¹	A
	2Cr	6⁷	AB	2Cr	8⁷	AB*	2Cr	10¹¹	B		1Cr	16¹⁰	AB	Gal	6⁴	AB	2Th	1¹¹	A
	2Cr	11⁶	B	2Cr	12⁴	AB	Eph	5²⁶	A		2Tm	4⁵	AB	Neh	5¹⁶	D	Neh	6¹⁶	D
	Gal	5¹⁴	B	Gal	6⁶	AB	Col	3¹⁷	B*	waurstwa	Mat	5¹⁶	A	Mat	11²	A	Jhn	6²⁸	A
	1Th	4¹⁵	B	2Th	2²	A*	2Th	3¹⁴	AB		Jhn	7³	A	Jhn	7⁷	A	Jhn	8³⁹	A
	1Tm	4¹²	B	1Tm	5¹⁷	A	2Tm	2²	B⁼		Jhn	9³	A	Jhn	9⁴	A	Jhn	10²⁵	A
	Neh	6¹⁹	D	Skr	6²⁰	E					Jhn	10³²	A	Jhn	10³⁷	A	Jhn	14¹⁰	A
waurdahai	Skr	4¹⁸	E								Jhn	14¹²	A	Jhn	15²⁴	A	Rom	13³	AC
waurdajiukos	1Tm	6⁴	AB								1Cr	15⁵⁸	AB	2Cr	10¹¹	B	Eph	1¹⁹	AB*
waurdam	Jhn	5⁴⁷	A	Jhn	12⁴⁷	A	Luk	1²⁰	A		Eph	4¹²	A	Eph	4¹⁶	A	Gal	5¹⁹	AB
	Eph	5⁶	B	1Th	4¹⁸	B	2Th	2¹⁷	B		Php	3²¹	AB	Col	1²⁹	A	Col	3¹⁷	B
	1Tm	4⁶	AB	1Tm	6³	AB	2Tm	2¹⁴	B		1Tm	2¹⁰	AB	1Tm	5¹⁸	A	1Tm	5²⁵	AB
	2Tm	4¹⁵	A	Skr	1²⁵	E	Skr	6¹⁰	E		1Tm	6⁶g	A	Neh	5¹⁶	D	Skr	6⁸	E2
waurde	Mat	27¹⁴	A	Jhn	7⁴⁰	A	Jhn	10¹⁹	A		Skr	6¹²	E	Skr	6¹⁵	E
	Luk	1⁴	A	Luk	1³⁷	A	Luk	3⁴	A	waurstwam	Jhn	10³⁸	A	Rom	9¹²	A	Rom	9³²	A
	Luk	4⁴	A	Luk	4³⁶	A	Luk	9²⁶	A		Rom	13¹²	A	2Cr	11¹⁵	B	Eph	2⁹	AB
	Luk	20²⁶	A	Mrk	8³⁸	A	Mrk	10²⁴	A		Eph	2¹⁰	AB	Eph	5¹¹	B	Gal	2¹⁶	B3
	2Cr	13¹	AB	Eph	4²⁹	AB	2Tm	1¹³	AB		Gal	3²	A	Gal	3⁵	A	Col	1²¹	AB
	Skr	6¹³	E								2Th	2¹⁷	B	1Tm	5¹⁰	AB	2Tm	1⁹	AB
waurdei	Luk	20²⁰	A								2Tm	4¹⁴	A	Tit	1¹⁶	A	Neh	5¹⁸	D
waurdis	Mat	26⁷⁵	AC	Jhn	15³	A	Jhn	15²⁰	A		Skr	1²⁶	E	Skr	5⁴	E
	Luk	1²	A	Luk	20³	A	Mrk	4¹⁷	A	waurstwe	Jhn	10³²	A	Jhn	14¹¹	A	2Cr	9⁸	B
	Mrk	7²⁹	A	Mrk	10²²	A	Mrk	11²⁹	A		Col	1¹⁰	AB	1Tm	5¹⁰	A	2Tm	2²¹	AB
	1Cr	1¹⁷	A	Col	4³	B	Tit	1⁹	AB		2Tm	3¹⁷	AB	Tit	1¹⁶	A	Skr	5¹	E
	Skr	5⁷	E							waurstweig	Gal	2⁸	A2B2
waurhta	Mrk	6²¹	A	Mrk	14⁶	A	Gal	2⁸g	A	waurstweiga	1Cr	16⁹	AB	Gal	5⁶	B
waurhtai	Rom	11¹⁷	A*							waurstweigons				2Cr	1⁶	B

waurstwein	Eph	4[19]	AB					wegs	Mat	8[24]	A				
waurstwis	Jhn	10[33]	A	Php	1[22]	B	Php	2[30]	AB	wehsa	Mrk	8[26]	A	Mrk	8[27]	A	Mrk	16[12]	S
	Col	2[12]	B	1Th	5[13]	B	1Tm	3[1]	AB	weih	Luk	1[49]	A	Php	4[8]	B			
	Skr	5[16]	E							weiha	Jhn	7[39]	A	Jhn	14[26]	A	Jhn	17[11]	A
waurstwja	Jhn	15[1]	A	Luk	10[7]	A	2Tm	2[6]	B		Jhn	17[19]	A	Jhn	18[13]	A	Luk	3[22]	A
waurstwjam	Luk	20[9]	A	Mrk	12[1]	A	Mrk	12[2]	$A2$		Luk	4[34]	A	Mrk	1[24]	A	Mrk	exp	S^*
waurstwjan	2Tm	2[15]	B								Rom	7[12]	A	Rom	11[16]	$A2$	1Cr	7[14]	A
waurstwjans	Mat	9[37]	A	Mat	9[38]	A	Luk	10[2]	$A2$		Eph	5[27]	A	Skr	4[28]	E			
	Mrk	12[7]	A	Mrk	12[9]	A	2Cr	11[13]	B	weihaba	1Th	2[10]	B						
	Php	3[2]	AB							weihai	Jhn	17[17]	A	Jhn	17[19]	A	1Cr	16[20]	B
waurt	Rom	11[18]	A^-								2Cr	13[12]	AB	Eph	1[4]	AB	Eph	2[21]	B
waurtim	Luk	3[9]	A	Luk	17[6]	A	Mrk	11[20]	A		1Th	5[26]	AB	2Tm	1[9]	AB	Skr	8[1]	E
waurtins	Luk	8[13]	A	Mrk	4[6]	A	Mrk	4[17]	A	weihaida	1Cr	7[14]	A						
waurts	Rom	11[16]	A	Rom	11[18]	A	Rom	15[12]	C	weihaim	2Cr	9[1]	AB	Eph	1[18]	AB	Eph	5[3]	B
	1Tm	6[10]	AB								1Tm	5[10]	AB						
waurþan	Luk	4[23]	A							weihaize	Mat	27[52]	A	Luk	1[70]	A	Rom	12[13]	A
waurþana	Rom	7[3]	A	2Tm	2[18]	B					Eph	4[12]	A	Col	1[12]	AB			
waurþanai	Luk	6[48]	A	Eph	4[19]	AB				weihaizos	Luk	1[72]	A						
waurþanam	Skr	6[21]	E							weiham	Mrk	8[38]	A	1Cr	16[1]	AB	1Cr	16[15]	B
waurþanamma				Mat	8[16]	A	Mrk	1[32]	A		2Cr	1[1]	B	Eph	1[1]	AB	Eph	2[19]	AB
	Mrk	4[35]	A	Mrk	15[42]	A					Eph	3[5]	B	Eph	3[18]	AB	Eph	6[18]	AB
waurþanana	Mat	27[1]	AC	Luk	18[24]	A	Rom	15[8]	C		Col	1[26]	AB	1Th	3[13]	B	1Th	5[27]	AB
	Gal	4[4]	$A2$								2Th	1[10]	A						
waurþano	Luk	2[15]	A	Luk	8[34]	A	Luk	8[35]	A	weihamma	Luk	1[3]	$A^=$	Luk	3[16]	A	Mrk	1[8]	A
	Luk	8[56]	A	Mrk	5[14]	A					Mrk	12[36]	A	Rom	9[1]	A	Rom	14[17]	C
waurþanon	2Cr	1[8]	B								2Cr	6[6]	AB	Skr	3[27]	E			
waurþanona	Mat	27[54]	A	Luk	9[7]	A				weihan	Eph	4[30]	AB	2Tm	2[14]	B			
waurþanons	Mat	11[21]	A^*	Mat	11[23]	A				weihana	Mrk	3[29]	A	Mrk	6[20]	A	Rom	12[1]	C
waurþans	Mrk	6[21]	A	Mrk	6[26]	A	1Cr	15[20]	A		1Th	4[8]	B	2Tm	1[14]	AB			
	Php	2[7]	B	Php	2[8]	B				weihane	Luk	9[26]	A	2Cr	9[12]	B	Eph	3[8]	B
waurþeima	Rom	9[29]	$A2$	2Cr	5[21]	AB				weihans	2Cr	8[4]	AB	2Cr	13[12]	AB	Eph	1[15]	AB
waurþeina	Mat	11[21]	A^*	Mat	11[23]	A^*	Jhn	9[3]	A		Col	1[22]	AB	Col	3[12]	B			
	Jhn	12[42]	A	Luk	10[13]	A				weihata	Rom	7[12]	A						
waurþi	Jhn	8[58]	A	Jhn	9[19]	A	Jhn	13[18]	A	weihin	Luk	2[26]	A	Eph	1[13]	AB			
	Jhn	13[19]	A	Jhn	14[29]	A	Jhn	17[12]	A	weihis	Luk	1[15]	A	Luk	1[41]	A	Luk	1[67]	A
	Rom	7[13]	$A2$	2Cr	9[3]	AB					Luk	4[1]	A	2Cr	13[13]	AB	Skr	3[19]	E
waurþum	Rom	7[6]	A	1Cr	4[9]	A	2Cr	4[1]	AB	weihiþa	2Cr	7[1]	AB	1Th	4[3]	B	1Th	4[7]	B
waurþun	Mat	11[20]	A	Jhn	6[12]	A	Luk	4[28]	A	weihiþai	Eph	4[24]	AB	1Th	3[13]	B	1Th	4[4]	B
	Luk	5[26]	A	Luk	6[11]	A	Luk	6[18]	A		1Tm	2[15]	AB						
	Luk	8[23]	A	Luk	9[17]	A	Luk	9[28]	A	weihnai	Mat	6[9]	A						
	Luk	9[43]	A	Luk	10[13]	A	Luk	17[14]	A	weihon	Mat	27[53]	A	Skr	2[7]	E			
	Luk	17[17]	A	Luk	17[18]	A	Mrk	1[22]	A	weihona	Skr	6[14]	E						
	Mrk	1[36]	A	Mrk	6[3]	A	Mrk	8[8]	A	weihos	2Tm	3[15]	AB						
	Mrk	9[3]	A	Mrk	10[32]	A	2Cr	5[17]	AB	weihs	Luk	1[35]	$A2$	Luk	2[23]	A	Luk	2[25]	A
	2Cr	12[12]	AB	Col	1[16]	AB	1Tm	1[19]	AB		Mrk	8[26]	A	Tit	1[8]	B	Skr	4[17]	E
	1Tm	6[10]	AB	2Tm	3[11]	AB	Neh	7[1]	D	weihsa	Jhn	7[42]	A	Jhn	11[30]	A	Luk	8[34]	A
	Skr	1[2]	E	Skr	7[23]	E	Sal	6	S		Luk	9[12]	A	Mrk	6[6]	A	Mrk	6[56]	A
waurþunuþ-þan				Sal	2	S				weihsis	Mrk	8[23]	A						
waurþuþ	Jhn	6[26]	A	Luk	16[11]	A	Luk	16[12]	A	wein	Mat	9[17]	$A3$	Luk	1[15]	A	Luk	5[37]	$A2$
	Rom	7[4]	A	Rom	11[30]	A	1Cr	4[8]	A		Luk	5[38]	A	Luk	7[33]	A	Mrk	2[22]	$A4$
	Eph	1[13]	AB^*	Eph	2[13]	AB	Php	4[10]	B		Mrk	15[23]	A	Neh	5[15]	D	Neh	5[18]	D
	1Th	2[14]	B							wein..s	1Tm	3[3]	A						
wega	Luk	8[24]	A							weina	Eph	5[18]	A	1Tm	3[8]	A			
wegim	Mat	8[24]	A							weinabasja	Mat	7[16]	A	Luk	6[44]	A			
wegos	Mrk	4[37]	A							weinagard	Luk	20[9]	A	Luk	20[16]	A	Mrk	12[1]	A

	Mrk	12⁹	*A*						
weinagarda	Luk	20¹⁵	*A*	Mrk	12⁸	*A*			
weinagardis	Luk	20¹⁰	*A*	Luk	20¹³	*A*	Luk	20¹⁵	*A*
	Mrk	12²	*A*	Mrk	12⁹	*A*			
weinatainos	Jhn	15⁵	*A*						
weinatains	Jhn	15⁴	*A*	Jhn	15⁶	*A*			
weinatriu	Jhn	15¹	*A*	Jhn	15⁵	*A*			
weinatriwa	Jhn	15⁴	*A*	1Cr	9⁷	*A*			
weindrugkja	Luk	7³⁴	*A*						
weinis	1Tm	5²³	AB						
weinnas	1Tm	3³	B	Tit	1⁷	B			
weipada	2Tm	2⁵	B						
weis	Mat	6¹²	*A*	Mat	9¹⁴	*A*	Jhn	6⁴²	*A*
	Jhn	6⁶⁹	*A*	Jhn	7³⁵	*A*	Jhn	8⁴¹	*A*
	Jhn	8⁴⁸	*A*	Jhn	9²¹	*A*	Jhn	9²⁴	*A*
	Jhn	9²⁸	*A*	Jhn	9²⁹	*A*	Jhn	9⁴⁰	*A*
	Jhn	11¹⁶	*A*	Jhn	12³⁴	*A*	Jhn	18³⁰	*A*
	Jhn	19⁷	*A*	Luk	3¹⁴	*A*	Luk	9¹³	*A*
	Luk	9⁴³	*A*⁼	Luk	18²⁸	*A*	Mrk	9²⁸	*A*
	Mrk	10²⁸	*A*	Mrk	14⁵⁸	*A*	Mrk	14⁶³	*A*
	1Cr	1²³	A	1Cr	4⁸	A	1Cr	4¹⁰	A2
	1Cr	9²⁵	A	1Cr	12¹³	A	1Cr	15³⁰	A
	1Cr	15⁵²	AB	2Cr	1⁴	B	2Cr	1⁶	B
	2Cr	3¹⁸	AB	2Cr	4¹¹	B	2Cr	4¹³	B
	2Cr	5¹⁰	AB	2Cr	5¹⁶	AB	2Cr	5²¹	AB
	2Cr	9⁴	AB	2Cr	10⁷	B	2Cr	10¹³	B
	2Cr	11⁴	B	2Cr	11¹²	B	2Cr	11²¹	B
	2Cr	13⁴	A	2Cr	13⁶	AB	2Cr	13⁷	A2B2
	2Cr	13⁹	AB	Eph	1⁴	B	Eph	1¹²	AB
	Eph	2³	AB	Gal	2⁹	B	Gal	2¹⁵	B
	Gal	2¹⁶	B	Gal	4³	A	Gal	4²⁸	B
	Gal	5⁵	B	Php	3³	A2B2	Col	1⁹	B
	Col	1²⁸	AB	1Th	2¹³	B	1Th	2¹⁴	B
	1Th	2¹⁷	B	1Th	3⁶	B	1Th	3¹²	B
	1Th	4¹⁵	B	1Th	4¹⁷	B	1Th	5⁸	B
	2Th	1⁴	AB	Skr	5²⁰	*E*			
weiseis	Jhn	11³²	*A*						
weisjau	Neh	5¹⁴	D						
weisun	Neh	5¹⁵	D	Neh	5¹⁷	D	Neh	6¹⁷	D
	Neh	6¹⁸	D						
weitwod	2Cr	1²³	AB						
weitwode	Mat	26⁶⁵	*C*	Mrk	14⁶³	*A*	2Cr	13¹	AB
	1Tm	5¹⁹	A	1Tm	6¹²	AB			
weitwodei	Jhn	18²³	*A*	2Cr	1¹²	AB	2Th	1¹⁰	A
	Tit	1¹³	A	Skr	6¹²	*E*			
weitwodein	1Tm	2⁶	AB						
weitwodeins	Skr	6¹⁹	*E*						
weitwodeis	Jhn	8¹³	*A*						
weitwodeiþ	Jhn	8¹⁸	*A*	Jhn	15²⁶	*A*	Jhn	15²⁷	*A*
	Skr	4²⁰	*E*	Skr	6¹⁸	*E*			
weitwodida	Jhn	12¹⁷	*A*	Jhn	13²¹	*A*	Skr	4²¹	*E*
weitwodidedum				1Cr	15¹⁵	A	1Th	4⁶	B
weitwodidedun				Luk	4²²	*A*	Mrk	14⁵⁶	*A*
	Mrk	14⁵⁷	*A*						
weitwodides	Skr	4⁴	*E*						

weitwodiþa	Jhn	8¹³	*A*	Jhn	8¹⁴	*A*	Jhn	8¹⁷	*A*
	Mrk	14⁵⁵	*A*	Mrk	14⁵⁹	*A*	1Tm	3⁷	A
	1Tm	5¹⁰	AB	Skr	6⁷	*E*			
weitwodiþai	Mat	8⁴	*A*	Luk	5¹⁴	*A*	Luk	9⁵	*A*
	Mrk	1⁴⁴	*A*	Mrk	6¹¹	*A*			
weitwodiþos	Mrk	14⁵⁶	*A*	2Tm	1⁸	AB			
weitwodja	Jhn	7⁷	*A*	Jhn	8¹⁴	*A*	Jhn	8¹⁸	*A*
	Rom	10²	A	2Cr	8³	AB	Eph	4¹⁷	AB*
	Gal	4¹⁵	A	Gal	5³	B	Col	4¹³	AB
	1Tm	5²¹	A	2Tm	2²	B	2Tm	4¹	AB
weitwodjand	Mat	27¹³	*A*	Jhn	10²⁵	*A*	Mrk	14⁶⁰	*A*
	Mrk	15⁴	*A*	Skr	6⁹	*E*			
weitwodjandans				1Th	2¹²	B			
weitwodjandins				1Tm	6¹³	B			
weitwodjands	2Tm	2¹⁴	B	Skr	4¹⁷	*E*	Skr	6¹⁰	*E*
weitwodjau	Jhn	18³⁷	*A*						
weizuþ-þan	1Cr	4¹⁰	A						
wen	Rom	15⁴	*C*	2Cr	3¹²	AB	2Cr	10¹⁵	B
	Eph	2¹²	AB	Eph	4⁴	AB	1Th	4¹³	B
	2Th	2¹⁶	B						
wenai	Rom	12¹²	A	Php	1²⁰	B	Col	1²³	AB
	1Th	5⁸	B	Tit	1²	B			
wenais	Gal	5⁵	B	1Tm	1¹	AB			
weneid	Luk	6³⁴	*A*						
weneiþ	Jhn	5⁴⁵	*A*	1Cr	13⁷	A			
wenida	1Tm	5⁵	AB						
wenidedum	2Cr	1¹⁰	AB	2Cr	8⁵	AB	1Tm	4¹⁰	B
wenja	1Cr	16⁷	A⁻B	2Cr	1¹³	AB	2Cr	5¹¹	AB
	2Cr	13⁶	AB	Php	2²³	B	Phm	2²	A
wenjaima	Luk	7¹⁹	*A*	Luk	7²⁰	*A*			
wenjand	Rom	15¹²	*C*						
wenjandans	1Cr	15¹⁹	A						
wenjandein	Luk	3¹⁵	*A*						
wenjands	1Tm	3¹⁴	A						
wens	2Cr	1⁶	B	Eph	1¹⁸	AB	Col	1²⁷	AB
	1Th	2¹⁹	B						
wepna	2Cr	6⁷	AB	2Cr	10⁴	B			
wepnam	Jhn	18³	*A*						
Werekan	Cal	1⁷	A						
weseima	2Cr	1⁸	A	2Cr	11²¹	B	1Th	3¹	B
weseina	Mat	11²³	*A*	Jhn	14²	*A*	Luk	2³	*A*
	Luk	18⁹	*A*	1Cr	7¹⁴	A	1Cr	12¹⁹	A
weseis	Jhn	11²¹	*A*						
weseiþ	Jhn	8³⁹	*A*	Jhn	9⁴¹	*A*	Jhn	15¹⁹	*A*
	1Cr	1¹³	A	2Cr	12¹³	AB			
wesi	Jhn	8⁴²	*A*	Jhn	9¹⁸	*A*	Jhn	9³³	*A*
	Jhn	12⁵	*A*	Jhn	12⁶	*A*	Jhn	13²⁴	*A*
	Jhn	17⁵	*A*	Jhn	18³⁰	*A*	Jhn	18³⁶	*A*
	Jhn	19¹¹	*A*	Luk	1²⁹	*A*	Luk	2²¹	*A*
	Luk	3¹⁵	*A*	Luk	7³⁹	*A*	Luk	8³⁸	*A*
	Luk	9⁴⁶	*A*	Luk	15²⁶	*A*	Luk	18³⁶	*A*
	Luk	19³	*A*	Luk	19¹¹	*A*	Mrk	3⁹	*A*
	Mrk	5¹⁴	*A*	Mrk	5¹⁸	*A*	Mrk	6⁵⁵	*A*
	Mrk	9³⁴	*A*	Mrk	9⁴²	*A*	Mrk	14⁵	*A*
	Mrk	15¹⁵	*A*	Mrk	15⁴⁷	*A*	Rom	9²⁷	A

	Eph	3¹⁰	AB	Gal	4¹⁵	A	1Tm	5⁹	AB	wikon	Luk	1⁸	A
	Skr	1¹²	E	Skr	1¹⁵	E	Skr	5¹³	E	wilda	Jhn	7¹	A	Luk	15²⁸	A	Luk	18⁴	A
wesjau	Jhn	18³⁶	A								Luk	18¹³	A	Mrk	1¹¹g	A	Mrk	3¹³	A
wesum	Rom	7⁵	A	Rom	7⁶	A	Rom	8³⁶	A		Mrk	6¹⁹	A	Mrk	6²⁶	A	Mrk	7²⁴	A
	2Cr	1⁸	B	Eph	1¹¹	AB	Eph	2³	A		Mrk	9³⁰	A	1Cr	12¹⁸	A	2Cr	1¹⁵	AB
	Gal	4³	A2	1Th	2¹⁰	B	1Th	3⁴	B		Gal	4²⁰	AB	Col	1²⁷	AB	Phm	13	A
	2Th	3⁷	AB	2Th	3¹⁰	AB					Phm	14	A	Skr	7¹⁹	E
wesun	Mat	9³⁶	A	Jhn	17⁶	A	Luk	1²	A	wildedeiþ	Mat	11¹⁴	A
	Luk	1⁷	A	Luk	1⁶⁵	A	Luk	2⁶	A	wildedi	Luk	1⁶²	A
	Luk	2⁸	A	Luk	2³³	A	Luk	4¹⁷	A	wildedum	1Th	2¹⁸	B
	Luk	4²⁰	A	Luk	4²⁵	A	Luk	4²⁷	A	wildedun	Mat	27¹⁵	A	Jhn	6¹¹	A	Jhn	6²¹	A
	Luk	5⁷	A	Luk	5¹⁰	A	Luk	5¹⁷	A2		Jhn	7⁴⁴	A	Jhn	16¹⁹	A	Luk	10²⁴	A
	Luk	5²⁹	A	Luk	6³	A	Luk	7⁴¹	A		Luk	19²⁷	A	Mrk	9¹³	A	Skr	7¹⁶	E
	Luk	8²	A	Luk	8³⁷	A	Luk	8⁴⁰	A	wildeduþ	Skr	6⁶	E
	Luk	9¹⁴	A	Luk	9³⁰	A	Luk	9³²	A	wileid	Luk	6³¹	A
	Luk	17²⁷	A	Luk	20²⁹	A	Mrk	1⁵	A	wileidu	Jhn	18³⁹	A	Mrk	15⁹	A
	Mrk	1¹⁶	A	Mrk	2¹⁵	A	Mrk	2¹⁸	A	wileima	Jhn	12²¹	A	Luk	19¹⁴	A	Mrk	10³⁵	A
	Mrk	4³⁶	A	Mrk	8²	A	Mrk	9⁴	A		2Cr	1⁸	B	2Cr	5⁴	AB	1Th	4¹³	B
	Mrk	9⁶	A	Mrk	11¹	A	Mrk	12²⁰	A	wileina	Gal	4¹⁷	A	Gal	6¹²	AB	Gal	6¹³	AB
	Mrk	14⁵⁶	A	Rom	9¹¹	A	1Cr	10¹	A		1Tm	5¹¹	A:	1Tm	6⁹	AB	2Tm	3¹²	AB
	1Cr	10²	A	2Cr	8³	AB	Gal	1²³	AB	wileis	Mat	8²	A	Luk	5¹²	A	Luk	18⁴¹	A
	Gal	2⁶	AB	Col	4¹¹	AB	1Tm	1¹⁶	B		Mrk	1⁴⁰	A	Mrk	6²²	A	Mrk	10⁵¹	A
	Skr	3¹	E	Skr	3²	E	Skr	4²⁴	E		Mrk	14¹²	A	Rom	13³	AC
wesunuh	Mat	27⁵⁵	A	Luk	1⁶	A	Mrk	2⁶	A	wileits	Mrk	10³⁶	A
wesunuþ-þan	Jhn	12²⁰	A	Luk	15¹	A	Mrk	5¹³	A	wileiþ	Mat	27¹⁷	A	Jhn	6⁶⁷	A	Jhn	8⁴⁴	A
	Mrk	8⁹	A	Mrk	10³²	A	Mrk	15⁴⁰	A		Jhn	9²⁷	A2	Jhn	15⁷	A	Mrk	14⁷	A
wesuþ	2Cr	7⁹	A2B2	Eph	2¹¹	AB	Eph	2¹²	AB		Mrk	15¹²	A	1Cr	10²⁷	A	2Cr	12²⁰	AB
	Eph	2¹³	AB*	Eph	5⁸	B	Gal	3²⁷	A		Gal	4⁹	A	Gal	5¹⁷	AB
	Col	3¹⁵	B							wileizu	Luk	9⁵⁴	A
widowo	Luk	7¹²	A							wili	Mat	27⁴³	A	Jhn	7¹⁷	A	Luk	5³⁹	A
widuwairnans				Jhn	14¹⁸	A					Luk	9²³	A	Luk	9²⁴	A	Luk	10²²	A
widuwo	Luk	2³⁷	A	Luk	18³	A	Luk	18⁵	A		Mrk	8³⁴	A	Mrk	8³⁵	A	Mrk	9³⁵	A
	1Tm	5⁵	AB	1Tm	5⁹	AB					Mrk	10⁴³	A	Mrk	10⁴⁴	A	Rom	9¹⁸	A2
widuwom	1Cr	7⁸	A								1Cr	12¹¹	A	1Cr	16²	AB	2Th	3¹⁰	AB
widuwon	Luk	4²⁶	A								1Tm	2⁴	AB⁻	Skr	5⁸	E
widuwono	1Tm	5⁴	B							wilja	Mat	6¹⁰	A	Jhn	6⁴⁰	A	Rom	10¹	A
widuwons	Luk	4²⁵	A	1Tm	5³	B2	1Tm	5¹¹	A:		Rom	12²	C	1Cr	16¹²	B	2Cr	8¹²	AB
	1Tm	5¹⁶	A:								Eph	5¹⁷	A	1Th	4³	B	1Th	5¹⁸	B
wig	Mat	8²⁸	A	Mat	11¹⁰	A	Jhn	14⁴	A	wiljahalþei	Eph	6⁹	AB
	Jhn	14⁵	A	Luk	1⁷⁹	A	Luk	2⁴⁴	A	wiljahalþein	Col	3²⁵	B	1Tm	5²¹	AB
	Luk	3⁴	A	Luk	7²⁷	A	Luk	8⁵	A	wiljan	Mat	7²¹	A	Mat	10²⁹	A	Jhn	6³⁸	A2
	Luk	8¹²	A	Luk	9³	A	Luk	10⁴	A		Jhn	7¹⁷	A	Jhn	9³¹	A	Mrk	3³⁵	A
	Luk	18³⁵	A	Luk	20²¹	A	Mrk	1²	A		Rom	7¹⁸	A	2Cr	1¹	B	2Cr	8⁵	AB
	Mrk	1³	A	Mrk	4⁴	A	Mrk	4¹⁵	A		2Cr	8¹⁰	AB	2Cr	8¹¹	AB	Eph	1¹	AB
	Mrk	6⁸	A	Mrk	10¹⁷	A	Mrk	10⁴⁶	A		2Tm	1¹	A	2Tm	3⁴	AB
	Mrk	12¹⁴	A	1Th	3¹¹	B	Skr	2⁵	E	wiljandam	Luk	20⁴⁶	A
wiga	Mat	5²⁵	A	Luk	9⁵⁷	A	Luk	19³⁶	A	wiljandane	2Cr	11¹²	B
	Mrk	8³	A	Mrk	8²⁷	A	Mrk	9³³	A	wiljandans	Gal	1⁷	B	Gal	4²¹	AB	1Tm	1⁷	AB
	Mrk	10³²	A	Mrk	10⁵²	A	Mrk	11⁸	A2	wiljandin	Mat	5⁴⁰	A	Mat	5⁴²	A	Rom	7²¹	A
wigadeinom	Mat	7¹⁶	A							wiljandins	Rom	9¹⁶	A
wigam	Luk	3⁵	A							wiljands	Luk	10²⁹	A	Luk	14²⁸	A	Mrk	15¹⁵	A
wigan	Luk	14³¹	A								Rom	9²²	A	2Cr	8¹⁷	AB	2Cr	11³²	B
wigans	Luk	1⁷⁶	A	Luk	14²³	A					Col	2¹⁸	B
wigos	Rom	11³³	C							wiljans	Eph	2³	AB
wigs	Mat	7¹³	A	Mat	7¹⁴	A	Jhn	14⁶	A	Wiljariþ	DeN	4¹	N

wiljau	Mat	8³	*A*	Mat	9¹³	*A*	Jhn	17²⁴	*A*	wisam	Luk	15²³	*A*
	Luk	4⁶	*A*	Luk	5¹³	*A*	Mrk	1⁴¹	*A*	wisan	Jhn	7⁴	*A*	Jhn	12²⁶	*A*	Luk	2⁴⁴	*A*
	Mrk	6²⁵	*A*	Rom	7¹⁵	*A*	Rom	7¹⁶	*A*		Luk	2⁴⁹	*A*	Luk	4⁴¹	*A*	Luk	9¹⁸	*A*
	Rom	7¹⁹	A2	Rom	7²⁰	*A*	Rom	11²⁵	*A*		Luk	9²⁰	*A*	Luk	9³³	*A*	Luk	14²⁶	*A*
	1Cr	7⁷	*A*	1Cr	10¹	*A*	1Cr	10²⁰	*A*		Luk	14²⁷	*A*	Luk	14³³	*A*	Luk	15²⁴	*A*
	1Cr	16⁷	AB	2Cr	12⁶	AB	2Cr	12²⁰	AB		Luk	15³²	*A*	Luk	16²	*A*	Luk	19⁵	*A*
	Gal	3²	*A*	1Tm	2⁸	AB	1Tm	5¹⁴	A:		Luk	20⁶	*A*	Luk	20²⁰	*A*	Luk	20²⁷	*A*
wiljauþ-þan	1Cr	11³	*A*								Luk	20⁴¹	*A*	Mrk	3¹⁴	*A*	Mrk	8²⁷	*A*
wiljin	Rom	9¹⁹	*A*	Eph	1⁹	AB*	Eph	1¹¹	AB*		Mrk	8²⁹	*A*	Mrk	9⁵	*A*	Mrk	9³⁵	*A*
	Gal	1⁴	B*	Col	4¹²	AB	2Tm	2²⁶	AB		Mrk	12¹⁸	*A*	Mrk	14⁶⁴	*A*	Rom	7¹⁰	A
	Skr	1¹⁹	*E*	Skr	1²¹	*E*	Skr	5⁹	*E*		Rom	9³	A	Rom	14¹⁴	*C‡*	1Cr	7⁷	A
	Skr	5¹⁸	*E*								1Cr	7¹¹	A	1Cr	7²⁵	A	1Cr	7²⁶	A2
wiljins	Luk	2¹⁴	*A*	Eph	1⁵	AB	Eph	1⁹	AB		1Cr	12²²	A	1Cr	exp	A	2Cr	5⁸	AB
	Eph	1¹¹	AB*	Php	1¹⁵	B	Col	1⁹	B		2Cr	5¹¹	AB	2Cr	7¹¹	AB	2Cr	9⁵	AB
wilþeins	Rom	11²⁴	A⁺								2Cr	10⁷	B	Eph	3⁶	B	Gal	2⁶	AB
wilþeis	Rom	11¹⁷	*A*								Gal	2⁹	B	Gal	4²¹	AB	Gal	6³	AB
wilþi	Mrk	1⁶g	*A*								Php	1²³	B	Php	1²⁴	B	Php	2⁶	B
wilwa	1Cr	5¹¹	*A*								Php	3⁷	AB	Php	3⁸	A2B2	Php	4¹¹	B
wilwam	1Cr	5¹⁰	*A*								1Tm	1⁷	AB	1Tm	2¹²	AB	1Tm	3²	AB
wilwan	Jhn	6¹⁵	*A*	Mrk	3²⁷	*A*					1Tm	6⁵	AB	2Tm	2²⁴	AB	Tit	1⁷	B
wilwandans	Mat	7¹⁵	*A*								Skr	4¹⁹	*E*	Skr	5²¹	*E*			
wilwans	Luk	18¹¹	*A*							wisandam	Luk	6⁴	*A*	Mrk	2²⁶	*A*	Mrk	16¹⁰	*A*
winda	Mat	11⁷	*A*	Jhn	6¹⁸	*A*	Luk	7²⁴	*A*		Rom	12³	C	2Cr	1¹	B	2Cr	11⁵	B
	Luk	8²⁴	*A*	Mrk	4³⁹	*A*	Eph	4¹⁴	*A*		Eph	1¹	AB	1Tm	2²	AB			
windam	Mat	8²⁶	*A*	Luk	8²⁵	*A*	Mrk	13²⁷	*A*	wisandan	Jhn	6²⁷	*A*	Luk	15²⁰	*A*	2Cr	8²²	AB
windis	Luk	8²³	*A*	Mrk	4³⁷	*A*					Skr	4¹⁴	*E*						
windos	Mat	7²⁵	*A*	Mat	7²⁷	*A*	Mat	8²⁷	*A*	wisandans	Jhn	9⁴⁰	*A*	Jhn	11³¹	*A*	Luk	7²⁵	*A*
winds	Mrk	4³⁹	*A*	Mrk	4⁴¹	*A*					Luk	16¹⁴	*A*	Luk	20³⁶	*A*	Rom	8⁵	A
winja	Jhn	10⁹	*A*								Rom	8⁸	A	1Cr	12¹²	A	2Cr	5⁴	AB*
winna	Col	1²⁴	AB	Col	3⁵	*A*	2Tm	1¹²	AB		2Cr	5⁶	AB	2Cr	10¹¹	B	2Cr	11¹⁹	B
winnai	Mrk	9¹²	*A*								Eph	2¹	AB	Eph	2⁵	AB	Eph	4¹⁸	AB
winnaina	Gal	6¹²	AB								Gal	2¹⁵	B	Gal	5²⁶	AB	Col	1²¹	AB
winnam	2Cr	1⁶	B								Col	2¹³	B	1Th	5⁸	B	1Tm	3¹⁰	A
winnan	Luk	9²²	*A*	Mrk	8³¹	*A*	Php	1²⁹	B		Tit	1¹⁶	*A*						
	1Th	3⁴	B							wisandei	Luk	8⁴³	*A*	Mrk	5²⁵	*A*	Skr	4¹²	*E*
winnand	2Tm	3¹²	AB							wisandeim	1Th	2¹⁴	B						
winnandam	1Tm	5¹⁰	AB							wisandein	Luk	2⁵	*A*	Mrk	8¹	*A*	2Cr	1¹	B
winnandans	2Th	3⁸	AB								1Tm	1⁴	A⁺B						
winnandona	Luk	2⁴⁸	*A*							wisandin	Luk	2²	A=	Luk	7⁶	*A*	Luk	14³²	*A*
winniþ	2Th	1⁵	B								Mrk	11¹¹	*A*	Mrk	14⁶⁶	*A*	Rom	7²³	A
winnom	Gal	5²⁴	AB								Eph	2²⁰	B	Skr	7⁸	*E*	Skr	7¹¹	*E*
winnon	Col	3⁵	B							wisandins	1Cr	8¹⁰	A	Eph	4¹⁸	AB			
winnons	Rom	7⁵	*A*							wisando	Mat	6³⁰	*A*	Luk	15¹³	*A*	2Cr	3¹¹	AB
wintrau	Mrk	13¹⁸	*A*								Skr	2²³	*E*	Skr	6²⁴	*E*			
wintriwe	Luk	8⁴²	*A*							wisandona	Rom	13¹	AC	Skr	6¹⁵	*E*			
wintru	1Cr	16⁶	AB							wisands	Jhn	6⁷¹	*A*	Jhn	7⁹	*A*	Jhn	7⁵⁰	*A*
wintruns	Mat	9²⁰	*A*								Jhn	8⁴⁷	*A*	Jhn	10³³	*A*	Jhn	14²⁵	*A*
wintrus	Jhn	10²²	*A*								Luk	9⁴⁸	*A*	Luk	16¹⁹	*A*	Luk	16²³	*A*
winþiskauron				Luk	3¹⁷	*A*					Rom	11¹⁷	A	Rom	11²⁴	A	1Cr	9²⁰	A
wipja	Jhn	19²	*A*	Mrk	15¹⁷	*A*					1Cr	9²¹	A	2Cr	8⁹	AB	2Cr	8¹⁷	AB
wis	Mat	8²⁶	*A*	Luk	8²⁴	*A*	Mrk	4³⁹	*A*		2Cr	10¹	B	2Cr	11⁸	B	2Cr	12¹⁶	AB
wisa	Jhn	15¹⁰	*A*	1Cr	16⁶	AB	Php	1²⁵	B		Eph	2⁴	AB	Gal	2³	AB	Gal	2¹⁴	B
wisai	Jhn	12⁴⁶	*A*	Rom	9¹¹	A					Gal	4¹	A	Gal	6³	AB	Php	2⁶	B
wisais	2Tm	3¹⁴	AB								Php	3⁶	AB	Skr	1⁵	*E*	Skr	2¹⁰	*E*
wisaiþ	Jhn	15⁴	*A*	Jhn	15⁹	*A*	Luk	10⁷	*A*		Skr	2¹²	*E*	Skr	2¹⁵	*E*	Skr	4¹⁷	*E*

	Skr	6¹¹	E				Gal	2¹⁹	A	Gal	4⁴	A	Gal	4⁵	A
wisiþ	Jhn	6⁵⁶	A	Jhn	8³⁵	A2	Jhn	14¹⁷	A	Gal	4²¹	AB	Gal	5⁴	B	Gal	5¹⁸	AB
	Jhn	15⁵	A	Jhn	15⁶	A	2Cr	3¹⁴	AB	Php	3⁵	AB	Php	3⁶	AB	Php	3⁹	AB
	2Cr	9⁹	B	2Tm	2¹³	B				1Tm	1⁸	A
wissa	Mat	27¹⁸	A	Jhn	6⁶	A	Jhn	11⁴²	A	witodafasteis	Luk	10²⁵	A
	Jhn	13²⁸	A	Mrk	9⁶	A	Mrk	15¹⁰	A	witodafastjos	Luk	7³⁰	A
wissedeina	Luk	20⁷	A							witodalaisarjos				Luk	5¹⁷	A	1Tm	1⁷	AB
wissedeis	Luk	19⁴²	A							witodalaus	1Cr	9²¹	A
wissedi	Mrk	9³⁰	A							witodalausaim				1Tm	1⁹	AB
wissedjau	Rom	7⁷	A							witodalausam				1Cr	9²¹	A
wissedun	Luk	2⁴³	A	Luk	4⁴¹	A	Luk	18³⁴	A	witodalausans				1Cr	9²¹	A
wisseduþ	Luk	2⁴⁹	A							witodeigo	1Tm	1⁸	B	2Tm	2⁵	B
wisseis	Luk	19²²	A							witodis	Luk	2²⁷	A	Luk	16¹⁷	A	Rom	7³	A
wissuh	Jhn	6⁶⁴	A	Jhn	16¹⁹	A	Jhn	18²	A		Rom	8²	A	Rom	8³	A	Rom	8⁴	A
	Luk	6⁸	A								Rom	9⁴	A	Rom	9³²	A	Rom	10⁴	A
wistai	Rom	11²⁴	A2	Eph	2³	AB	Gal	2¹⁵	B‡		Rom	13¹⁰	A	1Cr	9²¹	A	Gal	2¹⁶	B3
	Gal	4⁸	A	Skr	2²¹	E	Skr	4¹⁶	E		Gal	3²	A	Gal	3⁵	A	Skr	1²⁷	E*
	Skr	4¹⁸	E								SkB	1²⁷	E⁋	Skr	3²²	E
wistim	Skr	2²²	E							witoþ	Mat	5¹⁷	A	Mat	7¹²	A	Mat	11¹³	A
wisuh	1Cr	16⁸	B								Jhn	7¹⁹	A2	Jhn	7²³	A	Jhn	7⁴⁹	A
wisum	Eph	2³	B								Jhn	7⁵¹	A	Jhn	19⁷	A	Luk	16¹⁶	A
wisuþ-þan	1Cr	16⁸	A								Rom	7¹	A2	Rom	7⁵	A	Rom	7⁷	A3
wit	Jhn	17¹¹	A	Jhn	17²²	A					Rom	7⁸	A	Rom	7⁹	A	Rom	7¹²	A
witai	2Tm	4¹⁵	A								Rom	7¹⁴	A	Rom	7²¹	A	Rom	7²³	A
witaida	Mrk	6²⁰	A	2Cr	11³²	B					Rom	8²	A	Rom	9³¹	A2	Rom	13⁸	A
witaidedun	Mrk	3²	A								1Cr	9⁸	A	1Cr	15⁵⁶	AB	Eph	2¹⁵	AB
witaidedunuh				Luk	6⁷	A					Gal	2¹⁹	A	Gal	2²¹	A	Gal	4²¹	AB
witaiduh	Mat	27⁶⁵	A								Gal	5³	B	Gal	5¹⁴	B	Gal	5²³	AB
witaiþ	Jhn	9¹⁶	A	Gal	4¹⁰	A					Gal	6²	AB	Gal	6¹³	AB	1Tm	1⁸	AB
witan	Mat	27⁶⁴	A	Mrk	7²⁴	A	1Cr	1¹³	A		1Tm	1⁹	AB	Skr	3¹⁴	EE°	Skr	8¹⁶	E
	Gal	3²	A								Skr	8²¹	E
witandans	Mat	27⁵⁴	A	Luk	2⁸	A	Rom	13¹¹	A	witubnja	1Cr	8¹¹	A
	1Cr	15⁵⁸	AB	2Cr	1⁷	B	2Cr	4¹⁴	B	witubnjis	Rom	11³³	C
	2Cr	5⁶	AB	2Cr	5¹¹	AB	Eph	6⁹	AB	witudu	Jhn	13¹²	A
	Gal	2¹⁶	B	Php	1¹⁶	B	Col	3²⁴	B	witum	Jhn	9²⁰	A	Jhn	9²¹	A2	Jhn	9²⁴	A
	Col	4¹	B								Jhn	9²⁹	A	Jhn	14⁵	A	Jhn	16¹⁸	A
witandei	Mrk	5³³	A								Jhn	16³⁰	A	Luk	20²¹	A	Mrk	11³³	A
witands	Mat	9⁴	A	Jhn	6⁶¹	A	Jhn	18⁴	A		Mrk	12¹⁴	A	Rom	7¹⁴	A	2Cr	5¹	B*
	Luk	9³³	A	1Tm	1⁹	AB⁺	1Tm	6⁴	AB		1Tm	1⁸	A
	2Tm	2²³	AB	2Tm	3¹⁴	A*B	Phm	2¹	A	witumuh	Jhn	9³¹	A
witeid	Luk	5²⁴	A							witun	Jhn	18²¹	A
witeis	Mat	27⁴	A	1Tm	3¹⁵	A				wituts	Mrk	10³⁸	A
witeiþ	Mat	9⁶	A	Jhn	19⁴	A	Luk	10¹¹	A	wituþ	Mat	26²	C	Jhn	7²⁸	A	Jhn	8¹⁴	A
	Mrk	2¹⁰	A	Eph	1¹⁸	AB	Eph	5⁵	B		Jhn	9³⁰	A	Jhn	13¹⁷	A	Luk	9⁵⁵	A
	Eph	6²¹	B	Col	4⁶	AB					Mrk	4¹³	A	Mrk	8¹⁷	A	Mrk	10⁴²	A
witi	Mat	6³	A	Mat	9³⁰	A	1Th	4⁴	B		Rom	7¹	A	1Cr	5⁶	A	1Cr	9²⁴	A
witjau	1Cr	13²	A								1Cr	16¹⁵	B	Gal	4¹³	A	Php	4¹⁵	B
witoda	Mat	5¹⁸	A	Jhn	8¹⁷	A	Jhn	10³⁴	A		1Th	2¹¹	B	1Th	3³	B	1Th	3⁴	B
	Jhn	12³⁴	A	Jhn	15²⁵	A	Jhn	18³¹	A		1Th	4²	B	1Th	5²	B	1Tm	1⁸	B
	Jhn	19⁷	A	Luk	2²²	A	Luk	2²³	A	wiþondans	Mrk	15²⁹	A
	Luk	2²⁴	A	Luk	2³⁹	A	Luk	10²⁶	A	wiþra	Mat	8³⁴	A	Mat	10³⁵	A3	Mat	27¹⁴	A
	Rom	7²	A2	Rom	7⁴	A	Rom	7⁶	A		Luk	1⁷³	A	Luk	4⁴	A	Luk	6³	A
	Rom	7¹⁶	A	Rom	7²²	A	Rom	7²³	A2		Luk	8¹²	A	Luk	9⁵⁰	A	Luk	14³¹	A
	Rom	7²⁵	A2	Rom	8⁷	A	Rom	10⁵	A		Mrk	3²⁴	A	Mrk	3²⁵	A	Mrk	4¹	A
	1Cr	9⁹	A	1Cr	9²⁰	A4	1Cr	14²¹	A		Mrk	4¹⁵	A	Mrk	9⁴⁰	A	Mrk	10⁵	A

	Mrk	11²⁵	A	1Cr	6¹	A	1Cr	8¹²	A		
	1Cr	9³	A	1Cr	13¹²	A	2Cr	5¹²	AB		
	2Cr	7¹²	AB	2Cr	10⁵	B	2Cr	12¹⁹	AB		
	2Cr	13⁸	AB	Eph	6⁹	B	Eph	6¹¹	AB		
	Eph	6¹²	A4B4	Gal	5¹⁷	AB2	Gal	5²³	AB		
	Gal	6¹⁰	A2B2	Col	3¹³	B	Col	3¹⁹	B*		
	1Th	5¹⁴	B	1Th	5¹⁵	B	1Tm	5¹¹	A*		
	2Tm	2²⁴	AB	Skr	1¹⁵	E	Skr	8¹³	E		
wiþragamotjan				Jhn	12¹³	A					
wiþraïddja	Jhn	11²⁰	A								
wiþrawairþ	Luk	8²⁶	A								
wiþrawairþo	Gal	2⁷	A*B								
wiþrawairþon				Luk	19³⁰	A	Mrk	11²	A		
wiþrus	Skr	1⁸	E								
wizondei	1Tm	5⁶	AB								
wlaitoda	Mrk	5³²	A								
wlit	Mrk	14⁶⁵	A	Php	2⁷	B					
wlita	2Cr	3⁷	AB	Gal	1²²	AB					
wlitis	2Cr	3⁷	AB								
wlits	Jhn	11⁴⁴	A								
wlizja	1Cr	9²⁷	A								
Wmainaius	2Tm	2¹⁷	B								
wodan	Mrk	5¹⁵	A	Mrk	5¹⁶	A					
wods	Mrk	5¹⁸	A								
wohs	Luk	1⁸⁰	A	Luk	2⁴⁰	A					
wokainim	2Cr	6⁵	AB	2Cr	11²⁷	B					
wokra	Luk	19²³	A								
wopeid	Jhn	13¹³	A								
wopeiþ	Mat	27⁴⁷	A	Mrk	10⁴⁹	A	Mrk	15³⁵	A		
wopida	Jhn	11²⁸	A	Jhn	12¹⁷	A	Jhn	18³³	A		
	Luk	8⁵⁴	A	Mrk	14⁶⁸	A	Mrk	14⁷²	A		
	Mrk	15³⁴	A								
wopidedun	Mrk	10⁴⁹	A								
wopjan	Luk	19¹⁵	A								
wopjandam	Mat	11¹⁶	A*	Luk	7³²	A					
wopjandans	Luk	18⁷	A								
wopjandins	Luk	3⁴	A	Mrk	1³	A					
woþi	2Cr	2¹⁵	AB								
woþjai	Eph	5²	AB								
wraiqo	Luk	3⁵	A								
wrak	1Cr	15⁹	A	Gal	1²³	AB	Gal	4²⁹	B		
wrakja	Mrk	4¹⁷	A	Rom	8³⁵	A	Gal	6¹²	A*B		
wrakjands	Php	3⁶	AB								
wrakjom	2Th	1⁴	AB	2Tm	3¹¹	AB					
wrakjos	2Tm	3¹¹	A								
wrakom	Mrk	10³⁰	A								
wrakos	2Tm	3¹¹	B	2Tm	3¹²	AB					
wraks	1Tm	1¹³	B								
wrato	1Cr	16⁶	AB								
wratoda	Luk	8¹	A								
wratodedun	Luk	2⁴¹	A								
wratodum	2Cr	11²⁶	B								
wrekeim	2Cr	12¹⁰	AB								
wrekun	Jhn	15²⁰	A								
wrikada	Gal	5¹¹	B								
wrikanai	2Cr	4⁹	AB								
wrikand	Jhn	15²⁰	A								
wrikandans	Mat	5⁴⁴	A	Rom	12¹⁴	A					
writ	Luk	16¹⁷	A								
wriþus	Luk	8³³	A								
wroh	1Tm	5¹⁹	A								
wrohe	Jhn	18²⁹	A								
wrohida	Jhn	5⁴⁵	A								
wrohidedeina				Mrk	3²	A					
wrohidedjau	Jhn	5⁴⁵	A								
wrohidedun	Mrk	15³	A								
wrohiþs	Mat	27¹²	A								
wrohjan	Luk	6⁷	A								
wruggon	2Tm	2²⁶	AB								
wulandans	Rom	12¹¹	A								
wulf	Jhn	10¹²	A								
wulfe	Luk	10³	A								
wulfos	Mat	7¹⁵	A								
wulfs	Jhn	10¹²	A								
wuliþ	2Tm	2¹⁷	B								
wullai	Skr	3¹⁶	E								
wullareis	Mrk	9³	A								
wulþag	2Cr	3⁷	AB	2Cr	3¹⁰	AB*					
wulþaga	Luk	5²⁶	A	Eph	5²⁷	A					
wulþagai	1Cr	4¹⁰	A								
wulþagaim	Luk	7²⁵	A								
wulþago	2Cr	3¹⁰	AB								
wulþau	Mat	6²⁹	A	Jhn	17⁵	A	Luk	9³¹	A		
	Mrk	8³⁸	A	Mrk	10³⁷	A	Mrk	13²⁶	A		
	Rom	9²³	A	Rom	15⁷	C	1Cr	10³¹	A		
	2Cr	1²⁰	AB	2Cr	3⁸	AB	2Cr	3⁹	AB		
	2Cr	3¹¹	AB	2Cr	3¹⁸	AB2	2Cr	4¹⁵	B		
	2Cr	8¹⁹	AB	Col	3⁴	AB	1Th	2¹²	B		
	2Th	1⁹	A	1Tm	3¹⁶	A	2Tm	2¹⁰	B		
wulþaus	Rom	9²³	A*	2Cr	3⁷	AB	2Cr	3¹⁰	AB		
	2Cr	4⁴	AB	2Cr	4⁶	AB	2Cr	4¹⁷	B		
	2Cr	8²³	A	Eph	1⁶	AB	Eph	1⁷	AB*		
	Eph	1¹²	AB	Eph	1¹⁴	AB	Eph	1¹⁷	AB*		
	Eph	1¹⁸	AB	Eph	3¹⁶	AB	Php	3¹⁹	A		
	Php	3²¹	AB	Col	1¹¹	AB	Col	1²⁷	A2B2		
	1Tm	1¹¹	B	Skr	4¹²	E					
wulþrais	Gal	2⁶	AB*								
wulþrizans	Mat	6²⁶	A								
wulþu	Jhn	11⁴⁰	A	Jhn	12⁴¹	A	Jhn	17²²	A		
	Jhn	17²⁴	A	Luk	2³²	A	Luk	4⁶	A		
	Luk	9²⁶	A	Luk	9³²	A	Luk	17¹⁸	A		
	2Cr	3¹¹	AB	2Cr	3¹⁸	A2B	2Cr	6⁸	AB		
wulþus	Mat	6¹³	A	Luk	2⁹	A	Luk	2¹⁴	A		
	Luk	19³⁸	A	Mrk	exp	S	Rom	9⁴	A		
	Rom	11³⁶	C	2Cr	3⁹	AB	2Cr	8²³	B		
	Eph	3¹³	AB	Eph	3²¹	AB	Gal	1⁵	B		
	Php	3¹⁹	B	1Th	2²⁰	B	1Tm	1¹⁷	B		
wulwa	Php	2⁶	B								
wundufnjos	Mrk	3¹⁰	A								
wunnim	2Tm	3¹¹	AB								
wunnuþ	1Th	2¹⁴	B								

X

Xreskus	2Tm 4^{10}	A				
Xristau	Rom 6^{23}	A	Rom 8^{1}	A	Rom 8^{2}	A
	Rom 8^{39}	A	Rom 9^{3}	A	Rom 12^{5}	*C*
	Rom 13^{14}	A	Rom 14^{18}	*C*	1Cr 4^{10}	A
	1Cr 8^{12}	A	1Cr 9^{1}	A	1Cr 15^{18}	A
	1Cr 15^{19}	A	1Cr 15^{22}	A	1Cr 15^{31}	A
	1Cr 15^{57}	A	1Cr 16^{24}	AB	2Cr 1^{2}	B
	2Cr 1^{21}	AB	2Cr 2^{14}	AB	2Cr 2^{17}	AB
	2Cr 3^{14}	AB	2Cr 5^{17}	AB	2Cr 5^{19}	AB
	2Cr 6^{15}	AB	2Cr 11^{2}	B	2Cr 11^{3}	B
	2Cr 12^{2}	AB	2Cr 12^{19}	AB	Eph 1^{1}	AB
	Eph 1^{2}	AB	Eph 1^{3}	AB	Eph 1^{10}	AB
	Eph 1^{12}	AB	Eph 1^{15}	AB	Eph 1^{20}	AB
	Eph 2^{5}	AB	Eph 2^{6}	AB	Eph 2^{7}	AB
	Eph 2^{10}	AB	Eph 2^{13}	AB	Eph 2^{20}	B
	Eph 3^{6}	B*	Eph 3^{11}	AB	Eph 3^{21}	AB
	Eph 4^{32}	AB	Eph 6^{23}	B	Gal 1^{3}	B
	Gal 1^{22}	AB	Gal 2^{4}	AB	Gal 2^{16}	B
	Gal 2^{17}	A	Gal 2^{20}	A	Gal 3^{27}	A2
	Gal 3^{28}	A	Gal 5^{4}	B	Php 1^{23}	B
	Php 1^{26}	B	Php 2^{1}	B	Php 2^{5}	B
	Php 3^{3}	AB	Php 3^{8}	AB	Php 3^{12}	AB
	Php 3^{14}	AB	Php 4^{7}	B	Php 4^{13}	B
	Col 1^{28}	AB	Col 2^{20}	B	Col 3^{1}	AB
	Col 3^{3}	AB	Col 3^{24}	B	1Th 2^{14}	B
	1Th 4^{16}	B	1Th 5^{18}	B	2Th 1^{1}	AB
	2Th 1^{2}	AB	2Th 3^{12}	AB	1Tm 1^{2}	AB
	1Tm 1^{12}	B	1Tm 1^{14}	B	1Tm 2^{7}	AB
	1Tm 3^{13}	A	2Tm 1^{1}	A	2Tm 1^{2}	A
	2Tm 1^{9}	AB	2Tm 1^{13}	AB	2Tm 2^{1}	B
	2Tm 2^{10}	B	2Tm 3^{12}	AB	2Tm 3^{15}	AB
	Tit 1^{4}	B	Phm ^{20}	A	Phm ^{23}	A
Xristaus	Mat 11^{2}	*A*	Mrk 1^{1}	*A*	Mrk 9^{41}	*A*
	Rom 7^{4}	A	Rom 8^{9}	A	Rom 8^{35}	A
	Rom 10^{17}	A	Rom 14^{10}	*C*	Rom 15^{6}	*C*
	Rom 16^{24}	A	1Cr 1^{12}	A	1Cr 1^{17}	A
	1Cr 4^{10}	A	1Cr 5^{4}	A2	1Cr 7^{22}	A
	1Cr 9^{21}	A	1Cr 11^{1}	A	1Cr 11^{3}	A
	1Cr 15^{23}	A	2Cr 1^{1}	B	2Cr 1^{3}	B
	2Cr 1^{5}	B	2Cr 1^{14}	B	2Cr 2^{10}	AB
	2Cr 2^{12}	AB	2Cr 2^{15}	AB	2Cr 3^{3}	AB
	2Cr 4^{4}	AB	2Cr 4^{6}	AB	2Cr 5^{10}	AB
	2Cr 5^{14}	AB	2Cr 8^{9}	AB	2Cr 8^{23}	AB
	2Cr 9^{13}	B	2Cr 10^{1}	B	2Cr 10^{5}	B
	2Cr 10^{7}	B2	2Cr 10^{14}	B	2Cr 11^{10}	B
	2Cr 11^{13}	B	2Cr 11^{23}	B	2Cr 12^{9}	AB
	2Cr 13^{3}	AB	2Cr 13^{13}	AB	Eph 1^{1}	AB
	Eph 1^{3}	AB	Eph 1^{17}	AB	Eph 2^{13}	AB
	Eph 3^{1}	B	Eph 3^{4}	B	Eph 3^{8}	B
	Eph 3^{14}	AB	Eph 3^{19}	AB	Eph 4^{7}	A
	Eph 4^{12}	A	Eph 4^{13}	A	Eph 5^{5}	B
	Eph 5^{20}	A	Eph 5^{21}	A	Gal 1^{6}	B
	Gal 1^{7}	B	Gal 2^{16}	B2	Gal 3^{29}	A
	Gal 4^{19}	B	Gal 5^{24}	AB	Gal 6^{2}	AB
	Gal 6^{12}	AB	Gal 6^{14}	AB	Gal 6^{17}	B
	Gal 6^{18}	A*B	Php 1^{19}	B	Php 1^{27}	B
	Php 2^{30}	AB	Php 3^{7}	AB	Php 3^{8}	AB
	Php 3^{9}	AB	Php 3^{18}	AB	Col 1^{7}	B
	Col 1^{24}	AB	Col 2^{11}	B	Col 2^{17}	B
	Col 3^{16}	B	Col 4^{3}	B	Col 4^{12}	AB
	1Th 2^{19}	B	1Th 3^{2}	B	1Th 3^{13}	B
	1Th 5^{23}	AB	1Th 5^{28}	AB	2Th 1^{8}	A
	2Th 1^{12}	A2	2Th 2^{1}	A	2Th 2^{2}	A:
	2Th 3^{5}	B	2Th 3^{6}	B	2Th 3^{18}	A:B
	1Tm 1^{1}	A2B2	1Tm 1^{16}	B	1Tm 4^{6}	AB
	1Tm 5^{21}	A	1Tm 6^{3}	AB	1Tm 6^{13}	B
	1Tm 6^{14}	B	2Tm 1^{1}	A	2Tm 1^{10}	AB*
	2Tm 2^{3}	B	2Tm 4^{1}	AB	Tit 1^{1}	B
Xristu	Mat 26^{68}	C	Jhn 9^{22}	*A*	Jhn 17^{3}	*A*
	Luk 2^{26}	*A*	Luk 4^{41}	*A*	Luk 20^{41}	*A*
	Rom 7^{25}	A	Rom 10^{6}	A	Rom 10^{7}	A
	Rom 15^{5}	*C*	Rom 15^{8}	*C*	1Cr 1^{24}	A
	1Cr 15^{15}	A	1Cr 15^{57}	B	1Cr 16^{22}	B
	2Cr 1^{5}	B	2Cr 3^{4}	AB	2Cr 4^{5}	AB
	2Cr 5^{16}	AB	2Cr 5^{18}	AB	2Cr 5^{20}	A2B2
	2Cr 12^{10}	AB	Eph 1^{5}	AB	Eph 2^{12}	AB
	Eph 3^{17}	AB	Eph 4^{20}	AB	Eph 5^{24}	A
	Eph 6^{24}	B	Gal 1^{1}	B	Gal 4^{7}	A
	Gal 4^{14}	A	Gal 5^{6}	B	Php 1^{15}	B
	Php 1^{17}	B	Php 1^{29}	B	Php 3^{20}	AB
	1Th 4^{2}	B	1Th 5^{9}	B	1Tm 5^{11}	A:
	2Tm 2^{8}	B				
Xristus	Mat 27^{17}	*A*	Jhn 6^{69}	*A*	Jhn 7^{26}	*A*
	Jhn 7^{27}	*A*	Jhn 7^{31}	*A*	Jhn 7^{41}	A2
	Jhn 7^{42}	*A*	Jhn 10^{24}	*A*	Jhn 11^{27}	*A*
	Jhn 12^{34}	*A*	Luk 2^{11}	*A*	Luk 3^{15}	*A*
	Luk 4^{41}	*A*	Luk 9^{20}	*A*	Mrk 8^{29}	*A*
	Mrk 12^{35}	*A*	Mrk 13^{21}	*A*	Mrk 14^{61}	*A*
	Mrk 15^{32}	*A*	Rom 8^{10}	A	Rom 9^{5}	A
	Rom 10^{4}	A	Rom 14^{15}	*C*	Rom 15^{7}	*C*
	1Cr 1^{13}	A	1Cr 1^{17}	A	1Cr 5^{7}	A
	1Cr 8^{11}	A	1Cr 11^{3}	A	1Cr 12^{12}	A
	1Cr 15^{3}	A	1Cr 15^{12}	A	1Cr 15^{13}	A
	1Cr 15^{14}	A	1Cr 15^{16}	A	1Cr 15^{17}	A

1Cr	15^{20}	A	1Cr	15^{23}	A	2Cr	1^{19}	AB	Gal	5^2	B	Php	1^{18}	B	Php	1^{26}	B
2Cr	13^5	AB	Eph	4^{15}	A	Eph	5^2	AB*	Php	1^{21}	B	Col	1^{27}	AB	Col	3^1	AB
Eph	5^{23}	A	Eph	5^{25}	A	Eph	5^{29}	A	Col	3^4	AB	Col	3^{11}	B	Col	3^{13}	B
Gal	2^{17}	A	Gal	2^{20}	A	Gal	2^{21}	A	1Th	3^{11}	B	2Th	2^{16}	B	1Tm	1^{15}	B
Gal	3^1	A	Gal	4^{19}	A	Gal	5^1	B	1Tm	2^5	AB

Z

Zaibaidaiaus	Mat	27^{56}	*A*	Luk	5^{10}	*A*	Mrk	1^{19}	*A*	Zakariins	Luk	1^{21}	*A*	Luk	1^{40}	*A*
	Mrk	3^{17}	*A*	Mrk	10^{35}	*A*				Zakkaiu	Luk	19^5	*A*
Zaibaidaiu	Mrk	1^{20}	*A*							Zakkaius	Luk	19^2	*A*	Luk	19^8	*A*
Zakaria	Luk	1^{13}	*A*							Zauraubabilis				Luk	3^{27}	*A*
Zakarian	Luk	1^{59}	*A*							Zaxariins	Luk	3^2	*A*
Zakarias	Luk	1^5	*A*	Luk	1^{12}	*A*	Luk	1^{18}	*A*	Zaxxaiaus	Neh	7^{14}	D*
	Luk	1^{67}	*A*							Zeloten	Luk	6^{15}	*A*

INDEX OF WORD FRAGMENTS

The two periods in a word fragment signify that one or more letters are lacking in the manuscript. The entries have been alphabetized without regard to the existence of the periods.

INDEX OF WORD FRAGMENTS

..*a*ei	Luk	24[16]	G
..ahun	Skr	7[1]	*E*
..alj..	2Cr	6[16]g	A
..anagein	Luk	23[14]	G
..an*d*..in	Luk	24[13]	G
..annan	Luk	23[14]	G
au..	1Cr	9[9]g	A
Aze..	Neh	7[45]	D
..biuda	1Tm	6[13]	A
..*d*dja	Luk	24[15]	G
..do	1Tm	6[13]	A
..eta..dam	1Tm	1[18]g	A
faihugei..o	1Tm	6[10]	B
..gafair..	1Tm	6[14]	A
*g*aqiu..	1Tm	6[13]	A
gariud..n	1Tm	2[9]	A
gasaiƕan..	Skr	2[26]	*E*
..hait	1Tm	6[13]	A
..hun	SkB	8[1]	*E*¤
..*ik*a	Luk	24[17]	G
..iþra	Luk	23[12]	G
..*k*	Luk	24[15]	G
..*k*jands	Luk	23[14]	G
..ma	Skr	5[1]	*E*
..maide..	2Cr	1[8]g	A
managn..	Eph	3[10]g	A
mi..	Luk	24[15]	G
mun..	Gal	2[6]g	A
n..	1Cr	9[9]g	A
..naga	SkB	3[1]	*E*¤
..nai	SkB	2[1]	*E*¤
..*n*ands	Skr	6[1]	*E*
	SkB	6[1]	*E*ᵚ
..*n*dans	Luk	24[13]	G
..nins	2Cr	12[1]	A
..ol..	1Th	4[6]	B
..s	Luk	23[12]	G
s..	2Th	2[4]	A
..sa..m	Luk	24[13]	G
spau*rd*..	Luk	24[13]	G
..tau	1Tm	6[13]	A
..teins	Mrk	14[4]	*A*
þa..	1Tm	6[13]	A
þri..d..	1Cr	9[9]g	A
..u	Luk	23[11]	G
..*u*djans	Luk	23[13]	G
ufku..þ..ina	Luk	24[16]	G
..*waipj*..s	1Cr	9[9]g	A
wein..s	1Tm	3[3]	A

INDEX OF NUMBER SYMBOLS

This index lists the Gothic number symbols in order of ascending numerical value. Each entry is followed by the equivalent Arabic number, written in parentheses. A numerical string which in the text consists of one or more number symbols plus a number written in word form, e.g. ·b· *pusundjus* ·s··k··b· (2222: Neh 7[17]), was broken up such that the number symbols are in this index, whereas the word *pusundjus* is in the word-index. Number symbols which have the same value, but are written differently, e.g. ·b· and .ƀ. (Skr 7[26]) etc., ·i· ·z· (Neh 7[42]) etc., Ī and f̄ч̄ (Sal[17]) etc., .r.k. (DeN 3[4] and 4[4]), q (Ver 17[27]) and z (Ver 24[39]), .rlg. (DeA[2]) etc. and ·r· ·m· ·h· (Neh 7[44]) etc. have been standardized as ·b·, ·iz·, ·l·, ·fч·, ·rk·, ·q·, ·z·, ·rlg·, ·rmh· etc.

INDEX OF NUMBER SYMBOLS

Symbol	Num	Refs
˙a˙	{1}	1Cr exp A; 1Th exp A; ˙me˙ {45}; Neh 7¹³ D⁎
		1Tm inc A⁎; Neh 5¹⁸ D⁎D⁼; ˙n˙ {50}; Neh 5¹⁷ D; Neh 6¹⁵ D
		Cal 2² A; ˙nb˙ {52}; Neh 7³³ D; Neh 7⁴⁰ D
˙b˙	{2}	Jhn 6⁹ A; 2Cr exp A2; ˙j˙ {60}; Mrk 4⁸ A; Mrk 4²⁰ A
		2Th inc A; Neh 6¹⁵ D; Sal ¹⁷ S; DeN 1² N
		Neh 7¹⁷ D; Neh 7¹⁹ D; DeN 2² N; DeN 3² N
		Skr 7²⁶ E; Cal 2³ A; DeN 4² N
˙g˙	{3}	Neh 7³⁸ D; Cal 2⁴ A; ˙jq˙ {66}; Neh 7¹⁹ D⁎
˙d˙	{4}	Cal 2⁵ A; ˙u˙ {70}; Sal ¹⁷ S
˙e˙	{5}	Jhn 6⁹ A; Jhn 6¹⁹ A; ˙ug˙ {73}; Neh 7³⁹ D
		Neh 6¹⁵ D; Skr 7³ E; ˙ud˙ {74}; Neh 7⁴³ D
		Skr 7²⁶ E; Cal 2⁶ A; ˙ɥ˙ {90}; Sal ¹⁷ S
˙q˙	{6}	Neh 5¹⁸ D; Cal 2⁷ A; ˙ɥe˙ {95}; Neh 7²⁵ D
		Ver 17²⁷ V; ˙r˙ {100}; Mrk 4⁸ A; Mrk 4²⁰ A
˙z˙	{7}	Cal 2⁸ A; Ver 24³⁹ V; Mrk 10³⁰ A; Neh 5¹⁷ D
˙h˙	{8}	Neh 7²¹ D; Cal 2⁹ A; ˙rib˙ {112}; Neh 7²⁴ D⁎
˙þ˙	{9}	Cal 2¹⁰ A; ˙riq˙ {116}; Neh 7²⁶ D
˙i˙	{10}	Neh 5¹⁸ D; Cal 2¹¹ A; ˙rk˙ {120}; DeN 1⁴ N; DeN 2⁴ N
˙ia˙	{11}	Cal 2¹² A; DeN 3⁴ N; DeN 4⁴ N
˙ib˙	{12}	Mat 9²⁰ A; Jhn 6¹³ A; ˙rkb˙ {122}; Neh 7³¹ D⁎
		Jhn 6⁷⁰ A; Luk 18³¹ A; ˙rkg˙ {123}; Neh 7²⁶ D
		Neh 5¹⁴ D; Skr 7¹⁵ E; ˙rkh˙ {128}; Neh 7²⁷ D; Neh 7²⁸ D⁎
		Skr 7²⁵ E; Cal 2¹³ A; ˙rlg˙ {133}; DeA 2 𝔛
˙ig˙	{13}	Cal 2¹⁴ A; ˙rmh˙ {148}; Neh 7⁴⁴ D
˙id˙	{14}	Gal 2¹ B; 2Cr 12² A; ˙rnq˙ {156}; Neh 7³³ D
		Cal 2¹⁵ A; ˙skb˙ {222}; Neh 7¹⁷ D⁎
˙ie˙	{15}	Cal 2¹⁶ A; ˙skg˙ {223}; Neh 7²² D; Neh 7³² D
˙iq˙	{16}	Cal 2¹⁷ A; ˙sl˙ {230}; Sal ¹⁵ S
˙iz˙	{17}	Neh 7⁴² D; Cal 2¹⁸ A; ˙smz˙ {247}; Neh 7⁴¹ D
˙ih˙	{18}	Cal 2¹⁹ A; ˙snd˙ {254}; Neh 7³⁴ D
˙iþ˙	{19}	Cal 2²⁰ A; ˙t˙ {300}; Jhn 12⁵ A; Sal ¹⁴ S
˙k˙	{20}	Jhn 6¹⁹ A; Neh 5¹⁴ D; ˙tk˙ {320}; Neh 7³⁵ D
		Neh 6¹⁵ D; Cal 2²¹ A; ˙tlg˙ {333}; Neh 7²³ D
˙ka˙	{21}	Cal 2²² A; ˙tme˙ {345}; Neh 7³⁶ D
˙kb˙	{22}	Cal 2²³ A; ˙fɥ˙ {590}; Sal ¹⁷ S
˙kg˙	{23}	Cal 1¹ A; Cal 2²⁴ A; ˙xkg˙ {623}; Neh 7¹⁶ D⁎; Neh 7³⁰ D⁎
˙kd˙	{24}	Cal 1² A; Cal 2²⁵ A; ˙xl˙ {630}; Neh 7³⁸ D
˙ke˙	{25}	Cal 1³ A; Cal 2²⁶ A; ˙xnd˙ {654}; Neh 7²⁰ D
˙kq˙	{26}	Cal 1⁴ A; Cal 2²⁷ A; ˙xjb˙ {662}; Neh 7¹⁵ D⁎
˙kz˙	{27}	Cal 1⁵ A; Cal 2²⁸ A; ˙xjq˙ {666}; Neh 7¹⁸ D⁎
˙kh˙	{28}	Cal 1⁶ A; Cal 2²⁹ A; ˙ƕz˙ {707}; Sal ¹⁵ S
˙kþ˙	{29}	Cal 1⁷ A; Cal 2³⁰ A; ˙ƕke˙ {725}; Neh 7³⁷ D
˙l˙	{30}	Jhn 6¹⁹ A; Mrk 4⁸ A; ˙ƕm˙ {740}; Sal ¹⁵ S
		Mrk 4²⁰ A; Neh 5¹⁴ D; ˙ƕmg˙ {743}; Neh 7²⁹ D
		Cal 1⁸ A; Cal 2¹ A; ˙ƕj˙ {760}; Neh 7¹⁴ D⁎
		Cal 2³¹ A; Sal ¹⁷ S; ˙oɥ˙ {890}; Sal ¹⁷ S
˙m˙	{40}	Neh 5¹⁵ D; ˙ꞇib˙ {912}; Sal ¹⁵ S
		Cal 2²⁰ A; ˙ꞇl˙ {930}; Sal ¹⁵ S

INDEX OF WORDS WITH DIACRITICS

INDEX OF WORDS WITH DIACRITICS

Ainnaïns	Neh	7[38]	D
Akaïjai	2Cr	1[1]	B
Akaïje	1Cr	16[15]	B
Akaïkaus	1Cr	16[17]	B
Axaïa	2Cr	9[2]	B
Baidsaiïdan	Luk	9[10]	*A*
Baiþsaïdan	Luk	10[13]	*A*
Beþ*saïdan*	Mat	11[21]	*A*
Esaïan	Mat	8[17]	*A*
Esaïas	Mrk	7[6]	*A*
	Rom	9[27]	*A*
	Rom	9[29]	*A*
	Rom	10[16]	*A*
	Rom	10[20]	*A*
Esaïin	Mrk	1[2]	*A*
fauraïst	2Cr	8[11]	AB
fraïtiþ	2Cr	11[20]	B
gaïbnjand	Luk	19[44]	*A*
gaïddja	Jhn	18[2]	*A*
	Mrk	3[20]	*A*
gaïddjedun	Luk	8[4]	*A*
	Mrk	6[30]	*A*
gaïdreigodedeina	Luk	10[13]	*A*
Gaïu	1Cr	1[14]	*A*
Gaïus	Rom	16[23]	*A*
jû-þan	Mrk	15[44]	*A*
sô	Ver	8[14]	V
þû	Mat	11[3]	*A*
	Luk	7[19]	*A*
	Luk	7[20]	*A*
wiþraïddja	Jhn	11[20]	*A*

INDEX OF EMENDED WORDS

In a number of cases Streitberg emended the text of the manuscript by adding or deleting letters or whole words. He used angular brackets < > to signify addition, and square brackets [ ] to signify deletion. The following index lists these words as they appear in Streitberg.

No attempt has been made to normalize Streitberg's inconsistency in sometimes indicating additions by < >, e.g. Luk 1[5] *afar<am>* and deletions by [ ], e.g. Luk 1[4] *[a]staþ*, and in other cases omitting the brackets in his text, and noting the reading of Codex Argenteus at the bottom of the page, e.g. Luk 2[43] *wissedun* (manuscript *wisedun*), instead of *wis<s>edun,* and Luk 2[46] *alh* (manuscript *allh*), instead of *al[l]h,* as one would expect.

[ˑaˑ]	Neh	5[18]	D			Beþla<i>haim		Luk	2[4]	A		
[af]	Rom	12[21]	AC			[bi]	Php	2[28]	AB			
<af>	Jhn	10[18]	A			<bi>	Jhn	7[12]	A	Rom	11[25] A	Col 3[22] B
<af>airzidai	Skr	8[14]	E°			[bidja]	Luk	5[8]	A			
[afar]	Luk	8[1]	A			bidja[n]	2Cr	10[2]	B			
afar<am>	Luk	1[5]	A			[bidom]	Luk	9[43]	A			
<afarlaistjandans>			Mrk	11[9]	A	[bifaiha]	2Cr	12[20]	A			
afslahan<d>s	Eph	2[16]	B			[bihaitja]	Tit	1[7]	B			
<aftra>	Jhn	18[38]	A	Mrk	3[20] A	<bimaitis>	Rom	15[8]	C			
aggil[l]au	2Cr	11[14]	B			[birodeinos]	Gal	5[20]	AB			
aglaitein[o]	2Cr	12[21]	B			bistugq<e>	2Cr	6[3]	A			
<aglaitiwaurdei>			Eph	5[4]	B	bleiþein<s>	Col	3[12]	B			
[ahmin]	Luk	1[3]	A			<broþrjus>	1Cr	16[20]	B			
[ainai]	1Cr	15[19]	A			<daupjanda>	Mrk	10[39]	A			
ain[n]ohun	Php	4[15]	B			<drigkiþ>	1Cr	11[29]	A			
ain<n>ohun	Skr	5[11]	E			<du>	Jhn	9[26]	A	Luk	3[11] A	
[ainshun]	Luk	9[50]	A			[duƕe]	Luk	9[43]	A			
ain<s>hun	Skr	8[18]	E*°			[du]wakandans			Eph	6[18] A		
[airkn[i]s]	1Tm	3[3]	B			[ei]	Mat	27[42]	A	Jhn	7[31] A	
<air>þai	Skr	4[23]	E°			<ei>	Jhn	7[31]	A			
[aiþþau]	2Cr	12[6]	A			fair[r]inoþ	Gal	5[15]	B			
<aiþþau>	Mrk	10[29]	A	Eph	5[4] B	[fastubnja]	Luk	9[43]	A			
aiwagge<l>jon			2Tm	1[10]	B	fauragaggan<d>s			1Tm	3[4] B		
<ak>	Rom	12[2]	C	Gal	4[7] A	faur<a>qiþa	Gal	5[21]	AB			
[akei]	Mrk	10[27]	A			fra[i]þjaidau	Php	2[5]	B			
<akei>	Jhn	10[18]	A	Mrk	10[27] A	frakun<n>i	Rom	14[3]	A			
Alai[ai]ksandrus			2Tm	4[14]	A	[fraþjaima]	Php	3[16]	AB			
ald[a]im	Eph	2[7]	A			[frauja]	Luk	9[43]	A			
<allai>	1Cr	10[4]	A	1Cr	16[20] B	frauja<n>	2Cr	12[8]	B	2Tm	2[22] B	
[allata]	2Th	2[4]	A			[fraujans]	Eph	6[9]	B			
all[l]	2Tm	3[16]	A			[fraujin]	1Th	3[9]	B			
an<a>	Skr	4[22]	E°			[fraujinond]	Luk	2[29]	A			
<ana>	Luk	4[36]	A			<fraujins>	Mrk	11[10]	A			
and<a>nem	2Cr	6[2]	B			[freijhals]	Eph	3[12]	A*			
<an>deis	1Tm	1[5]	B			frijo[n]dan	Skr	5[3]	E°			
<a>ndhofun	Skr	8[6]	E°			[frijoþ]	Eph	5[28]	A			
a[n]stans	Rom	11[18]	A			Friþareikei[kei]s			Cal	1[1] A		
[anþaraizo]	Luk	6[17]	A			<fulan>	Luk	19[33]	A			
<anþarana>	Skr	5[2]	E			gaa<g>gwein	Skr	1[18]	E°			
<anþaris>	Rom	12[5]	C			gaain[an]aidai			1Th	2[17] B		
apaus<tau>lum			2Cr	11[5]	B	[gaaiwiskodedun]			Mrk	12[4] A		
[arbaidida]	1Cr	15[10]	A			gaaiwiskonda<u>	2Cr	9[4]	A			
Ari[a]starkus	Col	4[10]	A			[gabaurjaba]	Mrk	14[65]	A			
[armahairtein]			Col	3[12]	B*	gadigan[d]s	1Tm	2[13]	B			
Arta[r]ksairksaus			Neh	5[14]	D	<ga>filhan	Mat	8[22]	A			
[aƕstaþ]	Luk	1[4]	A			gageigaid<edj>au			1Cr	9[20] A		
<a>t	Skr	8[1]	E°			gageig[g]laidedjau			1Cr	9[20] A	1Cr	9[22] A
<atgiband>	Mrk	10[33]	A			gageig[g]<aidedj>au			1Cr	9[21] A		
<at>standands			Jhn	18[22]	A	[ga]hauseiþ	Luk	10[24]	A			
[auk]	Luk	9[50]	A			<ga>hausidedun			Luk	10[24] A		
<Az>gadis	Neh	7[17]	D			[ga]hausjandona			Luk	14[35] A		
baitrein[s]	Skr	8[17]	E°			ga[h]melida	Luk	1[63]	A			
[baurg]	Mrk	11[2]	A			gah-þan-miþ-[ga]sandidedum			2Cr	8[18] A		
[baurge]	Luk	6[17]	A			gai<d>wa	Col	1[24]	B			
bei<s>tis	Gal	5[9]	B			gakusan[d]s	2Cr	10[18]	B			

Galat[i]e	1Cr	16¹	A					<imma>	Jhn	9²⁶	A	Jhn	18²³	A	
gal<a>ubaim	1Tm	2⁹	B					[in]	Luk	2³⁸	A	Luk	9⁴³	A2	Luk	9⁵⁰	A
<Galeilaius>	Mrk	14⁷⁰	A						Luk	19⁷	A	2Cr	2¹³	B	
galeiþan<dan>				Mrk	4¹	A		<in>	Eph	3¹⁶	A	1Tm	3¹³	A	
galeiþan<d>s	1Tm	1³	B					<i>na	Luk	14³¹	A	Skr	8¹	E°	
<g>aliþun	Skr	8³	E°					<ina>	Jhn	6¹⁵	A	Jhn	7¹²	A	Mrk	10³³	A
[galiugaguda]	1Cr	10²⁰	A						Mrk	11⁷	A	Mrk	14⁴⁴	A	2Th	2⁴	A
gamarko<þ>	Gal	4²⁵	B					in[e]	Cal	2²⁰	A				
[garaihta]	Rom	11²²	A					inliuh[i]tida	Eph	1¹⁸	B				
<ga>raihta	2Tm	4⁸	B					<inmaidjaiþ>	Rom	12²	C				
[gard]	Luk	19⁷	A					in[n]a	Skr	6¹⁹	E°				
garehsnai[s]	Skr	2²⁵	E°					inwitoþ<s>	1Cr	9²¹	A				
gareh<s>ns	Skr	1¹²	E°					<is>	Jhn	16¹⁷	A	Mrk	14⁷⁰	A	
[gariuds]	1Tm	3²	AB					[ist]	Luk	9⁵⁰	A	Php	2²⁸	AB	
[gasaiƕaima]	Mat	27⁴²	A					<i>st	Skr	7²	E°				
<gasatida>	Jhn	15¹⁶	A					<ist>	1Tm	5⁵	A				
[ga]satjiþ	Luk	8¹⁶	A					[iþ]	Luk	9⁴³	A				
<ga>satjiþ	Luk	8¹⁶	A					<iþ>	1Cr	13¹²	A	Gal	4⁷	A	
gastoþ[an]an	Rom	14⁴	A					Iuse<zis>	Mrk	6³	A				
gaswikunþjand[ona]				Skr	6¹⁵	E		[izai]	Luk	1²⁹	A				
gaþarb<a>iþ	1Cr	9²⁵	A					<izai>	Jhn	11²⁵	A				
gaþlaihan<d>s				2Cr	7⁶	B		izwar[a]	1Th	2¹⁷	B				
<ga>was	Luk	1²²	A					izw<ar>ana	Php	2²⁵	B				
[gawaurkjai]	Luk	9⁵⁰	A					[izwis]	Php	2²⁸	AB				
[ga]wili	1Tm	2⁴	B					<izwis>	Jhn	15¹⁶	A	1Cr	16²⁰	B	1Th	5¹²	B
[giban]	Eph	3²⁰	A						2Th	3⁹	AB				
gibandi<n>s	2Th	1⁸	A					[jabai]	Luk	14³²	A	Luk	17⁶	A	1Cr	5¹⁰	A
[god]	1Tm	5⁴	B					[jah]	Mat	8¹⁴	A	Mat	9²³	A	Jhn	14²³	A
<goljand>	1Cr	16²⁰	B						Luk	1³	A	Luk	6¹⁷	A	Luk	9⁴³	A
[gudis]	2Tm	2²	A						Luk	15³¹	A	Mrk	12⁴	A	Mrk	14⁶⁶	A
gudiskaizo<s>				2Tm	3¹⁶	B			1Cr	15¹⁰	A	Eph	5²⁸	A	Eph	6⁹	B
[guþ]	1Cr	15²⁵	A						Php	3¹⁶	AB	1Tm	1²⁰	A*	1Tm	5⁴	B
<guþ>	Mrk	12²⁶	A					<jah>	Mat	8¹⁴	A	Jhn	15¹⁶	A	Jhn	17²⁰	A
guþ[a]	Tit	1²	B						Luk	1³⁵	A	Luk	3¹²	A	Luk	7⁴⁹	A
ha[i]baiþ	Php	2²⁹	B						Luk	18¹¹	A	Mrk	6¹⁴	A	Mrk	10³³	A
haif<s>tais	Php	1¹⁵	B						Mrk	11⁹	A	Mrk	14⁷⁰	A	Mrk	15⁴³	A
haif<s>teis	1Tm	6⁴	B						1Cr	11²⁹	A	2Cr	7⁸	AB	Eph	4¹⁶	A
h<air>þra	Phm	¹²ᵍ	A						Eph	6²¹	B	Gal	5¹	B	1Th	3⁶	B
<haitanana>	Mat	27¹⁶	A						1Th	5¹²	B	1Th	5¹³	B	2Tm	3⁷	B
[haurnjandans]				Mat	9²³	A			2Tm	4¹	AB				
[haurnjans]	Mat	9²³	A					[j a i]jainai	Skr	8⁵	E°				
hausjan<dans>				Skr	6³	E		[jus]	Eph	6⁹	B				
hleidumon[n]a				2Cr	6⁷	A		kalkinassau[s]				1Th	4³	B	
[ƕa]	Php	2²⁸	AB					[kindina]	Luk	2²	A				
<ƕa>	Rom	14¹⁴	C					[kuni]	Luk	9⁴³	A				
ƕamme<h>	Gal	5³	B					kun<n>an	Eph	3¹⁹	A				
ƕa[n]	Col	2²⁰	A					<lagja>	Jhn	10¹⁸	A				
ƕazu<h>	Eph	5⁵	B					<lamba>	Jhn	10⁴	A				
ƕileiku<h>	Eph	1¹⁸	AB					[leik]	Eph	5²⁸	A				
Iakoba<us>	Mrk	6³	A					leit<ilat>a	Mrk	1¹⁹	A				
[Iesus]	Luk	7¹³	A	Luk	9⁴³	A	Mrk	4¹	A	libaina[i]	2Cr	5¹⁵	B			
<ik>	Jhn	10¹⁸	A	Jhn	13¹⁴	A	Luk	19²³	A	<libains>	Rom	8³⁸	A			
<im>	Jhn	6²⁰	A	Jhn	10²⁵	A	Luk	3¹¹	A	lisand[a]	Luk	6⁴⁴	A			
	Luk	7⁴²	A	Php	1²³	B		<liþjus>	Rom	12⁵	C				
[imma]	Luk	7²⁸	A					liuhada[i]	Col	1¹²	A				

INDEX OF EMENDED WORDS

lus[lus]tum	2Tm	3⁶	*A*						
[maht]	Luk	9⁵⁰	*A*						
mahte[de]deina				2Cr	3⁷	B			
[mahtedum]	Luk	9⁴³	*A*						
[mahteigs]	Luk	14³²	*A*						
[mais]	2Tm	1¹⁸	AB						
Makidon[n]im				2Cr	9²	B			
[manne]	Luk	9⁵⁰	*A*						
man<n>hun	1Tm	5²²	B						
Markaill[i]aus				Skr	4²⁶	*E*			
[maurþra]	1Tm	6⁴	AB						
mein[a]is	Eph	6¹⁹	B						
[meinamma]	Luk	9⁵⁰	*A*						
me<ki>lidedun				Gal	1²⁴	*A*			
mi<n>nizei	Skr	3²²	*E* °						
<mis>	Jhn	10¹⁸	*A*						
[nam]	Luk	1⁶³	*A*						
[namin]	Luk	9⁵⁰	*A*						
nas[s]einais	1Th	5⁸	B						
[ni]	Jhn	14¹¹	*A*	Luk	9⁴³	*A2*	Luk	9⁵⁰	*A2*
	1Cr	10²⁰	*A*	2Cr	1¹⁷	B	Col	3⁸	*A*
	Tit	1⁷	B						
<ni>	Jhn	14¹¹	*A*	Rom	8³⁸	*A*	Rom	9¹¹	*A*
	1Cr	13³	*A*						
[nibai]	Luk	9⁴³	*A*						
[nist]	Luk	14³²	*A*						
<niu>	1Cr	9⁸	*A*						
ogan<d>s	Gal	2¹²	B						
[Paitrus]	Luk	9⁴³	*A*						
[qairrus]	1Tm	3³	A:						
<qam>	Luk	8⁴⁷	*A*						
[qaþ]	Luk	9⁴³	*A2*						
<qaþ>	Jhn	18³⁷	*A*						
qino[n]	1Cr	7¹⁶	*A*						
s<a>	Skr	4²⁷	*E* °						
[saei]	Luk	9⁵⁰	*A*	Col	1²⁴	AB			
<sai>	Jhn	19⁵	*A*	Luk	1²⁰	*A*			
saih̓[a]	2Cr	7¹¹	*A*						
[samo]	Php	3¹⁶	AB						
[sein]	Eph	5²⁸	*A*						
s<i>ai	2Cr	12¹⁶	AB						
[sidau]	2Tm	3¹⁰	AB						
<sijai>	1Cr	16²²	B						
[sijaina]	1Cr	10²⁰	*A*						
[sik]	2Cr	10¹²	B						
<sik>	Mrk	16⁹	*A*	1Tm	5⁴	B			
[silban]	Luk	4⁴¹	*A*						
[silbins]	Eph	5²⁸	*A*						
silubr<ein>am				Mat	27⁵	*A*			
sinteino<m>	Skr	3¹⁰	*E* •°						
skilig<g>ans	DeN	4⁴	N						
stand<and>ans				Mat	26⁷³	C			
<sums>	Luk	10³⁰	*A*						
sunjo[da]ma	2Cr	12¹⁹	B						
<sunus>	Gal	4⁷	*A*						
[swa]	Luk	1²⁹	*A*						
s<wa>	Rom	7¹	*A*						
<swa>	1Th	4¹⁷	B						
<swaleikaize>				Mrk	10¹⁴	*A*			
swa[swe]	Gal	1⁶	B	1Th	4¹	B			
[swe]	Skr	7¹⁸	*E*						
<swe>	1Cr	9²⁶	*A*	2Th	2²	*A*			
swignjai[þ]	Col	3¹⁵	B						
<swistruns>	Mrk	10²⁹	*A*						
[Swriais]	Luk	2²	*A*						
[taihuntewjam]				1Cr	15⁶	*A*			
<talzjandans>				1Th	5¹²	B			
[ta]taujandans				Gal	5²¹	B			
tauja<u>	2Cr	13¹⁰	*A*						
Teitau[n]	2Cr	7¹⁴	*A*						
tiuh[a]iþ	1Th	4¹⁴	B						
triggwai<m>	2Tm	2²	B						
trudand[a]	Luk	6⁴⁴	*A*						
twa<d>dje	1Tm	5¹⁹	*A*						
<þai>	Mrk	4¹⁶	*A*	Mrk	11⁹	*A*	Rom	9⁶	*A*
[þaiei]	1Cr	15²³	*A*						
<þaiei>	Mrk	10⁴²	*A*						
<þaim>	Col	3²²	B						
þairhgaleiko[n]da				1Cr	4⁶	*A*			
[þamma]	Luk	9⁴³	*A*						
<þan>	Mrk	3²⁷	*A*						
þan[a]	1Cr	15²⁴	*A*						
<þana>	Luk	19³³	*A*						
[þande]	1Cr	15²⁰	*A*						
<þaruh>	Jhn	18³³	*A*						
[þata]	Jhn	16⁹	*A*	Luk	8¹	*A*	Luk	9⁴³	*A*
<þata>	Rom	7¹⁹	*A*						
[þatainei]	Php	1²⁷	B						
[þatei]	Luk	1²⁹	*A*	1Cr	10²⁰	*A*			
<þatei>	Luk	9⁸	*A*						
<þeinai>	Jhn	7³	*A*						
þein[s]	Phm	1⁴	*A*						
<þiudom>	Mrk	10³³	*A*						
[þiuþida]	Luk	1²⁹	*A*						
<þ>ize	DeN	4⁴	N						
[þo]	1Cr	10²⁰	*A*						
<þo>	Jhn	10¹⁸	*A*	1Cr	4⁶	*A*	Col	3¹⁴	B
[þuhtaus]	Col	2²³	AB*						
þuhta<us>	1Cr	10²⁸	*A*						
[þuk]	Luk	5⁸	*A*						
ufarassau<s>	2Cr	9¹⁴	B						
ufhausjan[jan]dona				1Tm	3⁴	*A*			
[ufkunnands]	Php	2²⁸	A*B*						
ufm<el>ida	DeN	1¹	N						
unagan<d>s	1Cr	16¹⁰	*A*						
undar[a]listo	Eph	4⁹	*A*						
unfreidei<nai>				Col	2²³	B			
ungafairi<no>dos				1Tm	5⁷	B			
[un]gakusanai				2Cr	13⁷	AB			
ungal<a>ubamma				Rom	9²¹	*A*			

ungasaiƕani[n]s			2Cr	4⁴	B			Mrk	10³²	*A*	Rom	7⁹	A	Rom	9²²	A
⟨unhrain⟩	Rom	14¹⁴	*C*			[wast]	Luk	15³¹	*A*					
unliugaida[i]	1Cr	7¹¹	A			[waurda]	2Tm	2²	B					
unmanwjan[d]s			2Cr	9⁴	A	waurkei⟨þ⟩	1Th	2¹³	B					
unwis⟨s⟩amma			1Cr	9²⁶	A	waurt[s]	Rom	11¹⁸	A					
usbauht[id]edi			Gal	4⁵	A	[weihamma]	Luk	1³	*A*					
[usdreiban]	Luk	9⁴³	*A*			[weis]	Luk	9⁴³	*A*					
[usgaggiþ]	Luk	9⁴³	*A*			wenja[n]	1Cr	16⁷	A					
⟨us⟩lausjaidau			1Cr	1¹⁷	A	wilþei⟨n⟩s	Rom	11²⁴	A					
uslu[s]to	Eph	5⁶	B			⟨wisan⟩	Rom	14¹⁴	*C*					
usþul⟨a⟩ida	2Tm	3¹¹	A			wisand⟨e⟩in	1Tm	1⁴	A					
usþulan⟨d⟩s	1Th	3⁵	B			[wisandin]	Luk	2²	*A*					
⟨waiht⟩	Mrk	15⁵	*A*			⟨wistai⟩	Gal	2¹⁵	B					
[waihts]	1Cr	10²⁰	A			witan⟨d⟩s	1Tm	1⁹	B					
⟨warþ⟩	1Tm	1¹⁴	B			wiþra⟨wair⟩þo			Gal	2⁷	A			
⟨was⟩	Mat	25⁴³	*C*	Luk	7²	*A*	Mrk	10¹	*A*					

INDEX OF SPURIOUS READINGS

According to Bennett's edition *The Gothic Commentary on the Gospel of John* (SkB), some readings in Streitberg's edition of *Skeireins* should be considered spurious. Not every difference between the text of Streitberg and that of Bennett can of course be considered a spurious reading. In this respect one is referred to those textual markers which have a bearing on the relationship between the versions of Streitberg and Bennett. In the alphabetical word-index and in the index of emended words occurrences of spurious readings in Streitberg have been marked with the textual marker °.

For other deviations from the Streitberg text see the special list in the Appendix.

The left column lists the spurious readings in the order of the text; in the right column the words are arranged in alphabetical order.

INDEX OF SPURIOUS READINGS

Skr	1¹²	E	gareh<s>ns	<af>airzidai	Skr	8¹⁴	E
Skr	1¹⁵	E	gaƕotjandin	ainƕarjammeh	Skr	7¹⁹	E
Skr	1¹⁸	E	gaa<g>gwein	ainshun	Skr	8¹	E
Skr	1²⁷	E	gawandei*nai*	ain<s>hun	Skr	8¹⁸	E
Skr	2¹	E	*sei*nai	<air>þai	Skr	4²³	E
Skr	2⁸	E	þwahl	an<a>	Skr	4²²	E
Skr	2²⁵	E	garehsnai[s]	anakunnan	Skr	5²¹	E
Skr	2²⁶	E	gasaiƕan..	and	Skr	4¹⁰	E
Skr	3¹	E	*ma*naga	<a>ndhofun	Skr	8⁶	E
Skr	3⁶	E	undrunnun	<a>t	Skr	8¹	E
Skr	3¹⁰	E	sint*eino*<m>	baitrein[s]	Skr	8¹⁷	E
Skr	3¹⁴	E	witoþ (second example)	frauja	Skr	3¹⁹	E
Skr	3¹⁷	E	ufarmiton	frijo[n]dan	Skr	5³	E
Skr	3¹⁷	E	munandans	gaa<g>gwein	Skr	1¹⁸	E
Skr	3¹⁹	E	frauja	gaƕotjandin	Skr	1¹⁵	E
Skr	3²²	E	mi<n>nizei	<g>aliþun	Skr	8³	E
Skr	4¹⁰	E	and	*gamanwida*	Skr	7¹⁸	E
Skr	4¹²	E	mikilduþ	garehsnai[s]	Skr	2²⁵	E
Skr	4²²	E	an<a>	gareh<s>ns	Skr	1¹²	E
Skr	4²³	E	<air>þai	gasaiƕan..	Skr	2²⁶	E
Skr	4²⁷	E	s<a>	gasoki	Skr	5¹¹	E
Skr	5³	E	frijo[n]dan	gawandei*nai*	Skr	1²⁷	E
Skr	5⁶	E	ni	<i>na	Skr	8¹	E
Skr	5¹¹	E	gasoki	in[n]a	Skr	6¹⁹	E
Skr	5²¹	E	anakunnan	<i>st	Skr	7²	E
Skr	6¹⁹	E	in[n]a	[j a i]jainai	Skr	8⁵	E
Skr	7²	E	<i>st	*ma*naga	Skr	3¹	E
Skr	7⁴	E	mikilis	mikilduþ	Skr	4¹²	E
Skr	7¹⁵	E	samaleikoh	mikilis	Skr	7⁴	E
Skr	7¹⁸	E	*gamanwida*	mi<n>nizei	Skr	3²²	E
Skr	7¹⁹	E	ainƕarjammeh	munandans	Skr	3¹⁷	E
Skr	8¹	E	*ain*shun	ni	Skr	5⁶	E
Skr	8¹	E	<i>na	s<a>	Skr	4²⁷	E
Skr	8¹	E	<a>t	samaleikoh	Skr	7¹⁵	E
Skr	8³	E	<g>aliþun	*sei*nai	Skr	2¹	E
Skr	8⁵	E	[j a i]jainai	sint*eino*<m>	Skr	3¹⁰	E
Skr	8⁶	E	<a>ndhofun	þwahl	Skr	2⁸	E
Skr	8¹⁴	E	<af>airzidai	ufarmiton	Skr	3¹⁷	E
Skr	8¹⁷	E	baitrein[s]	undrunnun	Skr	3⁶	E
Skr	8¹⁸	E	*a*in<s>hun	witoþ (second example)	Skr	3¹⁴	E

LISTS

In all lists, with the exception of list 6, the words have the form in which they appear in the alphabetical word-index except for their textual markers.
Only the list of differences in parallel texts has references and Italic letters.

In the alphabetical order of the lists:
hv follows *h*
þ follows *t*.

REVERSE SORTED WORD-LIST

The words in this list are listed in reverse alphabetical order, i.e. they have been alphabetized from right to left instead of left to right. The list includes all complete words in the corpus, as well as fragments which have preserved the final letter. In addition to the full forms of hyphenated words, the non-final constituents are also included in the list, together with the words in which they occur. For example, there are three entries for the word *ga-þau-laubidedeiþ:*

(.-þau-laubidedeiþ) ga
   ga-þau-laubidedeiþ
     (ga-.-laubidedeiþ) þau

This means that some words, e.g. *þau,* appear twice, once as an independent word and once as a constituent. Some constituents, e.g. *þan,* appear more than once.

Gabaa	vamba	galewjada	ufkunnaida
ba	wamba	gahnaiwjada	munaida
(ga- . -dauþniþ) ba	dumba	gamarzjada	paida
aba	Iakoba	afmarzjada	inreiraida
garedaba	alaþarba	gasakada	witaida
unfairinodaba	ungaƕairba	bilaikada	fastaida
frodaba	harduba	wrikada	gafastaida
hardaba	liuba	biaukada	bauaida
gagudaba	agluba	afnimada	trauaida
gabigaba	glaggwuba	usnimada	gatrauaida
haba	manwuba	fraqimada	bida
gafehaba	gibada	weipada	hleibida
weihaba	atgibada	uswairpada	anakumbida
hauhaba	usgildada	gabairada	usbida
sunjaba	hundafada	gatairada	gadaubida
gabaurjaba	swnagogafada	sada	haubida
ubilaba	gabairgada	ufblesada	galaubida
mikilaba	liugada	galisada	uslaubida
gatilaba	gaweihada	uskiusada	gaunledida
swiknaba	liuhada	fraletada	arbaidida
abraba	ustiuhada	afletada	inmaidida
baitraba	saiada	haitada	raidida
ƕassaba	rodjada	andhaitada	garaidida
ungatassaba	frawardjada	usmaitada	usbraidida
azetaba	galagjada	mitada	freidida
unsahtaba	atlagjada	saltada	gaandida
raihtaba	distahjada	stada	sandida
garaihtaba	ushauhjada	hunslastada	fauragasandida
bairhtaba	ussokjada	motastada	insandida
balþaba	waurkjada	bileiþada	miþinsandida
ainfalþaba	saljada	qiþada	ussandida
swikunþaba	gadailjada	siggwada	gatandida
wairþaba	mikiljada	bispeiwada	gawandida
unwairþaba	gafulljada	habaida	afwandida
glaggwaba	usfulljada	gahabaida	atwandida
triggwaba	hunsljada	anahabaida	gablindida
abba	andhuljada	dishabaida	fodida
Barabba	ingramjada	libaida	rodida
Ioseba	faurdammjada	sifaida	dustodida
iba	afdomjada	liugaida	weitwodida
hlaiba	namnjada	galiugaida	usdaudida
giba	inbrannjada	unliugaida	gamaudida
fragiba	stojada	hahaida	Beþsaeida
usgiba	daupjada	þahaida	usbeida
andaugiba	merjada	weihaida	lagida
liba	wailamerjada	gaweihaida	galagida
gatemiba	gaskeirjada	fijaida	aflagida
niba	timrjada	galeikaida	ufarlagida
analaugniba	gaurjada	fauragaleikaida	uslagida
arniba	ganasjada	gajiukaida	inagida
unanasiuniba	gawasjada	anasilaida	þragida
usstiuriba	galausjada	usþulaida	gawagida
halba	anamahtjada	skamaida	inwagida
silba	nauþjada	gaarmaida	uswagida
lamba	ananiujada	anakunnaida	gaggida

gatulgida	gairnida	gaþrafstida	idweitjanda
gaswogida	gahaunida	anaþrafstida	gaþrafstjanda
gawargida	hropida	haifstida	gadauþjanda
gamaurgida	ufhropida	laistida	gamarzjanda
ataugida	wopida	fraqistida	landa
fauragahugida	ufwopida	inswinþida	qimanda
afhugida	ubuhwopida	gaswikunþida	uswairpanda
fullafahida	atwopida	gasoþida	gatairanda
tahida	daupida	wairþida	lisanda
distahida	gadiupida	auþida	fraletanda
ganohida	merida	þiuþida	afletanda
wrohida	wailamerida	gaþiuþida	haitanda
gatarhida	unwerida	gastauida	afleitanda
hauhida	tagrida	tawida	bigitanda
ushauhida	gafahrida	gatawida	biþ-þan-gitanda
atneƕida	gatimrida	ufarskadwida	gafastanda
ufrakida	gaurida	bandwida	frawilwanda
dragkida	kaurida	galewida	blinda
draggkida	ganasida	ufhnaiwida	winda
sildaleikida	gawasida	usaiwida	ingaleikonda
sokida	laisida	miþgaqiwida	gaaiwiskonda
kukida	galaisida	atwalwida	hunda
hrukida	raisida	gamanwida	himinakunda
salida	urraisida	fauragamanwida	ufarhiminakunda
gawalida	miþurraisida	jag-gamanwida	munda
aiwaggelida	hausida	hazida	gamunda
melida	gahausida	gaṣtalda	salboda
gamelida	jag-gahausida	fragilda	gasalboda
fauragamelida	andhausida	spilda	ƕarboda
ufmelida	galausida	wilda	birauboda
gasiglida	uslausida	skulda	awiliudoda
gadailida	gadrausida	mulda	goda
disdailida	galatida	habanda	idreigoda
gahailida	analatida	atgibanda	bifaihoda
gamikilida	matida	libanda	frioda
usfullida	ganatida	gagganda	gawadjoda
golida	satida	brigganda	frijoda
bisaulida	gasatida	liuganda	gasunjoda
gahulida	miþgasatida	þreihanda	galeikoda
gadomida	afsatida	tiuhanda	þairhgaleikoda
gaumida	bisatida	faianda	gaaiwiskoda
wenida	ussatida	inmaidjanda	gagatiloda
swegnida	praufetida	insandjanda	unusspilloda
rignida	gahaftida	afwandjanda	þiuþspilloda
laugnida	skaftida	gawagjanda	afholoda
galaugnida	andbahtida	intrusgjanda	ushuloda
rahnida	gabairhtida	bugjanda	moda
gamainida	inrauhtida	ufhlohjanda	Alamoda
gataiknida	liuhtida	usfulljanda	gadrobnoda
ustaiknida	inliuhtida	afdomjanda	indrobnoda
namnida	idweitida	rahnjanda	andbundnoda
ganamnida	uswaltida	gahrainjanda	aflifnoda
kannida	botida	daupjanda	usmanagnoda
gakannida	gaƕotida	wailamerjanda	infeinoda
siponida	gamotida	gasatjanda	uskeinoda

faginoda	Kajafa	Iudaia	jag-gariudja
garaginoda	Iosefa	Laudeikaia	ludja
gudjinoda	(. -u-ƕa-selvi) ga	Galeilaia	lagja
leikinoda	(. -u-laubeis) ga	Idumaia	galagja
skalkinoda	(. -u-laubjats) ga	Axaïa	fauragaggja
miþskalkinoda	(. -þau-laubidedeiþ) ga	Arabia	ataugja
ungafairinoda	(. -ba-dauþniþ) ga	Herodia	hauhja
gahorinoda	daga	Beþania	ija
galuknoda	afardaga	Zakaria	fija
usluknoda	udaga	Maria	frija
gahailnoda	audaga	praitoria	þrija
gafullnoda	..naga	praitauria	brakja
usfullnoda	managa	ja	wrakja
urrumnoda	wulþaga	Akaja	gaþagkja
usrumnoda	wega	sibja	afdrugkja
usmernoda	gagga	frastisibja	weindrugkja
gaþlahsnoda	þairhgagga	arbja	sildaleikja
gaþaursnoda	afargagga	galaubja	galeikja
diskritnoda	lagga	uslaubja	reikja
disskritnoda	brigga	þiubja	gaskalkja
fraqistnoda	hrugga	badja	sokja
swinþnoda	daiga	..ddja	gasokja
gadauþnoda	gabeiga	iddja	ussokja
gaqiunoda	usbeisneiga	gaïddja	waurkja
gasupoda	idreiga	wiþraïddja	gawaurkja
Heroda	mahteiga	afiddja	barniskja
gaweisoda	unmahteiga	þairhiddja	aiwiskja
walwisoda	þiuþeiga	uzuhiddja	brukja
wratoda	waurstweiga	uzuþ-þan-iddja	alja
rahtoda	wiga	ufariddja	halja
wlaitoda	galga	usiddja	auralja
mitoda	saurga	atiddja	salja
witoda	biuga	innatiddja	aiwaggelja
uslutoda	liuga	duatiddja	melja
laþoda	(. -broþrum) galiuga	waidedja	unselja
galaþoda	(. -apaustauleis) galiuga	unledja	gadailja
garda	aha	arbaidja	afdailja
weinagarda	slaha	bidja	gahailja
aurtigarda	ainaha	sleidja	unhailja
gairda	unwaha	freidja	mikilja
hairda	bifaiha	midja	wilja
waurda	gateiha	þridja	gawilja
swalauda	fauragateiha	andja	faurafillja
ƕelauda	weiha	bandja	usfullja
guda	anafilha	sandja	golja
galiugaguda	usfilha	insandja	maþlja
biuda	ganoha	neƕundja	fauramaþlja
..biuda	attiuha	rodja	haimoþlja
anabiuda	ƕa	weitwodja	manaulja
awiliuda	(ga-u- . -selvi) ƕa	þiudangardja	ƕoftulja
þiuda	aƕa	gawaurdja	domja
supuda	braƕa	lausawaurdja	arbinumja
gakrotuda	neƕa	gamaudja	fauratanja
razda	saiƕa	gudja	witubnja
huzda	gasaiƕa	gariudja	fastubnja

fraistubnja	gabairhtja	frabauhtaboka	usgibaima
wenja	biuhtja	arka	libaima
gawenja	bihaitja	paska	beidaima
waldufnja	aglaitja	fwnikiska	gaggaima
liugnja	stiwitja	manniska	þairhgaggaima
gamainja	wastja	Priska	anafilhaima
unhrainja	laistja	jiuka	ustiuhaima
fidurraginja	frumistja	siuka	saiƕaima
winja	fraqistja	juka	gasaiƕaima
ustaiknja	sutja	usluka	galaubjaima
kannja	jas-sutja	dwala	bugjaima
Makaidonja	fraþja	saiwala	hugjaima
Makidonja	andastaþja	swibla	sijaima
fulhsnja	unqeþja	Israela	þugkjaima
fairgunja	bleiþja	mela	waurkjaima
kunja	gableiþja	tagla	gawaurkjaima
aljakunja	kunþja	þwahla	brukjaima
lauhmunja	ufkunþja	gadaila	meljaima
gairunja	gawairþja	haila	wenjaima
sunja	swultawairþja	skaþaila	uskannjaima
toja	andwairþja	waila	stojaima
stoja	gauja	ubila	wasjaima
wipja	hauja	ƕeila	wahsjaima
daupja	mauja	mikila	atsatjaima
waggarja	frauja	Merila	laistjaima
ƕarja	tauja	iusila	fraþjaima
unbiarja	gatauja	leitila	taujaima
unkarja	niuja	ainakla	manwjaima
Kaballarja	bandwja	stikla	wakaima
Marja	manwja	alla	andnimaima
laisarja	waurstwja	spilla	garinnaima
merja	hazja	ufarfulla	slepaima
filegrja	wlizja	stauastola	bairaima
galigrja	jukuzja	skohsla	bigitaima
filigrja	raka	hunsla	gaswiltaima
timrja	Isaka	maþla	anaþaima
gatimrja	atteka	magula	galeiþaima
manamaurþrja	draggka	skula	qiþaima
fauradaurja	driggka	gaþula	wairþaima
gaurja	drigka	Akwla	bauaima
haurja	..ika	swartizla	gebeima
kaurja	afaika	..ma	atgebeima
riurja	leika	Adama	þaurbeima
weinabasja	galeika	Abrahama	bedeima
kasja	samaleika	Bailiama	habaidedeima
urraisja	ibnaleika	skama	skamaidedeima
þaursja	swaleika	Rama	kauridedeima
uswissja	ƕeleika	sama	andbahtidedeima
hausja	ƕileika	smakkabagma	stauidedeima
matja	manleika	bairabagma	mageima
natja	stika	ahma	wileima
afetja	Raibaikka	milhma	gamuneima
praufetja	halka	hiuhma	weseima
andbahtja	skalka	habaima	gamoteima
andanahtja	boka	gibaima	waurþeima

lima	jainamma	hindana	urrisanana
franima	meinamma	blindana	gakusanana
andnima	seinamma	gabundana	haitanana
afnima	þeinamma	himinakundana	qiþanana
qima	aiweinamma	airþakundana	faurqiþanana
fraqima	unsaramma	godana	waurþanana
malma	anþaramma	unfrodana	frawulwanana
hilma	izwaramma	baudana	ainana
galaubamma	swesamma	usdaudana	jainana
ungalaubamma	unwissamma	anabudana	meinana
gahulidamma	raihtamma	þiudana	seinana
andhulidamma	garaihtamma	gredagana	þeinana
ufdaupidamma	frawaurhtamma	usgaggana	aiweinana
ussatidamma	haltamma	digana	swiknana
blindamma	spedistamma	seneigana	innana
inwindamma	frumistamma	unmahteigana	garunnana
godamma	þamma	þiuþeigana	gaskapana
frodamma	swekunþamma	gawigana	iupana
hamfamma	fawamma	hana	unsarana
managamma	unwamma	ahana	anþarana
gabigamma	imma	weihana	izwarana
þiuþeigamma	himma	ustauhana	akrana
stainahamma	sunjoma	ƕana	gabaurana
haihamma	miþþiudanoma	frijana	gaurana
weihamma	fraujinoma	aljana	hlasana
ƕamma	skalkinoma	unhrainjana	swesana
seljamma	arma	fairnjana	balsana
andanemjamma	gaarma	sunjana	gaþaursana
hrainjamma	barma	ƕarjana	lausana
unhrainjamma	Saudauma	riurjana	Satana
fairnjamma	guma	unriurjana	aftana
ibnaskaunjamma	hiuma	þaursjana	andaþahtana
ƕarjamma	hliuma	framaþjana	garaihtana
riurjamma	innuma	auþjana	uswaurhtana
unriurjamma	quma	manwjana	unhanduwaurhtana
auþjamma	fruma	unandsakana	haitana
niujamma	suma	insakana	afleitana
swaleikamma	Iairusaulwma	swaleikana	bigitana
ƕileikamma	ana	unaiwiskana	spedistana
gudiskamma	sabana	ibukana	utana
manniskamma	gibana	siukana	ufargutana
dwalamma	atgibana	hailana	þana
hlamma	usdribana	gahailana	afhlaþana
ubilamma	liubana	ubilana	garaþana
mikilamma	naqadana	mikilana	frahunþana
leitilamma	galeikaidana	allana	miþfrahunþana
allamma	biwaibidana	gamana	uskunþana
fullamma	galagidana	samana	wairþana
sumamma	gatarhidana	jas-samana	waurþana
ungasaiƕanamma	ushramidana	stammana	jaþ-þana
gabauranamma	gawasidana	qumana	wana
unbauranamma	afþaursidana	sumana	triggwana
waurþanamma	niujasatidana	gabundanana	qiwana
ibnamma	ganaitidana	hafanana	ibna
ainamma	haldana	qumanana	stibna

mena	atgebeina	fadreina	ufhausjandona
fraihna	usdreibeina	innatbereina	fairweitjandona
faihuþraihna	usdribeina	seina	gaswikunþjandona
ina	galaubeina	Seina	gabandwjandona
aina	habaidedeina	weseina	winnandona
habaina	fastaidedeina	gadruseina	wisandona
gahabaina	gaþiwaidedeina	bigeteina	haitandona
libaina	gawandidedeina	seiteina	bigitandona
saiƕaina	usdaudidedeina	inwiteina	augona
gasaiƕaina	atlagidedeina	ganuteina	weihona
atsaiƕaina	wrohidedeina	þeina	usweihona
jaina	ushramidedeina	qeþeina	unsibjona
galaubjaina	gaumidedeina	qiþeina	analaugnjona
gawandjaina	gairnidedeina	gulþeina	alþjona
usdaudjaina	matidedeina	froþeina	diakona
bugjaina	fairweitidedeina	airþeina	dwalona
hauhjaina	gaþrafstidedeina	waurþeina	ubilona
sijaina	usqistidedeina	weina	barnilona
saljaina	gaswikunþidedeina	aiweina	gatilona
gaumjaina	afdauþidedeina	triweina	samona
rahnjaina	tawidedeina	sweina	Seimona
ufarjaina	gatawidedeina	ragina	hleidumona
laisjaina	gasalbodedeina	aigina	anabudanona
galaisjaina	idreigodedeina	gafulgina	gasaiƕanona
hausjaina	gaïdreigodedeina	maurgina	ungasaiƕanona
ufhausjaina	spillodedeina	hina	qiþanona
matjaina	usfullnodedeina	himina	waurþanona
andbahtjaina	bisaulnodedeina	fairina	ahmeinona
faurhtjaina	atiddjedeina	usfairina	skalkinona
fraþjaina	wissedeina	ufku..þ..ina	unfairinona
taujaina	mahtedeina	swikna	usfairinona
fauragamanwjaina	galagidideina	namna	swesona
hazjaina	tawidideina	Anna	ausona
drigkaina	muldeina	Iohanna	hairtona
nimaina	aigeina	manna	taihswona
andnimaina	gafaifaheina	osanna	maizona
binimaina	þraiheina	Susanna	wepna
indrobnaina	seƕeina	inna	barna
duginnaina	sunjeina	duginna	eisarna
winnaina	leikeina	rinna	þuthaurna
ƕopaina	attaitokeina	winna	smwrna
sweraina	leina	ufkunna	filusna
bairaina	aleina	brunna	fraqistna
ganisaina	wileina	rodidona	launa
haitaina	filleina	Seidona	sigislauna
staina	meina	habandona	diakuna
fastaina	nemeina	standandona	muna
waihstastaina	qemeina	gaggandona	runa
galeiþaina	usqemeina	usgaggandona	razna
qiþaina	qineina	hugjandona	fairzna
miþqiþaina	kunneina	sildaleikjandona	papa
wairþaina	frakunneina	sokjandona	slepa
kindina	þaurneina	gairnjandona	skipa
gebeina	waurpeina	laisjandona	ƕopa
usgebeina	silubreina	hausjandona	uswairpa

uswaurpa	ganisa	mahta	bansta
iupa	wisa	brahta	gadaursta
saggqa	þewisa	þahta	atta
kara	þairhwisa	andþahta	uta
karkara	freihalsa	aihta	skauta
iggqara	hansa	garaihta	hlauta
kaisara	atþinsa	ohta	liuta
unsara	urrunsa	bairhta	unliuta
Abiaþara	jas-sa	waurhta	aþa
anþara	wissa	gawaurhta	aiffaþa
biswara	lausa	frawaurhta	dalaþa
izwara	rausa	uswaurhta	maþa
framaldra	gudhusa	unhanduwaurhta	staþa
saldra	uskiusa	bauhta	aiþa
spaiskuldra	friusa	usbauhta	inwindiþa
fera	drusa	bruhta	ainamundiþa
jera	halbata	þuhta	afgrundiþa
swera	daubata	ita	weitwodiþa
tagra	wagidata	haita	galeiþa
ligra	juggata	andahaita	taleiþa
swaihra	weihata	gahaita	bileiþa
baira	hauhata	anahaita	sleiþa
Kaifaira	niujata	andhaita	usleiþa
gataira	manwjata	bihaita	neiþa
waira	swaleikata	bimaita	tulgiþa
ufwaira	lata	unbimaita	wargiþa
akra	mikilata	ƕeita	weihiþa
wokra	leitilata	fraweita	hauhiþa
fairra	allata	fita	inniujiþa
Gaumaurra	plata	bigita	dwaliþa
aftra	mata	hita	usliþa
gilstra	nahtamata	wlita	qrammiþa
..iþra	aromata	unwita	aizasmiþa
wiþra	sumata	salta	swegniþa
hairþra	uskijanata	jota	unhrainiþa
smairþra	wanata	mota	airkniþa
maurþra	ainata	hrota	diupiþa
faihuþra	jainata	Saraipta	qiþa
ainabaura	meinata	fasta	fauraqiþa
daura	seinata	rasta	faurqiþa
faura	þeinata	saihsta	meriþa
gataura	swesata	aista	sweriþa
skura	þata	ushaista	gauriþa
Twra	wairþata	galaista	garaihtiþa
sa	jaþ-þata	spedista	armahairtiþa
kasa	leta	beista	þwastiþa
mesa	fraleta	smalista	qiþiþa
swesa	afleta	aiwaggelista	aggwiþa
ahsa	usmeta	spedumista	airziþa
wehsa	afta	auhumista	gilþa
þeihsa	audahafta	frumista	gulþa
weihsa	þaurfta	aftumista	unhulþa
urreisa	ufta	minnista	sinþa
agisa	skufta	batista	kunþa
rimisa	andbahta	gramsta	ufkunþa

swikunþa	Moseza	fastaid	gahaband
uskunþa	maiza	wairþaid	ufhaband
munþa	juhiza	ussiggwaid	ufgraband
bloþa	minniza	gibid	bigraband
soþa	riqiza	haubid	andband
Marþa	ur-riqiza	galaubeid	dreiband
airþa	wairsiza	rodeid	giband
wairþa	iusiza	faheid	usgiband
dauþa	hatiza	mikileid	atgiband
Gaulgauþa	swartiza	wileid	liband
þiuþa	alþiza	weneid	biƕairband
unþiuþa	anza	swegneid	afskaidand
baua	usdaudoza	wopeid	inwidand
gatraua	hlasoza	witeid	gastaldand
jag-gatraua	garaihtoza	Daweid	andstaldand
gaþ-þan-traua	swinþoza	ufarskadweid	gardawaldand
staua	(. -bi) jab	manweid	gawaldand
andastaua	(. -biudis) jab	gamanweid	standand
Iesua	(. -brusts) jab	galagid	gastandand
gaidwa	hlaib	wagid	andstandand
nidwa	twalib	gaggid	afstandand
lewa	lamb	athahid	bistandand
alewa	gadob	leiƕid	usstandand
bidagwa	Iakob	lagjid	trudand
saggwa	Jakob	stojid	hlifand
triggwa	grob	matjid	dragand
untriggwa	þarb	taujid	gadragand
aiwa	biswarb	drigkid	gaggand
ƕaiwa	ƕeilaƕairb	laikid	atuþ-þan-gaggand
hlaiwa	Gudilub	gamelid	afargaggand
fraiwa	bad	gasulid	usgaggand
saiwa	bruþfad	qimid	atgaggand
sitaiwa	liuhad	fauraqimid	ufligand
kniwa	ƕad	gatimid	liugand
weinatriwa	(. -du) jad	gahailnid	þwahand
anaþiwa	sad	duginnid	þreihand
wilwa	stad	aftaurnid	þeihand
wulwa	fahed	grid	þliuhand
farwa	manased	gabairid	unþaþliuhand
sarwa	gahugd	usbairid	tiuhand
swa	habaid	distairid	gatiuhand
jas-swa	gibaid	haitid	saiƕand
twa	libaid	bigitid	gasaiƕand
waurstwa	leiƕaid	mitid	ussaiƕand
gawaurstwa	bidjaid	giutid	leiƕand
jag-gawaurstwa	fijaid	ald	saiand
friaþwa	frawaurkjaid	kald	fiand
fijaþwa	afdomjaid	andstald	biwaibjand
frijaþwa	anamahtjaid	gastaistald	anakumbjand
Aiwwa	taujaid	gild	galaubjand
pasxa	afskaiskaid	kaisaragild	arbaidjand
galagjaza	skamaid	skuld	bidjand
gadrausjaza	garaid	and	gawandjand
haitaza	braid	gaband	afwandjand
usmaitaza	fraletaid	haband	rodjand

weitwodjand	nimand	frijond	arbaide
frawardjand	andnimand	gagaleikond	alde
andhafjand	qimand	aljanond	fijande
audagjand	gaqimand	faginond	bisitande
galagjand	usqimand	fraujinond	blotande
uslagjand	uskeinand	gafraujinond	þande
gatulgjand	spinnand	mitond	weitwode
gawargjand	rinnand	und	daurawarde
fijand	fairrinnand	gund	spaurde
þuggkjand	winnand	sibuntehund	waurde
þugkjand	ufkunnand	taihuntehund	andawaurde
sokjand	afƕapnand	niuntehund	liugnawaurde
waurkjand	distaurnand	ahtautehund	gabaurþiwaurde
fairwaurkjand	fraqistnand	taihuntaihund	galiugagude
saljand	gadauþnand	gumakund	awiliude
disdailjand	gaqiunand	qinakund	wulfe
goljand	slepand	gamund	dage
gaïbnjand	jag-gaslepand	pund	swnagoge
wenjand	ƕopand	god	baurge
gagamainjand	uswairpand	frijod	galiuge
gakannjand	sliupand	Lod	skohe
afƕapjand	gawrisqand	faginod	wrohe
hropjand	swerand	weitwod	ƕe
daupjand	bairand	gard	biƕe
saggqjand	gabairand	weinagard	duƕe
merjand	urreisand	midjungard	Iudaie
wajamerjand	lisand	fotubaurd	Judaie
riurjand	galisand	haurd	Þaissalauneikaie
stiurjand	ganisand	spaurd	Saddukaie
nasjand	gadriusand	waurd	Galeilaie
wahsjand	atdriusand	baud	Fareisaie
laisjand	letand	anabaud	Akaje
hausjand	andhaitand	faurbaud	twaddje
gahausjand	bigitand	juggalaud	Akaïje
andhausjand	jag-bigitand	samalaud	þrije
ufhausjand	blotand	swalaud	jaþ-þrije
kausjand	stand	saud	reikje
matjand	fastand	magud	aurkje
praufetjand	afstand	anabiud	anawilje
idweitjand	aistand	awiliud	fauramaþlje
uswaltjand	gaaistand	gariud	Saudaumje
laistjand	instand	siud	waldufnje
fraþjand	giutand	ussuggwud	siponje
gaswikunþjand	galeiþand	huzd	asnje
nauþjand	inngaleiþand	hlaibe	fairgunje
taujand	sneiþand	ingibe	bokarje
talzjand	qiþand	twalibe	motarje
drigkand	wairþand	lambe	fraþje
bilaikand	slawand	þiube	andwairþje
wrikand	bliggwand	hundafade	ake
land	biwand	swnagogafade	ahake
Iudaialand	speiwand	Tibairiade	leike
gaƕeiland	frawilwand	mitade	reike
stiland	jaind	stade	skalke
usþuland	sind	missadede	fiske

aggele	hatandane	jan-ne	japþe
mele	afletandane	manne	duþþe
daile	anahaitandane	Seidone	duþe
maile	qiþandane	mitone	gamainduþe
aggile	idreigondane	gamitone	þiuþe
katile	spillondane	barne	aiwe
sikle	þiudanondane	haurne	paraskaiwe
stikle	fraujinondane	auhsne	fraiwe
spille	frodane	anabusne	saiwe
simle	Iaurdane	laune	handiwe
skohsle	þiudane	niune	magiwe
hunsle	ahane	ailoe	tigiwe
aipistaule	weihane	skipe	kniwe
apaustaule	Herodiane	bistugqe	þaurniwe
bagme	waidedjane	sware	suniwe
peikabagme	gudjane	hvadre	wintriwe
alewabagme	baurgjane	nadre	fraujinassiwe
hvaþaramme	reikjane	hidre	fotiwe
wamme	unkjane	jaindre	þiwe
Salome	bisunjane	jere	liþiwe
waurme	skattjane	tagre	tunþiwe
frume	framaþjane	ligre	swe
azwme	smakkane	waire	swaswe
ne	leitilane	broþre	jas-swaswe
þarbane	faihuskulane	galiugabroþre	waurstwe
unledane	ahmane	Twre	seinaze
rodidane	gumane	martwre	ize
gawalidane	gasaihvanane	kase	unledaize
daupidane	ungasaihvanane	grase	frawardidaize
habandane	haitanane	Mose	gawalidaize
hvairbandane	akrane	samaqisse	namnidaize
standandane	snutrane	sabbate	gumakundaize
atstandandane	unfaurweisane	afarsabbate	godaize
ligandane	uswaurhtane	Galate	managaize
anakumbjandane	hairtane	mate	weihaize
miþanakumbjandane	sinistane	praufete	unhrainjaize
galaubjandane	minnistane	usmete	swaleikaize
ungalaubjandane	attane	þaurfte	judaiwiskaize
bidjandane	þane	andbahte	hailaize
afwandjandane	anawairþane	mahte	ubilaize
frabugjandane	miþþane	gaþlaihte	allaize
hugjandane	airizane	waihte	sumaize
frawaurkjandane	abne	frawaurhte	haldanaize
wiljandane	Magdalene	sauhte	bimaitanaize
warjandane	Gaddarene	gahaite	jainaize
idweitjandane	hlaine	Iairusaulwmeite	meinaize
taujandane	þulaine	Samareite	silubreinaize
hazjandane	Gairgaisaine	unte	seinaize
drigkandane	taine	aste	þeinaize
urrinnandane	þataine	skatte	silubrinaize
munandane	sweine	þe	unsaraize
gaslepandane	himine	duhþe	anþaraize
ufsliupandane	taikne	aiþe	andalausaize
bairandane	namne	biþe	andilausaize
unbairandane	Iohanne	fulliþe	garaihtaize

frawaurhtaize	gagg	andwaih	ƕileikuh
dauþaize	usgagg	gateih	alluh
qiwaize	atgagg	weih	namuh
hatize	lagg	nih	framuh
þize	usstagg	alh	þaimuh
faurþize	wagg	gafalh	nimuh
þoze	brigg	anafalh	sumammuh
af	jugg	þwalh	þammuh
gaf	pugg	anafilh	immuh
fragaf	daig	ƕoh	witumuh
afgaf	usstaig	ƕarjoh	nuh
atuhgaf	atstaig	ainƕarjoh	ƕanuh
at-uh-þan-gaf	ustaig	samaleikoh	sumanuh
atgaf	mahteig	sloh	anþaranuh
Iosef	unmahteig	afsloh	þanuh
hlaif	atsteig	ganoh	nauhþanuh
bilaif	waurstweig	ƕanoh	qiþanuh
swaif	wig	þisƕanoh	inuh
gif	matibalg	ƕarjanoh	habaidedunuh
fragif	og	ainƕarjanoh	witaidedunuh
usgif	baurg	þaþroh	iddjedunuh
twalif	daug	wroh	wesunuh
wulf	galiug	soh	qeþunuh
fimf	uhtiug	ƕarjatoh	ƕouh
gadof	faifah	ainƕarjatoh	afaruh
andhof	(. -þan-miþ-sandidedum) gah	þoh	þisƕaruh
uzuhhof	faurahah	afþwoh	þaruh
ushof	ushaihah	usþwoh	anþaruh
usgrof	faurhah	þairh	wasuh
þarf	pataƕah	jaþ-þairh	wisuh
uf	þisƕah	(at- . -þan-gaf) uh	sumsuh
afskauf	jah	hauh	wissuh
lauf	slah	gaþlauh	þatuh
dag	ganah	unþaþlauh	waituh
(. -gahausida) jag	binah	nauh	qaþuh
(. -gamanwida) jag	frah	jan-nauh	qiþuh
(. -gariudja) jag	sah	snauh	stoþuh
(. -gatraua) jag	swah	gatauh	ƕazuh
(. -gawaurstwa) jag	þwah	bitauh	saƕazuh
(. -gaslepand) jag	ƕeh	ustauh	þisƕazuh
(. -bigitand) jag	ƕammeh	attauh	maizuh
(. -gapaidodai) jag	þisƕammeh	þauh	(. -þan-sat) dizuh
(. -gaskohai) jag	ƕarjammeh	sweþauh	andizuh
(. -gaþlaihan) jag	ainƕarjammeh	þisƕaduh	ƕizuh
(. -gibandin) jag	ainƕaþarammeh	standaiduh	þisƕizuh
(. -garaihtein) jag	biþeh	witaiduh	ƕarjizuh
(. -gretands) jag	sumaizeh	wairþaiduh	ainƕarjizuh
(. -galaiþ) jag	aih	qiþiduh	anþarizuh
(. -gahamoþ) jag	gaþlaih	bandwiduh	þizuh
(. -gabairaidau) jag	sumaih	anduh	ƕanzuh
lag	gataih	frijoduh	sumanzuh
mag	fauragataih	frahuh	þanzuh
gamag	þaih	þliuh	uzuh
manag	gaþaih	attiuh	Filippauzuh
wulþag	waih	iddjuh	saƕ

gasaƕ	gasiglidai	inwindai	gafahai
insaƕ	gahailidai	jundai	niuklahai
ussaƕ	ufbaulidai	innakundai	ˌinahai
neƕ	gasulidai	gamundai	þahai
saiƕ	rahnidai	gapaidodai	weihai
ussaiƕ	gahrainidai	jag-gapaidodai	gaweihai
atsaiƕ	gabrannidai	godai	gaskohai
bai	daupidai	unbeistjodai	jag-gaskohai
habai	ufdaupidai	gahamodai	ganohai
jabai	huggridai	ungafairinodai	ustiuhai
þauhjabai	miþgatimridai	knodai	aƕai
grabai	anatimridai	frodai	Antiaukiai
ibai	gauridai	unfrodai	siai
gibai	kauridai	ganawistrodai	Asiai
atgibai	ganasidai	paurpurodai	Galatiai
libai	wasidai	gaweisodai	Dalmatiai
nibai	gawasidai	laþodai	jai
halbai	laisidai	atlaþodai	galaubjai
wambai	uslaisidai	gafriþodai	arbaidjai
þarbai	miþurraisidai	daurawardai	bidjai
ungaƕairbai	þaursidai	hairdai	sleidjai
ƕeilaƕairbai	gadrausidai	haurdai	freidjai
liubai	analatidai	lausawaurdai	midjai
naqadai	kaupatidai	lausaiwaurdai	Lauidjai
sadai	satidai	baudai	friaþwamildjai
Trauadai	gasatidai	raudai	unmildjai
gadedai	miþgasatidai	þiudai	ussandjai
missadedai	gabairhtidai	Gutþiudai	gawandjai
fahedai	gaþwastidai	razdai	uswandjai
unledai	gaþrafstidai	hlifai	gabundjai
manasedai	unbilaistidai	sifai	aiƕatundjai
gahugdai	fraqistidai	Gai	rodjai
gahabaidai	gaswinþidai	gredagai	þiudangardjai
dishabaidai	wairþidai	audagai	laudjai
arbaidai	auþidai	unhunslagai	lagjai
skaidai	afdauþidai	managai	galagjai
afskaidai	afslauþidai	wulþagai	managjai
gaarmaidai	afdauidai	gaggai	þragjai
gaainaidai	afmauidai	ufargaggai	tulgjai
gakunnaidai	ungatewidai	usgaggai	gatulgjai
ufkunnaidai	gaaggwidai	atgaggai	ataugjai
bidai	afswaggwidai	innatgaggai	hauhjai
faheidai	gamanwidai	laggai	Akaïjai
manaseidai	inwidai	briggai	fijai
afagidai	talzidai	gabigai	frijai
usagidai	gamarzidai	gabeigai	sijai
ungawagidai	afairzidai	usbeisneigai	nis-sijai
afwagidai	aldai	idreigai	ufrakjai
uswagidai	usgildai	unmahteigai	birekjai
gatulgidai	skuldai	uhteigai	gadragkjai
uswalugidai	skandai	atsteigai	þagkjai
ganohidai	gastandai	gawairþeigai	bireikjai
dragkidai	afstandai	swnagogai	Antiokjai
gawalidai	instandai	saurgai	sokjai
melidai	blindai	waurdahai	gawaurkjai

frawaurkjai	haitjai	fullai	Nazorenai
unbrukjai	wastjai	wullai	wenai
hrukjai	gaþrafstjai	Jairupulai	fraihnai
aljai	laistjai	skamai	weihnai
haljai	fraqistjai	gaskamai	ushauhnai
seljai	framaþjai	haimai	ainai
unseljai	fraþjai	nimai	libainai
agljai	samafraþjai	ganimai	þahainai
usagljai	ufaiþjai	andnimai	jainai
gailjai	haiþjai	afnimai	leikainai
gawiljai	woþjai	qimai	þulainai
fulljai	ananauþjai	fraqimai	usþulainai
huljai	maujai	usqimai	anakunnainai
gahuljai	Bairaujai	unwammai	atwitainai
anahaimjai	taujai	armai	bauainai
afhaimjai	gataujai	gaarmai	trauainai
bidomjai	þiujai	midumai	galaubeinai
fraistubnjai	anahnaiwjai	Rumai	ungalaubeinai
swignjai	afwalwjai	sumai	garaideinai
gamainjai	marzjai	Iairausaulwmai	gafreideinai
hrainjai	gamarzjai	Iairusaulwmai	unfreideinai
gahrainjai	airzjai	..nai	gawandeinai
namnjai	jukuzjai	fauragaredanai	fodeinai
kunnjai	driggkai	andbundanai	anastodeinai
Makaidonjai	drigkai	ufgaurdanai	aftraanastodeinai
Makidonjai	urrugkai	anapragganai	analageinai
aljakonjai	afaikai	gafahanai	aflageinai
gahaunjai	galeikai	þraihanai	gawargeinai
skaunjai	swaleikai	ustauhanai	hauheinai
lauhmunjai	ƕileikai	andsakanai	sunjeinai
sunjai	Þaissalauneikai	drugkanai	leikeinai
jas-sunjai	Aiwneikai	wrikanai	gawaleinai
fullatojai	faihufrikai	uslukanai	tweifleinai
stojai	gawrikai	andnumanai	andhuleinai
ƕarjai	Damaskai	gaqumanai	meinai
tuzwerjai	gudiskai	gaskapanai	ahmeinai
ufarhleiþrjai	barniskai	frawaurpanai	afdomeinai
unriurjai	untilamalskai	uswaurpanai	gahraineinai
laisjai	ibukai	gabauranai	hauneinai
galaisjai	gajiukai	gakusanai	daupeinai
urraisjai	siukai	ungakusanai	mereinai
gansjai	uslukai	uskusanai	timreinai
þaursjai	dwalai	bimaitanai	gatimreinai
ufarassjai	saiwalai	unbimaitanai	seinai
hausjai	samasaiwalai	andbitanai	naseinai
gahausjai	dailai	bigitanai	laiseinai
ufhausjai	hailai	biliþanai	hauseinai
kausjai	unhailai	fraqiþanai	gahauseinai
galausjai	ubilai	waurþanai	ufhauseinai
matjai	ƕeilai	frawaurþanai	ussateinai
ussatjai	mikilai	wanai	gafeteinai
andasetjai	leitilai	stibnai	garaihteinai
andbahtjai	stilai	indrobnai	uswalteinai
garaihtjai	allai	gaskaidnai	usbloteinai
liuhtjai	þrutsfillai	qenai	gaþrafsteinai

qisteinai	gaurai	greitai	gabaurþai
þeinai	paurpaurai	bi-u-gitai	gataurþai
þiuþeinai	paurpurai	litai	jaþ-þai
hnaiweinai	Twrai	witai	dauþai
hazeinai	sai	haltai	nauþai
riqizeinai	swesai	botai	bauai
talzeinai	fraisai	motai	stauai
taiknai	lubjaleisai	armahairtai	wai
unairknai	fullaweisai	hauhhairtai	fawai
biauknai	unweisai	fastai	usskawai
usfulnai	hindarweisai	haifstai	gaslawai
undrinnai	unhindarweisai	ganistai	bandwai
urrinnai	ganisai	wistai	tewai
winnai	wisai	anstai	unmanariggwai
ufkunnai	þairhwisai	armostai	triggwai
Seidonai	garunsai	lasiwostai	unmanarigwai
Makidonai	usstassai	fralustai	qiwai
frijonai	ustassai	flautai	diswilwai
gafrijonai	gaqissai	stautai	taihswai
sunjonai	usqissai	liutai	twai
aihtronai	uswissai	þai	friaþwai
laþonai	lausai	magaþai	frijaþwai
seinaigairnai	gudalausai	inwindiþai	ubizwai
faihugairnai	kiusai	weitwodiþai	izai
garehsnai	gakiusai	inngaleiþai	ƕizai
rohsnai	gadriusai	bileiþai	þizai
usbeisnai	atdriusai	ufsneiþai	bi
anabusnai	latai	weihiþai	(. -u-gitai) bi
filusnai	afletai	hauhiþai	jab-bi
gafrisahtnai	Kretai	niujiþai	gebi
fraqistnai	gaskaftai	ananiujiþai	usdrebi
gadauþnai	gagreftai	swigniþai	arbi
daunai	gagreiftai	unhrainiþai	badi
siunai	þaurftai	swikniþai	wadi
runai	framgahtai	fairniþai	þahaidedi
wailawiznai	innatgahtai	hauniþai	gaþahaidedi
ƕopai	mahtai	diupiþai	gaweihaidedi
Filippai	anamahtai	qiþai	gakunnaidedi
uswaurpai	gasahtai	sweriþai	galaubidedi
gasiggqai	frisahtai	unsweriþai	uslaubidedi
disiggqai	insahtai	hlutriþai	insandidedi
dissigqai	gaþlaihtai	garaihtiþai	gawandidedi
karkarai	garaihtai	aggwiþai	fodidedi
iggqarai	waihtai	manwiþai	rodidedi
unsarai	bairhtai	dulþai	lagidedi
anþarai	faurhtai	gaqumþai	gamaurgidedi
warai	waurhtai	swinþai	ataugidedi
izwarai	gawaurhtai	gakunþai	distahidedi
ferai	frawaurhtai	swikunþai	usfullidedi
swerai	faurbauhtai	unkunþai	kannidedi
unswerai	usbauhtai	ungastoþai	gakannidedi
bairai	ustauhtai	airþai	ganasidedi
distairai	bimaitai	wairþai	andhausidedi
baitrai	ƕeitai	anawairþai	galausidedi
hleiþrai	Israeleitai	andwairþai	uslausidedi

latidedi	atstandandei	weitwodei	usfilmei
matidedi	gaggandei	gardei	þammei
gasatidedi	usgaggandei	waurdei	tarmei
andbahtidedi	atgaggandei	dwalawaurdei	gaumei
afarlaistidedi	duatgaggandei	aglaitiwaurdei	hleidumei
usqistidedi	briggandei	usdaudei	sniumei
gatawidedi	ligandei	gamaudei	kumei
galewidedi	ogandei	gagudei	frumei
wildedi	þeihandei	þeei	nei
skuldedi	ufarþeihandei	þizeei	þanei
frijodedi	tiuhandei	ushafei	sibakþanei
leikinodedi	gasaiƕandei	audagei	miþþanei
fairinodedi	insaiƕandei	lagei	rahnei
usfullnodedi	galaubjandei	atlagei	hrainei
gadauþnodedi	ungalaubjandei	managei	þatainei
gafriþodedi	bidjandei	laggei	wainei
unledi	anastodjandei	jal-laggei	swiknei
wissedi	andhafjandei	swnagogei	kunnei
mahtedi	þagkjandei	augei	usbeisnei
gawaurhtedi	gawaurkjandei	ataugei	rabbaunei
usbauhtedi	klismjandei	bugei	þaþroei
þuhtedi	gahausjandei	frabugei	soei
kaupastedi	lauhatjandei	handugei	þoei
ufkunþedi	praufetjandei	hugei	hropei
andi	fauramanwjandei	þwairhei	diupei
bandi	aukandei	hauhei	bistugqei
gabindi	gaþulandei	Iudaiei	marei
hulundi	nimandei	Judaiei	þarei
þusundi	qimandei	Fareisaiei	swarei
þiudangardi	fraqimandei	þaiei	hidrei
andawaurdi	managnandei	þizaiei	merei
anabudi	skeinandei	þizeiei	qairrei
ei	bloþarinnandei	frijei	baitrei
..aei	ufkunnandei	anawiljei	riurei
saei	bairandei	akei	usstiurei
jas-saei	unbairandei	ufrakei	sei
swaei	reirandei	dragkei	nasei
gabei	wisandei	ikei	laisei
rabbei	insandei	faihufrikei	lubjaleisei
draibei	atdriusandei	sokei	sunsei
anakumbei	greitandei	ussokei	miþwissei
anuhkumbei	fitandei	waurkei	hausei
daubei	bigitandei	siukei	lausei
galaubei	witandei	brukei	uslausei
uslaubei	þandei	þukei	latei
naqadei	galeiþandei	dalei	ussatei
þadei	qiþandei	helei	þatei
arbaidei	bauandei	melei	jaþ-þatei
miþarbaidei	wandei	gamelei	niþ-þatei
braidei	gawandei	selei	praufetei
bidei	afwandei	gadailei	andbahtei
habandei	biwandei	hailei	garaihtei
libandei	horinondei	usfullei	bairhtei
standandei	wizondei	ushramei	faurhtei
usstandandei	rodei	þaimei	aglaitei

waitei	gaskalki	witi	þank
gaƕotei	gasoki	unwiti	gasok
armahairtei	attaitoki	gaswulti	unandsok
hauhhairtei	gawaurki	fralailoti	insok
þrafstei	faihugawaurki	aflailoti	ussok
anaþrafstei	aiwaggeli	fraþi	taitok
haifstei	ufarmeli	qeþi	attaitok
laistei	unhaili	aweþi	gaþrask
liutei	wili	afliþi	atisk
þei	faurafilli	biliþi	haiþiwisk
fraþei	spilli	usliþi	auk
aiþei	skuli	wilþi	anaaiauk
bleiþei	ƕoftuli	gaminþi	biauk
sleiþei	nemi	funþi	galauk
wiljahalþei	andnemi	kunþi	uslauk
inswinþei	qemi	unkunþi	gajuk
þroþei	qimi	afstoþi	(. -kannt) nuk
nauþei	ni	usstoþi	bruk
duþei	(miþ- . -qam) ni	woþi	hruk
þuei	fani	andawairþi	þuk
tawei	sibakþani	gawairþi	jaþ-þuk
gatawei	waldufni	andwairþi	dal
galewei	Saurini	waurþi	(. -laggei) jal
gaaggwei	jan-ni	taui	(. -liban) jal
manwei	frakunni	gawi	skal
izei	Faraoni	hawi	anaqal
maizei	lauhmoni	mawi	Israel
speidizei	siponi	hiwi	Gabriel
minnizei	fairni	þiwi	mel
wairsizei	jaþ-ni	Laiwwi	unsel
þizei	andalauni	aqizi	Nauel
faurþizei	fairguni	..k	tweifl
izwizei	kuni	ak	agl
þanzei	muni	ahak	tagl
handugozei	garuni	brak	þwahl
framaldrozei	gaskopi	gabrak	dail
þozei	uswaurpi	wrak	ubil
unswikunþozei	Ufitahari	sak	mikil
þizozei	daimonari	gasak	til
juzei	laisari	dragk	leitil
þuzei	motari	draggk	sauil
hlefi	þairhberi	ik	stikl
magi	wailameri	afaiaik	all
fauragaggi	hiri	lailaik	þrutsfill
aigi	si	leik	stol
andaugi	ganesi	liubaleik	swumfsl
gaskohi	wesi	sildaleik	swumsl
þwohi	usfaifraisi	galeik	hunsl
ustauhi	nati	swaleik	fairweitl
seƕi	bigeti	ƕileik	Baiailzaibul
gaseƕi	andbahti	reik	hakul
ga-u-ƕa-seƕi	andanahti	mik	habam
usseƕi	frawaurhti	sik	hlaibam
meki	biuhti	jas-sik	gahlaibam
leiki	andhaihaiti	skalk	libam

miþlibam	gaþulandam	Iairusaulwmiam	andbahtjam
silbam	qimandam	Mariam	aglaitjam
lambam	gafraihnandam	(. -mundoþ) jam	aurtjam
þarbam	winnandam	galaubjam	hauhistjam
gahvairbam	kunnandam	badjam	frumistjam
Adam	ufkunnandam	arbaidjam	skattjam
..eta..dam	unkunnandam	bidjam	unsutjam
unledam	fralusnandam	andjam	fraþjam
beidam	fraqistnandam	rodjam	fullafraþjam
usbeidam	hilpandam	ingardjam	andastaþjam
unqenidam	bairandam	hairdjam	ganiþjam
habandam	ganisandam	andawaurdjam	dulþjam
usbeidandam	wisandam	usdaudjam	gasinþjam
faurastandandam	ufarwisandam	gudjam	fraujam
usstandandam	gretandam	ufargudjam	taihuntewjam
andbindandam	anahaitandam	bugjam	waurstwjam
gaggandam	sitandam	lekjam	drigkam
gagaggandam	bisitandam	reikjam	afaikam
afgaggandam	galeiþandam	waurkjam	reikam
usgaggandam	qiþandam	gawaurkjam	brikam
atgaggandam	bliggwandam	faskjam	faihufrikam
ogandam	faursniwandam	brukjam	halkam
gaþreihandam	gaþiwandam	waljam	skalkam
anafilhandam	windam	meljam	fiskam
ustiuhandam	frijondam	unseljam	jiukam
gasaihvandam	hausjondam	skiljam	siukam
anakumbjandam	qainondam	Saudaumjam	melam
miþanakumbjandam	faginondam	fauratanjam	taglam
drobjandam	skalkinondam	ufþanjam	tugglam
galaubjandam	hundam	fastubnjam	fuglam
ungalaubjandam	himinakundam	waldufnjam	spillam
arbaidjandam	galaþodam	analaugnjam	stolam
gawandjandam	waurdam	liugnjam	þreihslam
hugjandam	galiugagudam	hrainjam	skohslam
fijandam	anabiudam	unhrainjam	skulam
þagkjandam	awiliudam	stainjam	gaþulam
þugkjandam	lofam	raginjam	samam
sildaleikjandam	dagam	siponjam	bagmam
sokjandam	managam	asnjam	ahmam
gasokjandam	gaggam	fairgunjam	milhmam
frawaurkjandam	fauragaggam	inkunjam	skeimam
wiljandam	usgaggam	tojam	usqimam
laugnjandam	gabeigam	bokarjam	hiumam
wopjandam	unmahteigam	laisarjam	nam
daupjandam	wigam	motarjam	þiudanam
maurþrjandam	augam	merjam	ganam
hausjandam	galiugam	Gaumaurjam	gamanam
gahausjandam	afslaham	gawasjam	akranam
ufhausjandam	Abraham	fullaweisjam	haitanam
hatjandam	gateiham	afhrisjam	fraqiþanam
matjandam	weiham	hausjam	waurþanam
anamahtjandam	gaweiham	swogatjam	abnam
fairweitjandam	anafilham	matjam	andnam
afarlaistjandam	saihvam	praufetjam	stainam
taujandam	gasaihvam	azetjam	silubreinam

fadreinam	waihstam	þiuþeigaim	slaihtaim
barizeinam	maistam	haim	bairhtaim
raginam	auhmistam	niuklahaim	frawaurhtaim
aiginam	auhumistam	Beþlahaim	ƕeitaim
himinam	frumistam	Beþlaihaim	spedistaim
namnam	sinistam	weihaim	spidistaim
mannam	attam	usweihaim	þaim
alamannam	galeiþam	unsibjaim	niþ-þaim
duginnam	usleiþam	midjaim	inuþ-þaim
winnam	sneiþam	anahaimjaim	dauþaim
wepnam	qiþam	gamainjaim	fawaim
barnam	sinþam	hrainjaim	triggwaim
eisarnam	gasinþam	unhrainjaim	qiwaim
usnam	kunþam	hnasqjaim	twaim
atnam	wairþam	framaþjaim	stabim
watnam	gatrauam	auþjaim	gahlaibim
fraqistnam	quam	niujaim	twalibim
aþnam	aiwam	manwjaim	ainlibim
ƕopam	hnaiwam	missaleikaim	þusundifadim
wairpam	kniwam	swaleikaim	stadim
uswairpam	bisniwam	ƕileikaim	missadedim
qam	triwam	manniskaim	arbaidim
anaqam	wilwam	siukaim	aldim
fraqam	sparwam	untalaim	gardim
miþ-ni-qam	sarwam	hailaim	spaurdim
usqam	swam	ubilaim	saudim
afaram	waurstwam	allaim	anagaggandeim
ufarswaram	gawaurstwam	sumaim	atgaggandeim
jeram	haizam	gabuganaim	daddjandeim
fram	managizam	unþwahanaim	wisandeim
unfagram	airizam	ustauhanaim	gahaitandeim
tagram	diuzam	gastojanaim	manageim
ligram	Naem	gaqumanaim	wrekeim
gabairam	Iairusalem	frahunþanaim	bireikeim
sairam	aipistaulem	tweihnaim	siukeim
wairam	andanem	ainaim	drugkaneim
horam	smakkabagm	jainaim	Kareiaþiaareim
hairþram	alewabagm	leikeinaim	lausqiþreim
gabauram	im	meinaim	miþwisseim
..sa..m	baim	ahmeinaim	garaihteim
kasam	gahlaibaim	staineinaim	managizeim
wisam	galaubaim	eisarneinaim	fim
þewisam	unledaim	seinaim	wegim
ausam	bisaulidaim	þeinaim	swnagogim
witodalausam	galausidaim	airþeinaim	baurgim
afletam	hnaiwidaim	unairknaim	slahim
haftam	gamanwidaim	unsaraim	ahakim
andbahtam	blindaim	anþaraim	barmim
nahtam	inwindaim	izwaraim	Saudaumim
gahaitam	himinakundaim	sweraim	Iairusaulwmim
anahaitam	godaim	unsweraim	nim
gaswiltam	frodaim	snutraim	andnim
hrotam	afgudaim	swesaim	wokainim
hairtam	managaim	lausaim	garaideinim
fastam	wulþagaim	witodalausaim	gameleinim

ufarranneinim	razdom	þaurbum	Judaium
dauþeinim	saurgom	habaidedum	Þaissalaunekaium
laiseinim	liugom	ƕeilaidedum	Þaissalauneikaium
Aþeinim	bandjom	galaubidedum	Haibraium
dauþeinim	eisarnabandjom	insandidedum	Fareisaium
balweinim	naudibandjom	gah-þan-miþ-sandidedum	Kaulaussaium
hazeinim	fotubandjom	gaþ-þan-miþ-sandidedum	Kaurinþaium
taiknim	þusundjom	rodidedum	sium
soknim	þiudangardjom	weitwodidedum	Aifaisium
wunnim	aurahjom	frawardidedum	Kaurinþium
Seidonim	wrakjom	sokidedum	sijum
Makidonim	kalkjom	sniumidedum	sakkum
mammonim	suljom	gasniumidedum	aggilum
Rumonim	ƕilftrjom	wenidedum	apaustaulum
anabusnim	aikklesjom	waridedum	skulum
fimftaihunim	wastjom	meridedum	nemum
andawiznim	wrakom	wasidedum	andnemum
qim	galeikom	hausidedum	Herodianum
fidworim	missaleikom	gahausidedum	kunnum
þrim	bokom	gakausidedum	þaurnum
baurim	markom	matidedum	sunum
Saurim	judaiwiskom	praufetidedum	uswaurpum
Twrim	gajukom	laistidedum	qum
garunsim	saiwalom	gatawidedum	berum
sabbatim	aglom	wildedum	airum
Galatim	wairilom	skuldedum	hairum
fragibtim	haimom	gamundedum	dauhtrum
fragiftim	psalmom	bifaihodedum	broþrum
mahtim	miþþiudanom	swiglodedum	galiuga-broþrum
anamahtim	inaljanom	faginodedum	sum
unmahtim	wigadeinom	skalkinodedum	wesum
frawaurhtim	unkaureinom	usgeisnodedum	auhsum
sauhtim	sinteinom	miþgadauþnodedum	wisum
waurtim	faginom	gaunodedum	gadaursum
gastim	qinom	galaþodedum	sabbatum
frastim	airinom	iddjedum	praufetum
laistim	drauhtinom	atiddjedum	galiugapraufetum
wistim	annom	mahtedum	liugnapraufetum
alabrunstim	winnom	brahtedum	usmetum
gaqumþim	hlaiwasnom	kunþedum	usmeitum
nauþim	drauhsnom	gakunþedum	marikreitum
saggwim	karkarom	ufkunþedum	witum
hilm	reirom	haidum	fotum
gawamm	daurom	handum	aflailotum
swamm	qiþuhaftom	wandum	lustum
þarbom	flahtom	wratodum	fauraqeþum
dom	heitom	anabudum	liþum
paidom	faþom	hufum	bajoþum
bidom	aggwiþom	magum	gabaurjoþum
auþidom	unhulþom	aigum	gaskoþum
kunawidom	wahtwom	tigum	menoþum
spildom	widuwom	aihum	afstoþum
awiliudom	barm	seƕum	waurþum
þiudom	Kafarnaum	gaseƕum	dauþum
unþiudom	atgebum	Iudaium	gasnewum

an	warmjandan	ussteigan	inmaidjan
aban	taiknjandan	wigan	bidjan
gadaban	stojandan	galgan	þridjan
haban	hropjandan	saurgan	bandjan
gahaban	arjandan	liugan	laushandjan
skaban	merjandan	fahan	sandjan
gadraban	hausjandan	gafahan	gasandjan
graban	matjandan	þwahan	insandjan
Barabban	fraþjandan	afþwahan	gawandjan
gahlaiban	taujandan	gaþlaihan	afwandjan
usdreiban	gataujandan	jag-gaþlaihan	inwandjan
giban	missataujandan	fairaihan	nehʹundjan
fragiban	þriskandan	gataihan	rodjan
usgiban	blandan	þeihan	ubilwaurdjan
atgiban	qimandan	weihan	huzdjan
liban	fraihnandan	filhan	andhafjan
jal-liban	gahaftnandan	gafilhan	ushafjan
silban	wisandan	anafilhan	athafjan
gaþarban	driusandan	usfilhan	lagjan
kaurban	sitandan	hohan	aflagjan
liuban	standan	ganauhan	faurlagjan
undredan	gastandan	ustauhan	uslagjan
skaidan	andstandan	þliuhan	wagjan
afskaidan	usstandan	tiuhan	gawagjan
Beþsaïdan	galeiþandan	aftiuhan	fauragaggjan
Baiþsaïdan	qiþandan	bitiuhan	tulgjan
bidan	gabindan	ustiuhan	gatulgjan
Baidsaiïdan	andbindan	attiuhan	ogjan
alidan	blindan	ƕan	intrusgjan
ushramidan	frijondan	saiƕan	ataugjan
haldan	galeikondan	gasaiƕan	frabugjan
gastaldan	gabundan	insaiƕan	fullafahjan
waldan	biwundan	ussaiƕan	wrohjan
usgildan	haubiþwundan	leiƕan	gatarhjan
usguldan	frijodan	Iudaian	hauhjan
habandan	wodan	Galeilaian	ushauhjan
usdreibandan	gardan	Andraian	fijan
gibandan	anabudan	saian	þagkjan
fragibandan	Iudan	Esaïan	sokjan
haldandan	þiudan	Aiodian	miþsokjan
magandan	trudan	Heleian	waurkjan
gaggandan	gatrudan	aiwlaugian	gawaurkjan
inngaggandan	ushafan	Helian	bikukjan
usgaggandan	Nwmfan	Iairaimian	brukjan
atgaggandan	snagan	Beþanian	aljan
briggandan	gaggan	Zakarian	saljan
ligandan	fauragaggan	Marian	andsaljan
saiandan	þairhgaggan	Samarian	ussaljan
anakumbjandan	inngaggan	aiwxaristian	meljan
galaubjandan	afargaggan	(.-ne)jan	gameljan
ungalaubjandan	ufargaggan	(.-nauh)jan	anameljan
raidjandan	usgaggan	(.-ni)jan	tweifljan
sandjandan	innatgaggan	anakumbjan	dailjan
rodjandan	halsaggan	galaubjan	hailjan
unrodjandan	briggan	biarbaidjan	gahailjan

wiljan	miþmatjan	uslukan	anakunnan
usfulljan	natjan	Magdalan	frakunnan
goljan	kaupatjan	melan	ufkunnan
huljan	gasatjan	ubilan	andletnan
andhuljan	afsatjan	fulan	gaswinþnan
ushramjan	atsatjan	skulan	gagawairþnan
samjan	andbahtjan	þulan	gadauþnan
gatamjan	garaihtjan	gaþulan	afslauþnan
domjan	gabairhtjan	usþulan	kaurbaunan
gadomjan	inliuhtjan	man	gamunan
afdomjan	gaƕeitjan	gaman	minznan
gaumjan	idweitjan	saman	papan
swignjan	fairweitjan	ahman	greipan
galaugnjan	gamotjan	Naiman	undgreipan
gamainjan	wiþragamotjan	niman	hilpan
gahrainjan	gaþrafstjan	ganiman	ƕopan
afhrainjan	haifstjan	franiman	wairpan
ustaiknjan	laistjan	andniman	gawairpan
kannjan	qistjan	afniman	afwairpan
gakannjan	fraqistjan	miþniman	uswairpan
uskannjan	usqistjan	qiman	atwairpan
fairnjan	fraþjan	usqiman	stiggqan
barusnjan	inswinþjan	drakman	maran
haunjan	gaswikunþjan	Þoman	swaran
stojan	gasoþjan	auhuman	bairan
afƕapjan	gagawairþjan	andnuman	gabairan
hropjan	afdauþjan	innuman	frabairan
wopjan	fraujan	fraquman	usbairan
atwopjan	taujan	fruman	gatairan
daupjan	gataujan	suman	akran
raupjan	anaqiujan	fanan	gabauran
Marjan	galewjan	Ioanan	gatauran
timbrjan	ufhnaiwjan	fralusanan	asan
merjan	balwjan	Satanan	urreisan
wajamerjan	manwjan	haitanan	ganisan
wailamerjan	usfratwjan	fauragahaitanan	wisan
unwerjan	waurstwjan	drobnan	faurawisan
riurjan	hazjan	intundnan	balsan
stiurjan	afairzjan	fraihnan	gadaursan
nasjan	sakan	ganohnan	gakiusan
ganasjan	gasakan	ushauhnan	uskiusan
wahsjan	Werekan	sunjeinan	gadriusan
biniuhsjan	attekan	skeinan	fraletan
laisjan	driggkan	ahmeinan	afletan
galaisjan	drigkan	þaurneinan	usletan
urraisjan	afaikan	sinteinan	gretan
ufarassjan	bilaikan	sildaleiknan	andaþahtan
hausjan	galeikan	biauknan	itan
gahausjan	manleikan	mikilnan	haitan
ufhausjan	mannleikan	..annan	andhaitan
kausjan	ufbrikan	mannan	bimaitan
lausjan	Lokan	gaiainnan	andbeitan
galausjan	anaaukan	winnan	fraleitan
afdrausjan	siukan	kunnan	afleitan
matjan	Lukan	gakunnan	greitan

fraweitan	þaþroþ-þan	Kananeiten	tulgjandin
bigitan	ƕauþ-þan	Iskarioten	wiljandin
usmitan	wiljauþ-þan	Zeloten	ustaiknjandin
sitan	managuþ-þan	paintekusten	gaskapjandin
gasitan	nauhuþ-þan	wen	daupjandin
witan	sumaiuþ-þan	rign	wailamerjandin
fullawitan	hazjuþ-þan	analaugn	timrjandin
unsaltan	skaluþ-þan	liugn	laisjandin
gaswiltan	bidjamuþ-þan	fraihn	urraisjandin
miþgaswiltan	sumaimuþ-þan	auhn	gaƕatjandin
blotan	sumuþ-þan	in	matjandin
fastan	þanuþ-þan	ain	gabairhtjandin
gafastan	munaidedunuþ-þan	libain	gaƕotjandin
aftumistan	wesunuþ-þan	leikain	afarlaistjandin
minnistan	waurþunuþ-þan	biskain	inswinþjandin
attan	ƕouþ-þan	gaƕeilain	nauþjandin
niutan	afaruþ-þan	þulain	taujandin
þan	anþaruþ-þan	gamain	gataujandin
(biþ- . -gitanda) þan	wasuþ-þan	birunain	gaqiujandin
(uzuþ- . -iddja) þan	wisuþ-þan	hrain	ufhnaiwjandin
(gaþ- . -traua) þan	bidjandansuþ-þan	unhrain	insakandin
(atuþ- . -gaggand) þan	sumansuþ-þan	þat-ain	þriskandin
(at-uh- . -gaf) þan	þatuþ-þan	þatain	nimandin
(gah- . -miþ-sandidedum) þan	þuhtuþ-þan	stain	qimandin
(gaþ- . -miþ-sandidedum) þan	qaþuþ-þan	bauain	urrinnandin
(dizuh- . -sat) þan	bidjaiþuþ-þan	trauain	faurrinnandin
(anuþ- . -niujaiþ) þan	bijandzuþ-þan	abin	unkunnandin
lukarnastaþan	maizuþ-þan	Barnabin	unƕapnandin
nauhþan	weizuþ-þan	silbin	munandin
eiþan	sumzuþ-þan	liubin	urreisandin
galeiþan	sumanzuþ-þan	unledin	wisandin
inngaleiþan	juzuþ-þan	gamelidin	haitandin
þairhleiþan	juþan	ananiwidin	sitandin
hindarleiþan	jû-þan	..and..in	gaswiltandin
usleiþan	bauan	habandin	stautandin
usliþan	gabauan	unhabandin	usleiþandin
qiþan	trauan	gibandin	qiþandin
andqiþan	wan	jag-gibandin	blindin
faurqiþan	siggwan	libandin	ƕarbondin
usqiþan	skuggwan	þaurbandin	raginondin
swinþan	hneiwan	gaggandin	uslutondin
gastoþan	speiwan	inngaggandin	laþondin
Marþan	wilwan	usgaggandin	gafriþondin
wairþan	frawilwan	atgaggandin	fimftataihundin
anawairþan	gawaurstwan	innatgaggandin	godin
waurþan	Aiwwan	duatgaggandin	Iudin
aþþan	usdaudozan	digandin	ahtudin
jaþ-þan	afdumbn	gaþlaihandin	gabein
swaþ-þan	afdobn	gateihandin	galaubein
þwairhaiþ-þan	gariud..n	waiandin	ungalaubein
sijaiþ-þan	swnagogen	galaubjandin	liuhadein
sumaiþ-þan	amen	ungalaubjandin	Herodiadein
þaiþ-þan	Iohannen	bidjandin	frumadein
miþþan	Johannen	sandjandin	naqadein
niþ-þan	qen	rodjandin	inmaidein

habandein	inahein	unswerein	balwein
disskaidandein	distahein	digrein	waurstwein
andstandandein	þwairhein	praizbwtairein	hazein
faurgaggandein	hauhein	qairrein	Kaurazein
usgaggandein	anawiljein	baitrein	maizein
atgaggandein	sunjein	hlutrein	managizein
ligandein	gafraþjein	snutrein	riqizein
þreihandein	anþarleikein	lausqiþrein	gamarzein
ungalaubjandein	faihufrikein	gaurein	airzein
uslaubjandein	siukein	kaurein	Kajafin
birodjandein	Swntwkein	riurein	Kefin
miþweitwodjandein	jas-Swntwkein	unriurein	lofin
waurkjandein	lein	sein	snagin
wenjandein	selein	hlasein	ragin
wahsjandein	unselein	nasein	jar-ragin
plinsjandein	tweiflein	laisein	aigin
gahausjandein	mikilein	filudeisein	mahteigin
afarlaistjandein	ufarfullein	hindarweisein	galgin
unfraþjandein	golein	ƕassein	fulgin
taujandein	maþlein	miþwissein	gafulgin
galeikandein	Daikapaulein	hausein	maurgin
qimandein	Iairaupaulein	ufhausein	augin
infeinandein	aipistaulein	uslausein	ahin
fairrinnandein	apaustaulein	gasatein	weihin
wisandein	andhulein	garaihtein	ganauhin
greitandein	mein	jag-garaihtein	Anaiin
slawandein	ahmein	ungaraihtein	Andraiin
auhjondein	faurdomein	bairhtein	Esaiin
horinondein	hleidumein	gabairhtein	Osaiin
usfodein	gumein	faurhtein	Tobeiin
gastigodein	frumein	gaitein	Ananeiin
laggamodein	undiwanein	aglaitein	Beþaniin
mukamodein	analaugnein	armahairtein	Biþaniin
frodein	gamainein	harduhairtein	Mariin
unfrodein	hrainein	gaþrafstein	waidedjin
weitwodein	unhrainein	unbeistein	þridjin
frawardein	qinein	þaurstein	neƕundjin
lausawaurdein	ustaiknein	liutein	gudjin
aglaitiwaurdein	swiknein	þein	undarleijin
filuwaurdein	Iohannein	magaþein	Helijin
usdaudein	gairnein	aiþein	Beþanijin
gamaudein	usbeisnein	bleiþein	ibdaljin
ufarmaudein	haunein	balþein	unseljin
gagudein	gudaskaunein	þrasabalþein	wiljin
afgudein	uslunein	ainfalþein	unhrainjin
gariudein	daupein	wiljahalþein	fairnjin
Beþsfagein	marein	kilþein	Marjin
analagein	warein	swinþein	dulgahaitjin
..anagein	fadrein	baurþein	framaþjin
managein	mundrein	dauþein	fraujin
unagein	skerein	wein	heiwafraujin
swnagogein	wajamerein	gaskadwein	niujin
handugein	wailamerein	gaaggwein	alewjin
bairgahein	allawerein	paraskaiwein	giblin
niuklahein	unwerein	ufhnaiwein	ubilin

mikilin	swikn	gatimrjon	gaunon
fulin	uslukn	snorjon	hwssopon
namin	dugann	aikklesjon	Kaidron
samin	kann	kawtsjon	swaihron
ahmin	gakann	hausjon	faihugeiron
milhmin	frakann	raþjon	reiron
himin	mann	heþjon	aihtron
drakmin	rann	diakon	winþiskauron
malmin	frarann	galeikon	Aifaison
aldomin	ufbrann	Iaireikon	Iasson
stomin	urrann	Iairikon	driuson
gumin	inn	wikon	qiþuhafton
innumin	salbon	Damaskon	garaihton
frumin	liubon	fiskon	frawaurhton
iftumin	unliubon	iudaiwiskon	handuwaurhton
fanin	broþralubon	gajukon	miton
gaskapanin	broþrulubon	aglon	ufarmiton
fralusanin	garaidon	hailon	saihston
Satanin	namnidon	mikilon	frumiston
Annin	andbahtidon	inilon	luston
sunnin	unfairlaistidon	kapillon	ƕaþon
mammonin	taihundon	Apaullon	laþon
fairnin	niundon	fullon	galaþon
funin	himinakundon	gahamon	gafriþon
Aipafrin	godon	anahamon	inkilþon
Sarrin	paurpurodon	afhamon	unhulþon
walisin	afgudon	ufarhamon	Kaurinþon
watin	awiliudon	samon	usfarþon
uzetin	mizdon	Seimon	wiþrawairþon
garaihtin	fon	psalmon	awon
notin	ushofon	Saulaumon	bandwon
hairtin	wruggon	Iairusaulwmon	taihswon
saihstin	tuggon	biskabanon	uhtwon
maistin	listeigon	gibanon	widuwon
spedistin	trigon	þiudanon	uzon
reikistin	azgon	aljanon	barn
auhumistin	bifaihon	gamaitanon	lukarn
frumistin	weihon	waurþanon	haurn
aftumistin	þeiƕon	ibnon	kaurn
minnistin	laigaion	qainon	garehsn
attin	Laigaion	leikeinon	rohsn
lukarnastaþin	Laudekaion	ahmeinon	anabusn
usliþin	Laudeikaion	aiweinon	daun
unhulþin	armaion	faginon	praitoriaun
anawairþin	Swmaion	fraujinon	laun
andwairþin	Eikaunion	leikinon	sigislaun
stauin	Sion	galeikinon	alabalstraun
andastauin	gasibjon	reikinon	bwssaun
triggwin	mitadjon	skalkinon	Teitaun
Batwin	ingardjon	qinon	gebun
gawaurstwin	frijon	horinon	atgebun
minnizin	aiwaggeljon	rinnon	usdribun
wairsizin	garunjon	brinnon	sibun
taikn	brunjon	winnon	þaurbun
kelikn	sunjon	sunnon	bedun

andbahtededun	garahnidedun	frijodedun	andhofun
habaidedun	gakannidedun	gaaiwiskodedun	ushofun
gahabaidedun	afƕapidedun	spillodedun	magun
athabaidedun	bimampidedun	usspillodedun	aigun
liugaidedun	hropidedun	afdaubnodedun	gastigun
þahaidedun	wopidedun	afblindnodedun	ufarstigun
gaþahaidedun	atwopidedun	faginodedun	usstigun
fijaidedun	raupidedun	miþfaginodedun	..hun
munaidedun	faridedun	fraujinodedun	..ahun
andstaurraidedun	atfaridedun	usluknodedun	gafaifahun
witaidedun	waridedun	usbruknodedun	mannahun
gafastaidedun	biabridedun	gafullnodedun	ainummehun
trauaidedun	meridedun	usfullnodedun	ainomehun
slawaidedun	wajameridedun	usfulnodedun	frehun
anaslawaidedun	usmeridedun	ufarmunnodedun	gafrehun
gaþiwaidedun	timridedun	afƕapnodedun	ainaihun
anakumbidedun	kauridedun	dishnupnodedun	þraihun
miþanakumbidedun	gawasidedun	usgeisnodedun	taihun
galaubidedun	andwasidedun	disskritnodedun	gataihun
miþarbaididedun	urraisidedun	fraqistnodedun	fidwortaihun
sandidedun	hausidedun	gadauþnodedun	anafulhun
inuhsandidedun	gahausidedun	afslauþnodedun	ƕanhun
insandidedun	ufhausidedun	wratodedun	mannanhun
gawandidedun	matidedun	mitodedun	ainhun
afwandidedun	gamatidedun	iddjedun	mannhun
uswandidedun	satidedun	gaïddjedun	bihlohun
rodidedun	gasatidedun	mididdjedun	ƕeilohun
birodidedun	ussatidedun	þairhiddjedun	slohun
miþrodidedun	andbahtidedun	afariddjedun	afslohun
weitwodidedun	faurhtidedun	usiddjedun	ainohun
lagidedun	idweitidedun	atiddjedun	ainnohun
galagidedun	miþlitidedun	duatiddjedun	usþwohun
uslagidedun	waltidedun	miþiddjedun	ƕashun
atlagidedun	uswaltidedun	wissedun	ainishun
inwagidedun	ƕotidedun	mahtedun	þishun
ataugidedun	gamotidedun	brahtedun	manshun
hugidedun	þrafstidedun	þahtedun	ainshun
wrohidedun	gaþrafstidedun	aihtedun	gaþlauhun
hauhidedun	laistidedun	ohtedun	tauhun
sildaleikidedun	ananapþidedun	waurhtedun	gatauhun
sokidedun	strawidedun	gawaurhtedun	ustauhun
salidedun	ufstrawidedun	uhtedun	attauhun
gahailidedun	tawidedun	bauhtedun	innattauhun
insailidedun	gatawidedun	frabauhtedun	seƕun
mekilidedun	bandwidedun	usbauhtedun	gaseƕun
mikilidedun	gabandwidedun	þuhtedun	niun
gafullidedun	hazidedun	kaupastedun	siun
usfullidedun	wildedun	gamostedun	anasiun
andhulidedun	skuldedun	gadaurstedun	wrekun
ushramidedun	mundedun	kunþedun	frawrekun
domidedun	gamundedun	ufkunþedun	drugkun
gadomidedun	gasalbodedun	afskaiskaidun	bilailaikun
warmidedun	biraubodedun	gabundun	faiflokun
gaumidedun	bilaigodedun	andbundun	sokun
rahnidedun	idreigodedun	uswundun	anainsokun

attaitokun	lailotun	unƕapnando	gatimrjo
galukun	fralailotun	gataurnando	riurjo
lun	gaigrotun	wisando	aikklesjo
skulun	ganutun	gadriusando	raþjo
mun	qeþun	qiþando	niþjo
nemun	gaqeþun	frahinþando	niujo
andnemun	fraqeþun	ussindo	þiujo
usnemun	fauraqeþun	inwindo	alewjo
qemun	galiþun	sniumundo	arwjo
gaqemun	biliþun	godo	galeiko
usqemun	usliþun	daurawardo	aljaleiko
dugunnun	froþun	usdaudo	samaleiko
kunnun	stoþun	awiliudo	analeiko
gakunnun	gastoþun	þiudo	wairaleiko
garunnun	andstoþun	razdo	laþaleiko
andrunnun	atstoþun	mizdo	anþarleiko
undrunnun	waurþun	wulþago	boko
birunnun	usbluggwun	unweniggo	þairko
urrunnun	duatsniwun	tuggo	þiudisko
lailoun	spiwun	witodeigo	iudaiwisko
waiwoun	bispiwun	idreigo	gajuko
anasaislepun	fvn	mahteigo	gabruko
gasaizlepun	razn	unmahteigo	malo
gripun	andawleizn	ohteigo	saiwalo
undgripun	andawizn	uhteigo	aglo
uswaurpun	o	unuhteigo	dailo
innufslupun	salbo	þiuþeigo	ƕeilo
bistuggqun	silbo	augo	unƕeilo
sugqun	..do	faiho	barnilo
bistugqun	gredc	filufaiho	mawilo
run	bido	ainoho	spillo
berun	faurlagido	hauho	gaspillo
atberun	ushauhido	ƕo	usspillo
galesun	gamelido	aƕo	fullo
ganesun	sido	armaio	namo
wesun	þiuþido	faihugei..o	samo
weisun	manwido	gazaufwlakio	haimo
urrisun	skuldo	arbjo	psalmo
uskusun	unsweibando	þiubjo	klismo
drusun	gaggando	þridjo	frumo
gadrusun	inngaggando	naudibandjo	gibano
atdrusun	usgaggando	allandjo	anafulhano
etun	utgaggando	þusundjo	gasaiƕano
bigetun	ligando	ufjo	insaiano
usmetun	andwaihando	andaugjo	ƕarjano
fretun	þeihando	gahahjo	gabrukano
setun	ungalaubjando	frijo	innwaurpano
haihaitun	usfulljando	alakjo	fralusano
gahaihaitun	gamainjando	aiwaggeljo	qiþano
andhaihaitun	wahsjando	sigljo	waurþano
maimaitun	ufarassjando	banjo	diwano
andbitun	liuhtjando	fraistobnjo	qaino
witun	auknando	fairnjo	driusandeino
inwitun	brinnando	anasiunjo	godeino
gaswultun	urrinnando	plapjo	manageino

handugeino	þaþro	þeinaizo	unsar
sunjeino	jainþro	anþaraizo	gatar
bisauleino	augadauro	hardizo	dauhtar
andhuleino	so	managizo	swistar
ahmeino	sô	minnizo	þar
hraineino	saiso	batizo	ƕaþar
laiseino	waliso	azetizo	anþar
ufarhauseino	jas-so	azitizo	broþar
sinteino	misso	sutizo	izwar
gaþrafsteino	auso	þizo	aibr
bleiþeino	sabbato	raþizo	silubr
gableiþeino	wrato	fawizo	fodr
aiweino	wato	þaurftozo	her
hazeino	ufto	slep	jer
fagino	aufto	saislep	fagr
skalkino	heito	anasaislep	ligr
qino	mito	gasaizlep	air
airino	boto	skaudaraip	Naubaimbair
fairino	hairto	fairgraip	atbair
brinno	saihsto	waip	sair
sunno	auhmisto	undgreip	gatair
hraiwadubono	hindumisto	skip	wair
mizdono	undaristo	gahalp	akr
skaurpjono	sprauto	hilp	fidwor
aikklesjono	usluto	anatramp	swor
alþjono	hnuto	ƕop	dauhtr
gajukono	þo	ƕaiƕop	hulistr
aglono	laþo	gaskop	broþr
samono	mildiþo	uswarp	maurþr
qinono	andaneiþo	atwarp	(. -riqiza) ur
minnistono	tulgiþo	wairp	gabaur
unhulþono	sweriþo	uswairp	frumabaur
widuwono	manwiþo	þaurp	daur
kaurno	managfalþo	ufslaup	faur
drauhsno	inkilþo	hup	Saur
haiþno	unhulþo	iup	stiur
diupo	anawairþo	sagq	spaikulatur
wraiqo	wiþrawairþo	bistagq	..s
undaro	andwairþo	gasaggq	Barnabas
ufaro	jaþ-þo	bistugq	Barabbas
aftaro	sauþo	bar	Iudas
sundro	liuþo	gabar	Judas
fero	hnuþo	usbar	Kefas
swaihro	bandwo	atbar	ƕas
stairo	glaggwo	fadar	Iudaias
faihugeiro	widowo	hindar	Galeilaias
reiro	taihswo	undar	Andraias
ƕaþro	widuwo	afar	Ituraias
aljaþro	izo	ufar	Esaias
dalaþro	ubilaizo	Agar	Esaïas
allaþro	allaizo	ƕar	Areimaþaias
innaþro	maizo	(. -ragin) jar	Esaeias
iupaþro	usalþanaizo	aljar	Tobeias
fairraþro	meinaizo	(. -ist) kar	Heleias
utaþro	seinaizo	jainar	Helias

Beþanias	gawasids	saiƕands	ganagljands
Zakarias	gasatids	gasaiƕands	sigljands
Kaisarias	gamanwids	andsaiƕands	dailjands
(. -sutja) jas	aglaitgastalds	bisaiƕands	hailjands
(. -samana) jas	skulds	insaiƕands	mikiljands
(. -sa) jas	habands	ussaiƕands	wiljands
(. -swa) jas	usdreibands	atsaiƕands	fulljands
(. -swaswe) jas	unsweibands	saiands	gafulljands
(. -sunjai) jas	gibands	fiands	domjands
(. -saei) jas	fragibands	anakumbjands	warmjands
(. -sik) jas	usgibands	drobjands	gaumjands
(. -Swntwkein) jas	libands	galaubjands	sniumjands
(. -so) jas	afswairbands	ungalaubjands	ufþanjands
(. -silbans) jas	beidands	arbaidjands	wenjands
(. -sunjos) jas	usbeidands	bidjands	rahnjands
(. -sauþ) jas	andstaldands	freidjands	gahrainjands
kas	gardawaldands	insandjands	gairnjands
Lukas	allwaldands	tandjands	haunjands
las	standands	wandjands	hropjands
Demas	gastandands	gawandjands	ufhropjands
Makmas	faurastandands	rodjands	atwopjands
Þomas	andstandands	unrodjands	daupjands
ganas	twistandands	anastodjands	ufdaupjands
Satanas	twisstandands	weitwodjands	merjands
Annas	usstandands	usdaudjands	wajamerjands
weinnas	atstandands	andhafjands	gaskeirjands
Aipafras	anabiudands	ufarhafjands	gatimrjands
gras	magands	ushafjands	nasjands
Sunjaifriþas	unagands	lagjands	laisjands
was	gaggands	galagjands	urraisjands
gawas	fauragaggands	analagjands	knussjands
frawas	þairhgaggands	uslagjands	hausjands
miþwas	faurbigaggands	atlagjands	gahausjands
hlaibs	inngaggands	þragjands	ufhausjands
dumbs	usgaggands	biþragjands	lausjands
gaþaurbs	atgaggands	ufswogjands	matjands
þiubs	innatgaggands	gamaurgjands	gasatjands
hundafads	duatgaggands	usbugjands	prauƕetjands
bruþfads	aigands	hugjands	gaƕotjands
sads	gageigands	tahjands	gaþwastjands
mitads	ussteigands	ganohjands	þrafstjands
stads	atsteigands	hauhjands	laistjands
missadeds	ogands	huhjands	fraqistjands
faheds	liugands	saijands	ƕaþjands
unleds	unliugands	fijands	gaskaþjands
manaseds	slahands	..kjands	fraþjands
gaweihaids	afslahands	ufrakjands	gableiþjands
gasweraids	þahands	wrakjands	gasleiþjands
gaþiwaids	biþwahands	andþaggkjands	anananþjands
ataugids	gaþlaihands	sokjands	gaswikunþjands
mikilids	gateihands	waurkjands	gablauþjands
andhulids	anafilhands	brukjands	þiuþjands
gahrainids	usfilhands	gasaljands	gaþiuþjands
namnids	aftiuhands	gawaljands	taujands
merids	ustiuhands	meljands	ufarskadwjands

bandwjands	fraisands	skalkinonds	Iskarjotes
lewjands	urreisands	ungafairinonds	kunþes
galewjands	wisands	drauhtinonds	ufkunþes
faurwalwjands	kiusands	ufarmunnonds	swes
talzjands	fraliusands	aihtronds	hlaifs
airzjands	driusands	mitonds	wulfs
gasakands	letands	uslutonds	dags
insakands	afletands	gafriþonds	gredags
þairwakands	gretands	godakunds	modags
tekands	jag-gretands	gakunds	audags
drigkands	gahaitands	munds	megs
gabrikands	athaitands	gods	wegs
ufbrikands	andbeitands	gastigods	gadiliggs
biaukands	disskreitands	wods	daigs
siukands	fraweitands	galiugaweitwods	gabigs
galukands	bigitands	gards	gabeigs
uslukands	sitands	aurtigards	andanemeigs
alands	gasitands	daurawards	sineigs
usþulands	bisitands	gafaurds	gawizneigs
nimands	witands	haurds	laiseigs
ganimands	unwitands	ubilwaurds	mahteigs
andnimands	gaswiltands	gaguds	unmahteigs
afnimands	fastands	gariuds	listeigs
usnimands	aistands	gazds	ansteigs
qimands	galeiþands	galaubides	þiuþeigs
armands	inngaleiþands	insandides	wigs
..nands	afleiþands	weitwodides	ogs
infeinands	þairhleiþands	lagides	fidurdogs
fullnands	bileiþands	atlagides	ahtaudogs
bloþarinnands	usleiþands	kukides	baurgs
duatrinnands	sneiþands	andhulides	handugs
durinnands	qiþands	galaisides	ahs
kunnands	finþands	hausides	niuklahs
gakunnands	wairþands	andhausides	wainahs
ufkunnands	gatrauands	galaistides	unbarnahs
unkunnands	spewands	stauides	saihs
gahnipnands	bliggwands	gatawides	þeihs
maurnands	usbliggwands	manwides	weihs
munands	anahneiwands	salbodes	alhs
gamunands	speiwands	frijodes	wohs
unwunands	blinds	Herodes	þwairhs
slepands	winds	taitrarkes	þlauhs
undgreipands	salbonds	Abeilenes	is
fairgreipands	ƕarbonds	qenes	habais
ƕopands	awiliudonds	Iohannes	gibais
gawairpands	idreigonds	Jannes	usgibais
afwairpands	frijonds	Mambres	libais
uswairpands	galeikonds	Mamres	wailadedais
atwairpands	andtilonds	Moses	fahedais
ushlaupands	wailaspillonds	praufetes	manasedais
dishniupands	andhamonds	Kretes	gahugdais
swarands	midumonds	frawaurhtes	aldais
bairands	aljanonds	Israeleites	faurbiudais
usbairands	faginonds	Samareites	hlifais
gatairands	fraujinonds	Iskariotes	gaggais

inngaggais	qenais	wisais	haldis
Naggais	wenais	afstassais	kaldis
briggais	libainais	usstassais	andstaldis
faihugeigais	ungahobainais	þiuþiqissais	fijandis
swnagogais	lubainais	diswissais	nasjandis
bairgais	galveilainais	fraletais	landis
Bauanairgais	þulainais	gaskaftais	windis
driugais	galaubeinais	þaurftais	niuntehundis
þeihais	ungalaubeinais	mahtais	himinakundis
þliuhais	garaideinais	gaþlaihtais	godis
fiais	gafreideinais	waihtais	Lodis
Kileikiais	faurlageinais	frawaurhtais	modis
Ioriais	bibaurgeinais	uswaurhtais	Herodis
Swriais	hauheinais	slauhtais	witodis
siais	usfulleinais	ustauhtais	gardis
Asiais	goleinais	haitais	weinagardis
Galatiais	andhuleinais	andbeitais	midjungardis
bidjais	hraineinais	fraleitais	waurdis
uswandjais	ustaikneinais	inweitais	gudis
andwaurdjais	hauneinais	andanumtais	biudis
lagjais	daupeinais	fastais	jab-biudis
fullafahjais	fadreinais	haifstais	eis
sijais	wailamereinais	ganistais	Lwddomaeis
waurkjais	timreinais	anstais	draibeis
brukjais	gatimreinais	fralustais	galaubeis
usfulljais	naseinais	magaþais	ga-u-laubeis
faurmuljais	niuhseinais	galeiþais	Addeis
gaumjais	laiseinais	niþais	wissedeis
gairnjais	hauseinais	qiþais	aihtedeis
haurnjais	uslauseinais	dulþais	baideis
faurwaipjais	ahmateinais	gaqumþais	andeis
atsnarpjais	afsateinais	gabaurþais	anamindeis
gastagqjais	gamalteinais	mikilduþais	rodeis
warjais	þrafsteinais	gamainduþais	Herodeis
maurþrjais	þiuþeinais	Ameinadabis	weitwodeis
ganasjais	gamarzeinais	Asabis	hairdeis
kausjais	afmarzeinais	hlaibis	juggalaudeis
matjais	gakunnais	Makeibis	mageis
gasatjais	salbonais	fragibis	balgeis
anamahtjais	Makedonais	usgibis	ogeis
atgaraihtjais	Seidonais	Iakobis	Iudaieis
laistjais	Makidonais	filugalaubis	Judaieis
fraqistjais	laþonais	swnagogafadis	Saddukaieis
taujais	gafriþonais	bruþfadis	Haibraieis
balwjais	garehsnais	Azgadis	Fareisaieis
drigkais	anabusnais	liuhadis	lekeis
gadrigkais	daunais	Arfaksadis	leikeis
teikais	munais	stadis	Friþareikeis
gajiukais	swarais	hunslastadis	Mailkeis
lais	ufarswarais	Iaredis	waurkeis
mais	bairais	Sedis	Heleis
þanamais	urrais	haubidis	aggileis
andnimais	wulþrais	Obeidis	wileis
usnimais	Saurais	Daweidis	fauramaþleis
asanais	fraisais	inwidis	sauleis

apaustauleis	usdrusteis	ƕarjis	framis
galiuga-apaustauleis	Naitofaþeis	ganasjis	Eeiramis
Jiuleis	alþeis	gamatjis	Kosamis
nemeis	wilþeis	andbahtjis	andanemis
gaumeis	gawairþeis	stiwitjis	Semis
Iairusaulwmeis	weis	unwitjis	alewabagmis
waldufneis	naweis	fraþjis	Biþlaihaimis
Airmogaineis	unweis	aweþjis	Aileiakeimis
Hairmaugaineis	Laiwweis	niþjis	Aizleimis
ragineis	Iosefis	kunþjis	Iareimis
taikneis	agis	ufkunþjis	Ioreimis
kunneis	dagis	gawairþjis	nimis
Makidoneis	gistradagis	andwairþjis	ganimis
siponeis	gaggis	gaujis	Sailaumis
mitoneis	fauragaggis	taujis	Naumis
asneis	usgaggis	niujis	Assaumis
gamuneis	Falaigis	Isakis	qumis
bokareis	gadigis	Krekis	rumis
sokareis	sigis	uggkis	sumis
wullareis	framwigis	ugkis	(. -sijai) nis
daimonareis	dulgis	afaikis	(. -slahuls) nis
laisareis	hugis	Lamaikis	þiudanis
motareis	gafahis	leikis	ungasaiƕanis
freis	hahis	reikis	Mailaianis
praizbwtaireis	slahis	rikis	Kaeinanis
urreis	weihis	skalkis	Maeinanis
gudblostreis	þarihis	Ainokis	akranis
weseis	gafilhis	Sairokis	balsanis
laiseis	anafilhis	siukis	Naþanis
hairaiseis	skohis	Maþusalis	Mattaþanis
weiseis	hauhis	Israelis	qiþanis
Basseis	ƕis	Malailaielis	fraihnis
twistasseis	neƕis	Kaidmeielis	ainis
twisstasseis	saiƕis	Salaþielis	jainis
anaqisseis	gasaiƕis	melis	kindinis
wisseis	andsaiƕis	Nauelis	Saimaieinis
hauseis	arbjis	Fanuelis	pistikeinis
andhauseis	bidjis	Zauraubabilis	meinis
Galateis	andhafjis	ubilis	Baineiameinis
praufeteis	lagjis	mikilis	Bainiameinis
galiugapraufeteis	fauragaggjis	Baiþilis	fadreinis
andbahteis	reikjis	stiklis	seinis
mahteis	aiwiskjis	allis	þeinis
frawaurhteis	aljis	þrutsfillis	weinis
gadrauhteis	aiwaggeljis	Alulis	aiweinis
ƕaiteis	faurafilljis	mis	aiginis
Israeleiteis	witubnjis	Adamis	fulginis
Laiwweiteis	waldufnjis	Airmodamis	himinis
witeis	ataþnjis	Abrahamis	Iohannis
Iskarioteis	fairgunjis	Adoneikamis	Jannis
witodafasteis	kunjis	Salamis	Seimonis
gasteis	fullatojis	Ailamis	Salmonis
haifsteis	ubiltojis	Maisaullamis	Saulaumonis
laisteis	stojis	Siloamis	Nahassonis
trausteis	harjis	Aramis	suqnis

barnis	fairhaitis	anaks	unledans
kaurnis	bimaitis	wraks	anahabaidans
gabatnis	akeitis	Kreks	gamaidans
launis	inweitis	sildaleiks	bilaibidans
raznis	wlitis	galeiks	insandidans
sinapis	beistis	missaleiks	spwreidans
ƕopis	hlautis	swaleiks	gawalidans
uswairpis	sutis	ƕileiks	miþushramidans
iggqis	þis	reiks	namnidans
bistuggqis	Mahaþis	faihufriks	framaþidans
igqis	skaþis	striks	gahnaiwidans
riqis	aiþis	skalks	gamalwidans
inqis	galeiþis	siuks	aglaitgastaldans
kaisaris	neiþis	miluks	..ndans
laisaris	sneiþis	bruks	habandans
unsaris	qiþis	als	gahabandans
anþaris	swinþis	hals	ungahabandans
izwaris	munþis	slahals	unhabandans
silubris	bloþis	freihals	usgrabandans
Heris	Asmoþis	freijhals	unsweibandans
Aseris	menoþis	sels	gibandans
airis	Anaþoþis	hails	fragibandans
bairis	wairþis	ubils	usgibandans
gabairis	andwairþis	mikils	libandans
Aibairis	framwairþis	gatils	ƕairbandans
Aileiaizairis	faurþis	leitils	afskiubandans
skeiris	jaþ-þis	stikls	garedandans
Azeiris	inuþ-þis	alls	beidandans
Nakoris	þiuþis	fulls	inwidandans
Aizoris	unþiuþis	stols	haldandans
awistris	Banauis	sauls	standandans
Fallasuris	Iesuis	fuls	andstandandans
sis	wis	nis-slahuls	usstandandans
hugsis	Babawis	sakuls	atstandandans
weihsis	Nabawis	Iairusalems	miþstandandans
agisis	Ragawis	andanems	gabindandans
ganisis	nawis	bagms	andbindandans
þairhwisis	alewis	smakkabagms	uswindandans
unsis	triggwis	alewabagms	magandans
Ainosis	ussiggwis	arms	unagandans
Baigausis	þairhwis	waurms	gaggandans
hatis	aiwis	maiþms	fauragaggandans
matis	hlaiwis	qums	afgaggandans
nahtamatis	Mattaþiwis	rums	inngaggandans
Matþatis	waurstwis	sums	faurgaggandans
aketis	izwis	bans	usgaggandans
fraletis	Iosezis	abans	atgaggandans
usmetis	Mosezis	hlaibans	innatgaggandans
raihtis	Iusezis	atgibans	duatgaggandans
garaihtis	Faraizis	usdribans	briggandans
leihtis	Iaissaizis	silbans	ussteigandans
frawaurhtis	riqizis	jas-silbans	bringandans
andahaitis	Bauauzis	þarbans	ogandans
gahaitis	..waipj..s	liubans	saurgandans
andhaitis	ahaks	sadans	liugandans

slahandans	ufarfulljandans	wrikandans	fastandans
aihandans	ushramjandans	gawrikandans	usstandans
gaþlaihandans	samjandans	andhruskandans	usþriutandans
tiuhandans	domjandans	þulandans	galeiþandans
gatiuhandans	gadomjandans	usþulandans	inngaleiþandans
ustiuhandans	gaumjandans	wulandans	afleiþandans
saiƕandans	sniumjandans	nimandans	qiþandans
gasaiƕandans	wenjandans	andnimandans	fraqiþandans
þairhsaiƕandans	faurawenjandans	disnimandans	frahinþandans
bisaiƕandans	faurarahnjandans	qimandans	bnauandans
insaiƕandans	gamainjandans	usqimandans	trauandans
unsaiƕandans	taiknjandans	aflifnandans	gatrauandans
atsaiƕandans	ustaiknjandans	gabignandans	bliggwandans
fiandans	gairnjandans	miþuskeinandans	usbliggwandans
anakumbjandans	haurnjandans	gawaknandans	siggwandans
miþanakumbjandans	ufartrusnjandans	rinnandans	wilwandans
drobjandans	hropjandans	birinnandans	blindans
galaubjandans	wopjandans	fairrinnandans	inwindans
ungalaubjandans	daupjandans	atrinnandans	gawondondans
arbaidjandans	afslaupjandans	durinnandans	awiliudondans
þairharbaidjandans	farjandans	winnandans	friondans
maidjandans	warjandans	kunnandans	frijondans
bidjandans	wajamerjandans	frakunnandans	suþjondans
gawandjandans	wailamerjandans	ufkunnandans	galeikondans
biwandjandans	þlahsjandans	unkunnandans	gagaleikondans
rodjandans	wahsjandans	gadauþnandans	miþgaleikondans
unrodjandans	laisjandans	munandans	faginondans
anastodjandans	hausjandans	gamunandans	leikinondans
weitwodjandans	gahausjandans	gaslepandans	skalkinondans
usdaudjandans	ufhausjandans	anaslepandans	fairinondans
andhafjandans	matjandans	undgreipandans	aihtrondans
ushafjandans	haftjandans	ƕopandans	militondans
lagjandans	andbahtjandans	wairpandans	mitondans
analagjandans	anamahtjandans	uswairpandans	lutondans
aflagjandans	fairweitjandans	unswerandans	wiþondans
gabigjandans	þrafstjandans	bairandans	bundans
bugjandans	galaistjandans	gatairandans	gabundans
frabugjandans	afarlaistjandans	fraisandans	bibundans
usbugjandans	fraþjandans	wisandans	hundans
hugjandans	bleiþjandans	miþgawisandans	ufarhiminakundans
hlahjandans	blauþjandans	gakiusandans	innakundans
neƕjandans	suþjandans	hatandans	godans
waifairƕjandans	taujandans	fraletandans	unfrodans
fijandans	skewjandans	afletandans	bigaurdans
þagkjandans	fralewjandans	gretandans	baudans
þugkjandans	manwjandans	andhaitandans	gariudans
sildaleikjandans	hazjandans	ushaitandans	þiudans
sokjandans	talzjandans	afleitandans	dagans
ussokjandans	airzjandans	bigitandans	gredagans
waurkjandans	wakandans	mitandans	managans
frawaurkjandans	þairhwakandans	sitandans	skiliggans
uswaurkjandans	driggkandans	andsitandans	skilliggans
faursigljandans	bilaikandans	witandans	juggans
mikiljandans	galeikandans	unwitandans	gadigans
wiljandans	unufbrikandans	gaswiltandans	gabeigans

mahteigans	unnutjans	ibnans	usmaitans
unmahteigans	grindafraþjans	drobnans	bigitans
hroþeigans	niþjans	uswenans	fullawitans
wigans	gaujans	ainans	unwitans
skilliggans	fraujans	jainans	haltans
intrusgans	niujans	stainans	hrainjahairtans
gafahans	unmanwjans	muldeinans	astans
athahans	waurstwjans	meinans	galaistans
broþrahans	gasakans	ahmeinans	maistans
fraihans	drugkans	seinans	spedistans
þraihans	galeikans	þeinans	managistans
gataihans	swaleikans	barizeinans	aiwaggelistans
weihans	faihufrikans	himinans	auhmistans
gafulhans	smakkans	usfairinans	auhumistans
tauhans	skalkans	unairknans	frumistans
gatauhans	fiskans	usluknans	sinistans
miþgatauhans	gadaukans	mannans	attans
ustauhans	siukans	widuwairnans	skattans
gasaiƕans	gajukans	garaznans	liutans
arbjans	untalans	gaskapans	nutans
gaarbjans	gadailans	frawaurpans	þans
waidedjans	unhailans	atwaurpans	aiþans
midjans	ubilans	arans	andaneiþans
ingardjans	mikilans	unsarans	ufsniþans
wardjans	allans	anþarans	unhulþans
hairdjans	fullans	izwarans	swikunþans
..udjans	sitlans	swerans	unfroþans
gudjans	skulans	figgrans	wairþans
usgrudjans	aipistulans	wairans	waurþans
baurgjans	skaþulans	hlutrans	jaþ-þans
gabaurgjans	mans	lausqiþrans	dauþans
hlijans	lustusamans	gabaurans	fawans
frijans	bagmans	utbaurans	usbluggwans
lekjans	ahmans	asans	qiwans
fiskjans	hiuhmans	ufblesans	wilwans
dauþubljans	drakmans	swesans	frawulwans
swigljans	usfilmans	uswahsans	sparwans
wiljans	unwammans	fraisans	twans
liugnjans	blomans	unweisans	gawaurstwans
unhrainjans	waurmans	walisans	allawaurstwans
siponjans	hliumans	amsans	managizans
fairnjans	ganumans	ungatassans	wulþrizans
haurnjans	andnumans	gaqissans	batizans
samakunjans	usnumans	lausans	frodozans
ƕarjans	qumans	witodalausans	swinþozans
unkarjans	frumans	gakusans	qens
bokarjans	sumans	uskusans	wens
daimonarjans	aftumans	fralusans	ins
laisarjans	gasaiƕanans	andbahtans	ains
ferjans	saianans	garaihtans	libains
timrjans	maimbranans	frawaurhtans	gahobains
faurstassjans	galisanans	uswaurhtans	jains
praufetjans	fralusanans	mikilþuhtans	gamains
bihaitjans	fraqiþanans	haitans	wanains
aurtjans	wanans	bimaitans	Ainnaïns

midjasweipains	gardins	gilstrameleins	Kefins
hrains	haurdins	ufarmeleins	audagins
unhrains	Iudins	unseleins	snagins
weinatains	gabeins	mikileins	gabeigins
stains	galaubeins	usfulleins	þiuþeigins
bauains	liuhadeins	goleins	balgins
trauains	Addeins	apaustauleins	galgins
abins	gaskaideins	meins	maurgins
Barnabins	inmaideins	unwammeins	augins
silbins	garaideins	drugkaneins	ahins
Herodiadins	muldeins	gamaineins	slahins
Hairodiadins	habandeins	ustaikneins	Andraiins
stadins	bistandandeins	faihugairneins	Esaeiins
missadedins	afargaggandeins	ƕairneins	Eisaeiins
anamahtidins	usgaggandeins	daupeins	Barakeiins
aldins	atgaggandeins	aipiskaupeins	Aizaikeiins
andins	aigandeins	qeins	Heleiins
habandins	saiƕandeins	mareins	Haileiins
gibandins	gasaiƕandeins	mereins	Saixaineiins
atgibandins	insaiƕandeins	wajamereins	Odueiins
libandins	rodjandeins	skeireins	Zakariins
ussaiƕandins	glitmunjandeins	qairreins	Mariins
ungalaubjandins	hropjandeins	unriureins	Zaxariins
sandjandins	fetjandeins	usstiureins	Andriins
rodjandins	andbahtjandeins	naseins	bandjins
weitwodjandins	fairweitjandeins	gawaseins	neƕundjins
andþaggkjandins	laistjandeins	balwaweseins	gudjins
waurkjandins	malandeins	laiseins	fauragaggjins
wiljandins	aflifnandeins	miþwisseins	Abijins
usfulljandins	driusandeins	gahauseins	unseljins
wopjandins	sitandeins	ufhauseins	wiljins
daupjandins	qiþandeins	..teins	Marjins
nasjandins	finþandeins	garaihteins	kasjins
anamahtjandins	gawandeins	faurhteins	fraujins
galiuhtjandins	faurbisniwandeins	uswalteins	stakins
gaqiujandins	unfrodeins	armahairteins	laikins
bandwjandins	birodeins	gaþrafsteins	mikilins
armandins	anastodeins	þramsteins	mins
rinnandins	weitwodeins	þeins	þwmiamins
kunnandins	usdaudeins	aiþeins	namins
gataurnandins	gagudeins	bleiþeins	ahmins
gamunandins	manageins	balþeins	himins
gatairandins	handugeins	usbalþeins	armins
wisandins	inaheins	ainfalþeins	..nins
inwisandins	þwairheins	wilþeins	fanins
qiþandins	hauheins	swinþeins	hanins
kindins	sunjeins	usþroþeins	Satanins
blindins	hleþrastakeins	airþeins	qenins
idreigondins	leikeins	wein..s	andhuleinins
frijondins	faihufrikeins	hazeins	daupeinins
uslutondins	Mailkeins	managizeins	laiseinins
laþondins	sokeins	marzeins	naiteinins
himinakundins	barniskeins	fraþjamarzeins	liteinins
Iodins	siukeins	afmarzeins	airþeinins
wairþodins	gameleins	airzeins	taiknins

soknins	managons	Iudaiuns	managos
Iohannins	juggons	Judaiuns	wegos
Jannins	tuggons	siuns	juggos
aihtronins	mahteigons	aljakuns	staigos
mitonins	waurstweigons	waluns	sineigos
anabusnins	þahons	aggiluns	idreigos
funins	fauhons	apaustauluns	wigos
siunins	þeiƕons	apaustuluns	launawargos
munins	armaions	muns	saurgos
hupins	Swmaions	þaurnuns	liugos
Þarins	waihjons	diakaununs	weihos
Nerins	sakjons	sununs	aƕos
Aieirins	aiwaggeljons	runs	Daikapaulaios
Aimmeirins	iumjons	airuns	bidjos
þrins	tainjons	urruns	bandjos
Resins	fairnjons	wintruns	naudibandjos
gawissins	aikklesjons	swistruns	frijondjos
Kusins	auþjons	broþruns	þusundjos
matins	Eiaireikons	suns	þiudangardjos
watins	gajukons	þiudinassuns	hairdjos
mahtins	untalons	praufetuns	ijos
unmahtins	dwalons	kubituns	frijos
aihtins	aglons	fotuns	wrakjos
waihtins	inilons	lustuns	skaljos
frawaurhtins	Apaullons	liþuns	silbawiljos
gadrauhtins	fullons	tunþuns	fauramaþljos
sauhtins	Ammons	habos	ƕoftuljos
Araitins	mammons	laibos	banjos
hairtins	waurþanons	hlaibos	fraistubnjos
waurtins	aiweinons	gibos	wundufnjos
gastins	gafulginons	wambos	siponjos
waihstins	qinons	grobos	silbasiunjos
maistins	winnons	þarbos	sunjos
hauhistins	stairnons	laubos	jas-sunjos
listins	garaznons	þiubos	ƕarjos
aiwaggelistins	Aharons	liugaidos	bokarjos
auhumistins	daurons	paidos	daimonarjos
banstins	mitons	bidos	witodalaisarjos
attins	managistons	wairþidos	motarjos
unhulþins	unliutons	auþidos	liuþarjos
Marþins	laþons	gatawidos	gafaurjos
dauþins	unhulþons	gabindos	unfaurjos
Aidduins	anawairþons	windos	kaurjos
nawins	andwairþons	hundos	berusjos
saggwins	taihswons	sniumundos	birusjos
aiwins	gatwons	aljaleikodos	witodafastjos
minnizins	unwaurstwons	galeikinodos	wastjos
taikns	widuwons	ungafairinodos	andastaþjos
airkns	garehsns	daurawardos	haiþjos
Gabaons	anabusns	gairdos	niþjos
kalbons	uns	gariudos	ganiþjos
silbons	dauns	þiudos	maujos
gafullaweisidons	hauns	razdos	gataujos
unusspillodons	handuns	wulfos	þiujos
mizdons	tiguns	dagos	wrakos

Krekos	hleiþros	unsaraizos	gadrauhts
aljaleikos	gabauros	izwaraizos	ustauhts
samaleikos	latos	garaihtaizos	biuhts
swaleikos	þaurftos	þizos	hauhþuhts
ƕileikos	andbahtos	waips	gaits
skalkos	andaþahtos	hrops	qiþaits
bokos	raihtos	gadars	wileits
wadjabokos	ƕeitos	abrs	wlits
markos	botos	swers	andanumts
fiskos	ƕotos	unswers	hauhhairts
funiskos	astos	wairs	waurts
jiukos	þos	skeirs	uswaurts
waurdajiukos	faþos	akrs	asts
saiwalos	daubiþos	hors	gasts
fuglos	inwindiþos	swistrs	maists
dailos	ainamundiþos	broþrs	auhumists
ubilos	weitwodiþos	gafaurs	frumists
ƕeilos	galeiþos	gaurs	aftumists
mikilos	wargiþos	afstass	ganists
allos	hauhiþos	usstass	ansts
fullos	agliþos	gaqiss	fralusts
sitlos	unhrainiþos	wailaqiss	brusts
neþlos	sweriþos	anaqiss	jab-brusts
diabulos	kauriþos	missaqiss	krusts
haimos	airziþos	andbindats	skatts
Iairusaulwmos	swinþos	gaggats	hlauts
Anos	kunþos	gateihats	gahausideduts
atgibanos	swikunþos	attiuhats	gaseƕuts
þiudanos	airþos	saiƕats	wituts
stibnos	stauos	ga-u-laubjats	hundafaþs
tweihnos	triggwos	bidjats	þusundifaþs
weinatainos	þiwos	hirjats	bruþfaþs
stainos	twos	taujats	naqaþs
birodeinos	fiaþwos	driggkats	staþs
ufswalleinos	friaþwos	mats	faheþs
meinos	frijaþwos	bigitats	manaseþs
seinos	saliþwos	fralets	dishabaiþs
naiteinos	izos	grets	arbaiþs
þeinos	namnidaizos	andahafts	anaƕeilaiþs
aiweinos	gabrannidaizos	gaskafts	gaarmaiþs
fairinos	godaizos	ufarskafts	gasweraiþs
horinos	managaizos	gagrefts	fastaiþs
swiknos	weihaizos	þaurfts	draibiþs
smarnos	frijaizos	naudiþaurfts	biwaibiþs
hlaiwasnos	niujaizos	andbahts	galaubiþs
drauhsnos	gudiskaizos	mahts	baidiþs
drausnos	allaizos	nahts	inmaidiþs
runos	fullaizos	frisahts	insandiþs
arƕaznos	ushafanaizos	insahts	gawandiþs
karos	ainaizos	andaþahts	fodiþs
unsaros	meinaizos	garaihts	bleiþs
anþaros	seinaizos	waihts	manaseiþs
izwaros	þeinaizos	gudafaurhts	þanaseiþs
wairos	aiweinaizos	frawaurhts	galagiþs
horos	diupaizos	frabauhts	intrusgiþs

ataugiþs	munþs	Markaillaus	Galeilaius
ganohiþs	goþs	apaustaulaus	Wmainaius
wrohiþs	bajoþs	diabulaus	Hwmainaius
frawrohiþs	gaaiwiskoþs	Pawlaus	Haibraius
gatarhiþs	menoþs	naus	Nazoraius
hauhiþs	ungafairinoþs	Iaurdanaus	Fareisaius
ufarhauhiþs	froþs	Staifanaus	Dauriþaius
fauramreliþs	ganawistroþs	Seimonaus	Teimauþaius
gadailiþs	inwitoþs	sunaus	Lukius
disdailiþs	uslutoþs	Filippaus	qius
ufarfulliþs	laþoþs	raus	Filippisius
usfulliþs	galaþoþs	draus	Tairtius
andhuliþs	atlaþoþs	gadraus	Kaurinþius
ushramiþs	wairþs	Alaiksandraus	jus
miþushramiþs	andwairþs	disdraus	baurgswaddjus
gadomiþs	jaindwairþs	usdraus	grunduwaddjus
afdomiþs	bauþs	atdraus	þusundjus
rahniþs	dauþs	Paitraus	aggeljus
stainiþs	juggalauþs	Auneiseifauraus	aggiljus
ustaikniþs	nauþs	Artaksairksaus	þaurnjus
daupiþs	managduþs	þiudinassaus	diakaunjus
ufdaupiþs	mikilduþs	gudjinassaus	drunjus
ufsagqiþs	gamainduþs	leikinassaus	sunjus
ufsaggqiþs	guþs	kalkinassaus	swistrjus
miþkauriþs	us	skalkinassaus	broþrjus
gawasiþs	(. -nu-gibiþ) us	drauhtinassaus	fraujinassjus
usgaisiþs	Iakobaus	ufarassaus	kalkinassjus
galaisiþs	Trakauneitidaus	sabbataus	horinassjus
unuslaisiþs	ulbandaus	Faurtunataus	fotjus
afþaursiþs	manniskodaus	praufetaus	galiugaxristjus
galausiþs	nardaus	luftaus	lustjus
gasatiþs	Rufaus	þuhtaus	liþjus
garaihtiþs	þiumagaus	Teitaus	Twkekus
gabairhtiþs	fairƕaus	wahstaus	Twkeikus
inrauhtiþs	Zaibaidaiaus	Xristaus	Malkus
gaþrafstiþs	Iudaiaus	lustaus	Markus
usqistiþs	Alfaiaus	qiþaus	Areistarkus
gasleiþiþs	Teimaiaus	wulþaus	Aristarkus
usproþiþs	Barteimaiaus	dauþaus	Xreskus
afslauþiþs	Fareisaiaus	Iakobus	Fwgailus
þiuþiþs	Zaxxaiaus	skadus	aggilus
bandwiþs	Sabailliaus	sidus	diabaulus
galewiþs	Markailliaus	handus	apaustaulus
gatewiþs	Lwsaniaus	flodus	diabulus
balwiþs	Teibairiaus	hardus	Pawlus
afwalwiþs	Mattaþiaus	wairdus	Nekaudemus
gamanwiþs	baurgswaddjaus	magus	Nikaudemus
dulþs	Akaïkaus	þiumagus	Didimus
hulþs	laus	tulgus	Silbanus
gamainþs	witodalaus	fairƕus	Kustanteinus
kunþs	akranalaus	Iudaius	asiluqairnus
frakunþs	fralaus	Judaius	sunus
swikunþs	filaus	Alfaius	Filippus
unkunþs	arkaggilaus	Gaïus	Krispus
uskunþs	asilaus	Zakkaius	aipiskaupus

þlaqus	gasat	gasmait	ufarist
barbarus	dizuh-þan-sat	bismait	kar-ist
Lazarus	dissat	wait	urrist
drus	ussat	inwait	atist
Alaiksandrus	(. -ain) þat	miþwait	þat-ist
huhrus	(. -ist) þat	andabeit	anst
hairus	let	ƕeit	saisost
Iaeirus	fralet	fraweit	gastost
Jaeirus	aflet	idweit	warst
qairrus	fret	wlit	anabaust
Soseipatrus	gret	writ	gakust
Paitrus	andaset	sit	fralust
wintrus	gaft	wit	skatt
twalibwintrus	atgaft	skalt	ut
wiþrus	andahaft	salt	baþ
Iesus	gaskaft	swalt	hundafaþ
þaursus	fragift	gaswalt	(. -þan-traua) gaþ
ibnassus	andhoft	namt	(. -þan-miþ-sandidedum) gaþ
þiudinassus	þarft	ganamt	liuhaþ
kalkinassus	naudiþaurft	andnamt	ƕaþ
skalkinassus	magt	qamt	jaþ
horinassus	andbaht	kant	(. -þana) jaþ
ufarassus	unatgaht	frakant	(. -þata) jaþ
Peilatus	maht	urrant	(. -þrije) jaþ
praufetus	unmaht	kannt	(. -þairh) jaþ
Filetus	naht	nuk-kannt	(. -þai) jaþ
parakletus	gasaht	lailot	(. -þatei) jaþ
hliftus	frisaht	fralailot	(. -ni) jaþ
Teitus	insaht	aflailot	(. -þuk) jaþ
fotus	gaþlaiht	gamot	(. -þan) jaþ
Qartus	garaiht	gaigrot	(. -þo) jaþ
Airastus	waiht	hrot	(. -þis) jaþ
Xristus	leiht	swart	(. -þans) jaþ
Justus	affalht	waurt	aljaþ
þus	bairht	gast	dalaþ
liþus	frawaurht	bigast	samaþ
wriþus	handuwaurht	qast	qaþ
wulþus	andabauht	fraqast	fauraqaþ
dauþus	frabauht	wast	saþ
Skwþus	faurbauht	haifst	mitaþ
manwus	dauht	uswahst	staþ
triggws	binauht	ist	gawaþ
untriggws	saƕt	andhaihaist	(. -þan) swaþ
snaiws	gasaƕt	laist	manaseþ
lasiws	andbait	bilaist	iþ
Lwstrws	hait	maist	habaiþ
at	..hait	ufsnaist	gahabaiþ
(. -uh-þan-gaf) at	andahait	fauraïst	afhabaiþ
bigat	haihait	waist	dishabaiþ
plat	gahaihait	beist	Aileisabaiþ
mat	andhaihait	frumist	gibaiþ
gamat	athaihait	aftumist	libaiþ
nahtamat	afmait	nist	gaþarbaiþ
undaurnimat	afmaimait	ganist	gaskaidaiþ
sat	bimait	minnist	waldaiþ

blandaiþ	satjaiþ	unsweraiþ	friodedeiþ
standaiþ	gaþwastjaiþ	bairaiþ	frijodedeiþ
sifaiþ	þrafstjaiþ	wisaiþ	þiudanodedeiþ
gaggaiþ	laistjaiþ	uskiusaiþ	faginodedeiþ
inngaggaiþ	fraþjaiþ	afletaiþ	kunþedeiþ
usgaggaiþ	inswinþjaiþ	usmitaiþ	inmaideiþ
gageigaiþ	þiuþjaiþ	andsitaiþ	sandeiþ
ufligaiþ	unþiuþjaiþ	witaiþ	insandeiþ
saurgaiþ	taujaiþ	fastaiþ	tandeiþ
liugaiþ	anuþ-þan-niujaiþ	gafastaiþ	intandeiþ
gaweihaiþ	manwjaiþ	(. -þan) þaiþ	gawandeiþ
(. -þan) þwairhaiþ	talzjaiþ	galeiþaiþ	fodeiþ
þliuhaiþ	wakaiþ	qiþaiþ	rodeiþ
ustiuhaiþ	attekaiþ	wairþaiþ	birodeiþ
saiƕaiþ	driggkaiþ	gatrauaiþ	anastodeiþ
fiaiþ	drigkaiþ	sniwaiþ	dustodeiþ
galaubjaiþ	anadrigkaiþ	gaþiwaiþ	weitwodeiþ
inmaidjaiþ	leikaiþ	(. -þan-gitanda) biþ	gahardeiþ
bidjaiþ	galeikaiþ	usdreibiþ	frawardeiþ
gabidjaiþ	gaaukaiþ	gibiþ	maudeiþ
gasandjaiþ	galaiþ	fragibiþ	gamaudeiþ
insandjaiþ	jag-galaiþ	usgibiþ	mageiþ
gawandjaiþ	inngalaiþ	us-nu-gibiþ	aigeiþ
rodjaiþ	miþinngalaiþ	haubiþ	gatulgeiþ
filuwaurdjaiþ	aflaiþ	urrediþ	ogeiþ
huzdjaiþ	þairhlaiþ	skaidiþ	usbaugeiþ
aflagjaiþ	bilaiþ	afskaidiþ	ataugeiþ
hugjaiþ	gaƕeilaiþ	beidiþ	hauheiþ
ahjaiþ	ufarlaiþ	gabeidiþ	ushauheiþ
gatarhjaiþ	uslaiþ	inwidiþ	gadragkeiþ
hauhjaiþ	þulaiþ	haldiþ	biþagkeiþ
fijaiþ	usþulaiþ	andstaldiþ	þaggkeiþ
sijaiþ	skamaiþ	usgildiþ	þuggkeiþ
(. -þan) sijaiþ	nimaiþ	standiþ	þugkeiþ
waurkjaiþ	ganimaiþ	gastandiþ	sildaleikeiþ
frawaurkjaiþ	andnimaiþ	andstandiþ	þankeiþ
saljaiþ	armaiþ	usstandiþ	sokeiþ
goljaiþ	(. -þan) sumaiþ	ustandiþ	ussokeiþ
gramjaiþ	managnaiþ	gabindiþ	waurkeiþ
rahnjaiþ	fullnaiþ	andbindiþ	gawaurkeiþ
gamainjaiþ	fulnaiþ	dugawindiþ	frawaurkeiþ
gakannjaiþ	urrumnaiþ	rodiþ	uswaurkeiþ
stojaiþ	duginnaiþ	anabiudiþ	brukeiþ
afƕapjaiþ	rinnaiþ	faurbiudiþ	hrukeiþ
merjaiþ	garinnaiþ	liudiþ	meleiþ
timrjaiþ	gakunnaiþ	atgebeiþ	daileiþ
gaurjaiþ	anakunnaiþ	þaurbeiþ	mikileiþ
wasjaiþ	ufkunnaiþ	galaubeiþ	wileiþ
afhrisjaiþ	atkunnaiþ	habaidedeiþ	usfulleiþ
ushrisjaiþ	maurnaiþ	usþulaidedeiþ	goleiþ
ufarassjaiþ	ufsnaiþ	galaubidedeiþ	hindarleiþ
hausjaiþ	faraiþ	ga-þau-laubidedeiþ	usleiþ
ufhausjaiþ	Gainnesaraiþ	tawidedeiþ	skuleiþ
lausjaiþ	Nazaraiþ	wildedeiþ	domeiþ
matjaiþ	sweraiþ	skuldedeiþ	warmeiþ

weneiþ	balþeiþ	galagjiþ	miþ
rigneiþ	ananþeiþ	aflagjiþ	(. -ni-qam) miþ
rahneiþ	diswinþeiþ	uslagjiþ	(gah-þan- . -sandidedum) miþ
gamaineiþ	gaswikunþeiþ	hugjiþ	(gaþ-þan- . -sandidedum) miþ
gahraineiþ	dauþeiþ	tahjiþ	nimiþ
ushraineiþ	bandweiþ	distahjiþ	ganimiþ
staineiþ	galeweiþ	saijiþ	andnimiþ
taikneiþ	hnaiweiþ	saljiþ	afnimiþ
ustaikneiþ	galeiweiþ	andhuljiþ	usnimiþ
kanneiþ	manweiþ	dishuljiþ	qimiþ
gakanneiþ	gamanweiþ	hramjiþ	gaqimiþ
urranneiþ	riqizeiþ	stojiþ	biqimiþ
kunneiþ	gamarzeiþ	usskarjiþ	usqimiþ
frakunneiþ	airzeiþ	warjiþ	(. -þatei) niþ
gairneiþ	galagiþ	hirjiþ	(. -þaim) niþ
þuthaurneiþ	fragiþ	ganasjiþ	(. -þan) niþ
gamuneiþ	gaggiþ	wasjiþ	aflifniþ
hropeiþ	gagaggiþ	gawasjiþ	managniþ
wopeiþ	þairhgaggiþ	matjiþ	fraihniþ
daupeiþ	faurbigaggiþ	miþmatjiþ	keiniþ
mereiþ	inngaggiþ	satjiþ	skeiniþ
wajamereiþ	afargaggiþ	gasatjiþ	gastaurkniþ
huggreiþ	usgaggiþ	fauragasatjiþ	gahailniþ
timreiþ	atgaggiþ	ƕaþjiþ	kanniþ
maurþreiþ	utgaggiþ	gaskaþjiþ	aflinniþ
weseiþ	briggiþ	fraþjiþ	urrinniþ
wahseiþ	steigiþ	taujiþ	winniþ
ufarwahseiþ	gasteigiþ	gataujiþ	afƕapniþ
laiseiþ	ussteigiþ	gaqiujiþ	gatarniþ
urraiseiþ	atsteigiþ	siujiþ	gataurniþ
þaurseiþ	ligiþ	hazjiþ	gaþaursniþ
hauseiþ	atligiþ	gasakiþ	fraqistniþ
gahauseiþ	bringiþ	tekiþ	usgutniþ
andhauseiþ	bairgiþ	driggkiþ	ga-ba-dauþniþ
ufhauseiþ	gamaurgiþ	drigkiþ	gadauþniþ
kauseiþ	biugiþ	afaikiþ	slepiþ
lauseiþ	gafahiþ	brikiþ	greipiþ
galauseiþ	slahiþ	ufbrikiþ	wairpiþ
gabairhteiþ	gaþlaihiþ	gawrikiþ	gawairpiþ
faurhteiþ	gateihiþ	siukiþ	afwairpiþ
galiuhteiþ	anafilhiþ	uslukiþ	uswairpiþ
witeiþ	gatarhiþ	gasaliþ	qiþ
boteiþ	þliuhiþ	meliþ	gastiggqiþ
gaboteiþ	afþliuhiþ	gameliþ	Wiljariþ
gamoteiþ	tiuhiþ	fauragameliþ	bairiþ
þrafsteiþ	ustiuhiþ	ufarmeliþ	atbairiþ
haifsteiþ	attiuhiþ	fradailiþ	gatairiþ
laisteiþ	saiƕiþ	miliþ	distairiþ
gabeisteiþ	gasaiƕiþ	fulliþ	gaskeiriþ
fraqisteiþ	insaiƕiþ	usfulliþ	fraisiþ
usqisteiþ	atsaiƕiþ	gahuliþ	urreisiþ
flauteiþ	saiiþ	andhuliþ	galisiþ
liuteiþ	bidjiþ	unandhuliþ	ganisiþ
gasleiþeiþ	andhafjiþ	gasuliþ	wisiþ
qiþeiþ	lagjiþ	wuliþ	þairhwisiþ

atþinsiþ	figgragulþ	witoþ	galaþodeduþ
ufarassiþ	fanþ	drauhtiwitoþ	iddjeduþ
gahausiþ	ushanþ	stoþ	usiddjeduþ
gakiusiþ	hunþ	gastoþ	wisseduþ
fraliusiþ	kunþ	andstoþ	frakunþeduþ
driusiþ	frakunþ	afstoþ	ajukduþ
gadriusiþ	swikunþ	usstoþ	mikilduþ
satiþ	uskunþ	ustoþ	gamainduþ
letiþ	munþ	galaþoþ	guþ
fraletiþ	Sabaoþ	gasmiþoþ	maguþ
afletiþ	mundoþ	hatizoþ	(.-þan) managuþ
gretiþ	jam-mundoþ	warþ	aihuþ
gagahaftiþ	awiliudoþ	wairþ	gaþaihuþ
andbahtiþ	goþ	anawairþ	anafulhuþ
gafrisahtiþ	idreigoþ	wiþrawairþ	(.-þan) nauhuþ
haitiþ	frioþ	gabaurþ	attauhuþ
gahaitiþ	auhjoþ	anabauþ	seƕuþ
anahaitiþ	frijoþ	faurbauþ	gaseƕuþ
andhaitiþ	galeikoþ	(.-þan) ƕauþ	(.-þan) sumaiuþ
bimaitiþ	gagaleikoþ	(.-þan) wiljauþ	awiliuþ
fraïtiþ	gamarkoþ	juggalauþ	siuþ
beitiþ	skoþ	sauþ	þiuþ
greitiþ	gaskoþ	jas-sauþ	unþiuþ
inweitiþ	aiwiskoþ	gebuþ	sijuþ
bigitiþ	gaaiwiskoþ	þaurbuþ	(.-þan) hazjuþ
mitiþ	bloþ	beduþ	(.-þan) skaluþ
andsitiþ	gagatiloþ	libaideduþ	skuluþ
gaswiltiþ	andtiloþ	saurgaideduþ	(.-þan) bidjamuþ
kriustiþ	holoþ	usþulaideduþ	nemuþ
giutiþ	gahamoþ	gakunnaideduþ	ganemuþ
usþriutiþ	jag-gahamoþ	galaubideduþ	andnemuþ
galeiþiþ	dwalmoþ	gabaidideduþ	usnemuþ
inngaleiþiþ	þiudanoþ	insandideduþ	(.-þan) sumaimuþ
afleiþiþ	aljanoþ	gawandideduþ	(.-þan) sumuþ
bileiþiþ	inaljanoþ	lagideduþ	(.-þan-niujaiþ) anuþ
usleiþiþ	menoþ	dragkideduþ	(.-þan) þanuþ
sneiþiþ	faginoþ	sokideduþ	(.-þaim) inuþ
ufsneiþiþ	miþfaginoþ	gawalideduþ	(.-þis) inuþ
qiþiþ	fraujinoþ	ustaiknideduþ	dugunnuþ
afqiþiþ	lekinoþ	wasideduþ	kunnuþ
wairþiþ	reikinoþ	galaisideduþ	frakunnuþ
bauiþ	skalkinoþ	plinsideduþ	runnuþ
gastrawiþ	fairinoþ	hausideduþ	urrunnuþ
sniwiþ	horinoþ	gahausideduþ	wunnuþ
faursniwiþ	drauhtinoþ	matideduþ	gawunnuþ
frawilwiþ	gaunoþ	tawideduþ	(.-þan) munaidedunuþ
manwiþ	kaupoþ	gatawideduþ	gamunuþ
gamanwiþ	gasupoþ	wildeduþ	(.-þan) wesunuþ
falþ	gakaroþ	frijodeduþ	(.-þan) waurþunuþ
taihuntaihundfalþ	Beroþ	þiudanodeduþ	(.-þan) ƕouþ
managfalþ	froþ	qainodeduþ	gripuþ
faifalþ	fauragarairoþ	skalkinodeduþ	(.-þan) afaruþ
ainfalþ	(.-þan) þaþroþ	gadauþnodeduþ	(.-þan) anþaruþ
fidurfalþ	gaweisoþ	gaweisodeduþ	bruþ
dulþ	mitoþ	mitodeduþ	(.-þan) wasuþ

wesuþ	hauhjaidau	usmaitaindau	sainjau
miþurrisuþ	ussokjaidau	bigitaindau	kunnjau
(. -þan) wisuþ	brukjaidau	gafastaindau	runnjau
(. -þan) bidjandansuþ	gawaljaidau	andbindau	stojau
(. -þan) sumansuþ	mikiljaidau	gafaihondau	assarjau
usdrusuþ	usfulljaidau	gaaiwiskondau	merjau
(. -þan-gaggand) atuþ	andhuljaidau	gaaiginondau	wajamerjau
(. -þan) þatuþ	anawammjaidau	awiliudodau	anakaurjau
(. -þan) þuhtuþ	rahnjaidau	auhjodau	ganasjau
wituþ	namnjaidau	Paunteau	wesjau
gaswultuþ	gabrannjaidau	magau	biwesjau
gaigrotuþ	wajamerjaidau	briggau	weisjau
(. -þan) qaþuþ	kaurjaidau	gafahau	gadaursjau
(. -þan) bidjaiþuþ	uslausjaidau	faihau	gahausjau
gaskoþuþ	satjaidau	gasaiƕau	fraatjau
froþuþ	afsatjaidau	ussaiƕau	matjau
gastoþuþ	gabairhtjaidau	fairƕau	miþsatjau
waurþuþ	fraþjaidau	Galeilaiau	gabairhtjau
ussuggwuþ	afdauþjaidau	Kwreinaiau	witjau
andspiwuþ	gakunnaidau	Nazoraiau	qeþjau
(. -þan) bijandzuþ	ufkunnaidau	Teimauþaiau	taujau
(. -þan) maizuþ	afwairpaidau	siau	hazjau
(. -þan) weizuþ	sweraidau	Pauntiau	gamarzjau
(. -þan) sumzuþ	gabairaidau	Puntiau	drigkau
(. -þan) sumanzuþ	jag-gabairaidau	jau	sakkau
(. -þan-iddja) uzuþ	gatairaidau	galaubjau	siukau
(. -þan) juzuþ	haitaidau	baurgswaddjau	aggilau
(bi- . -gitai) u	leitaidau	grunduwaddjau	diabaulau
(ga- . -ƕa-seƕi) u	bigitaidau	gageigaidedjau	diabulau
(ga- . -laubeis) u	anaqiþaidau	arbaididedjau	þulau
(ga- . -laubjats) u	ussiggwaidau	gawandidedjau	Neikaudaimau
..u	sidau	rodidedjau	nimau
habau	ulbandau	wrohidedjau	qimau
gibau	liugandau	daupidedjau	gaqimau
atgibau	handau	kauridedjau	Aunisimau
libau	gasaiƕaindau	ganasidedjau	Iaurdanau
Iakobau	hauhjaindau	galausidedjau	Jaurdanau
atsteigadau	ushauhjaindau	gatawidedjau	tundnau
Tibairiadau	andhuljaindau	wissedjau	ufarhafnau
lausjadau	domjaindau	ufkunþedjau	Nazoreinau
skadau	gaumjaindau	bidjau	usfullnau
gredau	stojaindau	gastaistaldjau	Iohannau
skabaidau	daupjaindau	weitwodjau	rinnau
gibaidau	usskarjaindau	magjau	ufkunnau
fragibaidau	andhausjaindau	ufarhugjau	Seimonau
fragildaidau	uslausjaindau	sijau	gasnau
fraslindaidau	gasleiþjaindau	uswakjau	faursnau
haidau	gatalzjaindau	þagkjau	sunau
gafahaidau	afmarzjaindau	gasokjau	ƕopau
gateihaidau	afairzjaindau	kukjau	Arkippau
afagjaidau	uslukaindau	waljau	Filippau
galagjaidau	fraqimaindau	wiljau	Karpau
faurlagjaidau	gaarmaindau	skuljau	Lazarau
intrusgjaidau	gakiusaindau	andnemjau	huhrau
frabugjaidau	afletaindau	qemjau	hairau

Paitrau	haitaizau	Twkeiku	Teitu
wintrau	abu	Marku	kintu
sau	Iakobu	aggelu	fotu
auhsau	du	aglu	Iskariotu
ibnassau	jad-du	Þaiaufeilu	wahstu
þiudinassau	sijaidu	filu	Xristu
kalkinassau	wileidu	aggilu	kustu
horinassau	sidu	asilu	lustu
blotinassau	skildu	hallu	þu
ufarassau	skuldu	apaustulu	þû
..tau	handu	nu	leiþu
Peilatau	auhjodu	(us- . -gibiþ) nu	seiþu
praufetau	hardu	Silbanu	qiþu
fraletau	witudu	Iaurdanu	wulþu
luftau	magu	anþaranu	tunþu
ahtau	þiumagu	Nazorenu	gaunoþu
usmaitau	faihu	inu	dauþu
Teitau	fairƕu	þannu	aggwu
bigitau	habaiu	kinnu	manwu
Klemaintau	Þaddaiu	Seimonu	wileizu
Klaimaintau	Zaibaidaiu	nunu	ainzu
Skariotau	Gaïu	sunu	uzu
wahstau	siaiu	Filippu	Esaw
maihstau	Zakkaiu	Krispu	þiwadw
Xristau	qimaiu	Lazaru	gaidw
Agustau	Barþulomaiu	Lazzaru	lew
kustau	Barþaulaumaiu	airu	usblaggw
lustau	Kwreinaiu	hairu	triggw
unlustau	Nazoraiu	qairu	sihw
niutau	Haileisaiu	Paitru	aiw
þau	Matþaiu	wintru	hlaiw
(ga- . -laubidedeiþ) þau	Maþþaiu	Iesu	naiw
galeiþau	Teimauþaiu	ibnassu	gaspaiw
qiþau	hailidediu	þiudinassu	fraiw
wulþau	niu	waninassu	halisaiw
tunþau	weinatriu	horinassu	marisaiw
wairþau	ju	blotinassu	sunsaiw
aiþþau	(. -þan) jû	ufarassu	frawalw
dauþau	stubju	magutsu	waurstw
gatrauau	miþgardawaddju	praufetu	Mosez
swau	midgardiwaddju	parakletu	aiz
gasaiƕaizau	grunduwaddju	luftu	riqiz
gajiukaizau	siju	þuhtu	mimz
fraisaizau	iku	Aipafraudeitu	minz

WORD FREQUENCY LISTS

The frequency lists include complete words only, i.e. no fragments, constituents or number symbols. If the same word occurs in the same chapter and verse in manuscripts A and B, it is counted twice. The same word occurring in the same position in Skr and SkB on the other hand, is counted only once. The frequency is thus a reflection of the text tradition of the manuscripts.

ALPHABETICALLY ORDERED WORD FREQUENCY LIST

In this frequency list the words are listed in alphabetical order preceded by the frequency number.

6	aba	2	afdaubnodedun	1	afleitandans	2	afslauþnodedun
7	aban	1	afdauidai	1	afleiþandans	1	afsloh
1	abans	3	afdauþidai	1	afleiþands	1	afslohun
1	abba	1	afdauþidedeina	2	afleiþiþ	1	afstand
1	Abeilenes	1	afdauþjaidau	4	aflet	1	afstandai
1	Abiaþara	1	afdauþjan	2	afleta	3	afstandand
1	Abijins	1	afdobn	1	afletada	1	afstass
8	abin	1	afdomeinai	5	afletai	1	afstassais
3	abins	1	afdomiþs	1	afletaindau	1	afstoþ
2	abnam	1	afdomjada	1	afletaiþ	2	afstoþi
2	abne	1	afdomjaid	1	afletam	2	afstoþum
3	abraba	2	afdomjan	5	afletan	1	afswaggwidai
12	Abraham	1	afdomjanda	7	afletanda	1	afswairbands
4	Abrahama	1	afdrausjan	1	afletandane	1	afta
12	Abrahamis	2	afdrugkja	6	afletandans	1	aftana
1	abrs	1	afdumbn	2	afletands	3	aftaro
1	abu	2	afetja	9	afletiþ	1	aftaurnid
4	Adam	1	affalht	1	aflifnandans	1	aftiuhan
1	Adama	1	afgaf	2	aflifnandeins	1	aftiuhands
1	Adamis	1	afgaggandam	1	aflifniþ	115	aftra
1	Addeins	1	afgaggandans	4	aflifnoda	1	aftraanastodeinai
1	Addeis	2	afgrundiþa	1	aflinniþ	2	aftumans
1	Adoneikamis	1	afgudaim	1	afliþi	1	aftumist
148	af	2	afgudein	5	afmaimait	1	aftumista
1	afagidai	1	afgudon	3	afmait	1	aftumistan
1	afagjaidau	2	afhabaiþ	2	afmarzeinais	1	aftumistin
4	afaiaik	4	afhaimjai	1	afmarzeins	1	aftumists
1	afaika	2	afhamon	1	afmarzjada	1	afþaursidana
1	afaikai	2	afhlaþana	1	afmarzjaindau	1	afþaursiþs
1	afaikam	1	afholoda	2	afmauidai	1	afþliuhiþ
2	afaikan	1	afhrainjan	1	afnima	1	afþwahan
2	afaikis	1	afhrisjaiþ	8	afnimada	2	afþwoh
2	afaikiþ	1	afhrisjam	1	afnimai	2	afwagidai
7	afairzidai	1	afhugida	1	afniman	2	afwairpaidau
1	afairzjaindau	2	afƕapidedun	1	afnimands	1	afwairpan
1	afairzjan	1	afƕapjaiþ	4	afnimiþ	1	afwairpands
77	afar	2	afƕapjan	1	afqiþiþ	1	afwairpiþ
1	afaram	1	afƕapjand	1	afsateinais	1	afwalwiþs
1	afardaga	1	afƕapnand	1	afsatida	1	afwalwjai
4	afargagga	3	afƕapniþ	1	afsatjaidau	2	afwandei
1	afargaggan	2	afƕapnodedun	1	afsatjan	1	afwandida
2	afargaggand	3	afiddja	1	afskaidai	2	afwandidedun
1	afargaggandeins	1	aflageinai	1	afskaidan	1	afwandjan
1	afargaggiþ	1	aflagida	1	afskaidand	2	afwandjand
1	afariddjedun	2	aflagjaiþ	2	afskaidiþ	1	afwandjanda
1	afarlaistidedi	1	aflagjan	1	afskaiskaid	1	afwandjandane
1	afarlaistjandam	2	aflagjandans	1	afskaiskaidun	1	Agar
2	afarlaistjandans	2	aflagjiþ	1	afskauf	2	aggele
1	afarlaistjandein	4	aflailot	2	afskiubandans	1	aggeljus
1	afarlaistjandin	1	aflailoti	1	afslaham	1	aggelu
1	afarsabbate	2	aflailotum	2	afslahands	5	aggilau
4	afaruh	7	aflaiþ	1	afslaupjandans	2	aggile
2	afaruþ-þan	1	afleitan	2	afslauþidai	1	aggileis
1	afblindnodedun	1	afleitana	2	afslauþiþs	2	aggiljus
1	afdailja	1	afleitanda	1	afslauþnan	3	aggilu

8	aggilum	31	ahmins	17	aina	2	airizane
1	aggiluns	1	ahs	1	ainabaura	2	airkniþa
13	aggilus	3	ahsa	2	ainaha	1	airkns
2	aggwiþa	2	ahtau	8	ainai	1	Airmodamis
2	aggwiþai	2	ahtaudogs	1	ainaihun	1	Airmogaineis
3	aggwiþom	2	ahtautehund	3	ainaim	20	airþa
2	aggwu	1	ahtudin	6	ainaizos	44	airþai
14	agis	2	aƕa	2	ainakla	1	airþakundana
9	agisa	1	aƕai	33	ainamma	1	airþeina
3	agisis	1	aƕo	3	ainamundiþa	4	airþeinaim
1	agl	3	aƕos	1	ainamundiþos	2	airþeinins
3	aglaitei	1	Aibairis	30	ainana	1	airþeins
3	aglaitein	1	aibr	3	ainans	5	airþos
1	aglaitgastaldans	1	Aidduins	1	ainata	2	airu
1	aglaitgastalds	1	Aieirins	1	ainfalþ	1	airum
1	aglaitiwaurdei	3	Aifaisium	1	ainfalþaba	1	airuns
2	aglaitiwaurdein	10	Aifaison	6	ainfalþein	1	airzein
1	aglaitja	1	aiffaþa	2	ainfalþeins	1	airzeins
1	aglaitjam	1	aigandeins	9	ainhun	1	airzeiþ
1	agliþos	4	aigands	5	ainƕarjammeh	1	airziþa
1	agljai	2	aigeina	6	ainƕarjanoh	2	airziþos
6	aglo	1	aigeiþ	1	ainƕarjatoh	6	airzjai
8	aglom	3	aigi	4	ainƕarjizuh	4	airzjandans
8	aglon	1	aigin	1	ainƕarjoh	1	airzjands
2	aglono	2	aigina	1	ainƕaþarammeh	1	aista
12	aglons	1	aiginam	11	ainis	1	aistand
1	aglu	2	aiginis	1	ainishun	1	aistands
2	agluba	2	aigum	2	ainlibim	2	aiþa
1	Agustau	2	aigun	1	Ainnaïns	1	aiþans
1	aha	7	aih	12	ainnohun	1	aiþe
1	ahak	2	aihandans	1	ainoho	18	aiþei
1	ahake	4	aihta	11	ainohun	21	aiþein
1	ahakim	1	aihtedeis	1	Ainokis	6	aiþeins
1	ahaks	2	aihtedun	1	ainomehun	1	aiþis
1	ahana	3	aihtins	1	Ainosis	176	aiþþau
1	ahane	2	aihtron	69	ains	18	aiw
1	Aharons	2	aihtronai	41	ainshun	15	aiwa
5	ahin	3	aihtrondans	6	ainummehun	7	aiwaggeli
1	ahins	1	aihtronds	1	ainzu	1	aiwaggelida
1	ahjaiþ	4	aihtronins	2	Aiodian	1	aiwaggelista
35	ahma	3	aihum	3	Aipafras	1	aiwaggelistans
3	ahmam	1	aihuþ	1	Aipafraudeitu	2	aiwaggelistins
37	ahman	3	aiƕatundjai	1	Aipafrin	1	aiwaggelja
6	ahmane	6	aikklesjo	2	aipiskaupeins	1	aiwaggeljis
4	ahmans	13	aikklesjom	4	aipiskaupus	9	aiwaggeljo
2	ahmateinais	22	aikklesjon	11	aipistaule	25	aiwaggeljon
2	ahmein	5	aikklesjono	3	aipistaulein	23	aiwaggeljons
4	ahmeinai	11	aikklesjons	2	aipistaulem	7	aiwam
2	ahmeinaim	1	Ailamis	2	aipistulans	6	aiwe
1	ahmeinan	1	Aileiaizairis	2	air	5	aiweina
2	ahmeinans	1	Aileiakeimis	1	Airastus	1	aiweinaizos
2	ahmeino	9	Aileisabaiþ	1	airino	1	aiweinamma
1	ahmeinon	2	ailoe	2	airinom	3	aiweinana
2	ahmeinona	1	Aimmeirins	2	airis	1	aiweinis
77	ahmin	34	ain	2	airizam	3	aiweino

17	aiweinon	1	aleina	2	alþjona	2	anahamon
5	aiweinons	2	alewa	1	alþjono	1	anahnaiwjai
1	aiweinos	2	alewabagm	1	Alulis	2	anahneiwands
1	aiwins	1	alewabagme	1	Ameinadabis	2	anahveilaiþs
8	aiwis	2	alewabagmis	87	amen	1	Anaiin
1	aiwiskja	1	alewabagms	1	Ammons	2	anainsokun
2	aiwiskjis	1	alewis	1	amsans	2	anakaurjau
1	aiwiskoþ	1	alewjin	5	an	3	anaks
2	aiwlaugian	1	alewjo	305	ana	1	anakumbei
1	Aiwneikai	2	Alfaiaus	4	anaaiauk	5	anakumbida
2	Aiwwa	1	Alfaius	1	anaaukan	1	anakumbidedun
1	Aiwwan	27	alh	4	anabaud	6	anakumbjan
1	aiwxaristian	6	alhs	1	anabaust	1	anakumbjand
1	aiz	3	alidan	14	anabauþ	2	anakumbjandam
1	Aizaikeiins	22	alja	3	anabiud	1	anakumbjandan
1	aizasmiþa	1	aljai	6	anabiuda	3	anakumbjandane
1	Aizleimis	2	aljakonjai	3	anabiudam	2	anakumbjandans
1	Aizoris	1	aljakunja	1	anabiudands	2	anakumbjands
3	ajukduþ	1	aljakuns	3	anabiudiþ	2	anakunnaida
348	ak	1	aljaleiko	1	anabudan	2	anakunnainai
1	Akaïjai	1	aljaleikodos	1	anabudana	2	anakunnaiþ
1	Akaïje	5	aljaleikos	1	anabudanona	1	anakunnan
1	Akaïkaus	13	aljan	1	anabudi	2	analagein
1	Akaja	7	aljana	4	anabudum	1	analageinai
1	Akaje	1	aljanon	15	anabusn	1	analagjandans
1	ake	1	aljanond	3	anabusnai	1	analagjands
120	akei	1	aljanonds	3	anabusnais	1	analatida
1	akeitis	2	aljanoþ	7	anabusne	1	analatidai
1	aketis	2	aljar	5	anabusnim	3	analaugn
1	akr	1	aljaþ	11	anabusnins	1	analaugnein
3	akra	6	aljaþro	6	anabusns	1	analaugniba
33	akran	2	aljis	1	anadrigkaiþ	2	analaugnjam
6	akrana	95	all	6	anafalh	1	analaugnjona
1	akranalaus	111	alla	6	anafilh	1	analeiko
2	akranam	157	allai	1	anafilha	1	anamahtai
1	akrane	122	allaim	1	anafilhaima	2	anamahtidins
2	akranis	38	allaize	1	anafilham	2	anamahtim
2	akrs	5	allaizo	2	anafilhan	2	anamahtjada
1	Akwla	13	allaizos	2	anafilhandam	1	anamahtjaid
1	alabalstraun	57	allamma	2	anafilhands	1	anamahtjais
1	alabrunstim	8	allana	4	anafilhis	1	anamahtjandam
1	Alaiksandraus	2	allandjo	1	anafilhiþ	1	anamahtjandans
3	Alaiksandrus	53	allans	1	anafulhano	2	anamahtjandins
5	alakjo	42	allata	5	anafulhun	1	anameljan
1	alamannam	2	allaþro	1	anafulhuþ	2	anamindeis
5	Alamoda	2	allawaurstwans	2	anagaggandeim	2	ananaþeiþ
2	alands	1	allawerein	1	anahabaida	1	ananaþidedun
1	alaþarba	33	allis	1	anahabaidans	1	ananaþjands
4	ald	20	allos	2	anahaimjai	1	ananauþjai
2	aldai	2	alls	2	anahaimjaim	1	Ananeiin
1	aldais	1	alluh	2	anahaita	1	ananiujada
1	alde	2	allwaldands	1	anahaitam	1	ananiujiþai
5	aldim	1	als	3	anahaitandam	1	ananiwidin
4	aldins	2	alþeis	1	anahaitandane	2	anapragganai
1	aldomin	1	alþiza	1	anahaitiþ	1	anaqal

1	anaqam	3	andanumtais	3	andbindandans	2	andhuljiþ
2	anaqiss	1	andanumts	1	andbindats	8	andi
2	anaqisseis	1	andaset	1	andbindau	1	andilausaize
1	anaqiþaidau	1	andasetjai	2	andbindiþ	1	andins
2	anaqiujan	1	andastaþja	2	andbitanai	1	andizuh
1	anasaislep	1	andastaþjam	2	andbitun	1	andja
1	anasaislepun	2	andastaþjos	1	andbundanai	1	andjam
1	anasilaida	1	andastaua	1	andbundnoda	1	andletnan
1	anasiun	1	andastauin	1	andbundun	13	andnam
1	anasiunjo	1	andaþahtan	7	andeis	2	andnamt
1	anaslawaidedun	1	andaþahtana	2	andhafjan	2	andnemi
2	anaslepandans	1	andaþahtos	1	andhafjand	2	andnemjau
7	anastodeinai	5	andaþahts	7	andhafjandans	8	andnemum
7	anastodeins	2	andaugi	1	andhafjandei	6	andnemun
7	anastodeiþ	4	andaugiba	50	andhafjands	8	andnemuþ
1	anastodjandans	3	andaugjo	3	andhafjis	2	andnim
1	anastodjandei	2	andawairþi	3	andhafjiþ	3	andnima
1	anastodjands	1	andawaurde	2	andhaihaist	2	andnimai
2	anatimridai	1	andawaurdi	1	andhaihait	1	andnimaima
1	anatramp	1	andawaurdjam	1	andhaihaiti	7	andnimaina
2	anaþaima	2	andawizn	1	andhaihaitun	2	andnimais
1	anaþiwa	1	andawiznim	4	andhaita	6	andnimaiþ
1	Anaþoþis	6	andawleizn	1	andhaitada	6	andniman
1	anaþrafstei	3	andbaht	1	andhaitan	2	andnimand
2	anaþrafstida	2	andbahta	1	andhaitand	2	andnimandans
1	anawairþ	1	andbahtam	1	andhaitandans	12	andnimands
1	anawairþai	4	andbahtans	1	andhaitis	19	andnimiþ
1	anawairþan	1	andbahte	2	andhaitiþ	2	andnuman
2	anawairþane	1	andbahtededun	1	andhamonds	1	andnumanai
4	anawairþin	2	andbahtei	1	andhauseis	1	andnumans
2	anawairþo	1	andbahteis	1	andhauseiþ	2	andqiþan
2	anawairþons	21	andbahti	4	andhausida	3	Andraian
2	anawammjaidau	8	andbahtida	1	andhausidedi	3	Andraias
1	anawilje	1	andbahtidedeima	1	andhausides	1	Andraiin
1	anawiljei	3	andbahtidedi	1	andhausjaindau	1	Andraiins
1	anawiljein	2	andbahtidedun	1	andhausjand	1	Andriins
36	and	4	andbahtidon	53	andhof	2	andrunnun
2	andabauht	1	andbahtiþ	1	andhoft	1	andsaiƕands
2	andabeit	6	andbahtja	19	andhofun	1	andsaiƕis
2	andahaft	2	andbahtjai	1	andhruskandans	1	andsakanai
2	andahafts	1	andbahtjaina	1	andhulein	1	andsaljan
1	andahait	1	andbahtjam	5	andhuleinai	1	andsitaiþ
2	andahaita	1	andbahtjan	2	andhuleinais	2	andsitandans
1	andahaitis	1	andbahtjandans	1	andhuleinins	1	andsitiþ
5	andalauni	1	andbahtjandeins	2	andhuleino	1	andspiwuþ
1	andalausaize	4	andbahtjis	3	andhulidamma	1	andstald
1	andanahti	16	andbahtos	1	andhulidedun	2	andstaldand
5	andanahtja	19	andbahts	1	andhulides	1	andstaldands
1	andaneiþans	3	andbait	1	andhulids	1	andstaldis
3	andaneiþo	1	andband	1	andhuliþ	2	andstaldiþ
9	andanem	1	andbeitais	1	andhuliþs	3	andstandan
1	andanemeigs	1	andbeitan	1	andhuljada	4	andstandand
1	andanemis	1	andbeitands	1	andhuljaidau	6	andstandandans
2	andanemjamma	2	andbindan	1	andhuljaindau	1	andstandandein
1	andanems	1	andbindandam	1	andhuljan	3	andstandands

3	andstandiþ	2	anuþ-þan-niujaiþ	5	armaio	26	atgaf
1	andstaurraidedun	3	anza	6	armaion	13	atgaft
4	andstoþ	2	Apaullon	1	armaions	4	atgagg
2	andstoþun	1	Apaullons	1	armaiþ	2	atgaggai
1	andtilonds	1	apaustaulaus	1	armandins	4	atgaggand
1	andtiloþ	2	apaustaule	1	armands	3	atgaggandam
1	andþaggkjandins	2	apaustaulein	2	armins	1	atgaggandan
1	andþaggkjands	1	apaustauleins	1	armostai	4	atgaggandans
1	andþahta	6	apaustauleis	1	arms	3	atgaggandei
1	anduh	6	apaustaulum	1	arniba	1	atgaggandeim
1	andwaih	3	apaustauluns	1	aromata	1	atgaggandein
1	andwaihando	21	apaustaulus	1	Artaksairksaus	2	atgaggandeins
1	andwairþai	1	apaustulu	4	arwjo	3	atgaggandin
10	andwairþi	1	apaustuluns	1	Asabis	9	atgaggands
1	andwairþin	1	aqizi	2	asan	3	atgaggiþ
1	andwairþis	1	Arabia	2	asanais	1	atgaraihtjais
87	andwairþja	1	Araitins	4	asans	1	atgebeima
1	andwairþje	1	Aramis	1	Aseris	1	atgebeina
1	andwairþjis	1	arans	4	Asiai	1	atgebeiþ
2	andwairþo	3	arbaidai	1	Asiais	1	atgebum
1	andwairþons	2	arbaide	2	asilaus	9	atgebun
7	andwairþs	3	arbaidei	1	asilu	5	atgibada
1	andwasidedun	1	arbaidida	1	asiluqairnus	2	atgibai
1	andwaurdjais	1	arbaididedjau	1	Asmoþis	8	atgiban
1	Anna	6	arbaidim	3	asneis	4	atgibana
1	Annas	3	arbaidja	1	asnjam	1	atgiband
2	Annin	2	arbaidjai	2	asnje	1	atgibanda
2	annom	1	arbaidjam	1	assarjau	1	atgibandins
1	Anos	1	arbaidjand	1	Assaumis	1	atgibanos
23	anst	1	arbaidjandam	5	astans	1	atgibans
26	anstai	2	arbaidjandans	1	aste	1	atgibau
13	anstais	1	arbaidjands	2	astos	1	athabaidedun
2	ansteigs	4	arbaiþs	1	asts	1	athafjan
33	ansts	4	arbi	203	at	1	athahans
2	Antiaukiai	3	arbinumja	1	ataþnjis	1	athahid
1	Antiokjai	5	arbja	2	ataugei	2	athaihait
42	anþar	3	arbjans	2	ataugeiþ	12	athaitands
28	anþara	5	arbjis	9	ataugida	15	atiddja
16	anþarai	2	arbjo	1	ataugidedi	1	atiddjedeina
18	anþaraim	2	Areimaþaias	1	ataugidedun	1	atiddjedum
4	anþaraize	1	Areistarkus	2	ataugids	10	atiddjedun
2	anþaraizo	1	Arfaksadis	2	ataugiþs	2	atisk
21	anþaramma	2	arƕaznos	1	ataugja	4	atist
16	anþarana	1	Aristarkus	2	ataugjai	1	atkunnaiþ
5	anþarans	1	arjandan	3	ataugjan	1	atlagei
2	anþaranu	3	arka	5	atbair	2	atlagidedeina
2	anþaranuh	1	arkaggilaus	1	atbairiþ	2	atlagidedun
7	anþaris	1	Arkippau	1	atbar	1	atlagides
1	anþarizuh	2	arma	5	atberun	1	atlagjada
2	anþarleikein	2	armahairtai	2	atdraus	1	atlagjands
2	anþarleiko	1	armahairtei	2	atdriusai	2	atlaþodai
7	anþaros	7	armahairtein	2	atdriusand	1	atlaþoþs
2	anþaruh	2	armahairteins	1	atdriusandei	1	atligiþ
1	anþaruþ-þan	3	armahairtiþa	1	atdrusun	2	atnam
1	anuhkumbei	6	armai	1	atfaridedun	7	atneƕida

1	atrinnandans	2	atwopidedun	3	auþida	1	bairabagma
1	atsaiƕ	1	atwopjan	12	auþidai	1	bairai
2	atsaiƕaina	1	atwopjands	1	auþidom	3	bairaima
3	atsaiƕandans	1	aþa	2	auþidos	1	bairaina
1	atsaiƕands	1	Aþeinim	1	auþjaim	1	bairais
4	atsaiƕiþ	1	aþnam	1	auþjamma	5	bairaiþ
2	atsatjaima	323	aþþan	3	auþjana	6	bairan
3	atsatjan	3	audaga	1	auþjons	2	bairand
2	atsnarpjais	6	audagai	2	aweþi	1	bairandam
8	atstaig	1	audagei	1	aweþjis	1	bairandane
2	atstandandane	1	audagins	5	awiliud	5	bairandans
1	atstandandans	1	audagjand	4	awiliuda	2	bairandei
1	atstandandei	4	audags	7	awiliudam	2	bairands
3	atstandands	1	audahafta	1	awiliude	1	Bairaujai
2	atsteig	26	aufto	9	awiliudo	2	bairgahein
2	atsteigadau	1	augadauro	1	awiliudoda	1	bairgais
1	atsteigai	6	augam	2	awiliudodau	1	bairgiþ
2	atsteigands	2	augei	1	awiliudom	1	bairht
1	atsteigiþ	7	augin	2	awiliudon	1	bairhta
1	atstoþun	2	augins	5	awiliudondans	5	bairhtaba
91	atta	10	augo	6	awiliudonds	3	bairhtai
11	attaitok	31	augona	1	awiliudoþ	1	bairhtaim
2	attaitokeina	1	auhjodau	3	awiliuþ	1	bairhtei
3	attaitoki	1	auhjodu	1	awistris	4	bairhtein
1	attaitokun	1	auhjondein	1	awon	1	bairis
3	attam	1	auhjoþ	1	Axaïa	11	bairiþ
45	attan	1	auhmistam	1	Azeiris	2	baitraba
2	attane	1	auhmistans	1	azetaba	1	baitrai
12	attans	1	auhmisto	4	azetizo	2	baitrei
1	attauh	1	auhn	2	azetjam	2	baitrein
3	attauhun	2	auhsau	1	Azgadis	1	Baiþilis
2	attauhuþ	1	auhsne	3	azgon	1	Baiþsaïdan
2	atteka	1	auhsum	1	azitizo	3	bajoþs
2	attekaiþ	1	auhuman	1	azwme	3	bajoþum
1	attekan	4	auhumista	5	ba	4	balgeis
72	attin	4	auhumistam	1	Babawis	8	balgins
27	attins	14	auhumistans	6	bad	2	balsan
2	attiuh	2	auhumistin	5	badi	3	balsana
1	attiuha	4	auhumistins	1	badja	3	balsanis
1	attiuhan	1	auhumists	1	badjam	2	balþaba
1	attiuhats	327	auk	1	bagmam	6	balþein
1	attiuhiþ	1	aukandei	1	bagmans	2	balþeins
1	atþinsa	1	auknando	5	bagme	1	balþeiþ
1	atþinsiþ	2	Auneiseifauraus	5	bagms	1	balwaweseins
1	atuhgaf	2	Aunisimau	1	bai	1	balwein
1	at-uh-þan-gaf	3	aurahjom	2	Baiailzaibul	1	balweinim
1	atuþ-þan-gaggand	1	auralja	1	baideis	1	balwiþs
1	atwairpan	2	aurkje	2	baidiþs	2	balwjais
1	atwairpands	1	aurtigarda	1	Baidsaiïdan	1	balwjan
1	atwalwida	1	aurtigards	1	Baigausis	1	Banauis
1	atwandida	2	aurtjam	2	Bailiama	1	bandi
1	atwarp	2	aurtjans	1	baim	3	bandja
1	atwaurpans	2	ausam	1	Baineiameinis	3	bandjan
1	atwitainai	5	auso	1	Bainiameinis	2	bandjins
2	atwopida	9	ausona	2	baira	3	bandjom

3	bandjos	1	bauain	1	biauk	1	bigitanda
1	bandwai	3	bauainai	1	biaukada	3	bigitandans
3	bandweiþ	2	bauains	1	biaukands	1	bigitandei
1	bandwida	6	bauan	1	biauknai	1	bigitandona
1	bandwidedun	1	Bauanairgais	1	biauknan	1	bigitands
1	bandwiduh	1	bauandei	1	bibaurgeinais	5	bigitans
1	bandwiþs	1	Bauauzis	1	bibundans	2	bigitats
1	bandwja	1	baud	7	bida	2	bigitau
1	bandwjandins	2	baudai	1	bidagwa	1	bigitid
3	bandwjands	2	baudana	13	bidai	8	bigitiþ
2	bandwo	1	baudans	1	bidan	1	bigraband
1	bandwon	1	bauhta	2	bidei	2	bihaita
1	banjo	1	bauhtedun	31	bidja	1	bihaitja
2	banjos	6	bauiþ	1	bidjai	2	bihaitjans
2	bans	32	baurg	1	bidjaid	3	bihlohun
1	bansta	5	baurge	2	bidjais	1	biƕairband
1	banstins	6	baurgim	8	bidjaiþ	1	biƕe
2	bar	1	baurgjane	2	bidjaiþuþ-þan	1	bijandzuþ-þan
1	Barabba	1	baurgjans	12	bidjam	1	bikukjan
5	Barabban	16	baurgs	1	bidjamuþ-þan	1	bilaibidans
1	Barabbas	1	baurgswaddjau	12	bidjan	1	bilaif
1	Barakeiins	1	baurgswaddjaus	2	bidjand	1	bilaigodedun
1	barbarus	2	baurgswaddjus	1	bidjandane	3	bilaikada
2	barizeinam	2	baurim	12	bidjandans	1	bilaikan
2	barizeinans	2	baurþein	1	bidjandansuþ-þan	1	bilaikand
1	barm	1	bauþs	1	bidjandei	1	bilaikandans
3	barma	2	bedeima	2	bidjandin	1	bilailaikun
1	barmim	12	bedun	7	bidjands	2	bilaist
21	barn	1	beduþ	1	bidjats	7	bilaiþ
44	barna	1	beidaima	2	bidjau	2	bileiþa
2	Barnabas	1	beidam	1	bidjis	2	bileiþada
3	Barnabin	3	beidandans	9	bidjiþ	3	bileiþai
2	Barnabins	2	beidands	1	bidjos	2	bileiþands
9	barnam	1	beidiþ	2	bido	3	bileiþiþ
9	barne	1	beist	11	bidom	3	biliþanai
5	barnilo	2	beista	1	bidomjai	1	biliþi
3	barnilona	4	beistis	8	bidos	3	biliþun
2	barnis	1	beitiþ	1	bifaiha	14	bimait
2	barniskai	1	Beroþ	4	bifaihoda	6	bimaita
1	barniskeins	2	berum	2	bifaihodedum	1	bimaitai
3	barniskja	4	berun	2	bifaihon	8	bimaitan
1	Barteimaiaus	2	berusjos	1	bigast	2	bimaitanai
1	Barþaulaumaiu	1	Beþania	15	bigat	1	bimaitanaize
1	Barþulomaiu	1	Beþanian	1	bigaurdans	1	bimaitans
2	barusnjan	1	Beþanias	1	bigeteina	5	bimaitis
1	Basseis	2	Beþaniin	1	bigeti	2	bimaitiþ
1	batista	2	Beþanijin	9	bigetun	1	bimampidedun
1	batizans	1	Beþlahaim	3	bigita	2	binah
10	batizo	2	Beþlaihaim	5	bigitaidau	1	binauht
1	Batwin	1	Beþsaeida	1	bigitaima	1	binimaina
19	baþ	1	Beþsaïdan	3	bigitaindau	2	biniuhsjan
2	baua	2	Beþsfagein	3	bigitan	1	biqimiþ
1	bauai	437	bi	1	bigitana	1	birauboda
1	bauaida	1	biabridedun	2	bigitanai	1	biraubodedun
2	bauaima	1	biarbaidjan	1	bigitand	8	bireikeim

1	bireikjai	4	biuhtja	1	botai	5	brusts
1	birekjai	2	biuhts	3	boteiþ	1	bruþ
1	birinnandans	1	biwaibidana	1	botida	1	bruþfad
4	birodeinos	1	biwaibiþs	1	boto	3	bruþfadis
1	birodeins	1	biwaibjand	1	botos	2	bruþfads
1	birodeiþ	3	biwand	6	brahta	4	bruþfaþs
5	birodidedun	6	biwandei	2	brahtedum	1	bugei
1	birodjandein	2	biwandjandans	7	brahtedun	1	bugjaima
1	birunain	1	biwesjau	2	brahva	1	bugjaina
1	birunnun	1	biwundan	1	braid	1	bugjam
1	birusjos	3	blandaiþ	2	braidei	1	bugjanda
1	bisaihvandans	1	blandan	2	brak	2	bugjandans
4	bisaihvands	1	blauþjandans	2	brakja	1	bundans
1	bisatida	2	bleiþei	3	brigg	1	bwssaun
2	bisauleino	1	bleiþein	2	brigga	1	daddjandeim
1	bisaulida	1	bleiþeino	1	briggai	21	dag
1	bisaulidaim	1	bleiþeins	1	briggais	82	daga
1	bisaulnodedeina	1	bleiþja	8	briggan	30	dagam
1	bisitandam	1	bleiþjandans	2	brigganda	21	dagans
1	bisitande	2	bleiþs	1	briggandan	11	dage
3	bisitands	1	bliggwand	1	briggandans	10	dagis
1	biskabanon	3	bliggwandam	1	briggandei	12	dagos
1	biskain	1	bliggwandans	1	briggau	11	dags
1	bismait	2	bliggwands	6	briggiþ	2	daig
1	bisniwam	3	blinda	1	brikam	1	daiga
1	bispeiwada	5	blindai	1	brikiþ	2	daigs
1	bispiwun	3	blindaim	1	bringandans	1	Daikapaulaios
2	bistagq	2	blindamma	1	bringiþ	1	Daikapaulein
1	bistandand	2	blindan	1	brinnando	2	dail
1	bistandandeins	1	blindana	1	brinno	5	dailai
2	bistuggqis	4	blindans	3	brinnon	2	daile
1	bistuggqun	3	blindin	50	broþar	1	daileiþ
1	bistugq	1	blindins	12	broþr	2	dailjan
1	bistugqe	8	blinds	1	broþrahans	1	dailjands
1	bistugqei	1	blomans	1	broþralubon	2	dailo
2	bistugqun	2	blotan	4	broþre	3	dailos
7	bisunjane	1	blotand	81	broþrjus	1	daimonareis
3	biswara	1	blotande	6	broþrs	1	daimonari
4	biswarb	1	blotinassau	1	broþrulubon	2	daimonarjans
2	bitauh	2	blotinassu	7	broþrum	1	daimonarjos
1	bitiuhan	13	bloþ	16	broþruns	2	dal
1	biþagkeiþ	3	bloþa	2	bruhta	16	dalaþ
1	Biþaniin	1	bloþarinnandei	2	bruk	1	dalaþa
66	biþe	1	bloþarinnands	1	brukei	1	dalaþro
5	biþeh	8	bloþis	2	brukeiþ	1	dalei
1	Biþlaihaimis	1	bnauandans	1	brukja	1	Dalmatiai
1	biþragjands	2	boka	2	brukjaidau	1	Damaskai
1	biþ-þan-gitanda	5	bokareis	2	brukjaima	1	Damaskon
1	biþwahands	8	bokarjam	2	brukjais	1	daubata
3	biuda	2	bokarjans	1	brukjam	1	daubei
1	biudis	6	bokarje	1	brukjan	3	daubiþos
2	biuga	18	bokarjos	1	brukjands	2	daug
1	bi-u-gitai	6	boko	8	bruks	2	dauht
1	biugiþ	11	bokom	3	brunjon	16	dauhtar
2	biuhti	24	bokos	1	brunna	2	dauhtr

3	dauhtrum	17	Daweidis	5	diwano	2	drigkiþ
2	daun	2	Demas	1	dizuh-þan-sat	2	driugais
2	daunai	1	diabaulau	2	dom	1	driusandan
1	daunais	1	diabaulus	2	domeiþ	1	driusandeino
7	dauns	3	diabulau	1	domidedun	1	driusandeins
5	daupein	4	diabulaus	4	domja	4	driusands
5	daupeinai	1	diabulos	2	domjaindau	3	driusiþ
2	daupeinais	4	diabulus	2	domjan	3	driuson
1	daupeinim	1	diakaunjus	2	domjandans	1	drobjandam
2	daupeinins	1	diakaununs	1	domjands	2	drobjandans
5	daupeins	2	diakon	1	dragand	1	drobjands
4	daupeiþ	3	diakona	1	draggk	1	drobnan
3	daupida	2	diakuna	1	draggka	2	drobnans
7	daupidai	1	Didimus	1	draggkida	2	drugkanai
1	daupidane	1	digana	2	dragk	1	drugkaneim
2	daupidedjau	1	digandin	2	dragkei	2	drugkaneins
1	daupiþs	2	digrein	1	dragkida	1	drugkans
3	daupja	1	disdailida	1	dragkidai	3	drugkun
2	daupjada	1	disdailiþs	1	dragkideduþ	1	drunjus
1	daupjaindau	1	disdailjand	2	draibei	1	drus
3	daupjan	1	disdraus	1	draibeis	1	drusa
4	daupjand	1	dishabaida	1	draibiþs	2	drusun
1	daupjanda	1	dishabaidai	1	drakman	1061	du
1	daupjandam	2	dishabaiþ	1	drakmans	3	duatgaggandans
1	daupjandans	1	dishabaiþs	1	drakmin	1	duatgaggandei
2	daupjandin	1	dishniupands	1	drauhsno	1	duatgaggandin
3	daupjandins	1	dishnupnodedun	1	drauhsnom	4	duatgaggands
5	daupjands	1	dishuljiþ	1	drauhsnos	2	duatiddja
9	daur	1	disiggqai	1	drauhtinassaus	1	duatiddjedun
6	daura	1	diskritnoda	1	drauhtinom	1	duatrinnands
1	daurawardai	2	disnimandans	1	drauhtinonds	1	duatsniwun
1	daurawarde	2	dissat	2	drauhtinoþ	27	dugann
1	daurawardo	1	dissigqai	2	drauhtiwitoþ	1	dugawindiþ
1	daurawardos	1	disskaidandein	7	draus	1	duginna
1	daurawards	1	disskreitands	1	drausnos	1	duginnaina
1	Dauriþaius	1	disskritnoda	1	dreiband	1	duginnaiþ
2	daurom	1	disskritnodedun	2	driggka	2	duginnam
2	daurons	1	distahein	1	driggkai	1	duginnid
4	dauþa	2	distahida	1	driggkaiþ	14	dugunnun
1	dauþai	1	distahidedi	1	driggkan	2	dugunnuþ
29	dauþaim	1	distahjada	1	driggkandans	4	duhþe
3	dauþaize	1	distahjiþ	1	driggkats	35	duƕe
24	dauþans	1	distairai	3	driggkiþ	1	dulgahaitjin
20	dauþau	1	distairid	1	drigka	1	dulgis
12	dauþaus	1	distairiþ	2	drigkai	7	dulþ
2	dauþein	1	distaurnand	1	drigkaina	4	dulþai
1	dauþeinim	1	diswilwai	2	drigkais	3	dulþais
2	dauþeiþ	1	diswinþeiþ	4	drigkaiþ	1	dulþjam
1	dauþins	2	diswissais	2	drigkam	2	dulþs
3	dauþs	1	diupaizos	4	drigkan	1	dumba
14	dauþu	2	diupei	1	drigkand	1	dumbs
1	dauþubljans	3	diupiþa	1	drigkandane	1	durinnandans
2	dauþum	1	diupiþai	4	drigkands	1	durinnands
10	dauþus	2	diupo	1	drigkau	3	dustodeiþ
7	Daweid	2	diuzam	2	drigkid	3	dustodida

17	duþe	1	faheid	22	fairra	104	faur
1	duþei	1	faheidai	9	fairraþro	70	faura
37	duþþe	10	faheþs	1	fairrinnand	1	fauradaurja
2	dwala	1	faianda	1	fairrinnandans	5	faurafilli
1	dwalai	1	faifah	1	fairrinnandein	1	faurafillja
1	dwalamma	1	faifalþ	1	fairwaurkjand	2	faurafilljis
1	dwalawaurdei	1	faiflokun	2	fairweitidedeina	1	fauragaggam
4	dwaliþa	1	faihau	2	fairweitjan	1	fauragaggan
2	dwalmoþ	1	faiho	1	fairweitjandam	2	fauragaggandans
1	dwalona	4	faihu	2	fairweitjandans	2	fauragaggands
2	dwalons	1	faihufrikai	1	fairweitjandeins	3	fauragaggi
1	Eeiramis	1	faihufrikam	1	fairweitjandona	1	fauragaggis
653	ei	1	faihufrikans	1	fairweitl	7	fauragaggja
1	Eiaireikons	2	faihufrikei	1	fairzna	2	fauragaggjan
2	Eikaunion	2	faihufrikein	1	Falaigis	1	fauragaggjins
59	eis	1	faihufrikeins	1	Fallasuris	1	fauragaggjis
1	Eisaeiins	4	faihufriks	1	falþ	2	fauragahaitanan
1	eisarna	2	faihugairnai	1	fanan	2	fauragahugida
1	eisarnabandjom	1	faihugairneins	5	fani	2	fauragaleikaida
1	eisarnam	2	faihugawaurki	1	fanin	3	fauragamanwida
2	eisarncinaim	1	faihugeigais	1	fanins	2	fauragamanwjaina
6	eiþan	1	faihugeiro	2	fanþ	1	fauragamelida
3	Esaeias	2	faihugeiron	1	Fanuelis	1	fauragameliþ
2	Esaeiins	1	faihuskulane	1	faraiþ	2	fauragarairoþ
1	Esaïan	1	faihuþra	1	Faraizis	2	fauragaredanai
1	Esaias	3	faihuþraihna	1	Faraoni	2	fauragasandida
5	Esaïas	1	fairaihan	2	Fareisaiaus	1	fauragasatjiþ
1	Esaïin	1	fairgraip	12	Fareisaie	1	fauragataih
1	Esaw	3	fairgreipands	2	Fareisaiei	2	fauragateiha
2	etun	8	fairguni	28	Fareisaieis	1	faurahah
1	fadar	10	fairgunja	6	Fareisaium	2	fauraïst
7	fadrein	1	fairgunjam	6	Fareisaius	1	fauramanwjandei
2	fadreina	1	fairgunje	1	faridedun	7	fauramaþleis
1	fadreinais	2	fairgunjis	1	farjandans	2	fauramaþlja
8	fadreinam	1	fairhaitis	1	farwa	1	fauramaþlje
2	fadreinis	36	fairƕau	1	faskjam	2	fauramaþljos
10	fagino	18	fairƕaus	3	fasta	1	faurameliþs
2	faginod	7	fairƕu	4	fastai	7	fauraqaþ
2	faginoda	3	fairƕus	2	fastaid	2	fauraqeþum
1	faginodedeiþ	3	fairina	5	fastaida	1	fauraqeþun
2	faginodedum	2	fairino	1	fastaidedeina	1	fauraqimid
1	faginodedun	2	fairinodedi	1	fastaina	2	fauraqiþa
3	faginom	2	fairinondans	3	fastais	1	faurarahnjandans
7	faginon	4	fairinos	7	fastaiþ	2	faurastandandam
1	faginond	1	fairinoþ	1	fastaiþs	1	faurastandands
1	faginondam	1	fairni	1	fastam	2	fauratanja
4	faginondans	4	fairnin	9	fastan	2	fauratanjam
2	faginonds	1	fairniþai	9	fastand	2	faurawenjandans
17	faginoþ	1	fairnjamma	2	fastandans	1	faurawisan
1	fagr	3	fairnjan	2	fastands	2	faurbaud
1	fahan	3	fairnjana	5	fastubnja	4	faurbauht
3	fahed	3	fairnjans	1	fastubnjam	2	faurbauhtai
12	fahedai	2	fairnjin	1	faþom	3	faurbauþ
6	fahedais	2	fairnjo	3	faþos	1	faurbigaggands
6	faheds	2	fairnjons	2	fauhons	1	faurbigaggiþ

2	faurbisniwandeins	1	fidworim	1	flauteiþ	6	fraihnan
2	faurbiudais	2	fidwortaihun	1	flodus	1	fraihnandan
1	faurbiudiþ	1	figgragulþ	2	fodeinai	1	fraihnis
1	faurdammjada	1	figgrans	2	fodeiþ	4	fraihniþ
1	faurdomein	1	fija	1	fodida	1	fraisai
3	faurgaggandans	1	fijai	2	fodidedi	1	fraisais
1	faurgaggandein	1	fijaid	1	fodiþs	2	fraisaizau
1	faurhah	4	fijaida	1	fodr	2	fraisandans
2	faurhtai	3	fijaidedun	11	fon	3	fraisands
2	faurhtei	6	fijaiþ	3	fotiwe	2	fraisans
1	faurhtein	1	fijan	1	fotjus	3	fraisiþ
2	faurhteins	5	fijand	1	fotu	1	fraistobnjo
2	faurhteiþ	2	fijandam	1	fotubandjom	2	fraistubnja
1	faurhtidedun	1	fijandans	3	fotubaurd	2	fraistubnjai
1	faurhtjaina	1	fijande	14	fotum	1	fraistubnjos
2	faurlageinais	1	fijandis	23	fotuns	1	fraïtiþ
1	faurlagido	15	fijands	2	fotus	10	fraiw
1	faurlagjaidau	4	fijaþwa	1	fraatjau	12	fraiwa
1	faurlagjan	6	filaus	1	frabairan	1	fraiwe
1	faurmuljais	1	filegrja	1	frabauht	3	frakann
1	faurqiþa	1	Filetus	1	frabauhtaboka	1	frakant
1	faurqiþan	2	filhan	1	frabauhtedun	2	frakunnan
2	faurqiþanana	1	filigrja	1	frabauhts	1	frakunnandans
1	faurrinnandin	2	Filippai	2	frabugei	2	frakunneina
1	faursigljandans	2	Filippau	1	frabugjaidau	1	frakunneiþ
1	faursnau	3	Filippaus	1	frabugjan	4	frakunni
2	faursniwandam	1	Filippauzuh	1	frabugjandane	1	frakunnuþ
1	faursniwiþ	1	Filippisius	2	frabugjandans	1	frakunþ
1	faurstassjans	3	Filippu	1	fradailiþ	1	frakunþeduþ
1	Faurtunataus	5	Filippus	13	fragaf	1	frakunþs
28	faurþis	1	filleina	2	fragiba	8	fralailot
2	faurþize	85	filu	1	fragibaidau	1	fralailoti
7	faurþizei	2	filudeisein	3	fragiban	1	fralailotun
1	faurwaipjais	1	filufaiho	1	fragibandan	1	fralaus
1	faurwalwjands	1	filugalaubis	3	fragibandans	1	fraleitais
3	fawai	2	filusna	2	fragibands	1	fraleitan
1	fawaim	6	filusnai	1	fragibis	8	fralet
2	fawamma	1	filuwaurdein	4	fragibiþ	2	fraleta
1	fawans	1	filuwaurdjaiþ	1	fragibtim	1	fraletada
2	fawizo	1	fim	1	fragif	1	fraletaid
2	fera	21	fimf	1	fragift	2	fraletais
1	ferai	1	fimftaihunim	1	fragiftim	5	fraletan
1	ferjans	1	fimftataihundin	3	fragilda	1	fraletanda
1	fero	1	finþandeins	1	fragildaidau	2	fraletandans
2	fetjandeins	1	finþands	1	fragiþ	3	fraletau
1	fiais	2	fiskam	21	frah	1	fraletis
1	fiaiþ	6	fiskans	1	frahinþandans	3	fraletiþ
1	fiand	4	fiske	1	frahinþando	1	fralets
1	fiandans	2	fiskjans	1	frahuh	2	fralewjandans
1	fiands	1	fiskon	2	frahunþana	1	fraliusands
2	fiaþwos	1	fiskos	1	frahunþanaim	1	fraliusiþ
1	fidurdogs	2	fita	1	fraihans	1	fralusanan
1	fidurfalþ	1	fitandei	1	fraihn	1	fralusanans
3	fidurraginja	2	flahtom	3	fraihna	1	fralusanin
9	fidwor	2	flautai	2	fraihnai	1	fralusano

2	fralusans	1	fraþei	3	frawaurhtis	1	frijodedun
4	fralusnandam	5	fraþi	1	frawaurhton	1	frijodeduþ
3	fralust	8	fraþja	17	frawaurhts	4	frijodes
2	fralustai	1	fraþjai	1	frawaurkeiþ	1	frijoduh
3	fralustais	1	fraþjaidau	2	frawaurkjai	4	frijon
3	fralusts	2	fraþjaima	1	frawaurkjaid	3	frijonai
216	fram	2	fraþjaina	2	frawaurkjaiþ	6	frijond
2	framaldra	5	fraþjaiþ	2	frawaurkjandam	1	frijondam
1	framaldrozei	3	fraþjam	2	frawaurkjandane	2	frijondan
2	framaþidans	2	fraþjamarzeins	1	frawaurkjandans	6	frijondans
4	framaþjai	10	fraþjan	1	frawaurpanai	1	frijondins
4	framaþjaim	3	fraþjand	1	frawaurpans	1	frijondjos
2	framaþjana	2	fraþjandan	2	frawaurþanai	16	frijonds
1	framaþjane	5	fraþjandans	7	fraweit	9	frijos
1	framaþjin	1	fraþjands	1	fraweita	28	frijoþ
1	framgahtai	1	fraþje	1	fraweitan	1	frioda
2	framis	4	fraþjis	3	fraweitands	1	friodedeiþ
3	framuh	3	fraþjiþ	1	frawilwan	1	friondans
2	framwairþis	150	frauja	1	frawilwand	1	frioþ
2	framwigis	3	fraujam	1	frawilwanda	8	frisaht
1	franima	34	fraujan	2	frawilwiþ	6	frisahtai
1	franiman	8	fraujans	1	frawrekun	5	frisahts
1	fraqam	120	fraujin	1	frawrohiþs	1	Friþareikeis
1	fraqast	2	fraujinassiwe	2	frawulwanana	1	friusa
1	fraqeþun	2	fraujinassjus	2	frawulwans	2	frodaba
2	fraqima	1	fraujinodedun	16	frehun	3	frodai
2	fraqimada	2	fraujinoma	1	freidida	2	frodaim
1	fraqimai	2	fraujinon	5	freidja	2	frodamma
1	fraqimaindau	1	fraujinond	1	freidjai	1	frodane
1	fraqimandei	1	fraujinondane	2	freidjands	10	frodein
11	fraqisteiþ	2	fraujinonds	3	freihals	1	frodozans
3	fraqistida	2	fraujinoþ	2	freihalsa	2	froþ
2	fraqistidai	134	fraujins	3	freijhals	2	froþeina
1	fraqistja	1	frawalw	6	freis	2	froþs
1	fraqistjai	2	frawardein	1	fret	9	froþun
1	fraqistjais	2	frawardeiþ	2	fretun	1	froþuþ
4	fraqistjan	2	frawardidaize	33	friaþwa	8	fruma
1	fraqistjands	2	frawardidedum	23	friaþwai	5	frumabaur
1	fraqistna	1	frawardjada	1	friaþwamildjai	2	frumadein
4	fraqistnai	2	frawardjand	9	friaþwos	1	fruman
3	fraqistnam	1	frawas	2	frija	2	frumans
4	fraqistnand	18	frawaurht	6	frijai	1	frume
2	fraqistnandam	9	frawaurhta	2	frijaizos	1	frumei
1	fraqistniþ	8	frawaurhtai	1	frijana	2	frumein
1	fraqistnoda	8	frawaurhtaim	3	frijans	4	frumin
1	fraqistnodedun	11	frawaurhtais	9	frijaþwa	16	frumist
2	fraqiþanai	3	frawaurhtaize	11	frijaþwai	8	frumista
1	fraqiþanam	1	frawaurhtamma	6	frijaþwos	1	frumistam
1	fraqiþanans	8	frawaurhtans	1	frijei	1	frumistamma
1	fraqiþandans	10	frawaurhte	2	frijo	1	frumistans
1	fraquman	11	frawaurhteis	5	frijod	3	frumistin
1	frarann	1	frawaurhtes	18	frijoda	2	frumistja
2	fraslindaidau	1	frawaurhti	2	frijodan	1	frumistjam
2	frastim	13	frawaurhtim	1	frijodedeiþ	2	frumiston
1	frastisibja	11	frawaurhtins	1	frijodedi	3	frumists

1	frumo	1	gaarbjans	1	gabeigam	1	gadaursum
1	fuglam	1	gaarma	1	gabeigans	1	gadauþjanda
5	fuglos	1	gaarmai	1	gabeigins	4	gadauþnai
9	fulan	3	gaarmaida	3	gabeigs	1	gadauþnan
2	fulgin	3	gaarmaidai	11	gabein	1	gadauþnand
1	fulginis	1	gaarmaindau	4	gabeins	1	gadauþnandans
7	fulhsnja	3	gaarmaiþs	1	gabeisteiþ	5	gadauþniþ
1	fulin	1	gaaukaiþ	1	gabidjaiþ	8	gadauþnoda
1	fullafahida	1	Gabaa	1	gabigaba	3	gadauþnodedi
1	fullafahjais	1	ga-ba-dauþniþ	4	gabigai	3	gadauþnodedun
1	fullafahjan	2	gabaidideduþ	2	gabigamma	2	gadauþnodeduþ
2	fullafraþjam	3	gabairada	2	gabigjandans	3	Gaddarene
3	fullai	1	gabairaidau	2	gabignandans	2	gadedai
1	fullaizos	1	gabairam	7	gabigs	2	gadigans
2	fullamma	2	gabairan	2	gabindan	1	gadigis
1	fullans	2	gabairand	2	gabindandans	2	gadiliggs
1	fullatojai	1	gabairgada	1	gabindi	1	gadiupida
1	fullatojis	2	gabairhtein	1	gabindiþ	7	gadob
1	fullaweisai	1	gabairhteiþ	1	gabindos	1	gadof
2	fullaweisjam	1	gabairhtida	1	gablauþjands	1	gadomida
2	fullawitan	1	gabairhtidai	1	gableiþeino	1	gadomidedun
4	fullawitans	1	gabairhtiþs	1	gableiþja	3	gadomiþs
1	fulliþ	1	gabairhtja	1	gableiþjands	1	gadomjan
1	fulliþe	3	gabairhtjaidau	3	gablindida	1	gadomjandans
2	fulljai	4	gabairhtjan	1	gaboteiþ	1	gadraban
1	fulljands	2	gabairhtjandin	6	gabrak	1	gadragand
3	fullnaiþ	2	gabairhtjau	1	gabrannidai	1	gadragkeiþ
1	fullnands	1	gabairid	1	gabrannidaizos	1	gadragkjai
6	fullo	1	gabairis	1	gabrannjaidau	2	gadrauhteis
6	fullon	1	gaband	2	Gabriel	2	gadrauhtins
1	fullons	1	gabandwidedun	1	gabrikands	1	gadrauhts
2	fullos	1	gabandwjandona	1	gabrukano	12	gadraus
4	fulls	1	Gabaons	6	gabruko	1	gadrausida
1	fulnaiþ	2	gabar	1	gabuganaim	2	gadrausidai
1	fuls	1	gabatnis	1	gabundan	1	gadrausjaza
4	funin	1	gabauan	1	gabundana	1	gadrigkais
5	funins	6	gabaur	4	gabundanana	2	gadriusai
2	funiskos	1	gabauram	5	gabundans	1	gadriusan
1	funþi	1	gabauran	2	gabundjai	1	gadriusand
1	fvn	1	gabaurana	1	gabundun	2	gadriusando
2	Fwgailus	2	gabauranai	1	gadaban	2	gadriusiþ
1	fwnikiska	1	gabauranamma	1	gadaila	2	gadrobnoda
1	gaaggwei	8	gabaurans	7	gadailans	1	gadruseina
2	gaaggwein	2	gabaurgjans	1	gadailei	3	gadrusun
2	gaaggwidai	8	gabaurjaba	3	gadailida	34	gaf
2	gaaiginondau	1	gabaurjoþum	1	gadailiþs	2	gafahai
1	gaainaidai	2	gabauros	1	gadailja	2	gafahaidau
1	gaaistand	4	gabaurþ	2	gadailjada	8	gafahan
2	gaaiwiskoda	8	gabaurþai	2	gadars	2	gafahanai
1	gaaiwiskodedun	1	gabaurþais	2	gadaubida	2	gafahans
1	gaaiwiskonda	2	gabaurþiwaurde	1	gadaukans	2	gafahau
2	gaaiwiskondau	5	gabei	2	gadaursan	1	gafahis
3	gaaiwiskoþ	1	gabeidiþ	1	gadaursjau	1	gafahiþ
3	gaaiwiskoþs	1	gabeiga	1	gadaursta	1	gafahrida
1	gaandida	1	gabeigai	1	gadaurstedun	2	gafaifaheina

1	gafaifahun	1	gageigands	2	gahaitam	1	gahuljai
1	gafaihondau	28	gagg	2	gahaitandeim	1	gaƕairbam
2	gafalh	24	gagga	2	gahaitands	1	gaƕatjandin
7	gafastaida	3	gaggai	2	gahaite	2	gaƕeilain
1	gafastaidedun	3	gaggaima	5	gahaitis	2	gaƕeilainais
2	gafastaindau	2	gaggais	1	gahaitiþ	1	gaƕeilaiþ
1	gafastaiþ	15	gaggaiþ	2	gahalp	1	gaƕeiland
1	gafastan	11	gaggam	2	gahamodai	1	gaƕeitjan
1	gafastanda	19	gaggan	4	gahamon	2	gaƕotei
2	gafaurds	10	gaggand	6	gahamoþ	3	gaƕotida
1	gafaurjos	1	gagganda	1	gahardeiþ	1	gaƕotjandin
2	gafaurs	4	gaggandam	1	gahaunida	2	gaƕotjands
1	gafehaba	3	gaggandan	2	gahaunjai	1	Gai
2	gafeteinai	17	gaggandans	3	gahauseinai	7	gaiainnan
2	gafilhan	1	gaggandei	1	gahauseins	1	gaïbnjand
1	gafilhis	2	gaggandin	5	gahauseiþ	2	gaïddja
1	gafraihnandam	1	gaggando	4	gahausida	2	gaïddjedun
2	gafraþjein	1	gaggandona	1	gahausidedum	1	gaïdreigodedeina
1	gafraujinond	3	gaggands	6	gahausidedun	2	gaidw
1	gafrehun	4	gaggats	1	gahausideduts	3	gaidwa
1	gafreideinai	1	gaggid	3	gahausideduþ	3	gaigrot
2	gafreideinais	1	gaggida	1	gahausiþ	1	gaigrotun
2	gafrijonai	7	gaggis	6	gahausjai	1	gaigrotuþ
2	gafrisahtiþ	22	gaggiþ	1	gahausjan	2	gailjai
1	gafrisahtnai	1	gagreftai	3	gahausjand	1	Gainnesaraiþ
2	gafriþodai	1	gagrefts	1	gahausjandam	1	gairda
2	gafriþodedi	1	gagreiftai	17	gahausjandans	1	gairdos
2	gafriþon	2	gagudaba	4	gahausjandei	1	Gairgaisaine
4	gafriþonais	3	gagudei	1	gahausjandein	8	gairnein
2	gafriþondin	13	gagudein	19	gahausjands	8	gairneiþ
2	gafriþonds	3	gagudeins	1	gahausjau	2	gairnida
3	gaft	1	gaguds	3	gahlaibaim	1	gairnidedeina
2	gafulgin	1	gahabaida	1	gahlaibam	1	gairnjais
4	gafulgina	1	gahabaidai	1	gahlaiban	6	gairnjandans
1	gafulginons	1	gahabaidedun	1	gahlaibim	1	gairnjandona
1	gafulhans	1	gahabaina	1	gahnaiwidans	2	gairnjands
1	gafullaweisidons	2	gahabaiþ	3	gahnaiwjada	1	gairunja
3	gafullidedun	3	gahaban	1	gahnipnands	1	gaitein
1	gafulljada	1	gahaband	2	gahobains	1	gaits
1	gafulljands	1	gahabandans	1	gahorinoda	1	Gaïu
3	gafullnoda	1	gahaftida	2	gahraineinai	1	Gaïus
1	gafullnodedun	1	gahaftnandan	3	gahraineiþ	1	gajiukai
1	gagaggandam	1	gahahjo	2	gahrainidai	1	gajiukaida
2	gagaggiþ	2	gahaihait	1	gahrainids	2	gajiukais
1	gagahaftiþ	2	gahaihaitun	1	gahrainjai	2	gajiukaizau
1	gagaleikond	2	gahailana	3	gahrainjan	1	gajuk
1	gagaleikondans	8	gahailida	1	gahrainjanda	2	gajukans
1	gagaleikoþ	1	gahailidai	1	gahrainjands	4	gajuko
1	gagamainjand	1	gahailidedun	1	gah-þan-miþ-sandidedum	8	gajukom
1	gagatiloda	1	gahailja	1	gahugd	17	gajukon
1	gagatiloþ	2	gahailjan	12	gahugdai	1	gajukono
1	gagawairþjan	1	gahailnid	1	gahugdais	2	gajukons
2	gagawairþnan	1	gahailniþ	4	gahulida	1	gakann
5	gageigaidedjau	3	gahailnoda	1	gahulidamma	2	gakanneiþ
1	gageigaiþ	10	gahaita	3	gahuliþ	5	gakannida

2	gakannidedi	57	galaiþ	1	galausidedi	1	galewida
1	gakannidedun	1	Galate	1	galausidedjau	2	galewidedi
1	gakannjaiþ	1	Galateis	1	galausiþs	2	galewiþs
4	gakannjan	2	Galatiai	1	galausjada	1	galewjada
2	gakannjand	2	Galatiais	1	galausjai	2	galewjan
1	gakaroþ	1	galatida	1	galausjan	5	galewjands
2	gakausidedum	4	Galatim	3	galeik	1	galga
1	gakiusai	2	galaþoda	4	galeika	8	galgan
1	gakiusaindau	1	galaþodam	6	galeikai	4	galgin
1	gakiusan	1	galaþodedum	7	galeikaida	10	galgins
1	gakiusandans	1	galaþodeduþ	1	galeikaidana	1	galigrja
2	gakiusiþ	1	galaþon	7	galeikaiþ	1	galisada
1	gakrotuda	1	galaþoþ	4	galeikan	1	galisanans
1	gakunds	2	galaþoþs	1	galeikandans	1	galisand
1	gakunnaidai	2	galaubaim	1	galeikandein	3	galisiþ
1	gakunnaidau	2	galaubamma	1	galeikans	21	galiþun
1	gakunnaidedi	2	galaubei	1	galeikinodos	4	galiug
3	gakunnaideduþ	1	galaubeid	1	galeikinon	1	galiuga-apaustauleis
1	gakunnais	48	galaubein	2	galeikja	2	galiugabroþre
1	gakunnaiþ	1	galaubeina	6	galeiko	1	galiuga-broþrum
1	gakunnan	53	galaubeinai	1	galeikoda	2	galiugaguda
1	gakunnands	23	galaubeinais	1	galeikom	1	galiugagudam
1	gakunnun	19	galaubeins	5	galeikon	5	galiugagude
1	gakunþai	4	galaubeis	1	galeikondan	1	galiugaida
2	gakunþedum	30	galaubeiþ	4	galeikondans	6	galiugam
2	gakusanai	9	galaubida	1	galeikonds	1	galiugapraufeteis
1	gakusanana	1	galaubidedeiþ	2	galeikoþ	1	galiugapraufetum
2	gakusans	3	galaubidedi	6	galeiks	3	galiugaweitwods
1	gakust	3	galaubidedum	12	Galeilaia	1	galiugaxristjus
1	galagid	15	galaubidedun	6	Galeilaian	1	galiuge
5	galagida	6	galaubideduþ	9	Galeilaias	1	galiuhteiþ
1	galagidana	2	galaubides	1	Galeilaiau	2	galiuhtjandins
5	galagidedun	1	galaubiþs	3	Galeilaie	1	galukands
1	galagidideina	2	galaubja	1	Galeilaius	1	galuknoda
1	galagiþ	4	galaubjai	6	galeiþa	2	galukun
4	galagiþs	2	galaubjaima	2	galeiþaima	1	gamag
3	galagja	1	galaubjaina	2	galeiþaina	3	gamaidans
1	galagjada	9	galaubjaiþ	1	galeiþais	1	gamain
1	galagjai	5	galaubjam	1	galeiþaiþ	2	gamainduþ
1	galagjaidau	5	galaubjan	1	galeiþam	1	gamainduþais
1	galagjand	5	galaubjand	26	galeiþan	3	gamainduþe
2	galagjands	13	galaubjandam	4	galeiþand	2	gamainduþs
1	galagjaza	1	galaubjandan	1	galeiþandam	2	gamainein
1	galagjiþ	2	galaubjandane	2	galeiþandan	1	gamaineins
1	galaisida	14	galaubjandans	5	galeiþandans	1	gamaineiþ
1	galaisideduþ	1	galaubjandei	1	galeiþandei	1	gamainida
3	galaisides	3	galaubjandin	12	galeiþands	3	gamainja
1	galaisiþs	4	galaubjands	1	galeiþau	3	gamainjai
2	galaisjai	1	galaubjau	1	galeiþis	1	gamainjaim
3	galaisjaina	2	galaugnida	2	galeiþiþ	1	gamainjaiþ
2	galaisjan	1	galaugnjan	1	galeiþos	2	gamainjan
2	galaista	2	galauk	1	galeiweiþ	2	gamainjandans
3	galaistans	4	galauseiþ	4	galesun	1	gamainjando
2	galaistides	7	galausida	1	galewei	2	gamains
1	galaistjandans	1	galausidaim	1	galeweiþ	1	gamainþs

2	gamaitanon	1	gamunandans	2	ganiþjam	16	garaihteins
1	gamalteinais	2	gamunandins	1	ganiþjos	1	garaihtin
1	gamalwidans	3	gamunands	1	ganoh	2	garaihtis
5	gaman	2	gamund	2	ganoha	2	garaihtiþa
1	gamana	3	gamunda	4	ganohai	1	garaihtiþai
1	gamanam	3	gamundai	2	ganohida	1	garaihtiþs
1	gamanweid	1	gamundedum	3	ganohidai	2	garaihtjai
2	gamanweiþ	1	gamundedun	1	ganohiþs	1	garaihtjan
5	gamanwida	1	gamuneima	1	ganohjands	1	garaihton
2	gamanwidai	2	gamuneis	1	ganohnan	1	garaihtoza
*1	gamanwidaim	6	gamuneiþ	2	gansjai	7	garaihts
1	gamanwids	1	gamunuþ	1	ganumans	1	garaþana
2	gamanwiþ	1	ganagljands	1	ganuteina	3	garaznans
2	gamanwiþs	6	ganah	1	ganutun	1	garaznons
1	gamarkoþ	1	ganaitidana	1	gapaidodai	30	gard
2	gamarzein	2	ganam	6	gaqemun	51	garda
1	gamarzeinais	1	ganamnida	1	gaqeþun	1	gardan
2	gamarzeiþ	2	ganamt	1	gaqimand	1	gardawaldand
1	gamarzidai	2	ganas	2	gaqimau	1	gardawaldands
2	gamarzjada	9	ganasida	2	gaqimiþ	1	gardei
1	gamarzjai	4	ganasidai	1	gaqiss	2	gardim
1	gamarzjanda	1	ganasidedi	1	gaqissai	7	gardins
1	gamarzjau	1	ganasidedjau	1	gaqissans	1	gardis
1	gamat	1	ganasjada	1	gaqiujandin	7	gards
1	gamatidedun	2	ganasjais	1	gaqiujandins	1	garedaba
1	gamatjis	6	ganasjan	2	gaqiujiþ	2	garedandans
1	gamaudei	3	ganasjau	1	gaqiunand	4	garehsn
1	gamaudein	1	ganasjis	3	gaqiunoda	4	garehsnai
1	gamaudeiþ	3	ganasjiþ	1	gaqumanai	1	garehsnais
1	gamaudida	1	ganatida	2	gaqumanaim	4	garehsns
2	gamaudja	2	ganauhan	2	gaqumþai	1	garinnaima
1	gamaurgida	2	ganauhin	1	gaqumþais	2	garinnaiþ
1	gamaurgidedi	1	ganawistrodai	5	gaqumþim	1	gariud
1	gamaurgiþ	1	ganawistroþs	1	garaginoda	1	gariudans
1	gamaurgjands	4	ganemuþ	1	garahnidedun	1	gariudein
1	gamelei	1	ganesi	1	garaid	1	gariudja
2	gameleinim	1	ganesun	6	garaideinai	1	gariudos
3	gameleins	2	ganimai	1	garaideinais	2	gariuds
7	gamelid	1	ganimaiþ	2	garaideinim	4	garuni
22	gamelida	2	ganiman	1	garaideins	1	garunjon
1	gamelidin	4	ganimands	4	garaidida	1	garunnana
13	gamelido	1	ganimis	1	garaidon	3	garunnun
36	gameliþ	4	ganimiþ	3	garaiht	1	garunsai
1	gameljan	2	ganisa	6	garaihta	2	garunsim
1	gamikilida	2	ganisai	4	garaihtaba	1	gasaggq
3	gaminþi	3	ganisaina	4	garaihtai	1	gasaht
2	gamitone	4	ganisan	2	garaihtaize	4	gasahtai
1	gamostedun	2	ganisand	2	garaihtaizos	27	gasalƕ
1	gamot	3	ganisandam	2	garaihtamma	1	gasalƕt
2	gamoteima	1	ganisis	3	garaihtana	6	gasaiƕa
1	gamoteiþ	6	ganisiþ	6	garaihtans	3	gasaiƕaima
4	gamotida	2	ganist	9	garaihtei	2	gasaiƕaina
3	gamotidedun	6	ganistai	1	garaihteim	1	gasaiƕaindau
3	gamotjan	5	ganistais	26	garaihtein	1	gasaiƕaizau
2	gamunan	1	ganists	2	garaihteinai	2	gasaiƕam

9	gasaiƕan	4	gasitands	1	gastaldan	2	gataihan
1	gasaiƕanane	2	gaskadwein	1	gastaldand	1	gataihans
1	gasaiƕanans	3	gaskaft	4	gastandai	9	gataihun
6	gasaiƕand	1	gaskaftai	1	gastandan	1	gataiknida
1	gasaiƕandam	6	gaskaftais	2	gastandand	1	gatair
22	gasaiƕandans	5	gaskafts	2	gastandands	1	gataira
6	gasaiƕandei	1	gaskaidaiþ	3	gastandiþ	4	gatairada
1	gasaiƕandeins	1	gaskaideins	3	gastauida	1	gatairaidau
28	gasaiƕands	1	gaskaidnai	1	gastaurkniþ	3	gatairan
1	gasaiƕano	2	gaskalki	1	gasteigiþ	1	gatairanda
3	gasaiƕanona	1	gaskalkja	4	gasteis	1	gatairandans
2	gasaiƕans	2	gaskamai	2	gastiggqiþ	2	gatairandins
2	gasaiƕau	4	gaskapana	1	gastigodein	5	gatairands
2	gasaiƕis	2	gaskapanai	3	gastigods	2	gatairiþ
19	gasaiƕiþ	2	gaskapanin	1	gastigun	2	gatalzjaindau
1	gasaizlep	1	gaskapans	1	gastim	1	gatamjan
1	gasaizlepun	2	gaskapjandin	2	gastins	2	gatandida
5	gasak	1	gaskaþjands	1	gastojanaim	1	gatar
2	gasakada	1	gaskaþjiþ	1	gastost	1	gatarhida
4	gasakan	3	gaskeiriþ	8	gastoþ	1	gatarhidana
1	gasakands	1	gaskeirjada	1	gastoþan	1	gatarhiþ
1	gasakans	1	gaskeirjands	2	gastoþun	1	gatarhiþs
2	gasakiþ	2	gaskohai	2	gastoþuþ	2	gatarhjaiþ
4	gasalboda	2	gaskohi	1	gastrawiþ	1	gatarhjan
1	gasalbodedeina	4	gaskop	1	gasts	2	gatarniþ
1	gasalbodedun	2	gaskopi	1	gasulid	1	gatauh
2	gasaliþ	1	gaskoþ	2	gasulidai	1	gatauhans
1	gasaljands	2	gaskoþum	1	gasuliþ	4	gatauhun
2	gasandjaiþ	1	gaskoþuþ	1	gasunjoda	1	gatauja
2	gasandjan	1	gaslawai	1	gasupoda	2	gataujai
5	gasat	1	gasleiþeiþ	2	gasupoþ	7	gataujan
2	gasatein	2	gasleiþiþs	22	gaswalt	1	gataujandan
13	gasatida	2	gasleiþjaindau	1	gasweraids	1	gataujandin
2	gasatidai	1	gasleiþjands	1	gasweraiþs	7	gataujiþ
1	gasatidedi	1	gaslepandane	2	gaswikunþeiþ	1	gataujos
2	gasatidedun	1	gaslepandans	4	gaswikunþida	2	gataura
1	gasatids	1	gasmait	1	gaswikunþidedeina	1	gatauran
6	gasatiþs	2	gasmiþoþ	1	gaswikunþjan	4	gataurnandins
1	gasatjais	1	gasnau	1	gaswikunþjand	2	gataurnando
1	gasatjan	2	gasnewum	1	gaswikunþjandona	2	gataurniþ
1	gasatjanda	1	gasniumidedum	1	gaswikunþjands	4	gataurþai
1	gasatjands	6	gasok	1	gaswiltaima	1	gatawei
1	gasatjiþ	1	gasoki	3	gaswiltam	52	gatawida
2	gaseƕi	1	gasokja	6	gaswiltan	1	gatawidedeina
1	gaseƕum	1	gasokjandam	3	gaswiltandans	1	gatawidedi
13	gaseƕun	1	gasokjau	2	gaswiltandin	1	gatawidedjau
1	gaseƕuts	2	gasoþida	1	gaswiltands	2	gatawidedum
3	gaseƕuþ	1	gasoþjan	6	gaswiltiþ	13	gatawidedun
1	gasibjon	1	gaspaiw	2	gaswinþidai	3	gatawideduþ
2	gasiggqai	1	gaspillo	1	gaswinþnan	3	gatawides
1	gasiglida	2	gast	1	gaswogida	2	gatawidos
4	gasiglidai	1	gastagqjais	1	gaswulti	1	gateih
2	gasinþam	1	gastaistald	4	gaswultun	1	gateiha
1	gasinþjam	1	gastaistaldjau	1	gaswultuþ	1	gateihaidau
2	gasitan	1	gastalda	3	gataih	2	gateiham

1	gateihandin	3	gaþlaihan	2	gaunledida	1	gawandjandam
4	gateihands	1	gaþlaihandans	1	gaunodedum	3	gawandjandans
1	gateihats	2	gaþlaihandin	1	gaunon	6	gawandjands
4	gateihiþ	3	gaþlaihands	1	gaunoþ	2	gawargeinai
1	gatemiba	2	gaþlaihiþ	2	gaunoþu	1	gawargida
2	gatewiþs	3	gaþlaiht	1	gaurai	1	gawargjand
1	gatilaba	3	gaþlaihtai	1	gaurana	2	gawas
1	gatilona	5	gaþlaihtais	4	gaurein	1	gawaseins
2	gatils	2	gaþlaihte	10	gaurida	1	gawasida
1	gatimid	1	gaþlauh	4	gauridai	2	gawasidai
2	gatimreinai	5	gaþlauhun	1	gauriþa	4	gawasidana
2	gatimreinais	2	gaþrafstein	2	gaurja	3	gawasidedun
6	gatimrida	4	gaþrafsteinai	1	gaurjada	1	gawasids
1	gatimrja	1	gaþrafsteino	2	gaurjaiþ	2	gawasiþs
1	gatimrjands	1	gaþrafsteins	4	gaurs	1	gawasjada
1	gatimrjo	3	gaþrafstida	1	gawadjoda	1	gawasjam
1	gatimrjon	5	gaþrafstidai	2	gawagida	1	gawasjiþ
1	gatiuhand	1	gaþrafstidedeina	1	gawagjan	1	gawaþ
1	gatiuhandans	1	gaþrafstidedun	1	gawagjanda	1	gawaurdja
8	gatraua	2	gaþrafstiþs	1	gawairpan	14	gawaurhta
5	gatrauaida	4	gaþrafstjai	1	gawairpands	2	gawaurhtai
2	gatrauaiþ	1	gaþrafstjan	1	gawairpiþ	3	gawaurhtedi
5	gatrauam	1	gaþrafstjanda	1	gawairþeigai	2	gawaurhtedun
3	gatrauandans	1	gaþrask	7	gawairþeis	1	gawaurkeiþ
3	gatrauands	1	gaþreihandam	51	gawairþi	5	gawaurki
1	gatrauau	1	gaþ-þan-miþ-sandidedum	5	gawairþja	2	gawaurkja
1	gatrudan	2	gaþ-þan-traua	8	gawairþjis	1	gawaurkjai
1	gatulgeiþ	1	gaþula	1	gawaknandans	1	gawaurkjaima
3	gatulgida	1	gaþulam	1	gawaldand	2	gawaurkjam
3	gatulgidai	1	gaþulan	2	gawaleinai	1	gawaurkjan
2	gatulgjai	1	gaþulandam	8	gawalida	1	gawaurkjandei
1	gatulgjan	1	gaþulandei	1	gawalidai	1	gawaurstwa
1	gatulgjand	3	gaþwastidai	1	gawalidaize	3	gawaurstwam
1	gatwons	2	gaþwastjaiþ	2	gawalidane	1	gawaurstwan
4	gaþagkja	2	gaþwastjands	4	gawalidans	6	gawaurstwans
1	gaþahaidedi	1	ga-u-ƕa-seƕi	1	gawalideduþ	1	gawaurstwin
1	gaþahaidedun	1	gauja	2	gawaljaidau	2	gaweihada
1	gaþaih	2	gaujans	1	gawaljands	2	gaweihai
1	gaþaihuþ	1	gaujis	1	gawamm	1	gaweihaida
1	gaþarbaiþ	1	ga-u-laubeis	1	gawandei	1	gaweihaidedi
2	gaþarban	1	ga-u-laubjats	1	gawandeinai	1	gaweihaids
1	ga-þau-laubidedeiþ	1	Gaulgauþa	1	gawandeins	1	gaweihaiþ
1	gaþaurbs	1	Gaumaurjam	3	gawandeiþ	1	gaweiham
2	gaþaursana	1	Gaumaurra	9	gawandida	2	gaweisoda
1	gaþaursniþ	1	gaumei	1	gawandidedeina	1	gaweisodai
4	gaþaursnoda	2	gaumeis	1	gawandidedi	1	gaweisodeduþ
4	gaþiuþida	2	gaumida	1	gawandidedjau	1	gaweisoþ
1	gaþiuþjands	1	gaumidedeina	5	gawandidedun	1	gawenja
2	gaþiwaidedeina	1	gaumidedun	1	gawandideduþ	4	gawi
2	gaþiwaidedun	1	gaumjaina	2	gawandiþs	1	gawigana
1	gaþiwaids	1	gaumjaindau	3	gawandjai	2	gawilja
1	gaþiwaiþ	1	gaumjais	1	gawandjaina	1	gawiljai
1	gaþiwandam	1	gaumjan	1	gawandjaiþ	2	gawissins
1	gaþlahsnoda	1	gaumjandans	1	gawandjan	1	gawizneigs
5	gaþlaih	4	gaumjands	2	gawandjand	1	gawondondans

1	gawrikai	7	godamma	157	guda	1	habandein
2	gawrikandans	2	godana	1	gudafaurhts	1	habandeins
1	gawrikiþ	1	godans	2	gudalausai	6	habandin
1	gawrisqand	1	godeino	1	gudaskaunein	1	habandins
1	gawunnuþ	2	godin	1	gudblostreis	5	habandona
1	gazaufwlakio	6	godis	1	gudhusa	30	habands
4	gazds	9	godo	1	Gudilub	10	habau
2	gebeima	6	godon	340	gudis	1	habos
2	gebeina	4	gods	1	gudiskai	1	hafanana
1	gebi	1	golein	2	gudiskaizos	1	haftam
2	gebun	1	goleinais	1	gudiskamma	4	haftjandans
1	gebuþ	5	goleins	5	gudja	1	hahaida
23	giba	12	goleiþ	12	gudjam	1	hahis
5	gibada	1	golida	2	gudjane	1	Haibraieis
19	gibai	1	golja	21	gudjans	2	Haibraium
1	gibaid	5	goljaiþ	9	gudjin	2	Haibraius
3	gibaidau	1	goljan	2	gudjinassaus	4	haidau
1	gibaima	4	goljand	1	gudjinoda	1	haidum
2	gibais	23	goþ	6	gudjins	6	haifst
1	gibaiþ	2	goþs	2	gulþa	3	haifstai
16	giban	1	grabai	1	gulþeina	1	haifstais
5	gibana	1	graban	2	guma	2	haifstei
2	giband	1	gramjaiþ	1	gumakund	6	haifsteis
1	gibandan	3	gramsta	1	gumakundaize	1	haifsteiþ
4	gibandans	2	gras	1	gumane	2	haifstida
1	gibandin	1	grase	1	gumein	1	haifstjan
1	gibandins	1	gredagai	1	gumin	10	haihait
4	gibands	1	gredagana	1	gund	2	haihaitun
1	gibano	2	gredagans	2	Gutþiudai	1	haihamma
4	gibanon	7	gredags	195	guþ	3	haila
1	gibau	1	gredau	1	guþs	5	hailai
1	gibid	2	gredo	10	haba	2	hailaim
18	gibiþ	1	greipan	19	habai	2	hailaize
1	giblin	1	greipiþ	8	habaid	3	hailana
5	gibos	1	greitai	25	habaida	1	hailei
8	gif	1	greitan	2	habaidedeima	1	Haileiins
1	gild	1	greitandei	2	habaidedeina	1	Haileisaiu
1	gilstra	1	greitandein	4	habaidedeiþ	1	hailidediu
1	gilstrameleins	1	greitiþ	2	habaidedum	3	hailjan
1	gilþa	1	gret	7	habaidedun	1	hailjands
1	gistradagis	2	gretan	1	habaidedunuh	2	hailon
4	giutand	2	gretandam	1	habaima	3	hails
1	giutid	3	gretandans	2	habaina	4	haim
1	giutiþ	1	gretands	13	habais	1	haimai
1	glaggwaba	2	gretiþ	72	habaiþ	2	haimo
1	glaggwo	1	grets	1	habaiu	2	haimom
1	glaggwuba	1	grid	21	habam	5	haimos
1	glitmunjandeins	1	grindafraþjans	9	haban	2	haimoþlja
11	god	1	gripun	14	haband	2	hairaiseis
20	goda	1	gripuþ	1	habanda	1	hairau
3	godai	1	grob	2	habandam	7	hairda
7	godaim	2	grobos	4	habandan	1	hairdai
10	godaize	2	grunduwaddjau	3	habandane	7	hairdeis
2	godaizos	2	grunduwaddju	35	habandans	1	hairdjam
1	godakunds	1	grunduwaddjus	6	habandei	1	hairdjans

3	hairdjos	1	halkam	1	hauhhairts	7	hausjand
1	Hairmaugaineis	1	hallu	3	hauhida	3	hausjandam
1	Hairodiadins	1	hals	1	hauhidedun	1	hausjandan
18	hairtam	1	halsaggan	1	hauhis	16	hausjandans
5	hairtane	2	haltai	6	hauhistins	5	hausjandona
28	hairtin	1	haltamma	3	hauhistjam	4	hausjands
15	hairtins	2	haltans	5	hauhiþa	3	hausjon
13	hairto	1	hamfamma	1	hauhiþai	1	hausjondam
14	hairtona	7	hana	1	hauhiþos	2	hawi
1	hairþra	21	handau	5	hauhiþs	3	hazein
2	hairþram	3	handiwe	2	hauhja	6	hazeinai
5	hairu	16	handu	1	hauhjai	2	hazeinim
2	hairum	4	handugei	2	hauhjaidau	1	hazeino
2	hairus	15	handugein	1	hauhjaina	3	hazeins
2	hait	1	handugeino	1	hauhjaindau	1	hazida
1	haita	6	handugeins	1	hauhjaiþ	1	hazidedun
17	haitada	1	handugozei	1	hauhjan	1	hazja
5	haitaidau	1	handugs	1	hauhjands	1	hazjaina
1	haitaina	8	handum	1	hauho	1	hazjan
3	haitais	24	handuns	2	hauhþuhts	1	hazjandane
1	haitaizau	7	handus	1	hauja	1	hazjandans
2	haitan	2	handuwaurht	1	haunein	1	hazjau
2	haitana	1	handuwaurhton	5	hauneinai	1	hazjiþ
1	haitanam	2	hanins	2	hauneinais	1	hazjuþ-þan
1	haitanan	4	hansa	2	hauniþai	1	heito
2	haitanana	1	hardaba	1	haunjan	1	heitom
1	haitanane	1	hardizo	1	haunjands	1	heiwafraujin
1	haitanda	1	hardu	1	hauns	2	helei
1	haitandin	2	harduba	1	haurd	1	Heleian
1	haitandona	2	harduhairtein	3	haurdai	1	Heleias
6	haitans	2	hardus	1	haurdins	1	Heleiins
1	haitaza	2	harjis	2	haurds	1	Heleis
1	haitid	1	hatandane	3	haurja	3	Helian
3	haitiþ	1	hatandans	1	haurn	11	Helias
2	haitjai	10	hatis	1	haurne	2	Helijin
1	haiþiwisk	4	hatiza	1	haurnjais	21	her
2	haiþjai	1	hatize	1	haurnjandans	1	Heris
3	haiþjos	1	hatizoþ	1	haurnjans	2	Heroda
1	haiþno	2	hatjandam	1	hausei	1	Herodeis
1	haizam	2	haubid	4	hausein	9	Herodes
1	hakul	6	haubida	2	hauseinai	1	Herodia
1	halba	3	haubidis	1	hauseinais	1	Herodiadein
4	halbai	26	haubiþ	1	hauseis	1	Herodiadins
1	halbata	1	haubiþwundan	21	hauseiþ	1	Herodiane
1	haldan	1	hauh	11	hausida	1	Herodianum
2	haldana	2	hauhaba	3	hausidedum	4	Herodis
1	haldanaize	1	hauhata	10	hausidedun	1	heþjon
1	haldandan	5	hauhei	16	hausideduþ	2	hidre
3	haldandans	4	hauhein	3	hausides	1	hidrei
1	haldis	2	hauheinai	2	hausja	2	hilm
1	haldiþ	1	hauheinais	1	hausjai	1	hilma
1	halisaiw	1	hauheins	2	hausjaina	2	hilp
4	halja	5	hauheiþ	2	hausjaiþ	1	hilpan
1	haljai	2	hauhhairtai	2	hausjam	2	hilpandam
1	halka	1	hauhhairtei	9	hausjan	10	himin

44	himina	2	hlefi	6	hropida	2	hunsljada
1	himinakunda	1	hleibida	9	hropidedun	1	hunþ
4	himinakundaim	1	hleidumei	1	hropjan	1	hup
4	himinakundam	4	hleidumein	1	hropjand	2	hupins
1	himinakundana	2	hleidumona	1	hropjandan	5	huzd
2	himinakundins	2	hleiþrai	1	hropjandans	3	huzda
1	himinakundis	3	hleiþros	1	hropjandeins	2	huzdjaiþ
1	himinakundon	1	hleþrastakeins	6	hropjands	2	huzdjan
35	himinam	2	hlifai	2	hrops	2	Hwmainaius
2	himinans	3	hlifais	4	hrot	1	hwssopon
8	himine	1	hlifand	1	hrota	212	ƕa
9	himinis	1	hliftus	1	hrotam	1	ƕad
3	himins	1	hlijans	2	hroþeigans	1	ƕadre
11	himma	2	hliuma	1	hrugga	2	ƕaiƕop
6	hina	2	hliumans	2	hruk	1	ƕairbandane
1	hindana	2	hlutrans	1	hrukeiþ	2	ƕairbandans
15	hindar	2	hlutrein	3	hrukida	1	ƕairneins
1	hindarleiþ	2	hlutriþai	1	hrukjai	1	ƕaiteis
1	hindarleiþan	1	hnaiwam	2	hufum	72	ƕaiwa
1	hindarweisai	1	hnaiweinai	1	hugei	16	ƕamma
2	hindarweisein	2	hnaiweiþ	1	huggreiþ	8	ƕammeh
1	hindumisto	2	hnaiwidaim	1	huggridai	34	ƕan
4	hiri	3	hnasqjaim	1	hugidedun	15	ƕana
1	hirjats	1	hneiwan	2	hugis	10	ƕanhun
1	hirjiþ	1	hnuto	4	hugjaima	1	ƕanoh
5	hita	1	hnuþo	2	hugjaiþ	2	ƕanuh
1	hiuhma	1	hohan	1	hugjandam	2	ƕanzuh
3	hiuhmans	1	holoþ	2	hugjandane	22	ƕar
1	hiuma	3	horam	1	hugjandans	3	ƕarboda
1	hiumam	4	horinassau	1	hugjandona	2	ƕarbondin
2	hiwi	1	horinassjus	2	hugjands	2	ƕarbonds
1	hlahjandans	1	horinassu	3	hugjiþ	1	ƕarja
8	hlaib	4	horinassus	1	hugsis	1	ƕarjai
2	hlaiba	1	horinon	2	huhjands	1	ƕarjamma
6	hlaibam	2	horinondei	1	huhrau	5	ƕarjammeh
19	hlaibans	1	horinondein	3	huhrus	1	ƕarjana
3	hlaibe	4	horinos	8	hulistr	1	ƕarjano
3	hlaibis	5	horinoþ	1	huljai	1	ƕarjanoh
1	hlaibos	2	horos	1	huljan	1	ƕarjans
1	hlaibs	2	hors	1	hulþs	2	ƕarjatoh
21	hlaif	4	hrain	1	hulundi	4	ƕarjis
10	hlaifs	1	hrainei	4	hunda	30	ƕarjizuh
1	hlaine	1	hrainein	2	hundafada	2	ƕarjoh
2	hlaiw	1	hraineinais	1	hundafade	1	ƕarjos
11	hlaiwa	1	hraineino	1	hundafads	149	ƕas
3	hlaiwasnom	1	hrainjahairtans	1	hundafaþ	10	ƕashun
1	hlaiwasnos	7	hrainjai	4	hundafaþs	1	ƕassaba
3	hlaiwis	1	hrainjaim	3	hundam	2	ƕassein
3	hlamma	2	hrainjam	2	hundans	5	ƕaþ
1	hlasana	5	hrainjamma	2	hundos	6	ƕaþar
1	hlasein	5	hrains	5	hunsl	1	ƕaþaramme
2	hlasoza	1	hraiwadubono	2	hunsla	1	ƕaþjands
1	hlauta	1	hramjiþ	2	hunslastada	1	ƕaþjiþ
2	hlautis	1	hropei	2	hunslastadis	1	ƕaþon
3	hlauts	2	hropeiþ	1	hunsle	15	ƕaþro

1	ƕauþ-þan	3	Iaireikon	1	idreigonds	1	inliuhtjan
29	ƕazuh	1	Iairikon	5	idreigos	1	inmaidein
10	ƕe	20	Iairusalem	1	idreigoþ	1	inmaideins
3	ƕeh	2	Iairusalems	1	Idumaia	2	inmaideiþ
18	ƕeila	6	Iairusaulwma	2	idweit	1	inmaidida
1	ƕeilaƕairb	6	Iairusaulwmai	1	idweitida	1	inmaidiþs
1	ƕeilaƕairbai	1	Iairusaulwmeis	2	idweitidedun	1	inmaidjaiþ
19	ƕeilai	1	Iairusaulwmeite	1	idweitjan	3	inmaidjan
1	ƕeilaidedum	1	Iairusaulwmiam	1	idweitjand	4	inmaidjanda
4	ƕeilo	2	Iairusaulwmim	1	idweitjanda	9	inn
2	ƕeilohun	1	Iairusaulwmon	1	idweitjandane	6	inna
3	ƕeilos	1	Iairusaulwmos	137	Iesu	1	innakundai
1	ƕeit	2	Iaissaizis	39	Iesua	1	innakundans
1	ƕeita	1	Iakob	100	Iesuis	3	innana
1	ƕeitai	2	Iakoba	271	Iesus	2	innatbereina
1	ƕeitaim	5	Iakobau	4	iftumin	1	innatgaggai
1	ƕeitos	3	Iakobaus	1	iggqara	1	innatgaggan
2	ƕelauda	8	Iakobis	1	iggqarai	2	innatgaggandans
1	ƕeleika	9	Iakobu	3	iggqis	2	innatgaggandin
1	ƕileik	3	Iakobus	3	igqis	1	innatgaggands
4	ƕileika	1	Iaredis	10	ija	1	innatgahtai
4	ƕileikai	1	Iareimis	2	ijos	1	innatiddja
2	ƕileikaim	1	Iasson	326	ik	1	innattauhun
2	ƕileikamma	2	Iaurdanau	3	ikei	3	innaþro
2	ƕileikos	2	Iaurdanaus	1	iku	2	inngaggais
4	ƕileiks	2	Iaurdane	484	im	3	inngaggaiþ
2	ƕileikuh	1	Iaurdanu	597	imma	2	inngaggan
1	ƕilftrjom	2	iba	2	immuh	1	inngaggandan
12	ƕis	78	ibai	2315	in	3	inngaggandans
4	ƕizai	1	ibdaljin	460	ina	1	inngaggandin
1	ƕizuh	1	ibna	1	inagida	2	inngaggando
28	ƕo	1	ibnaleika	1	inahai	2	inngaggands
13	ƕoftuli	1	ibnamma	2	inahein	2	inngaggiþ
2	ƕoftulja	1	ibnans	2	inaheins	1	inngalaiþ
9	ƕoftuljos	2	ibnaskaunjamma	1	inaljanom	2	inngaleiþai
2	ƕoh	2	ibnassau	1	inaljanoþ	1	inngaleiþan
1	ƕop	1	ibnassu	1	inbrannjada	1	inngaleiþand
8	ƕopa	2	ibnassus	1	indrobnai	1	inngaleiþandans
3	ƕopai	1	ibnon	1	indrobnaina	1	inngaleiþands
2	ƕopaina	2	ibukai	1	indrobnoda	1	inngaleiþiþ
5	ƕopam	1	ibukana	1	infeinandein	1	inniujiþa
7	ƕopan	15	iddja	1	infeinands	2	innufslupun
2	ƕopand	2	iddjedum	4	infeinoda	1	innuma
5	ƕopandans	13	iddjedun	2	ingaleikonda	3	innuman
3	ƕopands	2	iddjedunuh	2	ingardjam	1	innumin
3	ƕopau	4	iddjeduþ	2	ingardjans	1	innwaurpano
2	ƕopis	2	iddjuh	2	ingardjon	1	inqis
1	ƕotidedun	6	idreiga	1	ingibe	1	inrauhtida
3	ƕotos	2	idreigai	1	ingramjada	1	inrauhtiþs
2	ƕouh	4	idreigo	3	inilon	1	inreiraida
2	ƕouþ-þan	2	idreigoda	1	inilons	84	ins
1	Iaeirus	2	idreigodedeina	2	inkilþo	2	insaht
1	Iairaimian	1	idreigodedun	1	inkilþon	3	insahtai
1	Iairaupaulein	2	idreigondane	1	inkunjam	1	insahts
1	Iairausaulwmai	2	idreigondins	2	inliuhtida	2	insaƕ

1	insaiano	2	inwidandans	1	Iudaiaus	1	jag-gaslepand
1	insailvan	2	inwidis	18	Iudaie	1	jag-gatraua
1	insailvandans	3	inwidiþ	1	Iudaiei	1	jag-gaþlaihan
1	insailvandei	1	inwindai	26	Iudaieis	1	jag-gawaurstwa
1	insailvandeins	1	inwindaim	13	Iudaium	1	jag-gibandin
5	insailvands	1	inwindamma	2	Iudaiuns	1	jag-gretands
1	insailviþ	1	inwindans	2	Iudaius	4429	jah
1	insailidedun	2	inwindiþa	1	iudaiwisko	14	jai
1	insakana	1	inwindiþai	1	iudaiwiskon	7	jaina
1	insakandin	3	inwindiþos	4	Iudan	20	jainai
2	insakands	1	inwindo	8	Iudas	10	jainaim
1	insandei	1	inwisandins	1	Iudin	11	jainaize
3	insandeiþ	1	inwiteina	4	Iudins	22	jainamma
45	insandida	1	inwitoþs	1	iumjons	6	jainana
2	insandidans	2	inwitun	3	iup	4	jainans
1	insandidedi	1	Ioanan	8	iupa	35	jainar
3	insandidedum	1	Iodins	1	iupana	1	jainata
9	insandidedun	1	Iohanna	8	iupaþro	1	jaind
1	insandideduþ	1	Iohannau	1	Iusezis	1	jaindre
7	insandides	12	Iohanne	3	iusila	1	jaindwairþs
5	insandiþs	1	Iohannein	1	iusiza	8	jainis
6	insandja	22	Iohannen	52	izai	23	jains
1	insandjaiþ	31	Iohannes	127	ize	12	jainþro
1	insandjan	2	Iohannins	25	izei	1	Jairupulai
1	insandjanda	8	Iohannis	1	izo	1	Jakob
5	insandjands	1	Ioreimis	26	izos	1	jal-laggei
2	insok	1	Ioriais	42	izwar	1	jal-liban
1	instand	1	Ioseba	116	izwara	1	jam-mundoþ
1	instandai	8	Iosef	12	izwarai	1	jan-nauh
1	inswinþei	1	Iosefa	28	izwaraim	2	jan-ne
1	inswinþida	6	Iosefis	23	izwaraizos	1	Jannes
2	inswinþjaiþ	4	Iosezis	17	izwaramma	22	jan-ni
1	inswinþjan	515	is	14	izwarana	1	Jannins
2	inswinþjandin	2	Isaka	10	izwarans	1	Jannis
1	intandeiþ	5	Isakis	13	izwaris	1	jar-ragin
1	intrusgans	1	Iskarioteis	14	izwaros	2	jas-sa
1	intrusgiþs	2	Iskarioten	873	izwis	1	jas-saei
1	intrusgjaidau	1	Iskariotes	1	izwizei	1	jas-samana
1	intrusgjan	1	Iskariotu	14	ja	1	jas-sauþ
2	intrusgjanda	1	Iskarjotes	328	jabai	1	jas-sik
1	intundnan	7	Israel	1	jab-bi	1	jas-silbans
14	inu	14	Israela	1	jab-biudis	2	jas-so
36	inuh	1	Israeleitai	1	jab-brusts	1	jas-sunjai
1	inuhsandidedun	1	Israeleiteis	1	jad-du	1	jas-sunjos
1	inuþ-þaim	1	Israeleites	1	Jaeirus	1	jas-sutja
5	inuþ-þis	17	Israelis	1	jag-bigitand	1	jas-swa
1	inwagida	652	ist	1	jag-gabairaidau	1	jas-swaswe
1	inwagidedun	21	ita	1	jag-gahamoþ	1	jas-Swntwkein
4	inwait	2	itan	2	jag-gahausida	1	jaþ
1	inwandjan	1	Ituraias	1	jag-galaiþ	1	jaþ-ni
1	inweitais	688	iþ	1	jag-gamanwida	2	jaþ-þai
1	inweitis	10	Iudaia	1	jag-gapaidodai	2	jaþ-þairh
1	inweitiþ	1	Iudaialand	1	jag-garaihtein	4	jaþ-þan
1	inwidai	3	Iudaian	1	jag-gariudja	1	jaþ-þana
1	inwidand	7	Iudaias	1	jag-gaskohai	3	jaþ-þans

2	jaþ-þata	7	kaisara	2	Kaurinþaium	1	kunawidom
2	jaþ-þatei	1	kaisaragild	4	Kaurinþium	7	kuni
62	jaþþe	1	Kaisarias	2	Kaurinþius	7	kunja
1	jaþ-þis	5	kaisaris	4	Kaurinþon	4	kunjis
2	jaþ-þo	1	Kajafa	2	kauriþos	10	kunnan
1	jaþ-þrije	4	Kajafin	2	kaurja	2	kunnandam
1	jaþ-þuk	1	kalbons	1	kaurjaidau	4	kunnandans
9	jau	1	kald	1	kaurjos	1	kunnandins
1	Jaurdanau	1	kaldis	1	kaurn	5	kunnands
2	jer	1	kalkinassau	2	kaurnis	1	kunnei
18	jera	1	kalkinassaus	3	kaurno	1	kunneina
1	jeram	1	kalkinassjus	3	kauseiþ	2	kunneis
8	jere	2	kalkinassus	1	kausjai	8	kunneiþ
1	jiuka	1	kalkjom	2	kausjais	2	kunnjai
1	jiukam	1	Kananeiten	1	kausjan	1	kunnjau
4	jiukos	21	kann	2	kausjand	8	kunnum
1	Jiuleis	1	kanneiþ	4	kawtsjon	7	kunnun
1	Johannen	1	kannida	1	Kefas	16	kunnuþ
1	jota	1	kannidedi	1	Kefin	1	kunþ
42	ju	2	kanniþ	1	Kefins	9	kunþa
1	Judaic	4	kannja	1	keiniþ	1	kunþam
1	Judaiei	3	kannjan	3	kelikn	4	kunþedeiþ
1	Judaieis	1	kannt	1	Kileikiais	1	kunþedum
1	Judaium	5	kant	1	kilþein	2	kunþedun
1	Judaiuns	1	kapillon	3	kindina	2	kunþes
3	Judaius	4	kara	1	kindinis	7	kunþi
1	judaiwiskaize	1	Kareiaþiaareim	3	kindins	7	kunþja
1	judaiwiskom	1	kar-ist	2	kinnu	9	kunþjis
1	Judas	1	karkara	1	kintu	2	kunþos
1	jugg	8	karkarai	2	kiusai	2	kunþs
1	juggalaud	3	karkarom	2	kiusands	1	Kusins
1	juggalaudeis	1	karos	1	Klaimaintau	1	Kustanteinus
1	juggalauþ	1	Karpau	1	Klemaintau	2	kustau
1	juggalauþs	4	kas	1	klismjandei	4	kustu
3	juggans	5	kasa	1	klismo	1	Kwreinaiau
4	juggata	4	kasam	3	kniwa	1	Kwreinaiu
1	juggons	1	kase	2	kniwam	3	lag
3	juggos	1	kasja	1	kniwe	1	lagei
2	juhiza	2	kasjins	2	knodai	1	lagg
1	juka	1	katile	2	knussjands	4	lagga
1	jukuzja	1	Kaulaussaium	1	Kosamis	1	laggai
2	jukuzjai	2	kaupastedi	1	Krekis	3	laggamodein
3	jundai	1	kaupastedun	1	Krekos	1	laggei
176	jus	1	kaupatidai	4	Kreks	4	lagida
2	Justus	1	kaupatjan	1	Kretai	1	lagidedi
14	juþan	1	kaupoþ	1	Kretes	1	lagidedun
1	jû-þan	2	Kaurazein	1	Krispu	1	lagideduþ
9	juzei	1	kaurban	1	Krispus	1	lagides
1	juzuþ-þan	1	kaurbaunan	1	kriustiþ	4	lagja
1	Kaballarja	1	kaurein	1	krusts	1	lagjai
2	Kaeinanis	5	kaurida	1	kubituns	3	lagjais
12	Kafarnaum	4	kauridai	3	kukida	4	lagjan
1	Kaidmeielis	2	kauridedeima	1	kukides	1	lagjandans
1	Kaidron	1	kauridedjau	1	kukjau	4	lagjands
1	Kaifaira	1	kauridedun	1	kumei	1	lagjid

1	lagjis	1	laistjands	1	lausans	1	lekinoþ
4	lagjiþ	3	Laiwweis	1	lausawaurdai	1	lekjam
3	laibos	2	Laiwweiteis	2	lausawaurdein	1	lekjans
1	laigaion	2	Laiwwi	1	lausawaurdja	8	let
1	Laigaion	1	Lamaikis	2	lausei	1	leta
1	laikid	1	lamb	1	lauseiþ	1	letand
1	laikins	15	lamba	1	laushandjan	1	letands
2	lailaik	1	lambam	1	lausjadau	5	letiþ
3	lailot	7	lambe	1	lausjaiþ	4	lew
1	lailotun	2	land	1	lausjan	1	lewa
1	lailoun	6	landa	1	lausjands	3	lewjands
2	lais	3	landis	1	lausqiþrans	6	liba
12	laisareis	1	las	1	lausqiþreim	1	libai
22	laisari	1	lasiwostai	2	lausqiþrein	2	libaid
1	laisaris	1	lasiws	1	Lazarau	1	libaida
2	laisarja	1	lata	5	Lazaru	2	libaideduþ
1	laisarjam	1	latai	7	Lazarus	1	libaima
3	laisarjans	2	latei	1	Lazzaru	20	libain
3	laisei	1	latidedi	1	leiht	2	libaina
4	laiseigs	1	latos	2	leihtis	12	libainai
7	laisein	1	laþaleiko	1	leihvaid	19	libainais
23	laiseinai	1	laþo	1	leihvan	14	libains
4	laiseinais	8	laþoda	1	leihvand	2	libais
2	laiseinim	4	laþodai	1	leihvid	12	libaiþ
1	laiseinins	4	laþon	66	leik	7	libam
3	laiseino	3	laþonai	103	leika	10	liban
4	laiseins	10	laþonais	1	leikain	1	liband
4	laiseis	3	laþondin	5	leikainai	1	libanda
4	laiseiþ	2	laþondins	1	leikaiþ	5	libandans
13	laisida	1	laþons	4	leike	3	libandei
1	laisidai	3	laþoþs	3	leikeina	3	libandin
4	laisjai	1	laubos	2	leikeinai	8	libandins
2	laisjaina	2	Laudeikaia	2	leikeinaim	3	libands
7	laisjan	1	Laudeikaion	1	leikeinon	1	libau
1	laisjand	1	Laudekaion	1	leikeins	1	ligandan
5	laisjandans	1	laudjai	2	leikeis	1	ligandane
3	laisjandin	2	lauf	1	leiki	1	ligandei
2	laisjandona	3	laugnida	1	leikinassaus	2	ligandein
12	laisjands	1	laugnjandam	1	leikinoda	2	ligando
2	laist	1	lauhatjandei	1	leikinodedi	5	ligiþ
6	laistei	1	lauhmoni	1	leikinon	3	ligr
1	laisteis	1	lauhmunja	1	leikinondans	4	ligra
4	laisteiþ	1	lauhmunjai	44	leikis	1	ligram
7	laistida	1	Lauidjai	1	lein	1	ligre
2	laistidedum	1	laun	3	leina	2	lima
9	laistidedun	1	launa	2	leitaidau	2	lisand
2	laistim	2	launawargos	27	leitil	1	lisanda
3	laistja	3	laune	1	leitila	1	listeigon
4	laistjai	1	launis	3	leitilai	2	listeigs
1	laistjaima	1	laus	5	leitilamma	2	listins
2	laistjais	5	lausa	2	leitilane	1	litai
2	laistjaiþ	2	lausai	1	leitilata	2	liteinins
5	laistjan	1	lausaim	1	leitils	3	liþiwe
3	laistjand	1	lausaiwaurdai	1	leiþu	4	liþjus
1	laistjandeins	2	lausana	2	lekeis	3	liþum

5	liþuns	2	lubjaleisei	4	mahte	1	malmin
4	liþus	1	ludja	2	mahtedeina	2	malo
10	liuba	1	luftau	4	mahtedi	1	Mambres
3	liubai	2	luftaus	2	mahtedum	1	mammonim
1	liubaleik	1	luftu	7	mahtedun	1	mammonin
1	liuban	1	Lukan	5	mahteig	2	mammons
2	liubana	5	lukarn	5	mahteiga	1	Mamres
10	liubans	1	lukarnastaþan	1	mahteigans	9	man
6	liubin	2	lukarnastaþin	2	mahteigin	18	manag
1	liubon	3	Lukas	1	mahteigo	21	managa
1	liudiþ	1	Lukius	2	mahteigons	71	managai
5	liuga	1	lun	13	mahteigs	14	managaim
2	liugada	3	lustau	8	mahteis	6	managaize
1	liugaida	1	lustaus	2	mahtim	2	managaizos
1	liugaidedun	1	lustjus	2	mahtins	1	managam
1	liugaidos	1	luston	13	mahts	10	managamma
4	liugaiþ	5	lustu	2	maidjandans	25	managans
3	liugan	11	lustum	1	maihstau	2	managduþs
3	liugand	7	lustuns	1	Mailaianis	38	managei
3	liuganda	2	lustusamans	1	maile	4	manageim
1	liugandans	2	lutondans	1	Mailkeins	56	managein
1	liugandau	1	Lwddomaeis	1	Mailkeis	1	manageino
1	liugands	1	Lwsaniaus	1	maimaitun	43	manageins
4	liugn	2	Lwstrws	1	maimbranans	1	managfalþ
1	liugnapraufetum	1	Maeinanis	66	mais	1	managfalþo
2	liugnawaurde	50	mag	1	Maisaullamis	4	managistans
2	liugnja	1	magandan	2	maist	1	managistons
1	liugnjam	2	magandans	1	maistam	3	managizam
1	liugnjans	1	magands	1	maistans	2	managizans
1	liugom	1	magaþai	1	maistin	1	managizeim
2	liugos	1	magaþais	1	maistins	2	managizein
3	liuhad	1	magaþein	2	maists	1	managizeins
8	liuhada	1	magau	1	maiþms	13	managizo
4	liuhadein	1	Magdalan	11	maiza	2	managjai
1	liuhadeins	7	Magdalene	1	maizei	2	managnaiþ
7	liuhadis	1	mageima	3	maizein	1	managnandei
15	liuhaþ	2	mageis	5	maizo	4	managniþ
2	liuhtida	7	mageiþ	1	maizona	5	managons
3	liuhtjai	5	magi	1	maizuh	11	managos
1	liuhtjando	1	magiwe	1	maizuþ-þan	1	managuþ-þan
1	liuta	1	magjau	2	Makaidonja	1	manamaurþrja
2	liutai	8	magt	2	Makaidonjai	4	manased
4	liutans	2	magu	1	Makedonais	10	manasedai
1	liutei	1	magud	1	Makeibis	4	manasedais
5	liutein	2	magula	3	Makidonai	3	manaseds
1	liuteiþ	6	magum	4	Makidonais	1	manaseidai
2	liuþarjos	8	magun	2	Makidoneis	2	manaseiþs
1	liuþo	1	magus	2	Makidonim	8	manaseþ
1	Lod	1	magutsu	6	Makidonja	9	manaseþs
2	Lodis	15	maguþ	2	Makidonjai	1	manaulja
2	lofam	1	Mahaþis	1	Makmas	1	manleika
2	lofin	20	maht	1	Malailaielis	2	manleikan
1	Lokan	16	mahta	1	malandeins	30	mann
1	lubainais	35	mahtai	1	Malkus	100	manna
1	lubjaleisai	15	mahtais	1	malma	1	mannahun

40	mannam	2	Marþan	1	maurþreiþ	2	merjaiþ
41	mannan	1	Marþins	4	maurþrjais	5	merjam
3	mannanhun	1	marzeins	1	maurþrjandam	8	merjan
10	mannans	5	marzjai	6	mawi	3	merjand
57	manne	6	mat	1	mawilo	1	merjandan
8	mannhun	3	mata	1	megs	13	merjands
1	manniska	2	mate	40	mein	2	merjau
1	manniskaim	3	matibalg	79	meina	4	mesa
1	manniskamma	7	matida	55	meinai	1	midgardiwaddju
1	manniskodaus	2	matidedeina	24	meinaim	1	mididdjedun
1	mannleikan	1	matidedi	4	meinaize	1	midja
74	mans	3	matidedum	4	meinaizo	1	midjai
1	manshun	8	matidedun	10	meinaizos	6	midjaim
2	manwei	1	matideduþ	56	meinamma	2	midjans
1	manweid	4	matins	24	meinana	1	midjasweipains
1	manweiþ	2	matis	6	meinans	2	midjungard
1	manwides	2	matja	4	meinata	2	midjungardis
1	manwido	7	matjai	22	meinis	7	midumai
1	manwiþ	4	matjaina	8	meinos	2	midumonds
2	manwiþai	1	matjais	35	meins	271	mik
1	manwiþo	7	matjaiþ	2	meki	7	mikil
1	manwja	2	matjam	1	mekilidedun	11	mikila
1	manwjaim	13	matjan	29	mel	1	mikilaba
1	manwjaima	5	matjand	29	mela	12	mikilai
1	manwjaiþ	1	matjandam	6	melam	6	mikilamma
4	manwjan	2	matjandan	1	melan	1	mikilana
2	manwjana	5	matjandans	2	mele	2	mikilans
1	manwjandans	1	matjandin	1	melei	1	mikilata
1	manwjata	6	matjands	1	meleiþ	1	mikilduþ
2	manwu	2	matjau	4	melida	2	mikilduþais
1	manwuba	1	matjid	1	melidai	1	mikilduþs
2	manwus	14	matjiþ	4	melis	1	mikileid
1	maran	3	mats	2	meliþ	3	mikilein
3	marei	2	Mattaþanis	8	melja	2	mikileins
33	marein	1	Mattaþiaus	1	meljaima	1	mikileiþ
2	mareins	1	Mattaþiwis	2	meljam	4	mikilidedun
1	Maria	1	Matþaiu	8	meljan	1	mikilids
7	Mariam	1	Matþatis	1	meljands	1	mikilin
1	Marian	3	maþa	1	mena	1	mikilins
2	Mariin	1	maþla	1	menoþ	1	mikilis
1	Mariins	1	maþlein	1	menoþis	1	mikilja
2	marikreitum	1	maþlja	4	menoþs	1	mikiljada
3	marisaiw	2	Maþþaiu	1	menoþum	1	mikiljaidau
15	Marja	1	Maþusalis	2	merei	3	mikiljandans
3	Marjan	1	maudeiþ	2	mereinai	1	mikiljands
2	Marjin	1	mauja	1	mereins	1	mikilnan
2	Marjins	2	maujai	3	mereiþ	2	mikilon
1	Markaillaus	2	maujos	7	merida	1	mikilos
1	Markailliaus	5	maurgin	1	meridedum	11	mikils
3	markom	1	maurgina	3	meridedun	1	mikilþuhtans
3	markos	1	maurgins	1	merids	1	mildiþo
4	Marku	4	maurnaiþ	1	Merila	2	milhma
2	Markus	1	maurnands	4	meriþa	4	milhmam
2	martwre	1	maurþr	2	merja	5	milhmin
6	Marþa	5	maurþra	4	merjada	1	militondans

1	miliþ	2	miþarbaidei	1	modis	1	Naitofaþeis
1	miluks	2	miþarbaididedun	9	Mose	1	naiw
1	mimz	1	miþfaginodedun	18	Moses	1	Nakoris
1	minnist	1	miþfaginoþ	2	Mosez	17	nam
2	minnista	3	miþfrahunþana	2	Moseza	46	namin
1	minnistan	1	miþgadauþnodedum	6	Mosezis	1	namins
2	minnistane	2	miþgaleikondans	2	mota	4	namna
1	minnistin	3	miþgaqiwida	2	motai	1	namnam
1	minnistono	1	miþgardawaddju	3	motareis	3	namne
2	minniza	1	miþgasatida	1	motari	3	namnida
2	minnizei	1	miþgasatidai	4	motarjam	2	namnidaize
1	minnizin	1	miþgaswiltan	4	motarje	1	namnidaizos
1	minnizins	1	miþgatauhans	7	motarjos	2	namnidans
1	minnizo	1	miþgatimridai	1	motastada	2	namnidon
5	mins	1	miþgawisandans	1	mukamodein	1	namnids
1	minz	2	miþiddjedun	2	mulda	2	namnjada
3	minznan	1	miþinngalaiþ	1	muldeina	1	namnjai
361	mis	2	miþinsandida	1	muldeinans	2	namnjaidau
3	missadedai	2	miþkauriþs	1	muldeins	26	namo
4	missadede	1	miþlibam	1	mun	1	namt
3	missadedim	1	miþlitidedun	6	muna	1	namuh
8	missadedins	1	miþmatjan	2	munaida	5	naqadai
1	missadeds	1	miþmatjiþ	1	munaidedun	3	naqadana
6	missaleikaim	1	miþniman	1	munaidedunuþ-þan	1	naqadei
1	missaleikom	1	miþ-ni-qam	1	munais	1	naqadein
1	missaleiks	1	miþqiþaina	1	munandane	2	naqaþs
3	missaqiss	1	miþrodidedun	3	munandans	1	nardaus
1	missataujandan	1	miþsatjau	1	munandin	3	nasei
73	misso	1	miþskalkinoda	2	munands	3	nasein
2	mitada	1	miþsokjan	1	munda	1	naseinai
1	mitade	1	miþstandandans	1	mundedun	11	naseinais
1	mitadjon	3	miþþan	1	mundoþ	2	naseins
1	mitads	1	miþþane	2	mundrein	6	nasjan
1	mitandans	23	miþþanei	1	munds	5	nasjand
9	mitaþ	1	miþþiudanom	3	muni	2	nasjandins
1	mitid	1	miþþiudanoma	2	munins	8	nasjandis
1	mitiþ	1	miþurraisida	3	muns	7	nasjands
2	mito	1	miþurraisidai	3	munþ	1	nati
1	mitoda	3	miþurrisuþ	12	munþa	6	natja
1	mitodedun	2	miþushramidans	1	munþis	1	natjan
1	mitodeduþ	1	miþushramiþs	4	munþs	1	Naþanis
2	miton	1	miþuskeinandans	1	Nabawis	1	Naubaimbair
1	mitond	1	miþwait	1	nadre	2	naudibandjo
1	mitondans	1	miþwas	1	Naem	2	naudibandjom
2	mitonds	1	miþweitwodjandein	1	Naggais	1	naudibandjos
1	mitone	2	miþwissei	1	Nahassonis	2	naudiþaurft
2	mitoneis	4	miþwisseim	16	naht	1	naudiþaurfts
4	mitonins	7	miþwissein	5	nahtam	1	Nauel
1	mitons	4	miþwisseins	5	nahtamat	2	Nauelis
4	mitoþ	2	mizdo	1	nahtamata	25	nauh
303	miþ	7	mizdon	2	nahtamatis	4	nauhþan
2	miþanakumbidedun	1	mizdono	6	nahts	14	nauhþanuh
2	miþanakumbjandam	2	mizdons	1	Naiman	1	nauhuþ-þan
1	miþanakumbjandane	1	moda	2	naiteinins	1	Naumis
1	miþanakumbjandans	2	modags	1	naiteinos	2	naus

7	nauþai	1	nimau	6	ogeiþ	4	praufetjam
1	nauþei	2	nimis	1	ogjan	1	praufetjand
4	nauþim	23	nimiþ	7	ogs	1	praufetjandei
1	nauþjada	1	nimuh	3	ohta	1	praufetjands
2	nauþjand	7	nis-sijai	15	ohtedun	2	praufetjans
1	nauþjandin	1	nis-slahuls	1	ohteigo	7	praufetu
1	nauþs	65	nist	1	Osaiin	4	praufetum
1	naweis	2	niþais	3	osanna	3	praufetuns
1	nawins	1	niþjans	2	paida	13	praufetus
1	nawis	1	niþjis	1	paidom	1	Priska
6	Nazaraiþ	1	niþjo	2	paidos	2	psalmo
2	Nazoraiau	1	niþjos	2	paintekusten	2	psalmom
3	Nazoraiu	1	niþ-þaim	12	Paitrau	1	psalmon
2	Nazoraius	10	niþ-þan	2	Paitraus	1	pugg
1	Nazoreinau	1	niþ-þatei	10	Paitru	1	pund
1	Nazorenai	74	niu	31	Paitrus	1	Puntiau
1	Nazorenu	1	niuhseinais	1	papa	2	qaino
12	ne	9	niuja	1	papan	1	qainodeduþ
1	nelv	1	niujaim	1	parakletu	1	qainon
27	nelva	2	niujaizos	3	parakletus	1	qainondam
1	nelvis	4	niujamma	1	paraskaiwe	2	qairrei
1	nelvjandans	3	niujans	1	paraskaiwein	8	qairrein
1	nelvundja	1	niujasatidana	6	paska	2	qairreins
7	nelvundjan	2	niujata	3	pasxa	3	qairrus
2	nelvundjin	3	niujin	2	Paunteau	1	qairu
1	nelvundjins	3	niujis	1	Pauntiau	72	qam
3	nei	1	niujiþai	1	paurpaurai	4	qamt
1	Neikaudaimau	4	niujo	2	paurpurai	1	Qartus
6	neiþa	1	niuklahai	1	paurpurodai	2	qast
3	neiþis	1	niuklahaim	1	paurpurodon	485	qaþ
1	Nekaudemus	1	niuklahein	5	Pawlaus	26	qaþuh
1	nemeina	5	niuklahs	21	Pawlus	5	qaþuþ-þan
1	nemeis	3	niun	1	peikabagme	2	qeins
3	nemi	4	niundon	7	Peilatau	1	qemeina
1	nemum	1	niune	25	Peilatus	3	qemi
8	nemun	2	niuntehund	1	pistikeinis	3	qemjau
4	nemuþ	1	niuntehundis	1	plapjo	32	qemun
1	Nerins	1	niutan	2	plat	24	qen
2	neþlos	1	niutau	1	plata	8	qenai
1507	ni	1	notin	2	plinsideduþ	7	qenais
43	niba	280	nu	1	plinsjandein	2	qenes
17	nibai	2	nuh	2	praitauria	3	qenins
2	nidwa	1	nuk-kannt	1	praitoria	14	qens
138	nih	8	nunu	2	praitoriaun	2	qeþeina
1	Nikaudemus	2	nutans	2	praizbwtairein	5	qeþi
4	nim	1	Nwmfan	1	praizbwtaireis	2	qeþjau
5	nimai	5	o	3	praufetau	136	qeþun
1	nimaina	1	Obeidis	4	praufetaus	6	qeþunuh
4	nimaiþ	1	Odueiins	7	praufete	2	qim
12	niman	5	og	2	praufetei	16	qima
4	nimand	1	ogandam	7	praufeteis	11	qimai
4	nimandans	2	ogandans	3	praufetes	2	qimaiu
2	nimandei	1	ogandei	2	praufetida	28	qiman
2	nimandin	3	ogands	1	praufetidedum	7	qimand
11	nimands	2	ogeis	2	praufetja	9	qimanda

2	qimandam	1	qiþiþa	4	raþjon	2	riurjan
7	qimandan	1	qiþu	1	raudai	1	riurjana
10	qimandans	2	qiþuh	1	raupidedun	1	riurjand
3	qimandei	1	qiþuhaftom	1	raupjan	2	riurjo
1	qimandein	1	qiþuhafton	4	raus	1	rodei
5	qimandin	1	qius	1	rausa	1	rodeid
33	qimands	2	qiwai	4	razda	3	rodeis
6	qimau	1	qiwaim	1	razdai	9	rodeiþ
1	qimi	2	qiwaize	2	razdo	45	rodida
1	qimid	1	qiwana	3	razdom	1	rodidane
43	qimiþ	2	qiwans	2	razdos	1	rodidedi
1	qinakund	1	qrammiþa	8	razn	2	rodidedjau
1	qinein	1	quam	5	razna	2	rodidedum
2	qineina	6	qum	1	raznis	4	rodidedun
19	qino	10	quma	2	reik	1	rodidona
4	qinom	2	qumana	1	reikam	3	rodiþ
10	qinon	2	qumanana	6	reike	14	rodja
4	qinono	1	qumans	1	reikinon	1	rodjada
9	qinons	2	qumis	2	reikinoþ	2	rodjai
1	qisteinai	1	qums	1	reikis	2	rodjaiþ
1	qistjan	1	rabbaunei	2	reikistin	5	rodjam
7	qiþ	8	rabbei	7	reikja	18	rodjan
136	qiþa	1	Ragawis	2	reikjam	4	rodjand
1	qiþada	3	ragin	1	reikjane	1	rodjandan
11	qiþai	2	ragina	2	reikje	2	rodjandans
1	qiþaima	1	raginam	1	reikjis	1	rodjandeins
1	qiþaina	3	ragineis	6	reiks	4	rodjandin
5	qiþais	1	raginjam	2	reirandei	2	rodjandins
3	qiþaits	2	raginondin	1	reiro	4	rodjands
5	qiþaiþ	1	rahnei	2	reirom	1	rohsn
10	qiþam	1	rahneiþ	1	reiron	2	rohsnai
29	qiþan	5	rahnida	1	Resins	1	Rufaus
1	qiþanana	1	rahnidai	2	rign	3	Rumai
18	qiþand	1	rahnidedun	1	rigneiþ	1	rumis
4	qiþandam	1	rahniþs	1	rignida	2	Rumonim
3	qiþandan	1	rahnjaidau	2	rikis	1	rums
1	qiþandane	2	rahnjaina	2	rimisa	3	run
65	qiþandans	2	rahnjaiþ	1	rinna	16	runa
11	qiþandei	1	rahnjanda	1	rinnaiþ	1	runai
3	qiþandeins	2	rahnjands	2	rinnand	2	runnjau
3	qiþandin	2	rahtoda	2	rinnandans	1	runnuþ
1	qiþandins	1	Raibaikka	1	rinnandins	7	runos
1	qiþando	1	raidida	2	rinnau	1	runs
91	qiþands	1	raidjandan	1	rinnon	368	sa
2	qiþanis	6	raihtaba	4	riqis	2	Sabailliaus
3	qiþano	1	raihtamma	4	riqiz	1	sabana
1	qiþanona	48	raihtis	8	riqiza	1	Sabaoþ
1	qiþanuh	2	raihtos	1	riqizein	1	sabbataus
7	qiþau	1	raisida	2	riqizeinai	4	sabbate
3	qiþaus	1	raka	1	riqizeiþ	3	sabbatim
2	qiþeina	1	Rama	8	riqizis	20	sabbato
1	qiþeiþ	4	rann	2	riurei	1	sabbatum
1	qiþiduh	1	rasta	4	riurein	1	sad
18	qiþis	1	raþizo	2	riurja	1	sada
79	qiþiþ	1	raþjo	1	riurjamma	7	sadai

1	sadans	17	saiwalai	1	samjandans	1	saurgos
1	Saddukaie	2	saiwalo	25	samo	1	Saurim
1	Saddukaieis	1	saiwalom	8	samon	1	Saurini
1	sads	4	saiwalos	2	samona	2	sauþ
292	saei	4	saiwe	1	samono	1	sauþo
1	saggqa	1	Saixaineiins	1	sandeiþ	1	Sedis
2	saggqjand	1	sak	8	sandida	1	sehveina
1	saggwa	2	sakan	1	sandidedun	2	sehvi
2	saggwim	2	sakjons	4	sandja	4	sehvum
1	saggwins	1	sakkau	4	sandjan	7	sehvun
1	sagq	1	sakkum	6	sandjandan	1	sehvuþ
22	sah	2	sakuls	5	sandjandin	48	sei
7	sahv	1	Salamis	6	sandjandins	1	Seidona
12	sahvazuh	1	Salaþielis	1	Saraipta	2	Seidonai
1	sahvt	1	salbo	1	Sarrin	1	Seidonais
110	sai	1	salboda	2	sarwa	4	Seidone
3	saiada	1	salbodes	3	sarwam	1	Seidonim
3	saian	1	salbon	7	sat	13	Seimon
3	saianans	1	salbonais	6	Satana	6	Seimona
1	saiand	2	salbonds	2	Satanan	1	Seimonau
1	saiandan	1	saldra	2	Satanas	1	Seimonaus
3	saiands	2	salida	5	Satanin	10	Seimonis
4	saihs	1	salidedun	2	Satanins	1	Seimonu
1	saihsta	4	saliþwos	1	satida	19	sein
1	saihstin	3	salja	1	satidai	45	seina
1	saihsto	1	saljada	1	satidedun	2	Seina
1	saihston	1	saljaina	2	satiþ	37	seinai
8	saihv	1	saljaiþ	2	satjaidau	1	seinaigairnai
3	saihva	6	saljan	1	satjaiþ	50	seinaim
2	saihvaima	2	saljand	2	satjiþ	9	seinaize
5	saihvaina	1	saljiþ	1	saþ	2	seinaizo
1	saihvaiþ	1	Salmonis	2	sau	21	seinaizos
3	saihvam	2	Salome	1	saud	65	seinamma
16	saihvan	5	salt	1	Saudauma	25	seinana
1	saihvand	3	salta	1	Saudaumim	18	seinans
5	saihvandans	2	saltada	3	Saudaumjam	2	seinata
2	saihvandeins	7	sama	1	Saudaumje	1	seinaze
3	saihvands	1	samafraþjai	1	saudim	26	seinis
1	saihvats	1	samakunjans	5	sauhte	9	seinos
2	saihvis	1	samalaud	3	sauhtim	1	seiteina
35	saihviþ	1	samaleika	4	sauhtins	2	seiþu
5	saiiþ	21	samaleiko	2	sauil	2	selei
1	saijands	2	samaleikoh	1	Saulaumon	9	selein
6	saijiþ	1	samaleikos	1	Saulaumonis	2	seljai
1	Sailaumis	2	samam	1	sauleis	1	seljamma
1	Saimaieinis	2	saman	1	sauls	1	sels
1	sainjau	11	samana	1	Saur	1	Semis
1	sair	4	samaqisse	1	Saurais	1	seneigana
2	sairam	1	Samareite	11	saurga	1	setun
1	Sairokis	2	Samareites	4	saurgai	8	si
1	saislep	1	Samarian	2	saurgaideduþ	5	siai
3	saiso	1	samasaiwalai	4	saurgaiþ	1	siais
1	saisost	4	samaþ	2	saurgan	1	siaiu
2	saiwa	9	samin	3	saurgandans	1	siau
23	saiwala	2	samjan	1	saurgom	1	sibakþanei

1	sibakþani	2	Siloamis	1	siukis	3	skatts
1	sibja	2	silubr	3	siukiþ	1	skaþaila
16	sibun	1	silubreina	8	siuks	2	skaþis
2	sibuntehund	1	silubreinaize	12	sium	2	skaþulans
2	sidau	1	silubreinam	7	siun	3	skaudaraip
1	sido	1	silubrinaize	3	siunai	1	skaunjai
1	sidu	1	silubris	1	siunins	1	skaurpjono
1	sidus	15	simle	1	siuns	3	skauta
1	sifai	2	sinapis	8	siuþ	1	skeimam
1	sifaida	140	sind	1	skabaidau	2	skeinan
1	sifaiþ	1	sineigos	1	skaban	1	skeinandei
2	siggwada	1	sineigs	2	skadau	1	skeiniþ
1	siggwan	7	sinistam	1	skadus	1	skeireins
3	siggwandans	1	sinistane	1	skaftida	1	skeiris
6	sigis	5	sinistans	2	skaidai	1	skeirs
1	sigislaun	1	sinteinan	2	skaidan	1	skerein
2	sigislauna	48	sinteino	1	skaidiþ	1	skewjandans
2	sigljands	2	sinteinom	24	skal	2	skildu
2	sigljo	7	sinþa	1	skaljos	1	skiliggans
1	sihw	13	sinþam	16	skalk	1	skiljam
65	sijai	3	Sion	6	skalka	7	skilliggans
4	sijaidu	10	siponeis	1	skalkam	1	skilligngans
16	sijaima	1	siponi	7	skalkans	16	skip
22	sijaina	1	siponida	1	skalke	17	skipa
17	sijais	41	siponjam	2	skalkinassaus	1	skipe
24	sijaiþ	11	siponjans	5	skalkinassus	1	skohe
1	sijaiþ-þan	16	siponje	2	skalkino	2	skohis
9	sijau	52	siponjos	1	skalkinoda	2	skohsla
2	siju	118	sis	1	skalkinodedum	2	skohslam
36	sijum	2	sit	1	skalkinodeduþ	2	skohsle
76	sijuþ	1	sitaiwa	1	skalkinoma	1	skoþ
173	sik	1	sitan	6	skalkinon	4	skufta
1	sikle	3	sitandam	2	skalkinona	1	skuggwan
42	silba	8	sitandan	1	skalkinondam	10	skula
17	silbam	3	sitandans	6	skalkinondans	1	skulam
64	silbaṅ	2	sitandeins	1	skalkinonds	1	skulan
43	silbans	1	sitandin	5	skalkinoþ	3	skulans
2	Silbanu	5	sitands	1	skalkis	16	skuld
2	Silbanus	3	sitlans	5	skalkos	13	skulda
1	silbasiunjos	2	sitlos	23	skalks	2	skuldai
2	silbawiljos	1	siud	2	skalt	1	skuldedeiþ
38	silbin	1	siujiþ	1	skaluþ-þan	1	skuldedi
6	silbins	3	siuka	3	skama	1	skuldedum
12	silbo	2	siukai	2	skamai	1	skuldedun
1	silbons	2	siukaim	1	skamaid	1	skuldo
3	sildaleik	4	siukam	2	skamaida	5	skulds
1	sildaleikeiþ	3	siukan	2	skamaidedeima	4	skuldu
6	sildaleikida	2	siukana	3	skamaiþ	2	skuleiþ
16	sildaleikidedun	3	siukands	2	skandai	5	skuli
1	sildaleikja	5	siukans	1	Skariotau	3	skuljau
1	sildaleikjandam	1	siukau	3	skatt	3	skulum
4	sildaleikjandans	1	siukei	4	skattans	4	skulun
1	sildaleikjandona	5	siukeim	4	skatte	3	skuluþ
1	sildaleiknan	4	siukein	1	skattjam	2	skura
1	sildaleiks	1	siukeins	1	skattjane	1	Skwþus

1	slah	1	snutraim	1	spillodedeina	1	steigiþ
2	slaha	1	snutrane	2	spillodedun	19	stibna
2	slahals	2	snutrein	2	spillondane	13	stibnai
1	slahandans	148	so	1	spinnand	2	stibnos
1	slahands	1	sô	1	spiwun	1	stigqan
4	slahim	6	soei	17	sprauto	1	stika
1	slahins	8	soh	2	spwreidans	8	stikl
1	slahis	1	sokareis	3	stabim	2	stikla
1	slahiþ	2	sokei	6	stad	2	stikle
1	slaihtaim	2	sokeins	12	stada	2	stiklis
1	slauhtais	28	sokeiþ	1	stade	2	stikls
1	slawaidedun	7	sokida	7	stadim	1	stilai
1	slawand	1	sokidedum	1	stadins	1	stiland
2	slawandein	15	sokidedun	1	stadis	4	stiur
2	sleidja	1	sokideduþ	1	stads	1	stiurjan
1	sleidjai	3	sokja	3	Staifanaus	2	stiurjand
4	sleiþa	2	sokjai	3	staigos	3	stiwitja
1	sleiþei	1	sokjan	7	stain	2	stiwitjis
1	slep	5	sokjand	14	staina	4	stoja
2	slepa	1	sokjandam	2	stainahamma	1	stojada
2	slepaima	8	sokjandans	7	stainam	1	stojai
2	slepand	1	sokjandona	2	stainans	1	stojaima
1	slepands	2	sokjands	2	staineinaim	1	stojaindau
5	slepiþ	2	soknim	1	staineiþ	4	stojaiþ
2	sliupand	4	soknins	1	stainiþs	7	stojan
3	sloh	3	sokun	1	stainjam	2	stojandan
3	slohun	1	Soseipatrus	2	stainos	1	stojau
1	smairþra	2	soþa	3	stains	1	stojid
3	smakkabagm	1	spaikulatur	1	stairnons	2	stojis
1	smakkabagma	1	spaiskuldra	3	stairo	10	stojiþ
1	smakkabagms	1	sparwam	2	stakins	1	stol
1	smakkane	1	sparwans	1	stammana	1	stolam
2	smakkans	1	spaurd	2	stand	1	stols
1	smalista	1	spaurde	1	standaiduh	3	stomin
2	smarnos	1	spaurdim	8	standaiþ	5	stoþ
1	smwrna	1	spedista	6	standan	1	stoþuh
3	snagan	3	spedistaim	1	standand	1	stoþun
1	snagin	1	spedistamma	4	standandane	2	strawidedun
1	snagins	1	spedistana	3	standandans	1	striks
1	snaiws	1	spedistans	1	standandei	1	stubju
1	snauh	9	spedistin	2	standandona	1	sugqun
2	sneiþam	1	spedumista	8	standands	1	suljom
1	sneiþand	1	speidizei	5	standiþ	8	sum
1	sneiþands	1	speiwan	10	staþ	4	suma
1	sneiþis	1	speiwand	2	staþa	52	sumai
10	sneiþiþ	1	speiwands	1	staþs	10	sumaih
2	sniumei	1	spewands	16	staua	5	sumaim
1	sniumidedum	1	spidistaim	8	stauai	2	sumaimuþ-þan
1	sniumjandans	1	spilda	4	stauastola	3	sumaiþ-þan
2	sniumjands	4	spildom	1	stauidedeima	1	sumaiuþ-þan
2	sniumundo	3	spilla	1	stauides	4	sumaize
2	sniumundos	2	spillam	1	stauin	1	sumaizeh
1	sniwaiþ	2	spille	8	stauos	3	sumamma
1	sniwiþ	1	spilli	1	stautai	1	sumammuh
1	snorjon	1	spillo	1	stautandin	9	suman

4	sumana	2	swaihro	3	swesans	1	swumfsl
8	sumans	2	swaihron	2	swesata	1	swumsl
2	sumansuþ-þan	2	swalaud	4	swesona	1	tagl
2	sumanuh	3	swalauda	47	sweþauh	1	tagla
1	sumanzuh	3	swaleik	1	swibla	1	taglam
1	sumanzuþ-þan	9	swaleika	1	swigljans	2	tagra
3	sumata	6	swaleikai	2	swiglodedum	3	tagram
1	sumis	8	swaleikaim	1	swigniþai	1	tagre
35	sums	4	swaleikaize	1	swignjai	1	tagrida
1	sumsuh	4	swaleikamma	1	swignjan	4	tahida
2	sumuþ-þan	9	swaleikana	1	swikn	1	tahjands
1	sumzuþ-þan	5	swaleikans	1	swikna	1	tahjiþ
18	sunau	3	swaleikata	1	swiknaba	3	taihswai
91	sunaus	3	swaleikos	2	swiknana	6	taihswo
11	sundro	5	swaleiks	2	swiknei	12	taihswon
18	suniwe	1	swalt	5	swiknein	2	taihswona
41	sunja	1	swam	3	swikniþai	1	taihswons
1	sunjaba	1	swamm	2	swiknos	11	taihun
51	sunjai	1	swarais	7	swikunþ	1	taihundon
1	Sunjaifriþas	4	swaran	6	swikunþa	2	taihuntaihund
1	sunjana	2	swarands	6	swikunþaba	1	taihuntaihundfalþ
1	sunjein	17	sware	3	swikunþai	1	taihuntehund
3	sunjeina	1	swarei	2	swikunþans	1	taihuntewjam
2	sunjeinai	1	swart	2	swikunþos	6	taikn
1	sunjeinan	1	swartiza	3	swikunþs	1	taiknai
2	sunjeino	1	swartizla	4	swinþai	5	taikne
7	sunjeins	215	swaswe	1	swinþan	2	taikneis
2	sunjoma	1	swaþ-þan	1	swinþein	2	taikneiþ
2	sunjon	1	swau	4	swinþeins	2	taiknim
2	sunjonai	202	swe	1	swinþis	7	taiknins
21	sunjos	1	swegneid	2	swinþnoda	1	taiknjandan
37	sunjus	1	swegnida	1	swinþos	1	taiknjandans
2	sunnin	1	swegniþa	3	swinþoza	2	taikns
4	sunno	7	sweina	1	swinþozans	1	taine
1	sunnon	5	sweine	6	swistar	5	tainjons
47	suns	1	swekunþamma	3	swistrjus	1	Tairtius
20	sunsaiw	1	swera	1	swistrs	3	taitok
6	sunsei	4	swerai	4	swistruns	2	taitrarkes
27	sunu	1	sweraidau	2	Swmaion	1	taleiþa
12	sunum	1	sweraim	1	Swmaions	2	talzeinai
5	sununs	2	sweraina	2	swnagogafada	2	talzidai
89	sunus	3	sweraiþ	1	swnagogafade	3	talzjaiþ
1	supuda	2	swerand	1	swnagogafadis	6	talzjand
1	suqnis	2	swerans	1	swnagogai	4	talzjandans
1	Susanna	7	sweriþa	3	swnagogais	2	talzjands
2	sutis	3	sweriþai	2	swnagoge	1	tandeiþ
5	sutizo	2	sweriþo	1	swnagogei	1	tandjands
1	sutja	3	sweriþos	6	swnagogein	1	tarmei
1	suþjandans	1	swers	4	swnagogen	1	tauhans
1	suþjondans	4	swes	2	swnagogim	1	tauhun
126	swa	8	swesa	1	Swntwkein	3	taui
33	swaei	1	swesai	4	swogatjam	19	tauja
12	swah	10	swesaim	2	swor	6	taujai
1	swaif	5	swesamma	1	Swriais	4	taujaid
1	swaihra	3	swesana	1	swultawairþja	4	taujaima

2	taujaina	2	tiuhand	5	twalibe	2	þairhgaggiþ
4	taujais	5	tiuhanda	3	twalibim	1	þairhgaleikoda
21	taujaiþ	1	tiuhandans	1	twalibwintrus	1	þairhiddja
34	taujan	1	tiuhandei	13	twalif	2	þairhiddjedun
8	taujand	2	tiuhiþ	22	twans	1	þairhlaiþ
1	taujandam	2	Tobeias	1	tweifl	1	þairhleiþan
1	taujandan	1	Tobeiin	2	tweiflein	4	þairhleiþands
1	taujandane	4	toja	1	tweifleinai	2	þairhsaiƕandans
16	taujandans	1	tojam	1	tweifljan	1	þairhwakandans
1	taujandein	1	Trakauneitidaus	1	tweihnaim	1	þairhwis
2	taujandin	3	Trauadai	1	tweihnos	1	þairhwisa
15	taujands	1	trauaida	1	twisstandands	1	þairhwisai
2	taujats	1	trauaidedun	1	twisstasseis	1	þairhwisis
14	taujau	4	trauain	1	twistandands	5	þairhwisiþ
3	taujid	8	trauainai	1	twistasseis	2	þairko
12	taujis	2	trauains	1	Twkeiku	1	þairwakands
35	taujiþ	2	trauan	2	Twkeikus	3	Þaissalauneikai
5	tawei	2	trauandans	1	Twkekus	2	Þaissalauneikaie
7	tawida	2	trausteis	8	twos	3	Þaissalauneikaium
3	tawidedeina	5	triggw	1	Twra	1	Þaissalaunekaium
1	tawidedeiþ	5	triggwa	2	Twrai	2	þaiþ-þan
2	tawidedun	2	triggwaba	4	Twre	344	þamma
4	tawideduþ	2	triggwai	1	Twrim	109	þammei
1	tawidideina	3	triggwaim	1	Þaddaiu	4	þammuh
1	Teibairiaus	1	triggwana	12	þadei	525	þan
2	teikais	2	triggwin	1	þaggkeiþ	181	þana
1	Teimaiaus	1	triggwis	2	þagkjai	11	þanamais
5	Teimauþaiau	8	triggwos	3	þagkjan	34	þanaseiþs
6	Teimauþaiu	13	triggws	1	þagkjandam	13	þande
5	Teimauþaius	2	trigon	2	þagkjandans	7	þandei
4	Teitau	2	triwam	1	þagkjandei	1	þane
4	Teitaun	1	triweina	2	þagkjau	73	þanei
6	Teitaus	1	trudan	1	þahai	1	þank
6	Teitu	1	trudand	1	þahaida	1	þankeiþ
5	Teitus	1	tugglam	1	þahaidedi	24	þannu
2	tekands	1	tuggo	2	þahaidedun	142	þans
1	tekiþ	1	tuggon	2	þahainai	92	þanuh
1	tewai	1	tuggons	1	þahands	2	þanuþ-þan
1	Tibairiadau	2	tulgiþa	1	þahons	25	þanzei
1	Tibairiade	1	tulgiþo	2	þahta	1	þanzuh
1	tigiwe	2	tulgjai	4	þahtedun	2	þar
3	tigum	3	tulgjan	274	þai	1	þarb
9	tiguns	1	tulgjandin	1	Þaiaufeilu	1	þarbai
1	til	1	tulgus	86	þaiei	2	þarbam
2	timbrjan	1	tundnau	3	þaih	1	þarbane
8	timreinai	1	tunþau	258	þaim	1	þarbans
1	timreinais	1	tunþiwe	43	þaimei	4	þarbom
1	timreiþ	1	tunþu	4	þaimuh	2	þarbos
1	timridedun	1	tunþuns	206	þairh	37	þarei
2	timrja	1	tuzwerjai	1	þairharbaidjandans	3	þarf
1	timrjada	7	twa	1	þairhberi	1	þarft
1	timrjaiþ	6	twaddje	2	þairhgagga	1	þarihis
2	timrjandin	8	twai	1	þairhgaggaima	1	Þarins
2	timrjans	11	twaim	3	þairhgaggan	75	þaruh
2	tiuhan	2	twalib	1	þairhgaggands	483	þata

2	þatalvah	24	þein	12	þiudo	2	Þoman
2	þatain	49	þeina	24	þiudom	2	Þomas
5	þat-ain	29	þeinai	21	þiudos	47	þos
1	þataine	4	þeinaim	5	þiujai	1	þoze
35	þatainei	6	þeinaize	1	þiujo	13	þozei
651	þatei	2	þeinaizo	3	þiujos	4	þrafstei
10	þat-ist	2	þeinaizos	1	þiumagaus	1	þrafsteinais
17	þatuh	46	þeinamma	1	þiumagu	3	þrafsteiþ
16	þatuþ-þan	27	þeinana	4	þiumagus	1	þrafstidedun
11	þaþro	7	þeinans	19	þiuþ	1	þrafstjaiþ
2	þaþroei	8	þeinata	2	þiuþa	1	þrafstjandans
20	þaþroh	7	þeinis	1	þiuþe	1	þrafstjands
5	þaþroþ-þan	6	þeinos	5	þiuþeiga	1	þragida
82	þau	25	þeins	1	þiuþeigaim	1	þragjai
6	þauh	1	þewisa	1	þiuþeigamma	2	þragjands
3	þauhjabai	1	þewisam	2	þiuþeigana	2	þraihanai
2	þaurbandin	170	þis	1	þiuþeigins	1	þraihans
1	þaurbeima	8	þishun	2	þiuþeigo	1	þraiheina
1	þaurbeiþ	6	þisvaduh	5	þiuþcigs	2	þraihun
6	þaurbum	16	þisvah	6	þiuþeinai	1	þramsteins
4	þaurbun	2	þisvammeh	1	þiuþeinais	1	þrasabalþein
2	þaurbuþ	1	þisvanoh	7	þiuþida	1	þreihand
1	þaurfta	2	þisvaruh	4	þiuþido	5	þreihanda
2	þaurftai	1	þisvazuh	1	þiuþiqissais	1	þreihandein
3	þaurftais	1	þisvizuh	2	þiuþis	2	þreihslam
1	þaurfte	1	þiube	4	þiuþiþs	2	þridja
2	þaurftos	1	þiubja	4	þiuþjaiþ	4	þridjan
1	þaurftozo	2	þiubjo	1	þiuþjands	5	þridjin
1	þaurfts	3	þiubos	1	þiuþspilloda	5	þridjo
1	þaurneina	4	þiubs	1	þiwadw	1	þrija
1	þaurneinan	2	þiuda	1	þiwe	3	þrije
1	þaurniwe	1	þiudai	4	þiwi	9	þrim
2	þaurnjus	6	þiudan	1	þiwos	12	þrins
3	þaurnum	3	þiudana	125	þizai	1	þriskandan
3	þaurnuns	2	þiudanam	28	þizaiei	1	þriskandin
1	þaurp	1	þiudane	134	þize	2	þroþei
1	þaurseiþ	21	þiudangardi	15	þizeei	5	þrutsfill
1	þaursidai	23	þiudangardja	51	þizei	4	þrutsfillai
1	þaursja	11	þiudangardjai	2	þizeiei	1	þrutsfillis
3	þaursjai	1	þiudangardjom	7	þizo	109	þu
1	þaursjana	13	þiudangardjos	52	þizos	3	þû
1	þaurstein	5	þiudanis	19	þizozei	1	þuei
1	þaursus	1	þiudanodedeiþ	4	þizuh	1	þuggkeiþ
3	þe	1	þiudanodeduþ	1	þlahsjandans	1	þuggkjand
4	þeei	3	þiudanon	1	þlaqus	11	þugkeiþ
29	þei	1	þiudanondane	1	þlauhs	5	þugkjaima
1	þeihais	1	þiudanos	2	þliuh	1	þugkjand
1	þeihan	1	þiudanoþ	2	þliuhais	2	þugkjandam
4	þeihand	18	þiudans	1	þliuhaiþ	2	þugkjandans
1	þeihandei	1	þiudinassau	1	þliuhan	5	þuhta
1	þeihando	3	þiudinassaus	1	þliuhand	3	þuhtaus
1	þeihs	6	þiudinassu	1	þliuhiþ	1	þuhtedi
1	þeihsa	1	þiudinassuns	323	þo	2	þuhtedun
1	þeilvon	1	þiudinassus	94	þoei	1	þuhtu
1	þeilvons	1	þiudisko	1	þoh	1	þuhtuþ-þan

144	þuk	1	ubuhwopida	2	ufarwisandam	4	ufkunþedun
1	þukei	1	udaga	2	ufbaulidai	2	ufkunþes
4	þulain	43	uf	1	ufblesada	12	ufkunþja
5	þulainai	1	ufaiþjai	2	ufblesans	1	ufkunþjis
2	þulainais	50	ufar	1	ufbrann	1	ufligaiþ
5	þulaine	27	ufarassau	1	ufbrikan	1	ufligand
2	þulaiþ	5	ufarassaus	1	ufbrikands	5	ufmelida
1	þulan	1	ufarassiþ	6	ufbrikiþ	2	ufrakei
1	þulandans	1	ufarassjai	1	ufdaupidai	2	ufrakida
2	þulau	1	ufarassjaiþ	1	ufdaupidamma	1	ufrakjai
156	þus	1	ufarassjan	1	ufdaupiþs	3	ufrakjands
4	þusundi	1	ufarassjando	2	ufdaupjands	1	ufsaggqiþs
1	þusundifadim	3	ufarassu	2	ufgaurdanai	1	ufsagqiþs
1	þusundifaþs	9	ufarassus	2	ufgraband	1	ufslaup
1	þusundjo	1	ufarfulla	1	ufhaband	2	ufsliupandane
3	þusundjom	1	ufarfullein	3	ufhausein	1	ufsnaist
7	þusundjos	2	ufarfulliþs	4	ufhauseinai	1	ufsnaiþ
1	þusundjus	2	ufarfulljandans	1	ufhauseins	1	ufsneiþai
3	þuthaurna	1	ufargaggai	3	ufhauseiþ	1	ufsneiþiþ
2	þuthaurneiþ	3	ufargaggan	2	ufhausidedun	1	ufsniþans
2	þuzei	1	ufargudjam	4	ufhausjai	1	ufstrawidedun
1	þwah	1	ufargutana	1	ufhausjaina	1	ufswalleinos
2	þwahan	1	ufarhafjands	6	ufhausjaiþ	1	ufswogjands
1	þwahand	2	ufarhafnau	2	ufhausjan	19	ufta
1	þwahl	2	ufarhamon	6	ufhausjand	1	ufto
1	þwahla	1	ufarhauhiþs	1	ufhausjandam	1	ufþanjam
2	þwairhaiþ-þan	1	ufarhauseino	4	ufhausjandans	2	ufþanjands
2	þwairhei	2	ufarhiminakunda	2	ufhausjandona	1	ufwaira
13	þwairhein	2	ufarhiminakundans	2	ufhausjands	3	ufwopida
5	þwairheins	2	ufarhleiþrjai	1	ufhlohjanda	3	uggkis
2	þwairhs	2	ufarhugjau	2	ufhnaiwein	3	ugkis
1	þwalh	1	ufariddja	5	ufhnaiwida	1	uhtedun
2	þwastiþa	2	ufarist	2	ufhnaiwjan	1	uhteigai
2	þwmiamins	1	ufarjaina	1	ufhnaiwjandin	1	uhteigo
2	þwohi	1	ufarlagida	3	ufhropida	1	uhtiug
18	ubil	1	ufarlaiþ	3	ufhropjands	1	uhtwon
10	ubila	1	ufarmaudein	1	Ufitahari	2	ulbandau
2	ubilaba	1	ufarmeleins	2	ufjo	1	ulbandaus
2	ubilai	2	ufarmeli	1	ufkunna	1	unagandans
3	ubilaim	1	ufarmeliþ	1	ufkunnai	2	unagands
6	ubilaize	1	ufarmiton	1	ufkunnaida	1	unagein
2	ubilaizo	1	ufarmunnodedun	2	ufkunnaidai	1	unairknai
6	ubilamma	4	ufarmunnonds	1	ufkunnaidau	2	unairknaim
1	ubilan	9	ufaro	13	ufkunnaiþ	1	unairknans
1	ubilana	1	ufarranneinim	1	ufkunnan	1	unaiwiskana
3	ubilans	1	ufarskadweid	1	ufkunnand	1	unanasiuniba
6	ubilin	1	ufarskadwida	2	ufkunnandam	2	unandhuliþ
3	ubilis	1	ufarskadwjands	4	ufkunnandans	1	unandsakana
1	ubilona	1	ufarskafts	1	ufkunnandei	1	unandsok
3	ubilos	1	ufarstigun	4	ufkunnands	1	unatgaht
3	ubils	1	ufarswarais	2	ufkunnau	2	unbairandane
2	ubiltojis	1	ufarswaram	6	ufkunþa	1	unbairandei
1	ubilwaurdjan	1	ufartrusnjandans	1	ufkunþedi	3	unbarnahs
1	ubilwaurds	1	ufarþeihandei	1	ufkunþedjau	1	unbauranamma
1	ubizwai	2	ufarwahseiþ	4	ufkunþedum	1	unbeistein

1	unbeistjodai	4	ungalaubjandin	2	unkunnandans	19	unsaraim
1	unbiarja	1	ungalaubjandins	1	unkunnandin	1	unsaraize
1	unbilaistidai	2	ungalaubjando	1	unkunnands	12	unsaraizos
1	unbimaita	3	ungalaubjands	2	unkunþai	34	unsaramma
2	unbimaitanai	2	ungaraihtein	1	unkunþi	14	unsarana
2	unbrukjai	1	ungasaiƕanamma	2	unkunþs	3	unsarans
76	und	1	ungasaiƕanane	4	unledai	58	unsaris
1	undar	3	ungasaiƕanis	5	unledaim	4	unsaros
1	undaristo	3	ungasaiƕanona	1	unledaize	2	unsel
1	undarleijin	1	ungastoþai	1	unledam	9	unselein
2	undaro	3	ungatassaba	1	unledane	7	unseleins
1	undaurnimat	1	ungatassans	5	unledans	1	unselja
2	undgreip	2	ungatewidai	2	unledi	2	unseljai
1	undgreipan	2	ungawagidai	1	unledin	1	unseljam
1	undgreipandans	1	unhabandans	2	unledja	2	unseljin
2	undgreipands	2	unhabandin	1	unleds	1	unseljins
3	undgripun	1	unhailai	1	unliubon	3	unsibjaim
4	undiwanein	3	unhailans	1	unliugaida	1	unsibjona
1	undredan	1	unhaili	1	unliugands	83	unsis
1	undrinnai	1	unhailja	1	unliuta	2	unsutjam
1	undrunnun	1	unhanduwaurhta	1	unliutons	2	unsweibandans
1	unfagram	2	unhanduwaurhtana	1	unlustau	1	unsweibando
1	unfairinodaba	4	unhindarweisai	1	unmaht	2	unsweibands
2	unfairinona	1	unhrain	2	unmahteig	1	unswerai
1	unfairlaistidon	2	unhrainein	1	unmahteiga	1	unsweraim
1	unfaurjos	2	unhrainiþa	1	unmahteigai	1	unsweraiþ
1	unfaurweisane	3	unhrainiþai	3	unmahteigam	1	unswerandans
1	unfraþjandein	4	unhrainiþos	1	unmahteigana	2	unswerein
2	unfreideinai	4	unhrainja	1	unmahteigans	1	unsweriþai
1	unfrodai	1	unhrainjaim	2	unmahteigo	1	unswers
2	unfrodana	1	unhrainjaize	2	unmahteigs	1	unswikunþozei
1	unfrodans	2	unhrainjam	2	unmahtim	2	untalaim
2	unfrodein	4	unhrainjamma	1	unmahtins	1	untalans
2	unfrodeins	3	unhrainjana	1	unmanariggwai	2	untalons
1	unfroþans	2	unhrainjans	1	unmanarigwai	461	unte
1	ungafairinoda	3	unhrainjin	2	unmanwjans	2	untilamalskai
1	ungafairinodai	3	unhrains	2	unmildjai	1	untriggwa
2	ungafairinodos	2	unhulþa	2	unnutjans	1	untriggws
3	ungafairinonds	1	unhulþans	1	unqenidam	1	unþaþlauh
1	ungafairinoþs	5	unhulþin	2	unqeþja	1	unþaþliuhand
2	ungahabandans	7	unhulþins	5	unriurein	1	unþiudom
1	ungahobainais	3	unhulþo	2	unriureins	6	unþiuþ
1	ungaƕairba	2	unhulþom	2	unriurjai	3	unþiuþa
4	ungaƕairbai	10	unhulþon	1	unriurjamma	1	unþiuþis
7	ungakusanai	4	unhulþono	1	unriurjana	1	unþiuþjaiþ
1	ungalaubamma	21	unhulþons	1	unrodjandan	2	unþwahanaim
1	ungalaubein	2	unhunslagai	1	unrodjandans	1	unufbrikandans
6	ungalaubeinai	1	unƕapnandin	1	unrodjands	2	unuhteigo
7	ungalaubeinais	2	unƕapnando	190	uns	1	unuslaisiþs
5	ungalaubjandam	1	unƕeilo	1	unsahtaba	1	unusspilloda
1	ungalaubjandan	1	unkarja	1	unsaiƕandans	1	unusspillodons
5	ungalaubjandane	1	unkarjans	1	unsaltan	1	unwaha
2	ungalaubjandans	1	unkaureinom	32	unsar	2	unwairþaba
1	ungalaubjandei	1	unkjane	37	unsara	2	unwamma
2	ungalaubjandein	1	unkunnandam	18	unsarai	2	unwammai

2	unwammans	1	usagidai	1	usdribans	1	usgaggando
1	unwammeins	1	usagljai	1	usdribeina	1	usgaggandona
2	unwaurstwons	1	usaiwida	1	usdribun	9	usgaggands
1	unweis	2	usalþanaizo	1	usdrusteis	1	usgaggis
1	unweisai	2	usbairan	1	usdrusuþ	4	usgaggiþ
3	unweisans	1	usbairands	1	usfaifraisi	1	usgaisiþs
1	unweniggo	2	usbairid	2	usfairina	1	usgebeina
2	unwerein	2	usbalþeins	2	usfairinans	2	usgeisnodedum
1	unwerida	2	usbar	1	usfairinona	7	usgeisnodedun
1	unwerjan	1	usbaugeiþ	1	usfarþon	1	usgiba
1	unwissamma	1	usbauhta	1	usfilha	1	usgibaima
5	unwita	1	usbauhtai	3	usfilhan	1	usgibais
2	unwitandans	1	usbauhtedi	1	usfilhands	6	usgiban
1	unwitands	2	usbauhtedun	2	usfilmans	1	usgiband
3	unwitans	1	usbeida	2	usfilmei	1	usgibandans
3	unwiti	2	usbeidam	2	usfodein	1	usgibands
2	unwitjis	1	usbeidandam	2	usfratwjan	1	usgibis
1	unwunands	2	usbeidands	2	usfullei	8	usgibiþ
19	urrais	9	usbeisnai	2	usfulleinais	1	usgif
2	urraiseiþ	2	usbeisnei	2	usfulleins	1	usgildada
12	urraisida	1	usbeisneiga	3	usfulleiþ	1	usgildai
3	urraisidedun	1	usbeisneigai	5	usfullida	3	usgildan
3	urraisja	2	usbeisnein	3	usfullidedi	1	usgildiþ
1	urraisjai	1	usbida	2	usfullidedun	2	usgrabandans
2	urraisjan	1	usblaggw	4	usfulliþ	1	usgrof
2	urraisjandin	3	usbliggwandans	2	usfulliþs	10	usgrudjans
3	urraisjands	1	usbliggwands	2	usfullja	1	usguldan
15	urrann	2	usbloteinai	4	usfulljada	3	usgutniþ
1	urranneiþ	1	usbluggwans	2	usfulljaidau	1	ushafan
1	urrant	1	usbluggwun	1	usfulljais	1	ushafanaizos
2	urrediþ	1	usbraidida	7	usfulljan	1	ushafei
11	urreis	3	usbruknodedun	1	usfulljanda	1	ushafjan
1	urreisa	2	usbugjandans	2	usfulljandins	2	ushafjandans
2	urreisan	1	usbugjands	1	usfulljando	6	ushafjands
9	urreisand	2	usdaudana	1	usfullnau	1	ushaihah
3	urreisandin	1	usdaudei	5	usfullnoda	1	ushaista
7	urreisands	12	usdaudein	1	usfullnodedeina	2	ushaitandans
4	urreisiþ	2	usdaudeins	5	usfullnodedi	1	ushanþ
1	urrinnai	1	usdaudida	3	usfullnodedun	1	ushauheiþ
1	urrinnandane	1	usdaudidedeina	1	usfulnai	2	ushauhida
2	urrinnandin	1	usdaudjaina	3	usfulnodedun	1	ushauhido
1	urrinnando	2	usdaudjam	8	usgagg	3	ushauhjada
3	urrinniþ	2	usdaudjandans	3	usgaggai	1	ushauhjaindau
2	ur-riqiza	4	usdaudjands	2	usgaggaiþ	1	ushauhjan
2	urrisanana	4	usdaudo	2	usgaggam	1	ushauhnai
1	urrist	2	usdaudoza	4	usgaggan	1	ushauhnan
1	urrisun	2	usdaudozan	1	usgaggana	1	ushlaupands
1	urrugkai	1	usdraus	3	usgaggand	3	ushof
2	urrumnaiþ	1	usdrebi	2	usgaggandam	1	ushofon
1	urrumnoda	2	usdreiban	2	usgaggandan	1	ushofun
2	urrunnun	2	usdreibandan	13	usgaggandans	1	ushraineiþ
1	urrunnuþ	1	usdreibands	2	usgaggandei	4	ushramei
2	urruns	1	usdreibeina	2	usgaggandein	1	ushramidan
2	urrunsa	1	usdreibiþ	1	usgaggandeins	1	ushramidana
391	us	1	usdribana	4	usgaggandin	1	ushramidedeina

4	ushramidedun	2	usliþan	4	usqimiþ	4	usstassais
7	ushramiþs	1	usliþi	1	usqissai	1	ussteigan
2	ushramjan	7	usliþin	2	usqisteiþ	1	ussteigandans
1	ushramjandans	2	usliþun	1	usqistidedeina	1	ussteigands
1	ushrisjaiþ	1	usluka	1	usqistidedi	1	ussteigiþ
1	ushuloda	1	uslukai	1	usqistiþs	1	usstigun
28	usiddja	1	uslukaindau	3	usqistjan	1	usstiurei
10	usiddjedun	1	uslukan	1	usqiþan	1	usstiureins
6	usiddjeduþ	2	uslukanai	1	usrumnoda	1	usstiuriba
2	uskannjaima	3	uslukands	4	ussalƕ	8	usstoþ
1	uskannjan	2	uslukiþ	1	ussaiƕ	1	usstoþi
1	uskeinand	1	uslukn	1	ussaiƕan	1	ussuggwud
1	uskeinoda	1	usluknans	2	ussaiƕand	3	ussuggwuþ
1	uskijanata	6	usluknoda	1	ussaiƕandins	1	ustaig
1	uskiusa	4	usluknodedun	4	ussaiƕands	2	ustaiknein
1	uskiusada	1	uslunein	2	ussaiƕau	1	ustaikneinais
1	uskiusaiþ	2	usluto	1	ussaljan	2	ustaikneins
1	uskiusan	4	uslutoda	1	ussandida	1	ustaikneiþ
1	uskunþ	1	uslutondin	1	ussandjai	7	ustaiknida
2	uskunþa	1	uslutondins	1	ussat	2	ustaiknideduþ
1	uskunþana	1	uslutonds	1	ussatei	1	ustaikniþs
1	uskunþs	2	uslutoþs	1	ussateinai	1	ustaiknja
3	uskusanai	2	usmaitada	4	ussatida	1	ustaiknjan
2	uskusans	1	usmaitaindau	1	ussatidamma	6	ustaiknjandans
2	uskusun	1	usmaitans	1	ussatidedun	2	ustaiknjandin
3	uslagida	1	usmaitau	2	ussatjai	1	ustandiþ
1	uslagidedun	1	usmaitaza	1	usselƕi	1	ustassai
1	uslagjan	2	usmanagnoda	1	ussiggwaid	19	ustauh
1	uslagjand	1	usmeitum	4	ussiggwaidau	2	ustauhan
1	uslagjands	1	usmeridedun	1	ussiggwis	2	ustauhana
1	uslagjiþ	1	usmernoda	1	ussindo	3	ustauhanai
3	uslaisidai	5	usmeta	2	usskarjaindau	1	ustauhanaim
1	uslaiþ	2	usmete	1	usskarjiþ	3	ustauhans
4	uslaubei	2	usmetis	1	usskawai	1	ustauhi
4	uslaubida	3	usmetum	2	ussok	1	ustauhtai
1	uslaubidedi	1	usmetun	2	ussokei	2	ustauhtais
2	uslaubja	1	usmitaiþ	2	ussokeiþ	2	ustauhts
1	uslaubjandein	1	usmitan	1	ussokja	2	ustauhun
7	uslauk	3	usnam	1	ussokjada	5	ustiuhada
1	uslausei	3	usnemun	1	ussokjaidau	2	ustiuhai
1	uslausein	2	usnemuþ	1	ussokjandans	1	ustiuhaima
2	uslauseinais	2	usnimada	1	usspillo	4	ustiuhaiþ
1	uslausida	1	usnimais	1	usspillodedun	6	ustiuhan
1	uslausidedi	1	usnimands	1	usstagg	1	ustiuhandam
1	uslausjaidau	5	usnimiþ	4	usstaig	2	ustiuhandans
1	uslausjaindau	1	us-nu-gibiþ	2	usstandan	3	ustiuhands
1	usleiþ	1	usnumans	5	usstandand	4	ustiuhiþ
2	usleiþa	1	usqam	1	usstandandam	2	ustoþ
1	usleiþam	2	usqemeina	1	usstandandans	1	usþriutandans
3	usleiþan	3	usqemun	2	usstandandei	2	usþriutiþ
1	usleiþandin	1	usqimai	14	usstandands	2	usþroþeins
1	usleiþands	1	usqimam	1	usstandans	1	usþroþiþs
2	usleiþiþ	11	usqiman	4	usstandiþ	2	usþulaida
1	usletan	3	usqimand	7	usstass	1	usþulaidedeiþ
3	usliþa	2	usqimandans	6	usstassai	1	usþulaideduþ

3	usþulainai	26	ut	1	wailameri	16	wairþs
7	usþulaiþ	15	uta	3	wailamerida	3	waist
1	usþulan	6	utana	2	wailamerjada	41	wait
2	usþuland	2	utaþro	5	wailamerjan	3	waitei
6	usþulandans	1	utbaurans	2	wailamerjanda	1	waituh
3	usþulands	1	utgaggando	1	wailamerjandans	2	waiwoun
2	usþwoh	1	utgaggiþ	1	wailamerjandin	4	wajamerein
1	usþwohun	3	uzetin	2	wailaqiss	4	wajamereins
1	uswagida	2	uzon	1	wailaspillonds	2	wajamereiþ
1	uswagidai	4	uzu	1	wailawiznai	1	wajameridedun
2	uswahsans	6	uzuh	1	wainahs	3	wajamerjaidau
1	uswahst	2	uzuhhof	3	wainei	2	wajamerjan
3	uswairp	1	uzuhiddja	2	waip	1	wajamerjand
2	uswairpa	2	uzuþ-þan-iddja	5	waips	2	wajamerjandans
2	uswairpada	1	vamba	8	wair	1	wajamerjands
1	uswairpam	7	wadi	6	waira	1	wajamerjau
5	uswairpan	1	wadjabokos	1	wairaleiko	2	wakaima
3	uswairpand	2	wagg	1	wairam	1	wakaiþ
1	uswairpanda	1	waggarja	3	wairans	3	wakandans
2	uswairpandans	1	wagid	1	wairdus	1	waldaiþ
2	uswairpands	1	wagidata	3	waire	1	waldan
1	uswairpis	1	wagjan	2	wairilom	1	waldufneis
1	uswairpiþ	2	wahseiþ	10	wairos	31	waldufni
1	uswakjau	1	wahsjaima	4	wairp	20	waldufnja
1	uswalteinai	4	wahsjan	1	wairpam	4	waldufnjam
1	uswalteins	1	wahsjand	1	wairpan	8	waldufnje
1	uswaltida	1	wahsjandans	4	wairpandans	3	waldufnjis
1	uswaltidedun	1	wahsjandein	1	wairpiþ	1	walisans
1	uswaltjand	1	wahsjando	1	wairs	3	walisin
1	uswalugidai	3	wahstau	4	wairsiza	3	waliso
3	uswandidedun	1	wahstaus	1	wairsizei	2	waljam
1	uswandjai	1	wahstu	2	wairsizin	1	waljau
1	uswandjais	1	wahtwom	13	wairþ	1	waltidedun
3	uswarp	9	wai	7	wairþa	1	waluns
1	uswaurhta	1	waiandin	6	wairþaba	1	walwisoda
1	uswaurhtais	2	waidedja	35	wairþai	6	wamba
1	uswaurhtana	2	waidedjane	1	wairþaid	4	wambai
1	uswaurhtane	4	waidedjans	2	wairþaiduh	1	wambos
2	uswaurhtans	1	waidedjin	6	wairþaima	1	wamme
1	uswaurkeiþ	1	waifairƕjandans	4	wairþaina	2	wan
2	uswaurkjandans	1	waih	27	wairþaiþ	1	wana
1	uswaurpa	2	waihjons	3	wairþam	2	wanai
3	uswaurpai	1	waihstam	24	wairþan	1	wanains
1	uswaurpanai	1	waihstastaina	1	wairþana	1	wanans
1	uswaurpi	2	waihstins	20	wairþand	1	wanata
1	uswaurpum	65	waiht	1	wairþands	1	wandei
5	uswaurpun	22	waihtai	7	wairþans	1	wandjands
1	uswaurts	9	waihtais	1	wairþata	1	wandum
2	usweihaim	2	waihte	4	wairþau	3	waninassu
3	usweihona	1	waihtins	2	wairþida	1	warai
3	uswenans	9	waihts	1	wairþidai	1	wardjans
1	uswindandans	49	waila	1	wairþidos	2	warein
1	uswissai	2	wailadedais	3	wairþis	3	wargiþa
2	uswissja	2	wailamerein	83	wairþiþ	3	wargiþos
1	uswundun	1	wailamereinais	1	wairþodins	1	waridedum

1	waridedun	1	waurmans	6	weihana	6	wenai
1	warjais	1	waurme	3	weihane	3	wenais
2	warjandane	1	waurms	9	weihans	1	weneid
1	warjandans	2	waurpeina	1	weihata	2	weneiþ
4	warjiþ	15	waurstw	3	weihin	2	wenida
1	warmeiþ	40	waurstwa	7	weihis	5	wenidedum
1	warmidedun	27	waurstwam	4	weihiþa	10	wenja
1	warmjandan	12	waurstwe	6	weihiþai	2	wenjaima
3	warmjands	4	waurstweig	1	weihnai	1	wenjand
4	warst	3	waurstweiga	2	weihon	1	wenjandans
205	warþ	1	waurstweigons	1	weihona	1	wenjandein
269	was	2	waurstwein	2	weihos	1	wenjands
1	wasidai	9	waurstwis	7	weihs	6	wens
1	wasidedum	3	waurstwja	6	weihsa	3	wepna
1	wasideduþ	4	waurstwjam	1	weihsis	1	wepnam
1	wasjaima	1	waurstwjan	15	wein	1	Werekan
2	wasjaiþ	9	waurstwjans	2	weina	3	weseima
1	wasjiþ	1	waurt	2	weinabasja	6	weseina
5	wast	3	waurtim	4	weinagard	1	weseis
5	wastja	3	waurtins	2	weinagarda	6	weseiþ
5	wastjai	5	waurts	5	weinagardis	38	wesi
13	wastjom	1	waurþan	1	weinatainos	1	wesjau
10	wastjos	2	waurþana	2	weinatains	15	wesum
17	wasuh	3	waurþanai	2	weinatriu	53	wesun
6	wasuþ-þan	1	waurþanam	2	weinatriwa	3	wesunuh
5	watin	4	waurþanamma	1	weindrugkja	6	wesunuþ-þan
6	watins	6	waurþana	2	weinis	13	wesuþ
2	watnam	5	waurþano	2	weinnas	1	widowo
6	wato	1	waurþanon	1	weipada	1	widuwairnans
102	waurd	2	waurþanona	90	weis	7	widuwo
58	waurda	2	waurþanons	1	weiseis	1	widuwom
1	waurdahai	5	waurþans	1	weisjau	1	widuwon
2	waurdajiukos	4	waurþeima	4	weisun	1	widuwono
14	waurdam	5	waurþeina	2	weitwod	5	widuwons
19	waurde	10	waurþi	7	weitwode	24	wig
1	waurdei	4	waurþum	6	weitwodei	10	wiga
15	waurdis	36	waurþun	2	weitwodein	1	wigadeinom
3	waurhta	1	waurþunuþ-þan	1	weitwodeins	1	wigam
1	waurhtai	12	waurþuþ	1	weitwodeis	1	wigan
1	waurhtedun	1	wega	5	weitwodeiþ	2	wigans
2	waurkei	1	wegim	3	weitwodida	1	wigos
1	waurkeis	1	wegos	2	weitwodidedum	3	wigs
13	waurkeiþ	1	wegs	3	weitwodidedun	1	wikon
4	waurkja	3	wehsa	1	weitwodides	20	wilda
1	waurkjada	2	weih	9	weitwodiþa	1	wildedeiþ
1	waurkjaima	15	weiha	5	weitwodiþai	1	wildedi
2	waurkjais	1	weihaba	3	weitwodiþos	1	wildedum
5	waurkjaiþ	13	weihai	16	weitwodja	9	wildedun
2	waurkjam	1	weihaida	5	weitwodjand	1	wildeduþ
7	waurkjan	7	weihaim	1	weitwodjandans	1	wileid
2	waurkjand	6	weihaize	1	weitwodjandins	2	wileidu
8	waurkjandans	1	weihaizos	3	weitwodjands	7	wileima
2	waurkjandein	20	weiham	1	weitwodjau	10	wileina
5	waurkjandins	9	weihamma	1	weizuþ-þan	9	wileis
6	waurkjands	3	weihan	10	wen	1	wileits

14	wileiþ	2	wisai	2	witodeigo	1	wrekun
1	wileizu	2	wisais	18	witodis	1	wrikada
21	wili	3	wisaiþ	51	witoþ	2	wrikanai
10	wilja	1	wisam	1	witubnja	1	wrikand
2	wiljahalþei	76	wisan	1	witubnjis	2	wrikandans
3	wiljahalþein	10	wisandam	1	witudu	1	writ
20	wiljan	5	wisandan	14	witum	1	wriþus
1	wiljandam	29	wisandans	1	witumuh	1	wroh
1	wiljandane	3	wisandei	1	witun	1	wrohe
5	wiljandans	1	wisandeim	1	wituts	1	wrohida
3	wiljandin	5	wisandein	21	wituþ	1	wrohidedeina
1	wiljandins	9	wisandin	1	wiþondans	1	wrohidedjau
8	wiljands	3	wisandins	60	wiþra	1	wrohidedun
2	wiljans	6	wisando	1	wiþragamotjan	1	wrohiþs
1	Wiljariþ	3	wisandona	1	wiþraïddja	1	wrohjan
26	wiljau	38	wisands	1	wiþrawairþ	2	wruggon
1	wiljauþ-þan	10	wisiþ	2	wiþrawairþo	1	wulandans
14	wiljin	6	wissa	2	wiþrawairþon	1	wulf
9	wiljins	1	wissedeina	1	wiþrus	1	wulfe
1	wilþeins	1	wissedeis	2	wizondei	1	wulfos
1	wilþeis	1	wissedi	1	wlaitoda	1	wulfs
1	wilþi	1	wissedjau	2	wlit	1	wuliþ
1	wilwa	3	wissedun	4	wlita	1	wullai
1	wilwam	1	wisseduþ	2	wlitis	1	wullareis
2	wilwan	1	wisseis	1	wlits	4	wulþag
1	wilwandans	4	wissuh	1	wlizja	2	wulþaga
1	wilwans	9	wistai	1	Wmainaius	1	wulþagai
6	winda	1	wistim	2	wodan	1	wulþagaim
3	windam	1	wisuh	1	wods	2	wulþago
2	windis	1	wisum	2	wohs	29	wulþau
3	windos	1	wisuþ-þan	3	wokainim	36	wulþaus
2	winds	2	wit	1	wokra	2	wulþrais
1	winja	1	witai	1	wopeid	1	wulþrizans
5	winna	2	witaida	3	wopeiþ	16	wulþu
1	winnai	1	witaidedun	7	wopida	18	wulþus
2	winnaina	1	witaidedunuh	1	wopidedun	1	wulwa
1	winnam	1	witaiduh	1	wopjan	1	wundufnjos
4	winnan	2	witaiþ	2	wopjandam	2	wunnim
2	winnand	4	witan	1	wopjandans	1	wunnuþ
2	winnandam	17	witandans	2	wopjandins	1	Xreskus
2	winnandans	1	witandei	2	woþi	137	Xristau
1	winnandona	13	witands	2	woþjai	153	Xristaus
1	winniþ	1	witeid	1	wraiqo	53	Xristu
2	winnom	2	witeis	4	wrak	72	Xristus
1	winnon	10	witeiþ	4	wrakja	5	Zaibaidaiaus
1	winnons	3	witi	2	wrakjands	1	Zaibaidaiu
1	wintrau	1	witjau	4	wrakjom	1	Zakaria
1	wintriwe	45	witoda	1	wrakjos	1	Zakarian
2	wintru	1	witodafasteis	1	wrakom	4	Zakarias
1	wintruns	1	witodafastjos	3	wrakos	2	Zakariins
1	wintrus	3	witodalaisarjos	1	wraks	1	Zakkaiu
1	winþiskauron	1	witodalaus	2	wrato	2	Zakkaius
2	wipja	2	witodalausaim	1	wratoda	1	Zauraubabilis
3	wis	1	witodalausam	1	wratodedun	1	Zaxariins
4	wisa	1	witodalausans	1	wratodum	1	Zaxxaiaus
				2	wrekeim	1	Zeloten

RANKING LIST OF FREQUENCIES

The second list arranges the words in order of decreasing frequency value. The first number following the entry is the frequency for that word, the second number is the cumulative frequency for all words up to that point. The total number of word-types and word-tokens can be determined by consulting the first and fourth columns of the last entry.

Only the following six words represent a frequency of more than 1% of the total number of words in the text:

jah	6.5 %
in	3.4 %
ni	2.2 %
du	1.6 %
izwis	1.3 %
iþ	1.0 %

RANKING LIST OF FREQUENCIES

1.	jah	4429	4429		56.	Xristaus	153	26921
2.	in	2315	6744		57.	frauja	150	27071
3.	ni	1507	8251		58.	ƕas	149	27220
4.	du	1061	9312		59.	af	148	27368
5.	izwis	873	10185		60.	so	148	27516
6.	iþ	688	10873		61.	þuk	144	27660
7.	ei	653	11526		62.	þans	142	27802
8.	ist	652	12178		63.	sind	140	27942
9.	þatei	651	12829		64.	nih	138	28080
10.	imma	597	13426		65.	Iesu	137	28217
11.	þan	525	13951		66.	Xristau	137	28354
12.	is	515	14466		67.	qeþun	136	28490
13.	qaþ	485	14951		68.	qiþa	136	28626
14.	im	484	15435		69.	fraujins	134	28760
15.	þata	483	15918		70.	þize	134	28894
16.	unte	461	16379		71.	ize	127	29021
17.	ina	460	16839		72.	swa	126	29147
18.	bi	437	17276		73.	þizai	125	29272
19.	us	391	17667		74.	allaim	122	29394
20.	sa	368	18035		75.	akei	120	29514
21.	mis	361	18396		76.	fraujin	120	29634
22.	ak	348	18744		77.	sis	118	29752
23.	þamma	344	19088		78.	izwara	116	29868
24.	gudis	340	19428		79.	aftra	115	29983
25.	jabai	328	19756		80.	alla	111	30094
26.	auk	327	20083		81.	sai	110	30204
27.	ik	326	20409		82.	þammei	109	30313
28.	aþþan	323	20732		83.	þu	109	30422
29.	þo	323	21055		84.	faur	104	30526
30.	ana	305	21360		85.	leika	103	30629
31.	miþ	303	21663		86.	waurd	102	30731
32.	saei	292	21955		87.	Iesuis	100	30831
33.	nu	280	22235		88.	manna	100	30931
34.	þai	274	22509		89.	all	95	31026
35.	Iesus	271	22780		90.	þoei	94	31120
36.	mik	271	23051		91.	þanuh	92	31212
37.	was	269	23320		92.	atta	91	31303
38.	þaim	258	23578		93.	qiþands	91	31394
39.	fram	216	23794		94.	sunaus	91	31485
40.	swaswe	215	24009		95.	weis	90	31575
41.	ƕa	212	24221		96.	sunus	89	31664
42.	þairh	206	24427		97.	amen	87	31751
43.	warþ	205	24632		98.	andwairþja	87	31838
44.	at	203	24835		99.	þaiei	86	31924
45.	swe	202	25037		100.	filu	85	32009
46.	guþ	195	25232		101.	ins	84	32093
47.	uns	190	25422		102.	unsis	83	32176
48.	þana	181	25603		103.	wairþiþ	83	32259
49.	aiþþau	176	25779		104.	daga	82	32341
50.	jus	176	25955		105.	þau	82	32423
51.	sik	173	26128		106.	broþrjus	81	32504
52.	þis	170	26298		107.	meina	79	32583
53.	allai	157	26455		108.	qiþiþ	79	32662
54.	guda	157	26612		109.	ibai	78	32740
55.	þus	156	26768		110.	afar	77	32817

111.	ahmin	77	32894		166.	seinaim	50	36263
112.	sijuþ	76	32970		167.	ufar	50	36313
113.	und	76	33046		168.	þeina	49	36362
114.	wisan	76	33122		169.	waila	49	36411
115.	þaruh	75	33197		170.	galaubein	48	36459
116.	mans	74	33271		171.	raihtis	48	36507
117.	niu	74	33345		172.	sei	48	36555
118.	misso	73	33418		173.	sinteino	48	36603
119.	þanei	73	33491		174.	suns	47	36650
120.	attin	72	33563		175.	sweþauh	47	36697
121.	habaiþ	72	33635		176.	þos	47	36744
122.	ƕaiwa	72	33707		177.	namin	46	36790
123.	qam	72	33779		178.	þeinamma	46	36836
124.	Xristus	72	33851		179.	attan	45	36881
125.	managai	71	33922		180.	insandida	45	36926
126.	faura	70	33992		181.	rodida	45	36971
127.	ains	69	34061		182.	seina	45	37016
128.	biþe	66	34127		183.	witoda	45	37061
129.	leik	66	34193		184.	airþai	44	37105
130.	mais	66	34259		185.	barna	44	37149
131.	nist	65	34324		186.	himina	44	37193
132.	qiþandans	65	34389		187.	leikis	44	37237
133.	seinamma	65	34454		188.	manageins	43	37280
134.	sijai	65	34519		189.	niba	43	37323
135.	waiht	65	34584		190.	qimiþ	43	37366
136.	silban	64	34648		191.	silbans	43	37409
137.	jaþþe	62	34710		192.	þaimei	43	37452
138.	wiþra	60	34770		193.	uf	43	37495
139.	eis	59	34829		194.	allata	42	37537
140.	unsaris	58	34887		195.	anþar	42	37579
141.	waurda	58	34945		196.	izwar	42	37621
142.	allamma	57	35002		197.	ju	42	37663
143.	galaiþ	57	35059		198.	silba	42	37705
144.	manne	57	35116		199.	ainshun	41	37746
145.	managein	56	35172		200.	mannan	41	37787
146.	meinamma	56	35228		201.	siponjam	41	37828
147.	meinai	55	35283		202.	sunja	41	37869
148.	allans	53	35336		203.	wait	41	37910
149.	andhof	53	35389		204.	mannam	40	37950
150.	galaubeinai	53	35442		205.	mein	40	37990
151.	wesun	53	35495		206.	waurstwa	40	38030
152.	Xristu	53	35548		207.	Iesua	39	38069
153.	gatawida	52	35600		208.	allaize	38	38107
154.	izai	52	35652		209.	managei	38	38145
155.	siponjos	52	35704		210.	silbin	38	38183
156.	sumai	52	35756		211.	wesi	38	38221
157.	þizos	52	35808		212.	wisands	38	38259
158.	garda	51	35859		213.	ahman	37	38296
159.	gawairþi	51	35910		214.	duþþe	37	38333
160.	sunjai	51	35961		215.	seinai	37	38370
161.	þizei	51	36012		216.	sunjus	37	38407
162.	witoþ	51	36063		217.	þarei	37	38444
163.	andhafjands	50	36113		218.	unsara	37	38481
164.	broþar	50	36163		219.	and	36	38517
165.	mag	50	36213		220.	fairƕau	36	38553

221.	gameliþ	36	38589		276.	wisandans	29	40379
222.	inuh	36	38625		277.	wulþau	29	40408
223.	sijum	36	38661		278.	anþara	28	40436
224.	waurþun	36	38697		279.	Fareisaieis	28	40464
225.	wulþaus	36	38733		280.	faurþis	28	40492
226.	ahma	35	38768		281.	frijoþ	28	40520
227.	duƕe	35	38803		282.	gagg	28	40548
228.	habandans	35	38838		283.	gasaiƕands	28	40576
229.	himinam	35	38873		284.	hairtin	28	40604
230.	jainar	35	38908		285.	ƕo	28	40632
231.	mahtai	35	38943		286.	izwaraim	28	40660
232.	meins	35	38978		287.	qiman	28	40688
233.	saiƕiþ	35	39013		288.	sokeiþ	28	40716
234.	sums	35	39048		289.	þizaiei	28	40744
235.	taujiþ	35	39083		290.	usiddja	28	40772
236.	þatainei	35	39118		291.	alh	27	40799
237.	wairþai	35	39153		292.	attins	27	40826
238.	ain	34	39187		293.	dugann	27	40853
239.	fraujan	34	39221		294.	gasaƕ	27	40880
240.	gaf	34	39255		295.	leitil	27	40907
241.	ƕan	34	39289		296.	neƕa	27	40934
242.	taujan	34	39323		297.	sunu	27	40961
243.	þanaseiþs	34	39357		298.	þeinana	27	40988
244.	unsaramma	34	39391		299.	ufarassau	27	41015
245.	ainamma	33	39424		300.	wairþaiþ	27	41042
246.	akran	33	39457		301.	waurstwam	27	41069
247.	allis	33	39490		302.	anstai	26	41095
248.	ansts	33	39523		303.	atgaf	26	41121
249.	friaþwa	33	39556		304.	aufto	26	41147
250.	marein	33	39589		305.	galeiþan	26	41173
251.	qimands	33	39622		306.	garaihtein	26	41199
252.	swaei	33	39655		307.	haubiþ	26	41225
253.	baurg	32	39687		308.	Iudaieis	26	41251
254.	qemun	32	39719		309.	izos	26	41277
255.	unsar	32	39751		310.	namo	26	41303
256.	ahmins	31	39782		311.	qaþuh	26	41329
257.	augona	31	39813		312.	seinis	26	41355
258.	bidja	31	39844		313.	ut	26	41381
259.	Iohannes	31	39875		314.	wiljau	26	41407
260.	Paitrus	31	39906		315.	aiwaggeljon	25	41432
261.	waldufni	31	39937		316.	habaida	25	41457
262.	ainana	30	39967		317.	izei	25	41482
263.	dagam	30	39997		318.	managans	25	41507
264.	galaubeiþ	30	40027		319.	nauh	25	41532
265.	gard	30	40057		320.	Peilatus	25	41557
266.	habands	30	40087		321.	samo	25	41582
267.	ƕarjizuh	30	40117		322.	seinana	25	41607
268.	mann	30	40147		323.	þanzei	25	41632
269.	dauþaim	29	40176		324.	þeins	25	41657
270.	ƕazuh	29	40205		325.	bokos	24	41681
271.	mel	29	40234		326.	dauþans	24	41705
272.	mela	29	40263		327.	gagga	24	41729
273.	qiþan	29	40292		328.	handuns	24	41753
274.	þei	29	40321		329.	meinaim	24	41777
275.	þeinai	29	40350		330.	meinana	24	41801

331.	qen	24	41825		386.	hlaif	21	43048
332.	sijaiþ	24	41849		387.	ita	21	43069
333.	skal	24	41873		388.	kann	21	43090
334.	þannu	24	41897		389.	managa	21	43111
335.	þein	24	41921		390.	Pawlus	21	43132
336.	þiudom	24	41945		391.	samaleiko	21	43153
337.	wairþan	24	41969		392.	seinaizos	21	43174
338.	wig	24	41993		393.	sunjos	21	43195
339.	aiwaggeljons	23	42016		394.	taujaiþ	21	43216
340.	anst	23	42039		395.	þiudangardi	21	43237
341.	fotuns	23	42062		396.	þiudos	21	43258
342.	friaþwai	23	42085		397.	unhulþons	21	43279
343.	galaubeinais	23	42108		398.	wili	21	43300
344.	giba	23	42131		399.	wituþ	21	43321
345.	goþ	23	42154		400.	airþa	20	43341
346.	izwaraizos	23	42177		401.	allos	20	43361
347.	jains	23	42200		402.	dauþau	20	43381
348.	laiseinai	23	42223		403.	goda	20	43401
349.	miþþanei	23	42246		404.	Iairusalem	20	43421
350.	nimiþ	23	42269		405.	jainai	20	43441
351.	saiwala	23	42292		406.	libain	20	43461
352.	skalks	23	42315		407.	maht	20	43481
353.	þiudangardja	23	42338		408.	sabbato	20	43501
354.	aikklesjon	22	42360		409.	sunsaiw	20	43521
355.	alja	22	42382		410.	þaþroh	20	43541
356.	fairra	22	42404		411.	wairþand	20	43561
357.	gaggiþ	22	42426		412.	waldufnja	20	43581
358.	gamelida	22	42448		413.	weiham	20	43601
359.	gasaiƕandans	22	42470		414.	wilda	20	43621
360.	gaswalt	22	42492		415.	wiljan	20	43641
361.	ƕar	22	42514		416.	andbahts	19	43660
362.	Iohannen	22	42536		417.	andhofun	19	43679
363.	jainamma	22	42558		418.	andnimiþ	19	43698
364.	jan-ni	22	42580		419.	baþ	19	43717
365.	laisari	22	42602		420.	gaggan	19	43736
366.	meinis	22	42624		421.	gahausjands	19	43755
367.	sah	22	42646		422.	galaubeins	19	43774
368.	sijaina	22	42668		423.	gasaiƕiþ	19	43793
369.	twans	22	42690		424.	gibai	19	43812
370.	waihtai	22	42712		425.	habai	19	43831
371.	aiþein	21	42733		426.	hlaibans	19	43850
372.	andbahti	21	42754		427.	ƕeilai	19	43869
373.	anþaramma	21	42775		428.	libainais	19	43888
374.	apaustaulus	21	42796		429.	qino	19	43907
375.	barn	21	42817		430.	sein	19	43926
376.	dag	21	42838		431.	stibna	19	43945
377.	dagans	21	42859		432.	tauja	19	43964
378.	fimf	21	42880		433.	þiuþ	19	43983
379.	frah	21	42901		434.	þizozei	19	44002
380.	galiþun	21	42922		435.	ufta	19	44021
381.	gudjans	21	42943		436.	unsaraim	19	44040
382.	habam	21	42964		437.	urrais	19	44059
383.	handau	21	42985		438.	ustauh	19	44078
384.	hauseiþ	21	43006		439.	waurde	19	44097
385.	her	21	43027		440.	aiþei	18	44115

441.	aiw	18	44133
442.	anþaraim	18	44151
443.	bokarjos	18	44169
444.	fairƕaus	18	44187
445.	frawaurht	18	44205
446.	frijoda	18	44223
447.	gibiþ	18	44241
448.	hairtam	18	44259
449.	ƕeila	18	44277
450.	Iudaie	18	44295
451.	jera	18	44313
452.	manag	18	44331
453.	Moses	18	44349
454.	qiþand	18	44367
455.	qiþis	18	44385
456.	rodjan	18	44403
457.	seinans	18	44421
458.	sunau	18	44439
459.	suniwe	18	44457
460.	þiudans	18	44475
461.	ubil	18	44493
462.	unsarai	18	44511
463.	witodis	18	44529
464.	wulþus	18	44547
465.	aina	17	44564
466.	aiweinon	17	44581
467.	Daweidis	17	44598
468.	duþe	17	44615
469.	faginoþ	17	44632
470.	frawaurhts	17	44649
471.	gaggandans	17	44666
472.	gahausjandans	17	44683
473.	gajukon	17	44700
474.	haitada	17	44717
475.	Israelis	17	44734
476.	izwaramma	17	44751
477.	nam	17	44768
478.	nibai	17	44785
479.	saiwalai	17	44802
480.	sijais	17	44819
481.	silbam	17	44836
482.	skipa	17	44853
483.	sprauto	17	44870
484.	sware	17	44887
485.	þatuh	17	44904
486.	wasuh	17	44921
487.	witandans	17	44938
488.	andbahtos	16	44954
489.	anþarai	16	44970
490.	anþarana	16	44986
491.	baurgs	16	45002
492.	broþruns	16	45018
493.	dalaþ	16	45034
494.	dauhtar	16	45050
495.	frehun	16	45066
496.	frijonds	16	45082
497.	frumist	16	45098
498.	garaihteins	16	45114
499.	giban	16	45130
500.	handu	16	45146
501.	hausideduþ	16	45162
502.	hausjandans	16	45178
503.	ƕamma	16	45194
504.	kunnuþ	16	45210
505.	mahta	16	45226
506.	naht	16	45242
507.	qima	16	45258
508.	runa	16	45274
509.	saiƕan	16	45290
510.	sibun	16	45306
511.	sijaima	16	45322
512.	sildaleikidedun	16	45338
513.	siponje	16	45354
514.	skalk	16	45370
515.	skip	16	45386
516.	skuld	16	45402
517.	staua	16	45418
518.	taujandans	16	45434
519.	þatuþ-þan	16	45450
520.	þisƕah	16	45466
521.	wairþs	16	45482
522.	weitwodja	16	45498
523.	wulþu	16	45514
524.	aiwa	15	45529
525.	anabusn	15	45544
526.	atiddja	15	45559
527.	bigat	15	45574
528.	fijands	15	45589
529.	gaggaiþ	15	45604
530.	galaubidedun	15	45619
531.	hairtins	15	45634
532.	handugein	15	45649
533.	hindar	15	45664
534.	ƕana	15	45679
535.	ƕaþro	15	45694
536.	iddja	15	45709
537.	lamba	15	45724
538.	liuhaþ	15	45739
539.	maguþ	15	45754
540.	mahtais	15	45769
541.	Marja	15	45784
542.	ohtedun	15	45799
543.	simle	15	45814
544.	sokidedun	15	45829
545.	taujands	15	45844
546.	þizeei	15	45859
547.	urrann	15	45874
548.	uta	15	45889
549.	waurdis	15	45904
550.	waurstw	15	45919

551.	weiha	15	45934		606.	iddjedun	13	46685
552.	wein	15	45949		607.	Iudaium	13	46698
553.	wesum	15	45964		608.	izwaris	13	46711
554.	agis	14	45978		609.	laisida	13	46724
555.	anabauþ	14	45992		610.	mahteigs	13	46737
556.	auhumistans	14	46006		611.	mahts	13	46750
557.	bimait	14	46020		612.	managizo	13	46763
558.	dauþu	14	46034		613.	matjan	13	46776
559.	dugunnun	14	46048		614.	merjands	13	46789
560.	fotum	14	46062		615.	praufetus	13	46802
561.	galaubjandans	14	46076		616.	Seimon	13	46815
562.	gawaurhta	14	46090		617.	sinþam	13	46828
563.	haband	14	46104		618.	skulda	13	46841
564.	hairtona	14	46118		619.	stibnai	13	46854
565.	inu	14	46132		620.	triggws	13	46867
566.	Israela	14	46146		621.	twalif	13	46880
567.	izwarana	14	46160		622.	þande	13	46893
568.	izwaros	14	46174		623.	þiudangardjos	13	46906
569.	ja	14	46188		624.	þozei	13	46919
570.	jai	14	46202		625.	þwairhein	13	46932
571.	juþan	14	46216		626.	ufkunnaiþ	13	46945
572.	libains	14	46230		627.	usgaggandans	13	46958
573.	managaim	14	46244		628.	wairþ	13	46971
574.	matjiþ	14	46258		629.	wastjom	13	46984
575.	nauhþanuh	14	46272		630.	waurkeiþ	13	46997
576.	qens	14	46286		631.	weihai	13	47010
577.	rodja	14	46300		632.	wesuþ	13	47023
578.	staina	14	46314		633.	witands	13	47036
579.	taujau	14	46328		634.	Abraham	12	47048
580.	unsarana	14	46342		635.	Abrahamis	12	47060
581.	usstandands	14	46356		636.	aglons	12	47072
582.	waurdam	14	46370		637.	ainnohun	12	47084
583.	wileiþ	14	46384		638.	andnimands	12	47096
584.	wiljin	14	46398		639.	athaitands	12	47108
585.	witum	14	46412		640.	attans	12	47120
586.	aggilus	13	46425		641.	auþidai	12	47132
587.	aikklesjom	13	46438		642.	bedun	12	47144
588.	aljan	13	46451		643.	bidjam	12	47156
589.	allaizos	13	46464		644.	bidjan	12	47168
590.	andnam	13	46477		645.	bidjandans	12	47180
591.	anstais	13	46490		646.	broþr	12	47192
592.	atgaft	13	46503		647.	dagos	12	47204
593.	bidai	13	46516		648.	dauþaus	12	47216
594.	bloþ	13	46529		649.	fahedai	12	47228
595.	fragaf	13	46542		650.	Fareisaie	12	47240
596.	frawaurhtim	13	46555		651.	fraiwa	12	47252
597.	gagudein	13	46568		652.	gadraus	12	47264
598.	galaubjandam	13	46581		653.	gahugdai	12	47276
599.	gamelido	13	46594		654.	Galeilaia	12	47288
600.	gasatida	13	46607		655.	galeiþands	12	47300
601.	gaseƕun	13	46620		656.	goleiþ	12	47312
602.	gatawidedun	13	46633		657.	gudjam	12	47324
603.	habais	13	46646		658.	ƕis	12	47336
604.	hairto	13	46659		659.	Iohanne	12	47348
605.	ƕoftuli	13	46672		660.	izwarai	12	47360

661.	jainþro	12	47372		716.	managos	11	48004
662.	Kafarnaum	12	47384		717.	mikila	11	48015
663.	laisareis	12	47396		718.	mikils	11	48026
664.	laisjands	12	47408		719.	naseinais	11	48037
665.	libainai	12	47420		720.	nimands	11	48048
666.	libaiþ	12	47432		721.	qimai	11	48059
667.	mikilai	12	47444		722.	qiþai	11	48070
668.	munþa	12	47456		723.	qiþandei	11	48081
669.	ne	12	47468		724.	samana	11	48092
670.	niman	12	47480		725.	saurga	11	48103
671.	Paitrau	12	47492		726.	siponjans	11	48114
672.	salvazuh	12	47504		727.	sundro	11	48125
673.	silbo	12	47516		728.	taihun	11	48136
674.	sium	12	47528		729.	twaim	11	48147
675.	stada	12	47540		730.	þanamais	11	48158
676.	sunum	12	47552		731.	þaþro	11	48169
677.	swah	12	47564		732.	þiudangardjai	11	48180
678.	taihswon	12	47576		733.	þugkeiþ	11	48191
679.	taujis	12	47588		734.	urreis	11	48202
680.	þadei	12	47600		735.	usqiman	11	48213
681.	þiudo	12	47612		736.	Aifaison	10	48223
682.	þrins	12	47624		737.	andwairþi	10	48233
683.	ufkunþja	12	47636		738.	atiddjedun	10	48243
684.	unsaraizos	12	47648		739.	augo	10	48253
685.	urraisida	12	47660		740.	batizo	10	48263
686.	usdaudein	12	47672		741.	dagis	10	48273
687.	waurstwe	12	47684		742.	dauþus	10	48283
688.	waurþuþ	12	47696		743.	fagino	10	48293
689.	aikklesjons	11	47707		744.	faheþs	10	48303
690.	ainis	11	47718		745.	fairgunja	10	48313
691.	ainohun	11	47729		746.	fraiw	10	48323
692.	aipistaule	11	47740		747.	fraþjan	10	48333
693.	anabusnins	11	47751		748.	frawaurhte	10	48343
694.	attaitok	11	47762		749.	frodein	10	48353
695.	bairiþ	11	47773		750.	gaggand	10	48363
696.	bidom	11	47784		751.	gahaita	10	48373
697.	bokom	11	47795		752.	galgins	10	48383
698.	dage	11	47806		753.	gaurida	10	48393
699.	dags	11	47817		754.	godaize	10	48403
700.	fon	11	47828		755.	haba	10	48413
701.	fraqisteiþ	11	47839		756.	habau	10	48423
702.	frawaurhtais	11	47850		757.	haihait	10	48433
703.	frawaurhteis	11	47861		758.	hatis	10	48443
704.	frawaurhtins	11	47872		759.	hausidedun	10	48453
705.	frijaþwai	11	47883		760.	himin	10	48463
706.	gabein	11	47894		761.	hlaifs	10	48473
707.	gaggam	11	47905		762.	ƕanhun	10	48483
708.	god	11	47916		763.	ƕashun	10	48493
709.	hausida	11	47927		764.	ƕe	10	48503
710.	Helias	11	47938		765.	ija	10	48513
711.	himma	11	47949		766.	Iudaia	10	48523
712.	hlaiwa	11	47960		767.	izwarans	10	48533
713.	jainaize	11	47971		768.	jainaim	10	48543
714.	lustum	11	47982		769.	kunnan	10	48553
715.	maiza	11	47993		770.	laþonais	10	48563

771.	liban	10	48573		826.	fastand	9	49104
772.	liuba	10	48583		827.	fidwor	9	49113
773.	liubans	10	48593		828.	frawaurhta	9	49122
774.	managamma	10	48603		829.	friaþwos	9	49131
775.	manasedai	10	48613		830.	frijaþwa	9	49140
776.	mannans	10	48623		831.	frijos	9	49149
777.	meinaizos	10	48633		832.	froþun	9	49158
778.	niþ-þan	10	48643		833.	fulan	9	49167
779.	Paitru	10	48653		834.	galaubida	9	49176
780.	qimandans	10	48663		835.	galaubjaiþ	9	49185
781.	qinon	10	48673		836.	Galeilaias	9	49194
782.	qiþam	10	48683		837.	ganasida	9	49203
783.	quma	10	48693		838.	garaihtei	9	49212
784.	Seimonis	10	48703		839.	gasaiƕan	9	49221
785.	siponeis	10	48713		840.	gataihun	9	49230
786.	skula	10	48723		841.	gawandida	9	49239
787.	sneiþiþ	10	48733		842.	godo	9	49248
788.	staþ	10	48743		843.	gudjin	9	49257
789.	stojiþ	10	48753		844.	haban	9	49266
790.	sumaih	10	48763		845.	hausjan	9	49275
791.	swesaim	10	48773		846.	Herodes	9	49284
792.	þat-ist	10	48783		847.	himinis	9	49293
793.	ubila	10	48793		848.	hropidedun	9	49302
794.	unhulþon	10	48803		849.	ƕoftuljos	9	49311
795.	usgrudjans	10	48813		850.	Iakobu	9	49320
796.	usiddjedun	10	48823		851.	inn	9	49329
797.	wairos	10	48833		852.	insandidedun	9	49338
798.	wastjos	10	48843		853.	jau	9	49347
799.	waurþi	10	48853		854.	juzei	9	49356
800.	wen	10	48863		855.	kunþa	9	49365
801.	wenja	10	48873		856.	kunþjis	9	49374
802.	wiga	10	48883		857.	laistidedun	9	49383
803.	wileina	10	48893		858.	man	9	49392
804.	wilja	10	48903		859.	manaseþs	9	49401
805.	wisandam	10	48913		860.	mitaþ	9	49410
806.	wisiþ	10	48923		861.	Mose	9	49419
807.	witeiþ	10	48933		862.	niuja	9	49428
808.	afletiþ	9	48942		863.	qimanda	9	49437
809.	agisa	9	48951		864.	qinons	9	49446
810.	Aileisabaiþ	9	48960		865.	rodeiþ	9	49455
811.	ainhun	9	48969		866.	samin	9	49464
812.	aiwaggeljo	9	48978		867.	seinaize	9	49473
813.	andanem	9	48987		868.	seinos	9	49482
814.	ataugida	9	48996		869.	selein	9	49491
815.	atgaggands	9	49005		870.	sijau	9	49500
816.	atgebun	9	49014		871.	spedistin	9	49509
817.	ausona	9	49023		872.	suman	9	49518
818.	awiliudo	9	49032		873.	swaleika	9	49527
819.	barnam	9	49041		874.	swaleikana	9	49536
820.	barne	9	49050		875.	tiguns	9	49545
821.	bidjiþ	9	49059		876.	þrim	9	49554
822.	bigetun	9	49068		877.	ufarassus	9	49563
823.	daur	9	49077		878.	ufaro	9	49572
824.	fairraþro	9	49086		879.	unselein	9	49581
825.	fastan	9	49095		880.	urreisand	9	49590

881.	usbeisnai	9	49599		936.	gadauþnoda	8	50053
882.	usgaggands	9	49608		937.	gafahan	8	50061
883.	wai	9	49617		938.	gahailida	8	50069
884.	waihtais	9	49626		939.	gairnein	8	50077
885.	waihts	9	49635		940.	gairneiþ	8	50085
886.	waurstwis	9	49644		941.	gajukom	8	50093
887.	waurstwjans	9	49653		942.	galgan	8	50101
888.	weihamma	9	49662		943.	gastoþ	8	50109
889.	weihans	9	49671		944.	gatraua	8	50117
890.	weitwodiþa	9	49680		945.	gawairþjis	8	50125
891.	wildedun	9	49689		946.	gawalida	8	50133
892.	wileis	9	49698		947.	gif	8	50141
893.	wiljins	9	49707		948.	habaid	8	50149
894.	wisandin	9	49716		949.	handum	8	50157
895.	wistai	9	49725		950.	himine	8	50165
896.	abin	8	49733		951.	hlaib	8	50173
897.	afnimada	8	49741		952.	hulistr	8	50181
898.	aggilum	8	49749		953.	ƕammeh	8	50189
899.	aglom	8	49757		954.	ƕopa	8	50197
900.	aglon	8	49765		955.	Iakobis	8	50205
901.	ainai	8	49773		956.	Iohannis	8	50213
902.	aiwis	8	49781		957.	Iosef	8	50221
903.	allana	8	49789		958.	Iudas	8	50229
904.	andbahtida	8	49797		959.	iupa	8	50237
905.	andi	8	49805		960.	iupaþro	8	50245
906.	andnemum	8	49813		961.	jainis	8	50253
907.	andnemuþ	8	49821		962.	jere	8	50261
908.	atgiban	8	49829		963.	karkarai	8	50269
909.	atstaig	8	49837		964.	kunneiþ	8	50277
910.	balgins	8	49845		965.	kunnum	8	50285
911.	bidjaiþ	8	49853		966.	laþoda	8	50293
912.	bidos	8	49861		967.	let	8	50301
913.	bigitiþ	8	49869		968.	libandins	8	50309
914.	bimaitan	8	49877		969.	liuhada	8	50317
915.	bireikeim	8	49885		970.	magt	8	50325
916.	blinds	8	49893		971.	magun	8	50333
917.	bloþis	8	49901		972.	mahteis	8	50341
918.	bokarjam	8	49909		973.	manaseþ	8	50349
919.	briggan	8	49917		974.	mannhun	8	50357
920.	bruks	8	49925		975.	matidedun	8	50365
921.	fadreinam	8	49933		976.	meinos	8	50373
922.	fairguni	8	49941		977.	melja	8	50381
923.	fralailot	8	49949		978.	meljan	8	50389
924.	fralet	8	49957		979.	merjan	8	50397
925.	fraþja	8	49965		980.	missadedins	8	50405
926.	fraujans	8	49973		981.	nasjandis	8	50413
927.	frawaurhtai	8	49981		982.	nemun	8	50421
928.	frawaurhtaim	8	49989		983.	nunu	8	50429
929.	frawaurhtans	8	49997		984.	qairrein	8	50437
930.	frisaht	8	50005		985.	qenai	8	50445
931.	fruma	8	50013		986.	rabbei	8	50453
932.	frumista	8	50021		987.	razn	8	50461
933.	gabaurans	8	50029		988.	riqiza	8	50469
934.	gabaurjaba	8	50037		989.	riqizis	8	50477
935.	gabaurþai	8	50045		990.	saiƕ	8	50485

991.	samon	8	50493
992.	sandida	8	50501
993.	si	8	50509
994.	sitandan	8	50517
995.	siuks	8	50525
996.	siuþ	8	50533
997.	soh	8	50541
998.	sokjandans	8	50549
999.	standaiþ	8	50557
1000.	standands	8	50565
1001.	stauai	8	50573
1002.	stauos	8	50581
1003.	stikl	8	50589
1004.	sum	8	50597
1005.	sumans	8	50605
1006.	swaleikaim	8	50613
1007.	swesa	8	50621
1008.	taujand	8	50629
1009.	timreinai	8	50637
1010.	trauainai	8	50645
1011.	triggwos	8	50653
1012.	twai	8	50661
1013.	twos	8	50669
1014.	þeinata	8	50677
1015.	þishun	8	50685
1016.	usgagg	8	50693
1017.	usgibiþ	8	50701
1018.	usstoþ	8	50709
1019.	wair	8	50717
1020.	waldufnje	8	50725
1021.	waurkjandans	8	50733
1022.	wiljands	8	50741
1023.	aban	7	50748
1024.	afairzidai	7	50755
1025.	aflaiþ	7	50762
1026.	afletanda	7	50769
1027.	aih	7	50776
1028.	aiwaggeli	7	50783
1029.	aiwam	7	50790
1030.	aljana	7	50797
1031.	anabusne	7	50804
1032.	anastodeinai	7	50811
1033.	anastodeins	7	50818
1034.	anastodeiþ	7	50825
1035.	andeis	7	50832
1036.	andhafjandans	7	50839
1037.	andnimaina	7	50846
1038.	andwairþs	7	50853
1039.	anþaris	7	50860
1040.	anþaros	7	50867
1041.	armahairtein	7	50874
1042.	atnehvida	7	50881
1043.	augin	7	50888
1044.	awiliudam	7	50895
1045.	bida	7	50902
1046.	bidjands	7	50909
1047.	bilaiþ	7	50916
1048.	bisunjane	7	50923
1049.	brahtedun	7	50930
1050.	broþrum	7	50937
1051.	dauns	7	50944
1052.	daupidai	7	50951
1053.	Daweid	7	50958
1054.	draus	7	50965
1055.	dulþ	7	50972
1056.	fadrein	7	50979
1057.	faginon	7	50986
1058.	fairhvu	7	50993
1059.	fastaiþ	7	51000
1060.	fauragaggja	7	51007
1061.	fauramaþleis	7	51014
1062.	fauraqaþ	7	51021
1063.	faurþizei	7	51028
1064.	fraweit	7	51035
1065.	fulhsnja	7	51042
1066.	gabigs	7	51049
1067.	gadailans	7	51056
1068.	gadob	7	51063
1069.	gafastaida	7	51070
1070.	gaggis	7	51077
1071.	gaiainnan	7	51084
1072.	galausida	7	51091
1073.	galeikaida	7	51098
1074.	galeikaiþ	7	51105
1075.	gamelid	7	51112
1076.	garaihts	7	51119
1077.	gardins	7	51126
1078.	gards	7	51133
1079.	gataujan	7	51140
1080.	gataujiþ	7	51147
1081.	gawairþeis	7	51154
1082.	godaim	7	51161
1083.	godamma	7	51168
1084.	gredags	7	51175
1085.	habaidedun	7	51182
1086.	hairda	7	51189
1087.	hairdeis	7	51196
1088.	hana	7	51203
1089.	handus	7	51210
1090.	hausjand	7	51217
1091.	hrainjai	7	51224
1092.	hvopan	7	51231
1093.	insandides	7	51238
1094.	Israel	7	51245
1095.	Iudaias	7	51252
1096.	jaina	7	51259
1097.	kaisara	7	51266
1098.	kuni	7	51273
1099.	kunja	7	51280
1100.	kunnun	7	51287

1101.	kunþi	7	51294		1156.	sweina	7	51679
1102.	kunþja	7	51301		1157.	sweriþa	7	51686
1103.	laisein	7	51308		1158.	swikunþ	7	51693
1104.	laisjan	7	51315		1159.	taiknins	7	51700
1105.	laistida	7	51322		1160.	tawida	7	51707
1106.	lambe	7	51329		1161.	twa	7	51714
1107.	Lazarus	7	51336		1162.	þandei	7	51721
1108.	libam	7	51343		1163.	þeinans	7	51728
1109.	liuhadis	7	51350		1164.	þeinis	7	51735
1110.	lustuns	7	51357		1165.	þiuþida	7	51742
1111.	Magdalene	7	51364		1166.	þizo	7	51749
1112.	mageiþ	7	51371		1167.	þusundjos	7	51756
1113.	mahtedun	7	51378		1168.	ungakusanai	7	51763
1114.	Mariam	7	51385		1169.	ungalaubeinais	7	51770
1115.	matida	7	51392		1170.	unhulþins	7	51777
1116.	matjai	7	51399		1171.	unseleins	7	51784
1117.	matjaiþ	7	51406		1172.	urreisands	7	51791
1118.	merida	7	51413		1173.	usfulljan	7	51798
1119.	midumai	7	51420		1174.	usgeisnodedun	7	51805
1120.	mikil	7	51427		1175.	ushramiþs	7	51812
1121.	miþwissein	7	51434		1176.	uslauk	7	51819
1122.	mizdon	7	51441		1177.	usliþin	7	51826
1123.	motarjos	7	51448		1178.	usstass	7	51833
1124.	nasjands	7	51455		1179.	ustaiknida	7	51840
1125.	nauþai	7	51462		1180.	usþulaiþ	7	51847
1126.	neƕundjan	7	51469		1181.	wadi	7	51854
1127.	nis-sijai	7	51476		1182.	wairþa	7	51861
1128.	ogs	7	51483		1183.	wairþans	7	51868
1129.	Peilatau	7	51490		1184.	waurkjan	7	51875
1130.	praufete	7	51497		1185.	weihaim	7	51882
1131.	praufeteis	7	51504		1186.	weihis	7	51889
1132.	praufetu	7	51511		1187.	weihs	7	51896
1133.	qenais	7	51518		1188.	weitwode	7	51903
1134.	qimand	7	51525		1189.	widuwo	7	51910
1135.	qimandan	7	51532		1190.	wileima	7	51917
1136.	qiþ	7	51539		1191.	wopida	7	51924
1137.	qiþau	7	51546		1192.	aba	6	51930
1138.	reikja	7	51553		1193.	afletandans	6	51936
1139.	runos	7	51560		1194.	aglo	6	51942
1140.	sadai	7	51567		1195.	ahmane	6	51948
1141.	saƕ	7	51574		1196.	aikklesjo	6	51954
1142.	sama	7	51581		1197.	ainaizos	6	51960
1143.	sat	7	51588		1198.	ainfalþein	6	51966
1144.	seƕun	7	51595		1199.	ainƕarjanoh	6	51972
1145.	sinistam	7	51602		1200.	ainummehun	6	51978
1146.	sinþa	7	51609		1201.	airzjai	6	51984
1147.	siun	7	51616		1202.	aiþeins	6	51990
1148.	skalkans	7	51623		1203.	aiwe	6	51996
1149.	skilliggans	7	51630		1204.	akrana	6	52002
1150.	sokida	7	51637		1205.	alhs	6	52008
1151.	stadim	7	51644		1206.	aljaþro	6	52014
1152.	stain	7	51651		1207.	anabiuda	6	52020
1153.	stainam	7	51658		1208.	anabusns	6	52026
1154.	stojan	7	51665		1209.	anafalh	6	52032
1155.	sunjeins	7	51672		1210.	anafilh	6	52038

1211.	anakumbjan	6	52044	1266.	galeikai	6	52374
1212.	andawleizn	6	52050	1267.	galeiko	6	52380
1213.	andbahtja	6	52056	1268.	galeiks	6	52386
1214.	andnemun	6	52062	1269.	Galeilaian	6	52392
1215.	andnimaiþ	6	52068	1270.	galeiþa	6	52398
1216.	andniman	6	52074	1271.	galiugam	6	52404
1217.	andstandandans	6	52080	1272.	gamuneiþ	6	52410
1218.	apaustauleis	6	52086	1273.	ganah	6	52416
1219.	apaustaulum	6	52092	1274.	ganasjan	6	52422
1220.	arbaidim	6	52098	1275.	ganisiþ	6	52428
1221.	armai	6	52104	1276.	ganistai	6	52434
1222.	armaion	6	52110	1277.	gaqemun	6	52440
1223.	audagai	6	52116	1278.	garaideinai	6	52446
1224.	augam	6	52122	1279.	garaihta	6	52452
1225.	awiliudonds	6	52128	1280.	garaihtans	6	52458
1226.	bad	6	52134	1281.	gasaiƕa	6	52464
1227.	bairan	6	52140	1282.	gasaiƕand	6	52470
1228.	balþein	6	52146	1283.	gasaiƕandei	6	52476
1229.	bauan	6	52152	1284.	gasatiþs	6	52482
1230.	bauiþ	6	52158	1285.	gaskaftais	6	52488
1231.	baurgim	6	52164	1286.	gasok	6	52494
1232.	bimaita	6	52170	1287.	gaswiltan	6	52500
1233.	biwandei	6	52176	1288.	gaswiltiþ	6	52506
1234.	bokarje	6	52182	1289.	gatimrida	6	52512
1235.	boko	6	52188	1290.	gawandjands	6	52518
1236.	brahta	6	52194	1291.	gawaurstwans	6	52524
1237.	briggiþ	6	52200	1292.	godis	6	52530
1238.	broþrs	6	52206	1293.	godon	6	52536
1239.	daura	6	52212	1294.	gudjins	6	52542
1240.	eiþan	6	52218	1295.	habandei	6	52548
1241.	fahedais	6	52224	1296.	habandin	6	52554
1242.	faheds	6	52230	1297.	haifst	6	52560
1243.	Fareisaium	6	52236	1298.	haifsteis	6	52566
1244.	Fareisaius	6	52242	1299.	haitans	6	52572
1245.	fijaiþ	6	52248	1300.	handugeins	6	52578
1246.	filaus	6	52254	1301.	haubida	6	52584
1247.	filusnai	6	52260	1302.	hauhistins	6	52590
1248.	fiskans	6	52266	1303.	hazeinai	6	52596
1249.	fraihnan	6	52272	1304.	hina	6	52602
1250.	freis	6	52278	1305.	hlaibam	6	52608
1251.	frijai	6	52284	1306.	hropida	6	52614
1252.	frijaþwos	6	52290	1307.	hropjands	6	52620
1253.	frijond	6	52296	1308.	ƕaþar	6	52626
1254.	frijondans	6	52302	1309.	Iairusaulwma	6	52632
1255.	frisahtai	6	52308	1310.	Iairusaulwmai	6	52638
1256.	fullo	6	52314	1311.	idreiga	6	52644
1257.	fullon	6	52320	1312.	inna	6	52650
1258.	gabaur	6	52326	1313.	insandja	6	52656
1259.	gabrak	6	52332	1314.	Iosefis	6	52662
1260.	gabruko	6	52338	1315.	jainana	6	52668
1261.	gahamoþ	6	52344	1316.	laistei	6	52674
1262.	gahausidedun	6	52350	1317.	landa	6	52680
1263.	gahausjai	6	52356	1318.	liba	6	52686
1264.	gairnjandans	6	52362	1319.	liubin	6	52692
1265.	galaubideduþ	6	52368	1320.	magum	6	52698

1321.	Makidonja	6	52704		1376.	þauh	6	53034
1322.	managaize	6	52710		1377.	þaurbum	6	53040
1323.	Marþa	6	52716		1378.	þeinaize	6	53046
1324.	mat	6	52722		1379.	þeinos	6	53052
1325.	matjands	6	52728		1380.	þisƕaduh	6	53058
1326.	mawi	6	52734		1381.	þiudan	6	53064
1327.	meinans	6	52740		1382.	þiudinassu	6	53070
1328.	melam	6	52746		1383.	þiuþeinai	6	53076
1329.	midjaim	6	52752		1384.	ubilaize	6	53082
1330.	mikilamma	6	52758		1385.	ubilamma	6	53088
1331.	missaleikaim	6	52764		1386.	ubilin	6	53094
1332.	Mosezis	6	52770		1387.	ufbrikiþ	6	53100
1333.	muna	6	52776		1388.	ufhausjaiþ	6	53106
1334.	nahts	6	52782		1389.	ufhausjand	6	53112
1335.	nasjan	6	52788		1390.	ufkunþa	6	53118
1336.	natja	6	52794		1391.	ungalaubeinai	6	53124
1337.	Nazaraiþ	6	52800		1392.	unþiuþ	6	53130
1338.	neiþa	6	52806		1393.	usgiban	6	53136
1339.	ogeiþ	6	52812		1394.	ushafjands	6	53142
1340.	paska	6	52818		1395.	usiddjeduþ	6	53148
1341.	qeþunuh	6	52824		1396.	usluknoda	6	53154
1342.	qimau	6	52830		1397.	usstassai	6	53160
1343.	qum	6	52836		1398.	ustaiknjandans	6	53166
1344.	raihtaba	6	52842		1399.	ustiuhan	6	53172
1345.	reike	6	52848		1400.	usþulandans	6	53178
1346.	reiks	6	52854		1401.	utana	6	53184
1347.	saijiþ	6	52860		1402.	uzuh	6	53190
1348.	saljan	6	52866		1403.	waira	6	53196
1349.	sandjandan	6	52872		1404.	wairþaba	6	53202
1350.	sandjandins	6	52878		1405.	wairþaima	6	53208
1351.	Satana	6	52884		1406.	wamba	6	53214
1352.	Seimona	6	52890		1407.	wasuþ-þan	6	53220
1353.	sigis	6	52896		1408.	watins	6	53226
1354.	silbins	6	52902		1409.	wato	6	53232
1355.	sildaleikida	6	52908		1410.	waurkjands	6	53238
1356.	skalka	6	52914		1411.	waurþanana	6	53244
1357.	skalkinon	6	52920		1412.	weihaize	6	53250
1358.	skalkinondans	6	52926		1413.	weihana	6	53256
1359.	soei	6	52932		1414.	weihiþai	6	53262
1360.	stad	6	52938		1415.	weihsa	6	53268
1361.	standan	6	52944		1416.	weitwodei	6	53274
1362.	sunsei	6	52950		1417.	wenai	6	53280
1363.	swaleikai	6	52956		1418.	wens	6	53286
1364.	swikunþa	6	52962		1419.	weseina	6	53292
1365.	swikunþaba	6	52968		1420.	weseiþ	6	53298
1366.	swistar	6	52974		1421.	wesunuþ-þan	6	53304
1367.	swnagogein	6	52980		1422.	winda	6	53310
1368.	taihswo	6	52986		1423.	wisando	6	53316
1369.	taikn	6	52992		1424.	wissa	6	53322
1370.	talzjand	6	52998		1425.	afletai	5	53327
1371.	taujai	6	53004		1426.	afletan	5	53332
1372.	Teimauþaiu	6	53010		1427.	afmaimait	5	53337
1373.	Teitaus	6	53016		1428.	aggilau	5	53342
1374.	Teitu	6	53022		1429.	ahin	5	53347
1375.	twaddje	6	53028		1430.	aikklesjono	5	53352

1431.	ainƕarjammeh	5	53357		1486.	fastubnja	5	53632
1432.	airþos	5	53362		1487.	faurafilli	5	53637
1433.	aiweina	5	53367		1488.	fijand	5	53642
1434.	aiweinons	5	53372		1489.	Filippus	5	53647
1435.	alakjo	5	53377		1490.	fraletan	5	53652
1436.	Alamoda	5	53382		1491.	fraþi	5	53657
1437.	aldim	5	53387		1492.	fraþjaiþ	5	53662
1438.	aljaleikos	5	53392		1493.	fraþjandans	5	53667
1439.	allaizo	5	53397		1494.	freidja	5	53672
1440.	an	5	53402		1495.	frijod	5	53677
1441.	anabusnim	5	53407		1496.	frisahts	5	53682
1442.	anafulhun	5	53412		1497.	frumabaur	5	53687
1443.	anakumbida	5	53417		1498.	fuglos	5	53692
1444.	andalauni	5	53422		1499.	funins	5	53697
1445.	andanahtja	5	53427		1500.	gabei	5	53702
1446.	andaþahts	5	53432		1501.	gabundans	5	53707
1447.	andhuleinai	5	53437		1502.	gadauþniþ	5	53712
1448.	anþarans	5	53442		1503.	gageigaidedjau	5	53717
1449.	arbja	5	53447		1504.	gahaitis	5	53722
1450.	arbjis	5	53452		1505.	gahauseiþ	5	53727
1451.	armaio	5	53457		1506.	gakannida	5	53732
1452.	astans	5	53462		1507.	galagida	5	53737
1453.	atbair	5	53467		1508.	galagidedun	5	53742
1454.	atberun	5	53472		1509.	galaubjam	5	53747
1455.	atgibada	5	53477		1510.	galaubjan	5	53752
1456.	auso	5	53482		1511.	galaubjand	5	53757
1457.	awiliud	5	53487		1512.	galeikon	5	53762
1458.	awiliudondans	5	53492		1513.	galeiþandans	5	53767
1459.	ba	5	53497		1514.	galewjands	5	53772
1460.	badi	5	53502		1515.	galiugagude	5	53777
1461.	bagme	5	53507		1516.	gaman	5	53782
1462.	bagms	5	53512		1517.	gamanwida	5	53787
1463.	bairaiþ	5	53517		1518.	ganistais	5	53792
1464.	bairandans	5	53522		1519.	gaqumþim	5	53797
1465.	bairhtaba	5	53527		1520.	gasak	5	53802
1466.	Barabban	5	53532		1521.	gasat	5	53807
1467.	barnilo	5	53537		1522.	gaskafts	5	53812
1468.	baurge	5	53542		1523.	gatairands	5	53817
1469.	bigitaidau	5	53547		1524.	gatrauaida	5	53822
1470.	bigitans	5	53552		1525.	gatrauam	5	53827
1471.	bimaitis	5	53557		1526.	gaþlaih	5	53832
1472.	birodidedun	5	53562		1527.	gaþlaihtais	5	53837
1473.	biþeh	5	53567		1528.	gaþlauhun	5	53842
1474.	blindai	5	53572		1529.	gaþrafstidai	5	53847
1475.	bokareis	5	53577		1530.	gawairþja	5	53852
1476.	brusts	5	53582		1531.	gawandidedun	5	53857
1477.	dailai	5	53587		1532.	gawaurki	5	53862
1478.	daupein	5	53592		1533.	gibada	5	53867
1479.	daupeinai	5	53597		1534.	gibana	5	53872
1480.	daupeins	5	53602		1535.	gibos	5	53877
1481.	daupjands	5	53607		1536.	goleins	5	53882
1482.	diwano	5	53612		1537.	goljaiþ	5	53887
1483.	Esaïas	5	53617		1538.	gudja	5	53892
1484.	fani	5	53622		1539.	habandona	5	53897
1485.	fastaida	5	53627		1540.	hailai	5	53902

1541.	haimos	5	53907	1596.	maurþra	5	54182
1542.	hairtane	5	53912	1597.	merjam	5	54187
1543.	hairu	5	53917	1598.	milhmin	5	54192
1544.	haitaidau	5	53922	1599.	mins	5	54197
1545.	hauhei	5	53927	1600.	nahtam	5	54202
1546.	hauheiþ	5	53932	1601.	nahtamat	5	54207
1547.	hauhiþa	5	53937	1602.	naqadai	5	54212
1548.	hauhiþs	5	53942	1603.	nasjand	5	54217
1549.	hauneinai	5	53947	1604.	nimai	5	54222
1550.	hausjandona	5	53952	1605.	niuklahs	5	54227
1551.	hita	5	53957	1606.	o	5	54232
1552.	horinoþ	5	53962	1607.	og	5	54237
1553.	hrainjamma	5	53967	1608.	Pawlaus	5	54242
1554.	hrains	5	53972	1609.	qaþuþ-þan	5	54247
1555.	hunsl	5	53977	1610.	qeþi	5	54252
1556.	huzd	5	53982	1611.	qimandin	5	54257
1557.	ƕarjammeh	5	53987	1612.	qiþais	5	54262
1558.	ƕaþ	5	53992	1613.	qiþaiþ	5	54267
1559.	ƕopam	5	53997	1614.	rahnida	5	54272
1560.	ƕopandans	5	54002	1615.	razna	5	54277
1561.	Iakobau	5	54007	1616.	rodjam	5	54282
1562.	idreigos	5	54012	1617.	saiƕaina	5	54287
1563.	insaiƕands	5	54017	1618.	saiƕandans	5	54292
1564.	insandiþs	5	54022	1619.	saiiþ	5	54297
1565.	insandjands	5	54027	1620.	salt	5	54302
1566.	inuþ-þis	5	54032	1621.	sandjandin	5	54307
1567.	Isakis	5	54037	1622.	Satanin	5	54312
1568.	kaisaris	5	54042	1623.	sauhte	5	54317
1569.	kant	5	54047	1624.	siai	5	54322
1570.	kasa	5	54052	1625.	sinistans	5	54327
1571.	kaurida	5	54057	1626.	sitands	5	54332
1572.	kunnands	5	54062	1627.	siukans	5	54337
1573.	laisjandans	5	54067	1628.	siukeim	5	54342
1574.	laistjan	5	54072	1629.	skalkinassus	5	54347
1575.	lausa	5	54077	1630.	skalkinoþ	5	54352
1576.	Lazaru	5	54082	1631.	skalkos	5	54357
1577.	leikainai	5	54087	1632.	skulds	5	54362
1578.	leitilamma	5	54092	1633.	skuli	5	54367
1579.	letiþ	5	54097	1634.	slepiþ	5	54372
1580.	libandans	5	54102	1635.	sokjand	5	54377
1581.	ligiþ	5	54107	1636.	standiþ	5	54382
1582.	liþuns	5	54112	1637.	stoþ	5	54387
1583.	liuga	5	54117	1638.	sumaim	5	54392
1584.	liutein	5	54122	1639.	sununs	5	54397
1585.	lukarn	5	54127	1640.	sutizo	5	54402
1586.	lustu	5	54132	1641.	swaleikans	5	54407
1587.	magi	5	54137	1642.	swaleiks	5	54412
1588.	mahteig	5	54142	1643.	sweine	5	54417
1589.	mahteiga	5	54147	1644.	swesamma	5	54422
1590.	maizo	5	54152	1645.	swiknein	5	54427
1591.	managons	5	54157	1646.	taikne	5	54432
1592.	marzjai	5	54162	1647.	tainjons	5	54437
1593.	matjand	5	54167	1648.	tawei	5	54442
1594.	matjandans	5	54172	1649.	Teimauþaiau	5	54447
1595.	maurgin	5	54177	1650.	Teimauþaius	5	54452

1651.	Teitus	5	54457		1706.	weitwodjand	5	54732
1652.	tiuhanda	5	54462		1707.	wenidedum	5	54737
1653.	triggw	5	54467		1708.	widuwons	5	54742
1654.	triggwa	5	54472		1709.	wiljandans	5	54747
1655.	twalibe	5	54477		1710.	winna	5	54752
1656.	þairhwisiþ	5	54482		1711.	wisandan	5	54757
1657.	þat-ain	5	54487		1712.	wisandein	5	54762
1658.	þaþroþ-þan	5	54492		1713.	Zaibaidaiaus	5	54767
1659.	þiudanis	5	54497		1714.	Abrahama	4	54771
1660.	þiujai	5	54502		1715.	Adam	4	54775
1661.	þiuþeiga	5	54507		1716.	afaiaik	4	54779
1662.	þiuþeigs	5	54512		1717.	afargagga	4	54783
1663.	þreihanda	5	54517		1718.	afaruh	4	54787
1664.	þridjin	5	54522		1719.	afhaimjai	4	54791
1665.	þridjo	5	54527		1720.	aflailot	4	54795
1666.	þrutsfill	5	54532		1721.	aflet	4	54799
1667.	þugkjaima	5	54537		1722.	aflifnoda	4	54803
1668.	þuhta	5	54542		1723.	afnimiþ	4	54807
1669.	þulainai	5	54547		1724.	ahmans	4	54811
1670.	þulaine	5	54552		1725.	ahmeinai	4	54815
1671.	þwairheins	5	54557		1726.	aigands	4	54819
1672.	ufarassaus	5	54562		1727.	aihta	4	54823
1673.	ufhnaiwida	5	54567		1728.	aihtronins	4	54827
1674.	ufmelida	5	54572		1729.	ainƕarjizuh	4	54831
1675.	ungalaubjandam	5	54577		1730.	aipiskaupus	4	54835
1676.	ungalaubjandane	5	54582		1731.	airþeinaim	4	54839
1677.	unhulþin	5	54587		1732.	airzjandans	4	54843
1678.	unledaim	5	54592		1733.	ald	4	54847
1679.	unledans	5	54597		1734.	aldins	4	54851
1680.	unriurein	5	54602		1735.	anaaiauk	4	54855
1681.	unwita	5	54607		1736.	anabaud	4	54859
1682.	usfullida	5	54612		1737.	anabudum	4	54863
1683.	usfullnoda	5	54617		1738.	anafilhis	4	54867
1684.	usfullnodedi	5	54622		1739.	anawairþin	4	54871
1685.	usmeta	5	54627		1740.	andaugiba	4	54875
1686.	usnimiþ	5	54632		1741.	andbahtans	4	54879
1687.	usstandand	5	54637		1742.	andbahtidon	4	54883
1688.	ustiuhada	5	54642		1743.	andbahtjis	4	54887
1689.	uswairpan	5	54647		1744.	andhaita	4	54891
1690.	uswaurpun	5	54652		1745.	andhausida	4	54895
1691.	wailamerjan	5	54657		1746.	andstandand	4	54899
1692.	waips	5	54662		1747.	andstoþ	4	54903
1693.	wast	5	54667		1748.	anþaraize	4	54907
1694.	wastja	5	54672		1749.	arbaiþs	4	54911
1695.	wastjai	5	54677		1750.	arbi	4	54915
1696.	watin	5	54682		1751.	arwjo	4	54919
1697.	waurkjaiþ	5	54687		1752.	asans	4	54923
1698.	waurkjandins	5	54692		1753.	Asiai	4	54927
1699.	waurts	5	54697		1754.	atgagg	4	54931
1700.	waurþano	5	54702		1755.	atgaggand	4	54935
1701.	waurþans	5	54707		1756.	atgaggandans	4	54939
1702.	waurþeina	5	54712		1757.	atgibana	4	54943
1703.	weinagardis	5	54717		1758.	atist	4	54947
1704.	weitwodeiþ	5	54722		1759.	atsaiƕiþ	4	54951
1705.	weitwodiþai	5	54727		1760.	audags	4	54955

1761.	auhumista	4	54959		1816.	fulls	4	55179
1762.	auhumistam	4	54963		1817.	funin	4	55183
1763.	auhumistins	4	54967		1818.	gabairhtjan	4	55187
1764.	awiliuda	4	54971		1819.	gabaurþ	4	55191
1765.	azetizo	4	54975		1820.	gabeins	4	55195
1766.	bairhtein	4	54979		1821.	gabigai	4	55199
1767.	balgeis	4	54983		1822.	gabundanana	4	55203
1768.	beistis	4	54987		1823.	gadauþnai	4	55207
1769.	berun	4	54991		1824.	gafriþonais	4	55211
1770.	bifaihoda	4	54995		1825.	gafulgina	4	55215
1771.	birodeinos	4	54999		1826.	gaggandam	4	55219
1772.	bisaiƕands	4	55003		1827.	gaggats	4	55223
1773.	biswarb	4	55007		1828.	gahamon	4	55227
1774.	biuhtja	4	55011		1829.	gahausida	4	55231
1775.	blindans	4	55015		1830.	gahausjandei	4	55235
1776.	broþre	4	55019		1831.	gahulida	4	55239
1777.	bruþfaþs	4	55023		1832.	gajuko	4	55243
1778.	daupeiþ	4	55027		1833.	gakannjan	4	55247
1779.	daupjand	4	55031		1834.	galagiþs	4	55251
1780.	dauþa	4	55035		1835.	Galatim	4	55255
1781.	diabulaus	4	55039		1836.	galaubeis	4	55259
1782.	diabulus	4	55043		1837.	galaubjai	4	55263
1783.	domja	4	55047		1838.	galaubjands	4	55267
1784.	drigkaiþ	4	55051		1839.	galauseiþ	4	55271
1785.	drigkan	4	55055		1840.	galeika	4	55275
1786.	drigkands	4	55059		1841.	galeikan	4	55279
1787.	driusands	4	55063		1842.	galeikondans	4	55283
1788.	duatgaggands	4	55067		1843.	galeiþand	4	55287
1789.	duhþe	4	55071		1844.	galesun	4	55291
1790.	dulþai	4	55075		1845.	galgin	4	55295
1791.	dwaliþa	4	55079		1846.	galiug	4	55299
1792.	faginondans	4	55083		1847.	gamotida	4	55303
1793.	faihu	4	55087		1848.	ganasidai	4	55307
1794.	faihufriks	4	55091		1849.	ganemuþ	4	55311
1795.	fairinos	4	55095		1850.	ganimands	4	55315
1796.	fairnin	4	55099		1851.	ganimiþ	4	55319
1797.	fastai	4	55103		1852.	ganisan	4	55323
1798.	faurbauht	4	55107		1853.	ganohai	4	55327
1799.	fijaida	4	55111		1854.	garaidida	4	55331
1800.	fijaþwa	4	55115		1855.	garaihtaba	4	55335
1801.	fiske	4	55119		1856.	garaihtai	4	55339
1802.	fragibiþ	4	55123		1857.	garehsn	4	55343
1803.	fraihniþ	4	55127		1858.	garehsnai	4	55347
1804.	frakunni	4	55131		1859.	garehsns	4	55351
1805.	fralusnandam	4	55135		1860.	garuni	4	55355
1806.	framaþjai	4	55139		1861.	gasahtai	4	55359
1807.	framaþjaim	4	55143		1862.	gasakan	4	55363
1808.	fraqistjan	4	55147		1863.	gasalboda	4	55367
1809.	fraqistnai	4	55151		1864.	gasiglidai	4	55371
1810.	fraqistnand	4	55155		1865.	gasitands	4	55375
1811.	fraþjis	4	55159		1866.	gaskapana	4	55379
1812.	frijodes	4	55163		1867.	gaskop	4	55383
1813.	frijon	4	55167		1868.	gastandai	4	55387
1814.	frumin	4	55171		1869.	gasteis	4	55391
1815.	fullawitans	4	55175		1870.	gaswikunþida	4	55395

1871.	gaswultun	4	55399	1926.	ƕileikai	4	55619
1872.	gatairada	4	55403	1927.	ƕileiks	4	55623
1873.	gatauhun	4	55407	1928.	ƕizai	4	55627
1874.	gataurnandins	4	55411	1929.	iddjeduþ	4	55631
1875.	gataurþai	4	55415	1930.	idreigo	4	55635
1876.	gateihands	4	55419	1931.	iftumin	4	55639
1877.	gateihiþ	4	55423	1932.	infeinoda	4	55643
1878.	gaþagkja	4	55427	1933.	inmaidjanda	4	55647
1879.	gaþaursnoda	4	55431	1934.	inwait	4	55651
1880.	gaþiuþida	4	55435	1935.	Iosezis	4	55655
1881.	gaþrafsteinai	4	55439	1936.	Iudan	4	55659
1882.	gaþrafstjai	4	55443	1937.	Iudins	4	55663
1883.	gaumjands	4	55447	1938.	jainans	4	55667
1884.	gaurein	4	55451	1939.	jaþ-þan	4	55671
1885.	gauridai	4	55455	1940.	jiukos	4	55675
1886.	gaurs	4	55459	1941.	juggata	4	55679
1887.	gawalidans	4	55463	1942.	Kajafin	4	55683
1888.	gawasidana	4	55467	1943.	kannja	4	55687
1889.	gawi	4	55471	1944.	kara	4	55691
1890.	gazds	4	55475	1945.	kas	4	55695
1891.	gibandans	4	55479	1946.	kasam	4	55699
1892.	gibands	4	55483	1947.	kauridai	4	55703
1893.	gibanon	4	55487	1948.	Kaurinþium	4	55707
1894.	giutand	4	55491	1949.	Kaurinþon	4	55711
1895.	gods	4	55495	1950.	kawtsjon	4	55715
1896.	goljand	4	55499	1951.	Kreks	4	55719
1897.	habaidedeiþ	4	55503	1952.	kunjis	4	55723
1898.	habandan	4	55507	1953.	kunnandans	4	55727
1899.	haftjandans	4	55511	1954.	kunþedeiþ	4	55731
1900.	haidau	4	55515	1955.	kustu	4	55735
1901.	haim	4	55519	1956.	lagga	4	55739
1902.	halbai	4	55523	1957.	lagida	4	55743
1903.	halja	4	55527	1958.	lagja	4	55747
1904.	handugei	4	55531	1959.	lagjan	4	55751
1905.	hansa	4	55535	1960.	lagjands	4	55755
1906.	hatiza	4	55539	1961.	lagjiþ	4	55759
1907.	hauhein	4	55543	1962.	laiseigs	4	55763
1908.	hausein	4	55547	1963.	laiseinais	4	55767
1909.	hausjands	4	55551	1964.	laiseins	4	55771
1910.	Herodis	4	55555	1965.	laiseis	4	55775
1911.	himinakundaim	4	55559	1966.	laiseiþ	4	55779
1912.	himinakundam	4	55563	1967.	laisjai	4	55783
1913.	hiri	4	55567	1968.	laisteiþ	4	55787
1914.	hleidumein	4	55571	1969.	laistjai	4	55791
1915.	horinassau	4	55575	1970.	laþodai	4	55795
1916.	horinassus	4	55579	1971.	laþon	4	55799
1917.	horinos	4	55583	1972.	leike	4	55803
1918.	hrain	4	55587	1973.	lew	4	55807
1919.	hrot	4	55591	1974.	ligra	4	55811
1920.	hugjaima	4	55595	1975.	liþjus	4	55815
1921.	hunda	4	55599	1976.	liþus	4	55819
1922.	hundafaþs	4	55603	1977.	liugaiþ	4	55823
1923.	ƕarjis	4	55607	1978.	liugn	4	55827
1924.	ƕeilo	4	55611	1979.	liuhadein	4	55831
1925.	ƕileika	4	55615	1980.	liutans	4	55835

RANKING LIST OF FREQUENCIES

1981.	mahte	4	55839
1982.	mahtedi	4	55843
1983.	Makidonais	4	55847
1984.	manageim	4	55851
1985.	managistans	4	55855
1986.	managniþ	4	55859
1987.	manased	4	55863
1988.	manasedais	4	55867
1989.	manwjan	4	55871
1990.	Marku	4	55875
1991.	matins	4	55879
1992.	matjaina	4	55883
1993.	maurnaiþ	4	55887
1994.	maurþrjais	4	55891
1995.	meinaize	4	55895
1996.	meinaizo	4	55899
1997.	meinata	4	55903
1998.	melida	4	55907
1999.	melis	4	55911
2000.	menoþs	4	55915
2001.	meriþa	4	55919
2002.	merjada	4	55923
2003.	mesa	4	55927
2004.	mikilidedun	4	55931
2005.	milhmam	4	55935
2006.	missadede	4	55939
2007.	mitonins	4	55943
2008.	mitoþ	4	55947
2009.	miþwisseim	4	55951
2010.	miþwisseins	4	55955
2011.	motarjam	4	55959
2012.	motarje	4	55963
2013.	munþs	4	55967
2014.	namna	4	55971
2015.	nauhþan	4	55975
2016.	nauþim	4	55979
2017.	nemuþ	4	55983
2018.	nim	4	55987
2019.	nimaiþ	4	55991
2020.	nimand	4	55995
2021.	nimandans	4	55999
2022.	niujamma	4	56003
2023.	niujo	4	56007
2024.	niundon	4	56011
2025.	praufetaus	4	56015
2026.	praufetjam	4	56019
2027.	praufetum	4	56023
2028.	qamt	4	56027
2029.	qinom	4	56031
2030.	qinono	4	56035
2031.	qiþandam	4	56039
2032.	rann	4	56043
2033.	raþjon	4	56047
2034.	raus	4	56051
2035.	razda	4	56055
2036.	riqis	4	56059
2037.	riqiz	4	56063
2038.	riurein	4	56067
2039.	rodidedun	4	56071
2040.	rodjand	4	56075
2041.	rodjandin	4	56079
2042.	rodjands	4	56083
2043.	sabbate	4	56087
2044.	saihs	4	56091
2045.	saiwalos	4	56095
2046.	saiwe	4	56099
2047.	saliþwos	4	56103
2048.	samaqisse	4	56107
2049.	samaþ	4	56111
2050.	sandja	4	56115
2051.	sandjan	4	56119
2052.	sauhtins	4	56123
2053.	saurgai	4	56127
2054.	saurgaiþ	4	56131
2055.	seƕum	4	56135
2056.	Seidone	4	56139
2057.	sijaidu	4	56143
2058.	sildaleikjandans	4	56147
2059.	siukam	4	56151
2060.	siukein	4	56155
2061.	skattans	4	56159
2062.	skatte	4	56163
2063.	skufta	4	56167
2064.	skuldu	4	56171
2065.	skulun	4	56175
2066.	slahim	4	56179
2067.	sleiþa	4	56183
2068.	soknins	4	56187
2069.	spildom	4	56191
2070.	standandane	4	56195
2071.	stauastola	4	56199
2072.	stiur	4	56203
2073.	stoja	4	56207
2074.	stojaiþ	4	56211
2075.	suma	4	56215
2076.	sumaize	4	56219
2077.	sumana	4	56223
2078.	sunno	4	56227
2079.	swaleikaize	4	56231
2080.	swaleikamma	4	56235
2081.	swaran	4	56239
2082.	swerai	4	56243
2083.	swes	4	56247
2084.	swesona	4	56251
2085.	swinþai	4	56255
2086.	swinþeins	4	56259
2087.	swistruns	4	56263
2088.	swnagogen	4	56267
2089.	swogatjam	4	56271
2090.	tahida	4	56275

2091.	talzjandans	4	56279	2146.	usgaggandin	4	56499
2092.	taujaid	4	56283	2147.	usgaggiþ	4	56503
2093.	taujaima	4	56287	2148.	ushramei	4	56507
2094.	taujais	4	56291	2149.	ushramidedun	4	56511
2095.	tawideduþ	4	56295	2150.	uslaubei	4	56515
2096.	Teitau	4	56299	2151.	uslaubida	4	56519
2097.	Teitaun	4	56303	2152.	usluknodedun	4	56523
2098.	toja	4	56307	2153.	uslutoda	4	56527
2099.	trauain	4	56311	2154.	usqimiþ	4	56531
2100.	Twre	4	56315	2155.	ussaƕ	4	56535
2101.	þahtedun	4	56319	2156.	ussaiƕands	4	56539
2102.	þaimuh	4	56323	2157.	ussatida	4	56543
2103.	þairhleiþands	4	56327	2158.	ussiggwaidau	4	56547
2104.	þammuh	4	56331	2159.	usstaig	4	56551
2105.	þarbom	4	56335	2160.	usstandiþ	4	56555
2106.	þaurbun	4	56339	2161.	usstassais	4	56559
2107.	þeei	4	56343	2162.	ustiuhaiþ	4	56563
2108.	þeihand	4	56347	2163.	ustiuhiþ	4	56567
2109.	þeinaim	4	56351	2164.	uzu	4	56571
2110.	þiubs	4	56355	2165.	wahsjan	4	56575
2111.	þiumagus	4	56359	2166.	waidedjans	4	56579
2112.	þiuþido	4	56363	2167.	wairp	4	56583
2113.	þiuþiþs	4	56367	2168.	wairpandans	4	56587
2114.	þiuþjaiþ	4	56371	2169.	wairsiza	4	56591
2115.	þiwi	4	56375	2170.	wairþaina	4	56595
2116.	þizuh	4	56379	2171.	wairþau	4	56599
2117.	þrafstei	4	56383	2172.	wajamerein	4	56603
2118.	þridjan	4	56387	2173.	wajamereins	4	56607
2119.	þrutsfillai	4	56391	2174.	waldufnjam	4	56611
2120.	þulain	4	56395	2175.	wambai	4	56615
2121.	þusundi	4	56399	2176.	warjiþ	4	56619
2122.	ufarmunnonds	4	56403	2177.	warst	4	56623
2123.	ufhauseinai	4	56407	2178.	waurkja	4	56627
2124.	ufhausjai	4	56411	2179.	waurstweig	4	56631
2125.	ufhausjandans	4	56415	2180.	waurstwjam	4	56635
2126.	ufkunnandans	4	56419	2181.	waurþanamma	4	56639
2127.	ufkunnands	4	56423	2182.	waurþeima	4	56643
2128.	ufkunþedum	4	56427	2183.	waurþum	4	56647
2129.	ufkunþedun	4	56431	2184.	weihiþa	4	56651
2130.	undiwanein	4	56435	2185.	weinagard	4	56655
2131.	ungaƕairbai	4	56439	2186.	weisun	4	56659
2132.	ungalaubjandin	4	56443	2187.	winnan	4	56663
2133.	unhindarweisai	4	56447	2188.	wisa	4	56667
2134.	unhrainiþos	4	56451	2189.	wissuh	4	56671
2135.	unhrainja	4	56455	2190.	witan	4	56675
2136.	unhrainjamma	4	56459	2191.	wlita	4	56679
2137.	unhulþono	4	56463	2192.	wrak	4	56683
2138.	unledai	4	56467	2193.	wrakja	4	56687
2139.	unsaros	4	56471	2194.	wrakjom	4	56691
2140.	urreisiþ	4	56475	2195.	wulþag	4	56695
2141.	usdaudjands	4	56479	2196.	Zakarias	4	56699
2142.	usdaudo	4	56483	2197.	abins	3	56702
2143.	usfulliþ	4	56487	2198.	abraba	3	56705
2144.	usfulljada	4	56491	2199.	afdauþidai	3	56708
2145.	usgaggan	4	56495	2200.	afƕapniþ	3	56711

2201.	afiddja	3	56714		2256.	apaustauluns	3	56879
2202.	afmait	3	56717		2257.	arbaidai	3	56882
2203.	afstandand	3	56720		2258.	arbaidei	3	56885
2204.	aftaro	3	56723		2259.	arbaidja	3	56888
2205.	aggilu	3	56726		2260.	arbinumja	3	56891
2206.	aggwiþom	3	56729		2261.	arbjans	3	56894
2207.	agisis	3	56732		2262.	arka	3	56897
2208.	aglaitei	3	56735		2263.	armahairtiþa	3	56900
2209.	aglaitein	3	56738		2264.	asneis	3	56903
2210.	ahmam	3	56741		2265.	ataugjan	3	56906
2211.	ahsa	3	56744		2266.	atgaggandam	3	56909
2212.	aƕos	3	56747		2267.	atgaggandei	3	56912
2213.	Aifaisium	3	56750		2268.	atgaggandin	3	56915
2214.	aigi	3	56753		2269.	atgaggiþ	3	56918
2215.	aihtins	3	56756		2270.	atsaiƕandans	3	56921
2216.	aihtrondans	3	56759		2271.	atsatjan	3	56924
2217.	aihum	3	56762		2272.	atstandands	3	56927
2218.	aiƕatundjai	3	56765		2273.	attaitoki	3	56930
2219.	ainaim	3	56768		2274.	attam	3	56933
2220.	ainamundiþa	3	56771		2275.	attauhun	3	56936
2221.	ainans	3	56774		2276.	audaga	3	56939
2222.	Aipafras	3	56777		2277.	aurahjom	3	56942
2223.	aipistaulein	3	56780		2278.	auþida	3	56945
2224.	aiweinana	3	56783		2279.	auþjana	3	56948
2225.	aiweino	3	56786		2280.	awiliuþ	3	56951
2226.	ajukduþ	3	56789		2281.	azgon	3	56954
2227.	akra	3	56792		2282.	bairaima	3	56957
2228.	Alaiksandrus	3	56795		2283.	bairhtai	3	56960
2229.	alidan	3	56798		2284.	bajoþs	3	56963
2230.	anabiud	3	56801		2285.	bajoþum	3	56966
2231.	anabiudam	3	56804		2286.	balsana	3	56969
2232.	anabiudiþ	3	56807		2287.	balsanis	3	56972
2233.	anabusnai	3	56810		2288.	bandja	3	56975
2234.	anabusnais	3	56813		2289.	bandjan	3	56978
2235.	anahaitandam	3	56816		2290.	bandjom	3	56981
2236.	anaks	3	56819		2291.	bandjos	3	56984
2237.	anakumbjandane	3	56822		2292.	bandweiþ	3	56987
2238.	analaugn	3	56825		2293.	bandwjands	3	56990
2239.	andaneiþo	3	56828		2294.	barma	3	56993
2240.	andanumtais	3	56831		2295.	Barnabin	3	56996
2241.	andaugjo	3	56834		2296.	barnilona	3	56999
2242.	andbaht	3	56837		2297.	barniskja	3	57002
2243.	andbahtidedi	3	56840		2298.	bauainai	3	57005
2244.	andbait	3	56843		2299.	beidandans	3	57008
2245.	andbindandans	3	56846		2300.	bigita	3	57011
2246.	andhafjis	3	56849		2301.	bigitaindau	3	57014
2247.	andhafjiþ	3	56852		2302.	bigitan	3	57017
2248.	andhulidamma	3	56855		2303.	bigitandans	3	57020
2249.	andnima	3	56858		2304.	bihlohun	3	57023
2250.	Andraian	3	56861		2305.	bilaikada	3	57026
2251.	Andraias	3	56864		2306.	bileiþai	3	57029
2252.	andstandan	3	56867		2307.	bileiþiþ	3	57032
2253.	andstandands	3	56870		2308.	biliþanai	3	57035
2254.	andstandiþ	3	56873		2309.	biliþun	3	57038
2255.	anza	3	56876		2310.	bisitands	3	57041

2311.	biswara	3	57044		2366.	Filippu	3	57209
2312.	biuda	3	57047		2367.	fotiwe	3	57212
2313.	biwand	3	57050		2368.	fotubaurd	3	57215
2314.	blandaiþ	3	57053		2369.	fragiban	3	57218
2315.	bliggwandam	3	57056		2370.	fragibandans	3	57221
2316.	blinda	3	57059		2371.	fragilda	3	57224
2317.	blindaim	3	57062		2372.	fraihna	3	57227
2318.	blindin	3	57065		2373.	fraisands	3	57230
2319.	bloþa	3	57068		2374.	fraisiþ	3	57233
2320.	boteiþ	3	57071		2375.	frakann	3	57236
2321.	brigg	3	57074		2376.	fraletau	3	57239
2322.	brinnon	3	57077		2377.	fraletiþ	3	57242
2323.	brunjon	3	57080		2378.	fralust	3	57245
2324.	bruþfadis	3	57083		2379.	fralustais	3	57248
2325.	dailos	3	57086		2380.	fralusts	3	57251
2326.	daubiþos	3	57089		2381.	framuh	3	57254
2327.	dauhtrum	3	57092		2382.	fraqistida	3	57257
2328.	daupida	3	57095		2383.	fraqistnam	3	57260
2329.	daupja	3	57098		2384.	fraþjam	3	57263
2330.	daupjan	3	57101		2385.	fraþjand	3	57266
2331.	daupjandins	3	57104		2386.	fraþjiþ	3	57269
2332.	dauþaize	3	57107		2387.	fraujam	3	57272
2333.	dauþs	3	57110		2388.	frawaurhtaize	3	57275
2334.	diabulau	3	57113		2389.	frawaurhtis	3	57278
2335.	diakona	3	57116		2390.	fraweitands	3	57281
2336.	diupiþa	3	57119		2391.	freihals	3	57284
2337.	driggkiþ	3	57122		2392.	freijhals	3	57287
2338.	driusiþ	3	57125		2393.	frijans	3	57290
2339.	driuson	3	57128		2394.	frijonai	3	57293
2340.	drugkun	3	57131		2395.	frodai	3	57296
2341.	duatgaggandans	3	57134		2396.	frumistin	3	57299
2342.	dulþais	3	57137		2397.	frumists	3	57302
2343.	dustodeiþ	3	57140		2398.	fullai	3	57305
2344.	dustodida	3	57143		2399.	fullnaiþ	3	57308
2345.	Esaeias	3	57146		2400.	gaaiwiskoþ	3	57311
2346.	faginom	3	57149		2401.	gaaiwiskoþs	3	57314
2347.	fahed	3	57152		2402.	gaarmaida	3	57317
2348.	faihuþraihna	3	57155		2403.	gaarmaidai	3	57320
2349.	fairgreipands	3	57158		2404.	gaarmaiþs	3	57323
2350.	fairƕus	3	57161		2405.	gabairada	3	57326
2351.	fairina	3	57164		2406.	gabairhtjaidau	3	57329
2352.	fairnjan	3	57167		2407.	gabeigs	3	57332
2353.	fairnjana	3	57170		2408.	gablindida	3	57335
2354.	fairnjans	3	57173		2409.	gadailida	3	57338
2355.	fasta	3	57176		2410.	gadauþnodedi	3	57341
2356.	fastais	3	57179		2411.	gadauþnodedun	3	57344
2357.	faþos	3	57182		2412.	Gaddarene	3	57347
2358.	fauragaggi	3	57185		2413.	gadomiþs	3	57350
2359.	fauragamanwida	3	57188		2414.	gadrusun	3	57353
2360.	faurbauþ	3	57191		2415.	gaft	3	57356
2361.	faurgaggandans	3	57194		2416.	gafullidedun	3	57359
2362.	fawai	3	57197		2417.	gafullnoda	3	57362
2363.	fidurraginja	3	57200		2418.	gaggai	3	57365
2364.	fijaidedun	3	57203		2419.	gaggaima	3	57368
2365.	Filippaus	3	57206		2420.	gaggandan	3	57371

2421.	gaggands	3	57374		2476.	gastauida	3	57539
2422.	gagudei	3	57377		2477.	gastigods	3	57542
2423.	gagudeins	3	57380		2478.	gaswiltam	3	57545
2424.	gahaban	3	57383		2479.	gaswiltandans	3	57548
2425.	gahailnoda	3	57386		2480.	gataih	3	57551
2426.	gahauseinai	3	57389		2481.	gatairan	3	57554
2427.	gahausideduþ	3	57392		2482.	gatawideduþ	3	57557
2428.	gahausjand	3	57395		2483.	gatawides	3	57560
2429.	gahlaibaim	3	57398		2484.	gatrauandans	3	57563
2430.	gahnaiwjada	3	57401		2485.	gatrauands	3	57566
2431.	gahraineiþ	3	57404		2486.	gatulgida	3	57569
2432.	gahrainjan	3	57407		2487.	gatulgidai	3	57572
2433.	gahuliþ	3	57410		2488.	gaþlaihan	3	57575
2434.	gaƕotida	3	57413		2489.	gaþlaihands	3	57578
2435.	gaidwa	3	57416		2490.	gaþlaiht	3	57581
2436.	gaigrot	3	57419		2491.	gaþlaihtai	3	57584
2437.	gakunnaideduþ	3	57422		2492.	gaþrafstida	3	57587
2438.	galagja	3	57425		2493.	gaþwastidai	3	57590
2439.	galaisides	3	57428		2494.	gawandeiþ	3	57593
2440.	galaisjaina	3	57431		2495.	gawandjai	3	57596
2441.	galaistans	3	57434		2496.	gawandjandans	3	57599
2442.	galaubidedi	3	57437		2497.	gawasidedun	3	57602
2443.	galaubidedum	3	57440		2498.	gawaurhtedi	3	57605
2444.	galaubjandin	3	57443		2499.	gawaurstwam	3	57608
2445.	galeik	3	57446		2500.	gibaidau	3	57611
2446.	Galeilaie	3	57449		2501.	godai	3	57614
2447.	galisiþ	3	57452		2502.	gramsta	3	57617
2448.	galiugaweitwods	3	57455		2503.	gretandans	3	57620
2449.	gamaidans	3	57458		2504.	habandane	3	57623
2450.	gamainduþe	3	57461		2505.	haifstai	3	57626
2451.	gamainja	3	57464		2506.	haila	3	57629
2452.	gamainjai	3	57467		2507.	hailana	3	57632
2453.	gameleins	3	57470		2508.	hailjan	3	57635
2454.	gaminþi	3	57473		2509.	hails	3	57638
2455.	gamotidedun	3	57476		2510.	hairdjos	3	57641
2456.	gamotjan	3	57479		2511.	haitais	3	57644
2457.	gamunands	3	57482		2512.	haitiþ	3	57647
2458.	gamunda	3	57485		2513.	haiþjos	3	57650
2459.	gamundai	3	57488		2514.	haldandans	3	57653
2460.	ganasjau	3	57491		2515.	handiwe	3	57656
2461.	ganasjiþ	3	57494		2516.	haubidis	3	57659
2462.	ganisaina	3	57497		2517.	hauhida	3	57662
2463.	ganisandam	3	57500		2518.	hauhistjam	3	57665
2464.	ganohidai	3	57503		2519.	haurdai	3	57668
2465.	gaqiunoda	3	57506		2520.	haurja	3	57671
2466.	garaiht	3	57509		2521.	hausidedum	3	57674
2467.	garaihtana	3	57512		2522.	hausides	3	57677
2468.	garaznans	3	57515		2523.	hausjandam	3	57680
2469.	garunnun	3	57518		2524.	hausjon	3	57683
2470.	gasaiƕaima	3	57521		2525.	hazein	3	57686
2471.	gasaiƕanona	3	57524		2526.	hazeins	3	57689
2472.	gaseƕuþ	3	57527		2527.	Helian	3	57692
2473.	gaskaft	3	57530		2528.	himins	3	57695
2474.	gaskeiriþ	3	57533		2529.	hiuhmans	3	57698
2475.	gastandiþ	3	57536		2530.	hlaibe	3	57701

2531.	hlaibis	3	57704		2586.	kukida	3	57869
2532.	hlaiwasnom	3	57707		2587.	lag	3	57872
2533.	hlaiwis	3	57710		2588.	laggamodein	3	57875
2534.	hlamma	3	57713		2589.	lagjais	3	57878
2535.	hlauts	3	57716		2590.	laibos	3	57881
2536.	hleiþros	3	57719		2591.	lailot	3	57884
2537.	hlifais	3	57722		2592.	laisarjans	3	57887
2538.	hnasqjaim	3	57725		2593.	laisei	3	57890
2539.	horam	3	57728		2594.	laiseino	3	57893
2540.	hrukida	3	57731		2595.	laisjandin	3	57896
2541.	hugjiþ	3	57734		2596.	laistja	3	57899
2542.	huhrus	3	57737		2597.	laistjand	3	57902
2543.	hundam	3	57740		2598.	Laiwweis	3	57905
2544.	huzda	3	57743		2599.	landis	3	57908
2545.	ƕarboda	3	57746		2600.	laþonai	3	57911
2546.	ƕeh	3	57749		2601.	laþondin	3	57914
2547.	ƕeilos	3	57752		2602.	laþoþs	3	57917
2548.	ƕopai	3	57755		2603.	laugnida	3	57920
2549.	ƕopands	3	57758		2604.	laune	3	57923
2550.	ƕopau	3	57761		2605.	leikcina	3	57926
2551.	ƕotos	3	57764		2606.	leina	3	57929
2552.	Iaireikon	3	57767		2607.	leitilai	3	57932
2553.	Iakobaus	3	57770		2608.	lewjands	3	57935
2554.	Iakobus	3	57773		2609.	libandei	3	57938
2555.	iggqis	3	57776		2610.	libandin	3	57941
2556.	igqis	3	57779		2611.	libands	3	57944
2557.	ikei	3	57782		2612.	ligr	3	57947
2558.	inilon	3	57785		2613.	liþiwe	3	57950
2559.	inmaidjan	3	57788		2614.	liþum	3	57953
2560.	innana	3	57791		2615.	liubai	3	57956
2561.	innaþro	3	57794		2616.	liugan	3	57959
2562.	inngaggaiþ	3	57797		2617.	liugand	3	57962
2563.	inngaggandans	3	57800		2618.	liuganda	3	57965
2564.	innuman	3	57803		2619.	liuhad	3	57968
2565.	insahtai	3	57806		2620.	liuhtjai	3	57971
2566.	insandeiþ	3	57809		2621.	Lukas	3	57974
2567.	insandidedum	3	57812		2622.	lustau	3	57977
2568.	inwidiþ	3	57815		2623.	maizein	3	57980
2569.	inwindiþos	3	57818		2624.	Makidonai	3	57983
2570.	Iudaian	3	57821		2625.	managizam	3	57986
2571.	iup	3	57824		2626.	manaseds	3	57989
2572.	iusila	3	57827		2627.	mannanhun	3	57992
2573.	jaþ-þans	3	57830		2628.	marei	3	57995
2574.	Judaius	3	57833		2629.	marisaiw	3	57998
2575.	juggans	3	57836		2630.	Marjan	3	58001
2576.	juggos	3	57839		2631.	markom	3	58004
2577.	jundai	3	57842		2632.	markos	3	58007
2578.	kannjan	3	57845		2633.	mata	3	58010
2579.	karkarom	3	57848		2634.	matibalg	3	58013
2580.	kaurno	3	57851		2635.	matidedum	3	58016
2581.	kauseiþ	3	57854		2636.	mats	3	58019
2582.	kelikn	3	57857		2637.	maþa	3	58022
2583.	kindina	3	57860		2638.	mereiþ	3	58025
2584.	kindins	3	57863		2639.	meridedun	3	58028
2585.	kniwa	3	57866		2640.	merjand	3	58031

2641.	mikilein	3	58034		2696.	saiada	3	58199
2642.	mikiljandans	3	58037		2697.	saian	3	58202
2643.	minznan	3	58040		2698.	saianans	3	58205
2644.	missadedai	3	58043		2699.	saiands	3	58208
2645.	missadedim	3	58046		2700.	saiƕa	3	58211
2646.	missaqiss	3	58049		2701.	saiƕam	3	58214
2647.	miþfrahunþana	3	58052		2702.	saiƕands	3	58217
2648.	miþgaqiwida	3	58055		2703.	saiso	3	58220
2649.	miþþan	3	58058		2704.	salja	3	58223
2650.	miþurrisuþ	3	58061		2705.	salta	3	58226
2651.	motareis	3	58064		2706.	sarwam	3	58229
2652.	munandans	3	58067		2707.	Saudaumjam	3	58232
2653.	muni	3	58070		2708.	sauhtim	3	58235
2654.	muns	3	58073		2709.	saurgandans	3	58238
2655.	munþ	3	58076		2710.	siggwandans	3	58241
2656.	namne	3	58079		2711.	sildaleik	3	58244
2657.	namnida	3	58082		2712.	Sion	3	58247
2658.	naqadana	3	58085		2713.	sitandam	3	58250
2659.	nasei	3	58088		2714.	sitandans	3	58253
2660.	nasein	3	58091		2715.	sitlans	3	58256
2661.	Nazoraiu	3	58094		2716.	siuka	3	58259
2662.	nei	3	58097		2717.	siukan	3	58262
2663.	neiþis	3	58100		2718.	siukands	3	58265
2664.	nemi	3	58103		2719.	siukiþ	3	58268
2665.	niujans	3	58106		2720.	siunai	3	58271
2666.	niujin	3	58109		2721.	skama	3	58274
2667.	niujis	3	58112		2722.	skamaiþ	3	58277
2668.	niun	3	58115		2723.	skatt	3	58280
2669.	ogands	3	58118		2724.	skatts	3	58283
2670.	ohta	3	58121		2725.	skaudaraip	3	58286
2671.	osanna	3	58124		2726.	skauta	3	58289
2672.	parakletus	3	58127		2727.	skulans	3	58292
2673.	pasxa	3	58130		2728.	skuljau	3	58295
2674.	praufetau	3	58133		2729.	skulum	3	58298
2675.	praufetes	3	58136		2730.	skuluþ	3	58301
2676.	praufetuns	3	58139		2731.	sloh	3	58304
2677.	qairrus	3	58142		2732.	slohun	3	58307
2678.	qemi	3	58145		2733.	smakkabagm	3	58310
2679.	qemjau	3	58148		2734.	snagan	3	58313
2680.	qenins	3	58151		2735.	sokja	3	58316
2681.	qimandei	3	58154		2736.	sokun	3	58319
2682.	qiþaits	3	58157		2737.	spedistaim	3	58322
2683.	qiþandan	3	58160		2738.	spilla	3	58325
2684.	qiþandeins	3	58163		2739.	stabim	3	58328
2685.	qiþandin	3	58166		2740.	Staifanaus	3	58331
2686.	qiþano	3	58169		2741.	staigos	3	58334
2687.	qiþaus	3	58172		2742.	stains	3	58337
2688.	ragin	3	58175		2743.	stairo	3	58340
2689.	ragineis	3	58178		2744.	standandans	3	58343
2690.	razdom	3	58181		2745.	stiwitja	3	58346
2691.	rodeis	3	58184		2746.	stomin	3	58349
2692.	rodiþ	3	58187		2747.	sumaiþ-þan	3	58352
2693.	Rumai	3	58190		2748.	sumamma	3	58355
2694.	run	3	58193		2749.	sumata	3	58358
2695.	sabbatim	3	58196		2750.	sunjeina	3	58361

2751.	swalauda	3	58364	2806.	ufarassu	3	58529
2752.	swaleik	3	58367	2807.	ufargaggan	3	58532
2753.	swaleikata	3	58370	2808.	ufhausein	3	58535
2754.	swaleikos	3	58373	2809.	ufhauseiþ	3	58538
2755.	sweraiþ	3	58376	2810.	ufhropida	3	58541
2756.	sweriþai	3	58379	2811.	ufhropjands	3	58544
2757.	sweriþos	3	58382	2812.	ufrakjands	3	58547
2758.	swesana	3	58385	2813.	ufwopida	3	58550
2759.	swesans	3	58388	2814.	uggkis	3	58553
2760.	swikniþai	3	58391	2815.	ugkis	3	58556
2761.	swikunþai	3	58394	2816.	unbarnahs	3	58559
2762.	swikunþs	3	58397	2817.	undgripun	3	58562
2763.	swinþoza	3	58400	2818.	ungafairinonds	3	58565
2764.	swistrjus	3	58403	2819.	ungalaubjands	3	58568
2765.	swnagogais	3	58406	2820.	ungasaiƕanis	3	58571
2766.	tagram	3	58409	2821.	ungasaiƕanona	3	58574
2767.	taihswai	3	58412	2822.	ungatassaba	3	58577
2768.	taitok	3	58415	2823.	unhailans	3	58580
2769.	talzjaiþ	3	58418	2824.	unhrainiþai	3	58583
2770.	taui	3	58421	2825.	unhrainjana	3	58586
2771.	taujid	3	58424	2826.	unhrainjin	3	58589
2772.	tawidedeina	3	58427	2827.	unhrains	3	58592
2773.	tigum	3	58430	2828.	unhulþo	3	58595
2774.	Trauadai	3	58433	2829.	unmahteigam	3	58598
2775.	triggwaim	3	58436	2830.	unsarans	3	58601
2776.	tulgjan	3	58439	2831.	unsibjaim	3	58604
2777.	twalibim	3	58442	2832.	unþiuþa	3	58607
2778.	þagkjan	3	58445	2833.	unweisans	3	58610
2779.	þaih	3	58448	2834.	unwitans	3	58613
2780.	þairhgaggan	3	58451	2835.	unwiti	3	58616
2781.	Þaissalauneikai	3	58454	2836.	urraisidedun	3	58619
2782.	Þaissalauneikaium	3	58457	2837.	urraisja	3	58622
2783.	þarf	3	58460	2838.	urraisjands	3	58625
2784.	þauhjabai	3	58463	2839.	urreisandin	3	58628
2785.	þaurftais	3	58466	2840.	urrinniþ	3	58631
2786.	þaurnum	3	58469	2841.	usbliggwandans	3	58634
2787.	þaurnuns	3	58472	2842.	usbruknodedun	3	58637
2788.	þaursjai	3	58475	2843.	usfilhan	3	58640
2789.	þe	3	58478	2844.	usfulleiþ	3	58643
2790.	þiubos	3	58481	2845.	usfullidedi	3	58646
2791.	þiudana	3	58484	2846.	usfullnodedun	3	58649
2792.	þiudanon	3	58487	2847.	usfulnodedun	3	58652
2793.	þiudinassaus	3	58490	2848.	usgaggai	3	58655
2794.	þiujos	3	58493	2849.	usgaggand	3	58658
2795.	þrafsteiþ	3	58496	2850.	usgildan	3	58661
2796.	þrije	3	58499	2851.	usgutniþ	3	58664
2797.	þû	3	58502	2852.	ushauhjada	3	58667
2798.	þuhtaus	3	58505	2853.	ushof	3	58670
2799.	þusundjom	3	58508	2854.	uskusanai	3	58673
2800.	þuthaurna	3	58511	2855.	uslagida	3	58676
2801.	ubilaim	3	58514	2856.	uslaisidai	3	58679
2802.	ubilans	3	58517	2857.	usleiþan	3	58682
2803.	ubilis	3	58520	2858.	usliþa	3	58685
2804.	ubilos	3	58523	2859.	uslukands	3	58688
2805.	ubils	3	58526	2860.	usmetum	3	58691

2861.	usnam	3	58694		2916.	wigs	3	58859
2862.	usnemun	3	58697		2917.	wiljahalþein	3	58862
2863.	usqemun	3	58700		2918.	wiljandin	3	58865
2864.	usqimand	3	58703		2919.	windam	3	58868
2865.	usqistjan	3	58706		2920.	windos	3	58871
2866.	ussuggwuþ	3	58709		2921.	wis	3	58874
2867.	ustauhanai	3	58712		2922.	wisaiþ	3	58877
2868.	ustauhans	3	58715		2923.	wisandei	3	58880
2869.	ustiuhands	3	58718		2924.	wisandins	3	58883
2870.	usþulainai	3	58721		2925.	wisandona	3	58886
2871.	usþulands	3	58724		2926.	wissedun	3	58889
2872.	uswairp	3	58727		2927.	witi	3	58892
2873.	uswairpand	3	58730		2928.	witodalaisarjos	3	58895
2874.	uswandidedun	3	58733		2929.	wokainim	3	58898
2875.	uswarp	3	58736		2930.	wopeiþ	3	58901
2876.	uswaurpai	3	58739		2931.	wrakos	3	58904
2877.	usweihona	3	58742		2932.	abnam	2	58906
2878.	uswenans	3	58745		2933.	abne	2	58908
2879.	uzetin	3	58748		2934.	afaikan	2	58910
2880.	wahstau	3	58751		2935.	afaikis	2	58912
2881.	wailamerida	3	58754		2936.	afaikiþ	2	58914
2882.	wainei	3	58757		2937.	afargaggand	2	58916
2883.	wairans	3	58760		2938.	afarlaistjandans	2	58918
2884.	waire	3	58763		2939.	afaruþ-þan	2	58920
2885.	wairþam	3	58766		2940.	afdaubnodedun	2	58922
2886.	wairþis	3	58769		2941.	afdomjan	2	58924
2887.	waist	3	58772		2942.	afdrugkja	2	58926
2888.	waitei	3	58775		2943.	afetja	2	58928
2889.	wajamerjaidau	3	58778		2944.	afgrundiþa	2	58930
2890.	wakandans	3	58781		2945.	afgudein	2	58932
2891.	waldufnjis	3	58784		2946.	afhabaiþ	2	58934
2892.	walisin	3	58787		2947.	afhamon	2	58936
2893.	waliso	3	58790		2948.	afhlaþana	2	58938
2894.	waninassu	3	58793		2949.	afƕapidedun	2	58940
2895.	wargiþa	3	58796		2950.	afƕapjan	2	58942
2896.	wargiþos	3	58799		2951.	afƕapnodedun	2	58944
2897.	warmjands	3	58802		2952.	aflagjaiþ	2	58946
2898.	waurhta	3	58805		2953.	aflagjandans	2	58948
2899.	waurstweiga	3	58808		2954.	aflagjiþ	2	58950
2900.	waurstwja	3	58811		2955.	aflailotum	2	58952
2901.	waurtim	3	58814		2956.	afleiþiþ	2	58954
2902.	waurtins	3	58817		2957.	afleta	2	58956
2903.	waurþanai	3	58820		2958.	afletands	2	58958
2904.	wehsa	3	58823		2959.	aflifnandeins	2	58960
2905.	weihan	3	58826		2960.	afmarzeinais	2	58962
2906.	weihane	3	58829		2961.	afmauidai	2	58964
2907.	weihin	3	58832		2962.	afskaidiþ	2	58966
2908.	weitwodida	3	58835		2963.	afskiubandans	2	58968
2909.	weitwodidedun	3	58838		2964.	afslahands	2	58970
2910.	weitwodiþos	3	58841		2965.	afslauþidai	2	58972
2911.	weitwodjands	3	58844		2966.	afslauþiþs	2	58974
2912.	wenais	3	58847		2967.	afslauþnodedun	2	58976
2913.	wepna	3	58850		2968.	afstoþi	2	58978
2914.	weseima	3	58853		2969.	afstoþum	2	58980
2915.	wesunuh	3	58856		2970.	aftumans	2	58982

2971.	afþwoh	2	58984		3026.	aiwlaugian	2	59094
2972.	afwagidai	2	58986		3027.	Aiwwa	2	59096
2973.	afwairpaidau	2	58988		3028.	akranam	2	59098
2974.	afwandei	2	58990		3029.	akranis	2	59100
2975.	afwandidedun	2	58992		3030.	akrs	2	59102
2976.	afwandjand	2	58994		3031.	alands	2	59104
2977.	aggele	2	58996		3032.	aldai	2	59106
2978.	aggile	2	58998		3033.	alewa	2	59108
2979.	aggiljus	2	59000		3034.	alewabagm	2	59110
2980.	aggwiþa	2	59002		3035.	alewabagmis	2	59112
2981.	aggwiþai	2	59004		3036.	Alfaiaus	2	59114
2982.	aggwu	2	59006		3037.	aljakonjai	2	59116
2983.	aglaitiwaurdein	2	59008		3038.	aljanoþ	2	59118
2984.	aglono	2	59010		3039.	aljar	2	59120
2985.	agluba	2	59012		3040.	aljis	2	59122
2986.	ahmateinais	2	59014		3041.	allandjo	2	59124
2987.	ahmein	2	59016		3042.	allaþro	2	59126
2988.	ahmeinaim	2	59018		3043.	allawaurstwans	2	59128
2989.	ahmeinans	2	59020		3044.	alls	2	59130
2990.	ahmeino	2	59022		3045.	allwaldands	2	59132
2991.	ahmeinona	2	59024		3046.	alþeis	2	59134
2992.	ahtau	2	59026		3047.	alþjona	2	59136
2993.	ahtaudogs	2	59028		3048.	anafilhan	2	59138
2994.	ahtautehund	2	59030		3049.	anafilhandam	2	59140
2995.	aƕa	2	59032		3050.	anafilhands	2	59142
2996.	aigeina	2	59034		3051.	anagaggandeim	2	59144
2997.	aigina	2	59036		3052.	anahaimjai	2	59146
2998.	aiginis	2	59038		3053.	anahaimjaim	2	59148
2999.	aigum	2	59040		3054.	anahaita	2	59150
3000.	aigun	2	59042		3055.	anahamon	2	59152
3001.	aihandans	2	59044		3056.	anahneiwands	2	59154
3002.	aihtedun	2	59046		3057.	anaƕeilaiþs	2	59156
3003.	aihtron	2	59048		3058.	anainsokun	2	59158
3004.	aihtronai	2	59050		3059.	anakaurjau	2	59160
3005.	ailoe	2	59052		3060.	anakumbjandam	2	59162
3006.	ainaha	2	59054		3061.	anakumbjandans	2	59164
3007.	ainakla	2	59056		3062.	anakumbjands	2	59166
3008.	ainfalþeins	2	59058		3063.	anakunnaida	2	59168
3009.	ainlibim	2	59060		3064.	anakunnainai	2	59170
3010.	Aiodian	2	59062		3065.	anakunnaiþ	2	59172
3011.	aipiskaupeins	2	59064		3066.	analagein	2	59174
3012.	aipistaulem	2	59066		3067.	analaugnjam	2	59176
3013.	aipistulans	2	59068		3068.	anamahtidins	2	59178
3014.	air	2	59070		3069.	anamahtim	2	59180
3015.	airinom	2	59072		3070.	anamahtjada	2	59182
3016.	airis	2	59074		3071.	anamahtjandins	2	59184
3017.	airizam	2	59076		3072.	anamindeis	2	59186
3018.	airizane	2	59078		3073.	anananþeiþ	2	59188
3019.	airkniþa	2	59080		3074.	anapragganai	2	59190
3020.	airþeinins	2	59082		3075.	anaqiss	2	59192
3021.	airu	2	59084		3076.	anaqisseis	2	59194
3022.	airziþos	2	59086		3077.	anaqiujan	2	59196
3023.	aiþa	2	59088		3078.	anaslepandans	2	59198
3024.	aiwaggelistins	2	59090		3079.	anatimridai	2	59200
3025.	aiwiskjis	2	59092		3080.	anaþaima	2	59202

3081.	anaþrafstida	2	59204		3136.	anuþ-þan-niujaiþ	2	59314
3082.	anawairþane	2	59206		3137.	Apaullon	2	59316
3083.	anawairþo	2	59208		3138.	apaustaule	2	59318
3084.	anawairþons	2	59210		3139.	apaustaulein	2	59320
3085.	anawammjaidau	2	59212		3140.	arbaide	2	59322
3086.	andabauht	2	59214		3141.	arbaidjai	2	59324
3087.	andabeit	2	59216		3142.	arbaidjandans	2	59326
3088.	andahaft	2	59218		3143.	arbjo	2	59328
3089.	andahafts	2	59220		3144.	Areimaþaias	2	59330
3090.	andahaita	2	59222		3145.	arƕaznos	2	59332
3091.	andanemjamma	2	59224		3146.	arma	2	59334
3092.	andastaþjos	2	59226		3147.	armahairtai	2	59336
3093.	andaugi	2	59228		3148.	armahairteins	2	59338
3094.	andawairþi	2	59230		3149.	armins	2	59340
3095.	andawizn	2	59232		3150.	asan	2	59342
3096.	andbahta	2	59234		3151.	asanais	2	59344
3097.	andbahtei	2	59236		3152.	asilaus	2	59346
3098.	andbahtidedun	2	59238		3153.	asnje	2	59348
3099.	andbahtjai	2	59240		3154.	astos	2	59350
3100.	andbindan	2	59242		3155.	ataugei	2	59352
3101.	andbindiþ	2	59244		3156.	ataugeiþ	2	59354
3102.	andbitanai	2	59246		3157.	ataugids	2	59356
3103.	andbitun	2	59248		3158.	ataugiþs	2	59358
3104.	andhafjan	2	59250		3159.	ataugjai	2	59360
3105.	andhaihaist	2	59252		3160.	atdraus	2	59362
3106.	andhaitiþ	2	59254		3161.	atdriusai	2	59364
3107.	andhuleinais	2	59256		3162.	atdriusand	2	59366
3108.	andhuleino	2	59258		3163.	atgaggai	2	59368
3109.	andhuljiþ	2	59260		3164.	atgaggandeins	2	59370
3110.	andnamt	2	59262		3165.	atgibai	2	59372
3111.	andnemi	2	59264		3166.	athaihait	2	59374
3112.	andnemjau	2	59266		3167.	atisk	2	59376
3113.	andnim	2	59268		3168.	atlagidedeina	2	59378
3114.	andnimai	2	59270		3169.	atlagidedun	2	59380
3115.	andnimais	2	59272		3170.	atlaþodai	2	59382
3116.	andnimand	2	59274		3171.	atnam	2	59384
3117.	andnimandans	2	59276		3172.	atsaiƕaina	2	59386
3118.	andnuman	2	59278		3173.	atsatjaima	2	59388
3119.	andqiþan	2	59280		3174.	atsnarpjais	2	59390
3120.	andrunnun	2	59282		3175.	atstandandane	2	59392
3121.	andsitandans	2	59284		3176.	atsteig	2	59394
3122.	andstaldand	2	59286		3177.	atsteigadau	2	59396
3123.	andstaldiþ	2	59288		3178.	atsteigands	2	59398
3124.	andstoþun	2	59290		3179.	attaitokeina	2	59400
3125.	andwairþo	2	59292		3180.	attane	2	59402
3126.	Annin	2	59294		3181.	attauhuþ	2	59404
3127.	annom	2	59296		3182.	atteka	2	59406
3128.	ansteigs	2	59298		3183.	attekaiþ	2	59408
3129.	Antiaukiai	2	59300		3184.	attiuh	2	59410
3130.	anþaraizo	2	59302		3185.	atwopida	2	59412
3131.	anþaranu	2	59304		3186.	atwopidedun	2	59414
3132.	anþaranuh	2	59306		3187.	augei	2	59416
3133.	anþarleikein	2	59308		3188.	augins	2	59418
3134.	anþarleiko	2	59310		3189.	auhsau	2	59420
3135.	anþaruh	2	59312		3190.	auhumistin	2	59422

3191.	Auneiseifauraus	2	59424	3246.	bidei	2	59534
3192.	Aunisimau	2	59426	3247.	bidjais	2	59536
3193.	aurkje	2	59428	3248.	bidjaiþuþ-þan	2	59538
3194.	aurtjam	2	59430	3249.	bidjand	2	59540
3195.	aurtjans	2	59432	3250.	bidjandin	2	59542
3196.	ausam	2	59434	3251.	bidjau	2	59544
3197.	auþidos	2	59436	3252.	bido	2	59546
3198.	aweþi	2	59438	3253.	bifaihodedum	2	59548
3199.	awiliudodau	2	59440	3254.	bifaihon	2	59550
3200.	awiliudon	2	59442	3255.	bigitanai	2	59552
3201.	azetjam	2	59444	3256.	bigitats	2	59554
3202.	Baiailzaibul	2	59446	3257.	bigitau	2	59556
3203.	baidiþs	2	59448	3258.	bihaita	2	59558
3204.	Bailiama	2	59450	3259.	bihaitjans	2	59560
3205.	baira	2	59452	3260.	bilaist	2	59562
3206.	bairand	2	59454	3261.	bileiþa	2	59564
3207.	bairandei	2	59456	3262.	bileiþada	2	59566
3208.	bairands	2	59458	3263.	bileiþands	2	59568
3209.	bairgahein	2	59460	3264.	bimaitanai	2	59570
3210.	baitraba	2	59462	3265.	bimaitiþ	2	59572
3211.	baitrei	2	59464	3266.	binah	2	59574
3212.	baitrein	2	59466	3267.	biniuhsjan	2	59576
3213.	balsan	2	59468	3268.	bisauleino	2	59578
3214.	balþaba	2	59470	3269.	bistagq	2	59580
3215.	balþeins	2	59472	3270.	bistuggqis	2	59582
3216.	balwjais	2	59474	3271.	bistugqun	2	59584
3217.	bandjins	2	59476	3272.	bitauh	2	59586
3218.	bandwo	2	59478	3273.	biuga	2	59588
3219.	banjos	2	59480	3274.	biuhti	2	59590
3220.	bans	2	59482	3275.	biuhts	2	59592
3221.	bar	2	59484	3276.	biwandjandans	2	59594
3222.	barizeinam	2	59486	3277.	bleiþei	2	59596
3223.	barizeinans	2	59488	3278.	bleiþs	2	59598
3224.	Barnabas	2	59490	3279.	bliggwands	2	59600
3225.	Barnabins	2	59492	3280.	blindamma	2	59602
3226.	barnis	2	59494	3281.	blindan	2	59604
3227.	barniskai	2	59496	3282.	blotan	2	59606
3228.	barusnjan	2	59498	3283.	blotinassu	2	59608
3229.	baua	2	59500	3284.	boka	2	59610
3230.	bauaima	2	59502	3285.	bokarjans	2	59612
3231.	bauains	2	59504	3286.	brahtedum	2	59614
3232.	baudai	2	59506	3287.	brahva	2	59616
3233.	baudana	2	59508	3288.	braidei	2	59618
3234.	baurgswaddjus	2	59510	3289.	brak	2	59620
3235.	baurim	2	59512	3290.	brakja	2	59622
3236.	baurþein	2	59514	3291.	brigga	2	59624
3237.	bedeima	2	59516	3292.	brigganda	2	59626
3238.	beidands	2	59518	3293.	bruhta	2	59628
3239.	beista	2	59520	3294.	bruk	2	59630
3240.	berum	2	59522	3295.	brukeiþ	2	59632
3241.	berusjos	2	59524	3296.	brukjaidau	2	59634
3242.	Beþaniin	2	59526	3297.	brukjaima	2	59636
3243.	Beþanijin	2	59528	3298.	brukjais	2	59638
3244.	Beþlaihaim	2	59530	3299.	bruþfads	2	59640
3245.	Beþsfagein	2	59532	3300.	bugjandans	2	59642

3301.	daig	2	59644		3356.	drugkaneins	2	59754
3302.	daigs	2	59646		3357.	drusun	2	59756
3303.	dail	2	59648		3358.	duatiddja	2	59758
3304.	daile	2	59650		3359.	duginnam	2	59760
3305.	dailjan	2	59652		3360.	dugunnuþ	2	59762
3306.	dailo	2	59654		3361.	dulþs	2	59764
3307.	daimonarjans	2	59656		3362.	dwala	2	59766
3308.	dal	2	59658		3363.	dwalmoþ	2	59768
3309.	daug	2	59660		3364.	dwalons	2	59770
3310.	dauht	2	59662		3365.	Eikaunion	2	59772
3311.	dauhtr	2	59664		3366.	eisarneinaim	2	59774
3312.	daun	2	59666		3367.	Esaeiins	2	59776
3313.	daunai	2	59668		3368.	etun	2	59778
3314.	daupeinais	2	59670		3369.	fadreina	2	59780
3315.	daupeinins	2	59672		3370.	fadreinis	2	59782
3316.	daupidedjau	2	59674		3371.	faginod	2	59784
3317.	daupjada	2	59676		3372.	faginoda	2	59786
3318.	daupjandin	2	59678		3373.	faginodedum	2	59788
3319.	daurom	2	59680		3374.	faginonds	2	59790
3320.	daurons	2	59682		3375.	faihufrikei	2	59792
3321.	dauþein	2	59684		3376.	faihufrikein	2	59794
3322.	dauþeiþ	2	59686		3377.	faihugairnai	2	59796
3323.	dauþum	2	59688		3378.	faihugawaurki	2	59798
3324.	Demas	2	59690		3379.	faihugeiron	2	59800
3325.	diakon	2	59692		3380.	fairgunjis	2	59802
3326.	diakuna	2	59694		3381.	fairino	2	59804
3327.	digrein	2	59696		3382.	fairinodedi	2	59806
3328.	dishabaiþ	2	59698		3383.	fairinondans	2	59808
3329.	disnimandans	2	59700		3384.	fairnjin	2	59810
3330.	dissat	2	59702		3385.	fairnjo	2	59812
3331.	distahida	2	59704		3386.	fairnjons	2	59814
3332.	diswissais	2	59706		3387.	fairweitidedeina	2	59816
3333.	diupei	2	59708		3388.	fairweitjan	2	59818
3334.	diupo	2	59710		3389.	fairweitjandans	2	59820
3335.	diuzam	2	59712		3390.	fanþ	2	59822
3336.	dom	2	59714		3391.	Fareisaiaus	2	59824
3337.	domeiþ	2	59716		3392.	Fareisaiei	2	59826
3338.	domjaindau	2	59718		3393.	fastaid	2	59828
3339.	domjan	2	59720		3394.	fastandans	2	59830
3340.	domjandans	2	59722		3395.	fastands	2	59832
3341.	dragk	2	59724		3396.	fauhons	2	59834
3342.	dragkei	2	59726		3397.	faurafilljis	2	59836
3343.	draibei	2	59728		3398.	fauragaggandans	2	59838
3344.	drauhtinoþ	2	59730		3399.	fauragaggands	2	59840
3345.	drauhtiwitoþ	2	59732		3400.	fauragaggjan	2	59842
3346.	driggka	2	59734		3401.	fauragahaitanan	2	59844
3347.	drigkai	2	59736		3402.	fauragahugida	2	59846
3348.	drigkais	2	59738		3403.	fauragaleikaida	2	59848
3349.	drigkam	2	59740		3404.	fauragamanwjaina	2	59850
3350.	drigkid	2	59742		3405.	fauragarairoþ	2	59852
3351.	drigkiþ	2	59744		3406.	fauragaredanai	2	59854
3352.	driugais	2	59746		3407.	fauragasandida	2	59856
3353.	drobjandans	2	59748		3408.	fauragateiha	2	59858
3354.	drobnans	2	59750		3409.	fauraïst	2	59860
3355.	drugkanai	2	59752		3410.	fauramaþlja	2	59862

3411.	fauramaþljos	2	59864	3466.	fraletandans	2	59974
3412.	fauraqeþum	2	59866	3467.	fralewjandans	2	59976
3413.	fauraqiþa	2	59868	3468.	fralusans	2	59978
3414.	faurastandandam	2	59870	3469.	fralustai	2	59980
3415.	fauratanja	2	59872	3470.	framaldra	2	59982
3416.	fauratanjam	2	59874	3471.	framaþidans	2	59984
3417.	faurawenjandans	2	59876	3472.	framaþjana	2	59986
3418.	faurbaud	2	59878	3473.	framis	2	59988
3419.	faurbauhtai	2	59880	3474.	framwairþis	2	59990
3420.	faurbisniwandeins	2	59882	3475.	framwigis	2	59992
3421.	faurbiudais	2	59884	3476.	fraqima	2	59994
3422.	faurhtai	2	59886	3477.	fraqimada	2	59996
3423.	faurhtei	2	59888	3478.	fraqistidai	2	59998
3424.	faurhteins	2	59890	3479.	fraqistnandam	2	60000
3425.	faurhteiþ	2	59892	3480.	fraqiþanai	2	60002
3426.	faurlageinais	2	59894	3481.	fraslindaidau	2	60004
3427.	faurqiþanana	2	59896	3482.	frastim	2	60006
3428.	faursniwandam	2	59898	3483.	fraþjaima	2	60008
3429.	faurþize	2	59900	3484.	fraþjaina	2	60010
3430.	fawamma	2	59902	3485.	fraþjamarzeins	2	60012
3431.	fawizo	2	59904	3486.	fraþjandan	2	60014
3432.	fera	2	59906	3487.	fraujinassiwe	2	60016
3433.	fetjandeins	2	59908	3488.	fraujinassjus	2	60018
3434.	fiaþwos	2	59910	3489.	fraujinoma	2	60020
3435.	fidwortaihun	2	59912	3490.	fraujinon	2	60022
3436.	fijandam	2	59914	3491.	fraujinonds	2	60024
3437.	filhan	2	59916	3492.	fraujinoþ	2	60026
3438.	Filippai	2	59918	3493.	frawardein	2	60028
3439.	Filippau	2	59920	3494.	frawardeiþ	2	60030
3440.	filudeisein	2	59922	3495.	frawardidaize	2	60032
3441.	filusna	2	59924	3496.	frawardidedum	2	60034
3442.	fiskam	2	59926	3497.	frawardjand	2	60036
3443.	fiskjans	2	59928	3498.	frawaurkjai	2	60038
3444.	fita	2	59930	3499.	frawaurkjaiþ	2	60040
3445.	flahtom	2	59932	3500.	frawaurkjandam	2	60042
3446.	flautai	2	59934	3501.	frawaurkjandane	2	60044
3447.	fodeinai	2	59936	3502.	frawaurþanai	2	60046
3448.	fodeiþ	2	59938	3503.	frawilwiþ	2	60048
3449.	fodidedi	2	59940	3504.	frawulwanana	2	60050
3450.	fotus	2	59942	3505.	frawulwans	2	60052
3451.	frabugei	2	59944	3506.	freidjands	2	60054
3452.	frabugjandans	2	59946	3507.	freihalsa	2	60056
3453.	fragiba	2	59948	3508.	fretun	2	60058
3454.	fragibands	2	59950	3509.	frija	2	60060
3455.	frahunþana	2	59952	3510.	frijaizos	2	60062
3456.	fraihnai	2	59954	3511.	frijo	2	60064
3457.	fraisaizau	2	59956	3512.	frijodan	2	60066
3458.	fraisandans	2	59958	3513.	frijondan	2	60068
3459.	fraisans	2	59960	3514.	frodaba	2	60070
3460.	fraistubnja	2	59962	3515.	frodaim	2	60072
3461.	fraistubnjai	2	59964	3516.	frodamma	2	60074
3462.	frakunnan	2	59966	3517.	froþ	2	60076
3463.	frakunneina	2	59968	3518.	froþeina	2	60078
3464.	fraleta	2	59970	3519.	froþs	2	60080
3465.	fraletais	2	59972	3520.	frumadein	2	60082

3521.	frumans	2	60084		3576.	gafahau	2	60194
3522.	frumein	2	60086		3577.	gafaifaheina	2	60196
3523.	frumistja	2	60088		3578.	gafalh	2	60198
3524.	frumiston	2	60090		3579.	gafastaindau	2	60200
3525.	fulgin	2	60092		3580.	gafaurds	2	60202
3526.	fullafraþjam	2	60094		3581.	gafaurs	2	60204
3527.	fullamma	2	60096		3582.	gafeteinai	2	60206
3528.	fullaweisjam	2	60098		3583.	gafilhan	2	60208
3529.	fullawitan	2	60100		3584.	gafraþjein	2	60210
3530.	fulljai	2	60102		3585.	gafreideinais	2	60212
3531.	fullos	2	60104		3586.	gafrijonai	2	60214
3532.	funiskos	2	60106		3587.	gafrisahtiþ	2	60216
3533.	Fwgailus	2	60108		3588.	gafriþodai	2	60218
3534.	gaaggwein	2	60110		3589.	gafriþodedi	2	60220
3535.	gaaggwidai	2	60112		3590.	gafriþon	2	60222
3536.	gaaiginondau	2	60114		3591.	gafriþondin	2	60224
3537.	gaaiwiskoda	2	60116		3592.	gafriþonds	2	60226
3538.	gaaiwiskondau	2	60118		3593.	gafulgin	2	60228
3539.	gabaidideduþ	2	60120		3594.	gagaggiþ	2	60230
3540.	gabairan	2	60122		3595.	gagawairþnan	2	60232
3541.	gabairand	2	60124		3596.	gaggais	2	60234
3542.	gabairhtein	2	60126		3597.	gaggandin	2	60236
3543.	gabairhtjandin	2	60128		3598.	gagudaba	2	60238
3544.	gabairhtjau	2	60130		3599.	gahabaiþ	2	60240
3545.	gabar	2	60132		3600.	gahaihait	2	60242
3546.	gabauranai	2	60134		3601.	gahaihaitun	2	60244
3547.	gabaurgjans	2	60136		3602.	gahailana	2	60246
3548.	gabauros	2	60138		3603.	gahailjan	2	60248
3549.	gabaurþiwaurde	2	60140		3604.	gahaitam	2	60250
3550.	gabigamma	2	60142		3605.	gahaitandeim	2	60252
3551.	gabigjandans	2	60144		3606.	gahaitands	2	60254
3552.	gabignandans	2	60146		3607.	gahaite	2	60256
3553.	gabindan	2	60148		3608.	gahalp	2	60258
3554.	gabindandans	2	60150		3609.	gahamodai	2	60260
3555.	Gabriel	2	60152		3610.	gahaunjai	2	60262
3556.	gabundjai	2	60154		3611.	gahobains	2	60264
3557.	gadailjada	2	60156		3612.	gahraineinai	2	60266
3558.	gadars	2	60158		3613.	gahrainidai	2	60268
3559.	gadaubida	2	60160		3614.	gaƕeilain	2	60270
3560.	gadaursan	2	60162		3615.	gaƕeilainais	2	60272
3561.	gadauþnodeduþ	2	60164		3616.	gaƕotei	2	60274
3562.	gadedai	2	60166		3617.	gaƕotjands	2	60276
3563.	gadigans	2	60168		3618.	gaïddja	2	60278
3564.	gadiliggs	2	60170		3619.	gaïddjedun	2	60280
3565.	gadrauhteis	2	60172		3620.	gaidw	2	60282
3566.	gadrauhtins	2	60174		3621.	gailjai	2	60284
3567.	gadrausidai	2	60176		3622.	gairnida	2	60286
3568.	gadriusai	2	60178		3623.	gairnjands	2	60288
3569.	gadriusando	2	60180		3624.	gajiukais	2	60290
3570.	gadriusiþ	2	60182		3625.	gajiukaizau	2	60292
3571.	gadrobnoda	2	60184		3626.	gajukans	2	60294
3572.	gafahai	2	60186		3627.	gajukons	2	60296
3573.	gafahaidau	2	60188		3628.	gakanneiþ	2	60298
3574.	gafahanai	2	60190		3629.	gakannidedi	2	60300
3575.	gafahans	2	60192		3630.	gakannjand	2	60302

3631.	gakausidedum	2	60304	3686.	gamunandins	2	60414
3632.	gakiusiþ	2	60306	3687.	gamund	2	60416
3633.	gakunþedum	2	60308	3688.	gamuneis	2	60418
3634.	gakusanai	2	60310	3689.	ganam	2	60420
3635.	gakusans	2	60312	3690.	ganamt	2	60422
3636.	galagjands	2	60314	3691.	ganas	2	60424
3637.	galaisjai	2	60316	3692.	ganasjais	2	60426
3638.	galaisjan	2	60318	3693.	ganauhan	2	60428
3639.	galaista	2	60320	3694.	ganauhin	2	60430
3640.	galaistides	2	60322	3695.	ganimai	2	60432
3641.	Galatiai	2	60324	3696.	ganiman	2	60434
3642.	Galatiais	2	60326	3697.	ganisa	2	60436
3643.	galaþoda	2	60328	3698.	ganisai	2	60438
3644.	galaþoþs	2	60330	3699.	ganisand	2	60440
3645.	galaubaim	2	60332	3700.	ganist	2	60442
3646.	galaubamma	2	60334	3701.	ganiþjam	2	60444
3647.	galaubei	2	60336	3702.	ganoha	2	60446
3648.	galaubides	2	60338	3703.	ganohida	2	60448
3649.	galaubja	2	60340	3704.	gansjai	2	60450
3650.	galaubjaima	2	60342	3705.	gaqimau	2	60452
3651.	galaubjandane	2	60344	3706.	gaqimiþ	2	60454
3652.	galaugnida	2	60346	3707.	gaqiujiþ	2	60456
3653.	galauk	2	60348	3708.	gaqumanaim	2	60458
3654.	galeikja	2	60350	3709.	gaqumþai	2	60460
3655.	galeikoþ	2	60352	3710.	garaideinim	2	60462
3656.	galeiþaima	2	60354	3711.	garaihtaize	2	60464
3657.	galeiþaina	2	60356	3712.	garaihtaizos	2	60466
3658.	galeiþandan	2	60358	3713.	garaihtamma	2	60468
3659.	galeiþiþ	2	60360	3714.	garaihteinai	2	60470
3660.	galewidedi	2	60362	3715.	garaihtis	2	60472
3661.	galewiþs	2	60364	3716.	garaihtiþa	2	60474
3662.	galewjan	2	60366	3717.	garaihtjai	2	60476
3663.	galiugabroþre	2	60368	3718.	gardim	2	60478
3664.	galiugaguda	2	60370	3719.	garedandans	2	60480
3665.	galiuhtjandins	2	60372	3720.	garinnaiþ	2	60482
3666.	galukun	2	60374	3721.	gariuds	2	60484
3667.	gamainduþ	2	60376	3722.	garunsim	2	60486
3668.	gamainduþs	2	60378	3723.	gasaiƕaina	2	60488
3669.	gamainein	2	60380	3724.	gasaiƕam	2	60490
3670.	gamainjan	2	60382	3725.	gasaiƕans	2	60492
3671.	gamainjandans	2	60384	3726.	gasaiƕau	2	60494
3672.	gamains	2	60386	3727.	gasaiƕis	2	60496
3673.	gamaitanon	2	60388	3728.	gasakada	2	60498
3674.	gamanweiþ	2	60390	3729.	gasakiþ	2	60500
3675.	gamanwidai	2	60392	3730.	gasaliþ	2	60502
3676.	gamanwiþ	2	60394	3731.	gasandjaiþ	2	60504
3677.	gamanwiþs	2	60396	3732.	gasandjan	2	60506
3678.	gamarzein	2	60398	3733.	gasatein	2	60508
3679.	gamarzeiþ	2	60400	3734.	gasatidai	2	60510
3680.	gamarzjada	2	60402	3735.	gasatidedun	2	60512
3681.	gamaudja	2	60404	3736.	gaseƕi	2	60514
3682.	gameleinim	2	60406	3737.	gasiggqai	2	60516
3683.	gamitone	2	60408	3738.	gasinþam	2	60518
3684.	gamoteima	2	60410	3739.	gasitan	2	60520
3685.	gamunan	2	60412	3740.	gaskadwein	2	60522

#	word		#		#	word		#
3741.	gaskalki	2	60524		3796.	gaþ-þan-traua	2	60634
3742.	gaskamai	2	60526		3797.	gaþwastjaiþ	2	60636
3743.	gaskapanai	2	60528		3798.	gaþwastjands	2	60638
3744.	gaskapanin	2	60530		3799.	gaujans	2	60640
3745.	gaskapjandin	2	60532		3800.	gaumeis	2	60642
3746.	gaskohai	2	60534		3801.	gaumida	2	60644
3747.	gaskohi	2	60536		3802.	gaunledida	2	60646
3748.	gaskopi	2	60538		3803.	gaunoþu	2	60648
3749.	gaskoþum	2	60540		3804.	gaurja	2	60650
3750.	gasleiþiþs	2	60542		3805.	gaurjaiþ	2	60652
3751.	gasleiþjaindau	2	60544		3806.	gawagida	2	60654
3752.	gasmiþoþ	2	60546		3807.	gawaleinai	2	60656
3753.	gasnewum	2	60548		3808.	gawalidane	2	60658
3754.	gasoþida	2	60550		3809.	gawaljaidau	2	60660
3755.	gast	2	60552		3810.	gawandiþs	2	60662
3756.	gastandand	2	60554		3811.	gawandjand	2	60664
3757.	gastandands	2	60556		3812.	gawargeinai	2	60666
3758.	gastiggqiþ	2	60558		3813.	gawas	2	60668
3759.	gastins	2	60560		3814.	gawasidai	2	60670
3760.	gastoþun	2	60562		3815.	gawasiþs	2	60672
3761.	gastoþuþ	2	60564		3816.	gawaurhtai	2	60674
3762.	gasulidai	2	60566		3817.	gawaurhtedun	2	60676
3763.	gasupoþ	2	60568		3818.	gawaurkja	2	60678
3764.	gaswikunþeiþ	2	60570		3819.	gawaurkjam	2	60680
3765.	gaswiltandin	2	60572		3820.	gaweihada	2	60682
3766.	gaswinþidai	2	60574		3821.	gaweihai	2	60684
3767.	gataihan	2	60576		3822.	gaweisoda	2	60686
3768.	gatairandins	2	60578		3823.	gawilja	2	60688
3769.	gatairiþ	2	60580		3824.	gawissins	2	60690
3770.	gatalzjaindau	2	60582		3825.	gawrikandans	2	60692
3771.	gatandida	2	60584		3826.	gebeima	2	60694
3772.	gatarhjaiþ	2	60586		3827.	gebeina	2	60696
3773.	gatarniþ	2	60588		3828.	gebun	2	60698
3774.	gataujai	2	60590		3829.	gibais	2	60700
3775.	gataura	2	60592		3830.	giband	2	60702
3776.	gataurnando	2	60594		3831.	godaizos	2	60704
3777.	gataurniþ	2	60596		3832.	godana	2	60706
3778.	gatawidedum	2	60598		3833.	godin	2	60708
3779.	gatawidos	2	60600		3834.	goþs	2	60710
3780.	gateiham	2	60602		3835.	gras	2	60712
3781.	gatewiþs	2	60604		3836.	gredagans	2	60714
3782.	gatils	2	60606		3837.	gredo	2	60716
3783.	gatimreinai	2	60608		3838.	gretan	2	60718
3784.	gatimreinais	2	60610		3839.	gretandam	2	60720
3785.	gatrauaiþ	2	60612		3840.	gretiþ	2	60722
3786.	gatulgjai	2	60614		3841.	grobos	2	60724
3787.	gaþarban	2	60616		3842.	grunduwaddjau	2	60726
3788.	gaþaursana	2	60618		3843.	grunduwaddju	2	60728
3789.	gaþiwaidedeina	2	60620		3844.	gudalausai	2	60730
3790.	gaþiwaidedun	2	60622		3845.	gudiskaizos	2	60732
3791.	gaþlaihandin	2	60624		3846.	gudjane	2	60734
3792.	gaþlaihiþ	2	60626		3847.	gudjinassaus	2	60736
3793.	gaþlaihte	2	60628		3848.	gulþa	2	60738
3794.	gaþrafstein	2	60630		3849.	guma	2	60740
3795.	gaþrafstiþs	2	60632		3850.	Gutþiudai	2	60742

3851.	habaidedeima	2	60744	3906.	Heroda	2	60854
3852.	habaidedeina	2	60746	3907.	hidre	2	60856
3853.	habaidedum	2	60748	3908.	hilm	2	60858
3854.	habaina	2	60750	3909.	hilp	2	60860
3855.	habandam	2	60752	3910.	hilpandam	2	60862
3856.	Haibraium	2	60754	3911.	himinakundins	2	60864
3857.	Haibraius	2	60756	3912.	himinans	2	60866
3858.	haifstei	2	60758	3913.	hindarweisein	2	60868
3859.	haifstida	2	60760	3914.	hiwi	2	60870
3860.	haihaitun	2	60762	3915.	hlaiba	2	60872
3861.	hailaim	2	60764	3916.	hlaiw	2	60874
3862.	hailaize	2	60766	3917.	hlasoza	2	60876
3863.	hailon	2	60768	3918.	hlautis	2	60878
3864.	haimo	2	60770	3919.	hlefi	2	60880
3865.	haimom	2	60772	3920.	hleidumona	2	60882
3866.	haimoþlja	2	60774	3921.	hleiþrai	2	60884
3867.	hairaiseis	2	60776	3922.	hlifai	2	60886
3868.	hairþram	2	60778	3923.	hliuma	2	60888
3869.	hairum	2	60780	3924.	hliumans	2	60890
3870.	hairus	2	60782	3925.	hlutrans	2	60892
3871.	hait	2	60784	3926.	hlutrein	2	60894
3872.	haitan	2	60786	3927.	hlutriþai	2	60896
3873.	haitana	2	60788	3928.	hnaiweiþ	2	60898
3874.	haitanana	2	60790	3929.	hnaiwidaim	2	60900
3875.	haitjai	2	60792	3930.	horinondei	2	60902
3876.	haiþjai	2	60794	3931.	horos	2	60904
3877.	haldana	2	60796	3932.	hors	2	60906
3878.	haltai	2	60798	3933.	hrainjam	2	60908
3879.	haltans	2	60800	3934.	hropeiþ	2	60910
3880.	handuwaurht	2	60802	3935.	hrops	2	60912
3881.	hanins	2	60804	3936.	hroþeigans	2	60914
3882.	harduba	2	60806	3937.	hruk	2	60916
3883.	harduhairtein	2	60808	3938.	hufum	2	60918
3884.	hardus	2	60810	3939.	hugis	2	60920
3885.	harjis	2	60812	3940.	hugjaiþ	2	60922
3886.	hatjandam	2	60814	3941.	hugjandane	2	60924
3887.	haubid	2	60816	3942.	hugjands	2	60926
3888.	hauhaba	2	60818	3943.	huhjands	2	60928
3889.	hauheinai	2	60820	3944.	hundafada	2	60930
3890.	hauhhairtai	2	60822	3945.	hundans	2	60932
3891.	hauhja	2	60824	3946.	hundos	2	60934
3892.	hauhjaidau	2	60826	3947.	hunsla	2	60936
3893.	hauhþuhts	2	60828	3948.	hunslastada	2	60938
3894.	hauneinais	2	60830	3949.	hunslastadis	2	60940
3895.	hauniþai	2	60832	3950.	hunsljada	2	60942
3896.	haurds	2	60834	3951.	hupins	2	60944
3897.	hauseinai	2	60836	3952.	huzdjaiþ	2	60946
3898.	hausja	2	60838	3953.	huzdjan	2	60948
3899.	hausjaina	2	60840	3954.	Hwmainaius	2	60950
3900.	hausjaiþ	2	60842	3955.	ƕaiƕop	2	60952
3901.	hausjam	2	60844	3956.	ƕairbandans	2	60954
3902.	hawi	2	60846	3957.	ƕanuh	2	60956
3903.	hazeinim	2	60848	3958.	ƕanzuh	2	60958
3904.	helei	2	60850	3959.	ƕarbondin	2	60960
3905.	Helijin	2	60852	3960.	ƕarbonds	2	60962

3961.	hvarjatoh	2	60964	4016.	inngaggands	2	61074
3962.	hvarjoh	2	60966	4017.	inngaggiþ	2	61076
3963.	hvassein	2	60968	4018.	inngaleiþai	2	61078
3964.	hveilohun	2	60970	4019.	innufslupun	2	61080
3965.	hvelauda	2	60972	4020.	insaht	2	61082
3966.	hvileikaim	2	60974	4021.	insahv	2	61084
3967.	hvileikamma	2	60976	4022.	insakands	2	61086
3968.	hvileikos	2	60978	4023.	insandidans	2	61088
3969.	hvileikuh	2	60980	4024.	insok	2	61090
3970.	hvoftulja	2	60982	4025.	inswinþjaiþ	2	61092
3971.	hvoh	2	60984	4026.	inswinþjandin	2	61094
3972.	hvopaina	2	60986	4027.	intrusgjanda	2	61096
3973.	hvopand	2	60988	4028.	inwidandans	2	61098
3974.	hvopis	2	60990	4029.	inwidis	2	61100
3975.	hvouh	2	60992	4030.	inwindiþa	2	61102
3976.	hvouþ-þan	2	60994	4031.	inwitun	2	61104
3977.	Iairusalems	2	60996	4032.	Iohannins	2	61106
3978.	Iairusaulwmim	2	60998	4033.	Isaka	2	61108
3979.	Iaissaizis	2	61000	4034.	Iskarioten	2	61110
3980.	Iakoba	2	61002	4035.	itan	2	61112
3981.	Iaurdanau	2	61004	4036.	Iudaiuns	2	61114
3982.	Iaurdanaus	2	61006	4037.	Iudaius	2	61116
3983.	Iaurdane	2	61008	4038.	jag-gahausida	2	61118
3984.	iba	2	61010	4039.	jan-ne	2	61120
3985.	ibnaskaunjamma	2	61012	4040.	jas-sa	2	61122
3986.	ibnassau	2	61014	4041.	jas-so	2	61124
3987.	ibnassus	2	61016	4042.	jaþ-þai	2	61126
3988.	ibukai	2	61018	4043.	jaþ-þairh	2	61128
3989.	iddjedum	2	61020	4044.	jaþ-þata	2	61130
3990.	iddjedunuh	2	61022	4045.	jaþ-þatei	2	61132
3991.	iddjuh	2	61024	4046.	jaþ-þo	2	61134
3992.	idreigai	2	61026	4047.	jer	2	61136
3993.	idreigoda	2	61028	4048.	juhiza	2	61138
3994.	idreigodedeina	2	61030	4049.	jukuzjai	2	61140
3995.	idreigondane	2	61032	4050.	Justus	2	61142
3996.	idreigondins	2	61034	4051.	Kaeinanis	2	61144
3997.	idweit	2	61036	4052.	kalkinassus	2	61146
3998.	idweitidedun	2	61038	4053.	kanniþ	2	61148
3999.	ijos	2	61040	4054.	kasjins	2	61150
4000.	immuh	2	61042	4055.	kaupastedi	2	61152
4001.	inahein	2	61044	4056.	Kaurazein	2	61154
4002.	inaheins	2	61046	4057.	kauridedeima	2	61156
4003.	ingaleikonda	2	61048	4058.	Kaurinþaium	2	61158
4004.	ingardjam	2	61050	4059.	Kaurinþius	2	61160
4005.	ingardjans	2	61052	4060.	kauriþos	2	61162
4006.	ingardjon	2	61054	4061.	kaurja	2	61164
4007.	inkilþo	2	61056	4062.	kaurnis	2	61166
4008.	inliuhtida	2	61058	4063.	kausjais	2	61168
4009.	inmaideiþ	2	61060	4064.	kausjand	2	61170
4010.	innatbereina	2	61062	4065.	kinnu	2	61172
4011.	innatgaggandans	2	61064	4066.	kiusai	2	61174
4012.	innatgaggandin	2	61066	4067.	kiusands	2	61176
4013.	inngaggais	2	61068	4068.	kniwam	2	61178
4014.	inngaggan	2	61070	4069.	knodai	2	61180
4015.	inngaggando	2	61072	4070.	knussjands	2	61182

4071.	kunnandam	2	61184		4126.	liuhtida	2	61294
4072.	kunneis	2	61186		4127.	liutai	2	61296
4073.	kunnjai	2	61188		4128.	liuþarjos	2	61298
4074.	kunþedun	2	61190		4129.	Lodis	2	61300
4075.	kunþes	2	61192		4130.	lofam	2	61302
4076.	kunþos	2	61194		4131.	lofin	2	61304
4077.	kunþs	2	61196		4132.	lubjaleisei	2	61306
4078.	kustau	2	61198		4133.	luftaus	2	61308
4079.	lailaik	2	61200		4134.	lukarnastaþin	2	61310
4080.	lais	2	61202		4135.	lustusamans	2	61312
4081.	laisarja	2	61204		4136.	lutondans	2	61314
4082.	laiseinim	2	61206		4137.	Lwstrws	2	61316
4083.	laisjaina	2	61208		4138.	magandans	2	61318
4084.	laisjandona	2	61210		4139.	mageis	2	61320
4085.	laist	2	61212		4140.	magu	2	61322
4086.	laistidedum	2	61214		4141.	magula	2	61324
4087.	laistim	2	61216		4142.	mahtedeina	2	61326
4088.	laistjais	2	61218		4143.	mahtedum	2	61328
4089.	laistjaiþ	2	61220		4144.	mahteigin	2	61330
4090.	Laiwweiteis	2	61222		4145.	mahteigons	2	61332
4091.	Laiwwi	2	61224		4146.	mahtim	2	61334
4092.	land	2	61226		4147.	mahtins	2	61336
4093.	latei	2	61228		4148.	maidjandans	2	61338
4094.	laþondins	2	61230		4149.	maist	2	61340
4095.	Laudeikaia	2	61232		4150.	maists	2	61342
4096.	lauf	2	61234		4151.	Makaidonja	2	61344
4097.	launawargos	2	61236		4152.	Makaidonjai	2	61346
4098.	lausai	2	61238		4153.	Makidoneis	2	61348
4099.	lausana	2	61240		4154.	Makidonim	2	61350
4100.	lausawaurdein	2	61242		4155.	Makidonjai	2	61352
4101.	lausei	2	61244		4156.	malo	2	61354
4102.	lausqiþrein	2	61246		4157.	mammons	2	61356
4103.	leihtis	2	61248		4158.	managaizos	2	61358
4104.	leikeinai	2	61250		4159.	managduþs	2	61360
4105.	leikeinaim	2	61252		4160.	managizans	2	61362
4106.	leikeis	2	61254		4161.	managizein	2	61364
4107.	leitaidau	2	61256		4162.	managjai	2	61366
4108.	leitilane	2	61258		4163.	managnaiþ	2	61368
4109.	lekeis	2	61260		4164.	manaseiþs	2	61370
4110.	libaid	2	61262		4165.	manleikan	2	61372
4111.	libaideduþ	2	61264		4166.	manwei	2	61374
4112.	libaina	2	61266		4167.	manwiþai	2	61376
4113.	libais	2	61268		4168.	manwjana	2	61378
4114.	ligandein	2	61270		4169.	manwu	2	61380
4115.	ligando	2	61272		4170.	manwus	2	61382
4116.	lima	2	61274		4171.	mareins	2	61384
4117.	lisand	2	61276		4172.	Mariin	2	61386
4118.	listeigs	2	61278		4173.	marikreitum	2	61388
4119.	listins	2	61280		4174.	Marjin	2	61390
4120.	liteinins	2	61282		4175.	Marjins	2	61392
4121.	liubana	2	61284		4176.	Markus	2	61394
4122.	liugada	2	61286		4177.	martwre	2	61396
4123.	liugnawaurde	2	61288		4178.	Marþan	2	61398
4124.	liugnja	2	61290		4179.	mate	2	61400
4125.	liugos	2	61292		4180.	matidedeina	2	61402

4181.	matis	2	61404
4182.	matja	2	61406
4183.	matjam	2	61408
4184.	matjandan	2	61410
4185.	matjau	2	61412
4186.	Mattaþanis	2	61414
4187.	Maþþaiu	2	61416
4188.	maujai	2	61418
4189.	maujos	2	61420
4190.	meki	2	61422
4191.	mele	2	61424
4192.	meliþ	2	61426
4193.	meljam	2	61428
4194.	merei	2	61430
4195.	mereinai	2	61432
4196.	merja	2	61434
4197.	merjaiþ	2	61436
4198.	merjau	2	61438
4199.	midjans	2	61440
4200.	midjungard	2	61442
4201.	midjungardis	2	61444
4202.	midumonds	2	61446
4203.	mikilans	2	61448
4204.	mikilduþais	2	61450
4205.	mikileins	2	61452
4206.	mikilon	2	61454
4207.	milhma	2	61456
4208.	minnista	2	61458
4209.	minnistane	2	61460
4210.	minniza	2	61462
4211.	minnizei	2	61464
4212.	mitada	2	61466
4213.	mito	2	61468
4214.	miton	2	61470
4215.	mitonds	2	61472
4216.	mitoneis	2	61474
4217.	miþanakumbidedun	2	61476
4218.	miþanakumbjandam	2	61478
4219.	miþarbaidei	2	61480
4220.	miþarbaididedun	2	61482
4221.	miþgaleikondans	2	61484
4222.	miþiddjedun	2	61486
4223.	miþinsandida	2	61488
4224.	miþkauriþs	2	61490
4225.	miþushramidans	2	61492
4226.	miþwissei	2	61494
4227.	mizdo	2	61496
4228.	mizdons	2	61498
4229.	modags	2	61500
4230.	Mosez	2	61502
4231.	Moseza	2	61504
4232.	mota	2	61506
4233.	motai	2	61508
4234.	mulda	2	61510
4235.	munaida	2	61512
4236.	munands	2	61514
4237.	mundrein	2	61516
4238.	munins	2	61518
4239.	nahtamatis	2	61520
4240.	naiteinins	2	61522
4241.	namnidaize	2	61524
4242.	namnidans	2	61526
4243.	namnidon	2	61528
4244.	namnjada	2	61530
4245.	namnjaidau	2	61532
4246.	naqaþs	2	61534
4247.	naseins	2	61536
4248.	nasjandins	2	61538
4249.	naudibandjo	2	61540
4250.	naudibandjom	2	61542
4251.	naudiþaurft	2	61544
4252.	Nauelis	2	61546
4253.	naus	2	61548
4254.	nauþjand	2	61550
4255.	Nazoraiau	2	61552
4256.	Nazoraius	2	61554
4257.	nehundjin	2	61556
4258.	neþlos	2	61558
4259.	nidwa	2	61560
4260.	nimandei	2	61562
4261.	nimandin	2	61564
4262.	nimis	2	61566
4263.	niþais	2	61568
4264.	niujaizos	2	61570
4265.	niujata	2	61572
4266.	niuntehund	2	61574
4267.	nuh	2	61576
4268.	nutans	2	61578
4269.	ogandans	2	61580
4270.	ogeis	2	61582
4271.	paida	2	61584
4272.	paidos	2	61586
4273.	paintekusten	2	61588
4274.	Paitraus	2	61590
4275.	Paunteau	2	61592
4276.	paurpurai	2	61594
4277.	plat	2	61596
4278.	plinsideduþ	2	61598
4279.	praitauria	2	61600
4280.	praitoriaun	2	61602
4281.	praizbwtairein	2	61604
4282.	praufetei	2	61606
4283.	praufetida	2	61608
4284.	praufetja	2	61610
4285.	praufetjans	2	61612
4286.	psalmo	2	61614
4287.	psalmom	2	61616
4288.	qaino	2	61618
4289.	qairrei	2	61620
4290.	qairreins	2	61622

4291.	qast	2	61624		4346.	saggqjand	2	61734
4292.	qeins	2	61626		4347.	saggwim	2	61736
4293.	qenes	2	61628		4348.	saiƕaima	2	61738
4294.	qeþeina	2	61630		4349.	saiƕandeins	2	61740
4295.	qeþjau	2	61632		4350.	saiƕis	2	61742
4296.	qim	2	61634		4351.	sairam	2	61744
4297.	qimaiu	2	61636		4352.	saiwa	2	61746
4298.	qimandam	2	61638		4353.	saiwalo	2	61748
4299.	qineina	2	61640		4354.	sakan	2	61750
4300.	qiþanis	2	61642		4355.	sakjons	2	61752
4301.	qiþeina	2	61644		4356.	sakuls	2	61754
4302.	qiþuh	2	61646		4357.	salbonds	2	61756
4303.	qiwai	2	61648		4358.	salida	2	61758
4304.	qiwaize	2	61650		4359.	saljand	2	61760
4305.	qiwans	2	61652		4360.	Salome	2	61762
4306.	qumana	2	61654		4361.	saltada	2	61764
4307.	qumanana	2	61656		4362.	samaleikoh	2	61766
4308.	qumis	2	61658		4363.	samam	2	61768
4309.	ragina	2	61660		4364.	saman	2	61770
4310.	raginondin	2	61662		4365.	Samareites	2	61772
4311.	rahnjaina	2	61664		4366.	samjan	2	61774
4312.	rahnjaiþ	2	61666		4367.	samona	2	61776
4313.	rahnjands	2	61668		4368.	sarwa	2	61778
4314.	rahtoda	2	61670		4369.	Satanan	2	61780
4315.	raihtos	2	61672		4370.	Satanas	2	61782
4316.	razdo	2	61674		4371.	Satanins	2	61784
4317.	razdos	2	61676		4372.	satiþ	2	61786
4318.	reik	2	61678		4373.	satjaidau	2	61788
4319.	reikinoþ	2	61680		4374.	satjiþ	2	61790
4320.	reikistin	2	61682		4375.	sau	2	61792
4321.	reikjam	2	61684		4376.	sauil	2	61794
4322.	reikje	2	61686		4377.	saurgaideduþ	2	61796
4323.	reirandei	2	61688		4378.	saurgan	2	61798
4324.	reirom	2	61690		4379.	sauþ	2	61800
4325.	rign	2	61692		4380.	seƕi	2	61802
4326.	rikis	2	61694		4381.	Seidonai	2	61804
4327.	rimisa	2	61696		4382.	Seina	2	61806
4328.	rinnand	2	61698		4383.	seinaizo	2	61808
4329.	rinnandans	2	61700		4384.	seinata	2	61810
4330.	rinnau	2	61702		4385.	seiþu	2	61812
4331.	riqizeinai	2	61704		4386.	selei	2	61814
4332.	riurei	2	61706		4387.	seljai	2	61816
4333.	riurja	2	61708		4388.	sibuntehund	2	61818
4334.	riurjan	2	61710		4389.	sidau	2	61820
4335.	riurjo	2	61712		4390.	siggwada	2	61822
4336.	rodidedjau	2	61714		4391.	sigislauna	2	61824
4337.	rodidedum	2	61716		4392.	sigljands	2	61826
4338.	rodjai	2	61718		4393.	sigljo	2	61828
4339.	rodjaiþ	2	61720		4394.	siju	2	61830
4340.	rodjandans	2	61722		4395.	Silbanu	2	61832
4341.	rodjandins	2	61724		4396.	Silbanus	2	61834
4342.	rohsnai	2	61726		4397.	silbawiljos	2	61836
4343.	Rumonim	2	61728		4398.	Siloamis	2	61838
4344.	runnjau	2	61730		4399.	silubr	2	61840
4345.	Sabailliaus	2	61732		4400.	sinapis	2	61842

4401.	sinteinom	2	61844	4456.	spwreidans	2	61954
4402.	sit	2	61846	4457.	stainahamma	2	61956
4403.	sitandeins	2	61848	4458.	stainans	2	61958
4404.	sitlos	2	61850	4459.	staineinaim	2	61960
4405.	siukai	2	61852	4460.	stainos	2	61962
4406.	siukaim	2	61854	4461.	stakins	2	61964
4407.	siukana	2	61856	4462.	stand	2	61966
4408.	skadau	2	61858	4463.	standandona	2	61968
4409.	skaidai	2	61860	4464.	staþa	2	61970
4410.	skaidan	2	61862	4465.	stibnos	2	61972
4411.	skalkinassaus	2	61864	4466.	stikla	2	61974
4412.	skalkino	2	61866	4467.	stikle	2	61976
4413.	skalkinona	2	61868	4468.	stiklis	2	61978
4414.	skalt	2	61870	4469.	stikls	2	61980
4415.	skamai	2	61872	4470.	stiurjand	2	61982
4416.	skamaida	2	61874	4471.	stiwitjis	2	61984
4417.	skamaidedeima	2	61876	4472.	stojandan	2	61986
4418.	skandai	2	61878	4473.	stojis	2	61988
4419.	skaþis	2	61880	4474.	strawidedun	2	61990
4420.	skaþulans	2	61882	4475.	sumaimuþ-þan	2	61992
4421.	skeinan	2	61884	4476.	sumansuþ-þan	2	61994
4422.	skildu	2	61886	4477.	sumanuh	2	61996
4423.	skohis	2	61888	4478.	sumuþ-þan	2	61998
4424.	skohsla	2	61890	4479.	sunjeinai	2	62000
4425.	skohslam	2	61892	4480.	sunjeino	2	62002
4426.	skohsle	2	61894	4481.	sunjoma	2	62004
4427.	skuldai	2	61896	4482.	sunjon	2	62006
4428.	skuleiþ	2	61898	4483.	sunjonai	2	62008
4429.	skura	2	61900	4484.	sunnin	2	62010
4430.	slaha	2	61902	4485.	sutis	2	62012
4431.	slahals	2	61904	4486.	swaihro	2	62014
4432.	slawandein	2	61906	4487.	swaihron	2	62016
4433.	sleidja	2	61908	4488.	swalaud	2	62018
4434.	slepa	2	61910	4489.	swarands	2	62020
4435.	slepaima	2	61912	4490.	sweraina	2	62022
4436.	slepand	2	61914	4491.	swerand	2	62024
4437.	sliupand	2	61916	4492.	swerans	2	62026
4438.	smakkans	2	61918	4493.	sweriþo	2	62028
4439.	smarnos	2	61920	4494.	swesata	2	62030
4440.	sneiþam	2	61922	4495.	swiglodedum	2	62032
4441.	sniumei	2	61924	4496.	swiknana	2	62034
4442.	sniumjands	2	61926	4497.	swiknei	2	62036
4443.	sniumundo	2	61928	4498.	swiknos	2	62038
4444.	sniumundos	2	61930	4499.	swikunþans	2	62040
4445.	snutrein	2	61932	4500.	swikunþos	2	62042
4446.	sokei	2	61934	4501.	swinþnoda	2	62044
4447.	sokeins	2	61936	4502.	Swmaion	2	62046
4448.	sokjai	2	61938	4503.	swnagogafada	2	62048
4449.	sokjands	2	61940	4504.	swnagoge	2	62050
4450.	soknim	2	61942	4505.	swnagogim	2	62052
4451.	soþa	2	61944	4506.	swor	2	62054
4452.	spillam	2	61946	4507.	tagra	2	62056
4453.	spille	2	61948	4508.	taihswona	2	62058
4454.	spillodedun	2	61950	4509.	taihuntaihund	2	62060
4455.	spillondane	2	61952	4510.	taikneis	2	62062

4511.	taikneiþ	2	62064	4566.	þaþroei	2	62174
4512.	taiknim	2	62066	4567.	þaurbandin	2	62176
4513.	taikns	2	62068	4568.	þaurbuþ	2	62178
4514.	taitrarkes	2	62070	4569.	þaurftai	2	62180
4515.	talzeinai	2	62072	4570.	þaurftos	2	62182
4516.	talzidai	2	62074	4571.	þaurnjus	2	62184
4517.	talzjands	2	62076	4572.	þeinaizo	2	62186
4518.	taujaina	2	62078	4573.	þeinaizos	2	62188
4519.	taujandin	2	62080	4574.	þishvammeh	2	62190
4520.	taujats	2	62082	4575.	þishvaruh	2	62192
4521.	tawidedun	2	62084	4576.	þiubjo	2	62194
4522.	teikais	2	62086	4577.	þiuda	2	62196
4523.	tekands	2	62088	4578.	þiudanam	2	62198
4524.	timbrjan	2	62090	4579.	þiuþa	2	62200
4525.	timrja	2	62092	4580.	þiuþeigana	2	62202
4526.	timrjandin	2	62094	4581.	þiuþeigo	2	62204
4527.	timrjans	2	62096	4582.	þiuþis	2	62206
4528.	tiuhan	2	62098	4583.	þizeiei	2	62208
4529.	tiuhand	2	62100	4584.	þliuh	2	62210
4530.	tiuhiþ	2	62102	4585.	þliuhais	2	62212
4531.	Tobeias	2	62104	4586.	Þoman	2	62214
4532.	trauains	2	62106	4587.	Þomas	2	62216
4533.	trauan	2	62108	4588.	þragjands	2	62218
4534.	trauandans	2	62110	4589.	þraihanai	2	62220
4535.	trausteis	2	62112	4590.	þraihun	2	62222
4536.	triggwaba	2	62114	4591.	þreihslam	2	62224
4537.	triggwai	2	62116	4592.	þridja	2	62226
4538.	triggwin	2	62118	4593.	þroþei	2	62228
4539.	trigon	2	62120	4594.	þugkjandam	2	62230
4540.	triwam	2	62122	4595.	þugkjandans	2	62232
4541.	tulgiþa	2	62124	4596.	þuhtedun	2	62234
4542.	tulgjai	2	62126	4597.	þulainais	2	62236
4543.	twalib	2	62128	4598.	þulaiþ	2	62238
4544.	tweiflein	2	62130	4599.	þulau	2	62240
4545.	Twkeikus	2	62132	4600.	þuthaurneiþ	2	62242
4546.	Twrai	2	62134	4601.	þuzei	2	62244
4547.	þagkjai	2	62136	4602.	þwahan	2	62246
4548.	þagkjandans	2	62138	4603.	þwairhaiþ-þan	2	62248
4549.	þagkjau	2	62140	4604.	þwairhei	2	62250
4550.	þahaidedun	2	62142	4605.	þwairhs	2	62252
4551.	þahainai	2	62144	4606.	þwastiþa	2	62254
4552.	þahta	2	62146	4607.	þwmiamins	2	62256
4553.	þairhgagga	2	62148	4608.	þwohi	2	62258
4554.	þairhgaggiþ	2	62150	4609.	ubilaba	2	62260
4555.	þairhiddjedun	2	62152	4610.	ubilai	2	62262
4556.	þairhsaihvandans	2	62154	4611.	ubilaizo	2	62264
4557.	þairko	2	62156	4612.	ubiltojis	2	62266
4558.	Þaissalauneikaie	2	62158	4613.	ufarfulliþs	2	62268
4559.	þaiþ-þan	2	62160	4614.	ufarfulljandans	2	62270
4560.	þanuþ-þan	2	62162	4615.	ufarhafnau	2	62272
4561.	þar	2	62164	4616.	ufarhamon	2	62274
4562.	þarbam	2	62166	4617.	ufarhiminakunda	2	62276
4563.	þarbos	2	62168	4618.	ufarhiminakundans	2	62278
4564.	þatahvah	2	62170	4619.	ufarhleiþrjai	2	62280
4565.	þatain	2	62172	4620.	ufarhugjau	2	62282

4621.	ufarist	2	62284		4676.	unhunslagai	2	62394
4622.	ufarmeli	2	62286		4677.	unƕapnando	2	62396
4623.	ufarwahseiþ	2	62288		4678.	unkunnandans	2	62398
4624.	ufarwisandam	2	62290		4679.	unkunþai	2	62400
4625.	ufbaulidai	2	62292		4680.	unkunþs	2	62402
4626.	ufblesans	2	62294		4681.	unledi	2	62404
4627.	ufdaupjands	2	62296		4682.	unledja	2	62406
4628.	ufgaurdanai	2	62298		4683.	unmahteig	2	62408
4629.	ufgraband	2	62300		4684.	unmahteigo	2	62410
4630.	ufhausidedun	2	62302		4685.	unmahteigs	2	62412
4631.	ufhausjan	2	62304		4686.	unmahtim	2	62414
4632.	ufhausjandona	2	62306		4687.	unmanwjans	2	62416
4633.	ufhausjands	2	62308		4688.	unmildjai	2	62418
4634.	ufhnaiwein	2	62310		4689.	unnutjans	2	62420
4635.	ufhnaiwjan	2	62312		4690.	unqeþja	2	62422
4636.	ufjo	2	62314		4691.	unriureins	2	62424
4637.	ufkunnaidai	2	62316		4692.	unriurjai	2	62426
4638.	ufkunnandam	2	62318		4693.	unsel	2	62428
4639.	ufkunnau	2	62320		4694.	unseljai	2	62430
4640.	ufkunþes	2	62322		4695.	unseljin	2	62432
4641.	ufrakei	2	62324		4696.	unsutjam	2	62434
4642.	ufrakida	2	62326		4697.	unsweibandans	2	62436
4643.	ufsliupandane	2	62328		4698.	unsweibands	2	62438
4644.	ufþanjands	2	62330		4699.	unswerein	2	62440
4645.	ulbandau	2	62332		4700.	untalaim	2	62442
4646.	unagands	2	62334		4701.	untalons	2	62444
4647.	unairknaim	2	62336		4702.	untilamalskai	2	62446
4648.	unandhuliþ	2	62338		4703.	unþwahanaim	2	62448
4649.	unbairandane	2	62340		4704.	unuhteigo	2	62450
4650.	unbimaitanai	2	62342		4705.	unwairþaba	2	62452
4651.	unbrukjai	2	62344		4706.	unwamma	2	62454
4652.	undaro	2	62346		4707.	unwammai	2	62456
4653.	undgreip	2	62348		4708.	unwammans	2	62458
4654.	undgreipands	2	62350		4709.	unwaurstwons	2	62460
4655.	unfairinona	2	62352		4710.	unwerein	2	62462
4656.	unfreideinai	2	62354		4711.	unwitandans	2	62464
4657.	unfrodana	2	62356		4712.	unwitjis	2	62466
4658.	unfrodein	2	62358		4713.	urraiseiþ	2	62468
4659.	unfrodeins	2	62360		4714.	urraisjan	2	62470
4660.	ungafairinodos	2	62362		4715.	urraisjandin	2	62472
4661.	ungahabandans	2	62364		4716.	urrediþ	2	62474
4662.	ungalaubjandans	2	62366		4717.	urreisan	2	62476
4663.	ungalaubjandein	2	62368		4718.	urrinnandin	2	62478
4664.	ungalaubjando	2	62370		4719.	ur-riqiza	2	62480
4665.	ungaraihtein	2	62372		4720.	urrisanana	2	62482
4666.	ungatewidai	2	62374		4721.	urrumnaiþ	2	62484
4667.	ungawagidai	2	62376		4722.	urrunnun	2	62486
4668.	unhabandin	2	62378		4723.	urruns	2	62488
4669.	unhanduwaurhtana	2	62380		4724.	urrunsa	2	62490
4670.	unhrainein	2	62382		4725.	usalþanaizo	2	62492
4671.	unhrainiþa	2	62384		4726.	usbairan	2	62494
4672.	unhrainjam	2	62386		4727.	usbairid	2	62496
4673.	unhrainjans	2	62388		4728.	usbalþeins	2	62498
4674.	unhulþa	2	62390		4729.	usbar	2	62500
4675.	unhulþom	2	62392		4730.	usbauhtedun	2	62502

4731.	usbeidam	2	62504	4786.	usmanagnoda	2	62614
4732.	usbeidands	2	62506	4787.	usmete	2	62616
4733.	usbeisnei	2	62508	4788.	usmetis	2	62618
4734.	usbeisnein	2	62510	4789.	usnemuþ	2	62620
4735.	usbloteinai	2	62512	4790.	usnimada	2	62622
4736.	usbugjandans	2	62514	4791.	usqemeina	2	62624
4737.	usdaudana	2	62516	4792.	usqimandans	2	62626
4738.	usdaudeins	2	62518	4793.	usqisteiþ	2	62628
4739.	usdaudjam	2	62520	4794.	ussaiƕand	2	62630
4740.	usdaudjandans	2	62522	4795.	ussaiƕau	2	62632
4741.	usdaudoza	2	62524	4796.	ussatjai	2	62634
4742.	usdaudozan	2	62526	4797.	usskarjaindau	2	62636
4743.	usdreiban	2	62528	4798.	ussok	2	62638
4744.	usdreibandan	2	62530	4799.	ussokei	2	62640
4745.	usfairina	2	62532	4800.	ussokeiþ	2	62642
4746.	usfairinans	2	62534	4801.	usstandan	2	62644
4747.	usfilmans	2	62536	4802.	usstandandei	2	62646
4748.	usfilmei	2	62538	4803.	ustaiknein	2	62648
4749.	usfodein	2	62540	4804.	ustaikneins	2	62650
4750.	usfratwjan	2	62542	4805.	ustaiknideduþ	2	62652
4751.	usfullei	2	62544	4806.	ustaiknjandin	2	62654
4752.	usfulleinais	2	62546	4807.	ustauhan	2	62656
4753.	usfulleins	2	62548	4808.	ustauhana	2	62658
4754.	usfullidedun	2	62550	4809.	ustauhtais	2	62660
4755.	usfulliþs	2	62552	4810.	ustauhts	2	62662
4756.	usfullja	2	62554	4811.	ustauhun	2	62664
4757.	usfulljaidau	2	62556	4812.	ustiuhai	2	62666
4758.	usfulljandins	2	62558	4813.	ustiuhandans	2	62668
4759.	usgaggaiþ	2	62560	4814.	ustoþ	2	62670
4760.	usgaggam	2	62562	4815.	usþriutiþ	2	62672
4761.	usgaggandam	2	62564	4816.	usþroþeins	2	62674
4762.	usgaggandan	2	62566	4817.	usþulaida	2	62676
4763.	usgaggandei	2	62568	4818.	usþuland	2	62678
4764.	usgaggandein	2	62570	4819.	usþwoh	2	62680
4765.	usgeisnodedum	2	62572	4820.	uswahsans	2	62682
4766.	usgrabandans	2	62574	4821.	uswairpa	2	62684
4767.	ushafjandans	2	62576	4822.	uswairpada	2	62686
4768.	ushaitandans	2	62578	4823.	uswairpandans	2	62688
4769.	ushauhida	2	62580	4824.	uswairpands	2	62690
4770.	ushramjan	2	62582	4825.	uswaurhtans	2	62692
4771.	uskannjaima	2	62584	4826.	uswaurkjandans	2	62694
4772.	uskunþa	2	62586	4827.	usweihaim	2	62696
4773.	uskusans	2	62588	4828.	uswissja	2	62698
4774.	uskusun	2	62590	4829.	utaþro	2	62700
4775.	uslaubja	2	62592	4830.	uzon	2	62702
4776.	uslauseinais	2	62594	4831.	uzuhhof	2	62704
4777.	usleiþa	2	62596	4832.	uzuþ-þan-iddja	2	62706
4778.	usleiþiþ	2	62598	4833.	wagg	2	62708
4779.	uslipan	2	62600	4834.	wahseiþ	2	62710
4780.	uslipun	2	62602	4835.	waidedja	2	62712
4781.	uslukanai	2	62604	4836.	waidedjane	2	62714
4782.	uslukiþ	2	62606	4837.	waihjons	2	62716
4783.	usluto	2	62608	4838.	waihstins	2	62718
4784.	uslutoþs	2	62610	4839.	waihte	2	62720
4785.	usmaitada	2	62612	4840.	wailadedais	2	62722

4841.	wailamerein	2	62724	4896.	winds	2	62834
4842.	wailamerjada	2	62726	4897.	winnaina	2	62836
4843.	wailamerjanda	2	62728	4898.	winnand	2	62838
4844.	wailaqiss	2	62730	4899.	winnandam	2	62840
4845.	waip	2	62732	4900.	winnandans	2	62842
4846.	wairilom	2	62734	4901.	winnom	2	62844
4847.	wairsizin	2	62736	4902.	wintru	2	62846
4848.	wairþaiduh	2	62738	4903.	wipja	2	62848
4849.	wairþida	2	62740	4904.	wisai	2	62850
4850.	waiwoun	2	62742	4905.	wisais	2	62852
4851.	wajamereiþ	2	62744	4906.	wit	2	62854
4852.	wajamerjan	2	62746	4907.	witaida	2	62856
4853.	wajamerjandans	2	62748	4908.	witaiþ	2	62858
4854.	wakaima	2	62750	4909.	witeis	2	62860
4855.	waljam	2	62752	4910.	witodalausaim	2	62862
4856.	wan	2	62754	4911.	witodeigo	2	62864
4857.	wanai	2	62756	4912.	wiþrawairþo	2	62866
4858.	warein	2	62758	4913.	wiþrawairþon	2	62868
4859.	warjandane	2	62760	4914.	wizondei	2	62870
4860.	wasjaiþ	2	62762	4915.	wlit	2	62872
4861.	watnam	2	62764	4916.	wlitis	2	62874
4862.	waurdajiukos	2	62766	4917.	wodan	2	62876
4863.	waurkei	2	62768	4918.	wohs	2	62878
4864.	waurkjais	2	62770	4919.	wopjandam	2	62880
4865.	waurkjam	2	62772	4920.	wopjandins	2	62882
4866.	waurkjand	2	62774	4921.	woþi	2	62884
4867.	waurkjandein	2	62776	4922.	woþjai	2	62886
4868.	waurpeina	2	62778	4923.	wrakjands	2	62888
4869.	waurstwein	2	62780	4924.	wrato	2	62890
4870.	waurþana	2	62782	4925.	wrekeim	2	62892
4871.	waurþanona	2	62784	4926.	wrikanai	2	62894
4872.	waurþanons	2	62786	4927.	wrikandans	2	62896
4873.	weih	2	62788	4928.	wruggon	2	62898
4874.	weihon	2	62790	4929.	wulþaga	2	62900
4875.	weihos	2	62792	4930.	wulþago	2	62902
4876.	weina	2	62794	4931.	wulþrais	2	62904
4877.	weinabasja	2	62796	4932.	wunnim	2	62906
4878.	weinagarda	2	62798	4933.	Zakariins	2	62908
4879.	weinatains	2	62800	4934.	Zakkaius	2	62910
4880.	weinatriu	2	62802	4935.	abans	1	62911
4881.	weinatriwa	2	62804	4936.	abba	1	62912
4882.	weinis	2	62806	4937.	Abeilenes	1	62913
4883.	weinnas	2	62808	4938.	Abiaþara	1	62914
4884.	weitwod	2	62810	4939.	Abijins	1	62915
4885.	weitwodein	2	62812	4940.	abrs	1	62916
4886.	weitwodidedum	2	62814	4941.	abu	1	62917
4887.	weneiþ	2	62816	4942.	Adama	1	62918
4888.	wenida	2	62818	4943.	Adamis	1	62919
4889.	wenjaima	2	62820	4944.	Addeins	1	62920
4890.	wigans	2	62822	4945.	Addeis	1	62921
4891.	wileidu	2	62824	4946.	Adoneikamis	1	62922
4892.	wiljahalþei	2	62826	4947.	afagidai	1	62923
4893.	wiljans	2	62828	4948.	afagjaidau	1	62924
4894.	wilwan	2	62830	4949.	afaika	1	62925
4895.	windis	2	62832	4950.	afaikai	1	62926

4951.	afaikam	1	62927	5006.	afletam	1	62982
4952.	afairzjaindau	1	62928	5007.	afletandane	1	62983
4953.	afairzjan	1	62929	5008.	aflifnandans	1	62984
4954.	afaram	1	62930	5009.	aflifniþ	1	62985
4955.	afardaga	1	62931	5010.	aflinniþ	1	62986
4956.	afargaggan	1	62932	5011.	afliþi	1	62987
4957.	afargaggandeins	1	62933	5012.	afmarzeins	1	62988
4958.	afargaggiþ	1	62934	5013.	afmarzjada	1	62989
4959.	afariddjedun	1	62935	5014.	afmarzjaindau	1	62990
4960.	afarlaistidedi	1	62936	5015.	afnima	1	62991
4961.	afarlaistjandam	1	62937	5016.	afnimai	1	62992
4962.	afarlaistjandein	1	62938	5017.	afniman	1	62993
4963.	afarlaistjandin	1	62939	5018.	afnimands	1	62994
4964.	afarsabbate	1	62940	5019.	afqiþiþ	1	62995
4965.	afblindnodedun	1	62941	5020.	afsateinais	1	62996
4966.	afdailja	1	62942	5021.	afsatida	1	62997
4967.	afdauidai	1	62943	5022.	afsatjaidau	1	62998
4968.	afdauþidedeina	1	62944	5023.	afsatjan	1	62999
4969.	afdauþjaidau	1	62945	5024.	afskaidai	1	63000
4970.	afdauþjan	1	62946	5025.	afskaidan	1	63001
4971.	afdobn	1	62947	5026.	afskaidand	1	63002
4972.	afdomeinai	1	62948	5027.	afskaiskaid	1	63003
4973.	afdomiþs	1	62949	5028.	afskaiskaidun	1	63004
4974.	afdomjada	1	62950	5029.	afskauf	1	63005
4975.	afdomjaid	1	62951	5030.	afslaham	1	63006
4976.	afdomjanda	1	62952	5031.	afslaupjandans	1	63007
4977.	afdrausjan	1	62953	5032.	afslauþnan	1	63008
4978.	afdumbn	1	62954	5033.	afsloh	1	63009
4979.	affalht	1	62955	5034.	afslohun	1	63010
4980.	afgaf	1	62956	5035.	afstand	1	63011
4981.	afgaggandam	1	62957	5036.	afstandai	1	63012
4982.	afgaggandans	1	62958	5037.	afstass	1	63013
4983.	afgudaim	1	62959	5038.	afstassais	1	63014
4984.	afgudon	1	62960	5039.	afstoþ	1	63015
4985.	afholoda	1	62961	5040.	afswaggwidai	1	63016
4986.	afhrainjan	1	62962	5041.	afswairbands	1	63017
4987.	afhrisjaiþ	1	62963	5042.	afta	1	63018
4988.	afhrisjam	1	62964	5043.	aftana	1	63019
4989.	afhugida	1	62965	5044.	aftaurnid	1	63020
4990.	afƕapjaiþ	1	62966	5045.	aftiuhan	1	63021
4991.	afƕapjand	1	62967	5046.	aftiuhands	1	63022
4992.	afƕapnand	1	62968	5047.	aftraanastodeinai	1	63023
4993.	aflageinai	1	62969	5048.	aftumist	1	63024
4994.	aflagida	1	62970	5049.	aftumista	1	63025
4995.	aflagjan	1	62971	5050.	aftumistan	1	63026
4996.	aflailoti	1	62972	5051.	aftumistin	1	63027
4997.	afleitan	1	62973	5052.	aftumists	1	63028
4998.	afleitana	1	62974	5053.	afþaursidana	1	63029
4999.	afleitanda	1	62975	5054.	afþaursiþs	1	63030
5000.	afleitandans	1	62976	5055.	afþliuhiþ	1	63031
5001.	afleiþandans	1	62977	5056.	afþwahan	1	63032
5002.	afleiþands	1	62978	5057.	afwairpan	1	63033
5003.	afletada	1	62979	5058.	afwairpands	1	63034
5004.	afletaindau	1	62980	5059.	afwairpiþ	1	63035
5005.	afletaiþ	1	62981	5060.	afwalwiþs	1	63036

5061.	afwalwjai	1	63037		5116.	ainata	1	63092
5062.	afwandida	1	63038		5117.	ainfalþ	1	63093
5063.	afwandjan	1	63039		5118.	ainfalþaba	1	63094
5064.	afwandjanda	1	63040		5119.	ainƕarjatoh	1	63095
5065.	afwandjandane	1	63041		5120.	ainƕarjoh	1	63096
5066.	Agar	1	63042		5121.	ainƕaþarammeh	1	63097
5067.	aggeljus	1	63043		5122.	ainishun	1	63098
5068.	aggelu	1	63044		5123.	Ainnaïns	1	63099
5069.	aggileis	1	63045		5124.	ainoho	1	63100
5070.	aggiluns	1	63046		5125.	Ainokis	1	63101
5071.	agl	1	63047		5126.	ainomehun	1	63102
5072.	aglaitgastaldans	1	63048		5127.	Ainosis	1	63103
5073.	aglaitgastalds	1	63049		5128.	ainzu	1	63104
5074.	aglaitiwaurdei	1	63050		5129.	Aipafraudeitu	1	63105
5075.	aglaitja	1	63051		5130.	Aipafrin	1	63106
5076.	aglaitjam	1	63052		5131.	Airastus	1	63107
5077.	aglipos	1	63053		5132.	airino	1	63108
5078.	agljai	1	63054		5133.	airkns	1	63109
5079.	aglu	1	63055		5134.	Airmodamis	1	63110
5080.	Agustau	1	63056		5135.	Airmogaineis	1	63111
5081.	aha	1	63057		5136.	airþakundana	1	63112
5082.	ahak	1	63058		5137.	airþeina	1	63113
5083.	ahake	1	63059		5138.	airþeins	1	63114
5084.	ahakim	1	63060		5139.	airum	1	63115
5085.	ahaks	1	63061		5140.	airuns	1	63116
5086.	ahana	1	63062		5141.	airzein	1	63117
5087.	ahane	1	63063		5142.	airzeins	1	63118
5088.	Aharons	1	63064		5143.	airzeiþ	1	63119
5089.	ahins	1	63065		5144.	airziþa	1	63120
5090.	ahjaiþ	1	63066		5145.	airzjands	1	63121
5091.	ahmeinan	1	63067		5146.	aista	1	63122
5092.	ahmeinon	1	63068		5147.	aistand	1	63123
5093.	ahs	1	63069		5148.	aistands	1	63124
5094.	ahtudin	1	63070		5149.	aiþans	1	63125
5095.	aƕai	1	63071		5150.	aiþe	1	63126
5096.	aƕo	1	63072		5151.	aiþis	1	63127
5097.	Aibairis	1	63073		5152.	aiwaggelida	1	63128
5098.	aibr	1	63074		5153.	aiwaggelista	1	63129
5099.	Aidduins	1	63075		5154.	aiwaggelistans	1	63130
5100.	Aieirins	1	63076		5155.	aiwaggelja	1	63131
5101.	aiffaþa	1	63077		5156.	aiwaggeljis	1	63132
5102.	aigandeins	1	63078		5157.	aiweinaizos	1	63133
5103.	aigeiþ	1	63079		5158.	aiweinamma	1	63134
5104.	aigin	1	63080		5159.	aiweinis	1	63135
5105.	aiginam	1	63081		5160.	aiweinos	1	63136
5106.	aihtedeis	1	63082		5161.	aiwins	1	63137
5107.	aihtronds	1	63083		5162.	aiwiskja	1	63138
5108.	aihuþ	1	63084		5163.	aiwiskoþ	1	63139
5109.	Ailamis	1	63085		5164.	Aiwneikai	1	63140
5110.	Aileiaizairis	1	63086		5165.	Aiwwan	1	63141
5111.	Aileiakeimis	1	63087		5166.	aiwxaristian	1	63142
5112.	Aimmeirins	1	63088		5167.	aiz	1	63143
5113.	ainabaura	1	63089		5168.	Aizaikeiins	1	63144
5114.	ainaihun	1	63090		5169.	aizasmiþa	1	63145
5115.	ainamundiþos	1	63091		5170.	Aizleimis	1	63146

5171.	Aizoris	1	63147		5226.	anafilhaima	1	63202
5172.	Akaïjai	1	63148		5227.	anafilham	1	63203
5173.	Akaïje	1	63149		5228.	anafilhiþ	1	63204
5174.	Akaïkaus	1	63150		5229.	anafulhano	1	63205
5175.	Akaja	1	63151		5230.	anafulhuþ	1	63206
5176.	Akaje	1	63152		5231.	anahabaida	1	63207
5177.	ake	1	63153		5232.	anahabaidans	1	63208
5178.	akeitis	1	63154		5233.	anahaitam	1	63209
5179.	aketis	1	63155		5234.	anahaitandane	1	63210
5180.	akr	1	63156		5235.	anahaitiþ	1	63211
5181.	akranalaus	1	63157		5236.	anahnaiwjai	1	63212
5182.	akrane	1	63158		5237.	Anaiin	1	63213
5183.	Akwla	1	63159		5238.	anakumbei	1	63214
5184.	alabalstraun	1	63160		5239.	anakumbidedun	1	63215
5185.	alabrunstim	1	63161		5240.	anakumbjand	1	63216
5186.	Alaiksandraus	1	63162		5241.	anakumbjandan	1	63217
5187.	alamannam	1	63163		5242.	anakunnan	1	63218
5188.	alaþarba	1	63164		5243.	analageinai	1	63219
5189.	aldais	1	63165		5244.	analagjandans	1	63220
5190.	alde	1	63166		5245.	analagjands	1	63221
5191.	aldomin	1	63167		5246.	analatida	1	63222
5192.	aleina	1	63168		5247.	analatidai	1	63223
5193.	alewabagme	1	63169		5248.	analaugnein	1	63224
5194.	alewabagms	1	63170		5249.	analaugniba	1	63225
5195.	alewis	1	63171		5250.	analaugnjona	1	63226
5196.	alewjin	1	63172		5251.	analeiko	1	63227
5197.	alewjo	1	63173		5252.	anamahtai	1	63228
5198.	Alfaius	1	63174		5253.	anamahtjaid	1	63229
5199.	aljai	1	63175		5254.	anamahtjais	1	63230
5200.	aljakunja	1	63176		5255.	anamahtjandam	1	63231
5201.	aljakuns	1	63177		5256.	anamahtjandans	1	63232
5202.	aljaleiko	1	63178		5257.	anameljan	1	63233
5203.	aljaleikodos	1	63179		5258.	anananþidedun	1	63234
5204.	aljanon	1	63180		5259.	anananþjands	1	63235
5205.	aljanond	1	63181		5260.	ananauþjai	1	63236
5206.	aljanonds	1	63182		5261.	Ananeiin	1	63237
5207.	aljaþ	1	63183		5262.	ananiujada	1	63238
5208.	allawerein	1	63184		5263.	ananiujiþai	1	63239
5209.	alluh	1	63185		5264.	ananiwidin	1	63240
5210.	als	1	63186		5265.	anaqal	1	63241
5211.	alþiza	1	63187		5266.	anaqam	1	63242
5212.	alþjono	1	63188		5267.	anaqiþaidau	1	63243
5213.	Alulis	1	63189		5268.	anasaislep	1	63244
5214.	Ameinadabis	1	63190		5269.	anasaislepun	1	63245
5215.	Ammons	1	63191		5270.	anasilaida	1	63246
5216.	amsans	1	63192		5271.	anasiun	1	63247
5217.	anaaukan	1	63193		5272.	anasiunjo	1	63248
5218.	anabaust	1	63194		5273.	anaslawaidedun	1	63249
5219.	anabiudands	1	63195		5274.	anastodjandans	1	63250
5220.	anabudan	1	63196		5275.	anastodjandei	1	63251
5221.	anabudana	1	63197		5276.	anastodjands	1	63252
5222.	anabudanona	1	63198		5277.	anatramp	1	63253
5223.	anabudi	1	63199		5278.	anaþiwa	1	63254
5224.	anadrigkaiþ	1	63200		5279.	Anaþoþis	1	63255
5225.	anafilha	1	63201		5280.	anaþrafstei	1	63256

RANKING LIST OF FREQUENCIES

5281.	anawairþ	1	63257
5282.	anawairþai	1	63258
5283.	anawairþan	1	63259
5284.	anawilje	1	63260
5285.	anawiljei	1	63261
5286.	anawiljein	1	63262
5287.	andahait	1	63263
5288.	andahaitis	1	63264
5289.	andalausaize	1	63265
5290.	andanahti	1	63266
5291.	andaneiþans	1	63267
5292.	andanemeigs	1	63268
5293.	andanemis	1	63269
5294.	andanems	1	63270
5295.	andanumts	1	63271
5296.	andaset	1	63272
5297.	andasetjai	1	63273
5298.	andastaþja	1	63274
5299.	andastaþjam	1	63275
5300.	andastaua	1	63276
5301.	andastauin	1	63277
5302.	andaþahtan	1	63278
5303.	andaþahtana	1	63279
5304.	andaþahtos	1	63280
5305.	andawaurde	1	63281
5306.	andawaurdi	1	63282
5307.	andawaurdjam	1	63283
5308.	andawiznim	1	63284
5309.	andbahtam	1	63285
5310.	andbahte	1	63286
5311.	andbahtededun	1	63287
5312.	andbahteis	1	63288
5313.	andbahtidedeima	1	63289
5314.	andbahtiþ	1	63290
5315.	andbahtjaina	1	63291
5316.	andbahtjam	1	63292
5317.	andbahtjan	1	63293
5318.	andbahtjandans	1	63294
5319.	andbahtjandeins	1	63295
5320.	andband	1	63296
5321.	andbeitais	1	63297
5322.	andbeitan	1	63298
5323.	andbeitands	1	63299
5324.	andbindandam	1	63300
5325.	andbindats	1	63301
5326.	andbindau	1	63302
5327.	andbundanai	1	63303
5328.	andbundnoda	1	63304
5329.	andbundun	1	63305
5330.	andhafjand	1	63306
5331.	andhafjandei	1	63307
5332.	andhaihait	1	63308
5333.	andhaihaiti	1	63309
5334.	andhaihaitun	1	63310
5335.	andhaitada	1	63311
5336.	andhaitan	1	63312
5337.	andhaitand	1	63313
5338.	andhaitandans	1	63314
5339.	andhaitis	1	63315
5340.	andhamonds	1	63316
5341.	andhauseis	1	63317
5342.	andhauseiþ	1	63318
5343.	andhausidedi	1	63319
5344.	andhausides	1	63320
5345.	andhausjaindau	1	63321
5346.	andhausjand	1	63322
5347.	andhoft	1	63323
5348.	andhruskandans	1	63324
5349.	andhulein	1	63325
5350.	andhuleinins	1	63326
5351.	andhulidedun	1	63327
5352.	andhulides	1	63328
5353.	andhulids	1	63329
5354.	andhuliþ	1	63330
5355.	andhuliþs	1	63331
5356.	andhuljada	1	63332
5357.	andhuljaidau	1	63333
5358.	andhuljaindau	1	63334
5359.	andhuljan	1	63335
5360.	andilausaize	1	63336
5361.	andins	1	63337
5362.	andizuh	1	63338
5363.	andja	1	63339
5364.	andjam	1	63340
5365.	andletnan	1	63341
5366.	andnimaima	1	63342
5367.	andnumanai	1	63343
5368.	andnumans	1	63344
5369.	Andraiin	1	63345
5370.	Andraiins	1	63346
5371.	Andriins	1	63347
5372.	andsaiƕands	1	63348
5373.	andsaiƕis	1	63349
5374.	andsakanai	1	63350
5375.	andsaljan	1	63351
5376.	andsitaiþ	1	63352
5377.	andsitiþ	1	63353
5378.	andspiwuþ	1	63354
5379.	andstald	1	63355
5380.	andstaldands	1	63356
5381.	andstaldis	1	63357
5382.	andstandandein	1	63358
5383.	andstaurraidedun	1	63359
5384.	andtilonds	1	63360
5385.	andtiloþ	1	63361
5386.	andþaggkjandins	1	63362
5387.	andþaggkjands	1	63363
5388.	andþahta	1	63364
5389.	anduh	1	63365
5390.	andwaih	1	63366

5391.	andwaihando	1	63367	5446.	assarjau	1	63422
5392.	andwairþai	1	63368	5447.	Assaumis	1	63423
5393.	andwairþin	1	63369	5448.	aste	1	63424
5394.	andwairþis	1	63370	5449.	asts	1	63425
5395.	andwairþje	1	63371	5450.	ataþnjis	1	63426
5396.	andwairþjis	1	63372	5451.	ataugidedi	1	63427
5397.	andwairþons	1	63373	5452.	ataugidedun	1	63428
5398.	andwasidedun	1	63374	5453.	ataugja	1	63429
5399.	andwaurdjais	1	63375	5454.	atbairiþ	1	63430
5400.	Anna	1	63376	5455.	atbar	1	63431
5401.	Annas	1	63377	5456.	atdriusandei	1	63432
5402.	Anos	1	63378	5457.	atdrusun	1	63433
5403.	Antiokjai	1	63379	5458.	atfaridedun	1	63434
5404.	anþarizuh	1	63380	5459.	atgaggandan	1	63435
5405.	anþaruþ-þan	1	63381	5460.	atgaggandeim	1	63436
5406.	anuhkumbei	1	63382	5461.	atgaggandein	1	63437
5407.	Apaullons	1	63383	5462.	atgaraihtjais	1	63438
5408.	apaustaulaus	1	63384	5463.	atgebeima	1	63439
5409.	apaustauleins	1	63385	5464.	atgebeina	1	63440
5410.	apaustulu	1	63386	5465.	atgebeiþ	1	63441
5411.	apaustuluns	1	63387	5466.	atgebum	1	63442
5412.	aqizi	1	63388	5467.	atgiband	1	63443
5413.	Arabia	1	63389	5468.	atgibanda	1	63444
5414.	Araitins	1	63390	5469.	atgibandins	1	63445
5415.	Aramis	1	63391	5470.	atgibanos	1	63446
5416.	arans	1	63392	5471.	atgibans	1	63447
5417.	arbaidida	1	63393	5472.	atgibau	1	63448
5418.	arbaididedjau	1	63394	5473.	athabaidedun	1	63449
5419.	arbaidjam	1	63395	5474.	athafjan	1	63450
5420.	arbaidjand	1	63396	5475.	athahans	1	63451
5421.	arbaidjandam	1	63397	5476.	athahid	1	63452
5422.	arbaidjands	1	63398	5477.	atiddjedeina	1	63453
5423.	Areistarkus	1	63399	5478.	atiddjedum	1	63454
5424.	Arfaksadis	1	63400	5479.	atkunnaiþ	1	63455
5425.	Aristarkus	1	63401	5480.	atlagei	1	63456
5426.	arjandan	1	63402	5481.	atlagides	1	63457
5427.	arkaggilaus	1	63403	5482.	atlagjada	1	63458
5428.	Arkippau	1	63404	5483.	atlagjands	1	63459
5429.	armahairtei	1	63405	5484.	atlaþoþs	1	63460
5430.	armaions	1	63406	5485.	atligiþ	1	63461
5431.	armaiþ	1	63407	5486.	atrinnandans	1	63462
5432.	armandins	1	63408	5487.	atsaiƕ	1	63463
5433.	armands	1	63409	5488.	atsaiƕands	1	63464
5434.	armostai	1	63410	5489.	atstandandans	1	63465
5435.	arms	1	63411	5490.	atstandandei	1	63466
5436.	arniba	1	63412	5491.	atsteigai	1	63467
5437.	aromata	1	63413	5492.	atsteigiþ	1	63468
5438.	Artaksairksaus	1	63414	5493.	atstoþun	1	63469
5439.	Asabis	1	63415	5494.	attaitokun	1	63470
5440.	Aseris	1	63416	5495.	attauh	1	63471
5441.	Asiais	1	63417	5496.	attekan	1	63472
5442.	asilu	1	63418	5497.	attiuha	1	63473
5443.	asiluqairnus	1	63419	5498.	attiuhan	1	63474
5444.	Asmoþis	1	63420	5499.	attiuhats	1	63475
5445.	asnjam	1	63421	5500.	attiuhiþ	1	63476

5501.	atþinsa	1	63477	5556.	azwme	1	63532
5502.	atþinsiþ	1	63478	5557.	Babawis	1	63533
5503.	atuhgaf	1	63479	5558.	badja	1	63534
5504.	at-uh-þan-gaf	1	63480	5559.	badjam	1	63535
5505.	atuþ-þan-gaggand	1	63481	5560.	bagmam	1	63536
5506.	atwairpan	1	63482	5561.	bagmans	1	63537
5507.	atwairpands	1	63483	5562.	bai	1	63538
5508.	atwalwida	1	63484	5563.	baideis	1	63539
5509.	atwandida	1	63485	5564.	Baidsaïdan	1	63540
5510.	atwarp	1	63486	5565.	Baigausis	1	63541
5511.	atwaurpans	1	63487	5566.	baim	1	63542
5512.	atwitainai	1	63488	5567.	Baineiameinis	1	63543
5513.	atwopjan	1	63489	5568.	Bainiameinis	1	63544
5514.	atwopjands	1	63490	5569.	bairabagma	1	63545
5515.	aþa	1	63491	5570.	bairai	1	63546
5516.	Aþeinim	1	63492	5571.	bairaina	1	63547
5517.	aþnam	1	63493	5572.	bairais	1	63548
5518.	audagei	1	63494	5573.	bairandam	1	63549
5519.	audagins	1	63495	5574.	bairandane	1	63550
5520.	audagjand	1	63496	5575.	Bairaujai	1	63551
5521.	audahafta	1	63497	5576.	bairgais	1	63552
5522.	augadauro	1	63498	5577.	bairgiþ	1	63553
5523.	auhjodau	1	63499	5578.	bairht	1	63554
5524.	auhjodu	1	63500	5579.	bairhta	1	63555
5525.	auhjondein	1	63501	5580.	bairhtaim	1	63556
5526.	auhjoþ	1	63502	5581.	bairhtei	1	63557
5527.	auhmistam	1	63503	5582.	bairis	1	63558
5528.	auhmistans	1	63504	5583.	baitrai	1	63559
5529.	auhmisto	1	63505	5584.	Baiþilis	1	63560
5530.	auhn	1	63506	5585.	Baiþsaïdan	1	63561
5531.	auhsne	1	63507	5586.	balþeiþ	1	63562
5532.	auhsum	1	63508	5587.	balwaweseins	1	63563
5533.	auhuman	1	63509	5588.	balwein	1	63564
5534.	auhumists	1	63510	5589.	balweinim	1	63565
5535.	aukandei	1	63511	5590.	balwiþs	1	63566
5536.	auknando	1	63512	5591.	balwjan	1	63567
5537.	auralja	1	63513	5592.	Banauis	1	63568
5538.	aurtigarda	1	63514	5593.	bandi	1	63569
5539.	aurtigards	1	63515	5594.	bandwai	1	63570
5540.	auþidom	1	63516	5595.	bandwida	1	63571
5541.	auþjaim	1	63517	5596.	bandwidedun	1	63572
5542.	auþjamma	1	63518	5597.	bandwiduh	1	63573
5543.	auþjons	1	63519	5598.	bandwiþs	1	63574
5544.	aweþjis	1	63520	5599.	bandwja	1	63575
5545.	awiliude	1	63521	5600.	bandwjandins	1	63576
5546.	awiliudoda	1	63522	5601.	bandwon	1	63577
5547.	awiliudom	1	63523	5602.	banjo	1	63578
5548.	awiliudoþ	1	63524	5603.	bansta	1	63579
5549.	awistris	1	63525	5604.	banstins	1	63580
5550.	awon	1	63526	5605.	Barabba	1	63581
5551.	Axaïa	1	63527	5606.	Barabbas	1	63582
5552.	Azeiris	1	63528	5607.	Barakeiins	1	63583
5553.	azetaba	1	63529	5608.	barbarus	1	63584
5554.	Azgadis	1	63530	5609.	barm	1	63585
5555.	azitizo	1	63531	5610.	barmim	1	63586

5611.	barniskeins	1	63587		5666.	bidjos	1	63642
5612.	Barteimaiaus	1	63588		5667.	bidomjai	1	63643
5613.	Barþaulaumaiu	1	63589		5668.	bifaiha	1	63644
5614.	Barþulomaiu	1	63590		5669.	bigast	1	63645
5615.	Basseis	1	63591		5670.	bigaurdans	1	63646
5616.	batista	1	63592		5671.	bigeteina	1	63647
5617.	batizans	1	63593		5672.	bigeti	1	63648
5618.	Batwin	1	63594		5673.	bigitaima	1	63649
5619.	bauai	1	63595		5674.	bigitana	1	63650
5620.	bauaida	1	63596		5675.	bigitand	1	63651
5621.	bauain	1	63597		5676.	bigitanda	1	63652
5622.	Bauanairgais	1	63598		5677.	bigitandei	1	63653
5623.	bauandei	1	63599		5678.	bigitandona	1	63654
5624.	Bauauzis	1	63600		5679.	bigitands	1	63655
5625.	baud	1	63601		5680.	bigitid	1	63656
5626.	baudans	1	63602		5681.	bigraband	1	63657
5627.	bauhta	1	63603		5682.	bihaitja	1	63658
5628.	bauhtedun	1	63604		5683.	biƕairband	1	63659
5629.	baurgjane	1	63605		5684.	biƕe	1	63660
5630.	baurgjans	1	63606		5685.	bijandzuþ-þan	1	63661
5631.	baurgswaddjau	1	63607		5686.	bikukjan	1	63662
5632.	baurgswaddjaus	1	63608		5687.	bilaibidans	1	63663
5633.	bauþs	1	63609		5688.	bilaif	1	63664
5634.	beduþ	1	63610		5689.	bilaigodedun	1	63665
5635.	beidaima	1	63611		5690.	bilaikan	1	63666
5636.	beidam	1	63612		5691.	bilaikand	1	63667
5637.	beidiþ	1	63613		5692.	bilaikandans	1	63668
5638.	beist	1	63614		5693.	bilailaikun	1	63669
5639.	beitiþ	1	63615		5694.	biliþi	1	63670
5640.	Beroþ	1	63616		5695.	bimaitai	1	63671
5641.	Beþania	1	63617		5696.	bimaitanaize	1	63672
5642.	Beþanian	1	63618		5697.	bimaitans	1	63673
5643.	Beþanias	1	63619		5698.	bimampidedun	1	63674
5644.	Beþlahaim	1	63620		5699.	binauht	1	63675
5645.	Beþsaeida	1	63621		5700.	binimaina	1	63676
5646.	Beþsaïdan	1	63622		5701.	biqimiþ	1	63677
5647.	biabridedun	1	63623		5702.	birauboda	1	63678
5648.	biarbaidjan	1	63624		5703.	biraubodedun	1	63679
5649.	biauk	1	63625		5704.	bireikjai	1	63680
5650.	biaukada	1	63626		5705.	birekjai	1	63681
5651.	biaukands	1	63627		5706.	birinnandans	1	63682
5652.	biauknai	1	63628		5707.	birodeins	1	63683
5653.	biauknan	1	63629		5708.	birodeiþ	1	63684
5654.	bibaurgeinais	1	63630		5709.	birodjandein	1	63685
5655.	bibundans	1	63631		5710.	birunain	1	63686
5656.	bidagwa	1	63632		5711.	birunnun	1	63687
5657.	bidan	1	63633		5712.	birusjos	1	63688
5658.	bidjai	1	63634		5713.	bisaiƕandans	1	63689
5659.	bidjaid	1	63635		5714.	bisatida	1	63690
5660.	bidjamuþ-þan	1	63636		5715.	bisaulida	1	63691
5661.	bidjandane	1	63637		5716.	bisaulidaim	1	63692
5662.	bidjandansuþ-þan	1	63638		5717.	bisaulnodedeina	1	63693
5663.	bidjandei	1	63639		5718.	bisitandam	1	63694
5664.	bidjats	1	63640		5719.	bisitande	1	63695
5665.	bidjis	1	63641		5720.	biskabanon	1	63696

5721.	biskain	1	63697		5776.	brikam	1	63752
5722.	bismait	1	63698		5777.	brikiþ	1	63753
5723.	bisniwam	1	63699		5778.	bringandans	1	63754
5724.	bispeiwada	1	63700		5779.	bringiþ	1	63755
5725.	bispiwun	1	63701		5780.	brinnando	1	63756
5726.	bistandand	1	63702		5781.	brinno	1	63757
5727.	bistandandeins	1	63703		5782.	broþrahans	1	63758
5728.	bistuggqun	1	63704		5783.	broþralubon	1	63759
5729.	bistugq	1	63705		5784.	broþrulubon	1	63760
5730.	bistugqe	1	63706		5785.	brukei	1	63761
5731.	bistugqei	1	63707		5786.	brukja	1	63762
5732.	bitiuhan	1	63708		5787.	brukjam	1	63763
5733.	biþagkeiþ	1	63709		5788.	brukjan	1	63764
5734.	Biþaniin	1	63710		5789.	brukjands	1	63765
5735.	Biþlaihaimis	1	63711		5790.	brunna	1	63766
5736.	biþragjands	1	63712		5791.	bruþ	1	63767
5737.	biþ-þan-gitanda	1	63713		5792.	bruþfad	1	63768
5738.	biþwahands	1	63714		5793.	bugei	1	63769
5739.	biudis	1	63715		5794.	bugjaima	1	63770
5740.	bi-u-gitai	1	63716		5795.	bugjaina	1	63771
5741.	biugiþ	1	63717		5796.	bugjam	1	63772
5742.	biwaibidana	1	63718		5797.	bugjanda	1	63773
5743.	biwaibiþs	1	63719		5798.	bundans	1	63774
5744.	biwaibjand	1	63720		5799.	bwssaun	1	63775
5745.	biwesjau	1	63721		5800.	daddjandeim	1	63776
5746.	biwundan	1	63722		5801.	daiga	1	63777
5747.	blandan	1	63723		5802.	Daikapaulaios	1	63778
5748.	blauþjandans	1	63724		5803.	Daikapaulein	1	63779
5749.	bleiþein	1	63725		5804.	daileiþ	1	63780
5750.	bleiþeino	1	63726		5805.	dailjands	1	63781
5751.	bleiþeins	1	63727		5806.	daimonareis	1	63782
5752.	bleiþja	1	63728		5807.	daimonari	1	63783
5753.	bleiþjandans	1	63729		5808.	daimonarjos	1	63784
5754.	bliggwand	1	63730		5809.	dalaþa	1	63785
5755.	bliggwandans	1	63731		5810.	dalaþro	1	63786
5756.	blindana	1	63732		5811.	dalei	1	63787
5757.	blindins	1	63733		5812.	Dalmatiai	1	63788
5758.	blomans	1	63734		5813.	Damaskai	1	63789
5759.	blotand	1	63735		5814.	Damaskon	1	63790
5760.	blotande	1	63736		5815.	daubata	1	63791
5761.	blotinassau	1	63737		5816.	daubei	1	63792
5762.	bloþarinnandei	1	63738		5817.	daunais	1	63793
5763.	bloþarinnands	1	63739		5818.	daupeinim	1	63794
5764.	bnauandans	1	63740		5819.	daupidane	1	63795
5765.	botai	1	63741		5820.	daupiþs	1	63796
5766.	botida	1	63742		5821.	daupjaindau	1	63797
5767.	boto	1	63743		5822.	daupjanda	1	63798
5768.	botos	1	63744		5823.	daupjandam	1	63799
5769.	braid	1	63745		5824.	daupjandans	1	63800
5770.	briggai	1	63746		5825.	daurawardai	1	63801
5771.	briggais	1	63747		5826.	daurawarde	1	63802
5772.	briggandan	1	63748		5827.	daurawardo	1	63803
5773.	briggandans	1	63749		5828.	daurawardos	1	63804
5774.	briggandei	1	63750		5829.	daurawards	1	63805
5775.	briggau	1	63751		5830.	Dauriþaius	1	63806

5831.	dauþai	1	63807	5886.	drakmin	1	63862
5832.	dauþeinim	1	63808	5887.	drauhsno	1	63863
5833.	dauþins	1	63809	5888.	drauhsnom	1	63864
5834.	dauþubljans	1	63810	5889.	drauhsnos	1	63865
5835.	diabaulau	1	63811	5890.	drauhtinassaus	1	63866
5836.	diabaulus	1	63812	5891.	drauhtinom	1	63867
5837.	diabulos	1	63813	5892.	drauhtinonds	1	63868
5838.	diakaunjus	1	63814	5893.	drausnos	1	63869
5839.	diakaununs	1	63815	5894.	dreiband	1	63870
5840.	Didimus	1	63816	5895.	driggkai	1	63871
5841.	digana	1	63817	5896.	driggkaiþ	1	63872
5842.	digandin	1	63818	5897.	driggkan	1	63873
5843.	disdailida	1	63819	5898.	driggkandans	1	63874
5844.	disdailiþs	1	63820	5899.	driggkats	1	63875
5845.	disdailjand	1	63821	5900.	drigka	1	63876
5846.	disdraus	1	63822	5901.	drigkaina	1	63877
5847.	dishabaida	1	63823	5902.	drigkand	1	63878
5848.	dishabaidai	1	63824	5903.	drigkandane	1	63879
5849.	dishabaiþs	1	63825	5904.	drigkau	1	63880
5850.	dishniupands	1	63826	5905.	driusandan	1	63881
5851.	dishnupnodedun	1	63827	5906.	driusandeino	1	63882
5852.	dishuljiþ	1	63828	5907.	driusandeins	1	63883
5853.	disiggqai	1	63829	5908.	drobjandam	1	63884
5854.	diskritnoda	1	63830	5909.	drobjands	1	63885
5855.	dissigqai	1	63831	5910.	drobnan	1	63886
5856.	disskaidandein	1	63832	5911.	drugkaneim	1	63887
5857.	disskreitands	1	63833	5912.	drugkans	1	63888
5858.	disskritnoda	1	63834	5913.	drunjus	1	63889
5859.	disskritnodedun	1	63835	5914.	drus	1	63890
5860.	distahein	1	63836	5915.	drusa	1	63891
5861.	distahidedi	1	63837	5916.	duatgaggandei	1	63892
5862.	distahjada	1	63838	5917.	duatgaggandin	1	63893
5863.	distahjiþ	1	63839	5918.	duatiddjedun	1	63894
5864.	distairai	1	63840	5919.	duatrinnands	1	63895
5865.	distairid	1	63841	5920.	duatsniwun	1	63896
5866.	distairiþ	1	63842	5921.	dugawindiþ	1	63897
5867.	distaurnand	1	63843	5922.	duginna	1	63898
5868.	diswilwai	1	63844	5923.	duginnaina	1	63899
5869.	diswinþeiþ	1	63845	5924.	duginnaiþ	1	63900
5870.	diupaizos	1	63846	5925.	duginnid	1	63901
5871.	diupiþai	1	63847	5926.	dulgahaitjin	1	63902
5872.	dizuh-þan-sat	1	63848	5927.	dulgis	1	63903
5873.	domidedun	1	63849	5928.	dulþjam	1	63904
5874.	domjands	1	63850	5929.	dumba	1	63905
5875.	dragand	1	63851	5930.	dumbs	1	63906
5876.	draggk	1	63852	5931.	durinnandans	1	63907
5877.	draggka	1	63853	5932.	durinnands	1	63908
5878.	draggkida	1	63854	5933.	duþei	1	63909
5879.	dragkida	1	63855	5934.	dwalai	1	63910
5880.	dragkidai	1	63856	5935.	dwalamma	1	63911
5881.	dragkideduþ	1	63857	5936.	dwalawaurdei	1	63912
5882.	draibeis	1	63858	5937.	dwalona	1	63913
5883.	draibiþs	1	63859	5938.	Eeiramis	1	63914
5884.	drakman	1	63860	5939.	Eiaireikons	1	63915
5885.	drakmans	1	63861	5940.	Eisaeiins	1	63916

5941.	eisarna	1	63917
5942.	eisarnabandjom	1	63918
5943.	eisarnam	1	63919
5944.	Esaïan	1	63920
5945.	Esaias	1	63921
5946.	Esaïin	1	63922
5947.	Esaw	1	63923
5948.	fadar	1	63924
5949.	fadreinais	1	63925
5950.	faginodedeiþ	1	63926
5951.	faginodedun	1	63927
5952.	faginond	1	63928
5953.	faginondam	1	63929
5954.	fagr	1	63930
5955.	fahan	1	63931
5956.	faheid	1	63932
5957.	faheidai	1	63933
5958.	faianda	1	63934
5959.	faifah	1	63935
5960.	faifalþ	1	63936
5961.	faiflokun	1	63937
5962.	faihau	1	63938
5963.	faiho	1	63939
5964.	faihufrikai	1	63940
5965.	faihufrikam	1	63941
5966.	faihufrikans	1	63942
5967.	faihufrikeins	1	63943
5968.	faihugairneins	1	63944
5969.	faihugeigais	1	63945
5970.	faihugeiro	1	63946
5971.	faihuskulane	1	63947
5972.	faihuþra	1	63948
5973.	fairaihan	1	63949
5974.	fairgraip	1	63950
5975.	fairgunjam	1	63951
5976.	fairgunje	1	63952
5977.	fairhaitis	1	63953
5978.	fairinoþ	1	63954
5979.	fairni	1	63955
5980.	fairniþai	1	63956
5981.	fairnjamma	1	63957
5982.	fairrinnand	1	63958
5983.	fairrinnandans	1	63959
5984.	fairrinnandein	1	63960
5985.	fairwaurkjand	1	63961
5986.	fairweitjandam	1	63962
5987.	fairweitjandeins	1	63963
5988.	fairweitjandona	1	63964
5989.	fairweitl	1	63965
5990.	fairzna	1	63966
5991.	Falaigis	1	63967
5992.	Fallasuris	1	63968
5993.	falþ	1	63969
5994.	fanan	1	63970
5995.	fanin	1	63971
5996.	fanins	1	63972
5997.	Fanuelis	1	63973
5998.	faraiþ	1	63974
5999.	Faraizis	1	63975
6000.	Faraoni	1	63976
6001.	faridedun	1	63977
6002.	farjandans	1	63978
6003.	farwa	1	63979
6004.	faskjam	1	63980
6005.	fastaidedeina	1	63981
6006.	fastaina	1	63982
6007.	fastaiþs	1	63983
6008.	fastam	1	63984
6009.	fastubnjam	1	63985
6010.	faþom	1	63986
6011.	fauradaurja	1	63987
6012.	faurafillja	1	63988
6013.	fauragaggam	1	63989
6014.	fauragaggan	1	63990
6015.	fauragaggis	1	63991
6016.	fauragaggjins	1	63992
6017.	fauragaggjis	1	63993
6018.	fauragamelida	1	63994
6019.	fauragameliþ	1	63995
6020.	fauragasatjiþ	1	63996
6021.	fauragataih	1	63997
6022.	faurahah	1	63998
6023.	fauramanwjandei	1	63999
6024.	fauramaþlje	1	64000
6025.	fauramelips	1	64001
6026.	fauraqeþun	1	64002
6027.	fauraqimid	1	64003
6028.	faurarahnjandans	1	64004
6029.	faurastandands	1	64005
6030.	faurawisan	1	64006
6031.	faurbigaggands	1	64007
6032.	faurbigaggiþ	1	64008
6033.	faurbiudiþ	1	64009
6034.	faurdammjada	1	64010
6035.	faurdomein	1	64011
6036.	faurgaggandein	1	64012
6037.	faurhah	1	64013
6038.	faurhtein	1	64014
6039.	faurhtidedun	1	64015
6040.	faurhtjaina	1	64016
6041.	faurlagido	1	64017
6042.	faurlagjaidau	1	64018
6043.	faurlagjan	1	64019
6044.	faurmuljais	1	64020
6045.	faurqiþa	1	64021
6046.	faurqiþan	1	64022
6047.	faurrinnandin	1	64023
6048.	faursigljandans	1	64024
6049.	faursnau	1	64025
6050.	faursniwiþ	1	64026

6051.	faurstassjans	1	64027	6106.	frabauhtaboka	1	64082
6052.	Faurtunataus	1	64028	6107.	frabauhtedun	1	64083
6053.	faurwaipjais	1	64029	6108.	frabauhts	1	64084
6054.	faurwalwjands	1	64030	6109.	frabugjaidau	1	64085
6055.	fawaim	1	64031	6110.	frabugjan	1	64086
6056.	fawans	1	64032	6111.	frabugjandane	1	64087
6057.	ferai	1	64033	6112.	fradailiþ	1	64088
6058.	ferjans	1	64034	6113.	fragibaidau	1	64089
6059.	fero	1	64035	6114.	fragibandan	1	64090
6060.	fiais	1	64036	6115.	fragibis	1	64091
6061.	fiaiþ	1	64037	6116.	fragibtim	1	64092
6062.	fiand	1	64038	6117.	fragif	1	64093
6063.	fiandans	1	64039	6118.	fragift	1	64094
6064.	fiands	1	64040	6119.	fragiftim	1	64095
6065.	fidurdogs	1	64041	6120.	fragildaidau	1	64096
6066.	fidurfalþ	1	64042	6121.	fragiþ	1	64097
6067.	fidworim	1	64043	6122.	frahinþandans	1	64098
6068.	figgragulþ	1	64044	6123.	frahinþando	1	64099
6069.	figgrans	1	64045	6124.	frahuh	1	64100
6070.	fija	1	64046	6125.	frahunþanaim	1	64101
6071.	fijai	1	64047	6126.	fraihans	1	64102
6072.	fijaid	1	64048	6127.	fraihn	1	64103
6073.	fijan	1	64049	6128.	fraihnandan	1	64104
6074.	fijandans	1	64050	6129.	fraihnis	1	64105
6075.	fijande	1	64051	6130.	fraisai	1	64106
6076.	fijandis	1	64052	6131.	fraisais	1	64107
6077.	filegrja	1	64053	6132.	fraistobnjo	1	64108
6078.	Filetus	1	64054	6133.	fraistubnjos	1	64109
6079.	filigrja	1	64055	6134.	fraïtiþ	1	64110
6080.	Filippauzuh	1	64056	6135.	fraiwe	1	64111
6081.	Filippisius	1	64057	6136.	frakant	1	64112
6082.	filleina	1	64058	6137.	frakunnandans	1	64113
6083.	filufaiho	1	64059	6138.	frakunneiþ	1	64114
6084.	filugalaubis	1	64060	6139.	frakunnuþ	1	64115
6085.	filuwaurdein	1	64061	6140.	frakunþ	1	64116
6086.	filuwaurdjaiþ	1	64062	6141.	frakunþeduþ	1	64117
6087.	fim	1	64063	6142.	frakunþs	1	64118
6088.	fimftaihunim	1	64064	6143.	fralailoti	1	64119
6089.	fimftataihundin	1	64065	6144.	fralailotun	1	64120
6090.	finþandeins	1	64066	6145.	fralaus	1	64121
6091.	finþands	1	64067	6146.	fraleitais	1	64122
6092.	fiskon	1	64068	6147.	fraleitan	1	64123
6093.	fiskos	1	64069	6148.	fraletada	1	64124
6094.	fitandei	1	64070	6149.	fraletaid	1	64125
6095.	flauteiþ	1	64071	6150.	fraletanda	1	64126
6096.	flodus	1	64072	6151.	fraletis	1	64127
6097.	fodida	1	64073	6152.	fralets	1	64128
6098.	fodiþs	1	64074	6153.	fraliusands	1	64129
6099.	fodr	1	64075	6154.	fraliusiþ	1	64130
6100.	fotjus	1	64076	6155.	fralusanan	1	64131
6101.	fotu	1	64077	6156.	fralusanans	1	64132
6102.	fotubandjom	1	64078	6157.	fralusanin	1	64133
6103.	fraatjau	1	64079	6158.	fralusano	1	64134
6104.	frabairan	1	64080	6159.	framaldrozei	1	64135
6105.	frabauht	1	64081	6160.	framaþjane	1	64136

6161.	framaþjin	1	64137	6216.	frijana	1	64192
6162.	framgahtai	1	64138	6217.	frijei	1	64193
6163.	franima	1	64139	6218.	frijodedeiþ	1	64194
6164.	franiman	1	64140	6219.	frijodedi	1	64195
6165.	fraqam	1	64141	6220.	frijodedun	1	64196
6166.	fraqast	1	64142	6221.	frijodeduþ	1	64197
6167.	fraqeþun	1	64143	6222.	frijoduh	1	64198
6168.	fraqimai	1	64144	6223.	frijondam	1	64199
6169.	fraqimaindau	1	64145	6224.	frijondins	1	64200
6170.	fraqimandei	1	64146	6225.	frijondjos	1	64201
6171.	fraqistja	1	64147	6226.	frioda	1	64202
6172.	fraqistjai	1	64148	6227.	friodedeiþ	1	64203
6173.	fraqistjais	1	64149	6228.	friondans	1	64204
6174.	fraqistjands	1	64150	6229.	frioþ	1	64205
6175.	fraqistna	1	64151	6230.	Friþareikeis	1	64206
6176.	fraqistniþ	1	64152	6231.	friusa	1	64207
6177.	fraqistnoda	1	64153	6232.	frodane	1	64208
6178.	fraqistnodedun	1	64154	6233.	frodozans	1	64209
6179.	fraqiþanam	1	64155	6234.	froþuþ	1	64210
6180.	fraqiþanans	1	64156	6235.	fruman	1	64211
6181.	fraqiþandans	1	64157	6236.	frume	1	64212
6182.	fraquman	1	64158	6237.	frumei	1	64213
6183.	frarann	1	64159	6238.	frumistam	1	64214
6184.	frastisibja	1	64160	6239.	frumistamma	1	64215
6185.	fraþei	1	64161	6240.	frumistans	1	64216
6186.	fraþjai	1	64162	6241.	frumistjam	1	64217
6187.	fraþjaidau	1	64163	6242.	frumo	1	64218
6188.	fraþjands	1	64164	6243.	fuglam	1	64219
6189.	fraþje	1	64165	6244.	fulginis	1	64220
6190.	fraujinodedun	1	64166	6245.	fulin	1	64221
6191.	fraujinond	1	64167	6246.	fullafahida	1	64222
6192.	fraujinondane	1	64168	6247.	fullafahjais	1	64223
6193.	frawalw	1	64169	6248.	fullafahjan	1	64224
6194.	frawardjada	1	64170	6249.	fullaizos	1	64225
6195.	frawas	1	64171	6250.	fullans	1	64226
6196.	frawaurhtamma	1	64172	6251.	fullatojai	1	64227
6197.	frawaurhtes	1	64173	6252.	fullatojis	1	64228
6198.	frawaurhti	1	64174	6253.	fullaweisai	1	64229
6199.	frawaurhton	1	64175	6254.	fulliþ	1	64230
6200.	frawaurkeiþ	1	64176	6255.	fulliþe	1	64231
6201.	frawaurkjaid	1	64177	6256.	fulljands	1	64232
6202.	frawaurkjandans	1	64178	6257.	fullnands	1	64233
6203.	frawaurpanai	1	64179	6258.	fullons	1	64234
6204.	frawaurpans	1	64180	6259.	fulnaiþ	1	64235
6205.	fraweita	1	64181	6260.	fuls	1	64236
6206.	fraweitan	1	64182	6261.	funþi	1	64237
6207.	frawilwan	1	64183	6262.	fvn	1	64238
6208.	frawilwand	1	64184	6263.	fwnikiska	1	64239
6209.	frawilwanda	1	64185	6264.	gaaggwei	1	64240
6210.	frawrekun	1	64186	6265.	gaainaidai	1	64241
6211.	frawrohiþs	1	64187	6266.	gaaistand	1	64242
6212.	freidida	1	64188	6267.	gaaiwiskodedun	1	64243
6213.	freidjai	1	64189	6268.	gaaiwiskonda	1	64244
6214.	fret	1	64190	6269.	gaandida	1	64245
6215.	friaþwamildjai	1	64191	6270.	gaarbjans	1	64246

6271.	gaarma	1	64247		6326.	gadaila	1	64302
6272.	gaarmai	1	64248		6327.	gadailei	1	64303
6273.	gaarmaindau	1	64249		6328.	gadailiþs	1	64304
6274.	gaaukaiþ	1	64250		6329.	gadailja	1	64305
6275.	Gabaa	1	64251		6330.	gadaukans	1	64306
6276.	ga-ba-dauþniþ	1	64252		6331.	gadaursjau	1	64307
6277.	gabairaidau	1	64253		6332.	gadaursta	1	64308
6278.	gabairam	1	64254		6333.	gadaurstedun	1	64309
6279.	gabairgada	1	64255		6334.	gadaursum	1	64310
6280.	gabairhteiþ	1	64256		6335.	gadauþjanda	1	64311
6281.	gabairhtida	1	64257		6336.	gadauþnan	1	64312
6282.	gabairhtidai	1	64258		6337.	gadauþnand	1	64313
6283.	gabairhtiþs	1	64259		6338.	gadauþnandans	1	64314
6284.	gabairhtja	1	64260		6339.	gadigis	1	64315
6285.	gabairid	1	64261		6340.	gadiupida	1	64316
6286.	gabairis	1	64262		6341.	gadof	1	64317
6287.	gaband	1	64263		6342.	gadomida	1	64318
6288.	gabandwidedun	1	64264		6343.	gadomidedun	1	64319
6289.	gabandwjandona	1	64265		6344.	gadomjan	1	64320
6290.	Gabaons	1	64266		6345.	gadomjandans	1	64321
6291.	gabatnis	1	64267		6346.	gadraban	1	64322
6292.	gabauan	1	64268		6347.	gadragand	1	64323
6293.	gabauram	1	64269		6348.	gadragkeiþ	1	64324
6294.	gabauran	1	64270		6349.	gadragkjai	1	64325
6295.	gabaurana	1	64271		6350.	gadrauhts	1	64326
6296.	gabauranamma	1	64272		6351.	gadrausida	1	64327
6297.	gabaurjoþum	1	64273		6352.	gadrausjaza	1	64328
6298.	gabaurþais	1	64274		6353.	gadrigkais	1	64329
6299.	gabeidiþ	1	64275		6354.	gadriusan	1	64330
6300.	gabeiga	1	64276		6355.	gadriusand	1	64331
6301.	gabeigai	1	64277		6356.	gadruseina	1	64332
6302.	gabeigam	1	64278		6357.	gafahis	1	64333
6303.	gabeigans	1	64279		6358.	gafahiþ	1	64334
6304.	gabeigins	1	64280		6359.	gafahrida	1	64335
6305.	gabeisteiþ	1	64281		6360.	gafaifahun	1	64336
6306.	gabidjaiþ	1	64282		6361.	gafaihondau	1	64337
6307.	gabigaba	1	64283		6362.	gafastaidedun	1	64338
6308.	gabindi	1	64284		6363.	gafastaiþ	1	64339
6309.	gabindiþ	1	64285		6364.	gafastan	1	64340
6310.	gabindos	1	64286		6365.	gafastanda	1	64341
6311.	gablauþjands	1	64287		6366.	gafaurjos	1	64342
6312.	gableiþeino	1	64288		6367.	gafehaba	1	64343
6313.	gableiþja	1	64289		6368.	gafilhis	1	64344
6314.	gableiþjands	1	64290		6369.	gafraihnandam	1	64345
6315.	gaboteiþ	1	64291		6370.	gafraujinond	1	64346
6316.	gabrannidai	1	64292		6371.	gafrehun	1	64347
6317.	gabrannidaizos	1	64293		6372.	gafreideinai	1	64348
6318.	gabrannjaidau	1	64294		6373.	gafrisahtnai	1	64349
6319.	gabrikands	1	64295		6374.	gafulginons	1	64350
6320.	gabrukano	1	64296		6375.	gafulhans	1	64351
6321.	gabuganaim	1	64297		6376.	gafullaweisidons	1	64352
6322.	gabundan	1	64298		6377.	gafulljada	1	64353
6323.	gabundana	1	64299		6378.	gafulljands	1	64354
6324.	gabundun	1	64300		6379.	gafullnodedun	1	64355
6325.	gadaban	1	64301		6380.	gagaggandam	1	64356

6381.	gagahaftiþ	1	64357	6436.	gah-þan-miþ-sandidedum	1	64412
6382.	gagaleikond	1	64358	6437.	gahugd	1	64413
6383.	gagaleikondans	1	64359	6438.	gahugdais	1	64414
6384.	gagaleikoþ	1	64360	6439.	gahulidamma	1	64415
6385.	gagamainjand	1	64361	6440.	gahuljai	1	64416
6386.	gagatiloda	1	64362	6441.	gaƕairbam	1	64417
6387.	gagatiloþ	1	64363	6442.	gaƕatjandin	1	64418
6388.	gagawairþjan	1	64364	6443.	gaƕeilaiþ	1	64419
6389.	gageigaiþ	1	64365	6444.	gaƕeiland	1	64420
6390.	gageigands	1	64366	6445.	gaƕeitjan	1	64421
6391.	gagganda	1	64367	6446.	gaƕotjandin	1	64422
6392.	gaggandei	1	64368	6447.	Gai	1	64423
6393.	gaggando	1	64369	6448.	gaïbnjand	1	64424
6394.	gaggandona	1	64370	6449.	gaïdreigodedeina	1	64425
6395.	gaggid	1	64371	6450.	gaigrotun	1	64426
6396.	gaggida	1	64372	6451.	gaigrotuþ	1	64427
6397.	gagreftai	1	64373	6452.	Gainnesaraiþ	1	64428
6398.	gagrefts	1	64374	6453.	gairda	1	64429
6399.	gagreiftai	1	64375	6454.	gairdos	1	64430
6400.	gaguds	1	64376	6455.	Gairgaisaine	1	64431
6401.	gahabaida	1	64377	6456.	gairnidedeina	1	64432
6402.	gahabaidai	1	64378	6457.	gairnjais	1	64433
6403.	gahabaidedun	1	64379	6458.	gairnjandona	1	64434
6404.	gahabaina	1	64380	6459.	gairunja	1	64435
6405.	gahaband	1	64381	6460.	gaitein	1	64436
6406.	gahabandans	1	64382	6461.	gaits	1	64437
6407.	gahaftida	1	64383	6462.	Gaïu	1	64438
6408.	gahaftnandan	1	64384	6463.	Gaïus	1	64439
6409.	gahahjo	1	64385	6464.	gajiukai	1	64440
6410.	gahailidai	1	64386	6465.	gajiukaida	1	64441
6411.	gahailidedun	1	64387	6466.	gajuk	1	64442
6412.	gahailja	1	64388	6467.	gajukono	1	64443
6413.	gahailnid	1	64389	6468.	gakann	1	64444
6414.	gahailniþ	1	64390	6469.	gakannidedun	1	64445
6415.	gahaitiþ	1	64391	6470.	gakannjaiþ	1	64446
6416.	gahardeiþ	1	64392	6471.	gakaroþ	1	64447
6417.	gahaunida	1	64393	6472.	gakiusai	1	64448
6418.	gahauseins	1	64394	6473.	gakiusaindau	1	64449
6419.	gahausidedum	1	64395	6474.	gakiusan	1	64450
6420.	gahausideduts	1	64396	6475.	gakiusandans	1	64451
6421.	gahausiþ	1	64397	6476.	gakrotuda	1	64452
6422.	gahausjan	1	64398	6477.	gakunds	1	64453
6423.	gahausjandam	1	64399	6478.	gakunnaidai	1	64454
6424.	gahausjandein	1	64400	6479.	gakunnaidau	1	64455
6425.	gahausjau	1	64401	6480.	gakunnaidedi	1	64456
6426.	gahlaibam	1	64402	6481.	gakunnais	1	64457
6427.	gahlaiban	1	64403	6482.	gakunnaiþ	1	64458
6428.	gahlaibim	1	64404	6483.	gakunnan	1	64459
6429.	gahnaiwidans	1	64405	6484.	gakunnands	1	64460
6430.	gahnipnands	1	64406	6485.	gakunnun	1	64461
6431.	gahorinoda	1	64407	6486.	gakunþai	1	64462
6432.	gahrainids	1	64408	6487.	gakusanana	1	64463
6433.	gahrainjai	1	64409	6488.	gakust	1	64464
6434.	gahrainjanda	1	64410	6489.	galagid	1	64465
6435.	gahrainjands	1	64411	6490.	galagidana	1	64466

6491.	galagidideina	1	64467		6546.	galeiþos	1	64522
6492.	galagiþ	1	64468		6547.	galeiweiþ	1	64523
6493.	galagjada	1	64469		6548.	galewei	1	64524
6494.	galagjai	1	64470		6549.	galeweiþ	1	64525
6495.	galagjaidau	1	64471		6550.	galewida	1	64526
6496.	galagjand	1	64472		6551.	galewjada	1	64527
6497.	galagjaza	1	64473		6552.	galga	1	64528
6498.	galagjiþ	1	64474		6553.	galigrja	1	64529
6499.	galaisida	1	64475		6554.	galisada	1	64530
6500.	galaisideduþ	1	64476		6555.	galisanans	1	64531
6501.	galaisiþs	1	64477		6556.	galisand	1	64532
6502.	galaistjandans	1	64478		6557.	galiuga-apaustauleis	1	64533
6503.	Galate	1	64479		6558.	galiuga-broþrum	1	64534
6504.	Galateis	1	64480		6559.	galiugagudam	1	64535
6505.	galatida	1	64481		6560.	galiugaida	1	64536
6506.	galaþodam	1	64482		6561.	galiugapraufeteis	1	64537
6507.	galaþodedum	1	64483		6562.	galiugapraufetum	1	64538
6508.	galaþodeduþ	1	64484		6563.	galiugaxristjus	1	64539
6509.	galaþon	1	64485		6564.	galiuge	1	64540
6510.	galaþoþ	1	64486		6565.	galiuliteiþ	1	64541
6511.	galaubeid	1	64487		6566.	galukands	1	64542
6512.	galaubeina	1	64488		6567.	galuknoda	1	64543
6513.	galaubidedeiþ	1	64489		6568.	gamag	1	64544
6514.	galaubiþs	1	64490		6569.	gamain	1	64545
6515.	galaubjaina	1	64491		6570.	gamainduþais	1	64546
6516.	galaubjandan	1	64492		6571.	gamaineins	1	64547
6517.	galaubjandei	1	64493		6572.	gamaineiþ	1	64548
6518.	galaubjau	1	64494		6573.	gamainida	1	64549
6519.	galaugnjan	1	64495		6574.	gamainjaim	1	64550
6520.	galausidaim	1	64496		6575.	gamainjaiþ	1	64551
6521.	galausidedi	1	64497		6576.	gamainjando	1	64552
6522.	galausidedjau	1	64498		6577.	gamainþs	1	64553
6523.	galausiþs	1	64499		6578.	gamalteinais	1	64554
6524.	galausjada	1	64500		6579.	gamalwidans	1	64555
6525.	galausjai	1	64501		6580.	gamana	1	64556
6526.	galausjan	1	64502		6581.	gamanam	1	64557
6527.	galeikaidana	1	64503		6582.	gamanweid	1	64558
6528.	galeikandans	1	64504		6583.	gamanwidaim	1	64559
6529.	galeikandein	1	64505		6584.	gamanwids	1	64560
6530.	galeikans	1	64506		6585.	gamarkoþ	1	64561
6531.	galeikinodos	1	64507		6586.	gamarzeinais	1	64562
6532.	galeikinon	1	64508		6587.	gamarzidai	1	64563
6533.	galeikoda	1	64509		6588.	gamarzjai	1	64564
6534.	galeikom	1	64510		6589.	gamarzjanda	1	64565
6535.	galeikondan	1	64511		6590.	gamarzjau	1	64566
6536.	galeikonds	1	64512		6591.	gamat	1	64567
6537.	Galeilaiau	1	64513		6592.	gamatidedun	1	64568
6538.	Galeilaius	1	64514		6593.	gamatjis	1	64569
6539.	galeiþais	1	64515		6594.	gamaudei	1	64570
6540.	galeiþaiþ	1	64516		6595.	gamaudein	1	64571
6541.	galeiþam	1	64517		6596.	gamaudeiþ	1	64572
6542.	galeiþandam	1	64518		6597.	gamaudida	1	64573
6543.	galeiþandei	1	64519		6598.	gamaurgida	1	64574
6544.	galeiþau	1	64520		6599.	gamaurgidedi	1	64575
6545.	galeiþis	1	64521		6600.	gamaurgiþ	1	64576

6601.	gamaurgjands	1	64577	6656.	garaihtin	1	64632
6602.	gamelei	1	64578	6657.	garaihtiþai	1	64633
6603.	gamelidin	1	64579	6658.	garaihtiþs	1	64634
6604.	gameljan	1	64580	6659.	garaihtjan	1	64635
6605.	gamikilida	1	64581	6660.	garaihton	1	64636
6606.	gamostedun	1	64582	6661.	garaihtoza	1	64637
6607.	gamot	1	64583	6662.	garaþana	1	64638
6608.	gamoteiþ	1	64584	6663.	garaznons	1	64639
6609.	gamunandans	1	64585	6664.	gardan	1	64640
6610.	gamundedum	1	64586	6665.	gardawaldand	1	64641
6611.	gamundedun	1	64587	6666.	gardawaldands	1	64642
6612.	gamuneima	1	64588	6667.	gardei	1	64643
6613.	gamunuþ	1	64589	6668.	gardis	1	64644
6614.	ganagljands	1	64590	6669.	garedaba	1	64645
6615.	ganaitidana	1	64591	6670.	garehsnais	1	64646
6616.	ganamnida	1	64592	6671.	garinnaima	1	64647
6617.	ganasidedi	1	64593	6672.	gariud	1	64648
6618.	ganasidedjau	1	64594	6673.	gariudans	1	64649
6619.	ganasjada	1	64595	6674.	gariudein	1	64650
6620.	ganasjis	1	64596	6675.	gariudja	1	64651
6621.	ganatida	1	64597	6676.	gariudos	1	64652
6622.	ganawistrodai	1	64598	6677.	garunjon	1	64653
6623.	ganawistroþs	1	64599	6678.	garunnana	1	64654
6624.	ganesi	1	64600	6679.	garunsai	1	64655
6625.	ganesun	1	64601	6680.	gasaggq	1	64656
6626.	ganimaiþ	1	64602	6681.	gasaht	1	64657
6627.	ganimis	1	64603	6682.	gasaƕt	1	64658
6628.	ganisis	1	64604	6683.	gasaiƕaindau	1	64659
6629.	ganists	1	64605	6684.	gasaiƕaizau	1	64660
6630.	ganiþjos	1	64606	6685.	gasaiƕanane	1	64661
6631.	ganoh	1	64607	6686.	gasaiƕanans	1	64662
6632.	ganohiþs	1	64608	6687.	gasaiƕandam	1	64663
6633.	ganohjands	1	64609	6688.	gasaiƕandeins	1	64664
6634.	ganohnan	1	64610	6689.	gasaiƕano	1	64665
6635.	ganumans	1	64611	6690.	gasaizlep	1	64666
6636.	ganuteina	1	64612	6691.	gasaizlepun	1	64667
6637.	ganutun	1	64613	6692.	gasakands	1	64668
6638.	gapaidodai	1	64614	6693.	gasakans	1	64669
6639.	gaqeþun	1	64615	6694.	gasalbodedeina	1	64670
6640.	gaqimand	1	64616	6695.	gasalbodedun	1	64671
6641.	gaqiss	1	64617	6696.	gasaljands	1	64672
6642.	gaqissai	1	64618	6697.	gasatidedi	1	64673
6643.	gaqissans	1	64619	6698.	gasatids	1	64674
6644.	gaqiujandin	1	64620	6699.	gasatjais	1	64675
6645.	gaqiujandins	1	64621	6700.	gasatjan	1	64676
6646.	gaqiunand	1	64622	6701.	gasatjanda	1	64677
6647.	gaqumanai	1	64623	6702.	gasatjands	1	64678
6648.	gaqumþais	1	64624	6703.	gasatjiþ	1	64679
6649.	garaginoda	1	64625	6704.	gaseƕum	1	64680
6650.	garahnidedun	1	64626	6705.	gaseƕuts	1	64681
6651.	garaid	1	64627	6706.	gasibjon	1	64682
6652.	garaideinais	1	64628	6707.	gasiglida	1	64683
6653.	garaideins	1	64629	6708.	gasinþjam	1	64684
6654.	garaidon	1	64630	6709.	gaskaftai	1	64685
6655.	garaihteim	1	64631	6710.	gaskaidaiþ	1	64686

6711.	gaskaideins	1	64687	6766.	gaswinþnan	1	64742
6712.	gaskaidnai	1	64688	6767.	gaswogida	1	64743
6713.	gaskalkja	1	64689	6768.	gaswulti	1	64744
6714.	gaskapans	1	64690	6769.	gaswultuþ	1	64745
6715.	gaskaþjands	1	64691	6770.	gataihans	1	64746
6716.	gaskaþjiþ	1	64692	6771.	gataiknida	1	64747
6717.	gaskeirjada	1	64693	6772.	gatair	1	64748
6718.	gaskeirjands	1	64694	6773.	gataira	1	64749
6719.	gaskoþ	1	64695	6774.	gatairaidau	1	64750
6720.	gaskoþuþ	1	64696	6775.	gatairanda	1	64751
6721.	gaslawai	1	64697	6776.	gatairandans	1	64752
6722.	gasleiþeiþ	1	64698	6777.	gatamjan	1	64753
6723.	gasleiþjands	1	64699	6778.	gatar	1	64754
6724.	gaslepandane	1	64700	6779.	gatarhida	1	64755
6725.	gaslepandans	1	64701	6780.	gatarhidana	1	64756
6726.	gasmait	1	64702	6781.	gatarhiþ	1	64757
6727.	gasnau	1	64703	6782.	gatarhiþs	1	64758
6728.	gasniumidedum	1	64704	6783.	gatarhjan	1	64759
6729.	gasoki	1	64705	6784.	gatauh	1	64760
6730.	gasokja	1	64706	6785.	gatauhans	1	64761
6731.	gasokjandam	1	64707	6786.	gatauja	1	64762
6732.	gasokjau	1	64708	6787.	gataujandan	1	64763
6733.	gasoþjan	1	64709	6788.	gataujandin	1	64764
6734.	gaspaiw	1	64710	6789.	gataujos	1	64765
6735.	gaspillo	1	64711	6790.	gatauran	1	64766
6736.	gastagqjais	1	64712	6791.	gatawei	1	64767
6737.	gastaistald	1	64713	6792.	gatawidedeina	1	64768
6738.	gastaistaldjau	1	64714	6793.	gatawidedi	1	64769
6739.	gastalda	1	64715	6794.	gatawidedjau	1	64770
6740.	gastaldan	1	64716	6795.	gateih	1	64771
6741.	gastaldand	1	64717	6796.	gateiha	1	64772
6742.	gastandan	1	64718	6797.	gateihaidau	1	64773
6743.	gastaurkniþ	1	64719	6798.	gateihandin	1	64774
6744.	gasteigiþ	1	64720	6799.	gateihats	1	64775
6745.	gastigodein	1	64721	6800.	gatemiba	1	64776
6746.	gastigun	1	64722	6801.	gatilaba	1	64777
6747.	gastim	1	64723	6802.	gatilona	1	64778
6748.	gastojanaim	1	64724	6803.	gatimid	1	64779
6749.	gastost	1	64725	6804.	gatimrja	1	64780
6750.	gastoþan	1	64726	6805.	gatimrjands	1	64781
6751.	gastrawiþ	1	64727	6806.	gatimrjo	1	64782
6752.	gasts	1	64728	6807.	gatimrjon	1	64783
6753.	gasulid	1	64729	6808.	gatiuhand	1	64784
6754.	gasuliþ	1	64730	6809.	gatiuhandans	1	64785
6755.	gasunjoda	1	64731	6810.	gatrauau	1	64786
6756.	gasupoda	1	64732	6811.	gatrudan	1	64787
6757.	gasweraids	1	64733	6812.	gatulgeiþ	1	64788
6758.	gasweraiþs	1	64734	6813.	gatulgjan	1	64789
6759.	gaswikunþidedeina	1	64735	6814.	gatulgjand	1	64790
6760.	gaswikunþjan	1	64736	6815.	gatwons	1	64791
6761.	gaswikunþjand	1	64737	6816.	gaþahaidedi	1	64792
6762.	gaswikunþjandona	1	64738	6817.	gaþahaidedun	1	64793
6763.	gaswikunþjands	1	64739	6818.	gaþaih	1	64794
6764.	gaswiltaima	1	64740	6819.	gaþaihuþ	1	64795
6765.	gaswiltands	1	64741	6820.	gaþarbaiþ	1	64796

6821.	ga-þau-laubidedeiþ	1	64797	6876.	gawaldand	1	64852
6822.	gaþaurbs	1	64798	6877.	gawalidai	1	64853
6823.	gaþaursniþ	1	64799	6878.	gawalidaize	1	64854
6824.	gaþiuþjands	1	64800	6879.	gawalideduþ	1	64855
6825.	gaþiwaids	1	64801	6880.	gawaljands	1	64856
6826.	gaþiwaiþ	1	64802	6881.	gawamm	1	64857
6827.	gaþiwandam	1	64803	6882.	gawandei	1	64858
6828.	gaþlahsnoda	1	64804	6883.	gawandeinai	1	64859
6829.	gaþlaihandans	1	64805	6884.	gawandeins	1	64860
6830.	gaþlauh	1	64806	6885.	gawandidedeina	1	64861
6831.	gaþrafsteino	1	64807	6886.	gawandidedi	1	64862
6832.	gaþrafsteins	1	64808	6887.	gawandidedjau	1	64863
6833.	gaþrafstidedeina	1	64809	6888.	gawandideduþ	1	64864
6834.	gaþrafstidedun	1	64810	6889.	gawandjaina	1	64865
6835.	gaþrafstjan	1	64811	6890.	gawandjaiþ	1	64866
6836.	gaþrafstjanda	1	64812	6891.	gawandjan	1	64867
6837.	gaþrask	1	64813	6892.	gawandjandam	1	64868
6838.	gaþreihandam	1	64814	6893.	gawargida	1	64869
6839.	gaþ-þan-miþ-sandidedum	1	64815	6894.	gawargjand	1	64870
6840.	gaþula	1	64816	6895.	gawaseins	1	64871
6841.	gaþulam	1	64817	6896.	gawasida	1	64872
6842.	gaþulan	1	64818	6897.	gawasids	1	64873
6843.	gaþulandam	1	64819	6898.	gawasjada	1	64874
6844.	gaþulandei	1	64820	6899.	gawasjam	1	64875
6845.	ga-u-ƕa-seƕi	1	64821	6900.	gawasjiþ	1	64876
6846.	gauja	1	64822	6901.	gawaþ	1	64877
6847.	gaujis	1	64823	6902.	gawaurdja	1	64878
6848.	ga-u-laubeis	1	64824	6903.	gawaurkeiþ	1	64879
6849.	ga-u-laubjats	1	64825	6904.	gawaurkjai	1	64880
6850.	Gaulgauþa	1	64826	6905.	gawaurkjaima	1	64881
6851.	Gaumaurjam	1	64827	6906.	gawaurkjan	1	64882
6852.	Gaumaurra	1	64828	6907.	gawaurkjandei	1	64883
6853.	gaumei	1	64829	6908.	gawaurstwa	1	64884
6854.	gaumidedeina	1	64830	6909.	gawaurstwan	1	64885
6855.	gaumidedun	1	64831	6910.	gawaurstwin	1	64886
6856.	gaumjaina	1	64832	6911.	gaweihaida	1	64887
6857.	gaumjaindau	1	64833	6912.	gaweihaidedi	1	64888
6858.	gaumjais	1	64834	6913.	gaweihaids	1	64889
6859.	gaumjan	1	64835	6914.	gaweihaiþ	1	64890
6860.	gaumjandans	1	64836	6915.	gaweiham	1	64891
6861.	gaunodedum	1	64837	6916.	gaweisodai	1	64892
6862.	gaunon	1	64838	6917.	gaweisodeduþ	1	64893
6863.	gaunoþ	1	64839	6918.	gaweisoþ	1	64894
6864.	gaurai	1	64840	6919.	gawenja	1	64895
6865.	gaurana	1	64841	6920.	gawigana	1	64896
6866.	gauriþa	1	64842	6921.	gawiljai	1	64897
6867.	gaurjada	1	64843	6922.	gawizneigs	1	64898
6868.	gawadjoda	1	64844	6923.	gawondondans	1	64899
6869.	gawagjan	1	64845	6924.	gawrikai	1	64900
6870.	gawagjanda	1	64846	6925.	gawrikiþ	1	64901
6871.	gawairpan	1	64847	6926.	gawrisqand	1	64902
6872.	gawairpands	1	64848	6927.	gawunnuþ	1	64903
6873.	gawairpiþ	1	64849	6928.	gazaufwlakio	1	64904
6874.	gawairþeigai	1	64850	6929.	gebi	1	64905
6875.	gawaknandans	1	64851	6930.	gebuþ	1	64906

6931.	gibaid	1	64907		6986.	gudhusa	1	64962
6932.	gibaima	1	64908		6987.	Gudilub	1	64963
6933.	gibaiþ	1	64909		6988.	gudiskai	1	64964
6934.	gibandan	1	64910		6989.	gudiskamma	1	64965
6935.	gibandin	1	64911		6990.	gudjinoda	1	64966
6936.	gibandins	1	64912		6991.	gulþeina	1	64967
6937.	gibano	1	64913		6992.	gumakund	1	64968
6938.	gibau	1	64914		6993.	gumakundaize	1	64969
6939.	gibid	1	64915		6994.	gumane	1	64970
6940.	giblin	1	64916		6995.	gumein	1	64971
6941.	gild	1	64917		6996.	gumin	1	64972
6942.	gilstra	1	64918		6997.	gund	1	64973
6943.	gilstrameleins	1	64919		6998.	guþs	1	64974
6944.	gilþa	1	64920		6999.	habaidedunuh	1	64975
6945.	gistradagis	1	64921		7000.	habaima	1	64976
6946.	giutid	1	64922		7001.	habaiu	1	64977
6947.	giutiþ	1	64923		7002.	habanda	1	64978
6948.	glaggwaba	1	64924		7003.	habandein	1	64979
6949.	glaggwo	1	64925		7004.	habandeins	1	64980
6950.	glaggwuba	1	64926		7005.	habandins	1	64981
6951.	glitmunjandeins	1	64927		7006.	habos	1	64982
6952.	godakunds	1	64928		7007.	hafanana	1	64983
6953.	godans	1	64929		7008.	haftam	1	64984
6954.	godeino	1	64930		7009.	hahaida	1	64985
6955.	golein	1	64931		7010.	hahis	1	64986
6956.	goleinais	1	64932		7011.	Haibraieis	1	64987
6957.	golida	1	64933		7012.	haidum	1	64988
6958.	golja	1	64934		7013.	haifstais	1	64989
6959.	goljan	1	64935		7014.	haifsteiþ	1	64990
6960.	grabai	1	64936		7015.	haifstjan	1	64991
6961.	graban	1	64937		7016.	haihamma	1	64992
6962.	gramjaiþ	1	64938		7017.	hailei	1	64993
6963.	grase	1	64939		7018.	Haileiins	1	64994
6964.	gredagai	1	64940		7019.	Haileisaiu	1	64995
6965.	gredagana	1	64941		7020.	hailidediu	1	64996
6966.	gredau	1	64942		7021.	hailjands	1	64997
6967.	greipan	1	64943		7022.	haimai	1	64998
6968.	greipiþ	1	64944		7023.	hairau	1	64999
6969.	greitai	1	64945		7024.	hairdai	1	65000
6970.	greitan	1	64946		7025.	hairdjam	1	65001
6971.	greitandei	1	64947		7026.	hairdjans	1	65002
6972.	greitandein	1	64948		7027.	Hairmaugaineis	1	65003
6973.	greitiþ	1	64949		7028.	Hairodiadins	1	65004
6974.	gret	1	64950		7029.	hairþra	1	65005
6975.	gretands	1	64951		7030.	haita	1	65006
6976.	grets	1	64952		7031.	haitaina	1	65007
6977.	grid	1	64953		7032.	haitaizau	1	65008
6978.	grindafraþjans	1	64954		7033.	haitanam	1	65009
6979.	gripun	1	64955		7034.	haitanan	1	65010
6980.	gripuþ	1	64956		7035.	haitanane	1	65011
6981.	grob	1	64957		7036.	haitanda	1	65012
6982.	grunduwaddjus	1	64958		7037.	haitandin	1	65013
6983.	gudafaurhts	1	64959		7038.	haitandona	1	65014
6984.	gudaskaunein	1	64960		7039.	haitaza	1	65015
6985.	gudblostreis	1	64961		7040.	haitid	1	65016

7041.	haiþiwisk	1	65017		7096.	haurdins	1	65072
7042.	haiþno	1	65018		7097.	haurn	1	65073
7043.	haizam	1	65019		7098.	haurne	1	65074
7044.	hakul	1	65020		7099.	haurnjais	1	65075
7045.	halba	1	65021		7100.	haurnjandans	1	65076
7046.	halbata	1	65022		7101.	haurnjans	1	65077
7047.	haldan	1	65023		7102.	hausei	1	65078
7048.	haldanaize	1	65024		7103.	hauseinais	1	65079
7049.	haldandan	1	65025		7104.	hauseis	1	65080
7050.	haldis	1	65026		7105.	hausjai	1	65081
7051.	haldiþ	1	65027		7106.	hausjandan	1	65082
7052.	halisaiw	1	65028		7107.	hausjondam	1	65083
7053.	haljai	1	65029		7108.	hazeino	1	65084
7054.	halka	1	65030		7109.	hazida	1	65085
7055.	halkam	1	65031		7110.	hazidedun	1	65086
7056.	hallu	1	65032		7111.	hazja	1	65087
7057.	hals	1	65033		7112.	hazjaina	1	65088
7058.	halsaggan	1	65034		7113.	hazjan	1	65089
7059.	haltamma	1	65035		7114.	hazjandane	1	65090
7060.	hamfamma	1	65036		7115.	hazjandans	1	65091
7061.	handugeino	1	65037		7116.	hazjau	1	65092
7062.	handugozei	1	65038		7117.	hazjiþ	1	65093
7063.	handugs	1	65039		7118.	hazjuþ-þan	1	65094
7064.	handuwaurhton	1	65040		7119.	heito	1	65095
7065.	hardaba	1	65041		7120.	heitom	1	65096
7066.	hardizo	1	65042		7121.	heiwafraujin	1	65097
7067.	hardu	1	65043		7122.	Heleian	1	65098
7068.	hatandane	1	65044		7123.	Heleias	1	65099
7069.	hatandans	1	65045		7124.	Heleiins	1	65100
7070.	hatize	1	65046		7125.	Heleis	1	65101
7071.	hatizoþ	1	65047		7126.	Heris	1	65102
7072.	haubiþwundan	1	65048		7127.	Herodeis	1	65103
7073.	hauh	1	65049		7128.	Herodia	1	65104
7074.	hauhata	1	65050		7129.	Herodiadein	1	65105
7075.	hauheinais	1	65051		7130.	Herodiadins	1	65106
7076.	hauheins	1	65052		7131.	Herodiane	1	65107
7077.	hauhhairtei	1	65053		7132.	Herodianum	1	65108
7078.	hauhhairts	1	65054		7133.	heþjon	1	65109
7079.	hauhidedun	1	65055		7134.	hidrei	1	65110
7080.	hauhis	1	65056		7135.	hilma	1	65111
7081.	hauhiþai	1	65057		7136.	hilpan	1	65112
7082.	hauhiþos	1	65058		7137.	himinakunda	1	65113
7083.	hauhjai	1	65059		7138.	himinakundana	1	65114
7084.	hauhjaina	1	65060		7139.	himinakundis	1	65115
7085.	hauhjaindau	1	65061		7140.	himinakundon	1	65116
7086.	hauhjaiþ	1	65062		7141.	hindana	1	65117
7087.	hauhjan	1	65063		7142.	hindarleiþ	1	65118
7088.	hauhjands	1	65064		7143.	hindarleiþan	1	65119
7089.	hauho	1	65065		7144.	hindarweisai	1	65120
7090.	hauja	1	65066		7145.	hindumisto	1	65121
7091.	haunein	1	65067		7146.	hirjats	1	65122
7092.	haunjan	1	65068		7147.	hirjiþ	1	65123
7093.	haunjands	1	65069		7148.	hiuhma	1	65124
7094.	hauns	1	65070		7149.	hiuma	1	65125
7095.	haurd	1	65071		7150.	hiumam	1	65126

7151.	hlahjandans	1	65127	7206.	hulþs	1	65182
7152.	hlaibos	1	65128	7207.	hulundi	1	65183
7153.	hlaibs	1	65129	7208.	hundafade	1	65184
7154.	hlaine	1	65130	7209.	hundafads	1	65185
7155.	hlaiwasnos	1	65131	7210.	hundafaþ	1	65186
7156.	hlasana	1	65132	7211.	hunsle	1	65187
7157.	hlasein	1	65133	7212.	hunþ	1	65188
7158.	hlauta	1	65134	7213.	hup	1	65189
7159.	hleibida	1	65135	7214.	hwssopon	1	65190
7160.	hleidumei	1	65136	7215.	ƕad	1	65191
7161.	hleþrastakeins	1	65137	7216.	ƕadre	1	65192
7162.	hlifand	1	65138	7217.	ƕairbandane	1	65193
7163.	hliftus	1	65139	7218.	ƕairneins	1	65194
7164.	hlijans	1	65140	7219.	ƕaiteis	1	65195
7165.	hnaiwam	1	65141	7220.	ƕanoh	1	65196
7166.	hnaiweinai	1	65142	7221.	ƕarja	1	65197
7167.	hneiwan	1	65143	7222.	ƕarjai	1	65198
7168.	hnuto	1	65144	7223.	ƕarjamma	1	65199
7169.	hnuþo	1	65145	7224.	ƕarjana	1	65200
7170.	hohan	1	65146	7225.	ƕarjano	1	65201
7171.	holoþ	1	65147	7226.	ƕarjanoh	1	65202
7172.	horinassjus	1	65148	7227.	ƕarjans	1	65203
7173.	horinassu	1	65149	7228.	ƕarjos	1	65204
7174.	horinon	1	65150	7229.	ƕassaba	1	65205
7175.	horinondein	1	65151	7230.	ƕaþaramme	1	65206
7176.	hrainei	1	65152	7231.	ƕaþjands	1	65207
7177.	hrainein	1	65153	7232.	ƕaþjiþ	1	65208
7178.	hraineinais	1	65154	7233.	ƕaþon	1	65209
7179.	hraineino	1	65155	7234.	ƕauþ-þan	1	65210
7180.	hrainjahairtans	1	65156	7235.	ƕeilaƕairb	1	65211
7181.	hrainjaim	1	65157	7236.	ƕeilaƕairbai	1	65212
7182.	hraiwadubono	1	65158	7237.	ƕeilaidedum	1	65213
7183.	hramjiþ	1	65159	7238.	ƕeit	1	65214
7184.	hropei	1	65160	7239.	ƕeita	1	65215
7185.	hropjan	1	65161	7240.	ƕeitai	1	65216
7186.	hropjand	1	65162	7241.	ƕeitaim	1	65217
7187.	hropjandan	1	65163	7242.	ƕeitos	1	65218
7188.	hropjandans	1	65164	7243.	ƕeleika	1	65219
7189.	hropjandeins	1	65165	7244.	ƕileik	1	65220
7190.	hrota	1	65166	7245.	ƕilftrjom	1	65221
7191.	hrotam	1	65167	7246.	ƕizuh	1	65222
7192.	hrugga	1	65168	7247.	ƕop	1	65223
7193.	hrukeiþ	1	65169	7248.	ƕotidedun	1	65224
7194.	hrukjai	1	65170	7249.	Iaeirus	1	65225
7195.	hugei	1	65171	7250.	Iairaimian	1	65226
7196.	huggreiþ	1	65172	7251.	Iairaupaulein	1	65227
7197.	huggridai	1	65173	7252.	Iairausaulwmai	1	65228
7198.	hugidedun	1	65174	7253.	Iairikon	1	65229
7199.	hugjandam	1	65175	7254.	Iairusaulwmeis	1	65230
7200.	hugjandans	1	65176	7255.	Iairusaulwmeite	1	65231
7201.	hugjandona	1	65177	7256.	Iairusaulwmiam	1	65232
7202.	hugsis	1	65178	7257.	Iairusaulwmon	1	65233
7203.	huhrau	1	65179	7258.	Iairusaulwmos	1	65234
7204.	huljai	1	65180	7259.	Iakob	1	65235
7205.	huljan	1	65181	7260.	Iaredis	1	65236

7261. Iareimis	1 65237	7316. inngaleiþan	1 65292
7262. Iasson	1 65238	7317. inngaleiþand	1 65293
7263. Iaurdanu	1 65239	7318. inngaleiþandans	1 65294
7264. ibdaljin	1 65240	7319. inngaleiþands	1 65295
7265. ibna	1 65241	7320. inngaleiþiþ	1 65296
7266. ibnaleika	1 65242	7321. inniujiþa	1 65297
7267. ibnamma	1 65243	7322. innuma	1 65298
7268. ibnans	1 65244	7323. innumin	1 65299
7269. ibnassu	1 65245	7324. innwaurpano	1 65300
7270. ibnon	1 65246	7325. inqis	1 65301
7271. ibukana	1 65247	7326. inrauhtida	1 65302
7272. idreigodedun	1 65248	7327. inrauhtiþs	1 65303
7273. idreigonds	1 65249	7328. inreiraida	1 65304
7274. idreigoþ	1 65250	7329. insahts	1 65305
7275. Idumaia	1 65251	7330. insaiano	1 65306
7276. idweitida	1 65252	7331. insaiƕan	1 65307
7277. idweitjan	1 65253	7332. insaiƕandans	1 65308
7278. idweitjand	1 65254	7333. insaiƕandei	1 65309
7279. idweitjanda	1 65255	7334. insaiƕandeins	1 65310
7280. idweitjandane	1 65256	7335. insaiƕiþ	1 65311
7281. iggqara	1 65257	7336. insailidedun	1 65312
7282. iggqarai	1 65258	7337. insakana	1 65313
7283. iku	1 65259	7338. insakandin	1 65314
7284. inagida	1 65260	7339. insandei	1 65315
7285. inahai	1 65261	7340. insandidedi	1 65316
7286. inaljanom	1 65262	7341. insandideduþ	1 65317
7287. inaljanoþ	1 65263	7342. insandjaiþ	1 65318
7288. inbrannjada	1 65264	7343. insandjan	1 65319
7289. indrobnai	1 65265	7344. insandjanda	1 65320
7290. indrobnaina	1 65266	7345. instand	1 65321
7291. indrobnoda	1 65267	7346. instandai	1 65322
7292. infeinandein	1 65268	7347. inswinþei	1 65323
7293. infeinands	1 65269	7348. inswinþida	1 65324
7294. ingibe	1 65270	7349. inswinþjan	1 65325
7295. ingramjada	1 65271	7350. intandeiþ	1 65326
7296. inilons	1 65272	7351. intrusgans	1 65327
7297. inkilþon	1 65273	7352. intrusgiþs	1 65328
7298. inkunjam	1 65274	7353. intrusgjaidau	1 65329
7299. inliuhtjan	1 65275	7354. intrusgjan	1 65330
7300. inmaidein	1 65276	7355. intundnan	1 65331
7301. inmaideins	1 65277	7356. inuhsandidedun	1 65332
7302. inmaidida	1 65278	7357. inuþ-þaim	1 65333
7303. inmaidiþs	1 65279	7358. inwagida	1 65334
7304. inmaidjaiþ	1 65280	7359. inwagidedun	1 65335
7305. innakundai	1 65281	7360. inwandjan	1 65336
7306. innakundans	1 65282	7361. inweitais	1 65337
7307. innatgaggai	1 65283	7362. inweitis	1 65338
7308. innatgaggan	1 65284	7363. inweitiþ	1 65339
7309. innatgaggands	1 65285	7364. inwidai	1 65340
7310. innatgahtai	1 65286	7365. inwidand	1 65341
7311. innatiddja	1 65287	7366. inwindai	1 65342
7312. innattauhun	1 65288	7367. inwindaim	1 65343
7313. inngaggandan	1 65289	7368. inwindamma	1 65344
7314. inngaggandin	1 65290	7369. inwindans	1 65345
7315. inngalaiþ	1 65291	7370. inwindiþai	1 65346

7371.	inwindo	1	65347	7426.	jaindre	1	65402
7372.	inwisandins	1	65348	7427.	jaindwairþs	1	65403
7373.	inwiteina	1	65349	7428.	Jairupulai	1	65404
7374.	inwitoþs	1	65350	7429.	Jakob	1	65405
7375.	Ioanan	1	65351	7430.	jal-laggei	1	65406
7376.	Iodins	1	65352	7431.	jal-liban	1	65407
7377.	Iohanna	1	65353	7432.	jam-mundoþ	1	65408
7378.	Iohannau	1	65354	7433.	jan-nauh	1	65409
7379.	Iohannein	1	65355	7434.	Jannes	1	65410
7380.	Ioreimis	1	65356	7435.	Jannins	1	65411
7381.	Ioriais	1	65357	7436.	Jannis	1	65412
7382.	Ioseba	1	65358	7437.	jar-ragin	1	65413
7383.	Iosefa	1	65359	7438.	jas-saei	1	65414
7384.	Iskarioteis	1	65360	7439.	jas-samana	1	65415
7385.	Iskariotes	1	65361	7440.	jas-sauþ	1	65416
7386.	Iskariotu	1	65362	7441.	jas-sik	1	65417
7387.	Iskarjotes	1	65363	7442.	jas-silbans	1	65418
7388.	Israeleitai	1	65364	7443.	jas-sunjai	1	63419
7389.	Israeleiteis	1	65365	7444.	jas-sunjos	1	65420
7390.	Israeleites	1	65366	7445.	jas-sutja	1	65421
7391.	Ituraias	1	65367	7446.	jas-swa	1	65422
7392.	Iudaialand	1	65368	7447.	jas-swaswe	1	65423
7393.	Iudaiaus	1	65369	7448.	jas-Swntwkein	1	65424
7394.	Iudaiei	1	65370	7449.	jaþ	1	65425
7395.	iudaiwisko	1	65371	7450.	jaþ-ni	1	65426
7396.	iudaiwiskon	1	65372	7451.	jaþ-þana	1	65427
7397.	Iudin	1	65373	7452.	jaþ-þis	1	65428
7398.	iumjons	1	65374	7453.	jaþ-þrije	1	65429
7399.	iupana	1	65375	7454.	jaþ-þuk	1	65430
7400.	Iusezis	1	65376	7455.	Jaurdanau	1	65431
7401.	iusiza	1	65377	7456.	jeram	1	65432
7402.	izo	1	65378	7457.	jiuka	1	65433
7403.	izwizei	1	65379	7458.	jiukam	1	65434
7404.	jab-bi	1	65380	7459.	Jiuleis	1	65435
7405.	jab-biudis	1	65381	7460.	Johannen	1	65436
7406.	jab-brusts	1	65382	7461.	jota	1	65437
7407.	jad-du	1	65383	7462.	Judaie	1	65438
7408.	Jaeirus	1	65384	7463.	Judaiei	1	65439
7409.	jag-bigitand	1	65385	7464.	Judaieis	1	65440
7410.	jag-gabairaidau	1	65386	7465.	Judaium	1	65441
7411.	jag-gahamoþ	1	65387	7466.	Judaiuns	1	65442
7412.	jag-galaiþ	1	65388	7467.	judaiwiskaize	1	65443
7413.	jag-gamanwida	1	65389	7468.	judaiwiskom	1	65444
7414.	jag-gapaidodai	1	65390	7469.	Judas	1	65445
7415.	jag-garaihtein	1	65391	7470.	jugg	1	65446
7416.	jag-gariudja	1	65392	7471.	juggalaud	1	65447
7417.	jag-gaskohai	1	65393	7472.	juggalaudeis	1	65448
7418.	jag-gaslepand	1	65394	7473.	juggalauþ	1	65449
7419.	jag-gatraua	1	65395	7474.	juggalauþs	1	65450
7420.	jag-gaþlaihan	1	65396	7475.	juggons	1	65451
7421.	jag-gawaurstwa	1	65397	7476.	juka	1	65452
7422.	jag-gibandin	1	65398	7477.	jukuzja	1	65453
7423.	jag-gretands	1	65399	7478.	jû-þan	1	65454
7424.	jainata	1	65400	7479.	juzuþ-þan	1	65455
7425.	jaind	1	65401	7480.	Kaballarja	1	65456

7481.	Kaidmeielis	1	65457		7536.	Kosamis	1	65512
7482.	Kaidron	1	65458		7537.	Krekis	1	65513
7483.	Kaifaira	1	65459		7538.	Krekos	1	65514
7484.	kaisaragild	1	65460		7539.	Kretai	1	65515
7485.	Kaisarias	1	65461		7540.	Kretes	1	65516
7486.	Kajafa	1	65462		7541.	Krispu	1	65517
7487.	kalbons	1	65463		7542.	Krispus	1	65518
7488.	kald	1	65464		7543.	kriustiþ	1	65519
7489.	kaldis	1	65465		7544.	krusts	1	65520
7490.	kalkinassau	1	65466		7545.	kubituns	1	65521
7491.	kalkinassaus	1	65467		7546.	kukides	1	65522
7492.	kalkinassjus	1	65468		7547.	kukjau	1	65523
7493.	kalkjom	1	65469		7548.	kumei	1	65524
7494.	Kananeiten	1	65470		7549.	kunawidom	1	65525
7495.	kanneiþ	1	65471		7550.	kunnandins	1	65526
7496.	kannida	1	65472		7551.	kunnei	1	65527
7497.	kannidedi	1	65473		7552.	kunneina	1	65528
7498.	kannt	1	65474		7553.	kunnjau	1	65529
7499.	kapillon	1	65475		7554.	kunþ	1	65530
7500.	Kareiaþiaareim	1	65476		7555.	kunþam	1	65531
7501.	kar-ist	1	65477		7556.	kunþedum	1	65532
7502.	karkara	1	65478		7557.	Kusins	1	65533
7503.	karos	1	65479		7558.	Kustanteinus	1	65534
7504.	Karpau	1	65480		7559.	Kwreinaiau	1	65535
7505.	kase	1	65481		7560.	Kwreinaiu	1	65536
7506.	kasja	1	65482		7561.	lagei	1	65537
7507.	katile	1	65483		7562.	lagg	1	65538
7508.	Kaulaussaium	1	65484		7563.	laggai	1	65539
7509.	kaupastedun	1	65485		7564.	laggei	1	65540
7510.	kaupatidai	1	65486		7565.	lagidedi	1	65541
7511.	kaupatjan	1	65487		7566.	lagidedun	1	65542
7512.	kaupoþ	1	65488		7567.	lagideduþ	1	65543
7513.	kaurban	1	65489		7568.	lagides	1	65544
7514.	kaurbaunan	1	65490		7569.	lagjai	1	65545
7515.	kaurein	1	65491		7570.	lagjandans	1	65546
7516.	kauridedjau	1	65492		7571.	lagjid	1	65547
7517.	kauridedun	1	65493		7572.	lagjis	1	65548
7518.	kaurjaidau	1	65494		7573.	laigaion	1	65549
7519.	kaurjos	1	65495		7574.	Laigaion	1	65550
7520.	kaurn	1	65496		7575.	laikid	1	65551
7521.	kausjai	1	65497		7576.	laikins	1	65552
7522.	kausjan	1	65498		7577.	lailotun	1	65553
7523.	Kefas	1	65499		7578.	lailoun	1	65554
7524.	Kefin	1	65500		7579.	laisaris	1	65555
7525.	Kefins	1	65501		7580.	laisarjam	1	65556
7526.	keiniþ	1	65502		7581.	laiseinins	1	65557
7527.	Kileikiais	1	65503		7582.	laisidai	1	65558
7528.	kilþein	1	65504		7583.	laisjand	1	65559
7529.	kindinis	1	65505		7584.	laisteis	1	65560
7530.	kintu	1	65506		7585.	laistjaima	1	65561
7531.	Klaimaintau	1	65507		7586.	laistjandeins	1	65562
7532.	Klemaintau	1	65508		7587.	laistjands	1	65563
7533.	klismjandei	1	65509		7588.	Lamaikis	1	65564
7534.	klismo	1	65510		7589.	lamb	1	65565
7535.	kniwe	1	65511		7590.	lambam	1	65566

7591.	las	1	65567	7646.	leitila	1	65622
7592.	lasiwostai	1	65568	7647.	leitilata	1	65623
7593.	lasiws	1	65569	7648.	leitils	1	65624
7594.	lata	1	65570	7649.	leiþu	1	65625
7595.	latai	1	65571	7650.	lekinoþ	1	65626
7596.	latidedi	1	65572	7651.	lekjam	1	65627
7597.	latos	1	65573	7652.	lekjans	1	65628
7598.	laþaleiko	1	65574	7653.	leta	1	65629
7599.	laþo	1	65575	7654.	letand	1	65630
7600.	laþons	1	65576	7655.	letands	1	65631
7601.	laubos	1	65577	7656.	lewa	1	65632
7602.	Laudeikaion	1	65578	7657.	libai	1	65633
7603.	Laudekaion	1	65579	7658.	libaida	1	65634
7604.	laudjai	1	65580	7659.	libaima	1	65635
7605.	laugnjandam	1	65581	7660.	liband	1	65636
7606.	lauhatjandei	1	65582	7661.	libanda	1	65637
7607.	lauhmoni	1	65583	7662.	libau	1	65638
7608.	lauhmunja	1	65584	7663.	ligandan	1	65639
7609.	lauhmunjai	1	65585	7664.	ligandane	1	65640
7610.	Lauidjai	1	65586	7665.	ligandei	1	65641
7611.	laun	1	65587	7666.	ligram	1	65642
7612.	launa	1	65588	7667.	ligre	1	65643
7613.	launis	1	65589	7668.	lisanda	1	65644
7614.	laus	1	65590	7669.	listeigon	1	65645
7615.	lausaim	1	65591	7670.	litai	1	65646
7616.	lausaiwaurdai	1	65592	7671.	liubaleik	1	65647
7617.	lausans	1	65593	7672.	liuban	1	65648
7618.	lausawaurdai	1	65594	7673.	liubon	1	65649
7619.	lausawaurdja	1	65595	7674.	liudiþ	1	65650
7620.	lauseiþ	1	65596	7675.	liugaida	1	65651
7621.	laushandjan	1	65597	7676.	liugaidedun	1	65652
7622.	lausjadau	1	65598	7677.	liugaidos	1	65653
7623.	lausjaiþ	1	65599	7678.	liugandans	1	65654
7624.	lausjan	1	65600	7679.	liugandau	1	65655
7625.	lausjands	1	65601	7680.	liugands	1	65656
7626.	lausqiþrans	1	65602	7681.	liugnapraufetum	1	65657
7627.	lausqiþreim	1	65603	7682.	liugnjam	1	65658
7628.	Lazarau	1	65604	7683.	liugnjans	1	65659
7629.	Lazzaru	1	65605	7684.	liugom	1	65660
7630.	leiht	1	65606	7685.	liuhadeins	1	65661
7631.	leiƕaid	1	65607	7686.	liuhtjando	1	65662
7632.	leiƕan	1	65608	7687.	liuta	1	65663
7633.	leiƕand	1	65609	7688.	liutei	1	65664
7634.	leiƕid	1	65610	7689.	liuteiþ	1	65665
7635.	leikain	1	65611	7690.	liuþo	1	65666
7636.	leikaiþ	1	65612	7691.	Lod	1	65667
7637.	leikeinon	1	65613	7692.	Lokan	1	65668
7638.	leikeins	1	65614	7693.	lubainais	1	65669
7639.	leiki	1	65615	7694.	lubjaleisai	1	65670
7640.	leikinassaus	1	65616	7695.	ludja	1	65671
7641.	leikinoda	1	65617	7696.	luftau	1	65672
7642.	leikinodedi	1	65618	7697.	luftu	1	65673
7643.	leikinon	1	65619	7698.	Lukan	1	65674
7644.	leikinondans	1	65620	7699.	lukarnastaþan	1	65675
7645.	lein	1	65621	7700.	Lukius	1	65676

7701.	lun	1	65677	7756.	managfalþo	1	65732
7702.	lustaus	1	65678	7757.	managistons	1	65733
7703.	lustjus	1	65679	7758.	managizeim	1	65734
7704.	luston	1	65680	7759.	managizeins	1	65735
7705.	Lwddomaeis	1	65681	7760.	managnandei	1	65736
7706.	Lwsaniaus	1	65682	7761.	managuþ-þan	1	65737
7707.	Maeinanis	1	65683	7762.	manamaurþrja	1	65738
7708.	magandan	1	65684	7763.	manaseidai	1	65739
7709.	magands	1	65685	7764.	manaulja	1	65740
7710.	magaþai	1	65686	7765.	manleika	1	65741
7711.	magaþais	1	65687	7766.	mannahun	1	65742
7712.	magaþein	1	65688	7767.	manniska	1	65743
7713.	magau	1	65689	7768.	manniskaim	1	65744
7714.	Magdalan	1	65690	7769.	manniskamma	1	65745
7715.	mageima	1	65691	7770.	manniskodaus	1	65746
7716.	magiwe	1	65692	7771.	mannleikan	1	65747
7717.	magjau	1	65693	7772.	manshun	1	65748
7718.	magud	1	65694	7773.	manweid	1	65749
7719.	magus	1	65695	7774.	manweiþ	1	65750
7720.	magutsu	1	65696	7775.	manwides	1	65751
7721.	Mahaþis	1	65697	7776.	manwido	1	65752
7722.	mahteigans	1	65698	7777.	manwiþ	1	65753
7723.	mahteigo	1	65699	7778.	manwiþo	1	65754
7724.	maihstau	1	65700	7779.	manwja	1	65755
7725.	Mailaianis	1	65701	7780.	manwjaim	1	65756
7726.	maile	1	65702	7781.	manwjaima	1	65757
7727.	Mailkeins	1	65703	7782.	manwjaiþ	1	65758
7728.	Mailkeis	1	65704	7783.	manwjandans	1	65759
7729.	maimaitun	1	65705	7784.	manwjata	1	65760
7730.	maimbranans	1	65706	7785.	manwuba	1	65761
7731.	Maisaullamis	1	65707	7786.	maran	1	65762
7732.	maistam	1	65708	7787.	Maria	1	65763
7733.	maistans	1	65709	7788.	Marian	1	65764
7734.	maistin	1	65710	7789.	Mariins	1	65765
7735.	maistins	1	65711	7790.	Markaillaus	1	65766
7736.	maiþms	1	65712	7791.	Markailliaus	1	65767
7737.	maizei	1	65713	7792.	Marþins	1	65768
7738.	maizona	1	65714	7793.	marzeins	1	65769
7739.	maizuh	1	65715	7794.	matidedi	1	65770
7740.	maizuþ-þan	1	65716	7795.	matideduþ	1	65771
7741.	Makedonais	1	65717	7796.	matjais	1	65772
7742.	Makeibis	1	65718	7797.	matjandam	1	65773
7743.	Makmas	1	65719	7798.	matjandin	1	65774
7744.	Malailaielis	1	65720	7799.	matjid	1	65775
7745.	malandeins	1	65721	7800.	Mattaþiaus	1	65776
7746.	Malkus	1	65722	7801.	Mattaþiwis	1	65777
7747.	malma	1	65723	7802.	Matþaiu	1	65778
7748.	malmin	1	65724	7803.	Matþatis	1	65779
7749.	Mambres	1	65725	7804.	maþla	1	65780
7750.	mammonim	1	65726	7805.	maþlein	1	65781
7751.	mammonin	1	65727	7806.	maþlja	1	65782
7752.	Mamres	1	65728	7807.	Maþusalis	1	65783
7753.	managam	1	65729	7808.	maudeiþ	1	65784
7754.	manageino	1	65730	7809.	mauja	1	65785
7755.	managfalþ	1	65731	7810.	maurgina	1	65786

7811.	maurgins	1	65787		7866.	minnizin	1	65842
7812.	maurnands	1	65788		7867.	minnizins	1	65843
7813.	maurþr	1	65789		7868.	minnizo	1	65844
7814.	maurþreiþ	1	65790		7869.	minz	1	65845
7815.	maurþrjandam	1	65791		7870.	missadeds	1	65846
7816.	mawilo	1	65792		7871.	missaleikom	1	65847
7817.	megs	1	65793		7872.	missaleiks	1	65848
7818.	mekilidedun	1	65794		7873.	missataujandan	1	65849
7819.	melan	1	65795		7874.	mitade	1	65850
7820.	melei	1	65796		7875.	mitadjon	1	65851
7821.	meleiþ	1	65797		7876.	mitads	1	65852
7822.	melidai	1	65798		7877.	mitandans	1	65853
7823.	meljaima	1	65799		7878.	mitid	1	65854
7824.	meljands	1	65800		7879.	mitiþ	1	65855
7825.	mena	1	65801		7880.	mitoda	1	65856
7826.	menoþ	1	65802		7881.	mitodedun	1	65857
7827.	menoþis	1	65803		7882.	mitodeduþ	1	65858
7828.	menoþum	1	65804		7883.	mitond	1	65859
7829.	mereins	1	65805		7884.	mitondans	1	65860
7830.	meridedum	1	65806		7885.	mitone	1	65861
7831.	mcrids	1	65807		7886.	mitons	1	65862
7832.	Merila	1	65808		7887.	miþanakumbjandane	1	65863
7833.	merjandan	1	65809		7888.	miþanakumbjandans	1	65864
7834.	midgardiwaddju	1	65810		7889.	miþfaginodedun	1	65865
7835.	mididdjedun	1	65811		7890.	miþfaginoþ	1	65866
7836.	midja	1	65812		7891.	miþgadauþnodedum	1	65867
7837.	midjai	1	65813		7892.	miþgardawaddju	1	65868
7838.	midjasweipains	1	65814		7893.	miþgasatida	1	65869
7839.	mikilaba	1	65815		7894.	miþgasatidai	1	65870
7840.	mikilana	1	65816		7895.	miþgaswiltan	1	65871
7841.	mikilata	1	65817		7896.	miþgatauhans	1	65872
7842.	mikilduþ	1	65818		7897.	miþgatimridai	1	65873
7843.	mikilduþs	1	65819		7898.	miþgawisandans	1	65874
7844.	mikileid	1	65820		7899.	miþinngalaiþ	1	65875
7845.	mikileiþ	1	65821		7900.	miþlibam	1	65876
7846.	mikilids	1	65822		7901.	miþlitidedun	1	65877
7847.	mikilin	1	65823		7902.	miþmatjan	1	65878
7848.	mikilins	1	65824		7903.	miþmatjiþ	1	65879
7849.	mikilis	1	65825		7904.	miþniman	1	65880
7850.	mikilja	1	65826		7905.	miþ-ni-qam	1	65881
7851.	mikiljada	1	65827		7906.	miþqiþaina	1	65882
7852.	mikiljaidau	1	65828		7907.	miþrodidedun	1	65883
7853.	mikiljands	1	65829		7908.	miþsatjau	1	65884
7854.	mikilnan	1	65830		7909.	miþskalkinoda	1	65885
7855.	mikilos	1	65831		7910.	miþsokjan	1	65886
7856.	mikilþuhtans	1	65832		7911.	miþstandandans	1	65887
7857.	mildiþo	1	65833		7912.	miþþane	1	65888
7858.	militondans	1	65834		7913.	miþþiudanom	1	65889
7859.	miliþ	1	65835		7914.	miþþiudanoma	1	65890
7860.	miluks	1	65836		7915.	miþurraisida	1	65891
7861.	mimz	1	65837		7916.	miþurraisidai	1	65892
7862.	minnist	1	65838		7917.	miþushramiþs	1	65893
7863.	minnistan	1	65839		7918.	miþuskeinandans	1	65894
7864.	minnistin	1	65840		7919.	miþwait	1	65895
7865.	minnistono	1	65841		7920.	miþwas	1	65896

7921.	miþweitwodjandein	1	65897		7976.	nauþs	1	65952
7922.	mizdono	1	65898		7977.	naweis	1	65953
7923.	moda	1	65899		7978.	nawins	1	65954
7924.	modis	1	65900		7979.	nawis	1	65955
7925.	motari	1	65901		7980.	Nazoreinau	1	65956
7926.	motastada	1	65902		7981.	Nazorenai	1	65957
7927.	mukamodein	1	65903		7982.	Nazorenu	1	65958
7928.	muldeina	1	65904		7983.	neƕ	1	65959
7929.	muldeinans	1	65905		7984.	neƕis	1	65960
7930.	muldeins	1	65906		7985.	neƕjandans	1	65961
7931.	mun	1	65907		7986.	neƕundja	1	65962
7932.	munaidedun	1	65908		7987.	neƕundjins	1	65963
7933.	munaidedunuþ-þan	1	65909		7988.	Neikaudaimau	1	65964
7934.	munais	1	65910		7989.	Nekaudemus	1	65965
7935.	munandane	1	65911		7990.	nemeina	1	65966
7936.	munandin	1	65912		7991.	nemeis	1	65967
7937.	munda	1	65913		7992.	nemum	1	65968
7938.	mundedun	1	65914		7993.	Nerins	1	65969
7939.	mundoþ	1	65915		7994.	Nikaudemus	1	65970
7940.	munds	1	65916		7995.	nimaina	1	65971
7941.	munþis	1	65917		7996.	nimau	1	65972
7942.	Nabawis	1	65918		7997.	nimuh	1	65973
7943.	nadre	1	65919		7998.	nis-slahuls	1	65974
7944.	Naem	1	65920		7999.	niþjans	1	65975
7945.	Naggais	1	65921		8000.	niþjis	1	65976
7946.	Nahassonis	1	65922		8001.	niþjo	1	65977
7947.	nahtamata	1	65923		8002.	niþjos	1	65978
7948.	Naiman	1	65924		8003.	niþ-þaim	1	65979
7949.	naiteinos	1	65925		8004.	niþ-þatei	1	65980
7950.	Naitofaþeis	1	65926		8005.	niuhseinais	1	65981
7951.	naiw	1	65927		8006.	niujaim	1	65982
7952.	Nakoris	1	65928		8007.	niujasatidana	1	65983
7953.	namins	1	65929		8008.	niujiþai	1	65984
7954.	namnam	1	65930		8009.	niuklahai	1	65985
7955.	namnidaizos	1	65931		8010.	niuklahaim	1	65986
7956.	namnids	1	65932		8011.	niuklahein	1	65987
7957.	namnjai	1	65933		8012.	niune	1	65988
7958.	namt	1	65934		8013.	niuntehundis	1	65989
7959.	namuh	1	65935		8014.	niutan	1	65990
7960.	naqadei	1	65936		8015.	niutau	1	65991
7961.	naqadein	1	65937		8016.	notin	1	65992
7962.	nardaus	1	65938		8017.	nuk-kannt	1	65993
7963.	naseinai	1	65939		8018.	Nwmfan	1	65994
7964.	nati	1	65940		8019.	Obeidis	1	65995
7965.	natjan	1	65941		8020.	Odueiins	1	65996
7966.	Naþanis	1	65942		8021.	ogandam	1	65997
7967.	Naubaimbair	1	65943		8022.	ogandei	1	65998
7968.	naudibandjos	1	65944		8023.	ogjan	1	65999
7969.	naudiþaurfts	1	65945		8024.	ohteigo	1	66000
7970.	Nauel	1	65946		8025.	Osaiin	1	66001
7971.	nauhuþ-þan	1	65947		8026.	paidom	1	66002
7972.	Naumis	1	65948		8027.	papa	1	66003
7973.	nauþei	1	65949		8028.	papan	1	66004
7974.	nauþjada	1	65950		8029.	parakletu	1	66005
7975.	nauþjandin	1	65951		8030.	paraskaiwe	1	66006

8031.	paraskaiwein	1	66007		8086.	qums	1	66062
8032.	Pauntiau	1	66008		8087.	rabbaunei	1	66063
8033.	paurpaurai	1	66009		8088.	Ragawis	1	66064
8034.	paurpurodai	1	66010		8089.	raginam	1	66065
8035.	paurpurodon	1	66011		8090.	raginjam	1	66066
8036.	peikabagme	1	66012		8091.	rahnei	1	66067
8037.	pistikeinis	1	66013		8092.	rahneiþ	1	66068
8038.	plapjo	1	66014		8093.	rahnidai	1	66069
8039.	plata	1	66015		8094.	rahnidedun	1	66070
8040.	plinsjandein	1	66016		8095.	rahniþs	1	66071
8041.	praitoria	1	66017		8096.	rahnjaidau	1	66072
8042.	praizbwtaireis	1	66018		8097.	rahnjanda	1	66073
8043.	praufetidedum	1	66019		8098.	Raibaikka	1	66074
8044.	praufetjand	1	66020		8099.	raidida	1	66075
8045.	praufetjandei	1	66021		8100.	raidjandan	1	66076
8046.	praufetjands	1	66022		8101.	raihtamma	1	66077
8047.	Priska	1	66023		8102.	raisida	1	66078
8048.	psalmon	1	66024		8103.	raka	1	66079
8049.	pugg	1	66025		8104.	Rama	1	66080
8050.	pund	1	66026		8105.	rasta	1	66081
8051.	Puntiau	1	66027		8106.	raþizo	1	66082
8052.	qainodeduþ	1	66028		8107.	raþjo	1	66083
8053.	qainon	1	66029		8108.	raudai	1	66084
8054.	qainondam	1	66030		8109.	raupidedun	1	66085
8055.	qairu	1	66031		8110.	raupjan	1	66086
8056.	Qartus	1	66032		8111.	rausa	1	66087
8057.	qemeina	1	66033		8112.	razdai	1	66088
8058.	qimandein	1	66034		8113.	raznis	1	66089
8059.	qimi	1	66035		8114.	reikam	1	66090
8060.	qimid	1	66036		8115.	reikinon	1	66091
8061.	qinakund	1	66037		8116.	reikis	1	66092
8062.	qinein	1	66038		8117.	reikjane	1	66093
8063.	qisteinai	1	66039		8118.	reikjis	1	66094
8064.	qistjan	1	66040		8119.	reiro	1	66095
8065.	qiþada	1	66041		8120.	reiron	1	66096
8066.	qiþaima	1	66042		8121.	Resins	1	66097
8067.	qiþaina	1	66043		8122.	rigneiþ	1	66098
8068.	qiþanana	1	66044		8123.	rignida	1	66099
8069.	qiþandane	1	66045		8124.	rinna	1	66100
8070.	qiþandins	1	66046		8125.	rinnaiþ	1	66101
8071.	qiþando	1	66047		8126.	rinnandins	1	66102
8072.	qiþanona	1	66048		8127.	rinnon	1	66103
8073.	qiþanuh	1	66049		8128.	riqizein	1	66104
8074.	qiþeiþ	1	66050		8129.	riqizeiþ	1	66105
8075.	qiþiduh	1	66051		8130.	riurjamma	1	66106
8076.	qiþiþa	1	66052		8131.	riurjana	1	66107
8077.	qiþu	1	66053		8132.	riurjand	1	66108
8078.	qiþuhaftom	1	66054		8133.	rodei	1	66109
8079.	qiþuhafton	1	66055		8134.	rodeid	1	66110
8080.	qius	1	66056		8135.	rodidane	1	66111
8081.	qiwaim	1	66057		8136.	rodidedi	1	66112
8082.	qiwana	1	66058		8137.	rodidona	1	66113
8083.	qrammiþa	1	66059		8138.	rodjada	1	66114
8084.	quam	1	66060		8139.	rodjandan	1	66115
8085.	qumans	1	66061		8140.	rodjandeins	1	66116

8141.	rohsn	1	66117		8196.	saljaiþ	1	66172
8142.	Rufaus	1	66118		8197.	saljiþ	1	66173
8143.	rumis	1	66119		8198.	Salmonis	1	66174
8144.	rums	1	66120		8199.	samafraþjai	1	66175
8145.	runai	1	66121		8200.	samakunjans	1	66176
8146.	runnuþ	1	66122		8201.	samalaud	1	66177
8147.	runs	1	66123		8202.	samaleika	1	66178
8148.	sabana	1	66124		8203.	samaleikos	1	66179
8149.	Sabaoþ	1	66125		8204.	Samareite	1	66180
8150.	sabbataus	1	66126		8205.	Samarian	1	66181
8151.	sabbatum	1	66127		8206.	samasaiwalai	1	66182
8152.	sad	1	66128		8207.	samjandans	1	66183
8153.	sada	1	66129		8208.	samono	1	66184
8154.	sadans	1	66130		8209.	sandeiþ	1	66185
8155.	Saddukaie	1	66131		8210.	sandidedun	1	66186
8156.	Saddukaieis	1	66132		8211.	Saraipta	1	66187
8157.	sads	1	66133		8212.	Sarrin	1	66188
8158.	saggqa	1	66134		8213.	satida	1	66189
8159.	saggwa	1	66135		8214.	satidai	1	66190
8160.	saggwins	1	66136		8215.	satidedun	1	66191
8161.	sagq	1	66137		8216.	satjaiþ	1	66192
8162.	saƕt	1	66138		8217.	saþ	1	66193
8163.	saiand	1	66139		8218.	saud	1	66194
8164.	saiandan	1	66140		8219.	Saudauma	1	66195
8165.	saihsta	1	66141		8220.	Saudaumim	1	66196
8166.	saihstin	1	66142		8221.	Saudaumje	1	66197
8167.	saihsto	1	66143		8222.	saudim	1	66198
8168.	saihston	1	66144		8223.	Saulaumon	1	66199
8169.	saiƕaiþ	1	66145		8224.	Saulaumonis	1	66200
8170.	saiƕand	1	66146		8225.	sauleis	1	66201
8171.	saiƕats	1	66147		8226.	sauls	1	66202
8172.	saijands	1	66148		8227.	Saur	1	66203
8173.	Sailaumis	1	66149		8228.	Saurais	1	66204
8174.	Saimaieinis	1	66150		8229.	saurgom	1	66205
8175.	sainjau	1	66151		8230.	saurgos	1	66206
8176.	sair	1	66152		8231.	Saurim	1	66207
8177.	Sairokis	1	66153		8232.	Saurini	1	66208
8178.	saislep	1	66154		8233.	sauþo	1	66209
8179.	saisost	1	66155		8234.	Sedis	1	66210
8180.	saiwalom	1	66156		8235.	seƕeina	1	66211
8181.	Saixaineiins	1	66157		8236.	seƕuþ	1	66212
8182.	sak	1	66158		8237.	Seidona	1	66213
8183.	sakkau	1	66159		8238.	Seidonais	1	66214
8184.	sakkum	1	66160		8239.	Seidonim	1	66215
8185.	Salamis	1	66161		8240.	Seimonau	1	66216
8186.	Salaþielis	1	66162		8241.	Seimonaus	1	66217
8187.	salbo	1	66163		8242.	Seimonu	1	66218
8188.	salboda	1	66164		8243.	seinaigairnai	1	66219
8189.	salbodes	1	66165		8244.	seinaze	1	66220
8190.	salbon	1	66166		8245.	seiteina	1	66221
8191.	salbonais	1	66167		8246.	seljamma	1	66222
8192.	saldra	1	66168		8247.	sels	1	66223
8193.	salidedun	1	66169		8248.	Semis	1	66224
8194.	saljada	1	66170		8249.	seneigana	1	66225
8195.	saljaina	1	66171		8250.	setun	1	66226

8251.	siais	1	66227		8306.	skalkinoda	1	66282
8252.	siaiu	1	66228		8307.	skalkinodedum	1	66283
8253.	siau	1	66229		8308.	skalkinodeduþ	1	66284
8254.	sibakþanei	1	66230		8309.	skalkinoma	1	66285
8255.	sibakþani	1	66231		8310.	skalkinondam	1	66286
8256.	sibja	1	66232		8311.	skalkinonds	1	66287
8257.	sido	1	66233		8312.	skalkis	1	66288
8258.	sidu	1	66234		8313.	skaluþ-þan	1	66289
8259.	sidus	1	66235		8314.	skamaid	1	66290
8260.	sifai	1	66236		8315.	Skariotau	1	66291
8261.	sifaida	1	66237		8316.	skattjam	1	66292
8262.	sifaiþ	1	66238		8317.	skattjane	1	66293
8263.	siggwan	1	66239		8318.	skaþaila	1	66294
8264.	sigislaun	1	66240		8319.	skaunjai	1	66295
8265.	sihw	1	66241		8320.	skaurpjono	1	66296
8266.	sijaiþ-þan	1	66242		8321.	skeimam	1	66297
8267.	sikle	1	66243		8322.	skeinandei	1	66298
8268.	silbasiunjos	1	66244		8323.	skeiniþ	1	66299
8269.	silbons	1	66245		8324.	skeireins	1	66300
8270.	sildaleikeiþ	1	66246		8325.	skeiris	1	66301
8271.	sildaleikja	1	66247		8326.	skeirs	1	66302
8272.	sildaleikjandam	1	66248		8327.	skerein	1	66303
8273.	sildaleikjandona	1	66249		8328.	skewjandans	1	66304
8274.	sildaleiknan	1	66250		8329.	skiliggans	1	66305
8275.	sildaleiks	1	66251		8330.	skiljam	1	66306
8276.	silubreina	1	66252		8331.	skilliggans	1	66307
8277.	silubreinaize	1	66253		8332.	skipe	1	66308
8278.	silubreinam	1	66254		8333.	skohe	1	66309
8279.	silubrinaize	1	66255		8334.	skoþ	1	66310
8280.	silubris	1	66256		8335.	skuggwan	1	66311
8281.	sineigos	1	66257		8336.	skulam	1	66312
8282.	sineigs	1	66258		8337.	skulan	1	66313
8283.	sinistane	1	66259		8338.	skuldedeiþ	1	66314
8284.	sinteinan	1	66260		8339.	skuldedi	1	66315
8285.	siponi	1	66261		8340.	skuldedum	1	66316
8286.	siponida	1	66262		8341.	skuldedun	1	66317
8287.	sitaiwa	1	66263		8342.	skuldo	1	66318
8288.	sitan	1	66264		8343.	Skwþus	1	66319
8289.	sitandin	1	66265		8344.	slah	1	66320
8290.	siud	1	66266		8345.	slahandans	1	66321
8291.	siujiþ	1	66267		8346.	slahands	1	66322
8292.	siukau	1	66268		8347.	slahins	1	66323
8293.	siukei	1	66269		8348.	slahis	1	66324
8294.	siukeins	1	66270		8349.	slahiþ	1	66325
8295.	siukis	1	66271		8350.	slaihtaim	1	66326
8296.	siunins	1	66272		8351.	slauhtais	1	66327
8297.	siuns	1	66273		8352.	slawaidedun	1	66328
8298.	skabaidau	1	66274		8353.	slawand	1	66329
8299.	skaban	1	66275		8354.	sleidjai	1	66330
8300.	skadus	1	66276		8355.	sleiþei	1	66331
8301.	skaftida	1	66277		8356.	slep	1	66332
8302.	skaidiþ	1	66278		8357.	slepands	1	66333
8303.	skaljos	1	66279		8358.	smairþra	1	66334
8304.	skalkam	1	66280		8359.	smakkabagma	1	66335
8305.	skalke	1	66281		8360.	smakkabagms	1	66336

8361.	smakkane	1	66337		8416.	stainjam	1	66392
8362.	smalista	1	66338		8417.	stairnons	1	66393
8363.	smwrna	1	66339		8418.	stammana	1	66394
8364.	snagin	1	66340		8419.	standaiduh	1	66395
8365.	snagins	1	66341		8420.	standand	1	66396
8366.	snaiws	1	66342		8421.	standandei	1	66397
8367.	snauh	1	66343		8422.	staþs	1	66398
8368.	sneiþand	1	66344		8423.	stauidedeima	1	66399
8369.	sneiþands	1	66345		8424.	stauides	1	66400
8370.	sneiþis	1	66346		8425.	stauin	1	66401
8371.	sniumidedum	1	66347		8426.	stautai	1	66402
8372.	sniumjandans	1	66348		8427.	stautandin	1	66403
8373.	sniwaiþ	1	66349		8428.	steigiþ	1	66404
8374.	sniwiþ	1	66350		8429.	stigqan	1	66405
8375.	snorjon	1	66351		8430.	stika	1	66406
8376.	snutraim	1	66352		8431.	stilai	1	66407
8377.	snutrane	1	66353		8432.	stiland	1	66408
8378.	sô	1	66354		8433.	stiurjan	1	66409
8379.	sokareis	1	66355		8434.	stojada	1	66410
8380.	sokidedum	1	66356		8435.	stojai	1	66411
8381.	sokideduþ	1	66357		8436.	stojaima	1	66412
8382.	sokjan	1	66358		8437.	stojaindau	1	66413
8383.	sokjandam	1	66359		8438.	stojau	1	66414
8384.	sokjandona	1	66360		8439.	stojid	1	66415
8385.	Soseipatrus	1	66361		8440.	stol	1	66416
8386.	spaikulatur	1	66362		8441.	stolam	1	66417
8387.	spaiskuldra	1	66363		8442.	stols	1	66418
8388.	sparwam	1	66364		8443.	stoþuh	1	66419
8389.	sparwans	1	66365		8444.	stoþun	1	66420
8390.	spaurd	1	66366		8445.	striks	1	66421
8391.	spaurde	1	66367		8446.	stubju	1	66422
8392.	spaurdim	1	66368		8447.	sugqun	1	66423
8393.	spedista	1	66369		8448.	suljom	1	66424
8394.	spedistamma	1	66370		8449.	sumaiuþ-þan	1	66425
8395.	spedistana	1	66371		8450.	sumaizeh	1	66426
8396.	spedistans	1	66372		8451.	sumammuh	1	66427
8397.	spedumista	1	66373		8452.	sumanzuh	1	66428
8398.	speidizei	1	66374		8453.	sumanzuþ-þan	1	66429
8399.	speiwan	1	66375		8454.	sumis	1	66430
8400.	speiwand	1	66376		8455.	sumsuh	1	66431
8401.	speiwands	1	66377		8456.	sumzuþ-þan	1	66432
8402.	spewands	1	66378		8457.	sunjaba	1	66433
8403.	spidistaim	1	66379		8458.	Sunjaifriþas	1	66434
8404.	spilda	1	66380		8459.	sunjana	1	66435
8405.	spilli	1	66381		8460.	sunjein	1	66436
8406.	spillo	1	66382		8461.	sunjeinan	1	66437
8407.	spillodedeina	1	66383		8462.	sunnon	1	66438
8408.	spinnand	1	66384		8463.	supuda	1	66439
8409.	spiwun	1	66385		8464.	suqnis	1	66440
8410.	stade	1	66386		8465.	Susanna	1	66441
8411.	stadins	1	66387		8466.	sutja	1	66442
8412.	stadis	1	66388		8467.	suþjandans	1	66443
8413.	stads	1	66389		8468.	suþjondans	1	66444
8414.	staineiþ	1	66390		8469.	swaif	1	66445
8415.	stainiþs	1	66391		8470.	swaihra	1	66446

8471.	swalt	1	66447	8526.	taiknai	1	66502
8472.	swam	1	66448	8527.	taiknjandan	1	66503
8473.	swamm	1	66449	8528.	taiknjandans	1	66504
8474.	swarais	1	66450	8529.	taine	1	66505
8475.	swarei	1	66451	8530.	Tairtius	1	66506
8476.	swart	1	66452	8531.	taleiþa	1	66507
8477.	swartiza	1	66453	8532.	tandeiþ	1	66508
8478.	swartizla	1	66454	8533.	tandjands	1	66509
8479.	swaþ-þan	1	66455	8534.	tarmei	1	66510
8480.	swau	1	66456	8535.	tauhans	1	66511
8481.	swegneid	1	66457	8536.	tauhun	1	66512
8482.	swegnida	1	66458	8537.	taujandam	1	66513
8483.	swegniþa	1	66459	8538.	taujandan	1	66514
8484.	swekunþamma	1	66460	8539.	taujandane	1	66515
8485.	swera	1	66461	8540.	taujandein	1	66516
8486.	sweraidau	1	66462	8541.	tawidedeiþ	1	66517
8487.	sweraim	1	66463	8542.	tawidideina	1	66518
8488.	swers	1	66464	8543.	Teibairiaus	1	66519
8489.	swesai	1	66465	8544.	Teimaiaus	1	66520
8490.	swibla	1	66466	8545.	tekiþ	1	66521
8491.	swigljans	1	66467	8546.	tewai	1	66522
8492.	swigniþai	1	66468	8547.	Tibairiadau	1	66523
8493.	swignjai	1	66469	8548.	Tibairiade	1	66524
8494.	swignjan	1	66470	8549.	tigiwe	1	66525
8495.	swikn	1	66471	8550.	til	1	66526
8496.	swikna	1	66472	8551.	timreinais	1	66527
8497.	swiknaba	1	66473	8552.	timreiþ	1	66528
8498.	swinþan	1	66474	8553.	timridedun	1	66529
8499.	swinþein	1	66475	8554.	timrjada	1	66530
8500.	swinþis	1	66476	8555.	timrjaiþ	1	66531
8501.	swinþos	1	66477	8556.	tiuhandans	1	66532
8502.	swinþozans	1	66478	8557.	tiuhandei	1	66533
8503.	swistrs	1	66479	8558.	Tobeiin	1	66534
8504.	Swmaions	1	66480	8559.	tojam	1	66535
8505.	swnagogafade	1	66481	8560.	Trakauneitidaus	1	66536
8506.	swnagogafadis	1	66482	8561.	trauaida	1	66537
8507.	swnagogai	1	66483	8562.	trauaidedun	1	66538
8508.	swnagogei	1	66484	8563.	triggwana	1	66539
8509.	Swntwkein	1	66485	8564.	triggwis	1	66540
8510.	Swriais	1	66486	8565.	triweina	1	66541
8511.	swultawairþja	1	66487	8566.	trudan	1	66542
8512.	swumfsl	1	66488	8567.	trudand	1	66543
8513.	swumsl	1	66489	8568.	tugglam	1	66544
8514.	tagl	1	66490	8569.	tuggo	1	66545
8515.	tagla	1	66491	8570.	tuggon	1	66546
8516.	taglam	1	66492	8571.	tuggons	1	66547
8517.	tagre	1	66493	8572.	tulgiþo	1	66548
8518.	tagrida	1	66494	8573.	tulgjandin	1	66549
8519.	tahjands	1	66495	8574.	tulgus	1	66550
8520.	tahjiþ	1	66496	8575.	tundnau	1	66551
8521.	taihswons	1	66497	8576.	tunþau	1	66552
8522.	taihundon	1	66498	8577.	tunþiwe	1	66553
8523.	taihuntaihundfalþ	1	66499	8578.	tunþu	1	66554
8524.	taihuntehund	1	66500	8579.	tunþuns	1	66555
8525.	taihuntewjam	1	66501	8580.	tuzwerjai	1	66556

8581.	twalibwintrus	1	66557		8636.	þaurftozo	1	66612
8582.	tweifl	1	66558		8637.	þaurfts	1	66613
8583.	tweifleinai	1	66559		8638.	þaurneina	1	66614
8584.	tweifljan	1	66560		8639.	þaurneinan	1	66615
8585.	tweihnaim	1	66561		8640.	þaurniwe	1	66616
8586.	tweihnos	1	66562		8641.	þaurp	1	66617
8587.	twisstandands	1	66563		8642.	þaurseiþ	1	66618
8588.	twisstasseis	1	66564		8643.	þaursidai	1	66619
8589.	twistandands	1	66565		8644.	þaursja	1	66620
8590.	twistasseis	1	66566		8645.	þaursjana	1	66621
8591.	Twkeiku	1	66567		8646.	þaurstein	1	66622
8592.	Twkekus	1	66568		8647.	þaursus	1	66623
8593.	Twra	1	66569		8648.	þeihais	1	66624
8594.	Twrim	1	66570		8649.	þeihan	1	66625
8595.	Þaddaiu	1	66571		8650.	þeihandei	1	66626
8596.	þaggkeiþ	1	66572		8651.	þeihando	1	66627
8597.	þagkjandam	1	66573		8652.	þeihs	1	66628
8598.	þagkjandei	1	66574		8653.	þeihsa	1	66629
8599.	þahai	1	66575		8654.	þeiƕon	1	66630
8600.	þahaida	1	66576		8655.	þeiƕons	1	66631
8601.	þahaidedi	1	66577		8656.	þewisa	1	66632
8602.	þahands	1	66578		8657.	þewisam	1	66633
8603.	þahons	1	66579		8658.	þisƕanoh	1	66634
8604.	Þaiaufeilu	1	66580		8659.	þisƕazuh	1	66635
8605.	þairharbaidjandans	1	66581		8660.	þisƕizuh	1	66636
8606.	þairhberi	1	66582		8661.	þiube	1	66637
8607.	þairhgaggaima	1	66583		8662.	þiubja	1	66638
8608.	þairhgaggands	1	66584		8663.	þiudai	1	66639
8609.	þairhgaleikoda	1	66585		8664.	þiudane	1	66640
8610.	þairhiddja	1	66586		8665.	þiudangardjom	1	66641
8611.	þairhlaiþ	1	66587		8666.	þiudanodedeiþ	1	66642
8612.	þairhleiþan	1	66588		8667.	þiudanodeduþ	1	66643
8613.	þairhwakandans	1	66589		8668.	þiudanondane	1	66644
8614.	þairhwis	1	66590		8669.	þiudanos	1	66645
8615.	þairhwisa	1	66591		8670.	þiudanoþ	1	66646
8616.	þairhwisai	1	66592		8671.	þiudinassau	1	66647
8617.	þairhwisis	1	66593		8672.	þiudinassuns	1	66648
8618.	þairwakands	1	66594		8673.	þiudinassus	1	66649
8619.	Þaissalaunekaium	1	66595		8674.	þiudisko	1	66650
8620.	þane	1	66596		8675.	þiujo	1	66651
8621.	þank	1	66597		8676.	þiumagaus	1	66652
8622.	þankeiþ	1	66598		8677.	þiumagu	1	66653
8623.	þanzuh	1	66599		8678.	þiuþe	1	66654
8624.	þarb	1	66600		8679.	þiuþeigaim	1	66655
8625.	þarbai	1	66601		8680.	þiuþeigamma	1	66656
8626.	þarbane	1	66602		8681.	þiuþeigins	1	66657
8627.	þarbans	1	66603		8682.	þiuþeinais	1	66658
8628.	þarft	1	66604		8683.	þiuþiqissais	1	66659
8629.	þarihis	1	66605		8684.	þiuþjands	1	66660
8630.	Þarins	1	66606		8685.	þiuþspilloda	1	66661
8631.	þataine	1	66607		8686.	þiwadw	1	66662
8632.	þaurbeima	1	66608		8687.	þiwe	1	66663
8633.	þaurbeiþ	1	66609		8688.	þiwos	1	66664
8634.	þaurfta	1	66610		8689.	þlahsjandans	1	66665
8635.	þaurfte	1	66611		8690.	þlaqus	1	66666

8691.	þlauhs	1	66667		8746.	ufarassjan	1	66722
8692.	þliuhaiþ	1	66668		8747.	ufarassjando	1	66723
8693.	þliuhan	1	66669		8748.	ufarfulla	1	66724
8694.	þliuhand	1	66670		8749.	ufarfullein	1	66725
8695.	þliuhiþ	1	66671		8750.	ufargaggai	1	66726
8696.	þoh	1	66672		8751.	ufargudjam	1	66727
8697.	þoze	1	66673		8752.	ufargutana	1	66728
8698.	þrafsteinais	1	66674		8753.	ufarhafjands	1	66729
8699.	þrafstidedun	1	66675		8754.	ufarhauhiþs	1	66730
8700.	þrafstjaiþ	1	66676		8755.	ufarhauseino	1	66731
8701.	þrafstjandans	1	66677		8756.	ufariddja	1	66732
8702.	þrafstjands	1	66678		8757.	ufarjaina	1	66733
8703.	þragida	1	66679		8758.	ufarlagida	1	66734
8704.	þragjai	1	66680		8759.	ufarlaiþ	1	66735
8705.	þraihans	1	66681		8760.	ufarmaudein	1	66736
8706.	þraiheina	1	66682		8761.	ufarmeleins	1	66737
8707.	þramsteins	1	66683		8762.	ufarmeliþ	1	66738
8708.	þrasabalþein	1	66684		8763.	ufarmiton	1	66739
8709.	þreihand	1	66685		8764.	ufarmunnodedun	1	66740
8710.	þreihandein	1	66686		8765.	ufarranneinim	1	66741
8711.	þrija	1	66687		8766.	ufarskadweid	1	66742
8712.	þriskandan	1	66688		8767.	ufarskadwida	1	66743
8713.	þriskandin	1	66689		8768.	ufarskadwjands	1	66744
8714.	þrutsfillis	1	66690		8769.	ufarskafts	1	66745
8715.	þuei	1	66691		8770.	ufarstigun	1	66746
8716.	þuggkeiþ	1	66692		8771.	ufarswarais	1	66747
8717.	þuggkjand	1	66693		8772.	ufarswaram	1	66748
8718.	þugkjand	1	66694		8773.	ufartrusnjandans	1	66749
8719.	þuhtedi	1	66695		8774.	ufarþeihandei	1	66750
8720.	þuhtu	1	66696		8775.	ufblesada	1	66751
8721.	þuhtuþ-þan	1	66697		8776.	ufbrann	1	66752
8722.	þukei	1	66698		8777.	ufbrikan	1	66753
8723.	þulan	1	66699		8778.	ufbrikands	1	66754
8724.	þulandans	1	66700		8779.	ufdaupidai	1	66755
8725.	þusundifadim	1	66701		8780.	ufdaupidamma	1	66756
8726.	þusundifaþs	1	66702		8781.	ufdaupiþs	1	66757
8727.	þusundjo	1	66703		8782.	ufhaband	1	66758
8728.	þusundjus	1	66704		8783.	ufhauseins	1	66759
8729.	þwah	1	66705		8784.	ufhausjaina	1	66760
8730.	þwahand	1	66706		8785.	ufhausjandam	1	66761
8731.	þwahl	1	66707		8786.	ufhlohjanda	1	66762
8732.	þwahla	1	66708		8787.	ufhnaiwjandin	1	66763
8733.	þwalh	1	66709		8788.	Ufitahari	1	66764
8734.	ubilan	1	66710		8789.	ufkunna	1	66765
8735.	ubilana	1	66711		8790.	ufkunnai	1	66766
8736.	ubilona	1	66712		8791.	ufkunnaida	1	66767
8737.	ubilwaurdjan	1	66713		8792.	ufkunnaidau	1	66768
8738.	ubilwaurds	1	66714		8793.	ufkunnan	1	66769
8739.	ubizwai	1	66715		8794.	ufkunnand	1	66770
8740.	ubuhwopida	1	66716		8795.	ufkunnandei	1	66771
8741.	udaga	1	66717		8796.	ufkunþedi	1	66772
8742.	ufaiþjai	1	66718		8797.	ufkunþedjau	1	66773
8743.	ufarassiþ	1	66719		8798.	ufkunþjis	1	66774
8744.	ufarassjai	1	66720		8799.	ufligaiþ	1	66775
8745.	ufarassjaiþ	1	66721		8800.	ufligand	1	66776

8801.	ufrakjai	1	66777		8856.	ungafairinoda	1	66832
8802.	ufsaggqiþs	1	66778		8857.	ungafairinodai	1	66833
8803.	ufsagqiþs	1	66779		8858.	ungafairinoþs	1	66834
8804.	ufslaup	1	66780		8859.	ungahobainais	1	66835
8805.	ufsnaist	1	66781		8860.	ungahvairba	1	66836
8806.	ufsnaiþ	1	66782		8861.	ungalaubamma	1	66837
8807.	ufsneiþai	1	66783		8862.	ungalaubein	1	66838
8808.	ufsneiþiþ	1	66784		8863.	ungalaubjandan	1	66839
8809.	ufsniþans	1	66785		8864.	ungalaubjandei	1	66840
8810.	ufstrawidedun	1	66786		8865.	ungalaubjandins	1	66841
8811.	ufswalleinos	1	66787		8866.	ungasaihvanamma	1	66842
8812.	ufswogjands	1	66788		8867.	ungasaihvanane	1	66843
8813.	ufto	1	66789		8868.	ungastoþai	1	66844
8814.	ufþanjam	1	66790		8869.	ungatassans	1	66845
8815.	ufwaira	1	66791		8870.	unhabandans	1	66846
8816.	uhtedun	1	66792		8871.	unhailai	1	66847
8817.	uhteigai	1	66793		8872.	unhaili	1	66848
8818.	uhteigo	1	66794		8873.	unhailja	1	66849
8819.	uhtiug	1	66795		8874.	unhanduwaurhta	1	66850
8820.	uhtwon	1	66796		8875.	unhrain	1	66851
8821.	ulbandaus	1	66797		8876.	unhrainjaim	1	66852
8822.	unagandans	1	66798		8877.	unhrainjaize	1	66853
8823.	unagein	1	66799		8878.	unhulþans	1	66854
8824.	unairknai	1	66800		8879.	unhvapnandin	1	66855
8825.	unairknans	1	66801		8880.	unhveilo	1	66856
8826.	unaiwiskana	1	66802		8881.	unkarja	1	66857
8827.	unanasiuniba	1	66803		8882.	unkarjans	1	66858
8828.	unandsakana	1	66804		8883.	unkaureinom	1	66859
8829.	unandsok	1	66805		8884.	unkjane	1	66860
8830.	unatgaht	1	66806		8885.	unkunnandam	1	66861
8831.	unbairandei	1	66807		8886.	unkunnandin	1	66862
8832.	unbauranamma	1	66808		8887.	unkunnands	1	66863
8833.	unbeistein	1	66809		8888.	unkunþi	1	66864
8834.	unbeistjodai	1	66810		8889.	unledaize	1	66865
8835.	unbiarja	1	66811		8890.	unledam	1	66866
8836.	unbilaistidai	1	66812		8891.	unledane	1	66867
8837.	unbimaita	1	66813		8892.	unledin	1	66868
8838.	undar	1	66814		8893.	unleds	1	66869
8839.	undaristo	1	66815		8894.	unliubon	1	66870
8840.	undarleijin	1	66816		8895.	unliugaida	1	66871
8841.	undaurnimat	1	66817		8896.	unliugands	1	66872
8842.	undgreipan	1	66818		8897.	unliuta	1	66873
8843.	undgreipandans	1	66819		8898.	unliutons	1	66874
8844.	undredan	1	66820		8899.	unlustau	1	66875
8845.	undrinnai	1	66821		8900.	unmaht	1	66876
8846.	undrunnun	1	66822		8901.	unmahteiga	1	66877
8847.	unfagram	1	66823		8902.	unmahteigai	1	66878
8848.	unfairinodaba	1	66824		8903.	unmahteigana	1	66879
8849.	unfairlaistidon	1	66825		8904.	unmahteigans	1	66880
8850.	unfaurjos	1	66826		8905.	unmahtins	1	66881
8851.	unfaurweisane	1	66827		8906.	unmanariggwai	1	66882
8852.	unfraþjandein	1	66828		8907.	unmanarigwai	1	66883
8853.	unfrodai	1	66829		8908.	unqenidam	1	66884
8854.	unfrodans	1	66830		8909.	unriurjamma	1	66885
8855.	unfroþans	1	66831		8910.	unriurjana	1	66886

8911.	unrodjandan	1	66887		8966.	usaiwida	1	66942
8912.	unrodjandans	1	66888		8967.	usbairands	1	66943
8913.	unrodjands	1	66889		8968.	usbaugeiþ	1	66944
8914.	unsahtaba	1	66890		8969.	usbauhta	1	66945
8915.	unsaiƕandans	1	66891		8970.	usbauhtai	1	66946
8916.	unsaltan	1	66892		8971.	usbauhtedi	1	66947
8917.	unsaraize	1	66893		8972.	usbeida	1	66948
8918.	unselja	1	66894		8973.	usbeidandam	1	66949
8919.	unseljam	1	66895		8974.	usbeisneiga	1	66950
8920.	unseljins	1	66896		8975.	usbeisneigai	1	66951
8921.	unsibjona	1	66897		8976.	usbida	1	66952
8922.	unsweibando	1	66898		8977.	usblaggw	1	66953
8923.	unswerai	1	66899		8978.	usbliggwands	1	66954
8924.	unsweraim	1	66900		8979.	usbluggwans	1	66955
8925.	unsweraiþ	1	66901		8980.	usbluggwun	1	66956
8926.	unswerandans	1	66902		8981.	usbraidida	1	66957
8927.	unsweriþai	1	66903		8982.	usbugjands	1	66958
8928.	unswers	1	66904		8983.	usdaudei	1	66959
8929.	unswikunþozei	1	66905		8984.	usdaudida	1	66960
8930.	untalans	1	66906		8985.	usdaudidedeina	1	66961
8931.	untriggwa	1	66907		8986.	usdaudjaina	1	66962
8932.	untriggws	1	66908		8987.	usdraus	1	66963
8933.	unþaþlauh	1	66909		8988.	usdrebi	1	66964
8934.	unþaþliuhand	1	66910		8989.	usdreibands	1	66965
8935.	unþiudom	1	66911		8990.	usdreibeina	1	66966
8936.	unþiuþis	1	66912		8991.	usdreibiþ	1	66967
8937.	unþiuþjaiþ	1	66913		8992.	usdribana	1	66968
8938.	unufbrikandans	1	66914		8993.	usdribans	1	66969
8939.	unuslaisiþs	1	66915		8994.	usdribeina	1	66970
8940.	unusspilloda	1	66916		8995.	usdribun	1	66971
8941.	unusspillodons	1	66917		8996.	usdrusteis	1	66972
8942.	unwaha	1	66918		8997.	usdrusuþ	1	66973
8943.	unwammeins	1	66919		8998.	usfaifraisi	1	66974
8944.	unweis	1	66920		8999.	usfairinona	1	66975
8945.	unweisai	1	66921		9000.	usfarþon	1	66976
8946.	unweniggo	1	66922		9001.	usfilha	1	66977
8947.	unwerida	1	66923		9002.	usfilhands	1	66978
8948.	unwerjan	1	66924		9003.	usfulljais	1	66979
8949.	unwissamma	1	66925		9004.	usfulljanda	1	66980
8950.	unwitands	1	66926		9005.	usfulljando	1	66981
8951.	unwunands	1	66927		9006.	usfullnau	1	66982
8952.	urraisjai	1	66928		9007.	usfullnodedeina	1	66983
8953.	urranneiþ	1	66929		9008.	usfulnai	1	66984
8954.	urrant	1	66930		9009.	usgaggana	1	66985
8955.	urreisa	1	66931		9010.	usgaggandeins	1	66986
8956.	urrinnai	1	66932		9011.	usgaggando	1	66987
8957.	urrinnandane	1	66933		9012.	usgaggandona	1	66988
8958.	urrinnando	1	66934		9013.	usgaggis	1	66989
8959.	urrist	1	66935		9014.	usgaisiþs	1	66990
8960.	urrisun	1	66936		9015.	usgebeina	1	66991
8961.	urrugkai	1	66937		9016.	usgiba	1	66992
8962.	urrumnoda	1	66938		9017.	usgibaima	1	66993
8963.	urrunnuþ	1	66939		9018.	usgibais	1	66994
8964.	usagidai	1	66940		9019.	usgiband	1	66995
8965.	usagljai	1	66941		9020.	usgibandans	1	66996

9021.	usgibands	1	66997		9076.	uslausjaindau	1	67052
9022.	usgibis	1	66998		9077.	usleiþ	1	67053
9023.	usgif	1	66999		9078.	usleiþam	1	67054
9024.	usgildada	1	67000		9079.	usleiþandin	1	67055
9025.	usgildai	1	67001		9080.	usleiþands	1	67056
9026.	usgildiþ	1	67002		9081.	usletan	1	67057
9027.	usgrof	1	67003		9082.	usliþi	1	67058
9028.	usguldan	1	67004		9083.	usluka	1	67059
9029.	ushafan	1	67005		9084.	uslukai	1	67060
9030.	ushafanaizos	1	67006		9085.	uslukaindau	1	67061
9031.	ushafei	1	67007		9086.	uslukan	1	67062
9032.	ushafjan	1	67008		9087.	uslukn	1	67063
9033.	ushaihah	1	67009		9088.	usluknans	1	67064
9034.	ushaista	1	67010		9089.	uslunein	1	67065
9035.	ushanþ	1	67011		9090.	uslutondin	1	67066
9036.	ushauheiþ	1	67012		9091.	uslutondins	1	67067
9037.	ushauhido	1	67013		9092.	uslutonds	1	67068
9038.	ushauhjaindau	1	67014		9093.	usmaitaindau	1	67069
9039.	ushauhjan	1	67015		9094.	usmaitans	1	67070
9040.	ushauhnai	1	67016		9095.	usmaitau	1	67071
9041.	ushauhnan	1	67017		9096.	usmaitaza	1	67072
9042.	ushlaupands	1	67018		9097.	usmeitum	1	67073
9043.	ushofon	1	67019		9098.	usmeridedun	1	67074
9044.	ushofun	1	67020		9099.	usmernoda	1	67075
9045.	ushraineiþ	1	67021		9100.	usmetun	1	67076
9046.	ushramidan	1	67022		9101.	usmitaiþ	1	67077
9047.	ushramidana	1	67023		9102.	usmitan	1	67078
9048.	ushramidedeina	1	67024		9103.	usnimais	1	67079
9049.	ushramjandans	1	67025		9104.	usnimands	1	67080
9050.	ushrisjaiþ	1	67026		9105.	us-nu-gibiþ	1	67081
9051.	ushuloda	1	67027		9106.	usnumans	1	67082
9052.	uskannjan	1	67028		9107.	usqam	1	67083
9053.	uskeinand	1	67029		9108.	usqimai	1	67084
9054.	uskeinoda	1	67030		9109.	usqimam	1	67085
9055.	uskijanata	1	67031		9110.	usqissai	1	67086
9056.	uskiusa	1	67032		9111.	usqistidedeina	1	67087
9057.	uskiusada	1	67033		9112.	usqistidedi	1	67088
9058.	uskiusaiþ	1	67034		9113.	usqistiþs	1	67089
9059.	uskiusan	1	67035		9114.	usqiþan	1	67090
9060.	uskunþ	1	67036		9115.	usrumnoda	1	67091
9061.	uskunþana	1	67037		9116.	ussaiƕ	1	67092
9062.	uskunþs	1	67038		9117.	ussaiƕan	1	67093
9063.	uslagidedun	1	67039		9118.	ussaiƕandins	1	67094
9064.	uslagjan	1	67040		9119.	ussaljan	1	67095
9065.	uslagjand	1	67041		9120.	ussandida	1	67096
9066.	uslagjands	1	67042		9121.	ussandjai	1	67097
9067.	uslagjiþ	1	67043		9122.	ussat	1	67098
9068.	uslaiþ	1	67044		9123.	ussatei	1	67099
9069.	uslaubidedi	1	67045		9124.	ussateinai	1	67100
9070.	uslaubjandein	1	67046		9125.	ussatidamma	1	67101
9071.	uslausei	1	67047		9126.	ussatidedun	1	67102
9072.	uslausein	1	67048		9127.	usseƕi	1	67103
9073.	uslausida	1	67049		9128.	ussiggwaid	1	67104
9074.	uslausidedi	1	67050		9129.	ussiggwis	1	67105
9075.	uslausjaidau	1	67051		9130.	ussindo	1	67106

9131.	usskarjiþ	1	67107		9186.	uswandjai	1	67162
9132.	usskawai	1	67108		9187.	uswandjais	1	67163
9133.	ussokja	1	67109		9188.	uswaurhta	1	67164
9134.	ussokjada	1	67110		9189.	uswaurhtais	1	67165
9135.	ussokjaidau	1	67111		9190.	uswaurhtana	1	67166
9136.	ussokjandans	1	67112		9191.	uswaurhtane	1	67167
9137.	usspillo	1	67113		9192.	uswaurkeiþ	1	67168
9138.	usspillodedun	1	67114		9193.	uswaurpa	1	67169
9139.	usstagg	1	67115		9194.	uswaurpanai	1	67170
9140.	usstandandam	1	67116		9195.	uswaurpi	1	67171
9141.	usstandandans	1	67117		9196.	uswaurpum	1	67172
9142.	usstandans	1	67118		9197.	uswaurts	1	67173
9143.	ussteigan	1	67119		9198.	uswindandans	1	67174
9144.	ussteigandans	1	67120		9199.	uswissai	1	67175
9145.	ussteigands	1	67121		9200.	uswundun	1	67176
9146.	ussteigiþ	1	67122		9201.	utbaurans	1	67177
9147.	usstigun	1	67123		9202.	utgaggando	1	67178
9148.	usstiurei	1	67124		9203.	utgaggiþ	1	67179
9149.	usstiureins	1	67125		9204.	uzuhiddja	1	67180
9150.	usstiuriba	1	67126		9205.	vamba	1	67181
9151.	usstoþi	1	67127		9206.	wadjabokos	1	67182
9152.	ussuggwud	1	67128		9207.	waggarja	1	67183
9153.	ustaig	1	67129		9208.	wagid	1	67184
9154.	ustaikneinais	1	67130		9209.	wagidata	1	67185
9155.	ustaikneiþ	1	67131		9210.	wagjan	1	67186
9156.	ustaikniþs	1	67132		9211.	wahsjaima	1	67187
9157.	ustaiknja	1	67133		9212.	wahsjand	1	67188
9158.	ustaiknjan	1	67134		9213.	wahsjandans	1	67189
9159.	ustandiþ	1	67135		9214.	wahsjandein	1	67190
9160.	ustassai	1	67136		9215.	wahsjando	1	67191
9161.	ustauhanaim	1	67137		9216.	wahstaus	1	67192
9162.	ustauhi	1	67138		9217.	wahstu	1	67193
9163.	ustauhtai	1	67139		9218.	wahtwom	1	67194
9164.	ustiuhaima	1	67140		9219.	waiandin	1	67195
9165.	ustiuhandam	1	67141		9220.	waidedjin	1	67196
9166.	usþriutandans	1	67142		9221.	waifairƕjandans	1	67197
9167.	usþroþiþs	1	67143		9222.	waih	1	67198
9168.	usþulaidedeiþ	1	67144		9223.	waihstam	1	67199
9169.	usþulaideduþ	1	67145		9224.	waihstastaina	1	67200
9170.	usþulan	1	67146		9225.	waihtins	1	67201
9171.	usþwohun	1	67147		9226.	wailamereinais	1	67202
9172.	uswagida	1	67148		9227.	wailameri	1	67203
9173.	uswagidai	1	67149		9228.	wailamerjandans	1	67204
9174.	uswahst	1	67150		9229.	wailamerjandin	1	67205
9175.	uswairpam	1	67151		9230.	wailaspillonds	1	67206
9176.	uswairpanda	1	67152		9231.	wailawiznai	1	67207
9177.	uswairpis	1	67153		9232.	wainahs	1	67208
9178.	uswairpiþ	1	67154		9233.	wairaleiko	1	67209
9179.	uswakjau	1	67155		9234.	wairam	1	67210
9180.	uswalteinai	1	67156		9235.	wairdus	1	67211
9181.	uswalteins	1	67157		9236.	wairpam	1	67212
9182.	uswaltida	1	67158		9237.	wairpan	1	67213
9183.	uswaltidedun	1	67159		9238.	wairpiþ	1	67214
9184.	uswaltjand	1	67160		9239.	wairs	1	67215
9185.	uswalugidai	1	67161		9240.	wairsizei	1	67216

9241.	wairþaid	1	67217		9296.	waurstwjan	1	67272
9242.	wairþana	1	67218		9297.	waurt	1	67273
9243.	wairþands	1	67219		9298.	waurþan	1	67274
9244.	wairþata	1	67220		9299.	waurþanam	1	67275
9245.	wairþidai	1	67221		9300.	waurþanon	1	67276
9246.	wairþidos	1	67222		9301.	waurþunuþ-þan	1	67277
9247.	wairþodins	1	67223		9302.	wega	1	67278
9248.	waituh	1	67224		9303.	wegim	1	67279
9249.	wajameridedun	1	67225		9304.	wegos	1	67280
9250.	wajamerjand	1	67226		9305.	wegs	1	67281
9251.	wajamerjands	1	67227		9306.	weihaba	1	67282
9252.	wajamerjau	1	67228		9307.	weihaida	1	67283
9253.	wakaiþ	1	67229		9308.	weihaizos	1	67284
9254.	waldaiþ	1	67230		9309.	weihata	1	67285
9255.	waldan	1	67231		9310.	weihnai	1	67286
9256.	waldufneis	1	67232		9311.	weihona	1	67287
9257.	walisans	1	67233		9312.	weihsis	1	67288
9258.	waljau	1	67234		9313.	weinatainos	1	67289
9259.	waltidedun	1	67235		9314.	weindrugkja	1	67290
9260.	waluns	1	67236		9315.	weipada	1	67291
9261.	walwisoda	1	67237		9316.	weiseis	1	67292
9262.	wambos	1	67238		9317.	weisjau	1	67293
9263.	wamme	1	67239		9318.	weitwodeins	1	67294
9264.	wana	1	67240		9319.	weitwodeis	1	67295
9265.	wanains	1	67241		9320.	weitwodides	1	67296
9266.	wanans	1	67242		9321.	weitwodjandans	1	67297
9267.	wanata	1	67243		9322.	weitwodjandins	1	67298
9268.	wandei	1	67244		9323.	weitwodjau	1	67299
9269.	wandjands	1	67245		9324.	weizuþ-þan	1	67300
9270.	wandum	1	67246		9325.	weneid	1	67301
9271.	warai	1	67247		9326.	wenjand	1	67302
9272.	wardjans	1	67248		9327.	wenjandans	1	67303
9273.	waridedum	1	67249		9328.	wenjandein	1	67304
9274.	waridedun	1	67250		9329.	wenjands	1	67305
9275.	warjais	1	67251		9330.	wepnam	1	67306
9276.	warjandans	1	67252		9331.	Werekan	1	67307
9277.	warmeiþ	1	67253		9332.	weseis	1	67308
9278.	warmidedun	1	67254		9333.	wesjau	1	67309
9279.	warmjandan	1	67255		9334.	widowo	1	67310
9280.	wasidai	1	67256		9335.	widuwairnans	1	67311
9281.	wasidedum	1	67257		9336.	widuwom	1	67312
9282.	wasideduþ	1	67258		9337.	widuwon	1	67313
9283.	wasjaima	1	67259		9338.	widuwono	1	67314
9284.	wasjiþ	1	67260		9339.	wigadeinom	1	67315
9285.	waurdahai	1	67261		9340.	wigam	1	67316
9286.	waurdei	1	67262		9341.	wigan	1	67317
9287.	waurhtai	1	67263		9342.	wigos	1	67318
9288.	waurhtedun	1	67264		9343.	wikon	1	67319
9289.	waurkeis	1	67265		9344.	wildedeiþ	1	67320
9290.	waurkjada	1	67266		9345.	wildedi	1	67321
9291.	waurkjaima	1	67267		9346.	wildedum	1	67322
9292.	waurmans	1	67268		9347.	wildeduþ	1	67323
9293.	waurme	1	67269		9348.	wileid	1	67324
9294.	waurms	1	67270		9349.	wileits	1	67325
9295.	waurstweigons	1	67271		9350.	wileizu	1	67326

9351. wiljandam	1	67327
9352. wiljandane	1	67328
9353. wiljandins	1	67329
9354. Wiljariþ	1	67330
9355. wiljauþ-þan	1	67331
9356. wilþeins	1	67332
9357. wilþeis	1	67333
9358. wilþi	1	67334
9359. wilwa	1	67335
9360. wilwam	1	67336
9361. wilwandans	1	67337
9362. wilwans	1	67338
9363. winja	1	67339
9364. winnai	1	67340
9365. winnam	1	67341
9366. winnandona	1	67342
9367. winniþ	1	67343
9368. winnon	1	67344
9369. winnons	1	67345
9370. wintrau	1	67346
9371. wintriwe	1	67347
9372. wintruns	1	67348
9373. wintrus	1	67349
9374. winþiskauron	1	67350
9375. wisam	1	67351
9376. wisandeim	1	67352
9377. wissedeina	1	67353
9378. wissedeis	1	67354
9379. wissedi	1	67355
9380. wissedjau	1	67356
9381. wisseduþ	1	67357
9382. wisseis	1	67358
9383. wistim	1	67359
9384. wisuh	1	67360
9385. wisum	1	67361
9386. wisuþ-þan	1	67362
9387. witai	1	67363
9388. witaidedun	1	67364
9389. witaidedunuh	1	67365
9390. witaiduh	1	67366
9391. witandei	1	67367
9392. witeid	1	67368
9393. witjau	1	67369
9394. witodafasteis	1	67370
9395. witodafastjos	1	67371
9396. witodalaus	1	67372
9397. witodalausam	1	67373
9398. witodalausans	1	67374
9399. witubnja	1	67375
9400. witubnjis	1	67376
9401. witudu	1	67377
9402. witumuh	1	67378
9403. witun	1	67379
9404. wituts	1	67380
9405. wiþondans	1	67381
9406. wiþragamotjan	1	67382
9407. wiþraïddja	1	67383
9408. wiþrawairþ	1	67384
9409. wiþrus	1	67385
9410. wlaitoda	1	67386
9411. wlits	1	67387
9412. wlizja	1	67388
9413. Wmainaius	1	67389
9414. wods	1	67390
9415. wokra	1	67391
9416. wopeid	1	67392
9417. wopidedun	1	67393
9418. wopjan	1	67394
9419. wopjandans	1	67395
9420. wraiqo	1	67396
9421. wrakjos	1	67397
9422. wrakom	1	67398
9423. wraks	1	67399
9424. wratoda	1	67400
9425. wratodedun	1	67401
9426. wratodum	1	67402
9427. wrekun	1	67403
9428. wrikada	1	67404
9429. wrikand	1	67405
9430. writ	1	67406
9431. wriþus	1	67407
9432. wroh	1	67408
9433. wrohe	1	67409
9434. wrohida	1	67410
9435. wrohidedeina	1	67411
9436. wrohidedjau	1	67412
9437. wrohidedun	1	67413
9438. wrohiþs	1	67414
9439. wrohjan	1	67415
9440. wulandans	1	67416
9441. wulf	1	67417
9442. wulfe	1	67418
9443. wulfos	1	67419
9444. wulfs	1	67420
9445. wuliþ	1	67421
9446. wullai	1	67422
9447. wullareis	1	67423
9448. wulþagai	1	67424
9449. wulþagaim	1	67425
9450. wulþrizans	1	67426
9451. wulwa	1	67427
9452. wundufnjos	1	67428
9453. wunnuþ	1	67429
9454. Xreskus	1	67430
9455. Zaibaidaiu	1	67431
9456. Zakaria	1	67432
9457. Zakarian	1	67433
9458. Zakkaiu	1	67434
9459. Zauraubabilis	1	67435
9460. Zaxariins	1	67436

9461. Zaxxaiaus 1 67437   9462. Zeloten 1 67438

WORD LENGTH LIST

The following list is arranged in decreasing order of word length, i.e. number of letters. All hyphens have been removed so as not to disturb the symmetry. No fragments, number symbols or constituents have been included.

WORD LENGTH LIST

19	gahþanmiþsandidedum	15	faurawenjandans
	galiugaapaustauleis		faursigljandans
	gaþþanmiþsandidedum		fimftataihundin
18	þairharbaidjandans		frawaurkjandane
17	aftraanastodeinai		frawaurkjandans
	faurbisniwandeins		galiugaweitwods
	galiugapraufeteis		galiugaxristjus
	gaswikunþidedeina		galiugaxristjus
	miþanakumbjandane		glitmunjandeins
	miþanakumbjandans		hrainjahairtans
	miþweitwodjandein		Iairusaulwmeite
	taihuntaihundfalþ		innatgaggandans
	Þaissalauneikaium		inngaleiþandans
	ufarhiminakundans		liugnapraufetum
16	afarlaistjandans		miþarbaididedun
	afarlaistjandein		miþgaleikondans
	aglaitgastaldans		miþuskeinandans
	andstaurraidedun		munaidedunuþþan
	fairweitidedeina		sildaleikidedun
	fairweitjandeins		sildaleikjandam
	fauragamanwjaina		Trakauneitidaus
	faurarahnjandans		þairhsaihvandans
	gafullaweisidons		Þaissalauneikai
	gaïdreigodedeina		ufarfulljandans
	galiugapraufetum		ufarhiminakunda
	gaswikunþjandona		unfairlaistidon
	gaþaulaubidedeiþ		ungalaubjandane
	gaþrafstidedeina		ungalaubjandans
	miþanakumbidedun		ungalaubjandein
	miþanakumbjandam		ungalaubjandins
	miþgadauþnodedum		usfullnodedeina
	sildaleikjandans		waifairhvjandans
	sildaleikjandona		wailamerjandans
	Þaissalauneikaie		witodalaisarjos
	Þaissalaunekaium	14	afarlaistidedi
	ufartrusnjandans		afblindnodedun
	unhanduwaurhtana		afdauþidedeina
15	afargaggandeins		afslaupjandans
	afarlaistjandam		afslaupnodedun
	afarlaistjandin		aglaitgastalds
	aglaitiwaurdein		aglaitiwaurdei
	andbahtidedeima		aiwaggelistans
	andbahtjandeins		aiwaggelistins
	andþaggkjandins		allawaurstwans
	Auneiseifauraus		anakumbjandane
	bidjandansuþþan		anakumbjandans
	bisaulnodedeina		anamahtjandans
	disskritnodedun		anamahtjandins
	fairweitjandans		anaslawaidedun
	fairweitjandona		anastodjandans
	fauragaggandans		andbahtjandans
	fauragahaitanan		andhausjaindau
	fauragaleikaida		andhruskandans
	fauramanwjandei		andstandandans
	faurastandandam		andstandandein
			anuþþanniujaiþ

14	Artaksairksaus	14	Kareiaþiaareim
	atuþþangaggand		midgardiwaddju
	baurgswaddjaus		midjasweipains
	bistandandeins		missataujandan
	bloþarinnandei		miþfaginodedun
	dishnupnodedun		miþgardawaddju
	disskaidandein		miþgawisandans
	drauhtinassaus		miþstandandans
	duatgaggandans		miþushramidans
	eisarnabandjom		praizbwtairein
	faihugairneins		praizbwtaireis
	fairrinnandans		þairhgaleikoda
	fairrinnandein		þairhwakandans
	fairweitjandam		ufarmunnodedun
	fauragamanwida		ufarskadwjands
	fauragaredanai		undgreipandans
	fauragasandida		ungafairinodai
	faurastandands		ungafairinodos
	faurbigaggands		ungafairinonds
	faurgaggandans		ungalaubeinais
	faurgaggandein		ungalaubjandam
	fraqistnodedun		ungalaubjandan
	fraþjamarzeins		ungalaubjandei
	frawaurkjandam		ungalaubjandin
	friaþwamildjai		ungasaihvanamma
	gaaiwiskodedun		unhanduwaurhta
	gabairhtjaidau		unhindarweisai
	gabairhtjandin		unufbrikandans
	gabandwjandona		unusspillodons
	gabaurþiwaurde		usbliggwandans
	gabrannidaizos		usdaudidedeina
	gagaleikondans		ushramidedeina
	gageigaidedjau		usqistidedeina
	galaistjandans		ustaiknjandans
	galiugabroþrum		uswaurkjandans
	galiuhtjandins		wailamereinais
	gasalbodedeina		wailamerjandin
	gasleiþjaindau		wailaspillonds
	gastaistaldjau		wajamerjandans
	gaswikunþjands		weitwodjandans
	gaþiwaidedeina		weitwodjandins
	gaþrafstidedun	13	afairzjaindau
	gawandidedeina		afdaubnodedun
	gilstrameleins		aflifnandeins
	grindafraþjans		afmarzjaindau
	Hairmaugaineis		afskaiskaidun
	hleþrastakeins		afskiubandans
	Iairausaulwmai		afwandjandane
	Iairusaulwmeis		Aileiaizairis
	Iairusaulwmiam		ainhvaþarammeh
	ibnaskaunjamma		Aipafraudeitu
	idreigodedeina		aipiskaupeins
	innatgaggandin		Alaiksandraus
	inuhsandidedun		anagaggandeim
	jaggabairaidau		anahaitandane

WORD LENGTH LIST

13	anakumbidedun	13	filuwaurdjaiþ	13	grunduwaddjus	13	þiudanodedeiþ
	anakumbjandam		frabauhtaboka		handuwaurhton		þrafstjandans
	anakumbjandan		frabugjandane		harduhairtein		ufarhleiþrjai
	analagjandans		frabugjandans		himinakundaim		ufarranneinim
	anamahtjandam		frahinþandans		himinakundana		ufarþeihandei
	anananþidedun		frakunnandans		himinakundins		ufhausjandans
	anaslepandans		fralewjandans		hindarweisein		ufhausjandona
	anastodjandei		fraqistnandam		Iairaupaulein		ufhnaiwjandin
	anawammjaidau		fraslindaidau		Iairusaulwmai		ufsliupandane
	andbahtededun		fraujinassiwe		Iairusaulwmim		ufstrawidedun
	andbahtidedun		fraujinassjus		Iairusaulwmon		unbilaistidai
	andbindandans		fraujinodedun		Iairusaulwmos		unfairinodaba
	andhafjandans		fraujinondane		idweitjandane		unfaurweisane
	andhaitandans		frawardidaize		innatgaggands		unfraþjandein
	andhuljaindau		frawardidedum		inngaggandans		ungafairinoda
	andþaggkjands		frawaurhtaize		inngaleiþands		ungafairinoþs
	apaustauleins		frawaurhtamma		insaiƕandeins		ungahabandans
	arbaididedjau		gaaiwiskondau		inswinþjandin		ungahobainais
	arbaidjandans		gabandwidedun		intrusgjaidau		ungalaubeinai
	armahairteins		gabrannjaidau		jaggapaidodai		ungalaubjando
	atgaggandeins		gadauþnandans		jaggaraihtein		ungalaubjands
	atgaraihtjais		gadauþnodedun		jaggawaurstwa		ungasaiƕanane
	atlagidedeina		gadauþnodeduþ		judaiwiskaize		ungasaiƕanona
	atstandandane		gafastaidedun		laistjandeins		unmanariggwai
	atstandandans		gafraihnandam		lausaiwaurdai		unsweibandans
	awiliudondans		gafreideinais		lausawaurdein		unswikunþozei
	Baineiameinis		gafullnodedun		lukarnastaþan		untilamalskai
	Barþaulaumaiu		gahausideduts		lukarnastaþin		usbruknodedun
	baurgswaddjau		gahausjandans		miþfrahunþana		usdaudjandans
	baurgswaddjus		gahausjandein		miþgatimridai		usfulljandins
	bibaurgeinais		gairnidedeina		miþskalkinoda		usfullnodedun
	biþþangitanda		gakunnaideduþ		miþurraisidai		usgaggandeins
	biwandjandans		galagidideina		niujasatidana		usgeisnodedum
	bloþarinnands		galaubidedeiþ		praufetidedum		usgeisnodedun
	Daikapaulaios		galaubjandane		praufetjandei		ushauhjaindau
	disskreitands		galaubjandans		seinaigairnai		ushramjandans
	duatgaggandei		galausidedjau		silubreinaize		uslaubjandein
	duatgaggandin		galiugabroþre		skalkinassaus		uslausjaindau
	faihufrikeins		gamainjandans		skalkinodedum		usskarjaindau
	faihugawaurki		ganawistrodai		skalkinodeduþ		usspillodedun
	fairgreipands		gardawaldands		skalkinondans		usstandandans
	fairwaurkjand		gasaiƕandeins		skamaidedeima		ussteigandans
	fastaidedeina		gasniumidedum		spillodedeina		ustaikneinais
	fauragaggands		gaswikunþjand		swnagogafadis		ustaiknideduþ
	fauragaggjins		gaswiltandans		swultawairþja		ustaiknjandin
	fauragahugida		gatalzjaindau		taihuntaihund		usþriutandans
	fauragamelida		gataurnandins		twalibwintrus		usþulaidedeiþ
	fauragarairoþ		gatawidedeina		twisstandands		uswairpandans
	fauragasatjiþ		gaþlaihandans		þairhgaggaima		waihstastaina
	faurlageinais		gaþrafsteinai		þairhgaggands		wailamerjanda
	faurlagjaidau		gaþrafstjanda		þairhiddjedun		wajameridedun
	faurrinnandin		gawandidedjau		þairhleiþands		wajamerjaidau
	faursniwandam		gawandjandans		þiudangardjai		waurstweigons
	faurstassjans		gawaurkjandei		þiudangardjom		weitwodidedum
	faurwalwjands		grunduwaddjau		þiudangardjos		weitwodidedun

13	witodafasteis	12	andhuleinais	12	disnimandans	12	frawaurhtans
	witodafastjos		andhuleinins		disskritnoda		frawaurhteis
	witodalausaim		andhulidamma		drauhtinonds		frawaurhtins
	witodalausans		andhulidedun		drauhtiwitoþ		frawaurkjaid
	wiþragamotjan		andhuljaidau		driggkandans		frawaurkjaiþ
	Zauraubabilis		andilausaize		driusandeino		frawaurpanai
12	afariddjedun		andnimandans		driusandeins		frawaurþanai
	afdauþjaidau		andsitandans		duatgaggands		frawulwanana
	afgaggandans		andstaldands		duatiddjedun		Friþareikeis
	afƕapnodedun		andstandands		duatrinnands		fullafahjais
	aflagjandans		andwasidedun		dulgahaitjin		fullafraþjam
	afleitandans		andwaurdjais		durinnandans		fullaweisjam
	afleiþandans		anþarleikein		dwalawaurdei		gaaiginondau
	aflifnandans		apaustaulaus		eisarneinaim		gaaiwiskonda
	afmarzeinais		apaustaulein		faginodedeiþ		gabaididheduþ
	afswaggwidai		apaustauleis		faihufrikans		gabairhtidai
	afswairbands		apaustauluns		faihufrikein		gabauranamma
	afþaursidana		arbaidjandam		faihugairnai		gabigjandans
	afwairpaidau		armahairtein		faihugeigais		gabignandans
	afwandidedun		armahairtiþa		faihuskulane		gabindandans
	Aileiakeimis		asiluqairnus		faihuþraihna		gablauþjands
	ainamundiþos		atdriusandei		fairinondans		gableiþjands
	ainƕarjammeh		atgaggandans		faurafilljis		gadaurstedun
	aipistaulein		atgaggandeim		fauragaggjan		gadauþnodedi
	Airmogaineis		atgaggandein		fauragaggjis		gadomjandans
	airþakundana		athabaidedun		fauragameliþ		gafaifaheina
	aiwaggelista		atiddjedeina		fauragateiha		gafastaindau
	aiwaggeljons		atrinnandans		fauramaþleis		gafraujinond
	aiwxaristian		atsaiƕandans		fauramaþljos		gafreideinai
	alabalstraun		atstandandei		faurbigaggiþ		gafrisahtnai
	Alaiksandrus		attaitokeina		faurdammjada		gafullidedun
	aljaleikodos		Baiailzaibul		faurhtidedun		gagamainjand
	anafilhandam		Bainiameinis		faurqiþanana		gagawairþjan
	anahabaidans		balwaweseins		Faurtunataus		gagawairþnan
	anahaitandam		bandwjandins		faurwaipjais		gahabaidedun
	anahneiwands		Barteimaiaus		fidurraginja		gahaftnandan
	anakumbjands		Bauanairgais		fidwortaihun		gahailidedun
	anakunnainai		bidjaiþuþþan		filugalaubis		gahaitandeim
	analaugnjona		bifaihodedum		filuwaurdein		gahausidedum
	anamahtidins		bijandzuþþan		fimftaihunim		gahausidedun
	anananþjands		bilaigodedun		frabauhtedun		gahausideduþ
	anapragganai		bilaikandans		frabugjaidau		gahausjandam
	anasaislepun		bimaitanaize		fragibandans		gahausjandei
	anastodeinai		bimampidedun		fragildaidau		gahnaiwidans
	anastodjands		biraubodedun		frahunþanaim		gahraineinai
	anaþrafstida		birinnandans		fraistubnjai		gahrainjanda
	andalausaize		birodjandein		fraistubnjos		gahrainjands
	andanemjamma		bisaiƕandans		fraletandans		gaƕeilainais
	andawaurdjam		Biþlaihaimis		fralusnandam		Gainnesaraiþ
	andbahtidedi		blauþjandans		framaldrozei		Gairgaisaine
	andbahtjaina		bleiþjandans		fraqimaindau		gairnjandans
	andbindandam		bliggwandans		fraqistjands		gairnjandona
	andhafjandei		Daikapaulein		fraqiþandans		gakannidedun
	andhaihaitun		daimonarjans		frawaurhtaim		gakausidedum
	andhausidedi		dishniupands		frawaurhtais		gakiusaindau

12	gakiusandans	12	gaþreihandam	12	jaggahausida	12	skalkinondam
	gakunnaidedi		gaþwastjands		jaggamanwida		skilligngans
	galaisideduþ		gaumidedeina		jaggaslepand		sniumjandans
	galaubeinais		gawairþeigai		jaggaþlaihan		stauidedeima
	galaubidedum		gawaknandans		jasSwntwkein		Sunjaifriþas
	galaubidedun		gawandidedun		juggalaudeis		swnagogafada
	galaubideduþ		gawandideduþ		kalkinassaus		swnagogafade
	galaubjandam		gawandjandam		kalkinassjus		taihuntehund
	galaubjandan		gawaurhtedun		Kaulaussaium		taihuntewjam
	galaubjandei		gawaurkjaima		kauridedeima		taiknjandans
	galaubjandin		gawaurstwans		Kustanteinus		twisstasseis
	galeikaidana		gaweihaidedi		lauhatjandei		twistandands
	galeikandans		gaweisodeduþ		lausawaurdai		þiudangardja
	galeikandein		gawondondans		lausawaurdja		þiudanodeduþ
	galeikinodos		gawrikandans		leikinassaus		þiudanondane
	galeikondans		gazaufwlakio		leikinondans		þiudinassaus
	galeiþandans		grunduwaddju		liugnawaurde		þiudinassuns
	galiugagudam		gudaskaunein		Maisaullamis		þiuþiqissais
	gamainduþais		gudblostreis		Malailaielis		þiuþspilloda
	gamalteinais		gudjinassaus		manamaurþrja		þlahsjandans
	gamarzeinais		gumakundaize		manniskodaus		þrafsteinais
	gamaurgidedi		habaidedeima		Markailliaus		þrafstidedun
	gamaurgjands		habaidedeina		maurþrjandam		þrasabalþein
	ganasidedjau		habaidedunuh		midjungardis		þusundifadim
	ganawistroþs		Hairodiadins		mikiljandans		þwairhaiþþan
	gaqiujandins		haubiþwundan		mikilþuhtans		ubilwaurdjan
	garahnidedun		haurnjandans		missaleikaim		ufarassjando
	garaideinais		heiwafraujin		miþgasatidai		ufarhafjands
	garaihtaizos		himinakundam		miþgaswiltan		ufarhauseino
	garaihteinai		himinakundis		miþgatauhans		ufarmunnonds
	gardawaldand		himinakundon		miþinngalaiþ		ufarskadweid
	gasaiƕaindau		hindarleiþan		miþinsandida		ufarskadwida
	gasaiƕandans		hindarweisai		miþlitidedun		ufarwisandam
	gasalbodedun		hraiwadubono		miþrodidedun		ufdaupidamma
	gaskapjandin		hropjandeins		miþþiudanoma		ufhausidedun
	gaskeirjands		hunslastadis		miþurraisida		ufhausjandam
	gasleiþjands		ƕeilaƕairbai		miþushramiþs		ufkunnandans
	gaslepandane		Iairusaulwma		naudibandjom		ufswalleinos
	gaslepandans		idreigodedun		naudibandjos		unanasiuniba
	gaswikunþeiþ		idreigondane		naudiþaurfts		unbairandane
	gaswikunþida		idreigondins		Neikaudaimau		unbauranamma
	gaswikunþjan		idweitidedun		niuntehundis		unbeistjodai
	gaswiltandin		infeinandein		paintekusten		unbimaitanai
	gatairandans		ingaleikonda		paraskaiwein		undgreipands
	gatairandins		innatbereina		plinsjandein		unfreideinai
	gatawidedjau		inngaggandan		praufetjands		ungalaubamma
	gatimreinais		inngaggandin		Saixaineiins		ungaraihtein
	gatiuhandans		inngaleiþand		samasaiwalai		ungasaiƕanis
	gatrauandans		insaiƕandans		saurgaideduþ		unhrainjaize
	gaþahaidedun		insailidedun		silbasiunjos		unhrainjamma
	gaþiwaidedun		insandidedum		sildaleikeiþ		unkunnandans
	gaþlaihandin		insandidedun		sildaleikida		unmahteigana
	gaþrafsteino		insandideduþ		sildaleiknan		unmahteigans
	gaþrafsteins		intrusgjanda		silubrinaize		unmanarigwai
	gaþrafstidai		Israeleiteis		skalkinassus		unrodjandans

12	unsaiƕandans	12	Zaibaidaiaus	11	anamahtjada	11	auhumistans
	unswerandans	11	Adoneikamis		anamahtjaid		auhumistins
	unþaþliuhand		afargaggand		anamahtjais		awiliudodau
	unusspilloda		afarsabbate		ananiujiþai		awiliudonds
	unwaurstwons		afgaggandam		anaqiþaidau		Baidsaiïdan
	urraisidedun		afƕapidedun		anastodeins		bandwidedun
	urraisjandin		afletaindau		anatimridai		barizeinans
	urrinnandane		afletandane		anaþrafstei		barniskeins
	usbeisneigai		afletandans		anawairþane		Barþulomaiu
	usbliggwands		afsateinais		anawairþons		biabridedun
	usbugjandans		afsatjaidau		andaneiþans		biarbaidjan
	usdreibandan		afskaiskaid		andanemeigs		bidjamuþþan
	usfulleinais		afslauþidai		andanumtais		bigitaindau
	usfullidedun		afwairpands		andastaþjam		bigitandans
	usfulljaidau		afwandjanda		andastaþjos		bigitandona
	usfullnodedi		ahmateinais		andaþahtana		bilaibidans
	usfulnodedun		ahtautehund		andbahtidon		bilailaikun
	usgaggandans		aihtrondans		andbeitands		birodidedun
	usgaggandein		aiƕatundjai		andbundanai		bisaulidaim
	usgaggandona		aikklesjono		andbundnoda		biþragjands
	usgrabandans		aikklesjons		andhafjands		biwaibidana
	ushafanaizos		Aileisabaiþ		andhaihaist		bliggwandam
	ushafjandans		ainamundiþa		andhaihaiti		blotinassau
	ushaitandans		ainfalþeins		andhausides		briggandans
	ushramidedun		ainƕarjanoh		andhausjand		bringandans
	uslauseinais		ainƕarjatoh		andhuleinai		broþralubon
	uslausjaidau		ainƕarjizuh		andsaiƕands		broþrulubon
	usluknodedun		aipiskaupus		andstaldand		daddjandeim
	usmaitaindau		aipistaulem		andstandand		daimonareis
	ussaiƕandins		aipistulans		andwaihando		daimonarjos
	ussiggwaidau		airzjandans		andwairþjis		daupidedjau
	ussokjandans		aiwaggelida		andwairþons		daupjaindau
	usstandandam		aiwaggeljis		apaustaulum		daupjandans
	usstandandei		aiwaggeljon		apaustaulus		daupjandins
	ustiuhandans		aiweinaizos		apaustuluns		daurawardai
	usþulaidedu þ		Aizaikeiins		arbaidjands		daurawardos
	uswaltidedun		alabrunstim		Areimaþaias		dauþubljans
	uswandidedun		alewabagmis		Areistarkus		disdailjand
	uswindandans		allwaldands		arkaggilaus		dishabaidai
	uzuþþaniddja		Ameinadabis		armahairtai		diskritnoda
	wailamerjada		anabiudands		armahairtei		distahidedi
	wajamerjands		anabudanona		ataugidedun		distaurnand
	waurdajiukos		anadrigkaiþ		atfaridedun		dizuhþansat
	waurkjandans		anafilhaima		atgaggandam		dragkidedu þ
	waurkjandein		anafilhands		atgaggandan		drigkandane
	waurkjandins		anahaimjaim		atgaggandei		drobjandans
	waurþunuþþan		anahnaiwjai		atgaggandin		drugkaneins
	weitwodjands		anaƕeilaiþs		atgibandins		Eiaireikons
	widuwairnans		anakumbjand.		atlagidedun		faginodedum
	wiljahalþein		anakunnaida		atsnarpjais		faginodedun
	winþiskauron		analageinai		atstandands		faginondans
	witaidedunuh		analagjands		atsteigadau		faihufrikai
	witodalausam		analaugnein		atsteigands		faihufrikam
	wiþrawairþon		analaugniba		atwairpands		faihufrikei
	wrohidedeina		analaugnjam		atwopidedun		faihugeiron

11	fairinodedi	11	frawaurhton	11	gakannidedi	11	gastaurkniþ
	fairrinnand		frawaurkeiþ		gakunnaidai		gastigodein
	fairweitjan		frawaurkjai		gakunnaidau		gastojanaim
	Fareisaiaus		frawaurpans		galagidedun		gaswiltaima
	Fareisaieis		fraweitands		galagjaidau		gaswiltands
	fauradaurja		frawilwanda		galaisjaina		gaswinþidai
	faurafillja		frijodedeiþ		galaistides		gatairaidau
	fauragaggam		frumistamma		galaþodedum		gatarhidana
	fauragaggan		fullafahida		galaþodeduþ		gataujandan
	fauragaggis		fullafahjan		galaubeinai		gataujandin
	fauragaggja		fullaweisai		galaubidedi		gataurnando
	fauragataih		fullawitans		galaubjaima		gatawidedum
	fauramaþlja		gaaiwiskoda		galaubjaina		gatawidedun
	fauramaþlje		gaaiwiskoþs		galaubjands		gatawideduþ
	fauramelips		gaarmaindau		galausidaim		gateihaidau
	fauratanjam		gabadauþniþ		galausidedi		gateihandin
	faurbauhtai		gabairaidau		galeikondan		gatimreinai
	faurbiudais		gabairhtein		galeiþandam		gatimrjands
	faurhtjaina		gabairhteiþ		galeiþandan		gaþahaidedi
	faurmuljais		gabairhtida		galeiþandei		gaþaursnoda
	fetjandeins		gabairhtiþs		galiugaguda		gaþiuþjands
	Filippauzuh		gabairhtjan		galiugagude		gaþlahsnoda
	Filippisius		gabairhtjau		gamainjando		gaþlaihands
	filudeisein		gabaurgjans		gamalwidans		gaþlaihtais
	finþandeins		gabaurjoþum		gamanwidaim		gaþrafstein
	fotubandjom		gableiþeino		gamarzjanda		gaþrafstida
	fragibaidau		gabrannidai		gamatidedun		gaþrafstiþs
	fragibandan		gabundanana		gamotidedun		gaþrafstjai
	frahinþando		gadauþjanda		gamunandans		gaþrafstjan
	fraihnandan		gadomidedun		gamunandins		gaþþantraua
	fraisandans		gadrauhteis		ganagljands		gaþwastidai
	fraistobnjo		gadrauhtins		ganaitidana		gaþwastjaiþ
	fraistubnja		gadrausidai		gaqiujandin		gaulaubjats
	frakunneina		gadrausjaza		garaideinai		gaumjaindau
	frakunþeduþ		gadriusando		garaideinim		gaumjandans
	fralailotun		gafaihondau		garaihtaize		gawairpands
	fraliusands		gafrisahtiþ		garaihtamma		gawalidaize
	fralusanans		gafriþodedi		garaihteins		gawalideduþ
	framaþidans		gafriþonais		garaihtiþai		gawaljaidau
	framwairþis		gafriþondin		garedandans		gawandeinai
	fraqimandei		gafulginons		gasaiƕaizau		gawandidedi
	fraqistidai		gafulljands		gasaiƕanane		gawandjaina
	fraqistjais		gagaggandam		gasaiƕanans		gawandjands
	fraqistnand		gagaleikond		gasaiƕandam		gawargeinai
	fraqistnoda		gahabandans		gasaiƕandei		gawasidedun
	fraqiþanans		gahaihaitun		gasaiƕanona		gawaurhtedi
	frastisibja		gahauseinai		gasaizlepun		gawaurstwam
	fraþjandans		gahausjands		gasatidedun		gawaurstwan
	fraujinonds		gahnaiwjada		gaskaideins		gawaurstwin
	frawardjada		gahnipnands		gaskaþjands		gistradagis
	frawardjand		gahrainidai		gaskeirjada		greitandein
	frawaurhtai		gahulidamma		gasokjandam		gudafaurhts
	frawaurhtes		gaƕatjandin		gastagqjais		gudiskaizos
	frawaurhtim		gaƕotjandin		gastaistald		habaidedeiþ
	frawaurhtis		gajiukaizau		gastandands		haftjandans

11	handuwaurht	11	Kaidmeielis	11	Naubaimbair	11	tawidideina
	hauhhairtai		kaisaragild		naudibandjo		Teibairiaus
	hauhhairtei		kalkinassau		naudiþaurft		Teimauþaiau
	hauhjaindau		kalkinassus		niuhseinais		Teimauþaius
	hausjandans		kaupastedun		paurpurodai		Tibairiadau
	hausjandona		kauridedjau		paurpurodon		trauaidedun
	Herodiadein		Kaurinþaium		pistikeinis		tweifleinai
	Herodiadins		Klaimaintau		plinsideduþ		twistasseis
	himinakunda		klismjandei		praitoriaun		þagkjandans
	hlahjandans		laggamodein		praufetjand		þairhgaggan
	horinassjus		laisjandans		praufetjans		þairhgaggiþ
	horinondein		laisjandona		rodjandeins		þairhleiþan
	hraineinais		laistidedum		Sabailliaus		þairwakands
	hropjandans		laistidedun		Saddukaieis		þiudangardi
	hunslastada		Laiwweiteis		saiƕandeins		þiudinassau
	ƕairbandane		Laudeikaion		Saimaieinis		þiudinassus
	ƕairbandans		laugnjandam		samafraþjai		þiuþeigamma
	ƕeilaidedum		launawargos		samakunjans		þrafstjands
	Iairusalems		laushandjan		sandjandins		þreihandein
	idweitjanda		lausqiþrans		Saulaumonis		þrutsfillai
	inbrannjada		lausqiþreim		saurgandans		þrutsfillis
	indrobnaina		lausqiþrein		sibuntehund		þugkjandans
	inmaidjanda		leikinodedi		siggwandans		þusundifaþs
	innakundans		liugaidedun		silbawiljos		þuthaurneiþ
	innatgaggai		lubjaleisai		sildaleikja		ufarassjaiþ
	innatgaggan		lubjaleisei		silubreinam		ufarfullein
	innatgahtai		lustusamans		skalkinonds		ufarfulliþs
	innattauhun		maidjandans		skewjandans		ufarhauhiþs
	inngaggando		maimbranans		skilliggans		ufarmaudein
	inngaggands		Makaidonjai		slawaidedun		ufarmeleins
	inngaleiþai		managistans		smakkabagma		ufarswarais
	inngaleiþan		managistons		smakkabagms		ufarwahseiþ
	inngaleiþiþ		managizeins		sniumidedum		ufdaupjands
	innufslupun		managnandei		Soseipatrus		ufgaurdanai
	innwaurpano		manniskamma		sp̄aikulatur		ufhauseinai
	insaiƕandei		manwjandans		spaiskuldra		ufhausjaina
	insandidans		marikreitum		spedistamma		ufhausjands
	insandidedi		Markaillaus		spillodedun		ufhlohjanda
	insandjanda		matidedeina		spillondane		ufhropjands
	insandjands		mekilidedun		stainahamma		ufkunnaidai
	inswinþjaiþ		mididdjedun		staineinaim		ufkunnaidau
	inwagidedun		mikilduþais		standandane		ufkunnandam
	inwidandans		mikilidedun		standandans		ufkunnandei
	inwisandins		mikiljaidau		standandona		ufkunþedjau
	Iskarioteis		militondans		strawidedun		ufswogjands
	Israeleitai		missadedins		sumaimuþþan		unaiwiskana
	Israeleites		missaleikom		sumansuþþan		unandsakana
	iudaiwiskon		miþarbaidei		sumanzuþþan		unbairandei
	jagbigitand		miþgaqiwida		swaleikaize		undarleijin
	jaggariudja		miþgasatida		swaleikamma		undaurnimat
	jaggaskohai		miþiddjedun		swekunþamma		unfairinona
	jaggibandin		miþþiudanom		swiglodedum		ungaƕairbai
	jaggretands		miþwisseins		taiknjandan		ungakusanai
	jaindwairþs		Naitofaþeis		talzjandans		ungalaubein
	judaiwiskom		namnidaizos		tawidedeina		ungatassaba

11	ungatassans	11	uslutondins	10	afdrausjan	10	anananþeiþ
	ungatewidai		usmanagnoda		afgrundiþa		ananauþjai
	ungawagidai		usmeridedun		afhrainjan		ananiujada
	unhabandans		usqimandans		afhrisjaiþ		ananiwidin
	unhrainiþai		usqistidedi		aflageinai		anaqisseis
	unhrainiþos		ussatidamma		aflailotum		anasaislep
	unhrainjaim		ussatidedun		afleitanda		anasilaida
	unhrainjana		ussokjaidau		afleiþands		anastodeiþ
	unhrainjans		usstandands		afmarzeins		anawairþai
	unhunslagai		ussteigands		afmarzjada		anawairþan
	unƕapnandin		usstiureins		afskaidand		anawairþin
	unkaureinom		ustaikneins		afslahands		anawiljein
	unkunnandam		ustauhanaim		afslauþiþs		andahaitis
	unkunnandin		ustiuhandam		afslauþnan		andanahtja
	unmahteigai		usþulandans		afstandand		andasetjai
	unmahteigam		uswairpanda		afstassais		andastaþja
	unriurjamma		uswairpands		aftiuhands		andastauin
	unrodjandan		uswalteinai		aftumistan		andaþahtan
	unsweibando		uswalugidai		aftumistin		andaþahtos
	unsweibands		uswaurhtais		afþaursiþs		andawairþi
	unþwahanaim		uswaurhtana		afwandjand		andawaurde
	unuslaisiþs		uswaurhtane		aigandeins		andawaurdi
	unwitandans		uswaurhtans		aihtronins		andawiznim
	urraisjands		uswaurpanai		aikklesjom		andawleizn
	urreisandin		wahsjandans		aikklesjon		andbahtans
	urrinnandin		wahsjandein		Aimmeirins		andbahteis
	usalþanaizo		wailadedais		ainfalþaba		andbahtida
	usbauhtedun		wailamerein		ainfalþein		andbahtjai
	usbeidandam		wailamerida		ainummehun		andbahtjam
	usbeisneiga		wailamerjan		aipistaule		andbahtjan
	usbloteinai		wailawiznai		Airmodamis		andbahtjis
	usbluggwans		wairpandans		airþeinaim		andbeitais
	usdaudjaina		wajamereins		airþeinins		andbindats
	usdaudjands		wajamerjand		aiwaggelja		andbitanai
	usdreibands		waurstweiga		aiwaggeljo		andhafjand
	usdreibeina		waurstwjans		aiweinamma		andhaihait
	usfaifraisi		waurþanamma		aiwlaugian		andhaitada
	usfairinans		weinagardis		akranalaus		andhaitand
	usfairinona		weinatainos		alewabagme		andhamonds
	usfullidedi		weindrugkja		alewabagms		andhauseis
	usfulljanda		weitwodeins		aljakonjai		andhauseiþ
	usfulljando		weitwodides		aljaleikos		andhausida
	usgaggandam		weitwodiþai		allawerein		andhuleino
	usgaggandan		weitwodiþos		anabusnais		andhulides
	usgaggandei		weitwodjand		anabusnins		andhuljada
	usgaggandin		wiljahalþei		anafulhano		andnimaima
	usgibandans		wiþrawairþo		anahabaida		andnimaina
	ushlaupands		wrohidedjau		anahaimjai		andnimands
	ushramidana	10	afagjaidau		anainsokun		andnumanai
	uskannjaima		afairzidai		anakaurjau		andsakanai
	uslagidedun		afargaggan		anakumbida		andstaldis
	uslaubidedi		afargaggiþ		anakumbjan		andstaldiþ
	uslausidedi		afdauþidai		anakunnaiþ		andstandan
	usleiþandin		afdomeinai		analatidai		andstandiþ
	uslukaindau		afdomjanda		anamindeis		andtilonds

10	andwairþai	10	biniuhsjan	10	fairnjamma	10	frawaurhts
	andwairþin		birodeinos		Fallasuris		frawilwand
	andwairþis		bisaiƕands		Fareisaiei		frawrohiþs
	andwairþja		bisauleino		Fareisaium		frawulwans
	andwairþje		bisitandam		Fareisaius		freidjands
	Antiaukiai		biskabanon		farjandans		frijodedun
	anþarleiko		bispeiwada		fastandans		frijodeduþ
	anþaruþþan		bistandand		fastubnjam		frijondans
	anuhkumbei		bistuggqis		faurafilli		frijondins
	apaustaule		bistuggqun		fauragaggi		frijondjos
	arbaidjand		biþwahands		fauraqeþum		friodedeiþ
	Arfaksadis		biwaibjand		fauraqeþun		frumistans
	Aristarkus		bliggwands		fauraqimid		frumistjam
	ataugidedi		blotinassu		fauratanja		fullatojai
	atdriusand		bnauandans		faurawisan		fullatojis
	atgaggands		briggandan		faurbiudiþ		fullawitan
	athaitands		briggandei		faurdomein		gaaggwidai
	atiddjedum		broþrahans		faurhteins		gaainaidai
	atiddjedun		brukjaidau		faurlagido		gaaiwiskoþ
	atlagjands		bugjandans		faurlagjan		gaarmaidai
	atsaiƕaina		daupeinais		faursniwiþ		gabairgada
	atsaiƕands		daupeinins		figgragulþ		gabairhtja
	atsatjaima		daupjandam		fijaidedun		gabauranai
	attaitokun		daupjandin		fragibands		gabaurjaba
	atuhþangaf		daurawarde		frahunþana		gabaurþais
	atwaurpans		daurawardo		fraisaizau		gabeisteiþ
	atwitainai		daurawards		frakunneiþ		gablindida
	atwopjands		Dauriþaius		fralailoti		gabrikands
	auhjondein		diakaunjus		fraleitais		gabuganaim
	auhmistans		diakaununs		fraletanda		gadailjada
	auhumistam		disdailida		fralusanan		gadaursjau
	auhumistin		disdailiþs		fralusanin		gadauþnand
	aurtigarda		dishabaida		fralustais		gadauþnoda
	aurtigards		dishabaiþs		framaþjaim		gadragkeiþ
	awiliudoda		distahjada		framaþjana		gadragkjai
	bairabagma		diswinþeiþ		framaþjane		gadrausida
	bairandane		diswissais		framgahtai		gadrigkais
	bairandans		domjaindau		fraqisteiþ		gadriusand
	bairgahein		domjandans		fraqistida		gadrobnoda
	Baiþsaïdan		drauhtinom		fraqistjai		gadruseina
	bandwjands		drauhtinoþ		fraqistjan		gafahaidau
	Barakeiins		driusandan		fraqistnai		gafaifahun
	barizeinam		drobjandam		fraqistnam		gafastaida
	beidandans		drugkaneim		fraqistniþ		gafastanda
	Beþlaihaim		duatsniwun		fraqiþanai		gafeteinai
	Beþsfagein		dugawindiþ		fraqiþanam		gafraþjein
	bidjandane		duginnaina		fraþjaidau		gafrijonai
	bidjandans		durinnands		fraþjandan		gafriþodai
	bigaurdans		fadreinais		fraujinoma		gafriþonds
	bigitaidau		faginondam		fraujinond		gafulljada
	bigitandei		faihufriks		frawardein		gafullnoda
	bihaitjans		faihugeiro		frawardeiþ		gagahaftiþ
	biƕairband		fairgunjam		frawaurhta		gagaleikoþ
	bileiþands		fairgunjis		frawaurhte		gagatiloda
	bimaitanai		fairhaitis		frawaurhti		gageigands

10	gaggandans	10	gamainjaim	10	gatairanda	10	haldanaize
	gaggandona		gamainjaiþ		gatairands		haldandans
	gagreiftai		gamaitanon		gatarhjaiþ		handugeino
	gahabaidai		gamanwidai		gatawidedi		handugeins
	gahailidai		gamarzidai		gateihands		handugozei
	gahailnoda		gamarzjada		gatrauaida		hauheinais
	gahaitands		gamaurgida		gatrauands		hauhhairts
	gahauseins		gameleinim		gatulgidai		hauhidedun
	gahausjand		gamikilida		gatulgjand		hauhistins
	gahlaibaim		gamostedun		gaþaursana		hauhistjam
	gahorinoda		gamundedum		gaþaursniþ		hauhjaidau
	gahraineiþ		gamundedun		gaþiwandam		hauneinais
	gahrainids		ganasidedi		gaþlaihtai		hauseinais
	gahrainjai		ganisandam		gaþulandam		hausidedum
	gahrainjan		ganohjands		gaþulandei		hausidedun
	gaƕotjands		gapaidodai		gaulaubeis		hausideduþ
	gaïddjedun		gaqumanaim		Gaumaurjam		hausjandam
	gairnjands		garaginoda		gaumidedun		hausjandan
	gajiukaida		garaideins		gaunledida		hausjondam
	gakannjaiþ		garaihtaba		gaunodedum		hazjandane
	gakannjand		garaihtana		gawagjanda		hazjandans
	gakunnands		garaihtans		gawairþeis		Herodianum
	gakunþedum		garaihteim		gawairþjis		hindarleiþ
	gakusanana		garaihtein		gawaleinai		hindumisto
	galagidana		garaihtiþa		gawalidane		hlaiwasnom
	galagjands		garaihtiþs		gawalidans		hlaiwasnos
	galaisides		garaihtjai		gawaljands		hleidumein
	galaistans		garaihtjan		gawandeins		hleidumona
	galaubamma		garaihtoza		gawandjaiþ		hnaiweinai
	galaubeina		garehsnais		gawandjand		hnaiwidaim
	galaubeins		garinnaima		gawargjand		horinassau
	galaubides		gasaiƕaima		gawasidana		horinassus
	galaubjaiþ		gasaiƕaina		gawaurhtai		horinondei
	galaubjand		gasaiƕands		gawaurkeiþ		hrainjamma
	galaugnida		gasaljands		gawaurkjai		hropidedun
	galaugnjan		gasandjaiþ		gawaurkjam		hropjandan
	galausjada		gasatidedi		gawaurkjan		hroþeigans
	galeikaida		gasatjanda		gawaurstwa		hugjandane
	galeikinon		gasatjands		gaweihaida		hugjandans
	galeikonds		gasiglidai		gaweihaids		hugjandona
	Galeilaian		gaskadwein		gaweisodai		Hwmainaius
	Galeilaias		gaskaftais		gawizneigs		ƕeilaƕairb
	Galeilaiau		gaskaidaiþ		gawrisqand		ƕileikamma
	Galeilaius		gaskaidnai		greitandei		Iairaimian
	galeiþaima		gaskapanai		gretandans		Iairusalem
	galeiþaina		gaskapanin		gudalausai		Iaissaizis
	galeiþands		gasleiþeiþ		gudiskamma		Iaurdanaus
	galewidedi		gasleiþiþs		habaidedum		iddjedunuh
	galewjands		gastaldand		habaidedun		idreigonds
	galisanans		gastandand		habandeins		idweitjand
	galiugaida		gastiggqiþ		Haibraieis		indrobnoda
	galiuhteiþ		gasweraids		Haileisaiu		infeinands
	gamainduþe		gasweraiþs		hailidediu		ingardjans
	gamainduþs		gaswinþnan		hairaiseis		ingramjada
	gamaineins		gataiknida		haitandona		inliuhtida

WORD LENGTH LIST

10	inliuhtjan	10	lasiwostai	10	namnidaize	10	skalkinona
	inmaideins		Laudeikaia		namnjaidau		skaudaraip
	inmaidjaiþ		Laudekaion		nasjandins		skaurpjono
	innakundai		lauhmunjai		nauþjandin		skeinandei
	innatiddja		leikeinaim		Nazoreinau		skiliggans
	inngaggais		leitilamma		neƕjandans		skuldedeiþ
	inngaggaiþ		libaidedup		neƕundjins		slahandans
	inrauhtida		liugandans		Nekaudemus		slawandein
	inrauhtiþs		liuhadeins		Nikaudemus		smakkabagm
	inreiraida		liuhtjando		nisslahuls		sniumjands
	insaiƕands		Lwddomaeis		niuklahaim		sniumundos
	insakandin		mahtedeina		niuklahein		sokjandans
	insandides		mahteigans		niuntehund		sokjandona
	insandjaiþ		mahteigons		parakletus		spedistaim
	inswinþida		Mailaianis		paraskaiwe		spedistana
	inswinþjan		Makaidonja		paurpaurai		spedistans
	intrusgans		Makedonais		peikabagme		spedumista
	intrusgiþs		Makidonais		praitauria		spidistaim
	intrusgjan		Makidoneis		praufetaus		spwreidans
	inwindamma		Makidonjai		praufeteis		Staifanaus
	inwindiþai		malandeins		praufetida		standaiduh
	inwindiþos		managaizos		praufetjam		standandei
	Iskarioten		managfalþo		praufetuns		stauastola
	Iskariotes		managizans		qainodeduþ		stautandin
	Iskarjotes		managizeim		qiþandeins		stojaindau
	Iudaialand		managizein		qiþuhaftom		sumaiuþþan
	iudaiwisko		managuþþan		qiþuhafton		suþjandans
	izwaraizos		manasedais		raginondin		suþjondans
	jaggahamoþ		manaseidai		rahnidedun		swaleikaim
	jaggatraua		manniskaim		rahnjaidau		swaleikana
	Jairupulai		mannleikan		raidjandan		swaleikans
	jassilbans		matjandans		raupidedun		swaleikata
	juggalauþs		Mattaþanis		rinnandans		swikunþaba
	Kaballarja		Mattaþiaus		rinnandins		swikunþans
	Kananeiten		Mattaþiwis		riqizeinai		swinþozans
	kaupastedi		maurþrjais		rodidedjau		swnagogais
	kaupatidai		midjungard		rodjandans		swnagogein
	kaurbaunan		mikiljands		rodjandins		taitrarkes
	kauridedun		minnistane		saiƕandans		taujandane
	Kaurinþium		minnistono		Salaþielis		taujandans
	Kaurinþius		missadedai		samaleikoh		taujandein
	kaurjaidau		missadedim		samaleikos		tawidedeiþ
	Kileikiais		missaleiks		Samareites		Teimauþaiu
	Klemaintau		miþfaginoþ		samjandans		Tibairiade
	knussjands		miþkauriþs		sandidedun		timreinais
	kunnandans		miþqiþaina		sandjandan		timridedun
	kunnandins		miþurrisuþ		sandjandin		timrjandin
	Kwreinaiau		miþwisseim		Saudaumjam		tiuhandans
	lagjandans		miþwissein		sibakþanei		trauandans
	laisarjans		mukamodein		sigislauna		tulgjandin
	laiseinais		muldeinans		sildaleiks		þagkjandam
	laiseinins		munaidedun		silubreina		þagkjandei
	laisjandin		Nahassonis		sitandeins		þahaidedun
	laistjaima		nahtamatis		skalkinoda		Þaiaufeilu
	laistjands		naiteinins		skalkinoma		þairhgagga

10	þairhiddja	10	unfrodeins	10	usiddjeduþ	10	waurstwjan
	þairhwisai		ungaƕairba		uskijanata		waurþanana
	þairhwisis		ungastoþai		uslagjands		waurþanona
	þairhwisiþ		unhabandin		uslaisidai		waurþanons
	þaurbandin		unhrainein		usleiþands		weinabasja
	þaurneinan		unhrainiþa		uslutondin		weinagarda
	þiudinassu		unhrainjam		ussaiƕands		weinatains
	þiuþeigaim		unhrainjin		ussateinai		weinatriwa
	þiuþeigana		unƕapnando		ussiggwaid		weitwodein
	þiuþeigins		unkunnands		usstandand		weitwodeis
	þiuþeinais		unliugaida		usstandans		weitwodeiþ
	þrafstjaiþ		unliugands		usstassais		weitwodida
	þramsteins		unmahteiga		usstiuriba		weitwodiþa
	þriskandan		unmahteigo		ustaiknein		weitwodjau
	þriskandin		unmahteigs		ustaikneiþ		wenjandans
	þugkjandam		unmanwjans		ustaiknida		wenjandein
	þwairheins		unriureins		ustaikniþs		wesunuþþan
	ubilwaurds		unriurjana		ustaiknjan		wigadeinom
	ubuhwopida		unrodjands		ustauhanai		wiljandane
	ufarassaus		unsaraizos		ustauhtais		wiljandans
	ufarassjai		unsweriþai		ustiuhaima		wiljandins
	ufarassjan		unþiuþjaiþ		ustiuhands		wiljauþþan
	ufargaggai		unwairþaba		usþroþeins		wilwandans
	ufargaggan		unwammeins		usþulainai		winnandans
	ufargudjam		unwissamma		uswairpada		winnandona
	ufargutana		urreisands		uswairpand		wissedeina
	ufarhafnau		urrinnando		uswalteins		witaidedun
	ufarhugjau		urrisanana		uswaltjand		witodalaus
	ufarlagida		usbairands		uswandjais		wiþraïddja
	ufarskafts		usbalþeins		uswaurkeiþ		wiþrawairþ
	ufarstigun		usbauhtedi		utgaggando		wopjandans
	ufarswaram		usbeidands		wadjabokos		wopjandins
	ufbaulidai		usbeisnein		waidedjane		wratodedun
	ufbrikands		usbluggwun		waidedjans		wrikandans
	ufdaupidai		usbraidida		wairaleiko		wrohidedun
	ufhauseins		usbugjands		wairþaiduh		wulþrizans
	ufhausjaiþ		usdaudeins		wairþodins		wundufnjos
	ufhausjand		usdaudozan		wajamerein		Zaibaidaiu
	ufhnaiwein		usdribeina		wajamereiþ	9	Abeilenes
	ufhnaiwida		usdrusteis		wajamerjan		Abrahamis
	ufhnaiwjan		usfilhands		wajamerjau		afairzjan
	ufkunnaida		usfratwjan		waldufneis		afargagga
	ufkunnands		usfulleins		waldufnjam		afaruþþan
	ufkunþedum		usfulljada		waldufnjis		afdauidai
	ufkunþedun		usfulljais		waltidedun		afdauþjan
	ufrakjands		usfullnoda		warjandane		afdomjada
	ufsaggqiþs		usgaggando		warjandans		afdomjaid
	ufþanjands		usgaggands		warmidedun		afdrugkja
	unagandans		usgrudjans		warmjandan		afhaimjai
	unairknaim		ushafjands		waurhtedun		afhlaþana
	unairknans		ushauhjada		waurkjaima		afhrisjam
	unandhuliþ		ushraineiþ		waurkjands		afƕapjaiþ
	unbeistein		ushramidan		waurstweig		afƕapjand
	undgreipan		ushrisjaiþ		waurstwein		afƕapnand
	undiwanein		usiddjedun		waurstwjam		aflagjaiþ

WORD LENGTH LIST

9 aflailoti	9 anabusnim	9 andnimaiþ	9 Baigausis
afleitana	anafilham	andnimand	bairandam
afletanda	anafilhan	andnumans	bairandei
afletands	anafilhis	Andraiins	Bairaujai
aflifnoda	anafilhiþ	andrunnun	bairhtaba
afmaimait	anafulhun	andsaiƕis	bairhtaim
afmauidai	anafulhuþ	andsaljan	bairhtein
afnimands	anahaitam	andsitaiþ	balweinim
afskaidai	anahaitiþ	andspiwuþ	bandwiduh
afskaidan	anakumbei	andstoþun	Barnabins
afskaidiþ	anakunnan	andwairþi	barnilona
afstandai	analagein	andwairþo	barniskai
aftaurnid	analatida	andwairþs	barniskja
aftumista	anamahtai	Antiokjai	barusnjan
aftumists	anamahtim	anþaraize	bauhtedun
afþliuhiþ	anameljan	anþaraizo	baurgjane
afwagidai	anaqiujan	anþaramma	baurgjans
afwairpan	anasiunjo	anþaranuh	Beþanijin
afwairpiþ	anawairþo	anþarizuh	Beþlahaim
afwalwiþs	anawiljei	Apaullons	Beþsaeida
afwalwjai	andabauht	apaustulu	Beþsaïdan
afwandida	andahafts	arbaidida	biaukands
afwandjan	andahaita	arbaidjai	bibundans
aglaitein	andalauni	arbaidjam	bidjandei
aglaitjam	andanahti	arbinumja	bidjandin
ahmeinaim	andaneiþo	armandins	bifaihoda
ahmeinans	andanemis	atdriusai	bigeteina
ahmeinona	andanumts	atgaggand	bigitaima
ahtaudogs	andastaua	atgebeima	bigitanai
Aifaisium	andaþahts	atgebeina	bigitanda
aihandans	andaugiba	atgibanda	bigitands
aihtedeis	andbahtam	atgibanos	bigraband
aihtronai	andbahtei	athaihait	bilaikada
aihtronds	andbahtiþ	atkunnaiþ	bilaikand
aikklesjo	andbahtja	atlagides	bileiþada
ainabaura	andbahtos	atlagjada	biliþanai
ainƕarjoh	andbeitan	atlaþodai	bimaitans
ainomehun	andbindan	atsteigai	binimaina
airzjands	andbindau	atsteigiþ	birauboda
aiwaggeli	andbindiþ	attaitoki	bireikeim
aiweinana	andbundun	attiuhats	bireikjai
aiweinons	andhafjan	atwairpan	birodeins
aiwiskjis	andhafjis	atwalwida	bisaulida
Aiwneikai	andhafjiþ	atwandida	bisitande
aizasmiþa	andhaitan	audagjand	bisitands
Aizleimis	andhaitis	audahafta	bistugqei
alamannam	andhaitiþ	augadauro	bistugqun
alewabagm	andhulein	auhmistam	bisunjane
aljakunja	andhulids	auhumista	biþagkeiþ
aljaleiko	andhuliþs	auhumists	biwaibiþs
aljanonds	andhuljan	Aunisimau	bleiþeino
anabiudam	andhuljiþ	awiliudam	bleiþeins
anabiudiþ	andletnan	awiliudom	bliggwand
anabudana	andnemjau	awiliudon	blindamma
anabusnai	andnimais	awiliudoþ	bokarjans

9	brahtedum	9	fairgunja	9	frawilwan	9	gadiliggs
	brahtedun		fairgunje		frawilwiþ		gadiupida
	brigganda		fairniþai		frawrekun		gadragand
	brinnando		fairnjana		freihalsa		gadrauhts
	brukjaima		fairnjans		freijhals		gadriusai
	brukjands		fairnjons		frijaizos		gadriusan
	bruþfadis		fairraþro		frijaþwai		gadriusiþ
	dailjands		fairweitl		frijaþwos		gafahanai
	daimonari		Fareisaie		frijodedi		gafahrida
	Dalmatiai		faridedun		frijondam		gafastaiþ
	daupeinai		fastubnja		frijondan		gafaurjos
	daupeinim		fauraqiþa		friondans		gafulgina
	daupidane		faurbauht		frisahtai		gafulhans
	daupjanda		faurhtein		frodozans		gagatiloþ
	daupjands		faurhteiþ		frumabaur		gageigaiþ
	dauþeinim		faurqiþan		frumadein		gaggandam
	diabaulau		faurþizei		frumistam		gaggandan
	diabaulus		fidurdogs		frumistin		gaggandei
	diabulaus		fidurfalþ		frumistja		gaggandin
	dishabaiþ		fijandans		frumiston		gagreftai
	dishuljiþ		Filippaus		fullaizos		gagudeins
	disiggqai		filufaiho		fulljands		gahabaida
	dissigqai		fotubaurd		fullnands		gahabaina
	distahein		frabairan		fwnikiska		gahaftida
	distahida		frabauhts		gaaggwein		gahaihait
	distahjiþ		frabugjan		gaaistand		gahailana
	distairai		fradailiþ		gaarbjans		gahailida
	distairid		fragibtim		gaarmaida		gahailjan
	distairiþ		fragiftim		gaarmaiþs		gahailnid
	diswilwai		fraisands		gabairada		gahailniþ
	diupaizos		frakunnan		gabairand		gahamodai
	domidedun		frakunnuþ		gabaurana		gahardeiþ
	draggkida		fralailot		gabaurans		gahaunida
	dragkidai		fraleitan		gabaurþai		gahaunjai
	drauhsnom		fraletada		gabeigans		gahauseiþ
	drauhsnos		fraletaid		gabeigins		gahausida
	driggkaiþ		fraletais		gabidjaiþ		gahausjai
	driggkats		fraliusiþ		gabigamma		gahausjan
	drigkaina		fralusano		gableiþja		gahausjau
	drigkands		fralusans		gabrukano		gahlaibam
	driusands		fralustai		gabundana		gahlaiban
	drobjands		framaldra		gabundans		gahlaibim
	drugkanai		framaþjai		gabundjai		gahobains
	duatiddja		framaþjin		gadailans		gahugdais
	duginnaiþ		framwigis		gadailida		gaƕairbam
	dustodeiþ		fraqimada		gadailiþs		gaƕeilain
	dustodida		fraqistja		gadaubida		gaƕeilaiþ
	Eikaunion		fraqistna		gadaukans		gaƕeiland
	Eisaeiins		fraþjaima		gadaursan		gaƕeitjan
	fadreinam		fraþjaina		gadaursta		gaiainnan
	fadreinis		fraþjands		gadaursum		gaïbnjand
	faginonds		fraujinon		gadauþnai		gaigrotun
	faiflokun		fraujinoþ		gadauþnan		gaigrotuþ
	fairaihan		frawaurht		gadauþniþ		gairnjais
	fairgraip		fraweitan		Gaddarene		gajiukais

9	gakanneiþ	9	gamanwiþs	9	gaskalkja	9	gawairpiþ
	gakannida		gamarzein		gaskapana		gawairþja
	gakannjan		gamarzeiþ		gaskapans		gawaldand
	gakrotuda		gamarzjai		gaskaþjiþ		gawalidai
	gakunnais		gamarzjau		gaskeiriþ		gawandeiþ
	gakunnaiþ		gamaudein		gastaldan		gawandida
	gakusanai		gamaudeiþ		gastandai		gawandiþs
	galagjada		gamaudida		gastandan		gawandjai
	galagjand		gamaurgiþ		gastandiþ		gawandjan
	galagjaza		gameleins		gastauida		gawargida
	galaisida		gamelidin		gasteigiþ		gawaseins
	galaisiþs		gamoteima		gastigods		gawasidai
	galaisjai		gamunands		gastrawiþ		gawasjada
	galaisjan		gamuneima		gasulidai		gawaurdja
	Galatiais		ganamnida		gasunjoda		gawaurhta
	galaþodam		ganasidai		gaswiltam		gawaurkja
	galaubaim		ganasjada		gaswiltan		gaweihada
	galaubeid		ganasjais		gaswiltiþ		gaweihaiþ
	galaubein		ganimands		gaswogida		gaweisoda
	galaubeis		ganisaina		gaswultun		gawissins
	galaubeiþ		ganistais		gaswultuþ		gibandans
	galaubida		ganohidai		gataihans		gibandins
	galaubiþs		ganuteina		gatairada		glaggwaba
	galaubjai		gaqissans		gatandida		glaggwuba
	galaubjam		gaqiunand		gatarhida		godakunds
	galaubjan		gaqiunoda		gatarhiþs		goleinais
	galaubjau		gaqumanai		gatarhjan		gredagana
	galauseiþ		gaqumþais		gatauhans		gredagans
	galausida		garaidida		gataurniþ		gretandam
	galausiþs		garaihtai		gataurþai		gudjinoda
	galausjai		garaihtei		gatawides		Gutþiudai
	galausjan		garaihtin		gatawidos		habandane
	galeikaiþ		garaihtis		gateihats		habandans
	galeikans		garaihton		gatimrida		habandein
	galeikoda		garaznans		gatimrjon		habandins
	Galeilaia		garaznons		gatiuhand		habandona
	Galeilaie		garehsnai		gatrauaiþ		Haibraium
	galeiþais		garinnaiþ		gatulgeiþ		Haibraius
	galeiþaiþ		gariudans		gatulgida		haifstais
	galeiþand		gariudein		gatulgjai		haifsteis
	galeiweiþ		garunnana		gatulgjan		haifsteiþ
	galewjada		gasaiƕand		gaþarbaiþ		haifstida
	galukands		gasaiƕano		gaþiuþida		haifstjan
	galuknoda		gasaiƕans		gaþiwaids		haihaitun
	gamaidans		gasaizlep		gaþlaihan		Haileiins
	gamainduþ		gasakands		gaþlaihiþ		hailjands
	gamainein		gasalboda		gaþlaihte		haimoþlja
	gamaineiþ		gasandjan		gaþlauhun		hairdjans
	gamainida		gasatidai		gauƕaseƕi		haitaidau
	gamainjai		gasatjais		Gaulgauþa		haitaizau
	gamainjan		gasiggqai		Gaumaurra		haitanana
	gamanweid		gasiglida		gaumjaina		haitanane
	gamanweiþ		gasinþjam		gaumjands		haitandin
	gamanwida		gasitands		gawadjoda		haiþiwisk
	gamanwids		gaskaftai		gawairpan		haldandan

9		9		9		9	
	halsaggan		ingardjon		laisarjam		manaseiþs
	handugein		inmaidein		laiseinai		manleikan
	hatandane		inmaideiþ		laiseinim		mannanhun
	hatandans		inmaidida		laisjaina		manwjaima
	hatjandam		inmaidiþs		laisjands		matidedum
	hauheinai		inmaidjan		laistjais		matidedun
	hauhjaina		inngaggan		laistjaiþ		matideduþ
	hauhjands		inngaggiþ		laistjand		matjandam
	hauhþuhts		inngalaiþ		laþaleiko		matjandan
	hauneinai		inniujiþa		laþondins		matjandin
	haunjands		insakands		lauhmunja		Maþusalis
	haurnjais		insandeiþ		lausjadau		maurnands
	haurnjans		insandida		lausjands		maurþreiþ
	hauseinai		insandiþs		leikainai		meinaizos
	hausjaina		insandjan		leikeinai		meridedum
	hausjands		instandai		leikeinon		meridedun
	hazidedun		inswinþei		leikinoda		merjandan
	hazjuþþan		intandeiþ		leitaidau		midumonds
	Herodiane		intundnan		leitilane		mikilamma
	hilpandam		inwandjan		leitilata		mikilduþs
	hleidumei		inweitais		libainais		mikileins
	hlutriþai		inwindaim		libandans		mikiljada
	hnasqjaim		inwindans		libandins		minnistan
	horinassu		inwindiþa		ligandane		minnistin
	hraineino		inwiteina		ligandein		minnizins
	hrainjaim		Iohannein		listeigon		missadede
	hropjands		Iohannins		liteinins		missadeds
	huggridai		Iskariotu		liubaleik		missaqiss
	hugidedun		izwaramma		liugaidos		mitandans
	hugjandam		jabbiudis		liugandau		mitodedun
	hundafada		jabbrusts		liugnjans		mitodeduþ
	hundafade		jaggalaiþ		liuhadein		mitondans
	hundafads		jallaggei		liuþarjos		miþmatjan
	hundafaþs		jammundoþ		lubainais		miþmatjiþ
	hunsljada		jassamana		lutondans		miþsatjau
	ƕairneins		jassunjai		Lwsaniaus		miþsokjan
	ƕarbondin		jassunjos		Maeinanis		miþwissei
	ƕarjammeh		jasswaswe		magandans		motastada
	ƕaþaramme		Jaurdanau		Magdalene		munandane
	ƕileikaim		juggalaud		mahteigin		munandans
	ƕilftrjom		juggalauþ		Mailkeins		nahtamata
	ƕoftuljos		Kaeinanis		maimaitun		naiteinos
	ƕopandans		Kafarnaum		maizuþþan		namnidans
	ƕotidedun		Kaisarias		Makidonai		naseinais
	Iaireikon		kannidedi		Makidonim		nasjandis
	Iaurdanau		kaupatjan		Makidonja		nauhþanuh
	ibnaleika		Kaurazein		managaize		nauhuþþan
	idreigoda		Kaurinþon		managamma		Nazoraiau
	idweitida		kunawidom		managduþs		Nazoraius
	idweitjan		kunnandam		manageino		Nazorenai
	inaljanom		kunþedeiþ		manageins		neƕundjan
	inaljanoþ		Kwreinaiu		managfalþ		neƕundjin
	indrobnai		lagidedun		managizam		nimandans
	infeinoda		lagideduþ		managnaiþ		niujaizos
	ingardjam		laisareis		manasedai		niuklahai

9	parakletu	9	sinistans	9	taihswons	9	þusundjos
	paurpurai		sinteinan		taihundon		þusundjus
	praitoria		sinteinom		talzeinai		þuthaurna
	praufetau		siponjans		talzjands		þwairhein
	praufetei		sitandans		tandjands		þwmiamins
	praufetes		skabaidau		taujandam		ubiltojis
	praufetja		skalkinon		taujandan		ufarassau
	praufetum		skalkinoþ		taujandin		ufarassiþ
	praufetus		skaluþþan		tawidedun		ufarassus
	qainondam		Skariotau		tawideduþ		ufarfulla
	qairreins		skattjane		Teimaiaus		ufarhamon
	qimandans		skaþulans		timreinai		ufariddja
	qimandein		skeireins		tiuhandei		ufarjaina
	qisteinai		skuldedum		trauainai		ufarmeliþ
	qiþandane		skuldedun		trausteis		ufarmiton
	qiþandans		slaihtaim		triggwaba		ufblesada
	qiþandins		slauhtais		triggwaim		ufblesans
	rabbaunei		sneiþands		triggwana		ufdaupiþs
	rahnjaina		sniumundo		tuzwerjai		ufgraband
	rahnjanda		sokidedum		tweiflein		ufhausein
	rahnjands		sokidedun		tweifljan		ufhauseiþ
	Raibaikka		sokideduþ		tweihnaim		ufhausjai
	raihtamma		sokjandam		þahaidedi		ufhausjan
	reikistin		spedistin		þairhberi		ufhropida
	reirandei		speidizei		þairhlaiþ		Ufitahari
	riurjamma		speiwands		þairhwisa		ufkunnaiþ
	rodidedum		stairnons		þanaseiþs		ufkunnand
	rodidedun		standands		þaþroþþan		ufkunþedi
	rodjandan		stiurjand		þauhjabai		ufkunþjis
	rodjandin		stiwitjis		þaurbeima		ufsagqiþs
	sabbataus		stojandan		þaurftais		ufsneiþai
	Saddukaie		sumaiþþan		þaurftozo		ufsneiþiþ
	saggqjand		sumzuþþan		þaurneina		ufsniþans
	Sailaumis		sunjeinai		þaursidai		ulbandaus
	salbonais		sunjeinan		þaursjana		unairknai
	salidedun		swaleikai		þaurstein		unbarnahs
	samaleika		swaleikos		þeihandei		unbimaita
	samaleiko		swartizla		þeinaizos		unbrukjai
	samaqisse		sweraidau		þisƕammeh		undaristo
	Samareite		swigljans		þiumagaus		undgripun
	satidedun		swigniþai		þiuþeinai		undrinnai
	satjaidau		swikniþai		þiuþjands		undrunnun
	Saudaumim		swikunþai		þrafsteiþ		unfaurjos
	Saudaumje		swikunþos		þragjands		unfrodana
	Saulaumon		swinþeins		þraihanai		unfrodans
	Seidonais		swinþnoda		þraiheina		unfrodein
	Seimonaus		swistrjus		þreihanda		unfroþans
	seinaizos		swistruns		þreihslam		unhailans
	seneigana		swnagogai		þrutsfill		unhrainja
	sibakþani		swnagogei		þuggkjand		unhulþans
	sigislaun		swnagogen		þugkjaima		unhulþins
	sigljands		swnagogim		þuhtuþþan		unhulþono
	sijaiþþan		Swntwkein		þulainais		unhulþons
	sildaleik		swogatjam		þulandans		unkarjans
	sinistane		taihswona		þusundjom		unledaize

9	unliutons	9	usgaggaiþ	9	ussuggwud	9	waurkjaiþ
	unmahteig		usgaggana		ussuggwuþ		waurkjand
	unmahtins		usgaggand		ustaiknja		waurpeina
	unmildjai		usgaisiþs		ustauhana		waurstwam
	unnutjans		usgebeina		ustauhans		waurstwis
	unqenidam		usgibaima		ustauhtai		waurstwja
	unriurein		usgibands		ustiuhada		waurþanai
	unriurjai		usgildada		ustiuhaiþ		waurþanam
	unsahtaba		ushauheiþ		usþriutiþ		waurþanon
	unsaraize		ushauhida		usþroþiþs		waurþeima
	unsaramma		ushauhido		usþulaida		waurþeina
	unseleins		ushauhjan		usþulands		weihaizos
	unseljins		ushauhnai		uswagidai		weinagard
	unsibjaim		ushauhnan		uswahsans		weinatriu
	unsibjona		ushramiþs		uswairpam		weitwodei
	unsweraim		ushramjan		uswairpan		weitwodja
	unsweraiþ		uskannjan		uswairpis		weizuþþan
	unswerein		uskeinand		uswairpiþ		wenidedum
	untriggwa		uskeinoda		uswaltida		wildedeiþ
	untriggws		uskiusada		uswandjai		wiljandam
	unþaþlauh		uskiusaiþ		uswaurhta		wiljandin
	unuhteigo		uskunþana		uswaurpai		winnandam
	unwammans		uskusanai		uswaurpum		wisandans
	unweisans		uslagjand		uswaurpun		wisandeim
	unweniggo		uslaubida		usweihaim		wisandein
	unwitands		uslausein		usweihona		wisandins
	unwunands		uslausida		utbaurans		wisandona
	urraiseiþ		uslukanai		uzuhiddja		wissedeis
	urraisida		uslukands		wahsjaima		wissedjau
	urraisjai		usluknans		wahsjando		witandans
	urraisjan		usluknoda		waidedjin		witodeigo
	urranneiþ		uslutonds		waihstins		witubnjis
	urreisand		usmaitada		wailameri		wiþondans
	urrumnaiþ		usmaitans		wailaqiss		Wmainaius
	urrumnoda		usmaitaza		wairsizei		wopidedun
	usbaugeiþ		usmernoda		wairsizin		wopjandam
	usbauhtai		usnimands		wairþaima		wrakjands
	usbeisnai		usnugibiþ		wairþaina		wulandans
	usbeisnei		usqemeina		wairþands		wullareis
	usdaudana		usqisteiþ		wairþidai		wulþagaim
	usdaudein		usqistiþs		wairþidos		Zakariins
	usdaudida		usqistjan		wakandans		Zaxariins
	usdaudjam		usrumnoda		waldufnja		Zaxxaiaus
	usdaudoza		ussaiƕand		waldufnje	8	Abiaþara
	usdreiban		ussandida		walwisoda		Abrahama
	usdreibiþ		ussandjai		wandjands		afagidai
	usdribana		ussiggwis		waninassu		afardaga
	usdribans		usskarjiþ		waridedum		afdailja
	usfairina		ussokjada		waridedun		afdomiþs
	usfilmans		usstandan		warmjands		afdomjan
	usfulleiþ		usstandiþ		wasidedum		afgudaim
	usfullida		usstassai		wasideduþ		afgudein
	usfulliþs		ussteigan		waurdahai		afhabaiþ
	usfulljan		ussteigiþ		waurkjada		afholoda
	usfullnau		usstiurei		waurkjais		afhugida

8	afƕapjan	8	aiweinis	8	Andraiin	8	atwopjan
	afƕapniþ		aiweinon		Andriins		audagins
	aflagida		aiweinos		andsitiþ		auhjodau
	aflagjan		aiwiskja		andstald		auhmisto
	aflagjiþ		aiwiskoþ		andtiloþ		aukandei
	aflailot		Akaïkaus		andþahta		auknando
	afleitan		alaþarba		ansteigs		aurahjom
	afleiþiþ		Alfaiaus		anþaraim		aurtjans
	afletada		aljakuns		anþarana		auþjamma
	afletaiþ		aljanond		anþarans		awiliuda
	aflifniþ		allaizos		anþaranu		awiliude
	aflinniþ		allandjo		Apaullon		awiliudo
	afnimada		anaaiauk		Araitins		awistris
	afsatida		anaaukan		arbaidai		Bailiama
	afsatjan		anabaust		arbaidei		bairaima
	afslaham		anabiuda		arbaidim		bairaina
	afslohun		anabudan		arbaidja		bairands
	afstoþum		anabudum		arƕaznos		bairgais
	aftiuhan		anabusne		arjandan		bairhtai
	aftumans		anabusns		Arkippau		bairhtei
	aftumist		anafilha		armaions		baitraba
	afþwahan		anahaita		armostai		baitrein
	afwandei		anahamon		assarjau		Baiþilis
	aggeljus		analaugn		Assaumis		balsanis
	aggileis		analeiko		ataþnjis		balþeins
	aggiljus		Ananeiin		ataugeiþ		balwjais
	aggiluns		anatramp		ataugida		bandjins
	aggwiþai		anaþaima		ataugids		bandweiþ
	aggwiþom		Anaþoþis		ataugiþs		bandwida
	aglaitei		anawairþ		ataugjai		bandwiþs
	aglaitja		anawilje		ataugjan		banstins
	ahmeinai		andabeit		atbairiþ		Barabban
	ahmeinan		andahaft		atdrusun		Barabbas
	ahmeinon		andahait		atgaggai		barbarus
	Aibairis		andanems		atgaggiþ		Barnabas
	Aidduins		andaugjo		atgebeiþ		Barnabin
	Aieirins		andawizn		atgibada		batizans
	Aifaison		andbahta		atgibana		bauainai
	aihtedun		andbahte		atgiband		bauandei
	ainaihun		andbahti		atgibans		Bauauzis
	ainaizos		andbahts		athafjan		baurþein
	ainishun		andbitun		athahans		beidaima
	ainlibim		andhaita		atlaþoþs		beidands
	Ainnaïns		andhofun		atneƕida		berusjos
	ainnohun		andhuliþ		atsaiƕiþ		Beþanian
	Aipafras		andnemum		atsatjan		Beþanias
	Aipafrin		andnemun		atstoþun		Beþaniin
	Airastus		andnemuþ		attaitok		biaukada
	airizane		andnimai		attauhun		biauknai
	airkniþa		andniman		attauhuþ		biauknan
	airþeina		andnimiþ		attekaiþ		bidjands
	airþeins		andnuman		attiuhan		bidomjai
	airzeins		andqiþan		attiuhiþ		bifaihon
	airziþos		Andraian		atþinsiþ		bigitana
	aistands		Andraias		atwopida		bigitand

8	bigitans	8	Daweidis	8	faurbauþ	8	freidjai
	bigitats		diabulau		faurhtai		freihals
	bihaitja		diabulos		faurhtei		friaþwai
	bihlohun		diabulus		faurqiþa		friaþwos
	bikukjan		digandin		faursnau		frijaþwa
	bilaikan		disdraus		faurþize		frijodan
	bileiþai		diupiþai		fiandans		frijodes
	bileiþiþ		domjands		fidworim		frijoduh
	bimaitai		dragkida		figgrans		frijonai
	bimaitan		draibeis		fijandam		frijonds
	bimaitis		draibiþs		fijandis		frisahts
	bimaitiþ		drakmans		filegrja		frodamma
	birekjai		drauhsno		filigrja		froþeina
	birodeiþ		drausnos		Filippai		frumista
	birunain		dreiband		Filippau		frumists
	birunnun		driggkai		Filippus		fulginis
	birusjos		driggkan		filleina		fulhsnja
	bisatida		driggkiþ		filusnai		fullamma
	bisniwam		drigkais		finþands		fullnaiþ
	bispiwun		drigkaiþ		fiskjans		funiskos
	bistugqe		drigkand		fitandei		Fwgailus
	bitiuhan		driugais		flauteiþ		gaaggwei
	Biþaniin		drobnans		fodeinai		gaandida
	biugitai		drugkans		fodidedi		gaaukaiþ
	biwandei		duginnam		fraatjau		gabairam
	biwesjau		duginnid		frabauht		gabairan
	biwundan		dugunnun		frabugei		gabairid
	blandaiþ		dugunnuþ		fragiban		gabairis
	bleiþein		dwalamma		fragibis		gabatnis
	blindaim		Eeiramis		fragibiþ		gabauram
	blindana		eisarnam		fragilda		gabauran
	blindans		Esaeiins		fraihans		gabauros
	blindins		fadreina		fraihnai		gabeidiþ
	blotande		faginoda		fraihnan		gabeigai
	bokareis		faginond		fraihnis		gabeigam
	bokarjam		fahedais		fraihniþ		gabigaba
	bokarjos		faheidai		fraisais		gabindan
	briggais		faihuþra		fraisans		gabindiþ
	broþrjus		fairguni		frakunni		gabindos
	broþruns		fairƕaus		frakunþs		gaboteiþ
	brukjais		fairinos		fraletan		gabundan
	bruþfads		fairinoþ		fraletau		gabundun
	bruþfaþs		fairnjan		fraletis		gadailei
	bugjaima		fairnjin		fraletiþ		gadailja
	bugjaina		Falaigis		fralusts		gadigans
	bugjanda		Fanuelis		franiman		gadomida
	Damaskai		Faraizis		fraqeþun		gadomiþs
	Damaskon		fastaida		fraqimai		gadomjan
	daubiþos		fastaina		fraquman		gadraban
	dauhtrum		fastaiþs		fraþjaiþ		gadrusun
	daupeins		fastands		fraþjand		gafahans
	daupidai		faurahah		fraujans		gafastan
	daupjada		fauraïst		fraujins		gafaurds
	daupjand		fauraqaþ		fraweita		gafehaba
	dauþaize		faurbaud		freidida		gafilhan

8	gafilhis	8	galeikoþ	8	garaihta	8	gatauhun
	gafrehun		galeiþam		garaihts		gataujai
	gafriþon		galeiþan		garaþana		gataujan
	gafulgin		galeiþau		garedaba		gataujiþ
	gagaggiþ		galeiþis		garehsns		gataujos
	gaggaima		galeiþiþ		gariudja		gatauran
	gagganda		galeiþos		gariudos		gatawida
	gaggando		galeweiþ		garunjon		gateiham
	gaggands		galewida		garunnun		gateihiþ
	gagrefts		galewiþs		garunsai		gatemiba
	gagudaba		galewjan		garunsim		gatewiþs
	gagudein		galigrja		gasahtai		gatilaba
	gahabaiþ		galisada		gasaiƕam		gatilona
	gahaband		galisand		gasaiƕan		gatimrja
	gahailja		galiugam		gasaiƕau		gatimrjo
	gahaitam		gamainja		gasaiƕis		gatrauam
	gahaitis		gamainþs		gasaiƕiþ		gatrauau
	gahaitiþ		gamanwiþ		gasakada		gatrudan
	gahausiþ		gamarkoþ		gasakans		gaþagkja
	gahugdai		gamatjis		gasatein		gaþaihuþ
	gahulida		gamaudei		gasatida		gaþarban
	gahuljai		gamaudja		gasatids		gaþaurbs
	gaƕotida		gamelida		gasatiþs		gaþiwaiþ
	gairnein		gamelido		gasatjan		gaþlaiht
	gairneiþ		gameljan		gasatjiþ		gaumjais
	gairnida		gamitone		gaseƕuts		gauridai
	gairunja		gamoteiþ		gasibjon		gaurjada
	gajiukai		gamotida		gasinþam		gaurjaiþ
	gajukans		gamotjan		gaskafts		gawagida
	gajukono		gamundai		gaskalki		gawagjan
	gajukons		gamuneis		gaskamai		gawairþi
	gakiusai		gamuneiþ		gaskohai		gawalida
	gakiusan		ganasida		gaskoþum		gawandei
	gakiusiþ		ganasjan		gaskoþuþ		gawasida
	gakunnan		ganasjau		gaslawai		gawasids
	gakunnun		ganasjis		gasmiþoþ		gawasiþs
	gakunþai		ganasjiþ		gasnewum		gawasjam
	gakusans		ganatida		gasokjau		gawasjiþ
	galagida		ganauhan		gasoþida		gawaurki
	galagiþs		ganauhin		gasoþjan		gaweihai
	galagjai		ganimaiþ		gaspillo		gaweiham
	galagjiþ		ganisand		gastalda		gaweisoþ
	galaista		ganistai		gastigun		gawigana
	Galateis		ganiþjam		gastoþan		gawiljai
	Galatiai		ganiþjos		gastoþun		gawrikai
	galatida		ganohida		gastoþuþ		gawrikiþ
	galaþoda		ganohiþs		gasupoda		gawunnuþ
	galaþoþs		ganohnan		gaswulti		gibaidau
	galaubei		ganumans		gataihan		gibandan
	galaubja		gaqimand		gataihun		gibandin
	galeikai		gaqissai		gatairan		godaizos
	galeikan		gaqiujiþ		gatairiþ		gramjaiþ
	galeikja		gaqumþai		gatamjan		gredagai
	galeikom		gaqumþim		gatarhiþ		gretands
	galeikon		garaidon		gatarniþ		gudiskai

8	gulþeina	8	huggreiþ	8	Israelis	8	laistjan
	gumakund		hugjaima		Ituraias		Laiwweis
	habandam		hugjands		Iudaiaus		Lamaikis
	habandan		huhjands		Iudaieis		latidedi
	habandei		hundafaþ		Iudaiuns		laþonais
	habandin		huzdjaiþ		izwaraim		laþondin
	hafanana		hwssopon		izwarana		laugnida
	haifstai		ƕarbonds		izwarans		lauhmoni
	haifstei		ƕarjamma		jainaize		Lauidjai
	haihamma		ƕarjanoh		jainamma		lausjaiþ
	hailaize		ƕarjatoh		jalliban		leikeina
	hairdeis		ƕarjizuh		jarragin		leikeins
	hairdjam		ƕaþjands		jassutja		leikinon
	hairdjos		ƕeilohun		jaþþairh		leitilai
	hairtane		ƕileikai		jaþþatei		lewjands
	hairtins		ƕileikos		jaþþrije		libainai
	hairtona		ƕileikuh		Johannen		libandei
	hairþram		ƕoftulja		Judaieis		libandin
	haitaina		Iairikon		Judaiuns		ligandan
	haitanam		Iakobaus		jukuzjai		ligandei
	haitanan		Iareimis		juzuþþan		listeigs
	haitanda		Iaurdane		Kaifaira		liugaida
	halisaiw		Iaurdanu		kaisaris		liuganda
	haltamma		ibdaljin		kapillon		liugands
	hamfamma		ibnassau		karkarai		liugnjam
	handugei		ibnassus		karkarom		liuhadis
	haubidis		iddjedum		kauridai		liuhtida
	hauheins		iddjedun		kauriþos		liuhtjai
	hauhiþai		iddjeduþ		kausjais		magandan
	hauhiþos		idreigai		kausjand		magaþais
	hauhjaiþ		idreigos		kawtsjon		magaþein
	hauniþai		idreigoþ		kindinis		Magdalan
	haurdins		iggqarai		kiusands		mahtedum
	hausides		inaheins		kriustiþ		mahtedun
	hausjaiþ		inkilþon		kubituns		mahteiga
	hausjand		inkunjam		kunnands		mahteigo
	hazeinai		insahtai		kunneina		mahteigs
	hazeinim		insaiano		kunþedum		maihstau
	hazjaina		insaiƕan		kunþedun		Mailkeis
	Heleiins		insaiƕiþ		lagidedi		maistans
	Herodeis		insakana		lagjands		maistins
	himinans		insandei		laigaion		Makeibis
	hiuhmans		insandja		Laigaion		mammonim
	hlaibans		inuþþaim		lailotun		mammonin
	hleibida		inwagida		laisaris		managaim
	hleiþrai		inweitis		laisarja		managans
	hleiþros		inweitiþ		laiseigs		manageim
	hliumans		inwidand		laiseino		managein
	hlutrans		inwindai		laiseins		managizo
	hlutrein		inwitoþs		laisidai		managjai
	hnaiweiþ		Iohannau		laisjand		managniþ
	hrainein		Iohannen		laisteis		managons
	hrainjai		Iohannes		laisteiþ		manaseds
	hrainjam		Iohannis		laistida		manaseþs
	hropjand		Ioreimis		laistjai		manaulja

8	manleika	8	nahtamat	8	riurjana	8	sitandin
	mannahun		namnidon		riurjand		siukands
	manniska		namnjada		rodidane		siukeins
	manwides		naqadana		rodidedi		skaftida
	manwiþai		naqadein		rodidona		skalkans
	manwjaim		naseinai		rodjands		skalkino
	manwjaiþ		nasjands		sabbatim		skamaida
	manwjana		nauþjada		sabbatum		skattans
	manwjata		nauþjand		saggwins		skattjam
	marisaiw		Nazaraiþ		saianans		skaþaila
	marzeins		Nazoraiu		saiandan		skaunjai
	matibalg		Nazorenu		saihstin		skohslam
	matidedi		neƕundja		saihston		skuggwan
	matjaina		nimandei		saiƕaima		skuldedi
	matjands		nimandin		saiƕaina		slahands
	Matþatis		nissijai		saiƕands		sleidjai
	maurgina		niþþatei		saijands		slepaima
	maurgins		niujamma		Sairokis		slepands
	maurnaiþ		niujiþai		saiwalai		sliupand
	meinaize		niuklahs		saiwalom		smairþra
	meinaizo		niukkannt		saiwalos		smakkane
	meinamma		Odueiins		salbodes		smakkans
	meljaima		ogandans		salbonds		smalista
	meljands		Paitraus		saliþwos		sneiþand
	mereinai		Paunteau		saljaina		snutraim
	merjands		Pauntiau		Salmonis		snutrane
	mikilaba		Peilatau		samalaud		snutrein
	mikilana		Peilatus		Samarian		sokareis
	mikilans		praufete		Saraipta		sokjands
	mikilata		praufetu		Satanins		sparwans
	mikilduþ		qairrein		Saudauma		spaurdim
	mikileid		qaþuþþan		sauhtins		spedista
	mikilein		qimandam		saurgaiþ		speiwand
	mikileiþ		qimandan		Seidonai		spewands
	mikilids		qimandei		Seidonim		spinnand
	mikilins		qimandin		Seimonau		stainans
	mikilnan		qinakund		Seimonis		staineiþ
	minnista		qiþanana		seinaize		stainiþs
	minnizei		qiþandam		seinaizo		stainjam
	minnizin		qiþandan		seinamma		stammana
	mitadjon		qiþandei		seiteina		standaiþ
	mitoneis		qiþandin		seljamma		standand
	mitonins		qiþanona		siggwada		stauides
	miþlibam		qrammiþa		Silbanus		stiurjan
	miþniman		qumanana		Siloamis		stiwitja
	miþniqam		ragineis		silubris		stojaima
	miþþanei		raginjam		sineigos		sumaizeh
	motareis		rahnidai		sinistam		sumammuh
	motarjam		rahnjaiþ		sinteino		sumanzuh
	motarjos		raihtaba		siponeis		sumuþþan
	muldeina		reikinon		siponida		sunjeina
	muldeins		reikinoþ		siponjam		sunjeino
	munandin		reikjane		siponjos		sunjeins
	mundedun		riqizein		sitandam		sunjonai
	mundrein		riqizeiþ		sitandan		swaihron

8	swalauda	8	þahtedun	8	ufbrikiþ	8	unwerein
	swaleika		þairhwis		ufhaband		unwerida
	swaleiks		þanamais		ufkunnai		unwerjan
	swarands		þanuþþan		ufkunnan		unwitans
	swartiza		þatainei		ufkunnau		unwitjis
	swegneid		þatuþþan		ufkunþes		urraisja
	swegnida		þaurbeiþ		ufkunþja		urreisan
	swegniþa		þaurftai		ufligaiþ		urreisiþ
	sweraina		þaurftos		ufligand		urrinnai
	sweriþai		þaurniwe		ufmelida		urrinniþ
	sweriþos		þaurnjus		ufrakida		urriqiza
	swesamma		þaurnuns		ufrakjai		urrugkai
	swignjai		þaurseiþ		ufsnaist		urrunnun
	swignjan		þaursjai		ufþanjam		urrunnuþ
	swiknaba		þeihando		ufwopida		usagidai
	swiknana		þeinaize		uhteigai		usagljai
	swiknein		þeinaizo		ulbandau		usaiwida
	swikunþa		þeinamma		unagands		usbairan
	swikunþs		þishvaduh		unandsok		usbairid
	swinþein		þishvanoh		unatgaht		usbauhta
	swinþoza		þishvaruh		unbiarja		usbeidam
	Swmaions		þishvazuh		undgreip		usblaggw
	swnagoge		þishvizuh		undredan		usdaudei
	tahjands		þiudanam		unfagram		usdribun
	taihswai		þiudanis		unfrodai		usdrusuþ
	taihswon		þiudanon		unhailai		usfarþon
	taikneis		þiudanos		unhailja		usfilhan
	taikneiþ		þiudanoþ		unhrains		usfilmei
	taiknins		þiudisko		unhulþin		usfodein
	tainjons		þiumagus		unhulþom		usfullei
	Tairtius		þiuþeiga		unhulþon		usfulliþ
	talzidai		þiuþeigo		unkunþai		usfullja
	talzjaiþ		þiuþeigs		unledaim		usfulnai
	talzjand		þiuþjaiþ		unledane		usgaggai
	taujaima		þliuhais		unledans		usgaggam
	taujaina		þliuhaiþ		unliubon		usgaggan
	taujands		þliuhand		unlustau		usgaggis
	timbrjan		þrafstei		unmahtim		usgaggiþ
	timrjada		þraihans		unsaltan		usgibais
	timrjaiþ		þreihand		unsaraim		usgiband
	timrjans		þuggkeiþ		unsarana		usgildai
	tiuhanda		þugkjand		unsarans		usgildan
	Trauadai		þuhtedun		unselein		usgildiþ
	trauaida		þulainai		unseljai		usguldan
	trauains		þusundjo		unseljam		usgutniþ
	triggwai		þwairhei		unseljin		ushafjan
	triggwin		þwastiþa		unsutjam		ushaihah
	triggwis		ubilaize		unswerai		ushaista
	triggwos		ubilaizo		untalaim		ushramei
	triweina		ubilamma		untalans		ushuloda
	twalibim		ufaiþjai		untalons		uskiusan
	tweihnos		ufarassu		unþiudom		uskusans
	Twkeikus		ufarlaiþ		unþiuþis		uslagida
	þaggkeiþ		ufarmeli		unwammai		uslagjan
	þahainai		ufbrikan		unweisai		uslagjiþ

8	uslaubei	8	waihstam	8	wisuþþan	7	aihtins
	uslaubja		waihtais		witaiduh		aihtron
	uslausei		waihtins		witandei		Ailamis
	usleiþam		wairilom		witubnja		ainakla
	usleiþan		wairsiza		wizondei		ainamma
	usleiþiþ		wairþaba		wlaitoda		ainfalþ
	uslunein		wairþaid		wokainim		ainohun
	uslutoda		wairþaiþ		wratodum		Ainokis
	uslutoþs		wairþana		wrikanai		Ainosis
	usmaitau		wairþand		wulþagai		ainshun
	usmeitum		wairþans		wulþrais		Aiodian
	usmitaiþ		wairþata		Xristaus		airinom
	usnimada		wairþida		Zakarian		airizam
	usnimais		waldufni		Zakarias		airzein
	usnumans		walisans		Zakkaius		airzeiþ
	usqimand		wardjans	7	Abijins		airziþa
	usqissai		wargiþos		Abraham		airzjai
	ussaiƕan		wasjaima		Addeins		aistand
	ussaiƕau		wasuþþan		afaiaik		aiþeins
	ussaljan		waurhtai		afaikai		aiweina
	ussatida		waurkeis		afaikam		aiweino
	ussatjai		waurkeiþ		afaikan		Aizoris
	usskawai		waurkjam		afaikis		ajukduþ
	ussokeiþ		waurkjan		afaikiþ		Akaïjai
	usspillo		waurmans		afdumbn		akeitis
	usstigun		waurstwa		affalht		akranam
	ustandiþ		waurstwe		afgudon		akranis
	ustassai		waurtins		afhamon		Alamoda
	ustauhan		waurþana		afiddja		aldomin
	ustauhts		waurþano		afletai		alewjin
	ustauhun		waurþans		afletam		Alfaius
	ustiuhai		weihaida		afletan		aljanon
	ustiuhan		weihaize		afletiþ		aljanoþ
	ustiuhiþ		weihamma		afnimai		aljaþro
	usþulaiþ		weihiþai		afniman		allaize
	usþuland		weitwode		afnimiþ		allaizo
	usþwohun		wenjaima		afqiþiþ		allamma
	uswagida		wenjands		afskauf		allaþro
	uswairpa		widuwono		afstand		alþjona
	uswakjau		widuwons		afstass		alþjono
	uswaurpa		wildedum		afstoþi		anabaud
	uswaurpi		wildedun		aggilau		anabauþ
	uswaurts		wildeduþ		aggilum		anabiud
	uswenans		wiljands		aggilus		anabudi
	uswissai		Wiljariþ		aggwiþa		anabusn
	uswissja		wilþeins		agliþos		anafalh
	uswundun		winnaina		Agustau		anafilh
	utgaggiþ		wintriwe		Aharons		anaqiss
	waggarja		wintruns		ahmeino		anasiun
	wagidata		wisandam		ahtudin		anaþiwa
	wahsjand		wisandan		aiffaþa		andanem
	wahstaus		wisandei		aigands		andaset
	waiandin		wisandin		aigeina		andaugi
	waidedja		wissedun		aiginam		andbaht
	waihjons		wisseduþ		aiginis		andbait

7	andband	7	awiliud	7	bifaiha	7	daurons
	andhoft		awiliuþ		bigetun		dauþaim
	andizuh		Azeiris		bigitan		dauþans
	andnamt		azetaba		bigitau		dauþaus
	andnemi		azetizo		bigitid		dauþein
	andnima		azetjam		bigitiþ		dauþeiþ
	andstoþ		Azgadis		bihaita		dauþins
	andwaih		azitizo		bilaist		diakona
	anstais		Babawis		bileiþa		diakuna
	anþarai		bagmans		biliþun		Didimus
	anþaris		baideis		bimaita		digrein
	anþaros		baidiþs		binauht		diupiþa
	anþaruh		bairais		biqimiþ		dragand
	arbaide		bairaiþ		biskain		draggka
	arbaiþs		bairand		bismait		dragkei
	arbjans		bairgiþ		bistagq		draibei
	armaion		bairhta		bistugq		drakman
	armands		baitrai		biswara		drakmin
	aromata		baitrei		biswarb		driggka
	asanais		bajoþum		biuhtja		drigkai
	asilaus		balgeis		blandan		drigkam
	Asmoþis		balgins		bleiþei		drigkan
	ataugei		balsana		bleiþja		drigkau
	ataugja		balþaba		blindai		drigkid
	atberun		balþein		blindan		drigkiþ
	atdraus		balþeiþ		blindin		driusiþ
	atgebum		balwein		blomans		driuson
	atgebun		balwiþs		blotand		drobnan
	atgibai		balwjan		bokarje		drugkun
	atgiban		Banauis		braidei		drunjus
	atgibau		bandjan		briggai		duginna
	athahid		bandjom		briggan		dulþais
	atiddja		bandjos		briggau		dulþjam
	atlagei		bandwai		briggiþ		dwaliþa
	atligiþ		bandwja		bringiþ		dwalmoþ
	atstaig		bandwon		brinnon		dwalona
	atsteig		Barabba		broþrum		dwalons
	attekan		barnilo		brukeiþ		eisarna
	attiuha		Basseis		brukjam		Esaeias
	atþinsa		batista		brukjan		fadrein
	atuhgaf		bauaida		brunjon		faginod
	Aþeinim		bauaima		bruþfad		faginom
	audagai		bauains		bundans		faginon
	audagei		baudana		bwssaun		faginoþ
	auhjodu		baudans		daileiþ		fahedai
	auhuman		baurgim		dailjan		faianda
	auralja		bedeima		dalaþro		faifalþ
	aurtjam		beistis		daubata		fairƕau
	auþidai		Beþania		dauhtar		fairƕus
	auþidom		bidagwa		daunais		fairina
	auþidos		bidjaid		daupein		fairino
	auþjaim		bidjais		daupeiþ		fairnin
	auþjana		bidjaiþ		daupida		fairnjo
	auþjons		bidjand		daupiþs		fairzna
	aweþjis		bidjats		daupjan		Faraoni

7	faskjam	7	frisaht	7	gajukon	7	gasaliþ
	fastaid		frodaba		gakaroþ		gasehvum
	fastais		frodaim		gakunds		gasehvun
	fastaiþ		frodane		galagid		gasehvuþ
	fastand		frodein		galagiþ		gasitan
	fauhons		frumans		galagja		gaskaft
	faurhah		frumein		Galatim		gaskohi
	faurþis		frumist		galaþon		gaskopi
	fawamma		fullans		galaþoþ		gasmait
	ferjans		fulliþe		galeika		gasokja
	fiaþwos		fulljai		galeiko		gaspaiw
	fijaida		fullons		galeiks		gasteis
	fijande		fulnaiþ		galeiþa		gastins
	fijands		gaarmai		galesun		gastost
	fijaþwa		Gabaons		galewei		gasulid
	Filetus		gabauan		galgins		gasuliþ
	Filippu		gabaurþ		galisiþ		gasupoþ
	filusna		gabeiga		galiþun		gaswalt
	fiskans		gabeigs		galiuge		gataira
	flahtom		gabeins		galukun		gatauja
	flautai		gabigai		gamains		gataura
	fragiba		gabindi		gamanam		gatawei
	fragift		Gabriel		gamelei		gateiha
	fraihna		gabruko		gamelid		gatimid
	fraisai		gadaban		gameliþ		gatraua
	fraisiþ		gadaila		gaminþi		gatwons
	fraïtiþ		gadedai		gamunan		gaþlaih
	frakann		gadigis		gamunda		gaþlauh
	frakant		gadraus		gamunuþ		gaþrask
	frakunþ		gafahai		ganemuþ		gaþulam
	fralaus		gafahan		ganesun		gaþulan
	fraleta		gafahau		ganimai		gaujans
	fralets		gafahis		ganiman		gaumeis
	fralust		gafahiþ		ganimis		gaumida
	franima		gafaurs		ganimiþ		gaumjan
	fraqast		gaggais		ganisai		gaunoþu
	fraqima		gaggaiþ		ganisan		gaurana
	frarann		gaggand		ganisis		gaurein
	frastim		gaggats		ganisiþ		gaurida
	fraþjai		gaggida		ganists		gauriþa
	fraþjam		gagudei		ganohai		gawenja
	fraþjan		gahaban		gansjai		gawilja
	fraþjis		gahahjo		ganutun		gebeima
	fraþjiþ		gahaita		gaqemun		gebeina
	fraujam		gahaite		gaqeþun		gibaima
	fraujan		gahamon		gaqimau		gibands
	fraujin		gahamoþ		gaqimiþ		gibanon
	frawalw		gahuliþ		garaiht		gilstra
	fraweit		gahvotei		gardins		giutand
	freidja		gaïddja		garehsn		glaggwo
	friaþwa		gaigrot		gariuds		godaize
	frijana		gailjai		gasaggq		godamma
	frijans		gairdos		gasaihva		godeino
	frijoda		gaitein		gasakan		goleins
	frijond		gajukom		gasakiþ		goljaiþ

7	goljand	7	haunein	7	ƕarjana	7	iupaþro
	gramsta		haunjan		ƕarjano		Iusezis
	gredags		haurdai		ƕarjans		izwarai
	greipan		hausein		ƕassaba		izwaris
	greipiþ		hauseis		ƕassein		izwaros
	greitai		hauseiþ		ƕauþþan		izwizei
	greitan		hausida		ƕeitaim		Jaeirus
	greitiþ		hausjai		ƕelauda		jainaim
	gudhusa		hausjam		ƕeleika		jainana
	Gudilub		hausjan		ƕileika		jainans
	gudjane		hausjon		ƕileiks		jainata
	gudjans		hazeino		ƕoftuli		jaindre
	gudjins		hazeins		ƕopaina		jainþro
	habaida		Heleian		ƕopands		jannauh
	habaima		Heleias		ƕouþþan		Jannins
	habaina		Helijin		Iaeirus		jassaei
	habanda		Herodes		Iakobau		jassauþ
	habands		Herodia		Iakobis		jaþþana
	hahaida		Herodis		Iakobus		jaþþans
	haihait		himinam		Iaredis		jaþþata
	hailaim		himinis		ibnamma		Jiuleis
	hailana		hindana		ibnassu		Judaiei
	hailjan		hirjats		ibukana		Judaium
	hairdai		hlaibam		idreiga		Judaius
	hairtam		hlaibis		idreigo		juggans
	hairtin		hlaibos		Idumaia		juggata
	hairþra		hlaiwis		iftumin		juggons
	haitada		hlasana		iggqara		jukuzja
	haitais		hlasein		inagida		Kaidron
	haitana		hlasoza		inahein		kaisara
	haitans		hlautis		inilons		Kajafin
	haitaza		hlifais		inkilþo		kalbons
	haitjai		hlifand		innaþro		kalkjom
	haiþjai		hliftus		innuman		kanneiþ
	haiþjos		hlijans		innumin		kannida
	halbata		hnaiwam		insahts		kannjan
	haldana		hneiwan		instand		karkara
	haltans		horinon		inuþþis		kasjins
	handiwe		horinos		inwidai		kaurban
	handugs		horinoþ		inwidis		kaurein
	handuns		hrainei		inwidiþ		kaurida
	hardaba		hramjiþ		inwindo		kaurjos
	hardizo		hropeiþ		inwitun		kaurnis
	harduba		hropida		Iohanna		kauseiþ
	hatizoþ		hropjan		Iohanne		kausjai
	haubida		hrukeiþ		Ioriais		kausjan
	hauhaba		hrukida		Iosefis		kilþein
	hauhata		hrukjai		Iosezis		kindina
	hauhein		hugjaiþ		Israela		kindins
	hauheiþ		hulistr		Iudaian		Kosamis
	hauhida		hulundi		Iudaias		Krispus
	hauhiþa		hundans		Iudaiei		kukides
	hauhiþs		huzdjan		Iudaium		kunneis
	hauhjai		ƕaiteis		Iudaius		kunneiþ
	hauhjan		ƕarboda		iumjons		kunnjai

WORD LENGTH LIST

7 kunnjau	7 liutans	7 meinana	7 niujans
kunþjis	liutein	meinans	niujata
lagides	liuteiþ	meinata	niundon
lagjais	luftaus	melidai	Obeidis
laikins	lustaus	menoþis	ogandam
lailaik	lustjus	menoþum	ogandei
lailoun	lustuns	mereins	ohtedun
laisari	Lwstrws	merjada	ohteigo
laisein	magands	merjaiþ	Paitrau
laiseis	magaþai	merjand	Paitrus
laiseiþ	mageima	midjaim	Pawlaus
laisida	magutsu	midjans	psalmom
laisjai	Mahaþis	midumai	psalmon
laisjan	mahtais	mikilai	Puntiau
laistei	mahtedi	mikilin	qairrei
laistim	mahteig	mikilis	qairrus
laistja	mahteis	mikilja	qemeina
laþodai	mahtins	mikilon	qeþeina
laþonai	maistam	mikilos	qeþunuh
laudjai	maistin	mildiþo	qimanda
lausaim	maizein	milhmam	qimands
lausana	maizona	milhmin	qineina
lausans	Mambres	minnist	qistjan
lauseiþ	mammons	minniza	qiþaima
lausjan	managai	minnizo	qiþaina
Lazarau	managam	minznan	qiþaits
Lazarus	managei	mitonds	qiþando
Lazzaru	managos	miþþane	qiþands
leihtis	manased	miþwait	qiþanis
leiƕaid	manaseþ	mizdono	qiþanuh
leiƕand	mannans	mizdons	qiþeina
leikain	mannhun	Mosezis	qiþiduh
leikaiþ	manshun	motarje	qiwaize
leikeis	manweid	munaida	Ragawis
leitila	manweiþ	munands	raginam
leitils	manwido	Nabawis	rahneiþ
lekinoþ	manwiþo	Naggais	rahnida
lekjans	manwjan	Nakoris	rahniþs
letands	manwuba	namnida	rahtoda
libaida	mareins	namnids	raidida
libaima	Mariins	namnjai	raihtis
libaina	Marjins	naqadai	raihtos
libains	martwre	naqadei	raisida
libanda	Marþins	nardaus	raupjan
libands	marzjai	naseins	reikjam
ligando	matjais	nasjand	reikjis
lisanda	matjaiþ	Naþanis	rigneiþ
listins	matjand	Nauelis	rignida
liubana	Matþaiu	nauhþan	rinnaiþ
liubans	maþlein	nemeina	rinnand
liugada	Maþþaiu	nimaina	riqizis
liugaiþ	maudeiþ	nimands	riurein
liugand	maurgin	niþjans	riurjan
liugnja	maurþra	niþþaim	rodjada
liuhada	meinaim	niujaim	rodjaiþ

7	rodjand	7	sijaima	7	sokjand	7	swinþan
	rohsnai		sijaina		soknins		swinþis
	Rumonim		silbans		sparwam		swinþos
	runnjau		Silbanu		spaurde		swistar
	sabbate		silbins		speiwan		swistrs
	sabbato		silbons		spildom		Swmaion
	saggwim		sinapis		spillam		Swriais
	saƕazuh		sineigs		sprauto		swumfsl
	saiands		siponje		stadins		tagrida
	saihsta		sitaiwa		staigos		taihswo
	saihsto		sitands		stainam		taiknai
	saiƕaiþ		sitlans		stainos		taiknim
	saiƕand		siukaim		stakins		taleiþa
	saiƕats		siukana		standan		tandeiþ
	sainjau		siukans		standiþ		tauhans
	saislep		siukeim		stautai		taujaid
	saisost		siukein		steigiþ		taujais
	saiwala		siunins		stibnai		taujaiþ
	saiwalo		skaidai		stibnos		taujand
	sakjons		skaidan		stigqan		taujats
	Salamis		skaidiþ		stiklis		teikais
	salboda		skaljos		stiland		Teitaun
	saljada		skalkam		stojada		Teitaus
	saljaiþ		skalkis		stojaiþ		tekands
	saljand		skalkos		sumaize		timreiþ
	saltada		skamaid		sumamma		tiuhand
	sandeiþ		skamaiþ		sumanuh		Tobeias
	sandida		skandai		sunjaba		Tobeiin
	sandjan		skeimam		sunjana		trauain
	Satanan		skeinan		sunjein		triggwa
	Satanas		skeiniþ		sunjoma		triggws
	Satanin		skeiris		sunsaiw		trudand
	satidai		skerein		Susanna		tugglam
	satjaiþ		skiljam		swaihra		tuggons
	sauhtim		skohsla		swaihro		tulgiþa
	sauleis		skohsle		swalaud		tulgiþo
	Saurais		skulans		swaleik		tulgjai
	saurgai		skuldai		swarais		tulgjan
	saurgan		skuleiþ		swaþþan		tundnau
	saurgom		skuljau		sweraim		tunþiwe
	saurgos		slahals		sweraiþ		tunþuns
	Saurini		slahins		swerand		twaddje
	selƕeina		slawand		swerans		twalibe
	Seidona		sleidja		sweriþa		Twkeiku
	Seidone		sleiþei		sweriþo		Twkekus
	Seimona		slepand		swesaim		Þaddaiu
	Seimonu		smarnos		swesana		þagkjai
	seinaim		snagins		swesans		þagkjan
	seinana		sneiþam		swesata		þagkjau
	seinans		sneiþis		swesona		þahaida
	seinata		sneiþiþ		sweþauh		þahands
	seinaze		sniumei		swiknei		þaiþþan
	sifaida		sniwaiþ		swiknos		þankeiþ
	siggwan		snorjon		swikunþ		þarbane
	sijaidu		sokeins		swinþai		þarbans

7	þarihis	7	ufrakei	7	uslukai	7	wasjaiþ
	þatahvah		ufslaup		uslukan		wastjai
	þataine		ufsnaiþ		uslukiþ		wastjom
	þaþroei		ufwaira		usmetis		wastjos
	þaurbum		uhtedun		usmetum		waurdam
	þaurbun		uhteigo		usmetun		waurdei
	þaurbuþ		unagein		usmitan		waurdis
	þaurfta		unhaili		usnemun		waurhta
	þaurfte		unhrain		usnemuþ		waurkei
	þaurfts		unhulþa		usnimiþ		waurkja
	þaurnum		unhulþo		usqemun		waurstw
	þaursja		unhveilo		usqimai		waurtim
	þaursus		unkarja		usqimam		waurþan
	þeihais		unkjane		usqiman		waurþum
	þeihand		unkunþi		usqimiþ		waurþun
	þeihvons		unkunþs		usqiþan		waurþuþ
	þeinaim		unledai		ussatei		weihaba
	þeinana		unledam		ussindo		weihaim
	þeinans		unledin		ussokei		weihana
	þeinata		unledja		ussokja		weihane
	þewisam		unliuta		usstagg		weihans
	þiudana		unqeþja		usstaig		weihata
	þiudane		unsarai		usstass		weihiþa
	þiudans		unsaris		usstoþi		weihnai
	þiumagu		unsaros		ustauhi		weihona
	þiuþida		unselja		usþulan		weihsis
	þiuþido		unswers		uswahst		weinnas
	þiuþiþs		unþiuþa		uswairp		weipada
	þizaiei		unwamma		uzuhhof		weiseis
	þizeiei		urrediþ		wahseiþ		weisjau
	þizozei		urreisa		wahsjan		weitwod
	þliuhan		urrisun		wahstau		wenjand
	þliuhiþ		urrunsa		wahtwom		Werekan
	þragida		usbeida		waihtai		weseima
	þragjai		usdaudo		wainahs		weseina
	þraihun		usdraus		wairans		wesunuh
	þridjan		usdrebi		wairdus		widuwom
	þridjin		usfilha		wairpam		widuwon
	þugkeiþ		usgiban		wairpan		wildedi
	þuhtaus		usgibis		wairpiþ		wileidu
	þuhtedi		usgibiþ		wairþai		wileima
	þulaine		ushafan		wairþam		wileina
	þusundi		ushafei		wairþan		wileits
	þwahand		ushofon		wairþau		wileizu
	þwairhs		ushofun		wairþis		wiljans
	ubilaba		usiddja		wairþiþ		wiljins
	ubilaim		uskiusa		waiwoun		wilþeis
	ubilana		uskunþa		wakaima		wilwans
	ubilans		uskunþs		waldaiþ		winnand
	ubilona		uskusun		walisin		winnons
	ubizwai		usleiþa		wanains		wintrau
	ufarist		usletan		wargiþa		wintrus
	ufbrann		usliþan		warjais		wisando
	ufkunna		usliþin		warmeiþ		wisands
	ufkunþa		usliþun		wasidai		wissedi

457

7	wisseis	6	ahmein	6	Aramis	6	baurge
	witaida		ahmins		arbjis		baurgs
	witands		aigeiþ		armaio		baurim
	witodis		aigina		armaiþ		beidam
	witumuh		ainaha		armins		beidiþ
	wrakjom		ainaim		arniba		beista
	wrakjos		ainana		Asabis		beitiþ
	wratoda		ainans		Aseris		bidjai
	wrekeim		ainata		Asiais		bidjam
	wrikada		ainhun		asneis		bidjan
	wrikand		ainoho		asnjam		bidjau
	wrohida		airino		astans		bidjis
	wrohiþs		airkns		atbair		bidjiþ
	wrohjan		airþai		atgaft		bidjos
	wruggon		airþos		atgagg		bigast
	wulþaga		airuns		atsaiƕ		bigeti
	wulþago		aiþans		attane		bigita
	wulþaus		aiþein		attans		bilaif
	Xreskus		aiþþau		attauh		bilaiþ
	Xristau		aiwins		atteka		biliþi
	Xristus		Aiwwan		attins		bimait
	Zakaria		Akaïje		attiuh		bitauh
	Zakkaiu		aketis		atwarp		biudis
	Zeloten		akrana		audaga		biugiþ
6	abraba		akrane		audags		biuhti
	Adamis		alakjo		augins		biuhts
	Addeis		alands		augona		biwand
	afaika		aldais		auhjoþ		bleiþs
	afaram		aldins		auhsau		blinda
	afaruh		aleina		auhsne		blinds
	afdobn		alewis		auhsum		blotan
	afetja		alewjo		aurkje		bloþis
	aflaiþ		alidan		ausona		boteiþ
	afleta		aljana		auþida		botida
	afliþi		allaim		badjam		brahta
	afmait		allana		bagmam		brakja
	afnima		allans		bairai		brigga
	afsloh		allata		bairan		brikam
	afstoþ		alþeis		bairht		brikiþ
	aftana		alþiza		bairis		brinno
	aftaro		Alulis		bairiþ		broþar
	afþwoh		Ammons		bajoþs		broþre
	aggele		amsans		balsan		broþrs
	aggelu		Anaiin		bandja		bruhta
	aggile		anaqal		bandwo		brukei
	aggilu		anaqam		banjos		brukja
	agisis		andeis		bansta		brunna
	agljai		andhof		barmim		brusts
	aglono		andins		barnam		bugjam
	aglons		andjam		barnis		dagans
	agluba		andnam		batizo		dailai
	ahakim		andnim		Batwin		dailos
	ahjaiþ		anstai		bauain		dalaþa
	ahmane		anþara		baudai		daubei
	ahmans		Arabia		bauhta		dauhtr

6 daunai	6 fodeiþ	6 gaggam	6 gaunoþ
daupja	fodida	gaggan	gaurai
daurom	fodiþs	gaggid	gaurja
dauþai	fotiwe	gaggis	gawamm
dauþau	fotjus	gaggiþ	gibada
dauþum	fotuns	gaguds	gibaid
dauþus	fragaf	gahalp	gibais
Daweid	fragif	gahugd	gibaiþ
diakun	fragiþ	gaidwa	gibana
digana	frahuh	gairda	giband
dissat	fraihn	gajuko	gibano
diupei	fraiwa	gakann	giblin
diuzam	fraiwe	gakust	giutid
diwano	fralet	galaiþ	giutiþ
domeiþ	framis	Galate	godaim
domjan	framuh	galauk	godana
draggk	fraqam	galeik	godans
drigka	fraþei	galgan	golein
drusun	fraþja	galgin	goleiþ
dugann	fraþje	galiug	golida
dulgis	frauja	gamain	goljan
dulþai	frawas	gamana	grabai
dwalai	frehun	gamund	graban
Esaïan	fretun	ganamt	gredau
Esaias	frijai	ganesi	gretan
Esaïas	frijei	ganisa	gretiþ
Esaïin	frijod	ganist	gripun
fagino	frijon	ganoha	gripuþ
faheds	frijos	gaqiss	grobos
faheid	frijoþ	garaid	gudjam
faheþs	frioda	gardan	gudjin
faifah	friusa	gardei	gumane
faihau	frodai	gardim	gumein
fairƕu	froþun	gardis	habaid
fairni	froþuþ	gariud	habais
fairra	fruman	garuni	habaiþ
fanins	frumei	gasaht	habaiu
faraiþ	frumin	gasaƕt	haband
fastai	fuglam	gaseƕi	haftam
fastam	fuglos	gaskop	haidau
fastan	fulgin	gaskoþ	haidum
fawaim	fullai	gasnau	haifst
fawans	fulliþ	gasoki	hailai
fawizo	fullon	gastim	hailei
fiands	fullos	gastoþ	hailon
fidwor	funins	gataih	haimai
fijaid	gaarma	gatair	haimom
fijaiþ	gaband	gatauh	haimos
fijand	gabaur	gateih	hairau
filaus	gabein	gatils	hairda
filhan	gabigs	gaþaih	hairto
fiskam	gabrak	gaþula	hairum
fiskon	gadars	gaujis	hairus
fiskos	gafalh	gaumei	haitan
flodus	gaggai	gaunon	haitid

6	haitiþ	6	hlauta	6	Isakis	6	kunnum
	haiþno		hlauts		Israel		kunnun
	haizam		hlifai		Iudaia		kunnuþ
	halbai		hliuma		Iudaie		kunþam
	haldan		hrains		Iudins		kunþes
	haldis		hropei		iupana		kunþja
	haldiþ		hrotam		iusila		kunþos
	haljai		hrugga		iusiza		Kusins
	halkam		hugjiþ		izwara		kustau
	haltai		hugsis		jainai		laggai
	handau		huhrau		jainar		laggei
	handum		huhrus		jainis		lagida
	handus		huljai		Jannes		lagjai
	hanins		huljan		Jannis		lagjan
	hardus		hundam		jassik		lagjid
	harjis		hundos		jasswa		lagjis
	hatiza		hunsla		jaþþai		lagjiþ
	hatize		hunsle		jaþþan		laibos
	haubid		hupins		jaþþis		laikid
	haubiþ		ƕaiƕop		jaþþuk		lailot
	hauƕei		ƕammeh		jiukam		laisei
	hauhis		ƕanhun		jiukos		Laiwwi
	hauhja		ƕanzuh		Judaie		lambam
	haurds		ƕarjai		juggos		landis
	haurja		ƕarjis		juhiza		lasiws
	haurne		ƕarjoh		jundai		laþoda
	hausei		ƕarjos		Justus		laþons
	hausja		ƕashun		Kajafa		laþoþs
	hazein		ƕaþjiþ		kaldis		laubos
	hazida		ƕeilai		kanniþ		launis
	hazjan		ƕeilos		kannja		lausai
	hazjau		ƕeitai		karist		lausei
	hazjiþ		ƕeitos		Karpau		Lazaru
	heitom		ƕileik		katile		leiƕan
	Heleis		ƕopand		kaupoþ		leiƕid
	Helian		Iakoba		kaurja		leikis
	Helias		Iakobu		kaurno		leitil
	Heroda		Iasson		Kefins		lekeis
	heþjon		ibnans		keiniþ		lekjam
	hidrei		ibukai		kelikn		letand
	hilpan		iddjuh		kiusai		libaid
	himina		idweit		klismo		libain
	himine		Iesuis		kniwam		libais
	himins		iggqis		knodai		libaiþ
	hindar		inahai		Krekis		liband
	hirjiþ		ingibe		Krekos		ligram
	hiuhma		inilon		Kretai		lisand
	hiumam		innana		Kretes		liþiwe
	hlaiba		innuma		Krispu		liþjus
	hlaibe		insaht		krusts		liþuns
	hlaibs		inwait		kukida		liubai
	hlaifs		Ioanan		kukjau		liuban
	hlaine		Iodins		kunjis		liubin
	hlaiwa		Ioseba		kunnan		liubon
	hlamma		Iosefa		kunnei		liudiþ

6	liugan	6	maujos	6	neiþis	6	raudai
	liugom		maurþr		nemeis		razdai
	liugos		mawilo		Nerins		razdom
	liuhad		meinai		neþlos		razdos
	liuhaþ		meinis		nimaiþ		raznis
	liutai		meinos		nimand		reikam
	liutei		meleiþ		niþais		reikis
	luftau		melida		niþjis		reikja
	lukarn		meljam		niþjos		reikje
	Lukius		meljan		niþþan		reirom
	lustau		menoþs		niujin		reiron
	luston		mereiþ		niujis		Resins
	lustum		merida		niutan		rimisa
	mageis		merids		niutau		rinnau
	mageiþ		Merila		nutans		rinnon
	magiwe		meriþa		Nwmfan		riqiza
	magjau		merjam		ogands		riurei
	magula		merjan		Osaiin		riurja
	mahtai		merjau		osanna		riurjo
	mahtim		midjai		paidom		rodeid
	maists		mikila		paidos		rodeis
	maiþms		mikils		Paitru		rodeiþ
	maizei		milhma		Pawlus		rodida
	maizuh		miluks		plapjo		rodjai
	Makmas		mitada		Priska		rodjam
	Malkus		mitade		psalmo		rodjan
	malmin		mitads		qainon		Rufaus
	Mamres		mitoda		Qartus		runnuþ
	managa		mitond		qemjau		sabana
	mannam		mitone		qenais		Sabaoþ
	mannan		mitons		qenins		sadans
	manwei		miþþan		qeþjau		saggqa
	manwiþ		miþwas		qimaiu		saggwa
	manwja		mizdon		qimand		saiada
	manwus		modags		qinein		saiand
	marein		Moseza		qinono		saiƕam
	Mariam		motari		qinons		saiƕan
	Marian		munais		qiþada		saiƕis
	Mariin		mundoþ		qiþais		saiƕiþ
	Marjan		munins		qiþaiþ		saijiþ
	Marjin		munþis		qiþand		sairam
	markom		nahtam		qiþano		sakkau
	markos		Naiman		qiþaus		sakkum
	Markus		namins		qiþeiþ		sakuls
	Marþan		namnam		qiþiþa		salbon
	matida		naqaþs		qiwaim		saldra
	matins		nasein		qiwana		salida
	matjai		nasjan		qiwans		saljan
	matjam		natjan		qumana		saljiþ
	matjan		Naumis		qumans		Salome
	matjau		nauþai		rabbei		samana
	matjid		nauþei		ragina		samjan
	matjiþ		nauþim		rahnei		samona
	maþlja		naweis		raþizo		samono
	maujai		nawins		raþjon		sandja

6	Sarrin	6	skuldu	6	suljom	6	trauan
	sarwam		skulum		sumaih		triggw
	Satana		skulun		sumaim		trigon
	satida		skuluþ		sumana		triwam
	satjiþ		Skwþus		sumans		trudan
	saudim		slahim		sumata		tuggon
	sauhte		slahis		sumsuh		tulgus
	saurga		slahiþ		sunaus		tunþau
	Saurim		sleiþa		sundro		twalib
	Seimon		slepiþ		suniwe		twalif
	seinai		slohun		sunjai		tweifl
	seinis		smwrna		sunjon		þahons
	seinos		snagan		sunjos		þaimei
	selein		snagin		sunjus		þaimuh
	seljai		snaiws		sunnin		þairko
	sifaiþ		sniwiþ		sunnon		þammei
	sigljo		sokeiþ		sunsei		þammuh
	sijais		sokida		sununs		þandei
	sijaiþ		sokjai		supuda		þanzei
	silbam		sokjan		suqnis		þanzuh
	silban		soknim		sutizo		þarbai
	silbin		spaurd		swaran		þarbam
	silubr		spilda		swarei		þarbom
	sinþam		spilla		swaswe		þarbos
	siponi		spille		sweina		Þarins
	sitlos		spilli		sweine		þatain
	siujiþ		spillo		swerai		þatist
	siukai		spiwun		swesai		þaþroh
	siukam		stabim		swibla		þeihan
	siukan		stadim		swikna		þeihsa
	siukau		stadis		swumsl		þeiƕon
	siukei		staina		taglam		þeinai
	siukis		stains		tagram		þeinis
	siukiþ		stairo		tahida		þeinos
	siunai		stauai		tahjiþ		þewisa
	skaban		stauin		taihun		þishun
	skadau		stauos		taikne		þisƕah
	skadus		stibna		taikns		þiubja
	skalka		stikla		taitok		þiubjo
	skalke		stikle		tarmei		þiubos
	skalks		stikls		tauhun		þiudai
	skamai		stilai		taujai		þiudan
	skatte		stojai		taujan		þiudom
	skatts		stojan		taujau		þiudos
	skaþis		stojau		taujid		þiujai
	skauta		stojid		taujis		þiujos
	skeirs		stojis		taujiþ		þiuþis
	skildu		stojiþ		tawida		þiwadw
	skohis		stolam		Teitau		þizeei
	skufta		stomin		Teitus		þlaqus
	skulam		stoþuh		tigiwe		þlauhs
	skulan		stoþun		tiguns		þridja
	skulda		striks		timrja		þridjo
	skuldo		stubju		tiuhan		þroþei
	skulds		sugqun		tiuhiþ		þulain

WORD LENGTH LIST

6 þulaiþ	6 waihts	6 wileiþ	5 afgaf
þwahan	wainei	wiljan	aflet
þwahla	wairam	wiljau	aftra
ubilai	wairos	wiljin	aggwu
ubilan	wairþa	wilwam	agisa
ubilin	wairþs	wilwan	aglom
ubilis	waitei	windam	aglon
ubilos	waituh	windis	ahake
uggkis	wakaiþ	windos	ahaks
uhtiug	waldan	winnai	ahana
uhtwon	waliso	winnam	ahane
undaro	waljam	winnan	ahins
unledi	waljau	winniþ	ahmam
unleds	waluns	winnom	ahman
unmaht	wambai	winnon	ahmin
unsara	wambos	wintru	ahtau
unþiuþ	wanans	wisais	aigin
unwaha	wanata	wisaiþ	aigum
unweis	wandei	wissuh	aigun
unwita	wandum	wistai	aihta
unwiti	warein	wistim	aihum
urrais	warjiþ	witaiþ	aihuþ
urrann	wasjiþ	witeid	ailoe
urrant	wastja	witeis	ainai
urreis	watins	witeiþ	ainis
urrist	watnam	witjau	ainzu
urruns	waurda	witoda	airis
usbida	waurde	witudu	airþa
usgagg	waurme	wituts	airum
usgiba	waurms	wiþrus	aista
usgrof	waurts	wlitis	aiþei
ushanþ	waurþi	wlizja	aiþis
uskunþ	weihai	wopeid	aiwam
uslaiþ	weiham	wopeiþ	aiwis
uslauk	weihan	wopida	Aiwwa
usleiþ	weihin	wopjan	Akaja
usliþa	weihis	woþjai	Akaje
usliþi	weihon	wraiqo	akran
usluka	weihos	wrakja	Akwla
uslukn	weihsa	wrakom	aldai
usluto	weinis	wrakos	aldim
usmeta	weisun	wrekun	alewa
usmete	wenais	wriþus	aljai
ussaiƕ	weneid	wulfos	aljan
usseƕi	weneiþ	wullai	aljar
usstoþ	wenida	wulþag	aljaþ
ustaig	wepnam	wulþau	aljis
ustauh	weseis	wulþus	allai
usþwoh	weseiþ	wunnim	allis
uswarp	wesjau	wunnuþ	allos
utaþro	widowo	Xristu	alluh
uzetin	widuwo	5 abans	anaks
wagjan	wigans	abins	andja
wahstu	wileid	abnam	anduh
waihte	wileis	Adama	Annas

5 Annin	5 bidai	5 faihu	5 gasaƕ
annom	bidan	fanan	gasak
ansts	bidei	fanin	gasat
anþar	bidja	farwa	gasok
aqizi	bidom	fasta	gasts
arans	bidos	faþom	gatar
arbja	bigat	faþos	gauja
arbjo	binah	faura	gaurs
armai	biþeh	fawai	gawas
arwjo	biuda	ferai	gawaþ
asans	biuga	fiais	gazds
Asiai	bloþa	fiaiþ	gebun
asilu	bokom	fiand	gebuþ
asnje	bokos	fijai	gibai
astos	botai	fijan	giban
atbar	botos	fiske	gibau
atgaf	braƕa	fotum	gibid
atisk	braid	fotus	gibiþ
atist	brigg	fraiw	gibos
atnam	broþr	fraþi	gilþa
attam	bruks	freis	godai
attan	bugei	frija	godin
attin	dagam	frijo	godis
aþnam	dagis	frioþ	godon
aþþan	dagos	froþs	golja
aufto	daiga	fruma	grase
augam	daigs	frume	gredo
augei	daile	frumo	grets
augin	dailo	fulan	gudis
ausam	dalaþ	fulin	gudja
aweþi	dalei	fullo	gulþa
Axaïa	dauht	fulls	gumin
azgon	dauns	funin	habai
azwme	daura	funþi	habam
badja	dauþa	Gabaa	haban
bagme	dauþs	gabar	habau
bagms	dauþu	gabei	habos
baira	Demas	gadob	hahis
bandi	diupo	gadof	haila
banjo	domja	gagga	hails
barma	dragk	gaidw	haimo
barna	draus	gaits	hairu
barne	drusa	Gaïus	haita
bauai	duhþe	gajuk	hakul
bauan	dulþs	galga	halba
bauiþ	dumba	gamag	halja
baurg	dumbs	gaman	halka
bauþs	duþei	gamat	hallu
bedun	duþþe	gamot	handu
beduþ	dwala	ganah	hansa
beist	eiþan	ganam	hardu
Beroþ	fadar	ganas	hatis
berum	fahan	ganoh	hauho
berun	fahed	garda	hauja
biauk	faiho	gards	hauns

5	haurd	5	Iesua	5	laist	5	malma
	haurn		Iesus		lamba		manag
	hazja		igqis		lambe		manna
	heito		immuh		landa		manne
	helei		inqis		latai		manwu
	Heris		insaƕ		latei		maran
	hidre		insok		latos		marei
	hilma		Iosef		laþon		Maria
	himin		Isaka		launa		Marja
	himma		Iudan		laune		Marku
	hiuma		Iudas		lausa		Marþa
	hlaib		Iudin		leiht		matis
	hlaif		izwar		leika		matja
	hlaiw		izwis		leike		maþla
	hlefi		jabai		leiki		mauja
	hnuto		jabbi		leina		meina
	hnuþo		jaddu		leiþu		meins
	hohan		jaina		letiþ		melam
	holoþ		jaind		libai		melan
	horam		jains		libam		melei
	horos		Jakob		liban		melis
	hrain		janne		libau		meliþ
	hrops		janni		ligiþ		melja
	hrota		jassa		ligra		menoþ
	hufum		jasso		ligre		merei
	hugei		jaþni		litai		merja
	hugis		jaþþe		liþu.n		midja
	hulþs		jaþþo		liþus		mikil
	hunda		jeram		liuba		miliþ
	hunsl		jiuka		liuga		misso
	huzda		Judas		liugn		mitaþ
	ƕadre		juþan		liuta		mitid
	ƕaiwa		jûþan		liuþo		mitiþ
	ƕamma		juzei		Lodis		miton
	ƕanoh		kannt		lofam		mitoþ
	ƕanuh		karos		lofin		mizdo
	ƕarja		kasam		Lokan		modis
	ƕaþar		kasja		ludja		Moses
	ƕaþon		kaurn		luftu		Mosez
	ƕaþro		Kefas		Lukan		motai
	ƕazuh		Kefin		Lukas		mulda
	ƕeila		kinnu		lustu		munda
	ƕeilo		kintu		magau		munds
	ƕeita		kniwa		magud		munþa
	ƕizai		kniwe		magum		munþs
	ƕizuh		Kreks		magun		nadre
	ƕopai		kumei		magus		nahts
	ƕopam		kunja		maguþ		namin
	ƕopan		kunþa		mahta		namna
	ƕopau		kunþi		mahte		namne
	ƕopis		kunþs		mahts		namuh
	ƕotos		kustu		maile		nasei
	Iakob		lagei		maist		natja
	ibnon		lagga		maiza		Nauel
	iddja		lagja		maizo		nauþs

5	nawis	5	razda	5	sidus	5	sutja
	neƕis		razdo		sifai		swaei
	neiþa		razna		sigis		swaif
	nemum		reike		sijai		swalt
	nemun		reiks		sijau		swamm
	nemuþ		reiro		sijum		sware
	nibai		rikis		sijuþ		swart
	nidwa		rinna		sikle		swera
	nimai		riqis		silba		swers
	niman		riqiz		silbo		swesa
	nimau		rodei		simle		swikn
	nimis		rodiþ		sinþa		tagla
	nimiþ		rodja		sitan		tagra
	nimuh		rohsn		siuka		tagre
	niþjo		Rumai		siuks		taikn
	niuja		rumis		siuns		taine
	niujo		runai		skalk		tauja
	niune		runos		skalt		tawei
	notin		sadai		skama		Teitu
	ogeis		saian		skatt		tekiþ
	ogeiþ		saihs		skipa		tewai
	ogjan		saiƕa		skipe		tigum
	paida		saiiþ		skohe		tojam
	papan		saiso		skula		tuggo
	paska		saiwa		skuld		tunþu
	pasxa		saiwe		skuli		twaim
	plata		sakan		skura		twans
	qaino		salbo		slaha		Twrai
	qairu		salja		slepa		Twrim
	qaþuh		salta		snauh		þadei
	qeins		samam		sokei		þahai
	qemun		saman		sokja		þahta
	qenai		samaþ		sokun		þaiei
	qenes		samin		stada		þairh
	qeþun		samon		stade		þamma
	qimai		sarwa		stads		þande
	qiman		satiþ		stain		þanei
	qimau		sauil		stand		þannu
	qimid		sauls		staþa		þanuh
	qimiþ		sauþo		staps		þarei
	qinom		Sedis		staua		þarft
	qinon		seƕum		stika		þaruh
	qiþai		seƕun		stikl		þatei
	qiþam		seƕuþ		stiur		þatuh
	qiþan		seina		stoja		þaþro
	qiþau		Seina		stols		þaurp
	qiþis		seiþu		sumai		þeihs
	qiþiþ		selei		suman		þeina
	qiþuh		Semis		sumis		þeins
	qiwai		setun		sunau		þiube
	qumis		siais		sunja		þiubs
	ragin		siaiu		sunno		þiuda
	rasta		sibja		sunum		þiudo
	raþjo		sibun		sunus		þiujo
	rausa		sidau		sutis		þiuþa

5	þiuþe	5	warai	5	wulþu	4	badi
	þiwos		warst		wulwa		baim
	þizai		wasuh	4	aban		bans
	þizei		watin		abba		barm
	þizos		waurd		abin		barn
	þizuh		waurt		abne		baua
	þliuh		wegim		abrs		baud
	Þoman		wegos		Adam		bida
	Þomas		wehsa		afar		bido
	þozei		weiha		afta		biƕe
	þrija		weihs		Agar		biþe
	þrije		weina		agis		bloþ
	þrins		wenai		aglo		boka
	þuhta		wenja		aglu		boko
	þuhtu		wepna		ahak		boto
	þukei		wesum		ahin		brak
	þulan		wesun		ahma		bruk
	þulau		wesuþ		ahsa		bruþ
	þuzei		wigam		aƕai		daga
	þwahl		wigan		aƕos		dage
	þwalh		wigos		aibr		dags
	þwohi		wikon		aigi		daig
	ubila		wilda		aina		dail
	ubils		wilja		ains		daug
	udaga		wilþi		airu		daun
	ufaro		wilwa		aiþa		daur
	ugkis		winda		aiþe		drus
	undar		winds		aiwa		duƕe
	unsar		winja		aiwe		dulþ
	unsel		winna		akei		duþe
	unsis		wipja		akra		Esaw
	usbar		wisai		akrs		etun
	usgif		wisam		alde		fagr
	ushof		wisan		alhs		falþ
	usnam		wisiþ		alja		fani
	usqam		wissa		alla		fanþ
	ussaƕ		wisuh		alls		faur
	ussat		wisum		amen		fera
	ussok		witai		andi		fero
	ustoþ		witan		Anna		fija
	utana		witoþ		Anos		filu
	vamba		witum		anst		fimf
	wagid		witun		anza		fita
	waiht		wituþ		arbi		fodr
	waila		wiþra		arka		fotu
	waips		wlita		arma		frah
	waira		wlits		arms		fram
	waire		wodan		asan		fret
	wairp		wokra		aste		froþ
	wairs		wraks		asts		fuls
	wairþ		wrato		atta		gaft
	waist		wrohe		augo		gagg
	wamba		wulfe		auhn		Gaïu
	wamme		wulfs		auso		gard
	wanai		wuliþ		awon		gast

4	gawi	4	juka	4	munþ	4	Saur
	gebi		kald		Naem		sauþ
	giba		kann		naht		selʋi
	gild		kant		naiw		sein
	goda		kara		namo		sels
	godo		kasa		namt		siai
	gods		kase		nati		siau
	goþs		kuni		nauh		sido
	gras		kunþ		naus		sidu
	gret		lagg		nelʋa		sihw
	grid		lais		nemi		siju
	grob		lamb		niba		sind
	guda		land		nist		Sion
	guma		lata		niun		siud
	gund		laþo		nunu		sium
	guþs		lauf		ohta		siun
	haba		laun		papa		siuþ
	haim		laus		plat		skal
	hait		leik		pugg		skip
	hals		lein		pund		skoþ
	hana		leta		qamt		slah
	hauh		lewa		qast		slep
	hawi		liba		qemi		sloh
	hilm		ligr		qens		soei
	hilp		lima		qeþi		soþa
	hina		magi		qima		stad
	hiri		magt		qimi		staþ
	hita		magu		qino		stol
	hiwi		maht		qiþa		stoþ
	hors		mais		qiþu		suma
	hrot		malo		qius		sums
	hruk		mann		quam		suns
	hunþ		mans		quma		sunu
	huzd		mata		qums		swah
	ƕana		mate		raka		swam
	ƕeit		mats		Rama		swau
	ƕopa		maþa		rann		swes
	ƕouh		mawi		raus		swor
	ibai		megs		razn		tagl
	ibna		mein		reik		taui
	Iesu		meki		rign		toja
	ijos		mela		rums		twai
	ikei		mele		runa		twos
	imma		mena		runs		Twra
	inna		mesa		sada		Twre
	inuh		mimz		sads		þaih
	itan		mins		saei		þaim
	iupa		minz		sagq		þana
	izai		mito		salʋt		þane
	izei		moda		sailʋ		þank
	izos		Mose		sair		þans
	jera		mota		salt		þarb
	jere		muna		sama		þarf
	jota		muni		samo		þata
	jugg		muns		saud		þauh

WORD LENGTH LIST

4	þeei	3	aƕa	3	ize	3	twa
	þein		aƕo		izo		þai
	þiuþ		aih		jah		þan
	þiwe		ain		jai		þar
	þiwi		air		jaþ		þau
	þize		aiw		jau		þei
	þizo		aiz		jer		þis
	þoei		ake		jus		þoh
	þoze		akr		kas		þos
	þrim		ald		lag		þuk
	þuei		alh		las		þus
	þwah		all		let		und
	ubil		als		lew		uns
	ufar		ana		Lod		uta
	ufjo		and		lun		uzu
	ufta		aþa		mag		wai
	ufto		auk		man		wan
	unte		bad		mat		was
	uzon		bai		mel		wen
	uzuh		bar		mik		wig
	wadi		baþ		mis		wis
	wagg		dag		miþ		wit
	waih		dal		mun	2	af
	waip		dom		nam		ak
	wair		eis		neƕ		an
	wait		fim		nei		at
	wana		fon		nih		ba
	warþ		fvn		nim		bi
	wast		gaf		niu		du
	wato		Gai		nuh		ei
	wega		gif		ogs		ƕa
	wegs		god		qam		ƕe
	weih		goþ		qaþ		ƕo
	wein		guþ		qen		ik
	weis		her		qim		im
	wens		hup		qiþ		in
	wesi		ƕad		qum		is
	wiga		ƕan		run		iþ
	wigs		ƕar		sad		ja
	wili		ƕas		sah		ju
	wisa		ƕaþ		saƕ		ne
	witi		ƕeh		sai		ni
	wlit		ƕis		sak		nu
	wods		ƕoh		sat		og
	wohs		ƕop		saþ		sa
	woþi		iba		sau		si
	wrak		ija		sei		so
	writ		iku		sik		sô
	wroh		ina		sis		þe
	wulf		inn		sit		þo
3	aba		ins		soh		þu
	abu		inu		sum		þû
	agl		ist		swa		uf
	aha		ita		swe		us
	ahs		iup		til		ut
						1	o

LIST OF CONSTITUENTS IN HYPHENATED WORDS

The following list includes all constituents of hyphenated words in the corpus within the full forms of the words in which they occur.

The constituents for the word *anuþ-þan-niujaiþ* have the following entries in the list:

anuþ (.-þan-niujaiþ)
þan (anuþ-.-niujaiþ)
niujaiþ (anuþ-þan-.).

The dot takes the place of the constituent that has been listed.

LIST OF CONSTITUENTS IN HYPHENATED WORDS

afaruþ (. -þan)
ain (þat- .)
anþaruþ (. -þan)
anuþ (. -þan-niujaiþ)
apaustauleis (galiuga- .)
at (. -uh-þan-gaf)
atuþ (. -þan-gaggand)
ba (ga- . -dauþniþ)
bi (jab- .)
bi (. -u-gitai)
bidjaiþuþ (. -þan)
bidjamuþ (. -þan)
bidjandansuþ (. -þan)
bigitand (jag- .)
bijandzuþ (. -þan)
biþ (. -þan-gitanda)
biudis (jab- .)
broþrum (galiuga- .)
brusts (jab- .)
dauþniþ (ga-ba- .)
dizuh (. -þan-sat)
du (jad- .)
ga (. -ba-dauþniþ)
ga (. -þau-laubidedeiþ)
ga (. -u-ƕa-seƕi)
ga (. -u-laubeis)
ga (. -u-laubjats)
gabairaidau (jag- .)
gaf (at-uh-þan- .)
gaggand (atuþ-þan- .)
gah (. -þan-miþ-sandidedum)
gahamoþ (jag- .)
gahausida (jag- .)
galaiþ (jag- .)
galiuga (. -apaustauleis)
galiuga (. -broþrum)
gamanwida (jag- .)
gapaidodai (jag- .)
garaihtein (jag- .)
gariudja (jag- .)
gaskohai (jag- .)
gaslepand (jag- .)
gatraua (jag- .)
gaþ (. -þan-miþ-sandidedum)
gaþ (. -þan-traua)
gaþlaihan (jag- .)
gawaurstwa (jag- .)
gibandin (jag- .)
gibiþ (us-nu- .)
gitai (bi-u- .)
gitanda (biþ-þan- .)
gretands (jag- .)
hazjuþ (. -þan)
ƕa (ga-u- . -seƕi)
ƕauþ (. -þan)

ƕouþ (. -þan)
iddja (uzuþ-þan- .)
inuþ (. -þaim)
inuþ (. -þis)
ist (kar- .)
ist (þat- .)
jab (. -bi)
jab (. -biudis)
jab (. -brusts)
jad (. -du)
jag (. -bigitand)
jag (. -gabairaidau)
jag (. -gahamoþ)
jag (. -gahausida)
jag (. -galaiþ)
jag (. -gamanwida)
jag (. -gapaidodai)
jag (. -garaihtein)
jag (. -gariudja)
jag (. -gaskohai)
jag (. -gaslepand)
jag (. -gatraua)
jag (. -gaþlaihan)
jag (. -gawaurstwa)
jag (. -gibandin)
jag (. -gretands)
jal (. -laggei)
jal (. -liban)
jam (. -mundoþ)
jan (. -nauh)
jan (. -ne)
jan (. -ni)
jar (. -ragin)
jas (. -sa)
jas (. -saei)
jas (. -samana)
jas (. -sauþ)
jas (. -sik)
jas (. -silbans)
jas (. -so)
jas (. -sunjai)
jas (. -sunjos)
jas (. -sutja)
jas (. -swa)
jas (. -swaswe)
jas (. -Swntwkein)
jaþ (. -ni)
jaþ (. -þai)
jaþ (. -þairh)
jaþ (. -þan)
jaþ (. -þana)
jaþ (. -þans)
jaþ (. -þata)
jaþ (. -þatei)
jaþ (. -þis)

jaþ (. -þo)
jaþ (. -þrije)
jaþ (. -þuk)
juzuþ (. -þan)
jû (. -þan)
kannt (nuk- .)
kar (. -ist)
laggei (jal- .)
laubeis (ga-u- .)
laubidedeiþ (ga-þau- .)
laubjats (ga-u- .)
liban (jal- .)
maizuþ (. -þan)
managuþ (. -þan)
miþ (gah-þan- . -sandidedum)
miþ (gaþ-þan- . -sandidedum)
miþ (. -ni-qam)
munaidedunuþ (. -þan)
mundoþ (jam- .)
nauh (jan- .)
nauhuþ (. -þan)
ne (jan- .)
ni (jan- .)
ni (jaþ- .)
ni (miþ- . -qam)
nis (. -sijai)
nis (. -slahuls)
niþ (. -þaim)
niþ (. -þan)
niþ (. -þatei)
niujaiþ (anuþ-þan- .)
nu (us- . -gibiþ)
nuk (. -kannt)
qam (miþ-ni- .)
qaþuþ (. -þan)
ragin (jar- .)
riqiza (ur- .)
sa (jas- .)
saei (jas- .)
samana (jas- .)
sandidedum (gah-þan-miþ- .)
sandidedum (gaþ-þan-miþ- .)
sat (dizuh-þan- .)
sauþ (jas- .)
seƕi (ga-u-ƕa- .)
sijai (nis- .)
sijaiþ (. -þan)
sik (jas- .)
silbans (jas- .)
skaluþ (. -þan)
slahuls (nis- .)
so (jas- .)
sumaimuþ (. -þan)
sumaiþ (. -þan)
sumaiuþ (. -þan)

sumansuþ (. -þan)
sumanzuþ (. -þan)
sumuþ (. -þan)
sumzuþ (. -þan)
sunjai (jas- .)
sunjos (jas- .)
sutja (jas- .)
swa (jas- .)
swaswe (jas- .)
swaþ (. -þan)
Swntwkein (jas- .)
traua (gaþ-þan- .)
þai (jaþ- .)
þaim (inuþ- .)
þaim (niþ- .)
þairh (jaþ- .)
þaiþ (. -þan)
þan (afaruþ- .)
þan (anþaruþ- .)
þan (anuþ- . -niujaiþ)
þan (at-uh- . -gaf)
þan (atuþ- . -gaggand)
þan (bidjaiþuþ- .)
þan (bidjamuþ- .)
þan (bidjandansuþ- .)
þan (bijandzuþ- .)
þan (biþ- . -gitanda)
þan (dizuh- . -sat)
þan (gah- . -miþ-sandidedum)
þan (gaþ- . -miþ-sandidedum)
þan (gaþ- . -traua)
þan (hazjuþ- .)
þan (ƕauþ- .)

þan (ƕouþ- .)
þan (jaþ- .)
þan (juzuþ- .)
þan (jû- .)
þan (maizuþ- .)
þan (managuþ- .)
þan (munaidedunuþ- .)
þan (nauhuþ- .)
þan (niþ- .)
þan (qaþuþ- .)
þan (sijaiþ- .)
þan (skaluþ- .)
þan (sumaimuþ- .)
þan (sumaiþ- .)
þan (sumaiuþ- .)
þan (sumansuþ- .)
þan (sumanzuþ- .)
þan (sumuþ- .)
þan (sumzuþ- .)
þan (swaþ- .)
þan (þaiþ- .)
þan (þanuþ- .)
þan (þatuþ- .)
þan (þaþroþ- .)
þan (þuhtuþ- .)
þan (þwairhaiþ- .)
þan (uzuþ- . -iddja)
þan (wasuþ- .)
þan (waurþunuþ- .)
þan (weizuþ- .)
þan (wesunuþ- .)
þan (wiljauþ- .)
þan (wisuþ- .)

þana (jaþ- .)
þans (jaþ- .)
þanuþ (. -þan)
þat (. -ain)
þat (. -ist)
þata (jaþ- .)
þatei (jaþ- .)
þatei (niþ- .)
þatuþ (. -þan)
þaþroþ (. -þan)
þau (ga- . -laubidedeiþ)
þis (inuþ- .)
þis (jaþ- .)
þo (jaþ- .)
þrije (jaþ- .)
þuhtuþ (. -þan)
þuk (jaþ- .)
þwairhaiþ (. -þan)
u (bi- . -gitai)
u (ga- . -ƕa-selvi)
u (ga- . -laubeis)
u (ga- . -laubjats)
uh (at- . -þan-gaf)
ur (. -riqiza)
us (. -nu-gibiþ)
uzuþ (. -þan-iddja)
wasuþ (. -þan)
waurþunuþ (. -þan)
weizuþ (. -þan)
wesunuþ (. -þan)
wiljauþ (. -þan)
wisuþ (. -þan)

MEDIAL GRAPHEME CLUSTER LISTS

The following lists contain all sequences of two or more vowels or consonants occurring within words and word fragments in medial position. Initial and final clusters can easily be found by using the word-index or reverse sorted word-list.

In determining the medial clusters for these lists, morpheme boundaries and hyphens were not considered. Although the clusters are graphemic and not necessarily phonemic, single occurrences of *hv* and *q* have been included.

A word containing the same medial grapheme cluster more than once is followed by a number between brackets, e.g. *afairzjaindau* (2).

LIST OF MEDIAL GRAPHEME VOWEL CLUSTERS

LIST OF MEDIAL GRAPHEME VOWEL CLUSTERS

aa	aftraanastodeinai	ai	afarlaistjandin	ai	airþeinaim
	fraatjau		afdailja		aiweinaizos
	gaaggwei		afdauþjaidau		Aizaikeiins
	gaaggwein		afdomjaid		Alaiksandraus
	gaaggwidai		afgudaim		Alaiksandrus
	gaandida		afhabaiþ		aldais
	gaarbjans		afhaimjai		allaim
	gaarma		afhrainjan		allaize
	gaarmai		afhrisjaiþ		allaizo
	gaarmaida		afƕapjaiþ		allaizos
	gaarmaidai		aflagjaiþ		anabusnais
	gaarmaindau		aflailot		anadrigkaiþ
	gaarmaiþs		aflailoti		anafilhaima
	galiugaapaustauleis		aflailotum		anahabaida
aai	gaaiginondau		aflaiþ		anahabaidans
	gaainaidai		afletaindau		anahaimjai
	gaaistand		afletaiþ		anahaimjaim(2)
	gaaiwiskoda		afmaimait(2)		anahaita
	gaaiwiskodedun		afmait		anahaitam
	gaaiwiskonda		afmarzeinais		anahaitandam
	gaaiwiskondau		afmarzjaindau		anahaitandane
	gaaiwiskoþ		afsateinais		anahaitiþ
	gaaiwiskoþs		afsatjaidau		anahnaiwjai
aaiau	anaaiauk		afskaidai		anaƕeilaiþs
aau	anaaukan		afskaidan		anainsokun
	gaaukaiþ		afskaidand		anakunnaida
ae	Israel		afskaidiþ		anakunnainai
	Israela		afskaiskaid(2)		anakunnaiþ
	Israeleitai		afskaiskaidun(2)		anamahtjaid
	Israeleiteis		afstassais		anamahtjais
	Israeleites		afswairbands		anaqiþaidau
	Israelis		afwairpaidau(2)		anasaislep
	Naem		afwairpan		anasaislepun
aei	Beþsaeida		afwairpands		anasilaida
	Jaeirus		afwairpiþ		anaslawaidedun
	Kaeinanis		aglaitei		anaþaima
	Lwddomaeis		aglaitein		anawairþ
	Maeinanis		aglaitgastaldans		anawairþai
aeia	Esaeias		aglaitgastalds		anawairþan
aeii	Eisaeiins		aglaitiwaurdei		anawairþane
	Esaeiins		aglaitiwaurdein		anawairþin
ai	afagjaidau		aglaitja		anawairþo
	afaika		aglaitjam		anawairþons
	afaikai		ahjaiþ		anawammjaidau
	afaikam		ahmateinais		andahait
	afaikan		ahmeinaim		andahaita
	afaikis		Aibairis		andahaitis
	afaikiþ		Aifaisium		andalausaize
	afairzidai		Aifaison		andanumtais
	afairzjaindau(2)		Aileiaizairis		andawairþi
	afairzjan		Aileisabaiþ		andbahtjaina
	afarlaistidedi		ainaihun		andbait
	afarlaistjandam		ainaim		andbeitais
	afarlaistjandans		ainaizos		andhaihaist(2)
	afarlaistjandein		Airmogaineis		andhaihait(2)

LIST OF MEDIAL GRAPHEME VOWEL CLUSTERS

ai andhaihaiti(2)
andhaihaitun(2)
andhaita
andhaitada
andhaitan
andhaitand
andhaitandans
andhaitis
andhaitiþ
andhausjaindau
andhuleinais
andhuljaidau
andhuljaindau
andilausaize
andnimaima
andnimaina
andnimais
andnimaiþ
andsaiƕands
andsaiƕis
andsitaiþ
andstaurraidedun
andwaih
andwaihando
andwairþai
andwairþi
andwairþin
andwairþis
andwairþja
andwairþje
andwairþjis
andwairþo
andwairþons
andwairþs
andwaurdjais
anstais
anþaraim
anþaraize
anþaraizo
anuþþanniujaiþ
Araitins
arbaidai
arbaide
arbaidei
arbaidida
arbaïdidedjau
arbaidim
arbaidja
arbaidjai
arbaidjam
arbaidjand
arbaidjandam
arbaidjandans
arbaidjands
arbaiþs

ai armahairtai
armahairtei
armahairtein
armahairteins
armahairtiþa
armaiþ
Artaksairksaus
asanais
asiluqairnus
atbair
atbairiþ
atgaraihtjais(2)
athabaidedun
athaihait(2)
athaitands
atkunnaiþ
atsaiƕ
atsaiƕaina(2)
atsaiƕandans
atsaiƕands
atsaiƕiþ
atsatjaima
atsnarpjais
atstaig
attaitok
attaitokeina
attaitoki
attaitokun
attekaiþ
atwairpan
atwairpands
atwitainai
auþjaim
Baiailzaibul
baideis
baidiþs
Baidsaiïdan
Baigausis
Bailiama
baim
Baineiameinis
Bainiameinis
baira
bairabagma
bairai
bairaima(2)
bairaina(2)
bairais(2)
bairaiþ(2)
bairan
bairand
bairandam
bairandane
bairandans
bairandei

ai bairands
Bairaujai
bairgahein
bairgais(2)
bairgiþ
bairht
bairhta
bairhtaba
bairhtai
bairhtaim(2)
bairhtei
bairhtein
bairis
bairiþ
baitraba
baitrai
baitrei
baitrein
Baiþilis
Baiþsaïdan
balwjais
Bauanairgais(2)
beidaima
Beþlahaim
Beþlaihaim(2)
biarbaidjan
bibaurgeinais
bidjaid
bidjais
bidjaiþ
bidjaiþuþþan
bifaiha
bifaihoda
bifaihodedum
bifaihon
bigitaidau
bigitaima
bigitaindau
bihaita
bihaitja
bihaitjans
biƕairband
bilaibidans
bilaif
bilaigodedun
bilaikada
bilaikan
bilaikand
bilaikandans
bilailaikun(2)
bilaist
bilaiþ
bimait
bimaita
bimaitai

LIST OF MEDIAL GRAPHEME VOWEL CLUSTERS

ai bimaitan
    bimaitanai
    bimaitanaize(2)
    bimaitans
    bimaitis
    bimaitiþ
    binimaina
    birunain
    bisaiƕandans
    bisaiƕands
    bisaulidaim
    biskain
    bismait
    Biþlaihaimis(2)
    biwaibidana
    biwaibiþs
    biwaibjand
    blandaiþ
    blindaim
    braid
    braidei
    briggais
    brukjaidau
    brukjaima
    brukjais
    bugjaima
    bugjaina
    daig
    daiga
    daigs
    Daikapaulaios
    Daikapaulein
    dail
    dailai
    daile
    daileiþ
    dailjan
    dailjands
    dailo
    dailos
    daimonareis
    daimonari
    daimonarjans
    daimonarjos
    daunais
    daupeinais
    daupjaindau
    dauþaim
    dauþaize
    disdailida
    disdailiþs
    disdailjand
    dishabaida
    dishabaidai
    dishabaiþ

ai dishabaiþs
    disskaidandein
    distairai
    distairid
    distairiþ
    diswissais
    diupaizos
    domjaindau
    draibei
    draibeis
    draibiþs
    driggkaiþ
    drigkaina
    drigkais
    drigkaiþ
    driugais
    duginnaina
    duginnaiþ
    dulgahaitjin
    dulþais
    eisarneinaim
    fadreinais
    fahedais
    faifah
    faifalþ
    faiflokun
    faihau
    faiho
    faihu
    faihufrikai
    faihufrikam
    faihufrikans
    faihufrikei
    faihufrikein
    faihufrikeins
    faihufriks
    faihugairnai(2)
    faihugairneins(2)
    faihugawaurki
    faihugeigais(2)
    faihugei..o
    faihugeiro
    faihugeiron
    faihuskulane
    faihuþra
    faihuþraihna(2)
    fairaihan(2)
    fairgraip(2)
    fairgreipands
    fairguni
    fairgunja
    fairgunjam
    fairgunje
    fairgunjis
    fairhaitis(2)

ai fairƕau
    fairƕaus
    fairƕu
    fairƕus
    fairina
    fairino
    fairinodedi
    fairinondans
    fairinos
    fairinoþ
    fairni
    fairnin
    fairniþai
    fairnjamma
    fairnjan
    fairnjana
    fairnjans
    fairnjin
    fairnjo
    fairnjons
    fairra
    fairraþro
    fairrinnand
    fairrinnandans
    fairrinnandein
    fairwaurkjand
    fairweitidedeina
    fairweitjan
    fairweitjandam
    fairweitjandans
    fairweitjandeins
    fairweitjandona
    fairweitl
    fairzna
    Falaigis
    faraiþ
    Faraizis
    fastaid
    fastaida
    fastaidedeina
    fastaina
    fastais
    fastaiþ
    fastaiþs
    fauragahaitanan
    fauragaleikaida
    fauragamanwjaina
    fauragarairoþ
    fauragataih
    faurbiudais
    faurhtjaina
    faurlageinais
    faurlagjaidau
    faurmuljais
    faurwaipjais(2)

LIST OF MEDIAL GRAPHEME VOWEL CLUSTERS

ai		ai		ai	
	fawaim		frawaurhtaim		gafastaida
	fidwortaihun		frawaurhtais		gafastaidedun
	fijaid		frawaurhtaize		gafastaindau
	fijaida		frawaurkjaid		gafastaiþ
	fijaidedun		frawaurkjaiþ		gafraihnandam
	fijaiþ		frijaizos		gafreideinais
	filufaiho		frodaim		gafriþonais
	filuwaurdjaiþ		fullafahjais		gagamainjand
	fimftaihunim		fullaizos		gagawairþjan
	fimftataihundin		fullnaiþ		gagawairþnan
	frabairan		fulnaiþ		gageigaidedjau
	frabugjaidau		Fwgailus		gageigaiþ
	fradailiþ		gaainaidai		gaggaima
	fragibaidau		gaarmaida		gaggais
	fragildaidau		gaarmaidai		gaggaiþ
	frahunþanaim		gaarmaindau		gahabaida
	fraihans		gaarmaiþs		gahabaidai
	fraihn		gaaukaiþ		gahabaidedun
	fraihna		gabaidideduþ		gahabaina
	fraihnai		gabairada		gahabaiþ
	fraihnan		gabairaidau(2)		gahaihait(2)
	fraihnandan		gabairam		gahaihaitun(2)
	fraihnis		gabairan		gahailana
	fraihniþ		gabairand		gahailida
	fraisai		gabairgada		gahailidai
	fraisais(2)		gabairhtein		gahailidedun
	fraisaizau(2)		gabairhteiþ		gahailja
	fraisandans		gabairhtida		gahailjan
	fraisands		gabairhtidai		gahailnid
	fraisans		gabairhtiþs		gahailniþ
	fraisiþ		gabairhtja		gahailnoda
	fraistobnjo		gabairhtjaidau(2)		gahaita
	fraistubnja		gabairhtjan		gahaitam
	fraistubnjai		gabairhtjandin		gahaitandeim
	fraistubnjos		gabairhtjau		gahaitands
	fraiw		gabairid		gahaite
	fraiwa		gabairis		gahaitis
	fraiwe		gabaurþais		gahaitiþ
	fralailot		gabidjaiþ		gahlaibaim(2)
	fralailoti		gabrannidaizos		gahlaibam
	fralailotun		gabrannjaidau		gahlaiban
	fraleitais		gabuganaim		gahlaibim
	fraletaid		gadaila		gahnaiwidans
	fraletais		gadailans		gahnaiwjada
	fralustais		gadailei		gahobains
	framaþjaim		gadailida		gahraineinai
	framwairþis		gadailiþs		gahraineiþ
	fraqimaindau		gadailja		gahrainidai
	fraqistjais		gadailjada		gahrainids
	fraslindaidau		gadrigkais		gahrainjai
	fraþjaidau		gafahaidau		gahrainjan
	fraþjaima		gafaifaheina		gahrainjanda
	fraþjaina		gafaifahun		gahrainjands
	fraþjaiþ		gafaihondau		gahugdais
	frawardidaize		..gafair..		gaƕairbam

LIST OF MEDIAL GRAPHEME VOWEL CLUSTERS

ai	gaƕeilain	ai	galeikaidana	ai	garaihteim
	gaƕeilainais(2)		galeikaiþ		garaihtein
	gaƕeilaiþ		galeiþaima		garaihteinai
	gaidw		galeiþaina		garaihteins
	gaidwa		galeiþais		garaihtin
	gaigrot		galeiþaiþ		garaihtis
	gaigrotun		galiugaida		garaihtiþa
	gaigrotuþ		gamaidans		garaihtiþai
	gailjai		gamain		garaihtiþs
	Gainnesaraiþ(2)		gamainduþ		garaihtjai
	gairda		gamainduþais(2)		garaihtjan
	gairdos		gamainduþe		garaihton
	Gairgaisaine(3)		gamainduþs		garaihtoza
	gairnein		gamainein		garaihts
	gairneiþ		gamaineins		garehsnais
	gairnida		gamaineiþ		garinnaima
	gairnidedeina		gamainida		garinnaiþ
	gairnjais(2)		gamainja		gasaiƕa
	gairnjandans		gamainjai		gasaiƕaima(2)
	gairnjandona		gamainjaim(2)		gasaiƕaina(2)
	gairnjands		gamainjaiþ(2)		gasaiƕaindau(2)
	gairunja		gamainjan		gasaiƕaizau(2)
	gaitein		gamainjandans		gasaiƕam
	gaits		gamainjando		gasaiƕan
	gajiukaida		gamains		gasaiƕan..
	gajiukais		gamainþs		gasaiƕanane
	gajiukaizau		gamaitanon		gasaiƕanans
	gakannjaiþ		gamalteinais		gasaiƕand
	gakiusaindau		gamanwidaim		gasaiƕandam
	gakunnaidai		gamarzeinais		gasaiƕandans
	gakunnaidau		ganaitidana		gasaiƕandei
	gakunnaidedi		ganasjais		gasaiƕandeins
	gakunnaideduþ		ganimaiþ		gasaiƕands
	gakunnais		ganisaina		gasaiƕano
	gakunnaiþ		ganistais		gasaiƕanona
	galagjaidau		gapaidodai		gasaiƕans
	galaisida		gaqumanaim		gasaiƕau
	galaisideduþ		gaqumþais		gasaiƕis
	galaisides		garaid		gasaiƕiþ
	galaisiþs		garaideinai		gasaizlep
	galaisjai		garaideinais(2)		gasaizlepun
	galaisjaina(2)		garaideinim		gasandjaiþ
	galaisjan		garaideins		gasatjais
	galaista		garaidida		gaskaftais
	galaistans		garaidon		gaskaidaiþ(2)
	galaistides		garaiht		gaskaideins
	galaistjandans		garaihta		gaskaidnai
	galaiþ		garaihtaba		gasleiþjaindau
	galaubaim		garaihtai		gasmait
	galaubeinais		garaihtaize(2)		gaspaiw
	galaubjaima		garaihtaizos(2)		gastagqjais
	galaubjaina		garaihtamma		gastaistald
	galaubjaiþ		garaihtana		gastaistaldjau
	galausidaim		garaihtans		gastojanaim
	galeikaida		garaihtei		gasweraids

482　　　　　　　　　LIST OF MEDIAL GRAPHEME VOWEL CLUSTERS

ai	gasweraiþs	ai	gawandjaina	ai	Haileiins
	gaswiltaima		gawandjaiþ		Haileisaiu
	gataih		gawaurkjaima		hailidediu
	gataihan		gaweihaida		hailjan
	gataihans		gaweihaidedi		hailjands
	gataihun		gaweihaids		hailon
	gataiknida		gaweihaiþ		hails
	gatair		gibaid		haim
	gataira		gibaidau		haimai
	gatairada		gibaima		haimo
	gatairaidau(2)		gibais		haimom
	gatairan		gibaiþ		haimos
	gatairanda		godaim		haimoþlja
	gatairandans		godaize		hairaiseis(2)
	gatairandins		godaizos		hairau
	gatairands		goleinais		hairda
	gatairiþ		goljaiþ		hairdai
	gatalzjaindau		gramjaiþ		hairdeis
	gatarhjaiþ		gudiskaizos		hairdjam
	gateihaidau		gumakundaize		hairdjans
	gatimreinais		habaid		hairdjos
	gaþahaidedi		habaida		Hairmaugaineis(2)
	gaþahaidedun		habaidedeima		Hairodiadins
	gaþaih		habaidedeina		hairtam
	gaþaihuþ		habaidedeiþ		hairtane
	gaþarbaiþ		habaidedum		hairtin
	gaþiwaidedeina		habaidedun		hairtins
	gaþiwaidedun		habaidedunuh		hairto
	gaþiwaids		habaima		hairtona
	gaþiwaiþ		habaina		hairþra
	gaþlaih		habais		hairþram
	gaþlaihan		habaiþ		hairu
	gaþlaihandans		hahaida		hairum
	gaþlaihandin		Haibraieis		hairus
	gaþlaihands		Haibraium		hait
	gaþlaihiþ		Haibraius		..hait
	gaþlaiht		haidau		haita
	gaþlaihtai		haidum		haitada
	gaþlaihtais(2)		haifst		haitaidau(2)
	gaþlaihte		haifstai		haitaina(2)
	gaþwastjaiþ		haifstais(2)		haitais(2)
	gaumjaina		haifstei		haitaizau(2)
	gaumjaindau		haifsteis		haitan
	gaumjais		haifsteiþ		haitana
	gaurjaiþ		haifstida		haitanam
	gawairpan		haifstjan		haitanan
	gawairpands		haihait(2)		haitanana
	gawairpiþ		haihaitun(2)		haitanane
	gawairþeigai		haihamma		haitanda
	gawairþeis		haila		haitandin
	gawairþi		hailai		haitandona
	gawairþja		hailaim(2)		haitans
	gawairþjis		hailaize(2)		haitaza
	gawalidaize		hailana		haitid
	gawaljaidau		hailei		haitiþ

LIST OF MEDIAL GRAPHEME VOWEL CLUSTERS

ai haitjai
haiþiwisk
haiþjai
haiþjos
haiþno
haizam
haldanaize
halisaiw
harduhairtein
hauheinais
hauhhairtai
hauhhairtei
hauhhairts
hauhjaidau
hauhjaina
hauhjaindau
hauhjaiþ
hauneinais
haurnjais
hauseinais
hausjaina
hausjaiþ
hazjaina
himinakundaim
hlaib
hlaiba
hlaibam
hlaibans
hlaibe
hlaibis
hlaibos
hlaibs
hlaif
hlaifs
hlaine
hlaiw
hlaiwa
hlaiwasnom
hlaiwasnos
hlaiwis
hlifais
hnaiwam
hnaiweinai
hnaiweiþ
hnaiwidaim(2)
hnasqjaim
hrain
hrainei
hrainein
hraineinais(2)
hraineino
hrainjahairtans(2)
hrainjai
hrainjaim(2)
hrainjam

ai hrainjamma
hrains
hraiwadubono
hugjaima
hugjaiþ
huzdjaiþ
Hwmainaius
ƕaiƕop
ƕairbandane
ƕairbandans
ƕairneins
ƕaiteis
ƕaiwa
ƕeilaƕairb
ƕeilaƕairbai
ƕeilaidedum
ƕeitaim
ƕileikaim
ƕopaina
Iairaimian
Iaissaizis
indrobnaina
inmaidein
inmaideins
inmaideiþ
inmaidida
inmaidiþs
inmaidjaiþ(2)
inmaidjan
inmaidjanda
inngaggais
inngaggaiþ
inngalaiþ
inreiraida
insaiƕan
insaiƕandans
insaiƕandei
insaiƕandeins
insaiƕands
insaiƕiþ
insailidedun
insandjaiþ
inswinþjaiþ
intrusgjaidau
inuþþaim
inwait
inweitais
inwindaim
iudaiwisko
iudaiwiskon
izwaraim
izwaraizos
jaggabairaidau(2)
jaggalaiþ
jaggapaidodai

ai jaggaraihtein
jaggaþlaihan
jaina
jainai
jainaim(2)
jainaize(2)
jainamma
jainana
jainans
jainar
jainata
jaind
jaindre
jaindwairþs(2)
jainis
jains
jainþro
Jairupulai
jaþþairh
judaiwiskaize(2)
judaiwiskom
Kaidmeielis
Kaidron
Kaifaira(2)
kaisara
kaisaragild
Kaisarias
kaisaris
kaurjaidau
kausjais
Klaimaintau(2)
Klemaintau
lagjais
laibos
laigaion
Laigaion
laikid
laikins
lailaik(2)
lailot
lailotun
lailoun
lais
laisareis
laisari
laisaris
laisarja
laisarjam
laisarjans
laisei
laiseigs
laisein
laiseinai
laiseinais(2)
laiseinim

LIST OF MEDIAL GRAPHEME VOWEL CLUSTERS

ai	laiseinins	ai	libais	ai	maurþrjais
	laiseino		libaiþ		meinaim
	laiseins		liugaida		meinaize
	laiseis		liugaidedun		meinaizo
	laiseiþ		liugaidos		meinaizos
	laisida		liugaiþ		meljaima
	laisidai		lubainais(2)		merjaiþ
	laisjai		magaþais		midjaim
	laisjaina(2)		mahtais		midjasweipains
	laisjan		..maide..		mikilduþais
	laisjand		maidjandans		mikiljaidau
	laisjandans		maihstau		missaleikaim
	laisjandin		Mailaianis		miþarbaidei
	laisjandona		maile		miþarbaididedun
	laisjands		Mailkeins		miþinngalaiþ
	laist		Mailkeis		miþqiþaina
	laistei		maimaitun(2)		miþurraisida
	laisteis		maimbranans		miþurraisidai
	laisteiþ		mais		miþwait
	laistida		Maisaullamis		munaida
	laistidedum		maist		munaidedun
	laistidedun		maistam		munaidedunuþþan
	laistim		maistans		munais
	laistja		maistin		Naggais
	laistjai		maistins		Naiman
	laistjaima(2)		maists		naiteinins
	laistjais(2)		maiþms		naiteinos
	laistjaiþ(2)		maiza		Naitofaþeis
	laistjan		maizei		naiw
	laistjand		maizein		namnidaize
	laistjandeins		maizo		namnidaizos
	laistjands		maizona		namnjaidau
	Laiwweis		maizuh		naseinais
	Laiwweiteis		maizuþþan		Naubaimbair(2)
	Laiwwi		Makaidonja		Nazaraiþ
	Lamaikis		Makaidonjai		Neikaudaimau
	laþonais		Makedonais		nimaina
	lausaim		Makidonais		nimaiþ
	lausaiwaurdai		Malailaielis		niþais
	lausjaiþ		managaim		niþþaim
	leihvaid		managaize		niuhseinais
	leikain		managaizos		niujaim
	leikainai		managnaiþ		niujaizos
	leikaiþ		manasedais		niuklahaim
	leikeinaim		manniskaim		paida
	leitaidau		manwjaim		paidom
	libaid		manwjaima		paidos
	libaida		manwjaiþ		paintekusten
	libaideduþ		marisaiw		Paitrau
	libaima		Markaillaus		Paitraus
	libain		Markailliaus		Paitru
	libaina		matjaina		Paitrus
	libainai		matjais		paraskaiwe
	libainais(2)		matjaiþ		paraskaiwein
	libains		maurnaiþ		praitauria

LIST OF MEDIAL GRAPHEME VOWEL CLUSTERS

ai	praitoria	ai	saijiþ	ai	skaudaraip
	praitoriaun		Sailaumis		slaihtaim(2)
	praizbwtairein(2)		Saimaieinis		slauhtais
	praizbwtaireis(2)		sainjau		slawaidedun
	qaino		sair		slepaima
	qainodeduþ		sairam		smairþra
	qainon		Sairokis		snaiws
	qainondam		saislep		sniwaiþ
	qairrei		saiso		snutraim
	qairrein		saisost		spaikulatur
	qairreins		saiwa		spaiskuldra
	qairrus		saiwala		spedistaim
	qairu		saiwalai		spidistaim
	qenais		saiwalo		Staifanaus
	qiþaima		saiwalom		staigos
	qiþaina		saiwalos		stain
	qiþais		saiwe		staina
	qiþaits		Saixaineiins(2)		stainahamma
	qiþaiþ		salbonais		stainam
	qiwaim		saljaina		stainans
	qiwaize		saljaiþ		staineinaim(2)
	rahnjaidau		samasaiwalai		staineiþ
	rahnjaina		Saraipta		stainiþs
	rahnjaiþ		satjaidau		stainjam
	Raibaikka(2)		satjaiþ		stainos
	raidida		Saurais		stains
	raidjandan		saurgaideduþ		stairnons
	raihtaba		saurgaiþ		stairo
	raihtamma		Seidonais		standaiduh
	raihtis		seinaigairnai(2)		standaiþ
	raihtos		seinaim		stojaima
	raisida		seinaize		stojaindau
	rinnaiþ		seinaizo		stojaiþ
	rodjaiþ		seinaizos		sumaih
	Sabailliaus		sifaida		sumaim
	saihs		sifaiþ		sumaimuþþan
	saihsta		sijaidu		sumaiþþan
	saihstin		sijaima		sumaize
	saihsto		sijaina		sumaizeh
	saihston		sijais		Sunjaifriþas
	saiƕ		sijaiþ		sunsaiw
	saiƕa		sijaiþþan		swaif
	saiƕaima(2)		silubreinaize		swaihra
	saiƕaina(2)		silubrinaize		swaihro
	saiƕaiþ(2)		sitaiwa		swaihron
	saiƕam		siukaim		swaleikaim
	saiƕan		skabaidau		swaleikaize
	saiƕand		skaidai		swarais
	saiƕandans		skaidan		sweraidau
	saiƕandeins		skaidiþ		sweraim
	saiƕands		skamaid		sweraina
	saiƕats		skamaida		sweraiþ
	saiƕis		skamaidedeima		swesaim
	saiƕiþ		skamaiþ		swnagogais
	saijands		skaþaila		swultawairþja

ai	taihswai	ai	þairhgaggands	ai	ubilaim
	taihswo		þairhgaggiþ		ubilaize
	taihswon		þairhgaleikoda		ubilaizo
	taihswona		þairhiddja		ufaiþjai
	taihswons		þairhiddjedun		ufarassjaiþ
	taihun		þairhlaiþ(2)		ufarjaina
	taihundon		þairhleiþan		ufarlaiþ
	taihuntaihund(2)		þairhleiþands		ufarswarais
	taihuntaihundfalþ(2)		þairhsaiƕandans(2)		ufhausjaina
	taihuntehund		þairhwakandans		ufhausjaiþ
	taihuntewjam		þairhwis		ufhnaiwein
	taikn		þairhwisa		ufhnaiwida
	taiknai		þairhwisai		ufhnaiwjan
	taikne		þairhwisis		ufhnaiwjandin
	taikneis		þairhwisiþ		ufkunnaida
	taikneiþ		þairko		ufkunnaidai
	taiknim		þairwakands		ufkunnaidau
	taiknins		Þaissalauneikai		ufkunnaiþ
	taiknjandan		Þaissalauneikaie		ufligaiþ
	taiknjandans		Þaissalauneikaium		ufsnaist
	taikns		Þaissalaunekaium		ufsnaiþ
	taine		þaiþþan		ufwaira
	tainjons		þanamais		unairknai
	Tairtius		þatain		unairknaim(2)
	taitok		þataine		unairknans
	taitrarkes		þatainei		unaiwiskana
	talzjaiþ		þaurftais		unbairandane
	taujaid		þeihais		unbairandei
	taujaima		þeinaim		unbilaistidai
	taujaina		þeinaize		unbimaita
	taujais		þeinaizo		unbimaitanai
	taujaiþ		þeinaizos		unfairinodaba
	Teibairiaus		þiuþeigaim		unfairinona
	teikais		þiuþeinais		unfairlaistidon(2)
	Tibairiadau		þiuþiqissais		ungafairinoda
	Tibairiade		þiuþjaiþ		ungafairinodai
	timreinais		þliuhais		ungafairinodos
	timrjaiþ		þliuhaiþ		ungafairinonds
	triggwaim		þrafsteinais		ungafairinoþs
	twaim		þrafstjaiþ		ungahobainais(2)
	tweihnaim		þraihanai		ungaƕairba
	þahaida		þraihans		ungaƕairbai
	þahaidedi		þraiheina		ungalaubeinais
	þahaidedun		þraihun		ungaraihtein
	þahainai		þugkjaima		ungasaiƕanamma
	þaih		þulain		ungasaiƕanane
	þaim		þulainai		ungasaiƕanis
	þaimei		þulainais(2)		ungasaiƕanona
	þaimuh		þulaine		unhailai
	þairh		þulaiþ		unhailans
	þairharbaidjandans(2)		þwairhaiþþan(2)		unhaili
	þairhberi		þwairhei		unhailja
	þairhgagga		þwairhein		unhrain
	þairhgaggaima(2)		þwairheins		unhrainein
	þairhgaggan		þwairhs		unhrainiþa

LIST OF MEDIAL GRAPHEME VOWEL CLUSTERS

ai		ai		ai	
	unhrainiþai		ushaihah		uswairpa
	unhrainiþos		ushaista		uswairpada
	unhrainja		ushaitandans		uswairpam
	unhrainjaim(2)		ushauhjaindau		uswairpan
	unhrainjaize(2)		ushraineiþ		uswairpand
	unhrainjam		ushrisjaiþ		uswairpanda
	unhrainjamma		uskannjaima		uswairpandans
	unhrainjana		uskiusaiþ		uswairpands
	unhrainjans		uslaisidai		uswairpis
	unhrainjin		uslaiþ		uswairpiþ
	unhrains		uslauseinais		uswandjais
	unledaim		uslausjaidau		uswaurhtais
	unledaize		uslausjaindau		usweihaim
	unliugaida		uslukaindau		wahsjaima
	unsaiƕandans		usmaitada		waidedja
	unsaraim		usmaitaindau(2)		waidedjane
	unsaraize		usmaitans		waidedjans
	unsaraizos		usmaitau		waidedjin
	unsibjaim		usmaitaza		waifairƕjandans(2)
	unsweraim		usmitaiþ		waih
	unsweraiþ		usnimais		waihjons
	untalaim		ussaiƕ		waihstam
	unþiuþjaiþ		ussaiƕan		waihstastaina(2)
	unþwahanaim		ussaiƕand		waihstins
	unuslaisiþs		ussaiƕandins		waiht
	unwairþaba		ussaiƕands		waihtai
	urrais		ussaiƕau		waihtais(2)
	urraiseiþ		ussiggwaid		waihte
	urraisida		ussiggwaidau		waihtins
	urraisidedun		usskarjaindau		waihts
	urraisja		ussokjaidau		waila
	urraisjai		usstaig		wailadedais(2)
	urraisjan		usstassais		wailamerein
	urraisjandin		ustaig		wailamereinais(2)
	urraisjands		ustaiknein		wailameri
	urrumnaiþ		ustaikneinais(2)		wailamerida
	usaiwida		ustaikneins		wailamerjada
	usalþanaizo		ustaikneiþ		wailamerjan
	usbairan		ustaiknida		wailamerjanda
	usbairands		ustaiknideduþ		wailamerjandans
	usbairid		ustaikniþs		wailamerjandin
	usbraidida		ustaiknja		wailaqiss
	usdaudjaina		ustaiknjan		wailaspillonds
	usfaifraisi(2)		ustaiknjandans		wailawiznai
	usfairina		ustaiknjandin		wainahs
	usfairinans		ustauhanaim		wainei
	usfairinona		ustauhtais		waip
	usfulleinais		ustiuhaima		..waipj..s
	usfulljaidau		ustiuhaiþ		waips
	usfulljais		usþulaida		wair
	usgaggaiþ		usþulaidedeiþ		waira
	usgaisiþs		usþulaideduþ		wairaleiko
	usgibaima		usþulainai		wairam
	usgibais		usþulaiþ		wairans
	ushafanaizos		uswairp		wairdus

LIST OF MEDIAL GRAPHEME VOWEL CLUSTERS

ai	waire	ai	weihaizos	aia	saianans
	wairilom		weinatainos		saiand
	wairos		weinatains		saiandan
	wairp		wenais		saiands
	wairpam		wenjaima		waiandin
	wairpan		widuwairnans	aïa	Esaïan
	wairpandans		winnaina	aiai	afaiaik
	wairpiþ		wisais		Baiailzaibul
	wairs		wisaiþ		gaiainnan
	wairsiza		witaida	aiau	Alfaiaus
	wairsizei		witaidedun		Barteimaiaus
	wairsizin		witaidedunuh		Fareisaiaus
	wairþ		witaiduh		Iudaiaus
	wairþa		witaiþ		Teimaiaus
	wairþaba		witodalaisarjos		Þaiaufeilu
	wairþai		witodalausaim		Zaibaidaiaus
	wairþaid(2)		wiþrawairþ		Zaxxaiaus
	wairþaiduh(2)		wiþrawairþo	aie	Malailaielis
	wairþaima(2)		wiþrawairþon	aiei	Fareisaieis
	wairþaina(2)		wlaitoda		Haibraieis
	wairþaiþ(2)		Wmainaius		Iudaieis
	wairþam		wokainim		Judaieis
	wairþan		wraiqo		Saddukaieis
	wairþana		wulþagaim		Saimaieinis
	wairþand		wulþrais	aii	Anaiin
	wairþands		Zaibaidaiaus(2)		Andraiin
	wairþans		Zaibaidaiu(2)		Andraiins
	wairþata	aï	Ainnaïns		Osaiin
	wairþau		Akaïjai		saiiþ
	wairþida		Akaïje	aiï	Baidsaïïdan
	wairþidai		Akaïkaus	aïï	Esaïïn
	wairþidos		Baiþsaïdan	aio	armaion
	wairþis		Beþsaïdan		armaions
	wairþiþ		fauraïst		Daikapaulaios
	wairþodins		fraïtiþ		laigaion
	wairþs		gaïbnjand		Laigaion
	waist		gaïddja		Laudeikaion
	wait		gaïddjedun		Laudekaion
	waitei		gaïdreigodedeina		Swmaion
	waituh		wiþraïddja		Swmaions
	waiwoun	aia	Andraian	aiu	Alfaius
	wajamerjaidau		Andraias		Dauriþaius
	wakaima		Areimaþaias		Fareisaium
	wakaiþ		Esaias		Fareisaius
	waldaiþ		faianda		Galeilaius
	wanains		Galeilaian		Haibraium
	warjais		Galeilaias		Haibraius
	wasjaima		insaiano		Hwmainaius
	wasjaiþ		Ituraias		Iudaium
	waurkjaima		Iudaialand		Iudaiuns
	waurkjais		Iudaian		Iudaius
	waurkjaiþ		Iudaias		Judaium
	weihaida		Mailaianis		Judaiuns
	weihaim		saiada		Judaius
	weihaize		saian		Kaulaussaium

LIST OF MEDIAL GRAPHEME VOWEL CLUSTERS

aiu	Kaurinþaium	au	andalauni	au	baudai
	Nazoraius		andalausaize		baudana
	sumaiuþþan		andaugi		baudans
	Teimauþaius		andaugiba		bauhta
	Þaissalauneikaium		andaugjo		bauhtedun
	Þaissalaunekaium		andawaurde		baurg
	Wmainaius		andawaurdi		baurge
	Zakkaius		andawaurdjam		baurgim
aïu	Gaïus		andhauseis		baurgjane
ao	Faraoni		andhauseiþ		baurgjans
	Gabaons		andhausida		baurgs
	Sabaoþ		andhausidedi		baurgswaddjau
au	afdaubnodedun		andhausides		baurgswaddjaus(2)
	afdauþidai		andhausjaindau		baurgswaddjus
	afdauþidedeina		andhausjand		baurim
	afdauþjaidau		andilausaize		baurþein
	afdauþjan		andstaurraidedun		bauþs
	afdrausjan		andwaurdjais		bibaurgeinais
	afskauf		Apaullon		bigaurdans
	afslaupjandans		Apaullons		binauht
	afslauþidai		apaustaulaus(3)		birauboda
	afslauþiþs		apaustaule(2)		biraubodedun
	afslauþnan		apaustaulein(2)		bisauleino
	afslauþnodedun		apaustauleins(2)		bisaulida
	aftaurnid		apaustauleis(2)		bisaulidaim
	afþaursidana		apaustaulum(2)		bisaulnodedeina
	afþaursiþs		apaustauluns(2)		bitauh
	aglaitiwaurdei		apaustaulus(2)		blauþjandans
	aglaitiwaurdein		apaustulu		bwssaun
	ahtaudogs		apaustuluns		Daikapaulaios
	ahtautehund		arkaggilaus		Daikapaulein
	ainabaura		Artaksairksaus		daubata
	Aipafraudeitu		asilaus		daubei
	aipiskaupeins		Assaumis		daubiþos
	aipiskaupus		ataugei		daug
	aipistaule		ataugeiþ		dauht
	aipistaulein		ataugida		dauhtar
	aipistaulem		ataugidedi		dauhtr
	aiwlaugian		ataugidedun		dauhtrum
	Akaïkaus		ataugids		daun
	akranalaus		ataugiþs		daunai
	alabalstraun		ataugja		daunais
	Alaiksandraus		ataugjai		dauns
	allawaurstwans		ataugjan		daupein
	anabaud		atdraus		daupeinai
	anabaust		attauh		daupeinais
	anabauþ		attauhun		daupeinim
	anakaurjau		attauhuþ		daupeinins
	analaugn		atwaurpans		daupeins
	analaugnein		augadauro		daupeiþ
	analaugniba		Auneiseifauraus(2)		daupida
	analaugnjam		Baigausis		daupidai
	analaugnjona		Bairaujai		daupidane
	ananauþjai		Barþaulaumaiu(2)		daupidedjau
	andabauht		baud		daupiþs

au	dauþja	au	Eikaunion	au	faurbauht(2)
	daupjada		faihugawaurki		faurbauhtai(2)
	daupjaindau		fairƕaus		faurbauþ(2)
	daupjan		fairwaurkjand		faurbigaggands
	daupjand		fauhons		faurbigaggiþ
	daupjanda		faur		faurbisniwandeins
	daupjandam		faura		faurbiudais
	daupjandans		fauradaurja(2)		faurbiudiþ
	daupjandin		faurafilli		faurdammjada
	daupjandins		faurafillja		faurdomein
	daupjands		faurafilljis		faurgaggandans
	daur		fauragaggam		faurgaggandein
	daura		fauragaggan		faurhah
	daurawardai		fauragaggandans		faurhtai
	daurawarde		fauragaggands		faurhtei
	daurawardo		fauragaggi		faurhtein
	daurawardos		fauragaggis		faurhteins
	daurawards		fauragaggja		faurhteiþ
	Dauriþaius		fauragaggjan		faurhtidedun
	daurom		fauragaggjins		faurhtjaina
	daurons		fauragaggjis		faurlageinais
	dauþa		fauragahaitanan		faurlagido
	dauþai		fauragahugida		faurlagjaidau
	dauþaim		fauragaleikaida		faurlagjan
	dauþaize		fauragamanwida		faurmuljais
	dauþans		fauragamanwjaina		faurqiþa
	dauþau		fauragamelida		faurqiþan
	dauþaus(2)		fauragameliþ		faurqiþanana
	dauþein		fauragarairoþ		faurrinnandin
	dauþeinim		fauragaredanai		faursigljandans
	dauþeiþ		fauragasandida		faursnau
	dauþins		fauragasatjiþ		faursniwandam
	dauþs		fauragataih		faursniwiþ
	dauþu		fauragateiha		faurstassjans
	dauþubljans		faurahah		Faurtunataus(2)
	dauþum		fauraïst		faurþis
	dauþus		fauramanwjandei		faurþize
	diabaulau		fauramaþleis		faurþizei
	diabaulus		fauramaþlja		faurwaipjais
	diabulaus		fauramaþlje		faurwalwjands
	diakaunjus		fauramaþljos		filaus
	diakaununs		fauramelriþs		Filippaus
	disdraus		fauraqaþ		Filippauzuh
	distaurnand		fauraqeþum		filugalaubis
	drauhsno		fauraqeþun		filuwaurdein
	drauhsnom		fauraqimid		filuwaurdjaiþ
	drauhsnos		fauraqiþa		flautai
	drauhtinassaus(2)		faurarahnjandans		flauteiþ
	drauhtinom		faurastandandam		fotubaurd
	drauhtinonds		faurastandands		frabauht
	drauhtinoþ		fauratanja		frabauhtaboka
	drauhtiwitoþ		fauratanjam		frabauhtedun
	draus		faurawenjandans		frabauhts
	drausnos		faurawisan		fralaus
	dwalawaurdei		faurbaud(2)		frauja

au		au		au	
	fraujam		gabaurþai		galaubei
	fraujan		gabaurþais		galaubeid
	fraujans		gabaurþiwaurde(2)		galaubein
	fraujin		gablauþjands		galaubeina
	fraujinassiwe		gadaubida		galaubeinai
	fraujinassjus		gadaukans		galaubeinais
	fraujinodedun		gadaursan		galaubeins
	fraujinoma		gadaursjau		galaubeis
	fraujinon		gadaursta		galaubeiþ
	fraujinond		gadaurstedun		galaubida
	fraujinondane		gadaursum		galaubidedeiþ
	fraujinonds		gadauþjanda		galaubidedi
	fraujinoþ		gadauþnai		galaubidedum
	fraujins		gadauþnan		galaubidedun
	frawaurht		gadauþnand		galaubideduþ
	frawaurhta		gadauþnandans		galaubides
	frawaurhtai		gadauþniþ		galaubiþs
	frawaurhtaim		gadauþnoda		galaubja
	frawaurhtais		gadauþnodedi		galaubjai
	frawaurhtaize		gadauþnodedun		galaubjaima
	frawaurhtamma		gadauþnodeduþ		galaubjaina
	frawaurhtans		gadrauhteis		galaubjaiþ
	frawaurhte		gadrauhtins		galaubjam
	frawaurhteis		gadrauhts		galaubjan
	frawaurhtes		gadraus		galaubjand
	frawaurhti		gadrausida		galaubjandam
	frawaurhtim		gadrausidai		galaubjandan
	frawaurhtins		gadrausjaza		galaubjandane
	frawaurhtis		gafaurds		galaubjandans
	frawaurhton		gafaurjos		galaubjandei
	frawaurhts		gafaurs		galaubjandin
	frawaurkeiþ		gafraujinond		galaubjands
	frawaurkjai		gahaunida		galaubjau
	frawaurkjaid		gahaunjai		galaugnida
	frawaurkjaiþ		gahauseinai		galaugnjan
	frawaurkjandam		gahauseins		galauk
	frawaurkjandane		gahauseiþ		galauseiþ
	frawaurkjandans		gahausida		galausida
	frawaurpanai		gahausidedum		galausidaim
	frawaurpans		gahausidedun		galausidedi
	frawaurþanai		gahausideduts		galausidedjau
	frumabaur		gahausideduþ		galausiþs
	gabadauþniþ		gahausiþ		galausjada
	gabaur		gahausjai		galausjai
	gabauram		gahausjan		galausjan
	gabauran		gahausjand		galiugaapaustauleis(2)
	gabaurana		gahausjandam		galiugapraufeteis
	gabauranai		gahausjandans		galiugapraufetum
	gabauranamma		gahausjandei		gamaudei
	gabaurans		gahausjandein		gamaudein
	gabaurgjans		gahausjands		gamaudeiþ
	gabaurjaba		gahausjau		gamaudida
	gabaurjoþum		gakausidedum		gamaudja
	gabauros		galaubaim		gamaurgida
	gabaurþ		galaubamma		gamaurgidedi

LIST OF MEDIAL GRAPHEME VOWEL CLUSTERS

au		au		au	
	gamaurgiþ		gaurein		hauhistjam
	gamaurgjands		gaurida		hauhiþa
	ganauhan		gauridai		hauhiþai
	ganauhin		gauriþa		hauhiþos
	gastaurkniþ		gaurja		hauhiþs
	gatauh		gaurjada		hauhja
	gatauhans		gaurjaiþ		hauhjai
	gatauhun		gaurs		hauhjaidau
	gatauja		gawaurdja		hauhjaina
	gataujai		gawaurhta		hauhjaindau
	gataujan		gawaurhtai		hauhjaiþ
	gataujandan		gawaurhtedi		hauhjan
	gataujandin		gawaurhtedun		hauhjands
	gataujiþ		gawaurkeiþ		hauho
	gataujos		gawaurki		hauhþuhts
	gataura		gawaurkja		hauja
	gatauran		gawaurkjai		haunein
	gataurnandins		gawaurkjaima		hauneinai
	gataurnando		gawaurkjam		hauneinais
	gataurniþ		gawaurkjan		hauniþai
	gataurþai		gawaurkjandei		haunjan
	gaþaulaubidedeiþ(2)		gawaurstwa		haunjands
	gaþaurbs		gawaurstwam		hauns
	gaþaursana		gawaurstwan		haurd
	gaþaursniþ		gawaurstwans		haurdai
	gaþaursnoda		gawaurstwin		haurdins
	gaþlauh		gazaufwlakio		haurds
	gaþlauhun		gudafaurhts		haurja
	gauƕaseƕi		gudalausai		haurn
	gauja		gudaskaunein		haurne
	gaujans		gudjinassaus		haurnjais
	gaujis		Hairmaugaineis		haurnjandans
	gaulaubeis(2)		handuwaurht		haurnjans
	gaulaubjats(2)		handuwaurhton		hausei
	Gaulgauþa(2)		haubid		hausein
	Gaumaurjam(2)		haubida		hauseinai
	Gaumaurra(2)		haubidis		hauseinais
	gaumei		haubiþ		hauseis
	gaumeis		haubiþwundan		hauseiþ
	gaumida		hauh		hausida
	gaumidedeina		hauhaba		hausidedum
	gaumidedun		hauhata		hausidedun
	gaumjaina		hauhei		hausideduþ
	gaumjaindau		hauhein		hausides
	gaumjais		hauheinai		hausja
	gaumjan		hauheinais		hausjai
	gaumjandans		hauheins		hausjaina
	gaumjands		hauheiþ		hausjaiþ
	gaunledida		hauhhairtai		hausjam
	gaunodedum		hauhhairtei		hausjan
	gaunon		hauhhairts		hausjand
	gaunoþ		hauhida		hausjandam
	gaunoþu		hauhidedun		hausjandan
	gaurai		hauhis		hausjandans
	gaurana		hauhistins		hausjandona

LIST OF MEDIAL GRAPHEME VOWEL CLUSTERS

au	hausjands	au	Kaurinþon	au	Maisaullamis
	hausjon		kauriþos		manamaurþrja
	hausjondam		kaurja		manaulja
	heiwafraujin		kaurjaidau		manniskodaus
	hlauta		kaurjos		Markaillaus
	hlautis		kaurn		maudeiþ
	hlauts		kaurnis		mauja
	hʋauþþan		kaurno		maujai
	hʋelauda		kauseiþ		maujos
	Iairaupaulein(2)		kausjai		maurgin
	Iairausaulwmai(2)		kausjais		maurgina
	Iairusaulwma		kausjan		maurgins
	Iairusaulwmai		kausjand		maurnaiþ
	Iairusaulwmeis		laubos		maurnands
	Iairusaulwmeite		Laudeikaia		maurþr
	Iairusaulwmiam		Laudeikaion		maurþra
	Iairusaulwmim		Laudekaion		maurþreiþ
	Iairusaulwmon		laudjai		maurþrjais
	Iairusaulwmos		lauf		maurþrjandam
	Iakobaus		laugnida		missataujandan
	Iaurdanaus		laugnjandam		miþgadauþnodedum
	ibnaskaunjamma		lauhatjandei		miþgatauhans
	innattauhun		lauhmoni		miþkauriþs
	innwaurpano		lauhmunja		nardaus
	inrauhtida		lauhmunjai		Naubaimbair
	inrauhtiþs		laun		naudibandjo
	jaggahausida		launa		naudibandjom
	jaggawaurstwa		launawargos		naudibandjos
	jannauh		laune		naudiþaurft(2)
	jassauþ		launis		naudiþaurfts(2)
	Jaurdanau		laus		nauh
	juggalaud		lausa		nauhþan
	juggalaudeis		lausai		nauhþanuh
	juggalauþ		lausaim		nauhuþþan
	juggalauþs		lausaiwaurdai(2)		Naumis
	Kafarnaum		lausana		naus
	kalkinassaus		lausans		nauþai
	Kaulaussaium(2)		lausawaurdai(2)		nauþei
	kaupastedi		lausawaurdein(2)		nauþim
	kaupastedun		lausawaurdja(2)		nauþjada
	kaupatidai		lausei		nauþjand
	kaupatjan		lauseiþ		nauþjandin
	kaupoþ		laushandjan		nauþs
	Kaurazein		lausjadau		Neikaudaimau
	kaurban		lausjaiþ		Nekaudemus
	kaurbaunan(2)		lausjan		Nikaudemus
	kaurein		lausjands		Paitraus
	kaurida		lausqiþrans		Paunteau
	kauridai		lausqiþreim		Pauntiau
	kauridedeima		lausqiþrein		paurpaurai(2)
	kauridedjau		leikinassaus		paurpurai
	kauridedun		liugnapraufetum		paurpurodai
	Kaurinþaium		liugnawaurde		paurpurodon
	Kaurinþium		luftaus		Pawlaus
	Kaurinþius		lustaus		praitauria

LIST OF MEDIAL GRAPHEME VOWEL CLUSTERS

au	praufetau	au	sauþo	au	þaissalauneikaium
	praufetaus(2)		Seimonaus		þaissalaunekaium
	praufete		sigislaun		þauh
	praufetei		sigislauna		þauhjabai
	praufeteis		skalkinassaus		þaurbandin
	praufetes		skaudaraip		þaurbeima
	praufetida		skaunjai		þaurbeiþ
	praufetidedum		skaurpjono		þaurbum
	praufetja		skauta		þaurbun
	praufetjam		slauhtais		þaurbuþ
	praufetjand		snauh		þaurfta
	praufetjandei		spaurd		þaurftai
	praufetjands		spaurd..		þaurftais
	praufetjans		spaurde		þaurfte
	praufetu		spaurdim		þaurftos
	praufetum		sprauto		þaurftozo
	praufetuns		Staifanaus		þaurfts
	praufetus		stautai		þaurneina
	qiþaus		stautandin		þaurneinan
	rabbaunei		sunaus		þaurniwe
	raudai		swalaud		þaurnjus
	raupidedun		swalauda		þaurnum
	raupjan		sweþauh		þaurnuns
	raus		tauhans		þaurp
	rausa		tauhun		þaurseiþ
	Rufaus		tauja		þaursidai
	sabbataus		taujai		þaursja
	Sailaumis		taujaid		þaursjai
	samalaud		taujaima		þaursjana
	saud		taujaina		þaurstein
	Saudauma(2)		taujais		þaursus
	Saudaumim(2)		taujaiþ		þiudinassaus
	Saudaumjam(2)		taujan		þiumagaus
	Saudaumje(2)		taujand		þlauhs
	saudim		taujandam		þuhtaus
	sauhte		taujandan		þuthaurna
	sauhtim		taujandane		þuthaurneiþ
	sauhtins		taujandans		ubilwaurdjan
	Saulaumon(2)		taujandein		ubilwaurds
	Saulaumonis(2)		taujandin		ufarassaus
	sauleis		taujands		ufarhauhiþs
	sauls		taujats		ufarhauseino
	Saur		taujau		ufarmaudein
	Saurais		taujid		ufbaulidai
	saurga		taujis		ufdaupidai
	saurgai		taujiþ		ufdaupidamma
	saurgaideduþ		Teimauþaiau		ufdaupiþs
	saurgaiþ		Teimauþaiu		ufdaupjands
	saurgan		Teimauþaius		ufgaurdanai
	saurgandans		Teitaun		ufhausein
	saurgom		Teitaus		ufhauseinai
	saurgos		Trakauneitidaus(2)		ufhauseins
	Saurim		trausteis		ufhauseiþ
	Saurini		Þaissalauneikai		ufhausidedun
	sauþ		Þaissalauneikaie		ufhausjai

LIST OF MEDIAL GRAPHEME VOWEL CLUSTERS

au	ufhausjaina	au	ushauhjada	au	waurhtai
	ufhausjaiþ		ushauhjaindau		waurhtedun
	ufhausjan		ushauhjan		waurkei
	ufhausjand		ushauhnai		waurkeis
	ufhausjandam		ushauhnan		waurkeiþ
	ufhausjandans		ushlaupands		waurkja
	ufhausjandona		uslaubei		waurkjada
	ufhausjands		uslaubida		waurkjaima
	ufslaup		uslaubidedi		waurkjais
	ulbandaus		uslaubja		waurkjaiþ
	unbauranamma		uslaubjandein		waurkjam
	undaurnimat		uslauk		waurkjan
	unfaurjos		uslausei		waurkjand
	unfaurweisane		uslausein		waurkjandans
	ungalaubamma		uslauseinais		waurkjandein
	ungalaubein		uslausida		waurkjandins
	ungalaubeinai		uslausidedi		waurkjands
	ungalaubeinais		uslausjaidau		waurmans
	ungalaubjandam		uslausjaindau		waurme
	ungalaubjandan		ustauh		waurms
	ungalaubjandane		ustauhan		waurpeina
	ungalaubjandans		ustauhana		waurstw
	ungalaubjandei		ustauhanai		waurstwa
	ungalaubjandein		ustauhanaim		waurstwam
	ungalaubjandin		ustauhans		waurstwe
	ungalaubjandins		ustauhi		waurstweig
	ungalaubjando		ustauhtai		waurstweiga
	ungalaubjands		ustauhtais		waurstweigons
	unhanduwaurhta		ustauhts		waurstwein
	unhanduwaurhtana		ustauhun		waurstwis
	unkaureinom		uswaurhta		waurstwja
	unþaþlauh		uswaurhtais		waurstwjam
	unwaurstwons		uswaurhtana		waurstwjan
	usbaugeiþ		uswaurhtane		waurstwjans
	usbauhta		uswaurhtans		waurt
	usbauhtai		uswaurkeiþ		waurtim
	usbauhtedi		uswaurkjandans		waurtins
	usbauhtedun		uswaurpa		waurts
	usdaudana		uswaurpai		waurþan
	usdaudei		uswaurpanai		waurþana
	usdaudein		uswaurpi		waurþanai
	usdaudeins		uswaurpum		waurþanam
	usdaudida		uswaurpun		waurþanamma
	usdaudidedeina		uswaurts		waurþanana
	usdaudjaina		utbaurans		waurþano
	usdaudjam		wahstaus		waurþanon
	usdaudjandans		waurd		waurþanona
	usdaudjands		waurda		waurþanons
	usdaudo		waurdahai		waurþans
	usdaudoza		waurdajiukos		waurþeima
	usdaudozan		waurdam		waurþeina
	usdraus		waurde		waurþi
	ushauheiþ		waurdei		waurþum
	ushauhida		waurdis		waurþun
	ushauhido		waurhta		waurþunuþþan

LIST OF MEDIAL GRAPHEME VOWEL CLUSTERS

au	waurþuþ	ei	afdauþidedeina	ei	aiweino
	wiljauþþan		afdomeinai		aiweinon
	winþiskauron		afgudein		aiweinons
	witodalaus		aflageinai		aiweinos
	witodalausaim		afleitan		Aiwneikai
	witodalausam		afleitana		Aizleimis
	witodalausans		afleitanda		akeitis
	wulþaus		afleitandans		aleina
	Xristaus		afleiþandans		aljaleiko
	Zauraubabilis(2)		afleiþands		aljaleikodos
aua	bauan		afleiþiþ		aljaleikos
	Bauanairgais		aflifnandeins		allawerein
	bauandei		afmarzeinais		alþeis
	bnauandans		afmarzeins		Ameinadabis
	gabauan		afsateinais		anagaggandeim
	gatrauam		aftraanastodeinai		..anagein
	gatrauandans		aggileis		anahneiwands
	gatrauands		aglaitein		anaƕeilaiþs
	stauastola		aglaitiwaurdein		analagein
	Trauadai		ahmateinais		analageinai
	trauan		ahmein		analaugnein
	trauandans		ahmeinai		analeiko
auai	bauaida		ahmeinaim		anamindeis
	bauaima		ahmeinan		anananþeiþ
	bauain		ahmeinans		anaqisseis
	bauainai		ahmeino		anastodeinai
	bauains		ahmeinon		anastodeins
	gatrauaida		ahmeinona		anastodeiþ
	gatrauaiþ		aigandeins		anawiljein
	trauaida		aigeina		andabeit
	trauaidedun		aigeiþ		andaneiþans
	trauain		aihtedeis		andaneiþo
	trauainai		Aileiakeimis		andanemeigs
	trauains		Aileisabaiþ		andawleizn
auau	Bauauzis		Aimmeirins		andbahteis
aue	Nauel		ainfalþein		andbahtidedeima
	Nauelis		ainfalþeins		andbahtjandeins
aui	afdauidai		Aipafraudeitu		andbeitais
	afmauidai		aipiskaupeins		andbeitan
	andastauin		aipistaulein		andbeitands
	Banauis		Airmogaineis		andeis
	bauiþ		airþeina		andhauseis
	gastauida		airþeinaim		andhauseiþ
	Lauidjai		airþeinins		andhulein
	sauil		airþeins		andhuleinai
	stauidedeima		airzein		andhuleinais
	stauides		airzeins		andhuleinins
	stauin		airzeiþ		andhuleino
auo	stauos		aiþein		andstandandein
ei	Abeilenes		aiþeins		ansteigs
	Addeins		aiweina		anþarleikein(2)
	Addeis		aiweinaizos		anþarleiko
	Adoneikamis		aiweinamma		apaustaulein
	afargaggandeins		aiweinana		apaustauleins
	afarlaistjandein		aiweinis		apaustauleis

LIST OF MEDIAL GRAPHEME VOWEL CLUSTERS

ei Areimaþaias
Areistarkus
armahairtein
armahairteins
asneis
ataugeiþ
atgaggandeim
atgaggandein
atgaggandeins
atgebeima
atgebeina
atgebeiþ
atiddjedeina
atlagidedeina
atsteig
atsteigadau
atsteigai
atsteigands
atsteigiþ
attaitokeina
Aþeinim
auhjondein
Auneiseifauraus(2)
Azeiris
baideis
Baineiameinis
Bainiameinis
bairgahein
bairhtein
baitrein
balgeis
balþein
balþeins
balþeiþ
balwaweseins
balwein
balweinim
bandweiþ
barizeinam
barizeinans
barniskeins
Barteimaiaus
Basseis
baurþein
bedeima
beidaima
beidam
beidandans
beidands
beidiþ
beist
beista
beistis
beitiþ
Beþsfagein

ei bibaurgeinais
bigeteina
bileiþa
bileiþada
bileiþai
bileiþands
bileiþiþ
bireikeim(2)
bireikjai
birodeinos
birodeins
birodeiþ
birodjandein
bisauleino
bisaulnodedeina
bispeiwada
bistandandeins
biþagkeiþ
bleiþei
bleiþein(2)
bleiþeino(2)
bleiþeins(2)
bleiþja
bleiþjandans
bleiþs
bokareis
boteiþ
brukeiþ
daddjandeim
Daikapaulein
daileiþ
daimonareis
daupein
daupeinai
daupeinais
daupeinim
daupeinins
daupeins
daupeiþ
dauþein
dauþeinim
dauþeiþ
Daweid
Daweidis
digrein
disskaidandein
disskreitands
distahein
diswinþeiþ
domeiþ
draibeis
dreiband
driusandeino
driusandeins
drugkaneim

ei drugkaneins
dustodeiþ
Eiaireikons
eisarneinaim
fadrein
fadreina
fadreinais
fadreinam
fadreinis
faginodedeiþ
faheid
faheidai
faihufrikein
faihufrikeins
faihugairneins
faihugeigais
faihugeiro
faihugeiron
fairgreipands
fairrinnandein
fairweitidedeina(2)
fairweitjan
fairweitjandam
fairweitjandans
fairweitjandeins(2)
fairweitjandona
fairweitl
Fareisaiaus
Fareisaie
Fareisaiei
Fareisaieis
Fareisaium
Fareisaius
fastaidedeina
fauragaleikaida
fauragateiha
fauramaþleis
faurbisniwandeins
faurdomein
faurgaggandein
faurhtein
faurhteins
faurhteiþ
faurlageinais
fetjandeins
filleina
filudeisein(2)
filuwaurdein
finþandeins
flauteiþ
fodeinai
fodeiþ
frakunneina
frakunneiþ
fraleitais

LIST OF MEDIAL GRAPHEME VOWEL CLUSTERS

ei	fraleitan	ei	gagaleikondans	ei	galeikon
	fraqisteiþ		gagaleikoþ		galeikondan
	fraþjamarzeins		gageigaidedjau		galeikondans
	frawardein		gageigaiþ		galeikonds
	frawardeiþ		gageigands		galeikoþ
	frawaurhteis		gagreiftai		galeiks
	frawaurkeiþ		gagudein		Galeilaia
	fraweit		gagudeins		Galeilaian
	fraweita		gahaitandeim		Galeilaias
	fraweitan		gahardeiþ		Galeilaiau
	fraweitands		gahauseinai		Galeilaie
	freidida		gahauseins		Galeilaius
	freidja		gahauseiþ		galeiþa
	freidjai		gahausjandein		galeiþaima
	freidjands		gahraineinai		galeiþaina
	freihals		gahraineiþ		galeiþais
	freihalsa		gaƕeilain		galeiþaiþ
	freijhals		gaƕeilainais		galeiþam
	freis		gaƕeilaiþ		galeiþan
	frijodedeiþ		gaƕeiland		galeiþand
	friodedeiþ		gaƕeitjan		galeiþandam
	Friþareikeis(2)		gaïdreigodedeina(2)		galeiþandan
	frodein		gairnein		galeiþandans
	froþeina		gairneiþ		galeiþandei
	frumadein		gairnidedeina		galeiþands
	frumein		gaitein		galeiþau
	fullaweisai		gakanneiþ		galeiþis
	fullaweisjam		galagidideina		galeiþiþ
	gaaggwein		Galateis		galeiþos
	gabairhtein		galaubeid		galeiweiþ(2)
	gabairhteiþ		galaubein		galeweiþ
	gabeidiþ		galaubeina		galiugaapaustauleis
	gabeiga		galaubeinai		galiugapraufeteis
	gabeigai		galaubeinais		galiugaweitwods
	gabeigam		galaubeins		galiuhteiþ
	gabeigans		galaubeis		gamainein
	gabeigins		galaubeiþ		gamaineins
	gabeigs		galaubidedeiþ		gamaineiþ
	gabein		galauseiþ		gamalteinais
	gabeins		galeik		gamanweid
	gabeisteiþ(2)		galeika		gamanweiþ
	gableiþeino(2)		galeikai		gamarzein
	gableiþja		galeikaida		gamarzeinais
	gableiþjands		galeikaidana		gamarzeiþ
	gaboteiþ		galeikaiþ		gamaudein
	gadragkeiþ		galeikan		gamaudeiþ
	gadrauhteis		galeikandans		gameleinim
	gadruseina		galeikandein(2)		gameleins
	gafaifaheina		galeikans		gamoteima
	gafeteinai		galeikinodos		gamoteiþ
	gafraþjein		galeikinon		gamuneima
	gafreideinai(2)		galeikja		gamuneis
	gafreideinais(2)		galeiko		gamuneiþ
	gafullaweisidons		galeikoda		ganuteina
	gagaleikond		galeikom		garaideinai

LIST OF MEDIAL GRAPHEME VOWEL CLUSTERS

ei	garaideinais	ei	gawandidedeina	ei	hauheiþ
	garaideinim		gawargeinai		haunein
	garaideins		gawaseins		hauneinai
	garaihteim		gawaurkeiþ		hauneinais
	garaihtein		gaweihada		hausein
	garaihteinai		gaweihai		hauseinai
	garaihteins		gaweihaida		hauseinais
	gariudein		gaweihaidedi		hauseis
	gasaiƕandeins		gaweihaids		hauseiþ
	gasalbodedeina		gaweihaiþ		hazein
	gasatein		gaweiham		hazeinai
	gaskadwein		gaweisoda		hazeinim
	gaskaideins		gaweisodai		hazeino
	gaskeiriþ		gaweisodeduþ		hazeins
	gaskeirjada		gaweisoþ		heito
	gaskeirjands		gawizneigs		heitom
	gasleiþeiþ(2)		gebeima		heiwafraujin
	gasleiþiþs		gebeina		Heleis
	gasleiþjaindau		gilstrameleins		Herodeis
	gasleiþjands		glitmunjandeins		Herodiadein
	gasteigiþ		godeino		hindarleiþ
	gasteis		golein		hindarleiþan
	gastigodein		goleinais		hindarweisai
	gaswikunþeiþ		goleins		hindarweisein(2)
	gaswikunþidedeina		goleiþ		hlasein
	gatawidedeina		greipan		hleibida
	gateih		greipiþ		hleidumei
	gateiha		greitai		hleidumein(2)
	gateihaidau		greitan		hleidumona
	gateiham		greitandei		hleiþrai
	gateihandin		greitandein(2)		hleiþros
	gateihands		greitiþ		hleþrastakeins
	gateihats		gudaskaunein		hlutrein
	gateihiþ		gudblostreis		hnaiweinai
	gatimreinai		gulþeina		hnaiweiþ
	gatimreinais		gumein		hneiwan
	gatulgeiþ		habaidedeima		horinondein
	gaþaulaubideiþ		habaidedeina		hrainein
	gaþiwaidedeina		habaidedeiþ		hraineinais
	gaþrafstein		habandein		hraineino
	gaþrafsteinai		habandeins		hropeiþ
	gaþrafsteino		haifsteis		hropjandeins
	gaþrafsteins		haifsteiþ		hroþeigans
	gaþrafstidedeina		Haileisaiu		hrukeiþ
	gaþreihandam		hairaiseis		huggreiþ
	gaulaubeis		hairdeis		ƕairneins
	gaumeis		Hairmaugaineis		ƕaiteis
	gaumidedeina		handugein		ƕassein
	gaurein		handugeino		ƕeila
	gawairþeigai		handugeins		ƕeilaƕairb
	gawairþeis		harduhairtein		ƕeilaƕairbai
	gawaleinai		hauhein		ƕeilai
	gawandeinai		hauheinai		ƕeilaidedum
	gawandeins		hauheinais		ƕeilo
	gawandeiþ		hauheins		ƕeilohun

ei	ƕeilos	ei	inreiraida	ei	lausawaurdein
	ƕeit		insaiƕandeins		lauseiþ
	ƕeita		insandeiþ		lausqiþreim
	ƕeitai		intandeiþ		lausqiþrein
	ƕeitaim		inweitais		leiht
	ƕeitos		inweitis		leihtis
	ƕeleika		inweitiþ		leiƕaid
	ƕileik		inwiteina		leiƕan
	ƕileika		Iohannein		leiƕand
	ƕileikai		Ioreimis		leiƕid
	ƕileikaim		Iskarioteis		leik
	ƕileikamma		Israeleitai		leika
	ƕileikos		Israeleiteis(2)		leikain
	ƕileiks		Israeleites		leikainai
	ƕileikuh		jaggaraihtein		leikaiþ
	Iairaupaulein		jasSwntwkein		leike
	Iaireikon		Jiuleis		leikeina(2)
	Iairusaulwmeis		juggalaudeis		leikeinai(2)
	Iairusaulwmeite		Kananeiten		leikeinaim(2)
	Iareimis		kanneiþ		leikeinon(2)
	ibnaleika		Kareiaþiaareim		leikeins(2)
	idreiga		Kaurazein		leikeis(2)
	idreigai		kaurein		leiki
	idreigo		kauridedeima		leikinassaus
	idreigoda		kauseiþ		leikinoda
	idreigodedeina(2)		keiniþ		leikinodedi
	idreigodedun		Kileikiais		leikinon
	idreigondane		kilþein		leikinondans
	idreigondins		kunneina		leikis
	idreigonds		kunneis		lein
	idreigos		kunneiþ		leina
	idreigoþ		kunþedeiþ		leitaidau
	idweit		Kustanteinus		leitil
	idweitida		Kwreinaiau		leitila
	idweitidedun		Kwreinaiu		leitilai
	idweitjan		laggamodein		leitilamma
	idweitjand		laisareis		leitilane
	idweitjanda		laiseigs		leitilata
	idweitjandane		laisein		leitils
	inahein		laiseinai		leiþu
	inaheins		laiseinais		lekeis
	infeinandein(2)		laiseinim		ligandein
	infeinands		laiseinins		listeigon
	infeinoda		laiseino		listeigs
	ingaleikonda		laiseins		liteinins
	inmaidein		laiseis		liubaleik
	inmaideins		laiseiþ		liuhadein
	inmaideiþ		laisteis		liuhadeins
	innatbereina		laisteiþ		liutein
	inngaleiþai		laistjandeins		liuteiþ
	inngaleiþan		Laiwweis		lubjaleisai
	inngaleiþand		Laiwweiteis(2)		lubjaleisei
	inngaleiþandans		laþaleiko		magaþein
	inngaleiþands		Laudeikaia		mageima
	inngaleiþiþ		Laudeikaion		mageis

LIST OF MEDIAL GRAPHEME VOWEL CLUSTERS

ei	mageiþ	ei	mereiþ	ei	qemeina
	mahtedeina		midjasweipains		qeþeina
	mahteig		mikileid		qimandein
	mahteiga		mikilein		qinein
	mahteigans		mikileins		qineina
	mahteigin		mikileiþ		qisteinai
	mahteigo		missaleikaim		qiþandeins
	mahteigons		missaleikom		qiþeina
	mahteigs		missaleiks		qiþeiþ
	mahteis		mitoneis		ragineis
	Mailkeins		miþgaleikondans		rahneiþ
	Mailkeis		miþuskeinandans		reik
	maizein		miþweitwodjandein(2)		reikam
	Makeibis		miþwisseim		reike
	Makidoneis		miþwissein		reikinon
	malandeins		miþwisseins		reikinoþ
	manageim		motareis		reikis
	managein		mukamodein		reikistin
	manageino		muldeina		reikja
	manageins		muldeinans		reikjam
	managizeim		muldeins		reikjane
	managizein		mundrein		reikje
	managizeins		naiteinins		reikjis
	manaseidai		naiteinos		reiks
	manaseiþs		Naitofaþeis		reirandei
	manleika		naqadein		reiro
	manleikan		nasein		reirom
	mannleikan		naseinai		reiron
	manweid		naseinais		rigneiþ
	manweiþ		naseins		riqizein
	marein		naweis		riqizeinai
	mareins		Nazoreinau		riqizeiþ
	marikreitum		Neikaudaimau		riurein
	marzeins		neiþa		rodeid
	matidedeina		neiþis		rodeis
	maþlein		nemeina		rodeiþ
	maudeiþ		nemeis		rodjandeins
	maurþreiþ		niuhseinais		saiƕandeins
	mein		niuklahein		samaleika
	meina		Obeidis		samaleiko
	meinai		ogeis		samaleikoh
	meinaim		ogeiþ		samaleikos
	meinaize		ohteigo		Samareite
	meinaizo		paraskaiwein		Samareites
	meinaizos		peikabagme		sandeiþ
	meinamma		Peilatau		sauleis
	meinana		Peilatus		seƕeina
	meinans		pistikeinis		Seidona
	meinata		plinsjandein		Seidonai
	meinis		praizbwtairein		Seidonais
	meinos		praizbwtaireis		Seidone
	meins		prauſeteis		Seidonim
	meleiþ		qairrein		Seimon
	mereinai		qairreins		Seimona
	mereins		qeins		Seimonau

ei	Seimonaus	ei	skuldedeiþ	ei	talzeinai
	Seimonis		skuleiþ		tandeiþ
	Seimonu		slawandein		taujandein
	sein		sleidja		tawidedeina
	seina		sleidjai		tawidedeiþ
	Seina		sleiþa		tawidideina
	seinai		sleiþei		Teibairiaus
	seinaigairnai		sneiþam		teikais
	seinaim		sneiþand		Teimaiaus
	seinaize		sneiþands		Teimauþaiau
	seinaizo		sneiþis		Teimauþaiu
	seinaizos		sneiþiþ		Teimauþaius
	seinamma		snutrein		..teins
	seinana		sokareis		Teitau
	seinans		sokeins		Teitaun
	seinata		sokeiþ		Teitaus
	seinaze		Soseipatrus		Teitu
	seinis		speidizei		Teitus
	seinos		speiwan		timreinai
	seiteina(2)		speiwand		timreinais
	seiþu		speiwands		timreiþ
	selein		spillodedeina		Trakauneitidaus
	seneigana		spwreidans		trausteis
	sildaleik		staineinaim		triweina
	sildaleikeiþ(2)		staineiþ		tweifl
	sildaleikida		stauidedeima		tweiflein(2)
	sildaleikidedun		steigiþ		tweifleinai(2)
	sildaleikja		sunjein		tweifljan
	sildaleikjandam		sunjeina		tweihnaim
	sildaleikjandans		sunjeinai		tweihnos
	sildaleikjandona		sunjeinan		twisstasseis
	sildaleiknan		sunjeino		twistasseis
	sildaleiks		sunjeins		Twkeiku
	silubreina		swaleik		Twkeikus
	silubreinaize		swaleika		þaggkeiþ
	silubreinam		swaleikai		Þaiaufeilu
	sineigos		swaleikaim		þairhgaleikoda
	sineigs		swaleikaize		þairhleiþan
	sinteinan		swaleikamma		þairhleiþands
	sinteino		swaleikana		Þaissalauneikai
	sinteinom		swaleikans		Þaissalauneikaie
	siponeis		swaleikata		Þaissalauneikaium
	sitandeins		swaleikos		þanaseiþs
	siukeim		swaleiks		þankeiþ
	siukein		swegneid		þaurbeima
	siukeins		sweina		þaurbeiþ
	skamaidedeima		sweine		þaurneina
	skeimam		swiknein		þaurneinan
	skeinan		swinþein		þaurseiþ
	skeinandei		swinþeins		þaurstein
	skeiniþ		swnagogein		þeihais
	skeireins(2)		Swntwkein		þeihan
	skeiris		taikneis		þeihand
	skeirs		taikneiþ		þeihandei
	skerein		taleiþa		þeihando

LIST OF MEDIAL GRAPHEME VOWEL CLUSTERS

ei	þeihs	ei	ufhnaiwein	ei	urreisan
	þeihsa		ufsneiþai		urreisand
	þeiƕon		ufsneiþiþ		urreisandin
	þeiƕons		ufswalleinos		urreisands
	þein		uhteigai		urreisiþ
	þeina		uhteigo		usbalþeins
	þeinai		unagein		usbaugeiþ
	þeinaim		unbeistein(2)		usbeida
	þeinaize		unbeistjodai		usbeidam
	þeinaizo		undarleijin		usbeidandam
	þeinaizos		undgreip		usbeidands
	þeinamma		undgreipan		usbeisnai
	þeinana		undgreipandans		usbeisnei
	þeinans		undgreipands		usbeisneiga(2)
	þeinata		undiwanein		usbeisneigai(2)
	þeinis		unfaurweisane		usbeisnein(2)
	þeinos		unfraþjandein		usbloteinai
	þeins		unfreideinai(2)		usdaudein
	þiudanodedeiþ		unfrodein		usdaudeins
	þiuþeiga		unfrodeins		usdaudidedeina
	þiuþeigaim		ungalaubein		usdreiban
	þiuþeigamma		ungalaubeinai		usdreibandan
	þiuþeigana		ungalaubeinais		usdreibands
	þiuþeigins		ungalaubjandein		usdreibeina(2)
	þiuþeigo		ungaraihtein		usdreibiþ
	þiuþeigs		unhindarweisai		usdribeina
	þiuþeinai		unhrainein		usdrusteis
	þiuþeinais		unƕeilo		usfodein
	þrafsteinais		unkaureinom		usfulleinais
	þrafsteiþ		unmahteig		usfulleins
	þraiheina		unmahteiga		usfulleiþ
	þramsteins		unmahteigai		usfullnodedeina
	þrasabalþein		unmahteigam		usgaggandein
	þreihand		unmahteigana		usgaggandeins
	þreihanda		unmahteigans		usgebeina
	þreihandein(2)		unmahteigo		usgeisnodedum
	þreihslam		unmahteigs		usgeisnodedun
	þuggkeiþ		unriurein		ushauheiþ
	þugkeiþ		unriureins		ushraineiþ
	þuthaurneiþ		unselein		ushramidedeina
	þwairhein		unseleins		uskeinand
	þwairheins		unsweibandans		uskeinoda
	ufarfullein		unsweibando		uslaubjandein
	ufarhauseino		unsweibands		uslausein
	ufarhleiþrjai		unswerein		uslauseinais
	ufarmaudein		unuhteigo		usleiþ
	ufarmeleins		unwammeins		usleiþa
	ufarranneinim		unweis		usleiþam
	ufarskadweid		unweisai		usleiþan
	ufarþeihandei		unweisans		usleiþandin
	ufarwahseiþ		unwerein		usleiþands
	ufhausein		urraiseiþ		usleiþiþ
	ufhauseinai		urranneiþ		uslunein
	ufhauseins		urreis		usmeitum
	ufhauseiþ		urreisa		usqemeina

503

LIST OF MEDIAL GRAPHEME VOWEL CLUSTERS

ei	usqisteiþ	ei	weihata	ei	weseima
	usqistidedeina		weihin		weseina
	ussateinai		weihis		weseis
	ussokeiþ		weihiþa		weseiþ
	ussteigan		weihiþai		wigadeinom
	ussteigandans		weihnai		wildedeiþ
	ussteigands		weihon		wileid
	ussteigiþ		weihona		wileidu
	usstiureins		weihos		wileima
	ustaiknein		weihs		wileina
	ustaikneinais		weihsa		wileis
	ustaikneins		weihsis		wileits
	ustaikneiþ		wein		wileiþ
	usþroþeins		weina		wileizu
	usþulaidedeiþ		weinabasja		wiljahalþein
	uswalteinai		weinagard		wilþeins
	uswalteins		weinagarda		wilþeis
	uswaurkeiþ		weinagardis		wisandeim
	usweihaim		weinatainos		wisandein
	usweihona		weinatains		wissedeina
	wahseiþ		weinatriu		wissedeis
	wahsjandein		weinatriwa		wisseis
	wailamerein		weindrugkja		witeid
	wailamereinais		weinis		witeis
	wairaleiko		weinnas		witeiþ
	wajamerein		wein..s		witodafasteis
	wajamereins		weipada		witodeigo
	wajamereiþ		weis		wopeid
	waldufneis		weiseis(2)		wopeiþ
	warein		weisjau		wrekeim
	warmeiþ		weisun		wrohidedeina
	waurkeis		weitwod		wullareis
	waurkeiþ		weitwode	eia	Aileiakeimis
	waurkjandein		weitwodei		Baineiameinis
	waurpeina		weitwodein(2)		Heleian
	waurstweig		weitwodeins(2)		Heleias
	waurstweiga		weitwodeis(2)		Kareiaþiaareim
	waurstweigons		weitwodeiþ(2)		Tobeias
	waurstwein		weitwodida	eiai	Aileiaizairis
	waurþeima		weitwodidedum	eie	Kaidmeielis
	waurþeina		weitwodidedun	eii	Aizaikeiins
	weih		weitwodides		Ananeiin
	weiha		weitwodiþa		Barakeiins
	weihaba		weitwodiþai		Haileiins
	weihai		weitwodiþos		Heleiins
	weihaida		weitwodja		Saixaineiins
	weihaim		weitwodjand		Tobeiin
	weihaize		weitwodjandans	ia	Abiaþara
	weihaizos		weitwodjandins		Aiodian
	weiham		weitwodjands		aiwlaugian
	weihamma		weitwodjau		aiwxaristian
	weihan		weizuþþan		Bailiama
	weihana		weneid		Bainiameinis
	weihane		weneiþ		Beþanian
	weihans		wenjandein		Beþanias

LIST OF MEDIAL GRAPHEME VOWEL CLUSTERS

ia	biabridedun	iau	Lwsaniaus	iu	awiliudo
	biarbaidjan		Markailliaus		awiliudoda
	diabaulau		Mattaþiaus		awiliudodau
	diabaulus		praitoriaun		awiliudom
	diabulau		Sabailliaus		awiliudon
	diabulaus		Teibairiaus		awiliudondans
	diabulos	ie	Gabriel		awiliudonds
	diabulus		Salaþielis		awiliudoþ
	diakaunjus	ii	Andriins		awiliuþ
	diakaununs		Beþaniin		biniuhsjan
	diakon		Biþaniin		bitiuhan
	diakona		Mariin		..biuda
	diakuna		Mariins		biuda
	fiand		Zakariins		biudis
	fiandans		Zaxariins		biuga
	fiands	io	Antiokjai		biugitai
	fiaþwos		Eikaunion		biugiþ
	friaþwa		frioda		biuhti
	friaþwai		friodedeiþ		biuhtja
	friaþwamildjai		friondans		biuhts
	friaþwos		frioþ		dishniupands
	Hairodiadins		Iskarioteis		diupaizos
	Helian		Iskarioten		diupei
	Helias		Iskariotes		diupiþa
	Herodiadein		Iskariotu		diupiþai
	Herodiadins		Sion		diupo
	Herodiane		Skariotau		diuzam
	Herodianum	iu	afskiubandans		driugais
	Iairaimian		aftiuhan		driusandan
	Iairusaulwmiam		aftiuhands		driusandeino
	Kaisarias		afþliuhiþ		driusandeins
	Mariam		Aifaisium		driusands
	Marian		anabiud		driusiþ
	Samarian		anabiuda		driuson
	Tibairiadau		anabiudam		faurbiudais
	Tibairiade		anabiudands		faurbiudiþ
	þwmiamins		anabiudiþ		Filippisius
	unbiarja		ananiujada		fraliusands
	Zakarian		ananiujiþai		fraliusiþ
	Zakarias		anaqiujan		friusa
iaa	Kareiaþiaareim		anasiun		gadiupida
iai	Asiais		anasiunjo		gadriusai
	fiais		anuþþanniujaiþ		gadriusan
	fiaiþ		atdriusai		gadriusand
	Galatiais		atdriusand		gadriusando
	Ioriais		atdriusandei		gadriusiþ
	Kileikiais		attiuh		gajiukai
	siais		attiuha		gajiukaida
	Swriais		attiuhan		gajiukais
iau	Antiaukiai		attiuhats		gajiukaizau
	biauk		attiuhiþ		gakiusai
	biaukada		awiliud		gakiusaindau
	biaukands		awiliuda		gakiusan
	biauknai		awiliudam		gakiusandans
	biauknan		awiliude		gakiusiþ

505

LIST OF MEDIAL GRAPHEME VOWEL CLUSTERS

iu		iu		iu	
iu	galiug	iu	kiusands	iu	niujamma
	galiugaapaustauleis		kriustiþ		niujans
	galiugabroþre		liuba		niujasatidana
	galiugabroþrum		liubai		niujata
	galiugaguda		liubaleik		niujin
	galiugagudam		liuban		niujis
	galiugagude		liubana		niujiþai
	galiugaida		liubans		niujo
	galiugam		liubin		niuklahai
	galiugapraufeteis		liubon		niuklahaim
	galiugapraufetum		liudiþ		niuklahein
	galiugaweitwods		liuga		niuklahs
	galiugaxristjus		liugada		niun
	galiuge		liugaida		niundon
	galiuhteiþ		liugaidedun		niune
	galiuhtjandins		liugaidos		niuntehund
	gaqiujandin		liugaiþ		niuntehundis
	gaqiujandins		liugan		niutan
	gaqiujiþ		liugand		niutau
	gaqiunand		liuganda		qius
	gaqiunoda		liugandans		riurei
	gariud		liugandau		riurein
	gariudans		liugands		riurja
	gariudein		liugn		riurjamma
	gariudja		liugnapraufetum		riurjan
	gariud..n		liugnawaurde		riurjana
	gariudos		liugnja		riurjand
	gariuds		liugnjam		riurjo
	gasniumidedum		liugnjans		silbasiunjos
	gatiuhand		liugom		siud
	gatiuhandans		liugos		siujiþ
	gaþiuþida		liuhad		siuka
	gaþiuþjands		liuhada		siukai
	giutand		liuhadein		siukaim
	giutid		liuhadeins		siukam
	giutiþ		liuhadis		siukan
	Gutþiudai		liuhaþ		siukana
	hiuhma		liuhtida		siukands
	hiuhmans		liuhtjai		siukans
	hiuma		liuhtjando		siukau
	hiumam		liuta		siukei
	hliuma		liutai		siukeim
	hliumans		liutans		siukein
	inliuhtida		liutei		siukeins
	inliuhtjan		liutein		siukis
	inniujiþa		liuteiþ		siukiþ
	jabbiudis		liuþarjos		siuks
	jaggariudja		liuþo		sium
	jiuka		Lukius		siun
	jiukam		miþþiudanom		siunai
	jiukos		miþþiudanoma		siunins
	Jiuleis		niuhseinais		siuns
	Kaurinþium		niuja		siuþ
	Kaurinþius		niujaim		sliupand
	kiusai		niujaizos		sniumei

LIST OF MEDIAL GRAPHEME VOWEL CLUSTERS

iu	sniumidedum	iu	þiudom	iu	unriurjana
	sniumjandans		þiudos		unþaþliuhand
	sniumjands		þiujai		unþiudom
	sniumundo		þiujo		unþiuþ
	sniumundos		þiujos		unþiuþa
	stiur		þiumagaus		unþiuþis
	stiurjan		þiumagu		unþiuþjaiþ
	stiurjand		þiumagus		uskiusa
	Tairtius		þiuþ		uskiusada
	tiuhan		þiuþa		uskiusaiþ
	tiuhand		þiuþe		uskiusan
	tiuhanda		þiuþeiga		usstiurei
	tiuhandans		þiuþeigaim		usstiureins
	tiuhandei		þiuþeigamma		usstiuriba
	tiuhiþ		þiuþeigana		ustiuhada
	þiube		þiuþeigins		ustiuhai
	þiubja		þiuþeigo		ustiuhaima
	þiubjo		þiuþeigs		ustiuhaiþ
	þiubos		þiuþeinai		ustiuhan
	þiubs		þiuþeinais		ustiuhandam
	þiuda		þiuþida		ustiuhandans
	þiudai		þiuþido		ustiuhands
	þiudan		þiuþiqissais		ustiuhiþ
	þiudana		þiuþis		usþriutandans
	þiudanam		þiuþiþs		usþriutiþ
	þiudane		þiuþjaiþ		waurdajiukos
	þiudangardi		þiuþjands	oa	Siloamis
	þiudangardja		þiuþspilloda	ou	hʋouh
	þiudangardjai		þliuh		hʋouþþan
	þiudangardjom		þliuhais		lailoun
	þiudangardjos		þliuhaiþ		waiwoun
	þiudanis		þliuhan	ua	duatgaggandans
	þiudanodedeiþ		þliuhand		duatgaggandei
	þiudanodeduþ		þliuhiþ		duatgaggandin
	þiudanon		ufsliupandane		duatgaggands
	þiudanondane		uhtiug		duatiddja
	þiudanos		unanasiuniba		duatiddjedun
	þiudanoþ		unliubon		duatrinnands
	þiudans		unliugaida		duatsniwun
	þiudinassau		unliugands		quam
	þiudinassaus		unliuta	ue	Fanuelis
	þiudinassu		unliutons	ueii	Odueiins
	þiudinassuns		unriurein	ui	Aidduins
	þiudinassus		unriureins		Iesuis
	þiudisko		unriurjai		
	þiudo		unriurjamma		

LIST OF MEDIAL GRAPHEME CONSONANT CLUSTERS

It should be kept in mind that the grapheme *w* is Streitberg's transcription of the Gothic letter ү, corresponding to Greek upsilon (υ). The grapheme *w* is ambiguous since it may denote a vowel in certain borrowed words, e.g. *Iairusaulwma*. Other text editions render Wulfila's ambiguous grapheme ү by two different letters, viz. *y* (*Iairusaulyma*) and *v* or *w* (*veihs* or *weihs*). Because of the ambiguity of Streitberg's transcription, and because the cluster lists refer to graphemes and not phonemes, the letter *w* is included in the list of consonant clusters only.

LIST OF MEDIAL GRAPHEME CONSONANT CLUSTERS

bb	abba	bj	unsibjaim	br	gabruko
	afarsabbate		unsibjona		galiugabroþre
	Barabba		uslaubja		galiugabroþrum
	Barabban		uslaubjandein		Haibraieis
	Barabbas	bl	gablauþjands		Haibraium
	jabbi		gableiþeino		Haibraius
	jabbiudis		gableiþja		silubreina
	rabbaunei		gableiþjands		silubreinaize
	rabbei		gablindida		silubreinam
	sabbataus		giblin		silubrinaize
	sabbate		swibla		silubris
	sabbatim	blj	dauþubljans	bt	fragibtim
	sabbato	bn	abnam	bw	twalibwintrus
	sabbatum		abne	dbl	gudblostreis
bbr	jabbrusts		afdaubnodedun	dd	Addeins
bd	ibdaljin		drobnan		Addeis
bj	biwaibjand		drobnans		Aidduins
	drobjandam		gadrobnoda		Gaddarene
	drobjandans		ibna		jaddu
	drobjands		ibnaleika		Saddukaie
	frastisibja		ibnamma		Saddukaieis
	galaubja		ibnans		Þaddaiu
	galaubjai		ibnaskaunjamma	ddj	afariddjedun
	galaubjaima		ibnassau		afiddja
	galaubjaina		ibnassu		atiddja
	galaubjaiþ		ibnassus		atiddjedeina
	galaubjam		ibnon		atiddjedum
	galaubjan		indrobnai		atiddjedun
	galaubjand		indrobnaina		baurgswaddjau
	galaubjandam		indrobnoda		baurgswaddjaus
	galaubjandan		stibna		baurgswaddjus
	galaubjandane		stibnai		daddjandeim
	galaubjandans		stibnos		duatiddja
	galaubjandei	bnj	fastubnja		duatiddjedun
	galaubjandin		fastubnjam		gaïddja
	galaubjands		fraistobnjo		gaïddjedun
	galaubjau		fraistubnja		grunduwaddjau
	gasibjon		fraistubnjai		grunduwaddju
	gaulaubjats		fraistubnjos		grunduwaddjus
	lubjaleisai		gaïbnjand		iddja
	lubjaleisei		witubnja		iddjedum
	sibja		witubnjis		iddjedun
	stubju	br	abraba		iddjedunuh
	þiubja		Abraham		iddjeduþ
	þiubjo		Abrahama		iddjuh
	ungalaubjandam		Abrahamis		innatiddja
	ungalaubjandan		alabrunstim		midgardiwaddju
	ungalaubjandane		biabridedun		mididdjedun
	ungalaubjandans		gabrak		miþgardawaddju
	ungalaubjandei		gabrannidai		miþiddjedun
	ungalaubjandein		gabrannidaizos		twaddje
	ungalaubjandin		gabrannjaidau		þairhiddja
	ungalaubjandins		Gabriel		þairhiddjedun
	ungalaubjando		gabrikands		ufariddja
	ungalaubjands		gabrukano		usiddja

LIST OF MEDIAL GRAPHEME CONSONANT CLUSTERS

ddj	usiddjedun	dj	gawandidedjau	dj	unrodjands
	usiddjeduþ		gudja		usdaudjaina
	uzuhiddja		gudjam		usdaudjam
	uzuþþaniddja		gudjane		usdaudjandans
	wiþraïddja		gudjans		usdaudjands
dg	midgardiwaddju		gudjin		usgrudjans
dh	gudhusa		gudjinassaus		wadjabokos
dj	anastodjandans		gudjinoda		waidedja
	anastodjandei		gudjins		waidedjane
	anastodjands		inmaidjaiþ		waidedjans
	arbaididedjau		inmaidjan		waidedjin
	arbaidja		inmaidjanda		weitwodja
	arbaidjai		jaggariudja		weitwodjand
	arbaidjam		kauridedjau		weitwodjandans
	arbaidjand		laudjai		weitwodjandins
	arbaidjandam		Lauidjai		weitwodjands
	arbaidjandans		ludja		weitwodjau
	arbaidjands		maidjandans		wissedjau
	badja		midja		wrohidedjau
	badjam		midjai	dm	Kaidmeielis
	biarbaidjan		midjaim	dn	gaskaidnai
	bidja		midjans	dr	anadrigkaiþ
	bidjai		midjasweipains		fadrein
	bidjaid		midjungard		fadreina
	bidjais		midjungardis		fadreinais
	bidjaiþ		mitadjon		fadreinam
	bidjaiþuþþan		miþweitwodjandein		fadreinis
	bidjam		raidjandan		gadraban
	bidjamuþþan		rodidedjau		gadragand
	bidjan		rodja		gadragkeiþ
	bidjand		rodjada		gadragkjai
	bidjandane		rodjai		gadrauhteis
	bidjandans		rodjaiþ		gadrauhtins
	bidjandansuþþan		rodjam		gadrauhts
	bidjandei		rodjan		gadraus
	bidjandin		rodjand		gadrausida
	bidjands		rodjandan		gadrausidai
	bidjats		rodjandans		gadrausjaza
	bidjau		rodjandeins		gadrigkais
	bidjis		rodjandin		gadriusai
	bidjiþ		rodjandins		gadriusan
	bidjos		rodjands		gadriusand
	birodjandein		sleidja		gadriusando
	daupidedjau		sleidjai		gadriusiþ
	freidja		þairharbaidjandans		gadrobnoda
	freidjai		þridja		gadruseina
	freidjands		þridjan		gadrusun
	gabidjaiþ		þridjin		gaïdreigodedeina
	gageigaidedjau		þridjo		hidre
	galausidedjau		..udjans		hidrei
	gamaudja		ufargudjam		hᴡadre
	ganasidedjau		ufkunþedjau		idreiga
	gariudja		unledja		idreigai
	gatawidedjau		unrodjandan		idreigo
	gawadjoda		unrodjandans		idreigoda

LIST OF MEDIAL GRAPHEME CONSONANT CLUSTERS

dr	idreigodedeina	fdr	afdrugkja	fj	andhafjis
	idreigodedun	ff	affalht		andhafjiþ
	idreigondane		aiffaþa		athafjan
	idreigondins	fg	afgaf		ufarhafjands
	idreigonds		afgaggandam		ufjo
	idreigos		afgaggandans		ushafjan
	idreigoþ		afgudaim		ushafjandans
	Kaidron		afgudein		ushafjands
	nadre		afgudon	fk	ufkunna
ds	Baidsaiïdan		ufgaurdanai		ufkunnai
dw	fidwor	fgr	afgrundiþa		ufkunnaida
	fidworim		ufgraband		ufkunnaidai
	fidwortaihun	fh	afhabaiþ		ufkunnaidau
	gaidwa		afhaimjai		ufkunnaiþ
	gaskadwein		afhamon		ufkunnan
	idweit		afholoda		ufkunnand
	idweitida		afhugida		ufkunnandam
	idweitidedun		ufhaband		ufkunnandans
	idweitjan		ufhausein		ufkunnandei
	idweitjand		ufhauseinai		ufkunnands
	idweitjanda		ufhauseins		ufkunnau
	idweitjandane		ufhauseiþ		ufkunþa
	nidwa		ufhausidedun		ufkunþedi
	ufarskadweid		ufhausjai		ufkunþedjau
	ufarskadwida		ufhausjaina		ufkunþedum
dwj	ufarskadwjands		ufhausjaiþ		ufkunþedun
fb	ufbaulidai		ufhausjan		ufkunþes
fbl	afblindnodedun		ufhausjand		ufkunþja
	ufblesada		ufhausjandam		ufkunþjis
	ufblesans		ufhausjandans		ufku..þ..ina
fbr	ufbrann		ufhausjandona	fl	aflageinai
	ufbrikan		ufhausjands		aflagida
	ufbrikands	fhl	afhlaþana		aflagjaiþ
	ufbrikiþ		ufhlohjanda		aflagjan
	unufbrikandans	fhn	ufhnaiwein		aflagjandans
fd	afdailja		ufhnaiwida		aflagjiþ
	afdaubnodedun		ufhnaiwjan		aflailot
	afdauidai		ufhnaiwjandin		aflailoti
	afdauþidai	fhr	afhrainjan		aflailotum
	afdauþidedeina		afhrisjaiþ		aflaiþ
	afdauþjaidau		afhrisjam		afleitan
	afdauþjan		ufhropida		afleitana
	afdobn		ufhropjands		afleitanda
	afdomeinai	fƕ	afƕapidedun		afleitandans
	afdomiþs		afƕapjaiþ		afleiþandans
	afdomjada		afƕapjan		afleiþands
	afdomjaid		afƕapjand		afleiþiþ
	afdomjan		afƕapnand		aflet
	afdomjanda		afƕapniþ		afleta
	afdumbn		afƕapnodedun		afletada
	ufdaupidai	fj	andhafjan		afletai
	ufdaupidamma		andhafjand		afletaindau
	ufdaupiþs		andhafjandans		afletaiþ
	ufdaupjands		andhafjandei		afletam
fdr	afdrausjan		andhafjands		afletan

LIST OF MEDIAL GRAPHEME CONSONANT CLUSTERS

fl	afletanda	fr	gafraihnandam	fst	afstand
	afletandane		gafraþjein		afstandai
	afletandans		gafraujinond		afstandand
	afletands		gafrehun		afstass
	afletiþ		gafreideinai		afstassais
	aflifnandans		gafreideinais		afstoþ
	aflifnandeins		gafrijonai		afstoþi
	aflifniþ		gafrisahtiþ		afstoþum
	aflifnoda		gafrisahtnai		anaþrafstei
	aflinniþ		gafriþodai		anaþrafstida
	afliþi		gafriþodedi		gaþrafstein
	faiflokun		gafriþon		gaþrafsteinai
	tweiflein		gafriþonais		gaþrafsteino
	tweifleinai		gafriþondin		gaþrafsteins
	ufligaiþ		gafriþonds		gaþrafstida
	ufligand		grindafraþjans		gaþrafstidai
flj	tweifljan		heiwafraujin		gaþrafstidedeina
fm	afmaimait		samafraþjai		gaþrafstidedun
	afmait		Sunjaifriþas		gaþrafstiþs
	afmarzeinais		ufrakei		haifstai
	afmarzeins		ufrakida		haifstais
	afmarzjada		ufrakjai		haifstei
	afmarzjaindau		ufrakjands		haifsteis
	afmauidai		usfaifraisi		haifsteiþ
	ufmelida	fs	afsateinais		haifstida
fn	aflifnandans		afsatida		þrafstei
	aflifnandeins		afsatjaidau		þrafsteinais
	aflifniþ		afsatjan		þrafsteiþ
	aflifnoda		ufsaggqiþs		þrafstidedun
	afnima		ufsagqiþs	fstj	gaþrafstjai
	afnimada	fsk	afskaidai		gaþrafstjan
	afnimai		afskaidan		gaþrafstjanda
	afniman		afskaidand		haifstjan
	afnimands		afskaidiþ		þrafstjaiþ
	afnimiþ		afskaiskaid		þrafstjandans
	ufarhafnau		afskaiskaidun		þrafstjands
	waldufneis		afskauf	fstr	ufstrawidedun
	waldufni		afskiubandans	fsw	afswaggwidai
fnj	waldufnja	fsl	afslaham		afswairbands
	waldufnjam		afslahands		ufswalleinos
	waldufnje		afslaupjandans		ufswogjands
	waldufnjis		afslauþidai	ft	afta
	wundufnjos		afslauþiþs		aftana
fq	afqiþiþ		afslauþnan		aftaro
fr	Aipafras		afslauþnodedun		aftaurnid
	Aipafraudeitu		afsloh		aftiuhan
	Aipafrin		afslohun		aftiuhands
	faihufrikai		innufslupun		aftumans
	faihufrikam		ufslaup		aftumist
	faihufrikans		ufsliupandane		aftumista
	faihufrikei	fsn	ufsnaist		aftumistan
	faihufrikein		ufsnaiþ		aftumistin
	faihufrikeins		ufsneiþai		aftumists
	faihufriks		ufsneiþiþ		audahafta
	fullafraþjam		ufsniþans		aufto

LIST OF MEDIAL GRAPHEME CONSONANT CLUSTERS

ft	fragiftim	gd	managduþs	gg	briggau
	gagahaftiþ	gf	managfalþ		briggiþ
	gagreftai		managfalþo		duatgaggandans
	gagreiftai	gg	afargagga		duatgaggandei
	gahaftida		afargaggan		duatgaggandin
	gaskaftai		afargaggand		duatgaggands
	gaskaftais		afargaggandeins		fauragaggam
	haftam		afargaggiþ		fauragaggan
	hliftus		afgaggandam		fauragaggandans
	hʋoftuli		afgaggandans		fauragaggands
	hʋoftulja		aggele		fauragaggi
	hʋoftuljos		aggeljus		fauragaggis
	iftumin		aggelu		faurbigaggands
	luftau		aggilau		faurbigaggiþ
	luftaus		aggile		faurgaggandans
	luftu		aggileis		faurgaggandein
	qiþuhaftom		aggiljus		gagaggandam
	qiþuhafton		aggilu		gagaggiþ
	skaftida		aggilum		gagga
	skufta		aggiluns		gaggai
	ufta		aggilus		gaggaima
	ufto		aiwaggeli		gaggais
ftj	haftjandans		aiwaggelida		gaggaiþ
ftn	gahaftnandan		aiwaggelista		gaggam
ftr	aftra		aiwaggelistans		gaggan
	aftraanastodeinai		aiwaggelistins		gaggand
fþ	afþaursidana		aiwaggelja		gagganda
	afþaursiþs		aiwaggeljis		gaggandam
	ufþanjam		aiwaggeljo		gaggandan
	ufþanjands		aiwaggeljon		gaggandans
fþl	afþliuhiþ		aiwaggeljons		gaggandei
fþw	afþwahan		anagaggandeim		gaggandin
	afþwoh		anapragganai		gaggando
fw	afwagidai		arkaggilaus		gaggandona
	afwairpaidau		atgaggai		gaggands
	afwairpan		atgaggand		gaggats
	afwairpands		atgaggandam		gaggid
	afwairpiþ		atgaggandan		gaggida
	afwalwiþs		atgaggandans		gaggis
	afwalwjai		atgaggandei		gaggiþ
	afwandei		atgaggandeim		halsaggan
	afwandida		atgaggandein		hrugga
	afwandidedun		atgaggandeins		innatgaggai
	afwandjan		atgaggandin		innatgaggan
	afwandjand		atgaggands		innatgaggandans
	afwandjanda		atgaggiþ		innatgaggandin
	afwandjandane		atuþþangaggand		innatgaggands
	ufwaira		brigga		inngaggais
	ufwopida		briggai		inngaggaiþ
fwl	gazaufwlakio		briggais		inngaggan
gb	jagbigitand		briggan		inngaggandan
gd	gahugdai		brigganda		inngaggandans
	gahugdais		briggandan		inngaggandin
	Magdalan		briggandans		inngaggando
	Magdalene		briggandei		inngaggands

LIST OF MEDIAL GRAPHEME CONSONANT CLUSTERS

gg	inngaggiþ	gg	usgaggando	ggw	gaaggwein
	jaggabairaidau		usgaggandona		gaaggwidai
	jaggahamoþ		usgaggands		glaggwaba
	jaggahausida		usgaggis		glaggwo
	jaggalaiþ		usgaggiþ		glaggwuba
	jaggamanwida		utgaggando		saggwa
	jaggapaidodai		utgaggiþ		saggwim
	jaggaraihtein		waggarja		saggwins
	jaggariudja		wruggon		siggwada
	jaggaskohai	ggj	fauragaggja		siggwan
	jaggaslepand		fauragaggjan		siggwandans
	jaggatraua		fauragaggjins		skuggwan
	jaggaþlaihan		fauragaggjis		triggwa
	jaggawaurstwa	ggk	draggka		triggwaba
	jaggibandin		draggkida		triggwai
	jallaggei		driggka		triggwaim
	juggalaud		driggkai		triggwana
	juggalaudeis		driggkaiþ		triggwin
	juggalauþ		driggkan		triggwis
	juggalauþs		driggkandans		triggwos
	juggans		driggkats		unmanariggwai
	juggata		driggkiþ		untriggwa
	juggons		þaggkeiþ		usbliggwandans
	juggos		þuggkeiþ		usbliggwands
	lagga		uggkis		usbluggwans
	laggai	ggkj	andþaggkjandins		usbluggwun
	laggamodein		andþaggkjands		ussiggwaid
	laggei		þuggkjand		ussiggwaidau
	Naggais	ggl	tugglam		ussiggwis
	skiliggans	ggq	bistuggqis		ussuggwud
	skilliggans		bistuggqun		ussuggwuþ
	tuggo		disiggqai	gj	afagjaidau
	tuggon		gasiggqai		aflagjaiþ
	tuggons		gastiggqiþ		aflagjan
	þairhgagga		iggqara		aflagjandans
	þairhgaggaima		iggqarai		aflagjiþ
	þairhgaggan		iggqis		analagjandans
	þairhgaggands		saggqa		analagjands
	þairhgaggiþ		ufsaggqiþs		andaugjo
	ufargaggai	ggqj	saggqjand		ataugja
	ufargaggan	ggr	figgragulþ		ataugjai
	unweniggo		figgrans		ataugjan
	usgaggai		huggreiþ		atlagjada
	usgaggaiþ		huggridai		atlagjands
	usgaggam		jaggretands		audagjand
	usgaggan	ggw	afswaggwidai		biþragjands
	usgaggana		aggwiþa		bugjaima
	usgaggand		aggwiþai		bugjaina
	usgaggandam		aggwiþom		bugjam
	usgaggandan		aggwu		bugjanda
	usgaggandans		bliggwand		bugjandans
	usgaggandei		bliggwandam		faurlagjaidau
	usgaggandein		bliggwandans		faurlagjan
	usgaggandeins		bliggwands		frabugjaidau
	usgaggandin		gaaggwei		frabugjan

LIST OF MEDIAL GRAPHEME CONSONANT CLUSTERS

gj	frabugjandane	gk	drigkam	glj	agljai
	frabugjandans		drigkan		faursigljandans
	gabigjandans		drigkand		ganagljands
	galagja		drigkandane		sigljands
	galagjada		drigkands		sigljo
	galagjai		drigkau		swigljans
	galagjaidau		drigkid		usagljai
	galagjand		drigkiþ	gm	alewabagme
	galagjands		drugkanai		alewabagmis
	galagjaza		drugkaneim		bagmam
	galagjiþ		drugkaneins		bagmans
	gawagjan		drugkans		bagme
	gawagjanda		drugkun		bairabagma
	hugjaima		gadragkeiþ		peikabagme
	hugjaiþ		gadrigkais		smakkabagma
	hugjandam		þugkeiþ	gn	analaugnein
	hugjandane		ugkis		analaugniba
	hugjandans		urrugkai		gabignandans
	hugjandona	gkj	afdrugkja		galaugnida
	hugjands		gadragkjai		laugnida
	hugjiþ		gaþagkja		liugnapraufetum
	lagja		þagkjai		liugnawaurde
	lagjai		þagkjan		managnaiþ
	lagjais		þagkjandam		managnandei
	lagjan		þagkjandans		managniþ
	lagjandans		þagkjandei		rigneiþ
	lagjands		þagkjau		rignida
	lagjid		þugkjaima		swegneid
	lagjis		þugkjand		swegnida
	lagjiþ		þugkjandam		swegniþa
	magjau		þugkjandans		swigniþai
	managjai		weindrugkja		usmanagnoda
	ogjan	gl	aglaitei	gng	skilligngans
	þragjai		aglaitein	gnj	analaugnjam
	þragjands		aglaitgastaldans		analaugnjona
	ufarhugjau		aglaitgastalds		galaugnjan
	ufswogjands		aglaitiwaurdei		laugnjandam
	usbugjandans		aglaitiwaurdein		liugnja
	usbugjands		aglaitja		liugnjam
	uslagjan		aglaitjam		liugnjans
	uslagjand		agliþos		swignjai
	uslagjands		aglo		swignjan
	uslagjiþ		aglom	gq	bistugqe
	wagjan		aglon		bistugqei
gk	anadrigkaiþ		aglono		bistugqun
	biþagkeiþ		aglons		dissigqai
	dragkei		aglu		igqis
	dragkida		agluba		stigqan
	dragkidai		fuglam		sugqun
	dragkideduþ		fuglos		ufsagqiþs
	drigka		gasiglida	gqj	gastagqjais
	drigkai		gasiglidai	gr	bigraband
	drigkaina		swiglodedum		digrein
	drigkais		tagla		gagreftai
	drigkaiþ		taglam		gagrefts

LIST OF MEDIAL GRAPHEME CONSONANT CLUSTERS

gr	gagreiftai	hl	bihlohun	hn	weihnai
	gaigrot		gahlaibaim	hnj	faurarahnjandans
	gaigrotun		gahlaibam		rahnjaidau
	gaigrotuþ		gahlaiban		rahnjaina
	ligra		gahlaibim		rahnjaiþ
	ligram		þwahla		rahnjanda
	ligre	hm	ahma		rahnjands
	tagra		ahmam	hr	gafahrida
	tagram		ahman		gahraineinai
	tagre		ahmane		gahraineiþ
	tagrida		ahmans		gahrainidai
	unfagram		ahmateinais		gahrainids
grj	filegrja		ahmein		gahrainjai
	filigrja		ahmeinai		gahrainjan
	galigrja		ahmeinaim		gahrainjanda
gs	hugsis		ahmeinan		gahrainjands
gw	bidagwa		ahmeinans		huhrau
	unmanarigwai		ahmeino		huhrus
hg	atuhgaf		ahmeinon		swaihra
hh	hauhhairtai		ahmeinona		swaihro
	hauhhairtei		ahmin		swaihron
	hauhhairts		ahmins	hs	ahsa
	uzuhhof		auhmistam		auhsau
hj	ahjaiþ		auhmistans		auhsum
	auhjodau		auhmisto		inuhsandidedun
	auhjodu		hiuhma		niuhseinais
	auhjondein		hiuhmans		þeihsa
	auhjoþ		lauhmoni		ufarwahseiþ
	aurahjom		lauhmunja		uswahsans
	distahjada		lauhmunjai		wahseiþ
	distahjiþ	hn	anahnaiwjai		wehsa
	fullafahjais		anahneiwands		weihsa
	fullafahjan		faihuþraihna		weihsis
	gahahjo		fraihna	hsj	biniuhsjan
	ganohjands		fraihnai		þlahsjandans
	hauhja		fraihnan		wahsjaima
	hauhjai		fraihnandan		wahsjan
	hauhjaidau		fraihnis		wahsjand
	hauhjaina		fraihniþ		wahsjandans
	hauhjaindau		gafraihnandam		wahsjandein
	hauhjaiþ		gahnaiwidans		wahsjando
	hauhjan		gahnaiwjada	hsl	skohsla
	hauhjands		gahnipnands		skohslam
	hlahjandans		ganohnan		skohsle
	huhjands		garahnidedun		þreihslam
	tahjands		rahnei	hsn	auhsne
	tahjiþ		rahneiþ		drauhsno
	þauhjabai		rahnida		drauhsnom
	ufhlohjanda		rahnidai		drauhsnos
	ushauhjada		rahnidedun		garehsnai
	ushauhjaindau		rahniþs		garehsnais
	ushauhjan		tweihnaim		gaþlahsnoda
	waihjons		tweihnos		rohsnai
	wrohjan		ushauhnai	hst	maihstau
hk	anuhkumbei		ushauhnan		saihsta

LIST OF MEDIAL GRAPHEME CONSONANT CLUSTERS

hst	saihstin	ht	drauhtinonds	ht	mahteigans
	saihsto		drauhtinoþ		mahteigin
	saihston		drauhtiwitoþ		mahteigo
	wahstau		faurbauhtai		mahteigons
	wahstaus		flahtom		mahteigs
	wahstu		frabauhtaboka		mahteis
	waihstam		frabauhtedun		mahtim
	waihstastaina		framgahtai		mahtins
	waihstins		frisahtai		mikilþuhtans
hsw	taihswai		gadrauhteis		nahtam
	taihswo		gadrauhtins		nahtamat
	taihswon		gafrisahtiþ		nahtamata
	taihswona		galiuhteiþ		nahtamatis
	taihswons		garaihta		ohta
ht	ahtau		garaihtaba		ohtedun
	ahtaudogs		garaihtai		ohteigo
	ahtautehund		garaihtaize		rahtoda
	ahtudin		garaihtaizos		raihtaba
	aihta		garaihtamma		raihtamma
	aihtedeis		garaihtana		raihtis
	aihtedun		garaihtans		raihtos
	aihtins		garaihtei		sauhte
	anamahtai		garaihteim		sauhtim
	anamahtidins		garaihtein		sauhtins
	anamahtim		garaihteinai		slaihtaim
	andanahti		garaihteins		slauhtais
	andaþahtan		garaihtin		þahta
	andaþahtana		garaihtis		þahtedun
	andaþahtos		garaihtiþ		þuhta
	andbahta		garaihtiþai		þuhtaus
	andbahtam		garaihtiþs		þuhtedi
	andbahtans		garaihton		þuhtedun
	andbahte		garaihtoza		þuhtu
	andbahtededun		gasahtai		þuhtuþþan
	andbahtei		gaþlaihtai		uhtedun
	andbahteis		gaþlaihtais		uhteigai
	andbahti		gaþlaihte		uhteigo
	andbahtida		inliuhtida		uhtiug
	andbahtidedeima		innatgahtai		ungaraihtein
	andbahtidedi		inrauhtida		unmahteig
	andbahtidedun		inrauhtiþs		unmahteiga
	andbahtidon		insahtai		unmahteigai
	andbahtiþ		jaggaraihtein		unmahteigam
	andbahtos		leihtis		unmahteigana
	andþahta		liuhtida		unmahteigans
	bauhta		mahta		unmahteigo
	bauhtedun		mahtai		unmahteigs
	biuhti		mahtais		unmahtim
	brahta		mahte		unmahtins
	brahtedum		mahtedeina		unsahtaba
	brahtedun		mahtedi		unuhteigo
	bruhta		mahtedum		usbauhta
	dauhtar		mahtedun		usbauhtai
	drauhtinassaus		mahteig		usbauhtedi
	drauhtinom		mahteiga		usbauhtedun

LIST OF MEDIAL GRAPHEME CONSONANT CLUSTERS

ht	ustauhtai	ƕ	atsaiƕaina	ƕ	insaiƕandeins
	ustauhtais		atsaiƕandans		insaiƕands
	waihtai		atsaiƕands		insaiƕiþ
	waihtais		atsaiƕiþ		leiƕaid
	waihte		biƕairband		leiƕan
	waihtins		biƕe		leiƕand
htj	anamahtjada		bisaiƕandans		leiƕid
	anamahtjaid		bisaiƕands		neƕa
	anamahtjais		braƕa		neƕis
	anamahtjandam		duƕe		neƕundja
	anamahtjandans		gaƕairbam		neƕundjan
	anamahtjandins		gaƕatjandin		neƕundjin
	andanahtja		gaƕeilain		neƕundjins
	andbahtja		gaƕeilainais		saƕazuh
	andbahtjai		gaƕeilaiþ		saiƕa
	andbahtjaina		gaƕeiland		saiƕaima
	andbahtjam		gaƕeitjan		saiƕaina
	andbahtjan		gaƕotei		saiƕaiþ
	andbahtjandans		gaƕotida		saiƕam
	andbahtjandeins		gaƕotjandin		saiƕan
	andbahtjis		gaƕotjands		saiƕand
	atgaraihtjais		gasaiƕa		saiƕandans
	biuhtja		gasaiƕaima		saiƕandeins
	galiuhtjandins		gasaiƕaina		saiƕands
	garaihtjai		gasaiƕaindau		saiƕats
	garaihtjan		gasaiƕaizau		saiƕis
	inliuhtjan		gasaiƕam		saiƕiþ
	liuhtjai		gasaiƕan		seƕeina
	liuhtjando		gasaiƕan..		seƕi
htn	gafrisahtnai		gasaiƕanane		seƕum
htr	aihtron		gasaiƕanans		seƕun
	aihtronai		gasaiƕand		seƕuþ
	aihtrondans		gasaiƕandam		þairhsaiƕandans
	aihtronds		gasaiƕandans		þataƕah
	aihtronins		gasaiƕandei		þeiƕon
	dauhtrum		gasaiƕandeins		þeiƕons
htw	uhtwon		gasaiƕands		ungaƕairba
	wahtwom		gasaiƕano		ungaƕairbai
hþ	atuhþangaf		gasaiƕanona		ungasaiƕanamma
	dizuhþansat		gasaiƕans		ungasaiƕanane
	duhþe		gasaiƕau		ungasaiƕanis
	gahþanmiþsandidedum		gasaiƕis		ungasaiƕanona
	hauhþuhts		gasaiƕiþ		unsaiƕandans
	nauhþan		gaseƕi		ussaiƕan
	nauhþanuh		gaseƕum		ussaiƕand
hw	ubuhwopida		gaseƕun		ussaiƕandins
ƕ	aƕa		gaseƕuts		ussaiƕands
	aƕai		gaseƕuþ		ussaiƕau
	aƕo		gauƕaseƕi(2)		usseƕi
	aƕos		ƕaiƕop	ƕj	neƕjandans
	aiƕatundjai		ƕeilaƕairb	jh	freijhals
	anaƕeilaiþs		ƕeilaƕairbai	kd	ajukduþ
	andsaiƕands		insaiƕan	kj	alakjo
	andsaiƕis		insaiƕandans		Antiokjai
	atneƕida		insaiƕandei		bikukjan

LIST OF MEDIAL GRAPHEME CONSONANT CLUSTERS

kj	bireikjai	kk	smakkabagms	kn	ustaiknida
	birekjai		smakkane		ustaiknideduþ
	brakja		smakkans		ustaikniþs
	brukja		Zakkaiu	knj	taiknjandan
	brukjaidau		Zakkaius		taiknjandans
	brukjaima	kkl	aikklesjo		ustaiknja
	brukjais		aikklesjom		ustaiknjan
	brukjam		aikklesjon		ustaiknjandans
	brukjan		aikklesjono		ustaiknjandin
	brukjands		aikklesjons	kr	akra
	galeikja	kl	ainakla		akran
	gasokja		niuklahai		akrana
	gasokjandam		niuklahaim		akranalaus
	gasokjau		niuklahein		akranam
	hrukjai		niuklahs		akrane
	kukjau		parakletu		akranis
	lekjam		parakletus		gakrotuda
	lekjans		sikle		marikreitum
	miþsokjan		stikla		wokra
	reikja		stikle	ks	Alaiksandraus
	reikjam		stiklis		Alaiksandrus
	reikjane	km	drakman		Arfaksadis
	reikje		drakmans		Artaksairksaus
	reikjis		drakmin	kþ	sibakþanei
	sakjons		Makmas		sibakþani
	sildaleikja	kn	auknando	kwl	Akwla
	sildaleikjandam		biauknai	lb	gasalboda
	sildaleikjandans		biauknan		gasalbodedeina
	sildaleikjandona		galuknoda		gasalbodedun
	sokja		gataiknida		halba
	sokjai		gawaknandans		halbai
	sokjan		sildaleiknan		halbata
	sokjand		soknim		jassilbans
	sokjandam		soknins		kalbons
	sokjandans		swikna		salbo
	sokjandona		swiknaba		salboda
	sokjands		swiknana		salbodes
	ufrakjai		swiknei		salbon
	ufrakjands		swiknein		salbonais
	unbrukjai		swikniþai		salbonds
	ussokja		swiknos		silba
	ussokjada		taiknai		silbam
	ussokjaidau		taikne		silban
	ussokjandans		taikneis		silbans
	uswakjau		taikneiþ		Silbanu
	wrakja		taiknim		Silbanus
	wrakjands		taiknins		silbasiunjos
	wrakjom		usbruknodedun		silbawiljos
	wrakjos		usluknans		silbin
kk	nukkannt		usluknoda		silbins
	Raibaikka		usluknodedun		silbo
	sakkau		ustaiknein		silbons
	sakkum		ustaikneinais		ulbandau
	smakkabagm		ustaikneins		ulbandaus
	smakkabagma		ustaikneiþ	ld	aglaitgastaldans

ld	aldai	ld	spildom	lgj	tulgjai
	aldais		usgildada		tulgjan
	alde		usgildai		tulgjandin
	aldim		usgildan	lh	anafilha
	aldins		usgildiþ		anafilhaima
	aldomin		usguldan		anafilham
	allwaldands		waldaiþ		anafilhan
	andstaldand		waldan		anafilhandam
	andstaldands		waldufneis		anafilhands
	andstaldis		waldufni		anafilhis
	andstaldiþ		waldufnja		anafilhiþ
	fragilda		waldufnjam		anafulhano
	fragildaidau		waldufnje		anafulhun
	gardawaldand		waldufnjis		anafulhuþ
	gardawaldands		wilda		filhan
	gastalda		wildedeiþ		gafilhan
	gastaldan		wildedi		gafilhis
	gastaldand		wildedum		gafulhans
	gawaldand		wildedun		usfilha
	haldan		wildeduþ		usfilhan
	haldana	ldj	friaþwamildjai		usfilhands
	haldanaize		gastaistaldjau	lhm	milhma
	haldandan		unmildjai		milhmam
	haldandans	ldr	framaldra		milhmin
	haldis		framaldrozei	lhsnj	fulhsnja
	haldiþ		saldra	lj	afdailja
	kaldis		spaiskuldra		aggeljus
	mikilduþ	lf	Alfaiaus		aggiljus
	mikilduþais		Alfaius		aiwaggelja
	mikilduþs		wulfe		aiwaggeljis
	mildiþo		wulfos		aiwaggeljo
	mulda	lftrj	hvilftrjom		aiwaggeljon
	muldeina	lg	balgeis		aiwaggeljons
	muldeinans		balgins		alja
	muldeins		dulgahaitjin		aljai
	sildaleik		dulgis		aljakonjai
	sildaleikeiþ		fulgin		aljakunja
	sildaleikida		fulginis		aljakuns
	sildaleikidedun		gafulgin		aljaleiko
	sildaleikja		gafulgina		aljaleikodos
	sildaleikjandam		gafulginons		aljaleikos
	sildaleikjandans		galga		aljan
	sildaleikjandona		galgan		aljana
	sildaleiknan		galgin		aljanon
	sildaleiks		galgins		aljanond
	skildu		gatulgeiþ		aljanonds
	skulda		gatulgida		aljanoþ
	skuldai		gatulgidai		aljar
	skuldedeiþ		Gaulgauþa		aljaþ
	skuldedi		tulgiþa		aljaþro
	skuldedum		tulgiþo		aljis
	skuldedun		tulgus		anameljan
	skuldo	lgj	gatulgjai		anawilje
	skuldu		gatulgjan		anawiljei
	spilda		gatulgjand		anawiljein

LIST OF MEDIAL GRAPHEME CONSONANT CLUSTERS

lj andhuljada
andhuljaidau
andhuljaindau
andhuljan
andhuljiþ
andsaljan
auralja
dailjan
dailjands
disdailjand
dishuljiþ
faurmuljais
gadailja
gadailjada
gahailja
gahailjan
gahuljai
gailjai
gameljan
gasaljands
gawaljaidau
gawaljands
gawilja
gawiljai
golja
goljaiþ
goljan
goljand
hailjan
hailjands
halja
haljai
huljai
huljan
hvoftulja
hvoftuljos
ibdaljin
inaljanom
inaljanoþ
manaulja
melja
meljaima
meljam
meljan
meljands
mikilja
mikiljada
mikiljaidau
mikiljandans
mikiljands
salja
saljada
saljaina
saljaiþ
saljan

lj saljand
saljiþ
seljai
seljamma
silbawiljos
skaljos
skiljam
skuljau
suljom
unhailja
unselja
unseljai
unseljam
unseljin
unseljins
ussaljan
waljam
waljau
wilja
wiljahalþei
wiljahalþein
wiljan
wiljandam
wiljandane
wiljandans
wiljandin
wiljandins
wiljands
wiljans
Wiljariþ
wiljau
wiljauþþan
wiljin
wiljins

lk gaskalki
halka
halkam
kalkinassau
kalkinassaus
kalkinassjus
kalkinassus
Mailkeins
Mailkeis
Malkus
miþskalkinoda
skalka
skalkam
skalkans
skalke
skalkinassaus
skalkinassus
skalkino
skalkinoda
skalkinodedum
skalkinodeduþ

lk skalkinoma
skalkinon
skalkinona
skalkinondam
skalkinondans
skalkinonds
skalkinoþ
skalkis
skalkos

lkj gaskalkja
kalkjom

ll alla
allai
allaim
allaize
allaizo
allaizos
allamma
allana
allandjo
allans
allata
allaþro
allawaurstwans
allawerein
allis
allos
alluh
Apaullon
Apaullons
Fallasuris
faurafilli
filleina
fullafahida
fullafahjais
fullafahjan
fullafraþjam
fullai
fullaizos
fullamma
fullans
fullatojai
fullatojis
fullaweisai
fullaweisjam
fullawitan
fullawitans
fulliþ
fulliþe
fullo
fullon
fullons
fullos
gafullaweisidons
gafullidedun

LIST OF MEDIAL GRAPHEME CONSONANT CLUSTERS

ll	gaspillo	llj	usfulljanda	lt	haltamma
	hallu		usfulljandins		haltans
	jallaggei		usfulljando		miþgaswiltan
	jalliban	lln	fullnaiþ		salta
	Kaballarja		fullnands		saltada
	kapillon		gafullnoda		swultawairþja
	Maisaullamis		gafullnodedun		ubiltojis
	Markaillaus		usfullnau		unsaltan
	Markailliaus		usfullnoda		uswalteinai
	Sabailliaus		usfullnodedeina		uswalteins
	skilliggans		usfullnodedi		uswaltida
	skilligngans		usfullnodedun		uswaltidedun
	spilla	llw	allwaldands		waltidedun
	spillam	lm	Dalmatiai	ltj	uswaltjand
	spille		dwalmoþ	lþ	ainfalþaba
	spilli		hilma		ainfalþein
	spillo		malma		ainfalþeins
	spillodedeina		malmin		alþeis
	spillodedun		psalmo		alþiza
	spillondane		psalmom		balþaba
	þiuþspilloda		psalmon		balþein
	þrutsfillai		Salmonis		balþeins
	þrutsfillis		usfilmans		balþeiþ
	ufarfulla		usfilmei		dulþai
	ufarfullein	ln	bisaulnodedeina		dulþais
	ufarfulliþs		fulnaiþ		gilþa
	ufswalleinos		gahailnid		gulþa
	unusspilloda		gahailniþ		gulþeina
	unusspillodons		gahailnoda		inkilþo
	usfullei		mikilnan		inkilþon
	usfulleinais		usfulnai		kilþein
	usfulleins		usfulnodedun		managfalþo
	usfulleiþ	lp	hilpan		mikilþuhtans
	usfullida		hilpandam		þrasabalþein
	usfullidedi	ls	balsan		unhulþa
	usfullidedun		balsana		unhulþans
	usfulliþ		balsanis		unhulþin
	usfulliþs		freihalsa		unhulþins
	usspillo		halsaggan		unhulþo
	usspillodedun	lsk	untilamalskai		unhulþom
	wailaspillonds	lstr	alabalstraun		unhulþon
	wullai		gilstra		unhulþono
	wullareis		gilstrameleins		unhulþons
llj	faurafillja	lt	gamalteinais		usalþanaizo
	faurafilljis		gaswiltaima		usbalþeins
	fulljai		gaswiltam		wiljahalþei
	fulljands		gaswiltan		wiljahalþein
	gafulljada		gaswiltandans		wilþeins
	gafulljands		gaswiltandin		wilþeis
	ufarfulljandans		gaswiltands		wilþi
	usfullja		gaswiltiþ		wulþag
	usfulljada		gaswulti		wulþaga
	usfulljaidau		gaswultun		wulþagai
	usfulljais		gaswultuþ		wulþagaim
	usfulljan		haltai		wulþago

LIST OF MEDIAL GRAPHEME CONSONANT CLUSTERS

lþ	wulþau	mb	anakumbidedun	mj	hramjiþ
	wulþaus		anuhkumbei		ingramjada
	wulþu		dumba		iumjons
	wulþus		lamba		qemjau
lþj	alþjona		lambam		samjan
	alþjono		lambe		samjandans
	dulþjam		miþanakumbidedun		Saudaumjam
lþr	wulþrais		Naubaimbair		Saudaumje
	wulþrizans		vamba		sniumjandans
lw	afwalwiþs		wamba		sniumjands
	atwalwida		wambai		ushramjan
	balwaweseins		wambos		ushramjandans
	balwein	mbj	anakumbjan	ml	simle
	balweinim		anakumbjand	mm	Aimmeirins
	balwiþs		anakumbjandam		ainamma
	diswilwai		anakumbjandan		ainƕarjammeh
	frawilwan		anakumbjandane		ainƕaþarammeh
	frawilwand		anakumbjandans		ainummehun
	frawilwanda		anakumbjands		aiweinamma
	frawilwiþ		miþanakumbjandam		allamma
	frawulwanana		miþanakumbjandane		Ammons
	frawulwans		miþanakumbjandans		andanemjamma
	gamalwidans	mbr	maimbranans		andhulidamma
	ubilwaurdjan		Mambres		anþaramma
	ubilwaurds	mbrj	timbrjan		auþjamma
	walwisoda	mf	hamfamma		blindamma
	wilwa	mft	fimftaihunim		dwalamma
	wilwam		fimftataihundin		fairnjamma
	wilwan	mg	framgahtai		fawamma
	wilwandans	mj	afdomjada		frawaurhtamma
	wilwans		afdomjaid		frodamma
	wulwa		afdomjan		frumistamma
lwj	afwalwjai		afdomjanda		fullamma
	balwjais		afhaimjai		gabauranamma
	balwjan		anahaimjai		gabigamma
	faurwalwjands		anahaimjaim		gahulidamma
lwm	Iairausaulwmai		andanemjamma		galaubamma
	Iairusaulwma		andnemjau		garaihtamma
	Iairusaulwmai		arbinumja		godamma
	Iairusaulwmeis		bidomjai		gudiskamma
	Iairusaulwmeite		domja		haihamma
	Iairusaulwmiam		domjaindau		haltamma
	Iairusaulwmim		domjan		hamfamma
	Iairusaulwmon		domjandans		himma
	Iairusaulwmos		domjands		hlamma
lz	Baiailzaibul		gadomjan		hrainjamma
	talzeinai		gadomjandans		ƕamma
	talzidai		gatamjan		ƕammeh
lzj	gatalzjaindau		gaumjaina		ƕarjamma
	talzjaiþ		gaumjaindau		ƕarjammeh
	talzjand		gaumjais		ƕaþaramme
	talzjandans		gaumjan		ƕileikamma
	talzjands		gaumjandans		ibnamma
mb	anakumbei		gaumjands		ibnaskaunjamma
	anakumbida		gramjaiþ		imma

LIST OF MEDIAL GRAPHEME CONSONANT CLUSTERS

mm	immuh	mn	namne	nbr	unbrukjai
	inwindamma		namnida	nd	afairzjaindau
	izwaramma		namnidaize		afargaggandeins
	jainamma		namnidaizos		afarlaistjandam
	jammundoþ		namnidans		afarlaistjandans
	leitilamma		namnidon		afarlaistjandein
	mammonim		namnids		afarlaistjandin
	mammonin		urrumnaiþ		afdomjanda
	mammons		urrumnoda		afgaggandam
	managamma		usrumnoda		afgaggandans
	manniskamma	mnj	namnjada		afgrundiþa
	meinamma		namnjai		aflagjandans
	mikilamma		namnjaidau		afleitanda
	niujamma	mp	bimampidedun		afleitandans
	qrammiþa	mr	anatimridai		afleiþandans
	raihtamma		gatimreinai		afletaindau
	riurjamma		gatimreinais		afletanda
	seinamma		gatimrida		afletandane
	seljamma		Mamres		afletandans
	spedistamma		miþgatimridai		aflifnandans
	stainahamma		timreinai		aflifnandeins
	stammana		timreinais		afmarzjaindau
	sumamma		timreiþ		afskiubandans
	sumammuh		timridedun		afslaupjandans
	swaleikamma	mrj	gatimrja		afstandai
	swekunþamma		gatimrjands		afstandand
	swesamma		gatimrjo		afwandei
	þamma		gatimrjon		afwandida
	þammei		timrja		afwandidedun
	þammuh		timrjada		afwandjanda
	þeinamma		timrjaiþ		afwandjandane
	þisƕammeh		timrjandin		aigandeins
	þiuþeigamma		timrjans		aihandans
	ubilamma	ms	amsans		aihtrondans
	ufdaupidamma		sumsuh		ainamundiþa
	unbauranamma	mst	gramsta		ainamundiþos
	ungalaubamma		þramsteins		airþakundana
	ungasaiƕanamma	mt	andanumtais		airzjandans
	unhrainjamma	mþ	gaqumþai		anafilhandam
	unriurjamma		gaqumþais		anagaggandeim
	unsaramma		gaqumþim		anahaitandam
	unwamma	mw	framwairþis		anahaitandane
	unwammai		framwigis		anakumbjandam
	unwammans	mz	sumzuþþan		anakumbjandan
	unwammeins	nb	unbairandane		anakumbjandane
	unwissamma		unbairandei		anakumbjandans
	ussatidamma		unbarnahs		analagjandans
	wamme		unbauranamma		anamahtjandam
	waurþanamma		unbeistein		anamahtjandans
	weihamma		unbeistjodai		anamahtjandins
mmj	anawammjaidau		unbiarja		anamindeis
	faurdammjada		unbilaistidai		anaslepandans
mn	ganamnida		unbimaita		anastodjandans
	namna		unbimaitanai		anastodjandei
	namnam	nbr	inbrannjada		andabauht

LIST OF MEDIAL GRAPHEME CONSONANT CLUSTERS

nd	andabeit	nd	andhruskandans	nd	bidjandei
	andahaft		andhuljaindau		bidjandin
	andahafts		andi		bigitaindau
	andahait		andilausaize		bigitanda
	andahaita		andins		bigitandans
	andahaitis		andizuh		bigitandei
	andalauni		andnimandans		bigitandona
	andalausaize		andsitandans		bilaikandans
	andanahti		andstandan		birinnandans
	andanahtja		andstandand		birodjandein
	andaneiþans		andstandandans(2)		bisaiƕandans
	andaneiþo		andstandandein(2)		bisitandam
	andanem		andstandands		bisitande
	andanemeigs		andstandiþ		bistandand
	andanemis		andþaggkjandins		bistandandeins(2)
	andanemjamma		anduh		biþþangitanda
	andanems		andwaihando		biwandei
	andanumtais		arbaidjandam		biwandjandans
	andanumts		arbaidjandans		biwundan
	andaset		arjandan		blandaiþ
	andasetjai		armandins		blandan
	andastaþja		atdriusandei		blauþjandans
	andastaþjam		atgaggandam		bleiþjandans
	andastaþjos		atgaggandan		bliggwandam
	andastaua		atgaggandans		bliggwandans
	andastauin		atgaggandei		blinda
	andaþahtan		atgaggandeim		blindai
	andaþahtana		atgaggandein		blindaim
	andaþahtos		atgaggandeins		blindamma
	andaþahts		atgaggandin		blindan
	andaugi		atgibanda		blindana
	andaugiba		atgibandins		blindans
	andaugjo		atrinnandans		blindin
	andawairþi		atsaiƕandans		blindins
	andawaurde		atstandandane(2)		blotande
	andawaurdi		atstandandans(2)		bloþarinnandei
	andawaurdjam		atstandandei(2)		bnauandans
	andawizn		atstandands		brigganda
	andawiznim		atwandida		briggandan
	andawleizn		auhjondein		briggandans
	andbahtjandans		aukandei		briggandei
	andbahtjandeins		auknando		bringandans
	andbindan		awiliudondans		brinnando
	andbindandam(2)		bairandam		bugjanda
	andbindandans(2)		bairandane		bugjandans
	andbindats		bairandans		bundans
	andbindau		bairandei		daddjandeim
	andbindiþ		bandi		daupjaindau
	andbundanai		bandwjandins		daupjanda
	andbundun		bauandei		daupjandam
	andeis		beidandans		daupjandans
	andhafjandans		bibundans		daupjandin
	andhafjandei		bidjandane		daupjandins
	andhaitandans		bidjandans		digandin
	andhausjaindau		bidjandansuþþan		disnimandans

LIST OF MEDIAL GRAPHEME CONSONANT CLUSTERS

nd	disskaidandein	nd	fraihnandan	nd	gagganda
	domjaindau		fraisandans		gaggandam
	domjandans		frakunnandans		gaggandan
	driggkandans		fraletanda		gaggandans
	drigkandane		fraletandans		gaggandei
	driusandan		fralewjandans		gaggandin
	driusandeino		fralusnandam		gaggando
	driusandeins		fraqimaindau		gaggandona
	drobjandam		fraqimandei		gahabandans
	drobjandans		fraqistnandam		gahaftnandan
	duatgaggandans		fraqiþandans		gahaitandeim
	duatgaggandei		fraslindaidau		gahausjandam
	duatgaggandin		fraþjandan		gahausjandans
	dugawindiþ		fraþjandans		gahausjandei
	durinnandans		fraujinondane		gahausjandein
	faginondam		frawaurkjandam		gaɧrainjanda
	faginondans		frawaurkjandane		gahþanmiþsandidedum
	faianda		frawaurkjandans		gaƕatjandin
	fairinondans		frawilwanda		gaƕotjandin
	fairrinnandans		frijondam		gairnjandans
	fairrinnandein		frijondan		gairnjandona
	fairweitjandam		frijondans		gakiusaindau
	fairweitjandans		frijondins		gakiusandans
	fairweitjandeins		friondans		galaistjandans
	fairweitjandona		gaaiginondau		galaubjandam
	farjandans		gaaiwiskonda		galaubjandan
	fastandans		gaaiwiskondau		galaubjandane
	fauragaggandans		gaandida		galaubjandans
	fauragasandida		gaarmaindau		galaubjandei
	fauramanwjandei		gabairhtjandin		galaubjandin
	faurarahnjandans		gabandwjandona		galeikandans
	faurastandandam(2)		gabigjandans		galeikandein
	faurastandands		gabignandans		galeikondan
	faurawenjandans		gabindan		galeikondans
	faurbisniwandeins		gabindandans(2)		galeiþandam
	faurgaggandans		gabindi		galeiþandan
	faurgaggandein		gabindiþ		galeiþandans
	faurrinnandin		gabindos		galeiþandei
	faursigljandans		gablindida		galiuhtjandins
	faursniwandam		gabundan		gamainduþ
	fetjandeins		gabundana		gamainduþais
	fiandans		gabundanana		gamainduþe
	fijandam		gabundans		gamainduþs
	fijandans		gabundun		gamainjandans
	fijande		gadauþjanda		gamainjando
	fijandis		gadauþnandans		gamarzjanda
	fimftataihundin		gadomjandans		gamunandans
	finþandeins		gadriusando		gamunandins
	fitandei		gafaihondau		gamunda
	frabugjandane		gafastaindau		gamundai
	frabugjandans		gafastanda		gamundedum
	fragibandan		gafraihnandam		gamundedun
	fragibandans		gafriþondin		ganisandam
	frahinþandans		gagaggandam		gaqiujandin
	frahinþando		gagaleikondans		gaqiujandins

LIST OF MEDIAL GRAPHEME CONSONANT CLUSTERS

nd	garedandans	nd	gawandjandam	nd	haurnjandans
	gasaiƕaindau		gawandjandans		hausjandam
	gasaiƕandam		gawaurkjandei		hausjandan
	gasaiƕandans		gawondondans(2)		hausjandans
	gasaiƕandei		gawrikandans		hausjandona
	gasaiƕandeins		gibandan		hausjondam
	gasatjanda		gibandans		hazjandane
	gaskapjandin		gibandin		hazjandans
	gasleiþjaindau		gibandins		hilpandam
	gaslepandane		glitmunjandeins		himinakunda
	gaslepandans		greitandei		himinakundaim
	gasokjandam		greitandein		himinakundam
	gastandai		gretandam		himinakundana
	gastandan		gretandans		himinakundins
	gastandand		grindafraþjans		himinakundis
	gastandands		grunduwaddjau		himinakundon
	gastandiþ		grunduwaddju		hindana
	gaswikunþjandona		grunduwaddjus		hindar
	gaswiltandans		gumakundaize		hindarleiþ
	gaswiltandin		habanda		hindarleiþan
	gatairanda		habandam		hindarweisai
	gatairandans		habandan		hindarweisein
	gatairandins		habandane		hindumisto
	gatalzjaindau		habandans		hlahjandans
	gatandida		habandei		horinondei
	gataujandan		habandein		horinondein
	gataujandin		habandeins		hropjandan
	gataurnandins		habandin		hropjandans
	gataurnando		habandins		hropjandeins
	gateihandin		habandona		hugjandam
	gatiuhandans		haftjandans		hugjandane
	gatrauandans		haitanda		hugjandans
	gaþiwandam		haitandin		hugjandona
	gaþlaihandans		haitandona		hulundi
	gaþlaihandin		haldandan		hunda
	gaþrafstjanda		haldandans		hundafada
	gaþreihandam		handau		hundafade
	gaþþanmiþsandidedum		handiwe		hundafads
	gaþulandam		handu		hundafaþ
	gaþulandei		handugei		hundafaþs
	gaumjaindau		handugein		hundam
	gaumjandans		handugeino		hundans
	gawagjanda		handugeins		hundos
	gawaknandans		handugozei		ƕairbandane
	gawandei		handugs		ƕairbandans
	gawandeinai		handum		ƕarbondin
	gawandeins		handuns		ƕopandans
	gawandeiþ		handus		idreigondane
	gawandida		handuwaurht		idreigondins
	gawandidedeina		handuwaurhton		idweitjanda
	gawandidedi		hatandane		idweitjandane
	gawandidedjau		hatandans		infeinandein
	gawandidedun		hatjandam		ingaleikonda
	gawandideduþ		haubiþwundan		inmaidjanda
	gawandiþs		hauhjaindau		innakundai

529

LIST OF MEDIAL GRAPHEME CONSONANT CLUSTERS

nd		nd		nd	
	innakundans		laþondin		nauþjandin
	innatgaggandans		laþondins		neƕjandans
	innatgaggandin		laugnjandam		nimandans
	inngaggandan		lauhatjandei		nimandei
	inngaggandans		leikinondans		nimandin
	inngaggandin		libanda		niundon
	inngaggando		libandans		niuntehundis
	inngaleiþandans		libandei		ogandam
	insaiƕandans		libandin		ogandans
	insaiƕandei		libandins		ogandei
	insaiƕandeins		ligandan		plinsjandein
	insakandin		ligandane		praufetjandei
	insandei		ligandei		qainondam
	insandeiþ		ligandein		qimanda
	insandida		ligando		qimandam
	insandidans		lisanda		qimandan
	insandidedi		liuganda		qimandans
	insandidedum		liugandans		qimandei
	insandidedun		liugandau		qimandein
	insandideduþ		liuhtjando		qimandin
	insandides		lutondans		qiþandam
	insandiþs		magandan		qiþandan
	insandjanda		magandans		qiþandane
	instandai		maidjandans		qiþandans
	inswinþjandin		malandeins		qiþandei
	intandeiþ		managnandei		qiþandeins
	intrusgjanda		manwjandans		qiþandin
	inuhsandidedun		matjandam		qiþandins
	inwidandans		matjandan		qiþando
	inwindai		matjandans		raginondin
	inwindaim		matjandin		rahnjanda
	inwindamma		maurþrjandam		raidjandan
	inwindans		merjandan		reirandei
	inwindiþa		mikiljandans		rinnandans
	inwindiþai		militondans		rinnandins
	inwindiþos		missataujandan		rodjandan
	inwindo		mitandans		rodjandans
	inwisandins		mitondans		rodjandeins
	jaggibandin		miþanakumbjandam		rodjandin
	jammundoþ		miþanakumbjandane		rodjandins
	jundai		miþanakumbjandans		saiandan
	kindina		miþgaleikondans		saiƕandans
	kindinis		miþgawisandans		saiƕandeins
	kindins		miþinsandida		samjandans
	klismjandei		miþstandandans(2)		sandeiþ
	kunnandam		miþuskeinandans		sandida
	kunnandans		miþweitwodjandein		sandidedun
	kunnandins		munandane		sandjandan
	lagjandans		munandans		sandjandin
	laisjandans		munandin		sandjandins
	laisjandin		munda		saurgandans
	laisjandona		mundedun		siggwandans
	laistjandeins		mundoþ		sildaleikjandam
	landa		nasjandins		sildaleikjandans
	landis		nasjandis		sildaleikjandona

LIST OF MEDIAL GRAPHEME CONSONANT CLUSTERS

nd	sitandam	nd	þagkjandei	nd	ungalaubjandans
	sitandan		þairharbaidjandans		ungalaubjandei
	sitandans		þairhsaiƕandans		ungalaubjandein
	sitandeins		þairhwakandans		ungalaubjandin
	sitandin		þande		ungalaubjandins
	skalkinondam		þandei		ungalaubjando
	skalkinondans		þaurbandin		unhabandans
	skandai		þeihandei		unhabandin
	skeinandei		þeihando		unhanduwaurhta
	skewjandans		þiudanondane		unhanduwaurhtana
	slahandans		þlahsjandans		unhindarweisai
	slawandein		þrafstjandans		unƕapnandin
	sniumjandans		þreihanda		unƕapnando
	sniumundo		þreihandein		unkunnandam
	sniumundos		þriskandan		unkunnandans
	sokjandam		þriskandin		unkunnandin
	sokjandans		þugkjandam		unrodjandan
	sokjandona		þugkjandans		unrodjandans
	spillondane		þulandans		unsaiƕandans
	standaiduh		þusundi		unsweibandans
	standaiþ		þusundifadim		unsweibando
	standan		þusundifaþs		unswerandans
	standand		ufarassjando		unufbrikandans
	standandane(2)		ufarfulljandans		unwitandans
	standandans(2)		ufarhiminakunda		urraisjandin
	standandei(2)		ufarhiminakundans		urreisandin
	standandona(2)		ufartrusnjandans		urrinnandane
	standands		ufarþeihandei		urrinnandin
	standiþ		ufarwisandam		urrinnando
	stautandin		ufhausjandam		usbeidandam
	stojaindau		ufhausjandans		usbliggwandans
	stojandan		ufhausjandona		usbugjandans
	suþjandans		ufhlohjanda		usdaudjandans
	suþjondans		ufhnaiwjandin		usdreibandan
	taihundon		ufkunnandam		usfulljanda
	taiknjandan		ufkunnandans		usfulljandins
	taiknjandans		ufkunnandei		usfulljando
	talzjandans		ufsliupandane		usgaggandam
	tandeiþ		ulbandau		usgaggandan
	taujandam		ulbandaus		usgaggandans
	taujandan		unagandans		usgaggandei
	taujandane		unbairandane		usgaggandein
	taujandans		unbairandei		usgaggandeins
	taujandein		undar		usgaggandin
	taujandin		undaristo		usgaggando
	timrjandin		undarleijin		usgaggandona
	tiuhanda		undaro		usgibandans
	tiuhandans		undaurnimat		usgrabandans
	tiuhandei		undgreipandans		ushafjandans
	trauandans		undiwanein		ushaitandans
	tulgjandin		unfraþjandein		ushauhjaindau
	twisstandands		ungahabandans		ushramjandans
	twistandands		ungalaubjandam		uslaubjandein
	þagkjandam		ungalaubjandan		uslausjaindau
	þagkjandans		ungalaubjandane		usleiþandin

LIST OF MEDIAL GRAPHEME CONSONANT CLUSTERS

nd	uslukaindau	nd	wenjandein	ndb	andbahtjandeins
	uslutondin		wiljandam		andbahtjis
	uslutondins		wiljandane		andbahtos
	usmaitaindau		wiljandans		andbahts
	usqimandans		wiljandin		andbait
	ussaiƕandins		wiljandins		andband
	ussandida		wilwandans		andbeitais
	ussindo		winda		andbeitan
	usskarjaindau		windam		andbeitands
	ussokjandans		windis		andbindan
	usstandan		windos		andbindandam
	usstandand		winnandam		andbindandans
	usstandandam(2)		winnandans		andbindats
	usstandandans(2)		winnandona		andbindau
	usstandandei(2)		wisandam		andbindiþ
	usstandands		wisandan		andbitanai
	usstandans		wisandans		andbitun
	usstandiþ		wisandei		andbundanai
	ussteigandans		wisandeim		andbundnoda
	ustaiknjandans		wisandein		andbundun
	ustaiknjandin		wisandin	ndf	taihuntaihundfalþ
	ustandiþ		wisandins	ndgr	undgreip
	ustiuhandam		wisando		undgreipan
	ustiuhandans		wisandona		undgreipandans
	usþriutandans		witandans		undgreipands
	usþulandans		witandei		undgripun
	uswairpanda		wiþondans	ndh	andhafjan
	uswairpandans		wizondei		andhafjand
	uswandidedun		wopjandam		andhafjandans
	uswaurkjandans		wopjandans		andhafjandei
	uswindandans(2)		wopjandins		andhafjands
	uswundun		wrikandans		andhafjis
	utgaggando		wulandans		andhafjiþ
	wahsjandans		wundufnjos		andhaihaist
	wahsjandein	ndb	andbaht		andhaihait
	wahsjando		andbahta		andhaihaiti
	waiandin		andbahtam		andhaihaitun
	waifairƕjandans		andbahtans		andhaita
	wailamerjanda		andbahte		andhaitada
	wailamerjandans		andbahtededun		andhaitan
	wailamerjandin		andbahtei		andhaitand
	wairpandans		andbahteis		andhaitandans
	wajamerjandans		andbahti		andhaitis
	wakandans		andbahtida		andhaitiþ
	wandei		andbahtidedeima		andhamonds
	wandum		andbahtidedi		andhauseis
	warjandane		andbahtidedun		andhauseiþ
	warjandans		andbahtidon		andhausida
	warmjandan		andbahtiþ		andhausidedi
	waurkjandans		andbahtja		andhausides
	waurkjandein		andbahtjai		andhausjaindau
	waurkjandins		andbahtjaina		andhausjand
	weitwodjandans		andbahtjam		andhof
	weitwodjandins		andbahtjan		andhoft
	wenjandans		andbahtjandans		andhofun

LIST OF MEDIAL GRAPHEME CONSONANT CLUSTERS

ndh	andhulein	ndj	naudibandjos	ndr	indrobnai
	andhuleinai		neƕundja		indrobnaina
	andhuleinais		neƕundjan		indrobnoda
	andhuleinins		neƕundjin		jaindre
	andhuleino		neƕundjins		mundrein
	andhulidamma		sandja		sundro
	andhulidedun		sandjan		undredan
	andhulides		sandjandan		undrinnai
	andhulids		sandjandin		undrunnun
	andhuliþ		sandjandins		weindrugkja
	andhuliþs		tandjands	nds	andsaiƕands
	andhuljada		þusundjo		andsaiƕis
	andhuljaidau		þusundjom		andsakanai
	andhuljaindau		þusundjos		andsaljan
	andhuljan		þusundjus		andsitaiþ
	andhuljiþ		ussandjai		andsitandans
	unandhuliþ		uswandjai		andsitiþ
ndhr	andhruskandans		uswandjais		unandsakana
ndj	afwandjan		wandjands		unandsok
	afwandjand	ndl	andletnan	ndsp	andspiwuþ
	afwandjanda	ndn	afblindnodedun	ndst	andstald
	afwandjandane		andbundnoda		andstaldand
	aiƕatundjai		andnam		andstaldands
	allandjo		andnamt		andstaldis
	andja		andnemi		andstaldiþ
	andjam		andnemjau		andstandan
	bandja		andnemum		andstandand
	bandjan		andnemun		andstandandans
	bandjins		andnemuþ		andstandandein
	bandjom		andnim		andstandands
	bandjos		andnima		andstandiþ
	biwandjandans		andnimai		andstaurraidedun
	eisarnabandjom		andnimaima		andstoþ
	fotubandjom		andnimaina		andstoþun
	frijondjos		andnimais	ndt	andtilonds
	gabundjai		andnimaiþ		andtiloþ
	gasandjaiþ		andniman	ndþ	andþaggkjandins
	gasandjan		andnimand		andþaggkjands
	gawandjai		andnimandans		andþahta
	gawandjaina		andnimands	ndw	andwaih
	gawandjaiþ		andnimiþ		andwaihando
	gawandjan		andnuman		andwairþai
	gawandjand		andnumanai		andwairþi
	gawandjandam		andnumans		andwairþin
	gawandjandans		intundnan		andwairþis
	gawandjands		tundnau		andwairþja
	insandja	ndq	andqiþan		andwairþje
	insandjaiþ	ndr	Alaiksandraus		andwairþjis
	insandjan		Alaiksandrus		andwairþo
	insandjanda		Andraian		andwairþons
	insandjands		Andraias		andwairþs
	inwandjan		Andraiin		andwasidedun
	laushandjan		Andraiins		andwaurdjais
	naudibandjo		Andriins		bandwai
	naudibandjom		andrunnun		bandweiþ

LIST OF MEDIAL GRAPHEME CONSONANT CLUSTERS

ndw	bandwida	ng	ungafairinoþs	nhr	unhrainiþa
	bandwidedun		ungahabandans		unhrainiþai
	bandwiduh		ungahobainais		unhrainiþos
	bandwiþs		ungaƕairba		unhrainja
	bandwo		ungaƕairbai		unhrainjaim
	bandwon		ungakusanai		unhrainjaize
	gabandwidedun		ungalaubamma		unhrainjam
	jaindwairþs		ungalaubein		unhrainjamma
ndwj	bandwja		ungalaubeinai		unhrainjana
	bandwjandins		ungalaubeinais		unhrainjans
	bandwjands		ungalaubjandam		unhrainjin
	gabandwjandona		ungalaubjandan		unhrains
ndz	bijandzuþþan		ungalaubjandane	nƕ	ainƕarjammeh
nf	ainfalþ		ungalaubjandans		ainƕarjanoh
	ainfalþaba		ungalaubjandei		ainƕarjatoh
	ainfalþein		ungalaubjandein		ainƕarjizuh
	ainfalþeins		ungalaubjandin		ainƕarjoh
	infeinandein		ungalaubjandins		ainƕaþarammeh
	infeinands		ungalaubjando		unƕapnandin
	infeinoda		ungalaubjands		unƕapnando
	unfagram		ungaraihtein		unƕeilo
	unfairinodaba		ungasaiƕanamma	nj	afhrainjan
	unfairinona		ungasaiƕanane		aljakonjai
	unfairlaistidon		ungasaiƕanis		aljakunja
	unfaurjos		ungasaiƕanona		anasiunjo
	unfaurweisane		ungastoþai		banjo
nfr	unfraþjandein		ungatassaba		banjos
	unfreideinai		ungatassans		bisunjane
	unfrodai		ungatewidai		brunjon
	unfrodana		ungawagidai		diakaunjus
	unfrodans	ngr	ingramjada		drunjus
	unfrodein	nh	ainhun		fairgunja
	unfrodeins		ƕanhun		fairgunjam
	unfroþans		mannanhun		fairgunje
ng	atuhþangaf		unhabandans		fairgunjis
	atuþþangaggand		unhabandin		fauratanja
	biþþangitanda		unhailai		fauratanjam
	bringandans		unhailans		faurawenjandans
	bringiþ		unhaili		fidurraginja
	ingaleikonda		unhailja		gagamainjand
	ingardjam		unhanduwaurhta		gahaunjai
	ingardjans		unhanduwaurhtana		gahrainjai
	ingardjon		unhindarweisai		gahrainjan
	ingibe		unhulþa		gahrainjanda
	midjungard		unhulþans		gahrainjands
	midjungardis		unhulþin		gairunja
	þiudangardi		unhulþins		gamainja
	þiudangardja		unhulþo		gamainjai
	þiudangardjai		unhulþom		gamainjaim
	þiudangardjom		unhulþon		gamainjaiþ
	þiudangardjos		unhulþono		gamainjan
	ungafairinoda		unhulþons		gamainjandans
	ungafairinodai		unhunslagai		gamainjando
	ungafairinodos	nhr	unhrain		garunjon
	ungafairinonds		unhrainein		gasunjoda

LIST OF MEDIAL GRAPHEME CONSONANT CLUSTERS

nj	gawenja	nj	unhrainjana	nm	inmaidjan
	glitmunjandeins		unhrainjans		inmaidjanda
	haunjan		unhrainjin		unmaht
	haunjands		wenja		unmahteig
	hrainjahairtans		wenjaima		unmahteiga
	hrainjai		wenjand		unmahteigai
	hrainjaim		wenjandans		unmahteigam
	hrainjam		wenjandein		unmahteigana
	hrainjamma		wenjands		unmahteigans
	ibnaskaunjamma		winja		unmahteigo
	inkunjam	nk	inkilþo		unmahteigs
	jassunjai		inkilþon		unmahtim
	jassunjos		inkunjam		unmahtins
	kunja		þankeiþ		unmanariggwai
	kunjis		unkarja		unmanarigwai
	lauhmunja		unkarjans		unmanwjans
	lauhmunjai		unkaureinom		unmildjai
	Makaidonja		unkunnandam	nn	aflinniþ
	Makaidonjai		unkunnandans		Ainnaïns
	Makidonja		unkunnandin		ainnohun
	Makidonjai		unkunnands		alamannam
	raginjam		unkunþai		anakunnaida
	sainjau		unkunþi		anakunnainai
	samakunjans		unkunþs		anakunnaiþ
	silbasiunjos	nkj	unkjane		anakunnan
	siponjam	nl	ainlibim		andrunnun
	siponjans		gaunledida		Anna
	siponje		inliuhtida		..annan
	siponjos		inliuhtjan		Annas
	skaunjai		manleika		Annin
	stainjam		manleikan		annom
	sunja		unledai		anuþþanniujaiþ
	sunjaba		unledaim		atkunnaiþ
	sunjai		unledaize		atrinnandans
	Sunjaifriþas		unledam		birinnandans
	sunjana		unledane		birunnun
	sunjein		unledans		bloþarinnandei
	sunjeina		unledi		bloþarinnands
	sunjeinai		unledin		brinnando
	sunjeinan		unledja		brinno
	sunjeino		unleds		brinnon
	sunjeins		unliubon		brunna
	sunjoma		unliugaida		duatrinnands
	sunjon		unliugands		duginna
	sunjonai		unliuta		duginnaina
	sunjos		unliutons		duginnaiþ
	sunjus		unlustau		duginnam
	tainjons	nm	gahþanmiþsandidedum		duginnid
	ufþanjam		gaþþanmiþsandidedum		dugunnun
	ufþanjands		inmaidein		dugunnuþ
	unhrainja		inmaideins		durinnandans
	unhrainjaim		inmaideiþ		durinnands
	unhrainjaize		inmaidida		fairrinnand
	unhrainjam		inmaidiþs		fairrinnandans
	unhrainjamma		inmaidjaiþ		fairrinnandein

LIST OF MEDIAL GRAPHEME CONSONANT CLUSTERS

nn	faurrinnandin	nn	Iohannis	nn	runnuþ
	frakunnan		jannauh		spinnand
	frakunnandans		janne		sunnin
	frakunneina		Jannes		sunno
	frakunneiþ		janni		sunnon
	frakunni		Jannins		Susanna
	frakunnuþ		Jannis		þannu
	gabrannidai		Johannen		ufarmunnodedun
	gabrannidaizos		kanneiþ		ufarmunnonds
	gaiainnan		kannida		ufarranneinim
	Gainnesaraiþ		kannidedi		ufkunna
	gakanneiþ		kanniþ		ufkunnai
	gakannida		kinnu		ufkunnaida
	gakannidedi		kunnan		ufkunnaidai
	gakannidedun		kunnandam		ufkunnaidau
	gakunnaidai		kunnandans		ufkunnaiþ
	gakunnaidau		kunnandins		ufkunnan
	gakunnaidedi		kunnands		ufkunnand
	gakunnaideduþ		kunnei		ufkunnandam
	gakunnais		kunneina		ufkunnandans
	gakunnaiþ		kunneis		ufkunnandei
	gakunnan		kunneiþ		ufkunnands
	gakunnands		kunnum		ufkunnau
	gakunnun		kunnun		undrinnai
	garinnaima		kunnuþ		undrunnun
	garinnaiþ		manna		unkunnandam
	garunnana		mannahun		unkunnandans
	garunnun		mannam		unkunnandin
	gawunnuþ		mannan		unkunnands
	inna		mannanhun		unnutjans
	innakundai		mannans		urranneiþ
	innakundans		manne		urrinnai
	innana		manniska		urrinnandane
	innatbereina		manniskaim		urrinnandin
	innatgaggai		manniskamma		urrinnando
	innatgaggan		manniskodaus		urrinniþ
	innatgaggandans		minnist		urrunnun
	innatgaggandin		minnista		urrunnuþ
	innatgaggands		minnistan		weinnas
	innatgahtai		minnistane		winna
	innatiddja		minnistin		winnai
	innattauhun		minnistono		winnaina
	innaþro		minniza		winnam
	inniujiþa		minnizei		winnan
	innufslupun		minnizin		winnand
	innuma		minnizins		winnandam
	innuman		minnizo		winnandans
	innumin		osanna		winnandona
	Iohanna		rinna		winniþ
	Iohannau		rinnaiþ		winnom
	Iohanne		rinnand		winnon
	Iohannein		rinnandans		winnons
	Iohannen		rinnandins		wunnim
	Iohannes		rinnau		wunnuþ
	Iohannins		rinnon	nng	inngaggais

LIST OF MEDIAL GRAPHEME CONSONANT CLUSTERS

nng	inngaggaiþ	ns	insahts	ns	unseljins
	inngaggan		insaƕ		unsibjaim
	inngaggandan		insaiano		unsibjona
	inngaggandans		insaiƕan		unsis
	inngaggandin		insaiƕandans		unsutjam
	inngaggando		insaiƕandei		urrunsa
	inngaggands		insaiƕandeins	nsh	ainshun
	inngaggiþ		insaiƕands		manshun
	inngalaiþ		insaiƕiþ	nsj	gansjai
	inngaleiþai		insailidedun		plinsjandein
	inngaleiþan		insakana	nsl	hunsla
	inngaleiþand		insakandin		hunslastada
	inngaleiþandans		insakands		hunslastadis
	inngaleiþands		insandei		hunsle
	inngaleiþiþ		insandeiþ		unhunslagai
	miþinngalaiþ		insandida	nslj	hunsljada
nnh	mannhun		insandidans	nst	alabrunstim
nnj	gabrannjaidau		insandidedi		anstai
	gakannjaiþ		insandidedum		anstais
	gakannjan		insandidedun		ansteigs
	gakannjand		insandideduþ		bansta
	inbrannjada		insandides		banstins
	kannja		insandiþs		instand
	kannjan		insandja		instandai
	kunnjai		insandjaiþ	nsw	inswinþei
	kunnjau		insandjan		inswinþida
	runnjau		insandjanda		inswinþjaiþ
	uskannjaima		insandjands		inswinþjan
	uskannjan		insok		inswinþjandin
nnl	mannleikan		miþinsandida		unsweibandans
nnw	innwaurpano		plinsideduþ		unsweibando
nq	inqis		sumansuþþan		unsweibands
	unqenidam		sunsaiw		unswerai
	unqeþja		sunsei		unsweraim
nr	inrauhtida		unsahtaba		unsweraiþ
	inrauhtiþs		unsaiƕandans		unswerandans
	inreiraida		unsaltan		unswerein
	unriurein		unsar		unsweriþai
	unriureins		unsara		unswers
	unriurjai		unsarai		unswikunþozei
	unriurjamma		unsaraim	nt	Antiaukiai
	unriurjana		unsaraize		Antiokjai
	unrodjandan		unsaraizos		intandeiþ
	unrodjandans		unsaramma		intundnan
	unrodjands		unsarana		kintu
ns	anainsokun		unsarans		Klaimaintau
	atþinsa		unsaris		Klemaintau
	atþinsiþ		unsaros		Kustanteinus
	bidjandansuþþan		unsel		niuntehund
	dizuhþansat		unselein		niuntehundis
	garunsai		unseleins		paintekusten
	garunsim		unselja		Paunteau
	hansa		unseljai		Pauntiau
	insaht		unseljam		Puntiau
	insahtai		unseljin		sibuntehund

LIST OF MEDIAL GRAPHEME CONSONANT CLUSTERS

nt	sinteinan	nþ	gakunþai	nþ	unþaþliuhand
	sinteino		gakunþedum		unþiudom
	sinteinom		gaminþi		unþiuþ
	taihuntaihund		gasinþam		unþiuþa
	taihuntaihundfalþ		gaswikunþeiþ		unþiuþis
	taihuntehund		gaswikunþida		unþiuþjaiþ
	taihuntewjam		gaswikunþidedeina		uskunþa
	untalaim		gaswinþidai		uskunþana
	untalans		inswinþei		winþiskauron
	untalons		inswinþida	nþj	anananþjands
	unte		Kaurinþaium		gasinþjam
	untilamalskai		Kaurinþium		gaswikunþjan
ntr	gaþþantraua		Kaurinþius		gaswikunþjand
	intrusgans		Kaurinþon		gaswikunþjandona
	intrusgiþs		kunþa		gaswikunþjands
	intrusgjaidau		kunþam		inswinþjaiþ
	intrusgjan		kunþedeiþ		inswinþjan
	intrusgjanda		kunþedum		inswinþjandin
	twalibwintrus		kunþedun		kunþja
	untriggwa		kunþes		kunþjis
	untriggws		kunþi		ufkunþja
	wintrau		kunþos		ufkunþjis
	wintriwe		miþfrahunþana	nþn	gaswinþnan
	wintru		munþa		swinþnoda
	wintruns		munþis	nþr	jainþro
	wintrus		sinþa	nþw	unþwahanaim
nþ	anananþeiþ		sinþam	nw	fauragamanwida
	anananþidedun		swekunþamma		gamanweid
	anþar		swikunþa		gamanweiþ
	anþara		swikunþaba		gamanwida
	anþarai		swikunþai		gamanwidai
	anþaraim		swikunþans		gamanwidaim
	anþaraize		swikunþos		gamanwids
	anþaraizo		swinþai		gamanwiþ
	anþaramma		swinþan		gamanwiþs
	anþarana		swinþein		inwagida
	anþarans		swinþeins		inwagidedun
	anþaranu		swinþis		inwait
	anþaranuh		swinþos		inwandjan
	anþaris		swinþoza		inweitais
	anþarizuh		swinþozans		inweitis
	anþarleikein		tunþau		inweitiþ
	anþarleiko		tunþiwe		inwidai
	anþaros		tunþu		inwidand
	anþaruh		tunþuns		inwidandans
	anþaruþþan		ufkunþa		inwidis
	diswinþeiþ		ufkunþedi		inwidiþ
	finþandeins		ufkunþedjau		inwindai
	finþands		ufkunþedum		inwindaim
	frahinþandans		ufkunþedun		inwindamma
	frahinþando		ufkunþes		inwindans
	frahunþana		unkunþai		inwindiþa
	frahunþanaim		unkunþi		inwindiþai
	frakunþeduþ		unswikunþozei		inwindiþos
	funþi		unþaþlauh		inwindo

LIST OF MEDIAL GRAPHEME CONSONANT CLUSTERS

nw	inwisandins	nz	þanzuh	pr	galiugapraufetum
	inwiteina	nzn	minznan		liugnapraufetum
	inwitoþs	pj	afƕapjaiþ	pt	Saraipta
	inwitun		afƕapjan	q	anaqal
	jaggamanwida		afƕapjand		anaqam
	manwei		afslaupjandans		anaqiss
	manweid		atwopjan		anaqisseis
	manweiþ		atwopjands		anaqiþaidau
	manwides		daupja		anaqiujan
	manwido		daupjada		aqizi
	manwiþ		daupjaindau		asiluqairnus
	manwiþai		daupjan		biqimiþ
	manwiþo		daupjand		fauraqaþ
	manwu		daupjanda		fauraqeþum
	manwuba		daupjandam		fauraqeþun
	manwus		daupjandans		fauraqimid
	unwaha		daupjandin		fauraqiþa
	unwairþaba		daupjandins		fraqam
	unwamma		daupjands		fraqast
	unwammai		faurwaipjais		fraqeþun
	unwammans		gaskapjandin		fraqima
	unwammeins		hropjan		fraqimada
	unwaurstwons		hropjand		fraqimai
	unweis		hropjandan		fraqimaindau
	unweisai		hropjandans		fraqimandei
	unweisans		hropjandeins		fraqisteiþ
	unweniggo		hropjands		fraqistida
	unwerein		plapjo		fraqistidai
	unwerida		raupjan		fraqistja
	unwerjan		ufdaupjands		fraqistjai
	unwissamma		ufhropjands		fraqistjais
	unwita		wipja		fraqistjan
	unwitandans		wopjan		fraqistjands
	unwitands		wopjandam		fraqistna
	unwitans		wopjandans		fraqistnai
	unwiti		wopjandins		fraqistnam
	unwitjis	pn	afƕapnand		fraqistnand
	unwunands		afƕapniþ		fraqistnandam
nwj	fauragamanwjaina		afƕapnodedun		fraqistniþ
	fauramanwjandei		dishnupnodedun		fraqistnoda
	manwja		gahnipnands		fraqistnodedun
	manwjaim		unƕapnandin		fraqiþanai
	manwjaima		unƕapnando		fraqiþanam
	manwjaiþ		wepna		fraqiþanans
	manwjan		wepnam		fraqiþandans
	manwjana	pp	Arkippau		fraquman
	manwjandans		Filippai		gaqemun
	manwjata		Filippau		gaqeþun
	unmanwjans		Filippaus		gaqimand
nz	ainzu		Filippauzuh		gaqimau
	anza		Filippisius		gaqimiþ
	ƕanzuh		Filippu		gaqiss
	sumanzuh		Filippus		gaqissai
	sumanzuþþan	pr	anapragganai		gaqissans
	þanzei		galiugapraufeteis		gaqiu..

LIST OF MEDIAL GRAPHEME CONSONANT CLUSTERS

q	gaqiujandin	rb	faurbauhtai	rd	filuwaurdein
	gaqiujandins		faurbauþ		frawardein
	gaqiujiþ		faurbigaggands		frawardeiþ
	gaqiunand		faurbigaggiþ		frawardidaize
	gaqiunoda		faurbisniwandeins		frawardidedum
	gaqumanai		faurbiudais		gabaurþiwaurde
	gaqumanaim		faurbiudiþ		gahardeiþ
	gaqumþai		gaƕairbam		gairda
	gaqumþais		gaþarbaiþ		gairdos
	gaqumþim		gaþarban		garda
	missaqiss		ƕairbandane		gardan
	miþgaqiwida		ƕairbandans		gardawaldand
	miþniqam		ƕarboda		gardawaldands
	naqadai		ƕarbondin		gardei
	naqadana		ƕarbonds		gardim
	naqadei		ƕeilaƕairbai		gardins
	naqadein		kaurban		gardis
	naqaþs		kaurbaunan		hairda
	riqis		miþarbaidei		hairdai
	riqiz		miþarbaididedun		hairdeis
	riqiza		þairharbaidjandans		hardaba
	riqizein		þarbai		hardizo
	riqizeinai		þarbam		hardu
	riqizeiþ		þarbane		harduba
	riqizis		þarbans		harduhairtein
	samaqisse		þarbom		hardus
	þiuþiqissais		þarbos		haurdai
	þlaqus		þaurbandin		haurdins
	urriqiza		þaurbeima		Iaurdanau
	wailaqiss		þaurbeiþ		Iaurdanaus
	wraiqo		þaurbum		Iaurdane
qn	suqnis		þaurbun		Iaurdanu
rb	afswairbands		þaurbuþ		Jaurdanau
	alaþarba		ungaƕairba		lausaiwaurdai
	arbaidai		ungaƕairbai		lausawaurdai
	arbaide	rbj	arbja		lausawaurdein
	arbaidei		arbjans		liugnawaurde
	arbaidida		arbjis		midgardiwaddju
	arbaididedjau		arbjo		midjungardis
	arbaidim		gaarbjans		miþgardawaddju
	arbaidja	rd	afardaga		nardaus
	arbaidjai		aglaitiwaurdei		spaurde
	arbaidjam		aglaitiwaurdein		spaurdim
	arbaidjand		andawaurde		þiudangardi
	arbaidjandam		andawaurdi		ufgaurdanai
	arbaidjandans		aurtigarda		wairdus
	arbaidjands		bigaurdans		waurda
	arbaiþs		daurawardai		waurdahai
	arbi		daurawarde		waurdajiukos
	arbinumja		daurawardo		waurdam
	barbarus		daurawardos		waurde
	biarbaidjan		dwalawaurdei		waurdei
	biƕairband		faurdammjada		waurdis
	faurbaud		faurdomein		weinagarda
	faurbauht		fidurdogs		weinagardis

LIST OF MEDIAL GRAPHEME CONSONANT CLUSTERS

rdj	andawaurdjam	rg	gawargeinai	rhg	þairhgaggands
	andwaurdjais		gawargida		þairhgaggiþ
	filuwaurdjaiþ		launawargos		þairhgaleikoda
	frawardjada		maurgin	rhj	gatarhjaiþ
	frawardjand		maurgina		gatarhjan
	gawaurdja		maurgins	rhl	þairhlaiþ
	hairdjam		saurga		þairhleiþan
	hairdjans		saurgai		þairhleiþands
	hairdjos		saurgaideduþ		ufarhleiþrjai
	ingardjam		saurgaiþ	rhs	þairhsaiƕandans
	ingardjans		saurgan	rht	bairhta
	ingardjon		saurgandans		bairhtaba
	lausawaurdja		saurgom		bairhtai
	þiudangardja		saurgos		bairhtaim
	þiudangardjai		ufargaggai		bairhtei
	þiudangardjom		ufargaggan		bairhtein
	þiudangardjos		ufargudjam		faurhtai
	ubilwaurdjan		ufargutana		faurhtei
	wardjans		wargiþa		faurhtein
rf	Arfaksadis		wargiþos		faurhteins
	fidurfalþ	rgj	baurgjane		faurhteiþ
	ufarfulla		baurgjans		faurhtidedun
	ufarfullein		gabaurgjans		frawaurhta
	ufarfulliþs		gamaurgjands		frawaurhtai
	ufarfulljandans		gawargjand		frawaurhtaim
rft	þaurfta	rgr	fairgraip		frawaurhtais
	þaurftai		fairgreipands		frawaurhtaize
	þaurftais	rgsw	baurgswaddjau		frawaurhtamma
	þaurfte		baurgswaddjaus		frawaurhtans
	þaurftos		baurgswaddjus		frawaurhte
	þaurftozo	rh	fairhaitis		frawaurhteis
rg	afargagga		faurhah		frawaurhtes
	afargaggan		gatarhida		frawaurhti
	afargaggand		gatarhidana		frawaurhtim
	afargaggandeins		gatarhiþ		frawaurhtins
	afargaggiþ		gatarhiþs		frawaurhtis
	bairgahein		þairharbaidjandans		frawaurhton
	bairgais		þairhiddja		gabairhtein
	bairgiþ		þairhiddjedun		gabairhteiþ
	Bauanairgais		þwairhaiþþan		gabairhtida
	baurge		þwairhei		gabairhtidai
	baurgim		þwairhein		gabairhtiþs
	bibaurgeinais		þwairheins		gawaurhta
	fairguni		ufarhafjands		gawaurhtai
	fairgunja		ufarhafnau		gawaurhtedi
	fairgunjam		ufarhamon		gawaurhtedun
	fairgunje		ufarhauhiþs		handuwaurhton
	fairgunjis		ufarhauseino		unhanduwaurhta
	faurgaggandans		ufarhiminakunda		unhanduwaurhtana
	faurgaggandein		ufarhiminakundans		uswaurhta
	gabairgada		ufarhugjau		uswaurhtais
	Gairgaisaine	rhb	þairhberi		uswaurhtana
	gamaurgida	rhg	þairhgagga		uswaurhtane
	gamaurgidedi		þairhgaggaima		uswaurhtans
	gamaurgiþ		þairhgaggan		waurhta

LIST OF MEDIAL GRAPHEME CONSONANT CLUSTERS

rht	waurhtai	rj	ƕarjano	rj	wailamerjada
	waurhtedun		ƕarjanoh		wailamerjan
rhtj	faurhtjaina		ƕarjans		wailamerjanda
	gabairhtja		ƕarjatoh		wailamerjandans
	gabairhtjaidau		ƕarjis		wailamerjandin
	gabairhtjan		ƕarjizuh		wajamerjaidau
	gabairhtjandin		ƕarjoh		wajamerjan
	gabairhtjau		ƕarjos		wajamerjand
rhw	þairhwakandans		Iskarjotes		wajamerjandans
	þairhwis		Kaballarja		wajamerjands
	þairhwisa		kaurja		wajamerjau
	þairhwisai		kaurjaidau		warjais
	þairhwisis		kaurjos		warjandane
	þairhwisiþ		laisarja		warjandans
rƕ	arƕaznos		laisarjam		warjiþ
	fairƕau		laisarjans		witodalaisarjos
	fairƕaus		liuþarjos	rk	Areistarkus
	fairƕu		Marja		Aristarkus
	fairƕus		Marjan		arka
rƕj	waifairƕjandans		Marjin		arkaggilaus
rj	ainƕarjammeh		Marjins		Arkippau
	ainƕarjanoh		merja		faihugawaurki
	ainƕarjatoh		merjada		frawaurkeiþ
	ainƕarjizuh		merjaiþ		gamarkoþ
	ainƕarjoh		merjam		gawaurkeiþ
	anakaurjau		merjan		gawaurki
	arjandan		merjand		karkara
	assarjau		merjandan		karkarai
	bokarjam		merjands		karkarom
	bokarjans		merjau		Markaillaus
	bokarje		motarjam		Markailliaus
	bokarjos		motarje		markom
	daimonarjans		motarjos		markos
	daimonarjos		riurja		Marku
	farjandans		riurjamma		Markus
	fauradaurja		riurjan		taitrarkes
	ferjans		riurjana		þairko
	gabaurjaba		riurjand		uswaurkeiþ
	gabaurjoþum		riurjo		waurkei
	gafaurjos		snorjon		waurkeis
	gaskeirjada		stiurjan		waurkeiþ
	gaskeirjands		stiurjand	rkj	aurkje
	Gaumaurjam		tuzwerjai		fairwaurkjand
	gaurja		ufarjaina		frawaurkjai
	gaurjada		unbiarja		frawaurkjaid
	gaurjaiþ		unfaurjos		frawaurkjaiþ
	harjis		unkarja		frawaurkjandam
	haurja		unkarjans		frawaurkjandane
	hirjats		unriurjai		frawaurkjandans
	hirjiþ		unriurjamma		gawaurkja
	ƕarja		unriurjana		gawaurkjai
	ƕarjai		unwerjan		gawaurkjaima
	ƕarjamma		usskarjaindau		gawaurkjam
	ƕarjammeh		usskarjiþ		gawaurkjan
	ƕarjana		waggarja		gawaurkjandei

LIST OF MEDIAL GRAPHEME CONSONANT CLUSTERS

rkj	uswaurkjandans	rm	faurmuljais	rn	haurne
	waurkja		gaarma		ƕairneins
	waurkjada		gaarmai		Kafarnaum
	waurkjaima		gaarmaida		kaurnis
	waurkjais		gaarmaidai		kaurno
	waurkjaiþ		gaarmaindau		lukarnastaþan
	waurkjam		gaarmaiþs		lukarnastaþin
	waurkjan		Hairmaugaineis		maurnaiþ
	waurkjand		tarmei		maurnands
	waurkjandans		ufarmaudein		seinaigairnai
	waurkjandein		ufarmeleins		smarnos
	waurkjandins		ufarmeli		stairnons
	waurkjands		ufarmeliþ		þaurneina
rkn	airkniþa		ufarmiton		þaurneinan
	gastaurkniþ		ufarmunnodedun		þaurniwe
	unairknai		ufarmunnonds		þaurnum
	unairknaim		warmeiþ		þaurnuns
	unairknans		warmidedun		þuthaurna
rks	Artaksairksaus		waurmans		þuthaurneiþ
rl	afarlaistidedi		waurme		unbarnahs
	afarlaistjandam	rmj	warmjandan		undaurnimat
	afarlaistjandans		warmjands		usmernoda
	afarlaistjandein	rn	aftaurnid		widuwairnans
	afarlaistjandin		arniba	rnj	fairnjamma
	anþarleikein		asiluqairnus		fairnjan
	anþarleiko		barna		fairnjana
	faurlageinais		Barnabas		fairnjans
	faurlagido		Barnabin		fairnjin
	faurlagjaidau		Barnabins		fairnjo
	faurlagjan		barnam		fairnjons
	hindarleiþ		barne		gairnjais
	hindarleiþan		barnilo		gairnjandans
	ufarlagida		barnilona		gairnjandona
	ufarlaiþ		barnis		gairnjands
	undarleijin		barniskai		haurnjais
	unfairlaistidon		barniskeins		haurnjandans
rm	Airmodamis		barniskja		haurnjans
	Airmogaineis		distaurnand		þaurnjus
	arma		eisarna	rp	afwairpaidau
	armahairtai		eisarnabandjom		afwairpan
	armahairtei		eisarnam		afwairpands
	armahairtein		eisarneinaim		afwairpiþ
	armahairteins		faihugairnai		atwairpan
	armahairtiþa		faihugairneins		atwairpands
	armai		fairni		atwaurpans
	armaio		fairnin		frawaurpanai
	armaion		fairniþai		frawaurpans
	armaions		gairnein		gawairpan
	armaiþ		gairneiþ		gawairpands
	armandins		gairnida		gawairpiþ
	armands		gairnidedeina		innwaurpano
	armins		gatarniþ		Karpau
	armostai		gataurnandins		paurpaurai
	barma		gataurnando		paurpurai
	barmim		gataurniþ		paurpurodai

543

LIST OF MEDIAL GRAPHEME CONSONANT CLUSTERS

rp	paurpurodon	rr	urrann	rst	gadaurstedun
	uswairpa		urranneiþ		þaurstein
	uswairpada		urrant		ufarstigun
	uswairpam		urrediþ	rstw	allawaurstwans
	uswairpan		urreis		gawaurstwa
	uswairpand		urreisa		gawaurstwam
	uswairpanda		urreisan		gawaurstwan
	uswairpandans		urreisand		gawaurstwans
	uswairpands		urreisandin		gawaurstwin
	uswairpis		urreisands		jaggawaurstwa
	uswairpiþ		urreisiþ		unwaurstwons
	uswaurpa		urrinnai		waurstwa
	uswaurpai		urrinnandane		waurstwam
	uswaurpanai		urrinnandin		waurstwe
	uswaurpi		urrinnando		waurstweig
	uswaurpum		urrinniþ		waurstweiga
	uswaurpun		urriqiza		waurstweigons
	wairpam		urrisanana		waurstwein
	wairpan		urrist		waurstwis
	wairpandans		urrisun	rstwj	waurstwja
	wairpiþ		urrugkai		waurstwjam
	waurpeina		urrumnaiþ		waurstwjan
rpj	atsnarpjais		urrumnoda		waurstwjans
	skaurpjono		urrunnun	rsw	ufarswarais
rq	faurqiþa		urrunnuþ		ufarswaram
	faurqiþan		urruns	rt	armahairtai
	faurqiþanana		urrunsa		armahairtei
rr	andstaurraidedun	rs	afarsabbate		armahairtein
	fairra		afþaursidana		armahairteins
	fairraþro		afþaursiþs		armahairtiþa
	fairrinnand		faursigljandans		Artaksairksaus
	fairrinnandans		gadaursan		aurtigarda
	fairrinnandein		gadaursum		aurtigards
	faurrinnandin		gaþaursana		Barteimaiaus
	fidurraginja		þaurseiþ		Faurtunataus
	Gaumaurra		þaursidai		fidwortaihun
	jarragin		þaursus		hairtam
	miþurraisida		wairsiza		hairtane
	miþurraisidai		wairsizei		hairtin
	miþurrisuþ		wairsizin		hairtins
	qairrei	rsj	gadaursjau		hairto
	qairrein		þaursja		hairtona
	qairreins		þaursjai		harduhairtein
	qairrus		þaursjana		hauhhairtai
	Sarrin	rsk	ufarskadweid		hauhhairtei
	ufarranneinim		ufarskadwida		hrainjahairtans
	urrais		ufarskadwjands		Qartus
	urraiseiþ		ufarskafts		swartiza
	urraisida	rsn	faursnau		swartizla
	urraisidedun		faursniwandam		Tairtius
	urraisja		faursniwiþ		waurtim
	urraisjai		gaþaursniþ		waurtins
	urraisjan		gaþaursnoda	rtj	aurtjam
	urraisjandin	rst	faurstassjans		aurtjans
	urraisjands		gadaursta	rtr	ufartrusnjandans

LIST OF MEDIAL GRAPHEME CONSONANT CLUSTERS

rtwr	martwre	rþ	wairþands	rw	faurwaipjais
rþ	airþa		wairþans		faurwalwjands
	airþai		wairþata		hindarweisai
	airþakundana		wairþau		hindarweisein
	airþeina		wairþida		sarwa
	airþeinaim		wairþidai		sarwam
	airþeinins		wairþidos		sparwam
	airþeins		wairþis		sparwans
	airþos		wairþiþ		þairwakands
	anawairþai		wairþodins		ufarwahseiþ
	anawairþan		waurþan		ufarwisandam
	anawairþane		waurþana		unfaurweisane
	anawairþin		waurþanai		unhindarweisai
	anawairþo		waurþanam	rwj	arwjo
	anawairþons		waurþanamma	rz	afairzidai
	andawairþi		waurþanana		afmarzeinais
	andwairþai		waurþano		afmarzeins
	andwairþi		waurþanon		airzein
	andwairþin		waurþanona		airzeins
	andwairþis		waurþanons		airzeiþ
	andwairþo		waurþans		airziþa
	andwairþons		waurþeima		airziþos
	Barþaulaumaiu		waurþeina		fraþjamarzeins
	Barþulomaiu		waurþi		gamarzein
	baurþein		waurþum		gamarzeinais
	faurþis		waurþun		gamarzeiþ
	faurþize		waurþunuþþan		gamarzidai
	faurþizei		waurþuþ		marzeins
	framwairþis		wiþrawairþo	rzj	afairzjaindau
	frawaurþanai		wiþrawairþon		afairzjan
	gabaurþai	rþj	andwairþja		afmarzjada
	gabaurþais		andwairþje		afmarzjaindau
	gabaurþiwaurde		andwairþjis		airzjai
	gataurþai		gagawairþjan		airzjandans
	gawairþeigai		gawairþja		airzjands
	gawairþeis		gawairþjis		gamarzjada
	gawairþi		swultawairþja		gamarzjai
	Marþa	rþn	gagawairþnan		gamarzjanda
	Marþan	rþr	hairþra		gamarzjau
	Marþins		hairþram		marzjai
	ufarþeihandei		maurþra	rzn	fairzna
	unwairþaba		maurþreiþ	sb	usbairan
	usfarþon		smairþra		usbairands
	wairþa	rþrj	manamaurþrja		usbairid
	wairþaba		maurþrjais		usbalþeins
	wairþai		maurþrjandam		usbar
	wairþaid	rw	fairwaurkjand		usbaugeiþ
	wairþaiduh		fairweitidedeina		usbauhta
	wairþaima		fairweitjan		usbauhtai
	wairþaina		fairweitjandam		usbauhtedi
	wairþaiþ		fairweitjandans		usbauhtedun
	wairþam		fairweitjandeins		usbeida
	wairþan		fairweitjandona		usbeidam
	wairþana		fairweitl		usbeidandam
	wairþand		farwa		usbeidands

LIST OF MEDIAL GRAPHEME CONSONANT CLUSTERS

sb	usbeisnai	sf	usfilmei	sg	usgiban
	usbeisnei		usfodein		usgiband
	usbeisneiga		usfullei		usgibandans
	usbeisneigai		usfulleinais		usgibands
	usbeisnein		usfulleins		usgibis
	usbida		usfulleiþ		usgibiþ
	usbugjandans		usfullida		usgif
	usbugjands		usfullidedi		usgildada
sbl	usblaggw		usfullidedun		usgildai
	usbliggwandans		usfulliþ		usgildan
	usbliggwands		usfulliþs		usgildiþ
	usbloteinai		usfullja		usguldan
	usbluggwans		usfulljada		usgutniþ
	usbluggwun		usfulljaidau	sgj	intrusgjaidau
sbr	usbraidida		usfulljais		intrusgjan
	usbruknodedun		usfulljan		intrusgjanda
sd	disdailida		usfulljanda	sgr	usgrabandans
	disdailiþs		usfulljandins		usgrof
	disdailjand		usfulljando		usgrudjans
	usdaudana		usfullnau	sh	ainishun
	usdaudei		usfullnoda		dishabaida
	usdaudein		usfullnodedeina		dishabaidai
	usdaudeins		usfullnodedi		dishabaiþ
	usdaudida		usfullnodedun		dishabaiþs
	usdaudidedeina		usfulnai		dishuljiþ
	usdaudjaina		usfulnodedun		ƕashun
	usdaudjam	sfr	usfratwjan		laushandjan
	usdaudjandans	sg	intrusgans		þishun
	usdaudjands		intrusgiþs		ushafan
	usdaudo		usgagg		ushafanaizos
	usdaudoza		usgaggai		ushafei
	usdaudozan		usgaggaiþ		ushafjan
sdr	disdraus		usgaggam		ushafjandans
	usdraus		usgaggan		ushafjands
	usdrebi		usgaggana		ushaihah
	usdreiban		usgaggand		ushaista
	usdreibandan		usgaggandam		ushaitandans
	usdreibands		usgaggandan		ushanþ
	usdreibeina		usgaggandans		ushauheiþ
	usdreibiþ		usgaggandei		ushauhida
	usdribana		usgaggandein		ushauhido
	usdribans		usgaggandeins		ushauhjada
	usdribeina		usgaggandin		ushauhjaindau
	usdribun		usgaggando		ushauhjan
	usdrusteis		usgaggandona		ushauhnai
	usdrusuþ		usgaggands		ushauhnan
sf	usfaifraisi		usgaggis		ushof
	usfairina		usgaggiþ		ushofon
	usfairinans		usgaisiþs		ushofun
	usfairinona		usgebeina		ushuloda
	usfarþon		usgeisnodedum	shl	ushlaupands
	usfilha		usgeisnodedun	shn	dishniupands
	usfilhan		usgiba		dishnupnodedun
	usfilhands		usgibaima	shr	miþushramidans
	usfilmans		usgibais		miþushramiþs

LIST OF MEDIAL GRAPHEME CONSONANT CLUSTERS

shr	ushraineiþ	sj	gawasjiþ	sj	wasjaima
	ushramei		hausja		wasjaiþ
	ushramidan		hausjai		wasjiþ
	ushramidana		hausjaina		weinabasja
	ushramidedeina		hausjaiþ		weisjau
	ushramidedun		hausjam		wesjau
	ushramiþs		hausjan	sk	afskaiskaid
	ushramjan		hausjand		afskaiskaidun
	ushramjandans		hausjandam		aipiskaupeins
	ushrisjaiþ		hausjandan		aipiskaupus
shv	þisƕaduh		hausjandans		aiwiskoþ
	þisƕah		hausjandona		andhruskandans
	þisƕammeh		hausjands		barniskai
	þisƕanoh		hausjon		barniskeins
	þisƕaruh		hausjondam		biskabanon
	þisƕazuh		kasja		biskain
	þisƕizuh		kasjins		Damaskai
sj	afdrausjan		kausjai		Damaskon
	afhrisjaiþ		kausjais		faihuskulane
	afhrisjam		kausjan		fiskam
	aikklesjo		kausjand		fiskans
	aikklesjom		laisjai		fiske
	aikklesjon		laisjaina		fiskon
	aikklesjono		laisjan		fiskos
	aikklesjons		laisjand		funiskos
	andhausjaindau		laisjandans		fwnikiska
	andhausjand		laisjandin		gaaiwiskoda
	berusjos		laisjandona		gaaiwiskodedun
	birusjos		laisjands		gaaiwiskonda
	biwesjau		lausjadau		gaaiwiskondau
	fullaweisjam		lausjaiþ		gaaiwiskoþ
	gadrausjaza		lausjan		gaaiwiskoþs
	gahausjai		lausjands		gaskadwein
	gahausjan		nasjan		gaskaft
	gahausjand		nasjand		gaskaftai
	gahausjandam		nasjandins		gaskaftais
	gahausjandans		nasjandis		gaskafts
	gahausjandei		nasjands		gaskaidaiþ
	gahausjandein		ufhausjai		gaskaideins
	gahausjands		ufhausjaina		gaskaidnai
	gahausjau		ufhausjaiþ		gaskalki
	galaisjai		ufhausjan		gaskalkja
	galaisjaina		ufhausjand		gaskamai
	galaisjan		ufhausjandam		gaskapana
	galausjada		ufhausjandans		gaskapanai
	galausjai		ufhausjandona		gaskapanin
	galausjan		ufhausjands		gaskapans
	ganasjada		urraisja		gaskapjandin
	ganasjais		urraisjai		gaskaþjands
	ganasjan		urraisjan		gaskaþjiþ
	ganasjau		urraisjandin		gaskeiriþ
	ganasjis		urraisjands		gaskeirjada
	ganasjiþ		ushrisjaiþ		gaskeirjands
	gawasjada		uslausjaidau		gaskohai
	gawasjam		uslausjaindau		gaskohi

LIST OF MEDIAL GRAPHEME CONSONANT CLUSTERS

sk	gaskop	skj	faskjam	sl	uslukai
	gaskopi		fiskjans		uslukaindau
	gaskoþ	skr	diskritnoda		uslukan
	gaskoþum	sl	anasaislep		uslukanai
	gaskoþuþ		anasaislepun		uslukands
	gudaskaunein		anaslawaidedun		uslukiþ
	gudiskai		anaslepandans		uslukn
	gudiskaizos		fraslindaidau		usluknans
	gudiskamma		gaslawai		usluknoda
	ibnaskaunjamma		gasleiþeiþ		usluknodedun
	Iskarioteis		gasleiþiþs		uslunein
	Iskarioten		gasleiþjaindau		usluto
	Iskariotes		gasleiþjands		uslutoda
	Iskariotu		gaslepandane		uslutondin
	Iskarjotes		gaslepandans		uslutondins
	iudaiwisko		jaggaslepand		uslutonds
	iudaiwiskon		saislep		uslutoþs
	jaggaskohai		sigislaun	sm	aizasmiþa
	judaiwiskaize		sigislauna		Asmoþis
	judaiwiskom		unuslaisiþs		bismait
	manniska		uslagida		gasmait
	manniskaim		uslagidedun		gasmiþoþ
	manniskamma		uslagjan		klismo
	manniskodaus		uslagjand		usmaitada
	miþuskeinandans		uslagjands		usmaitaindau
	paraskaiwe		uslagjiþ		usmaitans
	paraskaiwein		uslaisidai		usmaitau
	paska		uslaiþ		usmaitaza
	Priska		uslaubei		usmanagnoda
	spaiskuldra		uslaubida		usmeitum
	þiudisko		uslaubidedi		usmeridedun
	þriskandan		uslaubja		usmernoda
	þriskandin		uslaubjandein		usmeta
	unaiwiskana		uslauk		usmete
	uskannjaima		uslausei		usmetis
	uskannjan		uslausein		usmetum
	uskeinand		uslauseinais		usmetun
	uskeinoda		uslausida		usmitaiþ
	uskijanata		uslausidedi		usmitan
	uskiusa		uslausjaidau	smj	klismjandei
	uskiusada		uslausjaindau	sn	anabusnai
	uskiusaiþ		usleiþ		anabusnais
	uskiusan		usleiþa		anabusne
	uskunþ		usleiþam		anabusnim
	uskunþa		usleiþan		anabusnins
	uskunþana		usleiþandin		asneis
	uskunþs		usleiþands		bisniwam
	uskusanai		usleiþiþ		disnimandans
	uskusans		usletan		drausnos
	uskusun		usliþa		faurbisniwandeins
	winþiskauron		usliþan		filusna
	Xreskus		usliþi		filusnai
skj	aiwiskja		usliþin		fralusnandam
	aiwiskjis		usliþun		gasnau
	barniskja		usluka		gasnewum

LIST OF MEDIAL GRAPHEME CONSONANT CLUSTERS

sn	gasniumidedum	sr	Israeleites	ss	miþwissei
	hlaiwasnom		Israelis		miþwisseim
	hlaiwasnos		usrumnoda		miþwissein
	usbeisnai	ss	afstassais		miþwisseins
	usbeisnei		anaqisseis		Nahassonis
	usbeisneiga		assarjau		nissijai
	usbeisneigai		Assaumis		samaqisse
	usbeisnein		Basseis		skalkinassaus
	usgeisnodedum		blotinassau		skalkinassus
	usgeisnodedun		blotinassu		twisstasseis
	usnam		dissat		twistasseis
	usnemun		dissigqai		Þaissalauneikai
	usnemuþ		diswissais		Þaissalauneikaie
	usnimada		drauhtinassaus		Þaissalauneikaium
	usnimais		fraujinassiwe		Þaissalaunekaium
	usnimands		gaqissai		þiudinassau
	usnimiþ		gaqissans		þiudinassaus
	usnugibiþ		gawissins		þiudinassu
	usnumans		gudjinassaus		þiudinassuns
snj	asnjam		horinassau		þiudinassus
	asnje		horinassu		þiuþiqissais
	barusnjan		horinassus		ufarassau
	ufartrusnjandans		ƕassaba		ufarassaus
sp	bispeiwada		ƕassein		ufarassiþ
	bispiwun		Iaissaizis		ufarassu
	gaspaiw		Iasson		ufarassus
	gaspillo		ibnassau		ungatassaba
	Krispu		ibnassu		ungatassans
	Krispus		ibnassus		unwissamma
	wailaspillonds		jassa		usqissai
sq	gawrisqand		jassaei		ussaƕ
	lausqiþrans		jassamana		ussaiƕ
	lausqiþreim		jassauþ		ussaiƕan
	lausqiþrein		jassik		ussaiƕand
	usqam		jassilbans		ussaiƕandins
	usqemeina		jasso		ussaiƕands
	usqemun		jassunjai		ussaiƕau
	usqimai		jassunjos		ussaljan
	usqimam		jassutja		ussandida
	usqiman		kalkinassau		ussandjai
	usqimand		kalkinassaus		ussat
	usqimandans		kalkinassus		ussatei
	usqimiþ		Kaulaussaium		ussateinai
	usqissai		leikinassaus		ussatida
	usqisteiþ		missadedai		ussatidamma
	usqistidedeina		missadede		ussatidedun
	usqistidedi		missadedim		ussatjai
	usqistiþs		missadedins		usseƕi
	usqistjan		missadeds		ussiggwaid
	usqiþan		missaleikaim		ussiggwaidau
sqj	hnasqjaim		missaleikom		ussiggwis
sr	Israel		missaleiks		ussindo
	Israela		missaqiss		ussok
	Israeleitai		missataujandan		ussokei
	Israeleiteis		misso		ussokeiþ

LIST OF MEDIAL GRAPHEME CONSONANT CLUSTERS

ss	ussokja	sst	usstassai	st	apaustuluns
	ussokjada		usstassais		Areistarkus
	ussokjaidau		ussteigan		Aristarkus
	ussokjandans		ussteigandans		armostai
	usstassai		ussteigands		astans
	usstassais		ussteigiþ		aste
	ussuggwud		usstigun		astos
	ussuggwuþ		usstiurei		auhmistam
	ustassai		usstiureins		auhmistans
	uswissai		usstiuriba		auhmisto
	waninassu		usstoþ		auhumista
	wissa		usstoþi		auhumistam
	wissedeina	ssw	jasswa		auhumistans
	wissedeis		jasswaswe		auhumistin
	wissedi	sSwntwk	jasSwntwkein		auhumistins
	wissedjau	st	afarlaistidedi		batista
	wissedun		aftraanastodeinai		beista
	wisseduþ		aftumista		beistis
	wisseis		aftumistan		bistagq
	wissuh		aftumistin		bistandand
ssj	faurstassjans		aglaitgastaldans		bistandandeins
	fraujinassjus		aglaitgastalds		bistuggqis
	horinassjus		Agustau		bistuggqun
	kalkinassjus		aipistaule		bistugq
	knussjands		aipistaulein		bistugqe
	ufarassjai		aipistaulem		bistugqei
	ufarassjaiþ		aipistulans		bistugqun
	ufarassjan		Airastus		distahein
	ufarassjando		aista		distahida
	uswissja		aistand		distahidedi
ssk	disskaidandein		aistands		distahjada
	usskarjaindau		aiwaggelista		distahjiþ
	usskarjiþ		aiwaggelistans		distairai
	usskawai		aiwaggelistins		distairid
sskr	disskreitands		aiwxaristian		distairiþ
	disskritnoda		anastodeinai		distaurnand
	disskritnodedun		anastodeins		dustodeiþ
ssl	nisslahuls		anastodeiþ		dustodida
ssp	unusspilloda		anastodjandans		fasta
	unusspillodons		anastodjandei		fastai
	usspillo		anastodjands		fastaid
	usspillodedun		andastaþja		fastaida
sst	twisstandands		andastaþjam		fastaidedeina
	twisstasseis		andastaþjos		fastaina
	usstagg		andastaua		fastais
	usstaig		andastauin		fastaiþ
	usstandan		apaustaulaus		fastaiþs
	usstandand		apaustaule		fastam
	usstandandam		apaustaulein		fastan
	usstandandans		apaustauleins		fastand
	usstandandei		apaustauleis		fastandans
	usstandands		apaustaulum		fastands
	usstandans		apaustauluns		fastubnja
	usstandiþ		apaustaulus		fastubnjam
	usstass		apaustulu		faurastandandam

LIST OF MEDIAL GRAPHEME CONSONANT CLUSTERS

st	faurastandands	st	gastost	st	sinistam
	fraistobnjo		gastoþ		sinistane
	fraistubnja		gastoþan		sinistans
	fraistubnjai		gastoþun		smalista
	fraistubnjos		gastoþuþ		spedista
	fralustai		gaþwastidai		spedistaim
	fralustais		hauhistins		spedistamma
	fraqisteiþ		hindumisto		spedistana
	fraqistida		hleþrastakeins		spedistans
	fraqistidai		hunslastada		spedistin
	frastim		hunslastadis		spedumista
	frastisibja		Justus		spidistaim
	frumista		kaupastedi		stauastola
	frumistam		kaupastedun		swistar
	frumistamma		kriustiþ		trausteis
	frumistans		Kustanteinus		twistandands
	frumistin		kustau		twistasseis
	frumiston		kustu		þwastiþa
	gaaistand		laistei		unbeistein
	gabeisteiþ		laisteis		unbilaistidai
	gafastaida		laisteiþ		undaristo
	gafastaidedun		laistida		unfairlaistidon
	gafastaindau		laistidedum		ungastoþai
	gafastaiþ		laistidedun		unlustau
	gafastan		laistim		usdrusteis
	gafastanda		lasiwostai		ushaista
	galaista		listeigon		usqisteiþ
	galaistans		listeigs		usqistidedeina
	galaistides		listins		usqistidedi
	galiugaapaustauleis		lukarnastaþan		usqistiþs
	gamostedun		lukarnastaþin		ustaig
	ganistai		lustau		ustaiknein
	ganistais		lustaus		ustaikneinais
	gastagqjais		luston		ustaikneins
	gastaistald(2)		lustu		ustaikneiþ
	gastaistaldjau(2)		lustum		ustaiknida
	gastalda		lustuns		ustaiknideduþ
	gastaldan		lustusamans		ustaikniþs
	gastaldand		maistam		ustaiknja
	gastandai		maistans		ustaiknjan
	gastandan		maistin		ustaiknjandans
	gastandand		maistins		ustaiknjandin
	gastandands		managistans		ustandiþ
	gastandiþ		managistons		ustassai
	gastauida		minnista		ustauh
	gastaurkniþ		minnistan		ustauhan
	gasteigiþ		minnistane		ustauhana
	gasteis		minnistin		ustauhanai
	gastiggqiþ		minnistono		ustauhanaim
	gastigodein		motastada		ustauhans
	gastigods		paintekusten		ustauhi
	gastigun		pistikeinis		ustauhtai
	gastim		qisteinai		ustauhtais
	gastins		rasta		ustauhts
	gastojanaim		reikistin		ustauhun

LIST OF MEDIAL GRAPHEME CONSONANT CLUSTERS

st	ustiuhada	stn	fraqistnand	sw	gaswultuþ
	ustiuhai		fraqistnandam		jasswaswe
	ustiuhaima		fraqistniþ		midjasweipains
	ustiuhaiþ		fraqistnoda		miþgaswiltan
	ustiuhan		fraqistnodedun		swaswe
	ustiuhandam	str	awistris		uswagida
	ustiuhandans		ganawistrodai		uswagidai
	ustiuhands		ganawistroþs		uswahsans
	ustiuhiþ		gastrawiþ		uswahst
	ustoþ		gistradagis		uswairp
	waihstastaina		gudblostreis		uswairpa
	wistai		swistruns		uswairpada
	wistim	strj	swistrjus		uswairpam
	witodafasteis	sþ	usþulaida		uswairpan
	Xristau		usþulaidedeiþ		uswairpand
	Xristaus		usþulaideduþ		uswairpanda
	Xristu		usþulainai		uswairpandans
	Xristus		usþulaiþ		uswairpands
stj	afarlaistjandam		usþulan		uswairpis
	afarlaistjandans		usþuland		uswairpiþ
	afarlaistjandein		usþulandans		uswakjau
	afarlaistjandin		usþulands		uswalteinai
	fraqistja	sþr	usþriutandans		uswalteins
	fraqistjai		usþriutiþ		uswaltida
	fraqistjais		usþroþeins		uswaltidedun
	fraqistjan		usþroþiþs		uswaltjand
	fraqistjands	sþw	usþwoh		uswalugidai
	frumistja		usþwohun		uswandidedun
	frumistjam	sw	biswara		uswandjai
	galaistjandans		biswarb		uswandjais
	galiugaxristjus		diswilwai		uswarp
	gaþwastjaiþ		diswinþeiþ		uswaurhta
	gaþwastjands		diswissais		uswaurhtais
	hauhistjam		gaswalt		uswaurhtana
	laistja		gasweraids		uswaurhtane
	laistjai		gasweraiþs		uswaurhtans
	laistjaima		gaswikunþeiþ		uswaurkeiþ
	laistjais		gaswikunþida		uswaurkjandans
	laistjaiþ		gaswikunþidedeina		uswaurpa
	laistjan		gaswikunþjan		uswaurpai
	laistjand		gaswikunþjand		uswaurpanai
	laistjandeins		gaswikunþjandona		uswaurpi
	laistjands		gaswikunþjands		uswaurpum
	lustjus		gaswiltaima		uswaurpun
	qistjan		gaswiltam		uswaurts
	unbeistjodai		gaswiltan		usweihaim
	usqistjan		gaswiltandans		usweihona
	wastja		gaswiltandin		uswenans
	wastjai		gaswiltands		uswindandans
	wastjom		gaswiltiþ		uswissai
	wastjos		gaswinþidai		uswissja
	witodafastjos		gaswinþnan		uswundun
stn	fraqistna		gaswogida	sx	pasxa
	fraqistnai		gaswulti	tb	atbair
	fraqistnam		gaswultun		atbairiþ

LIST OF MEDIAL GRAPHEME CONSONANT CLUSTERS

tb	atbar	tg	utgaggiþ	tj	matjam
	atberun	th	athabaidedun		matjan
	innatbereina		athafjan		matjand
	utbaurans		athahans		matjandam
tdr	atdraus		athahid		matjandan
	atdriusai		athaihait		matjandans
	atdriusand		athaitands		matjandin
	atdriusandei		þuthaurna		matjands
	atdrusun		þuthaurneiþ		matjau
tf	atfaridedun	tj	afetja		matjid
tg	aglaitgastaldans		afsatjaidau		matjiþ
	aglaitgastalds		afsatjan		miþmatjan
	atgaf		aglaitja		miþmatjiþ
	atgaft		aglaitjam		miþsatjau
	atgagg		andasetjai		natja
	atgaggai		atsatjaima		natjan
	atgaggand		atsatjan		praufetja
	atgaggandam		azetjam		praufetjam
	atgaggandan		bihaitja		praufetjand
	atgaggandans		bihaitjans		praufetjandei
	atgaggandei		dulgahaitjin		praufetjands
	atgaggandeim		fairweitjan		praufetjans
	atgaggandein		fairweitjandam		satjaidau
	atgaggandeins		fairweitjandans		satjaiþ
	atgaggandin		fairweitjandeins		satjiþ
	atgaggands		fairweitjandona		stiwitja
	atgaggiþ		fauragasatjiþ		stiwitjis
	atgaraihtjais		fetjandeins		sutja
	atgebeima		fotjus		swogatjam
	atgebeina		fraatjau		unnutjans
	atgebeiþ		gaƕatjandin		unsutjam
	atgebum		gaƕeitjan		unwitjis
	atgebun		gaƕotjandin		ussatjai
	atgibada		gaƕotjands		witjau
	atgibai		gamatjis		wiþragamotjan
	atgiban		gamotjan	tk	atkunnaiþ
	atgibana		gasatjais	tl	atlagei
	atgiband		gasatjan		atlagidedeina
	atgibanda		gasatjanda		atlagidedun
	atgibandins		gasatjands		atlagides
	atgibanos		gasatjiþ		atlagjada
	atgibans		haitjai		atlagjands
	atgibau		hatjandam		atlaþodai
	duatgaggandans		idweitjan		atlaþoþs
	duatgaggandei		idweitjand		atligiþ
	duatgaggandin		idweitjanda		sitlans
	duatgaggands		idweitjandane		sitlos
	innatgaggai		jassutja	tm	glitmunjandeins
	innatgaggan		kaupatjan	tn	andletnan
	innatgaggandans		lauhatjandei		atnam
	innatgaggandin		matja		atneƕida
	innatgaggands		matjai		diskritnoda
	innatgahtai		matjaina		disskritnoda
	unatgaht		matjais		disskritnodedun
	utgaggando		matjaiþ		gabatnis

LIST OF MEDIAL GRAPHEME CONSONANT CLUSTERS

tn	usgutniþ	tst	atstoþun	tw	weitwodeins
	watnam	tt	atta		weitwodeis
tr	anatramp		attaitok		weitwodeiþ
	atrinnandans		attaitokeina		weitwodida
	baitraba		attaitoki		weitwodidedum
	baitrai		attaitokun		weitwodidedun
	baitrei		attam		weitwodides
	baitrein		attan		weitwodiþa
	duatrinnands		attane		weitwodiþai
	gatraua		attans		weitwodiþos
	gatrauaida		attauh		weitwodja
	gatrauaiþ		attauhun		weitwodjand
	gatrauam		attauhuþ		weitwodjandans
	gatrauandans		atteka		weitwodjandins
	gatrauands		attekaiþ		weitwodjands
	gatrauau		attekan		weitwodjau
	gatrudan		attin	twj	usfratwjan
	hlutrans		attins	þf	bruþfad
	hlutrein		attiuh		bruþfadis
	hlutriþai		attiuha		bruþfads
	jaggatraua		attiuhan		bruþfaþs
	Paitrau		attiuhats		miþfaginodedun
	Paitraus		attiuhiþ		miþfaginoþ
	Paitru		innattauhun	þfr	miþfrahunþana
	Paitrus		Mattaþanis	þg	miþgadauþnodedum
	snutraim		Mattaþiaus		miþgaleikondans
	snutrane		Mattaþiwis		miþgaqiwida
	snutrein		skattans		miþgardawaddju
	Soseipatrus		skatte		miþgasatida
	taitrarkes	ttj	skattjam		miþgasatidai
	weinatriu		skattjane		miþgaswiltan
	weinatriwa	tþ	atþinsa		miþgatauhans
ts	atsaiƕ		atþinsiþ		miþgatimridai
	atsaiƕaina		Gutþiudai		miþgawisandans
	atsaiƕandans		Matþaiu	þj	afdauþjaidau
	atsaiƕands		Matþatis		afdauþjan
	atsaiƕiþ	tw	atwairpan		ananauþjai
	atsatjaima		atwairpands		andastaþja
	atsatjan		atwalwida		andastaþjam
	magutsu		atwandida		andastaþjos
tsf	þrutsfill		atwarp		auþjaim
	þrutsfillai		atwaurpans		auþjamma
	þrutsfillis		atwitainai		auþjana
tsn	atsnarpjais		atwopida		auþjons
	duatsniwun		atwopidedun		aweþjis
tst	atstaig		atwopjan		blauþjandans
	atstandandane		atwopjands		bleiþja
	atstandandans		Batwin		bleiþjandans
	atstandandei		galiugaweitwods		framaþjai
	atstandands		gatwons		framaþjaim
	atsteig		miþweitwodjandein		framaþjana
	atsteigadau		weitwod		framaþjane
	atsteigai		weitwode		framaþjin
	atsteigands		weitwodei		fraþja
	atsteigiþ		weitwodein		fraþjai

LIST OF MEDIAL GRAPHEME CONSONANT CLUSTERS

þj	fraþjaidau	þk	miþkauriþs	þr	anaþrafstei
	fraþjaima	þl	Beþlahaim		anaþrafstida
	fraþjaina		Beþlaihaim		biþragjands
	fraþjaiþ		Biþlaihaimis		broþrahans
	fraþjam		fauramaþleis		broþralubon
	fraþjamarzeins		gaþlahsnoda		broþre
	fraþjan		gaþlaih		broþrulubon
	fraþjand		gaþlaihan		broþrum
	fraþjandan		gaþlaihandans		broþruns
	fraþjandans		gaþlaihandin		dalaþro
	fraþjands		gaþlaihands		faihuþra
	fraþje		gaþlaihiþ		faihuþraihna
	fraþjis		gaþlaiht		fairraþro
	fraþjiþ		gaþlaihtai		galiugabroþre
	fullafraþjam		gaþlaihtais		galiugabroþrum
	gablauþjands		gaþlaihte		gaþrafstein
	gableiþja		gaþlauh		gaþrafsteinai
	gableiþjands		gaþlauhun		gaþrafsteino
	gadauþjanda		jaggaþlaihan		gaþrafsteins
	gafraþjein		maþla		gaþrafstida
	ganiþjam		maþlein		gaþrafstidai
	ganiþjos		miþlibam		gaþrafstidedeina
	gaskaþjands		miþlitidedun		gaþrafstidedun
	gaskaþjiþ		neþlos		gaþrafstiþs
	gasleiþjaindau		unþaþlauh		gaþrafstjai
	gasleiþjands		unþaþliuhand		gaþrafstjan
	gasoþjan	þlj	fauramaþlja		gaþrafstjanda
	gaþiuþjands		fauramaþlje		gaþrask
	grindafraþjans		fauramaþljos		gaþreihandam
	haiþjai		haimoþlja		hleiþrai
	haiþjos		maþlja		hleiþros
	heþjon	þm	miþmatjan		hleþrastakeins
	ƕaþjands		miþmatjiþ		ƕaþro
	ƕaþjiþ	þn	afslauþnan		innaþro
	liþjus		afslauþnodedun		..iþra
	nauþjada		aþnam		iupaþro
	nauþjand		gabadauþniþ		lausqiþrans
	nauþjandin		gadauþnai		lausqiþreim
	niþjans		gadauþnan		lausqiþrein
	niþjis		gadauþnand		miþrodidedun
	niþjo		gadauþnandans		þaþro
	niþjos		gadauþniþ		þaþroei
	qeþjau		gadauþnoda		þaþroh
	raþjo		gadauþnodedi		þaþroþþan
	raþjon		gadauþnodedun		utaþro
	samafraþjai		gadauþnodeduþ		wiþra
	suþjandans		haiþno		wiþragamotjan
	suþjondans		jaþni		wiþraïddja
	þiuþjaiþ		miþgadauþnodedum		wiþrawairþ
	þiuþjands		miþniman		wiþrawairþo
	ufaiþjai		miþniqam		wiþrawairþon
	unfraþjandein	þnj	ataþnjis		wiþrus
	unqeþja	þq	miþqiþaina	þrj	broþrjus
	unþiuþjaiþ	þr	aljaþro		ufarhleiþrjai
	woþjai		allaþro	þs	Baiþsaïdan

LIST OF MEDIAL GRAPHEME CONSONANT CLUSTERS

þs	Beþsaeida	þþ	sijaiþþan	wj	skewjandans
	Beþsaïdan		skaluþþan		taihuntewjam
	gahþanmiþsandidedum		sumaimuþþan		ufhnaiwjan
	gaþþanmiþsandidedum		sumaiþþan		ufhnaiwjandin
	miþsatjau		sumaiuþþan	wl	aiwlaugian
	miþsokjan		sumansuþþan		andawleizn
þsf	Beþsfagein		sumanzuþþan		Pawlaus
þsk	miþskalkinoda		sumuþþan		Pawlus
þsp	þiuþspilloda		sumzuþþan	wn	Aiwneikai
þst	miþstandandans		swaþþan	wr	frawrekun
þþ	afaruþþan		þaiþþan		frawrohiþs
	aiþþau		þanuþþan		gawrikai
	anþaruþþan		þatuþþan		gawrikandans
	anuþþanniujaiþ		þaþroþþan		gawrikiþ
	atuþþangaggand		þuhtuþþan		gawrisqand
	aþþan		þwairhaiþþan	wtsj	kawtsjon
	bidjaiþuþþan		uzuþþaniddja	ww	Aiwwa
	bidjamuþþan		wasuþþan		Aiwwan
	bidjandansuþþan		waurþunuþþan		Laiwweis
	bijandzuþþan		weizuþþan		Laiwweiteis
	biþþangitanda		wesunuþþan		Laiwwi
	duþþe		wiljauþþan	wx	aiwxaristian
	gaþþanmiþsandidedum		wisuþþan	xr	galiugaxristjus
	gaþþantraua	þþr	jaþþrije	xx	Zaxxaiaus
	hazjuþþan	þw	biþwahands	zbwt	praizbwtairein
	ƕauþþan		fiaþwos		praizbwtaireis
	ƕouþþan		fijaþwa	zd	huzda
	inuþþaim		friaþwa		mizdo
	inuþþis		friaþwai		mizdon
	jaþþai		friaþwamildjai		mizdono
	jaþþairh		friaþwos		mizdons
	jaþþan		frijaþwa		razda
	jaþþana		frijaþwai		razdai
	jaþþans		frijaþwos		razdo
	jaþþata		gaþwastidai		razdom
	jaþþatei		gaþwastjaiþ		razdos
	jaþþe		gaþwastjands	zdj	huzdjaiþ
	jaþþis		haubiþwundan		huzdjan
	jaþþo		miþwait	zg	Azgadis
	jaþþuk		miþwas		azgon
	juzuþþan		miþweitwodjandein	zj	hazja
	maizuþþan		miþwissei		hazjaina
	managuþþan		miþwisseim		hazjan
	Maþþaiu		miþwissein		hazjandane
	miþþan		miþwisseins		hazjandans
	miþþane		saliþwos		hazjau
	miþþanei	wj	alewjin		hazjiþ
	miþþiudanom		alewjo		hazjuþþan
	miþþiudanoma		anahnaiwjai		jukuzja
	munaidedunuþþan		fralewjandans		jukuzjai
	nauhuþþan		gahnaiwjada		wlizja
	niþþaim		galewjada	zl	Aizleimis
	niþþan		galewjan		gasaizlep
	niþþatei		galewjands		gasaizlepun
	qaþuþþan		lewjands		swartizla

LIST OF MEDIAL GRAPHEME CONSONANT CLUSTERS

zn	andawiznim	zw	izwar	zw	izwaris
	arƕaznos		izwara		izwaros
	garaznans		izwarai		izwis
	garaznons		izwaraim		izwizei
	gawizneigs		izwaraizos		tuzwerjai
	razna		izwaramma		ubizwai
	raznis		izwarana	zwm	azwme
	wailawiznai		izwarans	zz	Lazzaru

LIST OF DIFFERENCES IN PARALLEL TEXTS

The following list is a compilation of all differences between parallel texts as they exist in Streitberg. Differences in orthography (excluding capitalization), vocabulary and syntactic position are recorded.

In order to aid the user in recognizing some of the less obvious differences, both texts are printed in Roman type. Italic letters indicate uncertain characters.

A word which occurs in Text A but not in Text B is represented by --- in Text B and vice versa.

Missing portions of the text are represented by three periods ... regardless of the number of words in the original text.

Differences which are due to printing errors and inconsistencies in Streitberg's fifth edition have been neglected; cf. Appendix 1.

For the sake of clarity, the entries 2Cr 2[13] (*in Makaidonja*) and 2Cr 13[7] contain a word which in itself does not represent any difference between the parallel texts. In the case of 1Tm 6[13-14] it proved practical to enter the verses just as they appear in both texts.

LIST OF DIFFERENCES IN PARALLEL TEXTS

Mat	26⁷¹	A	jah sa		C	jas-sa
Mat	26⁷²	A	afaiaik		C	laugnida
Mat	26⁷³	A	standandans		C	stand⟨and⟩ans
Mat	26⁷⁵	A	afaikis		C	inwidis
Mat	27¹	A	runa		C	garuni
Mat	27¹	A	---		C	þai
Rom	13⁴	A	hairau		C	hairu
1Cr	15⁴⁸	A	swaleikai		B	swaleikai
1Cr	15⁴⁹	A	mannleikan		B	manleikan
1Cr	15⁴⁹	A	---		B	swa
1Cr	15⁵²	A	braƕa		B	braƕa
1Cr	15⁵³	A	skuld auk ist		B	skuld ist auk
1Cr	15⁵³	A	gahamon		B	gahamon
1Cr	15⁵⁴	A	þanuþ-þan þata diwano gawasjada undiwanein		B	---
1Cr	15⁵⁴	A	wairþiþ		B	wairþiþ
1Cr	15⁵⁴	A	ufsagqiþs		B	ufsaggqiþs
1Cr	15⁵⁴	A	dauþus in		B	dauþus in
1Cr	15⁵⁵	A	þeins		B	þeins
1Cr	15⁵⁷	A	awiliuþ ize		B	awiliud izei
1Cr	15⁵⁷g	A	---		B	sihw
1Cr	15⁵⁷	A	Xristau		B	Xristu
1Cr	15⁵⁸	A	wairþiþ		B	wairþaiþ
1Cr	16¹	A	Galat[i]e		B	Galatiais
1Cr	16¹	A	taujiþ		B	taujaiþ
1Cr	16²	A	lagjai		B	taujai
1Cr	16⁶	A	þei		B	þe
1Cr	16⁷	A	wenja[n]		B	wenja
1Cr	16⁸	A	wisuþ-þan		B	wisuh þan
1Cr	16¹⁰	A	saiƕiþ		B	saiƕaiþ
1Cr	16¹⁰	A	unagan⟨d⟩s		B	unagands
1Cr	16²⁴	A	frijaþwa		B	friaþwa
2Cr	1⁸	A	afswaggwidai weseima jal-liban		B	skamaidedeima uns jah liban
2Cr	1⁸g	A	..maide.. skamaidedeima		B	---
2Cr	1¹²	A	usmetum		B	usmeitum
2Cr	1¹⁴	A	---		B	Xristaus
2Cr	1¹⁶	A	jaþ-þairh		B	jah þairh
2Cr	1¹⁶	A	Makaidonja		B	Makidonja
2Cr	1¹⁶	A	Makaidonjai		B	Makidonjai
2Cr	1¹⁷	A	---		B	[ni]
2Cr	1¹⁸	A	jan-ne		B	jah ne
2Cr	1¹⁹	A	merjada		B	wailamerjada
2Cr	1¹⁹	A	ni		B	nih
2Cr	1¹⁹	A	jan-ne		B	jah ne
2Cr	1²⁰	A	jaþ-þairh		B	jah þairh
2Cr	1²¹	A	gaþwastjands uns		B	gaþwastjands unsis
2Cr	2²	A	niba		B	nibai
2Cr	2³	A	jaþ-þata		B	jah þata
2Cr	2³	A	faginon		B	faginon
2Cr	2³	A	faheþs		B	faheds
2Cr	2⁴	A	frijaþwa		B	friaþwa
2Cr	2⁷	A	jag-gaþlaihan		B	jah gaþlaihan
2Cr	2⁸	A	inuþ-þis		B	inuh þis
2Cr	2¹⁰	A	ƕa		B	ƕa
2Cr	2¹⁰	A	fragaf, fragaf		B	fragiba, fragiba

561

2Cr	2¹¹	A	gaaiginondau	B	gaaiginondau
2Cr	2¹¹g	A	ni gafaihondau	B	---
2Cr	2¹²	A	aiwaggeljons	B	aiwaggeljon
2Cr	2¹³	A	twisstandands im	B	twistandands imma
2Cr	2¹³	A	in Makaidonja	B	in [in] Makidonja
2Cr	2¹⁴	A	awiliuþ	B	awiliud
2Cr	2¹⁴	A	þairh uns in allaim stadim	B	in allaim stadim þairh uns
2Cr	2¹⁵g	A	fralusnandam	B	---
2Cr	2¹⁶	A	---	B	auk
2Cr	2¹⁶	A	us dauþau	B	dauþaus
2Cr	2¹⁶	A	jad-du	B	jah du
2Cr	2¹⁷	A	sium swe	B	sijum
2Cr	2¹⁷	A	swaswe	B	swaswe
2Cr	3¹	A	duginnam aftra	B	duginnam aftra
2Cr	3¹	A	þaurbum	B	þaurbum
2Cr	3¹	A	anafilhis	B	anafilhis
2Cr	3³	A	swikunþai	B	swikunþ
2Cr	3³	A	siuþ	B	sijuþ
2Cr	3³	A	andbahtida	B	andbahtida
2Cr	3³	A	swartiza	B	swartizla
2Cr	3⁵	A	---	B	swaswe af uns silbam
2Cr	3⁶	A	andbahtans	B	andbahtans
2Cr	3⁶	A	triggwos, ni	B	triggwos, ni
2Cr	3⁶	A	boka	B	boka
2Cr	3⁷	A	mahtedeina	B	mahte[de]deina
2Cr	3⁸	A	in	B	ni
2Cr	3⁹	A	andbahtja	B	andbahti
2Cr	3⁹	A	in	B	us
2Cr	3¹⁰	A	wulþag	B	wulþag
2Cr	3¹³	A	jan-ni	B	jah ni
2Cr	3¹⁴g	A	afblindnodedun	B	---
2Cr	3¹⁷	A	freijhals	B	freihals
2Cr	3¹⁸	A	wulþu	B	wulþau
2Cr	4¹	A	andbahtei	B	andbahti
2Cr	4¹	A	wairþam usgrudjans	B	wairþaima usgrudjans
2Cr	4²	A	analaugnjam	B	analaugnjam
2Cr	4²	A	warein ni	B	warein nih
2Cr	4²	A	waurd	B	waurd
2Cr	4²	A	sunjus	B	sunjos
2Cr	4⁴	A	liuhadeins	B	liuhadein
2Cr	4⁴	A	---	B	ungasaiƕani[n]s
2Cr	4⁶	A	Iesuis	B	Iesuis
2Cr	4¹⁰	A	unsaramma	B	unsaramma
2Cr	5¹	A	habam	B	habam
2Cr	5²	A	unte	B	unte
2Cr	5²	A	ufarhamon	B	ufarhamon
2Cr	5³	A	---	B	jah
2Cr	5⁴	A	auk wisandans	B	auk wisandans
2Cr	5⁴	A	hleiþrai	B	hleiþrai
2Cr	5⁴	A	þata	B	þata
2Cr	5⁵	A	jag-gamanwida	B	jah gamanwida
2Cr	5⁵	A	du	B	du
2Cr	5⁵	A	unsis	B	uns
2Cr	5⁶	A	jah	B	jah
2Cr	5⁶	A	þamma leika	B	þamma leika

LIST OF DIFFERENCES IN PARALLEL TEXTS

2Cr	5⁶	A	sijum fram	B	sij*um* fra*m*	
2Cr	5⁹	A	inuþ-þis	B	inuh þis	
2Cr	5¹²g	A	anafilhaima	B	---	
2Cr	5¹²	A	unsis	B	uns	
2Cr	5¹²	A	jan-ni in	B	jah ni	
2Cr	5¹⁵	A	libaina	B	libaina[i]	
2Cr	5¹⁶	A	---	B	ina	
2Cr	5¹⁸	A	jag-gibandin unsis	B	jah gibandin uns	
2Cr	5²⁰	A	bidjandans	B	bidjam	
2Cr	5²¹	A	ize	B	izei	
2Cr	6¹	A	jaþ-þan	B	jah þan	
2Cr	6¹	A	sware	B	swarei	
2Cr	6²	A	andanem	B	and<a>nem	
2Cr	6³	A	---	B	þannu	
2Cr	6³	A	bistugq<e>	B	bistugqei	
2Cr	6⁶	A	frijaþwai	B	friaþwai	
2Cr	6⁷	A	hleidumon[n]a	B	hleidumona	
2Cr	6⁸	A	jah	B	---	
2Cr	6¹¹	A	munþs	B	m*u*nþs	
2Cr	6¹¹	A	urrumnoda	B	usrumnoda	
2Cr	6¹⁵	A	ƕouþ-þan	B	ƕouh þan	
2Cr	6¹⁶	A	ƕouþ-þan	B	ƕouh þan	
2Cr	6¹⁶	A	siuþ	B	sijuþ	
2Cr	6¹⁶g	A	..alj..	B	---	
2Cr	6¹⁷	A	inuþ-þis	B	inuh þis	
2Cr	7³	A	miþgaswiltan jas-samana	B	gaswiltan jah samana	
2Cr	7⁵	A	Makaidonjai	B	Makidonjai	
2Cr	7⁶	A	gaþlaihands	B	gaþlaihan<d>s	
2Cr	7⁸	A	---	B	þaim	
2Cr	7⁸	A	idreigoda -- unte gasaiƕa	B	id*r*eigoda -- gasaiƕa auk	
2Cr	7⁹	A	---	B	in	
2Cr	7¹⁰	A	---	B	so	
2Cr	7¹⁰	A	idreiga	B	id*r*eiga	
2Cr	7¹⁰	A	gatulgida	B	gatulgidai	
2Cr	7¹¹	A	saiƕ[a]	B	saiƕ	
2Cr	7¹¹	A	ƕelauda	B	ƕe*l*auda	
2Cr	7¹³	A	inuþ-þis	B	inuh þis	
2Cr	7¹³	A	sijum	B	sium	
2Cr	7¹⁴	A	unte jabai	B	unt*e j*abai	
2Cr	7¹⁴	A	ƕaiƕop	B	ƕa*i*ƕop	
2Cr	7¹⁴	A	Teitau[n]	B	Teitau	
2Cr	7¹⁵	A	jaþ-brusts	B	jah brusts	
2Cr	7¹⁵	A	reirom	B	reiro*m*	
2Cr	8¹	A	aikklesjom Makidonais	B	aikklesjon Mak*i*donais	
2Cr	8²	A	jaþ-þata	B	ja*þ* þata	
2Cr	8³	A	silbawiljos	B	silbaw*i*ljos	
2Cr	8⁴	A	usbloteinai	B	u*sb*loteinai	
2Cr	8⁴	A	þans	B	þ*ans*	
2Cr	8⁵	A	jaþ-ni	B	jah ni	
2Cr	8⁵	A	þaþroþ-þan	B	þaþroh þan	
2Cr	8⁷	A	waurda	B	*w*aurda	
2Cr	8⁷	A	frijaþwai	B	friaþwai	
2Cr	8⁸	A	swaswe	B	swas*we*	
2Cr	8⁸	A	frijaþwos airkniþa	B	friaþwo*s* airkn*i*þa	
2Cr	8⁹	A	unsaris	B	un*s*aris	

2Cr	8⁹	A	gabigai wairþaiþ	B	gabeigai wairþaiþ	
2Cr	8¹⁰	A	jar-ragin	B	jah ragin	
2Cr	8¹⁰	A	taujan, ak jah wiljan	B	wiljan, ak jah taujan	
2Cr	8¹²	A	jabai	B	jaba*i*	
2Cr	8¹²	A	gagreftai	B	gagrei*f*tai	
2Cr	8¹⁴	A	ufarassus	B	u*f*aras*s*us	
2Cr	8¹⁴	A	jainaize	B	jain*a*ize	
2Cr	8¹⁵	A	gameliþ	B	game*l*iþ	
2Cr	8¹⁵	A	jas-saei	B	saei	
2Cr	8¹⁶	A	awiliuþ	B	awiliud	
2Cr	8¹⁶	A	ize	B	izei	
2Cr	8¹⁶	A	faur izwis	B	*faur izwis*	
2Cr	8¹⁸	A	gah-þan-miþ-[ga]sandidedum	B	gaþ-þan-miþ-sandidedum	
2Cr	8¹⁸	A	aiwaggeljons	B	aiwaggeljon	
2Cr	8²²	A	filu	B	filaus mais	
2Cr	8²³	A	jah þe	B	jaþþe	
2Cr	8²³	A	jag-gawaurstwa	B	jah gawaurstwa	
2Cr	8²³	A	wulþaus	B	wulþus	
2Cr	8²⁴	A	frijaþwos	B	friaþwos	
2Cr	9²	A	fram	B	fra*m*	
2Cr	9²	A	ƕopam	B	ƕopa	
2Cr	9²	A	Makidonim	B	Makidon[n]im	
2Cr	9²	A	Akaja	B	Axaïa	
2Cr	9²	A	uswagida	B	gawagida	
2Cr	9²	A	---	B	izei	
2Cr	9⁴	A	jag-bigitand	B	jah bigitand	
2Cr	9⁴	A	unmanwjan[d]s, gaaiwiskonda‹u›	B	unmanwjans, gaaiwiskondau	
2Cr	9⁴	A	---	B	þizos	
2Cr	9⁵	A	jan-ni	B	jah ni	
2Cr	9⁶	A	saijiþ	B	saiiþ	
2Cr	9⁶	A	saijiþ	B	saiiþ	
2Cr	9⁷	A	nauþai	B	nau*þ*ai	
2Cr	12¹	A	..nins	B	andhuleinins	
2Cr	12²	A	˙id˙	B	fidwortaihun	
2Cr	12²	A	inu	B	inuh	
2Cr	12³	A	inu	B	inuh	
2Cr	12³	A	ni	B	nih	
2Cr	12⁶	A	[aiþþau]	B	---	
2Cr	12⁷	A	hnuþo	B	hnuto	
2Cr	12⁷g	A	*q*airu	B	---	
2Cr	12⁸	A	fraujan	B	frauja‹n›	
2Cr	12⁹	A	siukein	B	siukeim	
2Cr	12¹²	A	apaustaulus	B	apaustaulaus	
2Cr	12¹³	A	niba	B	nibai	
2Cr	12¹⁴	A	jan-ni	B	jah ni	
2Cr	12¹⁵	A	laþaleiko	B	gabaurjaba	
2Cr	12¹⁵g	A	gabaurjaba	B	---	
2Cr	12¹⁵	A	mins	B	minz	
2Cr	12¹⁶	A	aufto	B	au*f*to	
2Cr	12¹⁹	A	sunjoma	B	sunjo[da]ma	
2Cr	12²⁰	A	[bifaiha] ufswalleinos	B	---	
2Cr	12²¹	A	jan-ni	B	jah ni	
2Cr	12²¹	A	aglaitja	B	aglaitein[o]	
2Cr	13¹	A	jaþ-þrije gastandiþ	B	jah þrije gastandai	
2Cr	13⁴	A	jah	B	---	

LIST OF DIFFERENCES IN PARALLEL TEXTS

2Cr	13[4]	A	weis	B	---	
2Cr	13[5]	A	silbans fraisiþ	B	izwis silbans fragiþ	
2Cr	13[5]	A	þau	B	þauh	
2Cr	13[5]	A	izwis	B	---	
2Cr	13[5]	A	nibai	B	ibai	
2Cr	13[6]	A	þatei kunneiþ ei	B	ei kunneiþ þatei	
2Cr	13[6]	A	sium	B	sijum	
2Cr	13[7]	A	iþ weis swe	B	ei weis	
2Cr	13[9]	A	faginom	B	faginom	
2Cr	13[9]	A	swinþai siuþ	B	swinþai sijuþ	
2Cr	13[9]	A	bidjam	B	bidjam	
2Cr	13[10]	A	hardaba	B	harduba	
2Cr	13[10]	A	tauja⟨u⟩	B	taujau	
2Cr	13[10]	A	jan-ni	B	jah ni	
2Cr	13[11]	A	gaþrafstidai sijaiþ	B	---	
2Cr	13[11]	A	frijaþwos	B	friaþwos	
2Cr	13[13]	A	---	B	unsaris	
2Cr	13[13]	A	frijaþwa	B	friaþwa	
2Cr	exp	A	Kaurinþium 'b'	B	Kaurinþaium anþara	
2Cr	exp	A	du Kaurinþium 'b' meliþ ist us Filippai Makidonais	B	---	
Eph	inc	A	Aipistaule Pawlaus du Aifaisium	B	Du Aifaisium	
Eph	1[1]	A	apaustaulus	B	apaustaulus	
Eph	1[3]	A	ana	B	in	
Eph	1[4]	A	uns	B	unsis	
Eph	1[4]	A	---	B	weis	
Eph	1[4]	A	frijaþwai	B	friaþwai	
Eph	1[5]	A	ina	B	imma	
Eph	1[7]	A	fralet	B	fralet	
Eph	1[7]	A	bloþ	B	bloþ	
Eph	1[7]	A	wulþaus anstais	B	wulþaus anstais	
Eph	1[9]	A	bi wiljin	B	bi wiljin	
Eph	1[9]g	A	ana leikainai þoei garaidida in imma	B	---	
Eph	1[10]	A	fauragaggja usfulleinais	B	fauragaggja usfulleinais	
Eph	1[10]	A	usfulljan	B	usfulljan	
Eph	1[10]	A	ana	B	ana	
Eph	1[10]	A	jaþ-þo	B	jah	
Eph	1[11]	A	fauragaredanai bi wiljin	B	fauragaredanai bi wiljin	
Eph	1[11]	A	þis	B	þis	
Eph	1[11]	A	allaim	B	allaim	
Eph	1[11]	A	wiljins	B	wiljins	
Eph	1[12]	A	faurawenjandans	B	faurawenjandans	
Eph	1[13]	A	sunjus	B	sunjos	
Eph	1[13]	A	ganistais	B	ganistais	
Eph	1[13]	A	galaubjandans gasiglidai waurþuþ	B	galaubjandans gasiglidai waurþuþ	
Eph	1[13]	A	gahaitis	B	gahaitis	
Eph	1[14]	A	wadi	B	wadi	
Eph	1[14]	A	faurbauhtai gafreideinais	B	faurbauhtai gafreideinais	
Eph	1[14]g	A	ganistais	B	---	
Eph	1[15]	A	gahausjands	B	gahausjands	
Eph	1[15]	A	frijaþwa	B	friaþwa	
Eph	1[15]	A	þans	B	þans	
Eph	1[16]	A	gamund waurkjands	B	gamund waurkjands	

Eph	1¹⁷	A	unsaris	B	u*n*saris
Eph	1¹⁷	A	wulþaus	B	wulþaus
Eph	1¹⁸	A	inliuhtida	B	inliuh[i]tida
Eph	1¹⁹	A	ufarassus	B	ufarass*us*
Eph	1¹⁹g	A	in izwis	B	---
Eph	1¹⁹	A	waurstwa	B	waur*s*twa
Eph	1²⁰	A	þatei	B	þ*a*tei
Eph	1²²	A	alla	B	all
Eph	2²	A	fairƕaus	B	aiwis
Eph	2²	A	nu	B	*n*u
Eph	2³g	A	lustuns	B	---
Eph	2³	A	wesum	B	wisum
Eph	2³	A	hatize	B	hatis
Eph	2³g	A	ussateinai urrugkai	B	---
Eph	2⁴	A	gabigs	B	gabeigs
Eph	2⁴	A	---	B	in
Eph	2⁵	A	sijuþ	B	sijum
Eph	2⁶	A	miþurraisida	B	miþurraisidai
Eph	2⁶	A	miþgasatida	B	miþga*s*atidai
Eph	2⁷	A	ald[a]im	B	aldim
Eph	2⁸	A	siuþ	B	sijuþ
Eph	2¹⁰	A	sium	B	sijum
Eph	2¹⁰g	A	þiuþeigaim	B	---
Eph	2¹⁰	A	gaggaima	B	*g*aggaima
Eph	2¹²	A	inu	B	inuh
Eph	2¹²	A	gudalausai	B	g*ud*alausai
Eph	2¹³	A	nu	B	*n*u
Eph	2¹³	A	simle wesuþ	B	sim*le w*esuþ
Eph	2¹⁴	A	midgardiwaddju	B	miþgardawaddju
Eph	2¹⁵	A	waurkjands	B	waurkjan*ds*
Eph	2¹⁶	A	afslahands	B	afslahan<d>s
Eph	2¹⁷	A	ize	B	izei
Eph	2¹⁸	A	þairh	B	þ*a*irh
Eph	2¹⁸	A	attin	B	att*in*
Eph	2¹⁹	A	---	B	ju
Eph	2¹⁹	A	jah	B	*jah*
Eph	2¹⁹	A	gabaurgjans	B	gaba*ur*gjans
Eph	2¹⁹	A	ingardjans	B	ing*ar*djans
Eph	2²⁰	A	anatimri*dai*	B	anatimridai
Eph	3¹⁰	A	filufaiho	B	managfalþo
Eph	3¹⁰g	A	managn.. managei	B	---
Eph	3¹²	A	[freij*hals*]	B	---
Eph	3¹⁶	A	inswinþjan	B	gaswinþnan
Eph	3¹⁶	A	<in>	B	in
Eph	3¹⁸	A	frijaþwai	B	friaþwai
Eph	3¹⁸	A	jal-laggei	B	jah laggei
Eph	3¹⁸	A	d*iu*pei	B	diupei
Eph	3¹⁹	A	kun<n>an	B	kunnan
Eph	3¹⁹	A	frijaþwa	B	friaþwa
Eph	3¹⁹	A	fulnaiþ in	B	fullnaiþ du
Eph	3²⁰	A	[giban]	B	---
Eph	3²⁰	A	unsis	B	uns
Eph	3²¹	A	immuh	B	imma
Eph	3²¹	A	Xristau Iesu jah aikklesjon	B	aikklesjon in Xristau Iesu
Eph	4¹	A	siuþ	B	sijuþ

LIST OF DIFFERENCES IN PARALLEL TEXTS

Eph	4²	A	frijaþwai	B	friaþwai	
Eph	4¹⁷	A	weitwodja	B	weitwo*d*ja	
Eph	4²³	A	ahmin	B	*a*hmin	
Eph	4²⁴	A	jag-gahamoþ	B	jah gahamoþ	
Eph	4²⁵	A	sijum	B	sijuþ	
Eph	4²⁶	A	dissigqai	B	disiggqai	
Eph	4²⁷	A	ni gibiþ	B	nih gibaiþ	
Eph	4²⁸	A	iþ	B	ak	
Eph	4³⁰	A	in	B	---	
Eph	5¹	A	guda	B	gud*a*	
Eph	5²	A	gaggaiþ	B	gagga*i*þ	
Eph	5²	A	frijaþwai	B	friaþwai	
Eph	5²	A	Xristus	B	Xristu*s*	
Eph	5²	A	sik silban	B	si*k* si*l*ban	
Eph	5³	A	namn*jaidau*	B	namnjaidau	
Eph	6¹⁰	A	inswinþjaiþ	B	inswinþjaiþ	
Eph	6¹¹g	A	unhulþins	B	---	
Eph	6¹⁴	A	jag-gapaidodai	B	jah gapaidodai	
Eph	6¹⁵	A	jag-gaskohai	B	jah gaskohai	
Eph	6¹⁶	A	unseljins	B	unseleins	
Eph	6¹⁸	A	[du]wakandans	B	wakandans	
Eph	6¹⁸	A	---	B	in allai	
Gal	1²⁴	A	me<ki>lidedun	B	mikilidedun	
Gal	2¹	A	Þaþroh	B	Þaþro	
Gal	2¹	A	fidwortaihun	B	·id·	
Gal	2²	A	þi*u*dos	B	þiudom	
Gal	2⁴	A	þize u*f*sliupandane	B	þizei ufsliupandane	
Gal	2⁴	A	freijhals	B	freihals	
Gal	2⁵	A	nih	B	ni	
Gal	2⁵g	A	þairhwisai	B	---	
Gal	2⁶	A	wulþrais	B	wulþr*a*is	
Gal	2⁶	A	andsitiþ	B	andsitaiþ	
Gal	2⁶g	A	nimiþ	B	---	
Gal	2⁶g	A	mun..	B	---	
Gal	2⁷	A	wiþra<wair>þo	B	wiþrawairþo	
Gal	2⁷	A	Paitru	B	Paitrau	
Gal	2⁸g	A	waurhta	B	---	
Gal	4¹⁹	A	gabairhtjaidau Xristus	B	gab*a*irhtjaidau Xristaus	
Gal	4¹⁹g	A	du laudjai gafrisahtnai	B	---	
Gal	4²¹g	A	niu us*suggwu*þ	B	---	
Gal	5¹⁷	A	taujiþ	B	taujaiþ	
Gal	5¹⁹	A	þatei	B	þ*a*tei	
Gal	5¹⁹	A	aglaitei	B	*a*glaitei	
Gal	5²⁰	A	twistasseis	B	twisstasseis	
Gal	5²¹	A	taujandans	B	[ta]taujandans	
Gal	5²²	A	frijaþwa, faheþs	B	friaþwa, faheds	
Gal	5²⁴	A	lustum	B	lu*s*tum	
Gal	5²⁵	A	jah	B	*j*ah	
Gal	5²⁶	A	flautai	B	flau*t*ai	
Gal	5²⁶	A	misso	B	*m*isso	
Gal	6¹	A	andsaiƕands	B	atsaiƕands	
Gal	6¹	A	iba	B	ibai	
Gal	6³g	A	s*ik* si*lba*n u*s*luto*nds i*st	B	---	
Gal	6⁶	A	is	B	---	
Gal	6⁷	A	saijiþ þata	B	saiiþ þatuh	

Gal	6⁸	A	saijiþ	B	saiiþ
Gal	6⁸	A	saijiþ	B	saiiþ
Gal	6⁹	A	afmauidai	B	afmauidai
Gal	6¹¹	A	gamelida izwis	B	izwis gamelida
Gal	6¹²	A	wrakja	B	wrakja
Gal	6¹³	A	niþ-þan	B	nih þan
Gal	6¹³	A	ize	B	izei
Gal	6¹⁴	A	fraujins unsaris	B	*fraujins* unsaris
Gal	6¹⁴	A	þanei mis fairƕus	B	þanei mis fairƕaus
Gal	6¹⁴	A	fairƕau	B	fairƕau
Gal	6¹⁵	A	ni	B	nih
Gal	6¹⁵	A	ist, nih faurafilli, ak niuja gaskafts	B	ist, ni faurafilli, ak niuja gaskafts
Gal	6¹⁶	A	jah swa managai swe	B	jah swa managai swe
Gal	6¹⁶	A	garaideinai galaistans sind, gawairþi	B	garaideinai galaistans sind, gawairþi
Gal	6¹⁶	A	armaio jah ana Israela gudis	B	armaio jah ana Israela gudis
Gal	6¹⁷	A	þanamais arbaide ni ainshun mis gansjai: unte ik stakins Iesuis	B	þanamais arbaide ni ainshun mis gansjai: unte ik stakins fraujins unsaris Iesuis Xristaus
Gal	6¹⁷	A	leika meinamma baira	B	leika meinamma baira
Gal	6¹⁸	A	ansts fraujins unsaris Iesuis Xristaus miþ ahmin izwaramma, broþrjus	B	ansts fraujins unsaris Iesuis Xristaus miþ ahmin izwaramma, broþrjus
Gal	exp	A	Galatim ustauh	B	Galatim ustauh
Gal	exp	A	du Galatim gameliþ ist us Rumai.	B	---
Php	2²⁶	A	þize	B	þizei
Php	2²⁸	A	faginoþ	B	faginoþ
Php	2²⁹	A	habaiþ	B	ha[i]baiþ
Php	3³	A	sium	B	sijum
Php	3³	A	jan-ni	B	jah ni
Php	3³	A	gatrauam	B	gatrauam
Php	3⁴	A	ƕas	B	ƕas
Php	3⁴	A	leika	B	leika
Php	3⁵	A	Bainiameinis	B	Baineiameinis
Php	3⁸	A	Xristaus Iesuis	B	Iesuis Xristaus
Php	3⁹	A	akei þo	B	ak
Php	3⁹	A	Xristaus Iesuis	B	Iesuis Xristaus
Php	3¹²	A	---	B	ik
Php	3¹⁴	A	aftra	B	afta
Php	3¹⁵	A	ƕa	B	---
Php	3¹⁶	A	samon gaggan garaideinai	B	---
Php	3¹⁷	A	jam-mundoþ	B	jah mundoþ
Php	3¹⁸	A	jag-gretands	B	jah gretands
Php	3¹⁹	A	þizeiei	B	þizeei
Php	3¹⁹	A	þizeiei	B	þize
Php	3¹⁹	A	wulþaus	B	wulþus
Php	4²	A	jas-Swntwkein	B	jah Swntwkein
Php	4³	A	Klaimaintau	B	Klemaintau
Php	4⁵	A	anawiljei	B	anawilje
Php	4⁵	A	sijai	B	siai
Col	1¹⁰	A	jah wahsjandans	B	---
Col	1¹⁰	A	gudis	B	gudis
Col	1¹²	A	liuhada[i]	B	liuhada
Col	1¹³	A	sunus	B	sunaus

LIST OF DIFFERENCES IN PARALLEL TEXTS

Col	1[16]	A	jaþ-þo	B	jah þo
Col	1[21]	A	*izwis*	B	izwis
Col	1[24]	A	gaidwa	B	gai‹d›wa
Col	1[29]	A	waurstwa sei inna uswaurkeiþ in mis in mahtai	B	---
Col	2[20]	A	ƕa[n]	B	ƕa
Col	2[21]	A	nih	B	ni
Col	2[21]	A	nih	B	ni
Col	2[22]	A	bi	B	b*i*
Col	2[23]	A	sweþauh	B	sweþa*uh*
Col	2[23]	A	handugeins [þuhtaus]	B	handug*eins* [þuhtaus]
Col	2[23]	A	unfreideinai	B	unfreidei‹nai›
Col	3[4]	A	þanuh	B	*þa*nuh
Col	3[4]	A	wairþiþ	B	wair*þiþ*
Col	3[5]	A	dauþeiþ	B	dau*þ*eiþ
Col	3[5]	A	horinassau	B	horinassu
Col	3[5]g	A	lustau	B	---
Col	3[5]	A	winna, lustau ubilana	B	winnon, lustu ubila
Col	3[5]	A	s*o*ei	B	sei
Col	3[5]	A	galiuga*g*ude	B	galiuga*gu*de
Col	3[8]	A	[ni]	B	---
Col	4[5]	A	---	B	þata
Col	4[6]	A	sijai	B	siai
Col	4[7]	A	Twkeikus	B	Twkekus
Col	4[8]	A	duþe	B	duþþe
Col	4[8]	A	kunnj*ai*	B	kunnjai
Col	4[10]	A	Ari[a]starkus	B	Areistarkus
Col	4[12]	A	Iesuis Xristaus, sa	B	Xristaus Iesuis
1Th	5[23]	A	unfairinona	B	usfairinona
1Th	5[27]	A	allaim	B	---
1Th	exp	A	Du Þa*issalauneikai*um 'a' *u*stauh	B	---
2Th	inc	A	A*ipistaule* P*awlaus* du Þaissalauneikaium 'b' anast*odeiþ*	B	Du Þaissalaunekaium anþara
2Th	1[4]	A	in	B	---
2Th	1[5]	A	þ*ulaiþ*	B	winniþ
2Th	1[6]	A	sweþauh	B	sweþa*uh*
2Th	3[8]	A	nih	B	ni
2Th	3[8]	A	in	B	---
2Th	3[10]	A	nih	B	ni
2Th	3[11]	A	ƕairbandans	B	*ƕa*irbandans
2Th	3[12]	A	hlaif	B	hlaib
2Th	3[15]	A	jan-ni	B	jah ni
2Th	3[17]	A	alla*i*m a*ipistaulem meinaim*; *s*wa melja	B	allaim aipistaulem meinaim; swa melja
2Th	3[18]	A	ansts fraujins unsaris Iesuis Xristaus miþ allai*m izw*is. ame*n*	B	ansts fraujins unsaris Iesuis Xristaus miþ allaim izwis. amen
2Th	exp	A	---	B	Du Þaissalauneikaium anþara ustauh
1Tm	inc	A	T*eimauþaiau* 'a' du*stodeiþ*	B	Teimauþaiau frumei dustodeiþ
1Tm	1[2]	A	Teimauþaiau	B	Teimauþaiu
1Tm	1[3]	A	galeiþands Makedonais	B	galeiþan‹d›s Makidonais
1Tm	1[3]	A	anþarleiko	B	anþarlei*ko*

1Tm	1⁴	A	atsaiƕaina	B	atsaiƕaina
1Tm	1⁴	A	andalausaize	B	andilausaize
1Tm	1⁴	A	wisand<e>in	B	wisandein
1Tm	1⁵	A	andeis	B	<an>deis
1Tm	1⁵g	A	gahugdai	B	---
1Tm	1⁷	A	nih	B	ni
1Tm	1⁷	A	nih	B	ni
1Tm	1⁸	A	witum	B	wituþ
1Tm	1⁸	A	goþ	B	god
1Tm	1⁸	A	witoda	B	witodeigo
1Tm	1⁹	A	witands	B	witan<d>s
1Tm	1⁹	A	nist witoþ	B	witoþ nist
1Tm	1⁹	A	unsibjaim	B	unsibjaim
1Tm	1⁹g	A	afgudaim	B	---
1Tm	1¹⁸g	A	..eta..dam	B	---
1Tm	1²⁰	A	[jah]	B	---
1Tm	2²	A	jas-sutja	B	jah sutja
1Tm	2²	A	jag-gariudja	B	jah gariudja
1Tm	2⁴	A	wili	B	[ga]wili
1Tm	2⁶	A	þizei	B	---
1Tm	2⁷	A	jas-sunjai	B	jah sunjai
1Tm	2⁹	A	gariud..n	B	gariudein
1Tm	2⁹	A	galaubaim	B	gal<a>ubaim
1Tm	2¹¹	A	hauniþai	B	hauniþai
1Tm	2¹²	A	nih	B	ni
1Tm	2¹³	A	gadigans	B	gadigan[d]s
1Tm	2¹⁵	A	frijaþwai	B	friaþwai
1Tm	3³	A	ni wein..s, nis-slahuls	B	nih weinnas, ni slahals
1Tm	3³	A	[qairrus]	B	[airkn[i]s]
1Tm	3⁴	A	fauragaggands	B	fauragaggan<d>s
1Tm	3⁴	A	ufhausjan[jan]dona	B	ufhausjandona
1Tm	4¹	A	spedistaim	B	spidistaim
1Tm	4⁷	A	iþ	B	---
1Tm	4⁸	A	gagudei	B	gagudein
1Tm	5⁴	A	sik	B	<sik>
1Tm	5⁴	A	---	B	[god jah]
1Tm	5⁵	A	<ist>	B	ist
1Tm	5⁷	A	ungafairinodos	B	ungafairi<no>dos
1Tm	5⁹	A	jere	B	jere
1Tm	5¹⁰	A	jah	B	jau
1Tm	5¹⁰	A	jah	B	jau
1Tm	5¹⁰	A	jah	B	jau
1Tm	5¹⁰	A	jah	B	jau
1Tm	5¹⁰	A	jah	B	jau
1Tm	5²²	A	mannhun	B	man<n>hun
1Tm	5²²	A	siais	B	sijais
1Tm	5²³g	A	suqnis	B	---
1Tm	5²⁴	A	sumaizeh	B	sumaize
1Tm	6¹	A	*skalkans*	B	skalkans
1Tm	6³	A	aljaleikos	B	aljaleiko
1Tm	6³	A	jan-ni atgaggiþ	B	jah ni atgaggai
1Tm	6⁴	A	haifsteis	B	haif<s>teis
1Tm	6⁵	A	afstand af þaim swaleikaim	B	---
1Tm	6⁶g	A	waurstwa	B	---
1Tm	6⁹	A	jah	B	jah

LIST OF DIFFERENCES IN PARALLEL TEXTS

1Tm	6:10	A	faihugeiro		B	faihugei..o
1Tm	6:10	A	jas-sik		B	jah sik
1Tm	6:11	A	frijaþwa		B	friaþwa
1Tm	6:12	A	andwairþja		B	andwairþja managaize
1Tm	6:13	A	..biuda *andwair*þja		B	anabiuda in andwairþja
1Tm	6:13	A	... gaqiu.. ... ... Iesuis ... ... uf Paunteau ..tau þa.. ..do ..hait		B	þis gaqiujandins alla jah Xristaus Iesuis þis weitwodjandins uf Paunteau Peilatau þata godo andahait,
1Tm	6:14	A	... ..gafair.. ...		B	fastan þuk þo anabusn unwamma, ungafairinoda und qum fraujins unsaris Iesuis Xristaus,
2Tm	1:7	A	frijaþwos		B	friaþwos
2Tm	1:9	A	uns		B	---
2Tm	1:10	A	Xristaus		B	Xrista*us*
2Tm	1:10	A	aiwaggeljon		B	aiwagge⟨l⟩jon
2Tm	1:13	A	frijaþwai		B	friaþwai
2Tm	1:14	A	þata		B	þat*a*
2Tm	1:15	A	þizeei		B	þizei
2Tm	1:15	A	Hairmaugaineis		B	Airmogaineis
2Tm	2:22	A	frijaþwa		B	friaþwa
2Tm	2:22	A	fraujan		B	frauja⟨n⟩
2Tm	2:26	A	habanda		B	tiuhanda
2Tm	3:2	A	frijondans		B	friondans
2Tm	3:2g	A	seinaigairnai		B	---
2Tm	3:2	A	unairknans		B	unairknai
2Tm	3:3	A	unmanarigwai		B	unmanariggwai
2Tm	3:5	A	jaþ-þans		B	jah þans
2Tm	3:6	A	þoei		B	þoe*i*
2Tm	3:6	A	du lus[lus]tum		B	lustum
2Tm	3:7	A	jan-ni		B	⟨jah⟩ ni
2Tm	3:8	A	Jannes		B	Jannis
2Tm	3:8	A	Mamres		B	Mambres
2Tm	3:9g	A	gatarhiþ		B	---
2Tm	3:9	A	jah		B	---
2Tm	3:10g	A	galaisides laiseinai meinai		B	---
2Tm	3:10	A	frijaþwai		B	friaþwai
2Tm	3:11	A	wrakjos usþul⟨a⟩ida		B	wrakos usþulaida
2Tm	3:13	A	mannans		B	mans
2Tm	3:13g	A	lubjaleisai		B	---
2Tm	3:14	A	witand*s*		B	witands
2Tm	3:16	A	all[l]		B	all
2Tm	3:16	A	gudiskaizos		B	gudiskaizo⟨s⟩
2Tm	4:2	A	instand uhteigo		B	stand ohteigo
2Tm	4:3	A	gadragand		B	dragand
2Tm	4:3	A	suþjandans		B	suþjondans
2Tm	4:6g	A	gamalteinais		B	---
2Tm	4:8	A	þaþroh		B	þaþro þan
2Tm	4:8	A	garaihta		B	⟨ga⟩raihta
2Tm	4:10	A	jag-galaiþ		B	jah galaiþ
2Tm	4:10	A	Xreskus		B	Krispus
2Tm	4:10	A	Teitus du Dalmatiai		B	---
2Tm	4:11	A	andbahtja		B	and*bah*tja
Tit	1:9	A	triggws		B	triggwis
Tit	1:9	A	jaþ-þans		B	jah þans

Tit	1¹⁰	A	·lausaiwaurdai	B	lausawaurdai
Tit	1¹⁰	A	þishun	B	þis*hun*

APPENDICES

DEVIATIONS FROM THE STREITBERG TEXT

Maculations (e.g. Mrk 7¹ *þizē*) and misprints in the punctuation are not included here.

Biblical quotations in Bennett are sometimes more extensive than those in Streitberg's Skr; such differences have been recorded here, since they have a bearing on the manuscript symbol, viz. E for Biblical quotations and *E* for non-Biblical text in Ambrosianus E.

All number symbols have been standardized; cf. p. 223.

Where only one manuscript has been preserved, no manuscript symbol is used.

		Streitberg's fifth edition:	*Read:*
Joh	6²²	þatai	þatei (*manuscript and Streitberg's first* [1908] *edition*)
Luk	2²⁹⁻³⁰	jah qaþ: 29 nu fraleitais skalk þeinana, [fraujinond] frauja, bi waurda þeinamma in gawairþja; 30 þande seƕun augona meina nasein jah qaþ: 29 nu fraleitais skalk þeinana, fraujinond frauja, bi waurda þeinamma in gawairþja; 30 þande seƕun augona meina nasein	jah qaþ: 29 nu fraleitais skalk þeinana, [fraujinond] frauja, bi waurda þeinamma in gawairþja; 30 þande seƕun augona meina nasein (*cf. W. Streitberg, Die gotische Bibel 2, xv. Berichtigungen zum ersten Band [1910] and Streitberg's second edition [1919]*)
Luk	3³¹	sanaus Daweidis	sunaus Daweidis (*manuscript*)
Luk	9³²	geseƕun	gaseƕun (*manuscript*)
Luk	18³⁸	iþ is ubuƕopida	iþ is ubuhwopida (*manuscript and Streitberg's second edition*)
Mrk	4³⁹	da marein	du marein (*manuscript*)
Mrk	12³⁶	fotaubaurd	fotubaurd (*manuscript*)
Rom	9²⁷	Iaraelis	Israelis (*manuscript*)
Rom	11¹¹	briggau	briggan (*Streitberg's first and second edition*)
2Cr	6¹⁸B	dauhtram	dauhtrum (*Streitberg's second edition*)
Gal	2⁶A	ana insokun	anainsokun (*Streitberg's second edition*)
Php	3³A	jan ni	jan-ni (*Streitberg's first and second edition*)
Col	1²¹⁻²²A	22 iþ nu gafriþodai in leika	iþ nu gafriþodai 22 in leika (*cf. B and verse separation in the Greek text*)
1Tm	5²²B	niman<h>hun nlagjais	ni man<n>hun lagjais (*Streitberg's first and second edition*)
1Tm	6⁴B	witāds	witands (*expanded in Streitberg's first and second edition*)
Phm	14	sawswe	swaswe (*manuscript*)
Neh	7¹⁷	<Az->gadis	<Az>gadis
Skr	1⁵	hunsl jas-sauþ guda	"hunsl jas-sauþ guda" (*Bennett*)
Skr	3⁷⁻⁸	maiza. þaþroh þan warþ sokeins us siponjam Iohannes miþ Iudaium bi swiknein.	maiza: "þaþroh þan warþ sokeins us siponjam Iohannes miþ Iudaium bi swiknein" (*Bennett*)
Skr	4¹⁸⁻¹⁹	sa us himina qumana	"sa us himina qumana" (*Bennett*)
Skr	5²	anþaranuhþan	anþaranuh þan
Skr	5³	*an*þaranuhþan	*an*þaranuh þan
Skr	6²⁰	sumanuhþan..., sumanuhþan	sumanuh þan..., sumanuh þan
Skr	7⁷⁻⁹	"waurkeiþ þans mans anakumbjan." iþ eis at hauja managamma wisandin in þamma stada, þo filusna anakumbjan gatawidedun,	"waurkeiþ þans mans anakumbjan: iþ eis at hauja managamma wisandin in þamma stada: þo filusna anakumbjan gatawidedun" (*Bennett*)
Skr	7¹⁴⁻¹⁶	ak filaus maizo; afar þatei matid*a* so managei, bigitan was þizei hlaibe .ī̄b. tainjons fullos, þatei aflifnoda. "samaleikoh þan jah andnemun þize fiske, swa filu swe wildedun."	ak filaus maizo: "afar þatei matida so managei bigitan was þizei hlaibe .ī̄b. tainjons fullos þatei aflifnoda: samaleiko þan jah andnemun þize fiske swa filu swe wildedun" (*Bennett*)
Skr	8²²	ni ainshun þize reike jah Fareisaiei qalaubida,	"ni ainshun þize reike jah Fareisaiei galaubida" (*Bennett*).
Cal	1¹	marwtre	martwre (*Streitberg's emendation*)
Cal	1⁷	marwtre	martwre (*Streitberg's emendation*)
Cal	2⁷	Dauriþaius aipi̅sk̅s	Dauriþaius aipiskaupus (*compare the genitives Kustanteinus and apaustaulus in Cal*)
Sal	2	waurþunuþþan	waurþunuþ-þan
DeA	1	'dkn'... 'dkn'	diakon... diakona (*expanded*)

TEXT OF THE SPEYER FRAGMENT

The text preserves the punctuation and, to the extent possible, the line division of the manuscript. Divided words have been assembled on the line where the word begins. The diaeresis has not been preserved, and all abbreviations have been resolved.

Mrk 16¹²	(afaruh þan þata: *Codex Argenteus Upsaliensis*)
	twaim ize ataugiþs warþ in anþaramma
	farwa gaggandam du wehsa ·
Mrk 16¹³	jah jainai galeiþandans gataihun
	þaim anfaraim · niþ-þaim galaubidedun ·
Mrk 16¹⁴	bi spedistin þan anakumbjandam
	þaim ainlibim ataugida ·
	jah idweitida ungalaubein ize jah
	harduhairtein · unte þaim gasaiƕandam
	ina urrisanana ni galaubidedun ·
Mrk 16¹⁵	jah qaþ du im gaggandans
	in þo manaseþ alakjo · merjaiþ þo
	aiwaggeljon allai þizai gaskaftai ·
Mrk 16¹⁶	jah sa galaubjands ufdaupiþs
	ganisiþ · iþ saei ni galaubeiþ afdomjada ·
Mrk 16¹⁷	aþþan taikns þaim galaubjandam
	þata afargaggiþ · in
	namin meinamma unhulþons uswairpand ·
	razdom rodjand niujaim ·
Mrk 16¹⁸	waurmans nimand · jah jabai ingibe
	ƕa drigkaina ni þauh im agljai ·
	ana unhailans handuns uslagjand
	jah waila wairþiþ im ·
Mrk 16¹⁹	þanuh þan
	frauja Iesus afar þatei rodida du im usnumans
	warþ in himin · jah gasat af
	taihswon guþs ·
Mrk 16²⁰	iþ jainai usgaggandans
	meridedun and allata · miþ
	fraujin gawaurstwin jah þata waurd
	tulgjandin þairh þos afargaggandeins
	taiknins: amen ·
Mrk exp	aiwaggeljo þairh Marku
	ustauh · wulþus þus
	weiha · guþ · amen ·

BIBLIOGRAPHY

GENERAL

BENNETT, William H. *The Gothic Commentary on the Gospel of John: skeireins aiwaggeljons pairh iohannen.* A Decipherment, Edition, and Translation. The Modern Language Association of America Monograph Series 21. New York: The Modern Language Association of America, 1960.
SCHULZE, Ernst. *Gothisches Glossar.* Magdeburg: Emil Baensch, 1848.
STREITBERG, Wilhelm. *Die gotische Bibel.* Erster Teil. Heidelberg: Carl Winter, 1908.
— —. *Die Gotische Bibel.* Erster Teil. Zweite verbesserte Auflage. Heidelberg: Carl Winter, 1919.
— —. *Die Gotische Bibel.* Erster Teil, Fünfte durchgesehene Auflage. Heidelberg: Carl Winter, 1965.
STUTZ, Elfriede. *Gotische Literaturdenkmäler.* Stuttgart: J.B. Metzler, 1966.
TOLLENAERE, Felicien J.M.L. de. "Word Indexes and Word Lists to the Gothic Bible: Experiences and Problems" *The Computer in Linguistic and Literary Studies,* ed. Alan Jones and R.F. Churchhouse. Cardiff: University of Wales Press, 1976.

CONCERNING THE SPEYER FRAGMENT

BONT, Antonius Petrus de. "Prognose contra Prognose" *TNTL* 88 (1972), 154-158.
GARBE, Burckhard. "Das Speyerer Codex-Argenteus-Blatt" *IF* 77 (1972), 118-119.
— —. "Die Verso-Seite des Speyerer Codex-Argenteus-Blatts" *ZDA* 101 (1972), 225-226.
HAFFNER, Franz. "Fragment der Ulfilas-Bibel in Speyer" *Pfälzer Heimat* 22 (1971), 1-5.
— —. "Fragment der Ulfilas-Bibel gefunden" *Allgemeiner Anzeiger für Buchbindereien* 84 (1971), 550-552.
— —. "Herkunft des Fragmentes der Ulfilas-Bibel in Speyer" *Pfälzer Heimat* 22 (1971), 110-118.
HAMP, Eric P. "Solutions and Problems from Speyer" *IF* 78 (1973), 141-143.
PISANI, Vittore. "Contributi all' etimologia germanica: ted. *Gift* e *Farbe*" *Studi Germanici* (nuova serie), Anno X (1972), 22-41.
POLLAK, Hans. "Weiterer Kommentar zum Fragmentum Spirense" *ZfdPh* 92 (1973), 61-65.
— —. "Nochmals zum Fragmentum Spirense" *ZfdPh* 93 (1974), 125-128.
REGAN, Brian T. *The Gothic Word* (Appendix A, the Speyer Fragment). ISBN 0-87395-163-8, microfiche edition: State University of New York Press, 1972.
SCARDIGLI, Pierguiseppe. "Unum redivivum folium" *Studi Germanici* (nuova serie), Anno IX (1971), 5-19.
— —. *Die Goten: Sprache und Kultur* (Anhang II, 302-380: Frans Haffner und Pierguiseppe Scardigli. "Unum redivivum folium"). München: C.H. Beck, 1973.
STUTZ, Elfriede. "Ein gotisches Evangelienfragment in Speyer" *ZVS* 85 (1971), 85-95.
— —. "Fragmentum Spirense-Verso" *ZVS* 87 (1973), 1-15.
SZEMERÉNYI, Oswald J.L. "A new leaf of the Gothic Bible" *Language* 48 (1972), 1-10.
TJÄDER, Jan-Olof. "Studier till Codex Argenteus' Historia" *Nordisk Tidskrift för Bok- och Biblioteksväsen* 61 (1974), 51-99 (97-99: Zusammenfassung, Abteilung II. "Das neuentdeckte Speyer-Blatt und seine Bedeutung für die Geschichte des Codex argenteus").
TOLLENAERE, Felicien J.M.L. de. "Razdom rodjand niujaim" *TNTL* 88 (1972), 1-10.
— —. "Naschrift bij een Prognose" *TNTL* 88 (1972), 158.
— —. "Wulþus þus weiha . guþ . amen" *Nederlands Archief voor Kerkgeschiedenis* 56 (1975), 114-128.
UHL, Bodo und SCHÖMANN, Hans Otto. "Das Speyrer Fragment der Ulfilas-Bibel und seine Konservierung" *Archivalische Zeitschrift* 71 (1975), 1-11.